안동 제비원
성주굿 재발견

임재해 林在海

영남대학교 대학원 문학박사
안동대학교 인문대학 민속학과 교수 역임
한국구비문학회장 역임
비교민속학회장 역임
실천민속학회장 역임
문화재청 문화재위원 역임
한국민속학술단체연합회장 역임
현 권정생어린이문화재단 이사
저서로는 『민속문화론』, 『설화작품의 현장론적 분석』, 『한국민속과 오늘의 문화』, 『민속마을 하회여행』, 『한국민속학과 현실인식』, 『지역문화와 문화산업』, 『지역문화, 그 진단과 처방』, 『민속문화의 생태학적 인식』, 『민속문화를 읽는 열쇠말』, 『마을민속 조사연구 방법』, 『신라금관의 기원을 밝힌다』 등 30여 권이 있다. 편저로는 『한국의 민속예술』, 『한국민속연구사』, 『한국민속사입문』, 『안동문화의 수수께끼』, 『안동양반의 생활문화』, 『고대에도 한류가 있었다』 외 다수가 있다.

굿과 신화 연구의 새 지평

안동 제비원 성주굿 재발견

송옥순 성주굿을 중심으로

임재해

민속원

서후굿당 성주굿 상차림

제가집 가족들이 성주신에게 큰 절

홍두깨에 성주신체를 모신 모습   　무녀가 홍두깨에 성주신체 입히기

무녀 송옥순 성주굿의 신장거리

고풀이를 위해 고의 매듭 묶기

성주굿의 장군거리

대신거리의 망자 넋풀이

삼지창에 소머리 꽂아 세우기

성주굿을 위해 설치한 금포고택 입구의 금줄

금포고택 성주상 차림

금포고택 대청에서 하는 성주굿

성주거리 모습

산신거리 모습

대주가 성주대를 세움

삼신바가지 밑에서 삼신빌기

삼지창에 돼지머리 세우기

서낭거리 모습

성주맞이큰굿을 위해 풍물을 치며 범당산에 오르는 보존회원들

범당산에서 성주굿을 하는 무녀 송옥순

범당산 삿갓바위 앞에서 하는 성주맞이큰굿

머리말:
굿과 신화 연구의 새 지평

한국은 굿의 나라이다. 달리 말하면 신화의 나라이기도 하다. 굿과 신화는 짝을 이루며 함께 간다. 제주도를 신화의 섬이라고 하는 것은 제주도에 온갖 굿이 많기 때문이다. 신화에는 건국신화만 있는 것이 아니라 마을에는 건촌신화가 전승되고 굿판에서는 건축신화인 성주풀이도 무속신화로 전승되고 있다. 여러 신화 가운데 굿의 나라답게 무속신화가 특히 풍부하다. 고대 건국신화도 원래는 나라굿에서 노래된 신화로서 본풀이였다.

본풀이는 신화의 우리말이다. 굿과 신화 곧 굿과 본풀이를 아우르는 한국 고유종교가 무교(巫敎)이다. 따라서 종교적으로 말하면 한국은 무교의 나라이다. 불교와 유교는 외래종교로서 동아시아 공유의 종교이지만, 무교는 한국 토박이 종교로서 독자성을 지닌 민족종교라 할 수 있다. 무교의 제의가 굿이고, 무교의 경전이 본풀이이다. 그러므로 굿과 본풀이는 무교문화의 핵심을 이룬다.

굿과 본풀이의 유기적 관계는 성주굿이나 나라굿이나 서로 다르지 않다. 성주굿을 할 때 성주신화인 성주풀이를 노래하는 것처럼, 단군조선에서 나라굿을 할 때는 환웅신화 또는 단군신화를 본풀이로 노래했다. 굿을 할 때 제물만 차려 바치는 것이 아니라, 신화도 본풀이로 노래 불러서 바쳤기 때문이다. 따라서 굿과 본풀이의 관계를 살필 때, 본풀이를 제대로 이해하려면 굿의 맥락 속에서 해석해야 하고, 굿의 본질을 정확하게 포착하려면 본풀이를 체계적으로 이해해야 한다. 그러므로 성주굿과 성주신화인 성주풀이는 상호관계

속에서 연구할 때 독창적인 해석에 이를 수 있을 뿐 아니라, 고대 건국신화 해석의 새로운 지평도 개척할 수 있다.

성주굿은 우리 굿 가운데서 본향이 알려진 유일한 굿이다. 성주풀이에서 성주의 본향은 "경상도 안동땅 제비원이 본"이라고 밝혀 놓은 까닭이다. 본향은 종교의 성지이자 메카를 뜻한다. 성주굿의 성지이자 메카가 안동 제비원이라는 말이다. 그런데 성주굿의 성지답게 제비원을 순례하는 사람도 없고 제비원에 성주굿의 성전이 있는 것도 아니다. 오히려 제비원 현장에는 제비원 미륵불로 일컬어지는 이천동 석불이 우뚝해서 주위를 압도한다. 그 곁에는 사찰 연미사가 자리 잡고 있을 뿐이다. 따라서 그곳에는 성주굿의 본향이라는 사실을 알아차릴 만한 어떤 문화유적도 없다. 그러므로 무교의 성지이자 굿의 본향은 있어도 사실상 없는 것이나 마찬가지이다.

성주굿은 굿의 한 종류이지만, 예사 굿과 달리 집집마다 성주신을 모셨던 까닭에 최근까지 성행되었던 굿이다. 굿은 무교의 종교적 제의이므로 굿을 제대로 알아야 무교도 잘 알 수 있고 성주굿도 올바르게 이해할 수 있다. 따라서 무교와 굿에 대한 편견이 있으면 성주굿도 정상적으로 이해될 수 없다. 그런데 무교라는 종교는 이름조차 매우 낯설고 그 제의인 굿은 직접 경험해본 적이 없다. 왜냐하면 우리는 무교에 관해 제대로 공부한 적이 없을 뿐 아니라, 스스로 굿을 해보거나 참관한 적도 거의 없기 때문이다.

굿의 실상을 직접 경험하지도, 눈여겨 관찰하지도 않은 채 굿을 지레짐작으로 경멸하는 것이 문제적이다. 무교가 한국 고유종교라는 사실에는 아예 귀를 닫고 있는가 하면, 한국 종교사회에 무교가 있다는 사실조차 의식하지 않는다. 스스로 무교의 굿문화를 누리고 있다는 사실은 꿈에도 생각하지 않는다. 따라서 굿을 경험하거나 참관한 적도 없으면서, 평소에 들은 풍월에 따라 굿에 관해 잘못된 편견을 가지고 있기 예사다. 학교에서 굿을 미신으로 교육 받았을 뿐 아니라 언론에서 굿을 경멸의 대상으로 취급한 탓이 크다.

그러나 무교는 우리 민족사와 함께 전개되어온 민족 토착종교이다. 종교학자는 우리 무교의 기원을 단군조선 시대에서 찾는다. 따라서 고대에는 왕이 곧 무당이었다. 신라 남해왕은 '남해차차웅(南解次次雄)'이라 하였는데, '차차웅'은 무당을 뜻하는 말이다. 이 시기까지 무당왕의 전통이 고스란히 지속되었던 것이다. 그러나 고려시대에 이르러 불교가 국교로 되면서 무교는 주변으로 밀려나기 시작했다. 유교를 숭상하던 조선조 지배세력은 무교를 좌도로 규정하고 굿을 혹세무민하는 음사(淫祀)로 간주해서 억눌렀다. 일제강점기의 조선

총독부는 일본의 민속종교 신토(神道)를 강요하며 굿을 미신으로 규정해서 타파했다. 해방 후 기독교 선교사들은 무교를, 사탄을 믿는 사교(邪敎)로 여기며 굿을 적극 배격했다.

이렇게 타종교를 비난하고 배척하는 것이 사랑과 평화를 말하는 기성종교의 자가당착이다. 자기 종교는 선이고 사랑이며 평화를 이룬다고 하면서, 다른 종교는 악이자 거짓이라고 비난하며 서로 다툼을 일삼아온 것이 종교 일반의 모순이다. 평화를 표방하면서 서로 핍박하고 공격하며 끔찍한 전쟁을 일으키는 것이 기성종교의 실상이다. 교조가 뚜렷하고 세력이 큰 교단종교일수록 이러한 행태가 더 두드러진다. 그러나 교조가 없고 교단도 없는 무교는 타종교를 배격하고 억압하지 않는 것은 물론, 함께 공존하며 널리 포용하여 평화를 이룬다. 한국이 다종교공존사회를 이룬 것은 무교의 관용과 융통성에서 비롯된 것이다.

그럼에도 외래종교가 들어오면서 굿은 줄곧 핍박 받았다. 해방 후에도 학교에서 굿을 미신으로 가르쳐서 기피의 대상이 되게 만들었다. 이처럼 굿이 타파되어야 할 미신이거나 배격해야 할 '사교'라면, 성주굿도 사교의 미신에 지나지 않는다. 따라서 성주굿의 문화적 가치를 제대로 이해하려면 성주굿 이전에 굿 일반에 대한 올바른 이해와 가치 인식이 선행될 필요가 있다. 굿을 무교의 제의로서 올바르게 이해하는 것이 곧 성주굿을 정확하게 포착하는 길과 만나기 때문이다. 그러므로 성주굿이 주요 연구대상이되, 굿에 대한 잘못된 선입견을 극복하기 위해 한국문화에서 차지하는 굿의 가치를 포착하는 논의부터 시작하며, 성주굿의 재발견에 앞서 우리 굿을 재인식하는 새로운 전망을 펼칠 것이다.

나는 이 연구에 앞서 『안동문화와 성주신앙』이라는 연구서를 간행했다. 이 책에서는 안동이 성주의 본향이라는 사실에 초점을 두고 성주신앙과 성주풀이 전반을 두루 다루었다. 성주굿을 주목했으나 현장자료는 채록하지 않고 개괄적으로 절차를 주목하는 데 그쳤다. 여기서는 문제의식을 더 확대하고 더 집중한다. 미신으로 멸시받고 있는 굿의 문화적 의미와 가치를 긍정적으로 주목함으로써 논의를 굿문화 전반으로 확대하고, 성주신앙도 구체적인 성주굿에 집중한다.

성주굿의 자료적인 작업을 더 치밀하게 하고 이론적인 연구도 더 진전시킨다. 무녀 송옥순의 성주굿을 3차례 현장조사하고 자료를 채록해서 보고한다. 성주굿에서 노래된 권은도본과 오숙자본 성주풀이도 처음으로 주석해서 덧붙인다. 이론적인 연구는, 성주풀이가 건축신화로서 고대 건국신화와 구조, 기능, 세계관 등이 서로 연관되어 있는 사실을 주목한다.

성주풀이를 내용에 따라 '건축신화'로 일컫는 한편, 건국신화를 우리말에 따라 건국본풀이로 일컫게 되면, 서로 다른 두 신화가 한 자리에서 만나게 된다. 성주풀이와 건국본풀이, 건축신화와 건국신화를 같은 체계 속에서 포착하면 둘 모두 재해석의 길이 열린다. 우선 건축신화 성주풀이가 성주굿에서 노래된 것처럼, 건국신화도 나라굿에서 노래된 건국본풀이였다고 할 수 있다.

굿판에서 신령에게 올리는 제물은 술과 음식뿐만 아니다. 춤과 노래도 무형의 제물로 바쳐졌다. 무형의 제물 가운데 으뜸을 차지하는 것이, 성주풀이나 건국본풀이처럼 노래되는 신화였다. 성주굿에서 성주풀이가 노래된 사실을 근거로, 나라굿에서는 건국신화가 건국본풀이로 노래된 사실을 자연스레 포착할 수 있다. 그러므로 구체적인 굿의 내용이 다를 뿐 본풀이를 노래하는 형식은 성주굿과 나라굿이 서로 다르지 않다.

성주풀이가 '건축시조형'과 '건축형'으로 존재하는 사실에 입각하여 건국신화를 주목하면, 건국신화 또한 '건국시조형'과 '건국형'으로 분별되어 존재한다는 사실이 포착된다. 건축시조형 성주풀이가 하늘에서 내려온 천손강림형인 것처럼, 건국시조형 건국신화도 천손강림형이다. 천손강림의 환웅본풀이가 '건국시조신화'라면 지상에서 태어난 단군본풀이는 '건국신화'에 해당된다. 천손강림이 아닌 건축형 성주풀이는 그 자체로 완벽하지 못해서 건축시조형 성주풀이와 결합하여 전승되는데, 건국신화의 '건국형' 또한 '건국시조형'과 결합해서 기록되기 일쑤이다. 환웅신화와 단군신화, 해모수신화와 주몽신화가 서로 결합되어 한 편의 신화처럼 서술되어 있는 것이 실증적인 근거이다.

성주풀이와 건국본풀이 곧 건축신화와 건국신화의 역사적 선후 관계를 따져보면, 나라굿의 건국본풀이는 성주굿의 성주풀이를 바탕삼아 발생했을 것으로 추론된다. 나라 이전에 집이 먼저 있었고 건국 이전에 건축이 먼저 있었기 때문이다. 건국본풀이의 주인공은 건국영웅에 머물지만, 성주풀이의 주인공은 집을 처음 지은 문화영웅이자 나무를 처음 심은 생태영웅이기도 하다. 따라서 성주풀이를 건축신화로서 제대로 이해하면 건국신화의 재해석은 물론, 성주풀이의 재해석 전망도 새롭게 열린다. 그러므로 이 책은 자료 작업을 더 치밀하게 하면서 이론적 연구의 새 지평을 개척하는 데까지 나아갈 뿐 아니라, 구체적으로 왜 안동 제비원이 성주굿의 본향인가 하는 사실을 다각적으로 밝힘으로써, 종교사의 통시적 전개과정과 함께, 겉으로 드러나지 않았던 안동문화의 정체성도 새로 포착한다.

책을 완성하는 데까지 우여곡절이 많았다. 5년 동안 집필한 원고를 컴퓨터 저장 장치 문제로 모두 잃게 되었다. 다만 성주굿 조사자료는 무녀 송옥순에게 교정을 받으려고 프린트해 둔 것이 있어서 여러 날 걸려 다시 입력할 수 있었다. 처음 원고를 잃어버리고 다시 원고를 쓰는 데 2년이 걸렸다. 지금껏 30여 권의 단행본을 펴냈지만, 이 책을 쓰는 데 가장 많은 시간과 공력을 들였다. 7년 만에 초고를 완성하자, 산불 화재를 당해 집이 전소되었다. 다행히 컴퓨터 본체를 들고 나와서 이 책의 원고를 살릴 수 있었다.

여기까지 오는 데 성주굿 현장조사에 도움과 지원을 아끼지 않은 성주굿보존회 송옥순 회장의 협조가 아주 컸다. 성주굿 조사자료 채록이 매우 힘들었으나, 함께 참여한 김원대 교수의 동영상 자료가 많은 도움이 되었다. 현장조사에 함께한 대학원생들의 수고도 조사보고서에 이름을 밝혀 기록한다. 설파사우회 모임에서 성주풀이와 건국본풀이의 관련 해석을 듣고, 이론적 성과라며 격려해준 은사 조동일 선생님의 말씀은 원고를 마무리하는 데 큰 힘이 되었다. 앞으로 우리 굿문화 일반론을 쓰는 작업에 이 책을 디딤돌로 삼고자 한다. 성주굿이 축원하는 것처럼, 모든 이의 집안에 평화가 깃들기를 빌며 머리말을 여민다.

2015년 5월
임재해

목 차
Contents

머리말: 굿과 신화 연구의 새 지평   17

제1부 한국 굿문화의 독창성과 성주굿의 가치   28

1장 한국 무교의 굿문화와 민족문화의 전통   30
  1. 한국문화의 정체성과 굿문화의 가치인식   30
  2. 굿문화에서 창출된 민족문화의 전통포착   44
  3. 굿의 인문학적 합리성과 과학적 개연성   58
  4. 샤머니즘과 다른 우리 굿문화의 독창성   70
  5. 우리 굿문화에서 차지하는 성주굿 위상   82

2장 우리굿의 본향이 밝혀진 유일한 성주굿   89
  1. 성주굿의 본향은 경상도 안동땅 제비원   89
  2. '성주의 본향 안동 제비원'의 연원 논쟁   97
  3. 성주의 본향 안동을 밝힌 무가 성주풀이   102
  4. 성주의 본향 안동을 밝힌 민요 성주풀이   109
  5. 성주의 본향 '안동 제비원설' 비판 논쟁   119

3장 성주신앙의 본향이 안동 제비원인 까닭 … 125
   1. 굿의 성지로서 성주신의 본향 안동 … 125
   2. 건축문화재의 중심 안동과 성주신앙 … 135
   3. 성주목으로 쓰인 소나무와 안동의 솔 … 147
   4. 민속신앙의 성지로서 안동땅 제비원 … 156
   5. 대부송 전설과 안동 제비원의 소나무 … 162
   6. 안동 최고의 건물인 연자루와 성주신 … 169
   7. 제비원의 신앙사와 성주신앙의 본향 … 176

제2부 건축신화 성주풀이와 건국신화 재인식 … 188

1장 성주풀이의 기능과 나라굿의 건국본풀이 … 190
   1. 성주굿에서 성주풀이를 노래하는 까닭 … 190
   2. 신화로서 본풀이의 청신 및 오신 기능 … 194
   3. 건축신화 성주풀이로 건국신화 재해석 … 198
   4. 성주풀이의 두 유형과 신화의 이원체계 … 205

2장 성주풀이의 구조로 읽는 건국본풀이 재인식 … 210
   1. 시조 본풀이로서 건국신화의 본디 모습 … 210
   2. '단군신화'의 오류와 환웅본풀이 재인식 … 215
   3. 환웅본풀이의 신단수와 성주풀이 성주목 … 224
   4. 건축시조 성주는 문화영웅이자 생태영웅 … 232

3장 성주풀이의 유형별 내용과 의미 해석　　　　　　　　　　239
　　1. 하늘에서 강림한 건축시조형 성주풀이　　　　　　　　　239
　　2. 안동 제비원이 본향인 건축형 성주풀이　　　　　　　　　244
　　3. 시조형과 건축형을 이은 복합 성주풀이　　　　　　　　　250
　　4. 빼앗긴 아내를 되찾는 부부형 성주풀이　　　　　　　　　256
　　5. 건축형과 부부형을 합한 복합 성주풀이　　　　　　　　　261

4장 성주풀이에 나타난 대목의 위상과 기능　　　　　　　　　266
　　1. 건축신화 성주풀이의 유형과 대목의 역할　　　　　　　　266
　　2. 인간에게 집짓기를 가르쳐준 최초의 대목　　　　　　　　269
　　3. 세상에서 집을 가장 잘 짓는 '최고의 대목'　　　　　　　274
　　4. 집을 짓고 집치레와 가구까지 챙기는 대목　　　　　　　278
　　5. 경제적 풍요와 복록을 담아내는 진짜 대목　　　　　　　282
　　6. 진정한 대목은 '집'이 아닌 '복'을 짓는 자　　　　　　　284

제3부 제비원 성주굿의 무녀 송옥순과 전승활동　　　　　288

1장 무녀 송옥순의 무계와 조무 시절 공수　　　　　　　　　290
　　1. 무녀 송옥순과 안동 제비원 성주굿　　　　　　　　　　　290
　　2. 송옥순의 신어머니 권은도의 생애사　　　　　　　　　　295
　　3. 무녀 송옥순의 무계 3대와 무업활동　　　　　　　　　　302
　　4. 무녀 송옥순의 생애사와 입무 과정　　　　　　　　　　　306
　　5. 조무시절 송옥순의 신통한 공수경험　　　　　　　　　　318

2장 무녀 송옥순의 굿이야기와 굿의 세계　　　　　　　　　325
　　1. 송옥순 무녀의 신당과 모시는 신령들　　　　　　　　　　325
　　2. 송옥순 무녀의 신이체험과 굿의 확장　　　　　　　　　　332
　　3. 송옥순 무녀의 굿이야기와 굿의 이해　　　　　　　　　　343
　　4. 송옥순 무녀의 명성과 12계단 작두굿　　　　　　　　　　360

3장 무녀 송옥순의 안동 제비원 성주굿 계승 — 367
1. 무녀 송옥순의 성주풀이보존회 활동 — 367
2. 성주굿 시연활동과 민속예술축제 입상 — 377
3. 무녀 송옥순의 제비원 성주맞이 큰굿 — 383
4. 무녀 송옥순의 제비원 성주공원 조성 — 388
5. 안동 제비원 성주굿의 문화유산 가치 — 395

제4부 안동 제비원 성주굿의 현장조사와 해석 — 402

1장 건궁성주맞이굿의 현장조사 — 404
1. 조사 경과와 건궁성주굿 현장 — 404
2. 성주굿의 상차림과 준비 상황 — 408
3. 주무 송옥순의 굿머리 담론 — 416
4. 법사 조현동의 앉은부정 — 436
5. 주무 송옥순의 선부정 — 439
6. 주무 송옥순의 도당 축원 — 446
7. 법사 조현동의 신명 축원 — 449
8. 조무 이금주의 조상거리 — 457
9. 주무 송옥순의 서낭거리 — 490
10. 주무 송옥순의 산신거리 — 493
11. 주무 송옥순의 대감거리 — 496
12. 주무 송옥순의 성주거리 — 512
13. 주무 송옥순의 칠성거리 — 520
14. 주무 송옥순의 창부거리 — 528
15. 주무 송옥순의 고풀이 — 534
16. 주무 송옥순의 신장거리 — 541
17. 주무 송옥순의 장군거리 — 544
18. 주무 송옥순의 대신거리 — 549
19. 법사 조현동의 망자풀기 — 553
20. 주무 송옥순의 넋보내기 — 556
21. 주무 송옥순의 뒷전풀이 — 560

2장 금포고택 성주굿의 현장조사   **561**

  1. 금포고택 성주굿 조사상황   **561**
  2. 법사 조현동의 앉은부정   **568**
  3. 주무 송옥순의 선부정   **571**
  4. 법사 조현동의 조왕빌기   **575**
  5. 법사 조현동의 터주빌기   **579**
  6. 주무 송옥순의 삼신빌기   **583**
  7. 주무 송옥순의 서낭거리   **589**
  8. 주무 송옥순의 산신거리   **592**
  9. 주무 송옥순의 대감거리   **597**
  10. 주무 송옥순의 성주거리   **602**
  11. 주무 송옥순의 창부거리   **621**
  12. 주무 송옥순의 고풀이   **624**
  13. 법사 조현동의 칠성거리   **628**
  14. 주무 송옥순의 소지올리기   **629**
  15. 법사 조현동의 고방빌기   **631**
  16. 주무 송옥순의 성주빌기   **633**
  17. 법사 조현동의 뒷전풀이   **636**

3장 제비원성주맞이 큰굿 현장조사   **638**

  1. 성주맞이 큰굿의 조사상황   **638**
  2. 성주맞이 큰굿의 고축   **640**
  3. 조무 박미선의 부정치기   **642**
  4. 주무 송옥순의 서낭거리   **642**
  5. 주무 송옥순의 산신거리   **646**
  6. 주무 송옥순의 성주거리   **648**
  7. 주무 송옥순의 지신밟기   **660**
  8. 주무 송옥순의 재수받기   **662**
  9. 주무 송옥순의 고풀이   **663**

4장 성주굿 전승양상과 성주풀이 지식 해석   **665**

1. 송옥순 성주굿의 구성과 전개 상황   **665**
2. 황해도 성주굿과 같고 다른 점 포착   **680**
3. 송옥순 성주풀이 내용의 의미 해석   **686**
4. 성주풀이의 지식 세계와 교양의 폭   **714**
5. 성주풀이의 인문지식 수준과 전문성   **722**
6. 성주풀이의 종교적 세계관과 다양성   **727**

부록: 송옥순 구송 성주풀이 주석   **733**

1. 송옥순 구송 '권은도본성주풀이' 주석   **734**
2. 송옥순 구송 '오숙자본성주풀이' 주석   **747**

참고문헌   763

제1부

한국 굿문화의
독 창 성 과
성주굿의 가치

1장 한국 무교의 굿문화와 민족문화의 전통

1. 한국문화의 정체성과 굿문화의 가치인식

한국은 경제적으로 유엔무역개발회의(UNCTAD)에서 인정한 선진국이자, 문화적으로 세계 대중문화를 석권하고 있는 문화 선진국이다. 경제의 세기인 20세기 말에 우뚝한 경제성장을 이룩하고, 문화의 세기인 21세기에 들어와서 경제는 물론 문화 선진국으로 발돋움하게 되었다. K-팝과 K-드라마의[1] 석권은 물론, 영화 '기생충'의 아카데미 수상으로 대중문화가 한류 바람을 지속시키는가 하면, 최근에는 소설가 한강이 노벨문학상을 수상함으로써 고급문화까지 한류에 가세하게 되었다.

한류 바람에 따라 국제사회에서는 한국어에 대한 관심이 높아지며 외국 대학에서 한국학과가 증설되고 지원자도 크게 증가되고 있는 추세이다. 제2차 한류 붐이 새롭게 조성되고 있다. 펜실베니아 주립대학 사회학과 샘 리쳐드(Sam Richards) 교수는 '한류 전도사'라 할 만큼 한국 문화에 관한 강의를 즐겨 하여 명성을 떨치고 있다. 따라서 세계인들은 한국을 새삼스럽게 주목하고 한국인 따라 하기를 하는가 하면, 유튜브에 한국문화를 여러 모로 소개하기도 한다.

외국인들이 관심을 기울이는 전통문화부터 보면, 배우기 쉽고 쓰기 편한 한글의 문자원

---

[1] 펜실베니아 주립대학 사회학 교수인 샘 리쳐드(Sam Richards) 교수는 한국문화 강의에서 K-팝과 K-드라마 외에 K-패션, K-뷰티, K-푸드, K-게임 등도 열거했다.

리를 아주 부러워하는가 하면,[2] 바닥 난방으로 방안을 따뜻하게 하는 온돌문화에 감탄한다. 음식으로는 발효 식품이자 신선한 채소의 풍미를 지닌 김치를 좋아하며, 거듭 요청해도 다시 제공해 주는 김치 서비스를 고맙게 여긴다. 한국 현대문화에 대해서도 충격을 받기 일쑤이다. 세계에서 가장 빠른 인터넷 속도에[3] 놀랄 뿐 아니라, 핸드폰 무료 충전 및 와이파이 무료 서비스도 아주 부러워한다. 신속한 음식배달과 정확하고 안전한 택배 시스템을 신기해하며, 병원 치료비가 저렴하고 신속한 의료 서비스에 대해서도 곧잘 탄복한다. 카페에 휴대폰이나 노트북을 두고 자리를 비워도 안전하다는 사실도 특별하게 인식한다.

그러나 한국문화에 보다 깊은 관심을 가지는 학자들은 일찍부터 한국의 굿을 주목해왔다. 미국 컬럼비아대학 인류학 교수 로렐 켄델(Laurel Kendall)은 1970년대부터 한국인의 굿을 연구해왔다. 한국은 남존여비 사회인데 굿판에서는 여성 무당이 대감 노릇을 하거나 장군 차림을 하는 것을 신기하게 본 켄델은 굿을 흥미롭게 생각하고 연구하기로 작정한다. 연구 계획에 따라 무당이 둘 있는 농촌마을에서 1년 6개월 동안 굿판을 쫓아다니며 현장연구를 실천한다. 현장연구를 마치고 서울로 옮겨가서 다시 6개월 동안 조사연구한 뒤에 미국으로 돌아가 "한국 여성의 삶과 무속신앙"이라는 박사학위 논문을 발표했다.[4]

전통사회에서 남녀가 유별했던 까닭에 무당을 찾아가는 것은 주로 여성 곧 부인들이었다. 부인들이 무당에게 집안 문제를 털어놓으면, 무당은 그 집안의 조상들에게서 문제의 원인을 찾아낸다. 결국은 조상신의 역사와 가족의 역사, 그리고 지금 겪고 있는 가정 문제가 깊은 관계 속에 있다는 걸 알게 되었다는 것이, 켄델이 쓴 박사논문의 핵심이다. 질병의 원인이나 불운의 원인을 조상신의 내력에서 찾고, 그 조상신을 달램으로써 문제를 해결하는 것이 굿이라는 인식이다. 캔델은 한국 여성문화로서 굿을 주목하였으되, 굿의 본질을 가족사에서 찾아낸 것은 정곡을 찌른 것이라 할 수 있다. 그녀는 한국사회 변동과 관련하여 크게 달라진 현재의 굿도 계속 주목하고 있다.

프랑스 파리사회과학대학 인류학 교수 알렉상드르 기예모즈(Alexander Guillemoz) 역시 1970년대부터 한국문화와 굿을 연구해온 저명한 한국학자이다. 굿을 연구한다는 것은 한국문

---

2   최근에 뉴욕 맨해튼에 22m 높이의 거대한 벽이 모두 한글 자모로 장식되어 있어 관광거리가 되고 있다.
3   샘 리쳐드 교수는 한국의 인터넷 문화를 말하면서, "한국 지하철의 인터넷 속도는 우리(펜실베니아 대학) 강의실보다 빠르다"고 했다.
4   구미화, 「한국 무속 연구 30년, 로렐 켄델 美 컬럼비아대 교수」, 『新東亞』, 2006년 8월호.

화에 정통했다는 뜻이기도 하다. 왜냐하면 한국사회의 전통과 토박이 문화를 깊이 알지 못하면 굿의 이해가 무척 어려운 까닭이다. 기예모즈는 유럽 한국학 협회장을 역임할 만큼 한국통으로 알려진 학자이다. 그는 특히 한국 굿을 시베리아 샤머니즘과 비교하여 한국 굿의 독자성을 입증하는 데 관심을 기울였다.

시베리아 샤먼은 영혼이 엑스타시(Ecstasy) 상태에서 하늘로 올라가거나 지옥으로 하강하기 위해 육체를 떠난다. 그러나 한국의 무당은 천당이나 지옥으로 떠나지 않고 오히려 신이 굿판으로 내려온다. 다시 말하면 샤머니즘에서는 굿을 하면 샤먼이 움직이지만, 한국의 굿에서는 샤먼이 아니라 신이 움직인다. "무당은 샤먼과 반대로 신을 찾으러 가는 것이 아니라 신을 받아들이고 맞아들이는 것이다."[5]

샤머니즘은 무당의 혼이 몸을 떠나 이계(異界) 여행을 하는 탈혼 상태의 엑스타시형이다. 그러나 한국 굿은 무당의 몸에 신령이 실려서 빙의하는 포제션(Possessions)형이다. 한국 굿에서는 영혼이 몸에서 떠나면 오히려 병이 생긴다고 믿는다. 따라서 탈혼으로 발생한 병의 치유 방법은 혼이 탈출한 장소에서 방황하는 혼을 불러 들여서 진정시키는 것이다. 떠난 혼을 다시 불러들이는 굿을 특히 '넋들임' 굿이라고 한다.[6] 이처럼 한국에는 넋들임 굿이나 초혼굿은 있어도 탈혼굿은 없다. 그러므로 샤머니즘과 굿은 유형이 서로 다른 근본적인 차이를 지닌 종교 제의라 하지 않을 수 없다.

영국 케임브리지 대학 인류학자 피어스 비텝스키(Piers Vitebsky)는 샤먼을 정의하면서 한국 무당은 샤먼과 다르다는 것을 밝혔다. 그의 저서 『샤먼(The Shaman)』의 서론 첫장은 샤먼에 대한 정의로부터 시작되는데, 한국 무당의 특징을 샤먼과 구별하여 독자적으로 서술하고 있다. "시베리아 샤먼의 영혼은 몸을 이탈해 다른 세상, 특히 하늘 위의 세계인 천상계와 깊디깊은 지하계를 떠돌아다닐 수 있다." 그러나 한국의 무당은 "영혼여행을 수반하지 않고도 망아상태를 통제할 수 있는 부류의 사람"이라고 서로 다른 점을 부각시켰다. 따라서 샤먼들은 "영들에게 사로잡혀 지배되는 한국의 영매(靈媒)들과 사뭇 다르다"고[7] 정의했다. 결론적으로 한국의 무당은 "망아상태를 통제하기는 하지만 영혼 여행은 하지 않는 여성

---

5 Alexander Guillemoz, 「現世的 福樂追求의 信仰」, 『韓國의 思想構造』, 삼성출판사, 1975, 406~408쪽.
6 고광민, 「추는굿 견문기」, 『제주도 추는굿』, 도서출판 피아, 2006, 21쪽.
7 피어스 비텝스키 지음, 김성례·홍석준 옮김, 『샤먼』, 창해, 2005, 10쪽.

영매를 가리킬 때 사용된다"고 샤먼과 다른 독자성을 밝혔다.[8]

이처럼 비텝스키는 영혼이 몸을 이탈하여 이계 여행을 하는 시베리아 샤먼과, 오히려 영혼이 몸에 빙의되어 영매가 되는 한국 무당의 차이를 대립적으로 서술했다. 그것도 한국 무당만 유일하게 꼭 집어서 샤먼과 다른 차이를 거론한 것이다. 처음부터 한국의 무당굿은 샤머니즘과 다른 독창적 유형이라는 것을 딱 부러지게 밝힐 필요가 있었기 때문이다. 비텝스키가 탈혼의 샤먼과 영매인 무당의 차이를 대립적으로 포착한 것은 기예모즈와 같은 견해로서 더욱 설득력을 지닌다.

비텝스키는 무당의 성별을 주목하며, 시베리아 샤먼이 주로 남성인데 비하여, 한국의 무당은 주로 여성이라고 했다. "한국에서는 모든 무당들이 여성이며, 가끔 남성들이 여성처럼 옷을 입기도 한다. 그래서 한국의 무당은 '여성 중의 여성이며 주부의, 주부를 위한 의례 전문가'로 여겨져 왔다"고[9] 밝혔다. 따라서 "여성 샤머니즘의 경향은 한국에서 가장 강력하다"고[10] 주장한다. 켄덜 교수가 한국 여성문화로서 무당과 굿을 연구한 문제의식과 정확하게 만난다. 그러므로 외국학자 세 사람은 제각기 서로 다른 시각에서 한국 무당굿을 연구했지만, 한국 굿문화의 독자성과 여성문화로서 특수성을 해석하는 데는 서로 공통점을 이룬다.

비텝스키는 세계 샤머니즘을 두루 연구한 까닭에 샤머니즘의 연구 속에서 한국의 굿을 특별히 주목했지만, 캔덜이나 기유모즈처럼 한국을 깊이 연구하는 외국인 한국학자들은 굿을 먼저 주목하고 비중 있게 다루었다. 왜냐하면 굿이 한국의 가장 특수한 종교문화이자 가장 한국다운 문화이기 때문이다. 인도가 힌두교의 나라이고 일본이 신토의 나라인 것처럼, 그들이 보기에 한국은 굿의 나라였다. 일본을 제대로 이해하려면 신토를 알아야 하고, 인도문화를 깊이 알려면 힌두교부터 공부해야 하는 것처럼, 한국문화의 심층을 정확하게 이해하려면 굿을 알아야 한다. 그러므로 외국학자들 가운데 한국학의 대가는 으레 굿을 주목하기 마련이다.

굿을 주목한다는 것은 가장 한국다운 종교문화를 포착하는 것이다. 왜냐하면 굿은 한국

---

8   피어스 비텝스키 지음, 김성례·홍석준 옮김, 위의 책, 38쪽.
9   피어스 비텝스키 지음, 김성례·홍석준 옮김, 같은 책, 33쪽.
10 피어스 비텝스키 지음, 김성례·홍석준 옮김, 같은 책, 41쪽.

고유 종교인 무교(巫敎)의 제의양식이기 때문이다. 따라서 불교의 예불, 유교의 제사, 천주교의 미사, 개신교의 예배가 특정 종교와 해당 제의로서 제각기 짝을 이루는 것처럼, 무교의 굿 또한 서로 짝을 이루어 함께 간다. 굿은 무교의 공식적 신앙활동이기 때문이다. 따라서 굿 연구는 곧 무교 연구에 해당된다. 미사를 올리는 것이 천주교 신앙이고 예불을 드리는 것이 불교 신앙이듯이, 굿을 하는 것은 곧 무교 신앙 활동이다. 그러므로 무교와 굿은 서로 뗄 수 없는 관계에 있다.

그러나 굿 연구를 흔히 무속연구라고 한다. 무속 전공자는 사실상 굿 전공자이다. 무교의 제의인 굿을 곧 무속으로 보는 것이다. 굿을 무속이라 하는 것은 제사를 유속(儒俗)이라 하고, 예불을 불속(佛俗)이라 하며, 예배를 기독속(基督俗), 미사를 천주속(天主俗)이라 하는 것과 같다. 그러나 유속, 불속, 기독속, 천주속이란 말은 쓰지 않는다. 왜냐하면 제사나 예불, 예배, 미사는 한갓 종교풍속이 아니라 특정 종교의 구체적 제의양식이기 때문이다. 굿도 같은 맥락에서 무속이기 전에 무교의 제의양식이다. 그러므로 이 논의에서는 무속이라는 말 대신 무교와 굿이라는 말을 제각기 분별해서 쓴다. 왜냐하면 무교를 기존종교와 대등한 종교로 주목하고, 굿을 기존종교의 제의와 대등한 제의로 인식하고 해석하기 위해서다.

굿문화는 굿 자체만을 일컫는 것이 아니라 굿과 관련된 문화 현상 일반을 일컫는다. 무교에서 비롯된 민속신앙 전반이 굿문화이다. 산신에게 기도를 올리거나 큰 바위에 치성을 드리며 비손하는 것은 굿이 아니지만 무교신앙에서 비롯된 굿문화에 해당된다. 줄다리기는 흔히 민속놀이라 하되, 굿문화의 시각에서 보면 '줄굿'에 해당된다. '굿'이라고 할 때는 줄다리기가 제외되어서 굿으로 다루지 않지만, '굿문화'를 주목하게 되면 줄다리기가 줄굿으로 재인식되게 마련이다. 그러므로 굿문화는 무교신앙 전반을 두루 수렴하면서 굿을 중요한 문화 현상으로 인식하게 만든다.

다만 무교는 기존종교와 달리 교조가 없고 교단이 형성되어 있지 않다. 밑으로부터 자연스레 발생된 종교여서 교조가 없는 것은 물론 일정한 종교조직이 공적인 단체를 이루지 않는다는 말이다. 교단 조직이 없는 까닭에 아무도 무교를 표방하지 않고 무교 현판을 내걸지도 않는다. 개별적으로 무당들이 나서서 굿의 영험성을 내세우는 정도이다. 따라서 무교라는 종교는 실체가 없는 것처럼 잠적해 있고 그 제의인 굿만 요란한 양식으로 두드러져 아주 특별하게 보인다. 민속학자들은 굿을 민속의 하나로 여겨 '무속 연구'라 하지만, 유동식과 최준식 등 종교학자들은 굿이 곧 무교의 제의라는 사실을 포착하고 있으므로 으레 '무교 연구'를 표방한다.

무교는 교조와 교단이 없을 뿐 아니라 경전(經典)도 따로 없다. 교조가 없으니 교조의 말씀을 적은 경전이 있을 리 없다. 무경(巫經)이 있긴 하지만 무교를 대표하는 경전이라 할 수 없다. 기록된 경전 대신에 굿판에서 노래되는 다양한 무가들이 풍부하게 전승되면서 일종의 경전 구실을 한다. 무가를 보면, 교조(敎祖)는 없지만 무조(巫祖)는 있다. 굿마다 서로 다른 무조신(巫祖神)이 있어서 섬김의 대상이 되고 있다. 따라서 구체적인 실체이자 제의양식인 굿을 통해서 그 배후에 잠적해 있는 무교를 추론하는 것이 바람직하다. 왜냐하면 굿이 무교의 실체를 나타내는 역동적인 제의이기 때문이다.

한국은 무교의 나라이자 굿의 나라이다. 굿이라고 하면 무당굿만 떠올리는데, 굿문화에 대한 좁은 소견에 지나지 않는다. 굿에는 무당굿 외에 풍물굿도[11] 있고 광대굿도[12] 있으며, 풋굿과 줄굿, 탈굿도[13] 있다. 보름굿과 단오굿이 있는가 하면, 마을굿이나 고을굿, 나라굿도 있다. 하회별신굿은 마을굿이고 강릉단오굿은 고을굿이며, 국중대회로 하는 고대 제천행사는 나라굿이자 하늘굿이었다.

엄청나게 다양한 굿이 위상에 따라 일정한 문화적 전통을 이루지만 그 배후에는 무교가 자리잡고 있다. 무교사회였기 때문에 마을굿과 고을굿 나라굿이 있었는가 하면, 연중 세시풍속에 따라 보름굿과 단오굿 등 명절굿의 전통도 끊이지 않고 이어져왔다. 그러므로 한국문화의 정체성은 무교에서 찾아야 한다. 왜냐하면 무교가 우리 민족의 토착종교이자 민족 고유종교이기 때문이다.

동아시아 3국은 유교와 불교를 보편종교로 공유하면서[14] 중국은 도교, 일본은 '신토(神道)'가 고유종교인 것처럼 한국은 무교가 고유종교이다. 종교학자 최준식은 무교를 한국인

---

11 풍물굿은 풍물잡이들이 풍물을 치며 하는 각종 굿을 말한다. 풍물굿에는 마을굿도 있고 두레굿도 있으며 집돌이 지신밟기굿도 있다.
12 광대굿은 광대들이 주체가 되어서 하는 굿이다. 조선조 세말나례로 하는 산대희에 광대들이 동원되어 하는 각종 제의와 잡희은 일종의 광대굿이다.
13 하회별신굿의 탈춤은 탈을 쓰고 하는 탈굿이다. 탈춤의 기원이 공동체의 풍농굿에서 기원된 만큼 탈춤은 탈굿에서 비롯되었다고 하겠다. 동해안별신굿에서도 무당들이 탈놀이를 하는데 그들은 '탈굿'이라고 한다.
14 조동일, 『대등생극론』, 미간행 원고, 167쪽, '8 대등종교철학'에서 "동아시아문명은 유교문명만이 아니고 유교와 불교가 함께 이룩한 문명임을 분명하게 확인하게 되었다"고 했다. 이 원고는 『대등의 길 - 인류 역사의 새 지표』, 지식산업사, 2024로 간행되었다.

의 고유종교이자 근본신앙이라고[15] 자리매김한다. 국가별 고유종교가 왜 중요한가 하면, 일반적으로 문화적 정체성을 그 국가의 고유종교에서 찾기 때문이다.[16] 인도 문화의 정체성은 힌두교에서 찾고 일본 문화의 정체성은 '신토'에서 찾는 것과 같이, 한국문화의 정체성은 무교에서 찾아야 마땅하다.

무교의 제의적 실체가 굿이므로 굿문화가 곧 한국문화의 정체성을 이룬다. 그러나 한국인들 스스로 굿문화를 제대로 체감하지 못하고 있다. 물고기는 물에서 살아가는 것이 당연하기 때문에 자신이 물속에 있다는 사실을 인식하지 못하는 것과 같다. 굿문화 속에 살고 있는 한국인도 물에 사는 물고기와 같아서 한국인은 스스로 굿문화 속에 살고 있다는 사실을 모르기 마련이다. 따라서 별도로 챙겨보지 않을 수 없다. 한국사회에서 무교의 굿문화는 역사적 지속성과 공간적 확장성, 민족적 포괄성, 문화적 파급성 등을 확보하고 있다. 그러므로 한국문화 속에서 차지하는 굿문화의 특성을 네 갈래로 정리해 보면, 굿문화에 대한 인식이 달라질 수 있다.

첫째, 굿문화는 한국 역사와 함께 해온 가장 오랜 민족문화이다. 이능화의『조선무속고』에서는[17] 물론 무교의 역사를 서술한 유동식 또한 한국 무교의 역사를 고조선 시대 건국신화로부터 서술하고 있다. 이를테면 단군신화를 분석하면서, 단군을 무군(巫君)으로 해석하고 천부인 3개를 무구(巫具)로 간주하는 한편, 단군이 아사달의 산신이 된 사실을 무교의 산신신앙으로 연결 짓는다.[18] 따라서 굿문화는 우리 민족사와 함께 전개된 문화사의 뿌리이자 장기 지속적인 문화이다.

둘째, 굿문화는 한국 전역에 분포되어 있는 전국적인 문화 현상이다. 판소리처럼 호남지역에 치우쳐 있는 것이 아니라, 전국적인 문화로서 광범한 지리적 분포를 이루고 있는 것이 굿이다. 한국 전통문화의 원형을 잘 간직하고 있는 제주도는 굿의 고장이자 무교신화

---

15 최준식,『巫敎 - 권력에 밀린 한국인의 근본신앙』, 모시는사람들, 2009에서는 무교를 한국 '고유종교' 또는 '근본신앙'이라고 했다.
16 새뮤얼 헌팅턴 지음, 이희재 옮김,『문명의 충돌』, 김영사, 2016에서는 세계문명을 종교 중심으로 8개 문명으로 나누는데, 한국은 독립적 문명권으로 설정되지 않았지만, 힌두교의 인도와 신토의 일본은 제각기 하나의 문명권으로 분류되었다.
17 李能和,「朝鮮巫俗考」,『啓明』19호, 1927, 1쪽. '朝鮮 巫俗之由來', "朝鮮民族 古初時代 卽有神市 爲其敎門 天王桓雄 檀君王儉 或爲天降之神 或爲神格之人矣 古者以巫祭天社神 爲人尊敬."
18 柳東植,『韓國巫敎의 歷史와 構造』, 延世大學校出版部, 1975, 28~34쪽.

의 고향이다. 북한 지역 굿은 황해도가 중심을 이룬다. 황해도굿은 강신무의 전형적인 굿을 이룰 뿐 아니라 마을굿인 대동굿의 전통도 잘 이어왔다. 따라서 굿문화는 한국 어느 지역, 어느 고장에서도 두루 전승되어 온 가장 광범위한 한국문화라 할 수 있다.

셋째, 굿문화는 우리 민족이면 누구나 향유해 온 국민문화이다. 무교는 토착종교로서 외래 종교인 불교와 유교 등과 구별되는 민족종교이다. 게다가 불교가 출가자 중심의 종교이며 유교는 지배계층인 양반 신분의 종교인[19] 반면, 무교는 출가를 요구하지도 않고 반상의 신분 차별도 없는 까닭에 우리 민족 일반을 아우르는 열린 종교이자 일상생활의 종교이다. 그러므로 무교는 민족종교로서 독자적 자질을 갖추었을 뿐 아니라, 굿문화는 진정한 민족문화의 꽃이라 할 수 있다.

넷째, 무교의 굿은 무당굿과 풍물굿에 한정되지 않는다. 굿의 세계관이나 주술적 사고는 한국문화 전반에 스며들어 있다. 세시풍속과 각종 놀이들도 굿의 세계관과 만난다. 대보름과 단오 명절은 제각기 보름굿과 단오굿의 일환이며, 줄다리기와 놋다리밟기 등의 민속놀이는 풍요다산을 기원하는 풍농굿의 일환이었다. 동지에 팥죽을 집안 곳곳에 뿌리며 귀신을 쫓는 풍속도 동지굿의 한 양상이다. 동신신앙의 마을굿과 별신굿도 대동굿으로서 우리 굿문화의 대표적 전통이다. 그러므로 한국 전통문화의 여러 현상들은 사실상 무교의 굿문화 속에서 비롯된 것이라 해도 지나치지 않다.

굿문화는 한국문화를 대표하는 민족문화일 뿐 아니라, 한국문화사의 주류를 이루며 한국의 문화 정체성을 이루는 바탕 문화이다. 따라서 다른 종교도

실상사 칠성각

19　李能和, 『朝鮮基督敎及外交史』, 39~40쪽에서 "이른바 유교라는 것은 소수 양반의 종교며 일반인민의 종교는 아니다"고 했다. 이능화 지음, 서영대 역주, 『조선무속고』, 창비, 2008, 41쪽에서 재인용.

한국에 들어오면 굿문화의 영향을 받아 한국화 되기 마련이다. 불교가 전래해서 한국사회에 자리 잡는 동안 굿문화를 자연스럽게 받아들이게 되었다. 사찰에 있는 산신각이나 칠성각, 삼신각에는 무교의 산신과 칠성신, 독성신(獨聖神)[20] 등 민속신앙의 신령들을 모신다. 해탈을 추구하는 불교신앙이 기복신앙화 되거나, 호국불교를 표방하고 죽은 영혼을 위무하는 제의를 하는 것 등은, 겉으로 보기에 불교의례로 보이지만 그 이면에는 무교신앙의 성격이 작동되고 있다.[21]

기독교도 한국 무교와 만나면서 일정한 특수성을 지니며 변화되었다. 이를테면 한국 교회의 새벽기도는 무교의 새벽 치성에 따른 특수 현상이다. 부흥회에서 목사가 열성적인 설교를 하고 신도들의 열광적으로 호응하며 참여하는 방식도 굿을 해오던 한국인의 심성에서 비롯된 특수성으로 이해된다. 부흥회가 끝난 뒤에 "성도들이 천국 춤이라고 하는 이상야릇한 동작으로 몸을 흔들고, 서로 붙잡고 방언을 하며 통변하고, 입신하는 광경"이 펼쳐지는 것도 굿판과 같다고 한다. 예배를 볼 때 열광적으로 찬송하고 박수치고 북을 치고 춤을 쳐야 성령이 내려서 역사한다고 믿는 것 또한 무교의 영향으로 이루어진 현상이라고 한다.[22]

입시철이 되면 학부모가 교회나 성당, 또는 사찰에 가서 합격 기도를 올리는 것은 무교의 치성이나 다르지 않으며, 이러한 유형의 기복신앙은 무교신앙에 뿌리를 두고 있다. 부처님의 해탈이나 하느님의 인격적 섭리를 믿기보다 초월적 영험의 신통력이나 주술적인 효과를 믿는 것은 근본적으로 무교에서 비롯된 것이다. "한국인들은 어떤 종교를 갖든지 기본적으로 무교적인 틀로 신앙생활"을 하고 있는 것이 현실이다.[23] 그러므로 한국 무교의 굿문화는 외래 종교를 토착화 형태로 녹여내는 용광로 구실을 한다.

무교는 기성종교처럼 배타적이지 않다. 천지만물의 신령을 두루 인정하고 만신을 섬기는 까닭이다. 사랑을 말하면서 다른 종교를 이단시하고 평화를 빈다고 하면서 전쟁을 일으키는 기성종교와 다르다. 어질기를 가르치며 다른 종교를 탄압하고, 자비를 추구하며

---

20 석가모니처럼 스승 없이 홀로 도를 이룬 분으로서 우리나라 조선 초기 이후 경전에만 나오는 신이다. 최남선은 독성신을 단군으로 해석한다.
21 김성은,「한국의 무속과 민간불교의 혼합현상」,『종교학 연구』24, 서울대학교 종교문제연구소, 2005, 79쪽.
22 주안에,「한국 무속신앙의 무가(巫歌)가 기독교에 끼친 영향」(https://m.blog.naver.com/reformedfaith/10183 320182).
23 최준식,『巫敎 - 권력에 밀린 한국인의 근본신앙』, 모시는 사람들, 2009, 195쪽.

다른 종교와 척 지는 일을 무교는 하지 않는다. 따라서 단일한 교조를 섬기지 않고 무교의 세력화와 포교를 위한 교단조차 조직하지 않았다. 외래종교가 들어와도 너그럽게 포용해 왔을 뿐 이단으로 여겨 공격하지 않았다. 그러므로 한국사회는 여러 종교들이 공존하되 종교간 갈등이 첨예화되지 않아서 평화로운 다종교공존사회를 이루고 있다.

그러나 한국인들은 다종교공존사회가 특별한 현상이란 사실을 잘 모르고 있다. 민족종교가 무교라는 사실은 더욱 모른다. 일상적인 전통문화 속에 무교가 자리잡고 있다는 사실은 전혀 눈치 채지 못한다. 그것은 기독교 사회에서 식사하기 전에 기도하는 풍속이 기독교에서 비롯된 것을 모르고 있는 것이나 다르지 않다. 자국의 주류 종교문화는 일상적인 관습이어서 특정 종교와 연결되지 않기 마련이다. 한국에서 동제를 올리고 집돌이 풍물굿을 치는 풍속이 무교에서 비롯된 마을굿과 보름굿의 한 양상이라는 사실을 모르는 것도 그것이 특수한 것이 아니라 어느 곳에서나 뿌리 깊은 관습으로 굳어져 있기 때문이다.

피상적으로 보면, 굿은 크게 무당굿과 풍물굿의 두 가지 양식으로 전승되고 있다. 그러나 줄굿과 풋굿, 두레굿, 놀이굿, 명절굿, 마을굿 등의 다양한 굿문화는 우리의 전통생활 전반과 모든 신앙의 사유 속에 스며들어 있다. 한국인을 한국인답게 하는 한국 전통문화가 사실은 굿문화라 해도 지나치지 않다. 따라서 굿문화는 한국문화의 정체성을 대표하는 최고의 문화라고 하는 것이다. 그럼에도 우리는 아예 무교를 종교로 여기지 않고 있는 것은 물론 굿을 버려야 할 것으로 경멸해왔다.

일본의 토착종교인 '신토(神道)'와 견주어 보면, 무교는 한국에서 특별히 홀대받았다는 사실을 알 수 있다. 일본 신토는 기성종교 체제와 다른 민속종교이자 자연종교로서 한국 무교나 다르지 않다. 따라서 유일신을 섬기는 것이 아니라 온갖 신을 두루 섬기며, 우리 무교처럼 "교리도 없고 경전도 없다."[24] 그럼에도 일본 교과서에 신토를 미신으로 폄하하는 서술은 전혀 없다.[25] 일본에는 도처에 신사가 우뚝하게 세워져 있고 신토신앙을 믿는 사람들의 비중이 다른 종교에 비해 가장 높다. 그러므로 미국에서 펴낸 종교학 교과서에는 으레 일본의 신토를 종교 현상으로 다루기 마련이다.[26]

---

24 최준식, 위의 책, 192쪽.
25 최준식, 같은 책, 18쪽.
26 최준식, 같은 책, 19쪽.

일본 신토가 정권 차원에서 국교화 되어 보호된 반면에, 한국 무교는 거꾸로 정권으로부터 좌도로 몰려 핍박받았다. 한국 스스로 핍박하는 무교신앙을 미국이 종교학 교과서에서 다룰 까닭이 없다. 따라서 종교학자 최준식은 무교를 "권력에 밀려난 한국인의 근본신앙"으로 자리매김하고 있다. 고려시대 권력이 불교를 국교로 삼았으며, 조선시대 권력은 유교를 국교화한 까닭에 민족종교인 무교는 밀려날 수밖에 없었다. "무교가 계속해서 미신으로 지탄받는 것은 권력 혹은 정치와 결탁하지 못했기 때문"이다.[27] 그렇지만, 한국인의 종교적 심성의 바탕에는 무교가 자리잡고 있다. 왜냐하면 무교는 한국인이 한국인의 세계관에 맞게 주체적으로 만들어낸 근본신앙이기 때문이다.

종교학자 유동식은 일찍이 이러한 사실을 포착하고 "한국문화의 지핵(地核)은 무교"라고 규정하였다. 무교는 "민중문화의 저변을 흐르면서 지핵을 형성"하고 있으며, "한국문화의 심층에서 여전히 그 에너지를 발휘하고" "우리들의 행동양식을 결정할 가치체계와 세계관을 적지 않게 지배하고" 있다. 뿐만 아니라 "아직도 곳곳에서 무교의 용암이 활화산을 이루고 있는 것을 본다"고 했다.[28]

실제로 무교는 조선조에 좌도로 규정되어 억압되었고, 일제강점기에는 미신으로 간주되어 타파 대상이 되었으며, 해방 후에는 선교사와 기독교인들에 의해 사탄으로 핍박 받았다. 그럼에도 무교는 끊이지 않고 민중의 생활세계 속에서 지속되었으며, 이러한 권력의 탄압과 핍박이 잦아들고 민주화가 진전되자 새삼스레 활성화되고 있다. 따라서 지금 굿문화는 과거 어느 때 못지않게 역동적으로 부활하여 왕성하게 전승되고 있는 상황이다. 굿이 오랜 탄압을 견디고 드디어 해방에 이른 까닭이다.

한국문화의 세계적 자랑거리인 한글도 최근까지 줄곧 핍박의 대상이었다. 조선조 유교사회에서 한자가 진서(眞書)로 숭배되는 반면, 한글은 언문(諺文)으로 취급되어 정상적인 문자로 취급되지 않았다. 각종 공적 문서는 물론 양반들의 편지글이나 축문 등도 모두 한자로 표기되었다. 일제강점기에는 아예 우리말조차 쓰지 못하게 되었을 뿐 아니라 일본어가 국어로 가르쳐졌다. 해방후 한글이 비로소 국어로 가르쳐졌으나 국한문 혼용으로[29] 여전

---

27 최준식, 같은 책, 190쪽.
28 柳東植, 앞의 책, 15쪽.
29 국한문 혼용 세로쓰기는 일제 잔재이다. 일본에서는 아직도 한문을 혼용하며 세로쓰기를 하고 있다.

히 제자리를 찾지 못하다가 2005년 국어기본법이 제정되면서 공문서를 한글로 작성할 수 있게 되었다. 이때 비로소 한글이 한문에서 벗어나 독립할 수 있었다.

한글의 과학적 체계와 창제 원리가 국제사회에 알려지면서 세계화되고 있다. 인도네시아 바우바우시의 찌아찌아족 약 8만 명은 자기들의 전통 언어를 한글로 표기하는 것이 가장 쉽고 정확하다고 판단하여 현지 초등학교에서는 한글을 가르치고 있다. 찌아찌아족이 한글 수업을 시작한 지 일 년만인 2010년에 인도네시아 정부도 한글 도입을 공식적으로 승인하게 되었다.[30] 현재는 초등학교부터 고등학교 학생들까지 한글을 사용해 찌아찌아어 교육을 받고 있다.

한글은 소수민족 언어 표기에 이바지할 뿐 아니라, 미래의 디지털 문화에도 최적화되어 있다. 디지털 신호를 전환할 때 정보 전달 효율성이 최고여서 한글은 AI시대가 진전될수록 진가를 발휘할 전망이다. 한글은 자모의 다양한 결합으로 무한한 음절을 표기할 수 있을 뿐 아니라, 자음은 음성기관의 모양에 입각해 있고 모음은 천지인의 세계관과 음양철학을 반영하고 있다. 따라서 한글의 구조적 특성은 자연어 처리 알고리즘에 적합해서 디지털 환경에 안성맞춤인 것은 물론, 인공지능의 언어 학습 효율성을 높일 수 있는 규칙성을 갖추고 있다.

언어학 전공의 에단 캘러웨이 교수는 한글이 단순한 문자 체계가 아니라 인간의 발성기관이 낼 수 있는 모든 소리를 표현할 수 있으며 무문자 생활을 하는 민중에게 지식의 문을 열어주는 인류지성의 위대한 유산이라고 평가한다.[31] 그러므로 한글의 가능성은 AI시대로 갈수록 더욱 크게 열려 있다고 할 수 있다.

굿의 해방과정도 한글의 처지와 다르지 않고 그 가능성도 한글처럼 크게 열려 있다. 굿은 한글과 달리 법률적으로 굿의 해방을 명시한 것은 아니다. 그러나 학교 교육에서부터 긍정적 변화를 보이기 시작했다. 종래에 교과서에서 굿이 미신으로 서술된 사실을 두고 종교학자 최준식은 "외국에서 들어온 주자학은 진리이고 이 땅에 수천 년을 이어 왔던 고유 신앙은 미신이 되는데, 이런 사대적이고 종교 제국주의적인 시각이 어떻게 어린이들이 보는 교과서에 실릴 수 있었는지 놀랍기만 하다"[32]고 개탄했다.

---

30 정용오, 「印尼정부, 찌아찌아족 한글도입 공식 승인」, 한국일보, 2010년 7월 26일자.
31 https://www.youtube.com/watch?v=5TuK2LulweA

최근에는 교과서도 굿을 민족문화로 주목하는 단계에 이르렀고 굿을 공적으로 탄압하는 행정은 사라졌다. 따라서 전에 없었던 굿당이 여기저기 생겨서 무당들이 마음껏 굿을 할 수 있을 뿐 아니라, 시골에 잔존해 있던 무당들이 요즘은 오히려 도시에 더 집중되어 성황을 이룬다. 주술은 기술의 발전과 반비례한다는 전제와 달리, 굿은 발전된 기술문명을 누리는 도시사회에서 더 성행되고 있다. 요즘 추세로 보면 굿문화는 과학의 발전과 함께 간다고 해도 지나치지 않다. 왜냐하면 굿을 누구나 자유롭게 할 수 있게 된 것은 물론, 굿이 현대 디지털 기술을 이용하여 인터넷과 유튜브를 매개로 활동 반경을 크게 확대하고 있기 때문이다.

현재 전승되는 굿문화는 무가의 문학적 창조력이 탁월할 뿐 아니라, 무복과 무화, 지공예가 시각적으로 화려하며, 굿춤과 굿음악의 역동성은 신명을 돋우기에 충분하다. 앞으로 이러한 굿의 성행은 더 진전될 조짐이며, 현대 첨단기술과 함께 어깨를 겯고 더불어 발전할 것이다. 그러므로 전반적으로 퇴조를 보이는 세계 각국의 샤머니즘과 견주어 봐도 한국의 굿문화는 가장 우뚝한 토착종교 문화 현상으로 국제사회에서도 재인식될 필요가 있다.

최근의 한류문화는 물론 2002년 월드컵 경기에서 '붉은악마'의 응원 열광도 굿문화의 유전자가 표현 형태로 나타난 것이 아닌가 한다. 문화적으로는 축구 4강의 기적보다 더 귀한 것이 서포터즈 최강에 오른 '붉은악마'의 응원이다. 붉은악마는 월드컵을 공동주최한 일본의 응원단 '울트라 닛폰'을 가볍게 누르고 피파(FIFA) 공식 서포터즈 1위에 올랐다. 정부의 전폭적인 재정 지원과 히딩크 감독에 힘입은 축구팀과 달리, 자발적인 모임으로 이루어진 시민들의 붉은악마 응원단은 꽹과리와 징을 치는 풍물패를 중심으로 '대~한민국!' 구호와 함성을 지르며 율동적인 몸짓, 일치된 복장이 붉은 물결을 이루었다.

세계적인 팬덤을 이룬 붉은악마의 응원 열정으로 한일 공동주최의 월드컵이 마치 한국 단독 주최인 것처럼 외국인들의 주목을 끌었다. 따라서 축구경기보다 붉은악마의 응원 열기에 동참하기 위해 내한하는 외국인들이 늘어날 정도였다. 붉은악마는 한갓 응원이 아니라 우리 민족의 집단신명풀이였다. 이러한 집단 신명풀이는 국중대회로 이루어진 고대 나라굿의 문화적 유전자가 고스란히 재현된 것으로 해석할 수 있다.

---

32 최준식, 앞의 책, 17~18쪽.

고구려의 동맹, 부여의 영고, 예의 무천은 고대 제천행사로서 국중대회이자 나라굿이었다. 이 나라굿의 열쇠말은 남녀노소(男女老少), 군취가무(群聚歌舞), 주야무휴(晝夜無休), 연일음주가무(連日飮酒歌舞)였다.[33] 붉은악마는 남녀노소 구분 없이 군취가무를 즐겼으며 주야무휴로 월드컵 경기가 끝날 때까지 연일 계속되었다. 이러한 열정에 한국인들도 놀랐다. 그러한 힘의 원천을 몰랐기 때문이다. 그러나 잠재된 굿문화의 현대적 분출이었다고 생각하면 아주 자연스러운 현상이라 할 수 있다.

독창 가수보다 BTS나 블랙핑크와 같은 그룹가수들이 세계 가요계를 석권하는 것도 '군취가무'에 탁월한 민족적 잠재력에서 비롯된 것이다. 듣고 감상하는 오디오 중심의 노래문화에서, 함께 부르며 춤추는 비디오 중심의 퍼포먼스 노래문화로 변화할수록 '군취가무'의 문화 유전자를 발휘하는 K-팝이 국제사회에서 더 우뚝하게 마련이다. 함께 노래하고 춤추는 집단적 신명풀이가 마을굿이었다. 마을굿에서 집돌이 풍물은 전통적인 마당굿이자 지신밟기이며, 오늘날의 플래시 몹(flash mob)에 해당된다. 따라서 붉은악마의 집단응원이 나라굿의 전통이라면, K-팝의 집단적 신명풀이는 마을굿의 전통 분출이라 하겠다. 그러므로 미래로 갈수록 한국형 군취가무의 집단 퍼포먼스는 더 각광받을 가능성이 크다.

인공지능 시대가 도래할 가까운 미래에는 AI가 사람들의 일자리 대부분을 차지하게 될 것이다. 그 가운데 AI의사와 AI교수, AI변호사가 있는 것처럼, AI목사와 AI승려도 있다. 실제로 AI목사는 독일 성바울교회에서 예배 시간에 설교를 했으며, 로봇 승려 '마인더(Mindar)'는 일본 교토의 고다이지(高台寺)에서 불교의식을 진행하며 부처의 가르침을 전했다. 앞으로 더 확산될 조짐이 보인다.[34] 그러나 굿은 AI가 담당할 수 없다. 왜냐하면 AI는 무당처럼 신령과 소통하는 영매로서 자질을 갖출 수 없기 때문이다. 그러므로 무당의 굿문화는 포스트휴먼 시대로 갈수록 인간다운 문화로서 더욱 주목 받게 될 것이다.

---

33 임재해, 「한국 축제 전통의 지속 양상과 축제성의 재인식」, 『比較民俗學』 42, 比較民俗學會, 2010, 23~26쪽에서 자세하게 분석했다.

34 보스턴 대학 웨슬리 와일드먼(Wesley Wildman) 교수는 "AI가 곧 사람보다 더 나은 종교 활동을 수행하는 시대가 올 것"이라고 주장하며, "AI는 대부분의 설교자보다 더 나은 설교를 할 수 있고", 그러면 "종교 단체에 비용(헌금 등)을 지불할 필요도 없다"고 강조했다. (https://www.newstok.net/news/articleView.html?idxno=116252)

2. 굿문화에서 창출된 민족문화의 전통포착

굿이라고 하면 으레 무당굿을 떠올리는 경우가 많다. 그러나 무당굿은 우리 굿의 일부이자 한 종류일 뿐이다. 따라서 무당이 하는 굿을 곧 굿이라고 여기며 다른 종류의 굿을 돌아보지 않는 것은 편견이다. 우리 굿문화의 전모를 제대로 포착하지 못한 데서 비롯된 착각이라 할 수도 있다. 왜냐하면 무당굿 외에 여러 가지 다양한 굿이 있을 뿐 아니라, 더 종교적 체계를 갖춘 굿도 있기 때문이다.

그런데 이런 착각과 편견은 특별한 것이 아니다. 굿을 전공한다는 무속학자들조차 으레 무당굿만 조사하고 연구하며, 논문과 저서도 주로 무당굿에 한정되어 있기 일쑤이다. 따라서 무당굿이 아닌 굿을 연구한 저서는 거의 없다.[35] 그러므로 엄정하게 이야기하면 무당굿 전공자들은 굿 전공자로서 무속학자가 아니라 무당굿 연구자일 따름이다. 왜냐하면 우리 굿문화에는 무당굿 외에 풍물굿과 두레굿, 탈굿, 풋굿, 줄굿을 비롯하여 보름굿과 단오굿, 칠석굿, 그리고 마을굿과 고을굿, 나라굿 등이 두루 있기 때문이다.

다양한 굿문화의 세계에서 보면 무당굿은 상대적으로 굿의 한 갈래에 지나지 않는다. 다만 무당들이 굿을 직업적으로 하고 있을 뿐 아니라 전문적인 굿의 기량을 발휘해서 특별히 돋보일 따름이다. 노래와 춤은 물론 신들리기, 공수 주기, 작두타기, 신칼로 소머리 꽂아 세우기, 오방기 뽑아 재수 헤아리기 등 무당굿에서만 볼 수 있는 특별한 기량이 있다. 굿을 하는 과정에 신통한 공수가 내려서 앞날의 일을 미리 헤아리는가 하면, 굿을 하고 나면 영험한 효과가 있어서 질병이나 어려운 문제가 해결되기도 한다. 따라서 사람들은 가정에 현실적으로 해결하기 어려운 일에 부닥뜨리면 무당의 신통력으로 신의 힘을 빌어서 문제를 해결하기 위해 굿을 하기 마련이다.

무당굿은 세습무가 하는 어촌별신굿을 제외하면 대부분 사사로이 하는 집안굿이며 부정기적인 굿이다. 제가집의 의뢰가 들어와야 굿을 하는 까닭에 굿은 무교의 제의이지만 부정기적일 뿐 아니라, 공적인 제의 공간으로서 굿터가 별도로 없으며 굿을 의뢰한 제가집에서 하는 가정굿이 일반적이다. 최근에 가정에서 하는 굿이 이웃에게 소란행위가 되어서 법적으로 금지되자, 상업적인 굿당을 일시적으로 임대해서 하게 되었다. 굿으로 이름

---

35 주강현, 『굿의 사회사』, 웅진닷컴, 2001의 경우는 무당굿이 아닌 풍물굿에 집중적인 관심을 기울였다.

난 무당들은 재력에 따라 개인적인 굿당을 번듯하게 지어두고 굿을 하기도 하나, 대부분의 무당들은 상업적인 굿당을 빌어서 굿을 한다. 그러므로 무당굿은 제가집의 의뢰를 받아서 수시로 하는 가정굿이며 병굿이거나 재수굿이 대세를 이룬다.

무교의 제의인 굿을 종교적으로 보면 다른 종교와 차이가 난다. 기독교의 제의는 예배이거나 미사이다. 미사와 예배는 사제(司祭)인 신부와 목사가 주일이나 수요일 저녁에 교회에서 주재하는 공적 제의이다. 따라서 사제가 일정한 제의 날짜와 제의 공간인 교회에서 제의를 이끌어 가면 신도들은 이 일정에 맞추어 제의에 참여한다. 그리고 이러한 종교적 제의는 공적으로 이루어지는 것이지, 사사로이 의뢰를 받아서 의뢰한 자를 위해 이루어지는 사적 제의가 아니다. 그러므로 특정 개인의 의뢰에 의해 수시로 이루어지는 사적인 무당굿은 종교 일반에서 이루어지는 공적 제의의 이치나 원칙과 상당히 다르다.

기독교에서도 무당굿처럼 신도 개인의 의뢰를 받아 사사로이 예배를 올리는 경우가 있다. 이때는 교회가 아니라 해당 가정을 방문하여 이루어지는데, 흔히 심방(尋訪) 예배라고 한다. 사제가 일년에 한두 차례 정기적으로 신도의 집을 방문하여 예배를 보거나 신도가 특별히 요청하면 심방예배를 하게 된다. 천주교에서는 주일미사와 구분하여 심방예배를 '가정 미사'라고 한다. 집안에 급한 환자가 있을 때도 신부나 목사가 방문하여 치유 기도를 해준다. 그러므로 무당굿의 형태는 기독교의 심방예배나 가정 미사와 같다고 하겠다.

그러나 부정기적으로 하는 가정 미사나 심방예배는 기독교 제의의 주류가 아니다. 기독교 제의의 핵심은 교회나 성당에서 하는 주일예배와 주일미사이다. 교회나 성당은 공동체 단위로 존재하는 까닭에 신도들은 지역공동체의 구성원이기 일쑤이다. 무교의 제의인 굿도 이러한 체계를 갖춘 것이 있다. 마을굿이나 고을굿이 그러한 보기이다. 마을에는 굿의 제의 공간인 서낭당이 있고 해마다 여기서 정기적인 제의를 올린다. 선정된 제관이 주관하여 마을굿을 하거나 동제를 지내는데, 무당굿처럼 사적인 굿이 아니라 공동체 전체를 위한 공적인 굿이다.

마을굿이나 고을굿은 정기적인 무교의 공적 제의로서, 집안에서 사사로이 하는 부정기적인 무당굿과 다르다. 마치 교회의 주일예배처럼, 공식적인 제의 날짜가 정해져 있을 뿐 아니라 제의 공간으로서 서낭당이 있으며, 공적으로 정해진 제관과 풍물잡이들에 의해 제의가 이루어진다. 따라서 마을굿은 제의 날짜가 고정되어서 정기적으로 하는 까닭에 세시풍속으로 자리잡았다. 마을이나 고을에 교회가 있듯이 무교에서는 마을과 고을에 서낭당

임실군 필봉 마을굿

이 있어서 주민들의 공동체신앙 생활이 안정적으로 이루어진다.

마을 교회에서 이루어지는 주일 예배를 기독교의 핵심 제의로 볼 것인가, 아니면 집안에서 가족끼리 하는 가정예배를 기독교의 핵심 제의로 볼 것인가? 이 질문은 공동체굿과 무당굿을 두고 굿의 정통성을 묻는 질문과 같은 것이다. 무교회주의자의 경우는 다르겠지만, 일반적으로는 교회나 성당에서 정기적으로 이루어지는 주일 예배와 일요일 미사를 기독교 신앙생활의 핵심 제의로 여기게 마련이다. 그러므로 선교활동이란 곧 사람들을 교회나 성당으로 나오게 하는 활동이다.

교회나 성당이 없는 기독교신앙이나, 사찰이 없는 불교신앙은 종교적 체계를 갖추기 어렵다. 기독교사회에서는 동네마다 마을 교회나 성당이 있어서 일요일마다 주민들이 예배나 미사에 참여한다. 무교도 마을마다 서낭당이 있고 고을마다 부군당이 있어서 정기적이고 공적인 굿이 이루어지며 주민들이 자유롭게 참여한다. 개인이 필요에 따라 가정에서 하는 사사로운 굿보다 공동체가 서낭당에서 세시풍속에 따라 정기적으로 하는 공적인 굿이 문화적으로 더 중요한 굿이며 종교적으로 주류인 제의이다. 무당굿이 집에서 사적으로 하는 가정예배라면 마을굿은 교회에서 공적으로 하는 주일예배에 해당되는 까닭이다.

따라서 무교 제의의 핵심도 가정에서 수시로 하는 사적인 무당굿이 아니라 서낭당에서 정기적으로 하는 공적인 공동체굿이라 할 수 있다.[36] 그러므로 가정의 무당굿이 아니라 서낭당의 공동체굿을 중심으로 무교의 굿문화를 주목하면, 우리 마을은 전통적으로 무교신앙의 굿문화를 기반으로 형성되었다고 할 수 있다.

마을굿은 여성 무당의 가정굿과 달리 남성 풍물잡이들이 주도하는 역동적이고 집단적인 굿문화이다. 그동안 풍물은 음악으로 봐서 민속악으로 간주되었으나 종교적으로 보면 굿물이자[37] 굿음악이어서 풍물굿으로 일컬어지기 일쑤이다. 무당굿의 반주음악은 풍물굿을 축소한 형태이다. 풍물굿은 마을굿의 다른 이름이기도 하며, 일굿이나 놀이굿 기능도 한다. 마을굿은 풍물잡이들이 풍물을 치면서 하는 굿이므로 풍물굿이기 일쑤이다.

정월대보름에 동제를 풍물굿으로 하는 안동 풍산읍 소산리에서는 아예 풍물패를 '굿패'라고 하며 풍물 연주를 '굿 친다'고 한다. 임실군 강진면 필봉리에서도 풍물을 '굿'이라고 했으며 '굿 치자'라고 하거나 '굿 논다'라고[38] 했다. 따라서 풍물판도 굿판이라고[39] 일컬었다. 그러므로 풍물굿이 굿의 본디 모습일 뿐 아니라, 최근까지 마을마다 마을굿이 풍물굿으로 살아 있었다. 쓴이가 중학교를 다니던 1960년대만 하더라도 마을에는 풍물패가 있었고 회갑잔치나 정월 대보름에는 지신밟기 풍물굿을 했다.

호남지역 마을굿은 아직도 성행되고 있다. 마을굿 조사보고서 가운데 첫째 권인 『함평군 마을굿』을 보면, 33개 마을 가운데 14개 마을이 풍물굿 중심의 마을굿을 하는 데 비하여 동제만 지내는 마을은 7개 마을뿐이다.[40] 나머지 마을은 모두 풍물굿을 곁들이는 복합 양식의 동제를 올린다. 담양군의 경우에도 38개 조사마을 가운데 30개 마을에서 풍물굿이 동제와 병행된다. 유교식 동제만 올리는 마을은 9개 마을뿐이다.[41] 무교신앙에서 비롯된 마을굿이 유교의 전래에 따라 동제로 바뀐 결과가 이러한 양상으로 나타난 것이다. 그러므로 마을마다 전승되는 공동체신앙은 우리 무교의 정통 굿문화 유산이라 하지 않을 수 없다.

마을의 동신신앙에서 더 확대된 것이 산신신앙과 해신신앙 등이다. 산촌에서는 산신신

---

36 임재해, 「풍물굿의 전통과 현대 생활세계의 만남 구상」, 『필봉굿의 대화』, 북코리아, 2020, 26~28쪽 참조.
37 풍물 악기를 굿물이라고 일컫는다.
38 양진성, 「발간사」, 『필봉굿의 대화』, 북코리아, 2020, 5쪽.
39 양옥경, 「다시, 굿이란 무엇인가 생각한다」, 『필봉굿의 대화』, 북코리아, 2020, 303쪽.
40 나경수 외, 『함평군 마을굿』, 민속원, 2007, 13쪽.
41 나경수 외, 『담양군 마을굿』, 민속원, 2007.

앙이 동신신앙과 함께 전승되며, 바닷가의 어촌에서는 해신신앙 또는 용신신앙이 동신신앙과 함께 전승된다. 동신신앙이 마을굿이나 별신굿으로서 굿문화의 한 갈래인 것처럼, 산신신앙도 산신굿의 한 양상이며, 해신신앙도 용신을 섬기는 용왕굿의 한 양상이다. 모두 굿문화를 토대로 전승되는 민속신앙이다.

큰 바위나 큰 나무를 신앙하는 거석신앙 및 거목신앙도 무교제의의 굿문화에서 비롯된 것이다. 굿문화는 만신(萬神)을 섬기는 무교신앙에서 비롯된 까닭에 천지신명은 물론 삼라만상의 대자연을 섬기는 문화적 전통을 이룩했다. 대자연 신앙인 천신굿과 지신굿, 용왕굿, 산신굿이 있는가 하면 거석신앙과 거목신앙과 같은 자연물 신앙도 있다. 그러므로 흔히 민속신앙으로 분류되는 자연물 신앙의 구체적인 바탕은 무교의 굿문화에 있다고 할 수 있다.

무당 없는 굿문화 가운데서 특히 굿의 양식으로서 두드러진 특징을 지닌 것이 풍물굿이다. 풍물굿은 마을굿뿐만 아니라 일굿인 두레굿에서도 나타난다. 두레로 모내기나 논매기를 할 때 풍물잡이들이 치는 풍물굿을 특히 두레굿이라고 한다. 풍물패가 앞장을 서서 두레패를 이끌고 일터로 나아갈 뿐 아니라, 일터에서도 풍물을 쳐서 일의 신명을 돋우며 풍농을 기원하는 제의적 구실을 담당한다. 두레꾼들이 일을 마치고 돌아올 때도 풍물패를 뒤따르며 풍물가락에 맞추어 춤을 추는 것은 물론, 마을에 돌아와서도 막걸리를 마시며 한바탕 굿판을 벌인다. 노동으로 보면 두레는 집단적인 노동방식이지만, 종교적 제의로 보면 풍농기원의 일굿으로서 두레굿이라 할 수 있다.

안동포의 고장인 안동지역에서 전통적으로 수확한 삼단을 증기로 익히는 일을 '삼굿'이라고 한다. 삼을 익히는 일이자 여럿이서 더불어 해야 하는 집단 노동으로서 '삼찌기' 또는 '삼무지'라고도 하나, 일반적으로 '삼굿'이라고 한다. 삼굿은 일굿의 일종으로서 가무악을 동반하는가 하면, 부정을 타면 삼이 설익는다고 조심하고 삼간다. 초상이 난 집은 아예 삼굿에 참여하지 못하는 금기도 있다. 삼굿처럼 여럿이 하는 집단적인 작업에는 으레 풍물을 잡히고 춤이 곁들여져서 굿판을 이루기 마련이다.

일굿으로는 본격적인 두레굿과 삼굿 외에, 어른들의 풋굿과 아이들의 꼴베기굿도 있었다. 풋굿은 머슴들이 주관하는 마을 단위의 축제여서 머슴날이라고도 한다. 음력 7월 중순 무렵 논매기를 마치면 날을 잡아서 공동으로 길닦기를 하고, 집단적인 풀베기를 하여 그 성과를 겨루는가[42] 하면, 주인이 마련한 술과 안주를 먹고 풍물을 잡히며 가무를 즐긴다.

지역에 따라서는 풋굿을 '백중굿'이라고도 한다.

꼴베기굿은 초동들 여럿이 어울려 '소풀' 곧 '꼴'을 베러 가서 꼴을 베기 전에 놀면서 하는 놀이굿이다. 벗어둔 꼴지게를 장구나 북으로 삼고, 지게작대기로 풍물을 흉내내어 굿가락을 두드리며, 신명나게 춤을 추며 한바탕 노는 굿이 꼴베기굿이다.[43] 지게막대로 지게 목발을 두드리면서 하는 풍장놀이라 할 수 있다. 꼴베기는 일이지만 꼴베기굿은 놀이로 즐기면서 하는 일굿이자 놀이굿이다. 이처럼 어른들이 두레노동을 하며 두레굿을 하고 풀을 베면서 풋굿을 하는 것처럼, 아이들은 꼴 베는 일을 하면서 꼴베기굿을 즐겼던 것이다.

일굿이 곧 놀이굿이기도 하지만 전적으로 놀이굿도 있다. 정월 대보름에 하는 줄다리기는 놀이로 보면 민속놀이의 하나이다. 그러나 종교적으로 보면 굿문화의 하나로서 줄굿이다. 암수 두 줄이 결합하는 모의적인 성행위로 풍농기원을 할 뿐 아니라, 동서부의 승부에 따라 흉풍을 점치기도 한다. 따라서 전남 지역에서는 줄다리기를 아예 '줄굿'이라고 일컫는다. 두레굿과 삼굿, 풋굿이 일굿이라면, 줄굿은 놀이굿의 하나이다.

놀이굿으로는 줄굿 외에 놋다리밟기와 동채싸움도 있다. 놀이의 시각으로 보면 민속놀이이되, 굿문화의 시각으로 보면 모두 보름굿의 일환으로 하는 놀이굿이다. 동서부의 겨루기로 흉풍을 점치는 까닭에 여성을 상징하는 서부가 이기기를 기대한다. 특히 놋다리밟기는 그 민요를 보면, 대지를 상징하는 여성이 일년 생산신인 늠름한 남성이 오기를 기대하는 주술적인 굿으로서 풍농기원의 성행위굿이자 겨울과 여름의 싸움굿이기도 하다.[44] 줄다리기가 원래 줄굿으로 일컬어진 것처럼, 동채싸움은 동채굿이며 놋다리밟기는 놋다리굿이라 할 수 있다.

집단적인 일과 놀이가 굿이었던 것처럼, 공동체가 집단적으로 창출한 탈춤도 굿이었다. 우리가 하회탈춤이니 하회가면극이니 하는 것은 아주 최근의 일이다. 하회마을 주민들은 탈춤이나 가면극이라는 말을 쓰지 않았다. 지역주민들도 하회별신 또는 하회별신굿이라고 했다. 별신은 별신굿의 줄임말이다. 한 세기 전만 하더라도 주민들은 하회탈춤을 하회별신굿이라 일컬으며 함께 연출하고 함께 구경을 했다. 당시 지역사회에서는 탈춤이

---

42 마을에 따라서 풋굿날 이른 아침부터 장정들이 경쟁적으로 풀베기를 시작하여 쌓아놓고, 풀을 벤 양과 질을 견주어 장원례를 한다. 장원례를 마치면 점심을 먹고 쉬면서 막걸리를 나누어 마시며 풍물판을 벌인다.
43 양진성, 앞의 글, 5쪽 참조. 자세한 내용은 양옥경 선생의 구술 제보를 들었다.
44 임재해, 「놋다리밟기의 유형과 풍농기원의 의미」, 『韓國文化人類學』 7, 韓國文化人類學會, 1985, 197~217쪽.

니 가면극이니 하는 말은 아예 없었고 별신굿만 있었다. 별신굿의 일환인 탈굿을 두고 학자들이 탈춤과 가면극으로 호명했을 뿐 원래는 마을굿이자 별신굿이었다.

별신굿에서는 당제도 올리고 집돌이 풍물도 치며 탈춤도 추었다. 탈춤을 별신굿의 일부로 분리해서 일컫는다면 '탈굿'이라 할 수 있다. 실제로 어촌별신굿에서는 하나의 굿거리로 탈놀이를 하는데 이 굿거리를 일러 '탈굿'이라 한다. 탈춤의 풍농굿기원설이[45] 학계에서 정설화된 것처럼, 탈춤의 발생은 굿에서 비롯되었다. 탈굿이 농촌별신굿이나 어촌별신굿에서 굿거리의 하나로 발생되었다면, 5일장이 발달한 도시탈춤의 경우는 시장별신굿의[46] 일환으로 탈춤이 발생되었다고 볼 수 있다. 따라서 농촌이든 어촌이든 읍촌이든 모든 탈춤은 별신굿에서 창출되었다고 하겠다. 그러므로 탈춤은 가면극이나 민속극의 하나로 주목되어 왔으나, 그 발생은 별신굿과 같은 공동체굿에서 창출된 탈굿으로서 주목하고 굿문화의 극적 양식으로 이해하는 것이 마땅하다.

노래와 춤은 물론, 풍물굿, 일굿, 놀이굿, 탈굿이 모두 굿에서 비롯된 굿문화인 것처럼, 가신신앙과 일생의례, 세시풍속도 굿에서 비롯된 굿문화라 할 수 있다. 가신신앙의 대표격인 성주신앙이 성주굿에서 비롯된 것처럼, 삼신신앙은 삼신굿, 조왕신앙은 조왕굿, 터주신앙은 터주굿, 지신신앙은 지신굿, 조상신앙은 조상굿, 문신신앙은 문굿 등에서 비롯된 것이다. 따라서 가신신앙은 그 자체로 존재하는 것 같으나 사실은 무교신앙의 맥락 속에서 존재하며 전승되는 것이었다. 탈춤이 점차 굿의 맥락에서 벗어난 것처럼, 가신신앙 또한 근대로 올수록 굿의 맥락에서 멀어지게 되었다고 할 수 있다. 최근까지 무교 제의인 굿의 양식을 상대적으로 잘 전승하고 있는 것이 성주굿과 조상굿, 삼신굿 등이며, 지신굿은 풍물굿의 집돌이 지신밟기로 전승되어왔다.

일생의례는 나서 죽을 때까지 거치는 통과의례로서 제의인 굿과 구별된다. 그럼에도 오랜 무교의 전통 속에서 일생의례가 치루어진 까닭에 굿문화의 양상에서 벗어나지 않았다.

---

45 조동일, 『탈춤의 역사와 원리』, 弘盛社, 1979, 29~108쪽 참조. "탈춤은 농사가 잘 되게 하려는 굿"에서 유래했다고 할 뿐 아니라, '마을굿의 유산을 연극적 갈등구조로 계승·변모"시킨 것이라고 했다. 달리 말하면, 탈춤은 농촌마을굿에서 발생한 것이라는 말이다. 이 책은 『탈춤의 원리 신명풀이』, 지식산업사, 2006으로 개정판이 나왔다.

46 농촌별신굿은 풍농기원의 굿이고 어촌별신굿은 풍어기원의 굿인 것처럼, 시장별신굿은 5일장의 번영을 기원하는 굿이었다. 생활의 발전과 더불어 시장별신굿이 진작 자취를 감추었고 다음은 농촌별신굿이 거의 자취를 감추었으며, 최근에는 어촌별신굿만 일부 명맥을 이어가고 있다.

굿문화의 흔적을 출산의례와 장례의례에 한정해서 보기로 하자. 출산의례의 가장 초기 의례는 아기의 잉태를 비는 기자(祈子)의례이다. 아기가 잉태되지 않으면 삼신이나 기자석(祈子石) 앞에 간소하게 제물을 차리고 잉태를 비는 정성을 들인다. 시어머니나 며느리가 아기 또는 아들을 기원하는 비손을 하는 것이다. '비손'은 두 손을 모으는 '기도'나 '합장'과 달리, 두 손을 마주 대고 비비면서 바라는 바를 기원하는 것으로서 한국 굿문화의 독특한 기도 방식이다.

기자석에 기도하는 모습

잉태를 기원하는 비손은 물론, 산모가 아기를 출산할 때도 시어머니는 삼신 앞에 삼신상을 차리고 순산을 기원하는 비손을 한다. 삼신굿의 축소된 양식이 삼신 비손이다. 순산을 위한 유감주술로서, 자궁의 문을 잘 열고 쉽게 나오라는 뜻으로 집안의 서랍을 모두 열어두기도 한다. 날계란에 참기름을 섞어 먹이거나 문고리 씻은 물을 마시게 하는 것도, 모두 순산을 비는 주술굿의 일환이다. 그리고 아이가 태어나면 대문 위에 금줄을[47] 치는 것도 잡귀의 범접을 막고 외인의 출입을 금하는 굿문화의 한 양식이다. 마을굿을 할 때 서낭당 주변이나 마을 입구에 금줄을 쳐서 성역화 하는 것과 같은 것이 출산시 대문에 치는 금줄이다.

아기가 태어날 때 굿문화와 함께 태어날 뿐 아니라, 일생을 마감하는 상례 때도 굿문화와 함께 저승으로 간다. 요즘은 으레 유교식 장례를 하지만 유교화 이전에는 장례굿을 했다. 장례굿은 망자의 영혼을 달래고 유족에게 평안을 기원하는 굿이다. 장례가 끝났을 때 하는 자리걷이굿이 있는가 하면, 망자의 사후 4일째나 2주, 3주, 3개월에 하는 망묵굿이

---

47 금줄로는 모두 왼새끼 줄을 쓰되, 사내아이의 금줄에는 붉은 고추와 숯을 달고 계집아이의 금줄에는 숯과 솔가지를 단다.

있고, 초하루와 보름에 하는 삭망굿, 망자의 생일에 하는 생일굿 등이 있다.[48] 이 밖에도 죽음과 관련한 여러 굿이 있는데, 객사자의 경우는 사령(死靈)굿을 하고, 익사자의 경우는 수륙제(水陸祭)[49] 굿을 한다. 망자의 원혼(冤魂)을 달래는 오구굿이 있으며 망자의 넋을 저승으로 보내는 천도굿도 있다.

유교 의례의 전래 이전에는 장례가 곧 굿의 양식이었다. 고대로 갈수록 굿의 양상이 더 분명하게 나타난다. 『수서(隋書)』 동이전의 고려(고구려)조에 따르면, "장례를 하면 곧 북을 치고 춤추며 노래 부르는 가운데 주검을 묘지로 운구하였다"고[50] 하는데, 일종의 장례굿이었다. 가무굿 형태의 장례 관련 기록은 『삼국사기』에서 『조선왕조실록』까지 여러 사례가 두루 나타난다.[51]

성종 5년에는 "장례 때 운구를 하면서 음악을 베풀고 아주 화려하고 사치스럽게 꾸몄을 뿐 아니라, 가까운 이웃들을 불러서 술과 음식으로 잔치를 베풀고 노래판을 아주 성대하게 벌이다가 밤이 이슥한 녘에 비로소 파하였는데, 이러한 의식을 오시(娛屍)라고 했다."[52] 주검을 즐겁게 하는 일종의 가무굿이라 하겠다. 주검을 앞에 두고 하는 오시굿에서 나아가 죽은 자의 원한을 풀어주고 모든 죄과를 씻어서 저승에 순조롭게 가도록 천도(薦度)하는 오구굿도 한다.

장례굿의 전통은 진도지역에서 최근까지 전승되어왔다. 진도에서는 출상 전야에 놀이굿 다시래기를 했을 뿐 아니라, 출상 때에도 풍물굿을 했다. 장례 행렬의 가장 앞에서 풍물잡이들이 풍물을 치고 먼저 가면, 그 뒤에 부녀들이 춤을 추며 뒤를 따르고, 부녀들의 춤패 뒤에 주검을 운구하는 상여가 뒤따랐다. 진도의 장례 행렬은 가무 중심으로 장례를 치른 고구려시대 장례굿의 유산이라 할 수 있다.

진도에는 죽음과 관련한 상례굿으로서 다양한 씻김굿을 해왔다. 상례를 치르는 동안 망자의 주검을 곁에 두고 하는 '곽머리 씻김굿'을 하는가 하면, 소상 때 '소상 씻김굿'을 하고,

---

48 崔吉城,「金孝經의 '巫堂이즘' 硏究小考」,『比較民俗學』 12, 比較民俗學會, 1995, 443~444쪽 참조.
49 수륙재(水陸齋)는 원래 불교에서 물과 육지에 떠도는 잡귀를 위해 올리는 재인데 무교에서 비슷한 이름의 굿을 해왔다.
50 『隋書』 卷 81, 東夷傳, '高麗', "葬卽鼓舞作樂以竁送則之."
51 임재해,「장례 관련 놀이의 반의례적 성격과 성의 생명상징」,『比較民俗學』 12, 比較民俗學會, 1995, 274~277쪽에 신라에서 조선조까지 관련 문헌자료들을 여럿 제시해 두었다.
52 鄭昞浩,「진도다시래기」,『重要無形文化財解說』 演劇篇, 文化財管理局, 1986, 318쪽 참고.

대상 때는 '탈상 씻김굿' 또는 '대상 씻김굿'을 했다. 망자가 집안에 우환을 끼치면 날을 받아서 하는 '날받이 씻김굿', 초분(草墳)을 이장할 때 하는 '초분장 씻김굿', 물에 빠져 죽을 때 하는 '건지기 씻김굿' 등 장례와 관련한 굿이 풍부하게 전승되어 왔다. 진도에서는 장례가 곧 굿이었다.

조선시대에는 진도뿐 아니라 전국 어디서나 장례굿을 했다. 따라서 조선조 유가의 선비들은 이러한 장례굿을 개탄하며 금지를 주장하는 상소까지 올렸다. 성종실록에 따르면, 송영이란 대신이 '민간에서 어버이 상을 당하면 장례 하루 전날 크게 장막을 쳐놓고 영구를 안치한 뒤에 전(奠)을 드리는데, 중과 속인을 크게 모아 잡희를 올리고 밤새도록 술을 마시고 노래를 하며 춤을 춘다'고[53] 그 폐단을 지적하며, 엄하게 금해야 한다고 상소했다. 실제로 성종은 장례 때 사람들을 널리 불러모아 광대짓을 하고 갖가지 놀이판을 벌이지 못하도록 유시(諭示)를 내려서 궁벽한 곳까지 지키지 않는 사람이 없도록 하라고[54] 했다.

그러나 출상 전야의 가무굿은 최근까지 전국적으로 널리 전승되어왔다. '빈상여놀이' 또는 '대돋움'이라 하여 출상 전야에 빈상여를 메고 상여소리를 부르며 춤을 추고 상주를 놀려서 웃기게 만드는 재담도 한다. 이른바 가상주 놀이도[55] 이때 이루어진다. 진도 다시래기의 축소판이라 할 수 있다.

진도에서 장례 전야에 하는 다시래기는 성종대의 출상 전야 가무굿이나 다르지 않다. 다시래기는 육지에서 하는 빈상여 놀이와 같으나, 가무를 넘어서 극적으로 배역을 정해 풍성한 잡희와 재담을 하여 상가의 슬픔을 웃음으로 전환하

진도 다시래기의 한 모습

53　『국역 성종실록』 성종 20년 5월조, 세종대왕기념사업회, 1985, 185쪽.
54　『국역 성종실록』, 191쪽 참고.
55　가상주 놀이는 상가에서 상주의 친구가 상주 행세를 하며 웃기는 넋두리로 곡을 하고 엉뚱한 짓을 하여 상주와 좌중을 웃게 만드는 즉흥적 놀이이다.

는 구실을 했다. 다시래기는 으레 민속놀이로 분류되고 있으나, 죽음의 결핍을 보상하는 아기 출산 과정을 보여줌으로써 제의적 주술이 절정을 이루는 가무굿 또는 놀이굿이라 할 수 있다. 그러므로 유교적인 장례 이전에는 굿문화에 바탕을 둔 장례굿과 장례놀이가 다양하게 이루어졌음을 알 수 있다.

일생의례가 굿문화의 토대 위에서 이루어진 것처럼, 세시풍속으로 전승되는 명절도 원래 굿문화의 양식이 토대를 이루었다. 입춘과 대보름, 단오, 칠석, 백중, 동지 등은 세간에서 입춘굿, 보름굿, 단오굿, 칠석굿, 백중굿, 동지굿 등으로 일컬어져 왔다. 설 전후로 입춘이 도래하면 입춘굿을 한다. 입춘굿의 전통은 제주도에서 최근까지 전하고 있다. 마을굿을 넘어서 고을굿으로 전승되었는데, 제주 호장(戶長)이 쟁기로 밭을 갈면 붉은 가면에 긴 수염을 한 농부가 오곡을 뿌린다. 그 뒤로 새가 날아와 씨를 주워 먹고 사냥꾼이 새를 쫓는 과정이다. 농사의 모의과정으로 밭에서 쟁기질을 하고 씨를 뿌리며, 농사에 방해가 되는 병해충이나 씨를 쪼아 먹는 새를 사냥꾼이 쫓음으로써 수확이 많기를 기원하는 풍농굿이 곧 입춘굿이다.

입춘굿에 이어서 하는 명절굿의 대표는 보름굿이다. 정월 대보름에 동제를 지내고 각종 놀이를 하며 풍물패가 집돌이 마을굿을 하는 것이 구체적인 보기이다. 하회에서는 별신굿도 섣달 그믐날부터 대보름날까지 보름 동안 했다. 설에서 보름까지 별신굿 기간이었다. 대보름에 하는 마을굿은 물론, 이때 하는 줄다리기나 동채싸움, 놋다리밟기 등도 보름굿의 일환으로 한 것이다.

단오굿도 마을굿으로 했다. 자인단오굿이나 강릉단오굿 등은 현재진행형으로 계속되고 있다. 이때 자인에서는 자인오광대놀이를 하고 강릉에서는 관노가면극을 했으니 탈춤이 탈굿으로 전승되고 있는 생생한 증거이다. 7월 7석 때도 마을끼리 풍물을 치며 기세배도 하고 합궁놀이도 하며 마을굿을 벌였다. 칠석놀이라 하지만 제의적으로 보면 칠석제이자 칠석굿이다. 7월 보름 백중날에도 백중굿을 했다. 밀양 백중굿이 특히 유명하지만 제주도에서도 농경과 목축의 풍요를 기원하는 백중굿을 했다. 남원 보절면 괴양리에서는 백중

강릉단오굿

날 특별히 '삼동굿'을[56] 해오고 있다.

동짓날에도 마을굿을 했다. 지금은 거의 사라졌지만 집집마다 팥죽을 쑤어서 집안 여러 곳에 뿌리면서 잡귀와 액운을 쫓는 벽사의식을 했다. 마을 단위로는 풍물패들이 나서서 동지굿을 하며 새해의 안녕과 소망을 적은 소지를 올렸다.[57] "동짓날 동지팥죽 정히 쑤어

---

56 소강준, 「백중날 신명나는 마을 굿판, 삼동굿 놀이」, 디지털남원문화대전(https://www.grandculture. net/namwon/toc/GC00602568).

57 방자연, 「묵은 해 보내고 새해 맞는 동지굿 벌여」, 당진시대, 2024년 12월 30일자(https://www.djtimes. co.kr/news/articleView.html?idxno=106711).

금상의 부인마마 양손에다 푹 퍼들고 이리저리 껴드리니 오는 잡귀 가는 잡귀 뜨거운 팥죽 뒤집어쓰고 액마 뜨겁다 잘 나간다."[58] 이것은 동지굿 비나리의 일부이다.

　지금까지 풍물굿과 일굿, 놀이굿, 탈굿, 가신굿, 의례굿, 세시굿 등 무당굿이 아닌 다양한 굿문화를 일별해 보았다. 농사일은 물론 일상 속에서 이루어지는 민속음악과 민속놀이, 민속극, 민속신앙, 민속의례, 민속명절 등이 모두 굿문화의 바탕 속에서 이루어져 온 사실을 확인할 수 있다. 따라서 무당이 굿판을 차려놓고 하는 굿만 무교의 제의로 여긴 것은 큰 착각이다. 우리 민족문화의 전통 전반이 무교의 제의인 굿문화를 토대로 발생된 사실을 다각적으로 포착해야 무교의 신앙세계와 굿의 진면목을 제대로 통찰할 수 있다.

　힌두국가인 인도에서 힌두교문화를 제외시키고 인도 전통문화를 이해하기 어려운 것처럼, 이슬람국가에서 이슬람교문화를 외면한 채 그들의 전통문화를 이해하는 것은 힘들다. 신토국가인 일본문화의 전통도 제대로 이해하려면 신토문화를 잘 알아야 한다. 불교국가나 기독교국가도 마찬가지이다. 왜냐하면 그들의 종교가 일상문화에 스며들어 있기 때문이다. 한국의 굿문화도 다르지 않다. 한국은 오랜 무교국가였으되, 각종 외래종교 문화가 득세하여 지배문화로 자리잡는 바람에 본디 모습의 굿문화가 크게 약화되거나 변질되고 아예 그 자취를 잃어버리게 되었다. 그러나 무교의 제의로서 굿문화의 전통을 제대로 알고 보면, 그 전통을 무엇으로 호명하여 일컫고 있든 사실상 우리는 최근까지 굿문화 속에 살아온 사실을 재발견하게 된다.

　무교신앙의 원천은 만신을 섬기는 것이지만 굿문화의 원천은 가무오신(歌舞娛神) 활동을 효율적으로 하는 가·무·악·희(歌·舞·樂·戲)이다. 노래와 춤, 음악, 극은 굿문화 속에서 하나로 합일되어 있었다. 무교의 사제인 무당은 노래와 춤만 추는 것이 아니라 음악 장단도 잘 치고 극적 연행도 잘 한다. 다니엘 키스터(Daniel A. Kister) 신부는 한국 굿을 아예 연극이론으로 해석했다. 무당굿을 원시적인 연극 형태의 요소가 살아 있는 원형적 형태의 연극으로 이해하고, 서구의 부조리극은 무당굿과 같은 원형적 연극 형식으로 회귀하고 있다고 해석하면서 무속극과 부조리극을 함께 검토하였다.[59]

58　이준희, 「풍물과 함께 하는 동지굿」, 경남신문, 2015년 12월 21일자(https://www.knnews.co.kr/news/articleView.php?idxno=1167236).
59　다니엘 A. 키스터, 『巫俗劇과 不條理劇』, 서강대학교출판부, 1986.

연극의 근원을 이해하려 한다면 굿을 살펴보는 것이 올바른 길이라는 인식 아래, 한국의 각종 무당굿을 현지조사해서 부조리극에 나타나는 원시적 종교 이미지와 극적 요소들을 포착했다. 따라서 무당에게 가무악만 필수적인 것이 아니라 광대나 배우처럼 극적인 연기도 필수적이다. 왜냐하면 무당이 굿을 하는 중에 신이 내리면, 신들림 현상에 의해 신의 말로 공수를 주고 신의 몸짓을 하기 마련이기 때문이다.

무당이 굿판에서 신내림을 받게 되면 무당 아무개가 아니라 신들린 신령 아무개가 되어서 말과 행동을 하게 된다. 굿을 할 때는 굿거리마다 무당에게 서로 다른 신들이 지피게 된다. 신이 지필 때마다 인격인 무당은 몸에 지핀 신령 곧 특정 조상신으로 전환되는 것이다. 어떤 신령이 내렸는가에 따라 완전히 딴 역할을 하게 된다. 그러므로 무당의 빙의 현상은 마치 배우가 특정 배역이 주어지면 그 배역에 따라 말하고 행동하는 것과 같다.

『배우의 길』을 쓴 브라이언 베이츠(Brian Bates)는 "무당은 제의적 공연을 통해 신이 전해준 미래의 사건들을 예언하고 신성한 의식을 주재하는 신비한 공연자이자 지혜의 전달자이며, 신성한 배우로 규정된다"고[60] 했다. 무당이 배우처럼 몸에 지핀 신으로 인격전환을 능숙하게 하는 것이 굿의 빙의 상황이다. 그러므로 베이츠는 무당을 '신성한 배우'라고 자리매김하는 것이다.

무당이 신성한 배우인 것처럼, 무당은 신성한 가수이자 신성한 춤꾼이며 신성한 음악가이다. 가무악희를 원천으로 하는 굿문화는 어느 문화보다 역동적이다. 그러한 역동성은 무당굿보다 풍물굿이 더 우뚝하다. 집단적인 데다가 선굿이기 때문에 더욱 흥겹고 신바람도 더 고조된다. 따라서 역사적으로 한국 지배층 문화를 이루어온 불교문화나 유교문화는 물론, 최근의 지배문화인 기독교문화도 이러한 굿문화의 역동성을 당할 수 없다.

굿문화의 문화유전자를 타고난 한국인의 역동적인 대중문화는 자연스레 세계 대중문화를 석권하기 마련이다. K-팝이나 K-드라마를 중심으로 형성된 한류가 최근에는 K-시위, K-문학 등 K-문화 전반으로 확산되고 있다. 외국인들은 비상계엄을 계기로 변화된 한국 시위문화도 주목한다. 기존의 촛불집회에서 형형색색의 응원봉 축제로 비약했을 뿐 아니라, 선결제 방식의 후원 방식도 새롭게 발전했다. 외신은 "나라가 어두우면 한국인들은 집에서 가장 밝은 것을 들고 거리로 나온다"며, 시위를 축제처럼 즐기는 유쾌한 혁명에 찬

---

60 브라이언 베이츠 저, 윤광진 역, 『배우의 길』, 예니, 1997, 33~34쪽.

사를 보낸다. 그러므로 굿문화는 우리 전통문화의 원천으로서 지속되고 있을 뿐 아니라, 한국문화의 현대적 창조와 미래문화를 새롭게 창출하게 될 마르지 않는 문화적 샘물이라 할 수 있다.

3. 굿의 인문학적 합리성과 과학적 개연성

굿은 과연 주술인가 미신인가? 이 문제를 자세하게 따져보려면 먼저 과학적 개연성에 대한 인식이 올바르게 잡혀 있어야 한다. 그런데 과학적 개연성이란 절대적인 것이 아니라 상대적인 것이다. 학문적 준거에 따라 개연성을 인정할 수도 있고 인정하지 않을 수도 있다. 인문학문에서 받아들여지는 개연성이 사회학문이나 자연학문에서 받아들여질 수도 있고 받아들여지지 않을 수도 있다. 왜냐하면 인문학문과 사회학문, 자연학문의 성격과 분과학문으로서 체계가 서로 다르기 때문이다.

철학은 인문학문이다. 따라서 인문학문으로서 논리적 개연성을 갖추고 있어서 철학으로 인정받는다. 그러나 철학이 자연학문으로서 논리적 개연성을 갖추고 있는가 하는 것은 의문이다. 철학을 과학적 방법으로 실험하고 검증하면 그때마다 같은 결과에 이른다고 하기 어렵다. 철학은 자연학문이 아니기 때문이다. 그러나 철학은 자연학문 이상으로 숭고하고 중요하다. 세계와 인간에 대한 근본적인 성찰과 통찰을 하도록 만드는 까닭이다.

굿의 인문학적 과학성: 굿의 과학성 여부를 따지는 문제도 마찬가지이다. 자연학문의 논리로 주목하면 당연히 굿의 과학성이 인정되지 않는다. 굿은 종교이자 문화현상으로서 인문학문의 대상이기 때문에 자연학문의 과학성을 획득하기 어려운 대상이다. 무교의 굿은 물론 세상의 어떤 종교적 제의도 자연학문의 과학성을 지니지 않는다. 왜냐하면 그래서는 종교가 될 수 없기 때문이다.

한 마디로 말하면 과학과 종교는 서로 상극관계에 있다. 과학이 종교가 될 수 없는 것처럼, 종교 또한 결코 과학이 될 수 없다. 진화론이 종교가 아닌 것처럼 창조설은 과학이 아니다. 종교다운 종교가 되려면 오히려 과학성이 없어야 한다. 과학으로 도저히 설명할 수 없는 기적이나, 불가사의한 초월적 현상, 신통한 영험을 추구하는 것이 종교의 신앙적 속성이다. 따라서 과학적 사실보다 신령과 같은 초월적 존재를 믿고 섬기는 체제를 갖추어야 오히려 신도들이 모여들게 되고 신앙심도 굳어지게 된다.

부활의 기적을 믿는 것이 기독교이며 극락왕생의 신통을 추구하는 것이 불교이다. 따라서 종교일수록 비과학적이며 초현실적인 것을 믿고 추구하기 마련이다. 종교를 연구하는 종교학에서는 종교 현상이나 교리에 대해서 과학적 검증을 하지 않는다. 그것은 종교학적 태도가 아닌 까닭이다. 따라서 무교나 굿에 대해서만 과학적 잣대로 평가하여 혹세무민(惑世誣民)하는 음사(淫祀)로 간주하는 것은 올바르지 않다. 그러므로 종교학자들은 무교를 미신으로 폄하하지 않고 뿌리 깊은 우리 민족의 전통 종교로 인식하고 연구한다.[61]

종교학은 자연학문이 아니라 인문학문이다. 인문학적 질문을 던지고 답을 찾아야 한다. 인문학적 문제의식을 갖추기 위해서 다음 질문의 답을 찾아보자. 과거의 역사가 잘못되면 현재의 역사도 잘못될 수 있다는 것은 논리적으로 타당한가 부당한가? 현재의 역사가 건강하면 미래의 역사도 건강하다는 주장은 과학적으로 옳은가 그른가? 적어도 역사학을 바라보는 인문학문의 인식에 의하면 과거의 역사와 현재의 역사는 밀접한 연관성 아래 놓여 있다.

그래서 과거의 역사가 잘못되면 현재의 역사가 잘못될 수 있고 현재의 역사가 불건강하면 미래의 역사도 불건강할 수 있다고 생각한다. 역사는 우연성이 지배하고 있다고 주장하는 이가 전혀 없는 것은 아니지만, 길게 보면 인과논리의 필연성을 지니고 있다는 것이 더 설득력을 확보하고 있다. 오늘의 모순을 해결하는 길이 과거의 역사 이해와 아무런 관련이 없다거나, 잘못된 과거 역사의 모순과 상관없이 오늘의 역사가 순탄하게 전개되리라고 생각한다면, 역사교육은 존재 의의를 상실할 지도 모른다.

굿에서 개인의 질병이나 집안의 불운을 인식하는 문제도 같은 맥락에 놓여 있다. 무당들은 으레 가족의 문제들을 가족사의 과거에서 찾는다. 어떤 집안에서 재앙이 겹쳐 일어나거나 치유하기 어려운 질병을 앓고 있으면, 무당들은 굿을 하면서 그러한 문제를 해결하기 위하여 불행한 가족사의 과거를 탐색한다. 억울하고 원통한 일을 겪은 조상이나 비참하고 불행하게 죽은 조상을 찾아내고 모셔 와서 잘 대접하고 달래줌으로써 맺힌 한을

---

61 柳東植, 『韓國 巫敎의 歷史와 構造』, 연세대학교출판부, 1975.
최준식, 『巫敎: 권력에 밀린 한국인의 근본신앙』, 모시는사람들, 2009.

풀어주는 것이 굿이다. 그러므로 굿은 현재의 불행 원인을 가족사의 불행에서 포착하고 그것을 충분히 해소함으로써 문제해결의 길을 찾는 것이다.

가족사의 불행을 덮어두고서 집안의 운세가 밝게 전개되기를 기대하는 것은 인과론을 무시한 비합리적 사고이다. 따라서 불행한 과거사를 청산하는 것은 오늘의 문제를 해결하고 내일의 역사를 전망하는 계기가 될 수 있다. 적어도 인문학문의 논리에 입각해서 볼 때는 이러한 인과론이 일정한 개연성이 있는 것은 물론, 이와 같은 인과론적 삶의 태도는 그 자체로 인문학적 가치를 지니고 있는 일이다. "이것이 있으면 그것이 있고 이것이 생기기 때문에 그것이 생긴다"는 불교의 연기설과도 만난다.

이처럼 굿은 현실적인 문제를 과거사의 모순에서 찾는 영적 통찰력을 지니고 있다. 달리 말하면 가족사의 인과론에 입각해서 문제해결을 시도하는 것이 굿이다. 굿은 가족의 과거사 속에 숨겨져 있는 문제를 찾아내서 풀어주고 달래서 해결하는 일련의 제의적 과정인 것이다. 따라서 맺힌 것을 푸는 것이 곧 굿이라고 한다. 심리학적으로 말하면 굿은 일종의 사이코드라마와 닮았다. 실제로 굿의 심리적 치료효과도 크다.

굿이 가족사에서 맺혀 있는 과거 문제를 영적으로 추적해서 풀어낸다면, 사이코드라마는 개인사에서 맺혀 있는 과거 문제를 연극 행위를 통해 추적하고 풀어내는 것이다. 이 드라마의 목표는 환자가 겪은 과거의 특정한 경험이 잠재의식을 형성하여 현재 정신상태가 결정된다고 보고, 내면에 숨겨져 있는 무의식 속에 맺힌 특정 경험을 극적 체험 과정에서 찾아내어 심리치료를 하는 것이다. 개인사의 인문학적 인과론에 입각해서 심리치료를 하는 심리극은, 무교적으로 말하면 일종의 병굿이라고 할 수 있다.

개인사에서 심리적으로 맺혀 있는 것을 찾아서 풀어주는 심리요법이 심리극이라면, 가족사에서 조상의 원혼(冤魂)을 찾아내서 맺혀 있는 한을 풀어주는 신명풀이 방법이 무교의 굿이라 할 수 있다. 그런데 심리극은 심리치료의 한 방법이지만 의술이라 하거나 과학이라 하지 않는다. 따라서 심리극 전문가에게는 의사 자격증이 주어지지 않는다. 그러나 과학적 의술이 아니라고 해서 이러한 문제해결 방식을 미신이나 혹세무민이라 할 수 없다. 굿의 경우도 마찬가지이다.

심리극이 정신적인 문제의 원인을 개인의 과거 경험에서 찾아서 해결하는 방법이라면, 굿은 현재 문제의 원인을 가족사의 과거 문제에서 찾아서 해결하는 방법이다. 심리극이 개인사의 인과논리를 근거로 한 것과 달리, 굿은 가족사의 인과논리를 근거로 한 것이라 할 수 있다. 심리극이 개인의 심리치료에 한정되는 반면에, 굿은 개인의 질병치료는 물론 집안의 불운을 해결하는 데까지 확장된다. 따라서 그 원인도 심리극이 당사자의 개인적 경험에서 맺힌 것을 찾는 데 비하여, 굿은 가족사의 과거 경험 전반에서 맺힌 것을 찾는 차이가 있으나, 현재 문제의 원인을 특정 과거사에서 찾아 해결한다는 점에서 심리극과 굿은 다르지 않다.

그럼에도 굿은 미신으로 간주하되 심리극은 미신이라 하지 않는다. 심리극의 합리적 개연성은 인정하면서 굿에 대해서는 그런 개연성을 인정하지 않는다. 그것은 굿에 대한 선입견에서 비롯된 편견 때문이다. 굿도 환자에게는 하나의 심리요법일 수 있다는 사실도 인정해야 한다. 의학용어로 플레시보 효과(Placebo effect)에 해당된다. 인문학문의 입장에서는 인과론에 의한 과학성을 획득하고 있는 것이 심리극인 것처럼 굿도 그러한 과학성에 입각해 있다. 과거의 모순을 찾아내서 해결하되 그 범주만 다를 뿐이다. 그러므로 심리극이 개인사적 맥락에서 맺힌 것을 푸는 문제해결이라면, 굿은 가족사적 맥락에서 맺힌 것을 푸는 문제해결이라 할 수 있다.

굿의 문제해결과 과학의 해결: 굿이 주술이거나 미신이라고 하는 전제에는, 굿은 과학적 개연성이 없을 뿐 아니라 실제로 문제해결 능력이 없다는 판단이 포함되어 있다. 과연 굿은 아무짝에도 소용이 없는가. 그렇지 않다. 우선 과거 사실을 점지해내고 문제가 되는 원인을 찾아내는 능력이 있다. 영험한 무당에게 점을 치거나 굿을 의뢰하면 자기도 모르는 조상들의 역사를 새롭게 깨우치게 된다. 자신이 몰랐던 조상들의 과거사는 다른 가족이나 이웃들을 통해 충분히 입증될 수 있다.

굿을 하는 과정에 무당의 공수를 통해서 불행한 가족사들이 재현된다. 몰랐던 조상들의 과거사를 알아맞히는 것이 무당의 초능력이다. 이러한 초능력을 우리는 어떻게 받아들여야 할까. 초능력을 신통하게 여겨 영험하다고 판단할 수도 있고, 우연히 넘겨짚어서 알아맞히는 한갓 술수라고 판단할 수도 있다. 술수든 영험이든 몰랐던 과거 사실을 알아내는 것은 중요한 일이다. 우리가 역사를 연구하는 것은 오늘의 삶에 어떤 식으로든 도움이 되는 까닭이다. 따라서 역사학이 긴요한 학문으로 존재하는 것이다.

최근 역사학의 동향은 국가나 세계의 역사와 같은 거시사보다 미시사로서 개인사나 가족사를 주목하기도 한다. 실제로 특정 개인이나 가족에게는 국사보다 가족사가 더 중요한 역사이다. 역사학의 이런 사실을 인정한다면, 무당이 굿에서 가족사를 포착하는 능력을 한갓 미신으로 치부하고 말 일은 아니다. 무당은 영매로서 가족사를 추적하고 문제를 탐색하는 영적 통찰력을 지녔다. 그런 능력이 없으면 무당이 될 수 없다.

그러나 우리가 굳이 인문학문의 인과논리만 내세워 굿의 문제해결 능력을 입증할 필요가 없다. 실제로 치병굿을 통해서 병을 치유한 사례가 적지 않기 때문이다.[62] 치유 사례가 없다면 누가 돈을 들여 굿을 하고 병을 치유하려고 하겠는가. 실제로 굿을 해서 병이 나았거나 집안의 불운을 걷어내게 되었다면, 굿의 효과를 인정하고 이를 문제해결의 방식으로 인정해야 한다. 재수굿에 비하여 병굿은 그 영험성을 가장 확실하게, 또한 비교적 짧은 기간 안에 검증할 수 있다. 그러므로 병굿을 중심으로 굿의 문제 해결 능력을 검토하는 것이 더 효과적이다.

이미 학회에서 병굿의 영험이 발표될 정도로, 무당이 굿을 해서 병을 치료했다는 사실은 이런 쪽에 관심을 가지는 민속학자에게는 상당히 보편화되어 있는 인식이다. 다만 이런 사실을 근거로 논문을 발표하고 저술을 하지 않았기 때문에 그 객관적 자료가 풍부하지 않은 것이 문제이다. 그런데 무당들의 생활과 능력에 대하여 줄기차게 관심을 가지고 조사를 해온 서정범 교수의 노력으로 그러한 사례들이[63] 다수 보고되어 있다.

의사가 병을 치료해서 낫는다는 것은 과학적으로 인정받고 있는 사실이다. 정신과 의사가 정신병자를 치료해서 낫는다는 사실도 과학적으로 인정받고 있다. 그러나 모든 환자가 의사의 치료로 낫는 것은 아니다. 상당수의 환자는 치료의 효과는커녕 병의 원인조차 모르는 경우도 많다. 감기와 같은 잔병에서 암과 같은 불치의 병에 이르기까지 치료하지 못하는 병이 광범위하다. 그럼에도 불구하고 의사의 치료 효과를 과학적으로 인정하는 것은 다른 사람들보다 병의 원인을 잘 파악하고 적절한 처방으로 실제 치료 효과를 올리기 때문이다. 따라서 많은 사람들이 질병에 걸리면 의사를 찾고 병원에서 치료받고자 하는 것이다.

한의사는 병을 진단하고 치료하는 방법이 양의사와 크게 다르다. 질병을 인식하는 체계

---

62 이용범, 「무속 치병(治病)의례의 유형과 치병 원리」, 『比較民俗學』 67, 比較民俗學會, 2018, 177~199쪽.
    조성제, 「무속에 나타난 질병관과 치병(治病)의례 유형」, 『南道民俗研究』 46, 남도민속학회, 2023, 131~154쪽.
63 서정범, 『무녀별곡 6: 기치료와 초능력』, 한나라, 1996.

가 다른 까닭에 치료방법도 다른 것이다. 오장육부의 맥과 기의 흐름을 통해서 질병을 인식하고 질병을 치료한다. 그럼에도 불구하고 한의의 의료체계도 양의와 마찬가지로 과학성을 인정한다. 그래서 대학에 한의학과가 있고 전문학의학자도 있다. 그럼에도 한의사 또한 고치지 못하는 병이 많다는 사실 또한 양의와 다르지 않다. 의사가 자기 부모의 병을 고치지 못하는 것은 물론, 자기 자신의 병도 고치지 못하고 마침내 죽는다. 그러므로 어떤 의사도 치료하지 못하는 환자가 사실상 부지기수로 존재한다고 할 수 있다.

무당이 병굿으로 질병을 치료하는 방법도 마찬가지이다. 병에 대한 무당의 진단과 처방은 의사나 한의사들의 그것과 상당히 다르다. 독자적인 병의 진단과 치료의 체계를 가지고 있는 것이다. 점을 치거나 굿을 하는 과정에 병의 원인이 된 잡귀와 잡신들을 축출하거나 제거하는 방식을 취하며[64], 조상이 원인이 된 경우에는 속죄와 반성, 또는 원혼에 대한 환대와 섬김을 통해 관계를 회복하고 상호소통으로 화해에 이름으로써 질병을 치유한다.[65]

치병굿의 치유 방식은 정신과 의사들이 환자와 대화를 하거나 심리극을 통해서 환자의 잠재의식 속에 묻혀 있던 과거의 경험들 가운데 정신적 억압을 초래한 사실들을 들추어내고 거기서부터 해방되도록 함으로써, 정신 질병을 치료하는 것과 상당히 비슷한 방법이다. 따라서 치병굿을 연구한 이용범 교수는 조상과 화해의 만남을 이루는 굿의 진행 과정이 심층심리적 치유의 효과를 발휘한다고 보았다.[66]

제주도에서는 병굿이 독특하게 전승되고 있다. 잡귀 잡신으로 인한 병은 '추는굿'으로 치유하고, '도체비'로 인한 병은 두란굿과 영감놀이로 치유한다.[67] '추는굿'은 치병의 방법으로 병자가 굿판에서 계속 춤을 추도록 하여 병을 고치는 굿이다. 춤추는 동안 환자의 몸에 침입해 있는 잡신이 신명이 나서 스스로 환자의 몸 밖으로 나오도록 하는 것이다.[68] 그런 한편으로는 질병의 원인을 환자의 기억 속에서 찾아내어 병을 낫게 하는데, 그 진행이 무당과 환자의 대화를 통해 이루어지는 방식이 오늘날의 상담치료와 다르지 않아서,[69] 심

---

64 이용범, 앞의 글, 185~187쪽 참조.
65 이용범, 같은 글, 190~192쪽 참조.
66 이용범, 같은 글, 192쪽.
67 강정식, 「추는굿의 의례적 특징」, 『제주도 추는 굿』, 도서출판 피아, 2006, 219쪽.
68 강정식, 위의 글, 227쪽.
69 강정식, 같은 글, 228쪽.

리적 치료 방법의 한 형태라 할 수도 있다.

　추는굿에서 환자가 춤을 추고 난 뒤에 바로 병이 나아버렸기 때문에 굿을 하루 만에 끝난 적도 많다고 한다.[70] 이처럼 굿을 해서 질병을 치료한 사례가 적지 않은 까닭에 많은 사람들이 병굿을 하는 것이다. 그것도 병원에서조차 치료하지 못하는 불치병 환자들이 마지막 수단으로 치병굿을 한다.

　따라서 현대 의술이 널리 보급되지 않은 한 세기 전만 하더라도 으레 질병 치료는 무당과 한의사가 담당했다. 조선조에는 태조 때부터 활인서(活人署)와 같은 관청을 두어 무당이 질병치료를 담당하도록 했다. 활인서는 임란 때 잠시 중단되었을 뿐 조선조 말기까지 계속된 공적 의료기관이었다. 세종 때에는 열병을 앓는 집이 있으면 수령이 의생과 남자무당을 함께 보내어 병을 진료하게 하였으며, 중종 때에는 무녀를 동서 활인서에 소속시켜 병자를 치료하도록 하였다.

　무당을 국립의료기관에 근무하게 한 것은 정부에서 공식적으로 무당의 치료능력을 인정했다는 말이다. 치료 무당을 특별히 의무(醫巫) 또는 무의(巫醫)라고 일렀다. 의원으로서 자질을 갖추었다는 말이다. 따라서 공적 의료기관인 활인서에서 질병을 치료한 무당의 의료행위를 요즘 의학 체계와 다르다고 하여 미신으로 매도하는 것은 무리일 수밖에 없다.

　의사가 고치지 못하는 병은 물론 원인조차 모르는 수많은 병이 있는가 하면, 의사의 의술이 아닌 방법으로 병을 치유하는 방법도 여러 가지가 있다. 요가와 단식, 최면술, 지압, 사혈, 명상, 섭생, 식이요법, 치유기도, 안찰기도, 민간요법 등 참 다양하다. 그 가운데 종교적 방법도 큰 비중을 차지한다. 기독교와 불교에서는 기도 또는 참선의 방법으로 질병을 치료하는데 무교의 치병굿도 그러한 방법 가운데 하나에 속한다고 하겠다.

　무당이 '무의'로 호명되며 활인서에서 의사 구실을 한 것처럼, 예수와 석가모니 또한 병든 자를 살리는 의사이기도 했다. 기독교에서는 치병을 위해 성령치유 예배와 집회를 특별히 가지는가 하면, 불교에서는 아예 약사여래가 있어서 중생의 질병을 고쳐주는 부처가 별도로 있다. 따라서 기독교에서는 목사가 치유기도원을 운영하며 환자들을 대상으로 치유활동을 하는가 하면, 각종 질병을 치료한 치유 간증으로[71] 선교활동을 벌이기도 한다.

70　강정식, 같은 글, 223쪽.
71　난치병이 낫는 기적이 일어났다고 하는 치유 간증이 인터넷에 다양하게 소개되어 있다.

불교계에서는 불교의학이라는 용어를 쓰며 현대 의학의 대체의학으로서[72] 충분한 기능을 발휘한다고 주장한다. 이처럼 종교마다 의술이 아닌 신앙의 방법으로 질환 치유를 하기 일쑤이다. 그러므로 우리는 과학적인 의술이 아니라고 하여 모두 주술이라고 치부할 수 없다.

굿의 주술성과 주술에 대한 오해: 굿에 주술적 요소가 있다고 하더라도 그 주술을 비과학적인 것으로 규정하는 데에는 문제가 있다. 일찍이 제임스 프레이저(James G. Frazer)가 주술은 속임수 과학이라고 규정한 데 대하여 오류라는 비판이 이어졌다. 에드먼드 리치(Edmund Leach)에 의하면, 주술과 과학은 서로 다른 체계일 뿐 주술이 과학적 체계일 필요가 없다. 프레이저가 "세계의 상태를 형이상학적 수단에 의해 변경시키는 취지의 표현적 행위"인 주술을, "세계의 상태를 물리적인 수단에 의해 변경시키는 기술적 행위"인 과학에 잘못 적용했다는[73] 것이다. 다시 말하면, 주술을 속임수 과학이라는 프레이저의 가정은 표현적 행위를 기술적 행위와 혼동한 탓에 빚어진 오해일 따름이라는 것이다. 그러므로 우리는 무당들이 굿을 통해서 현실 문제를 해결하려는 것은 잘못된 과학이 아니라, 세계의 상태를 형이상학적 수단에 의해 변경시키려고 하는 표현적 행위로 받아들여야 한다.

프레이저는 주술과 종교, 과학을 발전단계에 따라 구분했다. 주술적 사고를 가장 원시적인 것으로 간주하고 주술에서 발전 된 것이 종교적 사고이며, 가장 발전된 기술을 과학적 사고라고[74] 했다. 그러나 말리노프스키(B. Malinowski)는 프레이저가 주장하는 주술의 진화에 동의하지 않는다. 주술 또한 과학처럼 인간의 요구에 부응하는 구체적인 목표를 가지고 있어서 과학적 원리와 유사한 것으로 이해한다. 오히려 주술과 종교, 과학은 대등한 인간의 행동양식으로 여겼다.[75] 엘리아데(Mircea Eliade) 또한 주술을 원시적 과학으로 간주하는 것을 부정한다. 말리노프스키처럼 엘리아데는 주술은 종교와 과학과 더불어 인간의 삶 속

---

72 이성수, 「부처님은 병든 마음을 치료하는 의사」, 『불교신문』, 2022년 5월 30일, "불교의학은 서양의학의 보완 내지 대체의학으로 충분한 의학적 치료방법과 의료체계를 갖추고 있다."
73 Edmund Leach 지음, 구본인 옮김, 『문화와 커뮤니케이션』, 파란나라, 1995, 48쪽.
74 James George Frazer, *The Golden Bough: A Study in Magic and Religion*, The MacMillan Company, 1934, pp.48~60 참고.
75 Bronislaw Malinowski, *Magic, Science and Religion*, Greenwood Press, 1984, pp.86~87.

에서 중요한 역할을 해온 삶의 한 양상으로 받아들였다.[76]

사람들은 걸핏하면 과학의 잣대를 들이대는데 과학도 문제를 안고 있다. 무엇을 과학이 되도록 하는 것은 일정한 체계 곧 패러다임(paradigm)에 의해서이다. 과학의 패러다임은 고정 불변의 것이 아니라, 당대 사회가 갖는 신념과 가치체계에 따라 끊임없이 바뀐다. 따라서 과학이 미신으로 간주되어 탄압받기도 한다.

중세석 패러다임에 의하여 천동설이 공인 받을 때는 과학적인 지동실은 배척되고 탄압되었다. 지동설을 주장한 갈릴레오 갈릴레이는 종교재판을 받아 종신형에 처해지기도 했다. 버드나무 가지로 지하의 수맥을 찾는 프랑스 민속 가운데 하나인 다우징(Dowsing)도 한 때는 마녀의 짓으로 간주되어 다우져(dowser)들은 재판을 받고 처형당했다. 그러나 지금은 다우징이 수맥을 찾는 과학으로 인정받고 있다.[77] 이처럼 미신이 과학이 되기도 하고 과학이 미신이 되기도 한다. 그러므로 과학 또한 불완전할 뿐 아니라, 패러다임에 따라 과학이 미신일 수도 있다.

우리가 굿을 미신이니 주술이니 하는 과학적 패러다임은 양의학의 패러다임과 일치하는 것이다. 양의학의 과학체계로 볼 때는 의사의 치료 행위만이 합리적일 수밖에 없다. 그러나 심리적 요법이나 종교적 수련과 기도를 통해서 병을 치료하는 예도 적지 않다. 종교적 치료요법은 그 나름대로 패러다임이 있고, 이 패러다임을 합리적이라고 생각하는 사람들은 기꺼이 이 요법을 치료에 이용한다.

하물며 자연학문의 패러다임을 인문학적 현상에 적용하여 과학적 시비를 가리는 것은 범주 이탈의 오류에 해당된다. 인문학적 현상은 인문학문의 논리와 패러다임으로 합리성 여부를 따져야 한다. 이를테면 '창조설'은 종교적 믿음일 뿐 과학적 이론이 아니다. 그렇다고 하여 창조설을 믿는 기독교를 미신으로 간주하지 않는다. 그것은 신학적인 신념에 기반을 둔 세계관이기 때문에 과학적 검증의 대상이 아니다. 예수의 부활을 검증하는 과학적 연구를 하지 않는 것과 마찬가지이다. 기독교의 성경이나 교리 가운데에는 과학적 검증이 불가능한 신이와 영험, 기적 등이 있을 뿐 아니라, 과학으로는 도저히 해결할 수 없고

---

76 Mircea Eliade ed., *The Encyclopedia of Religion,* MacMillan Publishing Company, 1987, p.90.
77 자세한 내용은 Peter Tompkins & Christer Bird 지음, 황금용·황정민 옮김, 『식물의 신비생활』, 정신세계사, 1882, 381~382쪽 참조.

또 창조할 수도 없는 문화가 엄청 많다.

종교적으로 하느님은 실재하고 예수는 부활했다고 한다. 그러나 이 문제는 과학이 아니라 종교의 영역에 속해 있다. 과학적으로는 불합리할 뿐 아니라 헛된 믿음일 수 있지만, 이것을 신앙하는 기독교가 창출한 인문학적 자산은 과학적 사실 못지않게 엄청 방대하고 찬란하다. 기독교가 있어서 교회 건축술이 발전하고 교회미술과 교회음악, 교회연극 등 기독교문학과 기독교예술이 크게 발전했으며, 인류의 문화 성장과 예술 발전에 엄청난 이바지를 했다. 불교나 이슬람교, 유교의 종교 문화와 예술도 마찬가지이다. 인류의 문화는 곧 종교문화와 함께 성장했다고 해도 지나치지 않을 만큼 종교의 문화적 기여도는 막대하다.

하느님은 과학적 유무와 상관없이 과학적으로 실존하는 어떤 인물보다 다양한 문화를 창출했다는 점에서 창조주라 할 수 있다. 무교의 굿도 마찬가지이다. 굿이 있어서 우리 민족문화가 다양하게 창출되고 크게 성장했다. 굿판의 가무로 노래와 춤 문화가 발전했으며 지금도 한류문화의 자산 구실을 하고 있다. 굿에서 노래되는 본풀이에서 건국신화와 무속신화가 발생되었으며, 신화를 토대로 서사문학이 발전했다. 무악(巫樂)과 무화(巫畵), 무복(巫服) 등에서 음악문화와 미술문화, 패션문화가 성장했다. 마을마다 마을굿을 하며 공동체의식을 다지고 풍물굿을 통해 두레노동은 물론 놀이문화와 잔치문화를 풍성하게 했다. 보름굿과 단오굿 등이 있어서 세시풍속을 명절답게 만들었다. 탈굿에서 비롯된 탈춤은 민중의식이 성장과 함께 봉건체제를 극복하고 근대사회로 나아가게 했다.

고대에는 왕이 곧 사제왕(司祭王)으로서 무당이었다. 신라 남해왕(南解王)의 왕호는 차차웅(次次雄)이었는데, 무당이라는 뜻이다. 이때까지 왕은 곧 무당을 겸했다. 당시 사람들은 왕이 귀신을 섬기고 제사를 받들기에 그를 외경해서 존경받는 어른이라는 뜻으로 차차웅 또는 자충(慈充)이라고 일컬었던 것이다.[78] 정치적 지도자보다 종교적 지도자로서 왕을 더 섬겼던 것이다. 굿문화의 역사는 고조선시대부터 줄곧 이어지면서 외래종교의 억압 속에서도 꿋꿋하게 지속되었다. 따라서 우리 민족문화의 창출과 발전은 굿문화에서 비롯되었다고 해도 지나치지 않다. 이러한 사실은 '굿문화에서 창출된 민족문화의 전통포착'에서 자세하게 다루었다. 그러므로 무당굿의 비과학적 요소만 부각하여 굿문화를 폄하하는 것은,

---

78 『三國史記』卷1 '新羅本紀 1', "南解次次雄立[次次雄或云慈充 金大問云 方言謂巫也 世人以巫事鬼神尙祭祀 故畏敬之 遂稱尊長者 爲慈充]".

기독교의 비과학적 요소를 중심으로 기독교를 사교로 매도하는 것과 마찬가지 오류이다.

굿의 치유력과 과학적 개연성: 굿의 치유력을 과학의 준거로 검증하려는 것은 범주 이탈의 오류라고 할 수 있다. 그러나 자연학문의 과학적 기준에 입각해서 굿의 치유력을 주목하더라도 굿의 효과는 어느 정도 입증된다. 의학계에서는 오래 전부터 '플레시보 효과'라는 것을 인정하고 있다. 질병과 상관없는 약을 주어도 환자가 약을 먹었으니 나을 것이라는 긍정적 믿음에 의해 실제로 병이 낫는, 일종의 심리적 치료 효과를 플레시보 효과라 한다. 굿의 효험을 믿는 사람에게는 굿이 그 자체로 플레시보 효과를 가져온다고 할 수 있다. 다른 종교의 경우도 신앙심에 따라 마찬가지 효과가 있을 수 있다. 종교마다 일정한 치유기도와 치료요법이 있는 것도 이 때문이다.

의학적으로 말하면 플레시보 효과에 해당되는 것을 에드문드 리치는 다르게 설명한다. 주술과 요술의 이론에 의하면, '무당은 병을 낫게 한다'는 관습적인 인식에 환자가 전적으로 따를 경우에, 무당이라는 상징이 기호로서 취급되고, 그러면 무당의 질병 치료 효과는 확실히 나타난다고[79] 한다. 여러 소수민족들이 민간요법이나 민속신앙에 따른 주술적인 방법으로 병을 치료하는 것은 이러한 효과로 설명될 수 있다.

굿의 과학적 치유력의 근거는 플레시보 효과 외에도 의학적으로 병을 치료하는 이치에 입각해서 찾을 수 있다. 그 가운데 하나가 엔돌핀(endorphins)의 생성과 역할이다. 환자에게 약을 복용시키거나 주사를 놓아서 질병을 치료하는 것과 마찬가지로 엔돌핀을 생산하도록 함으로써 질병을 이기도록 하는 활동 또한 훌륭한 치료 행위이다. 따라서 굿이 환자로 하여금 엔돌핀을 많이 생산하게 하는 구실을 한다면, 치병굿은 실제로 병의 치유력을 지니고 있다고 할 수 있다.

미국의 심리인류학회에서는 무당들의 치료행위가 실체로 치유력이 있는가 하는 문제에 관심을 기울이며, '무당과 엔돌핀(Shamans and Endorphins)'이라는 주제로 집중적인 연구를 하였으며 그 연구성과가 학회지 *Ethos*를 통해 1982년에 발표되었다.[80] 이 학술지에 발표된 8편의 연구 가운데 이 문제를 가장 직접적으로 다룬 레이먼드 프린스(Raymond Prince)는 엔

---

79 Edmund Leach 지음, 구본인 옮김, 앞의 책, 49쪽.
80 *Ethos*, volume 10 number 4, Journal of the Society for Psychological Anthropology, winter 1982.

돌핀의 조사연구를 통해서 환자의 통증을 생리적으로 약화시키는 방법이 적어도 두 가지나 된다고 밝혔다.

하나는 최면에 의한 치료와 플레시보 효과에 의해 입증된 심리적 매카니즘이며, 둘은 침술과 피부 자극에 의하여 입증된 엔돌핀의 통증해소법이다. 그리고 굿을 믿는 문화권에서는 굿이 환자의 엔돌핀을 증가시킨다는 것이다. 무당들의 가무오신 행위에 의하여 환자가 무아지경에 빠지게 되면 심리적인 신앙 메카니즘에 의한 토대를 제공하는 동시에 생리학적 메카니즘을 작동시켜서 치료 구실을 하게 된다는 것이다. 왜냐하면 무아지경과 도취감에 빠져들게 하는 무당굿의 치료 행위는 격렬한 춤과 빠른 몸 떨림이 엔돌핀의 발생을 증가시키는 구실을 하기 때문이다.[81] 그러므로 굿은 인문학적 개연성뿐만 아니라 과학적 개연성까지 일정하게 갖추고 있는 것으로 이해할 필요가 있다.[82]

일본의 신토는 근본적으로 한국 무교나 다를 바 없다. 신령을 잘 모셔서 복을 받으려는 기복신앙이라는 점에서 같다. 그럼에도 신사(神社)에 가서 동전을 던지고 박수를 치며 합장하는 일본인들을 두고 미신을 믿는 자로 폄하하지 않는다.[83] 오히려 일본은 신토가 있어서 세계 8대 문명국으로 인정받게 되었다. 일본과 한국이 다른 점은 일본은 외래종교가 들어올 때마다 신토 아래로 끌어내렸는데, 한국은 그와 반대로 외래종교가 들어오면 늘 무교 위로 받들어 섬긴 사실이다. 그 결과 일본은 '신토 〉 불교 〉 유교 〉 기독교'의 위상을 이루어 기독교는 거의 1%에 머물러 존재감이 없는 데 반하여, 한국은 '무교 〈 불교 〈 유교 〈 기독교'의 위상을 이루어 한국 기독교는 31%로[84] 압도적 대세를 이루게 되었다. 오히려 무교는 통계에 잡히지 않을 정도로 존재감이 없다.

일본에 신토가 대세를 이루는 것처럼, 인도에는 힌두교, 중국에는 도교, 몽골과 시베리아

---

81 Raymond Prince, "Shamans and Endorphins: Hypothes for a Synthesis", Ethos, volume 10 number 4, Journal of the Society for Psychological Anthropology, winter 1982, pp.420~421.
82 위의 내용은 Lim Jaehae, "The Logical and Scientific Nature of 'Kut'(Shamanistic Ritual)", A Seminar on Comparative Folklores, Arizona State University U.S.A., 1996.12.10.에서 발표한 내용을 보완한 것이다.
83 최준식, 같은 책, 192쪽, 197쪽.
84 2024년 종교 인구 현황 발표에 따르면, 기독교는 개신교 20% 천주교 11%로 모두 31%를 차지하는 반면에 불교는 17%, 기타 종교 2%에 불과하다. 51%는 무종교이다. 유교는 종교를 표방하지 않는 까닭에 유교 신자는 없는 것처럼 조사되었으나, 무종교인 사람들 다수가 사실상 유교문화를 누리고 있는 사람들이다.

에는 샤머니즘이 대세를 이룬다. 제각기 자기 고유의 토착종교가 자국 안에서 대세를 이룰 뿐 아니라, 국제적으로 해당 종교를 일컫는 용어가 신토이즘(shintoism), 힌두이즘(hinduism), 타오이즘(taoism), 샤머니즘(shamanism) 등으로 통용되고 있다. 그러나 한국 무교는 종교학자들의 학문적 인식과 달리 한국사회 안에서조차 종교로 인정받기는커녕 무속으로 간주되거나 미신으로 경멸당하고 있을 뿐 아니라, 국제적으로도 통용되는 명칭이 없다.

일찍이 김효경이 '무당이즘'이라[85] 일컬었지만 무속학계에서조차 받아들여지지 않았다. 무교는 무당의 독점물이 아니라 우리 민족의 고유종교이자 근본신앙이다. 따라서 '무당이즘'이라고 하는 것보다 그 제의인 '굿'에 입각해서 '굿이즘(kutism)'이라고[86] 하는 것이 어떨까 한다. 무당굿이 아닌 민중굿도 다양하게 존재하는 까닭이다. 굿이즘에는 무당굿은 물론 풍물굿을 비롯한 다양한 민중의 굿문화가 두루 수렴될 수 있다.

아인슈타인은 과학자이지만 종교를 부정하지 않았다. 그는 『나의 노년의 기록들』이라는 책에서 "종교 없는 과학은 절름발이고 과학 없는 종교는 장님"이라고 했다. 왜냐하면 과학은 종교처럼 실천력이 없고, 과학을 고려하지 않는 종교는 맹신(盲信)에 빠지기 때문이다. 종교와 과학의 역할을 서로 다르게 인식하면서 대등하게 포착한 견해이다. 따라서 과학을 더 우위에 두고 종교를 과학적 잣대로 평가하는 것은 어리석은 일이다. 인류가 여기까지 발전해 온 것은 종교의 힘이자 과학의 힘이다. 첨단문명은 과학기술의 힘이지만, 인간다운 문화 창출은 종교의 힘이다. 한국문화 또한 굿문화의 유전자에 힘입어 여기까지 왔다. 종교 없는 사회가 없다면, 자민족 고유의 종교가 있는 것을 자랑스럽게 여겨야 마땅하다.

4. 샤머니즘과 다른 우리 굿문화의 독창성

한국 종교문화의 뿌리는 굿에 있다. 굿을 흔히 무속이라고 하는데 종교적 용어로는 무교의 제의라고 한다. 민속학자와 달리 종교학자들은 굿을 종교 행위로 인정하는 까닭이

---

85 崔吉城, 「金孝經의 '巫堂이즘' 硏究小考」, 『比較民俗學』 12, 比較民俗學會, 1995, 443쪽.
86 '굿'의 발음에 따라 goodism이라고도 할 수 있는데, good의 말뜻이 끼어들어 굿문화를 오해할 수도 있다.

다. 역사적으로 보면 한국 종교사의 정점에 무교가 있다. 무교 다음에 불교, 유교, 기독교 등 외래종교들이 전래되어 한국 종교문화를 차례대로 석권해왔다. 신라 중기에 불교가 들어와서 신라와 고려 사회를 석권한 것처럼, 중세에 유교가 들어와서 조선사회를 석권하였으며, 근대에 기독교가 들어와서 한국사회를 석권했다.

따라서 지금은 제일 늦게 들어온 기독교가 한국 종교사회를 지배하고 있다. '종교사'의 전개와 거꾸로 '종교사회'의 제일 정점에 가장 늦게 전래된 기독교가 있고 그 아래에 유교와 불교가 있으며 제일 밑바닥에 무교가 있다. 외래종교가 들어올 때마다 우리 민족종교인 무교는 좌도나 미신, 우상숭배로 취급되어 가장 밑바닥에 깔려 주눅 들어 있는 처지가 되었다. 일본 고유종교인 신토는 우리와 반대로 외래종교가 들어올 때마다 그 위로 올라가서 지금 일본 종교사회의 정상 자리를 차지하고 있다.

무교의 홀대보다 더 문제는 무교의 굿조차 우리 것이 아니라, 시베리아 샤머니즘에서 비롯되었다는 전래설이 우리 학계를 지배하고 있는 사실이다. 실제 사실이 그러해서 그러는 것이 아니라, 일제강점기부터 그렇게 교육받은 북방문화 전래설, 시베리아 기원설, 유목문화 영향설, 알타이어원설 등에서 벗어나지 못한 탓이다. 식민사관의 하나인 종속적 전래설에서 해방되려면 자기 눈으로 자기 역사와 문화를 볼 줄 알아야 한다.

우리 굿문화에 대한 인식도 마찬가지이다. 고조선 시기부터 무교의 역사를 정리한 류동식의 『한국무교의 역사와 구조』만[87] 읽어도 우리 굿문화의 기원을 시베리아 샤머니즘에서 찾지 않을 것이다. 이능화의 『조선무속고』에서도 환웅의 神市에서부터[88] 조선시대까지 굿문화를 다루고 있다. 이처럼, 우리 굿문화의 뿌리가 고대 사료에 생생하게 남아 있고 연구 성과조차 단행본으로 간행되어 있는데, 이러한 역사적 사실과 연구사를 무시하고 300년 전에 비로소 세상에 알려진 퉁구스족의 샤먼을 우리 무당의 뿌리로 여기고 있다. 이러한 발상은 5천 년 전부터 싹트기 시작한 무교를 300년 전의 역사에서 거꾸로 기원을 찾는 것이나 같은 모순이자 자가당착의 억지이다.

이런 사실을 알고 있는 외국학자들은 시베리아 샤머니즘을 제대로 이해하려면, 오히려

---

87 柳東植, 『韓國巫敎의 歷史와 構造』, 延世大學校出版部, 1975.
88 이능화 지음, 서영대 역주, 『조선무속고』, 창비, 2008, 71쪽. "조선 민족은 神市가 있어 자신들의 종교로 삼았으며, 천왕환웅과 단군왕검을 하늘에서 내려온 신, 혹은 신과 같은 인간이라 했다. 옛날에는 무당이 하늘에 제사하고 신을 섬겼으므로 사람들에게 존경을 받았다."

고대부터 있었던 한국의 오랜 굿문화 역사를 먼저 연구해야 한다고 주장한다. 시베리아 샤머니즘에 관한 서구학자들의 상상적 이해를 비판하고 연구 성과를 한층 진전시킨 로날드 휴턴(Ronald Hutton) 교수의 최근 주장이 그러한 보기이다. 그의 저서『샤먼』에서는[89] 샤머니즘에 대한 서구학자들의 오리엔탈리즘이 지닌 문제점을 비판하고 그 대안을 제시했다. 대안의 하나로 근래에 발견된 시베리아 샤머니즘에 매달릴 것이 아니라, 고대 유럽을 비롯한 중국, 페르시아, 한국, 몽골의 사료들에서 귀중한 연구 시각을 찾아야 한다는 것이다.[90]

다시 말하면, 시베리아 샤머니즘이 세상에 알려진 것은 17세기 말엽인데, 한국과 같은 나라들은 그 훨씬 이전인 고대부터 이러한 종교문화가 전승되고 있었을 뿐 아니라 고대문헌에 관련 자료들이 풍부하게 기록되어 있다는 것이다. 그런데도 이런 자료들을 제대로 검토하지 않은 채, 현재 시베리아에서 눈에 띄는 단편적인 샤먼의 의식과 공연을 샤머니즘의 원형이자 실체로 착각하고 있는 것이 서구학자들의 샤머니즘에 대한 상상적 이해라는 것이다.

휴턴은 3부로 이루어진 이 책의 1부에서 "우리가 샤머니즘에 관해 안다고 생각하는 이유는 무엇인가?",[91] 2부에서 "우리가 샤머니즘에 대해 안다고 생각하는 것이 무엇인가?"[92] 하는 반성적 질문으로 문제를 제기하면서, 시베리아에서 샤먼이 발생했다고 보는 고정관념, 그리고 샤머니즘의 영역으로서 시베리아 지역을 인식하는 관점을 두루 비판하였다. 한 마디로 그동안 시베리아 중심의 샤머니즘 연구는 서구적 상상력이 빚어낸 편견에 지나지 않는다는 비판이다. 그러므로 한국과 같이 역사적인 문헌자료가 풍부한 나라의 굿과 무당을 집중적으로 연구해야 샤머니즘 연구의 새로운 지평을 개척할 수 있다는 것이다.

시베리아 기원설을 펴는 학자들은 굿을 보는 주관적 직관력도 객관적 설득력도 없다. 주관적 직관력은 스스로 새로운 사실을 포착하는 자력적 능력이고, 객관적 설득력은 사실을 논리적으로 입증하는 역량인데, 어느 쪽도 터무니없기는 마찬가지이다. 시베리아 샤먼이나 샤머니즘을 보고 직관적으로 우리 문화가 거기서 왔다고 하는 것은 억지일 따름이

89　Ronald Hutton, *Shamans - Siberian Spirituality and the Western Imagination*, Hambledon and London, 2001.
90　Ronald Hutton, 위의 책, 113쪽.
91　Ronald Hutton, 위의 책, 1~44쪽.
92　Ronald Hutton, 위의 책, 45~111쪽.

다. 시베리아는 유럽의 변방이자 아시아의 변방으로서 유목문화가 지속되고 있는 지역이다. 따라서 경주나 부여와 같은 수준의 오래된 고대 문화도시는 물론 그러한 문화유적조차 없다. 생업기술적으로 정착문화를 이룰 수 없는 유목문화이기 때문이다.

문화적 변방에서 문화적 중심성 곧 문화의 기원을 찾는 것 자체가 직관력의 착오이다. 시베리아 문화를 제대로 본 적도 없는 사람이 주장하는 직관력은 더욱 터무니없다. 더군다나 이런 주장을 펴는 학자 가운데 어느 누구도 직접 시베리아 샤머니즘을 현장조사하지 않았다는 점이다. 일본학자들이 그런 주장을 하니까 따라서 아는 체 복창했을 따름이다. 자국에서 고대부터 있었던 반만년의 문화를 두고, 근대에 비로소 알려지기 시작한 변방의 문화에서 기원을 찾는다는 사실 자체가 당착이자 모순일 따름이다. 마치 나무의 뿌리를 땅속에서 찾지 않고 잎에서 찾는 것이나 다름없다.

주관적 직관력도 문제지만 객관적 설득력은 더욱 문제이다. 왜냐하면 시베리아 샤머니즘 자체의 기원을 정확하게 모르고 있기 때문이다. 확실한 것은 샤머니즘의 자생적 독창성을 인정할 수 없다는 점이다. 샤머니즘의 기원 자체가 어디서부터 비롯된 것인지, 또는 어디서 전래된 것인지 불확실하다는 사실이다. 따라서 시베리아학계에서도 샤머니즘의 기원을 명쾌하게 해명하지 못하고 있다.

이처럼 상고시대부터 지속되어온 우리 굿문화의 기원을, 어디서 온 것인지도 모르는 후대의 샤머니즘에서 찾는 것은 결코 논리적 설득력을 확보할 수 없다. 더군다나 우리 굿문화는 불교문화 전래 이전에 형성된 것이자 자생적인 것인데, 시베리아 샤머니즘은 불교문화 이후에 형성된 것이자 전래된 것이라고 하지 않는가. 그러므로 한국 무교의 시베리아 샤머니즘 기원설은 자가당착이자 이중 모순에 빠져 있다고 하지 않을 수 없다.

오히려 서구학계에서는 한국의 굿문화를 샤머니즘 이해의 중요한 통로로 이해하는데, 우리는 거꾸로 샤머니즘의 눈으로 우리 굿문화를 해석하려는 오리엔탈리즘에서 벗어나지 못하고 있다. 왜 시베리아에서 샤머니즘이 먼저 생겨났다고 생각하고, 우리 굿은 샤머니즘에서 비롯되었다고 종속적인 전래주의로 생각하는지, 그 원인을 추적해 보면 모두 종속적 식민주의에 빠져 있거나 근거 없는 편견에 지나지 않는다. 정작 시베리아 샤머니즘 전공자들은 시베리아 샤머니즘의 역사 자체가 고대까지 거슬러 올라갈 만큼 오래지 않을뿐더러, 샤머니즘이 시베리아에서 발생했다는 어떤 근거도 없다고 한다. 더군다나 시베리아 문화가 한국에 전파되어 굿문화가 형성되었다고 할 명백한 증거나 이론적 근거도 갖추지 못하고 있다.

　시베리아는 유럽의 3배나 되는 광대한 대륙이자 수많은 소수민족이 흩어져 살고 있다. 게다가 사람들이 정착해서 살기 힘든 초원 지역이어서 오랫동안 이동생활을 하며 살아왔다. 따라서 고정적 실체로서 시베리아 문화가 일정하게 존재한다고 여기는 것은 한갓 상상력에 지나지 않는다. 샤머니즘이라는 용어조차 시베리아 토착종교를 대표할 수 없는 특정 민족의 언어일 따름이다. 시베리아의 수많은 종족들 가운데서도 무당을 '샤먼'이라 일컫는 경우는 퉁구스족뿐이다. 다른 민족들은 샤먼을 깜, 보, 바이, 뵈, 버, 자아린, 우트간, 오제곤, 우다간, 캄, 쿰 등으로 제각기 다르게 일컫는다.[93] 이처럼 대부분의 시베리아 민족들은 서로 다른 이름으로 무당을 일컬을 뿐 아니라, 제의의 절차, 신에 대한 관념 등도 서로 다르다. 그러므로 시베리아 샤머니즘이라고 하는 것은 특정 부분으로 다양한 전체를 획일적으로 일컫는 성급한 일반화의 우격다짐일 뿐 아니라, 한갓 상상이 빚어낸 관념적 구성물이라는 것이다.

　우리 굿이 샤머니즘에서 온 것이 아니라는 사실은 굿의 유형적 차이에서 구체적으로 드러난다. 샤머니즘이 이계(異界)를 여행하는 엑스타시(Ecstasy) 유형이라면, 한국의 굿문화는 신내림 또는 신들림 현상이 일어나는 포제션(Possessions) 유형이다. 샤머니즘에서는 무당의 영혼이 천상세계와 같은 이계로 여행을 떠나는 까닭에 탈혼(脫魂) 현상이 일어나는 반면에, 굿에서는 무당의 몸에 신령이 지펴서 신들림 현상 곧 빙의(憑依) 현상이 일어난다. 따라서 샤머니즘과 굿은 제의 방식이 구조적 차이를 보이는 까닭에 서로 영향 관계에 있다고 하기 어렵다. 그러므로 굿이 샤머니즘에서 비롯되었다는 시베리아기원설은 논리적 설득력이 없다.

　일찍이 한국 굿을 조사 연구한 알렉산더 기유모즈(Alexander Guillemoz)는, "샤머니즘은 엄격하게는 엑스터시의 원초적 기술"이라는 엘리아데의 정의를[94] 근거로 우리 굿의 독자성을 잘 해명하고 있다. 샤먼의 개념은 "한국의 무당이 샤먼과 혼동될 수 없다는 것을 잘 가르쳐 주고 있다"고 하며, 시베리아나 중앙아시아의 샤머니즘과 한국의 민간신앙의 동일성을 입증하지 못하는 한, 한국의 굿은 한국 무당들이 '창작'한 것으로 보아야 한다고 주장했

93　양민종, 『샤먼 이야기』, 정신세계사, 2003, 21~25쪽.
94　엘리아데, 文相熙 譯, 『샤아머니즘』, 三省出版社, 1977, 51쪽.

다.⁹⁵ 그리고 무당과 샤먼의 구조적 차이를 대비해서 분석하고 우리 굿문화의 독자성을 설득력 있게 밝히고 있다.

북방의 샤먼은 영혼이 최면에 걸린 동안 승천하거나 지옥으로 하강하기 위해 육체를 떠나지만, 한국의 무당은 천당이나 지옥으로 사라지지 않고 오히려 신이 내려와서 지피거나 빙의된다. 따라서 북방 샤머니즘에서는 굿을 하면 샤먼이 이동하지만, 한국 무당은 굿을 하면 신이 이동한다는 것이다. "무당은 샤먼과는 반대로 신을 찾으러 가는 것이 아니라 신을 받아들이고 맞아들이는 것이다. 즉 내려오는 것은 신들인 것이다."⁹⁶ 그러므로 샤머니즘과 굿문화의 동질성은 입증할 수 없지만 이질성은 명백하다.

최근에는 세계적인 샤머니즘 연구자 피어스 비텝스키(Piers Vitebsky)⁹⁷ 박사에 의해서 다시 샤먼과 무당의 차이가 구체적으로 지적되었다. 그의 저서 『샤먼(The Shaman)』의 서두에 샤머니즘에 관한 정의를 하면서 "천상세계나 지하세계로 이계 여행을 하는 시베리아 샤먼과, 신이 지피는 영매(靈媒)로서 한국의 무당은 사뭇 다르다"고 했다.⁹⁸ 시베리아 샤먼과 한국의 무당을 구체적으로 꼭 집어서 분명한 차이를 말함으로써 샤머니즘과 한국 굿문화를 혼동하지 않도록 서론에서부터 쐐기를 박아놓은 것이다. 본론에서도 한국 굿문화를 다루면서 끊임없이 샤머니즘과 다른 차이를 언급했다.

이처럼 시베리아 샤머니즘과 우리 굿문화의 차이를 대립적으로 잘 포착한 기유모즈나 비텝스키도 문화생태학적 차이에서 비롯된 원인은 밝히지 못했다. '사실 비교'에서 그치고 '원인 비교'로 나아가지 못한 것이다. 샤머니즘과 굿문화가 엑스타시형과 포제션형으로 유형적 차이를 보이는 원인에 관해서는 의문조차 제기하지 않았다. 연구를 진전시키려면 '사실 비교'에서 '원인 비교'로 나아가야 한다. 왜 샤먼은 다른 세계로 신을 찾아 떠나고, 무당은 굿을 하는 현장에 신을 불러오는가 하는, 두 현상의 원인에 대한 의문을 가져야 생태학적 차이에서 비롯된 사유방식의 결과로 해석할 수 있다.

---

95 알렉상드르 기유모즈, 「現世的 福樂追求의 信仰」, 크리스챤아카데미編, 『韓國의 思想構造』, 삼성출판사, 1975, 408쪽.
96 알렉상드르 기유모즈, 위의 글, 406쪽.
97 피어스 비텝스키 박사는 인류학자이며 영국 케임브리지 대학교 스크트 극지방 연구소의 사회과학 책임자이다.
98 피어스 비텝스키 지음, 김성례·홍석준 옮김, 『샤먼』, 창해, 2005, 10쪽.

문화생태학의 시각에서 보면, 이동생활을 하는 유목민족의 샤머니즘과, 정착생활을 하는 농경민족의 굿문화는 여러 모로 다를 수밖에 없다. 시베리아 샤머니즘은 시베리아의 다른 문화와 마찬가지로 유목문화의 산물이다. 유목민들은 양떼들을 초원에 풀어놓고 풀을 뜯기다가 풀이 고갈되면 새로운 초원을 찾아서 이동하는 생활을 한다. 새로운 초지를 찾아 이동하는 것이 그들의 생존양식이자 문제해결 방식이다. 따라서 굿을 할 때에도 문제를 해결하기 위해 샤먼이 다른 세계로 여행을 떠나는 까닭에 탈혼현상에 이르게 된다.

　그러나 한국의 굿문화는 오랜 농업국가답게 농경문화의 산물이다. 농민들은 한 곳에 붙박이로 정착해 살면서 토지에 씨를 뿌려 그 수확물을 먹고 산다. 같은 밭이라도 콩을 심으면 콩밭이 되고 보리를 심으면 보리밭이 되며 밀을 심으면 밀밭이 된다. 일정한 공간에 머물러 살면서 그때마다 필요한 씨앗을 심어서 다양한 곡물을 수확하는 것이 농민들의 생존양식이자 문제해결 방식이다. 따라서 굿을 할 때에도 문제를 해결하기 위해 무당이 그때마다 필요한 신을 굿판에 불러오는 까닭에 신들림 현상에 이르게 된다. 씨앗에 따라 밭이 보리밭이나 콩밭, 밀밭으로 달라지듯이, 내림받은 신에 따라 무당의 굿거리도 여러모로 달라진다.

　탈혼형의 샤머니즘과 빙의형의 굿문화는 유목민과 농경민의 생업 양식에 토대를 두고 제각기 형성된 문화이다. 따라서 샤먼과 무당의 몸주신이나 제의방식, 무복의 양식 또한 모두 유목문화와 농경문화를 반영하고 있다. 그러므로 신을 찾아 떠나는 샤머니즘의 탈혼형은 이동생활을 하는 유목문화에서 비롯되었고, 신을 불러오는 굿문화의 빙의형은 정착생활을 하는 농경문화에서 비롯된 것이라 할 수 있다.[99]

　이러한 원인론적 비교연구에 이르면 더 이상 샤머니즘 기원설을 펼 수 없다. 문화의 발생 토대가 근본적으로 다른 까닭이다. 농경문화가 유목문화에서 비롯될 수 없는 것처럼, 빙의형의 굿문화는 탈혼형의 샤머니즘에서 비롯될 수 없다. 굿문화와 같은 신앙생활만 다른 것이 아니라 주거생활과 식생활조차 퍽 대조적이며 생태학적 현상을 정교하게 반영하고 있다.[100]

99　임재해, 「굿 문화사 연구의 성찰과 역사적 인식지평의 확대」, 『한국무속학』 11, 한국무속학회, 2006, 127~129쪽 참조.
100　임재해, 「주거문화 인식의 성찰과 민속학적 이해지평」, 『比較民俗學』 32, 比較民俗學會, 2006, 3~72쪽에서 자세하게 다루었다.

정착생활의 농경문화는 터를 잡고 사는 머문 자리에서 모든 것을 이루지만, 이동생활을 하는 유목문화는 늘 새로운 터를 찾아 이동하는 것을 전제로 주거생활도 하고 신앙생활도 하는 것이다. 그러므로 우리 굿문화의 전통이 샤머니즘과 여러 모로 대립적 성격을 지닌 것은 농경생활과 유목생활, 정착생활과 이동생활이라는 문화생태학적 차이에서 비롯된 독창성이라 하지 않을 수 없다.

문화생태학적 시각에서 시베리아 샤머니즘과 다른 우리 굿문화의 독창성에 관해서 좀 더 구체적인 논의로 나아가기로 한다. 먼저 야쿠트족 샤먼의 치병굿 상황을 통해 시베리아 샤먼은 유목문화의 특징을 어떻게 반영하고 있는지 보자. 샤먼은 수호신인 신록처럼 산으로 뛰어오르기도 하고 순록이 가는 데마다 지팡이를 두드리면서 여자 환자의 영혼을 좇아 춤을 추기 시작한다. 샤먼은 산을 내려와 순록을 묶어놓고는 계속해서 걸어간다. 그리고 나서 그는 매가 되어 날아올랐다가 땅으로 하강한다.[101] 이런 과정을 거쳐 환자의 상태를 진단하고 그 상태에 따라 알맞은 춤을 추어 치유굿을 한다.

'사냥감인 동물들을 찾아 샤먼의 영혼이 주위로 날아다니는 방식은, 유괴당한 병자의 영혼을 치유하기 위한 비행과 유사한 점'이[102] 있다는 서술도 같은 맥락에 있다. 시베리아 샤먼들은 순록이나 매를 따라 산이나 하늘을 오르내리는 행위를 하는가 하면, 동물 사냥을 위해 짐승을 찾아다니듯 샤먼의 영혼도 날아다닌다. 이러한 샤먼의 행위는 모두 이동생활을 하는 유목민들의 생활양식에 바탕을 두고 있는 것이다.

이와 달리, 우리 무당들은 정착생활을 하는 농경민들의 생활양식에 바탕을 두고. 사람들의 주거공간에 신을 불러들여 굿판에 좌정시키는 청좌굿을 한다. 또는 신을 내림받는 내림굿 또는 신을 맞이하는 신맞이굿을 중심으로 굿판을 벌인다. 굿판에 신을 불러들여 좌정시키는 것은 곧 필요한 것을 주거공간으로 끌어들이는 정착생활의 양식을 반영하는 셈이다.

게다가 무당들은 종종 쌀을 이용하여 환자의 상태를 진단하거나 귀신이 내린 흔적을 발견한다. 쌀을 뿌려서 쌀의 흩어진 모습이나 쌀을 헤아려 숫자로 점을 치고, 쌀을 많이 담아둔 그릇에 발자국이 생긴 것을 보거나 밥그릇 안에 머리카락이 있는 것을 살펴서 조상신의

---

101 피어스 비텝스키 지음, 김성례·홍석준 옮김, 앞의 책, 123쪽.
102 피어스 비텝스키 지음, 김성례·홍석준 옮김, 같은 책, 32쪽.

강림을 점검한다. 이러한 쌀점은 곡령신앙의 유산으로 이해될 만큼 농경문화의 중요한 전통이라 할 수 있다.

시베리아 샤머니즘과 우리 굿문화가 생업에 따라 굿의 양식이 다른가 하면, 굿을 하는 주체의 성별도 대립적이다. "샤먼의 성은 사회의 성격에 따라 매우 다양한 것처럼 보인다."[103] 그렇지만 생태학적 조건에 따라 일정한 양식을 이루고 있는 것도 사실이다. "시베리아에서는 수렵인이라는 남성적인 이미지를 사용하는 것으로 미루어 남성 샤먼이 우세하다."[104] 쓴이가 시베리아 답사 중에 만난 무당들도 모두 남성이었다.

물론 시베리아에 여성 샤먼들이 없는 것은 아니다. 그러나 샤먼을 영들의 지배자로 간주하는 시베리아인들의 고전적인 관념에 따르면 "샤먼은 남성 수렵인, 또는 영웅적 면모를 갖추고 우주를 여행하면서 영들과 전투를 벌이는 전사의 이미지와 거의 흡사하다."[105] 그러므로 시베리아 샤먼들은 대부분 남성이다.

남성 샤먼의 전통은 시베리아는 물론 수렵생활을 하다가 점차 유목 형태로 대체되어 온 몽골과 중앙아시아의 여러 사회들에서 지속적으로 나타난다. 그러나 농경지역에서는 여성 샤먼이 두드러진다. 남아시아와 동남아시아에서 찾아볼 수 있는 것처럼, 농경사회에서 보다 뚜렷하게 나타나는 것은 여성 샤먼이다.[106] 비텝스키는 한국 무당의 사례도 놓치지 않고 시베리아 샤먼과 대조적으로 기술하고 있다. 한국과 같은 농경사회에서는 여성 무당이 두드러질 뿐 아니라, 시베리아 샤먼의 영혼 여행이 존재하지 않는다는 사실도 함께 밝혀 두었다.

여성 샤머니즘의 경향은 한국에서 가장 강력하다. 이곳에서는 여성처럼 분장한 소수의 남성을 제외하고는 모든 샤먼들이 여성이다. 일반적으로 여성 샤먼들이 우세한 동아시아의 이런 지역에서는 영혼 여행이 존재하지 않으며, 샤먼과 같은 사람들에 대한 정의가 그들이 망아상태에 있는 동안에 영들을 얼마나 잘 통제할 수 있는가에 달려 있다고 말하는 것이 타당할 법하다.[107]

---

103 피어스 비텝스키 지음, 김성례·홍석준 옮김, 같은 책, 33쪽.
104 피어스 비텝스키 지음, 김성례·홍석준 옮김, 같은 책, 41쪽.
105 피어스 비텝스키 지음, 김성례·홍석준 옮김, 같은 책, 33쪽.
106 피어스 비텝스키 지음, 김성례·홍석준 옮김, 위와 같은 곳.

샤먼의 성을 두고 말하면, 한국은 여성 샤먼이 두드러진다는 점에서 독자성을 지니고 있다. 그리고 여성 샤먼들이 우세한 지역은 농경문화를 바탕을 하고 있을 뿐 아니라 굿을 하면서 무당의 영혼이 이계 여행을 하지 않는다는 사실도 시베리아 샤머니즘과 다른 한국 굿문화의 특징이자, 동아시아 지역의 일반적 성격이다. 따라서 무당의 성이나 굿의 핵심적 성격을 두고 볼 때, 우리 굿은 오히려 아시아 문화권에 귀속된다. 그러므로 유사성을 근거로 전파론을 펼친다고 하더라도 한국 굿문화는 시베리아의 샤머니즘보다 오히려 동남아시아나 동아시아의 농경문화 지역 샤머니즘과 더 친연성이 있다고 해야 할 것이다.

무녀 송옥순의 굿

샤먼이 '영의 세계로 여행을 떠나는가', 또는 '영을 이승의 세계로 모시는가' 하는 것이 샤머니즘에서 엑스타시와 포제션 또는 남성 샤먼과 여성 샤먼, 그리고 유목문화와 농경문화로 서로 대립적 특징을 보이듯이, 무당들이 섬기는 신들도 서로 대립되어 있다. 시베리아 샤먼의 경우 고정적으로 섬기는 신인 '몸주'는 대부분 동물의 모습으로 나타난다. 이것은 샤먼들이 동물의 영에게 지배를 받는다기보다 그 동물의 영을 필요에 따라 자유자재로 이용할 수 있음을 의미한다.[108] 그러므로 유목문화의 전통을 고스란히 반영하는 셈이다.

우리나라 무당의 경우 몸주는 동물인 경우가 거의 없다. 선관도사나 천지대감, 천상선녀, 외할아버지 등 다양하되 모두 인격신이다. 무당에게 내린 신의 종류에 따라 천신(天神)이 내렸으면, '천신몸주', 산신이 내렸으면 '산신몸주'하는데 동물 신격은 없다. 역사적 인물인 최영장군이나 남이장군, 임경업장군, 단종, 선덕여왕, 명성왕후를 몸주로 섬기기도 한다.[109] 무당의 몸을 차지하고 있기 때문에 몸의 주인이라는 뜻으로 몸주라고 하는데, 신

107　피어스 비텝스키 지음, 김성례·홍석준 옮김, 같은 책, 41쪽.
108　김성례, 앞의 글, 60쪽.

들린 무당인 강신무에만 해당되는 것이다.¹¹⁰ 이처럼 엑스타시를 돕는 시베리아 샤먼의 몸주와 포제션을 수행하는 한국 무당의 몸주는 동물신과 인격신으로서 근본적인 차이가 있다.

몸주 뿐만 아니라 일반 신격도 상당히 대조적이다. 몽골의 무당이 섬기는 신을 옹고드 (Ongod)라고 하는데,¹¹¹ 옹고드는 우리의 무신(巫神)에 해당된다. 따라서 옹고드는 몽골 샤머니즘의 핵심이라 할 수 있다. "옹고드의 형상은 여러 모양이다. 무당들은 가축의 가슴[乳房] 모양으로 옹고드의 모습을 만들었고, 그런 옹고드는 가축의 풍요를 가져온다고 믿었다. 옹고드의 모양은 사람의 모습이 아님을 여기서 알 수 있다."¹¹² 예를 들어 무당에게 새 옹고드가 들어가면, 그녀는 새가 발톱으로 뼈를 집듯이 양손에는 뼈를 잡고 굿을 한다.¹¹³

몽골의 무신인 옹고드가 언제 어떻게 형성되었나 하는 문제에 대해서는 대부분의 학자들이 '원시시대 사람들은 수렵생활을 하며 자신들을 위협하던 어떤 괴물스런 조류의 형상을 나무나 돌로 만들어 숭배했는데, 이렇게 만들어 숭배한 짐승의 인공적인 형상이 인류 최초의 옹고드 신체였다'고 일관된 주장을 하고 있다.¹¹⁴ 그러나 한국의 무신 개념은 이와 상당히 대조적이다. 수렵생활이나 유목문화와 무관하게 무신들이 형성되어 있기 때문이다.

한국의 무신을 자연신과 인간신, 또는 기타 잡신으로 구분하는데,¹¹⁵ 몽골의 옹고드처럼 상대적으로 동물 신과 가까운 자연신만 보더라도 동물신은 나타나지 않는다. 자연신령들의 대표적인 보기는 천신과 일월성신, 칠원성군, 지신, 산신, 사해용왕, 천존대신 등이다. 이처럼 우리 굿문화에서 섬기는 자연신령은 환경신학자들의 이론적 원천을 제공할 수

---

109 무당 이영희의 몸주는 선덕여왕이며, 신명기의 몸주는 명성왕후이다.
110 金泰坤, 『韓國巫俗硏究』, 集文堂, 1981, 291~292쪽 참조.
111 어트거니 푸레보, 「몽골 무교의 신령 옹고드(Ongod)의 특징」, 『몽골의 무속과 민속』, 도서출판 월인, 2001, 31쪽.
112 어트거니 푸레보, 위의 글, 35 쪽.
113 어트거니 푸레보, 위와 같은 곳.
114 어트거니 푸레보, 같은 글, 37쪽.
115 신은희, 「무교와 기독교의 영(靈)개념의 비교 종교 철학적 대화」, 『한국무속학』 9, 한국무속학회, 2005, 82~83쪽에서 한국무교의 신령을 크게 자연신령과 인간신령, 그리고 자연신령과 인간신령으로 구분하기 어려운 신령으로 구분한다. 자연신령과 인간신령에 속하지 않는 기타신령으로 걸립신, 부정신, 가뭉신, 측신 등을 들고 있다.

있을 만큼 자연친화적인 신령체계를 이루고 있다.[116] 실제로 굿에서 섬기는 대상은 자연신이며 굿은 자연물을 섬기는 공생적 세계관을 바탕으로 전승될 뿐 아니라,[117] 지속 가능한 미래를 위하여 굿문화에 갈무리된 자연친화적 사상을 창조적으로 계승해야 한다는 논의로 진전되었다.[118]

인간신의 경우에도 한국적인 특성을 지니고 있다. "한국 무당이 섬기는 천왕신은 궁중 상징주의에 해당되는데, 아시아의 옛왕국과 제국의 변방에 위치한 밀림이나 초원에 사는 사람들이 하는 것과는 큰 차이가 있다."[119] 그리고 한국 굿판에서 섬기는 신으로 조상신과 장군신이 중요한 비중을 차지한다. 조상신들은 주로 '대신' 또는 '말명'으로 일컬어지는데 조상숭배의 전통과 연관되어 있다. 장군신을 비롯한 왕과 왕후, 세자들의 신은 국가 운명과 연결되어 있는 역사적인 신격이라는 점에서 일반적인 원령들과 구분된다.[120] 가족사 또는 민족사와 밀접한 연관성을 가진 신격들이 인간신으로 섬겨지는 것은 한국 전통문화의 체제를 반영한 것이다. 그러므로 동물신을 옹고드로 섬기는 유목민들의 무신 체계와 상당한 거리가 있다.

엘리아데는 샤머니즘에서 공통적으로 나타나는 세계나무, 세계산, 사다리와 같은 주요 상징물이 '세계의 중심'을 의미하며, 샤먼의 천계 상승에 이용되는 통로에 대한 원시적 믿음의 표현이라고 설명한다.[121] 그러나 한국의 굿문화 전통에서 나타나는 나무와 산은 이와 반대로 천신이 인간세계로 하강하는 데 이용되는 통로로 표현된다. 단군신화의 태백산과 신단수는 모두 천신이 지상으로 강림하는 구체적인 매개 공간으로서 일종의 강림처이자 신의 내림대 구실을 한다. 김알지 신화의 계림(鷄林), 수로왕 신화의 구지봉(龜旨峰)은 모두 내림대로서 신단수와 강림장소로서 태백산과 같은 구실을 한다. 그러므로 천손강림의 건국시조신화도 우리 굿문화의 내림굿 양식에 토대를 둔 것이라 할 수 있다.

---

116 신은희, 위의 글, 83쪽.
117 임재해, 『민속문화의 생태학적 인식』, 도서출판 당대, 2002, 246~262쪽 참조.
118 임재해, 「굿문화에 갈무리된 자연친화적 사상」, 서울대학교 환경계획연구소 편, 『한국의 전통생태학』, 사이언스북스, 2004, 170~215쪽.
119 피어스 비텝스키 지음, 김성례·홍석준 옮김, 같은 책, 119쪽.
120 신은희, 앞의 글, 85쪽.
121 김성례, 같은 글, 54쪽.

5. 우리 굿문화에서 차지하는 성주굿 위상

굿문화 가운데서도 성주굿이 차지하는 위상이 특별하다. 성주굿은 다른 굿의 부분으로서 하나의 굿거리인가 하면, 스스로 독립성을 지닌 자족적인 굿이기도 하다. 어떤 굿이든 여러 가지 굿거리로 구성되어 있는데, 성주굿은 그러한 굿거리 가운데 하나이면서 스스로 독립적인 굿으로서 독자성을 지닌 굿이라는 점에서 특별하다. 따라서 성주굿을 할 때는 다른 굿거리들이 성주굿의 일부를 이루게 된다. 그러므로 성주굿은 굿의 한 유형으로서 독자성을 지닌다고 할 수 있다.

굿의 종류가 다양하지만 세간에서 가장 흔하게 하는 굿이 성주굿이다. 집안굿에서 성주굿이 있는가 하면 마을굿과[122] 별신굿,[123] 나라굿에서도[124] 성주굿이 있다. 이 가운데 집안굿이 대세를 이룬다. 일반적으로 굿은 주기적으로 하는 것이 아니라 특별히 긴요할 때만 하는 까닭에 굿을 전혀 하지 않는 집도 있다. 그런데 성주굿은 집에 성주신을 모시는 굿으로서 집집마다 해야 할 뿐 아니라, 하는 시기가 일정하게 정해져 있어서 어느 집이라도 성주굿을 거듭하지 않을 수 없었다. 성주굿을 하는 시기는 크게 네 가지 상황으로 존재한다.

하나는 집을 새로 지어서 입주한 경우나 새 집으로 이사를 한 경우, 그리고 분가를 하거나 세간을 난 경우이다. 어떤 계기든 새 집으로 옮겨 가게 되면 그 집에 성주신을 모시는 성주받이굿을 한다. 성주신이 집을 지키는 까닭이다. 성주는 '외막도 성주요, 가지[茄]막도 성주'라고[125] 하여 집의 규모나 형식에 상관없이 비록 움막이라도 집을 지으면 성주가 있다고 한다. 성주는 집을 짓고 집을 지키는 건축신이자 가옥신이므로 집과 1대 1의 관계로 짝을 이룬다.

둘은 해마다 시월상달에는 성주돋움굿을 한다. 지역에 따라 정초에 하기도 한다. 해마다 일정한 시기에 정기적으로 하는 까닭에 성주굿은 세시풍속의 하나로 자리 잡은 굿이다. 이때는 성주 신체를 새로 봉안하거나 갈아 매는 것이 아니라 성주신을 위하는 굿만 하

---

122 마을굿은 풍물잡이들이 주도하는데, 집돌이 지신밟기 굿을 하면서 '성주거리'를 가장 비중 높게 한다.
123 동해안 어촌별신굿에서는 여러 굿거리를 하는데, 성주굿이 한 굿거리로 포함되어 있다.
124 서울대학교 규장각, 『巫堂來歷』, 민창사, 1996, 41쪽, '성조거리'에서, "단군시절 매해 시월에 무녀로 하여금 집을 이룩한 의의를 빌도록" 했다는 기록으로 볼 때, 고대 나라굿에서도 성주굿을 한 것으로 보인다.
125 『韓國民俗綜合調查報告書』 全南篇, 文化財管理局, 1969, 87쪽.

무녀 송옥순의 금포고택 성주굿

게 된다. 성주 신체를 그냥 둔 채 치성을 드리는 굿이어서 성주받이굿과 구별하여 성주돋움굿이라고 한다.

셋은 3년마다 한 번씩 성주신이 집을 떠난다고 생각하여 성주굿을 하거나, 대주의 나이 끝자리가 일곱수(7세)가[126] 되는 해, 그러니까 십 년 만에 한 번씩 날을 잡아서 성주신체를 갈아매는 성주굿을 한다. 성주를 새로 봉안하는 것이 아니라 성주가 있던 자리에 한지를 접은 새 신체를 갈아 맨다. 시기나 목적은 다르지만 성주신체를 다시 봉안하는 굿이므로 성주받이굿에 가깝다. 그러므로 집집마다 빠르면 3년 주기, 늦으면 10년 주기로 성주굿을 하게 된다.

넷은 집안의 대주(大主)가 죽었거나 나이가 많아서 더 이상 대주 노릇을 할 수 없을 때, 다음 세대의 대주를 위해서 성주굿을 한다. 집안의 대주가 바뀌면 성주도 바뀌어야 한다고 생각하는 것이다. 이때도 성주 신체를 새로 갈아 맨다. 해마다 하거나 십년에 한 번 하는 성주굿과 달리 대주로서 평생에 한 번 하는 성주굿이다.

따라서 성주굿이 세시풍속화 되어 있는 집에서는 성주 생일에 해마다 한 번씩 주기적으로 성주굿을 한다. 성주를 갈아 매는 성주받이굿은 적어도 10년에 한 번씩은 해왔다. 가정

---

[126] 일반적으로 대주의 나이가 일곱수에 들었을 때 곧 27, 37, 47, 57, 67세에 성주굿을 하는데, 특별한 경우에는 아홉수에 성주굿을 하기도 한다.

에 따라서 치병굿이나 재수굿 등은 전혀 하지 않아도, 새 집으로 이사를 가게 되면 성주굿을 할 뿐 아니라, 대주가 10년에 한 번 성주운에 들기 때문에 성주굿은 필수적으로 하지 않을 수 없다. 그러므로 성주굿은 어느 굿보다도 가장 빈번하게 하는 굿이자, 누구나 집집마다 두루 주기적으로 하게 되는 굿이다.

지역에 따라서 특정 굿이나 굿거리가 있기도 하고 없기도 하다. 씻김굿은 전남 지역에서 전승되는 굿이고 타살굿이나 철물이굿은 황해도 지역에서 전승되는 굿이며, 망묵굿은 함경도에서만 전승되는 굿이다. 바닷가 지역에서는 용왕굿이나 배연신굿이 있고 산간지역에는 산신굿이 있는 것처럼 굿이나 굿거리에 따라서 특정 지역에서만 하는 것이 있다. 그러나 성주굿은 전국 어느 지역에서나 전승되는 굿이자 굿거리이다. 가신신앙으로서 성주를 모시는 지역에서는 전국 어디서든 예외 없이 성주굿을 하게 마련이다. 그러므로 성주굿은 지역적으로 편중되지 않고 두루 하는 가장 한국적인 굿이라 할 수 있다.

성주굿은 그 자체로서 독립적인 굿일 뿐 아니라, 하나의 굿거리로서 다른 굿의 일부를 이루는 굿이다. 상달의 안택굿처럼 집안에서 굿을 할 때는 으레 성주굿을 하나의 굿거리로 한다. 김태곤 교수의 무가집을[127] 보면, 전남 각 지역의 씻김굿에서는 물론, 서울과 평양, 고성, 화성 지역의 재수굿, 함흥지역의 망묵굿, 인천과 부여, 목포 지역의 축원굿, 안동지역의 조상해원굿, 충청 지역의 미친굿, 해주지역 재수축원굿 등에서 성주굿거리는 빠지지 않는다.[128] 위도 띠뱃굿에서도 성주굿을 하며 성주풀이를 부른다. 서낭맞이굿이나 골매기굿 등 동신을 섬기는 마을굿과 각 지역의 별신굿에서도 성주굿이 한 거리를 차지하고 있다. 따라서 우리나라 굿 가운데 같은 이름으로 여러 굿에 공통적으로 나타는 굿거리로서 대표적인 것이 '성주굿'이라 하겠다. 그러므로 성주굿은 우리 굿문화를 이루는 감초이자 단골 굿이라고 해도 지나치지 않다.

굿이라고 하면 으레 무당이 하는 무교 제의로 여기기 일쑤이다.[129] 그러나 굿에는 무당굿 외에 풍물패들이 하는 풍물굿도 있고, 예사사람들이 하는 마을굿이나 '풋굿'도 있다. 다

---

127 金泰坤,『韓國 巫歌集』1, 集文堂, 1971 외 2~4집 참조.
128 임재해,「안동문화와 성주신앙」, 안동대학교 민속학연구소, 2002, 298~299쪽에 여러 굿에서 성주굿이 포함된 자세한 굿거리의 구성을 정리해 두었다.
129 이능화는 "무당이 하는 신사(神事)를 통칭해서 굿이라 한다"고 했다. 李能和, 앞의 책, 178~179쪽; 이능화 지음, 서영대 역주, 앞의 책, 605쪽, "巫行神事統稱曰 굿(kut)."

른 굿은 무당들만 하는 경우가 대부분이지만, 성주굿은 이와 같은 굿의 세 주체들이 두루 하는 굿이다. 따라서 무당이 하는 성주굿, 풍물패가 하는 성주굿,[130] 대주나 주부가 하는 성주굿이 제각기 존재한다. 그러므로 성주굿은 누구나 할 수 있는, 또는 누구나 해왔던 가장 보편적인 굿이라 할 수 있다.

풍물패가 하는 성주굿에도 두 유형이 있다. 하나는 무당처럼 풍물패들이 풍물을 치면서 봉안된 성주신에 치성을 드리는 성주돋움굿이 있다. 둘은 대보름 명절에 집돌이 지신밟기굿을 하면서 대청에서 하는 성주굿거리가 있다. 무당굿이 주무 중심이라면 풍물굿은 상쇠 중심으로 성주굿을 한다. 이때 풍물패들이 성주풀이를 부르는 방식도 무당굿과 다르다. 풍물잡이 상쇠가 앞소리를 메기면 다른 풍물잡이들이 뒷소리로 '어루 하산아 지신아' 또는 '지신아 밟아 눌리세' 하는 후렴구를 받는다.[131] 무당이 하는 성주굿에는 여러 굿거리가 따르지만, 풍물패의 성주굿은 지신밟기처럼 온갖 가신(家神)들을 섬기는 한편 성주신에 집중적인 치성을 드린다. 따라서 성주굿을 하는 주체에 따라 굿의 양식도 다르다.

가장이나 주부가 주관하여 성주신에게 치성을 드리는 굿은 성주고사라고[132] 한다. 가정에 따라서 해마다 10월에 날을 잡아 성주고사를 올리는가 하면, 상량일을 성주생일로 정해서 해마다 같은 날 성주고사를 올리기도 한다. 성주고사에도 두 유형이 있다. 하나는 안택을 잘 하는 사람을[133] 모셔서 치성을 드리게 하는 성주고사이고, 둘은 집안의 가장이나 주부가 주관하여 치성을 드리는 성주고사이다. 지역에 따라서 정초에는 성주굿을 하고 10월에는 성주고사를 올리기도 한다. 그러므로 성주굿은 무당이 하는 굿만 아니라 풍물패와 예사사람들이 두루 하는 가장 보편적인 굿이라고 할 수 있다.

성주신앙은 굿과 고사와 같은 거창한 제의로만 존재하는 것이 아니다. 삶의 일상 속에서 성주를 섬기는 신앙생활이 수시로 이루어진다. 정월 대보름에 오곡밥을 짓거나 동짓날 팥죽을 쑤면 성주 앞에 먼저 한 상을 차려 올리고 비손을 한다. 단옷날 쑥떡을 하고 한가위

---

130 2001년 11월 28일 오전 10시에서 12시까지 안동시 풍산면 수1리의 안동 김씨 재사에서 '안동 제비원 농악단'의 풍물성주굿을 참여 관찰했다. 임재해, 앞의 책, 307~315쪽 참조.
131 안동시 풍산읍 소산리에서는 상쇠의 앞소리 사설을 풍물패들이 고스란히 받아서 되풀이해 불렀다. 林在海, 『韓國口碑文學大系』7-9, 韓國精神文化硏究院, 1982, 463쪽 참조.
132 안동지역 성주고사에서는 무당 성주굿처럼 성주풀이 무가를 부르지 않고 다른 굿거리 없이 성주기둥 앞에 제물을 차리고 절을 올리고 홍두깨를 세워 성주신이 내린 것을 확인하면 한지로 성주 신체를 새로 갈아맨다.
133 마을에서 신령에게 비손을 잘 하는 사람, 잘 빌어주는 사람으로 소문이 나 있는 분을 뜻한다.

때 송편을 하게 되면 으레 성주 앞에 가장 먼저 받친다. 특별한 명절이 아니라도 무슨 일이 있어 집에서 특별히 떡과 같은 별식을 하게 되면 사람이 맛보기 전에 먼저 성주 앞에 올린다.

혼례 때 신랑측에서 함을 지고 왔을 때도 성주 앞에 놓고 술을 한 잔 올리고 대주가 절을 한다. 이웃집에서 제사음식이나 별식이 들어왔을 때도 성주 앞에 먼저 올렸다가 가족들이 나누어 먹는다. 마치 살아 있는 집안의 최고 어른처럼 성주신을 수시로 섬기는 것이다. 그러므로 여러 가신들 가운데 성주신을 가장 으뜸으로 섬길 뿐만 아니라, 성주를 섬기는 신앙이 가장 일상화되어 있다고 할 수 있다.

성주풀이도 어느 노래보다 다양하게 노래된다. 성주풀이에는 무가형이 있는가 하면, 민요형도 있고 잡가형과 대중가요형도 있다. 무가 가운데 이처럼 다양한 양식으로 두루 노래되는 것은 성주풀이 뿐이라 할 수 있다. 무가형 성주풀이도 여러 갈래가 있다. 서사무가에 속하는 '천손강림의 건축시조형' 성주풀이와 '빼앗긴 아내 되찾기형' 성주풀이가[134] 있는가 하면, 교술무가에 속하는 '제비원 본향의 건축형' 성주풀이 등이 있다. 어느 유형이든 집을 짓고 집을 지키는 내용이 중심을 이루는 내용이다. 그러므로 성주풀이를 건축시조본풀이 또는 건축본풀이라 할 수 있다. 달리 말하면 성주풀이는 건축신화라는 말이다.

풍물패가 하는 성주풀이는 무가에서 전환된 민요이다.[135] 민요 성주풀이는 주로 지신밟기를 할 때 풍물패의 상쇠가 앞소리꾼 노릇을 하며 부른다. 이때 성주풀이는 의식요에 해당되는 민요이다. 달리 말하면 지신굿의 성주거리를 할 때 민요 성주풀이를 불러서 의식요로 하는 것이다. 민요 성주풀이 사설을 자세하게 주목하면 무가 성주풀이 사설과 거의 일치한다. 잡가 성주풀이는 안동 제비원이 본이라는 부분만 있는데, 민요 성주풀이에서는 본풀이 다음에 이어지는 교술적인 내용 곧 집을 짓고 축원하는 내용까지 길게 노래된다. 민요 성주풀이가 잡가에서 비롯된 것이 아니라 무가에서 비롯된 까닭에 잡가에는 없고 무가에만 있는 사설이 노래될 수 있다.

무가 성주풀이는 무당들만 불렀으나 민요 성주풀이는 풍물패를 비롯한 민중 일반이 두루 불렀다. 성주굿은 집집마다 흔하게 한 굿이어서 세간의 민중들도 빈번하게 보고 들었

---

134 서대석,「한국 신화의 연구」, 집문당, 2001, 289~321쪽에서는 유형 이름을 특별히 붙이지 않고 자료명 그대로 앞의 유형을 '성조풀이', 뒤의 유형을 '성주본가'라 하여 서사구조를 분석했다.
135 최은숙,「성주풀이 민요의 형성과 전개」,「한국민요학」9, 한국민요학회, 2001, 313~336쪽에서 이 문제를 자세하게 다루었다.

기 때문에 지신밟기를 할 때 성주거리에서는 무가와 닮은 성주풀이를 노래할 수 있었다. 민요 성주풀이는 앞소리꾼이 사설을 매기며 부르는 선후창 형식의 민요인 까닭에 앞소리꾼 중심으로 노래를 이끌어 갔지만 민중 모두가 뒷소리를 후렴으로 받으며 함께 부르고 함께 향유했던 노래라 할 수 있다. 그러므로 앞소리꾼이 아니어도 성주풀이를 독창으로 부를 수 있다.[136] 독창으로 부를 때는 후렴구 없이 부르기 마련이다.

잡가 성주풀이는 무가 성주풀이를 근거로 조선 후기 소리광대나 전문 소리꾼들이 부르던 통속적인 민요이다. 흔히 남도잡가로 알려져 있는데 판소리 명창들이 즐겨 부르기도 했다. 통속 민요라고 하는 잡가 성주풀이는 3소박 4박의 굿거리 장단에 맞추어 부르며, 육자배기토리가 아닌 경토리로 구성되어 있는 것이 특징이다.[137] 잡가 성주풀이는 서울을 중심으로 노래된 까닭에 지방에서부터 노래된 민요 성주풀이와 달리 '경토리'로 노래되기 마련이다. 1910년대 『잡가전집』에 성주풀이가 수록되어 있어서[138] 당시부터 잡가 소리꾼들에 의해 유행되었다고 할 수 있다.

성주풀이는 1930년데 국악인 김소희 일행이[139] 음반으로 취입했으며 1970년대 가수 김세레나가 대중가요로 편곡하여 크게 대중성을 확보했다. 국악에서 대중가요로 편곡이 되며 가사도 조금 바뀌었지만, 노래의 서두가 "낙양성 십리 허에 높고 낮은 저 무덤은 영웅호걸이 몇몇이며 절세가인이 그 누구냐"로 거의 같고 후렴구도 "에라 만수 에라 대신이여"로 서로 같다. 김세레나가 성주풀이를 불러 히트곡 반열에 오를 정도로 대중의 사랑을 받았다. 따라서 성주풀이는 무가에서 국악, 잡가, 민요, 대중가요에 영향을 미쳐 우리 전통 노래 갈래를 모두 휩쓸고 있는 가장 파급력 높은 무가라 할 수 있다.

특히 민요 성주풀이는 세시의식요로서 지신밟기 과정에 노래되는 까닭에 그 분포가 아주 넓고, 부르는 사람도 무당이나 명창 또는 가수가 아닌 예사 민중들이어서 거의 국민 민

---

136 판소리 명창이나 잡가 가수들은 민요 성주풀이를 선후창이 아닌 독창으로 불렀다.
137 이보형, 「통속민요 성주풀이 발생에 대한 고찰」, 『한국민요학』 34, 한국민요학회, 2012, 147쪽에서, "창우집단(倡優集團)의 광대고사 뒷 고사소리에 통속민요 성주풀이처럼 굿거리장단, 성주풀이토리, 장절형식으로 되고 곡조도 꼭 같은 음악적 특성"이 있는 것을 찾아내어 뒷 고사소리가 원류라고 했다. 민요 성주풀이의 가락은 그렇다고 하더라도 성주의 본향을 밝히는 사설은 무가에서 비롯된 것이다.
138 정재호, 『한국잡가전집』, 계명출판사, 1984 참조.
139 김소희와 조명수, 김세준, 임소향 등이 부른 '성주풀이'를 Victor Record사에서 1936년에 음반으로 발매했다. (https://youtu.be/dxvmnSY87dE)

요 수준이다. 왜 성주풀이는 무당뿐만 아니라 명창과 가수, 민중들도 두루 불렀을까. 그만큼 성주굿은 다른 굿과 달리 널리 일반화되었기 때문이다. 집집마다 성주굿을 하는 까닭에 누구든 귀동냥으로 성주풀이를 들을 수 있고 소리꾼들이나 노래에 재능이 있는 사람들은 익혀 부르게 마련이다. 따라서 성주풀이는 우리 민족이 집단적으로 거주하는 곳에서는 외국에서도 수집된다. 중국 조선족들이 전승하고 있는 민요 속에서도 '성주풀이'가 포함되어 있다.[140] 그러므로 성주풀이의 지리적 분포는 한민족의 분포와 함께 간다고 해도 지나치지 않다.

지금까지 살펴본 것처럼, 1) 성주굿은 다른 굿과 달리 굿으로서 독립성을 지닌 독자적 유형일 뿐 아니라, 2) 다른 굿의 굿거리로도 하게 되는 약방의 감초 같은 굿이며, 3) 전국 어느 지역에서도 성주굿을 하지 않는 곳이 없을 만큼 가장 일반화되어 있는 굿이다. 게다가 4) 성주굿은 어느 굿보다 흔하게 할 수밖에 없는 주기적인 굿이자 세시풍속화 되어 있는 굿이며, 5) 다른 굿과 달리 집을 지키고 사는 한 어느 가정에서나 하는 필수적인 굿이기도 하다.

이처럼 집집마다 흔하게 하는 굿이기에 무당에게만 의존할 수 없다. 따라서 5) 성주굿을 하는 주체도 무당뿐만 아니라 풍물패도 하고 예사 사람들도 하는 열린 굿이라 할 수 있다. 가장 흔하게 누구나 하는 열린 굿이어서, 6) 성주굿을 할 때 부르는 성주풀이 또한 무가로만 불리지 않고 국악과 잡가, 민요, 대중가요 등으로 민중의 생활세계 속에서 두루 불리고 있다. 어느 굿의 무가도 이처럼 다양하고 폭 넓게 노래되는 경우가 없다. 그러므로 성주굿은 여러 모로 우리 굿문화에서 우뚝한 위상을 차지한다고 하지 않을 수 없다.

---

[140] 최삼룡, 『해방전 민요선집』, '중국조선민족문학유산 정리편찬 총서', 북경; 민족출판사, 2013, 340~349쪽에 성주풀이 4편이 수록되어 있다.
김태갑·조성일 편주, 『민요집성』, 연변인민출판사, 1981, 224쪽에 성주풀이가 수록되어 있다.

2장 우리굿의 본향이 밝혀진 유일한 성주굿

1. 성주굿의 본향은 경상도 안동땅 제비원

우리 굿문화에서 성주굿이 특별히 우뚝한 위상을 차지하는 결정적 사실은 별도로 있다. 그것은 성주굿의 발상지라고 할 수 있는 성주신앙의 본향이 "경상도 안동땅 제비원"으로 밝혀져 있다는 사실이다. 성주굿은 우리 굿문화 가운데 유일하게 신앙의 성지가 밝혀진 굿이다. 무교의 굿문화가 한국문화의 정체성을 대표하는 문화라고 충분히 인정할 만하지만, 무교 또는 굿의 발상지는 지금껏 알지 못하고 있다. 따라서 굿문화의 역사적 기원은 민족사의 시작이라고 할 수 있는 고조선시대까지 거슬러 올라가되, 굿문화의 성지는 알지 못한 채 속수무책으로 지내기 마련이다.

민족시조 환웅이[1] 강림한 태백산도 그 지리적 위치가 정확하게 밝혀져 있지 않다. 학자에 따라 묘향산이나 백두산을 태백산이라 하는가 하면, 최근에는 중국 내몽골 자치구 적봉시(赤峰市)의 홍산(紅山)을 태백산으로 추론하는 연구까지[2] 발표되었지만 정확하게 포착했

---

[1] 일반적으로 민족시조를 단군이라고 하는데 이것은 잘못되었다. 단군의 아버지 환웅이 있는데, 그 아버지를 제쳐두고 아들인 단군을 민족시조라고 하는 것은 명백한 오류이다. 따라서 나는 홍익인간의 이상을 품고 在世理化의 통치를 이 땅에 처음 펼친 환웅을 민족시조라고 해야 마땅하다고 판단한다. 그러므로『삼국유사』'고조선'조에 수록된 시조신화도 '단군신화'가 아니라 '환웅신화'라고 해야 마땅하다. 나는 신화를 우리말 '본풀이'로 일컬어 환웅신화를 '환웅본풀이'라고 일컫는다. 임재해,『고조선문명과 신시문화』, 지식산업사, 2018, 188~189쪽 및 203~206쪽에서 이 문제를 자세하게 다루었다.

[2] 임재해,『고조선문화의 높이와 깊이』, 景仁文化社, 2015, 407~468쪽 및『고조선문명과 신시문화』, 509~

다고 할 수 없다. 그러나 성주굿의 본향은 지리적 위치가 구체적으로 밝혀져 있다. 성주풀이에서 "성주의 본향이 어드메냐 경상도 안동땅 제비원이 본일레라" 하고 딱 부러지게 정확한 주소를 노래하고 있는 까닭이다.

성주풀이는 성주굿의 서사무가이자 무속신화이다. 신화는 종교의 교리이다.[3] 따라서 성주풀이는 무교의 성주굿 교리라 할 수 있다. 교리에서 성주의 본향을 안동 제비원이라고 분명하게 밝히고 있다. 그것도 안동지역에서 전승되는 성주풀이에서만 그렇게 노래하는 것이[4] 아니라 전국 각지에서 전승되는 성주풀이에서 한결같이 안동 제비원을 성주의 본향으로 노래한다. 무당굿의 성주풀이에서는 물론, 풍물패들의 지신밟기 성주풀이, 잡가 성주풀이에서도 안동 제비원을 성주의 본향으로 노래한다. 특히 민요 성주풀이에서는 가장 서두에서부터 성주의 본향이나 근본을 "어드메냐" 하고 묻고, "경상도 안동땅 제비원"이라고 밝힌다.

성주의 본향을 안동 제비원으로 밝힌 문헌으로 가장 오래된 것은 현재 1902년까지 소급된다. 학술적 문헌으로 가장 오래된 것은 1927년에 발간된 이능화의 『조선무속고』이다.[5] 이능화는 무가 성주풀이를 이 책에 인용해 두었다. "지금 성주풀이 무가를 가지고 시험적으로 그 뜻을 풀어보면, '<u>안동의 제비원은 신의 본향일세</u>. 소나무를 심었구나, 저 높은 언덕에, 태어나고 자라서 마룻대와 대들보가 되었다"고[6] 하여, 안동이 성주의 본향이라는 사실을 분명하게 밝혔다. 내용이 긴 성주풀이 가운데 성주신의 본향을 밝힌 내용이 가장 중요하다고 여겨서 이 부분만 인용해 둔 것이다.

다음으로 오래 된 것은 『조선무속고』 발간 이듬해인 1928년 김귀희에 의해 편찬된 『가

512쪽 참조.

3 조동일, 『대등의 길』, 지식산업사, 2024, 193쪽, "종교의 교리는 신화이다."
4 오숙자, 『제비원 성주풀이』, 전원문화사, 1995, 151쪽, "성주근본이 어디멘고 경상도 안동땅 제비원이 본일래라."
   林在海, 『韓國口碑文學大系』 7-9, 韓國精神文化研究院, 1982, 148~149쪽, "성주본향이 어데메냐 경상도 안동땅 제비원이가 본일러라."
   宋志香, 『安東鄕土誌』 上, 大星文化社, 1983, 342쪽, "성주본향 어디메냐 경상도 安東땅에 제비원이 본이더라."
5 李能和, 「朝鮮巫俗考」, 『啓明』 19호, 1927.
6 이능화 지음, 서영대 역주, 『조선무속고』, 창비, 2008, 335쪽. 원문은 624쪽, "今將城主釋之巫歌 試譯其義而觀之 則如安東鷰院 曰神本鄕 種松子兮 于彼高岡 而生而長 爲棟爲樑."

곡보감』이다.7 평양의 기성권번에서 기녀들이 부르는 각종 노래를 집대성한 책인데, 여창 가곡(女唱歌曲)을 비롯하여 가사와, 시조, 잡가 등을 수록했다. 잡가편 〈제2절 셩주푸리〉에 성주의 본향을 아래와 같이 밝히고 있다.

　　셩주푸리 엘화만수 엘화 대신이야.
　　셩주본향이어데며뇨 경상도안동땅에 제비원이본일네라
　　그셩주솔씨를바다 양누지평에던졋더니 그솔이점점자라
　　소부동이되엿구나 소부동이점점자라 대부동이8되엿구나
　　엘화만수9

　무당의 성주굿뿐만 아니라 기녀들도 잡가로서 성주풀이를 부르며 경상도 안동 제비원이 성주의 본향이라고 했다는 사실이 1920년대 문헌에 밝혀져 있다. 문헌에 정확하게 본향이 기록된 자료로는 현재 1920년대가 가장 오래된 것이다. 그러나 다른 문헌이나 잡가의 전승을 보면 그 이전까지 소급될 수 있다. 『국악사전』에 따르면, 무가 성주풀이가 세간에 널리 불리어진 것이 남도잡가 또는 남도민요인데, 이 시기가 1910년대 전후라고 한다. 이 시기에 노래된 남도잡가 성주풀이 3절에 성주의 본향을 아래와 같이 노래했다.

　　성주야 성주로다 성주 근본이 어디메뇨
　　경상도 안동 땅의 제비원이 본이 되야
　　제비원에다 솔씨 받어 동문 산에다 던졌더니
　　그 솔이 점점 자라나서 그 솔이 점점 자라나서
　　밤이면은 이슬맞고 낮이면은 볕에 쐬어
　　청장목 황장목 도리지둥이 다 되었구나

7　金龜禧 編, 『歌曲寶鑑』, 平壤箕城券番, 1928.(이 책의 자료는 김성혜 박사께서 제공해 주었다)
8　대부동의 '대'는 아래 아(ㆍ)를 사용하여 'ㄷ'에 'ㅣ'를 붙여서 표기했다.
9　金龜禧 編, 앞의 책, 115쪽.

민요 성주풀이도 위와 거의 같은데, 2절에서 부르기도 한다.[10] 민요는 그 토리로 보아서 경기도 남부, 충청도·전라도 등지에서 창우(倡優)들이 성주고사(城主告詞) 의식에서 부르던 고사소리가 민요화된 것으로 추론된다.[11]

1910년대 이전까지 소급될 수 있는 자료들도 있다. 1871년에 태어나 1909년까지 활동한 증산(甑山) 강일순(姜一淳)의 언행을 경전으로 정리한 『증산도 도전』에도[12] 성주의 본향을 밝힌 성주풀이를 인용하고 있다. 『증산도 도전』은 최근에 간행되었지만, 그 내용은 1909년 사망하기 전까지 강증산이 활동한 행적과 말씀을 기록한 것이다.

1902년 기록에 의하면, 강증산이 '하루는 형렬에게 "쇠머리 한 개를 사 오고 떡을 찌라" 하시고 "제비창골 일을 해야 한다" 하시더니 감나무 밑에 음식을 차리게 하시고 감나무를 잡고 '만수(萬修)를 부르시며 성주풀이를 하시니 이러하니라' 하며, 아래와 같은 성주풀이를 노래했다.

경상도 안동 땅 제비원(帝妃院) 솔씨 받아
소평(小坪) 대평(大坪) 던지더니
밤이면 이슬 맞고 낮에는 볕뉘 쐬어
그 솔이 점점 자라 청장목이 되었구나
황장목이 되었구나.
낙락장송이 쩍 벌어졌구나[13]

이 기록으로 볼 때, 1902년에 이미 성주의 본향이 안동 제비원이라는 성주풀이가 일반

---

10 안숙선, 김성녀, 강정숙, 음반〈南道民謠〉2에 수록된 '성주풀이'에서는 2절에 "경상도 안동 땅의 제비원이 본이로다"고 했다. https://music.bugs.co.kr/track/1318631
11 『한국민족문화대백과』 참조, https://terms.naver.com/entry.naver?docId=575807&cid=46661&categoryId= 46661.
12 증산도 도전편찬위원회,『甑山道 道典』, 대원출판사, 1992.
13 증산도 도전편찬위원회, 위의 책, 2003년 개정신판, 215쪽.
    金亨烈·金贊文 외,『銅谷秘書』13에도 같은 내용이 수록되어 있다. 김형렬은 강증산을 늘 수행하며 수종을 들었던 인물이고 김찬문은 그 아들로서 강증산의 행적을 수기(手記)로 기록한 책이다.(http://www.jsbeob.com/_study/?cId=310)

화되었다고 할 수 있다. 왜냐하면 강증산은 잡가 가객이나 명창도 아니고 소리꾼도 아닌 증산도 또는 증산교의 창시자였기 때문이다. 성주풀이 내용으로 볼 때, 강증산이 부른 것은 무가의 본향을 풀이하는 성주풀이의 핵심만 부른 셈이다. 그러나 무가 성주풀이라고 딱 부러지게 표기하지는 않았다. '성주풀이'라고 하면 으레 무가이기 때문이다.

성주풀이를 부른 맥락으로 볼 때에도 제의적인 목적으로 부른 것이어서 무가 성주풀이로 볼 수 있다. 왜냐하면 잔치판에서 신명풀이로 부른 노래가 아니라 쇠머리와 떡을 제물로 차리고 그 앞에서 "만수를 부르시며" 성주풀이를 불렀기 때문이다. 그리고 말미에 "태평전(太平殿) 대들보가 되어/ 어라 만수 어라 대신이야/ 대활연으로 이 땅으로 설설이 내립소사/ 시(始)도 여기서 일어나고 종(終)도 여기서 마치리라"[14] 해서, 무가로서 주술적 사설을 하고 있다. 그러므로 전후 맥락으로 보면 강증산이 무가 성주풀이를 부르며 성주굿을 한 것이 분명하다.

강증산 같은 종교 창시자이자 사상가가 성주풀이를 부른 것을 보면, 노래를 즐겨 부르는 가객들에게는 성주풀이가 더 드세게 노래되었다고 할 수 있다. 왜냐하면 성주굿이 세간에 가장 흔하게 행해졌고 그때마다 성주풀이를 불렀기 때문에 소리꾼들의 귀에도 익숙하기 마련이다. 실제로 명창 송만갑(宋萬甲)은 성주풀이를 그 이전부터 애창했다. 그의 〈자서전〉에[15] 따르면 송만갑은 전국을 유랑하며 '육자백이'와 '성주풀이'를 불렀는데, 그 시기가 갑신정변(甲申政變, 1884) 이전이라고 했다.[16] 따라서 송만갑의 〈자서전〉에 의하면 잡가 성주풀이는 1800년대 후반기까지 거슬러 올라간다. 그러므로 무가를 근거로 성립된 잡가 성주풀이의 시기는 1880년대 이전이라 할 수 있다.

본래 무가였던 성주풀이를 소리광대들이 부르기 시작한 것은 20세기 이전부터이다. 1915~1916년에 집중적으로 나온 잡가를 모은 잡가 전집에도 성주풀이가 등장하므로, 이를 통해 잡

---

14 증산도 도전편찬위원회, 같은 책, 같은 곳.
15 송만갑, '자서전', 월간 『삼천리』 1931년 4월호.
16 송만갑, "自敍傳" 『삼천리』 3권 4호, 1931년 4월, 35쪽. 김수현·이수정, 『한국근대음악기사자료집 권3: 잡지편(1930~1932)』, 민속원, 2008, 443쪽. "가는 곳마다 소리 하라면 〈육자박이〉 〈성주푸리〉 등을 하면서 천리천리 또 천리를 실로 잘도 다녔던 것이외다. 그러다가 갑신정변(甲申政變, 1884)이 일자 돌아가신 민충정공(閔忠正公)을 모시고 상해를 들러 미국에까지 3년 동안이나 가 있었습니다."

가꾼들에 의해 가창되었던 남도잡가 성주풀이의 유행을 확인할 수 있다. 일제 강점기 유성기 음반을 통해서도 성주풀이가 다수 발매되었는데, 이는 서울 무가의 민요화와 대중화에 따른 영향으로 볼 수 있다.[17]

판소리 명창들은 판소리 삽입가요 외의 민요는 잘 부르지 않았다. 그러나 예외로 성주풀이는 민요로 불렀다고 한다. 당시 명창 가운데 성주풀이를 녹음한 가창자는 근대 5명창으로 꼽히는 김창룡(1872~1935)을 비롯하여 김창환(1854~1927), 박녹주(1906~1979) 등 판소리 명창들이었다.[18] 이 가운데 김창룡은 민요 성주풀이를 유성기 음반에 녹음하여 남겼다. '제비표조선레코드'에서 제작된 김창룡의 유성기 음반 가운데 현재 온전하게 보존되어 있는 것은 '성주풀이' 음반 1장이 유일하다. 김창룡이 독창으로 부르고 한성준이 반주한 성주풀이 사설 앞부분이다.

여봐라 말 들어라 성주 근본이 어데메뇨.
경상도 안동 끝어리 제비원의 솔씨 받아
그 솔씨를 던졌더니 황장목이 되었구나[19]

한성준의 장고 반주는 굿거리 장단인데 "굿판의 분위기가 물씬 풍긴다"고 하고, "경기·충청권의 전통적인 굿거리 장단에 대해 알 수 있는 귀한 자료"라고 했다.[20] 문제는 김창룡의 성주풀이 유성기 음반 제작연대를 밝히지 않은 점이다. 성주풀이 음반과 함께 소개한 다른 음반들은 1911년에 녹음된 것이 대부분인데, 이 음반도 그 즈음이 아닌가 한다. 김창룡(1872~1943)이 "젊었을 때 녹음 한 것이라 목의 기운과, 청아하고 장쾌한 성음은 여타 음반보다 좋다"고[21] 한 것을 보면 그 즈음으로 추론해도 될 것 같다.

---

17 『국악사전』 '성주풀이', https://www.gugak.go.kr/ency/topic/view/868.
18 위와 같은 곳.
19 노재명, 「소리 명창 김창룡 민요 〈성주풀이〉 유성기음반 고찰」, 『한국음반학』 20, 한국고음반연구회, 2010, 251~261쪽.
20 노재명, 위의 글, 같은 곳.
21 노재명, 위와 같은 곳.

예전에 궁궐에서도 굿판이 열렸던 바 그곳에서 과거에 행해진 성주굿, 〈성주풀이〉가 이처럼 장중하고 기품 있는 창법으로 불렸을 만하다. 즉, 판소리 명창이지만 무속과 혈연관계가 있는 국창들은 국가와 마을의 대규모 굿 음악과도 연관성이 있었다고 하겠으며 그 흔적이 김창룡의 〈성주풀이〉 녹음에 남아있는 것으로 보인다.[22]

일제강점기 신문을 보면, 당시 라디오에서 성주풀이를 방송한 소리꾼은 거의 대부분 경기, 충청, 전라도 사람들이었다. 판소리 명창이 아닌 소리꾼들은 일제강점기에 '성주풀이'를 음반에 상당히 많이 취입했다.[23] 그러므로 이 시기에 무가 성주풀이의 영향을 받은 잡가 가수나 명창들의 잡가 성주풀이가 상당히 대중화되고, 성주의 본향도 안동 제비원으로 널리 노래되었을 가능성이 크다.

현재 기록으로 남긴 자료를 근거로 볼 때, 성주의 본향을 안동 제비원으로 밝힌 성주풀이는 1902년 강증산의 기록이 가장 오래된 것이다. 그러나 실제 구전된 무가 성주풀이의 경우는 어느 시기부터 그런 사실을 노래했는지 알 수 없다. 성주신앙과 함께 성주굿이 이루어지고 성주풀이가 노래되었다면 더 까마득한 시기까지 소급할 수 있다. 왜냐하면 성주신은 단군조선 시기부터 등장하기 때문이다.『단군세기(檀君世紀)』또는『삼성기전(三聖紀全)』등의 기록을 보면, 단군이 성주에게 궁실을 짓게 명했다는 내용이 있다.

> 단군께서 두 손을 모으고 아무런 함이 없이 단정히 앉아 세상을 다스리며, 현묘한 도를 깨치고 뭇생명을 만나 교화하실 때, 팽우에게 명하여 토지를 개척하게 하고, 성조(成造)에게 궁실을 짓게 하고...[24]

---

22 노재명, 위와 같은 곳.
23 노재명, 위와 같은 곳, "황해도 사람 김해선, 박리화, 평안도 사람 장학선, 박월정, 서울 사람 박춘재, 충청도 사람 김창룡, 김세준, 전라도 사람 김창환, 조진영, 조명수, 김소희, 경상도 사람 엄계월, 김초향, 신금홍, 박록주, 김금화, 오비취, 임소향 등이 성주풀이를 취입한 바 있다."
24 安含老,『三聖紀全』上, "檀君端拱無爲 坐定世界 玄妙得道 接化羣生 命彭虞闢土地 成造起宮室...", 安耕田 譯註,『桓檀古記』, 상생출판, 2012, 20~21쪽. 저자 안함로(579~640)는 신라 진평왕 때의 도승으로 신라 십성(十聖) 중의 한 사람이라고 한다.
李嵒,『檀君世紀』, "於是 命彭虞闢土地 成造起宮室...", 安耕田 譯註, 위의 책, 97쪽, "이때에 단군왕검께서 어명을 내려 팽우에게 토지를 개간하게 하시고, 성조에게 궁실을 짓게 하시며..." 저자 이암(1297-1364)은 고려 후기의 문신이다.

위와 같이 성주가 궁실을 짓는 목수로서 건축의 신 또는 건축영웅으로 등장하는 것이다. 단군이 개국한 초기의 일이다. 따라서 건축신에 대한 성주신앙이 시작된 것도 단군조선 초기부터라고 해도 지나치지 않다. 단군 시기에 성주는 "건축의 시조신"이거나[25] "단군왕검의 신하로 건축의 시조"라[26] 하였다. 실제로『무당내력』에는 '성조거리'를 설명하면서 그와 같은 사실을 밝히고 있다.

> 단군시절 매해 시월에 무녀로 하여금 집을 이룩한 의의를 빌도록 하는데 인민들이 그 근본을 잊지 못하여 치성드릴 때 전례대로 거행한다.[27]

이 기록을 근거로 서대석은 성주신앙의 연원과 자생성을 강조한다. "단군이 무녀에게 집을 이룩한 성주신에게 해마다 굿을 하도록 시킨 것"으로 읽고, "그 이후 인민들이 그 근본을 잊지 못하여 전례에 따라 치성을 드렸다"고 한다. 따라서 "성주신앙의 연원을 국조 단군까지 소급"하며, "자생적 신앙이라는 주장으로 받아들일 수 있다"고[28] 해석했다.

성주신앙을 단군시기까지 거슬러 올라가는 또 다른 연구가 있다. 성주단지와 부루단지를 같은 신앙으로 보고 '성주(城主)'라는 명칭의 연원을 '부루', '불' 곧 태양에서 찾아 나라를 뜻하는 말 '불' 또는 벌(伐)과 연관 지은 논문이[29] 그러한 보기이다. 서대석은 이 논문을 근거로 성주의 단군기원설을 구체적으로 증명했다고[30] 본다. 그러므로 성주굿의 기원은 민족사와 함께 전개되었을 뿐 아니라, 한국 고유의 자생 신앙으로서 한국문화의 뿌리를 이룬다고 할 수 있다.

---

25 安耕田 譯註, 위의 책, 97쪽, 주석에서 "성조(成造): 단군왕검 시대의 건축의 시조신"이라 했다.
26 安耕田 譯註, 같은 책, 325쪽, 주석에서 "성조대군(成造大君): 성조는 단군왕검의 신하로 건축의 시조"라고 했다.
27 서울대학교 규장각,『巫堂來歷』, 민창사, 1996, 41쪽. 이 책의 본래 간행 연도는 '을유년'으로 되어 있다. 1885년이거나 1825으로 추정된다.
28 서대석,『한국 신화의 연구』, 집문당, 2001, 306쪽.
29 邊德珍,「韓國의 民間信仰에 있어서의 城主信仰에 대하여」, 효성여자대학 연구논문집, 1986, 165~170쪽, 서대석, 위의 책, 307쪽에서 참고.
30 서대석, 같은 책, 307쪽.

2. '성주의 본향 안동 제비원'의 연원 논쟁

무가 성주풀이의 구송은 성주굿의 핵심을 이룬다. 그것은 두 가지 이유 때문이다. 하나는 성주풀이를 반드시 구송해야 하는 성주굿의 양식적 기능 때문이며, 둘은 성주풀이가 성주굿의 내용과 의미를 잘 담고 있기 때문이다. 첫째, 양식적 기능은 성주굿을 하며 성주신을 집안에 제대로 모시려면 반드시 성주풀이를 노래해야 한다. 성주풀이를 노래하지 않으면 성주신을 제대로 모실 수 없기 때문이다. 둘째 성주굿의 내용은 서사무가로 노래되는 성주풀이에 성주신의 성격과 기능이 고스란히 담겨 있다. 성주굿이 무엇인가 제대로 포착하려면 반드시 성주풀이를 분석해 봐야 한다. 그러므로 성주풀이는 성주굿의 형식 속에 담겨 있는 핵심이라 할 수 있다.

무가 성주풀이는 성주본풀이의 줄임말이다. 성주본풀이는 성주신의 본을 밝혀서 풀이하는 노래이다. 따라서 성주의 본향이 어디냐고 묻고 경상도 안동땅 제비원이라고 답하는 것은 본풀이로서 가장 기본적인 내용이다. 만일 성주의 본향을 묻고 답하는 대목이 없다면 굳이 성주풀이라고 할 필요가 없다. 본풀이가 아닌 까닭이다. 따라서 성주풀이는 본풀이로서 성주의 본향을 묻고 밝히는 것이 필수적이다. 그러므로 '성주의 본향이 어드메냐 경상도 안동땅 제비원이 본일레라' 하는 본풀이 대목도 으레 무가 성주풀이에서 비롯되었다고 하지 않을 수 없다.

그런데 이런 견해에 대한 반론이 있어서 새삼스레 따져보지 않을 수 없다. 비교민속학회의 성주굿 기획발표회에서[31] 토론자 김성혜는 1910년대 간행된 『정정증보 신구잡가(訂正增補 新舊雜歌)』, 『증보신구잡가(增補 新舊雜歌)』, 『고금잡가편(古今雜歌編)』에서 "성주의 본향이 어데메뇨 경상도 안동땅 제비원이 본일레라"는 노랫말이 잡가 성주풀이에서 나오므로, 1920년대의 무가집에 수록된 무가 성주풀이의 이 대목은 잡가에서 온 것이라고 했다.

구체적인 보기로 이능화가 말하는 "지금 성주풀이 무가"는 무가가 아니라 잡가 성주풀이로 이해된다는 것이다. 다시 말하면, 1927년에 발간된 이능화의 『조선무속고』보다 1910년대의 잡가집 간행연도가 더 빠르므로, 이능화의 무가는 잡가에서 비롯되었다는 주장이

---

[31] '안동지역 성주굿의 성격과 무형문화유산 가치'를 기획주제로 한 2024년 비교민속학회 하계학술대회, 안동상공회의소 대회의실, 2024년 8월 23일.

다.[32] 그러므로 성주의 본향이 안동 제비원이라는 무가의 사설은 잡가의 사설에서 온 것이라고 했다. 이 주장은 여러 가지 측면에서 오류에 빠져 있으므로 그 문제점을 다각적으로 지적하지 않을 수 없다.

하나는 문헌사학자가 저지르기 쉬운 오류이다. 연대가 빠른 문헌이 있으면 그 기록이 먼저라고 판단하는 연대기적 오류이다. 잡가집 간행이 무가집보다 빠른 것을 마치 무가 성주풀이보다 잡가 성주풀이가 앞선다고 단정한 것도 같은 오류이다. 잡가집은 상업적인 책으로 일제강점기에 아무런 출판 제약이 따르지 않지만, 무가집은 학술적인 것인데다 굿을 미신으로 타파하던 시기인 까닭에 여러 모로 출판이 늦었을 뿐이다. 따라서 자료집의 출판연도 차이를 근거로 잡가 성주풀이가 무가 성주풀이에 선행한다는 것은 메신저의 선후로 메시지의 선후를 판단하는 것이나 다름없다.

『삼국유사』보다 『삼국사기』가 더 빨리 간행된 사실을 근거로 『삼국사기』에 기록된 역사가 더 앞선 역사라고 우기는 사학자는 없다. 왜냐하면 사료의 발생 연대는 사서의 발간연대와 상관없기 때문이다. 실제로 늦게 간행된 『삼국유사』가 『삼국사기』에 기록된 역사보다 훨씬 선행하는 '고조선'조를 서술하고 있다. 이와 달리, 같은 역사를 두 사서에 함께 기록했다고 하더라도 반드시 『삼국유사』가 『삼국사기』를 따라서 기록한 것이라 할 수 없다. 『삼국유사』는 『삼국사기』의 대안사서로서 독자성을 지니기 때문이다. 그러므로 자료집 발간의 선후를 근거로 자료의 역사적 선후를 단정하는 것은 설득력이 없다.

둘은 자료집의 출판연도를 근거로 자료의 역사적 선후를 결정하는 것은 일종의 연대기적 연구이다. 역사학은 연대기적 역사연구에서 위상적 역사연구로 나아가고 있다. 특정 역사적 사실이 몇 년도에 일어났는가 하는 것보다, 어떠한 역사적 발전 단계로 전개되었는가 하는 위상적 역사연구가 더 바람직하다는 말이다. 그런데 문헌의 선후로 민요에서 무가 성주풀이가 비롯되었다는 것은 연대기적 선후관계도 문제이지만, 무가 성주풀이에서 잡가 성주풀이가 발생했다는 위상적 연구까지 묵살하는 것이다.

자료집의 간행 선후를 마치 자료의 선후처럼 여기는 것은 역사적 사료보다 문헌의 선후에 입각한 판단이어서 연대기적 연구로서도 문제가 있다. 왜냐하면 자료집에 수록된 자료

---

32 김성혜, 「임재해의 '안동지역 성주굿의 무형문화유산 가치'에 대한 토론문」, 『안동지역 성주굿의 성격과 무형문화유산 가치』, 2024년 비교민속학회 하계학술대회 발표논문집, 2024년 8월 23일, 103쪽.

의 본질은 해석하지 않고 자료집의 발간 연도에만 집착하는 까닭이다. 자료집 발간 시기에 집착하면 같은 잡가집에 수록된 다양한 잡가자료들은 모두 같은 연도에 발생한 것이라고 우기는 억지에 이르게 된다. 그러므로 자료집의 간행연도를 근거로 자료의 발생연도를 획정하는 것은 명백한 오류이다.

문화사적 발전 단계로 볼 때, 무가는 잡가보다 훨씬 앞서는 노래 양식이다. 무가는 오랜 역사성을 지니고 있지만, 잡가는 구한말 이후에 와서 비로소 널리 노래되기 시작한 것이다. 따라서 잡가집 발간연도가 더 빠르다고 하여 양쪽에 공통되게 나타나는 노래 사설을 두고 잡가가 무가보다 먼저라고 하는 것은 위상적 역사 해석에도 어긋난다. 게다가 이미 학계에서는 잡가집의 간행연도와 상관없이, 성주굿의 성주풀이 창법과 명창들의 무당과 혈연관계를 근거로 무가에서 잡가 성주풀이가 비롯되었다고[33] 밝혀 놓았다.

셋은 자료집 발간 연대의 선후를 근거로 자료의 선후를 결정하는 것은 일종의 환원론으로서 문자 해독 능력만 있으면 누구나 할 수 있는 단순 작업이다. 학문적 해석은 문자 기록 이면의 진실까지 포착해서 새로운 의미를 부여할 수 있어야 한다. 자료집의 연대기적 나열이 역사라면 역사이론은 물론 역사학은 불필요하다. 모든 학문은 자료학을 넘어서 이론학에 이르러야 진정한 학문적 해석을 했다고 할 수 있다.

굿의 본풀이를 이론적으로 알면, 성주굿의 성주풀이가 잡가 성주풀이보다 먼저라는 것을 쉽게 알아차릴 수 있다. 굿의 본풀이는 굿에서 모시는 신격의 근본 내력을 푸는 노래이다. 성주굿의 성주풀이 또한 성주의 근본 내력인 본향을 풀이하는 것이 마땅하다. 따라서 성주굿 무가에서 성주의 본향이 안동땅 제비원이라고 밝히는 것은 본풀이의 양식상 필연적인 것이다. 그러나 잡가는 본풀이가 아니라 그야말로 잡성스러운 노래이다. 그러므로 무가 성주풀이에서도 밝히지 않은 성주의 본향을 잡가에서 먼저 밝혀 노래했다는 것은 이론적으로 타당하지 않다.

넷은 무가 성주풀이와 잡가 성주풀이의 발생론 문제이다. 잡가 성주풀이가 무가 성주풀이보다 먼저라고 하려면 잡가 성주풀이가 그 자체로 발생했다는 것부터 밝혀야 한다. 그러나 잡가에서는 성주풀이 발생론을 펼칠 아무런 근거가 없다. 그러나 무가 성주풀이는

---

[33] 노재명, 「소리 명창 김창룡 민요 〈성주풀이〉 유성기음반 고찰」, 『한국음반학』 20, 한국고음반연구회, 2010, 251~261쪽.

성주굿에서 발생했다. 굿에서는 무가 '본풀이'가 기본이다. 무가 성주풀이는 본풀이로서 성주의 본향을 밝히는 것이 성주굿의 존재이유이자 제의적 목적이다. 그러므로 무가에서 성주의 본향을 밝히는 것은 필수적이자 합목적적이어서 자체적으로 발생될 수밖에 없다.

그러나 잡가는 놀이판이나 잔치판의 흥을 돋우기 위해 부르는 잡다한 노래로서 성주의 본향을 묻고 답하는 본풀이를 반드시 불러야 할 아무런 이유가 없다. 따라서 잡가 자체로 성주의 본향을 밝히는 성주풀이가 발생되었다고 할 근거는 물론 발생 목적도 없다. 다만 무가 성주풀이에 그런 내용이 있으니 따라 부른 것뿐이다. 그러므로 성주의 본향을 묻는 대목이 잡가에서 비롯되어 무가 성주풀이에 영향을 주었다고 하는 것은 발생론적으로 억측일 수밖에 없다.

잡가에서는 아예 본풀이의 존재이유가 없기 때문에, '○○가'이거나 '○○타령'일 뿐 '○○풀이'라고 하는 것는 성주풀이가 유일하다. 그러나 무가는 잡가와 달리 으레 '○○풀이'이거나 '○○본풀이'라 하기 일쑤이다. 굿이 본질적으로 맺힌 것을 푸는 '풀이'일 뿐 아니라, 무가 또한 신의 근본 내력을 푸는 '풀이'이기 때문이다. 그러므로 잡가 성주풀이 연구자들은 으레 무가에서 잡가 성주풀이가 비롯되었다고[34] 하는 것이다.

다섯은 문헌에 대한 과도한 집착과 배제이다. 잡가집의 발간연도는 과도하게 집착하여 잡가집의 성주풀이가 무가 성주풀이보다 선행했다고 우기는 반면에, 『증산도 도전』의 기록은 후대의 기록이어서 믿을 수 없다고 배제한다. 왜냐하면 1902년에 강증산이 성주풀이를 부르면서 안동 제비원이 성주의 본향이라고 밝힌 기록이 있는데, 당시에 기록된 것이 아니라는 이유로 인정할 수 없다고 한다. 사실이 그러해서가 아니라 잡가 선행설을 주장하는 데 장애가 되는 까닭에 폄시한 것이다.

어떤 사료이든 당대에 즉각 기록된 것은 없다. 『삼국사기』는 고려시대에,[35] 『고려사』는 조선시대에[36] 간행된 것이지만 당대의 기록이 아니라는 이유로 배격하지 않는다. 특히 『증산도 도전』은 『삼국사기』나 『고려사』와 달리 동시대의 기록이나 다름없다. 왜냐하면 강증산을 수행하며 제자로서 따르던 김형렬과[37] 그 아들 김찬문의 수기(手記)를 근거로 서술한

---

34 노재명, 같은 글, 같은 곳 및 『국악사전』의 '성주풀이'.
35 김부식 등이 편찬한 『삼국사기』는 1145년에 완성되었다.
36 김종서, 정인지 등이 편찬한 『고려사』는 1451년에 완성되었다.
37 김형렬(金亨烈)은 1894년에 강증산을 처음 만났으며, 강증산이 1901년 천지공사를 시작할 때부터 8년 동

〈성화진경(聖化眞輕)〉〈동고비서(銅谷秘書)〉 등의 자료가 있을 뿐 아니라, 강증산의 수제자 김형렬이 1929년에 이미 『대순전경(大巡典經)』을 간행했기 때문이다. 『대순전경』은 강증산 사후 20년 만이니 원고 정리와 출판 과정을 고려하면 실제 기록은 거의 동시대라 해도 지나치지 않다.

『증산도 도전』은 1929년에 간행된 『대순전경』을 비롯하여 1972년의 『용화전경(龍華典經)』에 이르기까지 9책의 인쇄본 및 필사본 자료를 면밀히 검토하고 강증산의 제자들과 후손들을 직접 만나 수십, 수백 번의 증언을 듣고 철저한 현장답사를 통해 최종적으로 출판된 것이다.[38] 게다가 강증산이 성주풀이를 부른 곳은 김형렬의 집이다. 성주풀이를 부르기 전에 성주굿 준비를 하는데, 김형렬에게 "쇠머리 한 개를 사 오고 떡을 찌라" 하고 음식을 차린 다음 성주풀이를 노래했다.

따라서 이 성주풀이 관련 기록은 김형렬이 자기 집에서 직접 경험한 일이다. 강증산의 수제자 김형렬이 자기 집에서 직접 보고 겪은 일을 스스로 기록한 것이니 이보다 더 정확할 수가 없다. 동시대의 자전적 기록조차 후대에 간행된 것을 빌미로 배제해 버린다면, 수백 년 뒤에 편찬된 『삼국사기』와 『고려사』를 어떻게 사료로 인용할 수 있을까. 그러므로 순전히 문헌의 발간연도로 모든 것을 재단하는 것은 잡가 선행설에 대한 과도한 집착 탓이라 하지 않을 수 없다.

여섯은 잡가 선행설을 주장하기 위해 무가에 대한 기록을 의도적으로 왜곡하는 점이다. 잡가집의 발행연도는 우상화하면서 학자의 연구성과인 학술적 기록은 하찮게 무시해 버리는 횡포를 저질렀다. 이능화의 『조선무속고』에 서울의 무풍(巫風)에 관해 서술하면서 '성주신' 항목에 "지금 성주풀이 무가를 가지고 시험적으로 그 뜻을 풀어보면, 안동의 제비원은 성주신의 본향일세, 소나무를 심었구나" 하는 노랫말을, 논평자 김성혜는 "잡가 성주풀이로 이해된다"고[39] 했다. 이능화가 무가라는 성주풀이를 잡가라고 하는 이유는, 먼저 발간된 잡가 성주풀이와 노랫말이 같기 때문이라는 것이다.

이능화는 잡가 연구자가 아니라 무속 연구자이다. 더군다나 그가 무가 성주풀이를 언급

안 시중을 들며 수행했던 수제자이다.
38 증산도전편찬위원회, 같은 책, 20~21쪽.
39 김성혜, 「임재해의 '안동지역 성주굿의 무형문화유산 가치'에 대한 토론문」, 『안동지역 성주굿의 성격과 무형문화유산 가치』, 2024년 비교민속학회 하계학술대회 발표논문집, 2024년 8월 23일, 103쪽.

한 저서 또한 『조선무속고』이다. 게다가 『조선무속고』 중에서도 "서울의 무풍과 신사(神祠)"의 장(章)일 뿐 아니라 구체적 항목조차 '성주신'이다. 이 항목에서 무가가 아닌 잡가 성주풀이를 소개할 이유가 없다. 더군다나 이능화는 분명하게 "성주풀이 무가"라고 밝혀 두었다. 그럼에도 문헌기록을 중시하는 논평자가, 무가라는 기록을 부정하며 노랫말이 잡가집에 나오는 내용과 같다고 하여 "잡가 성주풀이"라고 하는 것은 매우 심각한 왜곡이다.

이러한 왜곡은 학자로서 최소한의 학문적 자질조차 의심하게 만든다. 왜냐하면 잡가가 무가보다 먼저라는 사실을 고집하기 위해, 1902년의 기록도 인정하지 않을 뿐 아니라, '무가'라고 밝혀 놓은 기록까지 잡가로 왜곡해 버린 까닭이다. 이능화가 무가라고 밝히지 않아도 『조선무속고』의 '성주신' 항목에 수록된 성주풀이라면 으레 무가 성주풀이로 해석하는 것이 당연하다. 그럼에도 이능화의 기록을 무시하고 잡가라고 우기는 것은 사실상 이능화의 학문 전체를 깔아뭉개는 횡포라 할 수 있다. 그러나 달리 생각해 보면, 실제로는 이능화가 아니라 자기 학문의 졸속과 억지를 드러내는 일일 뿐이다.

3. 성주의 본향 안동을 밝힌 무가 성주풀이

『무당내력』의 '성조거리' 기록에 있는 것처럼, 성주굿은 단군조선 시기에 비롯된 것으로 인식되는 가장 뿌리 깊은 자생 신앙의 굿이다. 성주굿과 성주풀이는 짝을 이루며 함께 가는 것이라고 보면 성주풀이의 연원도 어느 무가보다 오랜 역사를 자랑한다. 왜냐하면 모든 굿은 으레 무가와 함께 짝을 이루기 때문이다. 따라서 무가 없는 굿은 없다고 해도 지나치지 않다. 그러므로 성주굿을 하던 시기에 성주풀이도 노래되었을 가능성이 크다.

실제로 성주풀이 무가에서도 그런 원초적 상황이 생생하게 노래된다. 성주가 천상에서 지상으로 귀양 와서 보니 집은커녕 나무도 없어서 낮이면 땡볕에 그을리고 밤이며 추워서 오들오들 떨었다고 한다. 이러한 역사적 상황은 환웅본풀이, 이른바 단군신화의 역사보다 더 오래다. 성주가 강림했을 때는 지상에 나무조차 없었으니까, 태백산 신단수 아래로 강림한 환웅천왕보다 더 오래된 역사라 하지 않을 수 없다. 왜냐하면 지상에는 신단수와 같은 나무조차 없었던 시대에 성주가 지상으로 내려왔기 때문이다.

환웅은 신단수에 의존하여 홍익인간의 꿈을 펼치려고 '神市古國'을[40] 세워 360여사를 재세이화(在世理化)했지만, 성주는 의지할 나무조차 전혀 없어서 하늘에 빌어 비로소 솔씨를 얻고 나무를 심게 된다. 나무를 심어두고 천상으로 갔다가 나무가 다 자랐을 즈음에 지상으로 내려와 처음으로 집을 짓는다.[41] 이것이 집의 시초이다. 따라서 기록에는 단군이 성주에게 궁실을 짓게 한 것으로 되어 있지만, 성주가 집을 짓기 시작한 것은 사실상 그 훨씬 이전부터라 할 수 있다. 성주가 집을 짓는 전문가였으므로 단군이 발탁하여 궁실을 짓도록 명했던 것이다. 그러므로 성주가 최초로 집을 지은 역사는 단군조선 이전으로 소급될 수 있다.

성주굿은 '나라의 역사' 이전에 '집의 역사'와 함께 해왔다. 자연히 성주굿의 역사는 뿌리가 깊을 뿐 아니라 전국적인 분포를 이루며, 집집마다 주기적으로 하는 가장 빈번한 일상굿이다. 게다가 성주굿 외에는 어느 굿이든 어느 민요에서든 성주굿처럼 신의 본향을 묻고 구체적으로 주소를 밝히는 경우가 없다.

따라서 성주굿은 우리 굿 가운데 유일하게 본향이 구체적인 지리적 주소로 밝혀진 굿인데, 그 사실도 성주풀이를 통해 전국적으로 노래되어 일반화되고 있다. 먼저 성주의 본향을 안동 제비원으로 밝힌 사례를 무가 자료부터 보기로 한다. 분포를 알기 위한 까닭에 같은 지역에서 거듭 채록된 경우에는 한 편씩만 밝히고 안동지역 자료는 여기서 제외한다.

● 평양지역 '성주굿'[42]

성주로다 성주로다 성주본향이 어드메냐

경상도 안동땅에 제비조천이[43] 본이라

---

40 종래에는 '神市'을 신시라 읽고 나라로 간주하지 않았다. 그러나 나는 환웅천왕이 홍익인간 이념을 실현하기 위해 풍백, 우사, 운사를 거느리고 360여사를 在世理化로 다스린 초기국가라 판단한다. 국가가 아니라면 환웅이 천왕일 수도 없고 치국 이념을 실현할 수도 없다. 따라서 환웅천왕이 다스린 나라를 '신시고국'이라 일컬었다.(임재해, 『고조선문화의 높이와 깊이』, 416~421쪽) 그러다가 神市(신시)는 神巿(신불)의 오기로 추론하고 오류를 줄이기 위해 신시를 神巿로 표기한다.(임재해, 『고조선문명과 신시문화』, 340~342쪽 참조)

41 孫晉泰, 『韓國神歌遺編』, 鄕土研究社, 1930, 『孫晉泰先生全集』 5, 太學士, 1981, 79~171쪽.

42 金泰坤, 『韓國巫歌集』 3, 集文堂, 1978, 49쪽. 1973년 6월 17일-18일, 정대복 무녀, 61세, '성주굿'.

43 경상북도 안동시 이천동 소재 제비원의 와전이다.

● 해주지역 '성주굿'⁴⁴

성주나 본(本)이 어드매냐

경상도 안동땅의 제비나원이 본일넨데

제비원이다 솔씰 받아

서평 내평에 던졌더니

그 솔이 싹이 나…

● 황해도 '성주굿'⁴⁵

성주판관이 하외받을 때 성주본이 어디신가

경상도로 안동땅에 제비원이 본이로다.

성주본이 어디시냐

경상도로 안동땅에

제비원이 본이로다⁴⁶

● 서울지역 '황제풀이'⁴⁷

성주 본향 본을 풀면 게 어디가 본이신고

안동주 천제비원에 할나산이 보이신가

할나산에 들으스니 대부동이 서 있난데…

● 서울 경운동 '황제푸리'⁴⁸

성주대감 본을 풀면

경상도 안동중촌 제비원이 본이라

---

44 金泰坤, 『韓國民間信仰硏究』, 集文堂, 1983, 71쪽.
45 강석정, 『韓國의 巫歌』14, 황해도 굿이야기2 성주굿, 민속원, 2019, 141쪽.
46 강석정, 위의 책, 146쪽.
47 金泰坤, 『韓國民間信仰硏究』, 集文堂, 1983, 71쪽.
48 赤松智城・秋葉隆, 『朝鮮巫俗 硏究』上, 大阪屋號書店, 1937, 230쪽.

● 오산지역 '셩쥬푸리'⁴⁹
셩쥬본향이 어대매인고
경상도 안동땅에 제비원이 본이라

● 포천지역 '셩주풀이'⁵⁰
남셩주 근본은 경상도 안동땅 제비원이고
여셩주 근본은 제주 한라산이라

● 화성지역 '셩주굿'⁵¹
셩주본이 어디시드냐
경상도 안동땅에 제비원이 본이로다

● 속초지역 '배셩주굿'⁵²
셩주나무 비러가자 셩주나무 비러갈 적에
셩주등불이 어디멘고 경상도 안동땅에
제비원을 찾아가야 제비원으로 찾아가서
솔씨를 한 말을 얻어다가

● 울진지역 '셩주굿'⁵³
셩주님네를 모시자
셩주양반 모시자
(일부 줄임)
강남으로 들어가서

---

49 赤松智城·秋葉隆, 위의 책, 167쪽.
50 崔吉城,「셩주풀이」,『文化財』4, 文化財管理局, 1969, 131쪽.
51 金泰坤,『韓國巫歌集』3, 305쪽.
52 장정룡,『속초시 어로민속지』, 속초문화원, 1997.
53 金泰坤,『韓國巫歌集』1, 286쪽, 1968년 1월 21일, 변연호 무녀, 41, '셩주굿'.

제비원에 숙수(宿所)하고

제비원에 솔씨 받아

경상도 안동땅에 대명산천에 던졌더니

● 군산지역 '성주굿'⁵⁴

성주 본(本)이 어디매뇨

경상도 안동땅 제비원이 본일네라

제비원의 솔씨 받어 용문산에 던졌더니…

● 군산지역 '성주굿'⁵⁵

성주 본이 어디매뇨

중상도 안동땅 제비원이 본일네다

제비원의 솔씨 받어 용문산에 던졌더니

● 고창지역 '성주굿'⁵⁶

성주근본이 으드매/ 성주본향이 으드매

경상도 안동땅 제비연의 솔씨를 받어서

● 광양지역 씨끔굿 '성주'⁵⁷

성주 근본이 게 워딘가

경상도 안동땅 제비원으 솔씨받아

---

54 金泰坤,『韓國民間信仰研究』, 集文堂, 1983, 71쪽.
55 金泰坤, 韓國巫歌集 2, 82쪽, 1965년 8월 7일, 장금순 무녀, 47, '성주굿'. 이 자료는 앞의 군산지역 성주굿과 같은 것으로 보인다. 그러나 표기가 다소 틀려서 다른 자료일 수도 있다는 판단에서 보기로 들었다.
56 金泰坤,『韓國巫歌集』3, 359쪽, 1969년 8월 20일, 배성녀 무녀, 79, '성주풀이'.
57 金泰坤, 위의 책, 365쪽, 1969년 1월 27-28일, 이애순 무녀, '성주'.

● 목포지역 '성주굿'[58]

성주로다 성주로다 성주 근본이 어디맨고
경상도 안동땅에 제비원에 파른 솔씨는
물안에 던졌더니 그 솔이 점점 자라나야…

위와 같이 전국 각지의 성주풀이에서 성주의 본향이 안동 제비원이라고 노래하는 까닭에 굿 전공자에게는 이 사실이 일반화된 상식이다. 따라서 한국 무속 연구에 일생을 바친 김태곤 교수는 일찍이 성주의 본향이 경상도 안동 제비원이라는 사실을 확인하고 '성주신의 근원처가 어째서 안동의 제비원이라고 하는가' 하는 문제를 풀기 위해 안동지역을 답사하고 성주풀이와 제비원 관련 자료들을 수집하여 그 원인을 찾으려고 했다.[59] 전국적인 무가 수집을 통해서 안동 제비원이 성주의 본향이

안동시 이천동 제비원 미륵불

라는 사실을 거듭 확인하고 관련 전설도 수집했지만, 왜 안동 제비원이 본향인가 하는 사실은 구체적으로 입증하지 못하고, 제비원 미륵의 영험으로 제비원의 솔씨가 전국적으로 퍼졌다는 전설의 영향으로[60] 보는 데서 만족했다.

자료를 널리 확충해서 사실을 더 풍부하게 입증한다고 해도 진전된 연구를 하지 못하면 사실상 동어반복에 지나지 않는다. 무교나 굿과 무관한 강증산조차 알고 있는 '성주의 본향 안동 제비원'을 무속연구자 이능화가 모를 까닭이 없다. 이능화가 『조선무속고』에 언급한 사실을 무속학자 김태곤이 모를 수 없다. 『조선무속고』를 읽지 않아도 굿판에서 성주굿을 참여 관찰했다면 성주풀이에서 노래하는 성주의 본향을 자연스레 알아차리게 마련이다.

---

58 金泰坤, 『韓國民間信仰研究』, 71쪽.
59 金泰坤, 「성주神의 本鄉考 - '제비원'本鄉系統의 성주巫歌를 中心으로」, 『史學研究』 21, 韓國史學會, 1969, 433~436쪽 및 金泰坤, 『韓國民間信仰研究』, 集文堂, 1983, 70~75쪽 참조.
60 金泰坤, 위의 논문, 436쪽.

따라서 한국무속을 전공한 최길성 교수도 안동대학에 민속학과가 전국 최초로 만들어지자, 학술대회에서 "민속학과가 어느 대학에 처음 설립되는가 하는 것이 학계의 관심사였는데, 성주의 본향인 안동에 처음 설립되게 되었다"고[61] 밝힌 바 있다. 민속학 전공자, 특히 무속 전공자들 사이에는 성주의 본향이 안동 제비원이라는 사실이 거의 상식화되어 있다고 하겠다.

굿 전공자들은 물론 성주굿을 하는 무당들도 마찬가지이다. 안동 지역 최고의 무당으로 알려진 무녀 권은도는 살아생전에 이루고자 했던 소망이 "성주풀이"에 전념하는 것이었다. 왜냐하면 성주풀이에 성주의 본향이 경상도 안동땅 제비원이라고 했을 뿐 아니라 제비원 미륵 앞에서 내림굿을 하고 신을 받았기 때문이다.[62] 그녀의 신딸인 무녀 송옥순 또한 성주의 본향이 안동 제비원이라는 사실을 자각하고 성주풀이에 남다른 관심을 기울이며 '권은도본 성주풀이'를[63] 구송하고 있다.

무용가로서 일찍이 안동지역 성주굿에 관심을 기울였던 오숙자도 안동 제비원이 성주의 본향이라는 사실을 자각하고 성주굿을 전승하고 가르치며 무형문화재로 지정받기 위해 백방으로 노력했다. 그러한 노력 가운데 하나로 저서 『제비원 성주풀이』를 간행했으며, "성주신의 본향이 안동의 제비원이라는 논거에 대해서는 아무도 반론을 제기할 여지가 없을 것"이라고[64] 단언했다. 안동지역 무당뿐만 아니라 전국적으로 성주굿을 하며 성주풀이를 노래하는 무당들은 성주의 본향이 안동이라는 사실을 익히 알고 있다. 성주풀이에 한결같이 그렇게 노래되고 있으니 모를 까닭이 없다.

---

61 1979년 3월 안동대학에 민속학과가 처음 개설되자, 민속학과에서는 그해 6월 '한국민속학의 개념과 과제'라는 주제로 학술대회를 열었다. 이 자리에 토론자로 참석했던 최길성 교수의 말씀이다. 학술대회 결과는 成炳禧·林在海, 『韓國民俗學의 課題와 方法』, 정음사, 1986, 10~93쪽에 수록되어 있다.
62 손상락 외, 「안동의 무속인 권은도 보살」, 『安東의 巫俗』, 安東民俗博物館, 2005, 33쪽.
63 이 책 말미에, 성주풀이 자료로 '권은도본 성주풀이'와 '오숙자본 성주풀이' 주석본을 수록해 두었다.
64 오숙자, 『제비원 성주풀이』, 전원문화사, 1995, 65쪽.

4. 성주의 본향 안동을 밝힌 민요 성주풀이

문제는 성주풀이가 무당굿에서 무가로만 노래되지 않는다는 것이다. 무가 성주풀이는 물론, 잡가와 민요 성주풀이도 전국적으로 전승될 뿐 아니라, 이들 노래에서도 성주의 본향이 안동 제비원이라고 하는 까닭에 예사 사람들도 무속학자 못지않게 성주의 본향이 안동 제비원이라는 사실을 잘 알고 있다. 이를테면 향토사가 송지향 선생은 『안동 향토지』에 제비원 전설을 서술하면서 민요 '성주풀이'부터 소개했다.[65] 왜냐하면 제비원은 여러 전설보다 성주풀이로 더 유명해진 까닭이다. 전남 영광 출신의 시인 박남준조차 〈안동〉이라는 시를 지으면서 들머리에 제비원 솔씨부터 거론한다.

안동이라고 부르면
제비원의 솔씨 받아
불쑥 솟아난 듯
그 제비원 미륵불이나 물도리동
하회마을이며 하회탈춤,
기암절벽 부용대 강물에 배 띄워라 ('안동' 일부)[66]

안동이라고 하면 으레 "제비원의 솔씨"부터 떠오르는 것이 시인의 자연스러운 시상이다. 안동 제비원이 성주의 본향이라는 말을 시적으로 묘사한 것이다. 민요를 부르는 소리꾼들도 마찬가지이다. 민요 성주풀이는 주로 정초에 풍물굿의 지신밟기에서 대청의 성주지신을 밟을 때 지신밟기 소리의 일부로 노래된다. 무가 성주풀이가 성주굿의 제의적 기능을 하는 것처럼, 민요 성주풀이도 여러 가신들 가운데 성주신에게 집안의 복록을 축원하는 제의적 기능을 담당한다. 잡가 성주풀이에서는 2절이나 3절에서 성주의 본향을 다루는데, 민요 성주풀이에서는 서두부터 성주의 본향을 묻고 안동 제비원이 본이라고 말한다.

---

65 宋志香, 『安東鄕土誌』上, 大星文化社, 1983, 342쪽. "성주본향 어디메냐 경상도 安東땅에 제비원이 본이더라."
66 박남준, 페이스북, 2024년 7월 19일자에 올린 시이다.

成造本鄕이 어데메뇨
慶尙道 安東땅의
제비원이 本鄕일러라
제비원의 솔씨를 받아
小坪大坪 던졌더니
그솔씨 漸漸자라
小栿棟이 되었구나
大栿棟이 되었구나
大栿棟이 점점 자라
청장목이 되고
황장목이 되고
도리기둥이 되었구나[67]

임동권이 수집한 민요 성주풀이의 서두이다. 상당히 이른 시기에 수집된 구전민요 성주풀이인데 성주의 본향을 밝히는 서두의 내용이 후대의 민요나 다르지 않다. 최근에 수집된 민요 성주풀이 서두도 "성주의 본향이 어드메뇨 경상도 안동땅 제비원 본일레라"고 하는 기본적인 전형에서 크게 벗어나지 않고 있다. 최근의 『향토문화전자대전』에 민요자료로 수록된 여러 지역 성주풀이에서 그러한 실상을 확인할 수 있다. 민요 성주풀이에서 성주의 본향을 밝힌 서두 부분만 옮겨보면 아래와 같다.

● 영덕군편[68]
성주본이 어드메냐
경상도 안동땅에
제비원이 본일레라

---

67 任東權, 『韓國民謠集』1, 集文堂, 1961, 94쪽, '성주풀이謠 1'.
68 영덕군지편찬위원회, 『영덕군지』下, 영덕군, 1981, 2002 증보판, 431쪽의 성주풀이를 한국학중앙연구원, 『향토문화전자대전』 영덕군편에 재수록.

● 칠곡군편[69]
성주대신 지신아 성주본이 어디메뇨
경상도 안동땅 제비원이 본이로다

● 청송군편
성주님을 모실적에
성주 본향이 어데 매냐
경상도 청송 땅에
주왕산이 보일러라

● 김천시편
성주본이 어데요 경상도 안동땅
제비원에 솔씨받아 제비원에 본일레라

● 구미시편
성주본이 어데메요
경상도 안동땅 제비원에 솔씨받아

● 대구시편
성주본이 어댄고
경상도 안동땅
줄기가 뚝 떨어져서

● 고령군편
성주 본이 어디 메냐

---

69 한국학중앙연구원, 『향토문화전자대전』, 칠곡군편. 다음 자료도 출처가 같으므로 전거는 밝히지 않고 지역만 표시한다.

경상도 안동 땅에

제비원이 솔씨 받아

● 부산시편

성주본이 어데매요

갱상도 안동땅

제비원에다 솔씨볼아

● 제천시편

경상도 안동땅에 계집본이[70] 본일러라

계집본에 홀씨를 걸어 조평달평 선교땅에

● 삼척시편

성주본이 어드멘고

경상도 안동땅에

제비원이 원일러라

● 익산시편

성주근본이 어디멘가 경상도 안동땅에

제비원의 솔씨 받아 무주공산의 널룬 땅

● 무주군편

성주본이 어데 메냐

경상도 안동땅

---

70 제비원의 와전으로 보인다. 제보자가 와전했을 수도 있고 채록자가 제대로 알아듣지 못해서 잘못 기록했을 수도 있다. 다음 행에서도 솔씨를 "홀씨"라고 했고, 소평대평도 "조평달평"이라 해서 심각한 오류가 있다. 그러나 경상도 안동땅은 정확하다.

제비원이 본일레라
제비원에다 솔씨를 받어

● 김제시편
성주근본이 어디메요
경상도 안동땅 제비원이 본일레라

● 부안군편
성주야 성주로다 성주근본이 어디메요
경상도 안동땅 제비원의 솔씨 받아

● 군산시편[71]
경상도 안동 땅
솔씨 받어 허평대평 부렸더니

● 군산시편[72]
성주본이 어디메냐 정상도 안동 땅
제비군의 본일레라

● 고창군편[73]
성주 진정이 어디여
경상도 안동 땅의
제비본의 솔씨받어

---

71 1989년 6월 박순호가 '이동남'의 성주풀이를 채록하여 『군산시사』, 2000년에 게재된 것을 재수록했다.
72 위와 같은 상황에서, 이동남의 성주풀이에 이어서 부른 김옥순의 성주풀이다.
73 박순호, 『고창군한국구비문학대계』, 고창군, 1993에 수록된 성주풀이를 『향토문화전자대전』에 재수록한 자료이다.

● 순천시편
성주로다 성주로다 성주근본이 그 어디면
경상도 안동땅 제비원에가 솔씨받아

위와 같이 『향토문화전자대전』 민요 성주풀이에서도 무가 성주풀이처럼 성주의 본향은 경상도 안동땅 제비원이라고 노래하는 현상이 전국적으로 나타난다. 다만 북한 자료는 수집될 수 없기 때문에 그 사정을 알 수 없다. 그렇지만, 북한의 무가 성주풀이를 미루어 보거나 평양에서 발간한 『가곡보감』의 잡가 성주풀이를 고려할 때, 북한의 민요 성주풀이 또한 남한과 다르지 않을 것으로 추론된다.

심지어 중국 연변지역에서 간행된 『민요집성』에도 "성주야 성주로다/ 성주 근본이 어데메뇨/ 경상도 안동땅/ 제비원이 본일레라"[74] 하며 노래하고 있는 것으로 볼 때, 가히 전국적 현상을 넘어선다고 할 수 있다. 성주풀이의 전승지역은 우리 민요 가운데 가장 세계화되어 있는 '아리랑'의 전승분포를 닮았다. 아리랑은 우리 민족이 가 있는 곳 어디서든 노래된다. 연변과 일본, 하와이 등에서 두루 전승되고 있다. 연변에서 수집된 민요에 '성주풀이'가 있고 안동 제비원이 본이라고 하는 것을 보면, 한민족이 집단을 이루고 생활하고 있는 곳이면 어디에서나 성주신앙과 함께 이러한 성주풀이가 전승되었을 가능성이 크다. 다만 성주풀이는 아리랑처럼 널리 조사되고 보고된 자료가 없어서 연변에서만 보고될 따름이다.

일부 무가 성주풀이에서는 성주의 본향을 '천상 옥계'나[75] '지하국'이[76] 본이라 하는 경우도 있지만 모두 관념적이거나 추상적 공간이어서 본향으로서 장소성을 갖추지 못하고 있다. 그러나 성주가 태어난 본향을 거론할 때는 위와 같이 천상 옥계나 지하국이라고 하지만, 뒤에 성주가 솔씨를 처음 심은 본향을 노래할 때는 여전히 '성주의 본향은 경상도 안동땅 제비원'이라고[77] 밝히고 있어서 다른 성주풀이나 다르지 않다. 그러므로 본향을 천상이

---

74 김태갑·조성일 편주, 『민요집성』, 연변인민출판사, 1981, 224쪽, '성주풀이'.
75 金泰坤, 『韓國巫歌集』 4, 77쪽, 1976년 2월 23~26일, 김석출 무격, '성주굿', "성조본이 어데메요 천상 옥계가 본일내라."
76 金泰坤, 『韓國巫歌集』 3, 185쪽, 1973년 11월3일 및 11월 15일, 심복순 무녀, '성주굿', "성주님 본은 게 워디 본이시오/ 천하국이 본 아니면 지하국이 본일네라."

나 천하로 막연하게 밝혔던 무가 성주풀이도 마침내 안동 제비원이 본향이라는 데 최종적으로 귀착된다.

성주의 본향을 거론하면서 안동 제비원을 거론하지 않은 성주풀이가 둘 있다. 안동에서 수집된 무가 '성주 드리는 말문'과 청송에서 수집된 민요 성주풀이다.

> 해동 조선 경상은 좌도 칠십 일관에
> 안동이 대목안 여래다서 진관이옵고
> 면으로 일만 면이고
> 동네로 사 송천 동네야(성주 드리는 말문)⁷⁸

안동지역 세습무 송희식이 구연한 '성주 드리는 말문'의 첫 대목이다. '제비원'을 딱 부러지게 언급하지 않았을 뿐, 무가 들머리 부분에서 안동을 성주의 본향으로 밝혔다는 점에서 한층 적극적일 뿐만 아니라 그 체계도 한층 분명하다. 조선-경상-안동-송천의 차례로 주소를 밝혔는데, 나라 이름에서부터 도 이름, 시군 이름, 마을 이름을 차례로 밝히고 있어 지리적 구체성을 가장 잘 갖추고 있다.⁷⁹ 다만 제비원이라는 모듬살이 이름 대신에 '송천'이라는 행정동 이름을 쓴 까닭에 낯설 뿐이다. 제비원은 안동시 이송천동⁸⁰ 또는 이천동의 한 모듬살이 이름이다. 따라서 안동지역 사람이라면 제비원이 이송천동에 속해 있는 것을 알아차리고 모듬살이 이름 대신 행정동 이름을 말할 수 있다. 그러므로 이 무가는 소지명 '안동 제비원'을 행정명 '안동 송천'으로 쓴 까닭에 사실상 일치하는 내용이나 다름없다.

---

77 金泰坤, 『韓國巫歌集』 4, 79쪽, 김석출의 성주굿. "옥황님 전에 천재를 지내 솔씨를 받아와서/ 경상도라 안동 땅에 제비원에다 심었더니 그 솔이 점점 자라나서/ 성조목이 되었구나."
    金泰坤, 『韓國巫歌集』 3, 202쪽. 심복순의 성주굿, "성주님 본은 게 워디 본이신가/ 경상도 안동땅 제비원이 본일너라."
78 金泰坤, 『韓國巫歌集』 2, 240쪽, '성주 드리는 말문'.
79 임재해, 「안동문화와 성주신앙」, 안동대학교 민속학연구소, 2002, 56~57쪽 참조.
80 제비원은 행정명이 아니어서 주민들에 따라 이송천동의 일부 또는 이천동 일부를 일컫기도 한다. 이송천동은 송천동 지명이 이미 임하면에 있기 때문에 두 번째 송천동이라는 뜻으로 쓰였다.

성주님을 모실적에

성주 본향이 어데 매냐

경상도 청송 땅에

주왕산이 보일러라(청송군편)[81]

민요 성주풀이 가운데 유일하게 안동 제비원과 다른 구체적 주소를 제시한 것이 청송군의 민요 '성주풀이'이다. 안동 대신에 '청송', 제비원 대신에 '주왕산'이라고 했다. 민요 성주풀이는 지신밟기를 할 때 부르는 선후창 민요이다. 선후창 민요는 앞소리를 매기는 사람이 자기 신명에 따라 사설을 임의로 바꿀 수 있다. 따라서 민요는 부를 때마다 독특한 각편(version)을 생산한다. 청송사람으로서 안동 제비원 대신에 청송 주왕산이 성주의 본향이고 주왕산의 솔씨를 받아 이 산 저 산 뿌렸다고 할 수 있다. 청송 주왕산은 워낙 유명한 산인 까닭에 이러한 흡인력을 지닌다.

그럼에도 다른 지역에서는 자기 고장의 명산이나 지명으로 안동 제비원을 대신하지 않았다. 한결같이 안동 제비원을 고스란히 표방했다. 예사 민요라면 청송처럼 이렇게 자기화하는 것이 더 적절한 재창조라 할 수 있다. 그럼에도 다른 지역에서는 향토적인 변이를 일으키지 않은 데에는 그만한 이유가 있다. 성주풀이는 예사 민요가 아니라 지신밟기 풍물굿을 하는 의식요이기 때문이다. 다시 말하면 무당 대신 풍물패들이 하는 지신굿 가운데 성주굿거리로 성주풀이를 부르는 것이다. 따라서 예사 민요처럼 성주의 본향을 임의로 바꾸어 부를 수가 없다. 왜냐하면 성주의 본향을 제대로 밝히지 않으면 성주굿의 효험이 없기 때문이다.

성주님아 성주님아 성주님을 모셔보자

성주님을 모실라니 성주근본 알아보자

성주근본 알아보니 경상도 안동땅에

황토섬을 썩지나서 강남원이 본이로다(창원시편)[82]

---

81 『한국향토문화전자대전』 청송군편 성주풀이 민요이다.
82 위와 같은 자료, 창원시편 성주풀이 민요이다.

창원시 성주풀이는 "경상도 안동땅"까지는 일치를 보이는데, 제비원에서 어긋난다. "황토섬을 썩지나서 강남원이 본"이라고 했다. 썩 지나치고 만 '황토섬'을 줄이고 말하면 성주의 근본은 "경상도 안동땅 강남원이 본"이라고 한 셈이다. 강남원은 실재하는 지리상의 공간이 아니다. 지리상 '강남'이라면 중국 양쯔강 남쪽 지방 일대를 가리킨다. 그러나 강남원은 강남과 다르다. 강남동은 여럿이지만 안동땅 강남원은 안동에 있는 지명이다. 강남원은 제비원의 와전이다. '제비'가 강남에서 오니까 제비원을 강남원으로 일컬었을 가능성이 높다. 강남원이 어디든 경상도 안동땅 안에 있다는 것은 틀림없다.

제비원의 지명을 '제비'와 연관지어 '강남'이라는 중국 지역 이름을 끌어와 '강남원'이라고 하는 것처럼, 강남 제비와 연관지어 노래하는 성주풀이가 셋 있다.

ㄱ) 경상도 안동땅에
　　제비원이 본일레라.
　　제비원도 본아니라
　　강남서 나온 제비
　　솔씨한분 물어다가[83]

ㄴ) 경상도 안동땅에
　　제비원이 본일레라
　　제비원도 보나니라[84]
　　강남서 나온 제비
　　솔씨하나 입에물고[85]

위의 민요 성주풀이 ㄱ) ㄴ)은 "경상도 안동땅 제비원이 본"이라는 것을 인정한 다음 "제비원도 본아니라"고 부정한다. 기존 전승을 따르면서 창자의 생각을 더 보탠 것이다. 전승

83　金承璨, 『韓國口碑文學大系』 8-9, 韓國精神文化硏究院, 1983, 1076쪽, 김해군 상동면 우계리, 서진철, 남, 47, '성주풀이'.
84　본 아니라를 소리나는 대로 표기한 것이다.
85　金承璨, 위와 같은 책, 305 쪽, 김해군 진영읍 내룡리, 김상대, 남, 68, '성주풀이'.

에 따르면 안동 제비원이 본이지만, 제비원이 솔씨의 본향이라는 데는 쉽게 납득하기 어려웠던 모양이다. 오히려 제비원이라는 지명보다 '제비'와 관련지어 강남에서 솔씨를 물고 왔다는 것이 더 그럴듯하다고 판단한 셈이다. 고소설 〈흥부전〉에서 제비가 강남에서 박씨를 물어온 것처럼 솔씨도 강남에서 제비가 물어왔다고 상상력을 발휘해서 덧보탠 것이다.

그러나 제비원이 본 아니라고 부정했지만 강남이 본이라고 딱 부러지게 명시하지는 않았다. 왜냐하면 자기 상상력에 의한 추론이므로 강남을 성주의 본향이라고 확정할 수 없기 때문이다. 민요는 이처럼 구비전승 과정에서 창자의 상상력에 따라 얼마든지 변이될 수 있다. 위의 두 민요는 가감의 변이 가운데 원형을 살리면서 자기 생각을 부연한 까닭에 확대지향적 변이라 할 수 있다. 이러한 변이가 더 진전되면, 아래와 같은 민요가 나타날 수 있다.

ㄷ) 성주본이 어드메냐
　　강남서 나온제비
　　솔씨닷말 물어다가[86]

민요 ㄷ)에서는 ㄱ) ㄴ)과 달리 "경상도 안동땅 제비원"이 아예 탈락되었다. 기억에 의존해서 구연하다가 보면 탈락되는 부분이 있기 마련이다. 사실상 성주의 본향을 묻고는 구체적인 지명을 답하지 않은 채 막연하게 강남에서 제비가 솔씨를 물어왔다는 말로 얼버무린 점에서는 위의 민요나 다르지 않다. 문학적 상상력을 발휘한 것이다.

무당 집단이 전승하는 무가 성주풀이는 물론, 민중들이 전승하는 민요 성주풀이에서도 성주의 본향을 공통적으로 "안동땅 제비원"으로 밝힌 것은, 1902년 이래 지속된 역사적 증거로서 설득력이 있다. 성주의 본향이 안동 제비원이라는 사실은 무당들만 노래하는 것이 아니라, 잡가나 민요를 부르는 소리꾼, 그리고 지신밟기를 하는 풍물잡이들까지 두루 노래하고 있는 것이다. 각계각층에서 상식처럼 공유하지 않으면 이와 같은 통일성을 이루

86　趙東一·林在海,『韓國口碑文學大系』7-7, 韓國精神文化硏究院, 1981, 640쪽, 영덕군 강구면 하저리, 이선학, 여, 70, '성주풀이'.

며 전국적으로 전승될 수 없다.

지금까지 무가와 민요 성주풀이 자료를 두루 검토한 결과, 적어도 구체적인 지리적 공간으로서 성주의 본향을 경상도 안동 제비원 외에 다른 곳으로 밝힌 성주풀이는 없다고 해도 지나치지 않다. 그러므로 안동 제비원이 성주의 본향이라는 사실은 역사적 전승이나 지리적 분포, 자료의 다양성으로 볼 때, 국민적 합의가 이루어진 가장 분명하고 확실한 객관성을 갖추었다고 할 수 있다.

객관적 사실이란 많은 사람들 대다수가 같은 생각을 하며 동의하는 것이다. 그러나 다수결이 진리를 입증하는 것은 아니다. 철학에서는 객관성보다 '상호주관성'을 더 존중한다. 각자 지니고 있는 주관성 사이에 서로 공통적으로 인정되는 부분이 상호주관성이다. 자연학문에서는 실험으로 검증 가능한 객관성이 있지만, 문화현상을 다루는 인문학문에서는 실험에 의한 과학적 검증이 불가능하다. 따라서 사람들 사이에서 공유되는 상호주관성이야말로 객관성을 담보하는 가장 합리적 근거이다. 그러므로 역사적 깊이는 물론 전국적인 분포를 이루고 있는 성주풀이의 상호주관성을 근거로 볼 때 성주의 본향은 경상도 안동 제비원이라 하지 않을 수 없다.

5. 성주의 본향 '안동 제비원설' 비판 논쟁

현재까지 확인할 수 있는 자료로 볼 때, '성주의 본향이 경상도 안동땅 제비원'이라고 하는 성주풀이는 1902년 이전부터 지금까지 무가와 잡가, 민요에 이르기까지 전국적으로 널리 노래되었다고 할 수 있다. 왜냐하면 사상가인 강증산이 1902년에 성주의 본향이 안동 제비원이라는 성주풀이를 직접 부를 정도라면, 세간에서도 성주굿을 할 때는 으레 이렇게 노래한 것이 틀림없기 때문이다. 따라서 전국의 무당들은 물론, 각 지역의 민요 전승자들은 이 사실을 그 이전부터 알고 있었을 가능성이 높다.

여러 갈래의 성주풀이에 성주의 본향이 제비원이라고 노래하는 까닭에, 성주굿 무가를 수집한 굿 연구자들은 물론, 지신밟기 소리를 채록한 민요 연구자들, 또는 잡가 성주풀이를 연구한 사람들도 성주의 본향이 안동 제비원이라는 사실을 알고 있기 마련이다. 현장에서 직접 성주풀이를 듣지 못했지만, 적어도 이능화의 『조선무속고』를 읽은 사람도 성주의 본향이 안동 제비원이라는 사실을 알아차릴 수 있다. 따라서 성주의 본향이 안동 제비원이라는 것은 민속학계에서 상식화되어 있는 사실이다. 그러므로 김태곤은 1960년대에 이미 안동이 왜 성주의 본향인가 하는 것을 밝히는 연구논문까지[87] 발표했던 것이다.

그런데 최근에 성주의 본향에 대한 엉뚱한 주장이 공식적인 보고서로 제출되어 충격을 주고 있다. 손태도 교수는 「'안동 성주굿' 무형문화재 신청 조사 보고서」를 2023년에 작성해서 경상북도 문화재위원회에 제출했는데, 성주의 본향이 안동 제비원으로 문제된 것은 최근에 임재해에 의해 만들어진 조작에 불과하다는 주장을 한 것이다. 앞에서 지금까지 성주의 본향 안동 제비원이라는 사실을 밝히는 다양한 자료와 근거들을 보면, 이미 1902년부터 각계각층에서 이와 같은 사실을 기록하고 널리 전승하고 있다. 그런데 성주의 본향 안동 제비원설은 2000년대에 와서 느닷없이 특정 개인이 처음 제기한 것처럼 사실을 터무니없이 왜곡했다. 이러한 왜곡은 학문적으로든 윤리적으로든 있을 수 없는 중대한 잘못이다. 실제로 손태도가 보고서에 서술한 구체적인 내용을 보면 더 기가 막힌다.

손태도는 "2000년에 와서 성주의 실제 본향으로서의 안동 제비원이 내세워진다.[88] 이의 결정판이 임재해의 『안동문화와 성주신앙』(2002)[89]이 될 것이다"고 하며, "이것은 2000년 이후에 만들어 낸 논의에 지나지 않는다"고 주장한 것이다.[90] 더 나아가 "안동 제비원이 성주의 본향이므로 안동의 성주굿이 이 제비원과 관계해서 특별한 것이란 것은 2000년 이후에 이뤄지고 있는 근거 없는 문화 운동의 하나에 지나지 않는 것이다"고[91] 했다.

안동 제비원설은 근거 없는 문화운동이라는 주장이야말로 근거 없는 비방인 것은 물론, 수많은 근거를 의도적으로 무시한 일방적 독선에 해당된다. 왜냐하면 100여 년 전부터 '성주의 본향이 안동 제비원'이라고 하는 연구서와 논문, 보고서, 자료집 등 수 많은 논거들을 깡그리 무시한 독단적 편견에 지나지 않기 때문이다.

손태도는 1920년대에 이미 '성주의 본향이 안동 제비원'이라는 성주풀이 내용을 밝혀놓

---

87 金泰坤,「성주神의 本鄕考 - '제비원'本鄕系統의 성주巫歌를 中心으로」,『史學研究』21, 韓國史學會, 1969.
88 이창윤,「성주의 본향은 왜 경상도 안동땅 제비원인가」, 실천민속학회 편,『민속문화의 지역적 특성을 묻는다』, 집문당, 2000.
89 임재해,『안동문화와 성주신앙』, 안동시, 2002.
90 손태도,「'안동 성주굿' 무형문화재 신청 조사 보고서」, 2023년 4월 5일 조사. 경상북도 문화재위원회에 제출된 보고서 파일 11쪽.
91 손태도, 위의 글, 14쪽.

은 이능화의 『조선무속고』도 읽지 않고, 안동 제비원이 성주의 본향이라는 사실 때문에 이 문제를 밝히려고 안동에서 현지연구를 한 1960년대 김태곤의 논문 「성주신의 본향고」조차[92] 읽지 않은 채, 마치 성주굿 전문가인 것처럼 보고서를 쓴 것부터 잘못이다. 그러니 보고서 내용은 성주의 본향 문제와 아무 관련도 없는 무포세를 잔뜩 거론하며 정작 성주의 본향에 대해서는 제대로 자료수집도 하지 않은 채 안동 제비원설이 임재해에 의해 조작된 것처럼 매도한 것이다.

기존연구는커녕 1930년대부터 현지에서 전승되는 각종 무가, 잡가, 민요 성주풀이를 수록한 숱한 자료집도 거의 본 일이 없기 때문에 임재해의 안동 제비원설이 낯설 수밖에 없다. 성주굿에 관한 수많은 자료와 연구를 알지 못한 채, 『안동문화와 성주신앙』만 대충 보고 '안동 성주굿' 관련 보고서를 쓰고 무형문화재 지정 여부를 논의한 것 자체가 웃음거리이다. 더 문제는 이런 불성실한 보고서를 근거로 문화재위원들이 아무런 문제제기 없이 의사결정을 했다는 사실이다. 문화재위원 가운데 한 사람이라도 성주굿을 어느 정도 알고 있었더라면 이 보고서가 얼마나 엉터리인가 하는 것을 알았을 터인데 아무도 문제 삼지 않았다.

따라서 손태도는 자기 보고서를 대단하게 여기고 보고서 파일을 버젓이 성주굿을 주제로 기획된 학술대회 발표자 및 토론자들의 단톡방에 올려두고서, 자기가 쓴 보고서를 참조하도록 했다. 그러나 발표자나 토론자 누구도 이 보고서를 인용하지 않았다. 왜냐하면 2000년에 와서 비로소 성주의 본향으로 안동 제비원이 내세워졌다는 손태도의 주장은 참으로 어처구니없는 것이었기 때문이다.

그는 100여 년 전부터 학계에서 발표된 고전적 연구서인 이능화의 『조선무속고』는 물론, 1930년대에 간행된 아끼바의 『조선무속연구』에서[93]부터 조사보고된 각종 자료집의 수많은 성주풀이 내용을 모조리 무시했다. 성주신앙에 관한 기존 연구와 자료를 제대로 포착하지 않은 채, 2000년대의 연구성과인 『안동문화와 성주신앙』을 끌어와서 2000년대에 비로소 안동 제비원설이 임재해에 의해 만들어진 것처럼 주장한 것은 사실 왜곡을 넘어

92　金泰坤, 「성주神의 本鄕考 - '제비원'本鄕系統의 성주巫歌를 中心으로」, 『史學硏究』 21, 韓國史學會, 1969, 433~436쪽.
93　赤松智城·秋葉隆, 『朝鮮巫俗 硏究』上, 大阪屋號書店, 1937, 230쪽.

서, 연구자에 대한 비방이자 학술보고서에서는 있을 수 없는 중상모략에 해당된다.

왜냐하면 1902년 강증산의 성주풀이 기록은 알지 못하더라도 최소한 이능화의 『조선무속고』만 제대로 읽었다면 성주의 본향이 안동 제비원이라는 무가가 최소한 1920년대부터 전국적으로 전승되고 있다는 사실을 알 수 있기 때문이다. 『조선무속고』는 미처 읽지 못했다 하더라도 김태곤의 논문「성주신의 본향고」(1969)나[94] 『한국민간신앙연구』(1994)만[95] 읽어도 성주의 본향이 안동 제비원이라는 사실은 쉽게 알 수 있다. 게다가 1995년에는 아예 『제비원 성주풀이』라는[96] 단행본까지 출판되었다. 이 책은 표지만 봐도 성주의 본향이 안동 제비원이라는 사실을 알아차리게 마련이다.

이런 기존연구들은 모두 묵살한 채, 임재해의 책이 결정적이라고 하며 『안동문화와 성주신앙』을 근거로 들었는데, 이 책을 제대로 읽었다면 이런 엉터리 주장을 함부로 할 수 없다. 왜냐하면 안동 제비원이 성주의 본향이라는 사실은 임재해가 처음 주장한 개인적 견해가 아니라 이미 민속학계에서는 상식화된 것이나 다름없기 때문이다. 임재해는 기존의 여러 자료와 연구를 근거로 이 설을 더 구체적으로 뒷받침하고 기정사실화 한 뒤에 왜 안동 제비원이 성주의 본향인가 하는 것을 다각적으로 논의했다. 제비원이 성주의 본향이라는 '사실' 차원의 연구가 아니라 왜 제비원이 본향인가 하는 '원인 분석' 차원의 연구로 나아간 것이다.

그런데 손태도는 임재해의 책에서 거론한 선행연구도 모두 무시하고, 이 책에 제시한 자료 가운데 안동 제비원이 본향이라는 자료들은 의도적으로 묵살한 채, 본향이 강남이라는 자료만 해석하여 제비가 강남에서 솔씨를 물어왔다고 자의적인 해석을 한 것이다. 안동 제비원이 성주의 본향이라는 사실을 부정하기 위해 그와 상관없는 특정 자료를 과도하게 해석한 것이다. 그러므로 제비원이 본향이라는 주류 자료와 논지는 외면한 채 주변적 자료를 근거로 제비원 본향설을 애써 무시하는 방식을 취한 셈이다.

이를테면 김태곤의「성주신의 본향고」는[97] 안동 제비원이 성주의 본향이라는 사실을 전제로 안동 제비원 지역을 답사하고, 왜 제비원이 성주의 본향인가 하는 사실을 고찰하여

---

94 金泰坤, 앞의 글 참조.
95 金泰坤,『韓國民間信仰硏究』, 集文堂, 1994, 70~77쪽에 성주의 본향이 안동 제비원이라는 것을 밝혀 놓았다.
96 오숙자,『제비원 성주풀이』, 전원문화사, 1995, 64~67쪽에 제비원이 성주의 본향이라는 사실을 다루었다.
97 金泰坤, 앞의 글.

결론을 맺은 논문이다. 그런데, 이러한 논지의 핵심은 외면한 채 엉뚱한 부분만 인용하여 안동 제비원이 성주의 본향이라는 것을 부정했다. 부정하는 방식도 주변적인 내용으로 핵심적인 논지를 묵살하는 방식이어서 의도적 왜곡으로 보인다. 손태도는 숱한 기록과 자료와 기존연구들을 외면한 채, 임재해가 의도적으로 성주의 본향을 안동 제비원인 것처럼 조작했다고 억지 주장을 편 데에는 네 가지 문제가 있다.

하나는 학자적 양심의 문제이다. 안동 제비원이 성주의 본향이라는 수많은 자료와 연구 결과를 보고도 못 본 척하면서 사실과 달리 엉뚱한 주장을 한 것은 학문적 객관성을 떠나서 자기 양심을 속인 것이다. 따라서 손태도의 학자적 양심을 의심하지 않을 수 없다.

둘은 학자적 성실성의 문제이다. 만일 성주의 본향이 안동 제비원이라는 자료나 연구들을 보지 못했다면 학자로서 성실성이 의심된다. 성주굿 관련 기존 연구와 숱한 자료들을 참고하지 않은 채 성주굿 관련 보고서를 작성한 것은 학자로서 최소한의 의무를 수행하지 않은 직무유기이다. 따라서 학자다운 성실성을 갖추지 못했다는 비판을 받아 마땅하다.

셋은 학자적 지조의 문제이다. 학자는 학문적 신념과 원칙을 지키는 꿋꿋한 의지가 있어야 한다. 2000년대에 와서 임재해가 제비원설을 비로소 제기했다면, 임재해가 이 연구를 발표하면서 1902년 자료, 1920년 자료 등을 제시하고 이 시기부터 성주의 본향이 안동 제비원으로 노래되었다는 역사적 사실을 밝혔을 때[98] 손태도는 이 주장을 비판해야 마땅하다. 왜냐하면 손태도는 임재해가 이런 내용의 발표를 할 때 토론자로 참석했기 때문이다.

만일 임재해의 전거와 주장이 옳다면, 안동 제비원설이 2000년대에 임재해에 의해 만들어진 것이라는 자기주장은 잘못되었다고 밝혀야 한다. 그런데 토론문[99] 어디에도 이 부분에 대한 언급이 없을 뿐 아니라, 토론 때에도 가타부타 일언반구조차 없었다. 솔직하지 못하게 자기가 제기한 토론의 핵심 쟁점을 슬며시 덮어두고 지나친 것은 비굴하기 짝이 없는 태도이다. 그러므로 손태도는 학자다운 지조는커녕 최소한의 정직성도 갖추지 못했다고 하겠다.

---

98 임재해, 「안동지역 성주굿의 무형문화유산 가치」, 2024년 비교민속학회 하계학술대회(안동상공회의소, 2024.8. 23.) 발표자료집, 10~26쪽에서 안동 제비원이 성주의 본향이라는 전거를 자세하게 밝혔다.

99 손태도, 「'안동지역 성주굿의 성격과 무형문화유산 가치' 학술대회 종합토론문」, 위와 같은 학술대회 자료집, 93~99쪽.

게다가 손태도의 토론문은[100] 경북도 문화재위원회에 제출한 기존 보고서 내용 일부를 고스란히 옮겨 놓은 까닭에 발표논문에 대한 토론문이라 할 수 없다. 기존 보고서에서 제비원 본향설이 임재해에 의해 만들어진 것이라는 부분을 쏙 뺀 채, 나머지 내용을 토론문으로 대신한 것이다. 따라서 엄정하게 말하면 이 토론문은 자기 표절에 해당된다. 토론자로서 당연히 제기해야 할 쟁점을 피해간 것은 물론, 발제 논문에 대한 논평이나 질의 내용은 전혀 없이 기존 보고서 일부를 토론문으로 재수록한 채 동어반복의 요식적 토론을 하고 만 것이다.

　　넷은 문화운동에 대한 오해와 편견이다. 임재해의 안동 제비원설을 조작한 것처럼 비방하면서 "근거 없는 문화운동의 하나"에 불과하다고 했다. 제비원설을 깔아뭉개느라 그것을 문화운동으로 은유한 셈인데, 이 또한 문화운동에 대한 오해와 편견을 드러낸 것이다. 문화운동은 그런 유치한 활동이 아니라, 일정한 변혁적 목적을 겨냥하여 문화의 틀을 크게 바꾸려는 지속적이고 조직적으로 전개하는 집단적 활동이다. 따라서 제비원설은 학술적 결론일 뿐 문화운동이라 할 수 없다. 그러므로 임재해의 제비원설을 비방하기 위해 문화운동을 끌어들인 것은 섣부른 은유라 하지 않을 수 없다.

　　불성실한 보고서 작성과 비굴한 토론 태도로 봐서 손태도는 학자적 양심과 성실성은 물론 학자적 지조도 학술적 지식도 없다고 할 수 있다. 어느 면으로 보든 학자적 자질을 갖추었다고 하기 어려운 사람이 문화재위원을 하면서 엉터리 조사보고서를 쓰고 그것을 근거로 문화재 정책을 좌우하는 것이 현실이다. 얼마나 한심한 문화행정 현실인가! 지금까지 온갖 무형문화유산들이 문화재로 지정되었으나 유일하게 성주의 본향이 밝혀진 안동의 성주굿은 문화재로 지정되지 못했다. 문제의식이 없는 문화행정의 한계와 자격 미달의 문화재위원 탓이 아닌가 한다.

100　손태도, 위의 토론문 참조.

3장

성주신앙의 본향이 안동 제비원인 까닭

1. 굿의 성지로서 성주신의 본향 안동

성주신앙의 본향이 경상도 안동 제비원이라는 사실은, 성주굿을 담당하는 무당사회나 성주굿을 연구하는 민속학계, 잡가 성주풀이를 노래하는 가요계, 그리고 민요 성주풀이를 노래하는 민중들 사이에서 두루 공유되는 상식이다. 문제는 '사실 차원'의 지식이 아니라 '원인 차원'의 이해이다. 사실 차원의 지식은 자료를 부지런히 수집하는 작업으로도 가능하지만, 원인 차원의 이해는 안동 제비원이 성주신앙의 본향인 까닭을 설득력 있게 밝혀내는 연구를 해야 한다. 따라서 성주신앙의 본향이 왜 안동 제비원인가 하는 의문을 가지고 답을 찾아야, 누구나 알고 있는 사실을 넘어서 그 원인을 학술적으로 해명할 수 있다.

손태도는 사실 차원의 작업도 부실하게 해서 제비원 본향설을 부정하는 잘못을 저질렀다. 김태곤은 사실 차원의 작업을 성실하게 한 까닭에 안동 제비원이 성주의 본향이라는 사실을 알아차리고 「성주神의 本鄕考-'제비원'本鄕系統의 성주巫歌를 中心으로」라는[1] 논문에서 원인 차원의 연구로 나아갔다. 따라서 안동 현지를 찾아와 무당을 만나 성주풀이를 조사하고 제비원 지역의 주민들과 연미사를 지키는 보살을 대상으로 면담조사도 했다. 그러나 원인 분석 결과는 주민들이 제보한 자료 수준을 넘어서지 못했다. 왜냐하면 원

---

1 金泰坤, 「성주神의 本鄕考-'제비원'本鄕系統의 성주巫歌를 中心으로」, 『史學研究』 21, 韓國史學會, 1969, 433~436쪽.

인 해명을 주민이 들려준 전설에 의존한 까닭이다.

"(미륵 오른쪽 어깨에 가서 붙었다고 하는) 이 솔이 나라 솔이 되어 처음으로 솔씨가 전국에 퍼져 소나무가 생겨 성주의 본향이 되었다"고[2] 하는 이야기를 곧 성주풀이의 배경전설이라 단정하고, 제비원 본향설의 원인으로 삼았다. 따라서 김태곤은 "안동지방 일대가 솔이 좋기로 이름이 난데다 '제비원' 미륵의 영력(靈力)으로 인해 솔씨가 안동의 '제비원'에서 전국에 퍼졌다는 배경전설이 형성되어 그 영향으로 무가에서 성주신의 본향이 안동의 제비원이라 서술하게 되었다"고[3] 결론을 맺었다. 이러한 결론은 특별한 해석이나 연구라기보다 주민들의 제보와 전설을 요약한 조사 작업 수준이다.

배경전설에 의존해서 원인론을 주장하는 데에는 몇 가지 문제가 있다. 첫째 제비원의 "솔씨가 전국에 퍼져 소나무가 생겨 성주의 본향이 되었다"고 하는 특정 개인의 구술을 액면 그대로 믿은 점이다. 왜냐하면 제비원 솔과 관련해서는 다양한 전설이 전승되지만 아무도 그 소나무에 의해 성주의 본향이 되었다고 하지 않았기 때문이다. 둘째 이 진술은 새로운 사실이 아니라 이미 성주풀이에서 널리 노래되고 있는 내용이다. 조사자가 왜 제비원이 성주의 본향인가 하고 물으니, 사실상 성주풀이의 내용을 고스란히 끌어들여서 말한 것에 지나지 않는다.

셋째 이 전설의 영향으로 무가에서 성주의 본향을 제비원이라 하게 되었다는데, 과연 이 전설이 전국적으로 영향을 미쳤을까 하는 것이다. 왜냐하면 이 전설은 지역에서만 전승되는 '지역전설'로서 성주풀이처럼 널리 전승되는 광포전설이 아닌 까닭이다. 따라서 전설의 영향이 아니라 성주풀이 자체가 전파력을 지니며 확산된 것으로 봐야 할 것이다. 그러므로 이 원인론 연구는 '제비원 소나무 기원론'을 성주풀이에서 전설로 이동시킨 데 불과하게 된다.

조사 작업에서 연구 수준으로 나아가려면 주민들의 제보 내용을 동어반복하는 데 만족할 수 없다. 연구는 주민들에게서 들은 내용을 집약해서 전달하는 활동이 아니라, 아무도 포착하지 못한 사실을 다각적으로 조명하고 설득력 있게 해석해서 새로운 결론을 이끌어

---

2 金泰坤,『韓國民間信仰硏究』, 集文堂, 1983, 73쪽. 1965년 5월 20일 경북 안동시 이천동 제비원 김주임 (여, 71)씨 이야기.
3 金泰坤, 위의 글 436쪽.

내는 일이다. 따라서 '성주의 본향이 왜 안동인가?' 그리고 '안동 가운데서도 왜 제비원인가?' 하는 질문을 주민들에게 던질 것이 아니라, 연구자 스스로에게 질문을 던져야 한다. 이 문제에 답을 하려면, 성주신앙의 정체를 입체적으로 인식하고 안동과 제비원 지역문화를 총체적으로 연구하면서 양자의 상호관계를 밀도 있게 포착하는 통찰력을 발휘해야 한다. 그러자면 안동문화를 크게 보는 거시적인 눈과 제비원 현장을 구체적으로 보는 미시적인 눈을 함께 갖추어야 한다. 그러므로 먼저 안동문화의 특성과 성주굿의 관계부터 검토하기로 한다.

안동은 전통문화가 유난히 잘 유지되고 있는 고장으로 알려져 있다. 안동의 문화적 전통 가운데 특히 유교문화가 주목을 받는다. 안동은 '추로지향(鄒魯之鄕)'[4]으로 일컬어질 만큼 유교의 본산이자 유교문화의 중심지인 까닭이다. 인물로는 퇴계 이황을 비롯한 유가의 선비들이 많이 배출되었고, 유적으로는 '도산서원'을 비롯한 여러 서원과 재실이 집중되어 있다. 이른바 '조선의 인물 절반이 영남에서 나왔고 영남의 인물 절반이 안동에서 나왔다'고 할 정도로 유학자들이 득세하는 고장이었다. 따라서 전통적으로 안동의 풍속을 말하는 경우에도 안동을 사대부의 고장으로 묘사한다.

> 예안은 퇴계 이황의 고향이며, 안동은 서애 류성룡의 고향이다. 고을 사람들은 두 분이 살던 곳에다 각각 사당을 짓고 제사한다. 이런 까닭으로 서로 가까운 이 다섯 고을에 사대부가 가장 많으며, 모두 퇴계와 서애의 문하생이자 그 자손이다.[5]

이중환의 『택리지』에서 밝힌 안동의 풍속이다. "의리를 밝히고 도학(道學)을 중히 여겨서, 비록 외딴 마을, 쇠잔한 동리이라도 문득 글 읽는 소리가 들리며 헤진 옷을 입고 항아리로 낸 창을 한 집에 살아도 또한 도덕과 성명(性命)을 말한다"고[6] 했다. 조선시대 학자는 물론 최근 학자도 안동이 유학의 본향이라고 밝히는 데 주저하지 않는다.

---

4 맹자의 고향인 추(鄒)나라와 공자의 고향인 노(魯)나라를 아울러 일컫는다. 공자와 맹자의 학문을 이을 정도로 유학의 전통이 뿌리 깊은 고장을 비유하는 말이다.
5 李重煥, 『擇里志』, 八道總論 慶尙道. 李翼成 譯, 『擇里志』, 乙酉文化社, 1971, 81쪽.
6 李重煥, 위의 책, 같은 곳.

안동은 선비의 고장이다. 고려조에도 큰 인물이 나왔으며 조선조에 이르러서는 명종 때의 퇴계 이황 선생을 비롯하여 그의 제자 서애 류성룡, 학봉 김성일 및 그 학통을 이은 영조 때의 대산(大山) 이상정(李象靖)과 같은 주자학의 큰 학자와 경륜의 인물들이 나왔으니 자타가 모두 '추로(鄒魯)의 향(鄕)'이라 하였으며, 오늘에 이르기까지 그 기개가 이어지고 있다.[7]

안동지역 지배집단은 안동이 양반의 고장이라고 자처하지만, 객관적으로 안동을 주목하는 학자들은 안동을 선비의 고장이라 일컫는다. 양반은 반상의 신분적 차별 개념으로서 기득권을 누리는 봉건체제의 지배세력을 뜻한다. 그러나 선비는 일삼아 글을 읽고 학문을 궁구하는 학자로서 청렴성과 지조를 추구하는 인물로서 앞으로도 지향해야 할 인간상이다. 따라서 이중한은 가난하게 살아도 글 읽는 소리가 끊이지 않았으며 의리와 도리를 중히 여겼다고 하고, 최영희 또한 '추로의 향'이라 하여 공자와 맹자의 학문을 이었다고 평가한다. 그러므로 안동을 표면적으로 아는 사람들은 안동이 유림의 연원이자 유학의 본고장으로 이해하는 데서 만족하기 일쑤이다.

지금 안동시가 '정신문화의 수도 안동'을 표방하고 있는 것도 이러한 유교문화의 전통에 기반을 두고 있다. 그러나 안동의 유교문화는 상대적으로 안동의 문화사를 이루는 한 표층에 지나지 않는다. 왜냐하면 5천년 역사 가운데 유교문화가 강성하던 조선조 이후의 문화적 특징에 한정된 인식이기 때문이다. 5천년의 긴 역사 속에서 조선시대 문화는 불과 10분의 1에 해당되는 것이다. 따라서 역사적으로 극히 일부 시기의 문화를 근거로 안동문화를 곧 유교문화로 간주하는 것은 표면적 인식에 머문다. 이러한 한계를 극복하려면 고려 이전의 역사와 문화도 주목해야 안동지역 전통문화를 제대로 포착할 수 있다.

유교문화 이전에는 불교문화의 전통이 상당히 왕성했다. 그러한 전통을 상징하는 사찰이 안동 봉정사이다. 봉정사는 우리나라에서 매우 오래된 사찰 가운데 하나이다. 신라시대 사찰로서 현재 가장 오래된 목조건물인 국보 15호인 봉정사 극락전을 비롯하여, 국보 311호 봉정사 대웅전과 함께 보물 448호 화엄강당, 보물 449호 고금당이 원형대로 남아 있다. 따라서 봉정사는 한갓 불교문화유산에 머물지 않고 살아 있는 한국건축사 박물관 구실을 하고 있다. 이처럼 가장 오래된 사찰이 고스란히 남아 있어서 안동의 불교문화를

---

7 崔永禧,「序」, 宋志香,『安東鄕土誌』上, 大星文化社, 1983.

입증한다.

안동은 전탑의 고장이기도 하다. 안동에는 전국에서 유일하게 벽돌로 만들어진 전탑이 집중적으로 분포되어 있기 때문이다. 다른 고장에는 전탑이 동떨어져서 한 기 정도만 있는데,[8] 안동에는 시가지를 중심으로 동심원을 그리며 7기가 집중되어 있어 전탑의 보고를 이루고 있다. 구체적으로 보면, 안동시 중심에 법림사지(法林寺址) 5층전탑(보물)이 있고, 동쪽에 법흥사지(法興寺址) 7층전탑(국보), 서쪽에 임하사(臨河寺) 전탑지가 있다. 그리고 시가지를 벗어나 안동시 남쪽에 일직 조탑동의 5층전탑, 서쪽에 풍천 금계동 전탑, 북쪽에는 북후면 장기동 전탑의 탑지, 서후면 태장동 개목사에도 전탑지가 남아 있다. 이밖에도 전탑을 모방한 석탑 곧 모전탑(模塼塔)이 풍산면 하리와 길안면 대상동에 있다.

전탑을 중요하게 다루는 것은, 탑은 부처님의 무덤으로서 불교의 중요한 신앙 대상물이었기 때문이다. 탑의 양식이 다른 지역과 구별되는 독자성을 지니고 있다는 것은 곧 불교 신앙의 독자성을 뜻한다. 따라서 안동의 불교문화가 전탑 중심이었다는 것은 석탑을 중심으로 한 경주의 불교문화와 다른 독자성을 지녔다는 점에서 예사롭지 않다. 당시 수도였던 경주의 불교문화에 휩쓸리지 않고 거기에 맞서는 안동의 불교문화를 꿋꿋하게 지켜왔다는 것을[9] 전탑의 양식이 증언해주고 있다. 그러므로 안동에 집중적으로 분포되어 있는 전탑을 근거로 안동이 오랜 동안 우리나라 불교의 한 중심지였다는 것을[10] 말할 수 있다.

불교 중심지답게 안동 시가지 가운데에도 사찰의 흔적이 많다. 안동시청 자리는 향교 자리였는데, 원래는 절터였다. 안동역[11] 광장 서쪽에 법림사지가 있고 아직도 통일신라 시기의 5층 전탑과 당간지주가 남아있다. 평화동과 안기동 등 주택지에도 석탑이나 불상이 남아 있어서 곳곳에 절터가 있었던 사실을 입증한다. 따라서 안동 동쪽인 법흥사에서 서쪽의 서악사까지 절이 즐비하게 이어져 있어서, '비오는 날 우비를 쓰지 않고 버선발로 다닐 수 있었다'고 하는 말이 구전될 정도이다. 그러므로 안동의 불교유적을 주목해 보면, 안동에는 불교문화가 역사적으로 오랜 뿌리를 이루는 것은 물론 지역적 독자성을 확보하고

---

8 안동지역 외에 있는 대표적인 전탑은 여주 신륵사 다층 전탑과 칠곡 송림사 5층전탑, 청도 불령사 전탑 등이 있다.
9 임재해, 『안동문화의 전통과 창조력』, 민속원, 2010, 148쪽.
10 任世權, 「안동대학 명륜동 교정의 옛절터」, 『安東文化』 3, 안동대학 안동문화연구소, 1982, 41쪽.
11 2020년 12월에 송현동 안동버스터미널 앞으로 이전하기 전의 운흥동에 있었던 안동역을 말한다.

유교문화 이전까지 왕성했던 사실을 확인할 수 있다.

불교문화 이전에 형성되었던 더 심층적인 전통문화로는 무교문화(巫敎文化)를 들 수 있다. 안동의 무교문화 또한 다른 고장에 견주어 보면 상당히 우뚝했던 사실이 문화적 전통으로 입증된다. 무교의 제의양식이 '굿'이었는데, 굿문화가 특별히 두드러진다. 가장 두드러진 것이 하회탈춤으로 유명해진 '하회별신굿'이다. 하회탈춤은 그 자체로 존재했던 것이 아니라 하회별신굿의 일환으로 전승되었던 것이다. 하회탈이 국보(121호)이고 탈춤은 중요무형문화재(69호)인데[12] 모두 굿문화의 산물이자 무교문화재 유산이라 하겠다.

하회별신굿은 공동체굿이자 마을굿이다. 안동의 마을굿이 얼마나 드셌는가 하는 것은 하회별신굿을 비롯하여 병산별신굿, 수동별신굿, 마령동별신굿 등 별신굿 전통이 특히 두드러진 사실에서 확인이 된다. 별신굿이 얼마나 발전했는가 하는 것은 탈춤으로 입증된다. 굿이 하나의 민속극을 이룰 만큼 연극예술로 발전한 까닭이다. 하회별신굿 탈춤 외에 병산별신굿에도 탈춤이 있었고 수동별신굿에서는 탈과 함께 진법놀이가 있었다.

별신굿은 몇 년 만에 한 번씩 주기적으로 하되, 한 번 하면 며칠씩 했다. 하회별신굿은 10년 주기로 했는데 섣달 그믐날부터 정월 대보름까지 보름동안 계속했다. 평소에 풍물소리가 금기였던 마을에서 별신굿을 하는 동안은 풍물소리가 끊이지 않았고, 양반과 선비 등 지배층에 대한 풍자와 야유가 탈춤을 통해 허용되었다. 별신굿을 하는 동안 마을은 해방공간을 이루었던 것이다. 마을 주민은 물론 이웃 주민들이 큰 구경거리로 여겨 두루 참여하여 즐겼다. 그러므로 별신굿은 종교적 제의로서 굿일 뿐 아니라 공동체의 집단 놀이이자 마을축제였던 것이다.

별신굿 형태가 아닌 마을굿도 풍산읍 소산리 마을굿, 도산면 가송리 마을굿 등이 최근까지 전승되었다. 몇 해만에 한 번씩 하는 별신굿과 달리 마을굿은 해마다 정월 대보름에 풍물굿을 했다. 특히 가송리 마을굿은 시종 일관 풍물굿으로 진행되는 특징을 지닌다. 가송리에서는 대보름은 물론 단오에도 풍물굿을 했으며, 이웃마을의 서낭신에도 인사를 다녔다. 일반 동제와 달리 금기가 없고 마을주민들이 두루 참여하여 구경하며 풍물굿을 축제처럼 즐겼다. 다만 소산리 풍물굿은 외부인의 참관이 금지되었다.

---

12 지정 당시에는 국보나 보물, 중요무형문화재 지정번호가 있었으나 2021년 문화재청 고시에 의해 지정번화가 모두 폐지되었다.

마을굿의 전통은 가무오신 형식의 풍물굿에서 독축고사 형식의 동제로 전환되었으나, 동제 이후 파젯날에 이루어지는 지신밟기는 풍물굿 축제나 다름없었다. 마을굿의 일환으로 이루어지는 놀이굿의 전통도 안동에는 특별히 두드러졌다. 가장 대표적인 것이 남성들의 동채싸움과 여성들의 놋다리밟기이며, 남녀가 더불어 하는 줄당기기도 해당된다. 모두 정월 대보름에 하는 보름굿의 일환으로 이루어지던 집단 민속놀이이자 놀이굿이었다.

제의적 요소를 제거하면 줄당기기는 한갓 승부를 가리는 놀이인 것 같다. 그러나 풍요다산을 기원하고 흉풍을 점치는 제의적 국면을 중요하게 인식하면 줄당기기는 한갓 놀이가 아니라 보름굿의 일환이었던 '줄굿'이었다. 실제로 호남지역에는 줄다리기나 줄당기기라 하지 않고 '줄굿'이라 일컫는다. 줄당기기도 사실은 굿의 일종이라는 것이다.

줄굿과 같은 놀이굿을 이루는 것이 안동동채싸움과 안동놋다리밟기이다. 다른 지역에 없는 고유성 때문에 '안동'이라는 지명이 붙어야 제격이다. 동채굿과 놋다리굿 모두 동서부로 패를 나누어 승부를 겨루고 그 결과에 따라 흉풍을 점친다는 점에서 줄굿의 제의적 기능이나 다르지 않다. 그러므로 보름굿의 행사로 다른 고장에 없는 동채굿과 놋다리굿을 했다는 것은 안동지역이 전통적으로 굿문화의 전통이 특별히 왕성했다는 것을 말한다.

이러한 굿문화의 전통을 주목하면 안동은 무교의 중심지이자 굿문화의 성지였다. 안동이 조선시대 유교와 고려시대 이전에 불교 중심지였던 것처럼, 유불문화 이전에는 무교문화의 중심지였다고 해도 지나치지 않다. 그러한 전통의 가장 우뚝한 모습이 고려시대 이전부터 전승되었던 하회별신굿을 비롯한 여러 별신굿과 마을굿 전통이라 할 수 있다.

별신굿과 마을굿, 그리고 보름굿과 단오굿은 세시풍속과 함께 가는 정기적인 공동체굿이자 큰굿이며 놀이굿이다. 안동에는 큰굿과 놀이굿만 우뚝한 것이 아니라 작은굿과 신굿도 우뚝했다. 그러한 대표적인 굿이 성주굿이다. 성주굿은 집안에서 하는 가정굿이자 성주신을 집안에 모시는 신굿이다. 구체적으로 성주신을 집에 맞이하여 모시는 성주맞이굿 또는 성주받이굿을 줄여서 흔히 성주굿이라 한다.

성주신은 집을 지어주고 지은 집을 지켜주는 신이다. 집을 짓는 신이니 건축신이며, 집을 지키는 신이어서 가옥신이다. 따라서 "초가에도 성주 와가에도 성주" 또는 "외막에도 성주 가지막에도 성주"라고 하는 말이 있는 것처럼, 우뚝한 기와집에는 물론 소박한 초가집에도 성주가 있다. 그런가 하면 참외밭의 원두막에도 성주가 있고 나뭇가지로 얼기설기 얽어서 지은 움막에도 성주가 있다고 한다. 한 마디로 어떠한 형태나 규모의 집이든, 집이 있으면 성주가 있기 마련이라는 말이다. 그러므로 집집마다 성주신을 모시고 주기적으로 성주굿을 하기 일쑤였다.

성주는 건축의 신이자 가옥의 신이면서, 가장의 신이자 대주의 신이기도 하다. 가장이 집을 대표하는 까닭이다. 집안에 모시는 신을 흔히 가신(家神)이라고 하는데, 가신에는 성주 외에 삼신, 조왕, 칠성, 토주, 문신, 측신 등 다양하게 있다. 다른 신들은 집안의 부녀들이 주로 섬기지만, 성주신은 집을 상징하고 대표하는 가장 곧 대주가 직접 섬긴다. 따라서 성주굿은 대주가 새로 바뀔 때도[13] 하고, 대주의 나이가 일곱 수에 들면 초년성주(27세)에서 노년성주(67세)에 이르기까지 10년 주기로 계속한다.

평소에 굿을 신뢰하지 않아서 병굿이나 재수굿을 하지 않은 집에서도 성주신을 모시기 위해 성주굿을 하기 마련이다. 게다가 성주신앙에 골똘한 가정에서는 대주가 성주운에 들 때마다 10년 주기로 성주굿을 하게 된다. 따라서 집집마다 모

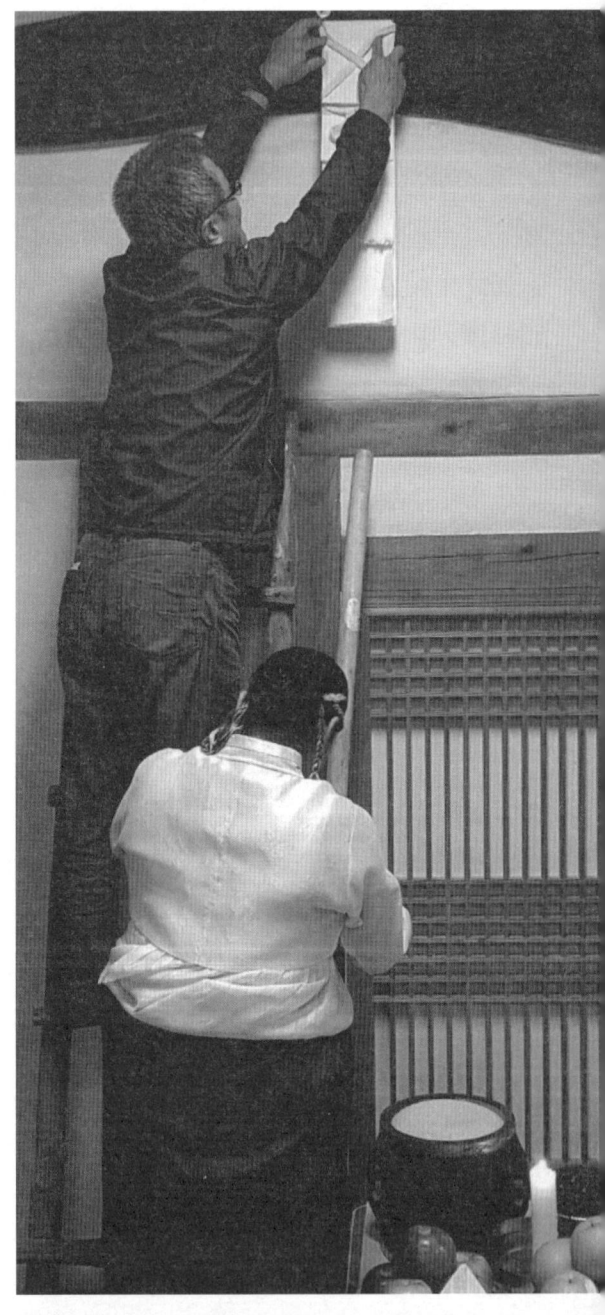

성주굿에서 대들보에 성주신체 모시기

---

[13] 집의 대주인 할아버지가 죽고 아버지가 새로 대주가 되면 성주굿을 한다.

시는 성주신앙은 가장 보편적인 가정신앙인 한편, 한 집에서도 10년 주기로 거듭하는 까닭에 성주굿은 여러 굿 가운데 가장 빈번하게 하는 굿이자 일상적인 굿이라고 할 수 있다.

그런데 성주굿은 집안에서 하는 굿이어서 겉으로 잘 드러나지 않는다. 집안 행사에 머물기 때문에 구체적 양상을 알 수 없다. 성주굿에서는 별신굿처럼 탈춤을 추거나 마을굿처럼 풍물을 치는 것도 아니고, 보름굿처럼 동채싸움이나 놋다리밟기와 같은 집단적인 놀이를 하는 것도 아니다. 따라서 안동의 성주굿이 마을굿이나 별신굿 또는 보름굿처럼 다른 고장에 비해 특히 두드러졌다고 할 수 없다. 그러한 특성이 드러나 있지 않을뿐더러 성주굿에 대한 조사나 통계가 없어서 현재로선 집안굿인 성주굿이 별신굿이나 보름굿처럼 안동지역에서 더 왕성하다고 할 수 없다.

그럼에도 불구하고 안동이 굿문화의 성지답게 성주굿도 전국적으로 우뚝하게 알려져 있다. 전국적으로 성주굿의 성지가 안동으로 인정되고 있는 까닭이다. 성주굿의 양식이 우뚝하거나 별난 것이 아니라, 성주의 본향이 안동이라는 사실을 성주풀이에서 널리 노래하고 있기 때문이다. 성주굿을 할 때 부르는 성주풀이에서 "성주 본향이 어드메냐 경상도 안동땅 제비원이 본일레라"고 하는 본풀이 대목이 전국적으로 전승되는 것이다. 그러므로 성주풀이에 따르면 안동 제비원이야말로 성주신앙의 본향이자 성지이며 메카라는 것이다.

성주풀이에서는 '성주 본향' '성주 근본' '성주 본'을 묻는데, 이때 본향이나 근본, 본은 혈연적으로 말하면 성씨의 본관을 뜻하지만 종교적으로 쓰일 때는 해당 종교의 발상지나 신앙의 성지를 뜻한다. 따라서 안동은 성주굿의 본향이자 성주신앙의 성지라 할 수 있다. 성주의 본향을 안동 제비원으로 밝히는 본풀이가 전국적으로 두루 전승되는 까닭에 무당들의 세계에서는 물론 사회 일반에서도 이 사실이 상식화되어 있다.

왜냐하면 집집마다 성주굿을 하며 성주풀이를 부른 까닭에 무당이 아닌 예사사람들도 성주의 본향이 안동 제비원이라는 것을 널리 알게 된 까닭이다. 따라서 무당들만 이러한 본풀이를 무가 성주풀이로 부르는 것이 아니라, 민중들이 부르는 민요에서도 성주풀이를 부를 때 안동 제비원이 본향이라고 노래한다. 뿐만 아니라 전문 소리꾼들이 부르는 성주풀이나 대중가수가 부르는 성주풀이에서도 성주의 본향이 안동 제비원이라고 노래한다. 그러므로 안동이 성주굿의 본향이자 성지라는 사실은 기정사실로 통용되고 있다.

안동이 성주굿의 본향이라는 사실은 우연한 것이 아니다. 왜냐하면 안동은 큰굿인 공동체굿의 중심지이자 보름굿이 강성한 지역이므로, 탈굿을 비롯하여 줄굿과 동채굿, 놋다리굿의 독자적 굿문화를 창출하였기 때문이다. 안동의 문화사적 전개를 볼 때, 다른 종교도 시대에 부응하여 흥성하게 발전했다. 불교시대에는 불교문화가 당시의 수도였던 경주와 견주어 버금가는 독창성을 지녔으며, 유교시대에는 유교문화가 한양을 능가할 만큼 우뚝하게 꽃피워 중심성을 확보했다.

해방 후에 기독교가 들어오자 기독교문화 또한 안동에서 크게 번성했다. 안동지역 천주교의 역사는 대원군의 천주교 박해시기부터 시작되어 160년의 역사를 자랑한다. 경북 북부지역 천주교 행정의 중심지로서 안동교구청의 관할 구역은 대구교구청보다 훨씬 넓다. 두봉주교 이후 안동교구청의 문화적 영향력은 한국 천주교 안에서도 대단해서, 가톨릭농민회가 안동에서 비롯되어 전국적으로 확산될 정도였다. 군부독재의 유신정권 아래에서는 안동 목성동 성당을 중심으로 민주화 운동이 투쟁으로 격화되었다. 이른바 '오원춘 사건'으로 두봉주교는 박정희정권의 미움을 사서 국외로 추방명령까지 받았다. 그러나 박정희가 김재규에 의해 피살됨으로써 추방이 실행되지 않았다. 교구청에서 안동문화회관과 안동학생회관, 안동농민회관 등 다양한 문화공간을 제공함으로써 안동문화 발전에도 크게 이바지했다.

개신교의 영향력 또한 천주교 못지않게 대단했다. 1894년에 선교사가 들어온 이래 급속히 성장한 개신교는 1908년 선교부가 설치되고 교세 확장이 광범위하게 이루어졌다. 그 결과 경북노회에서 분리된 경안노회는 1921년부터 경북북부지역 장로교회 행정의 구심점이 되었다. 경안노회는 전국 각 노회 가운데 역사도 길거니와 교세도 만만치 않아서 성공적인 선교지역으로 손꼽혔다. "교회 수가 많기로 둘째요, 세례 받은 사람의 수가 많기로 전국의 넷째"로[14] 평가되었다. 안동의 개신교가 얼마나 활발한 선교활동을 벌였는가 짐작이 된다.

이처럼 천주교 안동교구청과 개신교의 경안노회는 대구와 함께 경북지역 기독교 행정의 2대 중심지 구실을 해왔다. 양반 고장에 선교활동이 특히 강성하고 기독교 문화의 중심을 이룬 것은 뜻밖의 일이지만 우연한 일은 아니다. 왜냐하면 안동지역은 토착종교인 무교에서부터 외래종교인 불교, 유교, 기독교로 이어지는 종교사의 전개과정에서 늘 당대

---

14 『慶安老會會報』, 경안노회교육보, 1959, 7쪽.

종교문화의 중심을 이루었기 때문이다.

  그렇다고 해서 외래종교가 들어오면 이전 종교를 말살한 것도 아니다. 기존의 종교적 전통을 비교적 잘 지켰으며, 기존종교의 전통을 지킨다는 구실로 새로운 외래종교를 박해하거나 금지하지도 않았다. 심지어 다른 지역에는 거의 없는 도교 사당까지 안동에는 있다. 도교 사당인 관왕묘(關王廟)가 있는 지역은 전국적으로 아주 드물다.[15] 현재 안동 서악사 동쪽에 도교에서 섬기는 관우(關羽)의 소상을 봉안한 '관왕묘'가[16] 보존되어 여전히 신앙되고 있다. 이처럼 안동은 전통 종교를 잘 유지하면서 새 종교를 수용하는 데 적극적이었다. 그러므로 안동에는 다종교공존문화가 역사적 층위를 이루며 잘 축적되어 있다.

  한국사회는 종교분쟁이 심한 다른 나라와 달리 다종교공존사회이다. 세계 유일의 다종교국가답게 종교문화 또한 다종교공존문화를 이루고 있다. 그러한 다종교공존의 보기를 잘 보여주는 것이 안동의 종교문화이다. 안동을 전통문화의 고장이라고도 하지만 '작은 한국'이라고도 한다. 안동지역에 한국의 문화적 전통이 집약되어 있기 때문이다.

  다종교공존의 고장으로서 무교의 굿문화가 뿌리 깊게 전승되는 것은 자연스러운 일이다. 안동에 농촌별신굿의 전통이 가장 잘 살아 있을 뿐 아니라, 탈굿의 가장 오랜 전통인 하회탈춤과 병산탈춤이 최근까지 전승되었거나 복원되어 전승되고 있는 현상은 우연이 아니다. 보름굿으로 남성들의 동채싸움굿과 여성들의 놋다리밟기굿이 특별하게 전승되고 있는 것도 굿문화의 특수성을 말한다. 따라서 성주굿의 본향이 안동땅 제비원이라고 하는 사실은 강성한 굿문화의 맥락에 비추어 보면 매우 당연한 것이라 할 수 있다. 그러므로 굿문화의 성지로서 안동을 고려하면 성주굿의 본향이 안동일 수밖에 없다.

2. 건축문화재의 중심 안동과 성주신앙

  성주굿은 굿문화의 하나이면서 건축문화의 하나이다. 왜냐하면 성주굿은 건축신인 성주신을 기리고 모시는 굿이기 때문이다. 따라서 새 집을 지었을 때 반드시 성주신을 모신

---

15 관왕묘는 안동 외에 서울과 강진, 성주, 남원, 여수 등에만 있다.
16 관왕묘의 주소: 경북 안동시 서악길 67-6.

다. 성주가 건축신인 것은 집을 짓는 주체인 목수의 신이자, 집을 짓는 목재의 신이기도 하다. 성주풀이에서 노래되는 성주는 인간세상에 내려와 처음으로 나무를 심고 가꾸어 그 나무로 집을 지은 신격이다. 집을 지은 신이니 주체로 말하면 목수의 신이고 행위로 말하면 건축의 신인 것이다.

그런가 하면 성주는 집 짓는 데 사용되는 나무의 신이기도 하다. 성주는 집 지을 재료를 마련하기 위해 하늘에 빌어 솔씨를 받아 이 땅에 처음 나무를 심은 신이다. 따라서 나무를 처음 심은 식목의 신이자, 집을 짓는 목재로서 성주목의 신이다. 성주풀이에서 팔도 목수들이 모여서 집 지을 재목을 베기 위해 연장망태를 갖추어 산으로 가는데, 이때 긴요한 작업이 성주목을 먼저 물색하는 일이다. 성주목을 찾아나서고 성주목을 가려내는 내용이 노래되는데, 이때 성주목은 곧 성주신이 깃든 나무이기도 하다.

따라서 성주신의 성격은 하나로 단순화 시킬 수 없을 만큼 다양하다. 집의 건축과 관련된 여러 요소들의 신격이기 때문이다. 집 재목으로서 나무와 관련된 식목의 신이자, 성주목의 신인가 하면, 집을 짓는 목수의 신으로서 건축신이자, 인간에게 최초로 집 짓는 법을 가르쳐 준 건축시조신으로서 문화영웅이기도 하다. 문화영웅이란 인간사회에서 처음으로 특정 문화를 창출한 신화적 인물을 뜻한다. 성주는 처음 집을 지었을 뿐 아니라, 인간에게 집 짓는 법을 가르쳐준 신격이니 문화영웅이라 할 수 있다.

집은 그 자체로 문화적 구조물이다. 따라서 사람들은 문화생활의 수준에 따라 다양한 양식의 집을 지어 살고 있다. 집의 구조에 따라 가정의 주거생활도 이루어진다. 집은 인간의 주거생활과 가정생활을 비로소 가능하게 할 뿐 아니라, 떠돌이 생활에서 정착생활로 생활양식을 크게 바꾸어 놓았으며, 모듬살이의 집단생활을 가능하게 함으로써 본격적인 공동체문화를 창출하도록 만든 수준 높은 문화적 산물이다. 그러므로 집을 처음 지은 성주는 건축시조신이자 훌륭한 문화영웅이라 하지 않을 수 없다.

성주굿은 건축문화와 뗄 수 없는 관계에 있다. 안동이 성주의 본향인 것처럼, 안동에는 고건축문화재가 집중되어 있다. 고건축은 사실상 성주목을 이용한 목조건축이다. 목조건축 가운데는 국보로 봉정사 극락전과 봉정사 대웅전이 있으며, 보물로는 안동 임청각, 도산서원 전교당 등 17점이 있다. 사적기념물로 도산서원과 병산서원 등 5점, 국가민속문화유산으로는 하회마을 화경당고택, 하회 원지정사 등 35점, 유형문화유산으로는 고성이씨 재사, 임연재종택 등 26점, 기념물로는 태사묘와 월천서당 등 16점, 그리고 민속문화유산으로 송곡고택, 간재고택 등 94점이 있다. 지정된 목조건축문화재만 모두 195점이나 된다.

국내 목조건축 문화재 가운데 3분의 1이 경북지역에 집중되어 있고 그 가운데 3분의 2가 안동지역에 분포되어 있다고 한다. 목조건축이 양적으로만 풍부한 것이 아니라 시대적으로 고루 분포되어 있고 질적으로도 우수하며 유형도 다양하다. 안동의 목조건축으로는 오래된 사찰 건축 외에 민가 건축으로 고택과 종택, 서당, 서원, 사당, 재사, 제청, 누정, 누각, 강당, 정사 등이 유형별로 두루 갖추어져 있다. 따라서 건축학과 학생들의 답사 일번지가 안동지역 고건축 현장이다.

안동시 동쪽 끝인 법흥사에서 서쪽 끝인 서악사에 이르기까지 절집이 이어져서 비오는 날에도 비를 맞지 않고 버선발로 다닐 수 있었다고 할 정도로 사찰이 즐비했다. 그러나 조선조의 사사혁파(寺社革罷)로 대부분의 사찰이 사라지고 터만 남았다. 따라서 지금 안동 봉정사가 가장 오래된 목조건축으로 기록되고 있다. 그러므로 일찍이 문화유산 답사를 많이 하고 여러 권의 답사기를 펴낸 유홍준 교수는 '안동에는 가장 오래된 목조건축과 가장 아름다운 목조건축, 가장 대표적인 목조건축이 있다'고 설파했다. 「안동을 왜 목조건축의 보고라 하는가」라는 글에서 다음과 같이 그 사실을 밝히고 있다.

> 목조건축에 대한 이야기는 절간건축, 서원, 그리고 민가로 압축되는데, 그 세 분야 모두가 안동을 빼고는 얘기할 수 없고 또 안동에서부터 그 이야기의 실마리를 잡지 않을 수 없다. 뿐만 아니라 현존하는 목조건축 가운데 가장 오래된 것, 가장 아름다운 것, 가장 대표적인 것, 가장 많이 있는 것을 모두 안동에서 찾지 않을 수 없으니 안동은 분명 목조건축의 보고인 것이다.[17]

가장 오래된 목조건축은 으레 봉정사 극락전을 두고 하는 말이다. 가장 아름다운 목조건축은 구체적으로 지적하지 않았지만 오천군자리(烏川君子里)[18] 문화재 단지를 보기로 들고 있다. 군자리 문화재 단지는 안동댐 수몰지역에서 광산 김씨 일가의 전통 목조가옥을 옮겨와서 복원한 고건축 집단 취락인데, 유홍준은 이곳을 "한옥의 아름다움을 면밀히 관찰할 수 있는 지역으로 가장 좋은 곳"이라고[19] 밝혔다. 이처럼 안동에는 역사적으로 오랜 건

---

17 유홍준, 「안동을 왜 목조건축의 보고라 하는가」, 『안동문화의 수수께끼』, 지식산업사, 1997, 137쪽.
18 안동시 와룡면 오천리에 조성된 고건축문화재 단지이다. 군자리는 흔히 군자마을이라 일컬어진다.

물은 물론 질적으로 탁월한 목조건축들이 풍부하다. 그러므로 다른 고장에 있으면 문화재로 지정될 만한 목조건축이 안동에 있기 때문에 지정되지 못한다고 할 정도로 문화재급 고건축물이 풍부하다.

안동은 우리나라 목조건축의 전통을 가장 잘 지켜오고 있는 곳이다. 이 점을 부인할 사람은 아무도 없을 줄로 믿는다. 나라에서 지정한 문화재 수를 따져보아도 안동시가 보유하고 있는 목조건축문화재는 웬만한 도의 숫자와 맞먹는다.

뿐만 아니라 안동에 있는 많은 고가 가운데 아직도 문화재 지정 신청을 하지 않은 것이 허다하며, 이미 지정된 문화재를 보아도 안동에 있다는 이유 때문에 등급 판정에 불이익을 받은 것이 적지 않다. 만약에 다른 지역에 있었다면 분명히 국가지정문화재로 되었을 것인데, 단지 안동에는 그와 비슷한 것이 많다는 사실 때문에, 안동에는 그보다 나은 것이 있다는 사실 때문에 지방문화재로밖에 지정되지 못한 것이 실제로 많다.[20]

좀 더 구체적으로 보면, 안동 봉정사는 우리나라에서 가장 오래된 극락전에서부터 조선후기 건물까지 각 시대별 건축물을 고루 갖추고 있는 곳으로 유명하다. 신라시대 사찰인 봉정사에는 통일신라시대 건축양식을 본받은 고려시대 중기 건물 극락전(국보 15호)이 있고, 조선시대 전기 건물인 대웅전(국보 311호)이 있으며, 조선시대 중기 건물인 화엄강당(보물 448호)과 고금당(보물 449호)이 있다. 그리고 숙종조에 지어진 만세루(유형문화재 325호)가 있어서 사실상 야외 건축사 박물관이나 다름없다. 부속암자인 영산암은 한국의 10대 정원으로 알려져 있다.

하회마을도 야외 고건축 박물관이라 할 수 있다. 입암고택(立巖古宅)인 양진당(養眞堂)은 풍산 류씨 대종택으로 보물 306호이다. 사랑채는 고려시대 건축양식이며 안채는 조선시대 건축양식이어서 두 시대의 건축양식이 공존하는 아주 특이한 고건축이다. 조선 중기 건축물인 충효당(忠孝堂)은 서애의 종가로서 보물 414호이다. 두 종가 외에 서원도 둘이 있다. 병산서원(屛山書院)은 사적 260호로 서애가 지어 후학을 양성하던 곳이며 사액서원(賜額書院)이기도 하다. 겸암을 배향하던 화천서원(花川書院)은 고종 5년 서원 철폐령에 따라 철거되었다

---

19 유홍준, 앞의 글, 144쪽.
20 유홍준, 같은 글, 135쪽.

가 최근에 복원되었다.

하회마을의 다양한 고건축물은 국가민속문화재로 두루 지정되어 보존되고 있다. 북촌댁 84호를 비롯하여 원지정사 85호, 빈연정사 86호, 작천고택 87호, 옥연정사 88호, 겸암정사 89호, 남촌댁 90호, 주일재 91호, 하동고택 177호 등의 고건축이 지정문화재로 등록되어 있다. 이 밖에도 귀촌고택과 지산서루(志山書樓), 하정재(河庭齋), 상봉정(翔鳳亭) 등 탁월한 고건축이 여럿이다, 그러므로 봉정사가 시대별 건축양식을 보여주는 건축사박물관이라면 하회마을은 다양한 건축양식을 두루 보여주는 건축문화박물관이라 할 수 있다.

빼어난 건축물이 많은 데 따라 훌륭한 목수 이야기도 전승된다. 훌륭한 목수와 더불어 전설적인 목조 건축물이 존재하는데, 가장 대표적인 3대 건축물을 들 수 있다. 하나는 고성 이씨 탑동파 종택인 임청각(臨淸閣)이고, 둘은 안동에서 가장 큰 사찰이었던 법룡사(法龍寺), 셋은 가장 우뚝 솟은 건축물로서 제비원 미륵불을 덮은 연자루(燕子樓)를 보기로 들 수 있다. 연자루 건물은 지금 사라졌지만 그 누각 이름은 미륵바위 동쪽 측면에 세로로 새겨져 있어서 분명하게 그 흔적을 확인할 수 있다.

고성 이씨 탑동파 종택 임청각은 국가민속문화재 185호로 세간에서는 흔히 아흔 아홉 칸 집이라고 한다. 1685년에 지은 임청각은 조선 중기의 양반집의 전형으로 우리나라에서 현존하는 살림집 중에서 가장 오래된 집이다. 상해임시정부 초대 국무령를 지낸 석주(石洲) 이상룡(李相龍) 선생의 생가이기도 하다. 임청각의 별당인 군자정(君子亭)은 보물 182호이다. 세간에서 전하는 전설에, 임청각은 도깨비가 지었다고 하여 도깨비집으로 일컫기도 한다. 건축 규모가 워낙 방대해서 인간 목수가 아닌 도깨비가 지었다고 하는 것이다.

임청각이 민가로서 가장 큰 집이라면, 법룡사는 사찰로서 가장 큰 집이었다. 법룡사는 안동시가지에 자리잡고 있는 연대가 오래된 고찰이자 규모가 큰 절이어서 주민들은 '큰절' 또는 '한절'이라 불렀다. 언제 창건되었는지 알 수 없는 고찰이나 『영가지(永嘉誌)』의 기록을 보면, 고려 후기 이전부터 있었던 사찰로 추정된다.[21] 『영가지』에는 "민간에서 큰절(大寺)이라 하는데 건물은 크고 위엄 있으며 2층으로 높이 솟았다. 큰 청동 불상 1구, 흙으로

---

21 『永嘉誌』 卷6 古跡, '法龍寺'에 따르면, 법룡사의 "청동부처가 영험하여 나라에 반란이 일어날 때 땀이 흘렀는데, 고려 말엽에 원나라 사신이 안렴사(按廉使)로 와서 쇠못 여러 개로 부처의 두 무릎을 뚫은 후로는 영험이 사라졌다고 한다." 이 기록을 볼 때 고려 후기 이전부터 존재했던 사찰이라 할 수 있다.

1914년의 법룡사   최근의 임청각 전경

만든 불상 3구, 작은 돌부처 8구가 있다"라고[22] 기록했다. 대웅전과 여러 부속 건물의 규모도 컸지만 특히 대웅전은 고찰로서는 보기 드문 2층 형태였다. 2층인 까닭은 청동 불상 입상을 봉안하고 있었기 때문이다. 주변은 모두 들판이었기 때문에 먼데서 보면 법룡사만 홀로 우뚝하게 보였다. 그러나 6.25때 폭격으로 대웅전과 불상은 모두 소실되었다. 지금의 법룡사는 그 이후 새로 지어진 것으로서 옛날의 면모를 찾을 수 없다.

법룡사도 옛모습을 찾을 수 없지만, 제비원 미륵불을 덮은 연자루도 그 자취를 찾을 수 없다. 그러나 기록에는 가장 우뚝한 건물로 알려져 있다. 『영가지』에 제비원의 마애불과 그 불상을 덮은 연자루에 관한 기록을 옮겨보자.

    연비원(燕飛院) 불사조(佛寺條) : 안동부의 서북쪽 12리에 오도산(五圖山)[23] 남쪽 기슭의 천연 입석에다 불상을 새겼는데, 그 높이가 10여 장(丈)이 된다. 당나라 정관(貞觀) 8년(선덕여왕 3년, 634년)에 여섯 칸의 누각을 지어서 이 불상을 덮었다. 아득하게 높다란 지붕 추녀가 마치 반공중에 나래를 펼친 듯하였다. 그 뒤에 다시 이 전각을 중창(重創)하였는데 마룻대와 대들보의 재목은 모

---

22   『永嘉誌』卷6 古跡, '法龍寺'.
23   오도산은 지금의 학가산(鶴駕山)을 일컫는다.

두 옛것을 그대로 썼다.²⁴

『영가지』에는 안동의 건축물과 유적에 관한 기록이 많지만, 연자루처럼 "아득하게 높다란 지붕 추녀가 마치 반공중에 나래를 펼친 듯하였다"는 묘사는 없다. 누각의 높이는 우뚝하게 높고, 지붕의 형태는 나래를 펼친 것처럼 유연한 곡선을 자랑했다. 안동 최고의 건축물로 묘사한 셈이다. 연자루는 제비원 미륵불을 덮어주는 누각이었기 때문에 늘 불상과 함께 짝을 이룬다.

조선 중기(1526-1585)의 선비 백담(柏潭) 구봉령(具鳳齡)은 '연비원을 지나며[過鷰院]'²⁵라는 제목으로 오언시(五言詩)를 남겼는데 그 시에 앞서서 제비원 미륵과 연자루를 이렇게 묘사했다.

부의 북쪽 10리에 바위가 우뚝 솟아 있는데, 깎아서 부처 한 구를 만들고 층집을 세워 보호하니, 높이는 반공중에 높이 솟았으며, 신라시대에 만들었다고 한다.²⁶

불상을 보호하기 위해 지은 층집이 반공중에 높이 솟았다고 하여 매우 우뚝한 건물임을 알 수 있다. 층집이란 누각이 2층을 이루었다는 뜻이다. 마애불상 어깨 위에 기둥을 세우고 누각을 층집으로 지었으니 그 높이는 가히 공중에 우뚝 솟았다 하지 않을 수 없다. 왜냐하면 미륵불의 높이가 약 15m여서 그 자체로 매우 높은데다가 그 어깨 위에 2층 누각을 세운 까닭에 아래에서 쳐다보면 공중에 나래를 펼치고 나는 듯하다고 할 만하다. 거대한 규모의 미륵불도²⁷ 압도적이지만 그 위를 덮은 우뚝한 연자루 또한 장엄하기 마련이다. 그

---

24 『永嘉誌』卷6 佛宇, '燕飛院佛寺'條, "燕飛院 佛寺 在府西十二里 五圖山南 因立石作佛像 高十餘丈 唐貞觀八年 作六間閣以履之 飛甍縹緲翼然若半空 厥後再次重唱 棟樑之材皆因舊焉."
25 연비원의 제비 연(燕) 자를 다른 자로 써서 제비 연(鷰)으로 표기하였다.
26 具鳳齡, 『柏潭文集』, 柏潭先生續集 卷之一 十六. "府北十里 有石屹立 斲作佛面一軀 建層宇以庇之 高出半空 羅代所創云."

러므로 선비들은 연자루를 두고 시를 짓는가 하면, 직접 연자루에 올라서 풍광을 바라보기 위해 제비원을 찾아오기도 한다.

위에서 다룬 임청각과 법룡사, 연자루는 건축연대도 크게 다르고 건축물의 형태나 기능도 제각기 다르다. 그러나 규모나 높이, 양식이 모두 우뚝할 뿐 아니라, 건축물을 지은 훌륭한 목수 이야기가 전하는 공통점이 있다. 훌륭한 목조건축은 훌륭한 목수가 있어야 가능한 작품이다. 따라서 이 세 건물은 당대 최고의 목수들이 지은 것으로 이야기되는 전설적 건물이라 할 수 있다. 당대 최고의 목수는 둘일 수 없다. 그러므로 최고의 목수들은 으레 최고의 자리를 두고 집짓기 경쟁을 하기 마련이다. 흥미로운 사실은 이 3건물을 지은 목수들이 서로 겨루기를 했다는 것이다.

임청각은 아주 후대의 건물이지만 마치 연자루와 동시대의 건물인 것처럼 서로 겨루는 전설이 전한다. 목수는 제비원 미륵 위에 연자루를 짓고 도깨비는 지금의 임청각 터에 100칸의 집을 짓기로 하고 누가 먼저 짓는가 시합을 했다. 연자루는 6칸이고 임청각은 100칸이어서 불공평한 시합 같다. 그러나 북서풍을 막아주는 남동쪽 산기슭에 짓는 임청각과 달리, 연자루는 우뚝하게 솟은 미륵바위 위에 북서풍을 고스란히 받으면서 높은 누각을 지어야 하는 까닭에 쉽지 않다. 그럼에도 목수가 연자루를 다 지었을 때 도깨비는 임청각을 99칸만 지어서 도깨비는 패배를 인정하고 다시는 나타나지 않았다고 한다. 현재 임청각이 100칸에서 한 칸 모자란 99칸인 이유이기도 하다. 도깨비집 전설과 달리, 예사 목수가 지었다는 전설도 있다.

한 목수는 연비사를 짓고 다른 목수는 임청각 99칸을 짓게 되었다. 그러나 제비원 자리는 워낙 바람이 세서 기둥을 세우면 엎어지고 또 세워놓으면 엎어지고 수십 차례나 반복하다 보니, 임청각 목수는 이미 99칸을 완성하고 단청까지 해놓고 찾아왔다. 연비사를 짓던 대목은 크게 수치심을 느낀 나머지 바위 위에서 떨어져 죽어 제비가 되어 하늘로 날아갔다. 그래서 절의 이름이 연미사(燕尾寺)가 되었다고 한다.[28]

---

27 어깨까지 높이 12.38m, 머리 높이 2.43m, 전체 높이 약 15m이며, 가슴너비가 약 7m이다.
28 金泰坤,『韓國民間信仰硏究』, 集文堂, 1983, 72~73쪽.

이 전설에서는 연자루를 연비사라 했는데, 두 목수의 우열을 가리는 실력 겨루기보다 연자루를 짓는 것이 임청각 99칸을 짓는 것보다 더 어려웠다는 사실을 이야기하는 것이다. 왜냐하면 사실상 임청각은 중종 10년(1515)에 지은 건물로서 연자루보다 약 천 년 뒤에 지은 집이기 때문에 서로 대결을 벌일 수 없다. 그럼에도 동시대 사람처럼 집짓기 시합을 한 것은 건물을 지은 목수들이 우열을 가리기 어려울 만큼 대단한 능력을 지녔다는 사실, 그리고 그들이 지은 건물이 당대 최고였다는 것을 말하기 위한 것이다.

특히 연자루를 지은 목수는 후대의 여러 유명 목수들과 고수의 자리를 높고 서로 시합을 벌인다. 따라서 연자루를 지은 목수는 다시 법룡사를 지은 목수와 대결을 벌였다. 먼저 짓는 사람이 천년도읍지라고 현판을 달면 서기가 비출 것이라 했는데, 제비원 대목이 연자루를 다 짓고 한티재에 올라보니 이미 법룡사 쪽에서 천년도읍지라는 현판의 서기가 비추는 것을 목격했다. 시합에 진 제비원 대목은 '내가 죽어도 이 세상에 절이 있을 때까지는 내 이름이 있을 것'이라 말하고 자신이 지은 절의 평고자에서 떨어져 제비가 되어 날아갔다. 그래서 그 절을 연비원(燕飛院)이라고 이름을 지었다.[29]

위의 전설을 보면, 같은 시대의 3목수가 서로 집짓기를 겨룬 것처럼 이야기되지만, 임청각과 연자루, 법룡사를 지은 시대는 크게 다르다. 따라서 목수가 서로 집짓기를 다툴 수 없다. 그럼에도 집짓기를 다툰 것은 3목수 모두 당대 최고의 목수였다는 것을 말하기 위해서다. 그 3목수의 중심에 연자루를 지은 목수가 있다. 왜냐하면 다른 두 목수와 두루 겨루었기 때문이다. 그러나 모두 패배하여 미륵바위나 연자루의 추녀 끝에서 떨어져 제비가 되어 날아갔다고 한다. 시합의 승부로만 평가할 수 없는 특별한 목수라는 말이다.

임청각은 도깨비가 지었다고 할 정도로 대단한 집이다. 연자루를 지은 목수는 제비가 되어 날아갈 정도로 신이한 목수이다. 그렇지만 연자루 목수도 법룡사 목수를 당하지 못했다. 따라서 세 목수 가운데 가장 우월한 목수가 법룡사를 지은 목수이다. 세 건물과 함께 전설적인 세 목수들의 이야기는 서로 연결되어 있다. 시대가 서로 달라서 경쟁할 수 없지만, 세간에서는 마치 동시대 사람들인 것처럼 집짓기 시합을 벌인다. 3건축물과 3목수들은 시대를 떠나서 서로 더 잘 났다고 다툴 만큼 훌륭한 건축물이자 목수들이라는 것을 말한다.

그런 뜻에서 전설을 다시 이해할 필요가 있다. 임청각을 지은 이는 도깨비라고 하지만

---

29 『安東民俗資料誌』, 安東郡, 1981, 485쪽. '제비원과 법룡사'.

그것은 은유일 뿐 실제 사실일 수 없다. 임청각을 지은 이도 역시 목수였으되, 워낙 탁월한 목수였으므로 도깨비로 은유되었던 것이다. 99칸이라는 대작의 건축물을 지었으니 도깨비처럼 신통한 목수라 할 만하다. 그러나 그보다 더 우월한 목수가 연자루를 지은 목수이다. 워낙 누각을 높게 지어서 마지막 기왓장을 얹은 다음 내려올 수가 없어서 뛰어내렸는데 제비가 되어 날아갔다고 한다. 임청각을 지은 목수가 도깨비로 은유되는 것처럼, 연자루를 지은 목수는 제비로 은유되었던 것이다. 실제로 연자루 추녀의 선이 공중에 나래를 편 듯하다고 하여 제비가 날렵하게 날아가는 형상을 상상하게 만든다.

도깨비 같은 신통한 목수도 연자루를 지은 목수와 겨루어서 패배한다. 따라서 연자루를 지은 목수는 도깨비 목수보다 더 뛰어났다. 그러한 신통한 능력이 제비로 변신하는 데서 구체적으로 입증된다. 지붕의 추녀 끝에서 뛰어내렸는데 제비가 되어서 날아갔다는 것이다. 제비로 은유될 만큼 신이한 목수가 연자루를 지었다는 말이다. 임청각을 지은 도깨비가 뛰는 목수라면, 연자루를 지은 제비는 나는 목수이다. 연자루의 위용이 목수의 실력을 입증한다.

실제로 연자루를 보는 이마다 반공중에 높이 솟아 나래를 펼친 듯하다고 기록했다. 목수가 제비처럼 날지 않고서는 돌출한 미륵바위 위에 우뚝한 누각을 지을 수 없기 때문이다. 연자루가 세워져 있는 집터로서 입지를 고려하면 매우 악조건이다. 옛 선비들도 이런 사정을 고려하며 연자루와 같은 건물은 뛰어난 목수가 있었기 때문에 가능했다고 한다.

累石成基難着步	돌무더기에 터잡아 걷기도 힘드나
因巖作礎易爲功	바위를 주추 삼아 수월하게도 지었다.
不惟百鬼扶持力	온갖 귀신들이 힘껏 도울 뿐만 아니라
可想當時有巧工[30]	당시에 뛰어난 목수가 있었던 까닭이리라.[31]

위의 시를 보면, 돌출한 미륵바위 위에 집을 짓는다는 것은 사실상 돌무더기에 집 짓는 것처럼 힘들다. 그런데 바위를 주춧돌 삼아 쉽게도 지었는데, 온갖 귀신들이 힘껏 도우지

---

30 李庭龍, 『潤西遺稿』, '鷰尾寺彌勒佛'.
31 임노직, 「안동 제비원에 대한 문헌 기록 고찰」, 『제비원의 전통과 성주풀이』, 도서출판 천우, 2019, 106쪽.

않으면 불가능하고 가히 목수도 당시에 최고로 뛰어난 목수였다는 것을 상상할 수 있다. 한 마디로 예사 목수는 지을 수 없는 신통한 건물이라는 것이다.

연자루의 목수가 제비가 되어 날아갔다는 전설이 다양하게 이야기되는 것도 주목할 필요가 있다. 법룡사 목수와 시합에 진 까닭에 추녀 끝에서 뛰어내려 제비가 되었다고 하는 전설 외에도, 연자루의 마지막 기왓장을 덮은 뒤에 지붕에서 내려오려고 하니 도저히 내려올 수 없으므로 뛰어내려서 제비가 되어 날아갔다는 전설도 있다. 그만큼 연자루는 아득하게 높았다는 건물이다.

제비가 되어 나를 정도의 비범한 역량을 지니지 못한 목수라면 제비원 절을 지을 수 없다는 말이기도 하다. 그리고 자기가 내려갈 수 없을 정도로 높은 집을 지었다는 것은 사실상 목숨을 걸 정도로 심혈을 기울여서 온통 집짓는 일 자체에만 몰두했다는 말이기도 하다. 그럼에도 불구하고 앞의 이야기가 목수의 신통력에 초점을 맞추고 집을 짓는 목수의 성의에 초점을 맞추었다면, 뒤의 이야기는 집이 아주 높아서 집을 지은 목수가 도저히 내려 올 수 없었다는 건축물의 위용에 초점을 맞추었다고 할 수 있다. 결국 두 이야기는 같은 이야기를 하면서도 작가와 작품, 목수와 절집, 건축가와 건축물에 서로 다른 무게 중심을 두고 있는 셈이나, 신통한 목수에 의한 비범한 절집이 제비원에 건축되었다는 사실을 전하는 데에는 한결같다고 하겠다.[32]

연자루를 지은 목수는 제비로 은유될 정도로 신통한 목수이긴 하되, 결국에는 법룡사를 지은 목수와 겨루어서 패배한다. 따라서 법룡사 목수는 임청각의 도깨비목수와 연자루의 제비목수보다 더 뛰어난 최고의 목수라는 것이다. 법룡사 목수는 3목수 가운데 최종 승리자이나 어떤 특별한 은유로 호명되지 않는다. 안동지역 최고의 건축물이 한절 법룡사였기 때문이다. 최고의 건축물을 지은 목수가 최고의 목수인 까닭에 굳이 은유가 필요하지 않았던 셈이다.

법룡사는 왜 안동 최고의 건축물일까. 임청각은 99칸 건물로 규모는 대단히 크지만 목수로서 특별한 기술이 요구되는 것은 아니다. 칸수가 많은 건물은 대지가 넓고 자재가 풍

---

32 임재해, 「제비원 전설의 설화문화학적 해석과 성주신앙의 본향 인식」, 『전설과 지역문화』, 민속원, 2002, 261~294쪽.

부하면 얼마든지 이어서 지어나갈 수 있다. 그러나 연자루와 같은 누각은 거대한 바위 위에 지은 층집이어서 더 높고 우뚝하다. 설계가 치밀해야 하고 높은 건축기술이 요구된다. 따라서 살림집을 짓는 기술로는 누각과 같은 층집을 지을 수 없다.

법룡사는 가정집이 아닌 절집이자 온전한 2층 건물이다. 층집인 누각 수준을 넘어서는 역학적 설계와 공학적 기술이 필요하다. 그것도 고려시대에 이런 건물을 지었다니 놀랄 만하지 않은가. 법룡사는 6.25때 폭격으로 파괴되기 전까지는 안동의 랜드 마크였다. 시가지 어느 곳에서 보아도 우뚝하게 보였던 건물이 법룡사였다. 그러므로 법룡사는 안동 최고의 건축물이었던 것이다.

그러나 어느 건물을 지은 목수든 최고의 건축술을 겨룰 때는 으레 제비원의 연자루 목수와 승부를 가린다. 임청각을 지은 목수가 대단하다는 사실도 연자루를 지은 목수와 겨루는 데서 상대적으로 드러난다. 법룡사를 지은 목수 또한 마찬가지이다. 어느 목수든 최고의 건축술을 자랑하려면 모두 연자루 목수와 겨루어 봐야 한다. 연자루 목수는 훌륭한 목수를 가늠하는 준거처럼 인식되었던 까닭이다.

세 건물을 지은 연대도 연자루가 가장 빠르다. 『영가지』의 기록에 따르면 연자루는 634년, 법룡사는 864년, 임청각은 1685년이다. 따라서 연자루를 지은 목수는 당대에 만날 수 없어도 그가 지은 연자루는 후대 목수들의 모범이 되었던 것이 아닌가 한다. 왜냐하면 남아 있는 건축물이 곧 목수들의 건축술을 입증하는 훌륭한 증거물이었기 때문이다.

지금까지 보아온 것처럼, 안동에 건축문화재가 가장 풍부하며 가장 빼어난 고건축물이 집중되어 있었던 것은 우연이 아니다. 집 재목으로서 빼어난 성주목과 함께 집을 훌륭하게 잘 짓는 전설적 목수들이 여럿 있어서, 건축문화가 특히 발전한 까닭이다. 실제로 성주의 본향 안동이란 말은 곧 건축시조신의 본향 안동을 뜻하는 것이자 건축의 고장 안동을 뜻하는 것이다. 그러므로 성주의 본향 안동에서 훌륭한 목수가 배출되고 탁월한 건축문화재가 많은 것은 당연하다.

봉정사처럼 역사적으로 가장 오래된 건축문화재가 안동에 있는 것도 우연한 일이 아니라 필연적인 사실로 봐야 할 것이다. 건축시조신의 고향이니 가장 오래된 건축물이 있는 것은 자연스럽다. 이처럼 안동에는 가장 오래된 목조건축물이 있고 가장 빼어난 건축물이 있으며, 가장 많은 건축문화재가 있으므로 건축신인 성주신의 본향이 안동일 수밖에 없다. 그러므로 안동은 굿문화의 성지이자, 탁월한 목수들이 각축을 벌였던 건축문화재의 보고

인 까닭에 건축신을 섬기는 성주굿의 본향으로 여기는 것은 응당한 일이라 할 수 있다.

3. 성주목으로 쓰인 소나무와 안동의 솔

　건축문화는 여러 요소들로 구성되어 있다. 가장 기본적인 것이 건축 재료로서 나무와 건축주체로서 목수, 실제로 집을 짓는 건축활동, 그리고 완성된 건축물인 가옥이다. 따라서 집은 나무와 목수, 건축, 가옥의 네 요소를 아우르는 말이다. 실제로 집의 신이자 건축의 신인 성주는 이러한 요소들과 두루 연관되어 있다. 이 가운데 특히 중요한 집 재목으로 쓸 소나무를 '성주목'이라 일컫는다. 집을 짓는 데 다른 무엇보다 성주목으로 쓸 소나무가 중요하기 때문이다.

　성주는 지상에 내려와서 사람들이 거주할 집이 없어 고통을 받는 것을 알고 집을 짓기로 마음먹는다. 집을 짓기 위해 제일 먼저 하는 일이 집 지을 나무 곧 목재를 마련하는 일이다. 당시에는 나무가 없었기 때문에 하늘에 기도하여 솔씨를 얻는 일부터 시작한다. 하늘에서 내려온 솔씨를 심어서 나무가 크게 자라자 성주는 스스로 목수가 되어 기둥감으로 자란 나무를 베어 집을 짓는다. 집이 완성되자 대들보에 좌정하여 성주신이 된다. 따라서 나무와 목수, 건축, 가옥이 모두 성주와 긴밀하게 연관되어 있다. 성주를 건축의 신이라 하는 데에는 이러한 함축성이 내포되어 있다. 그러므로 성주신앙은 건축물인 집과 함께 가는 것은 물론, 집의 재료인 나무, 집을 짓는 목수, 집을 짓는 건축활동과 함께 간다.

　이러한 건축의 기본 요소를 알게 되면, 성주신은 집을 완성했을 때 비로소 존재하는 것이 아니라, 나무를 심어서 기르고 재목감을 구해서 집을 짓는 과정에서 이미 성주신을 모시게 된다는 사실을 알아차릴 수 있다. 따라서 성주신앙은 솔씨를 받아 심을 때부터 시작된다. 이 솔씨가 자라서 성주목이 되기 때문이다.

　〈성주풀이 자료 1〉[33]
　　제비원에 솔씨받아　　　　　　용문지평 들어가서

33　무녀 송옥순 구송 성주풀이, 2018년 2월 4일, 서후면 성곡리 굿당 건궁성주맞이굿에서 조사.

우편좌편 던졌더니	밤이면은 이슬맞고
낮이면은 태양받아	움이트고 싹이난다
청솔뿌리 내리더니	청솔잎이 돋아난다
타박솔이 된연후에	육판서가 물을주고
삼정승이 매가꾸어	점점자란 (소)나무
소부동이[34] 되었네	소부동이 자라나서
대부동이[35] 되었네	대부동이 자라나서
황제목이[36] 되었더니	

    제비원이 성주신앙의 본향이기 때문에 제비원의 솔씨를 받아서 심는다는 사실이 중요하다. 심은 솔씨가 밤에는 이슬을 맞고 낮에는 햇빛을 받아 움이 트고 싹이 나서 타박솔이 되면, 육판서가 물을 주고 삼정승이 김을 매어 가꾼다고 했다. 국력을 기울여 엄청난 정성으로 나무를 가꾸는데, 이러한 과정은 민요 '내 나무 노래'에서도 보인다. "우리금주 쉥긴(심은)나무/ 삼정성이 물을주어/ 육판서 벗은(뻗은)가지/ 팔도감사 꽃치픠여/ 그꽃지고 열매 열면/ 각읍수령 모혀든다"고[37] 했다. 삼정승과 육판서에다가 팔도감사까지 동원되었다. '나무 노래'라고 했지만, 아기가 태어나서 자라는 과정을, 정성껏 꽃나무를 가꾸는 일에 은유하고 있다. 성주풀이에서는 솔씨가 타박솔로 자라고, 소부등에서 대부등, 다시 황장목으로 자라서 집을 짓는 재목감이 되는 데까지 노래한다.

    제비원의 솔씨를 심어 가꾼 소나무들이 재목감으로 다 자라도 어느 것이나 성주목이 될 수 없다. 성주목으로 선정되려면 까다로운 조건들을 두루 갖추어야 한다. 따라서 목수들이 성주목을 찾기 위해 팔도명산을 두루 오르내린다. 목수들이 집 짓는 일을 시작하면서 제일 먼저 하는 일이 연장을 갖추어 성주목을 찾아나서는 일이다. 성주목을 가려내는 과정이 성주풀이에서 자세하게 노래된다.

---

34 소부등(小不等)의 와전이다. 소나무가 서까래감 정도로 자란 작은 크기의 나무를 뜻한다.
35 대부등(大不等)의 와전이다. 소나무가 큰 기둥감 정도로 자란 굵은 크기의 나무를 뜻한다.
36 황제목은 "황장목"의 와전인 것 같다. 황장목은 집 재목감으로 품질이 아주 좋은 소나무를 뜻한다.
37 김소운, 『언문조선구전민요집』, 제일서방, 1933; 박경수, 「정인섭 채록 울산지역 민요 연구」, 『울산학연구』 19, 울산역사연구소, 2024, 66쪽에서 재인용.

〈성주풀이 자료 2〉[38]

한 고개를 넘어서니 성주목이 써(서)있구나.
그 나무 끝을 치바다보니(치받아보니) 까막 까치가 새끼를 쳤네.
내 성주 위할랴고 남의 성주를 빌(벨) 수 있나.
또 한 고개를 넘어가니 성주목이 서 있는데
그 나무 끝을 치바다보니 봉학이 앉아 춤을 춘다.
그 낭게다 도치(도끼)걸아 한 번 찍고 두 번 찍으니

성주목으로 쓸 만한 나무가 발견되었지만, 자세히 보니 나무 끝에 까막까치가 새끼를 치고 있는 둥지가 보였다. 둥지는 까치집인 만큼 거기에도 성주가 있다. 이 나무를 성주목으로 베면 까치집을 훼손하게 된다. 따라서 '내 성주를 위하려고 남의 성주 곧 까치 성주를 벨 수 있나?' 하면서 피해간다. 까치집을 훼손하지 않으려는 배려가 깃들어 있다. 또 한 고개를 넘어가서 보니 성주목으로 쓸 만한 나무가 서 있는데, 그 나무 끝에는 봉학이 앉아 춤을 춘다. 성주목으로서 길한 징조이다. 그러므로 성주목으로 정해서 베는 작업을 한다.

〈성주풀이 자료 3〉[39]

성주목을	니를적에
임장머공	못씨겠고
까막깐치가	키운낡은
부정이타서	못씨겠나
사명당	섰는나무
하나이	절리발러
동쪽으로	뻗은가지는
거부에장자가	날자리요
남짝으로	번은가지는

---

38 金泰坤, 같은 책 4, 78-79쪽.
39 林在海, 『韓國口碑文學大系』 7-9, 韓國精神文化硏究院, 1982, 148~150쪽, 안동시 이천동 민요 6, '성주풀이'.

자손번성도	하려니요
서쪽으로만	벋은가지는
만수무강	할가지고
북쪽으로만	벋은가지는
소원성취도	하려니와
와가백칸을	지어보세

이 성주풀이에서도 까막깐치가 키운 나무라하여 부정이 타서 못 쓰겠다고 한다. 또 다른 성주풀이에서도 "까막깐치 집을지여/ 성주님 어진맘에/ 에라그나무 부정하다"고[40] 해서 지나친다. 까마귀와 까치가 깃들어 있는 나무는 부정이 탄 것으로 여겨 성주목으로 삼지 않는다. 성주목으로 가려낸 반듯한 나무는 '사명당 섰는 나무'이다. 여기서 사명당은 승려 유정(惟政)의 호로서 사명당(四溟堂)이 아니라, 나무의 입지를 나타내는 4명당(四明堂)을 일컫는 것으로 보인다. 가지가 동서남북 반듯하게 뻗어서 '거부장자', '자손번성', '만수무강', '소원성취'를 이룰 나무라는 것이다. 그러므로 와가 백 칸을 지어도 문제가 없는 성주목을 고른 셈이다.

〈성주풀이 자료 3〉[41]

팔도목수	다모여서
성주목을	골릴적에
한나무	쳐다보니
까막까치	집을짓고
또한나무	쳐다보니
황새덕새	알을품고[42]
또한나무	쳐다보니

---

40 趙東一·林在海, 『韓國口碑文學大系』 7-2, 1980, 516~524쪽, 외동면 민요 53, '지신밟기, 성주풀이'.
41 무녀 송옥순 구송 성주풀이, 2018년 2월 4일, 서후면 성곡리 굿당 건궁성주맞이굿에서 조사.
42 다른 채록본에는 '짝을짓고'라고 했다.

구렝이가	똬리틀고
한고개	올라서니
사명당에	섰는나무
고이고이	키운나무
허리굵은	푸른청송
자세하게	쳐다보니
대방가에	재목일세

일반적으로 나무에 까막까치가 깃들어 있으면 부정하다고 성주목으로 쓰지 않고 피한다. 위의 성주풀이에서는 부정한 성주목을 더 여럿 제시했다. 까막까치는 물론, '황새 덕새가 알을 품고' 있는 나무도 성주목으로 삼을 수 없다. 어느 새든 둥지를 틀고 알을 품고 있으면 베지 말고 그대로 두어야 한다. 그 나무는 그들의 성주목이기 때문이다. '구렁이가 또아리를 틀고' 있는 나무도 마찬가지이다. 그 나무는 구렁이의 보금자리이자 성주목이기 때문이다.

이처럼 아무리 좋은 성주목이라도 이미 다른 짐승이 차지하고 있으면 비켜간다. 두 가지 이유 때문이다. 하나는 새로 짓는 집에는 새 성주목을 써야지 남이 쓰던 성주목을 쓰는 것은 부정하다고 여기는 것이다. 둘은 남의 보금자리를 훼손하거나 성주목을 베는 것은 부도덕하다고 여기는 것이다. 내 집을 잘 짓자고 남의 집을 빼앗는 것이나 다르지 않기 때문이다. "성주님 어진 맘에/ 에라 그 나무 부정하다"[43] 성주님 마음이 어진 까닭에 자기 욕심을 차리기 위해 남에게 조금이라도 피해를 주지 않으려 한다. 그러므로 성주목은 목재로서 훌륭한 기둥감이어야 할 뿐 아니라, 윤리적으로도 아무런 흠이 없는 나무여야 한다.

〈성주풀이 자료 4〉[44]

| 또한곳 | 들어가니 |
| 나무한주 | 서였구나 |

---

43 趙東一·林在海, 위의 책, 516~524쪽, 외동면 민요 53, '지신밟기, 성주풀이'.
44 趙東一·林在海, 위와 같은 곳.

그냥그로	바라보니
대자로	새겼시데
성주모실	낭기라고
분명하게	새겨있다

흠 없는 성주목을 찾아내기는 어렵다. 따라서 산 속에 들어가서도 여러 고개를 오르내리는 수고를 아끼지 말아야 한다. 그러나 안목이 있는 목수는 성주목을 쉽게 알아본다. 왜냐하면 성주목에는 큰 글씨로 '성주 모실 나무'라고 분명하게 새겨 있기 때문이라는 것이다. 집 재목을 고를 줄 아는 목수의 눈에는 마치 글씨로 써놓은 것처럼 성주목이 분명하게 포착된다는 뜻이다.

성주목은 집의 구조물을 지탱하는 가장 중심이 되는 나무이자, 성주신이 자리잡게 되는 신성한 나무로서 집안의 길흉화복을 관장하는 나무이다. 따라서 아무런 흠이 없는 것은 물론 어떤 짐승도 침범하지 않은 완벽한 나무여야 한다. 성주목은 성주의 본향인 안동 제비원의 솔씨에서 비롯된 것이어서 족보가 분명해야 할 뿐 아니라, 동서남북으로 뻗은 가지가 반듯하고 줄기가 곧고 우뚝하게 자라서 그 자태가 빼어나야 한다. 성주목 또한 성주신이나 다르지 않기 때문이다. 그럼 구체적으로 성주신은 집의 어떤 건축 자재를 일컬을까?

> 성주는 대청마루바닥 한쪽 구석, 마루방(대청) 대들보, 마루방 모롯대(천정 벽면 기둥) 또는 안방 윗목, 안방 문설주 위나 들보 위 등, 지역에 따라 그 위치가 다르다. 그러나 대청(마루)에 모시는 것이 전국 공통적인 현상이라 하겠다.[45]

> 집의 중심이 되는 대청의 양주(樑柱) 밑이나 상기둥의 상부에 백지를 접어서 실타래로 묶거나 백지를 막걸리로 추겨서 반구형이 되게 갖다 붙이고 이것을 성주신의 신체로 믿는다.[46]

지역에 따라서, 또는 집을 짓는 과정이나 완성 이후에 따라서 성주신을 모시는 곳이 다

---

45 張籌根 외, 『韓國民俗學槪說』, 普成文化社, 1974, 166쪽, 朴桂弘, 앞의 책, 241쪽에서 재인용.
46 金泰坤, 『韓國民間信仰研究』, 集文堂, 1983, 18쪽.

르다. 대청(大廳) 곧 마루가 있는 집은 마루에 모시되, 노출되어 있는 대들보나 상기둥의 위쪽에 모시는 것이 일반적이다. 마루가 한 칸인 경우에는 대들보가 노출되지 않아서 주로 동쪽 벽면의 상기둥에 모신다. "성주는 마루의 상기둥을 의미하기 때문에 저녁에 한 떡을 상에 받쳐 마루의 상기둥 밑에 놓는다.⁴⁷" 그러나 집을 지을 때는 마룻대 곧 상량(上梁)에다 성주신을 모시기도 한다. 집을 완성하는 동안 상량은 온전하게 노출되어 있는 까닭이다.

집안 상량(上梁)에 한지, 마포(麻布)를 붙이고 또는 조그마한 신붕(神棚)을 만들고, 거기에 지포폐(紙布幣)를 놓아서 신체로 삼는다.⁴⁸

집을 새로 지을 때 아예 상량에 신체를 만들어 붙이며 성조대감(成造大監) 또는 상량신이라고도 부른다.⁴⁹

성주는 일명 성조대감, 상량신이라고 하며 가신 중 제일 윗자리를 차지하는 신으로서 집의 가운데 상량에 존재한다.⁵⁰

『산림경제(山林經濟)』에도 "죽은 나무로 상량보를 해서는 안된다"고 했다. 상량보는 건축학적으로 서까래를 받쳐서 지붕을 지탱하는 가장 중심 목재이며, 집을 지을 때 상량을 하고 성주신을 모시는 곳이기도 하다. 따라서 성주를 상량신이라고도 한다. 상량보는 가장 중요한 건축구조물이어서 죽은 나무를 기피할 뿐 아니라, 집안의 최고신인 성주를 모시는 목재이기도 하므로 신성해야 하고 생명력이 있어야 한다. 살아 있는 나무 가운데서도 흠이 없고 부정을 타지 않은 반듯한 나무를 가려서 쓴다. 그래야 성주신이 좌정하여 집을 지켜준다고 믿는 것이다.

대들보는 기둥과 기둥을 가로지르면서 마룻대 곧 상량을 받치는 가장 핵심 들보를 말한다. 상량 못지않게 중요한 구조물이 대들보이다. 따라서 한 나라나 가정을 이끌어 가는 중

47　金善豊·李基遠, 「민간신앙」, 『韓國民俗綜合調査報告書』 江原道篇, 文化財管理局, 1977, 169쪽.
48　李文雄, 「민간신앙」, 『韓國民俗綜合調査報告書』 咸鏡南北道篇, 文化財管理局, 1981, 102~103쪽.
49　李文雄, 앞의 글, 같은 책, 81쪽.
50　金善豊·李基遠, 같은 책, 159쪽. 강원도 명주군 연곡면 사는 박인자(50세) 제공.

요한 사람을 흔히 '기둥'이나 '대들보'로 은유한다. 상량과 대들보는 집을 역학적으로 지탱하는 가장 중심되는 건축구조물이다.

"대들보가 부러지면 집안이 망한다"거나, "대들보가 울면 가장이 죽는다"는 말은 모두 대들보의 건축적 기능에서 비롯된 것이다. 『임원경제지』에 "들보나 기둥이 한쪽으로 쏠리면 집안에 시비가 많다"고 했다. "기와 한 장 아끼려다 대들보 다 썩힌다"든가, "중년 상처(喪妻)에 대들보 휜다"든가 하는 옛말들이 모두 들보의 중요성을 강조한 것이다. 집의 좌향을 정할 때에도 들보 가운데를 기준으로 삼는 것도 이 때문이다.[51]

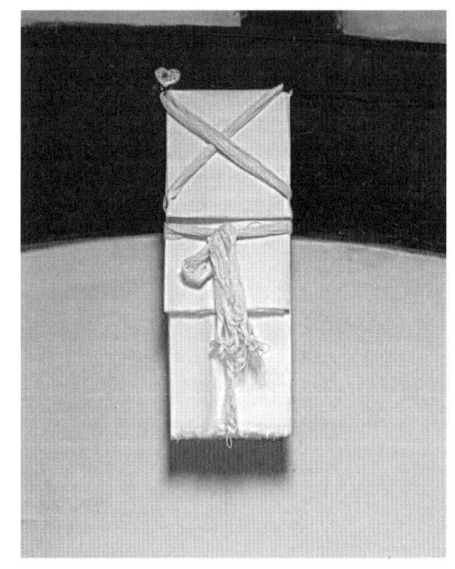

대들보에 모신 성주

상량과 대들보 다음으로 성주신을 모시는 공간이 상기둥이다. 상기둥은 대들보를 받치는 기둥으로서 흔히 사랑방과 마루 또는 안방과 마루 사이에 있는 가장 중요한 기둥이다. 대들보가 상량을 받치고 있으므로 상기둥은 결국 대들보와 상량을 함께 지탱하는 구조물이어서 성주신을 모실만한 곳이다. 따라서 "성주신의 봉안 위치가 대개 상량목 밑이거나 기둥의 상부로 상위의 높은 위치에 있는 점"이[52] 특성이라 할 수 있다.

성주를 모시는 상기둥은 대청마루의 동쪽 벽면 곧 사랑방 또는 안방 벽면에 서 있는 기둥으로 벽지를 바르지 않아서 기둥이 노출되어 있다. 대청이 없어서 상기둥이 노출되어 있지 않으면, 부엌에 노출되어 있는 상기둥 곧 부엌과 안방 벽면에 서 있는 기둥을 이용한다. 성주는 벽에 모시는 것이 아니라 반드시 나무기둥에 부착해서 모시는 까닭이다. 그러므로 성주목은 상량목이나 대들보, 상기둥감을 두루 일컫는 셈이다.

성주목의 종(種)은 으레 소나무이다. 왜냐하면 성주가 하늘에 빌어서 얻은 씨앗이 솔씨였기 때문이다. 소나무는 집을 짓는 건축자재로서 성주목이기만 한 것이 아니라, 한국인

---

51 김광언, 『한국의 집지킴이』, 다락방, 2000, 252쪽.
52 하효길, 「가신신앙」, 민속학회 편, 『한국민속학의 이해』, 문학아카데미, 1994, 150쪽.

이 가장 좋아하는 '나라의 소나무'이자 '국민 소나무'로서 민족적 일체감을 나타내는 상징성도 지닌다.[53] 안동에 건축문화재가 많은 것은 연자루를 지은 목수와 법룡사를 지은 목수, 임청각을 지은 목수처럼 훌륭한 목수가 있었을 뿐 아니라, 긴요한 건축자재 구실을 하는 훌륭한 소나무가 있었던 까닭이다.

옛 어른들은 '안동 솔이 좋기로 이름이 났다'고[54] 증언한다. 봉정사를 해체 복원한 도편수 최기영도 '봉정사가 지금껏 가장 오래 보존될 수 있었던 것은 재목으로 쓰인 소나무가 훌륭했던 것이 중요한 이유'라고 했다.[55] 과거 안동지역에는 건축자재로 훌륭한 소나무가 많이 생산되었다는 증언이다.

실제로 안동에는 소나무가 유명해서 '솔'이나 '솔 송(松)'자가 들어간 지명이 여럿이다. 안동시 송현동(松峴洞)이 있는가 하면 송천동(松川洞)과 송하동(松下洞), 이송천동(二松川洞), 송사리(松仕里), 구송리(九松里), 송리리(松里里), 죽송리(竹松里), 송정리(松亭里), 가송(佳松), 송암(松岩), 송지(松枝), 송곡(松谷), 노송곡(老松谷), 노송정(老松亭), 송석대(松石臺), 송산(松山), 송야(松夜), 송라(松羅), 후송(後松) 등이 있다. 우리말 지명에도 소나무와 관련하여 솔고개나 솔골, 솔뫼, 솔내, 솔마, 솔바위, 솔가실, 솔안, 솔티, 솔밤, 송냇골, 솔거리, 솔청 등으로 일컬어지는 마을들이 있다. 소나무가 특히 빼어났던 마을의 지명이다. 특히 이송천은 거송(巨松)이 있었던 제비원 이웃마을이다. 지명으로 드러나지 않았지만 소나무가 유명한 마을이 여럿이다.

가장 빼어난 솔숲으로 하회마을의 만송정(萬松亭) 솔숲이 있는가 하면, 내앞마을의 백운정(白雲亭) 솔숲과 개호종(開湖種) 솔숲도 있다. 만송정 솔숲은 선조 때 겸암(謙唵) 류운룡(柳雲龍)이 조성한 숲이라고 하는데, 하회마을 풍치림이자 방풍림과 방수림 기능을 한다. 경관이 아름답고 소나무의 수세(樹勢)가 좋아서 100대 명품숲으로 선정되기도 했다. 지금은 마을 서북쪽 어귀, 부용대 맞은편에만 솔숲이 우거져 있으나 과거에는 마을에서 물길을 따라 솔숲이 이어져 있었다.

---

53 연경, '국민나무 소나무, 그 일상과 예술과 문화', 카페 다움, 한국신명나라, 한국문화 연경기언 참조. (https://m.cafe.daum.net/koreawonderland/kJyV/1?svc=cafeapp)
54 金泰坤,「성주神의 本鄕考 - '제비원'本鄕系統의 성주巫歌를 中心으로」,『史學硏究』21, 韓國史學會, 1969, 434쪽. 1965년 5월 19일 경북 안동시 동문동 134번지 송희식(남, 72)씨 말씀.
55 안동문화연구회 주최, '고건축기능보유자 최기영 선생 초청강연회'(안동문화원, 20003년 12월 18일)에서 최기영 도편수가 들려준 말씀.

백운정 솔숲은 천전리 내앞마을 앞 반변천(半邊川) 가에 방수림으로 조성된 소나무 숲이며, 개호송(開湖松)은 마을 서쪽 허한 곳을 보완하는 비보숲으로 반변천 가운데 섬을 이루고 있다. 마을숲은 입향시조인 김만근(金萬謹)에 의해 처음 조성되기 시작했는데, 후손들이 끊임없이 돌보고 가꾸면서 5백여 년을 지켜온 내앞 김씨 최고의 유적이다. 1697년 2월에 문중원 99명이 참여하여 작성한 '개호금송완의문(開湖禁松完議文)'에는, "이 솔숲이 없으면 내앞도 없다. 내앞은 우리선조의 사당이 있는 곳이다. 따라서 가문의 흥망성쇠가 이 솔숲에 달려 있다. 그러니 조상을 존중하듯이 소나무를 보호하는 데도 정성을 다하라"고 하였다. 그러므로 조상과 마을과 솔숲을 대등하게 존중하고 보호한 사실을 알 수 있다.

이 밖에도 빼어난 솔숲이 많다. 안동지역 마을의 동구(洞口) 숲은 대부분 솔숲으로 이루어진 까닭이다. 동구 숲의 보기로 송천마을의 솔뫼솔숲과 마애리의 마애솔숲, 금소마을의 모하정(慕河亭) 솔숲 등을 들 수 있다. 솔숲은 그 자체로 자연공원 구실을 하지만, 마애솔숲은 특히 유원지로 개발하여 공원으로 조성되어 있다. 이처럼 마을 동구 숲은 풍치림이나 방풍림, 방수림, 비보숲으로 조성되었는데 솔숲이 대부분이다. '안동 솔이 좋기로 이름났다'는 옛말이 설득력을 지닐 만하다.

이러한 사실은 성주풀이에서도 고스란히 나타난다. 어느 고장의 성주풀이에서나 '안동 제비원의 솔씨를 받아 이 산 저 산 뿌렸더니 소부동이 되었구나, 대부동이 되었구나' 하고 노래된다. 성주풀이 내용으로 보면 안동이 소나무의 발상지라는 것이다. 식물학적 발상지는 아닐지라도 문화적 발상지로 인식되고 있는 것은 분명하다. 현재 안동 제비원에 솔씨공원을 만든 까닭도 이러한 내용의 성주풀이에 근거를 두고 있다. 안동 제비원의 소나무가 최초의 소나무이자 곧 성주목이다. 성주가 집을 짓기 위해 최초로 심은 소나무이기 때문이다. 그러므로 안동은 굿의 중심지이자, 훌륭한 목수의 고장이고, 건축문화의 중심지이며, 소나무의 발상지로 인식되는 까닭에 성주의 본향이 안동일 수 있는 조건을 두루 갖추었다고 하지 않을 수 없다.

4. 민속신앙의 성지로서 안동땅 제비원

성주의 본향이 경상도 안동 땅이긴 하나 구체적으로는 안동지역 가운데서도 '제비원'이다. 안동이 성주의 본향답게 굿과 건축, 소나무의 중심지이자 성주를 상징하는 훌륭한 목수의 고장이라는 사실도 밝혔다. 그러나 성주의 본향은 막연하게 안동이라고 하지 않고 반드시 '제비원'이라고 하여 구체적 지명을 밝히고 있다. 따라서 성주의 본향이 왜 안동인가 하는 사실을 넘어서 왜 안동 가운데서도 '제비원'인가 하는 사실을 더 따져봐야 한다. 그래야 성주의 본향으로서 구체적인 장소성이 포착된다.

제비원 미륵(이천동 석불상)

안동 제비원은 예사 공간이 아니다. 안동시 이천동 일부를 일컫는 모듬살이 이름으로서 주소가 구체적일 뿐 아니라, 예사 취락과 다른 문화 공간으로서 장소성을 지닌다. 제비원은 행정지명이 아닌 마을의 모듬살이 이름이지만, 지역 주민들이라면 모르는 사람이 없을 정도로 유명한 곳이다. 이천동이라는 행정동 이름보다 제비원이라는 이름이 더 알려져 있을 정도이다. 따라서 전국적으로 성주의 본향을 '안동땅 제비원'으로 일컬을 만큼 특별한 장소성을 획득하고 있다.

장소성을 상징하는 으뜸은 시각적으로 가장 두드러진 '제비원 미륵'이다. 이 미륵은 마애불로서 이천동 석불이라고 한다. 안동 주민들은 '제비원'이라고 하면 곧 '미륵' 또는 '미륵불'을 떠올릴 만큼, 이 마애불은 제비원의 상징물이자 안동을 대표하는 문화적 상징물이다. 안동사람들은 '제비원 미륵'을 관용구처럼[56] 일컬어왔을 뿐 아니라 안동의 랜드 마크로 여겼다. 따라서 안동에서 발행하는 자료보고서나 홍보지, 관광안내서 책 표지 사진으로는 으레 제비원 미륵 사진을 사용하곤 했다.

---

56 옛 선비들도 주로 彌勒이라 했으며 石佛 또는 老佛이라 하기도 했다. 彌勒으로 기록한 이는 이황과 손경욱, 권길, 전구, 정박, 이정룡, 김경식, 황여소 등으로 가장 많다. 이환과 김수증, 이기홍, 배집, 송형 등은 石佛 또는 大石佛이라 했으며 고성겸은 老佛, 류학과 권석희, 류의건은 彌陀로 기록했다.(임노직, 앞의 글, 108쪽 각주 14 참조)

안동시민의 노래에도 제비원이 언급되고, 이 지역을 답사하는 다른 고장 사람들도 제비원을 거르지 않는다. 안동문화를 조사하고 연구한 간행물에서도 제비원 미륵불을 안동의 상징으로 밝혀 두고 있다. 『안동향토지』에서는 "안동의 상징이라 할 만큼 너무도 유명한 제비원 불상"으로[57] 서술되었으며, 『영남의 전설』에서도 "안동의 상징과 신앙의 대상이 되어 정신문화의 한 기둥이 되고 있는 것"으로[58] 평가되고 있다. 그러므로 제비원의 장소성은 미륵불상으로 인하여 한결 우뚝하다.

미술사가들은 이천동 석불상의 수인(手印)이 중품하생인(中品下生印)인데다가[59] 서방정토를 향하고 있는 까닭에 이 미륵불을 '아미타여래상(阿彌陀如來像)으로 해석한다.[60] 그러나 주민들은 한결같이 '제비원 미륵'이라 일컫는다. 따라서 제비원 미륵은 불교 사원의 불상으로서 불교신도들의 신앙대상이면서 동시에 세간에서는 민속신앙의 대상이 되었던 것으로 보인다. 민속신앙에서는 거대한 바위를 섬기는 거석신앙이 토착 미륵신앙으로 전승되었다. 토착 미륵신앙은 사찰과 무관하게 마을 어귀나 언덕에 기둥 모양의 자연석을 투박한 인물조형으로 다듬어서 미륵으로 섬겼다.

제비원의 토착 미륵신앙도 불교의 미륵불 신앙이 형성되기 전부터 이 고장에 자리잡고 있었다. 지금과 같은 마애불 아미타여래상이 조성되기 전부터 이 바위는 미륵 신앙의 대상이 되었던 미륵바위이자 '미륵당(彌勒堂)'이었다. 제비원의 주민들은 제비원 미륵을 지금도 '미륵당'이라 하며 섬기고 있다. 미륵바위만 섬기는 것이 아니라 칠성바위도 섬기는데, 두 바위는 서로 마주 보고 서 있다. 미륵불 앞쪽으로 3.5m 간격을 두고 칠성바위가 자리잡고 있다. 따라서 미륵불 앞 길가 바닥의 솔씨공원에서 미륵불을 쳐다보면 거대한 칠성바위가 미륵상 아래 부분을 가리고 있다.

제비원 '미륵'과 마주한 큰 바위를 '칠성바위' 또는 '칠성당(七星堂)'이라 하는데, 마치 두 바위는 앞뒤로 짝을 이루며 서 있는 것처럼 보인다. 미륵바위와 칠성바위 신앙은 최근까

57　宋志香, 『安東鄕土誌』 上, 大星文化社, 1983, 209~211쪽. 이 책 불상 항목에서는 아예 제목을 "安東의 象徵 제비원 佛像"이라고 설정했다.
58　柳增善, 『嶺南의 傳說』, 螢雪出版社, 1971, 203쪽.
59　이효걸, 「제비원 미륵불, 안동인의 희망을 지키다」, 『고려시대의 안동』, 예문서원, 2006, 98~110쪽에서는 특정 수인이라기보다 '수인에 대한 표현의 자유'를 선언한 '자비의 손짓'으로 해석한다.
60　秦弘燮, 『韓國의 佛像』, 一志社, 1980, 293쪽.

지 제각기 계속되고 있다. 특히 토착 미륵신앙은 불교와 상관없이 주민들 중심으로 이루어지고 있다. 주민들은 제비원 미륵을 관리하고 있는 연미사(燕尾寺)의 불교행사와 상관없이 음력 4월 초사흗날 미륵당에서 별도로 '미륵전'이라는 계모임을 하고 미륵에게 제의를 올린다.[61] 이 제의는 불교신앙이 아닌 토착적인 미륵바위 신앙이다.

미륵당의 미륵바위는 불교의 전래에 따라 마애불로 다듬어져서 불상으로 거듭 나고 불교신앙의 대상으로 변화 발전되었다. 그러나 칠성바위는 아직도 자연바위 그대로 우뚝 서 있고 여전히 민속신앙의 대상으로 남아 있다. 따라서 최근 제비원 미륵 앞 칠성바위 아래를 보면, 촛농이 떨어진 자리와 과일들이 놓여 있는 것이 더러 발견된다. 누군가 찾아와서 칠성바위에 치성을 드렸던 흔적이다. 이처럼 주민들의 칠성신앙이 개인적으로 지속되긴 하나 미륵당처럼 정기적인 신앙활동이나 미륵전으로 일컫는 신앙공동체는 현재 존재하지 않는다.[62] 미륵신앙에 비해서 칠성신앙이 더 빨리 약화된 결과이기도 하고, 미륵신앙과 달리 칠성신앙은 불교와 연관되지 못한 까닭에 쇠퇴한 현상이기도 하다. 그러므로 제비원의 미륵당을 아는 이는 더러 있어도 칠성당을 아는 사람은 드물다.

중요한 것은 제비원에서 가장 우뚝하고 우람찬 두 바위가 모두 신성한 바위로 섬겨졌다는 사실이다. 아울러 말하면 큰 바위를 섬기는 거석신앙의 일종이지만, 개별적으로 말하면 미륵바위, 칠성바위 등으로 신격이 서로 다른 개성을 지닌 민속신앙이다. 그런가 하면 근처에 주민들이 섬기는 용바위와 삿갓바위도 있어 주목된다. 제비원 이웃마을인 양의골의 용바위는 누워 있는 형상인데, 길이 30m의 거대한 바위이다. 이웃마을 사람들이 건축 자재로 쓰기 위해 깨어가려고 했으나 모두 실패했다고 한다. 용신신앙의 대상이 되었던 바위의 신성성을 증언하는 셈이다.

제비원 바로 이웃마을인 이송천 용달골 앞산 정상부에는 '범당'과[63] '삿갓바위'가[64] 있다. 범당은 처녀가 이곳에서 범에게 물려죽은 까닭에 '범당'이라고 하고, 삿갓바위는 승려

---

61 이창윤, 「성주의 본향은 왜 경상도 안동땅 제비원인가」, 『민속문화의 지역적 특성을 묻는다』, 집문당, 2000, 70쪽.
62 이창윤, 위와 같은 글, 같은 곳.
63 朴東均 외, 『安東의 地名由來』, 安東民俗博物館, 2002, 437쪽. 용달골 앞산 범당이 있는 골짜기를 범당골이라 한다.
64 이 바위는 승려들이 쓰는 삿갓처럼 원뿔 모양을 하고 있는데, '처녀바위'라고도 한다. 처녀가 이곳에서 범에게 물려죽은 까닭에 '범당'이라는 유래와 연관되어 있는 바위 이름이다.

범당산의 삿갓바위

들이 쓰는 삿갓 모양을 하고 있어서 그렇게 일컫는다. 삿갓바위는 범당 유래와 관련하여 '처녀바위'라고도 한다. 이 삿갓바위는 바위답지 않게 표면이 매끈하여 일반적인 산 바위와 다를 뿐 아니라, 산 정상부에 북쪽을 향해 삿갓처럼 우뚝하면서도 안정되게 솟아 있어서 예사롭지 않게 보인다. 주위에는 아무런 바위도 없는데 홀로 우람하여 신성하게 여길 만하다. 범당은 이송천의 동신당이고, 범당 뒤의 삿갓바위 또한 주민들이 섬기는 바위이다. 주민들이 동제를 올리는 범당은 한때 인근 무당들의 굿당으로 널리 이용되는 한편, 무속인들이 머물며 기도드리는 곳이기도 하다.[65]

쓴이는 1981년 11월 범당에서 무녀 김경화(여, 40)의 해원굿을 밤새도록 조사했다.[66] 이때는 안동지역 무당들이 범당을 굿당이나 기도처로 이용하는가 하면, 외지 무당들이 찾아와서 비닐하우스와 같은 것을 인근에 지어놓고 며칠씩 머물며 신의 기운을 받기 위해 기도드리던 곳이었다. 범당 안에는 선반 위에 남녀 신을 상징하는 두 개의 고깔이 나란히 놓여 있고 그 아래에는 제상(祭床)이 놓여 있었으며, 측면에는 '굿당 안을 어지럽히거나 훼손하지 말라'는 경고문이 붙어 있었다. 경고문은 범당을 굿당으로 이용하는 사람들 사이의 약속이었다.

범당은 단칸 와가의 동제당이었는데, 최근 몇 년 사이에 기도드리는 이들의 부주의로 불타버렸다. 주민들이 다시 가건물 형태로 범당을 복원해 두었으나 땅 주인에 의하여 해체되어 지금은 터만 남았다. 범당 뒤쪽에 삿갓바위가 있고 아래쪽에는 샘이 있어서 굿을 할 때 정화수로 사용되었다. 마을에서 동떨어진 외진 곳이자, 섬기는 삿갓바위와 정화수를 공급하는 맑은 샘 등을 갖추고 있어서 범당은 굿을 하는 굿당으로 제격이었다.

---

65 林在海, 『韓國口碑文學大系』 7-9, 韓國精神文化硏究院, 1982, 161쪽.
66 林在海, 위의 책, 161~254쪽에 해원굿 조사보고서가 수록되어 있다.

따라서 무속인들 사이에 기도 영험이 있는 곳으로 알려져 한때 기도하는 사람들이 머무르며 치성을 드리기도 했다. 지금은 범당도 사라지고 도로 신설 공사로 진입로도 없어져서 사람들의 발길이 끊어졌다. 다만 삿갓바위만 우뚝하게 남아 있다. 최근 성주굿보존회 송옥순 회장이 성주신앙 성전을 구상하고 이 부지를 개인적으로 매입해 둔 상태여서 더이상 훼손되지는 않을 것 같다.

범당의 삿갓바위는 제비원의 미륵바위나 칠성바위, 양의골의 용바위처럼 바위신앙의 대상이었다. 무당들은 범당에서 굿을 하기 전에 으레 이 삿갓바위 앞에서 치성부터 드렸다. 따라서 제비원 일대는 큰 바위를 섬기는 다양한 거석신앙이 집중되어 있다. 이 사실은 구체적인 바위의 존재뿐만 아니라 여러 제비원 전설에서도 바위신앙의 전통을 증언하고 있다. 전설에 따르면 바위 자체의 신성성보다 제비원의 입지 자체가 신성한 공간으로 여겨졌다. 왜냐하면 자연 바위가 제비원에 가서 자리를 잡으면 미륵이나 부처가 된다고 믿었기 때문이다.

〈제비원과 욱바우〉전설은 미륵이 되려고 서로 다투었던 두 바위 전설이다. 제비원에 가서 자리를 잡으면 미륵이 된다는 사실을 알고, 두 바위가 서로 미륵이 되는 자리를 차지하려고 제비원을 향해 굴러갔다. 두 바위는 미륵 자리를 찾아 굴러가다가 한 바위가 먼저 이르러서 현재의 미륵 곧 제비원 미륵불이 되었다. 그때 경쟁에서 뒤쳐진 바위는 지금의 욱바우골에[67] 머무르고 말았다. 미륵이 되지 못한 바위는 원통해서 우는 바람에 '울바위' 곧 욱바우가 되었다고 한다.[68]

그리고 〈자리를 찾은 제비원 미륵〉전설도 같은 맥락의 이야기이다. 전국 각지에서 바위들이 다투어 미륵이 되고자 제비원을 찾아오는데, 현재의 미륵바위가 먼저 찾아와 미륵이 되자 자리를 못 찾은 다른 바위들은 맥현(麥峴)에서[69] 주저앉아 울었다는 것이다.[70] 이 두 전설은 한결같이 제비원을 신성한 공간으로 이야기하고 있다. 어떤 바위든 굴러가서 먼저 자리를 차지하고 좌정하면 미륵이 되는 신성한 성지가 제비원이라는 것이다. 바위가 신성한 것이 아니라 제비원이라는 장소가 신성한 성지라는 말이다. 따라서 제비원 지역에 전

---

67 朴東均 외, 위의 책, 436쪽에서는 '울바위골'이라고 했다.
68 林在海,「口碑傳承」,『安東民俗資料誌』, 安東郡, 1981, 14쪽.
69 안동시 북후면 오산리 '보릿고개'. 제비원에서 북쪽으로 1.5㎞ 떨어져 있는 고개.
70 林在海,『韓國口碑文學大系』7-9, 安東市篇, 韓國精神文化研究院, 1982, 678쪽.

승되는 다양한 거석신앙의 배경에는 이 지역이 민속신앙의 성지라는 인식이 바탕을 이루고 있다. 그러므로 민속신앙의 신성한 성지인 제비원이 성주신앙의 본향이라는 것은 무척 자연스러운 일이다.

5. 대부송 전설과 안동 제비원의 소나무

제비원이 성주신앙의 본향이라는 더 구체적인 이유가 있다. 성주목이라 할 수 있는 신성하고 우람한 소나무가 제비원에 자리잡고 있었다는 것이다. 예사 소나무가 아니라 왕이 '대부송'이라는 칭호를 내릴 정도로 신성한 소나무이다. 민속신앙에는 큰 바위를 섬기는 거석신앙처럼 큰 나무를 섬기는 거목신앙도 있다. 마을마다 동신으로 섬기는 당나무는 사실상 거목신앙에 해당된다.

제비원이 민속신앙의 성지인 만큼 거석신앙 못지않게 거목신앙의 전통도 뿌리 깊다. 제비원에는 우람하고 신통한 전설적 소나무가 있었다는 것이다. 대표적인 전설이 〈대부송〉 전설과 〈나라솔〉 전설이다. 제비원에는 전통적으로 대부송 전설이 두 유형 전승되고 있다. 제비원에 거대하고 영험한 소나무가 있어서 세조와 세종이 각각 그 아래를 시나나가 소나무의 영험성에 놀라 '대부송'이라는 칭호를 주었다는 것이다. 먼저 세조와 세종의 대부송 전설을 차례로 보자.

세조가 형제와 선왕의 충신들을 모두 죽이고 왕위에 오른 다음에, 저지른 죄를 참회하기 위해 이름난 절을 찾아다니며 불공을 드렸다. 한번은 오대산 월정사를 다녀와서 경주로 가는 길에 제비원 앞을 지나가게 되었다. 가마를 타고 제비원 소나무 아래를 지나는데 소나무 가지가 내려와 가마 꼭지를 잡아서 움직일 수 없었다. 세조가 자기 죄를 징벌해서 그러는 줄 알고 뉘우치며 소나무를 통정대부(通政大夫)에 임명하고 붉은 띠를 둘러주면서 대부송이란 호를 내렸다. 그랬더니 비로소 소나무 가지가 제자리로 돌아갔다.[71]

---

71 宋志香, 『安東鄕土誌』上, 大星文化社, 1983, 342~345쪽, '제비원 성주풀이의 대부송'.

세종이 제비원 미륵불을 참관하려 내려오는데, 신하들이 가마에서 내려 걸어가야 한다고 아뢰었다. 그러자 세종은 왕이 대궐에서 80리 이상을 가지 않는데도 천리를 멀다 하지 않고 왔으니 그냥 가자고 하며, 가마에서 내리지 않고 갔다. 큰 소나무가 가지를 늘어뜨려 길을 덮고 있어서 가마가 통과할 수 없었는데, 세종이 탄 가마가 가까이 가자 솔이 스스로 가지를 들어서 길을 터주었다. 세종이 탄 가마가 지나가자 다시 원래대로 길을 덮었다. 세종이 이 광경을 보고 감탄하여 미륵의 힘이라 칭찬하고 환궁한 뒤에 대부송의 벼슬을 내렸다.[72]

실제로 세조와 세종은 안동 제비원을 지나친 일이 없다. 그럼에도 전설에는 세조와 세종이 안동 제비원 앞길을 지나간 것으로 이야기한다. 이렇게 이야기하는 데에는 두 가지 이유가 있다. 하나는 세조와 세종의 선악을 대조적으로 판결하는 민심의 표현이다. 세조가 왕좌에 오르기 위해 혈육을 살해하는 중죄를 저질렀으므로 길을 가로막아 징벌하는 반면에, 세종은 선정을 베풀었으므로 길을 터주어 통행을 순탄하게 하도록 했다는 이야기는 민심의 반영이자 민중의식의 표현이다.

둘은 제비원에 신성한 소나무가 있었다는 사실이다. 이 소나무는 왕의 선악을 판단할 뿐 아니라, 스스로 가지를 늘어뜨리기도 하고 들어올리기도 하는 신통한 소나무여서, 왕들이 대부의 벼슬을 주었다는 것이다. 세조와 같이 부도덕한 왕에게는 누구나 지나갈 수 있는 길도 의도적으로 가지를 늘어뜨려서 길을 막고 스스로 지은 죄를 참회하도록 일깨워 주었다면, 세종과 같은 성군에게는, 나뭇가지 탓에 아무도 지나갈 수 없는 길이지만 오히려 가지를 들어주어서 무사하게 지나갈 수 있도록 특혜를 베풀었다. 왕을 대하는 태도가 충신 못지않았으므로 대부의 벼슬을 내렸던 것이다. 그러므로 제비원에는 왕이 대부의 벼슬을 줄 만큼 사람보다 신통한 소나무가 있었다는 것이다.

이러한 두 전설을 입증이라도 하듯이 제비원에는 신통한 소나무가 있었다는 증언이 많다. 제비원에 대부송과 같은 거룩한 소나무가 없다면 이런 전설이 성립될 수 없다. 전설은 증거물을 근거로 성립되는 이야기이기 때문이다. 실제로 제비원에는 빼어난 소나무가 있었다고 증언하는 사람이 많다. 풍물패 상쇠로서 풍물성주굿을 해왔던 김기진씨는[73] 제비

---

[72] 成均館大學校 國文學科, 『第二次 安東文化圈學術調査報告書』, 1971, 132~133쪽, 세종 관련 '대부송' 전설.
[73] 김기진(남, 60), 2001년 1월 11일 면담조사. 제비원 풍물패 상쇠로서 농악대장이자 성주풀이 앞소리꾼.

원 미륵 가까이에 대단한 낙락장송이 있었다고 증언한다.

옛날에 우리는 모르지마는, 어른들이 연세 높은 어른들이 하시는 말씀이 그 성주풀이는 제비원의 솔씨 받아가주고 성주 기둥을 만들었다, 그러는 게 뭐 일이(1,2) 백년이 아이고 대대로 내려오면 이래 안동에서 그런 말이 퍼져가주고 내려왔기 때문에, 제비원의 어데 그런 소나무가 섰는지 몰라도 하이튼 미륵 근방인 것은 틀림없어.

옛날에 거 근방에 미륵을 만들 때도 소나무가 낙랑장송이 서가주고 그 옆에 미륵을 따듬었지. 옛날 어른들이 생각하기를 낙랑장송이 그 근바 없었을 겉으마 미륵도 없었다. 옛날 어른들이 그렇게 전설로 삼아왔지. 그래가주고 제비원의 솔씨가 미륵 옆에 있었다. 거 있기 때문에, 낙랑장송이 서 있기 때문에 미륵을, 옛날에 소나무가 우거진 나무가 경치가 좋기 때문에 미륵을 따듬어 세왔지. 요새 겉으마[74] 절대 그런 미륵을 따듬을 수가 없었다. 어른들이 분명히 이야기하는 기라, 나 많은 어른들이.[75]

제비원 미륵 근저에 거대한 소나무가 있어서, 성주풀이에 제비원의 솔씨를 받아 이 산 저 산 뿌려서 성주 기둥으로 자랐다고 한다. 김기진씨는 어릴 때부터 이러한 내용의 성주풀이를 어른들에게서 들어왔는데, 수백 년 전부터 내려오는 전설이라는 것이다. 그는 제비원 미륵보다 소나무가 먼저 있었다고 한다. '미륵을 공연히 거기다 조각해서 세운 것이 아니라, 아름드리 낙락장송이 풍광 좋게 서 있었기 때문에 그 밑에다 미륵을 다듬어 세웠다'는 것이다.[76] 그러나 대부송 전설처럼

풍물패 상쇠 김기진씨

---

74 요사이처럼 그런 낙락장송이 없었을 것 같으면.
75 2001년 10월 11일 성주풀이 앞소리꾼 김기진(안동시 송현동, 남, 60)씨 말씀.

제비원 소나무의 신성성이나 초월적 위력을 내세우지는 않는다. 다만 낙락장송으로서 오랜 역사성과 거목의 위엄을 강조할 따름이다. 목수들이 성주목으로서 가장 좋은 재목으로 인정하는 나무로 인식되었던 셈이다. 김기진씨는 아예 제비원의 소나무를 세계 소나무의 시조라고 한다.

> 똑바로 곧고 가지도 똑바로 나가고 동서남북으로 나가는 그 나무가 어디로 가냐 하면, 그 나무가 제비원에서 솔씨가 날아와 섰는 나무다. 이거는 분명히 젤(제일) 복판에 성주기둥을 세워야 된다. 그래 인제 목수들이 말라가주고[77] 그래 해가주고, 그 나무가 씨가 어디냐 하마 전 세계가 소나무가, 조선 솔이 섰는데는 제비원의 솔씨가 날아가주 그래 됐다.[78]

소나무 줄기가 곧고 가지도 동서남북으로 바르게 뻗은 소나무는 제비원의 솔씨가 날아와서 자란 것이라고 한다. 이런 나무는 목수들이 잘 다듬고 마름질을 해서 집의 기둥 가운데 성주기둥으로 세워야 된다는 것이다. 전 세계 어디든 조선 솔이 서 있다면 그것은 제비원의 솔씨에서 비롯되었다고 한다. 제비원의 소나무가 조선 솔의 원조이자 세계 소나무의 시조라는 말이다. 그러므로 안동 제비원은 소나무의 문화적 발생지이자 지리적 본향이라 할 만하다.

실제로 제비원이 있는 '오산'에는 솔숲이 무성했다. 제비원 팔경 가운데 7경이 바로 "오산창송(烏山蒼松)"이다.[79] 오산은 오이산 또는 오도산으로서 제비원 뒷산을 일컫는다. 제비원 뒷산에 소나무가 울창했다는 것을 팔경 가운데 하나로 지목한 것이다. 따라서 제비원 솔이 특별했다는 사실을 인정하지 않을 수 없다.

제비원의 소나무가 성주의 본향이 된 사정을 더 직접적으로 이야기하는 전설도 있다. 안동시 태사묘에서 권재영씨가 구술한 이야기이다.[80] 먼저, '이여송이 제비원 앞을 지나다가 말의 발이 떨어지지 않아 미륵의 목을 쳤는데 목이 높게 솟았다가 다시 제자리로 돌아

---

76 위의 면담에서 김기진씨 이야기.
77 목수들이 나무를 마름질해서.
78 앞과 같은 면담에서 김기진씨 이야기.
79 임노직, 「안동 제비원에 대한 문헌 기록 고찰」, 『제비원의 전통과 성주풀이』, 도서출판 천우, 2019, 121쪽.
80 1981년 7월 21일, 안동시 옥정동 태사묘에서 권재영(남, 66세)씨의 말씀.

왔고 피가 흘렀다'는 이야기와 '제비원에 어떤 처녀가 있었는데, 그 처녀가 죽어서 원귀가 되어 제비원의 미륵을 조각했다'는 이야기를 했다. 이어서 성주풀이 사설을 읊었다. "안동 땅 제비원에 솔씨를 받아 소편 대편에 던졌더니, 그 솔이 점점 자라나 머 낙락장송이 되어서..." 이런 성주풀이가 있는데, '이게 이북에 가도 안동땅 제비원 솔씨를 받았다는 성주풀이가 있을 정도로 전국적'이라고 했다.[81] 안동 제비원의 성주풀이가 전국적으로 노래된 원인을 제비원의 전설적 소나무에서 찾는 이야기이다. 더 구체적으로 성주풀이의 연원을 설명하는 전설이 있다.

약 400년 전 김유형(金有亨)·권여제(權麗濟)가 대부송을 숭배하는 의미에서 노래를 지으니 방방곡곡에 전파되었다. 본래는 성조(成造)풀이였는데 음이 변하여 성주가 되었다. 성주풀이 내용은 "성주본이 어데메냐 경상도 안동땅 제비원이 본일레라, 제비원에 솔씨를 받아 소평 대평 던져 소부동 대부동 되고 도리기둥, 황장목, 청장목이 되었구나"이다.[82]

성균관대학교 국문학과의 1971년도 안동문화권조사보고서에 의하면, 위와 같이 성주풀이를 처음 지은이와 시기까지 밝히는 구비전승을 수집하였다. 안동의 옛 어른들은 약 400년 전, 그러니까 16세기에 특정 인물 두 사람이 성주풀이를 지은 것으로 알고 있다. 무슨 근거로 김유형과 권여제를 지은이라고 하는 지 알 수 없으나, 주민들은 안동이 대부송의 고장이자 성주풀이의 발상지라는 사실을 공유하고 있었던 셈이다. 그러므로 안동 제비원의 대부송과 성주풀이는 서로 뗄 수 없는 관계에 있다고 하겠다.

이 미륵의 우측 어깨에 10여 척 되는 악송(惡松) 한 주(株)가 있는데, 이 솔은 옛날에 임금님이 가마를 타고 지나갈 때 그 꼭지가 이 솔에 걸려서 "에 그 솔!" 하고 호령을 하자 솔이 임금님을 알아보고 벌떡 일어나 미륵의 오른 쪽 어깨에 가서 붙었다.[83] 그리고 이 솔이 나라 솔이 되어

---

81 林在海, 『韓國口碑文學大系』 7-9, 安東市郡篇, 1982, 50~51쪽, '이여송과 제비원 미륵불'.
82 成均館大學校 國文學科, 앞의 보고서.
83 이야기 자료대로라면 '우측 어깨에 있던 소나무가 벌떡 일어나 미륵의 오른쪽 어깨에 가서 붙었다'고 하는데, 그것은 동어반복에 지나지 않는다. 따라서 '왼쪽 어깨에 있다가 오른쪽 어깨에 가서 붙었다'고 하든가, 아니면 '미륵 곁에 서 있다가 미륵의 오른쪽 어깨에 가서 붙었다'고 해야 제격일 것 같다.

처음으로 솔씨가 전국에 퍼져 소나무가 생겨 성주의 본향이 되었다.[84]

위의 전설은 안동이 성주의 본향이라는 사실을 알고 그 근거를 찾기 위해 현지조사를 한 김태곤이 수집한 것이다. 제보자 김주임 할머니는 제비원 미륵을 섬기는 연미사에서 평생 사찰을 관리해온 분이다. 따라서 제비원 관련 전설의 제보자로서는 아주 제격이다. 이 분의 이야기에 따르면, '대부송 전설'처럼 임금을 알아보고 스스로 자리를 옮겨 다닌 신통한 소나무가 있었으며, 이 소나무의 솔씨가 전국적으로 퍼진 까닭에 제비원이 성주의 본향이 되었다는 것이다.

위의 전설도 앞에서 수집된 대부송 전설이나 성주풀이 전설이나 크게 다르지 않다. 제비원 미륵 근처에 큰 소나무가 있었다는 사실, 왕을 만나서 대부송처럼 나라솔로 일컬어졌다는 사실, 제비원 솔씨가 전국으로 퍼져나갔다는 사실 등은 다르지 않다. 다만 제비원 "솔씨가 전국에 퍼져 소나무가 생겨 성주의 본향이 되었다"는 대목에서 '성주의 본향'을 명시했다는 점이 주목된다. 아마 안동 제비원이 성주의 본향이라는 사실을 알고 있는 김태곤이 그 이유를 밝히고자 '왜 제비원이 성주의 본향인가?' 하고 묻자, 김주임이 제비원이 성주의 본향인 원인 전설로서 이 이야기를 한 것이 아닌가 한다.

지금까지 구비전승되는 여러 전설과 성주풀이를 관련지어 볼 때 제비원에는 '대부송' 또는 '나라솔'로 일컬어질 만한 신통하고 우람한 소나무가 있었다는 사실을 확인할 수 있다. 문제는 소나무의 크기나 신통력이 특별할 뿐 아니라, 이 소나무가 '조선 솔'의 비조(鼻祖)라는 것이다. 세상의 소나무는 모두 제비원의 솔씨가 날아가서 퍼진 것이라는 믿음이 전설과 성주풀이로 널리 공유되고 있다. 그러므로 제비원의 소나무는 대부송이자 나라솔로서 또는 소나무의 비조로서 특별히 섬겨졌을 가능성이 있다.

민속신앙에서 큰 바위가 거석신앙으로 숭배되었듯이 큰 나무나 고목은 으레 거목신앙(巨木信仰)으로 숭배되었다. 마을마다 전승되는 동신신앙은 구체적으로 당나무를 섬기는 신앙으로서 고목신앙이자 거목신앙이라 할 수 있다. 동신신앙은 사실상 거목신앙과 함께 가는 까닭에, 거목신앙은 거석신앙보다 더 풍부하고 다양하게 전승되어왔다. 제비원 일대에

---

84 金泰坤, 『韓國民間信仰硏究』, 集文堂, 1983, 73쪽. 1965년 5월 20일 경북 안동시 이천동 제비원 김주임(여, 71)씨 이야기.

는 대부송으로 일컬어지는 전설적 소나무를 대상으로 한 거목신앙 곧 거송신앙(巨松信仰)이 있었다고 할 수 있다.

성주풀이에서 성주의 본향을 안동 제비원이라고 하는 까닭은 제비원의 솔씨가 자라서 성주목이 된 까닭이다. 따라서 성주목은 으레 제비원의 솔씨로부터 자라난 기둥감의 소나무이다. 성주신앙은 소나무를 성주목으로 모시는 까닭에 사실상 소나무 신앙이자 거송신앙이라 할 수 있다. 제비원은 솔씨의 본향이자 대부송이 자리잡고 있는 거송신앙의 중심지이다. 그러므로 제비원은 거석신앙과 같은 민속신앙이 풍부할 뿐 아니라 거송신앙의 중심지로서 성주신앙의 본향으로 인정될 만한 충분한 조건을 갖추었다고 할 수 있다.

그러나 제비원에는 지금 거석신앙을 입증할 큰 바위들은 있지만 거송신앙을 입증할 거목의 소나무는 없다. 다만 안동 솔이 유명했다거나 제비원 미륵 근처에 낙락장송이 있었다는 일반적 증언과 전설이 남아 있을 따름이다. 거석신앙과 다르게 거목신앙이나 거송신앙은 오래된 역사일수록 증거물이 존재하지 않는다. 바위와 달리 나무는 생물이기 때문에 수명의 제약을 받는다. 한국의 은행나무는 700년 정도 되는 노목이 있으나[85] 소나무의 경우는 4, 5백년의 노목도[86] 찾기 어렵다. 그러므로 제비원의 전설적 소나무가 지금까지 남아 있을 가능성은 매우 희박하다.

『삼국유사』'고조선'조에 "환웅이 하늘에서 태백산 정상의 신단수 아래에 내려왔다"는[87] 대목이 있는데, 이 기록에 따라 태백산의 지리적 위치를 찾는다고 해도 신단수는 찾을 수 없다. 왜냐하면 신단수는 생명체이기 때문에 오래된 역사일수록 증거물이 사라지기 마련이다. 따라서 제비원에도 거석신앙의 증거물인 거석은 변함없이 그 자리에 남아 있으나, 거송신앙의 증거물인 거송은 전설만 여럿 남아 있고 실체는 없다. 대부송이나 나라솔이라 할 만한 거송이 없는 것은 오히려 역사가 오래 된 결과로 이해할 수 있다.

그러므로 잠깐 제비원 주변을 둘러보고서, 제비원에는 성주의 본향으로서 아무런 유적이 없다고 하거나, "안동 제비원이 성주의 본향이 된 것은 그 '제비원'이란 이름 때문이지 그 외에 다른 신앙 내용이 없는 것"이라고 주장할 뿐 아니라, "안동 제비원이 성주의 본향

---

85 안동시 길안면 용계리 은행나무 수령은 700살로 추정된다.
86 속리산 정이품송은 600살 정도로 추정된다.
87 『三國遺事』卷一, 紀異一, 古朝鮮條, "降於太伯山頂神壇樹下."

이므로 안동의 성주굿이 이 제비원과 관계해서 특별한 것이란 것은 2000년 이후에 이뤄지고 있는 근거 없는 문화 운동의 하나에 지나지 않는 것"이라고 매도하는 것은[88] 제비원 지역의 다양한 민속신앙과 문화적 전통의 깊이를 제대로 이해하지 못한 데서 비롯된 오류일 따름이다.

6. 안동 최고의 건물인 연자루와 성주신

현재 안동 제비원에는 시각적으로 미륵불상만 특히 우뚝하다. 미륵상은 길가에서 쉽게 바라볼 수 있을 만큼 거대하고 우뚝하며 조형성도 탁월하다. 자연히 제비원의 장소성은 미륵불이 압도하고 있다. 최근 미륵불 뒤편에 연미사가 새로 증축되었다. 거대한 미륵불에 견주어보면 사찰이 소박하게 보이지만, 제비원을 들르거나 지나치는 사람은 우람한 미륵상과 번듯한 사찰을 보게 되는 까닭에, 이곳을 으레 불교신앙의 역사적 현장으로 인식하기 마련이다.

그러나 자세하게 현장답사를 하면, 불교신앙은 불교 전래 이후에 덧씌워진 표면적 현상이고 그 이면에는 다양하고 풍부한 여러 민속신앙의 전통이 뿌리 깊게 자리잡고 있다는 사실을 알아차릴 수 있다. 제비원 미륵불상과 불교신앙은 그 이전의 민속신앙과 연관되어 후대에 형성된 것이다. 거석을 섬기는 미륵신앙과 칠성신앙이 불교

제비원 미륵불

---

[88] 손태도, 「'안동 성주굿' 무형문화재 신청 조사 보고서」, 2023년 4월 5일 조사. 경상북도 문화재위원회에 제출된 보고서 파일, 14쪽.

보다 더 선행된 신앙이었다. 뒤늦게 불교가 전래되면서 거석인 미륵바위를 이용해서 마애불이 조성되고 연미사라는 사찰이 지어졌다. 그러므로 '연미사 마애불'이라 하지 않고 원래 이름대로 '제비원 미륵'으로 일컬어져 오고 있다.

'제비원'이라는 명칭은 사찰을 일컫는 이름이 아니라, 고려시대 역원(驛院)의 이름으로서 불교와 무관한 지명이다. 『여지도서』에는 안동부의 북쪽 20리에 있는 역원이라 했고,[89] 『영가지』에는 안동부의 북쪽 12리에 있었던 역원이라 했다.[90] 현재 거리로 보면 12리에 더 가깝다. 이 역원을 흔히 '제비원'이라 일컫고 있으나, 한자로 표기할 때는 연비원(燕飛院) 또는 연원(燕院)으로 기록했다. 연자루를 중심으로 연자원(燕子院)이라고도 한다. 퇴계 이황과 고성겸 등은 특히 '연자원'으로 기록했다. 연비원이나 연원은 제비원이라는 지명을 의식한 것이라면, 특히 연자원은 연자루의 건물을 의식한 이름이라 할 수 있다. 모두 제비를 뜻하는 말이다. 제비원 인근 지역에 '제비' 또는 제비 '연(燕)'자가 들어간 지명이 여럿 있다. 지명의 정확한 근거는 알 수 없으나 이 지역 산세의 형국이 제비 형국이 아닌가 한다.

제비원이 역원이었기 때문에 자연스레 큰길을 끼고 있다. 따라서 이 길을 왕래하는 상황 기록에는 '하루에 천명이 지나가기도 하고 어떤 때는 만마(萬馬)가 통과하기도 한다'고[91] 할 정도이다. 과장된 기록으로 보이지만 사람과 말이 분주하게 이 역원을 통과한 것은 사실로 이해된다. 안동읍지인 『영가지(永嘉誌)』에는 제비원의 사찰을 일컬어 '연비원불사(燕飛院佛寺)'로 기록했다.[92] 토착지명인 제비원을 살려서 '연비원'으로 적은 것은 불교신앙 이전의 미륵신앙이 강고했던 까닭이다. '연비원불사'에서 기록한 내용은 '연미사'나 '연비사'와 같은 사찰이 아니라 미륵불을 덮은 연자루였다. 연자루는 불상을 보호하는 누각이기 때문에 사찰이라 할 수도 있으나, 비석을 보호하는 비각처럼 미륵을 보호하는 누각이기도 하다.

지역 주민들은 제비원 미륵이라 일컬었을 뿐 아니라, 불교신앙과 무관한 토착신앙으로서 미륵신앙을 믿고 있었으므로 사찰이라기보다 누각으로 인식했다. 우뚝하게 높이 솟아 있는 누각이어서 오르면 근처의 경관을 한 눈에 내려다볼 수 있다. 따라서 유가의 선비들도 이 누각에 오르거나 누각을 기리는 시를 짓기도 했다.[93] 영호루에 올라 시를 짓는 것 이

---

89 『與地圖書』慶尙道 安東 譯院, "燕飛院在府北二十里 唐貞觀九年."
90 『永嘉誌』, 卷5, 譯院, '燕飛院'.
91 趙亨道, 『東溪集』卷2, '燕子院', "一許千人過 時看萬馬通."
92 『永嘉誌』, 卷6, 佛宇, '燕飛院佛寺'.

상으로, 연자루에 오른 사실을 중요한 이력으로 인식하여 기록으로도 남겼다. 그러므로 연자루를 한갓 불사(佛寺) 곧 사찰로 여겨서는 미륵을 덮은 보호각으로서 누각의 이해를 온전하게 할 수 없다.

토착 미륵신앙은 불교와 상관없이 사찰에 있지 않고 마을에 있다.[94] 민중들은 자연바위는 물론 남근석까지 미륵이라고 불렀다.[95] 마을 어귀에 길게 우뚝 서 있는 바위를 흔히 '돌미륵'으로 일컬었던 것이다. 자연바위를 인격신으로 섬긴 것이 미륵신앙의 원초적 전통이다. 제비원의 미륵바위 전설처럼 바위가 스스로 굴러가 미륵이 되고자 했다는 믿음은 바위를 인격신으로 신앙하는 전통을 갈무리하고 있다. 따라서 처음에는 거대한 자연바위를 그 자체로 섬기는 바위신앙이 형성되어 전승되다가, 바위에 따라 미륵당과 칠성당으로 분화되어 직능신앙 형식을 띠며 발전하였던 것이 제비원의 거석신앙 전통이라 하겠다.

뒤에 불교가 들어와 자리잡게 되면서 미륵바위는 거대한 마애불로 새롭게 조성되었다. 미륵바위가 마애불로 조성되는 과정에 불두(佛頭)를 별도로 조각해 얹어서 훌륭한 불상으로 완성되었다. 점차 불교가 강성해지자 마애불상 위에 높은 누각을 세워 미륵불을 보호하는 누각 '연자루(燕子樓)'를 높이 지었다. 연자루는 당대 최고의 목수가 지은 안동 최고의 건축물이었다. 따라서 안동 지방지인 『영가지』에서는 안동의 건축물 가운데 유일하게, "아득하게 높아서 지붕 추녀가 마치 반공중에 나래를 펼친듯하다"고[96] 했다. 그러므로 이 곳을 지나는 선비들은 이 누각을 기리는 시를 짓는 것은 물론, 아예 이곳을 찾아와 누각에 오른 충격적 감회를 시로 읊기도 했다.

연자루가 안동 최고의 건축물이라는 데에는 이유가 있다. 『영가지』 기록에 보면 당나라 연호 정관(貞觀) 8년[97] 곧 선덕여왕 3년(634)에 지었다고 하여 가장 오래된 건물일 뿐 아니라, 『영가지』가 쓰였던 조선 중기까지 건재했던 웅장한 건물이었다. 『영가지』가 1608년에 편찬되었으니 약 천년을 지속한 역사적 건물이었다. 『영가지』 기록을 믿을 수 있는가 의문을 가질 수 있다. 선덕여왕 당시의 사찰 건축 기록을 보면, 충분히 연자루도 지었을 가능성이 높다.

---

93 이황, 손경욱, 고성겸 외 여러 선비들이 연자루에 올라 소회를 기록했다.
94 주강현, 『마을로 간 미륵』 1,2, 대원정사, 1995는 사찰미륵이 아닌 마을미륵을 다루었다.
95 주강현, 위의 책, 5쪽.
96 『永嘉誌』 卷6, 佛宇, 燕飛院佛寺條, "飛甍縹緲翼然若半空."
97 『永嘉誌』 위와 같은 곳, "唐貞觀八年 作六間閣以履之."

선덕여왕 2년(唐 貞觀 7년, 633년): 백제 승려 혜구(惠求)가 부안에 내소사(來蘇寺) 창건.

선덕여왕 3년(唐 貞觀 8년, 634년): 신라 경주에 분황사(芬皇寺) 창건.

백제 부여에 왕흥사(王興寺) 창건.

선덕여왕 4년(唐 貞觀 9년, 635년): 신라 경주에 영묘사(靈廟寺) 창건.[98]

연자루의 건축 시기에 신라와 백제에 여러 사찰들이 지어진 것으로 봐서 『영가지』의 기록이 역사적 상황과 어긋나지 않는다고 할 수 있다. 그러나 신라 중기의 건축물이 조선 후기까지 지속되는 것은 불가사의다. 그 동안 여러 차례 중수(重修)해 왔기에 비로소 가능한 일이다. 초기 건물을 거듭 중창(重創) 했지만 "마룻대와 대들보의 재목은 모두 옛것을 그대로 썼다"고[99] 했다. 주요 재목은 그대로 쓰고 부재들만 새로 갖추어 중창했다는 말이다. 따라서 초기 건물의 중심 기둥이자 성주목인 상기둥도 마룻대와 대들보처럼 그대로 썼을 가능성이 높다.

백담 구봉령의[100] 시에 그러한 사정이 잘 나타나 있다. 제비원을 지나면서 연자루를 보고 지은 시이다.

半天起飛宇	허공에 나는 듯한 집이 솟아있고
層簷彩霞騫	층 처마에 노을 들어 아름답구나
歲久欲頹挫	오랜 세월에 무너지고 꺾이어서
甍桷風雨掀	기와와 서까래가 비바람에 흔들리네
庶幾蕩爲墟	거의 부서져서 폐허가 되었으니
不復惑黎元	다시는 백성들을 미혹케 못하리라
重營恣譸張	중건하여 제멋대로 속임수 부리니
視古規制繁	옛날에 비해 규제하기 번거롭네[101]

---

98 『三國史記』卷5 '新羅本紀' 5, 善德王 4년, "靈廟寺成".
99 『永嘉誌』위와 같은 곳, "厥後再次重唱 棟樑之材皆因舊焉."
100 柏潭 具鳳齡(1526~1586)은 퇴계의 문하에서 수학한 선비로서 명종 때 별시문과에 급제하였으며 선조 때 대사성, 대사간, 대사헌을 거쳐 병조참판과 형조참판을 지낸 문신이다.
101 具鳳齡, 『柏潭文集』, '柏潭先生續集' 卷16, '過鷰院'.

구봉령은 연자루를 보고 "허공에 나는 듯한 집이 솟아있고/ 층 처마에 노을 들어 아름답구나"라고 노래했다. 저녁노을이 아름다울 때 우뚝하게 높이 솟아 있는 연자루를 바라보았더니, '오랜 세월에 무너지고 꺾이어서 기와와 서까래가 비바람에 흔들린다'고 하며, '거의 부서져서 폐허가 되었으니/ 다시는 백성들을 미혹케 못하리라' 하고 반가워했다. 그러나 '중건하여 제멋대로 속임수 부리니/ 옛날에 비해 규제하기 번거롭다'는 안타까움도 토로했다. 유가의 선비였던 구봉령은 미륵불을 덮고 있는 연자루 건물을 못마땅하게 여겼던 까닭이다.

연자루가 워낙 오래된 건물이라 거의 부서져서 기와와 서까래가 비바람에 흔들리지만, 허공에 나는 듯이 솟아 있는 누각의 위엄은 변함없었다. 기와나 서까래 같은 건축물의 부재는 낡고 부서져서 비바람에 흔들리되, 건축물의 주재목인 상기둥과 마룻대, 대들보 등 뼈대는 그대로였다는 말이다. 따라서 지금껏 계속 중건되어서 연자루가 새롭게 지어지는 바람에 규제하기 어렵다는 것이다. 16세기 구봉령의 시와 17세기『영가지』의 기록을 견주어 볼 때, 16세기 중기에 이미 중건된 연자루가 크게 부서져서 폐허가 된 상태였으나, 17세기 중기에는 옛 재목을 그대로 사용해서 다시 중창함으로써 원래 모습대로 새롭게 거듭 복원된 것을 알 수 있다.

조선 중기의 선비였던 손경욱(孫景郁, 1665~1710)은 영남의 명승을 찾아다니다가 연자루에 올라서 주변의 경관을 보고 느낀 감회를 7언 절구로 시를 지어 자신의 문집에 남겼다. 연자루가 우뚝하게 높고 사방이 트여서 먼 곳의 풍광까지 한눈에 볼 수 있는데, 그 풍광이 워낙 아름다워서 오랫동안 바라보아도 권태롭지 않아 돌아갈 길조차 잊은 채 더욱 빠져들게 되었다는 것이다.

陰岸白雪消將盡	북쪽 언덕에 백설이 다 녹는데
遠岫靑嵐鎖不收	먼 산꼭대기 푸른 안개 끼었네.
滿目風光看不倦	풍광이 눈에 가득 권태롭지 않아
却忘歸路更悠悠	돌아갈 길 잊은 채 더욱 그윽하다.[102]

---

102 孫景郁,『新圃先生文集』, 卷1, '登花山燕子樓'.

19세기 학자인 고성겸(高聖謙, 1810~1886)도 연자루에 올라서 그 소회를 기록했다. 이 기록을 볼 때, 연자루는 거듭 중창되어 조선 후기까지 존재했던 것이 분명하다. 고성겸은 연자루에 올라서 심장이 두근거리고 몸이 벌벌 떨리는 충격적 감회를 기록했을 뿐 아니라, 연자루는 '운소(雲霄)의 세계' 곧 하늘나라나 다름없었다고[103] 극찬했다. 따라서 연자루는 여러 차례 거듭 중창되면서 조선 후기에도 선비들이 오름직한 누각 구실을 지속해왔다고 하겠다.

　그럼 성주의 본향으로서 제비원 최고의 건물인 연자루의 성주목은 어느 것일까. 아마 연자루를 지탱하는 데 역학적으로 가장 구심점 기능을 한 상기둥이 아닐까 한다. 왜냐하면 상기둥 자리가 다른 기둥자리보다 특별하고 크게 남아 있기 때문이다. 미륵바위 위에 남아 있는 기둥 자리의 위치와 특별한 형상을 볼 때, 연자루의 성주목은 제비원 미륵의 불두 뒤에 세웠을 것으로 추측된다. 거대한 불두 뒤에 붙여서 성주기둥을 세움으로써 안정성을 확보했을 것이다. 기둥자리의 구조도 특별하게 조성했다.

　다른 기둥자리는 평평하게 갈아내거나 오목하게 홈을 파내어서 기둥을 반듯하게 세우거나 홈에 끼우도록 했다. 그런데 성주기둥 자리는 불두 뒤의 바위바닥을 '凸' 모양으로 볼록하게 깎아낸 것이다. 성주기둥을 그냥 세우면 북풍을 이기지 못하고 쓰러질 것을 예상하여 바닥을 이렇게 깎고, 바닥에 닿는 기둥의 아랫부분을 '凹' 모양처럼 파내어 주춧돌 노릇을 하는 '凸' 모양의 바위바닥 돌출부분에 맞물리도록 끼워서 세운 것이 아닌가 한다. 따라서 불두 뒤에 세운 성주기둥 자리는 다른 기둥 자리에 비하면 엄청 크다. '凸' 모양으로 깎아낸 상기둥 자리의 폭이 1.5m 정도나 된다. 상대적으로 연자루의 상기둥은 거대했던 것이 틀림없다.

　상기둥의 크기와 무게만으로도 평평한 곳에 세워두면 쉽게 쓰러지지 않는다. 그럼에도 구조적으로 안정된 주추 자리를 만들기 위해 미륵바위를 쪼아내서 '凸' 모양으로 다듬었다. 큰 기둥의 아랫면에 같은 크기의 홈을 파서 바위바닥의 돌출부분에 요철(凹凸) 또는 음양의 결합처럼 꽉 끼워서 세우면, 북풍이 어지간히 세게 불어도 쓰러지지 않고 꿋꿋하게 서 있을 수 있다. 그러므로 상기둥과 마룻대, 대들보 등 집의 뼈대는 그대로 두고 여러 차례 중창을 할 수 있었던 것이다.

---

103 임노직, 「안동 제비원에 대한 문헌 기록 고찰」, 『제비원의 전통과 성주풀이』, 도서출판 천우, 2019, 119쪽.

『영가지』에 "여섯 칸의 누각을 지어서 불상을 덮었다"는 기록과 "지붕 추녀가 마치 반공중에 나래를 펼친 듯하였다"는 기록, 그리고 현재 마애불 어깨 좌우와 앞뒤의 기둥 자리를 근거로 연자루를 복원할 수 있다. 연자루의 주기둥 구실을 하는 상기둥이 불두 뒤에 자리 잡았다고 하면, 그 앞뒤 좌우의 기둥은 불두를 중심으로 일정한 거리를 유지하게 된다. 상기둥에 버금가는 기둥자리는 칠성바위 꼭대기에 있는 것으로 짐작된다. 칠성바위 꼭대기는 너럭바위처럼 제법 평평한데, 그 위에 정방형 모양의 큰 돌이 놓여 있다. 사람들은 칠성바위 위에서 미륵불을 향해 절을 올릴 때, 제물을 차리는 제단이라고 하는 이가 있으나 그렇지 않다.

칠성바위 위에 올라가서 미륵불에 절하는 법도 없으려니와, 그 자리는 연자루의 기둥을 세운 주추 자리로 인식되는 까닭이다. 왜냐하면 그 자리는 불두 뒤의 상기둥 자리와 짝을 이루는 자리이기 때문이다. 따라서 불두 뒤의 '凸'로 다듬은 상기둥 자리와 칠성바위 위의 정방형 주춧돌 자리는 상량(上梁) 곧 마룻대를 지탱하는 두 기둥을 세운 자리였던 것으로 판단된다. 칠성바위는 미륵불보다 높이가 제법 낮아서 이 주춧돌이 높이를 보완했을 가능성도 있다. 실제로 『안동읍지』 고지도에 보면, 제비원 연자루 그림이 있는데, 오른쪽 미륵불상보다 왼쪽 칠성바위 위의 기둥이 더 아래쪽으로 길게 세워져 있다. 그러므로 연자루 건물은 미륵불의 불두를 중심으로 좌우로 2칸, 앞뒤로 3칸 6칸을 이루었을 것으로 추측된다.

연자루가 중요한 것은 성주신 곧 건축신의 본향에 있는 가장 핵심적이고 가장 우뚝한 건축구조물이었기 때문이다. 게다가 연자루가 덮고 있는 미륵상은 제비원을 상징하고 대표하는 석불상이자, 그 가까이에 칠성바위와, 대부송으로 호명되었던 거송이 있었다. 따라서 미륵바위와 칠성바위, 대부송, 연자루, 연자루를 지은 목수는 서로 유기적인 관계에 놓여 있는 실체들이다. 미륵과 칠성이 자리잡고 있는 신성한 바위와 성주목에 해당되는 대부송, 또는 솔씨의 기원이 된 나라솔, 당대 최고의 목수, 우뚝한 건물 연자루 등은 모두 성주신을 상징하는 것이다. 그러므로 안동 가운데서도 '제비원'은 성주의 본향이라 할 만한 조건을 두루 갖추고 있는 가장 구체적인 공간이라 할 수 있다.

7. 제비원의 신앙사와 성주신앙의 본향

성주신은 건축의 신이다. 건축의 주체인 목수, 건축 자재인 소나무, 건축 결과물인 건물이 유기적으로 연관되어 있다. 따라서 성주의 본향인 제비원에는 대부송 또는 나라솔로 호명되는 명품 소나무가 있었고, 연자루와 같은 안동 최고의 명품 건물이 있었으며, 이 연자루를 지은 당대 최고의 목수가 있었다. 실제로 성주신앙은 소나무, 목수, 건물 가운데 소나무와 목수가 아닌 건물에 모셔진 성주신을 섬기는 신앙이다. 그러므로 연자루는 성주신이 모셔져 있는 건물로서 성주신앙의 핵심 구실을 할 수밖에 없다.

그러나 고성겸이 연자루에 오른 기록에 따르면 여러 차례 중건하여 19세기 중기까지 건재했던 건물이 그 이후 폐허가 되고 만다. 지금 현장에는 기둥을 세웠던 주추 자리만 확인된다. 따라서 연자루에 관한 여러 문헌기록들을 섭렵하지 않으면, 현장에는 미륵불과 사찰만 보여서 성주의 본향이 될 만한 근거를 발견할 수 없다고 하기 일쑤이다. 따라서 제비원 관련 각종 문헌기록과 함께 전통신앙의 역사적 변동도 통시적으로 검토해야 제비원이 민속신앙의 성지이자 성주신앙의 본향이라는 사실을 포착할 수 있다. 성주신앙과 관련하여 연자루 건축 이전의 신앙사를 위상적으로 정리하면, 왜 제비원이 성주의 본향일 수 있는가 하는 사실을 더 잘 이해할 수 있다. 성주신앙의 본향인 제비원의 신앙사를 크게 네 시기로 나누어 정리하면 다음과 같다.

첫째 시기는 돌출된 큰 바위가 유난히 우뚝하게 자리잡고 있으면 그 바위를 신격으로 섬겼던 애니미즘 시대이다. 제비원의 미륵바위와 칠성바위, 양의골의 용바위, 범당의 삿갓바위, 맥현의 욱바위 등은 모두 후대에 붙여진 이름이고, 애니미즘 시대에는 그저 이름 없는 신성한 바위로 숭배되었을 가능성이 크다. 이 시기에는 큰 바위와 함께 큰 나무도 신성한 나무로 숭배되었다. 거석신앙과 거목신앙이 널리 전승되던 시기에 제비원은 그런 신앙의 대상이 되는 거석과 거목이 두드러졌다고 할 수 있다. 이때 거목의 수종은 특히 소나무였다. 제비원에는 예전부터 소나무가 울창했던 것으로 기록되어 있다. 그러므로 성주풀이에서는 늘 제비원의 솔씨가 문제된다.

둘째 시기는 신성하게 숭배되던 바위나 나무가 특정한 이름을 얻는 신화적 시대이다. 바위는 원래부터 그 자리에 있었지만, 마치 세상의 바위들이 제비원에 다투어 굴러 와서 미륵이 되고자 했던 것으로 이야기되는 시대이다. 낙락장송의 우람한 소나무도 가지를 임의로 움직이거나 서 있는 자리를 옮겨다녔다고 하는 이야기가 신화처럼 전승된다. 이때부터 거석과 거목은 비로소 이름을 얻게 된다. 먼저 제비원에 자리를 잡은 바위는 '미륵바위'가 되고 그러지 못했던 바위는 '욱바위'가 되었다. 미륵바위와 가까이 마주하여 자리잡은 바위는 '칠성바위'로 일컬어진다. 미륵바위 가까이에 있는 소나무도 이때 이름을 얻기 시작한다. 소나무가 가지를 스스로 움직이는가 하면, 아예 자리를 옮겨가기도 하여, '대부송'이나 '나라솔'이라는 이름을 얻게 되는 것이 이 시기였다.

  셋째 시기는 미륵신앙과 칠성신앙이 전승되는 가운데 불교가 전래되어 점차 보급되자 미륵바위는 불상으로 조형되어 미륵불이 된다. 미륵바위가 마애불 형태의 불상이 된 것이다. 별도의 돌로 불두를 깎아 미륵바위 위에 얹어서 불상을 완성했다. 앞에서 정면으로 보면 잘 드러나지 않지만 미륵불 뒤쪽에 올라가 보면 자연바위를 올려놓은 흔적이 쉽게 포착된다. 불상의 머리 부분은 2.43m 높이의 바위를 이용하여 입체감이 뚜렷하도록 불상의

자연바위 모습의 불두 뒷면

미륵 불두 측면

얼굴을 아주 매끈하게 조각해서 결합했다. 그러나 불두의 뒷면은 전혀 손질하지 않아서 평면의 바위를 올려놓은 것처럼 보인다. 불상의 뒷면을 보면 자연 바위가 어떻게 미륵바위의 불두로 변신하게 되었는가 하는 실상을 고스란히 알아차릴 수 있다.

이 미륵불 앞에는 미륵바위보다 규모가 좀 작은 칠성바위가 마주하고 서 있다. 그 사이는 약 3.5m 거리를 두고 있는데, 남쪽 입구만 열려 있고 나머지는 모두 바위로 이어져 있어서 마치 'ㄷ'자 모양을 정교하게 형성하고 있다. 그 공간의 구조는 마치 지붕 없는 석굴사원 형태라 할 수 있다. 미륵불에 대한 기도는 두 바위 사이에서 마애불을 향해 이루어진다. 주민들의 원초적인 미륵신앙도 이와 같은 형태였을 것이다. 유홍준도 미륵바위신앙에서 마애불신앙으로 전환되었을 것으로 추론한다.

> 이 불상은 두 개의 큰 바위 사이에 기도드리는 공간을 설정해 놓고 있음을 알게 된다. 이는 신령스런 바위를 신령스런 부처님으로 전환시킨 것이리라. 그래서 그런지 이 불상에는 자비롭고, 원만하고, 근엄한 절대자가 아니라 주술성조차 느껴지는 샤먼의 전통이 살아 있다.[104]

넷째 시기는 이 마애불 위에 연자루를 지어서 사찰 형태를 이룬다. 완전한 식굴사원은 아니지만 'ㄷ'자 형태의 암벽 구조 위에 인위적인 건물을 지어서 변형 석굴사원을 조성한 셈이다. 연자루는 단순히 마애불을 비바람으로부터 보호하는 건물이 아니라, 우뚝하게 지어서 건물에 오르면 주변 경관을 감상할 수 있는 누각 형태로 지었다. 보호각은 지붕으로 충분하지만 누각은 층집으로서 큰 마루방을 갖추어야 한다. 따라서 조선조 선비들은 이 건물을 두고 '연자원' 또는 '연비원'이라 일컬으며 제비원의 랜드 마크로 여겼다. 그런데 지금은 이 건물이 없고 기둥을 세운 주추 자리만 여럿 남아 있다.

네 시기의 전개 과정으로 볼 때, 성주신앙은 첫째 시기의 거석신앙과 거송신앙이 구체적인 이름을 얻어 미륵신앙이나 칠성신앙, 성주신앙 등으로 이름을 갖추게 되던 둘째 시기부터 형성되었을 것으로 추론된다. 이때 성주신앙은 거송신앙에서 비롯된 성주목 신앙이었을 것이다. 성주목 신앙은 집을 짓기 이전에 훌륭한 목재감으로 선택된 소나무를 섬

---

104 유홍준, 『나의 문화유산답사기』 3, 창작과비평사, 1997, 96쪽.

기는 신앙이다. 목수들이 소나무가 자라는 산에 올라서 성주목을 고르게 되면, 나무를 베기 전에 일정한 제의를 올리는 것이 원초적 성주신앙이다.

성주풀이에도 목수가 성급하게 성주목을 베려고 도끼질부터 하다가 도끼가 나무에 붙어서 꼼짝하지 못하는 사태에 직면한다. 그제야 산신이 노한 것을 알고 온갖 제물을 차려 두고 산신제를 올리게 된다. 거목을 섬기는 신앙보다 산신을 섬기는 신앙이 더 우위여서 이렇게 노래되지만, 전통적으로 거목을 베기 전에 나무를 향해서도 제의를 올렸다. 그러지 않으면 동티를 맞아 나무를 베는 사람이 재앙을 당한다고 믿었다. 그러므로 사람들은 거목 베기를 두려워했다.

동채싸움을 위해 산에 가서 동채로 쓸 나무를 구할 때도 나무신앙이 이루어진다. 동채목으로 선정이 되면 금줄을 쳐서 부정을 막고, 정월 초순에 목욕재계한 목공이 이웃사람들과 함께 가서 산신과 나무에 고사를 드리고 베어온다.[105] 성주목도 마찬가지이다. 마땅한 성주목을 찾아냈다고 해서 그냥 베면 부정이 탄다. 성급하게 도끼질을 하면 도끼가 나무에 붙어서 움직이지 않는다. 따라서 온갖 제물을 차려 놓고 산신과 나무에 고사를 올리기 마련이다. 동신목이 아니라도 큰 나무를 벨 때는 고사를 올려야 뒤탈이 없다. 성주목 신앙도 초기에는 이와 같은 맥락에서 이루어졌을 것이다.

그러나 성주목을 베어서 집을 지었을 때는, 나무의 신이 아니라 집의 신으로서 성주신을 대들보나 상기둥에 모신다. 제비원의 거송을 성주목으로 베어 연자루를 짓게 되면 으레 성주신을 모시게 마련이다. 연자루의 역사가 오래인 것처럼 연자루에 모신 성주의 역사도 그만큼 오래이다. 『영가지』에는 이 불상을 덮는 누각 연자루를 신라 선덕여왕 3년인 634년에 지었다고[106] 기록해 두었다. 이 건축연대는 연자루의 역사이자 성주의 역사이기도 하다.

미륵불을 덮기 위해 연자루를 지었으니 미륵불의 조성은 연자루를 짓기 전이라고 봐야 할 것이다. 그러나 학계에서는 이 마애불을 아미타여래상이라[107] 하고 고려시대 만들어진 것으로 추론한다.[108] 불두의 형상이 워낙 잘 조각되어서 고려시대 불상으로 해석할 만하

---

105 한양명, 『안동차전놀이』, 국립문화재연구소, 1998, 66쪽.
106 『永嘉誌』위와 같은 곳, "唐貞觀八年 作六間閣以履之."
107 秦弘燮, 『韓國의 佛像』, 一志社, 1980, 293쪽.
108 金吉雄, 『高麗의 石佛像』, 法仁文化社, 1994, 108쪽에 고려시대 거대한 마애불의 대표적인 보기로 안동

다. 그러면 불상을 덮은 누각보다 오히려 불상이 훨씬 뒤에 조각되었다는 모순에 빠지게 된다. 이러한 모순은 어디서 비롯되었을까. 미륵의 몸체 위에 올려놓은 지금의 불두가 원래 불두가 아니라 고려시기에 와서 바뀌었을 가능성이 있다. 그러면 이 미륵불의 조형성은 고려시대 작품으로 해석되어도 모순이 없다.

  신라 법흥왕 때 불교가 일반화되기 시작하면서 미륵바위가 미륵불로 조성되는 과정에 초기 불두는 지금의 정교한 불두와 달리 대충 소박하게 조각된 불두가 몸체 위에 얹어졌을 가능성이 있다. 왜냐하면 미륵바위에 불두는 원래 없었기 때문이다. 따라서 미륵불의 불두를 미륵바위처럼 고정적 실체로 인식할 필요가 없다. 누군가 불두를 조각하여 얹어서 미륵불을 완성했는데, 초기에는 얼굴 형상의 자연바위를 올려두었다가 조각술이 발달하고 불심이 깊어져서 현재와 같은 불두를 새로 조각해서 얹었을 수도 있기 때문이다. 그러므로 미륵바위는 고정적 실체로 인식하더라도, 불두는 가변적 작품으로 인식해야 연대기적 모순이 해결될 수 있다.

  미륵불을 덮은 연자루를 여러 차례 중창한 것처럼, 미륵불의 불두도 한두 차례 새로 조각해서 얹었을 것으로 추론하면, 미륵불이 고려시대 작품이라고 해석되어도 문제되지 않는다. 실제로 〈제비원 미륵불을 조각한 형제〉 전설에[109] 따르면, 현재의 미륵불에 미치지 못하는 미완성 미륵조각이 제비원 골짜기에 굴러다니고 있었다고 한다. 주민들의 이야기를 들어보면, 버려둔 미완성 조각이 예전에는 보였는데 오랜 세월 동안 흙에 묻혀서 지금은 보이지 않는다는 것이다. 따라서 제비원 앞의 골짜기를 중장비로 파헤치면서 두루 찾아보면 미완성 불상이 반드시 나올 것이라고 장담하기도 했다.

    옛날에 당대 최고의 조각가 형제가 있었다. 형제가 모두 당대 제일일 수 없다는 판단 아래 미륵불 조각으로 승부를 겨루었다. 동생이 열심히 불상을 다듬을 동안 형은 줄곧 놀기만 하다가 마지막에 달랑 머리만 다듬어 얹어서 불상을 만들었다. 그렇게 만든 것이 지금의 제비원 미륵이다. 아우는 패배를 인정하고 다듬던 조각을 버려두고 떠났는데, 그 조각은 지금 골

    이천동 마애불입상을 들고 있다.
    유홍준, 앞의 책, 96쪽. "미술사적으로 풀이하면 파격적이고 도전적이며 지방적 성격을 강조한 전형적인 고려 불상인 것이다."
109 柳增善, 『嶺南의 傳說』, 螢雪出版社, 1971 참조.

짜기에 묻혀 있다.[110]

위 전설은 증거물이 둘이어서 두 가지 사실을 입증한다. 하나는 제비원 미륵불의 불두는 따로 조각해서 얹은 것이라는 사실이며, 둘은 미완성 불상이 버려진 채로 제비원 근처에 있었다는 사실이다. 앞의 증거물은 사실 그대로 존재하나, 뒤의 증거물은 오랜 세월 골짜기에 버려져 있었던 까닭에 흙에 묻혀서 확인할 수 없는 상태다. 그러나 뒤의 증거물 해석은 다르게 할 수 있다. 버려진 미완성 조각이라는 것이 지금의 불두보다 조각 수준이 떨어지는 최초의 불두일 수 있다는 해석이다. 따라서 전설에서 말하는 버려진 불상 조각은 현재 불두 이전의 불두를 근거로 이야기하는 것으로 추론할 수 있다.

전설의 내용으로 볼 때, 이야기꾼은 지금의 불두를 조각한 형보다 오히려 미완성 불상을 조각한 아우에게 더 애착을 두고 있다. 아우가 열심히 불상을 다듬을 동안 형은 놀기만 했다고 할 뿐 아니라, 마지막에 머리만 다듬어 불상을 완성했다고 하는 까닭이다. 게다가 아우가 만들다가 만 불상이 어딘가에 묻혀 있을 것이라는 안타까움과 함께 발굴조사를 기대하기까지 한다. 따라서 이 전설은 불두의 교체 현상에 근거한 이야기일 수 있으며, 지금 불두보다 조각 솜씨는 조잡하지만 원래 불두였기 때문에 무척 애착이 갈 수 있다.

지금도 머리 부분이 없는 불상이 적지 않다. 불두가 떨어져 나간 자리에 얼굴 모양의 갸름한 돌을 얹어 놓거나 새로 불두를 조각해서 얹어 놓는 경우도 있다. 제비원 미륵은 원래 머리가 없었던 자연 바위였다. 뒤에 불두를 조각하여 얹은 것이다. 원래 한 몸으로 조각되어 있는 불두도 목이 부러지거나 떨어져나가는 상황이 발생하는데, 미륵바위에 별도로 새겨서 얹어놓은 불두가 원래 그대로 고스란히 남아 있으리라고 장담하기 어렵다. 따라서 현재의 불두 또한 초기의 것이 아닐 수도 있다는 사실을 인정해야 한다.

불두의 가변성을 인정한다면, 현재의 불두를 근거로 고려시대 마애불이라는 기존 학계의 해석에 따라, 그 불상을 덮은 연자루 건물도 고려시대 이후 곧 마애불 제작 이후에 지어진 것이라고 해석할 필요가 없다. 현재의 불두 이전에 다른 불두가 그 자리에 있었을 가능성이 있고 그 불두의 연대는 신라 중기 곧 불교의 전래시기까지 소급할 수 있다. 왜냐하면 미륵바위가 불교전래 이후 미륵불로 다듬어졌기 때문이다. 그렇다면, 『영가지』에 정관 8

---

110 柳增善, 위의 책, '제비원 미륵불을 조각한 형제'를 간략하게 요약함.

년 곧 선덕여왕 3년에 연자루가 지어졌다고 한 사실은 전혀 문제될 것이 없다.

만일 미륵불이 원래 고려시대 작품이라면 『영가지』의 연자루 건립연대 기록은 크게 잘못되었다. 그러나 『영가지』에서만 건립연대를 '정관' 연호로 밝힌 것이 아니다. 『여지도서』안동 '역원'조에도 연자루를 당나라 정관 9년에 지어진 것이라[111] 했다. 조선 중기의 학자 류의건(柳宜健, 1687-1760)의 『화계집(花溪集)』에도 같은 연호로 창건시기를 밝히고 있으며, 구체적으로 창건자를 석손상인(奭巽上人)으로 밝히기까지 했다.[112] 그러므로 서로 다른 세 문헌에 거의 같은 시기로 기록된 것으로 볼 때, 문헌 기록을 존중한다면 연자루는 신라 중기에 지어진 건물이라 할 수 있다.

연자루를 반공중에 나는 듯이 높게 지을 수 있었던 것은 당대 최고의 탁월한 목수는 물론, 그런 높이로 지을 수 있는 우람하고 반듯한 목재가 넉넉하게 제공되었기 때문이다. 2층 누각으로 우뚝하게 돌출한 건물이 북풍을 견디며 꿋꿋하게 서 있으려면, 무엇보다 집을 지탱하는 기둥이 굵고 길며 튼실해야 한다. 미륵불 불두 뒤의 상기둥자리를 보면 폭이 1.5m나 된다. 예사 살림집 기둥에 견주어 보면 5배 정도로 규모가 엄청 크다. 그런 크기의 거대한 소나무가 제비원에 자라고 있었던 것이다. 따라서 제비원의 소나무는 흔히 낙락장송으로 일컬어지는 데서 성큼 나아가 '대부송' 또는 '나라솔'로 일컬어지게 마련이다.

연자루의 상기둥은 제비원에서 자라는 소나무 가운데 가장 우람하고 반듯하게 자라서 성주목의 여러 조건을 두루 갖춘 것을 특별히 세심하게 골라서 재목으로 사용했을 것이다. 연자루의 성주 또한 예사 살림집의 성주처럼 으레 상기둥이나 대들보에 모셔 두기 마련이다. 연자루를 여러 차례 중수했으되, 마룻대와 대들보, 상기둥 등 중요 목재는 그대로 사용했다고 한다. 성주목은 한번도 교체하지 않았다는 말이다. 제비원이 성주의 본향이므로, 제비원의 소나무는 으레 성주목이며, 제비원의 소나무를 자재로 지은 연자루 상기둥에 모신 성주는 으뜸 성주신이라 할 수 있다. 그러므로 성주의 본향 제비원의 성주신은 구체적으로 연자루의 상기둥에 모신 성주신으로 추론된다.

---

111 『輿地圖書』, 慶尙道 安東 驛院, "燕飛院在府北二十里 唐貞觀九年建 山岸鉅石 可五六丈許 作眼彌勒 立閣脚庇."

112 柳宜健, 『花溪集』 卷4, "蓋唐貞觀中奭巽上人所刱建 中有石佛長十數丈 名無量 俗呼燕院 扁曰燕尾院."

연자루의 성주신은 특별하다. 연자루는 지은 역사가 신라 선덕여왕 시대까지 거슬러 올라갈 뿐 아니라, 솔씨의 본향인 제비원에서 자란 소나무로 성주목을 삼아 지은 건물이면서, 당대 최고의 장엄한 건물이었기 때문이다. 따라서 연자루에 모신 성주신은 가장 으뜸 성주신으로서 연자루의 건물과 함께 특별히 기릴 수밖에 없다. 그러므로 연자루의 성주신은 성주신앙의 구심점 구실을 하면서 제비원을 성주의 본향으로 인식하는 데 결정적 요소가 되었다고 할 수 있다.

연자루의 기능도 특별하다. 불교적으로 보면 불상을 덮은 건물로서 사찰의 일종일 수 있으나, 누각 형태로 지어진 건물의 구조나 지금껏 '제비원 미륵'으로 일컬어져 온 지역 주민들의 신앙인식에 따르면 불교신앙보다 오히려 민속신앙의 전통에 더 가까운 기능을 했다. 따라서 연자루는 예사 살림집이나 일반 누정과 달리 미륵을 보호하는 신성한 건물이었다. 그러므로 유가의 선비들도 연자루를 우뚝하고 장엄한 건물로 기리기도 하고 오르기도 했다. 실제로 연자루에 오른 선비 고성겸은 "눈이 어질고 심장이 두근거리며 벌벌 떨려서 그대로 추락할 것만 같아서 오래 앉아 있을 수 없다"고[113] 자기 느낌을 고스란히 표현했다. 연자루의 건물이 얼마나 우뚝했는가 짐작이 간다.

조선 후기의 학자인 김수증(金壽增, 1624-1701)은 안기역(安奇驛)을 지나서 연자루에 이르러 누각과 미륵불을 보고 다음과 같이 기록했다. "제비원 연자루에 이르니, 연자루의 높이가 가히 백 척이다. 건축구조가 대단히 기이한데 그 가운데는 큰 석불이 있다. 신라말 고려초에 누각을 지어서 덮은 것이다."[114] 이 글은 사후 10년째인 1711년에 펴낸 『곡운집』에 수록되어 있다. 17세기 후기까지 연자루는 높이 백 척을 자랑하는 매우 기이한 건축물로 남아 있었다.

일찍이 퇴계 이황은 말을 타고 제비원을 지나면서 그 주변의 봄철 풍광을 아름답게 기렸을[115] 뿐 아니라, 자신의 증조부에 대한 사적을 쓰면서 제비원의 위치와 연자루의 풍경에 대하여 소상하게 기술했다. 증조부가 소싯적에 제비원의 연자루에 올라서 용감하고 날랜 기상을 보였던 까닭이 아닌가 한다. 아마 퇴계의 증조부는 연자루에 올라서도 두려워하지

113　高聖謙, 『甪里文集』 卷6, '燕尾寺', "據南軒頻下 目眩神悸 懍乎其若墜 不可久坐."
114　金壽增, 『谷雲集』, '花山記', "到燕子院 院樓百尺 結構甚奇 中有大石佛 蓋羅麗時創制也."
115　李滉, 『退溪先生文集別集』 卷1, '自燕子院向所峴馬上卽事'. 자세한 시의 내용은 임노직, 앞의 글, 118쪽 참조.

않고 호연지기를 펼쳤던 모양이다. 왜냐하면 퇴계의 다음 글을 보면, 고성겸처럼 연자루가 워낙 높고 가팔라서 감히 아래를 내려다 볼 수 없을 정도로 가슴이 떨렸다고 하기 때문이다.

> 거대한 바위에 미륵상을 새기고 누각을 지어 미륵을 덮었다. 그 누각 연자루의 건물이 하늘을 나르고 산골짜기를 가로지르는데, 그 높이는 가히 수십백 장(丈)이 되어서 누각에 올라 구경하는 자는 가슴이 두방망이질 하는 것처럼 두근거리고 가히 두려워서 허리를 구부려 내려다 볼 수가 없었다.[116]

퇴계가 연자루를 얼마나 대단한 건물로 그렸는지, 위의 인용문으로 충분히 짐작하고도 남음이 있다. 퇴계는 연자루를 수십백 장이라 했는데, 흔히 미륵은 '천년 바위'라[117] 일컫고 연자루는 백 척이라[118] 일컬었다. 바위는 무척 오래 됐다는 말이며 연자루는 아득하게 높다는 말이다. 누각 위에 오르기만 해도 아찔하여 가슴이 두근거리고 감히 허리를 굽혀 아래를 내려다 볼 수 없었다고 할 정도이다.

연자루를 묘사한 선비들의 기록을 보면, 누구도 사찰 건물이라 하지 않고 누각이라 하였으며, 높이 솟은 건축의 위용에 한결같이 감탄한 사실을 알 수 있다. 따라서 이 건물을 지은 목수가 지붕 위에서 마지막 기왓장을 얹고 내려올 수가 없어서 제비가 되어 날아갔다는 전설이 설득력을 지닌다. 선비들의 문집에도 연자루를 지은 승려 또는 목수가 제비나[119] 비둘기가[120] 되어 날아갔다는 기록이 있다.

따라서 연자루는 제비로 은유되는 비범한 목수가 제비원에서 자란 낙락장송의 성주목으로 지은 당대 최고의 건물로 자랑할 만하다. 그러므로 연자루는 모든 건축들을 압도할 만한 상징적 건축물일 뿐 아니라, 여기에 모신 성주신은 건축의 신답게 가장 신성한 모범

---

116 李滉,『退溪先生文集續集』卷8, '曾祖兵曹參議公 事蹟', "安東府西數十里 有院燕子 刻巨石爲彌勒像 以閣覆之 飛空架壑 高可數十百丈 登覽者慄悸 不能俯視."
117 全球,『半巖集』卷1 '過燕尾寺', "彌勒千年石."
118 金壽增,『谷雲集』卷4, '花山記', "過安奇驛 到燕子院 院樓百尺."
119 朴長遠,『久堂集』卷19, '箚錄', "問諸人則不知其年代 而創建之僧 傳以爲化燕去."
120 全球,『半巖集』卷1 '過燕尾寺', "化鳩傳碧落."

을 이루는 까닭에 성주신앙의 본향으로서 제비원의 구심점 구실을 감당한 것으로 추론된다.

특히 연자루를 지탱한 거대한 상기둥은 현실적으로 성주신을 모시는 성주목으로서 제격이다. 당연히 건물의 중심 기둥인 상기둥에 성주신을 모셨을 것이다. 당시에는 집을 짓고 성주를 모시는 신앙이 요즘보다 더 성행했다. 왜냐하면 가신신앙과 같은 민속신앙이 더 드셌던 시대이기 때문이다. "초가에도 성주 와가에도 성주"라고 할 만큼 사소한 건물에도 성주를 모셨기 때문에 연자루와 같은 우뚝한 건물을 지으면서 성주를 모시지 않을 수 없다. 따라서 반공중을 나는 듯한 누각에 모신 성주신은 예사 살림집의 성주신과 달리 더 신성하게 섬겼으며 역원을 지나치는 행인들도 섬겼을 가능성이 크다.

연자루에 모신 성주신이 특별한 것은 건물의 규모와 위상에 한정되지 않는다. 연자루는 성주의 본향인 제비원의 핵심 건물일 뿐 아니라, 소나무의 본향인 제비원의 소나무를 자재로 지었기 때문이다. 성주풀이는 제비원의 솔씨로 자란 소나무라야 진정한 성주목이 된다고 노래한다. 따라서 제비원에는 대부송이나 나라솔과 같은 거송들이 있었을 뿐 아니라, 제비원 소나무가 소나무의 원산지로서 성주목의 혈통을 확실하게 보장한다. 제비원의 연자루를 짓는 데 쓰인 재목들은 으레 제비원의 소나무일 수밖에 없다. 그러므로 연자루의 성주목은 가장 순수한 정통 성주목이며, 미륵을 보호하는 연자루는 가장 신성한 건축물이고, 거기에 모신 성주는 그야말로 가장 위대한 성주신으로서 한국 성주신앙의 성지이자 구심점이라 할 수 있다.

이능화의 『조선무속고』에는 성주풀이 무가의 핵심을 옮겨 놓았는데, 마치 위의 연자루 건축과정을 노래한 것과 같다. 다시 원문을 주목해 보면 연자루의 건축과정이 떠오른다.

安東燕院	안동땅 제비원은
曰神本郷	신의 본향일세
種松子兮	솔씨를 심었구나
于彼高崗	저 높은 언덕에
而生而長	솔이 나고 자라서
爲棟爲樑	마룻대와 대들보가 되었네.[121]

일반적으로 성주풀이 내용을 집약하면, 성주의 본향을 안동 제비원으로 밝히고 제비원의 솔씨에서 자란 나무로 성주목을 삼아 집을 번듯하게 지었다고 노래한다. 위의 성주풀이는 이능화가 시험적으로 그 뜻을 풀어본다고 했으나, 사실상 성주풀이의 핵심 내용을 압축해 놓은 것이나 다르지 않다.

연자루와 관련해서 이 성주풀이를 풀어보면, '성주신의 본향인 안동 제비원에 솔씨를 심었더니 높은 언덕에 소나무가 나고 자라서 연자루의 마룻대와 대들보가 되었다.'고 노래한 셈이다. 마치 제비원의 높은 언덕에 연자루를 지은 과정을, 솔씨를 심는 데서부터 고스란히 읊은 것처럼 보인다. 실제로 연자루는 몇 차례 중창되었지만 마룻대와 대들보는 옛것을 그대로 썼다고 한다. 마룻대와 대들보는 성주목이기 때문에 의도적으로 바꾸지 않았을 수 있다. 그러므로 제비원 연자루의 성주신은 모든 성주의 신성한 모범이자 원형(archetype)으로서 성주의 본향답게 충분한 조건을 두루 갖추었다고 하겠다.

지금의 제비원에는 거대한 마애불과 연미사가 있어서 마치 불교신앙의 현장으로 보일 뿐 성주신앙의 본향이라 할 근거는 전혀 없어 보인다. 그러나 현장답사를 오랫동안 폭넓게 하고 역사적 문헌 기록들을 제대로 섭렵하면, 여기가 바로 다양한 민속신앙의 성지로서 온갖 거석신앙과 거송신앙이 집중되어 있었던 곳이자, 신앙사의 여러 발전과정을 거쳐 지금의 단계에 이르렀다는 사실을 알아차릴 수 있다. 여러 민속신앙 가운데 특히 낙락장송을 중심으로 형성된 거송신앙에 입각해서 성주의 본향으로 자리매김 되었다고 보는 것은 단편적 인식이다. 왜냐하면 성주신앙은 소나무신앙에 머물지 않은 건축신앙이기 때문이다. 그러한 건축신앙의 신성한 성전 구실을 한 것이 바로 미륵불 위에 건축되었던 연자루이다.

현재 제비원에는 대부송과 같은 거송도 없고 연자루 건물도 없다. 현재 남아 있는 거석과 거석신앙, 옛 문헌의 기록들, 그리고 구비전승되는 전설과 성주풀이가 훌륭한 증거물이다. 특히 연자루에 관한 선비들의 기록들은 자세하여 그 장엄한 위용을 눈으로 보는 듯하다. 고성겸의 기록으로 보면 19세기 중기까지 연자루가 건재했던 까닭에 제비원은 근대까지 성주신의 성전이 있었던 곳으로 인식된다. 그러므로 제비원은 미륵신앙과 칠성신앙, 대부송신앙 등과 더불어 성주신앙의 성지가 되었을 뿐 아니라, 구체적으로 대부송의 성주

---

121 이능화 지음, 서영대 역주, 『조선무속고』, 창비, 2008, 원문은 624쪽, 번역은 335쪽 참조.

목이 있었던 성소이자, 신통한 목수가 지은 성주신의 성전 연자루가 있었던 까닭에 성주신앙의 본향으로서 자질을 두루 갖추었다고 할 수 있다.

제2부

건축신화 성주풀이와 건국신화 재인식

1장 | 성주풀이의 기능과 나라굿의 건국본풀이

1. 성주굿에서 성주풀이를 노래하는 까닭

성주풀이는 성주본풀이의 줄임말이다. 본풀이는 굿에서 노래되는 무가라는 말이다. 무가 가운데도 본풀이는 무교에서 섬기는 신의 내력을 노래하는 서사무가이다. 신의 내력은 신의 이력이자 일종의 생애사이다. 역사라고 하면 으레 나라의 역사를 떠올리는데, 지역사로서 고을의 역사도 있고 마을사로서 마을의 역사도 있는 것처럼, 한 집안의 가정사나 가족사도 있고 특정 개인의 생애사도 있다. 성주풀이처럼 신의 내력을 말하는 본풀이는 개인의 생애사처럼 신의 생애사 또는 일생사라 할 수 있다.

이처럼 본풀이는 신의 근본을 풀어서 그 살아온 내력을 이야기하는 까닭에 신의 이력이자 신의 역사라 할 수 있다. 성주풀이는 간략하게 말하면 성주신의 이력이고 본격적으로 말하면 성주신의 일생사이다. 예사 사람의 일생사가 아니라 하늘에서 내려온 천신의 일생사이자 집을 지키는 성주신의 일생사인 까닭에 성주풀이 또는 성주신화라 일컬어진다. 성주풀이는 무교의 제의인 성주굿에서 노래되는 신화인 까닭에 예사 신화와 구별하여 '무속신화'라고 한다. 일반적으로 성주풀이와 같은 본풀이는 무교 신의 일생사를 노래하는 까닭에 서사무가로서 무속신화로 자리 매김된다. 서사무가나 무속신화는 학계에서 통용되는 학술용어에 머물지만, 본풀이는 민중들이 일상적으로 쓰는 우리말이다.

성주풀이는 성주굿과 서로 짝을 이룬다. 성주풀이는 성주굿을 할 때 반드시 노래되는 까닭이다. 성주풀이를 노래하지 않는 성주굿은 온전한 성주굿이라 할 수 없다. 왜냐하면 성주풀이 무가를 불러야 성주신을 제대로 모실 수 있기 때문이다. 굿을 하면 온갖 신령들이 굿판에 다 모여든다. 여러 신들이 다투어 굿 대접을 받으려 덤빈다. 청하지 않은 잡신들도 굿상에 차린 술과 음식을 차지하려 들기 일쑤이다. 따라서 성주풀이를 노래하지 않으면 성주신 대신에 엉뚱한 신령이 굿판에 좌정할 수 있다. 그러므로 성주풀이로 성주신의 정체성을 분명하게 밝힘으로써 잡귀잡신들은 범접하지 못하게 하고 오롯이 성주신을 굿판에 모시도록 하는 것이다.

성주신이라고 하여 다 같은 성주신이 아니다. 근본이 서로 다른 까닭이다. 그것은 김씨라고 하여 다 같은 김씨가 아닌 것과 같다. 관향에 따라 김해 김씨, 경주 김씨, 안동 김씨, 부안 김씨, 의성 김씨, 광산 김씨, 예안 김씨, 강릉 김씨, 수원 김씨 등 참으로 다양하다. 따라서 김씨 후손들이 자기 조상들을 제대로 섬기려면 성씨만 찾을 것이 아니라, 관향을 정확하게 찾아서 모셔야 한다. 성주굿에서도 안동 제비원이 관향인 성주신을 정확하게 모시는 것이 중요하다.

관향은 성씨 시조의 출신지이다. 사람의 성씨 관향이 아니라, 성주처럼 신의 관향은 다른 말로 '본향'이라 일컫는다. 따라서 성주의 본향은 곧 건축시조인 성주신의 관향이자 출신지를 말한다. 성주풀이는 성주의 본향을 정확하게 풀어서 노래한다. 그냥 서술형으로 노래하는 것이 아니라 문답 형식으로 노래한다. "성주의 본향이 어드메냐?" 하고 묻고 "경상도 안동땅 제비원이 본일러라" 하고 답한다. 서술형으로 노래하는 것보다 문답법으로 노래하면 그 본향이 더 분명하게 인식되고 더 오래 기억된다. 먼저 질문을 던진 다음 그 질문의 답을 말함으로써, 처음부터 답을 말하는 것보다 더 깊게 각인되는 것이다.

성주풀이에 따라서 묻는 질문은 성주의 '본향' 대신에 성주의 '본' 또는 성주의 '근본'을 묻기도 한다. 구체적 표현은 다르지만 성주의 출신지를 묻는 점에서는 모두 일치한다. 따라서 본향을 묻든, 본이나 근본을 묻든 대답은 한결같이 "경상도 안동땅 제비원이 본"이라고 말한다. 사람의 관향을 물을 때도 '본'이 어디냐고 묻기도 한다. 제3자의 관향을 말할 때는 '근본'을 들먹이기도 한다. 성씨 못지않게 관향이 좋아야 근본 있는 가문이다. 성주의 경우에는 본향이 '안동 제비원'이어야 근본 있는 성주로 인정된다. 그러므로 어느 성주풀이든 성주의 본향을 묻고 안동 제비원이라고 답하는 것이다.

성주풀이는 성주굿에서 성주신의 본향을 묻고 답하는 본풀이이다. 성주굿뿐만 아니라 다른 굿에서도 본풀이가 노래된다. 제석굿에서는 제석본풀이, 군웅굿에서는 군웅본풀이, 칠성굿에서는 칠성본풀이, 당산굿에서는 당산본풀이가 노래된다. 특히 굿의 원형이 살아 있는 제주도 굿에서는 천지왕본풀이, 차사본풀이, 세경본풀이, 문전본풀이, 삼승할망본풀이, 사만이 본풀이, 초공본풀이, 이공본풀이, 삼공본풀이, 지장본풀이 등 여러 본풀이가 전승되고 있다. 제주도 굿에서는 당신(堂神)의 본향을 풀이하는 당본풀이가 많은데, 서귀본향당본풀이, 송당본향당본풀이, 세화본향당본풀이, 시흥본향당본풀이라고 하여 마을의 본향당에 관한 본풀이가 당신화로 널리 노래된다.

본풀이는 신의 본향에 관한 풀이라고 하여 '본향풀이'라고도 한다.[1] '풀이'와 본풀이, 본향풀이는 모두 같은 말이다. 성주풀이는 사실상 성주본풀이자 성주본향풀이이다. 문제는 굿을 할 때 왜 굿거리에 따른 본풀이 곧 신의 본향풀이를 하느냐는 것이다. 그 이유는 본풀이를 노래함으로써 신을 굿판에 모시도록 하는 청신(請神) 기능과 신의 신성성을 기리고 칭송하는 오신(娛神) 기능을 하기 때문이다.

굿에서 무엇보다 중요한 것이 신을 불러서 굿판에 오도록 하는 일이다. 해당 신이 굿판에 오지 않으면 굿을 할 수도 없고 굿을 해도 헛일이다. 성주굿을 하려면 성주풀이를 해서 성주신을 성주굿판에 오도록 해야 할 뿐 아니라, 성주굿의 영험을 보려면 성주신의 훌륭한 이력과 치적을 칭송함으로써 성주신을 기쁘게 해야 한다. 그래야 성주신이 굿판에 와서 가옥신으로 좌정하여 신통력을 발휘하고 가정에 온갖 복록을 베풀어 준다.

따리서 성주의 신성한 출생과 훌륭한 이력들을 기리는 성주풀이를 함으로써 성주신을 정확하게 모시는 청신 구실과 성주신을 즐겁게 예찬하는 오신 구실을 한다. 뿐만 아니라 굿을 하는 사람들 또한 성주풀이를 통해 자신들이 모시려고 하는 성주의 정체를 정확하게 포착하고 섬기는 마음이 우러나게 된다. 그러므로 성주풀이를 잘 부르는 것이 성주굿에서 가장 중요하다.

성주풀이 앞소리꾼인 풍물굿패 상쇠에게 성주풀이를 부르는 이유를 물어봤다. 상쇠이자 성주풀이 앞소리꾼인 김기진씨는 "성주풀이를 잘 불러야 성주님이 먼데 있다가도 오고, 누웠다가도 벌떡 일어나고, 성주신이 집을 받든다 그러지"라고[2] 했다. 자기 개인 생각이 아니라 옛날 어른들이 그렇게 말하는 것을 들었다고 한다. 성주풀이를 잘 불러야 먼 곳에 나가 있던 성주도 성주풀이를 듣고 찾아오고, 자리에 누워 있던 성주도 자기 부르는 소리를 듣고 일어나서 집을 잘 되게 도와주는 일을 한다는 것이다. 성주신을 잘 모시는 청신

---

[1] 金烈圭, 「總論: 民談을 보는 多樣한 눈」, 『民談學槪論』, 一潮閣, 1982, 8쪽.
[2] 2001년 10월 11일 안동시 송현동에서 풍물패 성주풀이 앞소리꾼 김기진(남, 60)씨 말씀.

기능이 성주풀이를 잘 불러야 하는 1차적 기능이자 목표이다.

성주풀이뿐만 아니다. 굿에서 다양한 무가를 부르는 데, 그것은 신을 부르기 위한 것이다. 신을 모시는 데 따라 무가가 달라진다. 이때 무가는 성주풀이처럼 서사무가를 부르기도 하지만 서정무가를 부르기도 하고 신내림에 따른 주문을 외우기도 한다. 신이 무가의 소리를 듣고 찾아오는 것이다. 무가는 무악의 반주에 맞추어 노래된다. 무악은 무가의 반주음악이기만 한 것은 아니다. 무악의 가락이 신명나야 신내림이 잘 이루어지는 것은 물론, 모셔온 신이 흥겹게 잘 놀게 된다. 굿을 하는 무당도 반주음악이 흥을 돋우어야 신바람 나게 춤을 출 수 있다. 무악 자체로 신을 모시는 청신 기능도 하고 신을 즐겁게 하는 춤으로서 오신 기능도 한다. 그러므로 무가와 무악, 무무(巫舞)는 가무일체로 존재하며 가무오신(歌舞娛神)의 핵심을 이룬다.

성주풀이 역시 청신 기능에서 머물지 않고 오신 기능을 적극적으로 수행하기 위해 노래된다. 앞에서 성주풀이의 청신 기능을 말한 김기진씨는 이어서 성주풀이의 오신 기능도 말했다. "성주님 앞에 초성 좋게 구성지게 (성주풀이를) 잘 불러야 성주님이 응감(應感)을 해가주고 그 집에 모든 액을 벗어내고 좋은 소원성취를 해준다. 성주풀이를 구성지게 잘 불러야 성주님이 잘 받아가주고 도와주지, 잘 못하면은 성주풀이 안 한만 못해"라고 했다.[3] 성주풀이를 요식적으로 대충 불러서는 안 된다는 말이다. 성주풀이를 초성 좋고 구성지게 잘 불러야 성주님이 감동을 받아서 액을 물리치고 복을 불러들여 소원성취를 이루어준다는 것이다. 그러므로 성주풀이는 성주굿에서 청신 기능뿐만 아니라 오신 기능도 하는 성주굿의 핵심이라 할 수 있다.

굿에서 무가를 부르는 일반적 이유도 청신 기능과 오신 기능 때문이다. 따라서 무가가 없는 굿은 없다. 굿이라고 하면 곧 노래 부르고 춤추는 것을 연상하듯이 무가와 무무(巫舞)는 신을 부르고 신을 즐겁게 하는 제의의 기본 양식이다. 따라서 노래와 춤은 둘이면서 하나여서 흔히 '가무일체'라고 했다. 가무를 하려면 흥을 돋우는 음악이 있어야 한다. 굿에서도 무가를 부르고 춤을 추려면 반주음악이 필수적이다. 무악(巫樂)의 반주는 풍물 악기 가운데 일부로 이루어진다. 꽹과리와 징, 북, 장구가 일반적이나 선율 악기로 피리와 대금, 아쟁 등이 반주악으로 함께 동원되기도 한다. 축제처럼 흥겨운 가무악(歌舞樂)으로 신명풀이

---

[3] 위와 같은 상황에서 김기진(남, 60)씨 말씀.

를 하는 것이야말로 가무오신을 하는 굿의 제의양식이다.

무교의 무가처럼 다른 종교에도 제의를 하면서 신을 부르거나 기리며 찬미하는 노래를 부른다. 가장 대표적인 것이 기독교의 찬송가이다. 찬송가는 내용이 다양하고 풍부하나 핵심 기능은 하느님과 예수님을 찬양하는 것이다. 찬송가의 반주는 오르간이나 피아노가 일반적이다. 그러나 전통적으로는 여러 가지 악기를 두루 사용했다. 최근에도 바이올린, 첼로, 플루트, 차임벨 등이 함께 사용되고 있다.

물론 노래와 반주악만 있었던 것이 아니다. 춤도 추었다. 시편 150편에는 "나팔소리 우렁차게 그를 찬미하여라./ 거문고와 수금 타며 찬미하여라./ 북 치고 춤추며 그를 찬미하여라"고 하여 악기 연주에 맞추어 찬미 노래와 함께 춤을 추어서 신을 찬양했다. 신을 즐겁게 하는 오신 행위로서 가무악이 두루 베풀어졌던 것이다. 교회에서 오신행위를 하는 찬양 방식이 굿판의 가무악이나 다르지 않다. 그러므로 굿의 가무오신 양식은 특별한 것이 아니라 종교 일반의 전통적인 제의방식이라 할 수 있다.

신을 즐겁게 하는 일은 사람을 즐겁게 하는 일이나 다르지 않다. 사람들도 즐거우면 노래 부르고 더 신명나면 춤을 춘다. 신명나는 음악에 맞추어 노래 부르고 춤추는 일은 스스로 신명풀이를 즐기는 일이자 다른 사람들을 즐겁게 하는 일이다. 따라서 신을 섬기는 제의에서도 이와 같은 방식으로 오신 행위를 했다. 가무악의 오신 행위는 종교적으로 굿의 양식이자 문화적으로 축제양식이며, 예술적으로는 음악과 춤, 문학의 복합체라 할 수 있다. 성주풀이도 가무오신의 일환으로서 노래되며, 성주신을 모시고 성주신을 즐겁게 하는 제의적 기능을 발휘한다. 그러므로 성주풀이의 종교적 제의 기능으로서 청신 기능과 오신 기능을 더 구체적으로 살펴볼 필요가 있다.

2. 신화로서 본풀이의 청신 및 오신 기능

무교에서만 청신 기능이 중요한 것이 아니라 기성종교에서도 신을 부르는 청신 기능이 중요하다. 막연히 신을 부르는 것이 아니라 구체적인 이름을 불러야 제격이다. 기독교인들이 기도를 드릴 때, 하느님의 이름을 부르는 데서 시작할 뿐 아니라, 마무리할 때도 "하느님의 이름으로" 또는 "예수 그리스도의 이름으로" 기도드린다고 한다. 따라서 '신 자신보다 오히려 그 신의 이름이 영험의 원천'이라고[4] 하는 것이다.

「마태복음」에서 예수가 이르되, "두 세 사람이 내 이름으로 모인 곳에는 나도 그들 중에 있느니라"고[5] 하였다. 두 세 사람이 모인 '공동체'가 아니라, '내 이름으로 모인 곳'이면 어느 곳이든 거기에 함께 한다는 것이 예수의 약속이다. 그러므로 예수의 이름으로 모인 집회에는 예수가 늘 함께 한다고 하여 예수의 이름 표방을 특히 중요시했다.

기독교 문화권에서 어처구니없는 일을 당하면 자기도 모르게 "Oh my God!"을 외친다. "하느님 맙소사!" 하고 신의 이름을 부르는 것이다. 더 놀랄 만한 일에는 "Jesus Christ!" 하고 예수의 이름을 외친다. 불교문화권에서는 신도들이 뜻밖의 일에 부닥뜨리면 자기도 모르게 "나무아미타불!"을 외치거나 "아이구 부처님!" 하고 부처님을 찾는다. 무의식 중에도 신의 이름을 불러서 신의 도움을 청하는 것이다. 그러므로 신의 도움이 필요할 때면 어떤 상황이든 신의 이름부터 부르는 것이 일상적인 관행으로 자리 잡았다고 할 수 있다.

일상 속의 무의식적 호명과 달리, 종교적 제의에서는 신의 이름을 더 정교하게 의도적으로 거듭 부른다. 왜냐하면 신의 정확한 이름을 올바르게 부를 때에 한해서 신이 관심을 기울인다고 믿기 때문이다. 따라서 제의에서 신의 이름을 올바르게 부르는 기술이 필요하며, 이러한 전문적 기술을 갖춘 사람이 성직자가 되기도 한다.[6] 이름을 정확하게 부르기 위해서 여러 이름과 별명을 함께 열거하기 일쑤이다. 그러면 하나의 이름이 어긋나거나 틀리더라도 다른 이름이 정확하게 신을 호명할 수 있기 때문이다.

이를테면 하느님께 기도할 때, "창조주 여호와 하느님 아버지!" 하고 하느님을 호명한다. 이때 창조주와 여호와, 아버지는 모두 하느님을 일컫는 호칭이다. 한 분 하느님을 부르면서 네 가지 호칭을 동시에 사용하는 것은 빈틈없이 하느님을 부르기 위해서다. 만일 하느님이라고만 했을 때 '나는 하느님이 아니라 하나님인데' 하고 기도에 응하지 않을 수 있으나, 창조주나 여호와, 아버지라는 호칭에 의해 기도에 응할 수 있다고 여기는 까닭에 신의 이름을 가능한 길게 열거하는 것이다. 따라서 신의 여러 가지 이름을 두루 알고 함께 열거하는 것이 중요하다.

---

4 Ernst Cassirer, Translated by Susanne K. Langer, *Language and Myth,* Dover Publications Inc., 1953, p.48.
5 『신약성서』「마태복음」 18장 20절.
6 Ernst Cassirer, 앞의 책, 55쪽.

기독교인의 신앙생활을 위해서 하느님의 온갖 이름을 모아둔 책이 있다.『하나님의 이름을 부르는 100일』에는[7] 엘로힘, 임마누엘, 여호와 이레, 아도나이, 엘 갑보르, 여호와 살롬, 엘 사다이 등 하느님의 100가지 이름이 뜻과 함께 소개되어 있다. 엘로힘은 이스라엘의 유일신을 나타내는 히브리어이며, 임마누엘은 우리와 함께 계시는 하나님이거나 또는 예수님의 또 다른 이름이다. 이처럼 하느님의 이름마다 제각기 그분의 성품과 능력, 은혜가 담겨 있다고 여기는 까닭에 100가지 이름을 부르며 기도하거나 묵상하면 100가지 은혜를 받을 수 있다고 믿는다.

그러나 기도할 때 단순히 하느님의 여러 이름만 열거하지 않는다. 이름 앞에 하느님의 정체를 훌륭하게 기리는 수식어가 붙기 마련이다. '세상 만물을 창조하신 하느님 아버지', '전지전능하시고 세상 모든 일을 주관하시는 사랑의 하느님', '세상의 죄를 없애시는 하늘의 임금님 주 하느님' 등으로 길게 수식한다. 하느님 이름만으로는 부족하고 그 신성한 자질과 초월적 능력을 기리는 수식어를 덧붙이는 것이 오랜 관행이다. 우러러 섬기는 하느님에 대한 정체성을 구체적으로 읊조림으로써 유일신 창조주 하느님을 정확하게 모실 뿐 아니라, 모시는 하느님을 즐겁게 하기 위해서이다.

하느님의 이름을 구체적으로 부르는 것만으로도 신의 은총을 받는다는 믿음이 있는데, 하느님의 거룩힘과 신성힘을 우리르고 초월적인 능력을 기리게 되면, 상대적으로 그 은총은 더욱 커질 것이다. 왜냐하면 하느님을 꾸미는 다양한 수식어가 모두 칭송의 말이기 때문이다. '전지전능'하고 '세상일을 모두 주관'하며, '세상의 죄를 없애시는' 하느님으로 예찬하는 기도문을 듣게 되면 하느님 또한 기쁠 수밖에 없다. 따라서 최상의 기도는 하느님이 아주 흡족해 할 만큼 최고의 수식어로 하느님을 신성하고 거룩한 존재로 칭송하는 것이다. 기도를 하는 사람들도 자신들이 하는 기도의 말과 같이, 하느님은 죄를 없애주고 모든 일을 주관하여 전지전능하게 은혜를 베풀어 주실 것으로 믿고 기도하게 된다.

이러한 관행적 수식어구의 표현은 두 가지 기능을 한다. 정확하게 하느님을 호명하는 청신 기능이고, 다음으로는 하느님을 칭송하여 기쁘게 하는 오신 기능이다. 하느님 이름만으로는 오신 기능이 없을 뿐 아니라 청신 기능으로도 충분하지 않다. 왜냐하면 하느님! 곧 God!이라고 하면, 유일신이자 창조주인 기독교의 하느님으로 구체화되지 않기 때문이다.

---

[7] 크리스토퍼 D. 허드슨 지음, 전광규 옮김,『하나님의 이름을 부르는 100일』, 생명의말씀사, 2024.

하느님은 기독교 전래 이전부터 쓰였던 천신을 일컫는 말이다. '갓(god)'을 신이라고 할 때도 기독교의 유일신으로 한정되지 않는다. 신에는 천신(天神)과 함께 지신(地神)과 산신(山神), 해신(海神), 수신(樹神) 등 온갖 신이 있기 때문이다. 게다가 하느님도 천제, 상제, 옥황 등 다양하다, 그러므로 하느님이라는 보통명사의 호명만으로는 기독교의 창조주 하느님을 청신할 수 없다.

이러한 문제를 해결하고 하느님을 구체적으로 정확하게 호명하기 위해 다른 여러 이름들을 함께 열거할 뿐 아니라, 그 앞에 하느님을 찬양하는 다양한 수식어를 길게 관용구처럼 덧붙이는 것이다. 따라서 '하느님'만으로 호명하는 기도는 거의 없고 '창조주 하느님', '거룩하신 하느님', '사랑이신 하느님', '세상의 빛이신 하느님' '전지전능하신 하느님' 등과 같이 최소한 한 어절 이상의 꾸밈말이 관용구로 붙게 마련이다.

하느님을 모시는 청신 기능에서 만족할 수 없다. 청신에서 나아가 오신 기능도 발휘해야 기도의 영험이 나타난다. 따라서 하느님을 기리는 예찬의 말을 가능한 길게 열거하면서 하느님을 호명하는 것이다. 하느님을 예찬하는 수식어를 풍부하게 할수록 정확한 청신 기능은 물론, 하느님의 거룩하고 신성한 자질과 전지전능한 초월적 능력이 칭송되므로 오신 기능까지 충분히 발휘하게 된다. 하느님이 기쁘게 기도문을 받아들여야 비로소 기도의 내용이 이루어지기 마련이다. 그러므로 기도에서 청신 기능 이상으로 오신 기능이 매우 중요하다.

종교적 제의에서 더 본격적으로 오신 기능을 하는 것은 관용적 기도문이 아니다. 신의 관용적 예찬은 상투적이어서 진정한 오신이 될 수 없다. 이를테면, 국회의원들이 회의중 서로를 호칭할 때 '존경하는 ○○○의원님!'이라고 한다. 이름 앞에 반드시 '존경하는'을 붙이는 것이 관행으로 되어 있다. 약속에 따라 상투적으로 하는 관용구를 듣고서 존경심을 느끼며 흡족해 하는 사람은 없다. 신의 경우도 마찬가지이다. 이름 앞에 길게 칭송하는 미사여구를 나열해도 상투적인 것에 불과한 까닭에 식상할 뿐이다.

신을 진정으로 즐겁게 하는 오신 행위로 상투적 칭송은 미흡하기 마련이다. 인간이든 신이든 상대를 기쁘게 하려면 상투적 칭송이 아니라 실상에 입각한 성과와 치적을 구체적 근거를 들어서 독창적으로 표현해야 효과가 있다. '존경하는 ○○○ 의원님'이라는 식으로 상투적인 말로 치켜세울 것이 아니라, '이번에 어디서 무슨 일을 어떻게 노력하여 이러저러한 성과를 거둔 덕분에 우리 지역사회의 오랜 숙원사업을 해결해 주신 ○○○의원님'이라고 이야기할 때, 상대가 흡족해 하는 것은 물론 주위의 다른 사람들도 모두 존경하고 칭송하게 된다. 왜냐하면 아무나 할 수 없는 구체적 성공 사례와 놀랄 만한 업적을 근거 있게 말함으로써 공감은 물론 설득력까지 발휘하기 때문이다.

종교에서 이런 기능을 하는 것이 신화이다. 신화에는 해당 신의 신비한 출생과 신이한 행적, 놀랄 만한 역량, 영웅적 일생 등이 구체적으로 이야기되는 까닭이다. 신을 호명할 때 신의 이름 앞에 '창조주'나 '전지전능하신' 등으로 압축되어 꾸며지던 수식어 수준에 머물지 않고, 흥미로운 서사적인 이야기로 구술되어 한 편의 신화를 이루는 것이다. 따라서 신화의 구송은 신의 이름을 다양하게 호명하는 것보다 신의 청신 기능은 물론 오신 기능을 한층 적극적으로 할 수밖에 없다.

건국신화는 건국시조의 신성한 출생에서부터 건국 치적에 이르기까지 일생의 영웅적 성취를 역사적으로 서술한 신성한 이야기이다. 따라서 건국신화를 구송하는 것은 건국시조를 청신하는 것에서 나아가 사실상 건국시조를 최선의 방식으로 칭송하는 것이다. 그러므로 나라굿에서 건국신화를 구송하는 까닭은 청신 기능과 함께 오신 기능을 두루 발휘하기 위해서이다.

최소한으로 구송하는 것이 소리내어 읊조리는 일이다. 그러나 줄거리가 긴 신화는 읊조리기 어렵다. 가장 쉽게 구송하는 것이 노래로 부르는 방식이다. 신화는 본디부터 제의에서 노래되었다. 그렇게 노래되는 신화가 본풀이인 것이다. 우리가 지금 만나는 신화는, 오랫동안 노래되어온 본풀이가 문자로 기록된 박제품이다.

굿을 할 때 신화가 본풀이로 노래되는 것처럼, 성주굿을 할 때는 성주신화인 성주풀이가 노래되었으며, 나라굿을 할 때는 건국신화인 건국본풀이가 노래되었다. 따라서 신화의 제의적 형태가 본풀이며, 본풀이는 신화가 문자로 기록되기 전의 본디 존재양식이라 할 수 있다. 그러므로 무가 성주풀이는 신화의 본디 존재양식을 이해하는 살아 있는 무속신화로 재인식되어야 한다.

3. 건축신화 성주풀이로 건국신화 재해석

성주굿은 섬기는 신을 중심으로 일컫는 명칭이다. 성주굿에서 섬기는 신이 성주라는 말이다. 성주풀이도 섬기는 신에 관한 신화를 일컫는 이름이다. 성주풀이의 주인공이 성주라는 말이다. 이처럼 주인공 이름을 일컬어 환웅신화와 단군신화, 해모수신화와 주몽신화, 박혁거세신화와 금알지신화로 일컫는 것이 일반적이다. 그러나 이렇게 주인공 이름으로 일컫기만 해서는 일반 이론을 개척할 수 없다.

주인공 이름으로 제각기 일컬어지는 인물 중심의 신화를 모두 아울러 그 본질을 포착하면 건국시조신화 또는 건국신화로 일반화할 수 있다. 개별적인 건국영웅들의 이름으로 호명되던 신화가 건국신화로 호명되는 순간 그 신화적 내용의 본질이 구체적으로 쉽게 포착될 뿐 아니라, 건국신화의 일반 이론을 펼칠 수 있는 길이 열린다. 그러므로 성주굿도 어떻게 일컫는가 하는 것이 중요하다.

성주굿도 제석굿이나 칠성굿, 군웅굿, 손님굿, 오귀굿처럼 그 이름으로만 일컬어서는 그 본질을 정확하게 포착할 수 없다. 굿의 이름만으로는 성주의 신격과 성주풀이의 서사를 제대로 알 수 없기 때문이다. 성주풀이라는 이름도 마찬가지이다. 성주풀이는 성주신에 관한 본풀이자 무속신화이지만, 그 명칭에서 성주의 정체가 드러나 있지 않아서 신화의 내용을 쉽게 이해할 수 없다. 그러나 환웅과 단군이 건국시조인 것처럼, 성주가 건축시조인 사실을 포착하고, 이러한 사실을 드러내서 호명하면, 새로운 이해의 길이 열린다. 왜냐하면 성주굿의 성주는 세상에서 집을 처음 지은 건축시조이거나 집을 짓고 집에 좌정하는 건축의 신이기 때문이다.

따라서 성주굿을 성주의 정체에 따라 건축시조굿 또는 건축굿으로 호명하고, 성주풀이도 건축시조신화 또는 건축신화로 일컬을 필요가 있다. 성주풀이를 한갓 굿노래로 알고 무가의 일종으로 인식하다가, 새롭게 그 신화적 본질을 살려서 건축시조신화로 호명하고 건축신화로 주목하면 상대적으로 신화의 일종으로 인식되는 것은 물론, 건국신화와 대등한 수준으로 재인식하게 된다. 그러므로 성주굿에서 성주풀이가 노래되었다고 할 것을, 건축굿에서 건축신화가 노래되었다고 하면 성주굿의 제의적 의미와 기능이 더 설득력 있게 이해될 뿐 아니라, 성주풀이의 신화적 위상도 높이 평가된다.

종교적 제의에서 신의 이름을 제대로 부르는 것이 중요하다고 했다. 부르는 이름에 따라 신의 은혜가 다르게 나타나는 까닭이다. 학술연구에서도 연구대상의 이름을 제대로 부르는 것은 매우 중요하다. 이름이 곧 의미와 해석의 실마리 구실을 하기 때문이다. 따라서 성주굿과 성주풀이의 이름을 상투적으로 따라 부를 것이 아니라 건축굿과 건축신화로 새롭게 부르는 순간 성주굿은 물론 성주풀이 또한 학문적으로 재탄생하게 된다.

성주굿인 건축굿에서 성주풀이가 건축신화로 노래되었다는 사실을 알아차리는 것은 성주굿과 성주풀이 이해뿐만 아니라 나라굿과 건국신화를 이해하는 데에도 새로운 길잡이 구실을 한다. 왜냐하면 집굿인 건축굿에서 건축신화 성주풀이가 노래된 것처럼, 건국신화도 나라굿에서 건국본풀이로 노래된 사실을 새롭게 일깨워주기 때문이다. 더 일반화하면 모든 건국신화는 나라굿에서 건국본풀이로 노래되었다고 추론할 수 있다. 건축시조인 성주가 천손강림의 천신적 존재인 것과 같이, 건국시조도 환웅이나 해모수처럼 천손강림의 천신적 존재라 할 수 있다. 그러므로 작게는 건축시조와 건국시조, 크게는 건축굿인 성주굿과 건국굿인 나라굿이 둘이면서 하나라고 할 수 있다.

건축시조와 건국시조는 하늘에서 인간세계로 내려온 천신이 처음으로 이 세상에서 집을 짓거나 나라를 세운 뒤에 집이나 나라를 지키는 신이 된 존재로서, 제각기 성주굿과 나라굿에서 본풀이로 노래되는 공통성을 지닌다. 이러한 추론에 입각해 보면 건국신화의 이해를 문헌사료의 맥락에서 벗어나 굿의 맥락 속에서 재해석하는 것이 바람직하다. 왜냐하면 문헌신화가 박제된 신화라면, 굿에서 노래되는 신화는 살아 생동하는 본디 신화이기 때문이다.

그럼 건국본풀이는 나라굿에서 어떻게 노래되었을까. 성주굿에서 제물을 차리고 성주풀이를 부르며 성주신을 맞이하고 섬긴 것처럼, 나라굿에서도 제물을 차리고 건국본풀이를 부르며 건국신을 맞이하여 섬겼을 것이다. 구체적으로 神市國에서 나라굿을 할 때, 서사부가처럼 노래한 것이 환웅본풀이였다. 환웅본풀이를 나라굿에서 노래함으로써 환웅을 굿판에 청신하는 것은 물론, 굿판에 내려온 환웅을 칭송하는 오신 기능을 담당했다.

여기서 환웅본풀이라 하는 것은 우리가 흔히 말하는 단군신화의 전반부를 말한다. 단군신화의 전반부에서 중반부까지는 모두 환웅천왕에 관한 신화이자 본풀이이기 때문이다. 그 내용을 보면, 천상에서 환인천제의 아들로 태어난 환웅이 '홍익인간'의 이념을 품고 천부인 3개를 가지고 풍백, 우사, 운사와 함께 무리 3천을 거느리며 지상으로 내려와서 神市國을 세우고 스스로 천왕이 되어 인간세상의 360여 사를 '재세이화'했을 뿐 아니라, 곰에게 쑥과 마늘을 주어 인간이 되게 만들고 인간이 된 곰네와 혼인하여 단군을 낳는다. 이처럼 환웅본풀이는 神市國의 천왕이자 건국시조로서 건국이념과 통치체제를 갖춘 역사적 행적을 자세하게 노래한다. 천왕으로서 환웅의 정체성을 잘 나타낸 것은 물론, 국조신으로서 환웅의 신성한 권위를 가장 잘 칭송하는 내용의 건국본풀이다.

그러나 단군본풀이는 환웅본풀이 말미에 덧붙여져서 종속적으로 노래된다. 따라서 독자적 건국이념이나 통치체제와 같은 국가적 구성에 관한 내용 없이 도읍지와 국호 조선만 제시된다. 그러므로 환웅의 아들 단군은 환웅본풀이에 종속되어 그 말미에 단군본풀이가 덧붙여져 있을 따름이다.

『삼국유사』'고조선'조에 수록된 본풀이 사료를 '단군신화'라고 하는 것은 사실상 '환웅신화' 또는 '환웅본풀이'를 왜곡한 명명이다. 엄밀하게 말하면, 그동안 단군신화로 일컬어 온 건국본풀이는 사실상 환웅본풀이와 단군본풀이를 하나로 묶은 것으로서, 그것을 표방하는 이름을 잘못 제시한 것이다. 그런 까닭에 아버지 환웅을 두고 아들 단군을 민족시조라고 하는가 하면, 환웅천왕이 홍익인간 이념으로 세우고 재세이화로 다스린 神市國을 두고, 아들 단군이 세운 조선국을 '고조선'이라 하며 우리 민족사의 출발점으로 삼았다. 그러므로 단군신화를 본풀이 양식에 따라 제대로 포착하면 민족시조는 단군이 아니라 환웅이며, 민족국가의 출발은 '단군조선'이나 '고조선'이 아니라 神市國이라 해야 마땅하다.

환웅본풀이가 神市國의 나라굿에서 노래되었던 것처럼, 단군본풀이는 '단군조선'의[8] 나라굿에서 본풀이로 노래되었을 것이다. 단군본풀이는 천손강림이 아니라 환웅천왕의 아들이어서 그 자체로 독립된 본풀이라 하기 어렵다. 아버지 환웅이 없으면 아들 단군도 없기 때문이다. 따라서 단군조선의 나라굿에서는 단군본풀이만 노래하지 않고 환웅본풀이 말미에 이어서 노래했던 것이다.

자연히 환웅본풀이가 그 자체로 완결된 건국시조본풀이라면, 단군본풀이는 환웅본풀이에서 파생된 건국본풀이로서 제한적 의미를 지닌다. 환웅과 단군은 부자관계에 놓여 있기 때문에 아들 단군이 환웅에 종속되는 것은 당연하다. 따라서 환웅본풀이를 떼어놓게 되면 단군본풀이는 정통적인 건국본풀이로서 한계를 지니기 마련이다. 그러므로 神市國 나라굿에서는 환웅본풀이만 노래되었지만, 단군조선의 나라굿에서는 두 본풀이를 이어서 마치 하나의 본풀이처럼 노래한 것이다. 우리는 그렇게 노래된 본풀이의 기록을 두고 흔히 '단군신화'라 잘못 일컬은 것은 물론 아버지 환웅을 제쳐두고 단군을 민족시조로 착각했으며, 단군이 세운 '조선'을 우리 민족의 최초국가로 오해했던 것이다.

강고한 오해를 불식하려면, 우리가 문헌에서 만나는 이른바 '단군신화'는 환웅본풀이와

---

8 단군이 건국한 나라를 '고조선'이라 하는 것이 일반적이다. 그러나 우리 역사에 고조선이라는 국호는 없다. 단군이 세운 나라는 국호가 '조선'이다. 『三國遺事』卷1 古朝鮮, "壇君王儉 立都阿斯達 開國號朝鮮". 여기서는 이성계의 '조선'과 구분하기 위해 '단군조선'이라 한다.

단군본풀이를 하나의 본풀이로 서술된 사실을 분명하게 알아차려야 한다. 따라서 단군조선이 건국되기 전에 神市國의 나라굿에서는 환웅본풀이만 노래되었다. 환웅본풀이만으로도 건국신화로서 완결성을 갖추었기 때문이다. 뒤에 단군조선이 건국된 이후의 나라굿에서는 환웅본풀이에 이어서 단군본풀이를 덧붙여 노래할 수밖에 없다. 왜냐하면 단군은 천손강림 존재가 아니라 지상에서 환웅의 아들로 태어났기 때문이다. 환웅의 神市國과 단군의 조선국처럼, 이어지는 선후 관계의 국가에서는 두 건국시조의 본풀이 역시 후대에 기록될 때에는 마치 하나의 건국신화처럼 함께 서술되기 마련이다.

환웅의 神市國과 단군의 조선만 그런 것이 아니라, 해모수의 부여와 주몽의 고구려도 마찬가지이다. 해모수는 천손강림의 천신으로서 지상에 내려와 부여를 세운 건국시조이다. 따라서 해모수본풀이는 건국신화로서 독자성과 완결성을 지닌다. 그러나 고구려의 주몽은 해모수와 유화부인 사이에서 태어난다. 마치 단군이 환웅과 웅녀 사이에서 태어난 것처럼 주몽 또한 천손강림의 천손이 아니라 지상에서 아기로 태어났다. 따라서 주몽은 고구려를 건국한 시조이지만 주몽본풀이 자체로 독자적 건국시조신화가 되지 못한다. 그러므로 이규보의 〈동명왕편(東明王篇)〉에는⁹ 해모수본풀이와 주몽본풀이가 하나의 건국본풀이로 서술되어 있다. 이 또한 후대에 기록으로 정착되면서 두 본풀이가 하나로 결합된 양상인 것이다.

오언고율(五言古律)로 쓴 〈동명왕편〉의 서두에 제작 동기를 밝힌 병서(幷序)를 보면 두 가지 근거가 거론된다. 하나는 "세상에서 동명왕의 신이한 일에 대하여 말을 많이 한다. 비록 어리석은 남녀들까지도 역시 그 일을 능히 이야기한다. 내가 일찍이 이를 듣고"라고 함으로써 구전되는 동명왕신화를 진작부터 듣고 우습게 여겼다는 것이다. 둘은 최근에 『구삼국사(舊三國史)』를 얻어 〈동명왕본기〉를 거듭 읽어보니 괴이한 것이 아니라 신성한 이야기였다는 것이다.¹⁰

예사 사람들 사이에서 널리 구전된 동명왕신화는 황당하게 여겨 지나쳤다는 사실을 통해, 『구삼국사』에 기록되기 이전부터 세간에서 누구나 알 수 있을 만큼 두루 이야기되었다는 것이다. 세간에 널리 구전된 사실을 통해 동명왕신화는 고구려 건국본풀이로 당시의

9　李奎報, 『李相國集』 卷3, '古律詩', 東明王篇.
10　李奎報, 위의 책, 東明王篇 幷書, "世多說東明王神異之事. 雖愚夫騃婦, 亦頗能說其事. 僕嘗聞之, 笑曰 "先師仲尼, 不語怪力亂神. 此實荒唐奇詭之事, 非吾曺所說." 及讀魏書通典, 亦載其事. 然略而未詳, 豈詳內略外之意耶? 越癸丑四月, 得舊三國史, 見東明王本紀, 其神異之迹, 踰世之所說者.

나라굿에서 노래되었을 가능성을 짐작할 수 있다. 그러므로 이규보가 동명왕신화를 산문으로 쓰지 않고 굳이 오언고율로 쓴 것도 원래 노래된 운문의 양식을 시적으로 되살린 것이 아닌가 추론된다.

신라 건국신화의 서술 방식도 '환웅과 단군', 또는 '해모수와 주몽'의 신화 서술과 같다. 먼저 하늘에서 산으로 강림한 6촌장 신화가 서술되어 있고, 이어서 붉은 알 곧 해에서 태어난 박혁거세 신화가 마치 하나의 신화처럼 함께 서술되어 있다. 이러한 양상 또한 '환웅과 단군', '해모수와 주몽'의 관계와 같다. 환웅과 단군 신화가 둘이면서 하나인 것처럼, 해모수와 주몽의 신화, 6촌장과 박혁거세의 신화도 둘이면서 하나의 신화로 결합되어 있다. 결합 형태는 천손강림의 '건국시조신화'와 지상에서 출생한 주인공의 '건국신화'가 하나의 세트를 이룬다. 그러나 두 신화의 결합은 시대가 갈수록 느슨해졌다.

초기의 환웅과 단군은 부자 관계의 혈연으로 분명하게 이어져 있다. 따라서 환웅신화라 해야 마땅할 것을 단군신화라고 착각할 뿐 아니라, 아예 환웅신화는 없는 것처럼 단군신화로 일컫기 일쑤이다. 부계 혈통을 존중한다면 단군신화가 아니라 환웅신화로 일컬어야 마땅하다. 그러나 해모수와 주몽은 환웅과 단군과 달리 그 부자 관계의 혈통이 불완전하다. 주몽 스스로 천제의 손이라고 했지만 해모수와 부자 관계가 분명하지 않다. 따라서 해모수신화와 주몽신화는 어느 정도 분리되어 인식된다. 반면에 6촌신화와 혁거세신화는 혈연관계가 전혀 없다. 6촌장이 혁거세를 왕으로 추대한 까닭에 왕권의 계승 관계만 있다. 그러므로 두 신화는 사료에 함께 서술되어 있어도 제각기 분리되어 인식되기 마련이다.

건국신화가 둘이면서 하나인 까닭은 어디에 있을까. 더 구체적으로 후대의 건국신화가 선대의 건국시조신화에 결합되어 있는 까닭은 무엇인가 물어야 한다. 후대의 단군신화나 주몽신화, 혁거세 신화에서 건국시조는 천손강림이 아닌 까닭에, 천손강림의 신성한 존재와 밀접하게 연관되지 않고서는 그 자체로 시조왕의 신성성이 입증되기 어려워서 천손시조와 합일 시킨 것으로 추론된다. 단군은 환웅천왕의 아들이자 천손이어서 함께 이야기되거나 서술되어도 문제될 것이 없다.

그러나 주몽은 유화부인의 아들인 것은 분명하지만 해모수의 아들인지는 불확실하다. 해모수의 아들은 해부루이다. 주몽은 해부루의 양아들인 금와왕에 의해 발견된 유화부인에게서 알로 태어난다. 따라서 주몽은 해모수의 후손이긴 해도 그 아들이라 하기 어렵다. 그럼에도 주몽은 동부여를 떠나 추격자들에게 쫓길 때 엄리대수(淹利大水) 앞에서 스스로

"천제의 손자"라고 한다. 달리 말하면 해모수의 아들이라는 것이다. 주몽은 천손의 신성성을 이렇게 주장함으로써 위기에서 벗어난다. 그러므로 고구려 건국시조 주몽은 부여 건국시조 해모수 신화와 결합되지 않을 수 없다. 실제로 부여는 뒤에 고구려에 병합된다. 神市國이 뒤에 단군조선으로 이어지는 것과 같다.

주몽은 햇볕을 받아 잉태된 유화부인에게서 알로 태어났다. 이 알은 예사 알과 달리 크고 야외에 버려도 새들이 품어줄 뿐 아니라 도끼로 깨뜨려도 깨어지지 않는다. 태양을 상징하는 까닭이다. 따라서 주몽은 햇빛을 받아서 알로 태어났으되, 사실은 태양에서 태어난 것으로 인식된다. 박혁거세도 알에서 태어났다. 자줏빛 알에서 태어난 까닭에 이름을 불구내(弗矩內) 곧 '붉으네' 또는 '붉은 해'라고도 하는가 하면, 세상을 밝히는 존재로서 이름을 '혁거세(赫居世)'라고도 했다. 성을 '박'이라고 한 것도 '밝'다는 뜻에서 온 것이다. 따라서 혁거세가 태어난 자줏빛 알은 곧 태양을 상징한다. 그러므로 주몽과 혁거세는 모두 태양을 상징하는 알에서 아기로 태어나는 공통성을 지닌다.[11]

하늘에서 지상으로 강림한 환웅과 해모수, 6촌촌장 등과 달리 단군과 주몽, 혁거세 등은 지상에서 아기로 태어난다. 단군은 환웅천왕의 아들이어서 천손이고, 주몽과 혁거세도 태양을 상징하는 알에서 태어난 신성한 존재이지만 천손강림의 환웅과 해모수, 촌장들과 달리 지상에서 아기로 태이니는 한계가 있다. 그러므로 그들은 지상에서 태어난 한계를 극복하기 위해 환웅의 아들로, 해모수의 후손으로, 촌장의 후계자로 관련을 맺어서 신성한 천손의 계보를 획득하기 위해 천손강림 신화와 합일을 이룬 것이다.

환웅과 단군처럼 초기 신화에는 합일이 부자관계로 친밀한 반면에, 후대의 6촌장과 박혁거세는 합일이 왕위 추대 관계로 일정한 거리를 지닌다. 따라서 초기 신화일수록 둘이라기보다 하나에 가까운데, 후기 신화일수록 하나라기보다 둘에 더 가까운 양식으로 존재한다. 역사적 시기로 내려올수록 천손강림 시조에 대한 의존도가 낮다. 천손이라는 신성한 혈통보다 민심에 의한 추대에 더 방점을 둔 것이다. 그러면 건축신화인 성주풀이는 어떻게 존재할까? 하나의 형태로 일관될까, 아니면 건국신화처럼 두 형태가 병립하면서 서로 이어질까?

---

11 임재해, 『고조선문명과 신시문화』, 지식산업사, 2018, 320~336쪽에 이 문제에 관한 논의를 자세하게 하였다.

4. 성주풀이의 두 유형과 신화의 이원체계

성주풀이도 건국신화처럼 두 유형으로 존재한다. 두 유형이 제각기 따로 노래되거나 또는 하나로 결합되어 노래된다. 주인공인 성주 또한 천상의 존재로 하늘에서 태어나 지상으로 내려오는가 하면, 천상과 무관하게 경상도 안동 제비원을 본향으로 하는 지상적 존재로 노래되기도 하다. 그 선후 관계는 알 수 없지만, 하나로 합일되어 노래되는 성주풀이에서는 당연히 천상에서 태어난 성주가 더 앞서서 노래된다. 따라서 천신 성주가 제비원 본향 성주보다 원초적이라 할 수 있다.

성주풀이의 원초적 형태는 성주의 출현 방식에 따라 천손강림형이라 할 수 있다. 성주가 천상의 대왕부모로부터 태어나 천계에서 생활을 하는 데서 노래가 시작된다. 성주가 15세 때 지상을 내려다보니 인간들이 집이 없어 고생하는 것을 알고 집을 지어줄 결심을 한다. 지상에 내려왔으나 집을 지을 나무가 없어서 옥황님께 상소를 올리자 솔씨를 내려준다. 성주는 천상의 솔씨를 받아 인간 세상에 심어 놓고 하늘의 천상궁으로 되돌아간다. 천상에서 황휘궁 공주와 혼인하여 아들딸을 낳고 살다가 70세가 되어 지상에 심어둔 솔씨를 기억하고 자녀들을 거느리고 지상으로 내려온다. 자녀들과 함께 연장을 마련하여 집을 짓고 집을 지키는 성주로 좌정한다.[12]

다음 단계의 성주풀이에서는 천상세계가 언급되지 않고 바로 안동 제비원이 성주의 본향이라는 데서 노래가 전개된다. 따라서 이 성주풀이는 앞의 '천손강림형'에 대해서 '제비원본향형' 성주풀이라 할 수 있다. 본향형 성주풀이는 성주의 본향 안동 제비원을 묻고 답하는 데서 시작된다. 제비원의 솔씨가 자라서 황장목이 되자, 집을 지을 일꾼들이 연장을 갖추어 산으로 올라가서 성주목을 베어온다. 집터를 다지고 주추 놓고 기둥 세우고 상량하고 서까래를 걸어 기와를 이어 집을 짓는다. 집이 완성되면 부모가 수복을 누리고 자손이 번성하기를 축원한다.[13]

위의 두 성주풀이는 '천손강림형'과 '제비원본향형'이라 할 만큼 퍽 대조적이고 유형도 다르게 포착하게 된다. 더 흥미로운 것은 건축신화인 두 성주풀이의 관계가 건국신화인

12　孫晉泰, 『朝鮮神歌遺編』, 鄕土硏究史, 1930; 『孫晉泰先生全集』 5, 太學社, 1981, 79~171쪽 참조.
13　赤松智城·秋葉隆, 『朝鮮巫俗の硏究』 上, 大阪屋號書店, 1937, 167~172쪽.

환웅신화와 단군신화에 견주어 볼 수 있다는 것이다. 먼저 천손강림형 성주풀이와 환웅신화부터 보자.

천손강림형 성주풀이에서 성주는 하늘에서 지상세계를 자의적으로 내려온다. 집 없는 인간들에게 집을 지어 주려는 목적의식을 가지고 강림한다. 그러나 집 지을 나무가 없자 솔씨를 심어두고 하늘로 올라간다. 솔씨가 자라서 성주목이 되었을 무렵에 다시 내려와 집을 짓고 성주신으로 좌정한다. 성주가 인간에게 집을 지어주려고 지상에 내려오는 것은, 마치 환웅이 천상에서 인간세계를 내려다보고 홍익인간의 뜻을 품은 채 인간세상을 구하기 위해 지상으로 내려오는 것과 같다.

그리고 성주가 지상으로 내려와 솔씨를 심어두고 하늘에 올라갔다가 성주목으로 자랐을 때 다시 지상으로 내려오는 것은 천상과 지상을 마음대로 오르내리는 해모수와 같다. 해모수는 아침에 내려와 다스리다가 저녁에 하늘로 올라갔던 존재이다. 이러한 해모수는 '해모습'으로서 아침에 떠올랐다가 저녁에 지는 해를 상징한다. 그러나 하늘을 자의적으로 오르내린다는 점에서 성주와 해모수는 같은 역량을 지녔다. 그러므로 천손강림형 성주풀이는 천손강림 신화로서 환웅신화와 해모수신화의 보기를 이룬다고 할 수 있다.

제비원본향형 성주풀이에서 성주는 천손강림의 신격이 아니라, 인간 목수라 할 수 있고 제비원의 성주목이거나 집일 수도 있다. 목수들이 나무를 베어서 집 짓는 과정을 자세하게 서술했을 뿐 신성성은 찾아보기 어렵다. 따라서 성주의 본향을 묻고 답하는 본풀이이긴 해도 신화로서 초월적 신성성을 확보하지 못하고 있다. 마치 환웅신화 없는 단군신화와 같다. 환웅신화를 떼어놓고 단군신화만 들여다보면 단군이 나라를 세우고 도읍지를 여러 번 옮겼다는 사실 외에는 신성성이 거의 없기 때문이다. 단군은 죽어서 아사달의 산신이 되었다고 했는데, 그것은 사후의 문제로서 초월적 신성성이라 하기 어렵다. 그러므로 단군은 환웅신화와 결합하여 그 아들이 됨으로써 천손으로서 초월적 신성성을 확보한다.

성주풀이도 천손강림형과 제비원본향형이 하나의 본풀이로 결합되어 전승되는 것이 있다. 그 줄거리를 보면, 천상 옥계에서 성주의 부모가 늦도록 자식이 없어 지성으로 공을 들여 성주를 낳는다. 성주가 18세 때 글 한귀를 잘못 지어서 지상으로 귀양 온다. 지상에서 집이 없어 고생을 하다가 집 지을 결심을 한다. 그러나 집 지을 나무가 없어서 하늘에 빌어 솔씨를 받는다. 그 솔씨를 경상도 안동땅 제비원에 심었더니 성주목으로 자란다. 성주목을 베어서 집을 짓기 시작한다. 성주님께 치성을 드리고 팔도 대목이 모여서 연장 망태를 갖추어 집을 짓고 방마다 세간살이 치레를 한다. 온갖 곡식이 넉넉하고 각종 비단들이 쏟아지도록 축원한다.[14]

이 성주풀이는 천손강림형에 제비원본향형이 덧붙여져서 하나의 성주풀이로 결합된 것이라고 보지만, 본디 하나였는데 둘로 나뉘어졌을 수도 있다. 따라서 두 성주풀이는 둘이면서 하나이고 하나이면서 둘이기도 하다. 왜냐하면 천상계와 지상계의 이원적 세계를 아우르기 때문이다. 천손강림형 성주풀이는 천상계와 지상계를 오르내리며 두 세계를 포괄하는데, 제비원본향형 성주풀이는 지상계의 활동으로 한정된다. 통시적으로 보면, 세계관의 변모에 따라 천손강림형 성주풀이가 선행하다가 제비원본향형 성주풀이가 뒤에 발생한 것일 가능성이 높다.

환웅신화와 단군신화, 해모수신화와 주몽신화의 세계도 같은 양상을 이루고 있다. 천손강림신화인 환웅신화와 해모수신화는 천상과 지상을 아우르는 데 비하여 지상에서 출생한 주인공의 단군신화와 주몽신화는 그 무대가 지상으로 한정되어 있다. 따라서 단군과 주몽이 건국시조다운 신성성을 획득하려면 각각 환웅과 주몽을 혈연관계로 엮지 않을 수 없다. 그러므로 지상출생형 건국신화는 천손강림형 건국신화와 하나로 결합되어 기록되기 일쑤이다.

성주풀이도 천손강림형에 본향형이 결합되어 복합형을 이룬 것으로 이해된다. 성주풀이의 두 유형과 마찬가지로 건국본풀이도 두 유형으로 존재하면서 결합된 것으로 볼 수 있다. 따라서 성주풀이 건축신화와 건국본풀이 건국신화는 상호이해로 해석학적 지평을 넓혀갈 수 있다. 우선 유형론을 내용에 따라 더 대조적으로 분별할 수 있다.

천손강림형 성주풀이는 천신인 성주가 지상에 내려와 집을 처음 지은 신이자 인간에게 집 짓는 법을 가르쳐 준 까닭에 '건축시조신화'가 분명하다. 그러나 제비원본향형 성주풀이는 인간세상에 처음으로 집 짓는 내용이 아니다. 팔도 목수가 모여서 제비원의 성주목으로 아무개의 집을 짓는 내용이어서 이 땅 최초의 집이라고 할 수 없다. 따라서 제비원본향형 성주풀이는 새 집을 짓는 '건축신화'에 해당되긴 해도 천손강림형 성주풀이처럼 최초로 집을 짓는 건축시조신화라 할 수 없다. 그러므로 성주풀이 유형은 건축시조신화와 건축신화로 분별하여 인식하고 달리 호명할 필요가 있다.

우리는 그 동안 건축시조신화와 건축신화라는 용어도 같은 사실의 다른 표현으로 인식

---

14 金泰坤, 『韓國巫歌集』 4, 集文堂, 1980, 76~86쪽 참조.

해서 구별해서 일컫지 않았던 것처럼, 건국시조신화와 건국신화도 구별하지 않고 동일시해왔다. 그러나 성주풀이 유형처럼 엄밀하게 분별해 보면 건국시조신화와 건국신화도 서로 다른 개념의 신화로서 분별하여 포착할 필요가 있다. 신화적 유형론에 입각해서 보면, 환웅신화가 건국시조신화인 반면에 단군신화는 건국신화로서 그 유형이 다르다. 따라서 엄연히 다른 신화로 분별해서 인식해야 마땅한데, 굳이 하나의 신화로 합일시킨다면 환웅신화에 단군신화를 귀속시켜야 마땅하다. 그런데 우리는 거꾸로 환웅신화를 단군신화에 귀속시킴으로써 민족시조 환웅의 존재는 물론 최초의 국가 神市國 존재를 지워버리는 오류에 빠져 있다.

천손강림의 환웅신화와 인간으로 태어난 단군신화의 분별은, 유형적으로 건국시조신화와 건국신화로서 분별하여 일컬어야 한다. 천손강림의 해모수신화와 인간으로 태어난 주몽신화도 건국시조신화와 건국신화로 분별하여 명명해야 할 것이다. 천손강림형 '건축시조신화'와 제비원 본향형 '건축신화'인 성주풀이의 두 유형에서도 그런 사실의 차이가 구체적으로 포착된다. 따라서 신화적 유형론을 건축신화에서 건국신화까지 확장할 수 있다. 거듭 말하면 건축시조신화와 건축신화가 유형적으로 차이가 있듯이, 건국시조신화와 건국신화도 유형적 차이가 있다는 사실을 분명하게 알아차려야 건국신화의 존재양식과 건국사의 전개과정을 제대로 이해하고 해석할 수 있다는 것이다.

성주풀이를 건축신화로 뭉뚱그리고 건국본풀이를 건국신화로 뭉뚱그리는 것이 그동안의 관행이었다. 세상에서 처음 집을 짓는 건축시조신화와 특정한 새 집을 짓는 건축신화는 전혀 다른 차원의 신화이다. 건축시조신화의 성주는 문화영웅이자 집의 수호신이라면, 건축신화의 성주는 다만 집의 수호신일 뿐이다. 성주풀이를 건축시조신화와 건축신화의 논리로 변별하는 것처럼 건국신화도 두 유형으로 구별하여 재해석되어야 한다.

천손강림 존재인 환웅처럼 인간세상에 홍익인간의 이념을 펼치기 위해 이 땅 최초로 神市國을 세운 경우는 건국시조라 할 수 있고 그 신화는 '건국시조신화'라 할 수 있다. 그러나 지상 태생 존재인 환웅의 아들 단군은 새로운 나라 조선을 세웠을 뿐 이 땅에 나라를 처음 세운 것은 아니다. 이미 아버지 환웅이 神市國을 세웠기 때문에 단군은 '건국시조'가 아니라 조선이라는 나라를 처음 세운 '건국자'이거나 '건국주'일 따름이다.

해모수와 주몽의 관계도 이와 같다. 해모수가 이 땅에 처음 부여라는 나라를 세운 '건국시조'라면, 주몽은 부여의 뒤를 이어 고구려를 세운 '건국주'이다. 과연 부여가 이 땅 최초의 나라인가? 神市國과 단군조선이 있는데 최초의 국가라 할 수 없다. 그러나 그것은 한국사의 전개를 바라보는 역사적 관점이고 신화적 세계관에서는 해모수가 세운 부여가 환웅의 神市國처럼 이 땅 최초의 국가이다. 따라서 해모수는 '건국시조'이되 주몽은 '건국주'에 머문다. 그러므로 건국주 주몽은 그 자체로 독립적이지 못하고 건국시조 해모수와 어떤 식으로든 선후 관계를 맺기 마련이다.

성주굿의 성주풀이가 '건축시조신화'와 '건축신화'로 이원화되어 있는 것처럼, 나라굿의 건국본풀이도 건국시조신화와 건국신화로 이원화되어 있다. 이러한 층위의 신화적 관계는 마치 성서에서 하느님 중심의 구약 성서와, 인간의 아들로 태어난 예수의 신약 성서 관계와 같다. 예수의 생애사를 다룬 신약은 창조주 하느님의 구약이 없으면 그 자체로 완결성을 가지기 어렵다. 왜냐하면 예수는 하느님의 아들로 존재하는 까닭이다. 따라서 신약은 구약에 뿌리를 두고 있어서 그 자체로 독립성을 지닐 수 없다. 그러므로 신약성서는 구약성서에 귀속되기 마련이다. 건축시조신화와 건축신화, 건국시조신화와 건국신화가 둘이면서 하나인 것처럼 구약성서와 신약성서도 둘이면서 하나이다.

구약의 천상세계에서는 하느님의 본향이 없다. 그러나 신약의 지상세계에서는 예수가 태어난 예루살렘의 베들레헴이 본향으로 뚜렷하게 밝혀져 있다. 성주풀이에서도 구약에 해당되는 천손강림형 건축시조신화에는 본향이 없다. 따라서 천손강림형 성주풀이를 대상으로 성주의 본향을 찾는 것은 무망한 일이다. 더러 성주의 본향을 천계나 옥계라고 하는 것도 하나마나한 해석이다. 그것은 구약에서 하느님의 본향을 하늘에서 찾는 것이나 다름없다.

그러나 신약에 해당되는 제비원본향형 건축신화에는 성주의 본향이 뚜렷하게 노래된다. 본향은 경상도 안동땅 제비원처럼 지상세계의 구체적인 장소이자 지리적 공간의 지명이 분명해야 한다. 그러므로 성주신의 본향은 천손강림형 건축시조신화가 아니라 제비원본향형 건국신화 성주풀이에서 찾아야 한다. 그것은 예수의 본향을 구약이 아니라 신약에서 찾는 것과 마찬가지이다.

2장 성주풀이의 구조로 읽는 건국본풀이 재인식

1. 시조 본풀이로서 건국신화의 본디 모습

성주굿에서 노래되는 성주풀이는 성주신이 소나무를 심고 길러서 그 나무로 집을 짓고 집을 지키는 신으로 좌정하는 내용이다. 성주신은 그 자체로 보면 집을 지키는 신이지만 그 내력을 보면 인간세계에 처음으로 집을 지은 건축시조신이다. 따라서 집을 지키는 성주신은 집을 처음 지은 건축시조의 요건을 갖추어야 한다. 달리 말하면 건축시조가 곧 건축신으로서 대들보에 좌정하여 집을 지키는 것이다. 그러므로 성주굿을 할 때는 성주가 집을 짓고 건축신이 되는 과정을 길게 노래하는 성주풀이를 구송하게 된다.

그럼 마을을 지키는 동신은 누가 되는가. 동신 또한 마을을 처음 개척한 입향시조(入鄕始祖)이자 개촌시조(開村始祖)이다. 잡목이 우거진 곳에 처음 터를 정하고 잡목을 베어낸[1] 뒤에 모듬살이를 시작한 입향시조가 죽으면 마을을 지키는 수호신으로 섬기게 된다. 입향시조는 개촌시조 또는 건촌시조(建村始祖)라 할 수 있다. 집을 처음 지은 건축시조가 집을 지키는 신이 되는 것처럼, 마을을 처음 개척한 '건촌시조'가 마을 수호신이 되어 동신으로 좌정하고 주민들은 건축시조를 동신으로 섬긴다.

---

1 마을을 처음 개척한 시조 이야기를 할 때 흔히 "여기 처음 들어올 때 다래몽둘이를 치고 들어왔다"고 한다. 다래 넝쿨이 우거진 것을 베어내고 이 마을에 처음 들어왔다는 말이다. 다래몽둘이는 잡목이 우거진 상황을 비유한 말이다.

이것이 동신신화의 전형인데, 최근에 동신신화의 전통이 약화되어 그 자취를 찾기 어렵다. 건촌시조신화가 약화되어 하회마을처럼 "허씨 터전에 안씨 문전에 류씨 배판에"와 같은 관용구로 마을에 처음 터를 잡은 성씨를 전승하는가 하면, 하회탈을 깎은 허도령전설이 마을의 당신화 구실을 하기도 한다. 이 관용구에 따르면 하회마을을 처음 개척한 사람은 허씨이다. 지금은 찾을 수 없지만 과거에는 허도령당이 있었다고 한다. 허도령당은 하회탈을 깎은 사람을 모시는 당이란 말인데, 원래는 마을을 처음 개척한 허씨 당이었을 가능성이 크다.

나라를 처음 세운 건국시조도 집을 처음 지은 성주신이나 마을을 처음 개척한 마을 수호신과 같은 맥락에 있다. 집을 처음 지은 건축시조가 집을 수호하는 신이고, 마을을 처음 개척한 건촌시조가 마을 수호신이 되는 것처럼, 나라를 처음 세운 건국시조도 나라를 지키는 수호신으로 섬겨진다. 마을을 지키는 동신인 입향시조를 굳이 '건촌시조'라 일컫는 것은, 집을 지키는 성주신이 '건축시조'이고 나라를 지키는 국조신이 '건국시조'로 일컬어지는 까닭에 같은 맥락에서 규정되고 같은 체계로 호명되어야 바람직하기 때문이다. 그렇게 되면 상호관계를 이해하는 논리적 설득력도 쉽게 확보할 수 있다.

집과 마을, 나라에는 제각기 가) 성주굿과 나) 마을굿, 다) 나라굿이 있다. 세 유형의 굿에는 제각기 섬기는 성주신과 동신, 국조신이 있으며, 그 신의 정체는 건축시조와 건촌시조, 건국시조로서 모두 시조신의 공통성을 지닌다. 나라에 건국시조가 있고 건국신화가 있는 것처럼, 마을에는 건촌시조가 있고 건촌신화인 동신신화가 있으며, 집에는 건축시조가 있고 건축신화인 성주풀이가 있다. 이들 시조신을 섬기는 무교적 제의가 제각기 성주굿과 마을굿, 나라굿으로 이루어지는 것이다.

건축시조인 성주를 섬기는 제의가 성주굿이라면, 건촌시조인 동신을 섬기는 제의는 마을굿이며, 건국시조인 국조신을 섬기는 제의는 나라굿이다. 해당 시조를 신격으로 섬기는 세 유형의 굿을 할 때는 제각기 시조신의 내력을 밝히는 본풀이를 노래 부르게 마련이다. 그 본풀이를 학계에서는 흔히 '신화'라고 한다.

성주굿에서 성주풀이로 건축시조의 신화를 길게 노래하는 것처럼, 당굿에서도 당본풀이로 마을을 처음 개척한 동신의 동신신화 또는 당신화를 구송한다. 당굿이 마을굿 형태에서 동제 형태로 바뀌면서 당본풀이는 전승이 중단되고 마을신화 또는 당신화로 구전된다. 그러나 제주도에서는 최근까지 당굿을 하면서 당본풀이를 부른다. 당본풀이가 노래되지 않고 이야기되면 당신화 또는 입향시조신화나 건촌시조신화라 할 수 있다.

성주풀이도 마찬가지이다. 성주굿에서 노래되면 성주풀이라고 하지만, 서사적 내용을 중심으로 이야기되면 무속신화 일반에 속하되 구체적으로는 건축시조신화 또는 건축신화이다. 나라본풀이도 나라굿에서 노래되지 않고 이야기되면 건국시조신화 또는 건국신화이다. 고대에 나라굿을 할 때는 건국시조신화가 건국본풀이 또는 나라본풀이로 노래되었다. 건국시조가 출현해서 나라를 세운 과정과 내력을 서사적으로 노래하는 것이 건국본풀이이고 그것을 이야기하는 것이 건국신화이다. 따라서 건국신화는 원래 노래되는 건국시조본풀이였는데, 구비전승되다가 뒤에 문자로 기록되어 문헌신화로 정착된 것이다. 그러므로 환웅신화이든 해모수신화이든 지금은 문헌에 한자로 기록되어 박제된 상태이지만, 고대에는 모두 나라굿에서 본풀이로 노래되면서 살아 있었던 것이다.

이처럼 신화의 원초적 형태는 굿의 전통 속에서 본풀이로 살아 있었다. 굿과 본풀이와 신화는 서로 뗄 수 없는 관계를 맺고 있다. 굿과 본풀이는 짝을 이루며 함께 가는 것이며, 본풀이는 곧 신화인 까닭이다. 굿과 본풀이의 짝은 다른 말로 제의와 신화의 짝이라 할 수 있다. 제의의 우리말이 굿이고 신화의 우리말이 본풀이인 까닭이다. 따라서 건국신화도 원래 우리 이름을 회복하여 건국본풀이로 일컬어야 본디 존재양식을 제대로 포착할 수 있다. 그러므로 건축신화가 성주풀이로 성주굿에서 노래되었던 것처럼, 건국신화 또한 건국본풀이로 나라굿에서 노래되었다고 할 수 있다.

성주굿 논의에 마을굿과 나라굿을 끌어들여서 함께 논의하고, 성주풀이를 건축신화로 명명하며 당신화를 당본풀이, 건국신화를 건국본풀이라 특별히 일컫는 것은 명확한 목적이 있다. 성주굿과 마을굿, 나라굿을 모두 다른 사실로 제각기 논의해서는 드러나지 않은 사실들이 많다. 그러나 함께 견주어서 포괄적으로 연구하면 굿연구는 물론 신화연구의 일반론을 수립할 수 있다. 왜냐하면 성주굿과 마을굿, 나라굿은 범주만 다를 뿐 굿으로서 기본적 요건은 공통성을 지니고 있기 때문이다.

따라서 서로 견주어 보면, 집이나 마을, 나라를 처음 만든 시조와 그 내력을 읊은 본풀이와 그 시조를 신격화하여 섬기는 굿은 모두 일관성을 지닌다. 그러므로 이러한 일반화의 논리 위에서 보면, 분명하게 드러난 어느 하나의 사실을 근거로, 잊혀져서 드러나지 않은 다른 여럿의 사실을 쉽게 추론할 수 있다.

'신화'라고 하면 으레 쓰여진 기록의 건국신화로 생각하는 반면, '본풀이'는 굿판에서 노래되는 서사무가로 인식하기 일쑤이다. 따라서 신화와 본풀이를 서로 다른 문화 양식인 것처럼 제각기 분별하여 인식하기 마련이다. 그러나 성주굿에서 노래되는 성주풀이를 건축시조신화로 그 본질을 제대로 포착하면, 건국시조신화도 나라굿에서 나라본풀이로 노래되었을 것이라는 사실을 쉽게 추론할 수 있다. 이러한 추론을 설득력 있게 하려면, 본풀이를 신화와 딴 갈래로 여기는 잘못부터 극복해야 한다.

이러한 잘못을 바로잡으려면 신화를 본풀이로, 또는 본풀이를 신화로 이름이 서로 같도록 호명해야 혼란을 줄일 수 있다. 신화를 본풀이로 일관되게 호명하면 모든 건국신화들 또한 원래는 굿판에서 노래되었던 건국본풀이였다는 사실을 알아차릴 수 있을 뿐 아니라, 건국본풀이를 노래하는 굿은 나라굿이라는 사실도 추론할 수 있다. 국중대회로 이루어진 나라굿이 특별한 이름을 갖추고 기록된 것이 부여의 영고(迎鼓), 고구려의 동맹(東盟), 예의 무천(舞天) 등이다. 다른 나라굿의 이름은 알려지지 않았으나 건국시조가 천손이 지상으로 강림한 까닭에 제천행사로 이루어졌을 가능성이 크다.

이와 반대로 본풀이를 신화로 일관되게 호명하면, 굿에서 노래되는 다양한 본풀이들도 모두 건국신화와 같은 신화의 일종이라는 사실이 쉽게 포착된다. 성주풀이는 주인공의 이름에 따라 성주신화라 할 수도 있지만, 줄거리의 내용에 따라 건축시조신화 또는 건축신화라 할 수 있다. 그러므로 건국신화는 문헌에 기록된 것이 본디 모습이 아니라, 본풀이로서 노래되는 역동적인 문화이자 굿문화의 핵심을 이루었던 것이 본디 모습이다.[2]

따라서 성주굿의 성주풀이를 통해서 나라굿의 건국본풀이를 재인식할 수 있다. 성주풀이를 건축신화로 호명하고 인식하는 것처럼, 건국신화도 건국본풀이로 일컫고 해명해야 나라굿에서 노래된 사실을 더 실감나게 포착할 수 있는 것은 물론, 건국신화의 새로운 이해도 가능하다. 건국신화라고 하면 『삼국유사』에 기록된 단군신화나 주몽신화를 떠올리게 마련이지만 건국본풀이라 하면 나라굿에서 노래되었다는 사실을 새롭게 인식하는 길이 열린다.

성주풀이가 성주굿, 제석풀이가 제석굿에서 노래된 것처럼, 당본풀이는 당굿에서, 건국본풀이는 나라굿에서 노래되었다고 일반화할 수 있다. 굿에서 제물을 차리고 본풀이를

---

2 조동일, 「신화의 유산과 그 변모 과정」, 『우리 문학과의 만남』, 홍성사, 1978, 82~84쪽에 신화가 굿과 관련되어 노래되었다는 논의를 자세하게 했다.

노래하는 것처럼, 나라굿을 할 때에도 굿판에 제물만 차린 것이 아니라 노래와 춤도 무형의 제물로 차려 올렸다. 이때 부른 나라본풀이가 건국본풀이로서 건국시조신화였던 것이다. 그러면 나라굿을 할 때 왜 건국본풀이를 노래했을까?

이 질문은 성주굿을 할 때 왜 성주풀이를 노래했을까 하는 질문과 만난다. 그 까닭은 성주신의 본향을 밝히기 위해서다. 따라서 성주풀이에서는 한결같이 성주의 본향이 어디인가 묻고 경상도 안동땅 제비원이 본이라고 답한다. 이때 묻는 질문은 성주신의 정체성을 구체적으로 확인하는 물음이고, 그에 따른 답은 성주의 정체성을 정확하게 밝히는 것이다. 이처럼 성주의 본향을 구체적으로 밝히는 까닭에 성주본풀이 곧 성주풀이라 하는 것이다.

그럼 성주의 본향을 구체적으로 밝히는 까닭은 무엇일까? 자기 집에 모시는 최고의 가택신인 '성주'를 허투루 모실 수 없기 때문이다. 성주라고 하여 다 같은 성주가 아니다. 근본 없는 성주를 모시는 것은 바람직하지 않다. 그 근본이나 본향이 '안동 제비원'에서 비롯된 성주라야 기꺼이 모시고 믿으며 섬길 수 있는 성주라는 것이다. 한 마디로 족보 없는 성주나, 뼈대 없는 성주는 모시지 않는다는 말이다.

따라서 성주풀이는 성주신의 역사적 내력을 풀어서 노래함으로써 사실상 성주의 정체성을 구체적으로 성확하게 밝히는 서사무가이자 무속신화이다. 성주의 이름과 주소, 이력만 밝히는 것이 아니라 그 생애와 행적을 두루 밝힘으로써 건축시조로서 정체성을 분명하게 한다. 그러므로 성주풀이를 노래함으로써 제비원의 성주를 모시는 성주굿의 목적을 정확하게 달성한다.

제석굿과 삼신굿, 칠성굿에서 노래되는 제석본풀이나 삼신본풀이, 칠성본풀이도 같은 기능을 한다. 본풀이를 노래함으로써 정확하게 해당 신격을 굿판에 모시는 것이다. 이들 본풀이는 제각기 제석신화와 삼신신화, 칠성신화를 말한다. 이처럼, 무가에서 노래되는 본풀이는 서사무가로 일컬어지며 무속신화에 해당된다. 건국신화의 내용과 기능도 굿의 본풀이와 다르지 않다. 건국신화를 건국본풀이로 일컫게 되면, 건국신화가 나라굿에서 노래되는 이유를 쉽게 추론할 수 있다.

그동안 건국신화는 본풀이가 아니라 신화문학 또는 신화사료로 간주되어 문학작품이나 역사학 자료로 연구되었다. 건국신화가 건국본풀이로서 나라굿을 하는 과정에 노래되었을 것이라는 연구는 거의 없었다. 따라서 건국신화 연구의 새로운 해석에 이르지 못했다. 건국신화가 곧 건국본풀이로 노래되었다는 사실을 알게 되면 건국신화의 기능과 목적도 정확하게 알아차릴 수 있다. 왜냐하면 건국본풀이는 건국을 기리며 건국시조신을 섬기는 나라굿에서 노래되었기 때문이다.

나라굿을 할 때, 건국시조신화를 건국시조본풀이로 불러야 건국시조신이 굿판에 강림하는 것은 물론, 건국시조신을 섬기는 나라굿의 기능을 제대로 발휘하게 된다. 나라굿에서 섬기는 건국시조신을 모시고 기리기 위해서는 그 신성한 출생과 역사적 업적을 구체적으로 노래해야 한다. 그렇게 해야 정확하게 해당 건국시조신을 굿판에 모시는 것은 물론, 모신 신을 칭송함으로써 오신 기능을 제대로 할 수 있게 된다. 그러므로 굿과 본풀이의 관점에서 보면, 나라굿이나 성주굿이나 구체적인 내용은 달라도 본질적인 양식과 제의적 구조는 다르지 않다.

구체적으로 단군신화는 '단군본풀이'로, 주몽신화는 '주몽본풀이'로, 혁거세신화는 '혁거세본풀이'로 일컬어야 한다. 단군본풀이는 단군조선의 나라굿에서 노래되었고, 주몽본풀이는 고구려의 나라굿에서, 혁거세본풀이는 신라의 나라굿에서 노래되었다. 이처럼 굿에서 발휘되는 본풀이 기능을 제대로 알아차리면 건국본풀이도 건국굿인 나라굿에서 노래되었다는 사실을 포착할 수 있다. 그러므로 한국 신화를 연구할 때, 건국신화는 물론 무속신화인 본풀이도 함께 다루어야 그 의미와 기능, 존재양식을 제대로 해석할 수 있다. 그러한 실마리를 풀 수 있는 것이 성주굿의 건축신화인 성주풀이이다.

2. '단군신화'의 오류와 환웅본풀이 재인식

성주굿과 성주풀이의 가치를 정확하게 해석하려면 나라굿과 건국본풀이와 견주어 이해하는 것이 바람직하다. 건국본풀이가 '건국신화'라면 성주풀이는 '건축신화'이다. 흔히 조선의 단군신화나 부여의 해모수신화, 신라의 혁거세신화, 가야의 수로신화를 건국신화 또는 건국시조신화라 하는데, 건국시조는 건축시조인 '성주'처럼 모두 하늘에서 강림한 천신이다. 이러한 건국시조신화를 흔히 천손강림 신화라[3] 한다. 건축시조인 성주나 건국시조

---

3   한국 건국신화를 학계에서는 천손강림 신화와 난생 신화로 구분하는데, 난생신화도 사실은 혁거세와 수로

인 환웅과 해모수, 수로 등은 모두 하늘에서 인간세계로 내려온 천손강림의 존재이다.

그러나 '단군'은 천손강림이 아니라 지상에서 인간으로 태어났다. 그럼에도 단군신화를 천손강림 신화로 분류하기 일쑤이다. 따라서 흔히 말하는 '단군신화'에 대해서는 재해석이 필요하다. 왜냐하면 단군은 하늘에서 강림한 존재가 아니기 때문이다. 단군신화라는 이름[4] 때문에 마치 단군신화의 주인공이 단군인 것처럼 알고 있는데, 그렇지 않다. 『삼국유사』 '고조선'조를 제대로 읽어보면, 이 본풀이의 서사적 주인공은 단군이 아니라 천신 환웅이라는 사실을 쉽게 알아차릴 수 있다.

하늘에서 태백산 신단수 아래로 강림한 것은 단군이 아니라 환웅이다. 환웅이 홍익인간의 뜻을 품고 인간세상을 구하려고 했기 때문에 지상으로 내려온 것이다. 이때 천부인(天符印) 3개를 지니고 풍백(風伯)과 우사(雨師)·운사(雲師)를 거느리고 온 분은 환웅이다. 태백산 신단수 아래로 내려와 '神市' 고국(古國)을 세우고 스스로 천왕이 된 분도 단군이 아니라 환웅이다. 주곡(主穀), 주명(主命), 주병(主病), 주형(主刑), 주선악(主善惡) 등 360여 사를 재세이화(在世理化)로 다스린 분도 환웅이며, 곰에게 쑥과 마늘을 주어 인간이 되게 한 분도 환웅이다. 그리고 인간이 된 곰네(熊女)에게 아기를 배게 하여 단군이 태어나도록 한 분도 환웅이다.[5]

곰이 쑥과 마늘을 먹고 여성으로 변하여 환웅을 찾아와서 아이배기를 원할 때까지 단군은 세상에 태어나기는커녕 잉태도 되지 않았다. 위의 모든 일은 환웅천왕에 의해 이루어졌다. 홍익인간 이념도 환웅천왕의 뜻이며 재세이화의 통치도 환웅천왕에 의한 것이다. 그런데 학자들 가운데는 홍익인간을 단군의 이념으로 알고 있는가 하면, 재세이화를 한 주체도 단군으로 잘못 알고 있기 일쑤이다. 단군신화라고 하니까 단군이 주체인 줄 착각한 것이다. 곰과 범에게 쑥과 마늘을 주어 사람이 되게 한 것도 으레 환웅이다. 따라서 이 신화는 단군신화가 아니라 환웅신화라 해야 마땅하다. 왜냐하면 이 기록의 주인공이 환웅이며 모두 환웅에 관한 이야기인 반면에 단군에 관한 이야기는 환웅신화 말미에 간략하게 덧붙

처럼 해를 상징하는 알이 하늘에서 내려오거나, 주몽처럼 햇빛을 받아서 잉태되므로 사실은 모두 태양신화이다. 태양신화는 태양이 하늘에서 지상으로 햇빛을 비추는 까닭에 사실상 천손강림 신화나 다르지 않다. 임재해, 『고조선문명과 신시문화』, 309-335쪽에서 우리 건국신화의 서사구조를 분석하고 '태양시조신화'로서 동질성을 지닌다고 보았다.

4   단군신화라는 이름에 대한 기록은 고대 사서는 물론 고문헌 어느 곳에서도 없다. 단군신화는 일제강점기에 최남선이 처음 사용한 말이다.
5   『三國遺事』 卷1, 紀異1, '古朝鮮-王儉朝鮮'.

여겨 있을 뿐이기 때문이다.

그러므로 나는 '고조선'조의 건국신화를 환웅신화와 단군신화의 결합으로 보고,[6] 만일 하나로 호명한다면 '단군신화'가 아니라 '환웅신화' 또는 '환웅본풀이'라 일컬어야 마땅하다고 주장하고 그렇게 일컬어왔다.[7] 이 건국신화를 단군신화로 잘못 일컬어온 탓에 아버지 환웅을 두고 그 아들인 단군을 민족시조라고 하는 불효막심한 역사를 사실처럼 받아들였다. 환웅은 천제인 환인의 아들로서 천손강림한 천신이자, '神市'[8] 나라를 세우고 스스로 천왕(天王)이 되었던 이 땅 최초의 통치자이다.

'神市'을 그 동안 '신시'로 읽어왔으나 잘못이다. '신불'이라 해야 한다. 환웅천왕이 신단수 아래에서 세운 이땅 최초의 국가이자 역사상 가장 초기 국가에 장터를 뜻하는 '저자 市'를 국호로 쓰는 것은 상황에 전혀 맞지 않기 때문이다. 그때는 '저자'라는 개념 자체가 없었다. 따라서 이때 '市'은 '저자 市'가 아니라 '초목 무성할 불(市)'이라 해야 마땅하다. 저자 '市'와 초목 무성할 '市'은 한자가 거의 동일하여 '아래아 한글'에서는 차이가 나타나지 않는다. 따라서 삼국유사를 판각할 때 '불(市)'을 '시(市)'로 착각해서 새겼을 가능성이 크다. 원고를 쓸 때는 제대로 불(市)로 썼다고 하더라도 판각할 때 글자를 새기는 사람이 시(市)로 잘못 새겼을 수 있다. 워낙 두 글자가 닮았기 때문이다.

기록의 전후 맥락을 고려하더라도, 천신인 환웅이 신단수 아래에 내려와서 나라이름을 지은 까닭에 신시(神市)가 아니라 신불(神市)이라 해야 제격이다. 초목이 무성한 것은 곧 숲을 뜻한다. 따라서 神市(신불)은 신이 깃들어 있는 숲이란 뜻으로 '神檀樹'의 다른 이름이라 할 수 있다. 왜냐하면 하늘에서 천신인 환웅이 신단수 아래로 내려왔기 때문에 그곳은 신성한 저자로서 '神市(신시)'가 아니라 신성한 숲을 뜻하는 '神市(신불)'이어야 마땅하다.

神市은 환웅이 세운 나라이다. 고대의 초기 나라라는 뜻으로 神市古國이라[9] 일컫기도 했는데, 여기서는 神市國으로 일컫고자 한다. 문제는 '神市'이 과연 나라이름인가 하는 것

---

6 임재해, 「한국신화의 주체적 인식과 민족문화의 정체성」, 『한국신화의 정체성을 밝힌다』, 지식산업사, 2008, 40쪽, "단군신화로 일컬어진 〈고기〉의 기록은 환웅본풀이와 단군본풀이의 묶음이라 할 수 있다."
7 임재해, 『고조선문화의 높이와 깊이』, 587~596쪽 및 『고조선문명과 신시문화』, 208~224쪽.
8 神市에 관한 자세한 논의는 『고조선문명과 신시문화』, 640~646쪽 참조.
9 임재해, 「신시고국 환웅족 문화의 '해' 상징과 천신신앙의 지속성」, 『단군학연구』 23, 단군학회, 343~393쪽에서는 신시고국이라 했다.

이다. 왜 부여, 옥저, 임둔, 마한, 낙랑, 계림 등은 나라이름이 되는데 神市은 나라이름이 되지 않는가? 神市이라는 국호는 환웅이 처음 지상에 자리 잡은 신단수의 상황과 일맥상통하는 이름이다. 神壇樹가 '신이 밝은 나무', 해가 떠오를 때 빛을 받는 나무라면, 神市은 '신 수풀', 해숲이라는 뜻으로서 서로 상통한다. 그리고 神市이라는 국호는 신라의 초기 국호인 鷄林과 같은 숲 이름이다. 그러므로 神市은 鷄林과 더불어 고대국가의 국호로서 자기 독자성을 잘 갖추고 있다.

神市이 만일 나라이름이 아니라면 神市을 세운 환웅은 천왕이 아니어야 하고 환웅의 홍익인간도 건국이념이 아니어야 마땅하다. 그리고 환웅이 인간의 일 360여 가지를 재세이화했다는 사실도 부정되어야 한다. 예사 왕도 다스리는 나라가 있는데, 하늘에서 강림한 신성한 천왕이 다스리는 나라가 없다는 것은 말이 되지 않는다. 게다가 풍백, 우사, 운사를 거느리고 무려 360여 가지 일을 재세이화로 다스렸다고 하지 않는가. 그러므로 환웅천왕이 세운 나라는 '神市國'이라고 하지 않을 수 없다.

환웅천왕은 건국이념으로는 홍익인간을 표방했으며, 통치방식으로 '재세이화'를 시행했다. 환웅천왕이 홍익인간 이념으로 나라를 세우고 360여사를 재세이화한 나라는 '조선'이 아니라 '神市'이었다. 따라서 환웅은 천왕으로서 천부인(天符印) 3개를 갖춘 건국시조일 뿐 아니라, 왕호 천왕과 국호 神市, 건국이념 홍익인간, 통치방식 재세이화 등을 두루 갖추어서 국가로서 필수적인 요건들을 두루 갖추었다. 게다가 환웅은 천손강림의 신성한 존재로서 해모수처럼 나라를 세운 건국시조로서 자격이 충분하다. 따라서 이 건국시조신화의 주체는 단군이 아닌 환웅이 분명하다. 그러므로 주인공 이름에 따라 일컫는다면 단군신화가 아니라 환웅신화라 일컬어야 마땅하다.

이 건국시조신화를 환웅신화라고 바르게 일컬으면, 민족시조가 단군이 아니라 그 아버지인 환웅이라는 사실을 제대로 알아차리게 되고, 단군왕검이 세운 나라 '조선' 이전에 환웅천왕이 세운 나라 '神市國' 또한 우리 민족 최초의 국가라는 사실을 정확하게 포착할 수 있다. 한 마디로 아버지 환웅을 제쳐두고 그 아들인 단군을 민족시조라고 하는 것은 얼토당토 않는 일이다. 시조는 혈통의 첫 조상을 일컫는 것인 만큼, 엄연히 단군의 아버지 환웅천왕이 있는데도 불구하고 그 아들 단군을 시조라 하는 것만큼 어리석은 일은 없다.

게다가 환웅은 예사 왕이 아니라 천손강림의 '천왕'이다. 단군왕검보다 더 신성한 '천왕'이 환웅이다. 나라 없는 왕이란 있을 수 없다. 왕과 나라는 1:1로 짝을 이루게 마련이다. 단군이 조선을 세우기 전에 환웅은 '神市國'을 세웠다. 학계에서는 神市을 나라로 인정하지 않는다. 단군을 민족시조로 여기고 단군이 세운 조선을 최초의 국가로 여기는 선입견 탓이다. 그러나 神市을 세우고 다스린 왕이 있을 뿐만 아니라, 건국이념 '홍익인간'과 통치내용 '360여 사(事)', 통치방식 '제세이화'가 있어서 神市國은 고대의 어떤 국가보다 나라로서 형태와 내용을 잘 갖추었다.

환웅의 神市國 외에 단군의 조선이나 해모수의 부여, 주몽의 고구려는 왕과 국호 외에 뚜렷한 건국이념도 구체적인 통치 내용이나 방식도 없다. 그럼에도 고대사에서 엄연한 국가로 인정하고 있다. 오히려 환웅의 神市國이 건국이념과 통치내용 및 통치방식을 두루 갖추어 고대의 어느 국가보다 더 국가답다. 따라서 환웅천왕이 세우고 다스린 神市國은 그의 아들 단군이 세운 '조선'보다[10] 앞설 뿐 아니라 더 위대하다고 해야 할 것이다. 그러므로 우리 민족의 시조는 아들 단군이 아니라 그 아버지 환웅이 분명하며, 우리 민족국가의 시작 또한 단군이 세운 '조선'이 아니라 환웅이 세운 '神市'이라 해야 마땅하다.

환웅이나 해모수, 박혁거세,[11] 수로 등이 천손강림의 건국시조인 것처럼, 성주는 천손강림의 건축시조이다. 건국시조들이 건국영웅이라면 건축시조는 건축영웅이다. 건국시조가 처음 나라를 세운 건국영웅인 것처럼, 성주는 이 땅에 처음 집을 지은 건축시조이자 건축영웅이다. 神市國에서 개최하는 나라굿의 주인공이 천신 환웅인 것처럼, 성주굿의 주인공은 천신 성주이다. 성주굿은 성주신을 집에 모시고 축원하는 굿이다. 환웅이 천손강림으로 나라를 건국하고 다스린 천왕인 것처럼, 성주 또한 천손강림으로 집을 건축하고 집을 지키고 보살피는 최고의 신격으로서 대주의 신이자 가옥의 신인 것이다.

하늘에서 내려온 성주는 최초로 나무를 심고 집을 지었을 뿐 아니라 집에 좌정하여 집을 수호하는 신이 되었다. 따라서 환웅본풀이와 성주풀이는 건국시조신화와 건축시조신화로서 건립하는 내용은 나라와 집으로 차이가 있을 뿐, 천손강림형 '건립(建立) 신화'로서 동

---

10 흔히 단군이 건국한 나라를 '고조선'이라 하는 데 오류이다. 단군이 세운 나라는 '조선'이며 우리 역사에서 '고조선'이라는 국호는 없다. 『三國遺事』卷1, 紀異1, 古朝鮮-王儉朝鮮에서도 "開國號朝鮮"이라고 밝혀 놓았다. 『삼국유사』 편명에서 표기한 '고조선'은 국호로 쓴 것이 아니라 단군조선 이전의 시대를 고조선으로 일컬은 것이다.
11 박혁거세는 태양을 상징하는 붉은 알에서 태어났지만, 이 알은 천마가 하늘에서 운반해 온 까닭에 천손강림의 신격이라 할 수 있다.

질성을 지닌다. 따라서 건립신화로서 건국신화와 건축신화, 그리고 건립본풀이로서 건국본풀이와 건축본풀이를 상호관계 속에서 다루어야 우리 신화 곧 본풀이를 총체적으로 이해할 수 있다. 그러므로 건국본풀이와 건축본풀이를 제각기 다룰 것이 아니라, 서로 비교해서 관련성과 공통점을 포착하면 우리 본풀이의 정체 또는 민족신화의 체계를 제대로 밝힐 수 있다.

먼저 건축신화와 건국신화의 선후 문제부터 보자. 집을 지어서 생활하는 건축문화 없이 나라를 세우는 건국활동이 가능할까? 한 마디로 집이 없는 나라가 가능할까? 불가능하다. 따라서 집을 짓는 건축신화가 나라를 세우는 건국신화보다 통시적으로 더 앞설 뿐 아니라, 공시적으로 더 기초를 이룬다. 집과 나라 형성의 시기 선후, 그리고 집과 나라 구성의 조건 여부를 고려할 때 건축시조신화 없이 나라를 세우는 건국시조신화는 그 자체로 성립되지 않는다.

나라를 세운다는 것은 이미 수많은 집이 있다는 전제 속에서 가능한 일이다. 같은 맥락에서 건국신화가 있다는 것은 곧 건축신화가 있었다는 사실을 내포하고 있다. 왜냐하면 나라로서 꼴을 갖추자면 여러 고을이 있어야 하고, 고을은 여러 마을이 모여서 구성되며, 마을은 여러 집들이 모듬살이를 이루어야 형성된다. 따라서 집 없는 마을이 없고, 마을 없는 고을이 있을 수 없는 것처럼, 고을 없는 나라 또한 성립이 불가능하다. 그러므로 마을과 고을, 나라를 이루는 가장 기초가 되는 것이 집이어서, 집은 모든 모듬살이의 가장 필수적인 구성요소라 할 수 있다.

자연히 통시적으로 볼 때도 나라보다 고을이 먼저고 고을보다 마을이 먼저이며 마을보다 집이 먼저이다. 따라서 집을 처음 세우는 건축시조는 나라를 처음 세우는 건국시조의 출현보다 훨씬 앞서서 출현했다고 볼 수 있다. 건축시조 없는 건국시조는 구조적으로 존재할 수 없기 때문이다. 실제로 건축시조신화인 성주풀이와 건국시조신화인 환웅본풀이를 견주어 보면 그러한 선후 관계의 차이가 구체적으로 드러난다. 환웅본풀이에서는 환웅이 홍익인간의 뜻을 품고 하늘에서 태백산 정상에 내려왔을 때 '신단수'라고 하는 우뚝한 나무가 있었다. 그러므로 환웅은 신단수를 구심점으로 삼아 신단수 아래에서 神市이라는 최초의 나라를 열고 홍익인간의 뜻을 펼치며 재세이화로 다스렸다.

그러나 성주풀이에서는 성주가 하늘에서 지상으로 내려왔을 때, 집이 없었던 것은 물론 집을 지으려고 하니 집 지을 나무조차 없었다. 신단수가 있었던 환웅시절에 견주어 보면,

나무조차 없었던 성주시절이 역사적으로 더 원초적인 시기였다. 따라서 환웅의 神市 건국 또는 단군의 조선 건국 이전에 성주의 집 건축이 먼저 있었다고 할 수밖에 없다. 집을 짓고 사는 주거문화가 이룩되지 않고서는 '나라'라고 할 만한 초기 국가가 성립될 수 없기 때문이다. 그러므로 건축시조 성주가 건국시조 환웅보다 훨씬 먼저라고 할 수 있다.

문헌에도 단군이 "성조에게 궁실을 짓게 하고"[12], "단군시절 해마다 시월에 무녀로 하여금 집을 이룩한 의의를 빌도록"[13] 한 것은 단군 이전에 이미 건축신으로서 성주가 있어서 성주를 섬겼다는 것을 말한다. 따라서 성주가 하늘에서 내려와 나무를 심고 집을 지었다고 하는 성주풀이는 천손강림형 건축시조신화로서 건국시조신화에 선행하는 원초적 신화로 인식해야 할 것이다. 그러므로 건국시조신화는 선행하는 건축시조신화에 입각해서 형성되고 노래되었을 것이다. 그런 까닭에 건축시조신화와 건국시조신화는 서사적 전개의 구조가 아래와 같이 거의 일치한다.

〈건축시조신화 성주풀이〉[14]
ㄱ) 성주가 부모의 치성으로 태어난다.
ㄴ) 성주가 인간을 위해 집지을 결심을 한다.
ㄷ) 성주가 인간 세상으로 귀양 보내진다.
ㄹ) 성주가 지상에 오니 집지을 나무가 없다.
ㅁ) 성주가 하늘에 빌어 솔씨를 받아 심는다.
ㅂ) 성주가 잘 자란 나무로 집을 짓는다.
ㅅ) 성주가 집에 좌정하여 성주신이 된다.

〈건국시조신화 환웅풀이〉[15]
ㄱ) 환웅이 환인의 서자로 태어난다.
ㄴ) 환웅이 홍익인간의 뜻을 품는다.
ㄷ) 환웅이 인간 세상으로 파견된다.
ㄹ) 환웅이 태백산 신단수에 내려온다.
ㅁ) 환웅이 神市을 세우고 천왕이 된다.
ㅂ) 환웅이 풍백, 우사, 운사를 거느린다.
ㅅ) 환웅이 360여사를 재세이화 한다.

위에서 환웅본풀이는 ㅅ) 단락으로 끝나지 않고 더 이어진다. 이어지는 내용은, "환웅은 곰과 범이 사람이 되려고 찾아오자 쑥과 마늘을 주어 사람이 되게 하고 곰네[熊女]와 혼인하여 단군을 낳는다. 단군은 '조선'을 건국한 뒤에 도읍지를 몇 차례 옮기며 1908세를 살다

---

12 『三聖紀全』上 및 『檀君世紀』, 安耕田 譯註, 『桓檀古記』, 상생출판, 2012, 앞과 같은 곳 참조.
13 서울대학교 규장각, 『巫堂來歷』, 민창사, 1996, 41쪽, '성조거리'.
14 孫晉泰, 『朝鮮神歌遺編』, 鄕土研究社, 1930, 『孫晉泰先生全集』 5, 太學社, 1981, 79~171쪽.
15 『三國遺事』 卷1, 紀異1, '古朝鮮 – 王儉朝鮮'.

가 아사달에 들어가 산신이 된다"고 요약할 수 있다. 이 내용은 단군본풀이이자 환웅본풀이의 말미에 해당된다. 환웅시대에서 단군시대로 건국주가 바뀌면서 단군본풀이가 덧보태진 것이다. 환웅의 神市시대까지는 나라굿에서 환웅본풀이만 노래하다가, 단군의 조선시대에 이르러서는 환웅본풀이에 단군본풀이를 더 보태어 노래한 것으로 보인다.[16]

성주풀이와 환웅풀이의 서사구조를 대비해 둔 것처럼, 전체적인 서사단락의 화소는 기능적으로 일치하나 순서는 다소 바뀌었다. ㄱ)에서 ㄹ)까지 단락의 전개는 '천손강림형' 서사로서 일치한다. 그런데 성주풀이의 ㅅ) 단락 "성주가 대들보에 좌정하여 성주신이 된다"에 해당되는 환웅풀이의 ㅁ) 단락은 앞으로 당겨져 있다. "환웅이 神市을 세우고 천왕이 된다"고 한 ㅁ) 단락이 마지막 단락이 아니라, 중간 단락을 이루어서 서로 차이를 보인다. 이 단락은 성주풀이처럼 말미에 와야 되는데, 두 단락 앞으로 온 것이다. 그 이유는 건축신화가 아니라 건국신화이기 때문이다.

성주풀이와 같은 서사무가는 주인공이 신격으로 좌정하는 데서 마무리가 되는 것이 일반적이며, 서사무가 일반의 특성이다. 건축신화인 성주풀이의 서사 또한 성주신으로 좌정한 단락이 결말을 이루어야 정상이다. 그러나 건국시조신화의 서사는 다르다. 건국시조가 나라를 세우고 나라를 다스린 시조왕으로서 행한 치적(治績)을 이어서 서술하는 것이 자연스럽다. 따라서 환웅풀이는 건국시조신화인 끼닭에, 건국을 하고 천왕이 된 이후의 행석이 나중에 서술된 것이다. 다른 건국신화도 하늘에서 내려와 시조왕이 되는 과정이 먼저 서술되고 그 이후에 일정한 행적이 서술되기 마련이다. 그러므로 성주풀이와 환웅풀이, 또는 건축시조신화와 건국시조신화는 서사적 단락이 일치하고 전개도 거의 비슷하지만, 신화의 성격상 건국신화는 왕이 되는 단락이 결말이 아니라 중간의 과정 부분에 오게 되는 차이를 보일 뿐이다.

두 본풀이의 서사 단락이 일치하는 것은 선행한 건축신화에 입각해서 건국신화가 지어진 까닭도 있으려니와, 근본적으로 민족적 사유구조의 동질성에 의해 창작된 것이 그 원인일 수도 있다. 하늘의 천신이 지상세계의 인간을 위해 이 땅에 내려와서 인간을 이롭게 하는 일을 실천하고 신으로 좌정한다는 점에서 건축신화나 건국신화가 서로 다르지 않다.

---

16 임재해, 「한국신화의 주체적 인식과 민족문화의 정체성」, 『한국신화의 정체성을 밝힌다』, 지식산업사, 2008, 37~43쪽에 이 문제를 자세하게 다루었다.

천손강림형 시조신화는 인간중심주의적 천신관에 입각해 있는 공통점을 지닌다. 그러한 세계관이 가장 집약된 신화적 사상이 환웅의 '홍익인간 재세이화'이며 박혁거세의 '광명이세(光明理世)'이다.

성주풀이의 결말은 성주가 집을 지키는 성주신으로 좌정하는 것이다. 이와 같이 단군풀이에서도 단군은 아사달에 들어가 산신으로 좌정했다. 그러나 환웅풀이의 경우 환웅은 신으로 좌정했다는 내용이 없다. 그것은 단군풀이가 마치 하나의 본풀이처럼 뒤이어지는 까닭에 환웅이 신으로 좌정했다는 마무리 단락이 서술되지 않았을 수 있다. 그러나 환웅은 신단수에 내려왔을 뿐 아니라 늘 거기서 머물며 정사를 돌본 까닭에 신단수의 신, 곧 단수신(檀樹神)이 되었다고 할 수 있다.

단수신은 오늘날 당나무에 깃들어 있는 신 곧 당신(堂神)과 같은 맥락에 놓여 있다. 그러나 환웅이 단수신이 되었다는 것은 상당히 소박한 해석이다. 왜냐하면 환웅은 천신답게 지상에 내려오듯이 다시 천상으로 올라갔을 수도 있는 까닭이다. 해모수도 천상과 지상을 자유롭게 오르내렸다. 그러므로 환웅 또한 천상으로 다시 돌아간 까닭에 제천행사의 구체적 대상이 되었을 가능성이 크다.

성주는 천손강림의 천신이지만 집을 지키는 건축신으로 좌정했다. 집은 마을을 이루는 최소 단위로서 과학적으로 은유하면 물질을 구성하는 분자에 해당된다. 따라서 성주신은 마을을 지키는 동신이나 나라를 지키는 건국신보다 통시적으로 더 원초적일 뿐 아니라, 양적으로 훨씬 더 많은 다수를 구성한다고 할 수 있다. 왜냐하면 건축신에 대한 신앙은 집을 짓고 사는 사람들 모두가 제각기 섬기는 신이기 때문이다. 한 마을에도 수십 또는 수백 가구의 집이 있으므로 동신과 성주신은 양적으로 견줄 수 없을 만큼 성주신이 우세하다.

분자가 모여 물질을 구성하는 것처럼 집이 여럿 모여서 마을이 구성된다. 마을이 모여서 고을이 되고 고을이 모여서 비로소 나라가 세워진다. 나라가 고을에 선행할 수 없고 고을이 마을에 선행할 수 없으며, 마을 또한 집에 선행할 수 없다. 따라서 집의 성주신은 마을의 동신, 고을의 부군당신, 나라의 국조신에 선행할 수밖에 없다. 그러므로 건축신에 대한 신앙인 성주신앙은 나라가 형성된 이후에 비롯되는 건국신앙보다 더 선행되는 신앙으로 해석하는 것이 논리적으로 설득력을 지닌다.

다시 말하면 나라의 건국신앙 이전에 마을의 동신신앙, 그리고 동신신앙 이전에 집을 지키는 성주신앙 곧 가택신앙이자 건축신앙이 생겨났다고 인식해야 마땅하다는 것이다.

실제 성주풀이 내용의 시대적 상황도 원초적이고 서사구조의 양식도 원초적이다. 따라서 천손강림형 건축시조신화 성주풀이를 근거로 천손강림형 건국시조신화 환웅풀이나 해모수풀이 등 상고시대 건국신화가 형성되었을 것이라는 해석이 가능하다. 그러므로 건축시조신화 성주풀이는 천손강림형 한국신화를 해석하는 단초를 제공하는 민족신화의 원형일 뿐 아니라, 건국시조신화를 나라굿에서 노래된 본풀이로 재인식하게 하는 결정적 근거라 할 수 있다.

3. 환웅본풀이의 신단수와 성주풀이 성주목

성주풀이를 노래하는 성주굿의 현장은 성주신을 모시는 집의 대청이기 일쑤이다. 주로 대청의 상기둥에 성주 신체를 모시기 때문이다. 성주굿을 하게 되면 대청에 성주 굿상을 차리고 굿상 앞에 쌀을 가득 담은 말통에다가 성주목을 상징하는 홍두깨를 꽂아서 우뚝하게 세워둔다. 말통에 홍두깨를 세워둔 것이 다른 굿상에서는 볼 수 없는 성주굿 상차림만의 특징이다. 홍두깨는 성주목을 상징하는 까닭에 쓰임새가 중요하다.

성주굿거리에서 무당이 성주풀이를 부르는 동안 대주가 나서서 말퉁의 홍누깨를 작은 접시 위에다 옮겨 세워야 한다. 홍두깨를 세우는 접시에는 소금을 조금 담아두기도 한다. 홍두깨가 쓰러지지 않고 접시 위에 꼿꼿하게 서면 비로소 성주신이 내렸다고 믿는다. 이렇게 성주목을 세워서 고정시키는 것이 성주신을 모시는 성주굿 의례의 핵심이다. 따라서 대청이 아닌 부엌이나 마당이라도 굿상 앞에 홍두깨를 세워둔 말통이 있다면 거기는 곧 성주굿의 현장이라 해도 지나치지 않다.

그러면 환웅본풀이를 노래하는 나라굿의 현장은 어디일까? 나라굿 곧 제천행사의 공간은 아직 구체적으로 밝혀지지 않았다. 하늘에서 태백산 신단수 아래로 내려온 환웅은 이 땅 최초의 천왕으로 神市國의 건국시조이다. 따라서 나라굿은 건국시조인 환웅천왕을 섬기는 제의이기 마련이다. 건국시조 환웅천왕을 섬기는 제의는 규모로 말하면 나라굿이지만 섬기는 대상으로 말하면 하늘굿이다. 천왕을 섬기는 하늘굿인 까닭에 문헌에는 천제(天祭)로 기록했고 그 구체적인 제의를 제천대회(祭天大會) 또는 제천행사(祭天行事)로 기록했다. 그러므로 나라굿의 현장은 하늘굿의 현장이자 천제의 현장이다.

그러나 천제의 현장은 구체적으로 밝혀지지 않았다. 천제의 현장에 대한 역사적 기록도 찾기 어렵다. 그렇다면 현재 전승되는 제의의 현장을 근거로 추론할 수밖에 없다. 앞의 논의에서 건국신화도 건축신화처럼 본풀이 형식으로 노래되었을 것이라 했다. 따라서 건국시조 환웅천왕을 섬기는 나라굿을 할 때, 흔히 단군신화라고 엉뚱하게 일컫는 '환웅본풀이'가 노래되었을 것이다. 왜냐하면 성주굿에서 집의 건축시조신화인 성주풀이를 노래하는 것처럼, 나라굿에서는 나라의 건국시조신화인 환웅본풀이를 노래했을 것이라는 추론이 가능하기 때문이다.

이러한 추론은 굿문화의 일반적 전승 양식에 입각해 있다. 굿문화의 맥락에서 보면 집안의 성주굿이나 마을의 동신굿이나 별신굿, 나라의 하늘굿은 규모만 다를 뿐 시조신을 섬긴다는 점에서 같은 맥락에 놓여 있는 굿이다. 따라서 성주굿과 건축시조본풀이, 마을굿과 건촌시조본풀이, 나라굿과 건국시조본풀이가 서로 짝을 이루며 연관되어 있다는 해석이 가능하다.

마찬가지로 성주신과 성주목, 동신과 동신목, 국조신 환웅과 신단수도 제각기 짝을 이루고 있다. 성주목이 성주신의 신체(神體)인 것처럼 동신목이나 당나무는 동신의 신체이며, 신단수는 환웅천왕의 신체라 할 수 있다. 따라서 곰네가 환웅에게 아이 배기를 빌 때 늘 신단수 아래에 와서 빌었다. 이처럼 모든 신격의 신체가 나무로 이루어져 있었다. 특히 성주신은 건축시조로서 나무를 재료로 집을 집었기 때문에 나무와 뗄 수 없는 관계에 있다. 그러므로 성주가 직접 솔씨를 심어서 기둥감으로 자라자 이 소나무를 성주목으로 삼아 집을 짓고 집을 지키는 성주신으로 좌정한다.

성주는 집의 신이어서 으레 집에 좌정했다고 한다. 구체적으로 성주 신체는 집의 상기둥에 부착해서 모시는 것이 일반적이다. 집의 상기둥이 곧 성주목인 것이다. 따라서 성주굿을 하려면 성주신을 모셔둔 상기둥 앞에 성주상을 차리고 성주굿을 하기 마련이다. 그러므로 성주굿을 하는 현장은 성주신을 모신 상기둥 앞이 되기 마련이다.

마을굿이나 동제의 현장도 성주굿과 다르지 않다. 동신은 당나무 또는 동신목이라고 하는 마을의 고목이자 거목에 깃들어 있다. 따라서 마을굿에서는 으레 당나무 앞에 제물을 차리고 제의를 올린다. 제의 방식은 가무오신(歌舞娛神) 형태의 풍물굿이 전통적인데 근래에는 독축고사(讀祝告祀) 형태의 유교식 동제로 바뀌었다. 따라서 당나무 앞에는 제단이 고정적으로 마련되어 있기도 하다. 당나무 아래가 바로 굿터이자 동제 장소이기 때문이다.

마을에 따라서는 동신의 신체가 누석단일 수도 있고 동신을 서낭당 안에 모신 경우도 있다. 그러나 누석단이나 서낭당은 모두 후대의 것이자 인위적으로 만든 것이다. 동신이 깃들어 있었던 원초적인 신체는 자연 그대로 우뚝하게 자란 거목이었다. 따라서 동신신앙은 거목신앙과 만나기도 한다. 흔히 동신을 모셔둔 신당(神堂)을 서낭당이라고 일컫는데 동신인 서낭신이 깃들어 있는 집이란 뜻이다. 그런가 하면 당나무도 서낭당이라 일컫기도 한다. 당나무는 사실상 서낭신이 깃들어 있는 집과 같기 때문이다. 그러므로 마을굿이나 동제의 현장은 곧 당나무 아래라고 할 수 있다.

나라굿의 현장도 같은 맥락에서 추적할 수 있다. 성주굿을 성주목 앞에서 하고 마을굿을 동신목인 당나무 아래에서 하듯이, 나라굿도 신성한 나무와 관련된 공간에서 했을 가능성이 높다. 성주신의 신체가 성주목이자 상기둥이며, 동신의 신체가 당나무이자 동신목인 것처럼, 나라굿에서 섬기는 건국시조 환웅천왕의 신체도 신단수라 할 수 있다. 왜냐하면 신단수는 환웅천왕이 강림하여 머문 곳이자, 하늘과 소통하는 성소이며 소원을 비는 기도처였기 때문이다.

환웅은 천손으로서 신단수에 강림했을 뿐 아니라, 神市國을 세우고 천왕이 되었다. 따라서 환웅은 천자이자 천왕으로서 천제권(天祭權)을[17] 지니게 마련이다. 환웅은 천손임을 입증하고 왕권을 강화하기 위해서 천제권을 행사하며 천부(天父) 환인(桓因)에게 천제를 올렸을 것이다. 환인에 대한 환웅의 천제가 제천행사의 기원이 되었을 것이라는 사실은 쉽게 추론된다. 환웅의 천제 장소는 자신이 강림한 성소이자 자신이 머무는 기도처로서 신단수 아래가 최상의 공간이다. 그러므로 신단수는 하늘에서 천왕이 강림한 신수(神樹)이자, 천왕이 천제를 올리는 신성 공간으로서 천제의 현장이라 할 수 있다.[18]

성주신이 깃들어 있는 성주목과 동신이 깃들어 있는 당나무, 환웅천왕이 강림한 신단수는 한결같이 신수신앙(神樹信仰)의 한 양상으로서 제각기 성주굿과 마을굿, 나라굿의 현장이자 대상이었다. 마을굿과 나라굿 사이의 고을굿이라 해도 다르지 않다. 고을을 지키는 신이 부군당(符君堂)의 신목에 깃들어 있어서 같은 맥락에 놓여 있다. 따라서 고을굿의 현장

---

17 하늘에 제사를 올릴 수 있는 천제권은 天子나 天王, 皇帝에게만 주어진다. 따라서 조선의 왕은 천제를 중단했으며, 대한제국을 선포한 고종황제는 환구단(圜丘壇)을 만들고 천제를 올렸다.
18 임재해, 「고대 제천문화의 제의양상과 공동체신앙의 존재양식」, 『유라시아문화』 8, 유라시아문화학회, 2023, 189쪽 참조.

은 부군신목 아래라 할 수 있다. 성주굿과 마을굿, 고을굿, 나라굿은 공간적 범주가 서로 다른 층위의 신앙이지만 신수신앙으로서 논리와 공간적 맥락이 동질성을 보인다.

최근 학계의 연구에 따르면, 천제는 3중 동심원의 원형 천제단(天祭壇)에서 올린 것으로 파악되었다. 따라서 기존 천제단 연구는 으레 원형 천제단 유적이 남아 있는 홍산문화 유적을 주목하기 일쑤이다. 홍산문화지역 우하량 제2지점에서 발굴된 원형 천제단은 3단계의 3중 동심원으로 이루어져 있다. 고고학 전공자들이 발굴유적 중심으로 연구를 하게 되면 이러한 해석에서 벗어날 수 없다. 문헌사학자들이『삼국유사』'고조선'조 기록에 매몰되어 원래 환웅본풀이로 노래되었다는 사실을 인식하지 못한 채 단군신화로 엉뚱하게 호명하는 것은 물론, 건국시조본풀이와 건국본풀이의 2원 체제를 분별하여 포착하지 못한 채 마치 같은 체제의 건국신화인 것처럼 동일시하고 마는 것과 같은 수준의 한계이다.

이러한 한계를 극복하는 것이 살아 있는 문화이자 생활사료라[19] 할 수 있는 성주굿과 성주풀이다. 지금 전승되는 문화적 전통이 곧 훌륭한 생활사료이다. 현재까지 살아 있는 생활사료를 중심으로 고대의 문헌사료를 재인식하는 것이 긴요하다. 성주풀이는 성주굿에서 노래되는 건축시조신화이자 건축신화로서, 문헌 속에 갇혀 있는 박제된 신화가 아니라 굿에서 실제로 구송되는 살아 있는 본풀이다. 따라서 살아 있는 건축신화 성주풀이로 박제된 건국신화들을 재해석할 수 있는 것은 물론, 박제품에 새 생명을 불어넣어 살아 있는 해석의 길을 새롭게 열어갈 수 있다.

건축시조형 성주풀이와 건축형 성주풀이의 체제를 근거로 건국시조형 환웅본풀이와 건국형 단군본풀이의 선후관계, 그리고 건국시조형 해모수본풀이와 건국형 주몽본풀이의 선후관계 등을 새롭게 포착했다. 뿐만 아니라 이들 건국본풀이들이 나라굿에서 어떻게 노래되어 왔는가 하는 추론도 할 수 있었다. 같은 맥락에서 성주목과 동신목, 신단수의 연관성도 모색할 수 있다. 기존연구에서는 서낭당의 동신목 곧 당나무가 신단수의 잔존 형태라고 했다.

---

19 생활사료는 생활에 관한 사료가 아니다. 문헌이 사료인 문헌사료, 유물이 사료인 유물사료처럼 생활이 사료여서 생활사료라 한다. 이를테면, 지금 우리 민족은 세계에서 유일하게 쑥과 마늘을 모두 먹는 식생활을 하고 있다. 쑥과 마늘을 모두 먹는 식생활은 단군이 태어나기 이전 환웅시대의 식문화 전통이다. 따라서 환웅시대를 해석하는 생활사료 구실을 한다. 생활사료에 관한 자세한 논의는 임재해,『고조선문명과 신시문화』, 지식산업사, 2018, 166~198쪽에서 다루었다.

단군설화에 나타나는 신단 형태는 우리 민속 중에 생생히 남아 있으니, 지금에 잔존한 서낭당이 그것이다. 즉, '서낭당'의 生樹는 바로 神壇樹 그것이고, 거기의 돌무더기는 곧 신단(神壇)이며, 이 신단에 제사 지내는 무당 혹은 제관은 옛날의 단군(檀君)이었고, 이러한 신단을 중심으로 한 부락은 옛날의 신시 혹은 신읍이었던 것이다.[20]

위와 같이 국사학자 이병도가 서낭당의 당나무는 신단수에서 비롯되었다고 했다. 신단수의 잔존 형태가 당나무라는 것이다. 뿐만 아니라 신단에 제사 지내는 무당은 단군이었으며 서낭당이 있는 마을은 옛날의 '신시'라는 것이다. 대체로 이렇게 생각하는 경향이 있다. 왜냐하면 현재의 문화는 과거의 잔존 형태로 볼 뿐 아니라, 국가나 왕실이 있은 연후에 비로소 마을이나 백성이 있었다는 왕조사관에 해당되는 발상에 머물러 있기 때문이다. 문화 관련 학설로 말하면 상층문화가 아래로 스며들어서 하층문화가 발생했다는 침강문화설(浸降文化說)에 해당된다. 상층의 고급문화가 민속문화를 만들었다는 것은 귀족중심주의여서 문화가 밑에서부터 발생해서 위로 발전했다는 민중의 문화 창조력을 인정하지 않는 한계가 있다.

안토니오 그람시(Antonio Gramsci)도 지배계급의 문화가 사회 전반에 표준을 이루며 하층문화에 영향을 미친다는 문화직 헤게모니(Cultural Hegemony) 이론을 주장한 바 있다. 동시내 문화의 경우는 상층 지향성 욕구에 따라 하층계급이 상층계급 문화를 추구할 수 있다. 문화적 헤게모니가 상층에 있을 수 있기 때문이다. 물론 늘 그런 것만은 아니다. 하층문화가 위로 치받쳐서 상층문화로 나아갈 수 있다. 지배층이 하층문화의 우수성을 포착하게 되면 본받기 마련이다.

그러나 시대적 선후 관계가 분명한 문화는 초기 문화가 후대 문화에 영향을 미치기 마련이다. 통시적 발전 단계로 보면 문화적 헤게모니는 상층에 있는 것이 아니라 선행문화에 있는 까닭이다. 따라서 후대 문화가 선행문화에 영향을 줄 수는 없다. 그러므로 고대 신단수에서 지금의 당나무가 비롯되었고 단군에서 현재의 무당이 발생했으며 서낭당이 있는 마을은 고대 신시의 잔존 형태라는 주장에 쉽게 동의하게 된다.[21]

---

20   이병도, '神樹', 『한국사대관』, 보문각, 1973; 박봉우, 「고조선」, 『국가의 건립과 산림문화』, 숲과문화연구회, 2014, 75쪽에서 재인용.

쓴이도 위의 주장에 동의하고 당나무를 신단수에서 비롯된 전통으로 보았다. 그러나 문화적 발전단계를 보면 그러기 어렵다. 문화는 일정한 사회를 기반으로 형성된다. 따라서 사회적 발전단계와 문화 발전단계는 함께 간다. 사회적 발전단계를 고려하면, 환웅이 神市國을 건국한 뒤에 마을이 생겼다는 전제가 성립되어야 신단수에서 당나무가 비롯되었다고 할 수 있다.

그러나 나라를 세우기 전에는 마을이 없다가 나라를 세운 이후에 나라를 본받아서 마을이 발생했다는 것은 사회적 발전단계는 물론 역사 발전단계에도 맞지 않다. 국가 수준의 공동체가 성립되려면 그 이전에 마을 수준 또는 고을 수준의 공동체가 일정하게 형성되어 있어야 하기 때문이다. 마을이 곧 나라였던 시기나 역사적 단계는 없다. 씨족 단계의 마을공동체 이후에 그 연합체인 부족단계의 고을공동체가 점진적으로 생겨났다. 초기 국가형태는 고을공동체가 성립된 뒤에, 다음 단계로 발생되었다. 부족공동체를 기반으로 초기 국가가 발생된 것이다. 그러므로 나라의 건국 이전에 국가를 구성할 만한 마을과 고을이 이미 형성되어 있다고 보는 것이 마땅하다.

마을 없는 씨족공동체나 부족공동체를 생각할 수 없다. 국가공동체는 더 이를 필요도 없다. 마을공동체가 형성되면 공동체 성원들은 마을을 처음 개척한 건촌시조를 마을시조신이자 자기들의 조상신으로 섬기게 마련이다. 왜냐하면 마을공동체 성원들은 혈연집단으로서 건촌시조의 후손들이기 때문이다. 그러한 건촌시조 신앙이 곧 마을신앙이며 동신신앙이다. 건촌시조 신앙은 마을공동체를 사회적으로 단합시키는 것은 물론 종교적으로 결속시키는 문화적 장치였다. 따라서 마을마다 건촌시조 신앙이 공동체신앙으로 전승되었을 것으로 추론된다.

건촌시조는 진작 돌아가셨지만 시조신이 깃들어 있다고 믿는 당나무는 계속 거목으로 자라기 마련이다. 당나무는 동신목으로서 마을굿의 현장이자 동제의 대상이며 마을의 역사와 함께 간다. 거목으로 자란 당나무는 어릴 때 보든 어른이 되어서 보든, 그 모습이 변함없이 우뚝하고 우람차다. 마을의 건촌시조가 깃들어 있는 신수인 까닭에 아무도 훼손하지 않는 것은 물론, 신성하게 섬기는 제의까지 올리므로 천수를 누리기 때문이다.

고목신앙이나 거목신앙은 건촌시조와 상관없이 섬겨온 고대인들의 신앙이었다. 건촌

---

21 임재해, 앞의 글, 190~191쪽.

시조도 마을에 터잡으면서 가장 오래된 거목을 섬기면서 당나무로 삼았을 것이다. 마을의 수장이 주관하여 자연 역법(曆法)에 따라 정월 대보름과 같은 날에 정기적으로 마을굿을 하는 전통이 형성되었을 것이다. 따라서 당나무는 마을의 수호신이자 마을을 상징하는 식물 토템 구실을 하기 마련이다. 이러한 전통은 다른 문화에 영향을 받지 않고도 문화적 창조력에 의해 얼마든지 창출할 수 있다.

마을의 모듬살이가 이루어지면서 마을공동체 문화가 생겨나고 마을공동체 문화의 형성과 함께 마을공동체 신앙도 발생된다. 자연히 고을사회의 형성에 따른 고을공동체 문화와 고을공동체 신앙은 마을공동체 신앙을 보기로 후대에 생겨났을 것이다. 마을 서낭당의 당나무 곧 동신목을 보기로 고을의 부군당과 부군신목도 따라서 생겨나게 마련이다. 당연히 건국시조가 강림한 신단수는 마을의 당나무와 고을의 부군신목 전통을 이어받아서 초기 국가시대에 비로소 형성된 것일 수밖에 없다. 그러므로 당나무의 기원을 神市國의 신단수에서 찾을 것이 아니라, 신단수의 기원을 마을의 당나무에서 찾아야 할 것이다.

그럼 건촌시조신이 깃들어 있는 당나무의 기원은 어디에서 찾아야 할까. 그 자체로 발생했을 수도 있다. 그러나 신화적 세계관의 맥락을 고려한다면 건촌시조신에 선행하는 건축시조신 신앙에서 찾아야 자연스럽다. 마을공동체 문화는 그 자체로 형성되지 않는다. 집으로 이루어진 모듬살이가 전제되어야 한다. 집을 짓고 정착생활을 하며 모듬살이를 지속적으로 할 때 비로소 마을이 형성된다. 따라서 마을문화는 집을 짓는 건축문화 다음 단계의 구성물이다. 그러므로 집을 처음 지은 건축시조신을 섬기는 성주신앙이 마을을 처음 개척한 건촌시조신을 섬기는 동신신앙에 선행할 수밖에 없다.

건축시조 성주는 성주목으로 상징되고 성주목에 깃들어 있는 것으로 믿되, 그 성주목은 스스로 솔씨를 심어서 길러낸 것이다. 따라서 이미 있는 신단수에 내려와 좌정한 건국시조 환웅과 전혀 다르다. 그리고 서낭당의 당나무에 깃들어 있는 건촌시조신과도 상당히 다르다. 성주가 인간세상에 내려왔을 때는 나무가 없어서 나무에 깃들거나 의지할 수 없었기 때문이다. 따라서 성주는 건축할 재료인 나무가 없어서 솔씨를 내려받아 심는 일부터 한다. 구체적인 건축 시기는 심어놓은 솔씨가 성주목으로 다 자랐을 때 비로소 시작하게 된다. 세상에 나무라고는 없을 때 나무를 처음 심는 일부터 한 것이 성주이다. 그러므로 성주는 건축시조이기 전에 식목시조이기도 하다.

성주신이 깃들어 있는 성주목은 성주가 직접 씨앗을 심어서 기른 것이다. 따라서 성주의 본향이 구체적으로 문제된다. 천상에서 내려받은 솔씨가 아니면, 본향이 안동땅 제비원인 솔씨이다. 솔씨의 본향을 자세하게 밝혀서 노래하지 않는 성주풀이는 거의 없다. 성주목은 수종도 소나무로서 분명하고 통시적으로 이 땅에 나무가 없었던 시기의 원초적인 나무이다. 그러나 당나무나 신단수는 누가 특별히 심기 전에 그 자체로 있었다. 그 본향인 발상지도 알 수 없다. 당나무나 신단수는 어느 때 어느 곳에서도 있을 수 있는, 일정하지 않은 수종의 신수이다. 그러므로 신수로서 원형은 당나무나 신단수가 아니라 건축시조가 심어서 기른 성주목이라 할 수 있다.

우리가 신단수를 원형으로 쉽게 추론하고 공감하는 것은 문헌기록으로 남아 있기 때문이다. 그러나 신단수의 실물은 존재하지 않는다. 나무로 된 유물도 없다. 남아 있는 고대 유물은 모두 석기이거나 청동기이다. 따라서 구석기 신석기 청동기, 철기 등으로 시대구분을 한다. 나무처럼 쉽게 썩지 않고 오랜 세월 남아 있는 재질만으로 시대구분을 한 까닭에 실상을 이해하는 데 많은 한계가 있다. 왜냐하면 인간이 유용한 도구로 사용한 것은 석기나 청동기 못지않게 나무로 만든 목기(木器)로 추론되는 까닭이다. 나무는 석기처럼 힘들여 다듬지 않아도, 또는 청동기처럼 특수한 공법을 사용하지 않고도, 누구나 쉽게 도구로 이용하고 연장으로 만들어 썼기 때문이다.

이를테면 고대사 연구자들은 돌로 다듬어 만든 석촉을 유물로 주목하면서 나무줄기나 대나무로 만든 화살은 고려하지 않기 일쑤이다. 그러나 화살 끝에 석촉을 부착하기 전에 나무 자체만으로 화살을 만들어 썼을 것이다. 왜냐하면 나무로 가장 쉽고 풍부하게 화살을 만들어 사용할 수 있는 까닭이다. 창도 마찬가지이다. 창끝에 돌날을 부착하여 사용하기보다 목창(木槍)이나 죽창(竹槍)을 만들어 사용하는 것이 더 선행한 양식이자 제작도 효율적이다. 나무 화살은 물론 죽창과 목창은 최근까지 무기로 사용되어왔다. 그런데 석기나 청동기처럼 유물로 남지 않아서 목기는 문화사에서 거론되지 않는다.

유물이 없지만 논리적 추론만으로도, 석기 이전에 목기가 더 일상적으로 쓰였다는 사실을 재인식할 필요가 있다. 돌절구를 쓰기 전에 나무절구를 먼저 사용한 것처럼, 돌로 연장을 만들기 전에 나무로 먼저 연장을 만들어 사용해 왔다. 나무가 도구를 만들어 쓰는 데 더 유용한 재료인 까닭이다. 지금도 나무로 만든 도구를 흔하게 사용하고 있다. 따라서 도구 중심의 시대구분을 할 때도 목기의 사용을 주목해야 한다. 왜냐하면 석기 중심의 고대 시대구분을 보면 마치 목기는 사용되지 않은 것처럼 착각하게 만드는 문제가 있기 때문이다.

목기가 아니라 살아 있는 나무로도 역사적 시대구분이 가능하다. 생태학적 자연사가 아니라 문화사를 포착하는 데는 신수신앙의 역사적 전개를 주목할 필요가 있다. 거목신앙의 하나로 신수신앙의 단계를 사회적 발전과정에 따라 3단계의 시대구분이 가능하다. 가장 먼저 인간이 처음 나무로 집을 짓고 생활한 건축문화에서 비롯된 건축시조 신앙의 '성주목 시대'가 있고, 다음으로 모듬살이 생활을 한 마을공동체 문화에서 비롯된 건촌시조 신앙의 '동신목 시대'가 있다. 그리고 민족공동체를 이루어 초기 국가 형태를 이룬 민족공동체 문화에서 비롯된 건국시조 신앙의 '국신목 시대'가 최종적으로 형성되었다. 신단수는 국신목 시대에 이르러서 등장한 것이다.

도구 중심의 시대구분처럼 시대가 교체되는 것이 아니라, 시대가 누적적으로 지속된다. 처음에는 가신신앙의 성주목 시대에서 동신신앙의 동신목 시대로 나아가고, 다시 국신신앙의 국신목 시대로 발전하였다. 그렇지만, 그 이전 시대의 문화는 시대구분처럼 교체되지 않고 중층적으로 누적되면서 지속된다. 왜냐하면 신수신앙의 역사는 사회적 발전단계에 따라 이전 단계의 신앙이 삭제되어서 교체되는 것이 아니라, 공동체사회의 확대처럼 공동체신앙도 확대되었기 때문이다.

따라서 오히려 국신신앙은 중세를 거쳐 근대 국가가 성립되면서 그 자취를 찾기 어렵지만, 더 오래된 성주신앙과 동신신앙은 민속문화로 여전히 지속되고 있다. 발생 시기는 단계적 차이를 보이되, 공동체와 더불어 문화적 전통이 살아 지속되는 까닭에 성주신앙과 동신신앙은 함께 병행하면서 현재진행의 문화를 이루고 있다. 그러므로 건축시조 본풀이인 성주풀이와 성주목의 총체적 해석으로 고대 건국신화의 살아 생동하는 양상을 재구성하고 우리 공동체신앙의 문화사적 전개 과정을 새롭게 포착할 수 있었다.

4. 건축시조 성주는 문화영웅이자 생태영웅

건국신화는 문헌에 기록으로 박제된 채 남아 있을 뿐 문화적으로는 진작 죽어버린 신화라 할 수 있다. 그러나 건축신화 성주풀이는 최근까지 줄기차게 살아서 노래되고 있을 뿐 아니라, 민요 성주풀이로 세간에서도 널리 노래되고 있어서 최근까지 전국적으로 수집이 가능한 살아 있는 문화 현상이다. 따라서 우리 민족사와 함께 오랫동안 전승되어 오는 까닭에 여러 단계의 변이가 일어났다. 역사의 지속은 곧 변화를 동반한다. 변화한다는 것은 살아있다는 뜻이다. 변화하지 않으면 지속될 수 없다. 고정불변의 상태는 살아 있어도 죽은 것이나 다르지 않다.

성주풀이는 성주굿과 함께 오랫동안 지속된 까닭에 무가에서 잡가, 민요, 대중가요로 변화해 왔다. 그렇다고 무가가 잡가나 무가로 교체된 것은 아니고 무가는 무가대로 변화하면서 지속되고 있다. 가장 최근에 등장한 대중가요에서는 무가 성주풀이의 자취를 거의 찾기 어려울 만큼 새로워졌다. 그러므로 원형에 가까운 천손강림형 성주풀이를 중심으로 변이 양상을 포착함으로써 성주굿의 원형과 변화과정을 추론할 필요가 있다.

천손강림형 건축시조신화에 속하는 성주풀이는 '처음 집 짓고 성주신이 되는 유형'[22] 또는 '하늘에서 강림한 건축시조형'으로 일컬어지는데, 상당히 넓은 분포를 이루며 전승된다. 그 서사 단락을 정리하면 아래와 같다. 영일지역에서 전승되는 '성주굿'을[23] 중심으로 하되[24] 다른 지역 자료와 공통된 단락을 고려하여 정리한다.

〈하늘에서 강림한 건축시조형 성주풀이〉
가) 천상 옥계의 성주 부모가 자식이 없어 치성을 드린다.
나) 치성을 드린 끝에 태몽을 꾸고 성주가 태어난다.
다) 성주가 글 한 귀를 잘못 지어 지하땅에 귀양 간다.[25]
라) 성주가 집이 없어 고생 끝에 집짓기를 결심 한다
마) 성주가 옥황님께 천제를 올리고 솔씨를 받는다.
바) 솔씨를 경상도 안동 제비원에 심어서 성주목으로 자란다.
사) 집을 지으려고 여러 대목을 다 부르고 연장망태를 갖춘다.
아) 대목이 성주목을 찾아 도끼질 하니 도끼가 나무에 붙는다.
자) 산신귀신이 붙었다고 제물을 마련하여 산신제를 올린다.

---

22 임재해, 『안동문화와 성주신앙』, 381쪽에서 이런 이름으로 유형을 일컬었다.
23 金泰坤, 『韓國巫歌集』 4, 76~86쪽.
24 김정원, 「성주巫歌의 類型과 表現構造 硏究」, 중앙대학교 대학원 석사논문, 1995, 34쪽에서는 동래지역 자료를 중심으로 공통단락을 추출했다.
25 동래지역 '성조푸리'에서는 부인을 소박하고 주색에 빠져서 귀양 간다고 했다.

차) 성주목을 베어서 초군들이 운반한 뒤에 집터를 다진다.

카) 명당에다가 기둥을 세우고 집을 번듯하게 갖추어 짓는다.

타) 큰방과 사랑방, 부엌 등의 차례로 세간살이 치레를 한다.

파) 온갖 곡식이 풍성하고 비단이 무진장 나오라고 축원한다.

하) (성주가 성주신으로 좌정하고 가족도 신으로 좌정한다.)[26]

천상의 존재인 성주가 하늘에서 죄를 짓고 지상으로 귀양 오는 이른바 '천손강림' 화소는 무가 성주풀이에서 나타나는 것만 아니다. 고소설 〈운영전〉이나 〈숙향전〉, 〈유충렬전〉 등에도 이와 같은 화소가 있어서 이른바 '적강(謫降) 소설'로 일컬어진다. 이처럼 천손강림 화소(話素)는 건국시조신화에서부터 고소설에 이르기까지 한국 서사문학에 일관되게 나타나는 것이다. 그러나 성주는 적강소설의 남녀 주인공과 달리 건축시조로서 역할을 하므로, 건국시조신화와 같은 범주에 속하는 건축시조신화의 주인공이라 할 수 있다.

건축시조신화로서 성주풀이는 건국시조신화와 어떤 관계에 있을까. 집을 세우는 건축시조는 나라를 세우는 건국시조에 견주어 볼 때 상대적으로 보잘 것 없는 존재로 인식된다. 그러나 인간에게 불을 처음 가져다 준 문화영웅 프로메테우스(Prometheus)처럼, 인간에게 처음 집 짓는 법을 일깨워준 성주는 건축영웅이자, 인간이 문화생활을 할 수 있도록 한 문화영웅이다. 건국신화의 건국영웅이 역사영웅인 반면에 건축신화의 건축영웅은 문화영웅이다. 그러므로 역사적 영웅과 문화적 영웅은 성격을 달리 하지만 신화적 영웅으로서 서로 대등하다고 할 수 있다.

그러나 역사영웅과 문화영웅을 구체적으로 따져보면, 문화영웅이 더 원초적이고 더 위대하다. 역사영웅은 한 민족이나 국가와 같은 특정 집단의 영웅에 머물기 마련이다. 그러나 문화영웅은 민족과 국가를 넘어서 인류 전체를 위해서 공헌한 영웅이다. 따라서 문화영웅은 민족영웅인 역사영웅과 달리 인류의 발전과 번영에 결정적으로 이바지한 인류영웅이라 할 수 있다. 그러므로 불의 영웅 프로메테우스처럼 건축의 영웅 성주는 민족영웅이 아니라 인류의 영웅으로 세계화하는 것이 바람직하다.

건국영웅은 민족영웅에 머물지만 문화영웅은 인류영웅으로 확대된다. 건국시조신화

---

26 동래와 영월에는 성주신으로 좌정하는 대목이 있는데, 영일 성주풀이에서는 생략되었다.

가 민족신화에 한정되나 건축시조신화는 민족신화를 넘어서 인류신화로 공유할 만한 가치가 있다. 문화영웅은 공간적으로 민족과 국경을 넘어서 인류를 포괄하는 영웅일 뿐 아니라, 시간적으로 건국영웅보다 더 원초적인 시대의 영웅이다. 건국영웅으로서 역사영웅은 특정시대의 역사로부터 비롯되지만, 건축영웅으로서 문화영웅은 역사시대 이전의 원시시대로까지 까마득하게 거슬러 올라간다. 인간이 불을 사용할 줄 모르는 시기에 문화영웅 프로메테우스가 불을 처음 가져다 준 신화는 불의 기원신화이기도 하다. 이와 마찬가지로 성주의 건축시조신화는 건축의 기원신화라 할 수 있다.

건국시조신화는 건국기원신화이긴 하지만 나라마다 제각기 존재한다. 나라마다 건국시조가 다르기 때문이다. 따라서 다양한 건국신화들이 시대를 달리하며 여럿 존재한다. 그러나 집의 기원신화는 불의 기원신화처럼 인류 보편 신화이되 불의 신화와 달리 단일신화이다. 불의 신화에는 그리스의 프로메테우스 신화 외에 인도의 아그니(Agni) 신화,[27] 로마의 불카누스(Vulcanus)[28] 신화, 켈트신화의 불의 신, 고브니(Goibniu)가 있다. 그러나 건축시조신으로서 집의 기원신화는 성주신 외에 비슷한 사례가 없다. 왜냐하면 다른 나라 신화에서는 성주처럼 건축신으로서 고유한 직능을 가지고 있지 않고 다른 직능의 신이 집 짓는 기술을 인간에게 가르쳐 주기 때문이다.

이집트 신화에서는 태양신인 '라(Ra)'가 아침에 하늘을 여행하며 저녁에 땅으로 내려와 밤을 지키는 과정에서 인간에게 집을 짓는 기술을 전수했다고[29] 한다. 그리고 그리스 신화에서는 불의 신이자 대장장이의 신인 헤파이스토스(Hephaestus)가 집짓는 기술을 인간에게 전수하고, 로마신화에서는 불의 신 불카누스(Vulcanus)가 불의 힘을 이용해 집을 지어 인간을 보호했다고 한다. 따라서 집의 신은 그 자체로 존재하지 않는다. 그러나 성주는 다른 무엇의 신이 아니라 건축시조로서 '집의 신' 자체이다. 따라서 성주는 고유한 건축의 신으로서 세계 유일한 신격이며, 성주풀이는 건축시조신화이자 건축기원신화로서 세계 유일의 신화라 할 수 있다. 그러므로 건축영웅 성주는 신화시대의 원초적인 문화영웅으로 재

---

27 아그니는 인도 신화에서 불의 신으로 모든 불을 관장한다. 아그니는 천공의 신 디아우스와 대지의 여신 프리티비의 아들로 가정의 아궁이 불과 제식(祭式)의 불을 다스린다.(https://blog.naver.com/PostView.nhn?blogId=eunbit_dark&logNo=220476340083)
28 로마신화에서 불카누스는 화산의 신이자 불의 신이다. 따라서 불카누스는 화산(volcano)의 어원이 되었다.
29 https://m.blog.naver.com/chanwoolee/220761261759.

인식되고 인류의 영웅으로 재조명되어야 할 것이다.

인류가 불을 사용한 시기와 집을 지어 거주한 시기는 선후를 가리기 어렵다. 그러나 추론할 때, 불은 우연히 발생하지만 집은 사람이 인공적으로 지어야 하기 때문에 불이 먼저일 수 있다. 따라서 집이 아닌 동굴생활을 할 때부터 불을 사용했을 가능성이 있다. 그런 의미에서 불의 신화가 건축의 신화보다 앞설 수 있다. 그러나 더 중요한 것은 불처럼 자연적으로 발생할 수 있는 현상과 달리 집은 반드시 사람이 지어야 가능한 문화적 구조물이다. 따라서 자연발생적인 불의 영웅보다 인공적인 집의 영웅이 진정한 문화영웅이라 할 수 있다. 그러므로 건축영웅 성주는 불의 영웅 프로메테우스보다 진정한 문화영웅이라 하지 않을 수 없다.

게다가 성주풀이에서는 집 짓는 이전시기부터 노래한다. 성주가 지상에 내려오니 집이 없어서 낮에는 햇볕으로 따갑고 밤에는 추워서 떨어야 했다. 집을 지으려고 했으나 집을 지을 나무가 없어 하늘의 옥황님께 빌거나 천제를 올려서 솔씨를 받아 안동땅 제비원에 심는다. 그 솔이 점점 자라 큰 기둥감으로 자라서 비로소 집을 지을 성주목이 된다. 성주가 솔씨를 심은 것이 식목의 시초이자 나무의 시초이다. 그 이전에는 나무가 없는 황무지 또는 초원이나 다름없었다. 제비원의 솔씨를 받아 "이 산 저 산 뿌렸더니 소부동이 되었구나 대부동이 되었구나"라고 노래하는 것처럼, 제비원의 솔씨가 번져서 방방곡곡의 산에 소나무가 자라기 시작하였다. 제비원이 소나무의 발상지라는 것인데, 안동 제비원이 성주의 본향인 까닭이기도 하다.

성주풀이에 따르면, 소나무가 모든 나무의 시초이자 나무의 원조이다. 따라서 성주는 건축의 신이기 전에 식목의 신이자 나무의 신이며, 문화영웅이기 전에 생태영웅이다. 그리고 성주풀이는 집의 기원신화이면서 동시에 나무의 기원신화라 하겠다. 솔씨를 처음 심어서 비로소 이 땅에 나무가 자랄 수 있도록 했다는 것은 예사 일이 아니다. 나무의 기원신화는 불의 기원신화보다 더 앞선다. 나무가 없는 데 불이 먼저 있을 수 없기 때문이다. 따라서 하늘의 불을 처음 가져온 문화영웅 프로메테우스보다 하늘에서 솔씨를 처음 가져온 생태영웅 성주가 더 먼저라 할 수 있다. 불의 기원신화보다 나무의 기원신화가 더 원초적인 신화일 수밖에 없다. 그러므로 프로메테우스가 인류의 문화영웅이라면, 성주는 인류를 넘어선 지구촌의 생태영웅이다.

불이 문화적으로 유용한 것이다. 그러나 나무는 문화적으로는 물론 생태학적으로 더 유용하다. 게다가 전통적으로 나무가 없으면 불의 이용이 불가능했다. 그러나 나무는 불과 무관하게 생장하며 이용 가능하다. 더 중요한 사실은, 불이 인간만을 위한 것이되, 나무는 지구생태계 전체를 위한 것이라는 점이다. 문화는 인간의 생활양식으로서 인류에 한정된 가치이되, 생태는 지구촌의 삼라만상 전체를 아우르는 생명 가치이다.

따라서 불을 처음 가져온 문화영웅이 인간중심이라면, 나무를 처음 심은 생태영웅은 탈중심주의로서 인류의 범주를 벗어난 지구생태계 전체의 영웅이다. 그러므로 성주풀이의 신화적 의미는 건축시조신화에서 식목시조신화이자 생태영웅으로 확대되면서, 지구촌을 대표하는 신화로 재인식되고 재해석되어야 마땅한 인류의 무형유산이라 평가할 수 있다.

인간세상에 나무를 처음 심은 성주는 생태영웅으로서 문화영웅 중심의 세계 신화사를 뒤집어 놓을 만한 신화이다. 생태영웅 성주는 문화영웅보다 더 원초적일 뿐 아니라 집을 짓는 문화영웅까지 겸하기 때문이다. 실제로 생태(ecology)의 어원이 oikos[30] 곧 '집'에서 비롯되었다는[31] 점을 고려하면, 성주의 식목시조로서 생태영웅과 건축시조로서 문화영웅은 둘이면서 하나이다. 나무는 인간의 집을 짓는 재료에 그치지 않는다. 나무와 숲은 자연 생태계의 핵심이자 그 자체로 온갖 풀벌레와 뭇짐승들의 집이기도 하다.

성주를 식목시조의 생태영웅으로 주목하게 되면, 문화영웅을 넘어서는 지구촌 신화로 더 높고 더 넓게 주목하지 않을 수 없다. 문화영웅은 일정한 제한성을 지니나, 생태영웅은 범지구적으로 확대된다. 그리고 문화는 인간에 한정된 것이되 생태는 뭇 생명에 모두 열려 있는 것이다. 따라서 성주풀이를 건축시조신화라고만 자리매김할 수 없다. 왜냐하면 더 원초적으로는 식목시조신화로서 생태학적 가치를 지니기 때문이다. 식목신화와 건축신화는 서로 떼려야 뗄 수 없는 관계에 있다. 나무 없는 집을 생각할 수 없는 까닭이다.

마을이나 고을, 나라도 마찬가지이다. 나무 없는 마을과 고을, 나라를 생각할 수 없다. 환웅이 신단수 아래에 내려와서 神市 고국을 세운 것도 나무와 나라가 유기적 관계에 있기 때문이다. 마을에 동신목이 있고 고을에 부군당목이 있는 것도 나무와 집, 나무와 마을, 나무와 고을은 둘이면서 하나라는 것을 말한다. 그러한 출발이 성주목이다. 집을 짓는 성주목은 동신목이나 부군당목, 신단수처럼 나무를 섬기는 수목신앙의 가장 원초적 형태이

---

30 oikos는 고대 그리스어로서 '가족' 또는 '가족의 집'을 뜻하는 말이다.
31 영문학자이자 산골마을에서 생태학적 삶을 실천하는 이승렬 교수가 일깨워주었다.

기도 하다. 집을 수호하는 성주목에서 나아가, 동신목과 부군당목, 신단수는 모두 마을과 고을, 나라 수호신이 깃들어 있는 공동체 신앙의 신체 구실을 한다.

따라서 모든 수목신앙과 모든 공동체신앙의 원형이 성주신앙이라 할 수 있다. 그러므로 성주굿을 한갓 가정신앙이나 집안 굿으로 좁게 해석하고 말 일이 아니다. 건축신앙인 성주신앙도 그 자체로 이해하는 데 머물러서는 일반 신앙연구로 나아갈 수 없다. 건축신앙은 건촌신앙, 건국신앙의 토대가 된다는 사실을 알아야 한다. 건축신앙과 건촌신앙, 건국신앙을 상호관계 속에서 이해하면, 그 자체로서 제각기 이해했을 때보다 새로운 사실을 더 포착할 수 있다.

성주목 신앙에서 동신목 신앙, 부군당목 신앙, 신단수와 같은 국신목 신앙이 체계적으로 형성된 것처럼, 건축신앙인 성주신앙에서 건축시조인 성주를 집의 신으로 섬기는 것과 같이, 건촌신앙인 동신신앙에서는 건촌시조를 동신으로 섬기게 되며, 건국신앙인 국조신앙에서는 건국시조를 나라신으로 섬기게 되었다. 건축굿인 성주굿이 건촌굿인 마을굿, 건국굿인 나라굿의 원형이라는 사실을 포착하면, '건축신화로서' 성주풀이에 입각하여 '건국신화로서' 환웅풀이와 단군풀이, 해모수풀이와 주몽풀이를 상호관계 속에서 새롭게 해석하는 것은 자연스러운 일이다.

3장 성주풀이의 유형별 내용과 의미 해석

1. 하늘에서 강림한 건축시조형 성주풀이

전국에서 전승되는 성주풀이는 양적으로도 풍부하고 질적으로도 다양하다. 성주풀이의 풍부함과 다양성은 성주굿에서 비롯된다. 성주굿이 전국적으로 널리 전승되며 오랜 전승력을 지녔던 까닭에 그 내용이 질적으로 다양할 뿐 아니라 전국 각지에서 두루 풍부하게 수집된다. 성주굿의 전승 실체를 상대적으로 이해하려면 다른 범주의 굿과 견주어볼 필요가 있다.

나라굿은 나라 단위로 전승되기 마련이다. 나라굿은 규모가 크기는 하지만 구조적으로 단일할 수밖에 없다. 한 나라에는 하나의 나라굿이 존재하기 때문이다. 그러나 고을굿은 고을의 수만큼 풍부하게 전승될 수 있다. 더욱이 마을굿은 고을굿보다 훨씬 더 풍부할 수밖에 없다. 한 고을에는 상당히 많은 마을이 있기 때문이다. 그러나 마을굿도 성주굿에 견주어 보면 그 수가 양적으로 빈약하다. 왜냐하면 한 마을은 여러 집으로 이루어져 있기 때문이다.

마을굿이 1이라면 성주굿은 마을의 가구수에 따라 20~30일 수도 있고 100~200일 수도 있다. 따라서 성주굿을 할 때마다 부르는 성주풀이는 나라굿의 건국본풀이나 마을굿의 건촌본풀이에 견주어보면 양적으로 엄청 풍부하고, 질적으로 매우 다양할 수 있다. 그러므로 성주풀이의 건축신화적 면모를 일목요연하게 포착하려면 유형별로 나누어서 자세하게 살펴볼 필요가 있다.

가장 원초적인 성주풀이로 인식되는 것이 천손강림형 성주풀이이다. 성주가 천상세계에서 천신의 아들로 태어나서 지상으로 내려와 나무를 심고 집을 짓는 이야기이다. 천신이 하늘에서 내려와 나라를 세우는 천손강림형 건국본풀이와 큰 줄거리는 같다. 다만 지상에 내려와서 하는 일만 구체적으로 다르다. 따라서 천손강림형 건국시조본풀이에 대하여 이 성주풀이는 천손강림의 건축시조형 성주풀이라 할 수 있다. 그 내용을 단락별로 정리하면 아래와 같다. 경남 동래 지역 '성조푸리'를 중심으로 정리했다.[1]

〈천손강림의 건축시조형 성주풀이〉

(1) 성조의 부모가 늦도록 자식이 없어 문복한다.
(2) 성조 어머니가 지성으로 공을 들여 아들을 빈다.
(3) 대왕과 부인이 길일을 택하여 잠자리에 들고 태몽을 꾼다.
(4) 아기가 나서 관상을 보니 18세에 3년 귀양 간다고 한다.
(5) 성조가 인간이 집 없어 고생하므로 집을 지어주려 한다.
(6) 성조가 지상에 내려가니 나무가 없어 옥황님께 상소한다.
(7) 옥황님이 제석궁에 하교해서 솔씨를 지상에 내려준다.
(8) 성조가 천상궁의 솔씨를 빌어 심어놓고 하늘로 올라간다.
(9) 성조가 황휘궁 공주인 계화씨와 혼인한 뒤에 소박한다.
(10) 성조가 주색에 빠지자 상소를 받아 황토섬에 귀양 간다.
(11) 귀양간지 4년이 지나자 의복과 식량이 떨어져 고생한다.
(12) 성조가 혈서를 써서 청조(青鳥)편에 천궁대왕께 전한다.
(13) 혈서를 받은 천궁대왕이 귀양을 풀어 성조가 환국한다.
(14) 성조가 아들 다섯과 딸 다섯을 낳아 기른다.
(15) 70세에 솔씨 심은 것을 기억하고 가족과 지상에 내려온다.
(16) 성조가 열 자식과 함께 연장을 장만하여 집짓기를 한다.
(17) 성주부부는 입주성주와 몸주성주, 자녀들은 지신이 된다.

---

1   孫晉泰, 『朝鮮神歌遺編』, 鄕土硏究史, 1930; 『孫晉泰先生全集』 5, 太學社, 1981, 79~171쪽.

이 성주풀이는 천손강림형이자 건축시조형의 전형을 이루고 있다. 천상세계에서 대왕 부부인 성주 부모가 자식이 없어 문복(問卜)을 하고 치성을 들일 뿐 아니라, 특별히 길일을 잡아서 잠자리에 들고 마침내 성주를 잉태한다. 성주는 출생과정도 자세할 뿐 아니라, 천상계에서도 아주 귀한 자식으로 태어난 것으로 노래된다. 귀한 자식이니까 장래가 궁금하여 관상을 보니 18세 때 황토섬으로 3년 동안 귀양을 간다는 이야기를 듣는다. 이런 내용들이 크게 낯설지 않다. 천상계에서 부모가 자식을 못 낳으면 점을 치고 치성을 드리는 일이나 자식을 낳으면 운명을 점치는 일이 인간세상이나 다르지 않기 때문이다.

성주가 15세가 되어 지상세계를 내려다보니 인간들이 집이 없어 고생하는 것을 알아차리고 인간세상에 내려가서 집을 지어줄 결심을 한다. 결심한 대로 지상에 내려와 보닌 집을 짓는 데 쓸 나무가 없어서 옥황님께 상소를 올린다. 옥황님이 상소를 받고 솔씨를 내려주자, 성주는 솔씨를 받아 심어 놓고 다시 하늘로 올라간다. 천신은 인간과 다르게 하늘에서 지상을 내려다보며 사람들이 살아가는 모습을 볼 수 있을 뿐 아니라, 마음대로 지상으로 내려오기도 하고 다시 하늘로 올라가기도 한다. 성주는 천신으로서 초월적인 역량과 함께 인간을 위해 집을 지어주려는 이타적 심성을 지닌 존재로 포착된다.

천상으로 돌아온 성주는 황휘궁 공주 계화씨와 혼인을 한다. 그러나 성주는 부인 계화씨를 소박하고 주색에 빠져서 국사를 돌보지 않는다. 그러자 조정의 신하들이 상소를 올려 황토섬에 3년간 귀양을 간다. 태어나서 관상을 본 사실과 일치한다. 귀양생활을 한 지 4년이 지났으나 귀양이 풀리지 않아서 고생하다가 혈서를 써서 청조(靑鳥)를 통해 천궁대왕에게 전하도록 한다. 혼인하고 소박하고 주색에 빠지고 귀양을 가서 고생하는 일이 세속의 일이나 다르지 않다.

혈서를 본 천궁대왕이 귀양을 풀어주자 성주는 궁으로 돌아온다. 환궁한 뒤에 아들 다섯 딸 다섯을 낳아 기르며 어느덧 70세가 된다. 그때 문득 지상에 내려가 솔씨를 심어두었던 일을 떠올리고, 가족을 거느리고 지상의 인간세계로 내려간다. 연장을 마련하여 심어둔 나무를 베어 집을 짓고 집이 완성되자 성주는 입주성주가 되고 그 가족들도 신으로 좌정하여 집을 지킨다. 인간세상에 소나무를 심고 처음으로 집을 지어서 집을 수호하는 성주신이 된 것이다.

따라서 신화적으로 보면 성주는 이 땅에 나무를 처음 심은 식목시조이자, 집을 처음 지은 건축시조이다. 그러나 서사문학적으로 보면 아들을 낳지 못하는 부모가 치성을 들여

아들을 낳고, 그 아들이 자라서 장가들어 가정을 이루고 자녀들과 함께 지상에 내려가 집을 짓고 사는 가족의 살림살이 이야기이다. 다만 천상과 지상을 오르내린다는 점에서 초월적 내용이 있긴 하나 줄거리의 전개는 가족 서사의 범주를 벗어나지 않는다. 혼인하여 집을 짓고 집을 지키며 사는 것이 가족 서사의 결말이다. 이처럼 건축시조본풀이는 가족 서사의 범주를 벗어날 수 없다. 왜냐하면 집을 짓고 사는 것이 최종 목적이기 때문이다.

이 성주풀이는 가족 서사가 중심을 이루지만 건축시조본풀인 까닭에 신화로서 독자적 유형성을 획득하고 있다. 식목본풀이이자 건축본풀이인 성주풀이의 위상은 마을신화인 건촌본풀이와 국조신화인 건국본풀이와 동질성을 이루면서도 특별한 차이를 보인다. 건국본풀이인 환웅풀이는 하늘에서 강림할 때 태백산 신단수 아래로 내려온다. 우뚝한 신단수가 환웅천왕의 거점이었다. 당시에 신단수로 불릴 만한 대단한 나무가 있었고 그 나무가 神市의 거점이 되었다는 것이다.

그러나 건촌본풀이인 입향시조신화는 처음 마을에 들어올 때, '다래몽둘이 치고 들어왔다'고[2] 한다. 입향시조가 마을을 처음 개척할 때 우거진 다래넝쿨을 베어내고 터를 잡았다는 것이다. 잡목이 우거져서 베어내지 않으면 터를 잡고 살 수 없었기 때문에 산자락에 터를 처음 잡은 입향시조는 으레 다래넝쿨이 우거진 잡목을 베어내는 일부터 하기 마련이다. 이 과정에, 베어내야 힐 우거진 잡목이 아니라 우뚝한 교목으로서 그늘을 제공하며 거주공간에 의지처가 되는 거목은 남겨두고 보호했다. 건촌시조가 보호하고 가꾼 이 거목이 동신목으로 자리잡고 후손들에 의해 섬김의 대상이 되었던 것이다.

따라서 마을을 처음 개척할 때나 나라를 처음 세울 때는 으레 신단수와 같은 나무나 다래넝쿨과 같은 잡목의 숲이 있었다고 할 수 있다. 자연 상태의 원시림이 무성할 수밖에 없다. 그러나 성주가 처음으로 인간세상에 내려왔을 때는 집이 없는 것은 물론 집을 지으려 해도 집을 지을 만한 나무가 아예 없었다. 집이 없어서 낮에는 햇볕에 그을리고 밤에는 추워서 떨어야 했다는 것이다. 인간의 집 없는 고통을 덜어주려고 하늘에서 지상으로 내려온 것이 성주이다.

성주가 지상으로 내려왔을 때 지상에는 나무도 집도 없었다. 나무도 집도 없는 황무지

---

[2] 안동지역에서 마을의 유래를 조사하면, 입향시조가 으레 "다래몽둘이 치고 들어왔다고 한다." 잡목이 무성하게 우거진 숲을 베어내고 터를 잡았다는 말이다. 다래몽둘이는 다래넝쿨을 뜻한다.

상태가 건축시조신화인 성주풀이의 생태학적 배경이다. 그러므로 무성한 잡목을 베고 처음 마을 터를 개척한 건촌본풀이와, 신단수 아래에 터를 잡은 건국본풀이와 견주어 볼 때, 건축본풀이인 성주풀이가 훨씬 더 원초적인 본풀이라 할 수 있다.

건촌본풀이나 건국본풀이는 전인미답의 원시림이나 신성하고 우뚝한 거목을 무대로 마을을 개척하고 나라를 세운다. 이때는 나무를 심어서 가꾸어 집재목을 마련하는 일은 물론 집을 짓는 일조차 전혀 거론되지 않는다. 마을을 개척하고 나라를 세울 때는 집을 짓는 문제 따위는 진작 해결되었다고 보기 때문이다. 그러나 처음 집을 지을 당시에는 마을도 없고 나라도 없었다. 따라서 성주가 홀로 지상에 내려와 솔씨를 심어두고 천상으로 올라갔다가 나무가 다 자란 뒤에 자기 가족들을 데리고 다시 지상으로 내려와서 처음으로 집을 짓는다. 그러므로 성주는 천손강림의 신격으로서 식목시조이자 건축시조이며, 성주풀이는 식목시조본풀이이자 건축시조본풀이라 할 수 있다.

한국신화 가운데 천손강림형 신화는 가장 대표적인 것이 환웅본풀이와 해모수본풀이이다. 따라서 성주풀이의 '성주와 환웅' 또는 '성주와 해모수'를 서로 견주어볼 만하다. 환웅은 천제 환인의 아들이면서도 하늘의 천상세계보다 "천하의 지상세계에 항상 뜻을 품고 인간세상을 몹시 구하고자 했다."[3] 따라서 환웅은 늘 인간세상을 널리 이롭게 하려는 뜻을 품고 있었다. 그것이 홍익인간 이념이다.

성주도 천상에서 태어났지만 15세가 되어 철이 들기 시작하자, 지상세계를 내려다보고 집이 없어서 고생하는 인간들을 위해 지상으로 내려가 집을 지어줄 결심을 한다. 천상의 신격이면서 천상보다 지상에 관심을 기울일 뿐 아니라 인간세상을 이롭게 하기 위해 지상으로 내려가 집을 지어주기로 마음 먹은 것이다. 이것은 환웅이 탐구인세(貪求人世)하며 홍익인간을 실현하려는 것과 다르지 않다. 다만 환웅이 추상적이고 이념적인데 견주어 성주는 한층 구체적이고 실질적이다. 건국시조 환웅이 건국이념을 추상적으로 말한다면, 건축시조 성주는 건축목표를 구체적으로 말한 셈이다.

환웅은 홍익인간의 뜻을 펼치기 위해 자력적으로 지상에 내려오지 않는다. "환인이 아들 환웅의 뜻을 알아차리고 삼위태백을 내려다보고는 홍익인간의 뜻을 실현할 만한 까닭에 천부인 3개를 주어 인간세상을 다스리도록 내려보냈다"고 한다.[4] 환웅은 환인에 의해

---

3 『三國遺事』卷1, '古朝鮮', "數意天下 貪求人世".

지상으로 파견된 셈이다. 그러나 성주는 자기 뜻과 의지에 따라 자력적으로 지상에 내려온다. 환웅보다 성주가 더 자력적 신격이라 할 수 있다. 따라서 성주는 자력적으로 천상세계에 올라가기도 한다.

이러한 사실은 해모수와 견주어볼 만하다. 천제 해모수는 하늘에서 오룡거를 타고 지상으로 내려온다.[5] 자력적으로 지상에 내려왔을 뿐 아니라, 아침에 내려와서 정사를 돌보다가 해가 지면 다시 하늘로 올라갔다고[6] 한다. 성주가 자력적으로 천상과 지상을 오르내리는 것과 다르지 않다. 따라서 성주는 천손강림형 신화 가운데 인간세계를 위해 지상으로 내려오는 환웅의 인간중심적 목적의식과, 천상과 지상을 자유롭게 오르내리는 해모수의 자력적 초월성을 함께 지닌 천신적 존재라 할 수 있다. 그러므로 이 유형의 성주풀이는 천손강림형 건국시조본풀이인 환웅본풀이와 해모수본풀이의 세계관에 영향을 미친 보기를 보이면서 인간을 위해 구체적으로 집을 지어준 건축시조본풀이라 할 수 있다.

2. 안동 제비원이 본향인 건축형 성주풀이

성주풀이는 건축시조신화 또는 건축신화라고 했다. 건축시조신화로서 성주풀이는 성주가 지상으로 내려와 인간세상에서 최초로 집을 짓는 내용이라면, 건축신화로서 성주풀이는 제비원의 솔씨가 자란 소나무로 새 집을 짓는 내용이다. 따라서 뒤의 성주풀이는 하늘에서 성주가 지상으로 내려오는 것도 아니고 하늘에 솔씨를 빌어서 심는 것도 아니며, 인간세상에서 최초로 집을 짓는 것도 아니다. 다만 성주의 본향인 제비원의 솔씨를 방방곡곡에 뿌려서 자란 소나무로 새 집을 짓는 건축과정이 있을 따름이다. 성주풀이로서 공통점은 솔씨가 자라자 나무를 베어 집을 지었다는 건축과정을 노래하는 사실이다.

건축신화로서 성주풀이는 성주가 집을 짓고 신으로 좌정하는 성주신 중심의 이야기가 아니라, 집을 짓고 사는 사람들이 행복한 가정을 누리며 사는 것을 축원하는 데 더 무게

---

4 『三國遺事』위와 같은 곳, "父知子意 下視三危太伯 可以弘益人間 乃授天符印三箇 遣往理之."
5 『三國遺事』卷1, '北扶餘', "天帝降于訖升骨城 乘五龍車 立都稱王 國號北扶餘 自稱名門解慕漱."
6 李奎報, 『東國李相國集』卷3, '東明王篇 幷序' 참조.

중심을 둔다. 따라서 성주신의 행방은 묘연하다. 하늘에서 태어나 지상으로 내려오는 성주라는 존재 자체가 없을 뿐 아니라, 집이 없어 고생하는 인간에게 집을 지어주겠다는 성주의 의도도 없다. 성주가 집을 다 짓고 집을 지키는 성주신으로 좌정하는 내용도 없다. 이처럼 성주신의 행방이 묘연한 반면에 성주의 본향이 안동 제비원이라는 사실을 가장 으뜸으로 내세우며 노래된다.

따라서 건축형 성주풀이는 천상세계에서 태어나는 성주가 아니라, 경상도 안동땅 제비원에 본향을 둔 성주가 문제된다. 제비원 본향의 성주는 솔씨이거나 성주목이기도 하고 때로는 집이기도 하다. 집을 짓는 주체는 팔도의 대목들이다. 건축시조형 성주풀이에 대하여 건축형 성주풀이는 순전히 지상세계 중심의 성주풀이라 할 수 있다. 지상세계의 중심은 성주의 본향인 경상도 안동 제비원이다. 그러므로 이 성주풀이를 '천손강림의 건축시조형'에 대해 '제비원 본향의 건축형' 성주풀이라 할 수 있다. 건축형 성주풀이 자료로 경기도 오산 지역에서 수집된 '셩쥬푸리'를[7] 아래에 단락별로 간추려 제시한다.

〈제비원 본향의 건축형 성주풀이〉
(1) 성주본향이 어디인가 경상도 안동땅 제비원이 본이라.
(2) 제비원의 솔씨가 점점 자라서 황장목이 되었다.
(3) 성주를 지으려고 역군들이 연장을 갖추어 산으로 간다.
(4) 노구시루[8] 차려놓고 노구제를 지내며 무사축원을 한다.
(5) 나무의 음양을 가려서 연목(椽木)을 베어낸다.
(6) 나무를 산에서 집터로 운반해서 적절히 다듬는다.
(7) 주추를 놓기 전에 집터를 다지는 작업을 한다.
(8) 주추 놓고 기둥 세우고 상량하여 집을 짓는다.
(9) 부모가 수복을 누리고 자손이 번성하기를 축원한다.

건축형 성주풀이는 집을 짓는 과정을 자세하게 노래하는 유형이다. 성주풀이에 따라서

---

7 赤松智城·秋葉隆, 앞의 책, 1937, 167~172쪽.
8 놋쇠로 만든 작은 시루.

이 과정이 아주 세부적으로 노래되는 것도 있다. 단락을 정리하는 데 따라서 크게 뭉뚱그릴 수도 있고 구체적으로 단락을 더 나눌 수도 있다. 그만큼 건축형 성주풀이는 건축과정에 집중되어 있어서 집 짓는 순서와 과정에 대한 정보를 자세하게 알려주는 지식 전달 구실을 한다. 그러한 성주풀이의 보기로 경기도 포천에서 수집된 자료를 들 수 있다. 아래 성주풀이를[9] 보면 건축과정이 얼마나 자세한지 실감할 수 있다.

(1) 남성주 근본은 경상도 안동땅 제비원이다.
(2) 제비원의 솔씨를 받아 팔도명산에 다 뿌린다.
(3) 소나무가 자라 대부동이 되고 황장목이 되었다.
(4) 연장망태를 갖추어 나무를 베러 산으로 올라간다.
(5) 공양미를 지어 놓고 산신고사를 올리며 축원한다.
(6) 나무를 갖추어 벤 다음 뗏목을 매어 그 위에 싣는다.
(7) 제물을 차리고 성주대를 꽂아 뱃고사를 지낸다.
(8) 뗏목을 띄우고 수레에 싣고 재목을 집터까지 운반한다.
(9) 풍수를 모셔서 문장가와 거부장자가 날 집터를 잡는다.
(10) 대장간에서 연장을 만들어서 재목을 적절히 다듬는다.
(11) 역군을 모아서 집터를 다지며 자손번성을 축원한다.
(12) 주추를 놓고 기둥을 세워 상량을 하고 집을 짓는다.
(13) 집치레로 온갖 치장을 하며 서화와 입춘첩을 붙인다.
(14) 집 둘레에 각종 화초와 정원수를 고루 심고 기른다.
(15) 품종이 뛰어난 가축을 기르며 잘 자라도록 축원한다.
(16) 도편수가 제물을 차리고 성주고사를 올리며 축원한다.
(17) 자손이 대대로 번성하고 두루 성취하기를 축원한다.
(18) 좋은 논과 밭을 두루 갖추어 수확이 많기를 축원한다.
(19) 나이별 성주와 방위별 성주들이 크게 놀기를 빈다.
(20) 세간살이 치장과 비단 치장, 노리개 치장을 한다.

---

9 崔吉城,「성주풀이」,『文化財』4, 문화재관리국, 1969, 131~140쪽.

오산과 포천의 성주풀이는 같은 유형으로서 분량의 다소, 묘사의 수준만 다를 뿐, 집 짓는 과정을 집중적으로 서술한 사실은 다르지 않다. 따라서 사설의 분량은 엄청난 차이가 나도 내용은 거의 같다고 할 수 있다. 두 성주풀이와 같이 집 짓는 과정을 자세하게 노래하는 것은 문학적으로 보면 교술적이고 종교 제의적으로 보면 주술적이다. 이 성주풀이가 교술적이라는 것은 솔씨를 심어서 자란 나무로 집 짓는 과정을 순서에 따라 자세하게 일러주기 때문이다. 건축과정에 대하여 객관적이고 구체적으로 설명하는 까닭에 문학 갈래로 말하면 교술문학인 것이다.

앞에서 천손강림의 건축시조형 성주풀이는 주인공 성주가 건축시조가 되어 성주신으로 자리잡는 내력을 노래한 서사문학에 해당되며, 구체적으로 가족 서사라고 했다. 이와 달리 건축형 성주풀이가 교술문학인 것은 제의적 목적을 겨냥한 까닭이다. 종교 제의적인 시각에서 보면 교술문학의 성주풀이는 주술적 기능을 발휘한다. 문학적으로 교술 갈래의 성주풀이는 종교적으로 주술성을 띠는 까닭이다.

유사의 법칙에 입각한 유감주술은 서사적이기보다 교술적일 필요가 있다. 집 짓는 과정을 구체적으로 자세하게 노래하면, 유사의 원리에 따라 자기 집도 그러한 절차대로 빈틈없이 꼼꼼하게 잘 지어진 훌륭한 집이라는 유감주술의 효과가 나타난다고 믿기 때문이다. 그러므로 건축형 성주풀이가 교술의 양식을 이루는 것은 제의적으로 주술 기능을 기대한 것이라 할 수 있다.

그러나 천손강림의 건축시조형 성주풀이에는 집짓는 과정을 교술적으로 노래하지 않는다. 그럼에도 성주굿의 종교 제의적 구실을 충분히 한다. 집에 모시는 성주신이 천상에서 강림한 천신으로 신성한 존재인 까닭에 그러한 성주신을 모시는 것만으로도 집의 복록은 보장된다고 믿는다. 따라서 건축형 성주풀이처럼 교술적 서술이 없어도 그만이다. 천상과 지상을 오르내리며 세상에 처음으로 집을 지은 초월적인 역량을 지닌 건축시조를 집 안에 성주로 모시는 것만으로도 제의적 목적이 충분히 실현되는 까닭이다.

하지만 건축형 성주풀이에는 천손강림의 신성한 성주가 등장하지 않는다. 아예 천상세계 자체가 거론되지 않는다. 순전히 제비원이 본향인 성주만 문제된다. 이처럼 건축형 성주풀이는 세속세계 중심이어서 천상세계는 물론 주인공 노릇을 하는 성주가 아예 출현하지 않는다. 집을 짓는 주체도 성주가 아니라 여러 대목이다. 굳이 성주의 정체를 밝히자면 성주의 본향이 제비원이므로 제비원의 솔씨 또는 소나무의 신이 성주라 할 수 있다. 따라서 건축시조형에서는 구체적으로 밝혀져 있지 않은 지상의 장소성이 안동 제비원으로 오롯하게 밝혀져 있다. 그러므로 건축형 성주풀이는 성주신이 천상의 신격으로 분명하게 드러난 건축시조형과 큰 차이를 보인다.

건축형 성주풀이에는 천손강림의 성주는 물론 아예 성주라는 인격신이 등장하지 않는다. 여기에 등장하는 인물은 성주가 아니라 나무를 베거나 다듬는 역군들과 목수, 나무를 운반하는 사공이나 수레꾼, 명당을 잡는 풍수, 집터를 다지는 지경꾼, 기둥을 세우고 집을 짓는 대목 등으로 매우 다양하다. 이러한 상황은 집을 짓는 데 참여하는 사람들을 두루 보여주는 것이다. 따라서 등장인물은 있어도 주인공은 없고 일과 행동은 있어도 사건과 갈등은 없다. 그러므로 집을 짓는 과정과 집치레를 묘사하는 교술적인 내용에 머물 수밖에 없다.

그러나 건축시조형 성주풀이에는 천신인 성주 한 사람이 집을 처음 지은 까닭에 이러한 현실적 건축 상황이 없다. 집을 짓는 일은 여러 사람이 제각기 자기 몫의 일을 협력적으로 해야 할 뿐 아니라, 여러 단계의 복잡한 공정을 거쳐야 가능하다. 이러한 실제 사실에 입각해 있는 것이 건축형인데, 건축시조형에는 이러한 복잡한 과정의 실상은 없다. 건국영웅이 나라를 세웠다고 하고 말듯이, 건축영웅 성주가 뚝딱 집을 지었다고 할 뿐 어떻게 지었다고 하는 과정과 방법은 언급하지 않는다. 천상적이고 신화적인 상상적 서사의 '건축시조형'과, 현실적이고 사실적인 교술의 '건축형'이 상당히 대조적이다. 상대적으로 건축시조형이 성경의 구약이라면 건축형 성주풀이는 성경의 신약에 해당된다고 할 수 있다. 그러므로 건축형이 건축시조형보다 후대형이라 할 수 있다.

지금까지 비교검토한 것처럼 건축시조형과 건축형 성주풀이는 성주굿의 무가로서 동질성을 지니나 문학적 성격이 전혀 다른 노래라 할 수 있다. 그것은 마치 성주의 본향이 천상계와 지상계, 이상적인 관념의 세계와 현실적인 경험의 세계만큼이나 서로 차이가 있다. 건축시조형은 서사문학이어서 이야기의 전개가 일정한 감동과 긴장을 준다. 그러나 건축형은 집 짓는 과정을 교술적으로 노래한 까닭에 흥미로운 이야기는 없고 사실만 무성해서 상당히 무미건조하다. 교술 갈래의 특성상 구성 차원의 형상화는 불가능하므로 사실 차원의 표현을 다양한 기법으로 형상화하고 있을 따름이다. 그러므로 서사적 문학성을 지닌 건축시조형에 비해서 건축형 성주풀이는 교술 갈래에 속하면서도 상대적으로 '시적 문학성'을 지녔다고 하겠다.[10]

건축형 성주풀이에서는 성주의 본향이 제비원이라는 사실을 아주 중요하게 여겨서 으뜸으로 노래한다. 천상계와 무관하게 지상 중심으로 노래된다는 것이 서두에서 분명하게 포착된다. 따라서 성주풀이의 시작이 곧 '성주의 본향이 안동 제비원'이라는 사실을 확인하는 일이다. 만일 이 내용이 없다면 집을 짓고 축원하는 내용만 있어서 사실상 성주 본풀이라 할 수 없다. 본향을 제비원이라 하는 것이 성주의 정체성을 밝히는 유일한 내용이기 때문이다. 그러므로 첫 출발부터 성주의 정체성이 건축시조형과 전혀 다르게 밝혀진다. 왜냐하면 성주를 천상적 존재로 천신화하는 것이 아니라 지상적 존재로 세속화하기 때문이다.

천손강림의 성주가 아닌 까닭에, 지상세계에서 구체적인 본향을 밝혀야 성주신의 정체성이 오롯이 확보된다. 따라서 건축형 성주풀이는 천손강림이 아니라 제비원 본향으로 노래되면서 천상세계의 성주 대신에 지상에서 목수들이 나무를 베어 집 짓는 과정을 자세하고 길게 노래한다. 이러한 작업과정은 예사 목수 누구나 할 수 있는 일이어서 독창성도 없다. 건축시조형에서 성주가 집의 창조주로서 신성한 존재에 해당된다면, 건축형에서 성주는 일반적으로 집을 짓는 건축주에 해당된다고 할 수 있다. 건축시조이자 창조주의 집은 태초의 집인데 비하여, 건축주의 집은 지금 여기서 새로 지은 집을 말한다.

세상에서 집을 처음 지은 태초의 목수로서 성주는 집을 스스로 짓고 자기가 지은 집에 성주신으로 좌정하는 데서 성주풀이가 완결된다. 최초로 집을 지은 신성한 성주가 집에 좌정하여 집을 지키는 것만으로도 충분히 만족할 수 있다. 그러나 세상 사람들이 널리 집을 짓고 살고 있는 가운데, 새로 집을 짓는 건축주는 사정이 다르다. 누구나 집을 짓고 사는 까닭에 집을 짓는 데서 만족할 수 없다. 어떤 집을 짓고 어떻게 사는가 하는 것이 문제이다. 따라서 집치레도 방마다 화려하게 꾸미고 집 둘레에 화초와 정원수도 심어 다채롭게 조경을 할 뿐 아니라, 이름난 가축들도 종류별로 갖추어 기른다.

이렇게 집안 조경을 마치고 가축까지 갖추어 길러야 비로소 집이 온전하게 완성된다. 그러면 도편수가 제물을 차려서 성주고사를 올린다. 자손의 번성과 성공을 빌고, 논밭을 장만하여 양식이 풍족하기를 빌며, 성주신이 크게 놀기를 축원한다. 성주고사는 성주신에게 새로 지은 집에 좌정하도록 모시는 일과, 집안의 혈연적 경제적 번영을 비는 일이 함께

10　임재해, 『안동문화와 성주신앙』, 414~415쪽.

중요하다. 그러므로 건축형 성주풀이는 집만 짓는 것이 아니라, 성주신을 모시고 집안 번영을 축원하는 기능까지 한다고 할 수 있다.

3. 시조형과 건축형을 이은 복합 성주풀이

지금까지 천손강림의 건축시조형과 제비원 본향의 건축형 성주풀이를 차례로 다루었다. 달리 말하면, 천상계 중심의 천손강림형 성주의 서사적 성주풀이와 지상계 중심의 제비원 본향형 성주의 교술적 성주풀이를 제각기 살펴보았다는 말이다. 두 성주풀이는 무대부터 다른 세상일 뿐 아니라 내용의 전개나 문학적 갈래까지 상당히 다른 노래로 포착된다. 천상의 성주가 이 땅에 최초로 집을 짓는 창조주로서 활동하는 건축시조 본풀이에 대하여, 지상의 제비원을 본향으로 삼는 성주가 새 집을 짓는 건축주로서 활동하는 건축 본풀이여서 둘은 제각기 독자적인 성주풀이로 주목될 수 있다.

그러나 둘 다 성주굿을 할 때 노래되는 성주풀이로서 동일한 제의적 기능을 할 뿐 아니라 모두 집을 짓는 건축 목적을 이루는 것이 핵심이다. 따라서 두 성주풀이는 둘이면서 하나이고 하나인가 하면 둘이다. 이 둘의 관계는 마치 성경의 신구약과 같다. 천상적 존재인 창조주 하느님을 중심으로 하는 구약성경과, 지상에서 인간으로 태어난 예수를 중심으로 하는 신약성경이 둘이면서 하나이자 하나이면서 둘이다. 신구약은 모두 하나의 성경인데 둘로 나뉘어 있을 뿐 아니라 서로 인과관계 속에 놓여 있다. 구약이 천지를 창조하고 신약의 배경과 예언을 제공하는 관념적 모형이라면, 신약은 구약의 예언을 예수의 활동과 부활로 성취하는 구체적 실체이다.

성주풀이를 성경의 신구약 관계에 따라 보면 건축시조형은 구약성경이고 건축형은 신약성경에 해당된다. 따라서 건축시조형이 창조주 성주가 처음 집을 짓는 관념적 상상의 성주풀이라면, 건축형은 건축주 성주가 구체적 실체로서 집을 짓고 가정을 이루며 다복하게 사는 현실 세계의 성주풀이라 할 수 있다. 세상을 처음 지은 창조주가 있어서 세상을 구원하는 구세주가 있는 것처럼, 집의 경우도 집을 처음 지은 건축시조 성주가 있어서 세상의 온갖 집을 짓는 건축형 성주도 있는 것이다. 그러므로 두 유형의 성주풀이는 신구약처럼 선후관계를 이루면서 하나의 성주풀이로 전승되는 것이다.

'환웅본풀이와 단군본풀이', '해모수본풀이와 주몽본풀이'도 둘이면서 신구약의 성경처럼 역사적으로 선후관계를 이루면서 하나의 본풀이로 기록되어 전승된다. 신약의 예수가 구약의 하느님 아들로 연결되어야 세상을 구원하는 구세주로서 신성성과 설득력을 지니는 것처럼, 단군이나 주몽도 천손강림의 건축시조인 환웅 또는 해모수의 아들로 연결되어야 나라를 세운 건국주로서 신성성과 권위를 확보할 수 있다. 그러므로 건축형 성주풀이도 건축시조형 성주풀이와 긴밀하게 연결되어야 성주신으로서 신성성을 획득하는 까닭에 하나의 성주풀이로 이어져서 노래되고 전승된다. 그러한 자료로 경북 영일 지역에서 수집된 '성주굿'의 성주풀이를[11] 들 수 있다.

⟨시조형과 건축형의 복합형 성주풀이⟩
(1) 성주 본이 어데냐 천상 옥계가 본이다.
(2) 성주의 부모가 늦도록 자식이 없어 문복한다.
(3) 부인이 치성을 들여 성조를 낳자 별호를 성조라 한다.
(4) 성조 글 한 귀를 잘못 지어 지하 세상에 귀양 온다.
(5) 집이 없어 집짓기를 결심하나 집 지을 나무가 없다.
(6) 성조가 옥황님께 천제를 지내서 솔씨를 받아 온다.
(7) 솔씨를 안동 제비원에 심었더니 성조목으로 자란다.
(8) 성조목을 적재적소에 맞게 잘 다듬어 집을 짓기 시작한다.
(9) 목욕재계하고 제물을 정성껏 갖추어 성주치성을 드린다.
(10) 재수를 빌고 각종 액을 막아 관운을 도와 달라고 한다.
(11) 성조님을 모시고 집을 짓는 과정을 자세하게 노래한다.
(12) 연장망태를 갖추고 여러 대목을 두루 다 불러 모은다.
(13) 대목이 성주목에 도끼질을 하니 도끼가 나무에 붙는다.
(14) 산신귀신이 붙었다고 제물을 마련해 산신제를 올린다.
(15) 성주목에 톱을 걸고 톱질을 하며 톱질노래를 한다.
(16) 나무를 베어서 초군들을 동원해 집터까지 운반한다.

---

11 金泰坤,『韓國巫歌集』4, 集文堂, 1980, 76~86쪽.

(17) 지경소리를 부르며 집터를 다지고 명당 축원을 한다.

(18) 명당에 주추 놓고 기둥 세워 집을 번듯하게 짓는다.

(19) 큰방과 사랑방, 부엌 차례로 세간살이 치레를 한다.

(20) 온갖 곡식과 씨앗을 풍성하게 갖추도록 축원한다.

(21) 온갖 비단들이 무진장 나온다고 축원한다.

두 성주풀이가 하나로 합일됨에 따라 천상에서 태어난 성주와, 제비원이 본향인 성주가 함께 존재한다. 하늘과 땅 천지의 본향이 제각각이다. 성주가 천상세계에서 태어났으므로 성주의 본향이 천상일 수밖에 없다. 그러나 지상에 내려와 솔씨를 심고 그 나무로 집을 지었으니 처음 솔씨를 심은 구체적 장소인 제비원도 본향일 수 있다. 통시적으로 보면 천상에서 태어난 성주의 본향이 우선이자 핵심이다. 따라서 서두에 성주의 본향이 천상 옥계라고 밝히는 데서 성주풀이가 시작된다. 그러므로 성주의 본향이 안동 제비원이라는 데서 시작하는 건축형 성주풀이와 서두가 크게 다르다.

그렇다고 해서 건축시조형 성주풀이와 서두가 일치하는 것도 아니다. 건축시조형의 서두는 성주가 천상계에서 태어나서 생활하는 것이 자세하되, 성주의 본향을 구체적으로 밝히지 않았다. 본향이나 근본, 본을 굳이 말하지 않아도 천상에서 태어났다고 말하는 것이 곧 본향을 말하는 것이자 본풀이로서 성주의 근본을 밝힌 것이기 때문이다. 그러나 여기서는 성주의 출생을 말하기 전에 성주의 본향이 천상 옥계라는 사실을 분명하게 밝히는 데서 시작한다. "성조본이 어데메요 천상 옥계가 본일내라"와[12] 같이, 본향을 밝히는 양식도 일정한 틀을 그대로 유지하고 있다.

지상에서 성주의 본향은 으레 안동 제비원이라고, 문답 형식을 갖추어 노래되기 일쑤이다. 건축형 성주풀이의 전형이다. 그러나 건축시조형과 연결된 복합형에서는 지상의 본향이 문답의 과정을 거치지 않고 서술 형식으로 노래된다. '하늘에서 받은 솔씨를 경상도 안동 제비원에 심었더니 성조목으로 자랐다'고 한다. 굳이 본향을 묻지 않고 성주의 본향을 안동 제비원으로 밝힌 것이다. 이미 서두에서 성주의 본향을 천상 옥계라고 분명히 밝혔기 때문에 여기서 다시 성주의 본향을 물을 수 없다. 본향이 서로 충돌하기 때문이다.

---

12 金泰坤, 같은 책 4, 77쪽.

성주의 본향은 장소 개념이다. 그런데 천상과 지상으로 성주의 본향이 바뀌면서 성주의 정체도 바뀐다. 같은 성주의 본향이 둘일 수 없기 때문이다. 본향이 달라지면서 주체도 달라진다. 천상 옥계가 본향인 성주는 신격이다. 그러나 안동 제비원이 본향인 성주는 소나무이다. 따라서 성주의 본향 제비원은 사실상 소나무의 본향이라 할 수 있다. 달리 말하면 소나무가 곧 성주이다. 그러므로 그 소나무를 적극적으로 성주목이라 일컫는 것이다.

신격으로서 성주는 천상에서 태어났으므로 안동 제비원이 본향일 수 없다. 성주가 솔씨를 안동 제비원에 처음 심었기 때문에 최초의 소나무 곧 성주목의 본향이 제비원인 것이다. 따라서 건축시조로서 천손강림의 성주와, 건축재료로서 제비원의 성주목은 서로 이어지면서 그 정체성이 완전히 바뀌어진다. 성주의 본향이 안동 제비원이라 할 때 성주는 하늘에서 내려온 건축시조 성주가 아니라, 소나무의 시조로서 성주를 일컫는다. 그러므로 성주의 정체성은 여럿이다. 성주풀이에 따라서 신격인 성주와 소나무인 성주가 있는가 하면, 집을 성주라고도 한다. 성주풀이에서 "집을 지으려고" 하지 않고 "성주 지으려고"라 하는 것이 그러한 보기이다.

집을 짓는 주체도 건축시조인 성주여야 마땅한데 이 복합형 성주풀이에서는 분명하지 않다. 성주가 집을 짓고 성주신으로 좌정하는 데서 마무리가 되는 것이 아니라, 솔씨를 안동 제비원에 심어서 성주목으로 자라면, 대목들이 그 나무로 집을 짓기 시작하는 데서 성주의 역할이 끝난다. 그 다음부터는 주체가 대목으로 바뀌고 성주는 섬김의 대상이 된다. 성주치성을 드리고 팔도 대목을 다 불러서 비로소 집을 짓는 과정을 처음부터 다시 한다. 집짓는 주체가 성주에서 대목들로 바뀐 것이다.

성주가 최초의 집을 지었다면, 팔도 대목은 지금 여기서 새로 집을 짓는 셈이다. 성주가 지은 태초의 집이 구약의 집이라면, 대목들이 지은 새 집은 신약의 집이다. 구약과 신약이 하나의 성경으로 이어지는 것처럼, 건축시조형과 건축형이 하나의 성주풀이로 이어지게 된다. 태초의 성주굿에서는 건축시조형 성주풀이만 노래되었을 것이다. 성주굿의 초기에는 인간에게 처음으로 집 짓는 법을 알려준 천손강림의 건축시조를 섬기는 것이 최선이었기 때문이다.

그러나 후대로 올수록 누구나 집을 자유롭게 지어 살게 되고 집 짓는 기술과 지식이 확산되면서 집 짓는 재료와 과정과 방법을 널리 공유할 필요가 제기되었다. 따라서 태초의 신화적 서사의 성주풀이에 이어서 현실적인 건축지식을 포착하는 교술의 성주풀이가 발생하게 된 것이다. 그러므로 처음에는 신화적 서사 갈래의 건축시조형 성주풀이만 전승되다가 점차 건축지식을 공유하는 교술 갈래의 건축형 성주풀이 비중이 커지게 되었다고 할 수 있다. 그러다가 태초의 건축시조형에서 완전히 분리되어 제비원 본향의 건축형 성주풀이가 독립적으로 노래되기 시작한 것으로 추론된다.

이어진 두 성주풀이의 발생 시차에 따라 전후의 서술방식도 크게 다르다. 전반부에서 건축시조 성주가 최초로 집을 지으려고 할 때는 성주의 이력을 구체적으로 이야기하여 서사 갈래를 이룬다. 그러나 후반부에서 건축주가 집을 지을 때는 집 짓는 과정을 자세하게 열거하므로 교술 갈래를 이룬다. 이러한 양립 관계는 서로 대립을 이루어서 일관성이 없다. 성주의 본향이 천상계와 지상계의 대립, 구체적으로 천상 옥경과 안동 제비원으로 대립을 이룬다.

성주의 실체도 천상 옥경의 성주는 인격신이다. 옥황님의 맏제자이거나 신격인 부모로부터 탄생된 신격이다. 따라서 성주의 존재는 이 땅에 처음 솔씨를 심는 생태영웅이자 최초로 집을 지은 문화영웅이다. 자연히 혼인도 하고 아이도 낳아서 가정을 이루며, 인격신으로서 살아가는 이야기가 서사적으로 전개된다. 건축시조신화로서 성주본풀이의 전형을 이루며 서사무가에 해당된다.

그러나 안동 제비원이 본향인 성주는 솔씨이거나 소나무이다. 소나무는 집의 물적 기빈이자 건축 재료로서 집의 구조물을 이룬다. 제비원이 성주의 본향이라는 것은 곧 제비원이 소나무의 발상지라는 말이다. 세상의 모든 소나무는 제비원의 솔씨에서 비롯된 것이다. 따라서 성주는 인격신이 아니라 소나무의 신이며, 집을 짓는 주체가 아니라 소재일 따름이어서 서사적 이야기가 전개될 수 없다. 대목들이 성주목을 베어서 집을 짓는 과정을 나타내는 삽화들이 교술적으로 노래될 뿐이다. 그러므로 건축형 성주풀이는 교술무가에 해당된다.

교술무가의 삽화들은 나열 형태여서 더 자세할 수도 있고 몇 대목을 빠뜨릴 수도 있다. 온갖 삽화들을 일일이 열거하는 까닭에 전반부의 서사적 부분보다 후반부 교술적 부분의 양적 비중이 훨씬 크다. 사실을 자세하고 길게 열거하는 방식은 교술이지만 그 목적은 주술적인 데 있다. 유감주술의 원리에 따라, 길고 풍부하게 노래할수록 실제 현실도 그렇게 이루어지는 것으로 믿는다. 이를테면, 성주목에 도끼질을 하다가 부정을 타서 산신제를 올릴 때 차리는 제물을 아래와 같이 무진장으로 열거한다.

산 소머리 도치걸고 죽은 소머리 칼을 꽂아 앞다리 선각 뒷다리 후각에
횃갈림 제갈림 도메천 칼천 그런 듯이도 바처놓고 온갖 실과가 다 나온다.
왕밤대우 꽃감이며 사과 배 석류 하며 멀구 다래 포도 유자 하며
수박이야 참외야 앵두까지 다 나온다.
온갖 술이 다 나온다 낭게 색여 목감주(木甘酒)며 돍에 색혀 석감주며
석달 열흘 백화주며 눌려 떳다 금청주며
연잎파래 이락주며 마구 선녀 천잎주며
이태백이 포도주 안개산 운애주요 신선주 불로주며
록향주 국화주 맥주 사이다 콜라 하며 오란씨 환타 미린다 하고
샴팬 깡맥주며 온갖 기당주까지 더럭더럭이 다 나온다.
온갖 술잔이 다 나온다.
꽃이 픳다 화초잔아 잎이 픳다 청잔이며 온갖 술병이 다 나온다.
모가지다 황새병 목짜르다 자래병 얼룩덜룩 호랑병
허리 짤숙 절구병 배가 뽕양 식충이병
온갖 술병까지 더럭더럭이 다 나온다.
온갖 어물이 다 나온다 울고 간다 우래기 놀고 간다 놀래기
아가리 크다 대대구며 소대구 대방아 소방아 대열기 소열기
꽁지 넓다 넓광어 오통통 뽁징어며 여덟가리 대무늬
일곱가리 소문어 대가제미 소가제미 청어고기 정어리며
온갖 고기가 다 나온다.[13]

산신제를 올리는 제물로는 주과포(酒果脯)만 갖추어도 될 터인데 온갖 과일과 온갖 술, 온갖 술잔과 술병, 온갖 어물이 두루 차려진다. 알고 있는 지식을 최대한으로 동원하여 풍부하게 열거할수록 유사의 원리에 따라 실제 사실도 그렇게 풍성하리라 믿는 주술의 일환이다. 따라서 서사적 사건은 없고 교술적 사실만 자세하다. 주술적 효과를 기대하면서 온갖 지식을 나열하는 것이 교술무가의 특징이다.

---

13   金泰坤, 같은 책 4, 80~81쪽.

교술무가로 끝나지 않고 축원이 이어진다. 교술무가로서 성주풀이는 집치레로 마무리된다. 집을 완성하게 되면 주생활이 보장될 뿐, 식생활과 의생활은 별도로 확보해야 한다. 따라서 온갖 곡식이 풍성하기를 축원하고 온갖 비단들이 갖추어지기를 축원한다. 의식주가 해결된다고 행복한 가정이 꾸려지는 것은 아니다. 자손이 번성하고 수명장수를 누려야 한다. 성주풀이에 따라 축원의 내용도 다양하고 풍부한데, 교술무가와 달리 이 부분을 축원무가라 할 수 있다. 그러므로 복합형 성주풀이는 여러 형태로 구성되어, 성주굿의 목적을 다중적으로 실현한다고 할 수 있다.

4. 빼앗긴 아내를 되찾는 부부형 성주풀이

건축시조신화로서 성주풀이의 성주는 건축시조이자 최초의 대목이다. 건축신화로서 성주풀이의 성주는 건축시조나 최초의 대목은 아니지만 집을 건축하는 대목의 집 짓는 과정이 자세하게 노래된다. 집을 지으려면 대목은 물론 집을 지을 나무가 있어야 한다. 따라서 건축시조형 성주풀이에서는 지상에 내려온 성주가 하늘에서 솔씨를 받아 나무를 처음 심는 내용이 필수적이다.

그러나 건축형 성주풀이에서는 성주의 본향인 안동 제비원의 솔씨를 뿌려 집 지을 나무를 마련한다. 이때는 특히 성주의 본향인 안동 제비원이 문제된다. 하늘에서 받은 솔씨를 안동 제비원에 심었다고 하여 성주의 본향으로서 제비원의 정체성을 분명히 하기도 한다. 솔씨의 기원이 하늘이기도 하고 제비원이기도 한 것이다. 따라서 건축신화인 성주풀이에서 솔씨와 소나무는 건축 재료로서 빠질 수 없는 요소이다. 그러므로 성주풀이의 기본 요소는 건축신화로서 집 짓는 대목과 집 지을 나무, 실제로 집을 짓는 건축행위이다.

한 마디로 말하면, 솔씨를 심어서 자란 소나무를 자재로 사용하여 집을 짓는 과정을 노래하는 것이 성주풀이의 핵심이다. 그런데 이러한 내용 곧 집을 짓는 건축과정이 전혀 노래되지 않는 성주풀이가 있다. 따라서 이 성주풀이는 건축시조신화는커녕 건축신화라 할 수 있는가 의심스럽다. 구체적으로 집을 짓는 내용이 전혀 없기 때문이다. 그럼에도 성주굿을 하면서 이 성주풀이를 노래한다. 왜냐하면 건축물로서 '집(house)'을 짓는 일 못지않게 행복한 가정을 이루는 '집(home)'의 부부사랑도 매우 중요한 까닭이다. 주로 경기도 일부 지역에서만 노래되는 특수한 성주풀이 유형인데, 여기서는 경기도 화성지역 성주굿에서 채록된 자료를[14] 보기로 제시한다.

〈아내를 되찾는 부부형 성주풀이〉
(1) 천하궁 천사랑씨와 지하궁 지탈부인이 황우양을 낳는다.
(2) 성주 황우양이 자라 충청도 계룡산 막막부인과 혼인한다.
(3) 천하궁 와가를 이룩하려고 황우양을 잡으러 칙사를 보낸다.
(4) 황우양은 연장이 없어서 부인이 상소하여 연장을 마련한다.
(5) 천하궁 가는 길에 누구와도 응대하지 말라 부인이 당부한다.
(6) 황우양이 부인의 당부를 어기고 소진행과 옷을 바꿔 입는다.
(7) 소진행이 천하일색인 황우양 부인을 겁탈하러 찾아간다.
(8) 부인이 문을 열지 않자 소진행이 남편 옷을 벗어 던져준다.
(9) 문을 열지 않자 소진행이 문을 부수고 들어가 겁탈하려 한다.
(10) 부인은 친정 조부모 제사라고 속이고 위기를 모면한다.
(11) 부인은 몸에 귀신이 붙었다는 구실로 동품을 거부한다.
(12) 황우양은 천하궁 공사를 마치고 집에 변고 생긴 것을 안다.
(13) 황우양이 꿈에 부인을 만나고 주춧돌 밑의 편지를 발견한다.
(14) 소진행의 행실임을 알게 된 황우양은 원수를 갚으러 간다.
(15) 황우양이 소진행을 찾아가 우물가에서 부인과 상봉한다.
(16) 황우양이 티끌로 변해 부인의 치마폭에 싸여 들어간다.
(17) 황우양씨가 소진행을 징벌하여 길 가의 서낭으로 만든다.
(18) 황우양씨는 집안의 성주가 되고 부인은 지신이 된다.

위의 성주풀이에는 성주의 본향이 노래되지 않는다. 솔씨를 심고 그 소나무로 집을 짓는다는 내용도 없다. 집을 짓는 자세한 과정도 노래되지 않는다. 그럼에도 성주풀이로 성주굿에서 노래된다. 대목을 주인공으로 한 까닭에 일종의 건축신화로 간주된 셈이다. 건

---

14 金泰坤, 『韓國巫歌集』3, 集文堂, 1978, 297~305쪽.

축신화이되 건축과 직접 관련된 내용보다 주인공이 건축하러 가는 길에서 겪는 사건과, 집안에 남은 주인공 부인이 겪는 사건, 주인공이 건축을 끝내고 와서 사건을 해결하는 내용이 중심을 이룬다. 사건 전개도 전형적인 삼각관계를 이루어서 갈등이 고조되다가 급격하게 해결된다. 구체적으로 주인공 황우양이 악당에게 아내를 빼앗겼다가 되찾는 이야기여서, '아내를 되찾는 부부형' 성주풀이라 한다.

이 '부부형'은 '건축시조형'이나 '건축형'과 달리, 실제로 나무를 심고 길러서 집을 짓는 과정이 전혀 없다. 그럼에도 건축신화로서 성주풀이라고 한다. 물론 주인공 황우양은 대목일 뿐 아니라 집을 짓는 일에 동원된다. 그러나 사건 전개는 전혀 엉뚱한 데서 벌어진다. 황우양이 부인을 집에 두고 천하궁에 와가를 지으러 가는 것이 사건의 발단이다. 이때 부인이, 가는 도중에 누구와도 말을 섞지 말라고 당부한다. 사건의 전개는 황우양이 아내의 당부를 잊은 채 악한인 소진행과 말을 나눌 뿐 아니라 서로 옷을 바꾸어 입기까지 하는 데서 심각하게 된다. 사건의 갈등은 황우양의 옷을 입은 소진행이 황우양 부인을 찾아가서 겁탈하려는 데서 고조된다.

갈등이 고조되는 가운데 부인이 소진행에게 납치됨으로써 위기가 조성된다. 절정의 순간에 황우양이 집에 있는 부인에게 변고가 있는 것을 알아차리고 집으로 급히 돌아가서 아내가 숨겨둔 혈서를 발견하고 아내가 납치되어 있는 소진행의 집을 찾아간다. 마침 우물가에서 물 길러 나온 부인을 만나, 소진행을 잡아서 서낭으로 만들어 원수를 갚음으로써 위기를 극복한다. 부인을 되찾은 황우양은 집안의 성주가 되고 부인은 지신으로 좌정하여 대단원의 결말에 이른다. 따라서 황우양과 부인, 소진행 세 인물의 삼각관계를 다룬 전형적인 남녀관계 서사이자 부부 중심의 서사라 할 수 있다. 그러므로 이 성주풀이는 건축시조형도 아니고 건축형도 아니며 빼앗긴 아내를 되찾는 부부형이라 할 수 있다.

'아내 되찾는 부부형'이라고 하는 유형 명칭은 사실상 겉으로 드러난 서사에 의한 것이다. 성주풀이의 주인공은 일반적으로 남성이자 집을 짓는 주체여서, 여기서도 대목이자 남성인 황우양이 주인공처럼 인식되기 마련이다. 그러나 사건 전개의 내용을 보면 황우양 못지않게 그 부인이 대단한 역할을 한다. 황우양은 집 짓는 목수로서 제 역할을 할 뿐 가장으로서 제 구실을 온전하게 하지 못한다. 집 짓는 일조차 싫어서 기피할 뿐 아니라, 목수로서 연장 챙기는 일도 부인이 대신 해주어야 비로소 목수 노릇을 하게 된다.

그러나 부인은 남편 대신 연장을 챙겨주는 것은 물론, 남편이 일하러 가는 도중에도 불행한 일을 막기 위해, 누구를 만나더라도 서로 말을 섞지 말라고 당부한다. 그런데 황우양은 부인의 당부를 흘려들은 까닭에 소진행의 술수에 말려들어 옷까지 바꾸어 입는다. 부인은 소진행이 남편의 옷을 던져주었지만 옷을 보고도 남편이 아닌 줄 알고 문을 열어주지 않는다. 소진행이 문을 따고 들어와 겁탈하려 해도 여러 가지 그럴듯한 구실을 내세워 잠자리를 허락하지 않는다. 소진행에게 납치되어 갖은 고생을 하면서도 방어 논리를 세워 정절을 지킨다. 남편이 소진행을 처벌하고 부인을 구할 수 있었던 것도 전적으로 부인의 혈서와 기지에 의해서이다.

따라서 이 성주풀이 서사의 진정한 주체는 황우양이 아니라 그 부인이라 해야 마땅하다. 왜냐하면 부인이 모든 행위의 주체 노릇을 하기 때문이다. 황우양은 대목이면서도 부인이 아니면 천하궁을 짓기로 한 차사와의 약속도 지킬 수 없을 뿐 아니라, 부인의 당부를 듣지 않아서 부인을 악한에게 빼앗겼으며, 부인의 기지로 비로소 빼앗긴 부인을 되찾았기 때문이다. 그리고 부인은 온갖 고통을 겪으며 누구에게 의존하지 않고 악한의 폭력으로부터 자기 정절을 지켜내는 슬기와 역량도 갖추었다. 따라서 부인이 주체적이고 능동적인데 비하여 남편은 종속적이고 수동적이다. 그러므로 앞에서 다룬 여러 성주풀이가 남성주의적인 데 비하여, 이 성주풀이는 여성주의적 서사무가라 할 수 있다.

집을 짓는 목수의 일은 남성의 몫이다. 건축시조형이나 건축형 성주풀이는 남성이 주체일 수밖에 없다. 상대적으로 남성주의 성격을 지녔다. 그러나 이 성주풀이가 여성주의적인 것은 집을 짓는 건축 행위가 중심이 아니기 때문이다. 황우양에게 심각하게 문제된 것은 악한 소진행에게 부인을 빼앗긴 일이다. 따라서 황우양이 소진행의 술수에 넘어가고 소진행이 집으로 찾아가 부인을 장악하는 과정과, 소진행에게 맞서는 부인의 저항 및 고통 내용이 자세하게 노래된다. 그러한 사건의 발단은 황우양이 부인의 말을 듣지 않은 데서 비롯되었다. 그러므로 '남편은 아내 말을 잘 들어야 한다'는 여성주의적 의식이 갈무리되어 있다.

'아내 되찾는 부부형'이란 명칭은 남편을 주체로 한 것이다. 그러나 유형 명칭과 달리 남편보다 오히려 아내의 역할이 주체적으로 강조되어 있다. 집은 남편이 지을지 모르지만 가정을 꾸리는 것은 아내의 몫이다. 집이 아무리 번듯해도 아내를 악한에게 빼앗기면 그 집은 사실상 폐가나 다름없다. 아내 잃은 집은 알맹이 없는 껍데기일 뿐이다. 따라서 기존 성주풀이가 집을 지어서 잘 사는 남성주의적 건축형이라면, 이 성주풀이는 아내가 가정을 지킴으로써 부부가 화목한 보금자리를 이루는 여성주의적 가정형이라 할 수 있다.

집만 있으면 행복할 것 같은데 그렇지 않다. 진짜 행복은 부부가 사랑으로 온전한 가정을 이룰 때 가능하다. 행복한 가정 경영은 남편의 활약이 아니라 아내의 헌신에 의해 꾸려진다. 따라서 이 성주풀이는 자칫 집이라는 건축물에 매몰되기 쉬운 남성주의적 한계를 지적하며, 아내 중심으로 꾸려가는 행복한 가정의 여성주의적 가치관을 일깨워주는 기능을 한다. 그러므로 건축시조형과 건축형이 집(house)을 잘 짓는 성주풀이라면, 아내 되찾는 부부형은 가정(home)을 잘 이루는 성주풀이로서 집의 궁극적 목적을 실현하는 것이라 할 수 있다.

부부형 성주풀이는 전형적인 서사무가인데다가 주인공도 성주가 아니라 황우양이라는 실명의 인물이다. 부인을 사이에 두고 벌어지는 삼각관계의 부부 서사여서 성주굿과 유기적 관련성도 떨어진다. 그 자체로 흥미로운 서사문학일 뿐 건축시조형처럼 천손강림의 신화적 요소도 없고 건축형처럼 안동 제비원이 본이라는 본향풀이도 없어서 성주풀이라 하기 어렵다. 그럼에도 성주풀이인 것은 황우양이 집의 성주가 되고 부인은 지신으로 좌정하는 까닭이다. 결말이 성주신으로 좌정하는 내력담이기 때문에 성주풀이로서 요건을 갖춘 셈이다.

기존 성주풀이는 성주가 집을 짓고 나서 성주신으로 좌정하는데, 이 성주풀이에서는 아내를 되찾고 나서 비로소 성주신으로 좌정할 뿐 아니라 아내도 지신으로 좌정한다. 따라서 성주신은 건축의 신 또는 가옥의 신이라고만 할 수 없다. 이 성주풀이에 입각해 보면 가정의 신으로 확대 해석해야 할 여지가 있다. 성주신이 건축물로서 집(house)을 지키는 신격이 아니라 가정으로서 집(home)을 지키는 신격인 것이다. 따지고 보면 건축물로서 집보다 가정으로서 집이 더 소중한 집이다. 기존 성주풀이에서도 집을 다 짓고 나서 성주신에게 자손의 번성과 가내 수복을 비는 것을 보면, 진정한 성주신은 건축물로서 집의 신에 만족하지 않고 행복한 보금자리로서 가정의 신을 추구하는 것을 알 수 있다.

성주풀이가 건축시조신에서 건축신, 가옥신, 가정신으로 확대되는 것이 통시적 발전과정이라 할 수 있다. 남성 건축영웅에서 남성대목, 남성 건축주를 거쳐서 가정을 경영하는 부인 중심의 여성주의적 성주풀이로 나아간 것도 성주풀이의 변화 양상으로 포착된다. 따라서 부부형 성주풀이는 가장 독창적인 것이면서 가장 후대에 창출된 것이자 가장 진보적이라는 해석이 가능하다.

이러한 해석은, 부부형 성주풀이가 다른 성주풀이와 달리 전국적인 분포를 이루지 않는 점에서도 뒷받침된다. 경기도 일부 지역, 특히 경기 남서부지역에 치우쳐서 제한적으로 전승된다. 이 지역에 새로운 변이형이 창출되었으나 역사적 전승이 오래지 않아서 전국적으로 확산되지 않은 상태이다. 그러므로 부부형 성주풀이는 건축시조형에서 건축형으로 발전하다가 여성주의적 부부 가정형으로 한 단계 더 비약한 것이라 할 수 있다.

　성주풀이 유형의 이러한 통시적 해석은 서사시 연구의 이론적 성과와 만난다. 서사무가인 성주풀이도 서사시로 묶어서 고찰하면 통시적 전개과정을 더 체계적으로 정리할 수 있다. 아시아와 아프리카의 서사시를 비교고찰한 성과에서 분명한 근거를 마련할 수 있다. 왜냐하면 '신앙서사시'나 '창세서사시'에 해당하는 '신령서사시'가 서사시의 출발점으로 밝혀졌기 때문이다.

　성주풀이는 서사무가이자 신앙서사시로서 신령서사시에 해당되는데, 신령서사시가 영웅서사시로 발전하고 다시 애정서사시와 같은 범인서사시로 나아가는 것이 보편적인 전개과정이다. 중세에서 근대로의 이행기에는 범인서사시 가운데 "혼인과 애정을 둘러싸고 벌어진 남녀관계의 문제를 다루는" 애정서사시가 두드러졌다.[15] 그러므로 '아내를 되찾는 부부형' 성주풀이가 통시적으로 가장 후대에 나타난 것은 서사시의 발전과정과 일치한다고 할 수 있다.

5. 건축형과 부부형을 합한 복합 성주풀이

　아내를 되찾는 부부형 성주풀이는 그 자체로 노래되는가 하면, 건축형 성주풀이와 결합되어 노래되는 복합형 성주풀이도 있다. 건축형 성주풀이는 으레 성주의 본향이 제비원이라는 데서 시작하여 제비원의 솔씨로 자란 성주목으로 집을 짓는 과정이 자세하게 교술적으로 노래된다. 그런데 건축형과 부부형이 앞뒤로 이어져서 결합된 것이 아니라, 부부형이 건축형 성주풀이 중간에 완전히 삽입되어 있다.

　말이 삽입되어 있는 것이지 실제로는 삽입가요와 전혀 다르다. 왜냐하면 부부형 성주풀

---

[15] 조동일, 『국문학의 자각 확대』, 지식산업사, 2022, 162쪽.

이가 그 자체로 완결성을 갖추며 아주 길게 노래 되어서 건축형 성주풀이와 차지하는 비중이 같기 때문이다. 따라서 굳이 말한다면 건축형 성주풀이 가운데 부부형 성주풀이가 끼어들어 있는 형국이다.

끼어든 위치는 성주의 본향이 안동 제비원이고 제비원의 솔씨가 자라서 성주목이 되었다는 내용과, 대목들이 성주목을 베어서 집을 짓는 내용 사이이다. 그러므로 전체 구성을 3부분으로 나누면, 1) 성주의 본향 제비원에서 솔씨가 자람 → 2) 대목이 빼앗긴 아내 되찾는 부부형 성주풀이 → 3) 대목이 성주목으로 집을 지어서 축원하는 내용 등이 차례로 이어져 있다. 건축형과 부부형이 결합된 복합형 성주풀이의 실제 자료는 아래와 같이 정리된다. 경기도 안성지역 성주굿의 성주풀이 자료이다.[16]

〈건축형 성주풀이 전반부〉

(1) 성주본이 어디메요 경상도 안동땅 제비원이 본일러라
(2) 솔씨 서말을 서편 동편 던졌더니 소나무가 자란다.
(3) 그 솔이 점점 자라 대부동이 되고 황장목이 된다.
(4) 명당을 잡아서 황장목으로 집이나 지어보세.

〈아내 되찾는 부부형 성주풀이〉

(5) 천하궁 성주 이룩하려고 차사가 하후왕을 찾아온다.
(6) 하후왕이 차사에게 사흘 말미를 얻어낸다.
(7) 하후왕이 성주 이룩할 연장이 없어 걱정한다.
(8) 부인이 연장을 대신 마련해서 남편에게 준다.
(9) 부인이 누구를 만나도 대화하지 말라고 당부한다.
(10) 하후왕이 당부를 어기고 소진행과 옷을 바꿔 입는다.
(11) 소진행이 하후왕 부인을 겁탈하러 집으로 찾아간다.
(12) 소진행이 하후왕 옷을 보여주나 부인은 믿지 않는다.
(13) 부인은 친정 부모님 기일이라 속여 위기를 모면한다.

16　曺喜雄, 『韓國口碑文學大系』 1-6, 韓國精神文化研究院, 1982, 293~325쪽.

(14) 부인은 귀신이 붙었다는 구실로 동품을 거부한다.
(15) 하후왕은 꿈을 꾸고 집안에 변고가 생긴 것을 안다.
(16) 하후왕이 집으로 돌아와 부인의 혈서를 발견한다.
(17) 하후왕이 소진뜰로 찾아가서 부인과 상봉한다.
(18) 하후왕은 성주신이 되고 부인은 터주신이 된다.

〈건축형 성주풀이 후반부〉
(19) 명당에 성주목을 가려서 집을 지어보자고 한다.
(20) 금강산을 둘러보니 성주목이 분명하다.
(21) 역군들이 가려 베어서 온갖 재목을 마련하다.
(22) 베어낸 목재를 강물과 육로로 운반하여 온다.
(23) 여러 목수를 불러 재목을 적절하게 다듬는다.
(24) 유명한 지관을 불러 명당을 가려 좌향을 정한다.
(25) 역군들이 모여서 '여기두영차' 집터를 다진다.
(26) 주추 놓고 기둥 세우고 상량 하여 집을 짓는다.
(27) 지붕에 기와를 이고 네 귀에 풍경을 단다.
(28) 온갖 집치레를 하고 갖은 세간살이를 장만한다.
(29) 소와 말, 돼지 및 여러 명견을 갖추어 기른다.
(30) 성주를 모시고 안과태평과 만수무강을 축원한다.

구비전승되는 서사무가는 구비문학의 일반적 성격처럼 전승과정에서 이미 있는 다른 무가나 가요의 일부를 끌어와 삽입하기도 하고, 때로는 기존의 내용 일부를 탈락시킨 채 건너뛰기도 한다. 이 경우는 건축형과 부부형의 독자적 두 성주풀이를 하나로 결합시킨 것으로서 제3의 복합형 성주풀이를 이룬다. 다만 결합시킨 방법이 건축시조형과 건축형의 복합형처럼 앞뒤로 이어서 선후로 합일시킨 것이 아니라, 건축형의 앞뒤 사이에 부부형을 끼워 넣어서 합일시킨 차이가 있다.

따라서 건축형 성주풀이는 부부형과 합일되면서 둘로 나뉘어지게 된다. 건축형이 둘로 나뉘어져서 부부형과 결합됨으로써 마치 3부분이 하나로 묶여진 것처럼 보인다. 그러나 줄거리가 어긋나지 않게 잘 이어져서 본디 하나의 작품처럼 순조롭다. 건축형은 원래 성주의 본향을 밝히는 부분과, 실제로 목수들이 집을 짓는 부분이 내용상 크게 구분되어 있다. 그러므로 부부형은 그 틈새를 파고들어 적절한 자리를 찾아 결합되었다고 할 수 있다.

크게 보면 성주풀이는 1) 건축시조형과 2) 건축형, 3) 부부형의 3유형으로 존재한다. 그러나 두 가지 유형이 하나로 결합하는 데 따라 변이된 복합형 성주풀이 둘이 더 늘어나서 실제 유형은 모두 5유형으로 전승되고 있다. 다른 유형과 결합하여 복합형을 이룰 때 반드시 포함되는 것이 '건축형'이다. 건축형은 건축시조형과 앞뒤로 이어져 결합되는가 하면, 부부형을 건축형 가운데로 끼워 넣어 결합되기도 한다. 따라서 건축형은 독자적 성주풀이이면서 건축시조형과 복합형을 이루기도 하고 부부형과 복합형을 이루기도 한다. 그러므로 성주풀이라고 하면 으레 제비원 본향의 건축형이 중심을 이루기 마련이다.

이처럼 건축형 성주풀이가 여러 유형의 성주풀이에서 가장 풍부하게 노래되는 것은 두 가지 이유 때문이다. 이유 하나는 건축형에서 성주의 본향을 분명하게 밝히는 까닭이다. 성주의 본향이 경상도 안동땅 제비원이라는 사실을 구체적으로 밝히는 데서 건축형 성주풀이가 시작된다. 따라서 이 성주풀이를 더 구체적으로 말할 때는 '제비원이 본향인 건축형' 성주풀이라 하는 것이다.

건축형에서는 제비원 본향을 밝히는 것이 필수적이다. 왜냐하면 성주풀이는 '성주본풀이' 곧 '성주본향풀이'로서 성주의 본향을 밝히는 것이 핵심이기 때문이다. 따라서 무가 성주풀이뿐만 아니라 잡가 성주풀이와 민요 성주풀이에서도 이 대목은 단골로 노래된다. 그러므로 안동 제비원을 본향으로 노래하는 부분은 모든 성주풀이에서 빠지지 않아서 약방의 감초 노릇을 한다고 할 수 있다.

이유 둘은 건축형답게 성주목을 베어서 대목들이 실제로 집을 짓는 과정을 자세하게 노래하기 때문이다. 성주굿에서 섬기는 성주신은 집을 짓는 건축의 신이자 목수의 신이며, 지은 집을 지키는 가옥신이다. 따라서 집을 짓는 과정을 자세하게 노래하는 성주풀이는 주술적 목적을 위해 필요한 것이다. 그리고 집이 완성되면 성주신을 모시고 축원을 하는 것이 성주굿의 긴요한 목적이다. 그러므로 성주굿의 제의적 의도와 목적을 가장 잘 실현하는 성주풀이가 건축형 성주풀이라 할 수 있다.

그러나 부부형 성주풀이는 서사무가로서 문학적 구성이 가장 잘 짜여져 있다. 집에서 정작 중요한 것은 건축구조물로서 집(house)이 아니라 부부가 꾸려가는 사랑의 집(home)이라는 주제 의식도 상당히 발전적이다. 남녀관계의 서사이면서도 주도권을 쥐고 사건을 이끌어가는 인물이 여성이라는 사실도 매우 진보적이다. 따라서 이 성주풀이는 여성주의적 가정문학의 서사로서 높이 평가할 만하다.

그럼에도 굳이 건축형 성주풀이와 결합한 것은 성주풀이가 서사문학 기능을 하는 데서 만족할 수 없기 때문이다. 세간에서 설화로 이야기되는 서사라면 이것으로 충분하다. 그러나 이것은 성주굿에서 노래되는 성주풀이로서 서사무가이다. 무가 성주풀이로서 정체성을 확보하고 성주굿의 기능을 충족시켜야 성주풀이답다. 그러한 성주풀이가 건축형이다. 그러므로 가장 문학적인 부부형 성주풀이가 가장 종교 주술적인 건축형을 앞뒤로 끌어들여 결합함으로써 무가로서 성주풀이의 제의적 기능을 충분히 확보한 것이라 할 수 있다.

4장 성주풀이에 나타난 대목의 위상과 기능

1. 건축신화 성주풀이의 유형과 대목의 역할

인간이 짐승들처럼 숲이나 동굴 속에서 생활하다가 집을 지어서 생활하게 된 것은 대단한 수준의 문화생활로 비약한 발전이다. 집을 지어 살면서 정착생활과 함께 농경문화도 누릴 수 있게 되었다. 따라서 집을 짓는 건축 능력을 발휘하여 집안에서 가족들끼리 살림살이를 하며 붙박이 생활을 하기 시작한 것은 인간이 처음 불을 사용한 일 못지않게 중요한 문화적 사건이다. 그러므로 사람들은, 이런 문화적 비약은 우연히 이루어진 것이 아니라 신성한 존재의 가르침에 따라 이루어졌다고 믿는다.

나라를 처음 세운 건국시조를 건국영웅이라고 일컫는 것처럼, 인간에게 문화생활을 처음 일깨워준 신을 흔히 문화영웅이라 한다. 건국영웅의 행적을 이야기한 건국시조신화가 전승되는 것처럼, 문화영웅의 행적을 이야기하는 문화기원 신화도 전승되고 있다. 같은 맥락에서 건축시조에 관한 문화영웅 신화도 건축의 기원을 설명하는 신화로 널리 전승된다. 건축시조의 이름이 성주여서 흔히 성주풀이라고 한다.[1] 나라굿을 할 때 건국시조 본풀이가 노래된 것처럼 성주굿을 할 때 건축시조본풀이인 성주풀이가 노래된다. 그러므로 '굿과 본풀이', '제의와 신화'는 짝을 이루기 마련이다.

성주풀이는 무당이나 풍물잡이들이 성주굿을 할 때 부르는 노래로 전승되는 것이 일반

---

[1] 일부 지역에서는 성주풀이를 아주 드물게 '황제풀이'라고도 한다.

적이다. 무당이 주체가 되어 성주굿을 할 때 부르는 것은 무가 성주풀이이고, 풍물잡이들이 지신밟기를 하면서 성주신에게 빌 때 부르는 것은 민요 성주풀이다. 이처럼 성주풀이는 부르는 주체의 성격에 따라 무가와 민요로 양식이 구분되지만, 주인공 '성주'의 이름에 따라 한결같이 '성주풀이'로 일컬어진다. 성주는 처음 집을 지은 신격인 까닭에 이 땅 최초의 대목이라 할 수 있다. 주인공에 따라 성주풀이를 대목신화로 주목하면, 한국인이 생각하는 대목의 기원과 위상을 일정하게 포착할 수 있다.

성주풀이는 한결같이 집을 짓는 대목의 작업을 중심으로 전개되는 본풀이이다. 그럼에도 서로 다른 두 가지 이야기가 전승되고 있어서 상당히 대조적이다. 두 유형에 따라 '집'에 관한 두 층위의 세계관을 포착할 수 있어서 흥미롭다. 하나는 천상의 신격들이 하늘나라를 중심으로 사건을 엮어가다가 지상에 내려와 집을 처음 짓는 이야기인가 하면, 둘은 지상의 사람들이 안동 제비원의 솔씨에서 자란 소나무로 집을 짓는 과정을 자세히 설명하는 이야기이다. 앞의 성주풀이가 성주신을 주인공으로 사건을 엮어가는 서사무가라 한다면, 뒤의 성주풀이는 나무를 구해서 집을 짓고 살림살이하는 과정을 자세하게 서술한 교술무가라 할 수 있다.

앞의 서사무가가 천상세계의 신격을 중심으로 벌어지는 이야기를 관념적으로 노래하므로 성경의 구약에 해당되는 반면, 뒤의 교술무가는 현실세계에서 목수들이 집 짓는 과정을 실감나게 노래하므로 성경의 신약에 해당된다고 볼 수 있다. 예수 탄생을 전후로 성경의 신구약이 나누어지는 것처럼, 성주풀이는 제비원 솔씨에 의한 소나무의 출현 전후로 건축신화의 신구(新舊) 성주풀이가 나누어지는 셈이다. 천상 중심의 '구'성주풀이는 지상에 내려온 성주가 처음으로 집을 짓는 건축시조신화에 해당된다. 그러나 제비원 본향의 '신' 성주풀이는 지상의 여러 대목들이 모여서 집을 짓는 일반 건축신화라 할 수 있다.

하늘나라에서 비롯되는 성주신화인 '구'성주풀이의 서사무가도 다시 두 갈래로 나누어진다. 첫째 갈래는 '천손강림의 건축시조형' 성주풀이로서, 하늘나라의 성주가 천상에서 죄를 지어 인간세상에 귀양 왔다가 나무를 심고 가꾸어서 집 짓는 법을 인간에게 처음 가르쳐 주고 성주신으로 좌정하는 이야기이다. 둘째 갈래는 '아내를 되찾는 부부형' 성주풀이로서, 천하궁을 수리하러 떠난 목수가 부인의 말을 듣지 않은 탓에 부인을 악한에게 빼앗겨서 궁지에 몰렸다가 마침내 아내를 구하고 성주신으로 좌정하는 이야기이다.

앞의 성주풀이가 집 없는 사람들에게 처음으로 집을 지어준 '집(house)의 신' 곧 '건축시조신'에 관한 이야기라면, 뒤의 성주풀이는 잃어버린 부인을 되찾아서 부부관계의 파탄을 수습하고 화목한 가정을 이룬 '집(home)의 신' 곧 '가정신'에 관한 이야기이다. 남성주의적 건축활동에 관한 대목신화로서 성주풀이와, 여성주의적 보금자리 꾸리기에 관한 부인신화로서 일정한 대조를 이루는데, 집을 짓는 일 못지않게 부부가 사랑으로 가정을 이룩하는 일도 소중하다는 것을 말한다.

건축가로서 집을 잘 짓든 또는 가장으로서 가정을 잘 보살피든, 그 주체는 집을 짓는 성주 곧 대목이라는 사실에서 모두 대목장에 관한 신화라는 동질성을 지닌다. '건축시조신'인 성주가 처음으로 집 짓는 법을 인간에게 가르쳐 준 최초의 대목으로서 문화영웅 구실을 하는 한편, '가정신'에 관한 성주도 사실은 천하궁의 궁전을 짓는 당대 최고의 대목이라는 점이다. 결국 '구'성주풀이에 등장하는 주인공은 처음 집을 지은 '최초의 대목'과, 집을 가장 잘 짓는 '최고의 대목'으로서 한결같이 훌륭한 대목일 뿐 아니라, 이 대목들이 모든 건축물의 가장 중요한 자리에 좌정하여 성주신이 되었다는 것이다.

하늘나라와 무관하게 인간세상에서 집을 짓는 성주신화인 '신'성주풀이의 교술무가도 두 가지로 나눌 수 있다. '신'성주풀이에는 천상의 성주신이 주인공으로 등장하는 것이 아니라, 앞집의 김대목과 뒷집의 박대목처럼 예사 대목들이 등장하여 집을 짓는 현실적인 이야기로 전개된다. 그 가운데 하나는 전형적인 교술무가로서 안동 제비원의 솔씨가 성주목으로 자라는 데서 시작하여 대목이 나무를 베고 다듬어서 집을 짓는 과정들이 자세하게 노래되는 것이고, 둘은 교술무가와 연관되어 있는 주술무가로서 집을 다 지은 뒤에 집안의 풍요와 자손의 번성을 기원하는 축원 내용이 주술적 방식으로 노래되는 것이다. 굿에서는 으레 주술적 축원이 따르는 까닭에 주술무가를 별도로 구분하지 않기도 한다.

천상의 신들이 등장하는 서사무가 성주풀와 달리, 교술무가 성주풀이에 등장하는 인물이나 배경은 모두 현실적인 인물이고 현세의 지리적 공간이다. 그것은 마치 천상에 존재하는 하느님의 천지창조 사업을 기록한 구약성경에 대해, 예루살렘의 마굿간에서 태어난 예수의 탄생과 그 행적을 기록한 신약성경과 같다. 그리고 주술무가 성주풀이에서 노래하는 집치레와 살림살이, 가족들의 성취에 대한 묘사는 한결같이 지상 최고의 것이다. 유감주술적 기대를 가장 효과적으로 표현하기 위한 축원무가라 할 수도 있다. 현실적으로 집을 잘 지어도 살림살이가 가난하고 자손이 잘 나지 않으면 소용이 없기 때문에, 집을 잘 짓듯이 가정도 다복하게 잘 일구어 가자는 뜻으로 주술적인 축원을 노래하는 것이다.

이러한 여러 갈래의 성주풀이에 따라 대목들의 건축문화를 주목해 보면, 1) 최초의 건축물로서 집과, 2) 부부가 사랑으로 꾸린 가정으로서 집, 3) 모든 것이 잘 갖추어진 외형이 번듯한 집, 4) 살림이 풍요롭고 자손이 번성하여 다복한 집을 함께 만날 수 있다. 이 네 가지 조건을 모두 잘 갖추는 것이 바람직한 집을 짓는 일이자, 행복한 가정을 만들어가는 최선의 일이다. 그러한 일의 가장 기초적인 작업을 하는 것이 바로 건축의 신인 성주이자 현실적으로는 대목이다. 그러므로 성주풀이의 유형별 내용에 따라 한층 구체적으로 대목의 역할을 주목할 필요가 있다.

2. 인간에게 집짓기를 가르쳐준 최초의 대목

성주풀이는 집을 짓는 성주신의 신성한 역사를 구술한 구비신화이자, 무당이 굿판에서 성주굿을 하며 부르는 무속신화이며, 성주신의 이력과 일생사를 노래한 서사무가이다. 서사무가에서 늘 문제되는 것은 신화로서 전개되는 이야기의 줄거리이다. 주인공이 누구이며 어떤 사건으로 이야기가 전개되어서 결말은 어떻게 나는가에 따라 두 유형으로 나눌 수 있다. 서사무가는 사건 전개의 내용이 성격을 규정한다.

유형 하나는 성주가 천상의 솔씨를 받아 지상에 뿌려두었다가 이 나무로 집을 짓고 성주신이 되는 유형이다. 앞에서 '천손강림의 건축시조형'이라 일컬었다. 다음은 황우양이 무너진 천하궁을 지으려고 집을 떠난 사이에 소진행이 자기 부인을 납치해가자, 원수를 갚고 부인을 찾아 와서 성주가 되는 유형인데, '아내 되찾는 부부형' 성주풀이라 일컬었다. 이처럼 전혀 다른 이야기임에도 불구하고 결말 부분에서 성주신이 되는 것으로 이야기가 마무리되는 까닭에 성주풀이로서 동질성을 지닌다.

성주풀이가 두 유형이 있으면 그 주인공인 대목도 두 유형이 있다. 성주풀이의 가장 기본형은 태초의 인간세상에 관한 이야기이자 최초의 대목 성주에 관한 이야기이다. 성주가 인간세상에 귀양 왔을 때는 나무도 없고 집도 없어서 낮에는 해가 뜨거워 견디기 힘들고 밤에는 추워서 견디기 힘들었다. 이때 성주가 인간세상에 집을 지어주기로 하고 하늘에 제사를 올려서 솔씨를 내려 받아 심는다. 그리고 하늘로 올라갔다가 그 솔씨가 자라 큰 소나무가 되었을 때 다시 인간세상으로 내려와서 집을 짓는다. 이 집이 최초의 집이다. 최초의 목수인 성주는 집의 대들보 위에 성주신으로 좌정한다.

성주굿을 할 때 이러한 이야기를 성주풀이로 노래하는데, 지역이나 무당에 따라서 또는 굿을 할 때마다 성주풀이가 조금씩 다르다. 경북 영일에서 수집된 성주풀이 내용을 단락별로 나누어 정리한다.[2] 앞장에서 아래와 같이 정리했는데, 논의의 필요에 따라 여기서 다시 제시한다.

    (1) 성주 본이 어데냐 천상 옥계가 본이다.
    (2) 성주의 부모가 늦도록 자식이 없어 문복한다.
    (3) 부인이 치성을 들여 성조를 낳자 별호를 성조라 한다.
    (4) 성조 글 한 귀를 잘못 지어 지하 세상에 귀양 온다.
    (5) 집이 없어 집짓기를 결심하나 집 지을 나무가 없다.
    (6) 성조가 옥황님께 천제를 지내서 솔씨를 받아 온다.
    (7) 솔씨를 안동 제비원에 심었더니 성조목으로 자란다.
    (8) 성조목을 적재적소에 맞게 잘 다듬어 집을 짓기 시작한다.
    (9) 목욕재계하고 제물을 정성껏 갖추어 성주치성을 드린다.
    (10) 재수를 빌고 각종 액을 막아 관운을 도와 달라고 한다.
    (11) 성조님을 모시고 집을 짓는 과정을 노래한다.
    (12) 연장망태를 갖추고 여러 대목을 두루 다 불러 모은다.
    (13) 대목이 성주목에 도끼질을 하니 도끼가 나무에 붙는다.
    (14) 산신귀신이 붙었다고 제물을 차려 산신제를 올린다.
    (15) 성주목에 톱을 걸고 톱질을 하며 톱질노래를 한다.
    (16) 나무를 베어서 초군들을 동원해 집터까지 운반한다.
    (17) 지경소리를 부르며 집터를 다지고 명당 축원을 한다.
    (18) 명당에 주추 놓고 기둥 세워 집을 번듯하게 짓는다.
    (19) 큰방과 사랑방, 부엌 등 차례로 세간살이 치레를 한다.
    (20) 온갖 곡식과 씨앗을 풍성하게 내려주도록 축원한다.

---

2   金泰坤,『韓國巫歌集』4, 集文堂, 1980, 76~86쪽.

(21) 온갖 비단들이 무진장 나온다고 축원한다.

성주는 원래 하늘나라 선인(仙人)이다. 글공부를 하다가 글 한 구절을 잘못 지어 인간세상으로 귀양을 온다. 인간세상에 내려와 보니 집이 없어서 여름에는 뜨겁고 겨울에는 춥고 눈비가 오면 견딜 수가 없었다. 광야와 같은 황무지라 집을 지을 재료인 나무도 없다. 우선 나무가 있어야 하므로 옥황님께 천제를 올리고 정성껏 기도하여 솔씨를 받아서, 경상도 안동땅 제비원에 뿌린다. 그 솔이 점점 자라 대부송으로 자라고 성주목으로 자란다.

최초의 대목 성주는 집 지을 나무를 심는 일부터 했다. 대목은 집을 잘 짓는 건축술만 발휘하는 것이 아니다. 집을 지을 자재를 잘 구할 수 있어야 한다. 훌륭한 대목은 이미 있는 나무 가운데 좋은 것을 가려서 쓰는 데 만족하지 않는다. 없는 나무를 심어서 재목으로 쓸 수 있도록 가꾼다. 훌륭한 요리사는 주어진 재료로 요리를 하지 않는다. 스스로 싱싱하고 깨끗하며 맛이 좋은 식재료를 구하는 데서부터 요리 준비를 한다. 더 훌륭한 요리사는 직접 식재료를 가꾼다. 따라서 최초의 대목 성주는 바로 건축자재인 소나무를 기르기 위해 솔씨를 심는 일부터 했던 것이다.

성주가 옥황상제에게 솔씨를 받아 집나무로 심은 것을 보면, 소나무가 최고의 건축 자재라는 것을 알 수 있다. 왜냐하면 옥황상제가 성주의 기도에 응하면서 여러 종의 나무 씨앗 가운데 굳이 솔씨를 내려주었기 때문이다. 실제로 한옥 자재는 모두 소나무였다. 훌륭한 목조건축물은 모두 훌륭한 적송(赤松)을 사용하거나 소나무 가운데도 황장목(黃腸木)을[3] 구해서 지었다.

좋은 목재는 소나무라도 예사 소나무와 다른 특별한 소나무였다. 성주풀이에서도 '솔씨가 자라서 대부동이 되었구나 황장목이 되었구나' 하고 노래한다. 대부동 곧 대부등은 기둥 감으로 자란 소나무의 크기를 말하며 황장목은 훌륭한 목재로서 재질을 말한다. 좋은 품종의 솔씨를 구하려고 성주 스스로 기도를 드려서 하늘의 솔씨를 내려받아 심었던 것이다. 강원도 영월의 성주풀이는[4] 조금 다르다. 성주의 조부모가 솔씨를 심고 나무를 기른다.

---

3   소나무 가운데 재목으로서 가장 질이 좋은 나무가 황장목이다. 황장목은 소나무 안쪽 색깔이 누렇고 재질이 단단하여 재목감으로서 최상품이기 때문에 대궐을 짓는 재목으로 특별히 쓰였다.
4   金善豊,『韓國口碑文學大系』2-9, 韓國精神文化研究院, 1986, 697~721쪽.

(1) 성조 조부가 옥황님전 상소하여 솔씨를 받는다.
(2) 성조 조부가 지하세상에 내려와 산에 심는다.
(3) 심어 놓은 솔씨를 성조 조모가 나무로 기른다.
(4) 정궁대왕과 옥진부인이 혼인하여 성조를 낳는다.
(5) 성조 부모는 성조를 옥황께 맡기고 서역국으로 간다.
(6) 성조는 글을 잘못 지어 조선국 남양땅에 귀양온다.
(7) 인간이 집이 없어 고생하고 있는 사실을 알게 된다.
(8) 옥황이 인간에게 집짓기를 가르쳐 성주신이 되라 한다.
(9) 성조가 집을 지을 연장을 만들려고 쇠붙이를 구한다.

이 성주풀이에는 성주의 조부모가 등장한다. 최초의 대목 성주가 솔씨를 심기 전에 이미 할아버지가 옥황님께 상소하여 솔씨를 받아 지상에 솔씨를 심고, 할머니는 심은 소나무를 잘 자라도록 기르는 일을 담당한다. 부모가 성주를 낳는 일보다 오히려 조부모가 솔씨를 구하고 기르는 일이 더 중요한 것처럼 이야기된다. 왜냐하면 성주는 부모가 낳지만 솔씨는 옥황상제가 내려준 것이기 때문이다. 민속신앙에서 아기는 흔히 삼신할머니가 점지한다고 한다. 그런데 솔씨는 삼신보다 더 신성한 옥황성제가 짐지해 준 셈이다. 그러므로 한국인들이 집 재목으로서 소나무를 얼마나 소중하게 생각했는지 알 수 있다.

왜 이 성주풀이에서는 다른 성주풀이와 달리 하필 성주의 조부모가 솔씨를 심고 가꾸었다고 이야기할까. 두 가지 이유를 추론할 수 있다. 이유 하나는 다른 성주풀이처럼 성주가 솔씨를 심으면 당대에 그 소나무로 집을 짓기 어렵기 때문이다. 소나무가 기둥감으로 자라려면 적어도 50년에서 80년은 되어야 한다. 성주가 18세에 글 한 귀를 잘못 지어 지상으로 귀양 왔다고 하는데, 그때 솔씨를 심어서는 70세 가까운 노년이 되어야 비로소 집을 지을 수 있다. 따라서 영일지역 성주풀이에서는 하늘로 다시 올라갔다가 70세에 다시 지상으로 내려와서 집을 지었다고 한다. 70세의 늙은 성주가 대목 노릇을 하기는 쉽지 않다. 그러므로 성주 할아버지가 솔씨를 심었다고 하면, 손자인 성주가 그때까지 자란 소나무로 집을 짓는 데 아무런 문제가 없다.

이유 둘은 집을 짓는 일은 집 짓는 기술을 갖춘 대목이 나선다고 해서 뚝딱 지을 수 있는 일이 아니라는 것이다. 옛말에 "3대가 복을 지어야 제대로 된 집을 짓는다"는 말이 있다.

성주가 인간세상에서 최초로 집을 짓는 일도 마찬가지이다. 조부모가 솔씨를 먼저 심어서 가꾸고 부모가 성주를 낳아 길러서 비로소 3대째인 성주가 집을 지은 것이다. 그러므로 조부모부터 3대에 걸쳐 준비를 하고 정성을 기울여야 당대에 비로소 처음으로 온전한 집을 마련할 수 있다는 사실을 뜻한다고 할 수 있다.

성주풀이의 유형과 상관없이 흥미로운 공통점이 있다. 그것은 성주가 지상으로 귀양 오는 이유가 한결같이 글을 잘못 지은 죄라고 하는 사실이다. 달리 말하면 글재주가 부족해서 인간세상으로 귀양 오게 되었다는 말이다. 만일 글재주가 뛰어났다면, 성주는 인간세상에 귀양을 오지 않았을 뿐더러 솔씨를 심어 집을 짓는 일도 하지 않았을 것이다. 성주와 같은 대목이 있어서 다행히 안락한 주거문화를 누릴 수 있게 되었다. 만일 모두 글 잘 짓는 선비들만 있었다면, 인간들은 아직도 집 없는 노천생활을 했을지도 모른다. 왜냐하면 글 잘 짓는 선비가 대목 노릇을 할 까닭이 없기 때문이다.

누구든 글만 읽고 선비 노릇만 해서는 따뜻한 보금자리 곧 행복한 주거생활을 누릴 수 없다. 안정된 가정생활을 꾸려가려면 집 짓는 법을 알고 있는 대목이 글을 읽고 짓는 선비의 역할보다 실질적으로 더 중요하다. 비록 글 짓는 재주는 부족하더라도 성주와 같은 대목이 있어서 나무를 다듬어 집을 지었기에 인간다운 삶을 살 수 있다. 따라서 대목에게 선비와 같은 기준으로 글 짓는 재주를 기대할 것이 아니라, 집 짓는 재주를 더 고맙게 여겨야 한다는 뜻이 담겨 있다. 그러므로 선비와 대목의 신분 차별을 뒤집어엎는 민중적 가치관을 포착할 수 있다.

한 걸음 더 나아가 성주는 인간에게 처음으로 집 짓는 법을 알려준 까닭에 건축시조신으로 섬겨지고 있을 뿐 아니라 문화영웅으로 추앙되어야 한다. 문화영웅은 신화의 주인공으로서 인류에게 문화적 공헌을 한 위대한 신격이다. 글 잘 짓는 선비는 과거에 급제할 길은 열려 있어도 문화영웅으로 추대되는 법은 없다. 글 솜씨는 입신양명에 머물지만 문화영웅은 인류의 복지에 기여한다.

게다가 성주는 솔씨를 처음 심은 까닭에 생태영웅으로서 지구촌의 건강한 생태계 조성에 기여했다. 대목은 인류문화의 발전은 물론, 지구 생태계를 건강하게 하는 존재였다. 전통 대목과 달리 요즘 대목들은 건축가로 변신하여 콘크리트 건물에 집중함으로써 사실상 생태계를 훼손하는 역할을 하고 있어 안타깝다.

3. 세상에서 집을 가장 잘 짓는 '최고의 대목'

'천손강림의 건축시조형' 성주풀이의 대목과 '부인 되찾는 부부형' 성주풀이의 대목은 그 역할이 서로 다르다. 앞의 성주풀이에서 성주는 옥황님께 솔씨를 얻어서 인간에게 처음으로 집 짓는 법을 가르쳐 주는 문화영웅의 성격을 분명하게 지니고 있다. 그러나 이 성주풀이에서 성주는 목수로서 집을 잘 짓는 능력을 지니고 있긴 하지만 인간에게 집 짓는 법을 가르쳐 주지도 않을 뿐더러 목수의 능력을 발휘하고자 스스로 노력하지도 않는다. 부인이 연장을 마련해 주자, 비로소 차사를 따라 천하궁의 무너진 누각을 수리하거나 와가를 새로 지으려고 나설 정도로 소극적이다.

그러나 하늘나라에서 궁전이 무너지자 차사를 보내서 대목을 데려오게 하여 궁전을 짓거나 수리하려고 한 것을 보면 당대 최고의 대목임에는 틀림없다. 하늘에서조차 알아주는 대목이자 천하궁을 이룩할 대목이니 훌륭한 대목일 수밖에 없다. 그렇지만 차사가 데리려 와도 따라나서려 하지 않고 꾀를 부린다. 부인이 연장망태를 챙겨주고 등을 떠밀자 비로소 움직이기 시작한다. 이런 대목의 행태는 한갓 서사무가의 삽화일 수 있다. 그러나 현실적인 상황이기도 하다.

왜냐하면 능력이 닥월한 대목은 스스로 몸을 질 움직이러 하지 않는다. 도대목은 큰 일만 하고 수하 대목들에게 지시나 할 뿐 직접 몸을 움직여 집 짓는 일을 담당하려 들지 않는 것이 현실이다. 그리고 대목들은 집을 짓기 위해 한번 공사현장으로 떠나면 집을 다 지을 때까지 오랫동안 부인과 떨어져 지내야 한다. 그 동안 집에는 부인 혼자 있게 되므로 부인에게 무슨 일이 일어날지 불안하기도 하다. 특히 천하일색의 아리따운 부인을 둔 경우는 더욱 그렇다. 따라서 이 성주풀이에서도 대목의 부인이 떠나기 싫어하는 남편에게 억지로 연장망태를 챙겨 주어서 길을 떠나게 만든다. 그 줄거리는 아래와 같다. 경기도 고양지역 성주풀이 '성주본가'이다.[5]

(1) 천하궁 천대목신과 지하궁 지탈부인이 황우양을 낳는다.
(2) 천하궁 누각이 무너져 황우양을 불러들이러 차사를 보낸다.

---

5   赤松智城・秋葉隆, 『朝鮮巫俗の研究』上, 大阪屋號書店, 1937, 205~222쪽.

(3) 차사가 황우양을 잡지 못하자 조왕신이 방법을 일러준다.
(4) 연장이 없어 황우양이 말미를 청하나 사흘 말미를 준다.
(5) 부인이 천하궁에 소지를 올려 온갖 장비를 마련해준다.
(6) 부인이 도중에 누굴 만나도 응대하지 말라고 당부한다.
(7) 황우양이 부인의 당부를 어기고 소진랑과 옷 바꿈을 한다.
(8) 소진랑이 천하일색 황우양 부인을 겁탈하러 찾아간다.
(9) 소진랑은 문을 열기 위해 황우양 옷을 부인에게 던져준다.
(10) 부인이 믿지 않자 소진랑은 술법으로 문을 열고 들어간다.
(11) 부인은 시아버님 친기라 속이고 일단 위기를 모면한다.
(12) 부인은 소진랑에게 끌려가면서 혈서를 주춧돌 밑에 넣는다.
(13) 부인은 몸에 귀신이 붙었다는 구실로 동품을 거부한다.
(14) 황우양이 꿈을 꾸고 문복하여 부인이 잡혀간 것을 안다.
(15) 황우양은 속히 일을 마치고 돌아와 부인의 혈서를 발견한다.
(16) 황우양이 소진랑을 찾아가 우물가에서 부인과 상봉한다.
(17) 황우양이 청새홍새로 변해 부인의 치마폭에 싸여 들어간다.
(18) 황우양은 소진랑을 가두고 가족은 거리의 서낭이 되게 한다.
(19) 황우양 부부는 원수를 갚고 무사히 집으로 돌아온다.
(20) 황우양은 집의 성주가 되고 부인은 지신으로 좌정한다.

  이 성주풀이의 주인공이자 당대 최고의 대목장 이름은 황우양이다. 흔히 성주로 일컬어지는 다른 성주풀이와 달리 서사무가답게 구체적인 이름을 갖추었다. 황우양은 최고의 대목답게 집안의 성주신으로 좌정하는 데서 마무리된다. 성주신으로 좌정한다는 점에서 건축시조형 성주풀이와 다르지 않다. 그러나 서사적 사건은 전혀 다르다.
  건축시조로서 대목이 아니라 직업으로서 대목이다. 그리고 대목으로서 건축 활동 자체보다 악한에게 빼앗긴 부인을 되찾는 서사적 사건이 중심을 이룬다. 따라서 '천손강림의 건축시조형'과 달리 '빼앗긴 아내 되찾는 부부형'으로 자리매김된다. 굳이 '부부형'이라고 한 것은 부인 중심의 부부 서사가 중심을 이루기 때문이다.

황우양 성주는 건축시조형과 달리 처음부터 최초의 대목이 될 수 없다. 왜냐하면 그 아버지가 이미 천하궁의 천대목신으로 등장할 뿐 아니라, 황우양 스스로 집을 짓고 부인과 가정을 꾸려왔기 때문이다. 그럼에도 황우양은 예사 대목과 다른 혈통을 지닌다. 하늘의 대목신과 지상의 지탈부인 사이에서 태어나서 신성한 혈통을 타고났다. 천부지모(天父地母) 사상에 따라 천대목신의 아들로 태어난 인간 대목이다. 그러므로 성주처럼 인간세상에 처음 집을 지은 최초의 대목은 아니지만, 부계의 능력을 이어받은 아들이기 때문에 당대 최고의 대목이 되었다고 할 수 있다.

하늘에서 지상으로 내려와 처음으로 집을 지은 성주가 건축시조라면, 황우양은 천하궁을 수리하거나 새로 짓는 건축가로서 대목일 따름이다. 따라서 천손강림의 성주가 '건축' 시조인 것은 천손강림의 환웅이 '건국'시조인 것과 같다. 그러나 천신 천대목과 지신 지탈부인 사이에서 태어난 황우양은, 천신 환웅과 지신 곰네 사이에서 태어난 단군에 해당된다. 환웅은 지상에 내려와 최초로 神市國을 세운 '건국시조'이지만, 단군은 인간으로 태어나 '조선'을 건국한 '건국주'일 따름이다. 따라서 환웅본풀이가 '건국시조신화'인 반면에 단군본풀이는 '건국신화'로 구별하여 자리매김할 수 있다.

지상 최고의 목수로서 한갓 대목 노릇을 하는 황우양의 성주풀이도 '건축시조신화'가 아니라 단군본풀이처럼 '건축신화'에 미문다. 그럼에도 건축형 신화로 분류되지 않는다. 왜냐하면 대목으로서 천하궁 수리하는 일을 하지만 구체적으로 집을 짓거나 수리하는 활동보다 전적으로 부부 사이의 충격적 사건이 중심을 이루는 서사인 까닭이다. 부인을 탐하는 소진량의 속임수에 빠져서 부인을 빼앗겼다가 부인의 기지에 따라 간신히 되찾아오는 부부서사가 중심이다. 그러므로 천손강림의 건축시조형 서사무가에 견주어 보면, 황우양의 성주풀이는 건축형 성주풀이가 아니라 '아내 되찾는 부부형' 성주풀이라 할 수 있다.

그럼 이 성주풀이의 구체적 사건 전개를 보자. 천하궁에 벼락이 쳐서 일천난간의 누각이 무너지자 하늘에서 차사를 보내 당대 최고의 대목 황우양을 데려오라고 했다. 그러나 황우양은 대목 일을 가는 것이 탐탁하지 않았다. 공사장에 가서 대목 노릇하는 일이 싫었기 때문이다. 대목 일은 농사일과 달라서 여러 모로 불편하다. 거대한 목재를 베고 다듬고 맞추어 세워야 하기 때문에 날카로운 연장에 다치거나 높은 구조물에서 떨어질 위험도 있다. 더군다나 대목은 한번 일을 시작하면 가족과 헤어져 오랫동안 공사 현장에서 자고 먹으며 살아야 한다.

게다가 황우양의 아내는 특히 아름답고 슬기로운 지탈부인이다. 따라서 당대 최고의 대목이 천하궁의 요청이라고 해서 아리따운 부인을 혼자 두고 쉽사리 따라나서고 싶지 않다. 그러므로 대목은 차사가 쉽게 찾을 수 없는 곳에 잠적하거나, 또는 차사에게 발견되어도 집 짓는 데 사용할 연장이 없다는 핑계로 아예 석 달 말미를 달라고 한다. 황우양으로서는 최대한 일을 늦추려고 한 수작이다.

　그러나 그의 부인은 다르다. 남편이 소인배처럼 집구석에서 마누라 치마폭에 싸여 게으름만 피울 것이 아니라, 도대목답게 무너진 천하궁 수리 작업을 번듯하게 하고 오기를 기대한다. 따라서 남편 대신 천하궁에 소지를 올려서 대목이 사용할 온갖 연장을 서둘러 마련한다. 그리고 떠나기 싫어하는 남편 황우양에게 연장망태를 갖추어 챙겨주며, "천하궁에 가는 동안 누가 말을 걸더라도 대답하지 말고 곧장 가라"고 당부한다. 마치 어머니가 학교 가기 싫어하는 아이에게 책가방을 들려주며 도중에 딴짓하지 말고 학교에 곧바로 가라고 당부하는 격이나 다르지 않다.

　황우양은 천하궁으로 가는 도중에 부인의 당부는 아랑곳하지 않고 털가죽 옷을 입은 소진랑의 수작에 말려들어 옷을 서로 바꾸어 입는다. 지탈부인이 아름답다는 소문을 들은 소진랑은 황우양의 옷을 바꾸어 입고 남편 행세를 하며 부인이 혼자 있는 황우양의 집을 찾아가서 문을 열라고 한다. 천하궁으로 떠난 남편이 벌써 돌아올 까닭이 없기 때문에 부인은 의심하며 문을 열어주지 않는다. 소진랑은 남편을 입증하기 위해 바꾸어 입은 황우양의 속적삼을 벗어 문 안쪽으로 던져준다. 그러나 부인은 믿지 않고 문을 열어주지 않는다. 소진랑이 술법으로 문을 열고 들어가 부인을 겁탈하려 하자, 부인은 여러 가지 구실로 위기를 모면한다.

　황우양은 천하궁에서 일을 하다가 어느 날 밤에 꿈을 꾸고 부인의 위기를 알아차리게 된다. 그래서 천하궁 복원공사를 얼른 마무리하고 돌아와 소진랑을 처벌하고 아내를 구한다. 그리고 황우양과 지탈부인은 각기 집안의 성주신과 지신으로 좌정한다. 흥미로운 것은 황우양은 당대 최고의 대목으로서 하늘의 궁전 수리까지 담당하지만, 구체적으로 집을 어떻게 지었다고 하는 내용은 거의 이야기되지 않는다. 오히려 대목 일을 하러 가기 싫어할 뿐 아니라, 아내의 말을 듣지 않아서 가정이 파괴되는 이야기가 더 비중 높다. 그러므로 이 성주풀이는 대목 황우양의 이야기라기보다 오히려 그 부인 이야기라 해야 걸맞다. 대목으로서 황우양의 역량보다 아내인 지탈부인의 빼어난 미모와 남편을 잘 보필

하는 현명한 아내 구실, 그리고 위기를 슬기롭게 극복하는 탁월한 지혜가 더 두드러지는 이야기이다.

황우양이 대목으로서 하늘나라 천하궁 복원공사를 하는 것은 곁가지이고, 오히려 남편으로서 아내의 말을 어긴 탓에 가정을 파탄내는 위기를 조성했다가 아내의 슬기로 간신히 부부관계를 원상회복하고 행복한 보금자리를 이루는 것이 중심을 이루는 이야기이다. 대목으로서 궁전을 수리하는 건축기술이 중요한 것이 아니라 남편으로서 자기 가정을 제대로 지키는 것이 더 중요하게 거론된다. 그러자면 아내의 말을 잘 듣고 아내를 위기에 빠뜨리지 말아야 하며 아내를 수렁에서 구해야 한다는 여성주의적 서사무가이다.

그러므로 이 성주풀이는 집을 짓는 건축 이야기가 아니라, 집을 행복한 보금자리로 만드는 부부생활 이야기이자 온전한 가정을 꾸리는 이야기이다. 행복한 가정은 대목으로서 뛰어난 건축 기술로 해결되는 것이 아니다. 집을 번듯하게 잘 짓고 살아도 부인이 가정을 지키며 살림을 잘 꾸려나가지 않으면 아무런 소용이 없다. 행복한 가정을 꾸리자면, 아내와 남편이 대등한 관계에서 서로 소통하고 신뢰하며, 고난 속에서도 정조를 지키고 진정한 사랑을 공유해야 한다. 남편으로서 권위에 매몰되어 아내 말을 예사로 들어넘긴 탓에 아내를 위기에 빠뜨리고 가정을 파탄에 이르게 한 황우양의 실수를 고려할 때, 집을 아무리 잘 짓는 대목이라도 가정을 잘 꾸리지 못하면 헛된 일에 지나지 않는다.

궁전 같은 집에 살아도 부부생활이 파탄에 이르면 오두막보다 못하다. 남편은 집을 잘 지을지 모르지만 가정의 살림살이는 아내 하기에 달렸다. 아내는 집을 지을 수 없으나 가정을 행복하게 꾸려가는 역량은 남편보다 탁월하다. 실제로 성주풀이에서 황우양이 대목으로서 능력은 뛰어났으나, 행복한 가정을 이루는 데에는 무능하기 짝이 없다. 오히려 지탈부인의 보필과 배려, 슬기, 인고의 노력이 훌륭하다. 그러므로 최고의 대목은 집을 잘 짓는 일보다 행복한 가정을 잘 꾸려가는 일이 더 중요한 역할이라 할 수 있다.

4. 집을 짓고 집치레와 가구까지 챙기는 대목

성주풀이는 성주신의 본향이 천상계로 서술되는 서사적 양식의 '건축시조형' 서사무가와, 성주신의 본향이 경상도 안동 제비원으로 서술되는 '건축형' 교술무가가 기본적인 두

축을 이룬다. 두 기본적인 성주풀이에서 새로운 성주풀이로 일부 지역에서 창출된 것이 빼앗긴 아내를 되찾는 '부부형' 서사무가이다. 따라서 교술무가 성주풀이가 '건축형' 하나 뿐인 반면에, 서사무가 성주풀이는 '건축시조형'과 '부부형'으로 2종이 전한다.

서사무가 성주풀이는 성주가 하늘에서 내려와 인간에게 처음 집 짓는 법을 가르쳐 주거나, 천하궁을 수리하고 부부가 행복한 가정을 이루어 성주신으로 좌정하는 과정을 노래한 것이다. 이와 달리, 교술무가 성주풀이는 안동 제비원에서 얻은 솔씨를 뿌려 성주목으로 자란 소나무를 베어 집 짓는 과정을 해설하듯이 노래하고, 성주님께 살림살이의 풍요와 자손의 번성을 기원하는 내용을 주술적으로 노래한 일종의 축원풀이다. 경기도 포천지역 성주풀이를[6] 보면, 대목이 집을 짓는 과정은 물론 집치레까지 일일이 갖추어 노래한다. 이미 앞장에서 소개한 자료를 다시 제시한다.

(1) 남성주 근본은 경상도 안동땅 제비원이다.
(2) 제비원의 솔씨를 받아 팔도명산에 다 뿌린다.
(3) 소나무가 자라 대부동이 되고 황장목이 되었다.
(4) 연장망태를 갖추어 나무를 베러 산으로 올라간다.
(5) 공양미를 지어 놓고 산신고사를 올리며 축원한다.
(6) 나무를 갖추어 벤 다음 뗏목을 매어 그 위에 싣는다.
(7) 제물을 차리고 성주대를 꽂아 뱃고사를 지낸다.
(8) 뗏목을 띄우고 수레에 싣고 재목을 집터까지 운반한다.
(9) 풍수를 모셔서 문장가와 거부장자가 날 집터를 잡는다.
(10) 대장간에서 연장을 만들어서 재목을 적절히 다듬는다.
(11) 역군들을 모아서 집터를 다지며 자손 번성을 축원한다.
(12) 주추를 놓고 기둥을 세워 상량하고 집을 짓는다.
(13) 집치레로 온갖 치장을 하며 서화와 입춘첩을 붙인다.
(14) 집 둘레에 각종 화초와 정원수를 갖추어 심고 기른다.
(15) 품종이 뛰어난 가축을 기르며 잘 자라도록 축원한다.

---

6 崔吉城,「성주풀이」,『文化財』4, 문화재관리국, 1969, 131~140쪽.

(16) 도편수가 제물을 차리고 성주고사를 올리며 축원한다.

(17) 자손이 대대로 번성하고 두루 성취하기를 축원한다.

(18) 좋은 논과 밭을 두루 갖추어 수확이 많기를 축원한다.

(19) 나이별 성주와 방위별 성주들이 크게 놀기를 빈다.

(20) 세간살이 치장과 비단 치장, 노리개 치장을 한다.

건축시조인 성주를 문화영웅답게 서사적 사건으로 이야기하는 것이 아니라, 예사 대목이 집을 짓는 과정을 처음부터 끝까지 세세하게 묘사한다. 따라서 건축시조신이 문화영웅으로서 겪는 허구적 사건보다 현실 공간의 대목이 실제로 집을 짓는 절차를 순차적으로 노래하는 까닭에 교술무가라 하는 것이다. 건축구조물로서 집을 짓는 데 머물지 않고 집안의 가구와 장식, 정원 조성 등 집치레와 조경까지 감당하여 집을 완성한다.

위 성주풀이는 특히 교술적 성격이 잘 드러난 것으로서, 기존의 성주풀이처럼 '성주본향이 어드매냐, 경상도 안동땅 제비원이 본일레라'와 같이 성주의 본향을 밝히는 데서 시작되는 것이 일반적이다. 그리고 '제비원의 솔씨를 뿌려서 팔도 명산에 뿌리고, 그 솔이 점점 자라 대부등이 되고 황장목이 되었다'는 것도 지역적 차이 없이 두루 나타나는 내용이다. 성주풀이로서 성주의 본향을 밝히되 상상의 천상계가 아니라 안동 제비원이라는 현실적인 지상계라는 점이 교술무가의 특징이다.

서사무가 성주풀이에서는 성주가 본향에서 출생하여 성장하고 장가들어 가정을 이루고 집을 지어 성주신으로 좌정하는 성주의 일생사, 곧 성주라는 인격신의 내력을 노래한다. 그러나 교술무가 성주풀이에서는 성주의 본향인 안동 제비원 솔씨가 뿌려져 성주목으로 자라고 훌륭한 대목을 만나 집으로 지어져서 사람들의 보금자리가 되는 현실적 주거생활을 노래한다.

성주의 일생에 관한 성주풀이가 아니라, 집이 지어지는 과정에 관한 성주풀이로서 집의 일생에 관한 노래라 할 수 있다. 따라서 앞의 성주풀이는 집을 처음 짓는 주체로서 성주를 노래한 까닭에 건축시조형이라 할 수 있으나, 뒤의 성주풀이는 여러 대목에 의해 집이 지어지는 과정을 노래한 까닭에 '건축형'이라 한다. 그러므로 이 건축형 성주풀이는 성주라는 인격신의 영웅담이 아니라, 집을 짓는 재료로서 소나무가 자라 집재목이 되고, 대목이 연장을 갖추어 나무를 베어 집을 짓는 과정이 교술적으로 서술되기 마련이다.

대목의 첫 역할은 연장망태를 갖추어 성주목을 베러 가는 일이다. 굽은 나무도 피하고 까막까치가 집을 지은 나무도 피하고 흠 없이 반듯하게 자란 황장목을 가려서 성주목으로 삼는다. 성주목은 성주신을 모시는 기둥감으로 집을 지탱하는 가장 중요한 목재이다. 성주목을 선정하면 밥을 지어 간단한 제물을 차리고 산신고사부터 올린다. 따라서 대목은 산에 가서 훌륭한 성주목을 고를 수 있는 능력을 갖추어야 할 뿐 아니라, 종교적 신앙 행위를 잘 챙겨서 절차에 맞게 수행할 수 있어야 한다. 산에 가서 집나무를 베면서 산신에게 고사를 올리지 않거나 고사를 올리더라도 의례에 맞게 정성껏 올리지 않으면 온전한 대목이라 할 수 없다. 훌륭한 대목은 재목을 고르는 능력과 건축의례에 관련된 제의를 정확하게 수행할 수 있는 제사장의 능력도 갖추어야 한다.

산에서 성주목과 여러 재목들을 벤 다음에는 수월하게 운반하기 위해 골짜기 아래로 굴러내려서 물길과 육로로 운반한다. 큰 재목들은 물길을 이용하기 위해 뗏목으로 엮어 배를 만들고, 작은 재목들은 수레에 실어서 집터까지 운반한다. 뗏목으로 운반할 때에도 무사고를 비는 뱃고사를 지낸다. 뱃고사를 올리는 뗏목에는 성주대를 세워서 배성주를 모셔야 한다. 운반을 마치고 집재목이 모두 확보되면 집터를 잡고 방위를 잡아야 한다. 경륜 있는 대목은 어느 정도 명당을 가릴 수 있는 풍수 능력도 갖추고 있다. 그러나 훌륭한 인물이 나고 살림살이가 풍요로운 명당을 잡기 위해서는 직업적인 전문 풍수를 따로 모셔서 집터를 잡는다.

목재들이 건사되는 동안 집터를 잡고 목수들이 쓸 연장을 마련한다. 집을 한 채 지으려면 다양한 연장이 많이 필요하다. 요즘처럼 시장에서 연장을 수월하게 구할 수 있는 시절이 아니다. 호미나 괭이, 낫과 같은 단순한 농구조차 마을 대장간에서 만들어 사용했다. 따라서 목수가 쓰는 각종 연장을 집이 완성될 때까지 공급하려면 아예 대장간을 설치해야 한다. 대장간에서 직접 연장을 만들지 않더라도 건축에 필요한 연장을 대장장이에게 종류별로 주문하고 제작을 지시해야 한다. 그러므로 대목장은 나무만 잘 다루는 것이 아니라, 필요한 연장을 맞춤에 따라 적절하게 제작할 수 있는 대장장이 감독 능력까지 갖추어야 한다.

이렇게 준비과정을 끝내고 집을 다 지었다고 해서 대목으로서 역할을 마친 것은 아니다. 성주풀이를 보면, 집의 외양으로서 건축물은 물론 집안을 꾸미는 내장의 일도 두루 챙긴다. 문을 바르고 장판과 벽지 도배를 하는 일뿐만 아니라, 방마다 들여놓을 온갖 가구와 장식물 등 세간살이 물품들을 다 챙겨서 갖춘다. 집만 지어서는 살림살이를 할 수 없기 때문이다. 따라서 사랑방과 큰방, 부엌 등 차례로 거기에 맞는 세간을 두루 갖추어야 한다. 그러므로 대목은 집만 덩그렇게 지어 놓고 떠나는 것이 아니라 실제로 사람이 들어와서 가정생활을 할 수 있도록 집안 내부의 장식은 물론, 세간을 두루 갖추는 데까지 관심을 기울이는 것으로 묘사된다.

5. 경제적 풍요와 복록을 담아내는 진짜 대목

집을 짓고 세간살이까지 다 갖추면 대목의 역할이 끝난 것 같다. 사람들이 이사를 해서 살림살이를 하는 데 아무런 불편이 없기 때문이다. 그러나 성주풀이에서 대목은 여기서 만족하지 않는다. 집은 구조물과 가구로 이루어질지 모르지만, 집에서 주거생활을 하는 데에는 이것만으로 부족하기 때문이다. 제대로 주거생활을 하려면 집안을 꾸미는 일 외에 집밖도 꾸며야 한다. 정원수로 나무를 심어 조경도 해야 하고 화단에도 각종 꽃을 심고 가꾸어야 한다. 그리고 마당에는 닭과 개, 그리고 외양간에 소도 길러야 한다. 그러므로 마당에 정원수와 가축들이 잘 자라도록 축원하는 일도 잊지 않는다.

건축구조물로서 집이 아니라 사람과 더불어 가축과 꽃들이 함께 살아가는, 진정으로 사람 사는 집을 일구는 것이 집 짓기의 목표이다. 건축에서 나아가 조경 작업과 가축 사육까지 두루 배려함으로써 대목이 감당해야 할 역할을 넘어서 사람들이 살고 싶은 완벽한 집을 조성한 셈이다. 그럼에도 우리 성주풀이는 여기서 만족하지 않는다. 따라서 대목의 역할도 여기서 끝나지 않고 더 남아 있다. 집을 잘 지어서 집치레를 잘하고 세간을 두루 갖추었다거나, 정원을 잘 조성하고 가축까지 잘 기를 수 있게 되었다고 온전한 가정생활이 이루어지는 것은 아니라고 믿기 때문이다.

마당의 살림살이들은 물론 농사 연장까지 잘 갖추어야 농사를 잘 지어 경제적으로 넉넉한 살림살이가 가능하다. 전통적인 집은 으레 농가였던 까닭이다. 농가에 농구(農具)가 없으면 생업활동이 불가능하다. 생업활동이 가능해야 지속 가능한 가정을 꾸려갈 수 있다. 그러므로 "마당 세간을 불과주자(불려주자)!"고 하며, 아래와 같이 축원풀이를 한다.

농사를 짓자면 농기 연장을 불과주자
괭이 소시랭이 살포 큰가래 작은 가래
또드락 똑딱 장돌이며 다갈마치가 다 나온다.
멍석은 쉰 다섯 잎
다섯 잎은 쥐가 쫓고 불탄 멍석이 두 잎이라.
맷돌이 설흔 개며 풀맷돌이 열두 개라.
오줌분지 똥단지 똥가래 오치래하고 나무접시 시래기며
콩잎 팥잎 여덟 동우 더럭더럭이 다 나온다.[7]

위와 같이 마당에 있어야 할 세간살이들을 두루 노래한다. 괭이와 쇠스랑, 가래는 물론, 똥단지와 똥가래, 나무접시, 콩잎, 팥잎까지 동원된다. 열거를 위한 열거처럼 보이는데, 이러한 이름의 열거가 유감주술의 논리이다. "멍석은 쉰 다섯 닢"이라든가, "맷돌이 설흔 개, 풀맷돌이 열두 개"라고 하는 것은 사실상 지나치다. 그렇게 많아서는 집구석만 어지럽지 아무런 도움이 안 된다. 그러나 이러한 문제 제기는 상식적인 통념에 지나지 않는다. 주술적 사유에 입각한 축원풀이에서는 가능한 많이 나열하고 다양하게 열거해야 한다. 다다익선이 주술적으로 풍요를 보장하는 방식이기 때문이다. 곡식을 많이 불려달라고 하는 대목은 더 풍부하다. "온갖 곡식을 불과주자!" 하고 다음 사설을 노래한다.

오곡 잡곡 불아주자 콩이 천석 팥이 천석
벼가 천석 보리가 만석 매물(메밀)이 만섬이라.
조가 천석 지장이 천석 중배 깨배[8] 오숭기 차나락까지 다 나온다.
고추가 만섬이며 마늘이 만접이라.
감자 천석 고구마 천석 강냉이가 만섬이라.[9]

---

7 金泰坤, 『韓國巫歌集』 4, 集文堂, 1980, 84쪽.
8 중배 깨배는 알 수 없는 말이다. 뒤에 나오는 '차나락'을 고려하면 벼의 종류를 열거한 것 같다.
9 金泰坤, 위의 책, 같은 곳.

집은 일터에서 돌아와 쉬는 하나의 보금자리이다. 보금자리 마련은 행복한 가정생활의 필요조건이긴 하되 충분조건은 아니다. 온전한 가정생활의 충분조건을 갖추려면 경제적 풍요가 뒷받침되어야 한다. 전통사회에서 경제는 농업의 생산력에 달려 있다. 주곡에서 잡곡, 부식, 양념거리까지 모든 농작물이 차고 넘쳐야 풍요롭게 살 수 있다. 따라서 성주풀이 말미에는 살림살이를 불려달라고 축원을 한다.

여러 곡식이 천석 또는 만석으로서 수확량이 많을수록 좋다. "오숭기 차나락까지[10] 다 나온다"와 같이 곡식 종류도 이것저것 두루 갖추어야 한다. 그래야 집의 곳간이 그득하고 필요할 때마다 요긴하게 쓸 수 있다. 곳간이 비어 있는 집은 아무리 번듯하고 덩그런 집이라도 쓸모가 없다. 그러므로 농사의 풍요와 온갖 곡식의 수확을 빌지 않을 수 없다.

경제적 풍요를 비는 것은 곧 복을 비는 것이나 다름없다. "이 명당에 삼재팔난을 다 막아주소" 하고 재난을 막아달라고 비는가 하면, "아들이 나면 효자가 나고 딸이 나면 열녀가 나소" 하고 훌륭한 자손이 나서 집안이 번성하기를 빈다. 그리고 "잡귀잡신은 물알로 만복은 이 집으로" 하고 안과태평의 복록을 빌기까지 한다.

대목으로서 건축기술의 발휘에 머물지 않고 복록을 누리는 집이 되도록 마음을 담아서 정성을 기울이는 것이다. 따라서 대목은 훌륭한 집을 번듯하게 짓는 데 만족하지 않고, 경제적 풍요와 인간다운 삶, 충만한 복을 담을 수 있는 다복한 가정을 만드는 것을 최종 목표로 삼는다. 그러므로 유형적 구조물로서 집(house)을 짓는 것이 아니라, 무형적 삶의 복록까지 보장되는 집(home)을 짓는 것이 진짜 대목의 정신이라 할 수 있다.

6. 진정한 대목은 '집'이 아닌 '복'을 짓는 자

건축신화 성주풀이에서는 다양한 대목들을 노래하고 있다. 대목은 일차적으로 집을 짓는 건축가이다. 집을 짓는다는 것은 무엇인가. 건축구조물로서 집(house)을 번듯하게 잘 지으면 훌륭한 대목이라고 생각하기 쉽다. 건축시조로서 최초의 대목은 그동안 집이라고는 없었으므로 집을 짓는 것만으로도 문화영웅으로 훌륭하게 기릴 수 있다. 그러나 누구나

---

10   오숭기는 올벼 심기이며 차나락은 찰벼이다. '올벼로 심은 찰벼'를 일컫는 말이다.

집 짓는 법을 알고 집을 지어서 살게 되면서 집에 대한 인식이 달라졌다. 따라서 성주풀이는 집에서 만족하지 않는다.

집을 구성하는 사람들 곧 집에서 살림살이를 하며 살아가는 주체가 집 못지않게 중요하다는 것이다. 그 주체의 두 기둥이 부부이다. 부부는 가족을 이루는 기본 요소이자 필수 요소이다. 따라서 부부가족 어느 한쪽에 문제가 생기면 결손 가정이 된다. 대목이 건축 일을 하러 떠나면서 부인 말을 듣지 않은 탓에 부인이 납치당하는 곤경에 처한다. 이러한 경우는 아주 특수한 상황이지만, 여성주의적 시각에서 보면 가정을 꾸려나가는 부인의 역할이 집 짓는 남편의 역할보다 더 중요하다고 하겠다.

부부가족은 그 자체로 지속될 수 없다. 아래로 자손이 태어나고 번성해야 지속 가능한 가정이다. 위로는 양친부모를 잘 모셔야 화목한 가정이다. 성주풀이가 대목으로서 집 짓는 내용에 한정되지 않고 더 확장된 내용을 노래하는 까닭이다. 부부가족에서 나아가 아래위로 확대된 가족이 함께 행복한 가정을 꾸릴 수 있어야 온전한 집(home)이 비로소 완성된다는 것이다. 이러한 집의 인식이야말로 건축신화로서 성주풀이가 지향하는 가치관이며, 성주풀이에 등장하는 대목의 집 짓는 목표이자 세계관이다.

우리 성주풀이에 입각해서 보면 집에 대한 기존 인식을 바꾸어야 한다. 집을 단순히 보금자리이거나 주거공간으로만 여길 수 없다. 지속 가능한 가정생활을 하려면 집이 한갓 소비공간이 아니라 생산적 기능을 지녀야 한다. 다시 말하면 집은 일과 연결되어 있는 공간이자 일의 결과를 누릴 수 있는 공간이어야 한다는 말이다. 그러므로 전통적으로 집은 농업활동을 위해 농기구를 갖추고 농우를 기르며 농산물을 거두어서 갈무리하는 공간까지 갖춤으로써 의식주 생활의 풍요를 자족할 수 있는 공간이었다. 성주풀이는 그러한 사실을 새삼스레 일깨워주고 있다.

그런데 요즘 사람들은 집을 일터와 단절된 독립 주거공간으로 여기기 일쑤이다. 따라서 세상살이와 상관없이 자기 집을 특히 우뚝하고 번듯하게 지어서 편안하게 살려고만 생각하거나, 경제적 자산으로서 재산증식의 수단으로 소유하려는 욕망에 사로잡혀 있다. 그러나 아무리 좋은 집을 짓고 보금자리를 이루며 살아도 일하는 직장을 잃게 되거나 부부관계가 파탄을 이루면 아무 소용이 없다. 일자리를 잃게 되어 경제적 소득이 없으면 안정된 가정을 지속할 수 없다.

그리고 물리적인 주거공간으로서 집보다 가정의 보금자리로서 집을 이루는 것도 매우 소중하다. 집을 짓는 일은 쉬우나 정작 가정을 잘 꾸려가는 일은 퍽 어렵다. 사람들은 지금 집을 소유하는 데 매몰되어 행복한 가정을 만드는 일에는 소홀하기 일쑤이다. 건물로서 집은 돈으로 살 수 있지만 가정으로서 집은 돈으로 살 수 없다. 건물은 가격으로 값을 정할 수 있으나 가정은 가격이 없어서 값을 정할 수조차 없다. 가정은 가격이 아닌 가치 개념이기 때문이다.

집은 일시에 새집으로 옮겨갈 수 있으되 가정은 그럴 수 없다. 가족들끼리 오랫동안 살아오면서 서로 사랑하고 의지하며 가꾸어가는 것이 가정이기 때문이다. 가족들과 함께 사랑을 나누며 오순도순 행복한 삶을 누리는 가정이 진정한 집이다. 그러므로 최고의 대목은 번듯한 집을 짓는 것에 머물지 않고 화목한 가정을 만드는 데까지 나아가야 한다. 이러한 사실을 깨닫도록 하는 것이 성주굿에서 노래되는 성주풀이의 핵심이라 할 수 있다.

지금 고급 주택으로 인식되는 넓고 높은 대형 고층아파트는 대목의 관점으로 볼 때 가장 초보적인 집이다. 거기에는 살림살이만 있고 정원도 조경도 가축도 없기 때문이다. 오직 몇 안 되는 가족들끼리 값비싼 가구와 온갖 전자제품 속에 묻혀 살 따름이다. 가축들이 함께 할 공간은 물론 화초들이 꽃을 피우고 감나무가 열매를 맺으며 풀벌레들이 노래하고 새들이 지저귀는 마당과 뜰이 없다. 그렇다고 하여 사람이 온전하게 일생을 누릴 수 있는 보금자리도 아니다. 왜냐하면 아기가 태어날 공간도 없고 할아버지가 삶을 마칠 죽음의 공간도 없기 때문이다.

요즘 아기는 으레 병원에서 태어나고 노인이 죽을 때도 집을 떠나 병원에서 삶을 마감하도록 구조화되어 있다. 생명이 출생되지 않는 죽음의 공간이 지금의 집이다. 짐승들도 그들의 둥지에서 태어난다. 그들이 집을 짓는 이유는 알을 낳거나 새끼를 낳아 기르기 위해서다. 집은 새 생명이 나고 자라는 공간이다. 그렇다고 죽음을 집에서 편안하게 맞이할 수 있는 것도 아니다. 삶을 마감할 때는 자기 침실이 아닌 낯선 병원이나 장례식장으로 추방된다. 고층아파트가 아무리 쾌적하고 넓어서 쓸모가 있어도 임종 공간으로 이용되지 않는 까닭이다. 더우기 장례를 치를 만한 공간도 아니다. 한 마디로 우리는 지금 새 생명이 태어나지 않는 것은 물론, 죽음조차 자기 집에서 편안하게 맞이할 수 없는 공간을 대단한 집으로 착각하고 있는 것이다.

이러한 착각은 집을 짓는 건축가의 잘못인가? 사회와 국가를 이끌어가는 지도층의 잘못인가? 자본주의 경제체제에서 비롯된 세태의 문제인가? 이대로 가면 집의 끝은 어디일까? 성찰적 질문을 던지지 않을 수 없다. 쉽게 해결할 수 없는 질문이다. 그럼에도 물어야 한다. 왜냐하면 우리는 인간이기 때문이다.

제3부

제비원 성주굿의
무녀 송옥순과
전 승 활 동

1장 | 무녀 송옥순의 무계와 조무 시절 공수

1. 무녀 송옥순과 안동 제비원 성주굿

안동에서 '성주굿'이라고 하면 제일 먼저 떠오르는 사람이 '안동제비원성주굿보존회' 회장 송옥순 무녀이다. 송회장은 신어머니 권은도(1931~2020) 무녀로부터 성주굿을 12년 동안 사사받아서 성주굿을 거의 달인 수준으로 하고 있는 안동지역 토박이 무녀이다. 송회장은 무녀로서 성주굿을 하는 데 머물지 않고, 2012년부터 해마다 시민들을 대상으로 성주풀이 공연활동을 공개 행사로 해오고 있다.

성주풀이 보존 활동을 지속 가능하도록 하기 위해 사단법인 '안동제비원성주풀이보존회'를 결성하고 회원들을 중심으로 성주풀이 전승 활동을 적극적으로 전개하고 있다. 2016년에는 전국민속예술경연대회에 '안동제비원성주굿 시연(示演)' 종목으로 참여하여 장려상을 수상했다. 이처럼 다양한 활동으로 성주굿의 보존과 대중화에 크게 이바지하고 있는 터이다. 그러므로 안동시민들은 '성주굿'이라 하면 송옥순을 떠올리고, '송옥순'이라 하면 성주굿을 떠올리게 되었다.

송회장은 무녀로서 사사로이 성주굿을 하는 데 만족하지 않고 시민들을 대상으로 성주굿 관련 행사를 다양하게 펼치며, 성주굿 및 성주풀이 보존회를 만들어 성주굿 전승활동과 성주풀이 보존활동을 적극적으로 하고 있는 데는 그만한 이유가 있다. 가장 큰 이유는 '안동 제비원이 성주의 본향'이라는 사실을 누구보다 깊이 자각하고 있는 까닭이다. 안동이 성주의 본향이라는 사실을 아는 사람들은 참 많지만, 대부분은 한갓 지식으로 알고 그러려니 여기며 지나치기 일쑤이다.

그러나 송회장은 이 사실을 허투루 여기지 않고 매우 귀중한 깨우침으로 받아들이면서 안동지역의 으뜸 문화유산이자 국가 수준의 자랑거리로 여겼다. 성주의 본향에서 굿을 하고 있는 무녀로서 스스로 자부심을 가지게 되자, 자연스레 성주굿과 성주풀이에 남다른 애착심과 함께 그 전승에 책임감을 가지게 되었다. 그러므로 솔선하여 성주굿과 성주풀이를 안동 시민은 물론, 온 국민에게 널리 알리는 활동을 하면서 성주의 본향답게 안동 제비원에 성주굿의 성지를 이룩하고자 하는 꿈을 펼치고 있는 것이다.

쓴이도 안동 제비원이 성주의 본향이라는 사실을 의식하고 진작 『안동문화와 성주신앙』[1]이라는 600여 쪽의 두툼한 학술저서를 펴냄으로써 연구자로서 내가 담당해야 할 몫을 어지간히 했다고 생각해 왔다. 그런데, 송회장이 사재를 털어서 사단법인 '안동제비원성주풀이보존회' 및 '안동제비원성주굿보존회'를 결성하고 해마다 성주풀이 발표회를 할 뿐 아니라, 매년 3월 삼짇날 제비원 범당산에서 정기적으로 제비원 성주맞이 큰굿을 연례행사처럼 하는 걸 지켜보면서, 나의 개인적 관심과 연구 작업은 크게 부족하다는 사실을 절감했다. 무녀로서 송회장이 기울이는 열성과 활동에 견주어 보면, 나의 연구활동과 저술 작업은 부끄러운 수준이기 때문이다. 그러므로 앞의 저서에 이어서 안동 제비원 성주굿에 관한 새 저서를 구상하고 7년에 걸쳐 더 진전된 연구를 하여 이 책을 쓰게 되었다.

안동문화로서 성주신앙과 성주굿을 해석하는 데 만족할 것이 아니라 한국 굿문화를 재인식해야 성주굿의 문화적 전통도 제대로 이해할 수 있다는 데 이르렀다. 굿을 미신으로 알고 있는 한 성주굿도 제대로 대접받지 못할 것은 뻔하기 때문이다. 따라서 굿 일반에 대한 종교적 인식과 문화적 이해 작업부터 하지 않을 수 없었다. 굿은 한국 토착신앙이자 민족종교인 무교의 제의이다. 유교의 '제사'와 불교의 '예불', 개신교의 '예배', 천주교의 '미사'와 같은 제의가 무교의 '굿'이다. 그러므로 굿은 무교의 제의로서 종교 일반의 제의와 같은 맥락에서 대등하게 인식되고 평가되어야 한다.

성주굿에서 노래되는 성주풀이는 '건축신화'로서 한국 신화의 새로운 문화자산으로 재조명되어야 한다. 왜냐하면 한국 '건국신화'의 원초적 형태를 이루고 있기 때문이다. 따라서 집을 처음 지은 '건축시조신화'와 나라를 처음 세운 '건국시조신화'는 무엇을 짓고 세우

---

[1] 임재해, 『안동문화와 성주신앙』, 안동대학교 민속학연구소, 2002.

는 대상만 다를 뿐 사실상 같은 맥락을 이루고 있는 신화이다. 그러나 신화의 역사적 선후나 내용의 상황으로 볼 때, 집을 처음 지은 건축시조신화가 나라를 처음 세운 건국시조신화보다 앞서는 선행신화일 수밖에 없다. 그러므로 '건축시조신화'로서 성주풀이와 '건축신화'로서 성주풀이를 근거로, 그동안 간과했던 '건국시조신화'와 '건국신화'의 유형적 차이를 재인식하고 그 의미체계도 재해석할 수 있다.

신화의 재인식과 재해석의 이론적 근거를 제공한 성주풀이는 한국 신화의 본향이라고 해도 지나치지 않다. 한국 신화의 본향을 발견한 것처럼, 성주굿의 본향을 재인식하고 재발견하는 학술적 의의는 적지 않다. 그럼에도 성주굿의 본향 안동 제비원에 대한 문화적 관심은 물론 학술적 관심이 소홀했던 것은 문제적이라 하지 않을 수 없다. 지금까지 성주굿의 본향이자 한국 무교의 유일한 성지인 안동 제비원이 성주굿과 무관하게 미륵불의 현장이나[2] 솔씨 공원으로만[3] 알려지게 된 현실도 상당히 문제적이다.

제비원에 대한 이러한 인식은 단편적인 것에 머물 뿐 아니라 성주굿의 본향으로서 제비원의 역사적 깊이와 문화적 가치를 묻어버리게 되는 역기능까지 발휘한다. 제비원에서 전승되어온 여러 층위의 문화사적 현상 가운데 특정 사실만 주목함으로써 문화유산을 총체적으로 이해하는 길을 가로막게 되는 것은 물론, 한국 굿문화를 대표하는 핵심 가치로서 성주굿의 본향을 외면하거나 묵살하게 됨으로써 민족문화의 중요한 유산 하나를 아예 잃어버릴 위험까지 초래한다.

그러나 제비원을 성주신앙의 본향으로 주목하게 되면, 제비원이 한국 무교의 유일한 성지로 재인식된다. 성주굿 또한 우리 굿문화 가운데 유일하게 본향이 밝혀진 굿으로서 특별한 가치를 지닌 것이다. 무교의 모든 굿이 본향을 모르는 까닭에, 성지가 있는 다른 종교들과 달리 무교는 종교로서 결격 사유가 있는 것처럼 인식되어왔다.

그러나 성주굿의 경우는 본향이 안동 제비원으로 분명하게 밝혀져 있는 까닭에 그러한 편견에서 해방될 수 있으며, 제비원은 유일한 무교의 성지로서 종교적 재해석이 필요한 현장이다. 따라서 종교적 성지가 있는 성주굿은 한국 무형문화유산의 국보급 보물이라 해

---

2 안동 제비원에는 보물 115호로 지정된 '이천동 마애여래입상'이 문화적 지표 구실을 하고 있다. 전통적으로 안동시 주민들은 이 석불을 '제비원 미륵'으로 인식해 왔다.
3 현재 안동 제비원에는 안동시에서 솔씨 공원을 조성해 두었다.

도 지나치지 않다. 그러므로 성주굿의 본향으로서 제비원의 문화적 정체성을 간과하는 일은 한국 굿문화의 성지를 깔아뭉개는 일이자, 안동지역에 장소성을 두고 있는 민족문화의 귀중한 전통을 묵살하는 일이나 다름없다.

안동문화에 대한 일반적 이해의 한계도 뛰어넘어야 한다. 안동을 대충 아는 사람들은 안동이 양반 고장이거나 하회탈춤의 고장인 줄 알기 일쑤이다. 안동을 어지간히 아는 사람들도 퇴계를 중심으로 한 인물의 고장이거나 유교의 중심지로 이해하는 데서 머문다. 좀 더 구체적으로 아는 사람들은 가장 오래된 목조건축물인 봉정사가 안동에 있고, 동채싸움이나 놋다리밟기가 전승되는 민속의 고장으로 아는 수준이다. 한 단계 더 나아가면, 안동지역 일대에 벽돌로 쌓은 전탑이 집중되어 있어서 전탑문화의 고장이라는 사실을 알아차리게 된다.

이처럼 안동을 상당히 아는 사람들도, 안동이 굿문화의 성지가 있는 한국 유일의 고장이라는 사실은 제대로 알지 못하기 일쑤이다. 성주의 본향이라는 사실을 어렴풋이 알고 있어도 그러려니 하고 대수롭지 않게 지나치고 말아서 문화적 자각이나 그 중요성을 깨닫지 못하기 마련이다. 따라서 지금까지 이 사실에 관해 골똘한 관심을 기울이고 적극적으로 일깨우며 활성화시키려는 노력을 기울인 이가 없었다. 이런 무관심 속에서, 송회장은 성주굿의 본향답게 안동 제비원 성주굿의 전통을 제대로 이어가려고 실천적 활동을 백방으로 펼치고 있다.

쓴이는 송회장의 노력과 열정에 힘입어서 안동문화의 범주를 넘어 한국 굿문화의 성지로서 제비원을 주목하고, 성주굿이야말로 고대 나라굿의 제천행사를 이루는 뿌리이며, 성주풀이는 건축시조신화로서 건국시조신화인 환웅본풀이와 같은 세계관을 가지고 있다는 사실을 밝혔다. 성주굿의 성지인 안동 제비원은 환웅천왕이 하늘에서 강림한 태백산 신단수와 같은 신성한 공간이라는 해석도 가능하다.

전설에 따르면, 제비원은 어떤 바위든 굴러 와서 자리를 잡으면 미륵이 되는 성지로 이야기되고 있다.[4] 성주풀이에서 제비원은 성주님이 하늘에서 내려와 처음 솔씨를 심은 곳으로서 전국 소나무의 발원지인 태초의 소나무가 있었던 성주목의 고장이다. 게다가 제

---

4 林在海, 「口碑傳承」, 『安東民俗資料誌』, 安東郡, 1981, 14쪽, '제비원과 옥바우' 및 林在海, 『韓國口碑文學大系』 7-9, 韓國精神文化研究院, 1982, 678쪽, '자리를 찾은 제비원 미륵' 전설 참조.

비원에는 연자루(燕子樓)와 같은 우뚝한 건축물이 있었다. 제비가 공중을 나르는듯한 형상의 연자루는 우뚝한 건축물로서 오랜 세월 풍파에 시달려 허물어져도 성주 기둥은 조선 중기까지 쓰러지지 않고 꿋꿋하게 버티고 있었다. 16세기 중엽의 문신인 백담(柏潭) 구봉령(具鳳齡, 1526~1585)이 '연비원을 지나며'라는[5] 오언시에 연자루의 상황을 자세하게 포착해 두었다.

백담의 시에는 "歲久欲頹挫 甍桷風雨掀"라고 하여 연자루가 "오랜 세월에 무너지고 꺾이어 기와와 서까래가 비바람에 흔들리네"라고 하였다. 그럼에도 성주기둥은 우뚝하게 남아 있어서 성주신앙의 대상이 되었을 것으로 추론된다. 왜냐하면 이어서 "庶幾蕩爲墟 不復惑黎元 重營恣譸張"라고 하여, '거의 부서져서 폐허가 되었으니 백성들을 미혹하지 못하게 복원하지 말아야 하는데, 건물을 다시 중창하여 제멋대로 속임수를 부렸다'는 것을 보면, 유가의 선비로서 이단(異端)인 성주신앙이 혁파되지 않고 다시 복원되는 현실을 비난하고 있기 때문이다. 이러한 시의 내용을 볼 때, 사람들은 연자루의 우뚝한 성주 기둥에 줄곧 치성을 드려왔을 것으로 추정된다. 그러므로 제비원은 솔씨의 고장으로서 성주목의 본향일 뿐 아니라 성주신이 깃들어 있는 성주신앙의 본향 구실을 하던 현장이라 할 수 있다.

제비원이 한국 굿문화의 성지로서 아무리 훌륭한 입지를 갖추었다고 하더라도 그것이 진정한 의미를 지니려면 성주신앙과 성주굿이 성주의 본향에서 현실 문화로 살아 있어야 한다. 종교적 성지에는 성당이나 교회, 사찰, 사원들이 있어서 성지답게 신앙활동을 지속하고 있는 것이 일반적 현상이다. 불교 성지에 순례를 갔는데 사찰이 없고 불교 신앙이 없다면, 또는 가톨릭 성지에 순례를 갔는데 성당이 없고 가톨릭 신앙이 없다면 그곳은 사실상 죽은 성지이다. 안동 제비원도 마찬가지이다. 성주의 본향이 분명하게 밝혀져 있는 현장인데 적어도 제비원에 굿당은커녕 성주굿을 이어가는 문화적 전통이 없다면 사실상 제비원은 죽은 성지나 다름없다.

실제로 제비원에는 성주굿과 관련된 직접적 신앙문화의 흔적이나 무형문화가 존재하지 않는다. 성주굿을 할 수 있는 굿당이 있는 것도 아니다. 미륵불상이 우뚝한데다가 연미사(燕尾寺)의 사찰 영역이 중심을 이루고, 그 주위는 솔씨 공원으로 구성되어 있어서 성주신

---

5   具鳳齡,「柏潭文集」,『柏潭先生續集』卷之一, 十六. '過鷰院' "府北十里 有石屹立 斲作佛面一軀 建層宇以庇之 高出半空 羅代所創云".

앙의 본향으로 인식할 만한 시각적 상징물이 없다. 따라서 제비원을 성주굿의 성지답게 인식하고 성주굿의 전통을 제비원에서 이어가는 계승활동을 새삼스레 벌여야 마땅하다.

그러한 계승활동을 유일하게 벌이고 있는 무녀가 송옥순 성주굿보존회장이다. 그러므로 굿문화의 종교적 의미와 가치를 재해석하고 민족신앙의 성지로서 제비원의 신성한 입지를 구체적으로 해석한 것처럼, 제비원 성주굿을 그 본향인 제비원에서 이어감으로써 제비원의 성지화 활동에 앞장선 무녀 송옥순의 삶과 활동을 특별히 주목하지 않을 수 없다. 먼저 무녀로서 송옥순의 계보를 살펴보고 이어서 생애사와 입무과정, 그리고 실제 성주굿을 보고하며 그 전모를 해석하려고 한다.

2. 송옥순의 신어머니 권은도의 생애사

무녀 송옥순은 강신무이다. 혈연적 계보를 이루는 세습무와 달리 강신무의 계보는 신어머니의 내림굿으로 이어진다. 송옥순은 40세에 내림굿을 한 이래 줄곧 무업에 종사하여 현재 무업 경력이 30여 년에 이른다. 서른 이전부터 10여 년 동안 무병(巫病)을[6] 앓으며 고생을 하다가 1994년 3월 3일 권은도 무녀로부터 내림굿을 받고 비로소 무당이 되었다. 권은도는 안동에서 큰 무당으로 알려져 있는 이름난 무녀이다. 내림굿을 받기 전부터 송옥순은 어려운 일이 있을 때마다 권은도를 자주 찾아가 점사를 봐온 까닭에 어느 정도 단골관계를 맺고 있던 사이였다.

송옥순은 안동시 송천동에서 태어났으나 어릴 때 운안동으로 이사 와서 살았다. 마침 권은도 무녀도 운안동에 살아서 어머니와 가깝게 지내는 이웃이 되었다. 따라서 집안일에 관해 점사를 볼 일이 있거나 굿을 할 일이 있으면 으레 이웃에 사는 권은도 무녀를 찾았다. 송옥순도 어머니를 따라 다니다보니 권은도 무녀를 잘 알게 되었다. 송옥순은 20대 후반부터 무병을 앓았지만 무당이 될 생각이 없었다. 따라서 무당 되기를 거부하고 여러 모로 저항하다가 무당이 되지 않고서는 살 수 없다고 판단되자, 가족들에게 알리지 않고 혼자

---

6   무교에서 신이 들려 몸이 아픈 것을 무병 또는 신병(神病)이라고 한다. 의술로는 치료되지 않지만, 내림굿을 하여 무당 노릇을 하면 깨끗이 사라지는 병이어서 신병이자 무병이라 한다.

서 권은도 무녀를 찾아가 내림굿을 하고 신을 받았다. 그러므로 권은도 무녀는 송옥순의 신어머니였다.

권은도는 안동바닥에서 큰무당으로 소문난 까닭에 무당의 길을 가려는 많은 사람들이 찾아와 신내림을 받곤 했다. 내림굿을 한 신딸만 백여 명이 넘을 것이라 하는데, 대부분의 신딸들은 가르침이 혹독해서 오래 견디지 못하고 몇 달 만에 떨어져 나갔다. 어지간히 무던한 사람도 1년을 버티지 못했다. 그러나 송옥순은 10년을 넘겨 12년을 채웠다. 권은도가 제자들을 매섭게 가르치는 데에는 이유가 있었다.

"대충 가르쳐서 내보내면 선생 욕 먹이고, 자신도 욕을 먹는다. 욕 먹는 것보다 더 큰 문제는 절실해서 찾아온 이들을 구제해 주는 것이 아니라 도리어 욕보이게 된다"는 것이었다. 송옥순은 아직도 신어머니 권은도가 들려준 가르침의 말씀을 또렷하게 기억하고 있다. 따라서 신어머니의 가혹한 질책도 잘 견뎌냈다. 자신의 무병을 다스려준 분이 권은도였기에 신어머니나 스승이기 전에 자신을 살려준 은인으로 여겼다. 신어머니 또한 송옥순을 자신의 제자 가운데 가장 뛰어난 수제자라고[7] 했다.

권은도는 무당의 마음가짐에 대해서도 분명하게 가르쳤다. "무당은 자고로 남의 팔자를 고치는 사람이지 자신의 팔자를 고치는 사람이 아니다"고 했다. 송옥순은 스승의 가르침을 올바르게 실천하려고 애쓰면서도 특히 이 말은 고스란히 외울 정도로 명심하고 있다. 따라서 결코 무업을 치부의 수단으로 삼지 않는다. 굿을 하는 경비도 제가집 형편에 따라 최소한으로 받는다. 사재를 털어 성주풀이 보존회를 이끌어가고 제비원을 성주의 본향으로 되살리려고 동분서주하는 것도 이러한 가르침의 영향이다. 그러므로 송옥순은 "내가 안동 제비원성주풀이 보존회를 이끌면서 성주풀이와 성주굿을 대중화할 수 있는 힘 또한 선생의 알찬 지도가 있었기 때문에 가능했다"고[8] 권은도의 가르침을 상기시켰다.

권은도와 송옥순은 신어머니와 신딸이면서 동시에 훌륭한 사제관계를 이루었다고 할 수 있다. 그럼 신어머니 권은도의 무계(巫系)는 누구로부터 이어질까? 권은도는 친어머니인 추계 추씨(1912~1993) 무녀의 외동딸이다. 아버지는 안동 권씨였다. 어릴 때 안동시 풍산에서 자라면서 아버지보다 어머니 추씨의 영향을 주로 받았다. 물론 이때는 어머니 추씨

---

[7] 최성달,「안동 제비원 성주신앙 - 송옥순을 중심으로」,『제비원의 전통과 성주풀이』, 천우, 2019, 198쪽.
[8] 최성달, 위의 글, 199~200쪽.

도 무녀가 아니라 평범한 주부였다. 추씨가 외동딸로 권은도만 낳고 아들을 낳지 못하자, 부친 권씨는 아들을 낳으려고 새 부인을 취했으나 역시 딸만 둘 낳고 일찍이 별세했다.

권은도는 일제강점기에 위안부로 붙잡혀 가지 않으려고 일찍 약혼을 하고 17살에 함안 조씨 댁으로 시집을 갔다. 남편 조씨는 안동시 운안동에 살았는데 집을 짓는 목수 일을 했다. 남편이 목수 일을 하느라 건축 현장에 가 있는 날이 더 많았다. 권은도는 시골 농산물을 구매해서 도매로 넘기는 장사를 하여 생계를 꾸렸다. 제법 큰 사업이었지만 27살까지 잘 꾸려나갔다. 문제는 타고난 신기(神氣)였다.

권은도는 홀어머니 추씨 슬하에서 자라면서 어릴 때부터 신기를 보였다. 어머니 추씨가 무병을 앓다가 무녀 강씨로부터 신내림을 받는 내림굿을 하게 되었다. 강씨는 안동시 신시장에서 무업을 하던 무녀인데 '강보살'로 일컬어졌다. 어머니 추씨가 강보살을 찾아가 내림굿을 할 때, 따라갔던 딸 권은도가 굿판에서 신내림을 받는 어머니보다 더 뛰고 신명을 부렸다고 한다. 그만큼 권은도의 신기는 어릴 때부터 두드러졌다. 어머니 추씨는 딸이 자기와 함께 내림굿을 받은 것으로 착각하기도 했으나 권은도가 정식으로 내림굿을 받은 것은 아니다.

어느 날 추씨는 굿을 하는 중에 딸 권은도에게 초석자리를 말아서 묶어 만든 '조상'을[9] 들라고 했다. 조상을 들면 몸에 신이 실릴 것이라고 했다. 권은도는 뭐가 실릴까 하며 두 주먹을 불끈 쥐고 있는데 신기하게 몸이 저절로 흔들렸다. 평소에는 술을 전혀 안 마시는데, 굿상에 있는 술을 3사발이나 마셨다. 술에 취해서 쓰러져 자는데 꿈에 할아버지가 와서 등을 때리면서 "때가 됐는데 왜 이리 깊이 자느냐?" 했다. 깜짝 놀라 일어나니 꿈이었다. 저고리를 벗어 동쪽에 놓고 절하고, 치마를 벗어 남쪽에 놓고 절하고, 속옷을 벗어 서쪽에 놓고 절하고 나머지를 벗어 북쪽에 놓고 절하고 셔츠와 팬티만 입고 밖에 나갔다. 항아리에 물이 가득 담겨 있어서 그것을 번쩍 들어 머리에 부었다. 얼음물을 뒤집어쓴 것이다.

그 길로 옷을 챙겨 입고 천왕대를 둘러메고 산으로 갔다. 혼자서 중얼거리며 산으로 가니 동네 사람들은 "굿을 하더니 사람이 왜 저렇게 되었느냐?"고 숙덕거렸다. 보살[10] 한 사람이 징을 뚜드리면서 따라와서 학가산의 신을 청했다. 권은도는 "일을 하려면 똑바로 하

---

9   굿을 할 때, 무녀가 조상신을 허제비 형상으로 만들어 한지나 초석자리로 싸서 묶은 것을 말한다.
10 무녀들끼리 무녀를 일러 '보살'이라 한다.

라. 여기 있으면 이 산 신령님을 먼저 불러 알리고 다음에 학가산 신령님을 불러야지, 바로 학가산 신령님을 부르면 오시겠냐?"고 나무랐다.

산에서 내려와서 징만 두드려 주면 펄펄 날 것 같은데, 보살이 징은 안 두드려주고 이 집에 일하다가 신이 깨졌다고 투덜거리며 앉아 있었다. 권은도가 막대기로 찌르며 "신이 깨졌으면 내가 물러주면 될 것 아니냐? 당신! 멀쩡한 사람이 이렇게 되었는데 어떻게 할 거냐? 사람 살려다오" 하니까, 선생님한테 대꾸한다고 따귀를 때렸다. 그 길로 기절을 했는데, 물을 뿌리고 손을 따고 코를 빨아냈다. 기절해서 정신을 잃은 채, 어딜 가니까 장군이 있고 대감이 있고 꽃밭도 있었다. 저승을 갔는지 어딜 갔는데 마냥 다니다가 와서 기침을 크게 했다. 그러자 모친 추씨가 "아이구, 우리 딸이 살았다"고 하며, "내한테 있던 신이 너한테 다 갔으니 니가 해야 한다"고 하면서 권은도에게 무속인의 길을 가라고 했다.[11]

그러나 권은도는 신내림을 부정하면서 하던 사업을 계속했다. 지역에서 채소를 사서 도시에 공급해주는 도매상이었는데, 이상하게 그날 이후로 장사가 안 되고 돈은 씨가 말랐다. 무병을 앓아 계속 몸이 아프고 장사도 잘 되지 않아서 앞날이 암담했다. 친정어머니 추씨가 딸 권은도를 데리고 자기의 신어머니인 강보살을 찾아가서 물어보았다.

이때 권은도는 자기가 진짜 신기가 있고 신의 길을 가야 하는 운명인지, 아니면 장사 일을 계속해도 되는지 알고 싶어서 강보살에게 간질하게 물어보았다. 강보살은 권온도에게 신기가 분명하니까 본인이 내림굿을 하여 신의 길을 가든지, 아니면 어머니 추씨에게 신을 넘겨주는 굿을 하라고 했다. 강보살의 뜻에 따라 권은도는 내림굿을 했다. 그러나 권은도는 굿판에서 뛰기만 하고 신이 누가 들어왔는지 구체적으로 말을 하지 않았다. 할아버지가 보인다고 했을 뿐 어떤 할아버지인지 물으면 도무지 말을 하지 않았다. 속 시원하게 신내림이 이루어지지 않자, 강보살은 권은도의 내림굿을 포기하고 말았다.

그 뒤로 권은도는 무병이 더 심해서 견디기 힘들었다. 몸이 아파서 문밖출입도 어려운 지경이었다. 권은도는 더 이상 안동 무당에게는 물어보지 않겠다고 생각했지만, 참고 견디다 못해 서른 즈음에 포항에 있는 법사(法師)를[12] 모셔와 제비원 굿당에서 어머니 추씨와

---

11 손상락 외, 『安東의 巫俗』, 安東民俗博物館, 2005, 30~31쪽.
12 법사는 불교에서 설법하는 승려를 일컫는 말이지만, 무교사회에서는 남성무당인 무격(巫覡)을 높여서 부르는 명칭이다.

함께 굿을 했다. 제비원 굿당에서 굿을 하고 제비원 미륵 앞에서 뛰고 놀고 말을 했다. 이때 말문이 제대로 트였다. 포항 법사에게 굿을 한 뒤에 다시 대구에 있는 무당을 모셔와서 내림굿을 했다. 그러나 권은도와 어머니 추씨 무녀는 두 차례의 내림굿이 성에 차지 않았다. 이처럼 권은도는 자신의 내림굿을 위해 별도의 굿을 여러 차례 했다.

제비원에서 내림굿을 하고 무업을 시작했지만 찾아오는 손님이 없었다. 신단은 상에다 물 한 그릇 떠놓은 것이 전부였다. 손님도 없고 벌이도 없이 하루하루 보냈다. 남편은 자기가 벌어 자기만 쓰는 바람에 생계가 어려웠다. 하루는 끼니거리가 없어서 300원을 들고 국수를 사려고 나갔다가 그 길로 대구 팔공산으로 갔다. 집에 아이들이 굶고 있다는 사실도 잊어버리고 팔공산에 가서 오두막에 들어갔더니 애기 보살이 "공양을 잡수세요"라고 했다. 돈이 없다고 하자 괜찮다고 해서 밥을 얻어먹고 근처에 소나무가 있어서 그 밑에 앉아 3일 동안 하루 한 끼만 얻어먹고 지냈다. 그러던 중에 뭔가 가슴에 와 닿는 것 같더니, "근심 걱정하지마라. 때가 됐으니깐 이제 가자"고 했다.

그날 밤 오두막에서 밥해주는 할머니 곁에서 잤는데, 방안에 기도하러 온 사람을 보면서 "저 분은 자식 때문에 왔고, 이 분은 사업에 실패해서 왔고" 하며 말을 했다. 이상하게 눈으로 보는 것처럼 다 알아 맞혔다. 그러자 사람들이 "나는 어떤데?" 하고 묻기 시작했다. 계속 손님이 찾아와서 3,000원을 벌었다. 여기서 밥 얻어먹으며 번 것이니 할머니에게 다 주고 갈려고 했으나, 할머니가 차비도 하고 국수도 사 가라고 하며 일부를 부처님 앞에 놓고 나머지를 주었다. 집에 돌아오려고 하니 그때 비로소 두고 온 아이들이 다 굶어 죽은 것이 아닌가 싶어서 눈물이 쏟아졌다. 안동에 와서 그 돈으로 장작을 한 짐 사고, 쌀을 받아서 집에 왔다.

팔공산에서 돌아온 지 사흘만에 금곡동 사는 사람이 찾아왔다. 권은도가 "아이구 당신네 마당에 감나무가 있는데, 그 나무에 당신 엄마가 목을 매서 죽었네요" 하자, 그 사람이 점이 틀렸다고 하면서 복채 150원을 놓아둔 채 그냥 가버렸다. 이튿날 그 사람이 다시 찾아왔길래 어제 두고 간 복채를 받으러 온 줄 알고 돈을 내주니까. "그게 아니고 너무너무 잘 맞추어서 갔다. 그날 사돈댁 하고 같이 왔는데, 우리 엄마가 그렇게 돌아가셨다고 말하니까, 내가 안 맞힌다 하고 가야지 우짜겠노" 했다. 그래서 그 집에 가서 6,000원을 받고 원혼을 달래는 굿을 해주었다. 그것이 권은도의 첫 굿이었다.

한번은 당북동 사는 보살이 굿을 따내서 같이 굿을 하러 갔는데, "조왕을 빌어라. 성주를 빌어라"고 시켰다. 뭘 알아야 빌 텐데 아무것도 몰라서 "나는 조왕도 못 빌고 성주도 못 빌고 하니깐 마당에 뛰는 건 뛸께요" 하고 뛰고 있는데, 성주를 못 세우면 옷을 벗으라고 했다. 종지를 갖다 엎어놓고 "여기에 성주대를[13] 세워야 한다"고 해서 "못 한다"고 했더니 또 "옷을 벗으라"고 했다. 마을 사람들이 새 보살이 굿하러 왔다고 많이 구경하러 왔는데 옷을 벗으라니까 화가 나서, 홍두깨를 빼앗아 쉽게 세우니까 주위에서 손뼉이 쏟아졌다.

다시 굿판에서 뛰고 노는데, "물그릇을 3개 올려놓아야 하는데 못 올려놓으면 옷을 벗으라"고 했다. 그래서 또 물그릇을 올려놓았더니 손뼉이 터져 나왔다. 다시 삼지창을 꽂아 둔 통돼지도 거꾸로 세웠다. 신통한 영험을 발휘하여 굿판에서 인기를 독차지했다. 그 뒤로 안동 시내에 소문이 쫙 퍼졌다.[14] 권은도는 법사로부터 내림굿을 받고 신아버지에게서 배운 것이 없어서 빌지를 못했지만 신기는 넘쳤다. 굿을 하면서 다른 보살이 하는 것을 보고 여러 굿을 배웠다.

다시 어머니 추씨를 따라 그녀의 신어머니인 강보살로부터 새로 내림굿을 받았다. 결국 권은도가 제대로 내림굿을 받은 것은 어머니 추씨의 신어머니인 무녀 강씨로부터였다. 내림굿은 강씨로부터 받았지만 그 밑에서 신딸 노릇을 하거나 조무 역할은 하지 않았다. 어머니 추씨 굿판을 따라다니면서 조무 노릇을 하고 굿을 배웠다. 따라서 무녀로서 권은도의 정체성은 복합적이다. 부녀 강씨로부터 신내림을 받은 강신무이면서 동시에 어미니 추씨로부터 굿을 배운 까닭에 모녀 계승의 세습무 성격을 지니기도 한다.

굿당도 모녀가 함께 운영했다. 풍산읍 막곡리의 '진원사'라는 신당은 어머니 추씨를 이어 권은도 무녀가 말년까지 굿당으로 운영해온 곳이다. 모녀가 함께 강보살로부터 내림굿을 받았지만, 권은도의 친어머니 추씨가 무녀였기 때문에 추씨는 사실상 권은도의 신어머니 구실까지 했다. 어릴 적부터 어머니 굿판에 따라다닌 경력이 있어서 모녀는 한 몸처럼 굿을 함께 했다. 권은도는 어릴 때부터 신기가 두드러진데다가 홀어머니 추씨를 따라 오랫동안 굿판을 다닌 까닭에 굿을 찰지게 잘 배웠다. 왜냐하면 홀어머니 추씨와 외동딸 권은도는 모녀 가족으로서 마치 한 몸처럼 살아갈 수밖에 없었기 때문이다.

굿을 잘 하는 것과 내림굿에서 신이 잘 내리는 것은 별개이다. 세습무들은 신내림을 받

---

13 성주굿을 할 때 세우는 홍두깨를 말한다.
14 손상락 외, 앞의 책, 32~33쪽 참고.

지 않았지만 어릴 적부터 부모의 굿판을 따라다니며 굿을 배운 까닭에 굿을 아주 잘 한다. 권은도는 스스로 성에 찰 때까지 내림굿을 여러 번 했을 뿐 아니라, 마치 세습무처럼 어머니 추씨 무녀를 따라다니며 굿을 보고 익혀서 굿이 몸에 배여 있었다. 이런 경험 때문에 신딸들이 내림굿을 할 때 확실히 신이 들어오고 말문이 자유롭게 트일 때까지 오랫동안 신굿을 해서 확실하게 매듭을 지었다. 신을 받은 이후에 신딸들이 굿을 제대로 배우지 않거나 서툴게 굿판에 나서면 호되게 나무랐다. 소리 한 가락 춤사위 하나 어김이 없어야 했다.

무당이 될 욕심으로 권은도를 찾아와 쉽게 내림굿을 받았던 신딸들은 제자 노릇을 하다가 힘들어 일년을 제대로 채우지 못하고 떠난 사람들이 대부분이다. 어지간해서는 그녀의 눈에 차지 않았던 까닭이다. 그런 가운데 송옥순은 12년 동안 권은도 곁을 떠나지 않고 제자로서 조무 노릇을 하였으니 수제자란 소리를 들을 만하다.

권은도는 홀어머니의 굿판을 따라다니며 자란 까닭에 굿을 배웠다기보다 어머니와 굿을 함께 했다고 해도 지나치지 않다. 내림굿을 받기 전부터 굿을 보고 배워서 세습무다운 실력을 갖추었다. 그러한 이력이 굿판에서 그대로 드러나 안동을 대표하는 무당으로 명성을 날렸다.[15] 따라서 안동국제탈춤페스티벌과 같은 큰 행사가 있으면 으레 권은도 무녀가 공연장에서 굿 시연(示演)을[16] 담당했다. 축제에 참여한 관객들이 탈춤 공연장보다 굿판에 더 많이 운집할 정도로 인기를 누렸다. 권은도는 큰굿을 잘하는 안동의 큰무당으로 소문이 났지만, 특히 "성주굿을 구수하게 잘 했다"는 소리를 들었다. 성주풀이 무가를 특별히 잘 불렀던 까닭이다.

2004년 당시 74세였던 권은도 무녀의 소망은 한 가지였다. 안동민속축제에서 굿을 하는 것이 아니고 오직 성주풀이에 전념하는 것이었다. "경상도 안동땅에 제비원 미륵님 앞에서 신을 받았기 때문에 언젠가는 미륵님 이름 한번 내고 이 세상 갈려고 하는데 그게 잘 안되네요"라고 했다. 내림굿을 제비원 미륵 앞에서 했을 뿐 아니라, 성주굿을 할 때 부르는 성주풀이에 '성주의 본향이 경상도 안동땅 제비원이 본'이라고 하는 내용을 염두에 둔 소망이라 하겠다. 그 소망은 신딸인 송옥순 무녀가 현재 잘 이어가고 있다.

---

15 宋俊, 『귀신도 울고가는 신점의 명인들』 1, 국학자료원, 2002, 17쪽에서 권은도를 '한국 최고의 명무'라는 제목으로 다루었다.
16 굿 시연은 실제로 굿을 하는 것이 아니라 구경하는 사람들에게 굿을 보여줄 목적으로 하는 것을 말한다.

권은도는 안동을 대표하는 무당이었기 때문에 1960년대부터 해오던 안동민속축제에서도 줄곧 굿을 맡아서 해왔다. 이러한 관행에 따라 국제탈춤페스티벌 행사장에서 하는 굿도 자연스레 권은도 몫이었다. 그녀의 명성은 안동지역에 한정되지 않는다. 칠순 무렵인 2천 년대 초에는 '대한경신연합회 중앙본부' 고문직을 맡을 만큼 전국적으로 이름을 떨쳤다. 이러한 명성은 명무를 찾아다니는 작가 송준(宋俊)에게 포착되기도 했다. 안동 제비원이 성주굿의 본향이라는 사실에 주목한 송준은 권은도 무녀의 굿을 보고 '한국 최고의 명무'이자,[17] '무속의 대모' 또는 '진정한 인간문화재'로[18] 자리매김했다.

작가 송준은 "안동 제비원 성주풀이의 대가 권은도 선생"으로 호명하는 한편, "누구도 부인할 수 없는 안동 성주풀이의 고향에서 역시 제비원 성주풀이의 대가로 당당히 수십 년 동안 한결같이 활동하는 그녀가 문화재가 안 된 것은 그 동안 나라의 수치"였다고[19] 지적한다. 70대까지 이렇게 최고의 찬사를 받았던 권은도는 80줄에 들면서 귀가 잘 들리지 않아 소통하는 데 장애가 있었다. 그러나 몸을 운신하는 데는 아무런 지장이 없었다. 그 동안 많은 제자를 남기고 2020년에 구순의 나이로 별세했다.

3. 무녀 송옥순의 무계 3대와 무업활동

송옥순의 무계는 3대까지 거슬러 올라간다. 신어머니 권은도의 무당 이력은 위와 같이 구체적이고 분명하다. 최근까지 생존하고 함께 활동했던 까닭이다. 그러나 권은도 이전의 무계는 자세하게 알 수 없다. 무녀 이력이 기록으로 남아 있을 리가 없기 때문이다. 따라서 위로 갈수록 내림굿을 받은 무녀의 구전에 의해 단편적인 정보만 알 수 있다. 송옥순이 신어머니 권은도로부터 들은 기억을 중심으로 정리한다. 권은도는 친어머니가 무당이었기 때문에 예사 무녀처럼 신어머니와 신딸 관계가 깔끔하지 않다. 친어머니의 영향을 받은 것은 물론 함께 굿을 했기 때문이다.

---

17 宋俊, 위의 책, 17쪽에서 '한국 최고의 명무'로 권은도를 소개했을 뿐 아니라, 이 책에서 제일 먼저 권은도 무녀를 다룸으로써 자기가 만난 무녀 중에 가장 으뜸이었다는 사실을 분명하게 했다.
18 宋俊, 같은 책, 19쪽과 26쪽 참조.
19 宋駿, 같은 책, 21쪽.

권은도의 친어머니 추계 추씨는 1912년 생으로 81세가 되는 1993년에 세상을 떠났다. 대목이었던 안동 권씨와 혼인하여 딸 권은도를 낳았다. 남편은 아들을 얻으려고 새 부인과 딴 살림을 차렸으나 딸만 둘 낳고 일찍이 별세했다. 추씨는 신기가 있어서 신내림을 받아야 한다는 말을 듣고 안동 신시장 안에서 무업을 하던 무녀 강씨로부터 내림굿을 받았다. 강보살로 일컬어지던 강씨는 키가 훤칠하게 크고 무가와 노래를 잘 부르며 활달하기로 소문났다. 추씨는 신어머니 강보살 아래서 여러 가지 굿을 배우며 성주굿도 익혔다.

　추씨는 강보살로부터 독립한 뒤에 안동 권씨 소유의 산자락에 '진원사'라는[20] 이름의 자그마한 신당을 지어 굿을 했다. 진원사에서 추씨 모녀가 직접 굿을 하는 것은 물론, 다른 무당들이 굿을 할 때 공간을 제공하는 까닭에 사실상 굿당 구실을 하고 있다. 추씨는 딸 권은도에게 신내림을 준 것은 물론, 자신의 굿을 고스란히 전수했으며 진원사도 물려주었다. 따라서 권은도는 추씨에게서 물려받은 진원사에서 무당으로 일생을 보냈다. 권은도 아들도 무업을 이었다. 진원사는 추씨와 권은도, 권은도 아들까지 3대를 이은 무계의 산실 구실을 했다. 그러므로 권은도는 강신무이면서 또한 세습무다운 성격을 아울러 지닌 셈이다. 권은도의 신딸인 송옥순 또한 굿이 있을 때마다 진원사를 드나들며 12년 동안 굿을 함께 하며 신딸로서 제자 노릇을 했다.

　추씨의 신어머니는 강씨로서 강보살로 알려졌다. 자세한 정보는 물론 생몰 연대조차 알지 못한다. 권은도 무녀도 강씨라는 성만 알고 있었다. 권은도는 강보살에게서 신내림을 받았지만, 어머니 추씨를 따라다니며 굿을 하느라 강보살의 신딸 노릇을 제대로 할 겨를이 없었다. 따라서 권은도는 강보살에 대한 내력은 물론 생애사를 잘 알지 못한다. 누구나 알고 있는 소문이 고작이다.

　강보살은 일찍이 남편과 사별하고 자식도 없이 혼자서 무업을 하며 생계를 이었다. 안동 신시장 안에 자리를 잡고 무업을 했는데, 인물이 잘 생기고 풍채도 좋아서 강보살이 굿을 할 때는 구경꾼들이 많이 몰려들었다고 한다. 오래 전 일이라 그밖의 자세한 사정은 알 수 없다. 따라서 강보살의 신어머니도 알지 못한다. 그러므로 무녀 송옥순의 무계는 신어머니 권은도, 추계 추씨, 강보살까지만 거슬러 올라갈 수 있다. 간략하게 계보를 정리하면

20　안동시 풍산읍 막곡리 산기슭에 자리잡고 있는 추씨 개인의 신당이다. 딸 권은도가 내림굿을 받고 무녀가 되자 어머니의 신당을 이어받아서 굿당으로 운영해왔으며, 무당들이 굿을 하는 공간으로 이용되고 있다.

아래와 같다.

1) 강(姜)씨(생몰 미상) → 2) 추(秋)씨(1912) → 3 권은도(1931) → 4) 송옥순(1954)

안동지역 굿은 강신무들이 하는 까닭에 혈연으로 이어지는 세습무의 굿과 달리 굿의 계보가 오롯하지 않다. 어떤 무당이든 하나의 굿거리만 하는 것이 아니라, 열두 굿거리 이상을 배우고 익히는 까닭에 성주굿처럼 하나의 굿거리에 한해서 계보를 찾는 일은 사실상 무의미하다. 따라서 안동 토박이 무당이 지역 토박이 무당으로부터 신내림을 받고 신딸 노릇을 하며 굿을 제대로 익힌 무당이라면, 성주굿 또한 제대로 익혔다고 할 수 있다. 그러므로 송옥순은 안동 토박이의 무계를 고스란히 이은 무당으로서 안동 제비원 성주굿의 전통을 계승하는 조건을 충분히 갖추었다고 할 수 있다.

송옥순은 신어머니 권은도 아래에서 성주굿을 비롯하여 안택굿, 재수굿, 병굿, 칠성굿, 산신굿, 용왕굿, 작두굿, 산바람 막는 굿 등 온갖 굿을 두루 익혔다. 내림굿을 받은 이후 12년 동안 신어머니의 조무 노릇을 하며 굿을 익히다가 52세 되던 해인 2005년에 비로소 독립해서 지금까지 안동시 평화동 신당에서 무업을 하고 있다. 영험이 널리 알려져서 안동지역에서는 물론 경향각지로 불러 다니며 굿을 하는가 하면, 지역축제와 같은 큰 행사에 초청되어 작두굿을 공연함으로써 대중의 주목도 받고 있다.

신어머니와 함께 성주굿을 할 때부터 "성주의 본향이 경상도 안동땅 제비원"이라는 성주풀이를 노래하면서 안동이 성주의 본향이라는 사실에 남다른 긍지를 가졌다. 신어머니로부터 독립적으로 무업을 하면서 성주굿을 할 때는 이 사실에 대한 각성이 더 깊어졌다. 안동 지역사회는 물론 전국적으로 이 사실을 널리 알려야 한다는 자각을 하게 되었다. 따라서 2012년부터 시민들을 대상으로 성주풀이 완창 공연을 하기 시작하였고 2014년 사단법인 안동제비원성주풀이보존회를 설립하여 지금까지 전승활동을 계속하고 있다.

2018년부터 해마다 3월 삼짇날 제비원 범당산에서 '성주맞이 큰굿'을 하기 시작했다. 이 굿은 성주의 본향으로서 제비원의 장소성을 일깨우기 위한 공개 행사였다. 성주맞이 큰굿을 새로 시작하면서 성주풀이보존회에서 더 나아가 '안동제비원성주굿보존회'를 표방하기 시작했다. '성주풀이보존회'는 사단법인 이름이어서 그냥 두고 '성주굿보존회'라는 확대된 이름으로 성주맞이 큰굿은 물론 성주굿 전승활동을 계속하고 있다.

무녀 송옥순은 제자들을 여럿 두었다. 지금까지 배출한 제자 무당들이 15명인데, 송옥순을 신어머니로 삼아 내림굿을 받았거나 또는 신돋움굿을 받은 무당들이다. 작두굿을 배운 제자만 4명이 따로 있다. 제자들 가운데는 독자적으로 굿을 맡아 하는 무당들도 있고, 점사를 보며 굿을 떼기만 하고 굿 일이 생기면 으레 송옥순에게 굿을 맡기는 경우도 있다. 제자들은 모두 독립해서 무업을 하는데, 안동 인근 지역에만 있는 것이 아니라, 서울과 부산, 원주, 경기도 이천 등지에서 활동하는 제자들도 있다. 그러므로 제자들의 의뢰를 받아 전국 각지를 다니면서 굿을 하는 일이 잦다.

그러나 성주풀이보존회는 순전히 송옥순 개인이 제자들의 도움 없이 회원들 중심으로 활동하고 있다. 오히려 제자가 아닌 전국 각지의 여러 무당들이 지회장으로 참여하는 경우가 더 많다. 송옥순 자신이 신어머니 권은도 아래서 12년 동안 조무로서 고생을 한 까닭에, 제자들을 수하에 붙잡아 두지 않고 제각기 독립해서 무업을 하도록 길을 열어주었기 때문이다. 송옥순이 만든 성주풀이보존회에도 제자들이 반드시 참여하지 않아도 그만이다. 그러므로 특정 제자를 조무로 묶어두지 않고 필요할 때마다 서로 자유롭게 협업을 하는 관계를 맺고 있다.

내림굿이나 돋움굿을 하고도 굿을 혼자서 하지 못하는 제자들이 더러 있지만, 애써 붙잡아두고 조무를 시키며 엄격하게 굿을 가르치지 않는다. 모두 각자의 재량을 인정해주고 제각기 자유로운 선택에 맡긴다. 굿을 제대로 배우지 않아서 점사만 보는 제자 무당에게, "너한테는 고급 신령이 내렸다. 그래서 힘들여 직접 굿을 하지 않고, 굿을 떼면 선생을 불러다가 부려먹기만 하지 않느냐!" 하고 격려의 말을 건넬 정도이다. 제자들을 붙잡아두고 엄격하게 교육을 시킨 신어머니 권은도가 반면교사 구실을 한 셈이다.

신내림을 받아 무당이 되어도 말문이 열리지 않고 무가를 능숙하게 부르지 못하면 굿을 할 수 없다. 굿을 하지 못하고 점사만 보는 무당을 흔히 점쟁이라 한다. 무당은 점사도 보고 굿도 하지만, 점쟁이는 점사만 보고 굿은 별도의 무당에게 맡긴다. 그럼에도 송옥순은 점쟁이라는 말을 쓰지 않는다. 내림굿을 하여 신을 받은 사람은 모두 무당이라고 할 뿐 굿을 못하거나 하지 않는다고 해서 점쟁이라고 따로 일컫지 않는다. 왜냐하면 점사만 보고 굿을 하지 못하는 무당을 특별히 차별하지 않기 위해서이다.

현재 송옥순 무녀를 단골로 찾아와 점사를 보고 상담을 하거나 기도를 의뢰하는 가정이 약 80집 정도 된다고 한다. 대부분 개인적인 일보다 가정의 일을 의논해오는 까닭에 집 단위로 가름한 결과이다. 따라서 송옥순은 단골로 찾아오는 사람을 '신도'라고 하며, 자기 신도가 전국에 100명 정도로 가늠한다. 이들은 대부분 송옥순에게 굿을 의뢰한 제가집들이기도 하다.

점사만 보지 않고 점사에 따라 굿까지 해야 단골관계가 제대로 형성된다. 굿을 하면서 신통한 공수를 경험하고 굿을 한 뒤에 굿의 영험을 자각하게 된 사람들은 무녀로서 송옥순의 영험을 신뢰한 나머지 집안의 온갖 길흉사를 계속해서 상담하는 관계로 발전하게 된다. 이런 관계가 일시적이 아니라 오랫동안 계속되는 까닭에 무녀 송옥순은 신도라 하는데, 무계의 용어로 정확하게 말하면 단골이라[21] 할 수 있다.

4. 무녀 송옥순의 생애사와 입무 과정

송옥순의 신어머니 권은도 무녀가 어릴 적부터 신기가 있어서 어머니 추씨의 내림굿 판에서 함께 뛰면서 춤을 추었다고 하는데, 송옥순 또한 어릴 적부터 그런 환경에서 자랐다. 할머니의 남다른 민속신앙의 영향을 크게 받은 것이다. 할머니는 온갖 신들을 두루 섬기는 민속신앙 신자나 다름없었던 분이다. 송옥순은 안동군 임하면 송천동에서[22] 태어났는데 어릴 적에 안동시내로 이사 와서 당북동과 운안동에서 살았다. 20대까지 어머니보다 할머니의 영향을 더 많이 받으며 자랐다.

부모님이 혼인하고 5년 만에 첫아기로 송옥순을 낳은 까닭에 할머니가 맏손녀를 특별히 귀엽게 여겼다. 아래로 동생이 다섯이나 났지만 할머니 사랑을 독점적으로 받으며 자랐다. 송옥순은 늘 할머니와 같이 자고 먹고, 할머니가 가는 곳을 따라서 함께 나들이하곤 했다. 할머니가 잔칫집에서 가져온 맛있는 음식도 으레 송옥순 몫이었다. 별식이 생기면 손수건에 싸 두었다가 식구들 몰래 맏손녀 입에 넣어주곤 했다. 이야기를 직접 옮겨 보자.

---

21 전라도 무당의 단골관계는 마을 중심의 지역 공동체 단위로 형성된다. 그러나 송옥순의 경우는 지역의 경계를 넘어선다. 전국적으로 굿을 하러 다니는 까닭에 단골도 안동지역에 한정되지 않고 널리 열려 있다.
22 지금은 송천동이 임하면에서 안동시로 편입되어 안동시 송천동이다.

아부지가 5년만에 저를 낳아가주고, 할매가 맨날, 그 뭐 비록 잘 사지는 못했지만은, 할매가 사랑만큼은 저한테 진짜 좆어요. 5년 만에 놔났는 손녀니까 사랑만큼은 저를 조가주고(주어서) 뭐 천지도 모르고 진짜 덩둘이 긑이[23] 이래 컸어요.

송옥순이 15살 때 여섯째 동생이자 집안의 막내인 첫아들이 태어나면서부터, 할머니는 송옥순보다 막내인 손자를 더 챙기기 시작했다. 그럼에도 할머니의 사랑은 여전해서 돌아가실 때까지 할머니로부터 보고 배운 내용들이 일생의 지식과 추억으로 남아 있다. 가장 중요하게 기억되는 것이 할머니의 기도 말씀과 부르는 소리였다. 할머니는 이런 저런 일로 움직이거나 집안일을 할 때 늘 입으로 뭔가를 흥얼거리며 소리를 했다. 어린 손녀를 무릎에 눕히고 바느질을 할 때 "금을 준들 너를 주랴. 은을 준들 너를 주랴" 하며 자장가를 불러 주었고, 〈진주낭군〉[24] 같은 구슬픈 서사민요도 불러주었다.

할머니는 민속신앙과 관련하여 대청에 모신 성주신이나 안방의 삼신, 장독대의 칠성신에게 빌 때에도 비는 말을 하다가 곧잘 '소리'도 읊조렸다. 지금도 기억에 생생한 할머니의 소리는 오방지신주(五方地神呪)였다.[25] 할머니의 소리를 어린 시절의 기억으로 품는 데 머물지 않고 성주굿을 할 때 지신밟기 대목에서 이 '오방지신주'를 구송한다. 할머니의 기도와 주문이 기억 속의 장면이 아니라, 송옥순의 무녀생활에 직접 영향을 준 구체적 사례이다.

집안에 모신 가신(家神)들에 대한 할머니의 기도와 치성은 일상적으로 이루어졌다. 설과 한가위 명절에는 성주님 앞에 상을 차려두고 식구들의 건강과 복을 빌었다. 집에서 별식을 할 때는 물론, 이웃집에서 별식이 들어와도 상을 차려 성주 앞에 바쳤다가 물려서 식구들끼리 나누어 먹곤 했다. 특별한 경우에는 송천동에서 제비원까지 13㎞ 정도 걸어가서 미륵님께 치성을 드렸다. 특별한 경우란 집안에 우환이 있거나 큰 걱정거리가 생겼을 때이다. 송옥순도 할머니를 따라 제비원에 여러 차례 다녀왔다.

---

23 덩둘이 같이. 덩달이 같이. 차분하지 않게 들떠 있는 행동을 조심성 없이 하는 사람을 일컬어 덩둘이 같다, 또는 덩달이 같다고 한다.
24 시집살이 고초를 겪고 있는 아내를 두고 기생첩을 낀 채 희희낙락하는 남편 진주낭군 때문에 아내가 목을 매어서 죽자 후회하는 내용의 민요이다.
25 최성달, 앞의 글, 186쪽에 있는 '오방지신주' 참조.

지금도 가장 또렷하게 기억에 남는 일은 셋째 동생 옥희가 6살 무렵에 홍역을 앓아 혼수상태에 빠져 있을 때 겪은 상황이다. 한의원에 가도 가망이 없다고 손사래를 쳤다. 할머니는 포기하지 않고 동생을 업고 한 다름에 제비원까지 달려갔다. 포대기로 싼 동생을 미륵 앞에 봉헌하듯 바치고는 두 손을 비비며 간절하게 비손을 했다. 미륵님께 빌고 천지신명께도 빌고 성주님께도 애걸복걸하듯 울면서 빌었다. 그러는 중에 혼수상태에 있던 동생이 겨우 눈을 뜨고 오른 손을 움직이기 시작했다.

눈물범벅이 되어 있는 할머니를 보고 동생이 뭐라고 말을 했지만 송옥순은 알아들을 수 없었다. 할머니는 동생의 말을 알아듣고서 "어린 것이 도리어 할미더러 걱정하지 말란다. 지는 선녀가 될 것"이라고 했다는 말을 들려주었다. 동생은 몇 마디 더 말을 잇고는 숨을 거두었다. 제비원 미륵 앞에서 동생의 죽음을 지켜본 것은 엄청난 충격이었다. 따라서 지금껏 당시 현장을 보는 것처럼 기억이 생생할 뿐 아니라, 내림굿을 할 때 동생 옥희가 선녀신으로 들어왔다고 한다.

동생 옥희는 그때 제비원 미륵 앞에서 눈을 감고 저 세상으로 갔지만, 언니 송옥순은 생생한 기억과 함께 동생 옥희를 마음속에 늘 품고 무녀생활을 하고 있다. 내림굿을 할 때 가족 신으로는 선녀와 아버지, 동자가[26] 함께 들어왔다는 사실도 우연이 아니다. 신당에서 기도를 하거나 점사를 볼 때도 나른 신령들보다 가장 또렷하게 공수를 주는 신이 동생 옥희의 선녀신이다. 선녀가 빙의되면, 점사를 보러 온 손님들이 비록 어리더라도 모두 '언니' 또는 '오빠'라고 부르며 공수를 준다고 했다.

살아 있을 적에 동생 옥희는 6살이었지만 언니들이 읽는 국어책을 듣고서 다 외울 정도로 똑똑했다. 글을 읽지는 못해도 책을 들고 보는 것을 아주 좋아했고, 언니들을 따라 학교에 가고 싶어 하며 따라나서기도 했다. 그런 까닭에 송옥순 무녀가 공부를 하거나 학교에 가는 것을 아주 기뻐했다. 송옥순은 "내가 이 나이에 대학 다니게 생겼어요?" 하면서, 늦은 나이에 전문대학을 졸업하고 다시 4년제 대학에 편입해서 학업을 마친 것은 모두 동생인 선녀신이 좋아하기 때문이라고 했다.

실제로 그녀는 무업과 성주풀이보존회 활동을 겸하면서 뒤늦게 두 대학에 거듭 입학하여 2개 전공과정을 모두 마쳤다. 2019년에 안동가톨릭상지대학 사회복지과를 졸업하고,

---

26 송옥순 무녀가 낙태 수술한 태아의 영이 동자신으로 들어왔다고 한다.

다시 성운대학 아동보육학과에 편입학하여 2023년 2월에 졸업을 하였다. 60대 중반 나이의 무녀가 2년제 대학을 졸업하는 것도 벅찬 일인데, 다시 4년제 대학에 편입학하여 학점을 이수하고 졸업을 하기란 여간 힘든 일이 아니다. 학구열은 학부에 멈추지 않고 대학원 과정까지 뻗어갔다. 현재 대학원 석사과정에서 심리상담학과에서 상담학을 전공하고 있다. 그것도 대학을 졸업하고 학위증이나 자격증을 받아서 취업을 하려는 것도 아니고 순수하게 공부가 좋아서 대학과 대학원을 다닌 것이니 그 학구열을 남다르게 해석하지 않을 수 없다.

공부에 대한 힘과 열성은 어디서 온 것일까? 어릴 때 저 세상으로 떠난 동생 옥희로부터 비롯된 셈이다. 스스로 공부하기를 좋아했고 언니가 공부하는 것을 보면 아주 기뻐하는 선녀신의 격려와 지지가 가장 큰 힘이었다고 한다. 그러므로 두 대학과 대학원에서 수학하는 특별한 학업활동도 사실은 신내림을 받아서 하는 무업활동과 일정한 연관성이 있다고 하지 않을 수 없다.

할머니는 입버릇처럼 '나는 우리 손녀 옥순이가 시집가는 걸 보고 죽겠다'고 했는데, 뜻을 이루지 못했다. 송옥순이 열아홉 살 때, 시집가기 3년 전에 돌아가셨다. 그러나 할머니가 비손하던 일이나 제비원 미륵을 찾아가 기도를 올리던 일은 끊어지지 않고 맏손녀 송옥순을 통해서 이어지고 있다. 특히 할머니를 따라 먼 길을 걸어서 제비원까지 가던 멀고 험한 길은 그대로 무녀 송옥순의 길이 되었다.[27] 예사 무녀와 달리 제비원성주굿보존회를 만들고 제비원 범당산에서 해마다 성주맞이 큰굿을 하며, 안동 제비원을 성주의 본향답게 가꾸어가려는 특별한 노력은 할머니의 제비원 미륵신앙으로부터 뿌리내린 것이라 할 수 있다.

송옥순은 할머니가 돌아가시고 3년 뒤인 22세에 단양 우씨 댁으로 시집을 갔다. 남편과 2년 동안 연애 끝에 혼인을 했다. 시집은 영양군 수비면 일월산 자락에 있는 마을이었다. 시골마을로 시집을 갔지만 시집살이를 하지 않고 안동시 당북동에서 신혼살림을 꾸렸다. 시아버지는 3대 독자여서 집안의 보물단지나 다름없었다. 시조부모가 큰 바위 앞에 불을 켜고 빌어서 낳은 귀한 아들이었다. 6.25 때 국군과 인민군이 일월산 주변 마을을 번갈아 접수하는 과정에 시할아버지가 아들을 숨겨주려다 대신 무참하게 희생되었다.

---

[27] 최성달, 앞의 글, 187~188쪽 참고.

마을을 장악하고 있던 사람들이 아들이 숨어 있는 곳을 실토하라고 시할아버지를 윽박질렀다. 그러나 보물 같은 3대독자를 내놓을 수 없었던 시할아버지는 끝까지 아들이 숨은 곳을 알려주지 않았다. 사람들은 화를 내며 시아버지를 수수밭으로 끌고 가서 죽창으로 찔러 살해했다. 시댁에서 자손이 귀한 이야기를 할 때마다 시아버지를 살려내고 불행을 당한 시할아버지 사건이 화제가 되곤 하였다.

문제는 송옥순의 신혼생활이었다. 연애 시절에 '이 사람이구나!' 할 정도로 서로 잘 어울렸는데 혼인한 뒤에는 부부 사이에 불화가 잦았다. 만사가 잘 맞지 않고 서로 틀어지기 시작했다. 남편은 소리사를 운영하고, 송옥순은 화장품 판매와 계를 주선해서 계주 역할을 했다. 소리사도 영업이 잘 되어 호황을 누렸고, 송옥순 또한 20개 이상의 계를 운영하면서도 탈나는 일이 없었기에 계주로서 꽤 돈을 벌기도 했다. 다만 부부 사이만 티격태격 거리느라 바람 잘 날이 없었다. 송옥순은 부부 사이에 신 다툼이 있어서 가정불화가 잦다고 생각하고 무당집을 자주 찾아다녔다.

24살 때 첫아들을 낳았다. 아들이 잘 울고 보채서 물어보니, 엄마와 아들이 서로 사주가 맞지 않는다고 아들을 팔아라고[28] 권유했다. 친정어머니에게 상의했더니 어머니가 나서서 아이팔기를 도와주기로 했다. 어머니가 아침 일찍 권은도 무녀를 찾아가서 아들을 파는 기도를 했는데, 아들이 뱀띠여서 제비원이 있는 이천동 개친에다 팔았다고 알려주었다. 아들을 팔고 난 뒤에 용단지를 집에 모셨다.

이 시기부터 주체할 수 없는 신기가 발동되기 시작했다. 가깝게 지내는 권은도 무녀는 물론 어느 무당을 만나든 하나같이 "당신은 천하없어도 무당이 되어야 한다"고 말했다. 무당 팔자로 태어났다는 것이었다. 무당이 되는 것은 죽기보다 싫었으므로 이 말을 듣고 견디기 힘들었다. 더군다나 남편도 "우리 집안은 대대로 불줄은 강했지만 무당은 없었다"고 하며 펄펄 뛰었다. 따라서 송옥순은 무당이 되지 않는 일이라면 무슨 일이든 다 했다. 굿을 하라면 굿을 하고 시주를 하라면 시주를 했고, 방편을 쓰라면 방편을 썼다. 번 돈을 다 날리더라도 무당만은 되고 싶지 않았다.

이때부터 할머니가 살아계실 때 따라다니던 제비원을 찾아가 기도를 올렸다. 미륵전에

---

[28] 아이를 자연물에 파는 풍속을 '아이팔기'라고 한다. 아이의 명이 짧거나 부모와 사주가 맞지 않을 경우 큰 나무나 바위 등 자연물을 부모 대신 수양부모로 정해 주는 민속신앙 의식이다.

빌고 성주전에도 빌고 할머니께도 빌었으며, 먼저 하늘나라로 가서 선녀가 된 동생 옥희에게도 빌었다. 제발 무당만 되지 않게 해달라고 간절하게 빌고 또 빌었다. 매일 제비원을 시작으로 석수암과 법룡사 세 곳을 차례로 방문하여 기도를 드렸다. 특별한 경우에는 세 곳에 기도를 마치고 안동댐 용궁과 서낭신에게 찾아가 기도를 올리기도 했다.

날마다 일상처럼 기도생활을 하면서, '인간으로서 할 수 있는 일을 다하고 기다리면, 진인사대천명(盡人事待天命)이라고 하늘도 무심치 않아 운명을 바꿀 수 있으리라' 믿었다. 시집가서 23세에 시작한 기도를 28세까지 5년 동안 꼬박 이어갔다. 그러는 동안 영혼은 투명하게 점점 맑아져갔다. 기도생활을 열심히 할수록 머릿속에 불현 듯 떠오른 생각이나 꿈을 꾼 내용이 실제 생활에서 현실로 나타나기 시작했다.

어떤 사람 얼굴에 광채가 보이기에 '상복(賞福) 있겠습니다'라고 말했더니 실제로 며칠 뒤에 큰 상을 받았다. 아는 사람을 만났는데 좋은 기운이 느껴져서 '돈이 들어오겠네'라고 말하면 영락없이 횡재수가 터졌다. 따라서 사람에 따라 보이고 느껴지는 대로 '안 좋은 일이 있다'고 하면 실제로 안 좋은 일이 생기고, '액운을 막아야 한다'고 했는데 그냥 듣고 지나친 사람은 뇌졸중으로 반신불구가 되거나 또는 죽기도 했다. 따라서 머리에 떠오르는 대로 말을 함부로 하면 안 되겠구나 생각해서 자제를 했다. 그러나 사람을 보고 생각이 떠오르면 자기도 모르게 입 밖으로 말이 튀어나왔다.

곁에서 이런 모습을 지켜본 남편은 기겁을 했다. 말하는 대로 일이 벌어지니 놀라지 않을 수 없었다. 기겁을 한 남편은 제발 사람을 보고 무슨 생각이나 영감이 떠오르더라도 절대 입 밖으로 내뱉지 말라고 애원하며 싹싹 빌었다. 그러나 말문은 닫히지 않았다. 마음먹은 대로 자제가 되지 않는 까닭이다. 남편이 빌어서는 안 되겠다 싶어서 윽박지르기까지 했다. 그럼에도 불쑥불쑥 튀어나오는 아내의 말문을 닫을 수 없었다. 자연히 부부싸움이 잦아졌고 불화도 더 깊어졌다.

한번은 부부동반으로 어느 절에 가는 길이었다. 남편 친구에게 "얼마 안 있으면 상복(喪服)을 입게 됩니다" 하고 말하자, 남편이 노발대발하여 불호령이 떨어졌다. 부부가 언성을 높여 다투는 바람에 절에 가는 길도 그만 두고 집으로 돌아왔다. 열흘 뒤에 그 집 어른이 돌아가셨다고 연락이 왔다. 어른이 일흔을 넘겼지만 평소에 정정했는데, 그날 아침을 드시고 멀쩡하게 있다가 갑자기 쓰러져서 돌아가셨다는 것이다. 남편은 물론 남편 친구 부부도 새삼 송옥순의 예언에 놀랐다.

이렇게 신통력이 나타나고 신기가 넘쳐도 무당의 길은 갈 수 없었다. 남편의 반대는 물론, 스스로도 무당이 되려는 생각은 전혀 없었기 때문이다. 이러한 사정을 알아차린 권은도 무녀와 평화사 주지 최사불 스님은 무당이 되기 싫으면 우선 집에다가 성주신과 대감을 모시라고 권했다. 그것이 일종의 방책이라고 했다. 무당이 되지 않을 수 있다는 말에 두말 않고 대감을 집에 모셨다. 성주신도 모시려 했지만 내 집이 없으면 모시지 못한다고 했다. 그래시 성주신을 모시려고 평화동에 새로 집을 사게 되었다.

　이때가 29세였다. 집을 사고 나니 방향이 삼살 방위라서 좋지 않았다. 권은도 무녀를 모시고 와서 안택굿을 했다. 안택굿을 하면서 성주굿을 하고 성주신을 집에다 모셨다. 이때부터 집에 성주신과 용단지, 대감, 삼신을 모시고 무당이 아닌 무당생활이 시작되었다. 성주신과 대감신을 집에 모셔 놓으니 너무나 좋아서 아침저녁으로 기도를 올렸다. 그때부터 제비원과 석수암, 법룡사는 물론 틈을 내서 전국 산천을 돌아다니며 기도를 했다. 아침만 되면 새벽 같이 일어나 산에 기도를 갔다. 시집 마을이 있는 일월산을 비롯하여 가까운 청량산, 소백산, 팔공산은 물론 멀리 지리산과 속리산, 계룡산, 설악산을 거쳐 제주도 한라산까지 찾아가 산기도를 올렸다.[29]

　산뿐만 아니라 서낭당에도 가고, 장군당과 용왕신도 찾아다니며 치성을 들였다. 무속인이 갈 수 있는 곳이라냔 어디든 가서 기도를 했지만, 부치님 앞에는 가지 않았다. 산을 오르기 위해 새벽 4시에 일어나 집을 나서곤 했다. 기운이 좋은 산에서 기도를 하면 그리 좋을 수가 없었다. 촛불을 켜고 제물을 차려놓고 앉아 있으면 기쁨이 솟구쳐서 저절로 울음이 나오거나 웃음이 터지기도 했다. 신을 받지 않았지만 신을 받은 것이나 다름없는 보살행을 하고 있었다. 따라서 차에는 늘 술과 과일, 초를 싣고 다녔다.[30] 언제 어디서든 기도를 올릴 수 있기 위해서였다.

　산기도를 올릴 때마다 3가지 소원을 빌었다. 첫째 무당이 되지 않게 해달라고 빌었고, 둘째 가족이 건강하게 해달라고 빌었으며, 셋째 남을 도울 수 있는 사람이 되게 해달라고 빌었다.[31] 물론 당시에 계주를 한 까닭에 계모임이 탈이 나지 않기를 빌기도 하고, 아이들

29　최성달, 같은 글, 192쪽 참조.
30　宋俊, 앞의 책, 304쪽.
31　최성달, 같은 글, 192쪽.

이 훌륭하게 자라기를 빌기도 했지만, 위 3가지 기도는 늘 빠뜨리지 않았으며 기도의 핵심을 이루었다.

기도 덕분인지 모든 일이 점점 잘 풀려나갔다. 계를 20여 개나 했지만, 어느 한 곳에서도 탈이 나지 않았다. 계원들 가운데 한두 사람들이 돈을 받아먹고 자취를 감추거나 곗돈을 몇 달씩 내지 않아서 펑크가 나는 일이 있는데, 25년 동안 계주 노릇을 하면서 한 번도 사달이 나지 않았고 계원들로부터 욕먹을 일도 없었다. 계주로서 목돈을 챙길 수 있어 살림살이도 넉넉했고 아이들도 잘 자라주어서 큰 걱정 없이 살았다.

그렇게 산기도를 10여 년 다니며 무탈했는데, 39세가 되던 해 가을부터 이상한 증세가 나타났다. 산기도를 많이 한 탓인지 정신이 초롱초롱해져서 밤이 되어도 잠을 잘 수 없었다. 게다가 밥숟가락을 입에 넣을 수 없는 것은 물론, 눈알이 튀어나올 것처럼 아팠다. 귀에는 환청이 들리고 웬만한 사람을 보면 점사가 떠올랐다. 가만히 앉아 있으면 앞날이 다 보였다. 굿판에 가면 굿하는 무당보다 더 족집게처럼 알아맞히는 바람에 무당을 곤란하게 만들기도 했다.

산모의 뱃속 아이의 성별을 알아내고 시험을 앞둔 수험생의 당락을 정확하게 알았으며, 꿈이 마치 선몽이나 예지몽처럼 현실에서 고스란히 실현되었다. 우연히 사람을 마주치면 앞으로 닥칠 일이 그림처럼 보였고 자기도 모르게 그 사실을 불쑥 말하기 일쑤였다. 자연히 이웃으로부터 용한 점쟁이로 소문이 나기 시작했다. 점집을 차리지 않았지만 사실상 점쟁이었고 내림굿을 받지 않았지만 사실상 무당이나 다름없었다.[32]

그럼에도 송옥순은 한사코 무당만은 되지 않으려고 안간힘을 다 썼다. 다달이 굿을 하는 한이 있어도 무당만은 피하고 싶었다. 그럴수록 별일이 다 생겼다. 새벽에 평소처럼 기도하러 가는 길에 대형트럭에 부딪혀 공중에서 몇 바퀴를 돌고 땅에 떨어지는 일도 있었다. 그러나 생명이 위험하기는커녕 희한하게도 팔다리에 타박상만 조금 있었을 뿐 몸이 멀쩡했다. 신의 장난처럼 여겨졌다. 온갖 시련과 시험이 두루 닥쳤지만 견뎌냈다.

그런데 더 이상 버틸 수 없는 일이 닥쳤다. 딸아이에게 이상한 일이 생기기 시작한 것이다. 밤에 자던 아이가 새벽만 되면 사라지는 일이 생겼다. 그런 날이면 버선발로 온 동네를 찾아 헤맸다. 아이는 집으로 돌아와서 자신이 한 행동을 전혀 알지 못했다. 자기도 모르게

---

[32] 최성달, 같은 글, 193쪽.

집을 나가 동네를 쏘다녔지만 기억하지 못했다. 몽유병 증세였다. 어머니로서는 억장이 무너지는 일이었다.

천지신명이 원망스러웠다. 산에 가서 천지신명에게 울고불고 매달렸다. 지금껏 열성으로 기도를 드렸는데, 어찌하여 이런 고통을 주는지 따지고 묻기도 하며, 서러움에 북받쳐 펑펑 울기도 했다. 도무지 이해할 수 없는 일이자 받아들일 수 없는 사태가 일어나서 서럽기만 했다. 무엇 때문에 죽기보다 싫다고 하는 사람을 기어코 무당이 되게 하려고 골탕을 먹이는지, 그 심사를 알 수 없어 따져 묻지 않을 수 없었다. 그러나 아무리 몸부림쳐도 소용이 없었다. 고통만 더 심해져갔다.

우선 잠을 제대로 잘 수가 없었다. 백일 동안 한숨도 잘 수 없었고 밥 한 숟가락 못 먹었다. 속이 타서 온종일 물만 마시고 버텼다. 잠을 못 자고 음식을 못 먹으니 눈알이 튀어나올 것 같은 고통이 이어졌고 귀에는 환청이 들리기 시작했다. 머리가 어질어질해서 차를 운전하면 사고가 나서 죽을 것 같았다. 석달만에 몸무게가 20kg이나 빠졌다. 더는 버틸 수 없었다. 살기 위해 무슨 짓이라도 해야겠다고 생각하여 평소 알고 지내던 무당에게 굿을 부탁했다.

굿을 하는 동안 무당과 송옥순은 한겨울인데도 모두 땀을 뻘뻘 흘렸다. 거의 혼쭐이 난 셈이나. 그래도 굿을 하고 며칠 동안 잠을 자고 끼니를 겨우 이었다. 그러나 보름이 지나자 다시 이전 상태로 되돌아가자 그 무당을 찾아가서 굿을 한 번 더 해달라고 부탁했다. 무당은 고개를 절래절래 흔들며 손사래를 쳤다. 자기에게는 두 번 다시 굿 이야기를 꺼내지 말라고 정색을 하며 말했다. 왜냐하면 그때 굿을 하고 혼쭐이 나서 무당이 1주일이나 앓아누웠다는 것이다. 무당이 거절하니 굿도 할 수가 없었다.

이런 딱한 상황에서 누가 "물장사를 한번 해보소. 그러면 신을 안 받아도 된다고 카디더"라고 일러주었다. 그 말에 눈이 번쩍 뜨여서 부동산 매물로 나와 있는 노래방을 다짜고짜로 계약하고는 팔자에도 없는 물장사를 시작했다. 그러나 노래방은 파리만 날리고 곗돈도 떼이기 일쑤였으며, 호황을 누리던 남편의 전파사도 사양길에 들어섰다. 어느 일 하나 제대로 풀리는 것이 없었다. 앓고 있던 신병도 나을 기미가 없었다.

밤마다 꾸는 꿈도 특이했다. 스스로 돗자리를 깔고 점판 앞에 앉아서 점을 치는 신꿈을 밤마다 꾸었다. 어느 날 꿈에는 백발노인이 나타나 뭘 하고 있느냐고 고함을 쳤다. 그러자 친구가 찾아와 점을 봐달라고 손을 내밀었는데, 그 뒤를 보니 사람들이 길게 줄지어 기다리는 것이 인산인해를 이루었다. 깜짝 놀라 꿈을 깨고는 자기 자신을 되돌아보기 시작했다. 마침내 무당의 운명에서 벗어날 수 없다는 생각을 하게 되었다.[33] 무엇보다 딸이 제 정신을 차릴 수 있도록 도와주어야겠다는 생각이 간절했다. 결국 신의 뜻을 받아들이고 무당의 길을 가기로 마음먹었다. 그것이 딸을 살리고 나를 살리며 가정도 살리는 길이라 판단했다.

내림굿을 하려고 하니 불현 듯 앞서 굿을 하던 무당의 말이 떠올랐다. "당신 같이 기가 센 사람은 나 같은 무당이 아니라 큰무당을 찾아가야 한다"고 했다.[34] 3월 초하룻날 큰무당이자 안택굿과 성주굿으로 인연이 있는 권은도 무당을 찾아 진원사로 갔다. "왜 굿을 했는데 몸이 더 아픕니까?" 하고 물었더니, "너는 신이다. 왜 엉뚱한 곳에 가서 재수굿을 했느냐. 너는 신굿을 해야 한다"고 했다. 공수나 다름없는 말이었다.[35] 그 말을 기꺼이 받아들이고 이틀 뒤인 3월 삼짇날 내림굿을 하기로 날을 잡았다.

내림굿을 하는 3월 삼짇날 아무에게도 알리지 않고 혼자서 진원사로 갔다. 권은도에게는 남편에게 알리고 내림굿을 한다고 둘러댔지만, 남편이 극렬하게 반대했기 때문에 사실은 남편 모르게 굿을 했다. 가족은 물론 이웃이나 지인에게도 알리지 않은 것은 자존심 때문이었다. 자신이 무당이 되는 굿을 어느 누구에게도 보여주고 싶지 않아서였다. 굿판을 벌이자 얼마 안 되어 접신이 되었다. 빙의가 이루어지자 몇 시간을 펄쩍펄쩍 뛰면서 말문이 열려 온갖 말이 다 튀어나왔다. "천지신명이시여 저를 굽어 살피시어 만중생을 살리는 큰사람으로 쓰이게 하십시오." 내림굿을 하면서 처음으로 외친 말이었다.

이어서 곧 "장군, 장군, 대감, 대감"이라고 외쳤다. 장군신과 대감신이 온 것이었다. 이어서 "고깔 쓰고 칠성 할매가 왔다"고 소리쳤다. 칠성신이 들어온 것이다. 다음으로 6살에 홍역을 앓다가 죽은 동생 옥희가 선녀가 되어 들어왔다. 이때는 눈물이 펑펑 쏟아졌다. 그리고 온갖 신장 도사들이 접신이 되어 줄줄이 들어왔다. 아침에 시작한 내림굿은 다음날 새벽 5시 무렵에 끝이 났다.

굿을 마치고 무당이 되었다고 생각하니 처음에는 부끄러워서 혼이 났다. 그러나 그날부

33　최성달, 같은 글, 195~196쪽.
34　최성달, 같은 글, 196쪽.
35　宋俊, 같은 책, 305쪽.

터 잠이 잘 와서 오랜만에 푹 잠을 잤다. 그렇게 못 자던 잠을 꿀맛처럼 단잠을 잤다. 밥맛도 세상 처음 먹어보는 것처럼 꿀맛이었다. 몇 달 동안 밥 한 술 못 먹었는데 밥 한 그릇을 거뜬하게 비웠다. 정말 신의 조화가 이런 것인가, 몸이 두루 아픈 것도 말끔하게 사라졌다. 새 세상에서 새 삶을 사는 기분이었다. 이렇게 좋은 것을 왜 지금껏 안 하겠다고 버티며 난리를 쳤는지, 스스로 이해가 되지 않을 정도였다. 점차 부끄러운 마음도 가셨다. 그 길로 남편 몰래 운안동에 신당을 차리고 기도를 올리며 손님을 받기 시작했다.[36]

남편은 부인이 신을 받은 줄 전혀 모르고 지냈다. 그러다가 새벽마다 부인이 집을 나가는 것을 알아차리고 어느 날 뒤를 따라 가보니 운안동 신당이었다. 내림굿을 하고 3달 만에 남편에게 탄로가 난 것이다. 남편은 기가 막혔지만 몰래 집으로 왔다가 저녁 때 작정하고 다시 신당을 찾아갔다. 신당 앞에 아내가 오방기를 들고 앉아 기도를 하고 있었다. 신을 받아 무당이 된 것이 틀림없다고 확인한 남편은 "뭐 이런 게 다 있노! 지금 여기서 뭐하고 있노, 응?" 벽력 같이 소리를 지르며 밖에 있는 커다란 벽돌을 가져와 던져 신당을 마구잡이로 부수었다.[37] 벽돌을 계속 던졌는데도 조상 단지는 깨지지 않았다.

신당이 크게 부서졌지만 송옥순은 신당을 떠나지 않고 계속 지키고 있었다. 신당을 부수어버리면 아내가 돌아오리라 믿었던 남편의 생각은 빗나갔다. 남편은 화가 나고 부끄럽기도 해서 신단을 마구 부수있을 뿐 아니라, 이내에게 무당 노릇을 하지 못하도록 윽박질렀다. 부부 사이의 팽팽한 갈등으로 집안은 바람 잘 날이 없었다.

문제는 아이들이었다. 그러나 아이들은 아버지와 달랐다. 무당이 된 어머니를 부끄럽게 여길 줄 알았는데, 오히려 아버지보다 어머니편을 들어주었다. 아버지가 화를 내고 어머니 일을 막으면, 아들이 나서서 '엄마가 하고 싶은 대로 하도록 그냥 두라'며 오히려 아버지를 말렸다. 그런 아들은 지금 장가들어 서울에서 토목기사로 일하고, 딸은 서울에서 병원 수간호사로 일하고 있다.[38]

그러는 중에 남편에게 이상이 생겼다. 갑자기 급성 당뇨가 와서 살이 빠지기 시작했다. 병세가 악화되자 송옥순은 누워 있는 남편에게 벌전[39] 푸는 의식을 했다. 신장 칼을 휘두르

36　최성달, 같은 글, 196~197쪽.
37　宋俊, 같은 책, 306쪽.
38　최성달, 같은 글, 198쪽.
39　잘못을 저지른 일에 대하여 신이 내리는 벌을 흔히 '벌전'이라 한다.

며 주문을 외웠다. 처음에는 거부감을 표현하던 남편도 열성을 기울이는 아내의 의식에 순순히 응했다. 아내가 별전 물리는 의식을 하고 나자, 남편의 병은 거짓말처럼 깨끗하게 나았다.[40] 그로부터 남편은 아내의 점사나 굿을 반대하지 않았다. 이렇게 남편의 양해를 얻고 나니 천군만마를 얻은 것 같았다.

송옥순은 부서진 신당을 수습해서 다시 차렸다. 아무 도움 없이 혼자 힘으로 내림굿을 하고 신당을 거듭 차리느라 가진 돈이 바닥이 났다. 그때까지 노래방을 계속 운영하고 있었다. 노래방에 가 있으면 손님들이 점을 봐 달라고 노래방까지 찾아왔다. 노래방과 신당을 함께 지킬 수 없었다. 어느 것 하나는 포기해야 하는 처지였다.

결정을 못하고 신당 앞에 앉아 고민을 하고 있는데, 조상 신령이 "치워라!" 하는 계시를 주었다. 그래서 조상 신령에게 빌었다. "할아버지, 힘이 드니 땅 두 덩어리를 팔리게 해주세요. 노래방도 팔아주세요." 이렇게 빌자, 갑자기 신당에서 "오냐!" 하는 소리가 들렸다. 그러고 며칠 되지 않아서 땅이 팔리고 노래방도 팔렸다. 이 일로 용기를 얻어서 신당을 모신 대문 앞에 사찰이름을 간판으로 써서 달고 천왕대도 세워두고, 점사 손님을 맞이하기 시작했다.[41]

이때부터 점을 보는 손님이 신당으로 찾아왔다. 점사를 보기 시작하자 입소문이 나서 손님들이 늘어났다. 어떤 손님은 마치 신도처럼 빈번하게 찾아와 집안일을 두루 상담하기도 했다. 그런 단골들이 늘어나 요즘에는 모두 100명 정도 된다.

당시에 점사는 보았지만 손님들의 요청이 있어도 굿은 하지 않았다. 굿을 할 일이 있으면 신어머니 권은도 무녀를 앞세웠고, 자신은 신딸로서 조무 노릇만 했다. 조무는 부정치기를 주로 하고 장군굿과 신장굿을 하는 정도였다. 이렇게 신어머니 아래서 조무 노릇을 계속하며 굿을 익혔다. 내림굿 이후 조무생활 12년째인 2005년에 52세의 나이로 독립해서 비로소 독자적인 굿을 시작해서 지금에 이른다.

---

40 최성달, 같은 글, 198쪽.
41 宋俊, 같은 책, 306쪽.

5. 조무시절 송옥순의 신통한 공수경험

송옥순은 늦은 나이에 내림굿을 받고 무당이 되었다. 무당이 되었다고 해서 곧 굿을 할 수 있는 것은 아니다. 내림굿을 받은 지 얼마 안 되는 무당을 흔히 애동무당이라고 하는데, 애동무당은 굿을 하는 요령과 절차와 방법은 물론 주문과 무가, 기도, 공수 모두 신어머니에게서 배워야 한다. 따라서 틈이 날 때마다 진원사를 찾아가 신어머니 권은도의 가르침을 받았다. 신어머니가 굿을 떼면 조무로 일을 도우면서 굿을 하나씩 배워나갔다. 성주굿은 물론 작두굿을 잘 하는 명인이 된 것도 신어머니의 가르침 덕분이다. 신어머니가 신딸인 송옥순의 백일굿을[42] 하는 중에 신딸에게 작두를 타보라고 지시를 했다. 송옥순은 이때 처음 작두를 타기 시작해서 이제는 작두굿의 달인에 이르렀다.

처음에는 굿 심부름만 했다. 심부름만 하다가 굿판에서 자기도 모르게 공수가 나오자, 신어머니가 그 역량을 알아보고 작은 굿거리를 시켜서 조무 노릇도 하게 되었다. 애동무당은 으레 부정굿부터 배우기 시작한다. 부정굿은 굿을 시작하기 전에 굿판의 부정을 물리는 굿거리인데 흔히 "부정친다"고 한다. 그런데 부정을 치면서 벌써 말문이 트이고 공수가 내려서 자기도 모르게 말이 나왔다. 그러나 아직 초보라 함부로 말할 수 없어서 조심스레 신어머니께 알렸다. 애동무당 시절 조무 노릇을 하면서 신어머니 권은도와 굿을 했던 사정을 들어보자.[43] 조무로서 했던 역할이 잘 드러나 있다.

> 제가 (신어머니를) 따라가서 부정을 치잖습니까? 부정을 치마는(치면), 보통 보마는(보면) "오늘은 뭐 김씨 대주 이 가정에 나쁜 거 쳐내고 좋은 일이 있도록 조상이 앞장서서 돋아준다." 이런 말은 보통적으로 할 수 있어요. 그런데 저는 이게 아니고 막 치다가, 말은 할 줄 모르고. "아이고 오늘요, 대감에 탈이 나가주고요, 대감에 틀배가 나가주고 억수로 시끄러워요." 이래요. 그러면 말이 정리가 안돼요. 대감에 틀배가 났는데, 듣기 좋게 이래 말을 하면 되는데, 애둥이께네 그래 말은 못하고, "대감에 틀배가 나가주, 이거 대감에서 억수로 시끄럽어요."

---

42 신딸이 내림굿을 해서 신을 받은 지 백일만에 하는 굿을 백일굿이라 한다.
43 아래에 인용하는 내용들은 2018년 2월 10일에 면담한 것이다. 송옥순의 구술 내용을 가능한 그대로 옮겨 적었다.

가만 보니까 대감 단지를 싸가주 왔는 거에요.

(선생님이)⁴⁴ 그것도 얘기를 안 하시드라고. 대감을 모셔놨다가 대감이 뭐 안 좋으이께 그 단지 모시던 걸 그만 모실라고⁽ᵐᵒˢⁱ⁾ 굿을 하는 거에요. 용단지 이거를, 가마⁽ᵍᵃᵐᵃⁿʰⁱ⁾ 있으이까⁴⁵ 이거 뭔 줄도 모르고, "대감에서 틀배가 나가주고 뭐 어뚱고 저뚱고..." 이카이께네. (주무인 선생님이) "(큰소리로 빠르게) 그래 그것을 어예야⁴⁶ 되노?" 이래. "어예야 되노?" 그카이께네 또 황당해요 막. 반문을 할 때는, "아이구~ 몰래요. 대감을 이거 뭐 내보내야 되지요 뭐! 없애야지요!" 일단 틀배가 났으니 없애야 된다는 말을⁴⁷ 하더라구요.

그래 놓고는⁴⁸ 이제 내려오지요.⁴⁹ 그이께네⁽ᵍᵘᵉᵘⁿⁱʸ꼬⁾ 선생님이 항상 부정치기를 제한테 맡기면, 제가 굿에서 제일 먼저 굿을 하잖아요. 굿을 할 때 부정치기를 먼저 하거든요. 그러니 제가 먼저 공수를 빼는 거래요. 그러면은 그 공수를 듣고 일을 하시드라고, 우리 선생님도. 〈조: 권은도 선생이?〉 예.

어뜬 때는 그 집안에 아⁽ᵃⁱ⁾가 아프고 탈이 나가주고 그런데, "아이구 뭐 이 집에 뱀을 잡았나? 아이구 뱀 잡아가주고 이 동톤동⁽ᵈᵒⁿᵍᵗᵒⁱⁿʲⁱ⁾ 벌전인동⁵⁰ 이게 났어요." 이래 지끼드라꼬요⁽ʲⁱᵏᵏᵉᵒⁱᵈᵃʳᵃᵍᵒʸᵒ⁾. (웃음) 그이께네, 일단 아⁽ᵃᵉ⁾가 아파가주고 굿을 하는데, (웃음) 뭐 어예 아가 아픈 줄 모르니까, 그 선생님도 뭔 소리를 해가주고 굿을 떴겠지요.⁵¹ 동토는 동토라고 맹⁽ʸᵉᵒᵏˢⁱ⁾ 얘길 했겠지요.

근데 뭐 공수에는 "칠성에 뱀을 잡았는동 뭐 이게요, 벌전인동...." 칠성이 벌전인데 칠성 소리는 할 줄 모르고, "벌전인동 꾸불꾸불 그는 게 아이구 무섭어요." 이렇게 말을 하는 거래요. 그이께네 이제 그때부터는 쪼대로⁽ʲⁱⁿʰᵘᵏ으로⁾ 인제 선생님이 (뱀을) 만들어요. 뱀 형상을 만들어요. 항상 인제 뭐 만드는 거 준비해가주고 그걸 만들어서 인제 (벌전을) 풀어요.

---

44 송옥순은 신어머니 권은도를 선생님이라 일컬었다.
45 주무인 신어머니가 뭔 일로 굿을 하는지 알려주지 않고 가만 있으니까.
46 어떻게 해야.
47 굿판에서 조무 노릇을 한 제보자 자신이 하는 말이다.
48 그렇게 말을 하고는.
49 부정을 치면서 여기까지 공수를 내린 뒤에 자기가 맡은 부정거리 굿을 마치고 굿판에서 내려온다는 말이다.
50 동토인지 벌전인지. 동토는 금기를 어겼을 때 신이 노하여 벌을 내리는 일로서 '동티'라고도 한다. 벌전은 잘못된 일을 저질렀을 때 신이 죄값으로 내리는 벌을 일컫는다.
51 제가집으로부터 의뢰받아서 굿일을 맡아 하게 되는 것을 흔히 '굿을 뗀다'고 한다. 굿을 맡다에서 온 말인 것 같다.

신어머니 밑에서 조무생활을 할 때, 신어머니 권은도가 굿을 하게 되면 여러 굿거리 가운데 제일 처음 하는 부정치기는 으레 송옥순에게 하도록 맡겼다. 굿의 시작인 부정치기를 하면서 무당은 공수를 하게 되는데, 공수가 정확해야 그날 굿이 잘 풀려나간다. 따라서 신어머니는 송옥순이 공수를 신통하게 하는 능력이 있다는 사실을 알아차리고 굿을 할 때마다 의도적으로 부정치기를 맡겼던 것이다. 송옥순이 부정굿을 하면서 공수만 빼주면 그 다음부터는 신어머니가 알아서 굿을 척척 풀어나갔다고 한다. 그러므로 신어머니 권은도와 신딸 송옥순은 오랜 굿의 경륜과 공수의 신통력이 잘 맞아떨어져서 굿 잘하기로 소문이 났다.

　　저는 그때부터 선생님한테 그런 강박감이 있었어요. 선생님이 굿하러 간다고 그러면, '오늘 일을 하면 뭔 일이 있어가주고, 탈 나가주고 이런 일을 하는 동?' 무다이(무단히) 걱정부터, 마음에 걱정부터 돼요. 〈조[52]: 용하게 알아맞히어야 되니까?〉 안 맞좌도 상관없어요. 저는 안 해도 돼요. 선생님이 (굿을) 뗐는데. 괜히 제 마음에 책임감에서.

　　〈조: 송선생이 부정굿을 하면서 공수를 다 빼놓으면 그때부터 신어머니인 권은도 선생이 뒤를 풀어가네요.〉 선생님도 잘 풀어요, 그런 거를. 선생님이 말도 여상스리 잘 하셔요. 선생님이 어떤 뜻으로 해가주고 굿을 띠났는 거를 함부로 할 수도 없그던요. 어뜬 말이 서로 또 차이가 나면 안 되니까. 정말 (공수의) 말을 하기가 서북스러워요. 이 사람이 이런 말을 했는데, 나는 이런 말을 하면 안 되그던요. 〈조: 어긋나지요.〉 예.

　　그래가주고 제가 "이 집이 뱀을 잡아가주고 그런 벌전도 있는 글에요." 이카거든요.[53] 그러면 "잘 한다." 그래요 선생님이. 또 그 집에서는 "아구! 뱀을 잡아났잖니껴!" 그래요.[54] "잡아가주 뱀술 담아 놨다고..." 〈조: 벌전이라는 게 뭐에요?〉 뱀을 잡았으이 그 칠성에 벌이 되지요. 뱀 같은 걸 함부로 잡으면 안 되잖니껴! 그러이까, 다른 거보담도 뱀은 안 되잖아요. "영감이 뱀을 잡아가주고 뱀술을 담아가주고 그래 놓이 위에야 되노?" 그면, 그런 거는 나는 말을 안 하거든요. 선생님이 알아서 처리하는 게지. 내가 뭐... (웃음) 그 나머지는 선생님이 알아서 해요. 막 뱀을 이래 만들어가주고 풀어주면은 약발이 또 받지요. 그 전에는 약발도 안 받고[55]

52　조사자를 줄여서 '조'로 표기했다.
53　그래서 신어머니와 말을 맞추기 위해 공수를 딱 부러지게 하지 않고 조심스럽게 "...같아요"와 같이 짐작으로 말을 했다는 것이다.
54　제가집에서 무당의 공수가 맞다고 놀라며 동의하는 말이다.

막…(웃으면서) 오죽 답답으만 굿을 하겠어요.

조무로서 주무인 신어머니와 굿을 함께 하면서 겪은 이야기이다. 부정치기를 하면서 공수를 제대로 받기만 하면, 그 뒤로는 신어머니 권은도가 굿을 알아서 술술 잘 풀어갔다고 한다. 굿을 권은도가 뗐기 때문에 조무인 송옥순은 아무런 부담감이 없다. 그럼에도 "저는 그때부터 선생님한테 그런 강박감"이 있었다고 한다. "뭔 일이 있어가주고, 어떤 탈이 나 가주고 이런 일을 하는동[56]…무다이(무단히) 마음에 걱정부터 됐다"고 한다. 왜냐하면 공수를 더 정확하게 받아서 신통한 사실을 신어머니에게 알려줘야 하기 때문이다.

부정을 치면서 공수를 정확하게 빼내야 그날 굿이 술술 잘 풀려나갈 뿐 아니라, 신어머니로부터 훌륭한 제자로 인정을 받는다. 신어머니는 신딸에게 공수를 정확하게 빼내는 능력을 매우 강조하고 또 그때마다 요구도 했다. 그러면서도 권은도는 송옥순에게 미리 제가집의 사정을 알려주지 않았다. 어떤 사람이 무슨 일이 있어서 왜 굿을 하는지 전혀 일러주는 법이 없었다. 권은도가 "굿이 있으니 들오라!"[57] 그러면, 진원사로 가서 굿을 했을 뿐이다. 진원사에서 굿을 하지 않는 경우에는 신어머니를 모시고 굿을 하는 곳까지 모시고 다녔다.

절대 선생님이 이 집 굿이 어뚷다 말을 안 해요, 절대로.[58] 굿을 뗐는 거는[59] 알지마는… 선생님이 또 '들오라!' 글 때가 있잖아요. 그면 제가 가가주고 일만 그냥 이래 하지, 절대 선생님은 제자한테 이 집 굿이 어뚷고 저뚷고 절대 말을 안 해요.

(그러나) 이제, 저는 인제 제자들이 "회장님요, 오늘 일이 이런이런 일인데…"[60] 그러면, 장부를 보고 돈도 다 드렸부고 제가 이래 하지만은, 가르켜 주지만은[61] 절대 선생님은 제자한테 그런 걸 안 해요.

---

55 굿을 하기 전에는 약을 먹어도 약효가 없고.
56 제가집에서 무슨 일이 있어서, 또는 어떤 탈이 나서 굿을 하게 되었는지.
57 들어오라는 것은 신어머니가 상주하는 신당 '진원사'로 오라는 말이다.
58 신어머니 권은도는 조무인 송옥순에게 제가집에서 굿을 어떤 문제로 하게 되었는지, 관련 정보를 절대로 미리 알려주지 않는다는 말이다.
59 무녀가 제가집의 굿을 맡아서 하게 된 것을 흔히 '굿을 뗐다'고 한다.
60 조무 노릇하는 제자들이 송옥순을 '회장님'으로 호명하며 굿에 관해 묻는 말이다.
61 송옥순은 굿을 하면 조무들에게 굿에 관련된 내용을 미리 다 알려주지만.

그래 부정을 이래 막 치다가도 뭘 빼내야 돼요, 제가. 그래서 항상 남의 선생 일이든 일을 하러 가면 부담을 억수로 느껴요. 그래도 제 일은 그래도 덜… 괜찮은데. 그 정신이 계속 가드라고요. 〈조: 빼내야 한다는 것은 뭘?〉 공수를 이래 빼내고 뭐 이래 족집게처럼 뭘 하나를 빼내야 한다는 거래요. 그 선생한테 배울 때 하마(벌써) 나름대로 이 정신이 이래 백히가주고(박혀서), 공수를 제대로 빼내야 인정을 받아요.

신어머니에게 옳은 무당으로 인정을 받으려면 굿판에서 족집게처럼 공수가 정확해야 한다. 멋모르고 엉터리 공수를 했다가는 큰 야단을 맞는다. 그럼에도 조심스러운 것은 조무 주제에 신어머니보다 더 잘 알아맞히는 것도 적지 않은 부담이다. 왜냐하면 굿을 의뢰한 제가집에서 신어머니를 제쳐두고 신딸을 용한 무당이라고 치켜세우면 신어머니 앞에서 아주 난처해지기 때문이다. 함께 굿을 하는데 신어머니의 공수와 신딸의 공수가 서로 틀려도 곤란하다. 그러므로 조무 노릇을 하며 굿거리를 맡아 하는 것이 엄청 부담스러웠다.

권은도 무녀에게 굿을 한 경험이 있는 제가집은 작은 무당 송옥순이 용하다는 것을 알아차리고 권은도에게 굿을 부탁할 때 '작은 선생'을 꼭 데려 오라고 부탁하는 경우가 있다. 작은 선생은 신딸 송옥순을 지칭하는 말이다. 지난 번 굿에서 송옥순의 공수가 백발백중으로 맞았기 때문에 사실상 송옥순을 부르기 위해 권은도에게 굿을 의뢰한 것이다. 직접 송옥순에게 굿이 들어오는 경우가 있을 때도, "저는 선생님 하고 같이 가야지, 저 혼자는 안 갑니다" 하고 사양했다. 조무 노릇을 그만 두고 독립할 때까지 신어머니 권은도가 나서지 않는 굿에는 절대 혼자 가지 않았다.

(굿을 부탁한) 그 아지매 신랑이 한의원, 한약을 짓는 원장이었어요. 집에서 한의원하고 이랬는데, 그 할부지도 연세가 많애 돌아가시고 그 아지매도 칠십 얼마가 됐어요. 이런 걸(굿을) 참 좋아해요, 저하고.[62] 안동 선생이[63] 아니면 이 아지매는 굿을 안 해요. 십 한 오년 전부터 저를 불러 굿을 하거든요. 그런데 꼭 안동 선생을 불러서 굿을 해요.

첨에 가가주고 굿을 했을 때, 공수가 때리는 대로 다 맞았어요. 그때 선생님 따라 갔는데,

---

62 저하고 굿 하는 것을 참 좋아했다는 말이다.
63 여기서 안동 '선생'은 안동 '무당'을 존칭으로 일컫는 말이다.

〈조: 어느 선생님?〉 권은도 선생님! 따라갔는데, 그 할매는 눈꼴 시겠지. 큰 선생이 아이고(아니고) 작은 선생을 데리고 오라고[64] 연락이 왔는데. 제가 "선생님 안 가면 (저도) 안 갑니다" 이랬어요. 그래도 "저는 선생님 하고 같이 가야지, 저 혼자는 안 갑니다" 했어요.

근데 제가 나오고부터[65] 또 연락이 왔드라고요. 제가 따로 독립을 했을 때는 어디라도 오라 그러면 가야 되잖습니까. 그래 인연이 돼가주고 계속 인제 갔는데, 그때 저는 말 주변은 없어도, 선생님 같이 구수하게 말주변은 없어도, 그 옛날에 애둥이라도, 공수 하나는. 그 뭐 한 마디 탁 때리면은 이게 정말 백발백중으로 맞그던요. 그래 놔 놓이께네 선생님도 저를 인정을 했어요.

송옥순은 굿손님들이 스승 권은도보다 더 찾을 만큼 용한 무당으로 널리 인정받게 되었다. 제자들에게 높은 수준의 굿을 요구하며 엄격하고 가혹하기로 소문난 권은도 무녀도 공수를 정확하게 빼내는 신딸 송옥순의 신통력을 인정하지 않을 수 없었다. 게다가 조무 노릇을 그만 두고 스스로 자립할 때까지 12년 동안 한결같이 권은도를 스승으로 모시며 섬긴 제자는 송옥순이 유일했다. 대부분 한두 해 제자 노릇을 하다가 견디지 못하고 떠나버렸다. 따라서 권은도는 자기 입으로 송옥순을 수제자라고 말했다. 일찍이 어느 제자에게도 하지 않은 말이다.[66]

송옥순도 신어머니 권은도의 굿을 높이 평가하고 스승으로서 존경했다. 부정을 치며 공수만 받으면 그 다음부터는 권은도 무녀가 어떤 굿이든 거기에 맞게 굿을 술술 풀어나갔으며 말솜씨도 탁월하고 노래도 가락이 좋았다고 한다. 송옥순은 운안동에 신당을 모신 후부터 점사손님과 굿을 하는 일이 일주일에 3회 정도 있었다. 더러 선생님 굿에도 따라다녔지만 굿손님들이 늘어나서 점차 송옥순도 굿을 맡아서 하게 되었다.

권은도는 평소에 신딸에게 잘 대해주던 신어머니였다. 그러나 굿을 시작하면 마치 다른 사람처럼 매섭게 신딸들을 질책하며 가혹하게 다루었다. 굿판에서는 여성으로서 자존심을 찾을 수 없을 정도록 모멸감을 받았다. 신내림을 받고 그렇게 기뻐했던 일도 굿판에서 혹독한 꾸중을 듣고 나면 모든 게 허사처럼 여겨졌다. 따라서 굿을 마치고 집에 돌아와 신

---

64 큰 무당이 아니고 작은 무당을 데려 오너라.
65 권은도 무당 아래에서 조무로 일하다가 그 밑에서 나와 독립적으로 굿을 하고부터.
66 최성달, 같은 글, 200쪽.

당 앞에 앉으면 서러워서 눈물범벅이 되도록 울곤 했다. 굿판에서 당한 수치심과 모멸감 때문에 견딜 수 없었던 까닭이다. 왜 험난한 무당의 길을 가도록 떠밀었는지, 신령님께 하소연을 늘어놓곤 했다. 그러던 어느 날 화답이 내렸다.

> 귀머거리 삼년, 봉사 삼년, 버버리 삼년, 신의 시집살이를 하여라. 알고서도 모른 척하고 보고서도 못 본 척하고 듣고서도 말하지 않는 내공이 있어야 이 길을 갈 수 있다. 항상 겸손해라. 지난 일들은 모두 잊어라. 모두를 치유하는 만신이 되려면 필히 이 과정을 거쳐야 한다.[67]

위의 화답은 사실상 송옥순 자신의 말이었다. "눈물 콧물 흘리면서 내 입으로 신령의 답을 말했다"고 한다. 빙의 상태에서 신령의 화답을 듣고 말한 것이다. 신령의 말씀을 듣고 나서 무당의 길이 호락호락하지 않다는 것을 깨달았다. 남들은 1년도 못 버티는 제자 노릇이자 조무 역할을 12년 동안 참고 버티는데, 이 화답은 큰 힘이 되었다.

신당에서 화답의 말을 들은 이후 신어머니의 가르침도 새삼스럽게 다가왔다. "무당은 자고로 남의 팔자를 고치는 사람이지, 자신의 팔자를 고치는 사람이 아니다"는 말씀을 들었는데, 지금도 그 말씀을 가슴에 품고 살아간다. 따라서 점사를 보거나 굿을 해서 돈을 버는 일이나 사리사욕을 챙기는 일에 골몰하지 않는다. 지금은 신어머니 권은도의 제비원 성주굿을 제대로 이어받아 안동문화 사회에서 널리 공유하는 것이 최고의 목표이다. 안동 제비원성주풀이보존회 또는 성주굿보존회를 만들어 전수활동을 펴는 것도 이 때문이다.

---

67 최성달, 같은 글, 199쪽 참조.

| 2장 | 무녀 송옥순의 굿이야기와 굿의 세계

1. 송옥순 무녀의 신당과 모시는 신령들

무당은 누구나 자기 신당이 있다. 사찰의 법당에 불상들을 모신 것처럼 무당의 신당에는 자기가 섬기는 신상(神像)들을 가지런히 모셔두게 마련이다. 따라서 법당의 불상을 보면 사찰의 성격이 드러나는 것처럼, 무당의 경우에는 신당에 모셔둔 신상들을 보면 그 무당의 성격을 어느 정도 포착할 수 있다. 송옥순 무녀의 신당은 작은 한옥의 큰방에 차려져 있다.

우리는 신당이라 하지만, 송옥순은 자기 신당을 '법당'이라고 일컬었다. 무당들의 일반적 호명이다. 신당이 있는 가옥도 으레 '○○사'라는 간판을 달아서 불교와 대등한 종교처럼 일컫기 일쑤이다. 점사를 보러 오는 사람들이 점집이 아니라 사찰에 오는 느낌을 갖도록 하는 것이다. 이러한 관습에 따라 권은도의 신당이 '진원사'이고 송옥순의 신당은 '용왕사'였다. 최근에 성주굿의 전승활동에 매진하면서 용왕사라는 간판을 '성주당'으로 바꾸었다. 이제는 굳이 사찰 이름을 표방할 필요가 없다고 판단한 까닭이다.

신당을 법당이라 하고 신당이 있는 집을 사찰 이름처럼 호명하는 등 무당사회에서 불교 용어를 많이 쓰는 데는 이유가 있다. 오랫동안 굿이 미신으로 폄시되었을 뿐 아니라, 무당은 팔천(八賤)의[1] 하나로 간주되어왔기 때문이다. 따라서 무당사회에서는 무당이라는 말도

---

[1] 8천은 조선시대 8가지 천민을 일컫는 말이다. 노비와 중, 백정, 무당, 광대, 상여군, 기생, 장인(匠人) 등이 해당된다.

호칭으로 쓰지 않는다. 무녀에게는 대부분 아무개 '보살'이라는 호칭으로 일 컫고, 남성 무당에게는 '법사'라는 호칭으로 일컫는다. 따라서 무당들끼리 서로 대등한 관계에서는 성을 앞에 붙여서 '김보살' 또는 '조법사'라고 일컫기 일쑤이다. 보살이나 법사는 모두 불교의 수행자나 승려를 일컫는 말이다. 신당을 법당이라 하는 것처럼 남녀 무당도 모두 불교 용어로 일컬어온다.

원래는 여무를 무당, 남무를 무격(巫覡) 또는 '박수'라 일컬었다. 신딸들은 내림굿을 준 신어머니를 '선생님'이라 하여 스승으로 모시고, 신어머니는 신딸을 '제자'라 일컫는다. 신을 주고받았을 뿐 아니라, 굿을 가르치고 배우는 관계에 있으므로 사제 관계로 호명하는 것이 일반적이다. 그러므로 무당이라는 말은 그들 사회 내부에서는 거의 쓰지 않는 일종의 기피 언어라 할 수 있다.

무당들이 점사를 보는 집에 차려 놓은 신당을 보면, 사찰의 법당 분위기를 상당히 닮았다. 좌우 벽의 꾸밈은 물론, 정면에 탱화를 배경으로 모셔놓은 신상과 성물, 제기 등이 법당과 흡사하다. 대체적으로 모시는 신격을 보면, 신당의 정면 가운데에 금빛불상 좌상이 모셔져 있고 그 좌우에 무당이 모시는 신격들이 입상 또는 좌상으로 모셔져 있다. 신당에 보신 불상은 식가모니불이 아니라 하더라도 불교의 주요 신격이라는 점에서 불교를 적극적으로 수용한 구체적 현상으로 볼 수 있다. 그러므로 신당의 전체 구조와 체계는 물론, 가장 중심에 불상을 모신 점은 무당 스스로 불교를 적극적으로 받아들였을 뿐 아니라, 사찰처럼 신당을 법당화하여 무교를 불교와 대등한 위상으로 끌어올리기 위한 것이라 할 수 있다.

송옥순은 내림굿을 받은 뒤에 신어머니의 가르침에 따라 신당을 만들면서 관세음보살을 가장 중앙에 모셨다. 세상 모든 사람들의 소원을 듣고 자기 것을 다 내주며 중생을 구제하는 현실적인 보살이어서 신당 중심에 모셨다고 한다. 좌우에는 용왕과 산신을 좌상으로 모시고, 그 좌우에 말을 탄 장군신과 서 있는 도사상을 모셨다. 보살상과 용왕 사이에는 작은 선녀상이 서 있고, 산신상 좌우에는 남녀 대감상이 서 있다. 선녀상은 어려서 죽은 송옥순의 동생 옥희라고 한다.

내림굿을 할 때 스스로 '천지신명'을 외치며 천신제자를 자처했는데, 천지신명의 이치에 따라서 오른쪽 측면에 따로 단군을 천신으로 모시고, 자연신으로 용왕과 산신을 모셨

무녀 송옥순의 신당 전면

다고 한다.(신당 사진 참조) 단군을 천신으로 간주하는 것이 독특하다. 단군 오른쪽에 단종과 단종비를 모셨다. 단종 초상 앞에 큰 머리채를 두었는데, 단종비를 상징한다. 단종 오른쪽에 한지로 접은 성주 신체를 모신다. 성주신은 신당 정면이 아니라 오른쪽 벽 기둥에 모셔져 있어서 가장자리로 밀려나 있는 것처럼 보이지만, 그 기둥이 원래 성주의 자리이다. 게다가 성주신은 신당을 만들기 전부터 그 자리에 모시던 신이었다. 그러므로 성주신은 사실상 이 신당을 지키는 터주대감이라 할 수 있다. 신당 이름을 '성주당'이라 하는 것도 이 때문이다.

특히 장군신은 각별하다. 장군줄이 세서[2] 내림굿을 할 때도 '장군!'을 여러 번 외쳤을 뿐 아니라, 장군신이 실려서 작두굿을 잘 하게 되었다고 한다.[3] 실제로 송옥순은 작두굿[4] 명

---

2 송옥순 무녀의 13대 할아버지가 장군이어서 장군 줄이 세다고 했다.
3 2018년 4월 14일 송옥순 무녀의 신당에서 면담조사를 했다.

인으로 널리 알려져 있다. 그러나 이 신당의 특성은 정면의 신상들보다 오른쪽 측면에 있다. 정면의 신당은 신어머니가 일러준 대로 만든 것이지만, 오른쪽 측면의 신들은 송옥순 스스로 굿을 하면서 기도 중에 들어온 신들을 모신 까닭이다. 그러므로 모신 차례대로 성주, 단군, 단종, 단종비를 모신 것이 이 신당의 특성이라 할 수 있다.

신당에는 법당처럼 탱화 앞에 불상을 가운데 배치해 두었다. 그러나 대감단지와 불사단지와 같은 좌우의 신상들은 모두 송옥순이 무녀로서 섬기는 대상이다. 불상과 신상 앞에는 굿상차림처럼 온갖 봉헌물을 잔뜩 차려놓았다. 형식과 내용이 법당과 닮았으되, 여러 신상들이 신당의 개성을 잘 드러내고 있어서 법당으로 착각할 정도는 아니다. 송옥순은 이 신당에서 점사를 주로 보는데, 한갓 점집이 아니라 법당의 위의(威儀)를 갖춘 사찰처럼 신당으로서 위계를 갖춘 셈이다.

신당의 형태는 신어머니 권은도 무당이 가르쳐준 그대로 지금까지 이어가고 있는데, 정작 신어머니 자신은 불상을 모시지 않고 쌀을 반쯤 채운 두 단지를 석가모니불과 대감신으로 모셨다고 한다. 과거에는 무당들이 불교의 신을 모시되 불상이 아닌 단지에다 모셨으며, 요즘도 제대로 굿을 하지 못하는 무당은 신당에 불상을 모시지 못한다고 했다. 불상을 모시려면 불상 안에다 5가지 복장(伏藏)을 채워서 봉안해야 한다. 따라서 점사도 제대로 못 보고 제자도 못 기르면, 불상을 모신 신당을 유지할 수 없나는 것이다. 그러므로 사찰의 법당처럼 번듯한 신당을 갖추는 것은 무당으로서 상당한 수준의 자질을 확보했을 때 비로소 가능한 일이다.

신당을 법당 양식으로 갖추는 것은 불교문화의 영향이 큰 경상도 지역에서 두드러진 현상이다. 황해도 무당들은 신당에 불상을 모시지 않는다. 무신도를 병풍처럼 배치하고 산신이나 장군신 등 무당의 몸주신을 모신다. 따라서 불교와 무관하게 신당이 만들어지기 마련이다. 그러나 신당을 갖춘 뒤에 하는 의식을 점안식(點眼式)이라고 하는 걸 보면, 절에서 불상을 봉안할 때 하는 점안의식의 용어를 고스란히 쓰고 있는 것을 알 수 있다. 불교의 영향이 두루 미친 결과라 하겠다.

무교의 신당은 불교의 사찰, 개신교의 교회, 천주교의 성당과 같은 신성한 제의공간이

---

4 예사 작두굿처럼 무녀가 두 개의 작두 위에 오르는 것이 아니라, 거대한 반달형 작두와 12계단으로 이루어진 작두를 오르내리면서 굿을 하기 때문에 축제 행사에 훌륭한 볼거리로 곧잘 초청되기도 한다.

다. 그런데 무당들이 신당을 사찰의 법당처럼 꾸민 까닭은 무엇일까? 처음부터 신당을 법당처럼 꾸민 것은 아니다. 무당들이 신당에 단지를 모시다가 경제력을 갖추면서, 불상을 비롯한 각종 신상을 법당의 주불과 협시불처럼 봉안하게 되었다고 한다. 이러한 변화는 설득력이 있다. 왜냐하면 예사 가정에서도 성주를 한지로 모시고, 용단지나 삼신바가지, 조왕중발처럼 단지와 바가지, 중발 등 일상적인 살림살이에 무신들을 모셔왔기 때문이다. 따라서 신당의 전통적 형태는 세간의 가신신앙과 다를 바 없이 같은 양상을 보였다.

문제는 일상적인 가신신앙과 무당의 신당에서 모시는 신체가 같다는 점이다. 원래 같은 무교의 범주 속에 있는 것이어서 신체의 형태도 같은 것이 자연스럽다. 그러나 무당들로서는 자기들의 종교적 위의(威儀)가 특별하게 두드러지지 않는 것이 불만이었다. 따라서 무당들은 무교의 종교적 체계를 그럴듯하게 구성하기 위하여, 종교적 위상이 우뚝한데다가 오랜 역사 속에 자리 잡고 있는 불교 양식을 여러 모로 본받게 된 것이 아닌가 한다. 그러므로 보살과 법사로 일컫는 남녀 무당에 대한 호칭이나, 사찰을 표방한 신당의 이름, 법당을 본받은 신당의 봉안 양식 등이 모두 불교와 밀접한 영향 아래에 있는 것이다.

사찰은 건물 자체부터 웅장하고 종교적 위엄도 갖추었다. 그러나 교단 종교와 달리 개별적으로 활동하는 무당들로서는 그러한 건축물은 엄두를 내기 어렵다. 사찰과 같은 규모의 건물을 갖추는 것은 불가능해도 신당을 법당처럼 꾸미는 것은 어지간한 무당에게도 가능한 일이다. 따라서 큰 무당일수록 신당을 법당 못지않게 조성할 뿐 아니라, 최근에 경제력이 있는 무당은 신당 건물을 사찰처럼 규모 있게 지어서 위세를 과시하기도 한다. 송옥순 무녀도 신당을 번듯하게 지을 꿈이 있는지 물어보았다.

저는 지금 뭐 법당이[5] 운안동에 쪼끄만하게 있지만은, 정말 사람들이 찾아와보면 실망하겠지요. 작두를 타고 큰 무당으로 생각했는데, 와보니까 별로지요. 보통 무당들 법당을 가보면은 찬란하게 해놓고 살거든요. 저는 정말 소박하게 해놓고 살아요. 보여지는 게 으리으리한 게 그게 다가 아니거든요. 실속 있게 뭔가 꿈을 이루고 사는 게 진짠데.

실제로 송옥순이 신당을 모시고 있는 성주당은 초라한 한옥이다. 골목 안에 있어서 길

---

5 송옥순이 법당이라고 하는 것은 신당을 일컫는 말이다.

에서도 잘 보이지 않고 규모가 작아서 눈에 쉽게 띄지도 않는다. 성주당의 주소지도 시가지 중심에서 떨어진 변두리에 속한다. 작두굿으로 명성을 날리는 무당의 신당이라고 믿기 어려울 정도로 작고 소박하다. 그러나 송옥순은 신당의 규모나 겉치레에 휘둘리지 않는다. 신당에 모시고 있는 신이 진짜인가 아닌가 하는 것이 더 문제라고 생각하는 까닭이다.

집은 그래도[6] 항상 신령님한테 그래요. "서울에서 경복궁이 있으면은, 안동에는 정신문화의 수도 안동에[7] 경복궁은 여기다." 저희도 맹(역시) 단군도 모셔놓고 나라신령도 모셔 놨던요. 단종대왕 신령! 그러니까 "바로 여기다. 안동의 궁은 바로 이 터전이다" 그러면서 항상 자부하지요. 보통 조상신만 있는 거보다는 단군하고 나라신령이 있는 데는 엄중하지요.

송옥순은 집의 외양과 상관없이 자기가 모시는 신당이 서울의 경복궁처럼 안동의 경복궁 구실을 하고 있다고 자부한다. 왜냐하면 신당에 단군도 모셔 놓고 단종도 모셔 놓았기 때문이다. 신당의 위세나 집의 규모가 아니라 모시고 있는 신령의 위상이 중요하다는 것이다. 단군이나 단종은 나라 신령으로서 경복궁 같은 궁궐에나 존재하는 신격이다. 그러므로 두 신령을 모시고 있는 성주당은 사실상 안동의 경복궁이라 자부할 만하다고 여기는 것이다.

물론 두 왕신만 모시는 것은 아니다. "저희 우씨네 우리 송씨네,[8] 외가 신도 모시고, 산신과 지신, 천지신명 이런 거 다 모시고, 자연신은 따라오는 거고…" 그런데 일반적으로 안동 지역 무당들은 신단에 단군이나 나라 신령을 모시지 않는다고 한다. 단종을 모신 것이 인연이 된 까닭인지 단종의 비인 여산 송씨도 자꾸 들어와서 뒤늦게 모셨다고 한다. "단종과 단종비도 들어와서 두 분 다 모셨군요?" 했더니 아래와 같이 답했다.

예. 제가 막 기도를 하고 있는데, 단종이 "한양 천리~" 소리를 부르고 들어 오시드라고요. "떠나간들 너를 어이 잊을소냐?"[9] 그면서, 여산 송씨 비를 궁에 놔두고 단종이 혼자 영월에 왔

---

6 집은 초라해도.
7 안동시에서 안동을 '한국정신문화의 수도'로 표방하고 있어서, 이 말을 따온 것이다.
8 우씨와 송씨는 시집 성씨와 친정 성씨를 챙겨서 하는 말이다.
9 단종이 궁궐을 떠나 영월로 가면서, 왕비인 여산 송씨를 두고 "내가 떠나간들 너를 어이 잊을소냐"고 노래

잖아요. 나라신령 단종이 그래 들어오는데 보이까네, "그래 비(妃)도 오시라꼬 해달라고!"¹⁰ 그래요. "그러면 내가 도와준다고."

송옥순은 매일 아침저녁으로 신당 앞에서 기도를 올린다. 아침에 일어나면 신당에 옥수를 새로 떠 올리고 기도를 하며 저녁에는 자기 전에 기도를 하고 옥수를 비운다. 기도 내용은 잘못을 참회하며 용서를 구하는 일, 점사를 보거나 굿을 의뢰한 가정을 위해 비는 일, 그리고 개인적으로 성주풀이보존회 활동을 위해 바라는 일 등이다. 기도 중에 신의 공수를 받기도 한다. 송옥순에게 신당은 기도의 공간이자 점사를 보는 공간일 뿐 다른 일은 신당에서 하지 않는다. 아침 기도가 하루 일과의 시작이고 저녁 기도가 하루 일과의 마지막이다.

어느 날 기도 중에 단종이 들어와서 신당에 모셨는데, 그러고 한 일년 지나니까, 왕비 여산 송씨도 들어왔다. 역시 신당 앞에서 아침 기도를 하고 있는데, "제자와¹¹ 인연이 있어 내가 왔다"면서 송씨 왕비가 노래를 불렀다.¹² "달 밝은 이 한밤에 슬피 우는 두견새야/ 니 마음 내가 알고 내 마음 네가 안다. 울지 마라 두견새야"¹³ 노래를 부르고 난 뒤에 단종 비가 들어왔다. 노래를 가만 들어보니 단종과 사연이 꼭꼭 들어맞았다. 이처럼 신당에서 기도를 하다가 보면 뜻밖의 신들이 들어오고 생각지 않은 신들의 말이 서로 아귀가 맞다는 것이다.

단종의 비 여산 송씨가 "나는 권세에도 한이 많고 사랑에도 한이 많다. 나를 큰머리로¹⁴ 합수를 해다오"¹⁵ 그러면서, "우리 제자가 나를 이렇게 찾아주면 나라에 큰일을 하도록 도와주겠다" 카더라고요. 그래 단종과 단종비를 모신지 하마 10년이 넘었어요. 그래서 그런지 요즘

하듯 말했다는 것이다.
10 단종이 자기를 신으로 받아들이는 송옥순에게 자기 '비'인 여산 송씨도 "오시라!"고 청해서 모셔달라는 부탁이다.
11 여기서 제자는 무녀 송옥순을 일컫는다.
12 송옥순 무녀에게 빙의된 송씨 왕비가 노래를 불렀다는 말인데, 실제로 노래 부른 것은 송옥순이다.
13 이 노래는 이미자의 '두견새 우는 사연'과 거의 일치했다.
14 큰머리는 왕비들의 예장용 머리 양식이다. 어여머리라고도 한다.
15 송씨 비가 자기를 신당에 모실 때, 큰머리를 단종과 합수해서 모셔달라는 말이다. 지금 신당에는 단종상 앞에 큰머리를 모시고 있다.

제비원 성주풀이보존회 일이 차츰차츰 잘 돼가고 있어요.

여산 송씨가 원하는 대로 신당에 단종과 여산 송씨를 상징하는 큰머리를 합수해서 모시고 있다. 그 이후 성주풀이보존회도 사단법인으로 인가가 났고 한국민속예술축제에 경상북도 대표로 참여하여 장려상도 받았다. 최근에는 성주풀이전수관도 크게 지어 입주했을 뿐 아니라, 제비원 범당 근처에 성주공원을 마련할 만한 부지까지 확보했다.

이제 안동 제비원 성주굿을 전승하고 확산하는 인적 기반과 시설 기반은 물론, 그 터전도 마련하게 되었다. 송옥순은 '신령의 도움이 없다면 제비원 범당산의 부지를 구입하는 일은 꿈도 꾸기 어려운 일'이라고 생각한다. 신당은 작고 초라하지만, 나라신을 잘 모신 은덕을 입어 아무도 하지 못하는 일을 척척 순조롭게 개척해 나가고 있다. 그러므로 신당의 화려한 겉치레보다 신당에 모시고 있는 신령이 중요하다. 어떤 신령을 왜 어떻게 모시고 있는가 하는 것이 신당과 무당의 정체성을 확보해 준다.

2. 송옥순 무녀의 신이체험과 굿의 확장

굿은 누가 하는가? 무당이 한다. 제가집에서 점쟁이나 무당을 찾아와 상담을 하고, 굿을 해야 한다는 점사가 나오면 굿을 결정한다. 점쟁이는 점사로 굿을 해야 한다고 권유만 하지 직접 굿을 하지 않는다. 무당들은 굿을 해야 한다는 점사가 나오면 직접 굿을 맡아서 한다. 물론 제가집과 뜻이 맞아서 합의가 이루어질 때 굿을 하게 된다. 점사를 본 제가집이 굿을 싫어하거나 경제적으로 부담이 되면 굿을 의뢰하지 않는다.

제가집에서 무당에게 굿을 의뢰하면 굿을 의뢰받은 무당을 굿을 뗐다고 한다. 굿일을 맡았다는 말이다. 굿을 뗀 무당이라도 혼자서 굿을 다 할 수 없다. 굿을 하려면 악사와 조무가 굿을 거들어야 한다. 악사는 법사로 일컬어지는 남자무당이 주로 맡아서 하고, 조무 노릇은 독립하지 않은 신딸들이 하기 일쑤이다. 따라서 송옥순은 12년 동안 권은도가 주무로 하는 굿일이 있을 때 신딸로서 조무 역할을 했다.

굿은 무당이 주무와 조무, 악사로 조직을 꾸려서 하지만, 으레 무당이 한다고들 한다. 왜냐하면 무당이 중심을 이루어 굿을 이끌어가기 때문이다. 그러나 무당이 굿을 하되 강신무와 세습무는 서로 다른 바탕 위에서 굿을 한다. 세습무들은 어릴 때부터 부모나 시부모로부터 굿을 익힌 역량을 발휘하여 스스로 굿을 이끌어간다. 신들림과 무관하게 학습한 지식으로 굿을 한다. 그러나 강신무들은 굿을 기술적으로 익히거나 터득한 지식으로 하는 것이 아니라, 신들린 상태에서 굿을 한다. 달리 말하면 강신무의 굿은 신들림 현상이라 해도 지나치지 않다. 그러므로 강신무가 신이 지피지 않은 상태에서 굿을 하면 그것은 가짜 굿에 해당된다.

강신무는 굿을 시작하면서 신내림을 받아 신을 굿판에 좌정시켜야 할 뿐 아니라, 영매로서 신령이 빙의되어야 비로소 본격적인 굿을 할 수 있다. 따라서 신이 내리지 않으면 굿을 진행할 수 없다. 신이 없는 굿은 한갓 사람들 사이의 종교적 의례 행위에 지나지 않는다. 그러므로 굿에서는 신이 온 것을 확인하고 검증하는 의식이 중요하다. 무당이 잡고 있는 신대가 저절로 흔들리거나 무당이 신들림 현상을 느끼며 신의 말과 몸짓을 함으로써 신이 지핀 사실을 확인한다. 이것은 강신무가 하는 굿의 필수 과정이다.

굿은 영매인 무당을 매개로 신과 소통하여 원하는 것을 이루고자 하는 무교의 제의이다. 무당은 신이 지펴서 신의 말을 '굿주'에게[16] 전하고 공수를 주는가 하면, 굿주는 신이 지핀 무당에게 절을 올리고 소원을 빌어서 이루고자 한다. 이때 무당은 신들린 상태로서 신으로 간주되기도 한다. 무당은 신과 굿주 사이에서 신의 뜻과 굿주의 뜻을 상호 매개하는 양방향 소통 역할을 한다. 따라서 무당에게 신이 지피지 않으면 영매로서 양방향 소통을 할 수 없다. 그러면 진정한 굿이라 할 수 없다. 짐짓 신이 지핀 척 하면서 굿을 하게 되면 가짜 굿이 된다.

신이 굿판에 좌정하기만 해서는 굿의 의의가 없다. 굿은 인간의 힘으로 해결할 수 없는 문제를 해결하기 위한 것이어서 인간과 다른 신의 초월적 역량이 발휘되어야 한다. 따라서 무당이 공수의 신통한 예지력으로 신의 초월적 역량을 입증해야 용한 무당으로 인정받는다. 그러한 신통한 역량은 굿을 하는 과정에 신의 공수에 의해서, 또는 몰랐던 사실을 알아냄으로써 확인된다. 따라서 굿주들은 굿을 하는 동안 무당의 신통력을 자연스레 알아

---

16 '굿주'는 무당에게 굿을 의뢰한 사람을 일컫는 말로서 이 글에서 처음 쓴다. 그동안 무계에서는 굿을 의뢰한 가정을 제가집이라 하고 제가집의 가장을 대주, 아내를 기주라고 하는데, 부부를 함께 일컫는 말이 없다. 굿을 의뢰한 '집'이 아니라 굿을 의뢰한 '사람'을 부부의 구분 없이 일컬을 때는 '굿주'라고 일컫기로 한다.

차리게 마련이다. 무당이 제가집의 과거 내력을 알아맞히거나 죽은 조상들의 특별한 원한을 알아내면, 굿주들은 그 신통력에 놀라면서 용한 무당으로 인정하게 마련이다.

그러나 굿이 과거 사실을 신통하게 알아내는 데 머물러서는 굿의 진정한 목적을 달성할 수 없다. 굿을 하는 목적은 현재에 당면한 문제를 해결하기 위한 것이기 때문이다. 질병을 고치거나 위기에 직면한 문제를 해소해야 굿의 목적이 실현된다. 따라서 굿을 하고 나면 제가집 가족의 병이 호전되거나 재수 있는 일이 생겨서 굿을 한 효과가 신통하게 나타나는 것이 굿의 영험이다. 결국 굿을 하는 까닭은 굿의 영험을 보기 위한 것이다. 그러므로 용한 무당에서 나아가 영험한 무당으로 인정받는 것이 더욱 중요하다.

용한 무당은 점사를 잘 보는 점쟁이 수준에서 머문다. 점쟁이는 문제점을 용하게 알아맞히긴 해도 그 문제를 직접 해결할 수 있는 역량은 없다. 따라서 점사에 따라 문제를 해결하는 굿은 무당에게 의뢰한다. 무당은 굿을 하면서 용한 점쟁이 노릇을 할 뿐 아니라, 문제를 초월적으로 해결하는 영험을 발휘하는 데까지 이르러야 한다. 점사나 공수가 문제의 진단에 해당된다면, 굿의 초월적 영험은 문제의 해결 또는 질병의 치유에 해당된다. 그러므로 굿은 궁극적으로 영험을 지향하는 무교의 종교의식이라 할 수 있다.

그러한 영험은 신령의 초월적 힘에 의한 것이다. 따라서 무당은 예사사람들과 달리 신을 자유자재로 부릴 수 있어야 한다. 신이 굿판에 오도록 청신을 하여 모시는가 하면, 신의 뜻을 헤아려 신을 달래기도 하고 구천에서 헤매는 신을 저승으로 보내기도 한다. 제가집에 도움이 되도록 신을 능수능란하게 다룰 수 있어야 큰무당 소리를 듣는다. 결국 영매로서 신과 소통하는 역량이 탁월해야 무당 노릇을 제대로 할 수 있다.

송옥순은 신의 기미를 쉽게 알아차리고 신과 자유롭게 소통하는 능력이 탁월하다. 다시 말하면 신기가 남다르다는 말이다. 스스로 신기하게 여기는 신이(神異) 체험도 곧잘 한다. 굿판에서 굿을 하면서 신을 느끼고 소통하며 예지력을 발휘하는 것은 물론, 굿을 하러 가는 도중에 이미 그러한 사실을 미리 알아차린다. 불가사의한 사례를 들어보자.

눈에 보이진 않지만 저희들도 참 신기해요. 하마 운전을 해가 서울 부산 같은 데 (굿을 하러) 가잖습니까. 〈조: 예.〉 운전을 하고 가면 옆에 법사를 태우고 무당을 태우고, 운전을 해가 가면 벌써 공수를 다 받아요. 하마 그 집 분위기가 다 느껴져요.

〈조: 굿하는 집에 대한 아무런 정보가 없는데도요?〉 저희들은 "일 하러 오세요. 며칠날 오세요!" 그 소리만 듣고 가는데, ⟨조: 그 소리만 듣고 가는데 벌써 공수가 내린다?⟩ 예예! 그 소리만 듣고 가는데 (차 안에서) 공수가 막 내려요.

어떤 때는 가면은 욕을! 누구 흉을 하루 종일 해요, 막! 무다이(공연히)! 누구는 막 어뚷고, 욕을 해요. 흉을 마구 해요. 내 아(안) 하면 여기[17] 하고, 여기 아 하면 내가 하고, 세 명이.[18] 마구 또 그라고.[19] 가면서 뭐가 찡찡하고(찝찝하고) 그래요. 가보면은 그 집에 굿이 그래요. 그 집 웃대 시아버지 시어머니를 보면은 그저 막 꽤심이 많애가주고 (웃으면서) 뭐 남 잘 되는 꼴을 못 보고. 마구 쪼맨한 거 있으면 막 끓어가주고 흉을 보는 그런 집이더라고요.[20]

굿을 하러 가는 차 안에서 무당 셋이 공연히 욕설을 하거나 남의 흉을 보면서 떠들었는데. 제가집 시어른들이 그렇게 욕설을 잘 하고 남의 흉보기를 좋아했다는 것이다. 따라서 굿을 하러 다니면 길에서부터 재미있다. 가는 길에 일어나는 일들이 굿과 연결되기 때문이다. 오늘 굿에서는 무슨 일이 일어날지, 제가집이 어떤 집인지 궁금한데, 굿을 하러가는 도중에 그와 관련되어서 일어나는 일이 흥미롭기 때문이다.

어떤 때는 굿을 한다고 나서며는 무다이(공연히) 집에 세 번 네 번 드갔다 나갔다 드갔다 나갔다 그래요. 한 가지 갖다 놓고 또 드갔다, 또 한 가지 갖다 놓고 또 드갔다 와요. 그래 굿하러 가서 "집에 노망이 들렜는, 건망증이 들렜는 조상이 누구로?" 내가 다짜고짜 물으면, "아이고 우리 시어머니가 막 그랬어요. 우째 알았니껴?" 하고 되물어요.

굿을 하러 문밖으로 나오면서부터 평소와 다른 현상이 나타나는 조짐을 '굿머리'라고 했다. 굿을 하기 앞서 미리 신내림을 겪는 셈이다. 점사를 볼 때도 마찬가지이다. 가슴이 아파서 점사를 보는 사람이 오면 문 앞에서부터 가슴이 답답하다. 천식으로 고생하는 사람의 경우에는 점사도 보기 전에 목이 갑갑하게 조여오고 기침이 심하게 나기도 한다. 영적 능력이 없다면 저절로 이런 징조를 알아차릴 수 없다. 굿머리만 있는 게 아니라 굿을

---

17 동행하는 다른 사람.
18 굿을 하러 가는 차에 동승한 3명은 송옥순과 악사 역할을 하는 법사, 그리고 굿을 거드는 조무를 말한다.
19 동행하는 무당과 법사, 조무 셋이서 서로 번갈아가며 욕을 한다는 말이다.
20 2017년 6월 29일 면담조사를 할 때 송옥순이 구술한 내용이다.

마치고 돌아올 때도 굿 뒤끝이 있다. 굿 뒤끝은 돌아오는 길에 굿과 관련된 일들이 보이거나 나타나는 것이다.

한번은 어떤 굿에서 공수가 막 오는데, "차 조심을 해야 된다. 너 올해 얼마 안 있으면 언제 차 사고가 나도 크게 날 그런 운센데, 너 이거 하나 만큼은 잘 막았다"고[21] 했다. 올해 차 사고가 크게 날 운세인데, 오늘 굿을 해서 차 사고 하나는 잘 막을 수 있게 되었다고 공수를 주는 굿을 하고, 밤에 돌아오는 길에 교통사고를 목격했다. 굿머리가 아니라 굿 뒤끝이라 할 수 있는 경험담이다.

> 그날 밤에 인제 우리 법사 선생님 하고, 차를 타고 어디 원주 쯤 어데 왔을 거래요. 근데 금방 차가 사고가 났는 것 같에요. 크다란 차가 고속도로에 가로다지로 이래 서 있고, 승용차 하나가 거 처박혀 있더라고요. (사고가 난 지) 한참 됐으면 길이 이래 맥했을(막혔을) 껀데. 차가 안 맥힌 걸로 봐서는 금방 사고가 났어요.
> 아이고! 아까 내가 그 집에 차 사고 그만큼 조심하라고 이르드라고.[22] "너 올해 사고 조심해야 된다. 막기는 막는다마는[23] (크게) 너 조심해야 된다! 사고가 나도 너 큰 사고가 난다." 굿을 하는 내에(줄곧) 그렇게 공수를 주드라고요.

교통사고를 목격하고 현장을 빠져나온 뒤에 한가한 곳에 차를 세우고, 굿을 뗐는 무당한데 전화를 했다. 왜냐하면 굿을 뗀[24] 무당의 초청을 받아서 굿을 해주고 오는 길인데, 오늘 굿을 하면서 차 사고를 조심해야 한다는 공수가 내렸기 때문이다. 그러나 정작 그 공수를 들어야 할 당사자는 듣지 못했다. 굿주는 무당에게 굿을 의뢰만 하고 굿을 하는 무당의 신당에는 오지 않았기 때문이다. 굿주가 참여하지 않은 가운데 굿을 하고 공수를 준 까닭에 굿을 한 결과는 굿을 뗀 무당이 나중에 굿주에게 정확하게 알려주도록 되어 있었다. 그러므로 굿주에게 굿의 결과를 알려줄 때 특별히 차 사고를 조심하라는 공수 내용을 강조해서 전달해 달라는 뜻으로 전화를 한 것이다.

---

21 올해 차 사고가 크게 날 운세인데, 오늘 굿을 해서 차 사고 하나는 잘 막을 수 있게 되었다.
22 이르더라고. 말하더라고.
23 오늘 굿을 해서 차 사고를 막아주기는 한다마는.
24 무당이 굿주로부터 굿을 의뢰받은 일을 두고 '굿을 뗐다'고 한다.

내가 차를 세워 놓고 전화 했어요. 그 굿을 띤는(뗐는) 보살한테. "여게(여기에) 사고가 크게 났다. 큰 차하고 작은 차가 박았는데, 뭐뭐 보니까 승용차는 처박혀 있고, 사람 하나는 막 가로 누가주(누워서) 있고, 이렇다!" 이카이께네, 그 보살이 "아이고 그케(그러게) 말이에요. 선생님 그렇게 공수를 주더니 가면서 또 공수를 주는가 봐요."[25] 눈으로 확인을 해! 집에 가면서 그 굿했는 것을. 가면서도 저희 눈으로 목격을 하도록 보여줬부래요.

송옥순은 굿을 하기 전에 나타나는 전조로서 굿머리 못지않게 굿을 하고 나서 겪는 특별한 경험도 굿과 관련된 징조로 해석하고 있다. 자기가 굿을 할 때 '차 조심하라'는 공수와, 굿을 마치고 돌아갈 때 목격한 차 사고를 필연적 관계로 보고, 그 차 사고 또한 공수의 일환으로 믿고 있다. 그러므로 굿을 뗀 무당에게 이 사실을 알려서 굿주에게 굿의 영험을 확실히 믿도록 일깨워주기 위해 전화를 한 것이다.

굿판에서는 이러한 신통한 일들이 비일비재하게 일어난다. 신통한 일들이란 굿판에서 무당이 자신의 평소 행동거지를 자기도 모르게 바꾸는 일이다. 할아버지 조상신이 실리면 할아버지 몸짓을 하고 목소리도 할아버지 목소리를 내고 할머니신이 실리면 할머니 몸짓과 목소리를 낸다. 다리를 다쳐서 죽은 조상이 실리면 다리를 절면서 움직인다. 그러면 가족들은 마치 돌아가신 조상을 만난 듯이 '아이고 할아버지!' 또는 '아이고 어머니!' 하면서 무녀를 붙들고 울기도 한다. 그러므로 조상굿을 하면 으레 울음바다를 이루기도 한다.

한번은 제사를 얻어먹지 못한 조상을 천도하는 조상굿을 한 일이 있다. 이 날도 이상한 일이 생겼다. 송옥순은 평소 오전 12시까지 아무 음식도 먹지 않는다. 특히 굿을 하러 갈 때는 더욱 음식을 삼간다. 그러나 반주를 맡아하는 법사는 당뇨가 있어서 늘 음식을 싸가지고 다닌다. 가끔씩 음식을 먹어야 저혈당을 막을 수 있기 때문이다. 그런데 그날은 송옥순도 아침부터 음식을 먹기 시작했다. 굿하러 가는 길인데, 자기도 모르게 자꾸 입에 음식이 당겨서 뭘 자꾸 먹었다. 특이한 일이었다. 굿을 하러 가서는 음식이 더 간절했다.

---

[25] 굿을 할 때 '차 조심 하라'는 공수를 주었는데, 굿을 마치고 가는 길에 실제 차 사고를 통해 다시 공수를 주는가 봐요.

굿을 하러 가가주고도 조상의 떡을 놔놓고요. 그 떡이 먹고 싶어서 환장을 해요. 떡을 굿상에 차려놓기도 전에 무당이 먼저 먹고 싶을 정도에요. 글치만은 체면상 그래는 못하거든요. 억지로 참았어요.

떡을 얼른 (굿상에 차려) 놓고는, 막막 얼른 놓고는 막 "이제는 우리 할배들이 먹어야 된다" 그면서, 떡을 끄잡아내 놓고는 정신없이 먹어요. 그래 굿을 하다가 보이까, 이 할배 할매는 제사라꼰 못 얻어믹있어요. 자손들이 교회를 댕기니까 제사를 안 지냈어요.. 〈조: 아 그랬구나! 그래서 배가 고팠구나!〉 예. 그래서 마구 (먹을 것을 보고) 덤벼드는 게라요.

굿을 하러 가는 길에 평소와 달리 뭣이든 먹고 싶었고, 굿상을 차리면서도 굿떡이 먹고 싶어서 환장을 할 것 같아서 이상하게 여겼다. 처음 겪는 굿머리여서 짐작이 가지 않았다. 그런데 굿을 하면서 조상신을 내림받아보니 제사를 못 얻어먹은 신령이 식탐을 내는 것을 알아차렸다. 제사를 못 얻어먹은 것은 자손들이 교회를 다니는 기독교 신자였기 때문이다. 기독교 신자인데 어떻게 굿을 하게 되었을까? 물어보았다.

교회를 다녀도, 하도 자손이 안 되니까, 자식이 안 되니까, 어데 (점쟁이에게) 물어봤겠지요. 교회 댕겨도 그렇게 뭐 진심으로 안 댕기고, 아시내(아주머니가) 교회 이래 디녀도 뭐 대충 댕기고 그랬겠지요 뭐. 그런데 이제 자식이 막 이혼하니 뭐 그고(그러고) 난리를 치이께네(치니까), "어데 가 물어봐라!" 이카이께네, 물어봤던 모양이래요. 그래서 굿을 하고는 아줌마가 교회 안 다녀요.

굿을 하고 난 뒤에 영험이 있어서 그런지, 죄책감이 있어서 그런지, 굿을 한 뒤로는 그 아주머니가 교회에 안 다닌다고 했다. 그 뒤로 조상들에게 제사를 지내기 시작했는지 여부는 확인하지 못했다고 한다. 개인 가정의 사생활이라 물어보기 어려웠다고 한다.

송옥순에게 굿은 굿판에서만 이루어지지 않는다. 굿을 하러 길을 떠나면서부터 굿머리를 겪는가 하면, 굿을 마치고 돌아올 때도 굿이 이어진다. 굿이란 신을 풀어먹이고 신명나게 놀게 하는 것인데, 굿판에서 제대로 신명을 풀지 못한 귀신은 굿을 마치고 돌아가는 무당을 따라오기도 한다. 그러면 무당은 굿판이 아니라도 신을 달래기 위해 신명풀이를 해주어야 한다.

한번은 부산에서 제자무당이 굿을 하는데 초청받아 갔다가 돌아오는 길이었다. 차를 운전하고 오는데 계속 노래가 나오는 것이었다. 옆자리에는 동행했던 법사가 같이 타고 있었는데, 혼자서 자꾸 노래를 부르니, '웬일인가?' 하고 웃기만 했다. 무당도 뒤늦게 귀신이 따라오는 줄을 알아차렸다. 청춘에 죽은 귀신이었다. 영매로서 귀신과 소통하기 시작했다.

"그래 왜 따라 왔느냐? 왜 내 있는데... 거(거기서) 얻어먹지 왜 내 있는데 따라 왔느냐?"
"거기 있는다고 내 몫이 있는 것도 아니고, 내 한도 풀어줄 것도 아니고, 내 차라리 우리 선생님한테 따라가서 내 이렇게 와가주고 한풀이 되면 속이라도 시원하겠다."
"그래? 그러면 오늘 한분(한번) 시컨(실컷) 풀어보자."

그러고는 노래를 계속 불렀다. 부산에서 고속도로 타고 군위[26] 휴게소까지 오면서 온갖 노래를 다 불렀다. 그러니까 옆자리에 앉았던 법사가 의아하게 생각했다. "굿은 부산에 가서 하는 거 봤는데, 옆에 무당이 혼자서 소리를 저꾸(저토록) 해제키고 혼자서 소리를 하이, 뭐 돌았는 것 같지요." 그러나 송옥순은 개의치 않고 신명이 나는 대로 운전대를 잡고 노래를 목이 아프도록 불렀다. 평소에는 노래방에 가서도 노래를 부르지 않는 사람인데, 이때는 신이 실려서 "짜들어 니 풀고 내 풀고 막 같이 풀자!" 그러면서, 창부타령도 부르고 신세한탄하는 소리 뭐 평소에 안 부르던 별 희한한 소리를 다 불렀다고 했다.

그랬더니 이제, "오늘 고맙다" 카면서…. "어쨌든 불러가주 왔는데 행세도 못하고 했는데, 오늘 좋은 선생 잘 만내가주고 소리라도 풀고 가니 속이 시원하다" 카면서 그러기에, "잘 풀었으면 인제 가거라" 그면서(그러면서) 문(승용차문)을 확 열고 "나가라! 인제 좋은 데로 극락을 가라!" 그면서 (웃으며) 차문을 열어주고 "잘 가라!" 그랬어요. (웃음)

신이 실리지 않고서는 고속도로에서 운전하며 옆사람이 보거나말거나 온갖 타령을 부를 까닭이 없다. 그렇다고 평소에 노래를 좋아서 늘 부르던 사람도 아니다. 노래방 가는 것도 싫어하는 사람이다. 그런데 신과 소통하는 말을 혼자서 주고받기까지 했다. 누군가

---
26 경북 군위군.

지켜봤다면 미친 짓처럼 보였을 것이다. 동행한 사람이 옆자리에 있었지만 그도 법사였기 때문에 다소 의아하게 여기긴 했지만 내막은 짐작하고 있었기에 혼자서 가만히 웃기만 했다. 좁은 차 안인데다가 운전 중에 노래를 불렀던 것은, 따라온 귀신을 달래주는 굿을 혼자서 했던 셈이다.

송옥순 무녀가 평소에 노래를 잘 부르지 않는 데에는 이유가 있다. 목을 애끼기 위해서다. 그녀의 말이다. "목을 애껴야 되잖아요. 매주 수요일 토요일마다 성주풀이 연습을 해야 되지요.[27] 굿을 하면은 보통 다섯 시간 내지 여섯 시간 굿을 해야 되는데, 필요 없이 소리를 왜 하니꺼! 괜히 목이 쉬면 곤란해지니까, 노래방이나 놀자고 하는 데서는 절대로 노래를 안 불러요." 직업적인 가수가 아무 곳에서나 나서서 노래 부르지 않는 것이나 다르지 않다.

친구들하고 노래방을 가도 저는 (강조하면서) 절대 노래 한 곡도 안 불러요. "성주풀이 한번 불러라!" 캐도, "쓸데없이 이런데서 왜 성주풀이를 불러야 되나?" 카며, 저는 거 노래방에 가만 앉아 있을 뿐이지 안 불러요. 목을 정말 애끼야(아껴야) 되그던요.

이처럼 노래를 하지 않는 분녕한 이유와 소신을 가지고 있으면서도 운전 중에 혼자서 온갖 타령을 한 시간 반 동안이나 쉬지 않고 부른 것은 신이 지폈기 때문이다. 굿을 할 때 무당에게 신의 빙의되어서 나타나는 것과 같은 현상이다. 자의적인 노래가 아니라 신의 의지가 가탁된 것이다. 그래서 물어보았다.

"그런 경우에 신이 들렀다 카나요. 따라왔다 카나요?"
"그때는 신이 저를 따라 왔지요. 굿판에 왔던 남의 귀신이 따라 와서 저도 모르게 노래를 막 부르고 서로 이야기도 하고 했지요. 오면서도 차 안에서 나 혼자 굿을 한 거지요."

신통한 무당이라고 하여 모든 굿을 신통하게 완벽하게 끝내는 것은 아니다. 굿도 일인 만큼 굿을 하다가 보면 굿판에 찾아온 귀신을 빠뜨리거나 제대로 챙기지 못할 때도 있다.

---

27 안동제비원성주풀이보존회 모임이 수요일 토요일에 있으므로 이때 성주풀이를 불러야 된다.

온갖 귀신을 상대하다가 보면 실수도 따르기 마련이다. 어떤 상황일까? 직접 들어보자.

더러 굿을 하다가 제가 청춘의 혼신을 빠자먹고(빠뜨리고) 안 해 줄 때가 있어요. 어뜰(어떤) 때는 다 못해줘요. 죽은 것도 목매 죽은 거, 거 뭐 차에 치에 갔는거, 뭐 총에 맞아 갔는 거, 어뜬 집에는 청춘에 갔는 조상이 너무너무 많다 보면, 그 빠자멌불 수도 있어요. 그 다 못 풀어줘요.

어뜬 조상은 스스럼없는 조상은 술 한 잔만 받아먹도도 '나는 간다' 그면서 가고, 옷을 한 벌 줘도 옷을 갖고 가고, 돈 한 푼 줘도 좋다 그면서 가는 조상이 있어요. 근데 어뜬 조상은 그러다 보면 빠졌분 거가[28] 있어요. 굿을 끝내고 오잖아요. 그러면 차에 (조상귀신이) 따라 와요.

굿을 마치면 으레 밤늦게 운전을 해서 안동으로 돌아오는데, 차에 조상귀신이 따라오는 것을 알아차리게 된다. 그 신이 실려서 노래를 부르는가 하면 혼자서 욕설을 거칠게 하기도 한다. 종일 굿을 해서 목이 아픈데, 이때는 목도 아프지 않고 노래도 저절로 나오고 욕설도 저절로 하게 된다는 것이다. 굿을 잘못한 탓이다. 그냥 모른 체 할 수 없다. 혼잣말을 하다가 귀신과 이야기도 주고받는다. 서로 소통을 해야 따라오는 귀신을 달래는 굿을 할 수 있기 때문이다.

운전해 오는데 신이 따라오면 내가 욕을 막 해요. 욕을 막 하는데, (말을 바꾸어서 신이 하는 말로) "나는 왜 오늘 한을 안 풀어주노?" 그라만(그러면) 내가 막 또 욕을 해요. "미쳤나! 왜 이까지 따라와가주고 이카노?" "오늘 굿판에 불러가주고 얻어먹으러 왔는데, 한도 못 풀고 나는 불러주지도 않고 그래서 선생님 좇아 따라 왔다" 캐요.

굿을 잘못 하면 한을 못 푼 조상이 따라오고 그러면 사고가 날 뻔하고, 뭐가 재수 없는 게…. 저는 느꼈어요. 그래서 운전을 하면서 "그래! 뭘 풀자!" 그면서, 목이 아픈데도 그때는 목이 또 안 아파요, (웃으면서) 소리가 잘 나와요 또!

차 안에서나마 따라온 조상귀신을 달래는 일을 한다. 그러면 이상하게 아프던 목도 풀린다. 따라서 무당은 굿판에서만 굿을 하는 줄 아는데 그렇지 않다. 강신무는 굿을 하러

---

28 빠뜨린 것이.

갈 때부터 굿을 마치고 돌아올 때까지 굿을 한다. 신이 실리면 언제든지 굿이 이루어진다. 신을 만나면 이야기를 건네지 않을 수 없고, 소통하다가 신의 하소연을 들으면 그것을 들어주지 않을 수 없다. 굿은 인간의 소망을 이루기 위해 하는 것 같지만, 사실은 신의 한을 풀어주기 위해 하는 것이다. 신의 한을 풀어주어야 인간의 소망도 이룰 수 있다. 그러므로 오히려 한이 맺힌 신들이 인간으로 하여금 굿을 하도록 만드는 것이라 하겠다.

굿을 하는 사람들에게는 인간의 힘으로는 이룰 수 없는 소망이 있게 마련이다. 따라서 신에 의존해서 소망을 이루려 하는 것이다. 그것은 신의 초월적 능력 때문이기도 하지만, 신의 한을 풀지 않으면 문제를 해결할 수 없기 때문이기도 하다. 결국 굿을 하게 만드는 원인 제공자가 신이다. 신에 의해 부정을 타거나 동티가 나거나 살을 맞은 경우 굿을 해서 신을 달래야 문제가 해결된다. 그러나 같은 문제가 일어나도 신에 의하지 않은 경우에는 굿을 하라는 점사가 나오지 않는다. 모든 문제의 원인이 신에게 있는 것은 아니기 때문이다. 그러므로 신에 의해 문제가 발생한 경우에는 굿을 통해서 신의 한을 풀어주면, 신 또한 인간의 소망이 이루어지도록 도움을 주게 되는 것이다.

굿에서 인간의 소망을 이루는 것은 2차적이다. 왜냐하면 신의 한을 풀어주는 것이 1차적이기 때문이다. 굿주의 의뢰를 받아서 굿을 하지만, 굿에서는 어디까지나 신이 우선이다. 신이 내려야 하고 신이 공수를 주어야 하며, 신이 한을 풀고 기뻐하도록 만들어야 한다. 굿주의 소망을 이루는 것은 그 다음 일이다. 신의 한을 제대로 풀어주어야 굿주의 문제도 해결된다. 따라서 신의 한을 푸는 것이 우선이다. 한은 마음에 맺힌 것이다. 굿의 본질은 맺힌 것을 푸는 데 있다. 그러므로 굿은 인간의 소망을 이루기 위해 '신의 한' 곧 신과 인간 사이에 맺힌 것을 풀어주는 무교의 제의라 하겠다.

이러한 굿의 본질을 제대로 알아차리지 못하면 기복신앙에 머물게 되고 신내림이나 신명풀이가 없는 거짓 굿을 하게 된다. 기복신앙에 매몰되어 굿을 하게 되면 신이 지피지 않고 신명풀이도 없다. 거짓으로 신이 내린 양하고 공수를 지어내서 하게 되며, 굿주의 전후 사정을 헤아려 적절하게 둘러대는 눈치굿을 하게 된다. 실마리를 잡아 넘겨짚어서 점사를 보는 일이나 눈치껏 이런저런 사정을 파악하여 굿을 하는 일은 신이 지핀 것이 아니므로 진정한 굿일 수 없다.

굿은 곧 신굿이다. 영매로서 신의 빙의와 함께 신과 소통하며 신의 뜻을 헤아리는 굿이 진정한 굿이다. 따라서 비록 굿판이 아니거나 또는 굿주와 무관한 일이라도 신이 실려서 신과 소통하며 신의 원한을 풀어주는 일이라면, 그것이 어디서 어떻게 이루어지든 굿이라 할 수 있다. 송옥순은 그런 신굿을 하는 무녀이다. 그러므로 신굿은 신과 인간의 소통을 전제로 이루어지며, 최종 목적은 소통으로 신과 인간 사이에 맺힌 한을 풀고 화해에 이르는 것이다.

3. 송옥순 무녀의 굿이야기와 굿의 이해

굿이 무엇인가 하는 것은 연구자가 굿을 참여관찰하면서 분석적으로 고찰해야 포착할 수 있다. 따라서 굿을 전공하는 학자들은 으레 굿을 참여관찰하려고 한다. 그러나 굿에만 집중해서는 굿의 전모를 제대로 포착할 수 없다. 송옥순 무녀처럼 굿을 하기 전이나 굿을 마친 뒤에 일어나는 신이체험과 굿 활동은 굿을 참여관찰하는 것만으로 알아차릴 수 없다. 그러므로 굿을 총체적으로 이해하려면 굿의 전후 사정도 조사해야 한다.

연구자가 굿을 객관적으로 관찰하여 분석적으로 해석하는 것은 연구의 한 방법일 뿐이다. 학계에서는 연구자의 시각으로 대상을 해석하는 것을 에틱 멘탈(etic mental) 또는 에틱 비헤이버럴(etic behavioral) 한 방법이라고 한다. 다른 방법은 굿을 하는 무당의 시각에서 굿을 포착하는 일이다. 무당이 관념적으로 생각하는 굿은 에믹 멘탈(emic mental)한 해석이며, 무당 스스로 자기 체험을 근거로 해석하는 것은 에믹 비헤이버럴(emic behavioral)한 해석이다. 이 가운데 연구자의 에틱한 시각 못지않게, 문화를 소유하고 누리는 주체의 에믹한 시각 또한 문화해석에 중요하다.

따라서 연구자의 관념적 해석이나 실제적 해석에 집착할 것이 아니라, 굿을 하는 당사자로서 무당의 관념적 해석 또는 체험적 해석을 긴요하게 주목할 필요가 있다. 굿을 연구하는 전문가라 하더라도 굿을 직접 하는 당사자로서 무당이 인식하는 굿을 정확하게 포착하기 어렵다. 굿을 직접 하는 무당이 굿을 잘 터득하고 있는 까닭만은 아니다. 굿은 신의 빙의에 의한 무당의 신령체험이기 때문이다. 예사 연구대상과 달리 굿은 신령과 교감하는 무당의 신들림 현상을 전제로 하는 까닭에 객관적 관찰로 굿을 포착하는 데에는 일정한 한계가 있기 마련이다.

무당은 영매로서 신과 소통을 하는데, 말로만 소통하는 것이 아니라 온몸으로 겪으면서 신과 혼연일체가 되어 직접 교감한다. 직접 무당으로서 신령체험을 하는 가운데 굿을 진행해보지 않고서는 굿을 정확하게 안다고 하기 어렵다. 따라서 연구자가 아무리 세심한 조사를 하더라도 무당으로부터 신이체험 또는 신령체험을 듣지 않고서는 굿의 세계를 제대로 알아차릴 수 없다. 그러므로 굿을 하면서 느끼고 겪는 초월적 경험들을 무당으로부터 직접 듣는 것이 굿을 종교적으로 이해하는 지름길이라 할 수 있다.

굿 체험담을 듣기 전에 굿에 대한 무당의 관념적 인식부터 궁금해졌다. 에믹 멘탈한 관점의 질문이다. 먼저 송옥순은 무당으로서 굿을 어떻게 인식하고 있는지 물어보았다. "송선생이 생각하기로 굿이 뭐냐 그러면 어떻게 말씀하시겠어요?" 하고 질문했더니 아래와 같이 대답했다.

> 굿이 뭐로 그러면 형체도 없고 뭐 말할 수도 없는 그런 거래요. 그 말할 수가 없어요. 뭘 그 표현할 수 없는 거. 정말 뭐 조상이 와서 얘기를 한들,[29] 믿는 사람들이 있겠어요? 그런 소리를 들어도 무당 지 혼자 지껜다고 얘기 안 하겠어요?[30]

굿은 말할 수 없는 것이라고 했다. 아주 솔직한 대답이다. 굿이 뭐냐고 물었을 때 딱 부러지게 즉각 대답을 한다면, 굿의 진실성보다는 한갓 굿에 대한 지식을 말했을 가능성이 크다. 이처럼 굿을 지식으로 알고 있으면 뭔가 정리된 답으로 말할 수 있다. 그러나 굿을 경험으로 알고 있기 때문에 말할 수 없다고 한 것이다. 뚜렷한 실체가 없을 뿐만 아니라 겉으로 드러난 현상보다 이면에 숨어있는 진실이 더 중요한 까닭에 말로 설명하려면 말이 모자라서 막히거나 머뭇거릴 수밖에 없다.

굿은 관찰 가능한 실체인데도 형체도 없고 말로 표현할 수도 없다고 한 것은 굿을 하는 행위보다 무당에게 지피는 불가사의한 신령의 존재 때문이다. 신령들을 만나 서로 소통하고 함께 신명풀이하며 노니는 것이 굿이므로, 신들림 현상을 경험하지 않고서는 굿을 설명해도 제대로 이해할 수 없다고 여기는 것이 당연하다. 게다가 굿의 실제를 보여주어도 아무도 신들림 현상을 믿지 않기 때문에 설명이 더 힘들 수 있다.

---

29   무당에게 조상신이 지펴서 무당이 조상신의 말을 이야기한들.
30   사람들이 조상신의 말을 들어도 무당이 자기 혼자 지어내서 지껄인다고 이야기하지 않겠어요?

굿을 하는 무당의 귀에는 조상신이 와서 하는 이야기가 들리지만, 그런 말을 한들 믿는 사람들이 있겠는가 하는 반문도, 종교적 신이체험에 대한 불신이 크다는 사실을 알고 있기 때문이다. 신들려서 하는 신의 말도 결국에는 무당이 사람들을 속이기 위해 신의 말인 것처럼 지어내서 한다고 여기는 것이 구경꾼들의 일반적 인식이다. 왜냐하면 신의 실체는 신이 지핀 무당들만 체험적으로 알아차리는 현상인 까닭이다.

신은 영적 존재이자 불가사의한 존재여서 신을 믿지 않는 사람들은 영매로서 무당의 신들림 현상을 인정하지 않기 일쑤이다. 따라서 송옥순은 말로 표현할 수 없는 빙의체험을 제쳐두고 어떻게 굿을 제대로 말할 수 있는가 여기는 까닭에 아예 "말할 수 없는 것"이라고 대답한 것이다. 그러므로 송옥순의 이러한 대답은 무당다운 솔직한 대답이라 하지 않을 수 없다.

그럼에도 불구하고 '그래도 뭔가 구체적으로 말해보라'고 조르는 것은 솔직한 대답을 왜곡시킬 염려가 있다. 머릿속에 들어 있는 지식을 짜내서 말을 하다가 보면 솔직한 대답이 아니라 아는 체 하기 위한 거짓 대답이 될 수 있다. 따라서 다른 자리에서 면담할 때 들은 이야기를 상기시키는 일부터 했다.

그때 송옥순이 "저는 조상 한 풀어주는 데는 잘 풀어줘요. 첫째 굿은 조상의 한을 잘 풀어내줘야 되그덩요. 굿은 한풀이거든요"라고 말한 적이 있다. 스스로 무당으로서 자질이 있다고 자부하는 것은, 조상신의 한을 풀어주는 일을 잘 할 수 있다고 여기는 까닭이다. 그리고 "굿은 한풀이"라고 굿을 자리매김한 적이 있다. 따라서 이 말을 끌어와 면담을 더 진전시켰다. "지난번에 말씀하실 때, 굿을 하면 한을 풀어준다고 그랬잖아요, 한풀이라고?" 물었다. 아래는 송옥순의 대답이다.

굿을 할 때 저도 물론 신령을 청배를 해가주고 이렇게 모셔다가 놓지요. 굿상에다가 모셔다 놓고는 청배를 하지만, 그날의[31] 주인공은 그집 조상이래요.[32] 산신이 아니고 용신이 아니고 천지신명도 아니고, 그날의 주인공은 이 후손이 조상을 찾아서 굿을 하기 때문에 주인공

---

31 굿하는 날의.
32 무당이 신당이나 굿상에 여러 신들을 청배해서 모셔 놓지만, 실제로 굿을 할 때는 제가집 조상신이 주인공이라는 말이다.

은 그집 조상이 주인공이라고, 저는 그렇게 생각하거든요. 그래서 저는 그집 조상들을 즐겁게 해줘요. 대체적으로 굿을…

그래서 옛날에 잘 먹고 잘 노든 사람도, 그래도 한이 돼가주고 못 놀았네 잘 놀았네 카고, 또 술잔 기울이고 기생 품안에 안고 이런 것도 한이 되는 조상도 있고, 정말 못다 먹고 못다 입고 갔는 그런 조상들은 배가 고파서 얻어 먹으로 오는 그런 조상들도 있지요. 그런 조상은 정말 잘 풀어줘야 되지요.

위의 진술은 송옥순이 생각하는 굿이다. 굿판에 여러 신령들을 모셔놓고 굿을 해도, 굿판의 주인공은 제가집의 조상신이라는 것이고, 굿의 목적은 조상신을 즐겁게 놀려주고 잘 대접함으로써 조상신을 달래주고 맺힌 한을 풀어주는 것이라는 말이다. 조상신마다 제각기 성격이 다르지만 특히 가난하게 살다가 죽은 조상신들은 배가 고파서 먹으러 오는 까닭에 푸짐하게 잘 풀어먹여야 한다고 여긴다. 따라서 그때는 무당 스스로 음식을 많이 먹는다고[33] 했다. 어떻게 먹었을까? 직접 겪은 체험담을 들어보자.

옛날에 신 받아가주고 40대, 그때는 정말 조상밥을 했는 거 밥 한 공기 나물 한 접시씩 씹지도 안 하고 그냥 막 넘겼어요. 굿을 하면서도요. 그러니까 이 제중이 그때는 모르는데 막 늘었어요. (음식이) 안 넘어가는 거는 물에 막 말아가주고 후루룩 들어 마셨부고 막 그랬어요. 떡 한 쪼가리 들고 막 먹고 막! 그러면 굿하던 사람들이 "아이구 언챈다(얹힌다), 언챈다!" 그러고 말렸어요. 근데 어쨌든 그렇게 먹혔어요.

(웃으면서) 정말 마이 먹고 언채(얹혀) 놓으면, 저만 괴롭지만 별 탈은 없었어요. 그래도 배고픈 조상들 생각하면 마이 먹어 줘야 돼요. 요새는 먹어도 그렇게 마이 먹고 이렇지는 안 하지요. 그러나 (요즘도) 먹기는 맹(역시) 먹어요.

먹어도 예사로 먹은 것이 아니라는 말이다. 배고픈 신이 지핀 탓에 음식에 걸신들린 사람처럼 허겁지겁 마구 먹었다고 한다. 주위에서 보는 사람이 체한다고 걱정을 했지만, 제대로 씹을 겨를도 없이 물에 말아서 후루룩 마시듯 먹고, 떡 한 쪼가리도 자르지 않고 그대

---

33 못 얻어먹은 조상을 모시는 굿을 할 때는 무당이 굿을 하면서 실제로 음식을 많이 먹게 된다는 말이다.

로 들고 먹었다는 것이다. 그래도 탈이 나거나 체해서 고생한 적이 없다. 그렇게 많이 먹을 수 있는 것은 굶주린 조상신이 몸에 실린 까닭이다. 그렇게 많이 먹어주는 것이 배고픈 조상의 한을 풀어주는 길이기도 하다. 더 구체적인 경험을 들어보자.

    바끝(바깥)에 사자상(使者床) 채려 놨는 것도 막 먹었어요. 사자(使者)에 걸레가주고 오도 가도 못하는 그런 조상이[34] 있그던요. 몇 년이 지나도 사자에 걸렜는 거는 안 풀어주면 안 되그던요. 사자상에 차려 놓은 거 더러운 거 누가 먹겠어요. 먹다 남은 거, 그래도 사자상 그 음식도 막 먹었어요. 바끝에 거 굿한다고 막 차려 놓은 거를.
    그라만 안에서 "저 아까운 선생, 저 선생 조상이 실레가주고(실려서) 다 베린다" 그러면서, 마구 내(계속) 쯧쯧 혀를 차요. 사자상 음식을 옳게 씻기를 하는가요. 그 더러운 거를, 과자나 뭐 온갖 거를 다 먹지요. 먹고도 막 풀어내줘요. 정말 그때 막 풀어주거든요. 그러면서 그 걸린 고를 하나하나씩 전부 다 풀어내 주어야만, 걸린 고를 풀고….

    저승사자를 대접하지 않아서 조상이 저승에 가지도 못하고 이승으로 오지도 못한 채 구천을 헤매는 경우가 있다. 이런 조상을 달래서 저승에 보내는 굿을 하려면, 저승사자를 위해 차려놓은 사자상의 음식을 먹어야 한다. 사자상은 굿을 하는 동안 마당 한 귀퉁이나 대문 바깥에 차려져 있다. 따라서 정갈하게 관리되지 않는다. 먼지가 앉고 파리도 앉는 것은 물론 잡귀들도 범접하기 때문에 아무도 먹지 않고 굿이 끝나면 그냥 버린다. 사자상 음식은 음복하는 법도 없다.
    그런데 송옥순은 사자상 음식도 기꺼이 먹는다. 사자 고에 걸린 조상신의 한을 풀어주려면 사자음식을 먹어야 하기 때문이다. 물론 맨 정신으로는 먹지 못하지만 조상신이 실려서 허겁지겁 먹는다. 사자 고를 푸는 굿은 으레 마당에서 하는데, 집안에서 굿을 지켜보던 사람들은 무당이 음식 먹는 것을 두고 "아까운 선생이 조상신이 실려서 사람을 다 버린다"고 혀를 끌끌 찼다고 한다. 귀한 분인데 신이 들려서 먹을 수 없는 음식을 먹는다는 말이

---

34 저승사자가 죽은 조상을 저승으로 온전하게 데려가야 하는데, 사자가 불만이 있어서 저승으로 데려가지 않고 버려둔 조상을 말한다. 사자와 조상신 사이에서 뭔가 어긋난 일이 발생한 탓에 저승으로 가지도 못하고 이승으로 오지도 못한 채 구천을 떠도는 조상이다.

다. 그러나 사자 고에 맺힌 조상의 고를 풀어주려면 그럴 수밖에 없다.

굿은 인간의 일이 아니라 신의 일이어서 '신사(神事)'라고도 한다. 무당은 인간이지만 굿을 할 때는 신이 실려 있어서 신의 아바타가 된다. 스스로 신이 되어서 신의 한을 풀어주고 신과 인간 사이에 맺힌 것을 푸는 것이 굿이다. 한 많은 조상신은 후손들에게 좋지 않은 영향을 미치게 마련이다. 따라서 조상신에게 문제가 있는 후손들은 집안에 우환이 있거나 재수 없는 일이 일어난다. 이러한 조상신의 역기능을 해결하려면 결국 조상신에게 맺힌 것을 풀어주어야 한다.

병으로 고생하다가 죽은 조상은 병고를 풀어줘야 한다. "병고 액난에 걸레가주(걸려서) 십년 이십년 고생하다가 그렇게 갔는 조상은 죽은 귀신도 그래 고생을 해요. 죽을 지경이에요." 그런 굿을 하게 되면 굿을 하러 갈 때부터 몸이 아프고 만사가 귀찮아진다고 한다. 법사가 앉아서 청배를 하면, 그때 벌써 신령이 실려서 사지가 아프기 시작하고 공연히 자리에 눕고 싶어진다. 그때 상황을 아래와 같이 이야기한다.

혼백이 실레가주고 내가 누어 배기고 눈도 못 뜨고 아퍼가주고 뭐 아무 것도, 돈도 정말 귀찮고 모든 게 귀찮아요.

다른 걸 못하고 누우 배기든가 쪼그려 앉아가수 일어서기도 싫고 (강조하는 말투로) 눈도 뜨기 싫어요. 눈도! 머리도 아프고 막막 사지육신이 아퍼! 뭐 전신이 아파가주고 덜덜덜 떨리는 게 마 정말 아무것도 귀찮아요. '이래가주고 굿을 해낼까?' 정말 이런 걱정도 들어요.

위기 상황이다. 아픈 사람을 굿으로 치유해야 하는 무당이 아파서 굿을 못한다면 말이 되지 않는다. 굿의 신뢰를 무당 스스로 무너뜨리는 일이다. 무당이 돈도 귀찮고 굿도 귀찮아져서 굿을 하지 않는다면 우스운 꼴이다. 무당으로서 자질을 스스로 부정하는 일이다. 신내림을 받아서 무당이 되어도 굿을 하지 않는 무당은 사실상 무당이 아니기 때문이다. 그러므로 법사의 부정굿이 끝나고 자기 차례가 다가오면 굿을 하지 않을 수 없다.

그런데 막상 신복으로 갈아입고 신장(神將) 칼을 들고 굿판에 나서면 상황이 달라진다. 칼을 휘두르며 잡귀를 물리치고 부정을 탁탁 쳐내면 몸이 언제 아팠던가 싶다. 기운도 달라진다. '조상신의 병고 액란을 내가 풀어주지 못하면 누가 풀어줄까?' 하는 생각이 들면서, 늘어져 있던 몸에 황소 힘이 솟고 귀찮았던 마음도 안개 걷히듯이 싹 가신다. 잠겼던 목도 저절로 트여서 병고를 푸는 주문이 거침없이 흘러나온다. 모든 것이 술술 잘 풀려서 굿은 잘 끝나고 몸은 씻은 듯이 좋아진다. 송옥순 스스로 생각해도 신통했다.

그럼에도 어떤 굿은 참 힘든다. 약 먹고 죽은 조상 신령이 실린 경우이다. 굿판에 들어섰는데, 눈도 제대로 뜨이지 않고 정신도 어지러워서 몸이 빙글빙글 도는 것 같다. 게다가 속까지 메스꺼워서 계속 토할 것 같은 느낌이다. 정신을 바짝 차리고 신장을 실어서 풀어줘야 하는데, 몸에 약기운이 있는 것처럼 어지럽기만 하다. 조무가 낌새를 차리고 "선생님 이거 잡숫고 하세요" 하고는 박카스병을 들이밀었다. 그러자 자기도 모르게 손사래를 치며 깜짝 놀라 공수를 했다.

하이고 나는 그런 약 다시는 안 먹는다. 그거 먹으면 내 죽는다. 약은 내가 안 먹는다. 내가 겁 줄라고(겁을 주려고) 약을 먹었는데, 이렇게 죽을 줄은 몰랐다. 내가 죽을라고 약을 먹은 것이 아니다. 아이구 목이 탄다. 약은 저리 치우소. 물이나 한 바가지 다고(다오). 얼른 냉수나 한 바가지 떠 옸나!

굿주 가족들도 놀랐다. 그동안 할머니가 약을 먹고 자살한 줄만 알고 있었다. 그런데 듣고 보니, 죽으려고 약을 먹은 것이 아니라 남편에게 겁을 주려고 약을 먹었는데, 고만 죽고 말았다는 것이다. 아들과 딸은 그 소리를 듣자마자, "아이고 어머니! 억울해서 어떻해요?" 하면서 무당을 붙잡고 울음을 터뜨렸다. 할머니가 영감하고 싸우다가 속이 상해서 겁을 주려고 농약을 조금 먹는다고 먹었는데, 진짜 죽어버렸다는 사실이 드러났기 때문이다.

조무가 냉수를 한 그릇 가져오자 무당은 물을 벌떡벌떡 마셨다. 목이 타들어가서 물을 거듭 요청해서 들이켰다. 물을 많이 마셔서 속을 씻어내고 해독이 되었는지 정신이 조금씩 돌아왔다. 그런데 물을 워낙 많이 마셔서 배가 불러 움직이기 힘들었다. 그러나 정신이 맑아지자, "아이고 그래도 오늘 아들 딸, 메느리를 보이 내가 기분이 좋다. 너어(너희)가 이래 불러주이 고맙다. 오늘 내가 쫌 풀고 가야 된다" 그러면서 춤을 추고 신명풀이를 해서 굿을 순조롭게 마무리했다. 약 먹고 뜻하지 않게 죽은 할머니의 한을 풀어준 굿이었다.

굿판은 조상의 맺힌 한을 풀어주는 현장이다. 온갖 민중의 한을 다 만나게 된다. 굶주린 한, 병고로 죽은 한, 시집살이의 한, 사고로 죽은 한, 맞아죽은 한, 헐벗어 죽은 한, 아기 놓다가 죽은 한, 종살이 한 등등 헤아릴 수 없다. 그럼에도 가난하여 굶주리거나 헐벗어 죽은 조상들의 한은 수월하게 달랠 수 있다.

자녀들이나 손주들이 빌기 때문에 어지간하면 풀고 간다. 절을 올리고 '미안하다, 잘 못했다. 잘 노시다가 풀고 가시라' 하고 빌면 들어준다. 돈을 굿상에 놓으면 귀신도 돈을 보고 좋아한다. 생전에 만져보지 못한 돈이니까 돈을 들고 좋아서 노래를 부르기도 한다. 비단 옷을 한 벌 해주면 평소에 다 떨어진 무명옷을 입던 처지라, 처음으로 좋은 옷을 입어보고 춤을 춘다. 신이 무당에게 빙의되었기 때문에 무당이 조상신처럼 직접 옷을 입어보고 좋아하는 것이다. 그런데 특별한 한을 품은 신령은 쉽사리 풀어지지 않는다.

옛날에 그 대감이 여종을 건드려가주고는 고마, 아를 배고 하이(하니) 내 보냈부러요. 아 뺐다고! 그렇게 쫓겨나서 막 보따리 싸가주고 가다가, 겨울에 추운데 혼자서 아를 놓다가 아는 놔놓고 산모는 죽었부렀어요.

⟨조: 그런 사연이 떠오르나요?⟩ 굿을 하다가 보면 (혼신이) 그래요.[35] ⟨조: 대감이 권력으로 여자를 차지하고 애를 배니까 내쫓았구만요?⟩ 내쫓으니까 쫓겨나가주고 보따리 들고 덜덜 덜 이래 떨어요. 떨고는 배도 아파가주고, "내가 아 놓다가 그랬다" 그래요.

눈물겨운 이야기이다. 혼신이 억울한 자신의 내력을 무당에게 알려주는 까닭에 무당은 아무도 몰랐던 과거의 진상을 알게 되었다. 그냥 알게 된 정도가 아니라 혼신처럼 몸을 덜덜 떨면서 온몸으로 공수를 내린다. 입으로 공수를 말만 하는 것이 아니라, 아이 낳는 고통을 직접 느꼈다. 아랫배를 움켜잡고 덜덜 떨며 화장실에 여러 차례 드나들어야 했다. 간신히 혼신을 달래며 굿을 마쳤는데, 아무도 그 내력을 모를 줄 알았는데 굿을 구경하던 이웃 할머니들은 알고 있었다.

그게(그런 사연이) 맹(역시) 전해 전해가주고 노인들은 알고 있었어요. 모두 눈치는 있잖아요. 굿을 하고 나이께네, 할매들이 나를 붙잡고, "그런 게(일이) 있었다 카디더.[36] 우리는 소문만 들었는데, 어째 그리 용하노!" 카고 뒷말을 하면서 눈물을 흘려요.

---

35 그렇게 말을 해요.
36 있었다고 합디다.

굿을 마치고 나니 할머니들이 눈물을 글썽이며 굿을 한 송옥순 무녀를 붙잡고 그런 이야기를 들었다며 맞장구를 쳤다. 손을 부여잡고 "무당이 참 용하다!"며 칭찬도 했다. 굿을 의뢰한 후손들은 부끄러운 일이라서 내놓고 말하지 않는데, 이웃 할머니들은 굿을 보고 놀라서 무당에게 굿이 신통하다는 사실을 전하려고 "그런 일이 있었다"고 가만히 뒷말을 하며 눈물을 훔쳤다. 송옥순도 굿을 하고 나서 한참 가슴이 먹먹했다고 한다.

굿판에서는 어떤 일이 일어날지 알 수 없다. 직접 점사를 본 제가집에서 굿을 하는 경우에는 사정을 대충 알 수 있는데, 다른 무당이 뗀 굿에 불려가서 굿을 하는 경우에는 제가집 사정을 전혀 모른 체 굿을 해야 한다. 뭣 때문에 굿을 하는지 모르고 굿을 하면 답답하기도 하지만 새로 알아가는 재미도 있다고 한다.

내가 여기서(신당에서) 하마 점사를 다 보잖아요. 하마 조상이 여(야기는) 뭐 총각으로 죽은 몽달귀도 있고 뭐. 여는 하만(벌써) 점사를 보기 때문에 조상에 대해서 대충 아잖습니까? 다 아니까, 〈조: 점사를 보면서 다 알아냈으니까, 굿을 해도 뻔하다?〉 예. 하마 다 알잖아요. 그러면 거기에 맞게 풀어주면 되는데, 여기는 아무 것도 아는 게 없이, 남 띠(떼어) 놨는 데 (굿을 하러) 가면 전혀 모르잖아요.

거기 가며는 저희들한테 맽겼부래요. 굿을 다 맽겼부래요.[37] 저희들이 굿상까지 다 채려가주고 굿을 그냥 가서 저희들이 다 하는 거래요. 그래가주 하다가 보면은 이런 거 저런 거 막 나오는 게래요.[38] 〈조: 새로 알아가는 재미가 있군요?〉 예. 그런 재미가 있지요. 저도 이제 막 체험을 하지요. '이 집 조상이 도대체 어떤 성향을 가지고 있고 어떤 조상들이 있나? 옛날에 잘 살았나 못 살았나?' 저도 뭐 그런 게 궁금해요. 아무 것도 모르는 상태에서 굿을 하면, 신이 실려가주고 풀어나가는 재미가 있어요.

무당은 굿을 하면서도 굿이 궁금하다. 신령이 몸에 실리는 데 따라 굿이 다르게 풀려나가기 때문이다. 점사를 직접 보지 않은 굿은 사전에 들은 지식으로 아는 것이 아니라, 신령

---

37 굿을 뗐는 무당이 의뢰해서 굿을 하러 가면 송옥순에게 굿은 모든 것을 맡겨버리고 자기들은 굿에 관여하지 않는다는 말이다.
38 굿을 하다 보면 조상신에 관한 이런 저런 내력이 다 나오게 되는 것이래요.

이 공수를 주는 것을 체험하면서 비로소 알아가기 때문이다. 그러니까 굿판에서 새로 알아가는 재미가 있다. '이 집 조상이 어떤 사람인가, 가정 형편은 어땠는가?' 굿을 하는 무당도 그런 사실이 궁금하므로 굿을 하면서 풀어가고 알아내는 재미가 있다고 하는 것이다. 이러한 재미는 단순한 호기심 충족을 넘어선다. 무당으로서 신과 소통하며 미지의 세계를 알아낼 수 있는 신통력에 대한 자부심과 연결되어 있는 것이기도 하다.

무당으로서 긍지와 자부심은 자족감에 머물지 않는다. 굿을 의뢰한 사람이나 구경꾼들로부터 신통하다거나 영험이 있다는 평가를 받을 때는 인정욕구를 넘어서 더 큰 만족감을 느끼게 된다. 제가집이나 구경꾼들보다 같은 동료 무당이 감탄을 하는 경우에 만족감이 더 크다. 왜냐하면 무당들은 굿의 세계를 경험해서 알고 있기 때문이다. 함께 일하는 조무들도 송옥순의 굿을 돕다가 감탄하는 일이 있는데, 이때는 객관적이라 할 수 없어서 신뢰가 덜 간다. 그러나 대등한 관계의 무당이 굿을 참관하고 내심 놀라며 자기도 모르게 감탄할 때는 큰 자부심을 느끼게 된다.

굿을 뗀 무당이 자기는 굿을 감당할 수 없어서 송옥순에게 굿을 의뢰하는 경우가 있다. 이때는 외방굿을[39] 하는 셈인데, 굿을 뗀 무당이 송옥순의 굿을 지켜보는 도중이나 굿을 하고 난 뒤에 용하다고 하면 무당으로서 긍지가 어느 때보다 높아진다. 동료 무당으로부터 인정을 받았기 때문이다. 그런 평가를 받게 되면 무당으로서 신용도가 높아질 뿐 아니라, 굿 의뢰도 자주 들어오고 굿을 하는 경비 곧 굿값도 오르게 된다.

한번은 서울에서 굿을 뗀 무당이 굿을 하러 오라고 해서 외방굿을 갔는데, 어마어마하게 잘 사는 사람의 굿을 부탁받아 놓고 있었다. 물론 굿을 의뢰한 굿주들은 아무도 굿판에 나타나지 않은 상황이었다. 굿을 뗀 무당은 굿을 온통 송옥순에게 맡겨두고 자기는 굿을 하는 동안 특별한 공수나 점괘를 세밀하게 적어서 굿주에게 보고하기로 되어 있었다.

대감을 노는 데 "우리 손자가 대통령을 하마(하면) 못 하나! 국제 판사를 하만 못 하나! 국회의원을 하마 못 하나! 깃대 돛대 같은 우리 손자 그래 참, 오늘 어쩐 일로 참 나를...(말을 바꾸어서) 그 집이 교회를 다 댕겨요. 근데 막상 (굿판에) 오지는 못하고 돈만 줘가주고, 이 아지매한

---

39 다른 지역의 무당이 굿을 뗄 때서 송옥순에게 굿을 의뢰하면 송옥순이 그곳에 가서 굿을 하는데, 이처럼 다른 지역으로 출장을 가서 하는 굿을 '외방굿'이라고 한다.

테 얘기해가주고, 우리가 받아가 굿을 하거든요.[40]

그런데 이 아지매는 다 적어요.[41] 자기가 돈을 받아가주 의뢰했는 거기 때문에 (굿하는 것을 보고 들은 대로) 다 적어요. 말로 들어가는 잊었뿌니까 앉아서 고주알미주알 다 적드라구요. 〈조: 굿 한 내용을 보고해야 되니까?〉 네. 그 집에 보고해야 되니까. 그 사람들은 (교회 다니니까 무당한테) 돈만 주고 (굿을) 보러 오지는 안 하니까.

굿주는 어마어마한 부자일 뿐 아니라 교회에 다니는 까닭에 굿을 할 생각이 없었다. 그런데 점사를 본 무당이 "교회 댕기느라 제사도 안 지내는데, 조상한테 굿이라도 해줘라! 돈이 없나 뭐가 없노, 굿이나 한 번 해라!"[42] 그렇게 거듭 권하자, 제가집에서 굿값을 상당히 넉넉하게 내놓으면서, "그럼 굿을 한 번 해보소!" 하고 굿을 의뢰하게 되었다. 그러나 굿을 해도 기독교 신자이기 때문에 굿판에는 오지 못한다고 해서, 굿의 경과를 보고 들은 대로 자세하게 보고하기로 했다. 따라서 굿을 뗀 무당은 굿을 정확하게 보고하기 위해서 송옥순이 하는 굿을 자세하게 기록을 했던 것이다. 실제로 그 굿은 어땠을까. 굿을 한 송옥순의 진술이다.

정말 이 사람이 어마어마한 부자였어요. 어마어마한 부잔데, 뭐 이거는 팔아야 되고 이거는 사야 되고, 이거는 세 놔야 되고, 이거는 빼가주 곤쳐야(고쳐야) 되고... 서울 영등포 뭐 어데어데.... 그러면서 이걸 또 사야 되나, 팔아야 되나, 큰 빌딩을 사야 되나 말아야 되나 카고, 이제 고게(고것이) 걱정이 돼가주고 굿을 했는데. 점사도 안 보고 나는 굿만 맡았는데, 여긴들 저긴들 우째 알아요? 아무것도 몰라요. 그래서 저는 (혼신이) 실리는 대로 막 그냥 했어요.

"사야 되는데 이거 사야 되나? 시국이 이런데 이걸 사야 되나 말아야 되나?" 저는 서울시내 어디가 어딘 줄, 뭐 있는 줄도 모르잖아요. 그런데 "그걸 사라!" 그드라꼬(그러드라고) 조상 신령이! 그래가 샀어요.[43] "우리 손자, 빌땡 또 사라 그소(그러시와)! 사라 손자야. 사라!" 그면서 내가

---

40 제가집에서 교회를 다니므로 무당 아주머니한테 돈만 주고 굿을 부탁했는데, 이 무당 아주머니는 송옥순 무녀에게 굿을 하도록 맡겨서 송옥순 무녀 일행이 굿을 맡아 하게 되었다는 말이다.
41 굿을 뗀 무당 아주머니가 송옥순이 굿을 하는 것을 보고 그 내용을 다 적어요.
42 무당이 점사를 보러 온 손님에게 교회 다닌다고 제사를 지내지 않는 조상을 위해 굿이라도 한 번 하라고 권했다는 말이다.

막 그드라꼬.⁴⁴

살까 말까 한 빌띵을 사라 그래서 됐는데, 또 가주고 있는 빌띵 하나는 전체를 수리 드가려고 하는데, 몇층 몇 층은 다 비웠는데 아직도 몇 군데는 안 비워서 힘든다 그드라꼬.

"그넘의 새끼들 뭐가 그리 똥배짱이 있노?" 그러면서, "(큰 소리로) 내가 보따리를 싸가주 내보내도록 하마!" 그러면서, (웃으며) 할배가 실례가주고,⁴⁵ "남의 집에 세 사는 주제에 그렇게 똥배짱이 있노? 내가 보따리를 싸가주 내보내도록 하마. 우리 손자가⁴⁶ 오늘 왔으마는 오늘 막 복을 부까⁽ᵇᵘᵏᵈᵒⁿ⁾ 줄라 그랬는데⁴⁷ 오지도 아⁽ᵃⁿ⁾ 하고...." 내가 그래⁽ᵍᵉᵘʳᵉᵒᵏᵉ⁾ 공수를 주니까, 그(무당) 아지매가 대구⁽ᶻᵃᵏᵏᵘ⁾ 돈을 주드라고.⁴⁸

제가집이 무당에게 물어서 확인하고 싶었던 문제들의 해답이 굿에서 딱 부러지게 다 나오니까, 굿을 땐 무당이 반가워하며 굿상에 계속 돈을 올려놓았다는 것이다. 굿값은 전체적으로 계약한 금액이 정해져 있지만 굿을 하는 도중에 굿주가 무당에게 건네는 돈이나 굿상에 올려놓은 돈은 '별비'라고 하여 정액 굿값을 넘어서 수익이 된다. 별비는 일종의 팁인 셈인데 제한이 없다. "그때 돈을 얼마나 받았는지는 모르지만은"이라고 하는 걸 보면, 별비를 제법 많이 받은 모양이다.

제가집의 대주나 기주도 아니고, 굿을 땐 무당이 별비를 계속 준다는 깃은 굿에 대한 만족도가 아주 높다는 사실을 뜻한다. 기대 이상의 공수를 분명하게 주는 까닭에 돈이 아깝지 않았던 셈이다. 굿을 하는 중에 제가집도 아닌 무당이 직접 나서서 굿하는 무당에게 별비를 계속 주는 것은 굿에 대한 최고의 반응이자 평가이다. 그러나 굿하는 무당은 자연인 무당이 아니라, 굿주의 조상신 곧 대주의 할아버지 신령이 지핀 무당이다. 따라서 그녀의 말은 곧 할아버지신의 공수나 다름없다. 그러므로 무당이 굿을 마무리하면서 굿을 땐 무

---

43 굿이 끝난 뒤 제가집 상황에 대한 말이다. 무당이 '사라!'고 하는 말을 전해 듣고서 제가집에서 건물을 샀다는 것이다.
44 제가집 조상 신령의 공수를 받아서 내가 그렇게 말을 하더라고.
45 할아버지 신령이 무당에게 실려서.
46 여기서 손자는 굿을 의뢰한 제가집의 대주를 말한다. 따라서 무당에게 실린 조상신령은 대주의 할아버지 신이라 할 수 있다.
47 오늘 굿하는 자리에 손자가 왔으면 복을 더 많이 불려주려고 했는데.
48 굿을 땐 무당이 굿을 하는 송옥순 무녀에게 그럴듯한 공수를 들을 때마다 자꾸 돈을 주었다는 말이다.

당에게 마지막으로 부탁의 말을 한다.

우리 손자 얼굴은 내가 보도 못했다마는, 여(여기) 오지도 안 하이(하니), 내 얼굴은 못 볼따마는(보겠다만) 참 그래도 손자 없는 잔치라도 차려주이 어쨌든 고맙다. 그러니 내년에도 또 날 한 번 찾아달라꼬 전하기나 전해주소.

굿을 부탁해놓고 굿판에 나오지 않은 굿주 손자에게 섭섭한 마음을 전하는 말이다. 굿주가 굿판에 오지 않았으니 굿을 뗀 무당에게 대신 전해 달라는 부탁이다. "내년에도 또 날 한 번 찾아달라"는 것은 이번 굿 한 번으로 그치지 말고 내년에 다시 '할아버지'를 찾는 조상굿을 해달라는 말이다. 이 말은 공수이기도 하고 굿을 하는 무당의 뜻일 수도 있다. 내년에 굿을 한 번 더해 달라는 것은 무당으로서 일거리를 확보하는 기회가 되는 까닭이다.

그런데 그 다음의 뒷이야기도 흥미롭다. 굿을 뗀 무당으로부터 굿의 경과를 보고 받은 굿주가 살까말까 망설이고 있던 빌딩을, 무당의 공수에 따라 구입해서 큰 이익을 봤다는 것이다. 그리고 빌딩 일부를 차지하고 비우지 않던 사람들도 굿을 하고 나서 얼마 뒤에 건물을 모두 비워 주어서 빌딩 수리 작업을 순조롭게 진행했다는 것이다. 그러니 굿주의 반응이 적극적일 수밖에 없다.

그 아지매가[49] 뭐 어뚱고 저뚱고 막 이래 적어가주 (굿주에게) 보고를 하이, "도대체 그 무당이 어뜬 무당인데, 야~ 대단하다!" 그면서, ⟨조: 굿을 뗀 무당이 적어서 보고하는 말을 듣고서?⟩ 예. "어떤 무당인데 그 무당이 참 용하다!" 카면서, "내년에 내가 굿을 꼭 한 번 더 한다꼬." 우리 그 아지매 보고 그랬대요.

굿을 뗀 무당의 반응도 대단했지만, 굿주의 반응도 놀라웠다. 물론 굿주의 반응을 송옥순이 직접 들은 것이 아니라, 굿을 뗀 무당을 통해서 전해들은 것이다. 따라서 전달하는 무당의 뜻도 전달하는 말에 담겨 있다. 굿을 뗀 무당이 송옥순의 굿을 별로라고 생각하면 굿주가 아무리 극찬하는 반응을 보여도 대충 말하고 말 터인데, "대단하다" "참 용하다"

---

[49] 여기서 '그 아지매'는 굿을 뗀 무당을 일컫는다.

하는 말을 실감나게 전해준 것이다. 가장 큰 찬사는 '용하다'는 말보다 '내년에 다시 굿을 한 번 더 하겠다'는 말이다. 이것은 빈 말로 하는 찬사와 의미가 다르기 때문이다.

그 뒷일이 궁금해서 "그럼 얼마 뒤에 굿을 또 하겠네요?" 하고 물었더니, "올해는 했으이 내년에 또 하겠지요"라고 답했다. 2017년 조사 당시에는 그랬는데, 뒤에 거듭 확인을 하니 이듬해인 2018년 초에 굿 의뢰가 들어와서 다시 그 굿주의 굿을 하게 되었다고 했다. 거듭한 굿으로 새롭게 알아낸 사실과 그 이후의 진전된 상황을 정리하면 다음과 같다.

굿을 의뢰한 굿주는 아무개 기업 회장인데 인지도가 높은 분이다. 지난 번 굿에서 할아버지 신령이 손주 얼굴을 못 봐서 섭섭하다고 했다는 사실을 전했다. 그러나 남들에게 굿한다는 사실이 알려질까 봐 절대로 굿판에는 얼굴을 드러내지 않았다. 앞의 굿에서는 빌딩을 사고파는 문제와 빌딩 한 채를 전체 리모델링하는 문제를 해결하고자 했는데 그것이 모두 이루어지자, 이번 굿에서는 더 욕심을 내서 '조상 제사를 올릴 아들 하나를 낳고 싶다'고 하며, 굿을 의뢰했다. 불가사의한 일을 기대하는 굿인 셈이다.

대주는 돈이 많은 부호일 뿐 아니라 아주 예쁜 부인을 얻었다. 부인은 처녀시절에 독실한 기독교 신자였다. 돈 많은 청년이 계속 청혼을 하자, 처녀는 '교회에 다니면 혼인을 하겠다'는 말로 거절했다. 그런데 청년은 아름다운 아내를 얻을 속셈으로 처녀가 다니는 교회에 나가기 시작했다. 약속을 실천한 까닭에 마침내 처녀의 허락을 얻어 혼인의 꿈을 이루었으며 슬하에 아들 형제까지 두었다. 부인은 아들 형제들을 교회에 데리고 다니며 독실한 기독교 신자로 키웠다.

문제는 조상제사였다. 자기 아버지 대에는 조상제사를 지냈는데, 자기 대에 와서는 교회에 다니는 아내 탓에 제사를 지낼 수 없었다. 늘 불효자식이라는 죄의식을 가지게 되었으나 어찌할 도리가 없었다. 스스로 교회에 다니긴 했지만 혼인을 위해 마지못해 시작한 신앙생활이라 진정한 신자라 하기 어려웠다. 재산 관리에 문제가 생겨서 굿을 했는데, 제사를 얻어먹지 못하는 조상신령의 원망이 대단했다. 자신도 죽으면 마찬가지 신세가 될 판이어서, 제사를 지내줄 아들이 필요하다고 믿게 되었다.

따라서 이번 굿에는 제사 지낼 수 있는 아들을 낳아줄 여자를 한 사람 구해 주면 좋겠다는 부탁이었다. 굿주가 굿을 통해 이루고자 하는 것이 분명한 까닭에 굿은 쉽사리 이루어졌다. 공수도 확실하게 내렸다. 할아버지 신령이 "우리 손자가 원하는데 뭘 못해줄까, 다 해주지! 그것도 내한테 제사 올릴 자식을 원한다니, 착하고도 고맙다" 하면서 수월하게 공수를 주었다. 굿을 한 뒤 얼마 뒤에 굿주는 실제로 아들을 낳아주겠다는 아가씨를 만났다고 한다. 송옥순은 굿의 영험인지 돈의 위력인지 알 수 없지만, 뜻이 이루어졌다는 소식을 듣고 반가워서 계속 뒷이야기를 물어봤다고 한다.

굿을 뗀 무당으로부터 그 뒷소식을 들었는데, 첩 노릇을 하는 아가씨는 아들을 먼저 낳은 뒤에 딸까지 낳아서 남매를 두게 되었다고 한다. 현재 40평대 아파트에서 살림을 차리고 있는데, 본처는 그 사정을 알지 못하고 있다는 것이다. 최근에는 아이들이 자라서 한창 재롱을 피운다고 했다. 굿주인 회장은 현재 60대 중반인데, 가끔씩 찾아가면 아이들이 "이 할아버지 누구야?" 하고 물어서 당혹스럽다고 한다. 교회에 다니느라 제사를 못 지내서 굿을 했는데, 정말 그의 뜻대로 이 아이가 자라서 제사를 지낼 수 있을지는 알 수 없는 일이다.[50]

이처럼 무당으로서 굿을 하는 재미와 보람은 굿을 한 뒤에 나타나는 영험한 사례를 확인하는 데서 찾을 수 있다. 그러나 굿의 영험은 굿주가 일일이 이야기해주지 않으면 알 길이 없다. 좋은 결과가 있으면 고맙다고 인사하는 사람도 있지만, 대부분 절박할 때와 달라서 굿이 끝나면 더 이상 연락하지 않는 경우가 일반적이다. 따라서 신통한 결과가 나타나도 그냥 지나치기 일쑤이다. 그럼에도 '뒷간에 갈 때 마음 다르고 올 때 마음 다르다'는 사실을 알기 때문에 섭섭하게 여기지 않는다.

무당이 굿을 하는 재미와 보람은 나중에 알게 되는 영험뿐만 아니라 굿의 현장에서 즉각적으로 누리기도 한다. 굿판에서 지핀 신령에 따라 흥겹게 신명풀이를 할 수 있기 때문이다. 병고에 시달리거나 억울하게 죽은 신령이 내리지 않는다면, 굿을 하는 일이 고통스럽지 않은 것은 물론, 특별한 신령이 내려서 신명풀이를 마음껏 하기도 한다. 조상들 가운데에는 과거에 한량으로 이름을 날린 신령들도 있는데, 이런 신령들이 내리면 사람들 하고 노는 것보다 굿판에서 신령들하고 노는 것이 더 재미가 있다. 따라서 송옥순은 평소에 사람들하고 이야기하는 것보다 굿판에서 신령들하고 이야기하는 것이 소통도 더 잘 되고 재미도 더 있다고 생각한다.

조상들 하고 이렇게 놀아보면은 정말 재미있어요. 맨날 귀신들하고 조상들하고 이래 놀아보이까, 사람들하고 노는 것은 별로 재미가 없어요.

---

50 2023년 7월 18일 송옥순과 면담하면서 들은 내용이다.

한량인 조상들을 보면은 그 옛날 놀았던 가락으로, 어떤 사람은 뺑뺑이 돌고 춤도 추고 (웃음) 카바레 가서 춤추고 놀던 기분으로 돌고 그래요. 카바레 가면 여자를 안고 돌잖아요. 거 노상(늘) 그런데 가서 놀던 거, 내가 막 굿을 하면서 빙글빙글 돌아요. 그러고 나면 후손들이 그래요.

"우리 아부지가 옛날에요, 멋쟁이랬어요. 카바레 가서 살았어요."[51]

그래. 그런 걸 이래 보면은 재미있어요. 〈조: 사람들 하고 놀면 재미없고 조상들하고 놀면 재미있고?〉 예. 집에 가만있다가도 굿하면은 힘이 펄펄 나요 막! (웃으며) 눈이 반짝반짝 그러고.

굿은 무당이 반, 신령이 반을 한다. 신이 실리면 무당은 그때부터 신령의 아바타처럼 움직이기 때문이다. 무당 없는 신령은 스스로 구체적인 의사소통을 하지 못해서 문제이고, 신령 없는 무당은 영매가 되지 못해서 신통력이 없다. 달리 말하면 무당 없는 신은 하드웨어가 없어서 작동할 수 없는 소프트웨어일 뿐이고, 신 없는 무당은 소프트웨어가 없어서 빈 깡통의 하드웨어나 다름없다. 따라서 무당과 신령은 하드웨어와 소프트웨어의 관계와 같이 서로 짝을 이루어야 제대로 기능을 발휘할 수 있다.

신이 실리지 않은 무당은 예사사람이나 다르지 않다. 무당도 평소에는 예시사람들처럼 평범하게 일상생활을 한다. 그러나 점사를 보거나 굿을 할 때는 다른 사람으로 변한다. 자연인 무당이 아니라 신이 실린 무당은 신의 자질과 성격, 역량에 따라 공수도 주고 춤도 추며 노래도 부른다. 따라서 무당은 크게 힘이 들지 않는다. 신령에게 몸을 맡겨두면 저절로 신명풀이를 하게 되는 까닭이다. 그러므로 무당은 신을 내림받는 것이 중요하지, 신을 내림받아 지피기만 하면 다음부터는 신령이 자기 성향대로 노닐며 굿을 휘어잡게 된다. 그러므로 굿의 절반은 신령이 한다고 하는 것이다.

굿을 하다가 자기도 모르게 노래를 부르며 사람을 안고 춤을 추듯 빙글빙글 도는 경우가 있다. 그러면 후손들이 알아차리고 '자기 아버지가 옛날에 멋쟁이인데, 카바레에 가서 살았다'고 실토정을 한다. 카바레에서 살았다고 할 만큼 카바레 출입이 잦았던 조상신이 실린 까닭이다. 그러므로 무당은 카바레 한 번 가 본 적이 없지만 굿판에서는 카바레에 자주

---

51 굿주가 자기 아버지의 과거 행적을 굿하는 무당에게 하는 말이다.

출입하는 멋쟁이가 되어 한바탕 신명나게 놀 수 있다.

이처럼 사람이 여러 가지 성향의 아바타가 될 수 있다는 것은 현실적으로 굿판이 아니면 불가능한 일이다. 무당은 굿판에서 어떤 신들이 지펴서 그들과 한 몸처럼 굿판을 누비게 될지 알 수 없다. 남성 신령이 들어오는가 하면 여성 신령도 들어오고 늙은 신령이나 젊은 신령도 들어와서, 자연인 무당과 완전히 딴 사람이 되어 그때마다 다른 행동거지를 하게 된다. 굿판은 신령의 세계이자 변신의 세계이다. 늘 새 사람으로 거듭 나게 된다. 따라서 송옥순은 집에서 늘어져 있다가도 굿을 하게 되면 생기가 낫서 눈이 반짝거리고 힘도 펄펄 솟는다고 한다. 그러므로 굿은 훌륭한 것이어서 "Koot is good!"이라고[52] 할 수 있다.

지금까지 보아온 것처럼, 굿은 가족사의 숨겨진 과거를 들추어내서 후손들을 놀라게 만들거나 슬프게 만든다. 조상신이 무당에게 실려서 가족들조차 알지 못하던 가족사의 과거 사실들을 구체적으로 알려주기 때문이다. 거기에는 슬픈 역사도 있고 고난의 역사도 있으며 억울한 역사도 있다. 이런 역사를 묻어놓고 현실의 역사가 잘 이루어지기를 기대하는 것은 인과론에 맞지 않다.

현실에 무슨 탈이 나는 것은 그만한 원인이 있기 때문이다. 이것은 불교적 인과론이 아니라 역사적인 인과론이다. 과거의 역사가 잘못되면 그 잘못된 역사 탓에 현재의 역사도 잘못될 수밖에 없는 것이 현실이다. 지금 분단 상황에서 비롯된 여러 가지 문제가 발생하는 원인은 과거 일제강점기의 역사가 있을 뿐 아니라, 일제로부터 독립을 자력적으로 하지 못한 체 외세의 힘에 의해 타력적으로 이루어졌던 역사가 있기 때문이다. 일본은 아직도 한반도 분단 상태가 계속되기를 바라는 나라이다. 따라서 일본정부는 남북종전 선언을 내심 가장 반대하고 있는 것이 현실이다. 그러므로 외세를 몰아내고 일본으로부터 완전한 자주성을 회복할 수 있어야 분단문제를 순조롭게 해결할 수 있다.

가족사의 문제도 마찬가지이다. 착하게 살고 열심히 살아도 집안에 안 좋은 일이 일어나는 것은 우연한 사고일 수 있다. 그러나 한두 번이 아니고 지속적으로 일어난다면 뭔가 원인이 있을 가능성이 높다. 가족사의 과거에 풀지 못한 조상의 원한이 문제일 수 있다.

---

52 Lim Jaehae, "The Logical and Scientific Nature of 'Kut'(Shamanistic Ritual)", A Seminar on Comparative Folklores(Arizona State University U.S.A., 1996.12.10.)에서 이 발제의 마지막 문장을 "Therefor, I think that 'Kut' is good"이라고 했다.

병고로 죽은 할아버지가 구천에서 신음하며 떠돌거나, 억울하게 죽은 부모가 한이 맺혀 저승에 가지 못하고 있다면, 이승에 사는 후손들의 앞날이 잘 풀리기 어렵다. 적어도 무교의 세계관이나 굿의 논리에서는 죽은 조상과 산 후손들 사이에 이러한 인과관계가 있다고 믿는다.

실제로 점사나 굿에서 드러나는 원인은 한결같이 과거에 돌아가신 조상신들의 맺힌 한 때문이라고 한다. 따라서 굿은 조상신들의 맺힌 한을 풀어주고 달래주는 구실을 한다. 그러면 구천을 떠돌던 신들은 인간세상에서 겪었던 한을 풀고 순조롭게 저승으로 가게 된다. 신들이 저승세계로 가게 되면 후손들의 삶에 더 이상 끼어들지 않게 마련이다. 그러므로 과거 조상들의 문제를 말끔하게 해결함으로써 지금 살아 있는 사람들의 문제도 순조롭게 풀린다고 믿는 것이 굿이다.

인간에게 일어나는 문제의 원인은 한 맺힌 신에게 있다. 신의 한을 찾아내서 풀어주고 달래주어서 문제의 원인을 제거함으로써 현실적인 인간의 문제도 해결할 수 있게 된다. 이처럼 무당이 신의 한을 풀어주는 일련의 과정이 굿이자 제의적 문제 해결의 길이다. 무당이 빙의 상태로 신의 과거사를 알아내고 그 한을 풀어줌으로써 살아있는 사람들의 현실 문제를 초월적으로 해결하는 것이 굿이다. 따라서 굿의 문제해결 방법은 인과론에 기반을 두고 있되, 사람과 사람 사이의 현실적 인과론이 아니라, 사람과 신 사이의 초월적 인과론에 두고 있다. 그러므로 사회적 문제해결 방법과 다르게 종교적 해결 방법으로 굿을 하는 것이다.

4. 송옥순 무녀의 명성과 12계단 작두굿

송옥순 무녀가 굿으로서 대중성을 확보한 것은 작두굿이다. 송옥순은 작두굿의 명인 또는 작두장군으로으로 널리 알려져 있다. 송옥순의 작두굿은 예사 무당들이 하는 작두굿과 크게 다르다. 일반 무당들의 작두는 길이 50㎝, 30㎝ 정도의 크기이다. 그러나 송옥순 작두굿의 작두는 워낙 크고 숫자도 많은데다가 12계단으로 설치하는 까닭에 집안이나 굿당에서 하는 작은 굿에서는 아예 할 수조차 없다. 따라서 그녀의 작두굿은 큰굿이나 별신굿, 산신제, 축제 등 시군 단위의 지역행사 또는 축제마당과 같은 열린 공간에서 진행되기 일쑤이다.

송옥순의 작두굿은 예사 굿에서 작두를 타는 것과 완전히 다르다. 12계단으로 설치된 작두를 마치 사다리를 오르내리는 것처럼 작두를 타고 12계단을 오르내릴 뿐 아니라, 무지개 모양 곡선으로 휘어진 작두를 타는 까닭에 마치 아주 위험한 곡예처럼 보인다. 매우 위험하고 아슬아슬하여 굿으로서 종교적 제의라기보다 차력사의 위력이나 마술사의 초능력처럼 인식된다. 따라서 다른 굿과 달리 송옥순의 작두굿은 누구나 신기하게 생각할 뿐 아니라, 손에 땀을 쥐고 구경하게 되는 훌륭한 볼거리 구실을 한다. 그러므로 유튜브에도 송옥순의 작두굿은 여러 편 올려져 있을 만큼 대중성을 획득하고 있다.

작두굿을 하게 된 계기는 신어머니 권은도가 제공했다. 어느 날 신어머니를 따라 조무로서 굿판에 참여하고 있는 가운데 신어머니 권은도 무녀가 작두를 타보라고 시켜서 작두를 탔다. 그 어려운 작두타기를 애동무당답지 않게 늠름하게 해냈다. 그랬더니 12작두를 만들어서 타보라고 했다. 맨 처음 12작두를 탄 곳은 안동용왕제를 올릴 때였다. 어려운 작두타기를 애동무당답지 않게 늠름하게 해냈다. 이전부터 꿈에 작두신이 자꾸 들어오는 꿈을 꾸었고 작두 타는 꿈도 자주 꾸었다. 그 뒤로 전국 축제마당에 초빙되어 작두를 타면서 작두굿 무당으로 이름을 날렸다.

무녀 송옥순의 12계단 작두타기

2장 무녀 송옥순의 굿이야기와 굿의 세계

송옥순이 작두를 잘 타는 데에도 일정한 원인이 있다. 그녀의 윗대 조상인 13대 할아버지가 장군이었다고 한다. 그 장군 줄을 타고난 까닭에 작두를 잘 탄다는 것이다. 이런 경우 흔히 '장군줄이 세다'고 말한다. 따라서 내림굿을 활 때도 '장군!'이라는 말을 여러 번 외쳤다고 한다. 장군신이 그녀에게 들어왔다는 말이다. 장군신이 실린 까닭에 작두를 잘 타게 되었는데, 신어머니의 조무 노릇을 그만 둔 뒤로 송옥순은 자력으로 자기만의 작두굿을 하기 시작했다.

송옥순은 자기만의 작두굿을 위해 특별히 제작된 맞춤 작두를 새로 갖추었다. 대부분의 무당은 나란한 두 개의 작두날 위에 올라서는 게 고작인데, 송옥순은 12계단으로 작두를 설치하여 그 위를 오르내리는가 하면[53] 무지개처럼 휘어진 작두도 만들어서 그 위에 오르곤 한다. 전통 작두굿의 범주를 벗어난 작두타기 굿이다. 특히 곡선으로 칼날이 둥근 작두는 특별제작된 것으로 올라서면 평날 작두보다 발이 베일 위험이 더 크다. 작두 규모도 엄청 크고 숫자도 모두 38개나 된다. 그러므로 작두굿을 하려면 트럭이 별도로 작두를 운반해야 할 뿐 아니라, 작두를 설치하는 인부도 함께 동행해야 한다. 작두와 설치 장비가 거창해서 트럭이 아니고는 운반할 수 없고 작두에 익숙한 인부가 나서지 않으면 설치하기도 어렵다.

송옥순은 예사 무당들이 하지 못하는 아슬아슬한 작두굿을 놀이처럼 신명나게 연행했다. 신이 지피지 않으면 도저히 할 수 없는 작두굿이다. 송옥순은 "나는 칼날 위에서 춤춘다"고 했다. 사다리를 오를 때도 붙잡지 않고 오르기 어려운데, 무지개 작두 12계단을 손도 잡지 않은 채 꼿꼿하게 오르내리는가 하면 흥이 나서 노래를 부르기도 한다. 구경하는 사람들은 굿의 영험보다 작두를 타는 묘기에 넋이 나가기 일쑤이다. 어느새 송옥순은 작두굿의 명인으로 소문이 두루 났다.[54] 그러므로 시군에서 지역축제와 같은 큰 행사를 할 때 작두굿 초청을 받아 시연을 하는 기회도 갖는다.

해마다 정기적으로 초청을 받는 행사는 성남시의 '시민을 위한 굿 한마당 축제'이다. 단군성조연합회와 성남문화원이 주최하는 이 행사에는 "작두장군 송옥순의 작두거리"가[55]

---

53 그 즈음 안동지역에는 12계단 작두를 타는 남자무당이 있었다. 거의 차력사 수준이었다. 그러나 무녀로서는 송옥순이 처음이었다.
54 지금은 송옥순 작두굿의 영향을 받아 12계단 작두를 타는 무당이 여럿이다.
55 2022년 6월 21일 성남시 '굿 한마당 축제에서 시연한 작두장군 송옥순 무녀의 작두굿이 유튜브에 올라 있

고정 프로그램으로 자리 잡았다. 특히 2017년 축제에서는 작두에 올라가면서 그냥 올라간 것이 아니라 아주 몸집이 크고 무거운 젊은이를 업고 작두에 올라갔다. 작두를 타고 싶은 사람은 나오라고 했더니 아무도 나서지 않는데, 마침 27살의 젊은이가 송옥순 눈에 들어왔다. 나오기를 망설이는 젊은이를 다그쳐서 불러냈다. 아래는 당시 상황을 증언한 송옥순의 구술내용을 채록한 것이다.[56]

작두타기를 하는데, 누굴 업고 할라꼬 누가 나오라꼬 불러내이, 그 27살짜리 권씨 청년이래요. 내가 나오라 그이 아(안) 올라(나오려고) 그는 것, "빨리 옰나!" 캐가주고. 막 그랬더니, (청년은) "나는 그런 거 안 타요!" 그면서. 그래가주고 내가 막 "빨리 나옰나!" 그래가주 억지로 나왔어요.

"니 나옰나 젊었으니, 내가 업어도, 미래가 창창한 사람을 내가 재수를 받아 줘야되지 (웃으며) 미래가 창창한 사람, 젊은 사람을 내가 업어줘야 되지…" 나이 든 사람을 업어주이께네 주책이래요. 마구 업헤가주고(업혀서) 궁디를(궁둥이를) 꿀려요. 그러면 발 나가거든요.[57] 근데 젊은 사람은 가만있어요. 업헤가주고 궁디를 마구 꿀리면 발 나가거든요.

그래가주 "몇 키로로?" "80키로다" 그래요. "나도 야~야! 우리 신장 장군도 70키로다.[58] 니하고 내하고 보태가주(보태서) 150키론데, 이 작두날 타면 되겠나?" 카이, "안돼요. 안돼요." "안되지! 안 되는 것도 되도록 만드는 게 신법이다. 내 니 소원 이롸주께. 신이 '된다!' 그면 된다!" 내가. (웃음)

〈조: 그 사람은 뭐하는 사람인데요?〉 시험 친대요. 공무원 시험! "그래 요즘은 젊은 사람 일자리 얻기가 힘드는데, 니는 그래도 합격시켜 주꾸마." 그 80키로면 덩치가 얼매나 큽니까. 젊은 아랑(아이랑) 그래 업고 운동장 한 바쿠를 삥 도이까(도니까). 그 사람들이 막 웃는 거에요. 운동장을 갖다다가 삥 돌면서, 그래 "열심히 해라, 어에든지! 요즘은 세월이 그런데, 젊은 사람들이 일자리도 구하기 힘든다 카드라. 어에든지 합격이 돼서 니는 그래도 이 나라의 녹을 먹도록 내가 다 만들어주마" 카면서 업고 뚜벅뚜벅 댕겼어요.

그랬는데, 그날 집에 와가주고 마구 난리가 났는 거에요, 이제! "어제 성남에 가가주고 재

다. (https://www.youtube.com/watch?v=Vh6jm1WkXi4&t=3593s)
56 2018년 2월 10일 송옥순을 면담조사하면서 들은 내용이다.
57 업혀 있는 사람이 몸을 꿀리면 발이 작두날에 베일 수 있다는 말이다.
58 '우리 신장 장군'은 송옥순 무녀에게 실린 신격을 말한다. 따라서 70키로는 사실상 무당의 몸무게를 뜻한다.

수는 니가 다 받았다" 그면서 (그러면서), "작두를 니가 (젊은이를) 업고 타가주고.." 함께 갔는 그 박수(박수무당)도 "야아! 니가 부럽다!" 카면서, 그렇게 막 그러더라구요.
　그래가 동영상을 만들어가주고 마구 서울시내 다 뿌렸대요. 작두 올라타고 하는 거를... (무당제자가) "선생님, 동영상을 뿌려도 되지요?" "괘안타(괜찮다), 뿌려라!" 캤어요. 혹시 그 뭐로 초상권 침해될 까봐. "그래 괘안타 뿌레라!" 내가 이랬드마는, 아는 대로 마 동영상을 다 뿌렸어.

　성남시 한마당축제에서 작두굿을 할 때, 구경꾼 중에 체중이 많이 나가는 젊은이를 불러내서 업고 작두를 탔다는 이야기다. 나이든 사람들보다 몸이 무거워도 청년을 업고 작두를 타는 데는 그만한 이유가 있다. 나이든 사람을 업으면 업힌 채로 엉덩이를 들썩거리며 춤을 추고 주책을 부리지만, 젊은이는 업으면 가만 업혀 있어서 안전하기 때문이다. 뿐만 아니라 같은 값이면 늙은이들보다 앞날이 창창한 젊은이들을 업어주고 재수를 빌어주는 게 낫다고 판단한 까닭이다.
　그냥 업고 작두를 타는 것이 아니라 업힌 사람과 계속 대화를 나눈다. 몸무게를 물어보니 청년 몸무게가 80kg이나 될 정도로 체중이 많이 나갔다. 몸무게가 70kg인 무녀가 80kg의 청년을 업고 작두에 올라서면 모두 150kg의 무게를 감당해야 한다. 당연히 작두에 올라서면 그만큼 위험하다. 청년은 무거워서 작두를 타면 안된다고 하니까, "안되지! 안 되는 것도 되도록 만드는 게 신법이다. 내 니 소원 이뤄주께. 신이 '된다!' 그면 된다!" 그러면서 안심을 시켰다.
　청년이 공무원 시험공부를 준비 중에 있다는 말을 듣고는 "열심히 해라, 어에든지! 요즘은 젊은 사람들이 일자리도 구하기 힘든다 카드라. 어에든지 합격이 돼서 니는 그래도 이 나라의 녹을 먹도록 내가 다 만들어주마" 하고 격려도 했다. 청년에게 재수를 빌어준 것이다. 그런데 굿을 마치고 집에 돌아오니, 오히려 재수는 청년이 받은 것이 아니라 청년을 업은 송옥순이 받았다고 야단들이었다.
　"어제 성남에 가서 재수는 니가 다 받았다. 니가 청년을 업고 작두를 타서"라고 했다. 동료 무녀가 송옥순의 작두굿 모습을 동영상으로 찍어서 유튜브에 올린 것을 보고 하는 말이다. 동영상을 본 사람들은 모두 대단한 무당이라고 감탄하는 까닭에 재수를 받았다고 칭찬하는 것이다. 동영상을 본 무당들도, 60대 중반의 나이에 그 무거운 청년을 업고 작두에 올라서는 걸 보고, "야~ 니가 참 부럽다!"고 감탄할 지경이었다. 다음은 성남시 한마음축제에서 송옥순이 소지를 올린 이야기이다.

제가 성남에 가면은 소지가 잘 올라가요. 딴 데는 문지(먼지) 긑이 퍼지는데, 거기서는 잘 올라가요. 그래도 성남 시민 백만 시민 중에 그래도 제일 어른은 시장이거든요.⁵⁹ "시장님을 우리 천지신명께, 오늘은 개천절 아이라, 하늘의 뜻으로 내가 오늘 소지 3장을 올린다" 카면서, 내가 막 그래(그렇게) 또 소지 3장을 올렸어요.

그라고 "국회의원은 내(내가) 이름도 모르고. 그래도 또 국회의원이 없을 수가 있나. 예산도 따오고 모든 걸 신경도 마이(많이) 쓴다고, 국회의원 소지 3장을 오늘 개천절에 그래도 천지신명에게 소지 3장을 다 올린다" 그고(그러고), 그래도 관에는 또 이모저모 동네방네 댕기며 일도 마이 하는 시의장이 왔드라고요. "시의원들 이하에 도의원들 이하에 의장님이 그래도 대표라고..." 그러면서 소지 3장을 올렸어요. 그래 소지를 올려주고.

그리고 또 "우리 문화발전을 이래 시켜주는..." 그때 문화원장이 계속 했어요. 김대식이라고. "우리 김대식 문화원장님 정말 우리 문화에 참 많은 신경 써주시고 이렇게 앞장서 주시니 고맙다" 하면서, "길이길이 빛나소서!" 하면서 소지 3장을 올려주고, 또 이경식 회장님도⁶⁰ 올려주고 백만 성남 시민들을 위해서, 모든 게 재난과 사고 없이 해달라고 소지를 올려주고, 특별히 오늘 오신 분들 소지 3장을 별도로 올려준다면서.

그래 "신장이 안 보이는 긑에도(같아도) 다 압니다. '귀신 긑이 안다'고 누가 왔는지 집집마다 다 안다. 오신 분들 장개 못 간 사람 장개가고 시집 못 간 사람 시집가고, 오늘 모두 소원성취 이루소" 그고(그러고) 소지 3장 올려주고. (웃으면서) 그 소지를 올려주이, 그래 좋아하시드라고.

〈조: 성남은 단골인가요? 어떻게 개천절마다 갑니까? 김대식 문화원장까지 알고...〉 예, 잘 알지요. 그래서 일년에 두 번씩 꼭 가지요. 성남에는 개천절 행사 프로그램에 작두타기가 있어요. 마지막 하이라이트로... 새남굿도 옇고(넣고) 뭐 문화재들만 오는데, 딱 굿을 세 번만 하는데, 서울 그쪽의 경기도 굿 둘 넣고 안동 작두굿을 해요, 하이라이트로. 저희들 보고 이경식 회장님이 "나는 송선생 오면 걱정도 안 해. 제일 잘 하잖아!" 그러고, 해마다 불러줬어요. (웃음)⁶¹

---

59 당시에 성남시장은 이재명이었다.
60 행사를 주최한 '단군성조연합회' 회장을 말한다.

성남시 한마당축제에는 송옥순이 단골 출연이어서 소지 올리는 일도 익숙하게 한다. 당시 이재명 시장과 국회의원, 지방의원 등 정치인과 행사를 주최한 문화원장과 단군성조연합회장 소지를 올려주는 내용이다. 물론 시민들 소지도 올린다. "신장(神將)이 안 보는 끝에도 다 압니다. 귀신 끝이 안다고, 누가 왔는지 집집마다 다 압니다. 오신 분들, 장가 못 간 사람 장가가고 시집 못 간 사람 시집가고, 오늘 모두 소원성취 이루소"라고 축원하며 시민 소지도 챙겨서 올린다. 시민들이 자기들을 위해 소지 올리는 것을 좋아하는 까닭에 빼놓을 수 없다.

'굿 한마당축제' 외에도 여러 공식 행사에 초청공연을 해왔다. 안동국제탈춤 공연장에서 '송옥순 작두 공연 - 칼날 위에 나는 춤춘다'라는 이름으로 공연한[62] 것을 비롯해서, 계룡산 산신대제에 '송옥순 12작두굿'으로 참여했으며,[63] '작두장군 송옥순'이라는 이름으로 풍기산신제 행사에서도[64] 작두를 탔다. 남한산성 놀이마당에서 하는 '개천절 단군제 도당굿'에서 '작두장군 송옥순 작두거리'를[65] 시연했으며, 인천 월미도 축제에서도 '오방장군 송옥순 12계단 작두굿'을[66] 시연하고, 부산 영도의 만선기원 풍어제에도[67] 초청받아 작두굿을 시연했다. 유튜브로 실황을 확인할 수 있는 것만 소개했는데, 이 밖에도 다양한 행사에 초청받아 작두굿을 선보였다. 그러므로 송옥순은 전국적으로 작두굿 명인 또는 작두장군으로 널리 알려져 있다.

---

61 앞의 날짜에 송옥순 면담조사.
62 2013년 11월 9일, 안동국제탈춤공연장, '송옥순 작두 공연 - 칼날 위에 나는 춤춘다'. 유튜브로 공연실황을 찾아볼 수 있다.(https://www.youtube.com/watch?v=4-AAU217_Wk&t=381s)
63 2018년 4월 29일, 계룡명산 산신대제에 초청받아 작두굿을 했다.(https://www.youtube.com/watch?v=-vANSdOL64k).
64 2023년 6월 17일, 풍기산신제 행사에 초청받아서, 안동 작두명인 오방신장작두장군 송옥순 12계단 작두굿을 시연했다.(https://www.youtube.com/shorts/AF470dEb48U)
65 2019년 10월 3일, 남한산성 놀이마당에서 개최한 '개천절 단군제 도당굿'에 초청받아서 작두굿을 시연했다.(https://www.youtube.com/watch?v=2aQWUilw1mw)
66 2019년 5월, 인천 월미도 축제에서 시연한 작두굿이다.(https://www.youtube.com/watch?v=23WpgZBGWwE).
67 2015년 5월, 부산 영도 어촌계에서 주최한 '만선기원 풍어제'에서 작두굿을 하며 풍어를 기원했다. (https://www.youtube.com/watch?v=z2qszzdF3Oo)

3장 무녀 송옥순의 안동 제비원 성주굿 계승

1. 무녀 송옥순의 성주풀이보존회 활동

송옥순 무녀는 지역에서 용한 무당으로 알려져 있다. 그녀의 신딸인 제자들 사이에도 영험한 스승으로 인식되어 제각기 독립해서 무업을 하면서도 큰 굿을 할 때는 꼭 신어머니인 송옥순을 모셔서 굿을 맡긴다. 제자가 아닌 무당들 가운데서도 굿을 떼면 자기가 하지 않고 으레 송옥순에게 굿을 의뢰하는 사례가 많다. 송옥순이 나서지 않으면 굿을 제대로 하지 못하고 굿판을 휘어잡지 못한다고 여긴 까닭이다. 따라서 안동 지역사회에서 굿을 하는 일보다 서울과 부산 등 대도시로 가서 굿을 하는 경우가 더 많다.

송옥순이 큰무당이라는 것은 무당사회에서 알음알음으로 알려져 있다. 무당은 아니지만 송준(宋俊) 작가처럼 전국의 무당을 취재하고 글을 쓰는 사람조차 그 소문을 들어 알고 있을 정도이다. 그는 한국 대표무당 권은도의 수제자로 유일하게 송옥순을 내세웠다. 그리고 송옥순에 관한 취재 내용을 『귀신도 울고가는 신점의 명인들』이라는[1] 단행본에 수록하였다.

송옥순이 무당사회에서 영험한 무당으로 알려져 있으나, 전국적으로 명성을 얻게 된 것은 작두굿에서 비롯된다. 전국의 각종 지역축제에 작두굿으로 널리 출연했을 뿐 아니라, 유튜브에도 작두굿 동영상이 여러 편 올려져 있어 주목을 받았다. 따라서 송옥순이 무당

---

[1] 宋俊, 『귀신도 울고가는 신점의 명인들』 1, 국학자료원, 2002, 302~307쪽.

으로서 대중성을 확보한 것은 작두굿이라 할 수 있다. 그러므로 송옥순이 어떤 무당인가 물으면, 작두굿 명인 또는 작두장군이라고 말할 정도이다.

작두굿으로 송옥순의 명성이 대중적으로 널리 알려져 있으나, 정작 송옥순의 정체성을 드러내는 굿은 작두굿이 아니다. 여러 굿 가운데 대중들의 수요가 특히 많아서 작두굿 연행이 가장 빈번할 따름이다. 왜냐하면 작두굿은 볼거리로서 최고의 굿인데다가, 지역축제와 같은 넓은 공간에서 수많은 군중들 앞에서 공개적으로 할 수 있는 굿이기 때문이다. 따라서 성남시에서 개최되는 '한마당축제'에서는 해마다 송옥순을 초청하여 작두굿을 시연하도록 한다. 축제에서 구경꾼들을 만족시킬 수 있는 가장 큰 볼거리가 작두굿이기 때문에 관중들의 열렬한 호응을 받으며 축제 프로그램의 정점을 찍기 일쑤였다.

이처럼 송옥순은 작두굿으로 명성을 얻고 작두굿의 명인으로 일컬어지며 전국 각지에서 초청을 받고 대중적 인기를 누린다. 그러나 송옥순은 내심 작두굿보다 다른 굿에 더 열정을 쏟고 있다. 정작 그녀가 골똘하게 관심을 기울이는 곳은 작두굿이 아니라 안동 제비원 성주굿이다. 작두굿은 누군가 요청해서 타력적으로 하는 굿이라면, 성주굿은 아무도 요청하지 않아도 스스로 하고 싶어서 자발적으로 하는 굿이다.

송옥순에게 작두굿이 전국적으로 명성을 떨치는데 크게 이바지한 굿이라면, 성주굿은 각성된 시민의식과 신령을 모시는 무속인으로서 일정한 사명감 속에 분명한 목적의식을 가지고 하는 굿이다. 따라서 작두굿 명인 송옥순이 아니라, 성주굿 명인 송옥순, 또는 성주풀이 명창 송옥순으로 호명되는 것을 진정한 영광으로 생각한다. 왜냐하면 성주굿을 하며 성주풀이를 부르는 동안 '성주의 본향 안동 제비원'이라는 사실을 자각하면서, 성주의 본향인 안동에서 태어나 안동에서 무당생활을 하며 성주굿을 하는 긍지를 절감하고 있기 때문이다.

제비원 성주신과 인연도 특별했다. 어릴 적에 할머니를 따라 제비원 미륵 앞에서 기도를 드리고 성주신에게 비손을 하던 생생한 경험이 있다. 그리고 신병을 앓으며 무당이 되기 싫어 몸부림칠 때도 제비원에서 백일기도를 하고 미륵불 앞에서 3천배를 올린 적이 있다. 그리고 처음으로 성주신도 집안에 모셨다. 권은도 무녀를 모셔다가 성주굿을 하고 성주신을 집에 모신 것이다. 이러한 개별적인 인연들에 의해 무당이 되고 나서도 성주굿에 대한 남다른 관심이 생겨났다. 특히 성주굿의 본향에 있는 무당이라는 사실과, 그 본향에서 성주신을 모시고 성주굿을 한다는 자부심이 남달랐다.

성주굿을 하는 동안 '성주의 본향이 안동 제비원'이라는 대목의 성주풀이를 부를 때는 특별한 감정에 사로잡혔다. 다른 것은 몰라도 안동이 성주의 본향이라는 성주풀이만큼은 널리 알리고 안동시민들과 공유해야겠다는 생각에 사무치기 시작했다. 왜냐하면 적어도 안동사람들은 성주의 본향이 안동 제비원이라는 사실을 알고 있어야 한다고 생각했기 때문이다. 그러나 무당으로서 점사를 보고 조무 노릇을 하느라 마음속에 품은 뜻을 주체적으로 펼치지 못했다. 신어머니로부터 독립을 한 이후로는 꿈이 조금씩 자라기 시작했지만 특별히 나서서 활동하는 일은 쉽지 않았다. 그때의 심정을 아래와 같이 말했다.

> 선생님을 12년 동안이나 모시고 있다가 나와가주고는, 선생님도 안 하시는 성주풀이를 내가 눈치도 없이 나서서 못하잖아요. '성주풀이 그거 내 하던 걸 뺏어가주 나갔다고!' 그런 소릴 할 수도 있잖습니까. 그래서 내가 그냥 공부만 하고 가만있었어요. 그러나 혼자서 성주풀이 소리 연습은 늘 했지요.[2]

혼자서 성주풀이 연습만 하고 있는데, 누군가 성주풀이를 한번 해보라고 자극을 주었다. 막연하게 내심으로만 생각하고 있었는데, 지역사회에서 존경받고 있는 어른이 권하는 바람에 성주풀이를 제비원에서 공개행사로 부를 용기를 내게 되었다.

> 어느 땐가, 우리 무당하고 아무 상관이 없는 사람이 와가주고, "송회장,[3] 이 성주풀이를 한번 해보지 왜?" 이카더라고요. 그때 눈이 확 띄더라고요. 무당하고 아무상관이 없는 사람이. 그래서 "아, 예! 맞아요! 한번 해보지요!" 하고 선뜻 대답이 나오드라고요. 그라고 나서 성주풀이를 공개적으로 부르기 시작했지요."

성주풀이를 부르도록 권유한 분이 누구냐고 물어보았더니 두 분을 들었다. 현재 성주풀이보존회 고문을 맡고 있는 산림보호안동시지부장인 전원요양원의 오금주 대표라고 했

---

2 2018년 2월 10일 송옥순 면담조사.
3 '송회장'은 송옥순을 일컫는 일반적 호칭이다. 성주풀이보존회장을 해온 까닭이다. 그러나 이때는 아직 성주풀이보존회를 구성하기 전이므로 다른 호칭으로 불렀을 것이다. 그러나 송옥순은 자기 호칭이 '송회장'으로 굳어져 있는 까닭에 무심코 이렇게 말했다.

다. 그리고 보존회 상임고문인 적십자봉사회 이서락 회장도 각별한 관심과 열의를 보여주었다고 했다. 지금도 두 분은 성주굿보존회 행사에 빠짐없이 참여하고 있다. 특히 이서락 상임고문은 보존회의 공개행사에 늘 좌장 구실을 하며 진행을 돕고 있다.

왜 이 분들의 말씀이 큰 계기가 되었을까? 무당이 아닌 사람이 성주풀이를 한번 해보라고 했기 때문에 송옥순 무녀로서는 큰 충격을 받았다. 두 가지 문제에서 자극이 되었다. 하나는 무당도 아닌 사람도 저렇게 관심을 가지는데 무당인 내가 그냥 있을 수 있는가 하는 반성적 자극이고, 둘은 성주굿은 몰라도 성주풀이는 무당이 아닌 사람들도 부르고 들을 수 있겠구나 하는 희망적 자극이었다. 두 가지 자극을 계기로, 성주굿은 신을 받은 무당이나 할 수 있는 것이지만, 성주풀이는 누구나 듣고 부를 수 있다는 판단이 서게 되었다.

따라서 1989년 4월 제비원 미륵 앞에 가서 성주풀이 시연회를 처음 개최했다. 구경꾼들이 100여 명 모였는데, 성주풀이에 관심 있는 분들을 모아 현장에서 보존회 회원을 구성하기 시작했다. 성주풀이를 시연할 때마다 관심을 보이는 시민들이 회원으로 참여했다. 그리고 송옥순이 직접 알음알음으로 권유해서 성주풀이보존회 회원이 늘어나게 되었다.

지속적인 노력 끝에 뜻있는 시민들의 참여로 마침내 '안동제비원성주풀이보존회'를 공식적으로 결성하고 2012년 단체등록을 마칠 수 있었다. 공식적인 단체 등록에 힘입어 그 해 4월 27일 제1회 안동제비원성주굿을 제비원 미륵 앞에서 공개적으로 했다. 성주굿은 종교적 의식이기 때문에 실제로 성주신을 모시지 않고 보여주기로 하는 것은 한계가 있다. 성주신을 모시는 집이 있고 그 집의 대주가 나서서 성주신을 받아야 하는데, 그냥 보여주기로 하는 까닭에 성주굿을 표방해도 진정한 성주굿이라 하기 어렵다.

게다가 보존회 회원들은 무당이 아니기 때문에 성주굿을 전수할 수도, 보존활동을 할 수도 없다. 성주신을 받아 모시는 성주굿을 제대로 하려면 강신무로서 빙의능력을 갖추어야 한다. 따라서 성주굿을 전수한다는 것은 신을 받는 내림굿을 하고 무당이 되어야 가능하다. 회원들은 무당이 아닌 시민들이 대부분이기 때문에 성주굿을 전수할 수 없다. 그러므로 제비원에서 했던 1회 성주굿 공연을 바꾸어 2회부터는 회원들이 함께 할 수 있는 성주풀이 공연을 했다.

2012년 4월 제비원에서 1회 성주굿을 공개 행사로 했으나, 성주굿이 아닌 성주풀이로 공개행사를 전환하기 위해 같은 해 12월 21일 안동 'M컨벤션 프라임홀'에서 2회 성주풀이 공연을 공개 행사로 했다. 그리고 이듬해 2013년부터는 해마다 한 차례씩 주기적으로 성주풀이 완창 공연을 하기 시작했다. 2012년 12월 성주풀이 공연 이후 2020년까지 해마다 성주풀이 완창공연을 하여 10회까지 했다. 그러다가 그 이듬해부터 공연회수를 2회로 늘려서 최근까지 20회 공연을 했다. 그러나 이것은 성주풀이보존회에서 주관하는 정기 공연일 뿐이고 경향각지에 초청을 받아 성주풀이를 완창하거나 일부를 노래한 사례는 헤아릴 수 없이 많다.

완창 공연이 계속되자 성주풀이보존회원들의 욕구도 높아져서 2014년 5월에 보존회를 '사단법인 안동제비원성주풀이보존회'로 전환하여 등록하게 되었다. 사단법인 성주풀이보존회는 자문위원 6명, 고문 2명, 임원 11명 전국 각 지역 지부장 52명, 회원 100여 명의 조직으로 이루어진 작지 않은 단체이다. 보존회는 성주풀이 전수 외에 성주굿을 행위예술로 각색한 시연회를 기획해서 한국민속예술축제에 나가기도 했다. 이 축제에는 인원 제한에 따라 모두 80명이 참여해서 장려상을 수상했다.

현재 성주굿 시연회에 배역으로 참여하는 정회원은 48명이다. 회원을 정회원 중심으로 정예화한 것이다. 회원들은 매주 수요일과 토요일 어김없이 성주풀이전수관에 모여서 하루 2시간씩 성주풀이와 성주굿 시연을 연습한다. 송옥순은 보존회 회장으로서 연습공간인 전수관을 마련하고 연습비와 공연비 일체를 혼자서 감당한다. 따라서 경제적 지출도 만만치 않을 뿐 아니라, 연습시간과 공연활동으로 소비하는 시간과 노력도 상당히 많다. 틈을 내서 점사도 보고 굿도 해야 한다. 게다가 대학과 대학원까지 계속해서 다니느라 한가할 여가가 없이 늘 바쁜 일정을 소화하고 있다. 따라서 자녀들의 불평을 듣기도 한다.

애들이 그래요. "엄마, 가만있어도 먹고 살 수 있는데, 왜 그 고생을 하노?" 그래서 내가, "엄마 꿈은 그게 아니다. 이런 길을 왔으면 내가 제비원 성주굿으로 이름 석 자 남기는 게, 그게 내가 남아 있는 거지. 나는 딴 거 없다" 그랬어요. 그래도 아들은 "엄마 노후에 뭐 있는 거 가주고도 살면 될낀데 왜 그렇게 생고생을…"

우리 아저씨도 이해 못 해요. 저 보고 "미쳤다" 그래요. 그래서 저도 인정하지요. 저도 "내가 미쳤다!" 그래요. 안 미치면 이래 못 하그던요. (웃음) 남들 끝이 해가주고는 안 되그던요. 그래도 회원들이 이만큼 도와주고 또 몇몇 어른들도 자문위원이나 고문으로 참여하여 도와주시니까 힘 내가주고 내가 하지요. 그분들이 마음으로 인정하고 도와주시는 만큼 더 겸손하게 더 열심히 해야지요.[4]

남편이 '미쳤다'고 해도 맞서지 않고 기꺼이 인정하고 받아들인다. 객관적으로 자기를 돌아봐도 '안 미치고서는 이런 일을 하지 못한다'는 생각을 한다. 따라서 남편의 나무람에는 곧장 수긍을 해서 문제를 확대시키지 않는다. 그러나 자기 손을 붙잡고 간절하게 이야기하는 자녀들은 다르다. 그들의 처지에서 보면, 신이 들려서 무당의 길을 가지 않을 수 없는 것까지는 이해할 수 있다. 그러나 성주풀이 보존회에 시간과 돈과 노력을 쏟아 붓는 어머니의 활동은 이해하기 어렵다.

송옥순의 처지에서 자녀들의 생각도 이해는 된다. 그러나 수긍하고 받아들일 수는 없다. 그래서는 아이들 앞에서 당당하게 성주풀이보존회 활동을 할 수 없기 때문이다. 따라서 송옥순은 꿋꿋하게 자기 꿈을 밝히며 자녀들을 설득한다. 다른 무당들처럼 그렇게 굿이나 하면서 사는 것이 아니라, 성주의 본향답게 성주굿을 보존하고 성주풀이를 널리 확산하는 것이 자기가 사는 보람이자 진정한 존재감이라는 것을 분명하게 말하며 설득한다. 뜻만 그렇게 밝히는 것이 아니라 실제 삶도 그렇게 산다. 그러므로 자연히 집안 살림살이에는 아주 무심하다.

저는 신에서 벌어가주고 신한테 쓴다고 저는 다짐을 했어요. 신에서 벌어가주고 아(애)들 잘 되라고 쓰잖습니까? 저는 도로 아들한테 돈을 갖다 씁니다. (웃음) "너 등록금 대라,[5] 뭐 대라!" 카고, 저는 도로 (애들 돈을) 갖다 써요. 왜냐하면 (강조하면서) 신 돈은 애들 주면 절대 안되그던요. 귀신으로 벌은 돈은 귀신 같이 나갔부러요.

그렇기 때문에 저는 벌어가주고 이 성주님한테 쓰는데, 지금은 솔직히 마이나스지요. '언젠가는 미꽈(메워) 주시겠지!' 성주풀이 보존회에 쓰다가 돈이 모자라도 애달아하지 안 해요. 애달면 뭐합니까? 뭐 다문 마이나스라도 내 쓸 수 있으니까, 그런 거라도 행복해 하지요.[6] 없으만 저거[7] 팔아가주고 쓰면 되지요. (웃음)[8]

---

4   2017년 10월 6일 송옥순 면담조사.
5   송옥순은 대학과 대학원을 계속해서 다니는 까닭에 등록금이 필요하다. 그러면 자녀들한테 등록금을 대라고 요구한다.
6   빚을 내서라도 쓸 돈이 있으니까 다행으로 여겨야지요.
7   저것은 자기 소유로 되어 있는 밭을 말한다. 2022년에 실제로 그 밭을 팔아서 용상동에 성주풀이전수관을 세웠다. 그 전에는 남의 건물을 빌어서 전수관으로 사용했다.
8   앞과 같은 날짜에 송옥순 면담조사.

무당으로서 점사나 굿 등 무업으로 번 돈은 가정사에 쓰지 않고 신을 위하는 일에만 쓰기로 다짐했다고 한다. 그녀에게 신을 위하는 일이란 곧 성주신을 위하는 일이자, 성주굿과 성주풀이를 보존하고 전수하는 일이다. 구체적으로 성주풀이보존회를 위해 돈을 아낌없이 쓴다는 말이다. 특히 무업을 해서 번 돈을 자녀들에게 쓰는 일을 금기로 여긴다. 귀신으로 번 돈은 귀신 같이 나가버린다고 믿는 까닭이다. 그러므로 자신이 번 돈을 자녀를 위해 쓰기는커녕 오히려 자녀들이 번 돈을 받아서 대학 등록금으로 쓰고 있다.

보존회 활동의 경비는 밑 빠진 독에 물붓기이다. 따라서 재정은 가끔씩 적자 상태에 빠진다. 그러나 애닲아 하지 않는다. 언젠가 성주신이 적자를 메워주실 것으로 믿고, 정 안되면 자기 앞으로 되어 있는 밭을 팔아 쓰면 된다고 생각한다.

"내가 잘 먹고 잘 사는 것보다 신을 빛낼 수 있는 사업을 하는 것이 일생의 꿈"이다. 그런데 꿈만 그런 것이 아니라 몸도 그렇다. 신의 일을 할 때는 힘도 나고 지치지도 않는데, 뭔가 다른 일을 하면 몸부터 탈이 나고 아프기 일쑤이다. 굿 외에 뭔가 살림살이에 도움이 된다고 생각해서 하는 일은 모두 몸을 고달프게 하는 노동이었다. 그녀에게 일이란 오직 굿이었다.

저는 일(굿)을 하면 몸이 안 아파도 삽가래질을 하면 몸이 마구 아퍼요. 그래서 그런 일은 안 해요.[9] 첨에는 불러가주고 모르고 그때는 송천에 우리 밭에 가서 (밭일을) 했는데, 나무를 몇 포기 심고도[10] 허리가 아파서 애를 먹었어요. 그 담에는 그런 일은 '이건 아이구나! 내 할 일이 아이구나!' 여기고, 그 담부터는 '내 할 일은 따로 있어. 이런 거는 (밭은) 묵카(묵혀서) 내빼려도 놔둬라. 이런 것까지 니가 왜 신경을 쓰나?' 이거래요.

"신의 일이나 정성껏 해라"[11] 그래서 허리가 아프이 일도 정말로 제대로 할 수가 없잖아요. 그래가주고 "이제는 다시는 그런 거 안 한다. 안 하겠습니다"[12] 다짐하고 인제 병원에 물리치료 받아서 다 낳었어요. 정말 인제 그런 일은 안 합니다.[13] '나는 다시 태어나도 무당이 되겠다'는

---

9 굿을 하면 무리해도 몸이 안 아프지만, 살림살이를 위해 밭일이나 수익을 위한 일을 하면 몸이 아파서 그런 일은 하지 않는다는 말이다.
10 송옥순이 자기 밭에 감나무를 심었는데, 그때 사람들과 함께 감나무를 거들어 심었던 일을 말한다.
11 공수가 내려서 신이 하는 말이다.
12 신에게 다짐하는 송옥순의 말이다.

그런 마음으로 항상 신께 감사하고 신명을 믿고 의지하면서 살아가지요.

살림살이에 도움이 좀 될까 여겨, 자기 밭에 감나무 심는 일을 한 번 해보고는 '이것은 내 일이 아니구나!' 하는 생각을 하게 되었다. 신령도 "굿이나 정성껏 해라"고 일러주었다. 다른 가정사도 마찬가지였다. 도무지 집안일에는 관심이 없었다. 요즘은 특히 성주풀이를 세상에 널리 알리고, 안동을 성주굿의 본향답게 성주굿이 안동에 뿌리내리도록 하는 일에 정신이 온통 집중되어 있다.

따라서 "어떻게 하면 성주풀이나 더 발전시키고, 회원들 더 다독거려가주고 하고 '이걸 좀 더 노력해서 성주문화가 빨리 발전할 수 있도록 할 수 있겠나!' 이 생각뿐"이라고 한다. "꿈을 꿔도 그 꿈, (강조하여) 이 머리에 성주풀이만 한 가득 차가 있어요"라고 하며, 절절한 심정을 털어놓았다. 자나 깨나 성주풀이 꿈을 꾸느라, 딸이 시집을 가는데 혼수 장만에 돈을 보태기는커녕 사위될 사람이 인사하러 온다고 해도 마음에 아무런 감흥도 없었다고 했다.

얼마 아(안) 있으만 애(딸) 결혼식인데, 결혼식 걱정은 1프로도 없어요. 딸이 결혼을 하는데도 1프로의 걱정도 없고, 낼 모레 토요일날 사위하고 온다는데, 오는지 가는지 뭐 별로 좋은 것도 모르겠고, 거기 결혼식에는 돈 쓰는 거 10원도 안 썼어요. "너(너희)끼리 알아서 하라!" 카고, 거 돈 쓰는 거는 돈이 아깝고, 딸이 천만 원 보태 돌라 카는 거는¹⁴ 아깝어가주고 안 되드라꼬요. 딸이 "엄마 놔도라(놓아 두어라)!" 캐가주 "잘 됐다!" 카고 안 줬부렀어요. (웃음) 그런데 (강조해서) 이 성주풀이 하는 거는 돈을 얼마를 써도 아까운 게 없어요. 그러니까 참 이게, '내 맘이 진짜 정상인가?' (웃으면서) 싶어요.

딸을 시집보내는 일은 집안의 경사다. 그런데 경사가 아니라 마치 남의 일처럼 여기고 있다. 딸아이 혼인을 앞두고 엄마로서 경제적으로 또는 정신적으로 딸에게 도움을 줘야 마땅한데, '너희끼리 알아서 하라'고 할 정도로 관심이 가지 않았다. 게다가 이틀 뒤에 딸

---

13 2018년 2월 10일 면담조사하면서 들은 송옥순의 구술 내용이다. 이하 구술 내용도 이와 같다.
14 딸이 결혼식에 쓰려고 어머니 송옥순에게 천만 원만 보태 달라고 하는 것은.

이 사위와 함께 처가 어른들에게 인사하러 오기로 되어 있었는데, "오는지 가는지" 신경도 쓰이지 않고 마음도 좋은지 나쁜지 모르겠다고 할 만큼 무덤덤했다고 한다.

그것은 모든 신경이 온통 성주풀이 보존회 활동에 집중되어 있기 때문이다. 성주풀이 활동에 돈 쓰는 것은 얼마를 써도 아깝지 않은데, 딸 결혼식에 돈 쓰는 것은 아깝게 생각된다. 스스로 생각해 보아도 부모로서 이런 마음을 가지는 것이 정상인가 의심스러울 정도이다. 자연히 무당으로서 손님을 볼 시간도 나지 않기 일쑤이다.

> 저는 손님도, 정말 손님 볼 시간도 없어요.[15] 맨날 이래 나와 있고 뭐 한다고 또 댕기고 이러이, 손님들 볼 시간이 없지요. 어떤 때는 손님이 전화가 와요. 와도 딴 데서 뭘 하고 있으면은 손님 못 봐요. 못 보고, 정말 이래 한다 카면은 시간 약속을 해요. 약속을 해가주 손님을 이래 보고…
>
> 이제 굿도 "수요일 목요일 굿 쫌 해주시오" 그러면 저는 절대 안 갑니다. (큰 소리로) 수요일 목요일은 성주풀이를 연습해야 되니까요. 오늘도 목요일 맹 연습하는 날인데, 이것 빼고 저것 빼고 뭐 다 뺐부리고, 그러다보니까 손님도 그렇고 일도 그렇고…[16]

무업을 제대로 하려면 신당을 지키고 앉아서 점을 보러 오는 손님을 일일이 만나고, 굿 의뢰가 들어올 때마다 거절하지 않고 굿을 해야 한다. 그러나 송옥순은 그럴 수 없다. 그럴 틈이 나지 않기 때문이다. 대학생으로서 출석하여 강의를 수강하고 학점을 따야 할 뿐 아니라, 매주 수요일과 목요일은 성주풀이 보존회의 정기 연습일이어서 사사로이 틈을 낼 수 없다. 주중에 가장 중요한 이틀을 잡아 보존회 전수활동을 하고, 다른 요일에는 학점 따는 수강을 해야 하기 때문이다. 특히 수요일과 목요일에 굿을 해달라는 의뢰가 들어오면 단호하게 거절한다. 그러므로 무업으로 수익을 챙겨야 하는데 그럴 겨를이 나지 않는다.

그런데 한 번씩 굿을 해도 굿값 또한 많이 받지 않는다. 그러는 데에는 이유가 있다. 모시는 신령이 돈을 많이 못 받게 하는 까닭이다. 서울이나 부산에 외방굿을 가면, 현지 무당들

---

15 점 보러 오는 손님을 만나서 점을 봐줄 시간도 없다.
16 성주풀이 연습하랴, 대학 다니랴, 이래저래 시간을 빼고 나면 점사를 보거나 굿을 할 틈이 나지 않는다는 말이다.

이 "선생님, 굿값 마이 받지요?" 하고 묻는다. "누가 돈 마이 주나? 적게 받는다" 그러면 안 믿는다. 안동에서 굿을 해서 많이 받으면 5백, 적게 받으면 3백이란다. 더러는 2백 얼마짜리 굿도 있다. 받는 굿값을 털어놓으면 제자들조차 "말도 안된다"고 웃기 일쑤이다.

저는 기껏 받아야 5백 또는 3백 얼매 정도지요. 보통 그런데는[17] 천만 원 이상을 받는데, 저는 반도 안 돼요. 작두굿을 그렇게 해도 뭐 천만 원, 딴 데는 (작두굿을 하면) 3천, 4천, 5천도 받는데, 그 큰 작두를 가주고 타는데, 그이께네, (신령이) 돈을 많이 못 받그러 해요. 그이께네 굿을 해도 돈이 될 수가 없어요.[18]

굿을 하면 목돈이 들어오는데, 워낙 굿값을 적게 받는 까닭에 생각처럼 돈이 되지 않는다. 다른 사람들처럼 굿값을 많이 받지 않고 절반 정도만 받는데, 그것은 신의 뜻이기 때문이다. 그렇게 적게 받아도 없는 사람들은 돈이 없어 굿을 못한다. 아주 딱한 경우는 값을 정하지 않고 주는 대로 받기도 한다. 그럼에도 경제적으로 큰 문제는 없다고 한다. 이유를 들어보자.

내가 일(굿)을 해서 번 돈을 가주 집세도 조야 되고, 아(애) 등록금도 조야 되고 이카면은 안되는데, 그런 거 안 하니까, 저는 솔직히 (내) 등록금도 애들 보고 대 달라 그래요. (웃으면서) 상지대학 다닐 때,[19] 요번에도 2학기 등록금은 애들이 대 줬어요. 저는 그런 돈을 애들 보고 도로 달라 그래요. 애들한테, "내가 학교 시켜 줬으이 내 등록금은 너가 대라, 이제" 그래 등록금을 떼내(받아내) 쓰고. 성주풀이 하는 거는 아낌없이 또 그렇게 쓰고.

굿값을 적게 받아도 경제적으로 문제가 없는 것은 그 돈으로 성주풀이 활동 경비로만 쓰기 때문이다. 굿일을 해서 번 돈으로 집세를 주거나 대학 다니는 자녀들 등록금을 내거나 하면 모자라지만, 지금 자녀들이 학교도 모두 마쳤을 뿐 아니라 각자 취업을 하고 있어

---

17 보통 다른 무당들은.
18 앞과 같은 면담 내용.
19 송옥순은 2018년 면담 당시에 안동 가톨릭상지대학교 복지학과에 재학 중이었다.

서 경제적으로 어렵지 않다. 오히려 자신의 대학 등록금은 '엄마가 학교 시켜줬으니 이제 내 등록금은 너희들이 대라'고 하여 자녀들에게 받아서 낸다.

이렇게 자기 학비까지 자녀들에게 받아서 쓰되, 성주풀이 보존회를 위한 경비는 아낌없이 쓰고 있다. 그 결과 2020년 안동시 용상동에 안동성주풀이보존회 전수관을 강당처럼[20] 크게 지어 입주할 수 있었다. 그리고 2022년에는 성주의 본향이자 성주굿의 성지인 제비원 범당 정상에 일정한 부지도 확보했다. 이 부지를 구입하고 성주목도 지정함으로써 누구나 마음껏 성주굿을 할 수 있는 공간이자, 성주의 본향답게 성주신앙의 성지로 만들 수 있는 기반을 어느 정도 갖추게 되었다. 이러한 놀랄 만한 성취는 굿의 관점에서 보면 신령의 도움이라 할 수 있다. 그러나 현실적인 관점에서 보면 성주굿보존회를 이끌어가는 송옥순 회장의 남다른 열성과 헌신적인 투지에 의한 것이라 할 수 있다.

2. 성주굿 시연활동과 민속예술축제 입상

성주풀이는 무가로서 성주굿의 한 요소일 뿐이다. 따라서 성주풀이로 성주굿의 진면목을 만날 수 없다. 게다가 성주풀이는 서사무가로서 상당히 길기 때문에 아무나 익혀서 완창하기 어렵다. 안동이 성주의 본향이라는 사실에 공감하고 성주굿과 성주풀이를 보존해야 한다는 뜻을 품고 있는 보존회 회원들도 성주풀이를 직접 부르기는 여간 어렵지 않다. 자연히 성주풀이 완창 공연은 송옥순 회장의 독연에 가까워서 회원들의 역할은 거의 없다. 따라서 회원들로서는 보존회에 참여하는 보람을 제대로 느낄 수 없는 상황이다. 그러므로 회원들의 참여의식도 높이고 일정한 보람을 느끼며 참여하도록 하려면 보존회 활동의 변화가 필요했다.

그렇게 해서 새롭게 모색된 것이 회원들의 다양한 참여로 이루어지는 '성주굿 시연' 활동이다. 새로운 성주굿 보존활동의 모색이다. 성주굿 전승은 무당의 몫으로 일임하고 말 수 없다. 성주굿은 안동이 본향이기 때문에 안동의 중요한 무형문화유산이다. 따라서 안동시민이면 누구나 지역 문화유산으로 전승하고 보존하는 활동을 할 필요가 있다. 그러자

---

[20] 골조를 제대로 갖춘 본격적인 건축물이 아니라 가건물 형태의 구조물로 지은 강당이다.

면 무당굿의 전수에 한정해서는 답습에 지나지 않는다. 답습을 극복하려면 우리시대에 맞는 새로운 성주굿 문화를 적극 모색해서 이미 있는 성주굿에 보태나가야 한다.

따라서 전통을 보존하는 것과 더불어 새로운 전통으로 확장하는 작업도 벌일 만하다. 그래야 전통의 답습에 만족하지 않고 새로운 전통을 재창조하는 생산적 문화 전승이 가능하다. 그러므로 무당 한 사람이 주관하는 신굿으로서 성주굿은 직업적인 무당에게 맡겨두고, 일반 시민들로 구성된 보존회 회원들은 마당놀이처럼 공연 가능한 성주굿놀이를 새로 창출할 필요가 있었다.

성주굿을 극적으로 보여주는 시연 행위는 두 가지 의도로 구상되었다. 하나는 성주풀이 공연만으로는 성주굿이 무엇인지 제대로 전달할 수 없기 때문에 눈으로 굿의 내용을 직접 볼 수 있도록 연출하는 마당놀이 형태의 성주굿이 필요했다. 둘은 송옥순 무녀 중심으로 성주굿을 하거나 성주풀이 완창하는 것에서 탈피하여 보존회 회원들이 공동으로 함께 참여할 수 있는 시연 형태의 성주굿이 필요했다. 원래 의도되지 않았지만, 황해도 성주굿에서는 성주거리에 집을 짓는 과정을 행위로 연출하기도 하므로, 성주굿에서 벗어나는 것도 아니라 할 수 있다.

성주굿 시연 구상은 송옥순이 독창적으로 추진했다. 송옥순은 신어머니 권은도로부터 익힌 성주굿의 경험을 살려서 성주풀이 내용에 따라 다수의 회원들이 일정한 배역을 맡아서 두루 참여하는 성주굿을 기획하고 연출했다. 보여주는 성주굿을 역할극 형태로 재창조하여 연습하고 공연하게 되자, 회원들의 참여의식도 높았을 뿐 아니라, 구경꾼들도 성주풀이 완창을 들을 때보다 성주굿의 내용을 더 잘 이해하고 관심도 매우 높았다. '들을 거리'뿐인 성

역할극 형태의 성주굿 공개 시연

주풀이에서 '볼 거리'가 함께 하는 입체적 공연으로 전환되어서 마침내 한국민속예술축제에도 참여할 수 있는 단계에까지 이르렀다. 구체적인 성주굿 시연 내용은 아래와 같은 구성으로 이루어져 있다.

1) 청신과정

성주굿을 시작하기 위해 풍물패가 2채, 3채로 장단을 친다. 풍물패는 흰 수건을 머리에 쓰고 흰색 바지저고리 복색을 입었다. 뒤이어 도목수를 비롯한 목수와 32명의 역군들이 지게를 지거나 망태기를 메고 두 줄을 지어 등장한다.

먼저 굿판을 정화시키는 부정치기를 한다. 성주풀이보존회 깃발을 앞세우고 풍물패가 원을 그리며 풍물을 치면, 뒤 따르던 조무가 솔가지로 물을 뿌려 굿판을 정화하는 의식을 한다. 다음은 큰무당이 나와서 신을 모시는 청신(請神) 의례를 한다. '천지신명 일월성신'으로 시작하는 무가를 부르면서 모든 신령님과 성주신을 맞이해서 모신다. 청배굿이라고도 한다.

2) 성주받이굿

① 큰무당은 성주풀이를 부르면서 조무와 함께 대주의 나이 수만큼 실을 사리고, 이어서 한지 2장으로 성주 신체를 접는다.

성주목을 베기 전에 목수와 역군이 산신제를 올린다. 벌목한 목재를 역군들이 목도를 해서 옮겨온다. 지경꾼들이 달구질로 집터를 다지며 지경소리를 한다. 목재를 톱과 대패, 도끼, 자귀 등의 연장으로 다듬고 손질한다.

② 굿주 부부는 성주상 차림을 준비한다. 성주상에는 촛대와 팥시루떡, 5방색의 오곡, 과일, 포, 쌀이 담긴 말통이 차려지고 말통에는 홍두깨를 꽂아서 세워둔다.

③ 상차림이 끝나면 대주가 성주받이굿 준비를 한다. 대주는 도포차림에 갓을 쓰고 기주는 흰색 치마저고리를 입은 복색이다.

④ 큰무당은 성주풀이를 부르면서 한지로 접은 성주 신체에 사린 실을 묶은 다음 홍두깨 위에 씌운다. 이어서 큰무당과 조무는 성주신이 성주신체에 내릴 것을 기원하면서 비손한다.

⑤ 굿주 부부는 성주상 앞으로 나아가 절을 한 뒤에 말통에 세워둔 홍두깨를 뽑아서 소금이 담겨진 접시 위에 홍두깨를 세운다. 홍두깨가 서면, 굿주 부부는 성주신이 강림한 것으로 알고 절을 3배 한다. 그리고 홍두깨에 걸어둔 성주 신체 중 속치마를 빼고 겉부분 신체를 분리하여 대청마루 동자목에 걸어서 봉안한다.

⑥ 성주신이 봉안되면 조무들은 부엌과 장독대, 대문, 우물에 가서 비손한다.

⑦ 성주신 봉안을 마치면, 큰무당은 한지로 소지를 올린다. 소지는 성주굿의 효험을 점치는 기능이 있다.

3) 대동놀이 지신밟기

성주신체의 봉안이 끝나면, 성주상에 차린 음식으로 음복을 한다. 그리고 성주신을 즐겁게 하기 위해 풍물패와 참가자가 풍물 장단에 맞추어 한바탕 춤을 춘다. 이어서 선소리꾼이 앞소리를 메기면, 참여자들이 '치야칭칭 나네'라는 후렴구를 부르면서 춤을 추고 지신밟기를 한다.

위와 같은 성주굿의 시연은 이전부터 해오던 것을 한국민속예술축제를 앞두고 보존회장 송옥순에 의해 새롭게 준비된 것이다. 성주풀이에서 노래되는 집짓는 과정을 시각적으로 보여주는 장면들로 구성하여 마당놀이처럼 연출한 것이다. 산신제를 올리고 성주목을 베며 벤 나무를 목도해서 운반하고, 이어서 집터를 다지고 나무를 목재로 다듬는 치목과정 등을 보여주는 연출내용은 실제 성주굿에서는 행하지 않는 부분이다.

안동지역 성주굿에서는 성주풀이를 부르며 홍두깨를 세우고 한지로 접은 신체를 봉안할 따름이다. 그러나 시각적인 볼거리 제공으로서 효과적인 연행을 위해 평소의 성주굿 장면에다 집짓는 과정의 여러 장면을 시각적으로 더 보태어 연출했다. 그러므로 성주풀이의 서사적 내용을 장면마다 일정한 연행으로 보여줄 수 있게 되었다.

안동지역 성주굿과 달리, 황해도 성주굿의 성주거리에서는 성주풀이만 노래하지 않고 집짓는 과정을 몸짓으로 연행한다. 따라서 안동의 성주굿 시연은 황해도 성주굿과 무관하게 기획되고 연출된 것인데도 마치 모방한 것처럼 보인다. 그러나 황해도 성주굿에서는 무녀와 조무 사이에서 소규모로 연행되는 실제 굿인 반면에, 안동에서 기획한 성주굿 시연은 약 50명의 인원이 온갖 소품들을 두루 갖추어 더 적극적인 연행을 하는 것으로서, 순전히 보여주기 위한 시연이자 극적인 연출로 만들어진 것이다.

성주굿 시연이 시민들의 관심을 끌게 되자, 보존회에서는 주위의 권고를 받아들여 민속예술축제에 참여하기로 하고 경상북도에 출연 신청을 했다. 신청에 따라 2015년 10월 27일 경상북도로부터 한국민속예술축제 출전 자격 심사를 받고 그해 11월 9일 경상북도 대표로 선정되었다. 따라서 성주풀이보존회는 한국민속예술축제 출전을 위해 성주굿 시연회

한국민속예술축제에 출연한 안동제비원성주굿 시연

조직으로 바꾸고 평소보다 더 열성적으로 연습을 했다.

이 대회의 출연시간은 25분으로 제약되어 있었다. 평소에 한 시간 정도 연행하던 성주굿 시연을 절반 이하로 압축해서 시연을 해야 하므로 각본을 다시 짜서 연습하지 않을 수 없었다. 경상북도 대표로 선정이 되면 이러한 준비와 연습을 위한 연습비가 공식적으로 지원이 된다. 2016년 10월에 하는 한국민속예술축제 대표 선정 심사를 1년 전인 2015년 10월에 도 대표를 미리 선정하는 것은 1년 동안 충분히 연습을 하도록 하기 위해서다.

그런데 정작 안동에서 성주풀이보존회가 성주굿 시연으로 경북도 대표에 선정이 되었는데도 안동시에서는 자랑스러워하기는커녕 연습 경비에 대한 최소한의 예산 지원조차 하지 않았다. 소문에는 어느 시의원이 책정된 예산을 의도적으로 삭감했다고 한다. 몇 차례 연습비 지원 요청 끝에, 추경에 의해 이듬해인 2016년 6월부터 비로소 연습비 지원을 받게 되었다. 결국 제대로 재정 지원을 받아 연습한 것은 불과 4개월 남짓하다. 행정당국의 비협조로 1년 연습할 기간을 4개월만 연습하게 된 셈이다.

이런 악조건 속에서도 안동초등학교 실내체육관을 빌려서 연습을 계속했다. 한국민속예술축제에 나가기 전에 연습 결과를 2016년 8월 13일 시민들 앞에 선보이는 공개 시연 행사를 가졌다. 이어서 10월 2일 마지막 준비 공연을 안동국제탈춤페스티벌 공연장에서 하고 마무리 점검을 했다. 그리고 10월 15일 16일 전주 국립무형문화유산원에서 개최하는 제57회 한국민속예술축제에 경상북도 대표로 출전하여 '안동제비원성주굿풀이' 종목으로 공연하게 되었다.

출연 당일 아침부터 비가 주룩주룩 내리기 시작했다. 오후 1시 40분 공연 시간이 되었는데 비는 그치지 않고 여전히 줄기차게 내렸다. 비를 맞으며 공연장으로 나가기 무척 어설펐지만 경북대표로 '안동제비원성주굿'이 출연된다는 안내 방송에 따라, 회원들은 한 마음으로 공연만 생각하고 씩씩하게 빗속으로 나갔다. 온몸으로 비를 흠뻑 맞았지만 개의치 않고 연습한 대로 열심히 시연을 했다. 행사장 바닥 곳곳에 있는 물웅덩이를 첨벙거리며 풍물이 신명을 돋우었다. 입장을 마치고 일동이 산신상 앞에서 3배를 하니, 비를 맞으면서 공연하는 회원들에게 관중들의 격려 박수가 쏟아졌다.

관중석의 박수를 받으며 시연은 순조롭게 진행되었다. 빗속에서 공연을 하다가 보니 준비물이 제대로 점검되지 않았다. 목재를 다듬는 치목을 해야 하는 부분에서, 연장 망태기에 들어 있어야 할 톱과 망치가 없었다. 역군들이 목도를 하며 한 바퀴 도는 중에 연장 망태기를 메고 다니는 회원이 엉뚱한 곳에 담아두었는지, 3조 망태기에는 연장이 없고 8조 망태기에는 연장들이 더 많이 들어 있었다. 연장 없는 빈 망태기로 나무를 다듬는 시늉을 하느라 무척 당황했다.

그러나 톱이 없어도 톱질하는 시늉은 충분히 할 수 있어서, 무사하게 이 장면을 넘기고 뒤풀이 마당에 이르렀다. 풍물가락에 어우러져서 출연진 모두 빗속에서 한바탕 신명나는 춤판을 벌였다. 구경꾼들조차 어깨를 들썩거리게 할 만큼 풍물과 춤이 모두 흥겨웠다. 흥겨운 뒤풀이로 대미를 장식하고 퇴장하자, 구경꾼들이 잘했다고 박수를 치며 격려했다. 오후 3시에 늦은 점심을 먹고 공연장으로 돌아와 심사 발표를 기다렸다. 심사 결과 장려상을 수상했다.

장려상이 반가우면서도 크게 아쉬웠다. 안동시 당국으로부터 재정지원을 제대로 받아서 1년 동안 충분히 연습을 했다면 성적이 더 좋았을 가능성이 높았기 때문이다. 매우 아쉬운 대목이지만 이미 지나간 일이므로 단념하지 않을 수 없었다. 안동시의 불성실한 지원과 상관없이 안동시민들에게는 이 성과를 공유할 필요가 있다고 판단했다.

따라서 시민들에 대한 감사의 뜻으로 출전 사흘 뒤인 10월 19일 웅부공원에서 한국민속예술축제 수상기념 축하공연을 했다. 시의원 손광영을[21] 비롯해서 시민들 200여 명이 참석해서 함께 축하해 주었다. 이전까지는 성주풀이 완창공연을 해마다 정기적으로 했는데, 이후부터는 성주풀이와 함께 성주굿 시연을 해마다 정기적으로 하고 있다.

3. 무녀 송옥순의 제비원 성주맞이 큰굿

송옥순은 성주풀이 완창 공연을 해마다 하면서 성주풀이 보존회를 조직하여 성주풀이 보급운동을 하는 한편, 보존회원들과 새로 구상한 성주굿 시연활동을 함으로써 마침내 한국민속예술축제에 경북 도대표로 참여하여 수상하는 영광을 누렸다. 그럼에도 뭔가 만족되지 않는 부분이 있었다. 성주풀이는 안동 제비원이 성주의 본향이라고 노래하는데, 정

---

[21] 시의원 손광영은 성주굿보존회 활동에 특히 관심이 많았다. 2019년 제2회 성주맞이 큰굿을 하는 제비원 범당산 현장까지 와서 축하인사를 하기도 했다.

작 안동 제비원은 성주신앙의 성지로서 변화된 것이 아무 것도 없기 때문이다.

제비원이 장소성으로서 성주의 본향다운 지역 정체성을 확보하는 데에는 별도의 기획이 필요했다. 여기저기서 성주풀이 공연을 하고 성주굿 시연을 하는 것으로는 제비원이 성주의 본향이라는 사실을 알리는 구실은 하지만, 실제로 제비원이라는 지리적 공간이 성주신앙의 성지다운 상징이나 의미가 부여되는 것은 아니다. 따라서 성주의 본향답게 제비원 현장에서 성주맞이굿을 하는 것이 바람직하다는 생각을 하게 되었다. 왜냐하면 안동시내 웅부공원과 기타 공간에서 성주굿 시연이나 성주풀이 완창을 해서는 문화지리로서 성주신앙의 본향 제비원의 장소성이 확보되는 것은 아니기 때문이다.

제비원이 성주신의 성지로서 장소성을 확보하려면, 언제든지 그곳에 가면 성주의 본향으로서 정체성을 인식할 만한 특별한 신앙적 구조물이 필요하다. 그런데 지금 제비원에 가면 거대한 마애불인 미륵상이[22] 장소성을 결정하고 있다. 제비원 미륵불이 워낙 압도적이기 때문에 그 아래서 성주굿을 하든 성주풀이를 구송하든 그 순간일 뿐이다. 제비원에는 항상 미륵상이 우뚝하게 버티고 있는 까닭에 어디까지나 미륵불의 공간으로서 불교적 장소성이 분명하게 각인될 뿐이다.

미륵상의 거대한 규모나 장엄한 인상은 물론, 유구한 역사성까지 갖추고 있고 미륵신앙에 대한 전통과 미륵에 얽힌 전설도 여러 가지 이야기되고 있다. 따라서 제비원은 성주신앙의 본향이라기보다 오히려 미륵신앙의 본향처럼 인식되기 마련이다. 실제로 그런 착각을 하고 주장하는 이들도 있다. 미륵불 뒤에는 사찰 연미사가 있어서 그러한 장소성을 더욱 확고하게 입증한다. 그러므로 그 아래서 성주굿을 한다고 제비원이 성주의 본향이라는 장소성을 획득할 수 있는 것은 아니다.

안동시에서 제비원에 조성해 놓은 솔씨공원도 마찬가지이다. 미륵상 아래에 터잡고 있는 솔씨공원 또한 미륵상에 압도당해 솔씨공원으로서 입지나 특성을 보여주지 못하고 있다. 솔씨공원이라는 표지판이 없다면 아무도 솔씨공원으로 인식할 수 없다. 왜냐하면 솔씨공원으로서 특별한 개성이나 뚜렷한 인상을 주는 상징물이 없기 때문이다. 오히려 미륵

---

22 시민들은 흔히 '제비원 미륵' 또는 '제비원 미륵불'이라 일컬어지는 거대한 마애불이다. 공식 명칭은 안동 이천동 석불상(보물 115호)으로 높이 12.38m, 폭 7.2m의 암벽 위에 2.43m 높이의 머리 부분을 별도로 조각하여 얹어놓은 입상인데, 중품하생인(中品下生印)의 형상으로 보아 아미타여래상(阿彌陀如來像)으로 해석되고 있다.

상을 우러러보며 합장배례하기 좋은 공간이자, 멀리서 미륵상을 바라보기 좋은 전망 장소 구실을 할 따름이다. 그러므로 솔씨공원 또한 본디 의도와 상관없이 제비원 미륵불에 딸린 부속 공간으로 인식되기 딱 알맞다.

제비원이 성주의 본향으로서 장소성을 확보하려면 제비원 미륵의 영역으로부터 벗어나야 한다. 장엄한 미륵불 앞에서 미륵신앙의 본향이라면 몰라도 성주신앙의 본향이라고 하는 것은 한갓 억지처럼 보일 수 있다. 차라리 제비원 현장을 알지 못하는 사람은 상상 속의 제비원을 성주의 본향으로 연상할 수 있지만, 현장을 잘 알고 있는 지역 주민이나 현장을 찾아와 미륵불과 연미사를 목격한 사람들에게는 오히려 더 설득력이 떨어진다.

따라서 제비원을 잘 아는 사람일수록 성주의 본향으로서 제비원의 장소성을 실감하지 못한다면, 그것은 심각한 문제가 아닐 수 없다. 왜냐하면 장소성이란 현장을 직접 체험하는 사람에게 특별한 장소로서 의미를 각인시켜 주는 특성을 발휘해야 하는 까닭이다. 그러므로 제비원을 성주신앙의 본향으로 자리매김하면서 장소성을 획득하려면, 제비원 미륵불로부터 벗어나되 제비원이라는 지리적 공간의 범주 안에 속해 있어야 한다.

그러한 특별한 장소를 제비원의 지리적 공간 안에서 찾되, 미륵불의 영향력이 전혀 미치지 않는 공간이어야 한다. 그러한 절묘한 공간이 삿갓바위와 '범당'이 있는 범당산 정상이다. 범당이라는 이름은 범의 출현과 관련되어 지어졌다. 마을에 범이 나타나서 가축을 해치는 일이 잦자, 마을 주민들이 당을 지어서 제사를 지냈더니 더 이상 범이 출몰하지 않았다고 해서 당 이름을 범당이라고 일컬었다고 한다.

또 다른 전설은 범을 살린 연이처녀 이야기이다. 연미사 공양간에서 일하는 처녀 연이의 꿈에 산신령이 나타나서, '당산에 올라가 죽어가는 호랑이를 살려야 돌림병이 사라진다'고 말했다. 다음날 연이가 당산에 올라가보니 큰 바위 아래 호랑이가 굶주림으로 쓰러져 있었다. 연이의 인기척에 호랑이가 간신히 눈을 뜨자, 연이는 놀라서 혼절해 버렸다. 정신을 차려보니 호랑이가 자신의 젖을 빨고 있었지만 기력을 차릴 만큼 회복되지는 않았다.

산신령의 말대로 호랑이는 돌림병을 막아줄 수호신이라 생각되자, 연이는 자기 몸을 바칠 생각을 했다. '호랑이야 나를 먹고 해탈을 해라' 하고는 스스로 범의 입을 벌리고 머리를 들이밀었다. 호랑이는 연이를 먹고 기력을 회복하여 제비원 길목을 지켰다. 사람들은 호랑이 산신령이 무서워 제비원 길을 오고가지 못했다. 따라서 제비원 사람들은 아무도 돌림병에 감염되지 않아서 무사했다. 연이는 죽어서 당산의 산신이 되었고 사람들은 범을 기려서 범당이라 일컬었다고 한다.

범당산은 행정구역으로는 이송천에[23] 속하지만 범당이 있는 곳은 제비원에 속해 있다. 범당은 이송천 마을 주민들이 섬기는 동신당이다. 이송천의 동신당은 본래 마을 뒷산에 있었는데, 동제관이 당집에 모셔둔 고깔이 날아가는 꿈을 꾸고 고깔이 날아간 곳에 당집을 옮겨지은 것이 현재의 범당이다. 해마다 음력 2월 보름과 시월 보름에 동제를 지내왔다.

범당산은 굿문화의 성지처럼 범당과 함께 거석신앙의 대상이 되는 삿갓바위가[24] 있을 뿐 아니라, 무당들의 기도처이자 굿을 하는 공간으로 이용되어온 곳이다. 인근 지역의 무당들은 신빨이 잘 받는 곳이라 여기며 여기 와서 치성을 드리는가 하면, 범당을 굿당으로 이용하기도 했다. 범당 아래쪽에 샘이 솟아나서 굿을 하는 데 정안수로 사용되었으며, 삿갓바위는 치성의 대상 구실을 했다. 그러므로 무당들은 이곳에 가건물을 지어놓고 장기간 머물며 기도를 올리는가 하면 더러 굿당으로 사용하기도 했다.

나는 1981년 이 범당에서 밤을 새우며 굿을 조사하고 보고서를 작성한 일이 있다.[25] 따라서 조사 당시의 범당 현장을 잘 기억한다. 범당은 단칸 와가로 보기 드문 당집을 이루고 있었고 범당 안에는 나지막한 선반에 고깔 둘이[26] 모셔져 있었다. 동신을 모시는 당집으로서는 빼어났다. 그런데 근래에 불이 나서 완전히 무너져 버렸다. 무당이 굿당으로 이용하는 과정에 불이 나서 당집을 다 태운 까닭이다. 주민들이 그 터에 다시 조립식 건물로 당집을 지어두었는데, 최근에는 이마저 헐려버렸다. 이 땅을 소유하고 있던 사람이 자기 소유라고 생각해서 당집을 해체해 버린 것이다. 그러므로 지금은 과거 당집에 지붕을 이었던 기와만 조금 남아 있고 당집은 완전히 사라졌다.

범당이 있었던 제비원의 범당산은 동신신앙과 거석신앙, 무속신앙이 겹치는 민속신앙의 핵심 공간이다. 여기는 지리적 영역으로 제비원의 범주에 포함되지만, 제비원 미륵과 공간적으로 격리되고 시각적으로 차단되어 있어서 온전하게 독립적인 장소성을 지닌 공

---

23 안동시 서후면 이송천리.
24 삿갓바위는 산 정상에 자리잡고 있는 거대하고 매끈한 밝은 연갈색 바위인데 마치 삿갓을 엎어놓은 것처럼 반구형으로 생겨서 한눈에 봐도 신성하게 보인다.
25 1981년 11월 6일 저녁부터 다음날 새벽까지 범당에서 무녀 김경화(당시 40세)의 굿을 참여관찰하고 그 조사결과를 林在海, 『韓國口碑文學大系』 7-9, 韓國精神文化硏究院, 1982, 161~254쪽에 보고했다.
26 고깔 둘은 구체적으로 어떤 신의 신체(神體)인지 알 수 없다. 하나는 당산의 호랑이 산신이고 다른 하나는 호랑이를 살린 연이처녀가 아닌가 짐작해 본다.

간이다. 그러므로 범당과 삿갓바위가 있고 무당들의 기도처이자 굿터인 신앙공간에서 정기적으로 성주굿을 하게 되면 성주의 본향이 제비원이라는 장소성을 분명하게 확보할 수 있을 것으로 판단된다.

범당과 삿갓바위가 있는 산을 주민들은 '범의당산'이라 일컬었다. '범의 당' 곧 '범당'이 있는 당산이라는 말이다. 범의당산은 '범의 당 산'이지만, 주민들은 오랫동안 말하기 쉽게 일컬으면서 '범우당산' 또는 '범무당산'으로 일컬어왔다. 범우당산이라 하거나 범무당산이라고 할 때, 범우나 범무는 무의미한 말이다. 만일 범 무당산으로 읽게 되면 범당산을 무당산으로 엉뚱하게 오해할 수 있다. 그러므로 이 동신당의 이름이 범당이기 때문에 범당이 있는 산이라는 뜻으로 '범당산이'라 일컫는 것이 제격이다.

범당산 정상에는 범당과 삿갓바위 외에는 아무런 구조물이나 특별한 자연물이 없다. 지금은 동신당인 범당도 해체되어 터만 남았다. 따라서 크게 굿판을 열어도 아무런 걸림이 없는 평탄한 공간을 이루고 있다. 이러한 사정을 잘 알고 있는 송옥순은 이 공간에서 성주맞이굿을 하여 성주신을 모셔두고, 성주신이 늘 좌정하고 있는 성주신앙의 성지로 만들어야겠다는 착상을 하게 되었다.

제비원 범당산 삿갓바위 앞에서 하는 성주맞이큰굿

나는 송옥순의 착상을 듣고 함께 논의하는 과정에, 성주의 본향으로서 제비원의 장소성을 확보하기 위해 성주풀이보존회가 해마다 3월 삼짇날 제비원 범당산에서 성주굿을 정기적으로 하는 구상을 하고, 그 이름을 '성주맞이큰굿'으로 정했다. 그렇게 하여 2018년 3월 삼짇날인 4월 18일에 제1회 성주맞이 큰굿을 제비원 범당산에서 처음으로 하게 되었다.

범당산 굿터에는 성주목이라 할 만한 낙락장송의 곧은 소나무가 없어서 삿갓바위 앞에 굿상을 차리고 성주맞이굿을 하는데, 이때 모신 성주신은 나무함에 보관하여 송옥순의 신당인 '성주당'에 모셔놓았다.[27] 성주신을 현장에 모시고 싶었지만 비바람에 훼손될 가능성이 있어서 신당에 모셔 와서 봉안한 것이다. 앞으로 범당산에 성주신을 모실 만한 성주신당이 제대로 지어지면 그 곳에 모실 계획이다. 그 이후 해마다 3월 삼짇날 정기적으로 성주맞이 큰굿을 해오고 있다. 성주맞이 큰굿의 실제 상황은 다음 장에서 구체적으로 보고한다.

4. 무녀 송옥순의 제비원 성주공원 조성

송옥순은 성주굿보존회 활동을 전개하면서 두 가지 공간이 절실하게 필요했다. 하나는 성주굿의 연습공간으로서 전수관이 필요했고, 둘은 성주의 본향으로서 제비원에 성주신앙의 성지 기능을 하는 '성주공원'이 필요했다. 그동안 성주풀이와 성주굿 시연 연습공간은 건물을 임대하거나 학교 체육관을 빌려서 사용해 왔다. 그러다가 2020년에 용상동에 전수관을 새로 지어서 입주했다. 전수관은 본격적인 건물로서 콘크리트건물이나 목조건축물이 아니라, 가건물처럼 철골에다 비바람을 막을 수 있도록 천막을 설치한 형태이다.

뭐 전수관 같은 거 이래 지어가주고 활동하고, 어디 가다가 회관이나 박물관 같은 거 보면 정말 부러워요. '돈이 정말 있다면 저렇게 신의 박물관도 만들어서 제가 신령님한테 본보기를 보일 수 있는 거만 저렇게 다 진열해 놓으면 얼마나 좋을까!' 저는 내가 잘 먹고 잘 사는 것보다가도 신에 한테 다 이렇게 빛나게 할 수 있는 거를, 그거를 한번 하고 생을 다 했으면 하는 그 생각을 가주고 있그던요.

---

27 송옥순의 신당 오른쪽 벽면에 한지로 접은 성주신체를 나무함에 보관하여 모시고 있다.

전수관의 꿈은 아쉬운 대로 이루어졌다. 박물관이나 전시관을 짓는 것은 아직 꿈으로 남아있다. 더욱 긴요한 것은 제비원을 성주굿의 성지로 자리매김할 수 있는 공간이다. 성주굿의 성지는 한번 정하면 백년대계로 이어져야 한다. 성주신앙의 문화적 성격과 함께 역사적 전통을 충분히 갖출 수 있는 공간 확보가 중요하다.

송옥순은 안동 제비원이 성주신앙의 본향이라는 자부심으로 그동안 성주풀이 완창 공연을 수십 차례 하고 성주굿과 성주굿 시연을 여기저기서 열심히 했다. 그러나 정작 성주의 본향이라고 하는 제비원에는 성주신앙의 성지다운 장소성은커녕 실질적인 변화가 나타나지 않고 있다. 그렇다고 제비원에 전혀 아무런 변화가 일어나지 않는 것은 아니다. 다만 성주의 본향이라는 지역 정체성을 확보하는 일과 상관없는 변화가 일어나고 있을 따름이다.

최근에 제비원 미륵 뒤쪽에 있는 연미사가 중창되어 번듯한 자태를 보이는 것이 큰 변화이다. 그리고 안동시에서 제비원 미륵 앞쪽 공유지를 '솔씨 공원'으로 조성해서 잘 관리하고 있는 것도 큰 변화이다. 그럼 이러한 변화는 제비원이 성주신앙의 본향이라는 사실과 어떤 관계가 있을까? 특별한 관련성을 찾기 어렵다.

왜냐하면 연미사 중창은 불교사찰의 종교 사업일 뿐 성주신앙과 무관하기 때문이다. 솔씨공원은 전국 소나무가 제비원의 솔씨를 받아서 자랐다는 성주풀이와 일부 관련이 있지만, 그것은 한갓 식물종으로서 솔씨의 고향일 따름이다. 소나무의 연원이 제비원이라는 것은 식물학 또는 산림학의 문제인데다가 해당 분과학문에서 인정하는 사실도 아니다. 신앙적으로 문제된 사실을 과학적으로 타당한 것처럼 솔씨 공원을 표방하는 것은 적절하지 않다.

성주의 본향이란 솔씨의 고향이란 뜻이 아니라 성주신앙의 발상지이자 성지란 뜻이다. 따라서 제비원과 성주신앙이 깊이 연관되어 있는 활동을 실천적으로 하지 않으면 성주의 본향으로서 제비원이라는 사실은 한갓 성주풀이 속의 노랫말에 그치고 마는 일이다. 그러므로 성주의 본향답게 안동 제비원을 역사적 장소이자 문화적 공간으로 자리매김하는 일이 큰 과제이다. 그러나 아무도 이러한 과제를 지역 문화정책으로 제시하지 않았다.

안동 제비원이 성주의 본향이라는 사실을 전국의 무당이 성주굿을 하면서 노래해도 정작 안동 지역사회에서는 큰 울림이 없었다. 무당들이 하는 굿의 풀이에 지나지 않는다고 생각했다. 따라서 오랜 세월동안 모두 무심하게 지나쳐왔다. 아무도 제비원이 성주신앙의 본향이라는 사실에 특별한 관심을 기울이지 않았다.

그러나 안동시장을 역임한 정동호와 김휘동은 문제인식이 달랐다. 첫 민선시장에 당선하여 연임한 정동호는 시장 재임[28] 당시에 안동 제비원이 성주의 본향이라는 사실을 남다르게 자각하고 있었다. 따라서 제비원 일대에 성주신앙의 성역화 작업을 구상했다. 성역화에 필요한 공간을 확보하기 위해, 제비원 미륵 앞쪽 길 건너 산골짜기의 공간 확보는 물론 제비원 근처 주민들도 보상해서 이주시키고 민가를 구입할 계획이었다. 성주공원에는 성주신앙의 표상인 큰 소나무를 성주목으로 심고 성주의 본향답게 성주신을 모시는 성전을 크게 지어서 누구든 성주신에게 참배할 수 있고 성주굿을 할 수 있는 공간을 갖춘, 명실상부한 성역으로서 '성주공원'을 구상했다.

정동호 시장은 성주공원을 제대로 조성하려면 성주신앙에 대한 학술연구가 필요하다는 판단에 따라 2001년에 학술용역도 발주했다. 그 학술용역 결과로 간행된 것이 『안동문화와 성주신앙』이다.[29] 이 연구는 학술용역으로서 안동문화와 관련하여 성주신앙 전반에 관한 연구를 했을 뿐 아니라, 실제 정책 시행을 위한 실시 계획에 참고할 만한 내용도 결론으로 다루었다. 성주신앙의 성지로서 성주공원을 조성하기 위해, 성주목을 우뚝하게 중앙에 모시고, 성주신앙 및 고건축 관련 자료관 및 성주굿 공연 공간과 굿문화 체험공간을 두루 갖추도록 제시했다.[30]

공교롭게도 정동호 시장은 학술용역 결과가 출판되기 직전에 임기를 마치고 물러났다. 후임 민선시장은 김휘동이었다. 김휘동 시장은 전임 시장의 구상을 고스란히 실천할 책임은 없었다. 그러나 학술용역 결과를 보고 '성주공원' 계획을 추진하려 했다. 그런데 안동시내 종교계에서 시의 공적 예산으로 특정 종교 그것도 민속신앙을 지원하는 것은 받아들이기 어렵다며 성주공원 추진을 반대하고 나섰다. 반대에 부딪힌 안동시는 종교적 색채를 탈피하고 종교계의 논란을 막기 위해 제비원에다 성주공원 대신 '솔씨공원'을 2010년에 조성했다.[31] 그러므로 정동호 시장의 성주공원 구상은 좌절되고 성주공원 대신에 소박하

---

28 정동호는 안동시 첫 민선시장으로서 1995년 7월 1일부터 2002년 6월 30일까지 안동시장을 역임했다.
29 임재해,『안동문화와 성주신앙』, 안동대학교 민속학연구소, 2002.
30 임재해, 위의 책, 624~635쪽에 자세하게 다루었다.
31 김휘동은 2002년 7월부터 2010년 6월 30일까지 안동시장을 역임했는데, 솔씨 공원은 임기말 직전인 5월 27일에 준공을 했다. 임기를 마치기 전에 솔씨공원 준공을 하려고 힘쓴 셈이다.

게 솔씨공원이 제비원에 들어서게 되었다.

제비원 미륵과 연미사가 있던 곳에 솔씨공원이 들어선 것만 해도 진전이다. 그러나 성주의 본향 제비원으로서 장소성은 솔씨공원으로서 한계가 있다. 딱 부러지게 성주공원을 표방해도 그 정체성을 현대인에게 심어주기란 쉽지 않은데, 솔씨공원을 표방해서는 성주의 본향으로서 장소성이 드러날 수 없다. 그러나 시장이 역점사업으로 추진하지 않는 한, 안동시 행정력으로 할 수 있는 일이란 솔씨공원을 넘어서기 어렵다. 역사의식이나 문화적 사명감보다 현실 정치인으로서 시정을 이끌어가는데 만족하기 때문이다.

우리는 국민 세금을 쓰는 정부나 지방자치단체에서 나서면 일이 쉬울 것이라 생각하는데 오히려 더 어렵다. 우선 뜻이 확고하지 않고 사명감도 부족해서 추진에 한계가 있는데다가 그나마 정치적 반대자가 나서면 좋은 핑계거리라도 만난 듯 추진을 중단하기 일쑤이다. 게다가 임기가 한정되어 있어서 기관장이나 부서장이 바뀌면 거의 없던 일로 간주되기 일쑤이다. 따라서 오히려 정부보다 뜻 있는 개인이 나서면 더 낫게 추진할 수 있다. 행정력은 없지만 뜻 있는 개인이 나서면 자기 노력만으로도 작게나마 일이 추진되는 까닭이다.

재정이 빈약하지만 개인이 자기 주머니돈을 쓸 작정을 하면 작은 경비라도 투입할 수 있다. 뜻 있는 개인이 자기 뜻대로 자기 돈을 들여서 문화적인 일을 한다는데 누가 나서서 막을 수 있을까. 아무도 막고 나설 사람이 없으며 막는 사람이 있어도 개의치 않고 밀고 나갈 수 있다. 따라서 제비원이 성주의 본향다운 지역 정체성을 확보하는 일은 관의 행정적 지원을 기다려서는 하세월이다. 왜냐하면 안동시에서 정동호 전 시장처럼 제비원을 성주신앙의 성지로 만들겠다는 발상을 하고 적극 추진하려는 사람이 없기 때문이다.

안동의 성주굿이 무형문화유산으로 지정되지 않은 것을 보면, 안동이 성주신앙의 본향이라는 문화의식은커녕 최소한의 지역의식조차 없다고 봐야 할 것이다. 전국적으로 회자되고 있는 지역사회의 문화유산조차 제대로 추스르지 못하는 안동시의 문화정책을 보면 한심하기 짝이 없다. 따라서 송옥순은 사비를 들여서 땅을 사들이고 성주공원을 조성하여 제비원이 성주의 본향이라는 장소성을 분명하게 확보하려는 구상을 독보적으로 하고 있다. 결국 정동호 전 시장이 이루고자 했던 문화행정을 송옥순 개인이 나서서 추진하고 있는 셈이다.

송옥순이 그동안 매년 해온 성주풀이 완창 공연과 성주굿 시연에 이어서, 다시 별도로 성주맞이 큰굿을 제비원 범당산에서 하는 까닭도 이 때문이다. 2018년부터 시작한 성주맞

해마다 3월 삼짇날 범당산에서 하는 성주맞이큰굿

이 큰굿을 제비원 범당산에서 해마다 3월 삼짇날 정기적으로 함으로써, 2025년까지 8회째 공개행사로 큰굿을 했다. 이 굿은 시민들에게 보여주려는 구경거리가 아니라 성주신을 제비원 범당산에 모시기 위한 진정한 성주굿이자, 인간의 노력으로 부족한 것을 성주신의 도움으로 이루어내고자 축원하는 기도의 성주굿이다. 그러므로 봐주는 사람이 적어도 보존회원들과 함께 어김없이 큰굿을 한다.

성주맞이 큰굿의 영험인지 미처 예상하지 못한 놀라운 일이 일어나기 시작했다. 범당산의 성주굿터를 소유하고 있던 사람이 자기 땅을 팔려고 한다는 소문을 듣게 된 것이다. 그 소문 또한 우연히 송옥순의 귀에 들어왔다. 그 토지 가까이에 안동시 외곽도로가 새로 4차선이 들어서게 된 까닭에 특별한 일이 없으면 땅을 팔지 않게 마련이다. 큰 도로가 나면 땅값이 오를 수도 있기 때문이다. 그럼에도 땅을 팔겠다는 것은 신통한 일이자 반가운 일이다.

우연히 그런 소문을 듣고 알아보려 했지만 땅 주인을 전혀 알지 못하는 처지라 속수무책이었다. 그런데 2022년 삼월 삼짇날 범당산에서 성주맞이 큰굿을 하는데, 평소에 오지 않던 '조아무개 보살'이라는 분이[32] 큰굿을 하는 자리에 참여했다. 굿을 마치고 돌아올 때도 집으로 가지 않고 송옥순을 따라 신당까지 동행해서 왔다. 좋은 인연이 되려고 했던지. 이런저런 대화 가운데 조보살이 자기 친정 땅이 범당산 아래쪽에 있다는 사실을 들려주었다. 그럼 범당산 정상의 땅 소유주도 알고 있겠구나 하는 생각이 들어서 물어보니, 신통하게도 땅을 산 내력과 주인의 전화번호까지 알고 있었다.

그 땅 주인은 약초를 심으려고 헐값에 땅을 샀다고 했다. 그러느라 큰 나무들을 다 베내고 약초를 심었으나, 약초들이 뜻대로 자라지 않고, 올라 다니는 교통도 불편해서 팔기로 했다는 것이다. 조보살에게서 땅 주인 전화번호를 알아낸 것은 행운의 정보였다. 왜냐하면 전화로 땅주인과 접촉할 수 있게 된 까닭이다. 평소 성주풀이보존회 상임고문으로 활동하며 항상 적극적으로 도움을 주는 적십자봉사회 이서락 회장에게 전화번호를 알려주고 매매의사를 확인해 달라고 부탁을 드렸다.

이 회장이 땅주인에게 전화로 매매의사를 확인하니 '땅을 팔려고 내놓았다'고 했다. 이회장과 땅주인, 송옥순 3자가 한 자리에서 만나서, 거래는 일사천리로 진행되었다. 처음 만난 자리에서 땅값 흥정이 끝나고 양자가 매매에 동의하여 계약서까지 작성을 마쳤다. 매매 면적은 670평이었다. 다음날 땅값을 지급하고 등기이전까지 마쳤다. 성주맞이 큰굿을 한 뒤, 한 달 만이었다. 그야말로 한달음에 매매 절차가 일사천리로 끝났다. 물론 땅값은 시세보다 비싸게 주었지만 신통한 일이 아닐 수 없다. 왜냐하면 송옥순의 오랜 꿈을 이룰 수 있는 터전을 수월하게 확보했기 때문이다.

성주공원의 부지를 확보하자 송옥순의 꿈은 이제 구체적인 계획으로 발전하고 있다. 먼저 이 부지의 가장 좋은 위치에 성주의 본향답게 성주성전을 번듯하게 짓는 일이다. 누가 보더라도 성주신의 성지로 인식될 만한 규모 있는 건축물이 필요하다. 다음으로는 단군신전을 지어서 단군을 모시고 싶은 생각이다. 단군

성주공원 부지의 표지석

---

32 조아무개 보살은 안동시에서 점사를 보고 있는 여성인데, 송옥순과 서로 안면은 트고 지내지만 이름이나 정확한 나이는 알지 못한다.

은 민족의 조상인 까닭에 누구든지 섬겨야 하는 신성한 조상신이다. 그러므로 성주공원에 성주성전과 함께 단군신전을 이룩하는 것이 가장 으뜸으로 구상하는 계획이다.

나는 개인적으로 단군신전보다 환웅신전을 지었으면 한다. 환웅은 단군의 아버지로서 진정한 민족 시조일 뿐 아니라, 홍익인간 이념을 실현하기 위해 이 땅에 처음으로 神市國을 건국한 천왕이기 때문이다. 성주도 환웅처럼 하늘에서 내려온 천신인 것은 물론, 성주가 이 땅에 내려와 집을 처음 지은 '건축시조'인 것처럼, 천신 환웅도 지상으로 내려와 나라를 처음 세운 '건국시조'이다. 그러므로 '건축시조 성주'와 함께 '건국시조 환웅'을 모시는 신전을 함께 짓는 것이 더 바람직하다고 여긴다.

신전 다음으로 박물관이나 전시관을 만들어서 성주굿 관련 유물과 각종 무구(巫具) 또는 무화(巫畵) 등을 전시하는 것이 또 하나의 꿈이다. 다음은 범당산의 원래 모습이었던 기도의 도량이자 굿터로서 기능을 살리고 싶은 꿈도 품고 있다. 누구든지 와서 기도를 올리고 치성을 드릴 수 있는 공간이자 자유롭게 굿을 할 수 있는 공간을 제공하는 것이 성주공원의 2차적 구상이다. 그리고 운안동 한옥에 개인적으로 모시고 있는 신당도 성주공원 한 구석에 옮겨둘 생각도 하고 있다. 신당의 모습도 자기와 상관없이 길이 보존되길 희망하는 까닭이다.

그러나 이러한 구상은 여전히 꿈일 뿐이다. 왜냐하면 부지를 구입하는 데 모든 재정을 다 투입하여 다음 사업을 진행할 여력이 없기 때문이다. 따라서 성전이나 신전을 짓는 일은 경제적으로도 가당찮은 일이자, 개인적으로 추진하기에는 힘이 부치는 일이다. 만일 성주굿으로 무형문화재 지정을 받는다면 안동시의 재정적 지원을 기대할 수 있다. 현재로선 유일한 희망이 안동 제비원 성주굿 기능보유자로 문화유산 지정을 받는 일이다.

만일 문화유산 지정을 받게 된다면, 이 모든 것을 안동시에 기부채납할 생각이다. 왜냐하면 성주성전이 공적으로 관리되고 운영되어야 장기지속적으로 존속할 수 있기 때문이다. 성주공원의 꿈은 송옥순의 개인적인 소망이다. 그러나 이것을 개인 자산으로 소유할 욕심은 전혀 없다. 어디까지나 안동 제비원을 성주의 본향으로 자리매김을 확실히 하고, 성주신앙의 성지다운 면모를 갖추어 장소성을 분명하게 하는 것이 가장 큰 목적이기 때문이다. 그러므로 이 목적을 제대로 이룬다면 성주공원의 소유는 얼마든지 포기할 수 있다고 생각한다.

송옥순의 유일한 희망은 안동 제비원이 성주신앙의 성지로 확실하게 자리 잡는 일이다.

만일 성주굿이 무형문화유산으로 지정된다면 송옥순 무녀 개인이 아니라, 성주굿보존회가 기능보유자 단체로 인정되어도 좋다고 생각한다. 왜냐하면 어느 개인이 기능보유자가 되는 일보다 성주굿이 무형문화유산으로 지정되어 누대로 이어가는 것이 더 중요하다고 여기는 까닭이다. 따라서 성주굿 보존과 전승에 뜻을 같이 하는 동지들이 시민들 사이에서 많이 나타나기를 기대한다. 더 간절한 기대는 성주공원을 처음 구상하고 계획에 옮기려 했던 정동호 전 안동시장 같은 분이 다시 나타나는 일이다. 왜냐하면 행정적인 뒷받침이 무엇보다 절실한 까닭이다.

5. 안동 제비원 성주굿의 문화유산 가치

무형문화유산 지정 가치는 세 가지 기준을 갖추어야 한다. 하나는 역사적 가치이고 둘은 예술적 가치이며 셋은 학술적 가치이다. 이 세 가지 가치를 갖추고 여러 세대에 걸쳐 전승되어야 무형유산으로 지정할 만한 조건이 된다. 특히 무형유산은 유형유산과 달리 통시적 전승력도 특별히 고려되어야 하며, 역사성 못지않게 지역적 장소성도 중요하다.

무형유산으로 지정하여 보존하려면 전승자나 전승집단이 분명하게 존재해야 한다. 무형유산은 사람이 전승하는 까닭이다. 따라서 유형유산과 달리 전승자나 전승집단과 같은 전승주체가 없는 무형유산은 존재할 수 없기 때문이다. 그러므로 성주굿의 문화유산 가치로 역사성과 예술성, 학술성을 넘어서 장소성과 전승주체까지 차례로 검토하기로 한다. 먼저 역사적 가치부터 주목해보자.

1) **역사적 가치**를 보면, 성주굿은 단군 시기부터 궁실을 짓는 '성조'가 등장할 만큼 오랜 역사성을 지닌다. 실제로 그러했는지는 알 길이 없지만, 후대 문헌에 그렇게 기록되어 있을 뿐 아니라, 무당들도 『무당내력』에서[33] 그렇게 알고 있는 사실이 중요하다. 성주굿과 성주굿의 핵심을 이루고 있는 성주풀이 관련 기록도 1880년대부터 최근 자료까지 지속적으

---

33 『巫黨來歷』,「成造巨里」, "檀君時 每歲十月 使巫女 祝成造家之意 人民不忘其本 致誠時 依例擧行耳(俗稱 셩쥬푸리)".

로 보인다. 따라서 성주굿은 한국의 굿문화 가운데 역사적으로 가장 뿌리 깊은 굿이라고 할 수 있다. 왜냐하면 다른 굿에 관한 기록은 이러한 역사성과 통시적 전개과정을 보이는 것이 없기 때문이다.

문헌기록만 역사성을 지니는 것이 아니라, 굿의 성격도 역사성을 지닌다. 성주굿은 건축굿으로서 나라굿과 견주어 보면 더 원초적이다. 천손강림형 성주풀이는 건축시조신화로서 건국시조신화보다 선행하는 본풀이다. 신화적 세계관으로 볼 때, 건축시조신 성주는 인류 일반의 문화영웅으로서 국가를 세운 건국영웅보다 선행할 뿐 아니라, 역사적 전개과정으로 보아도 집을 지키는 성주신이 있고 마을을 지키는 동신이 있으며, 고을을 지키는 부군당신, 그리고 마지막으로 나라를 지키는 건국신이 존재할 수밖에 없다. 따라서 성주굿의 건축시조신은 역사적으로 나라굿의 건국시조신보다 선행하는 신격이자 문화영웅이라 할 수 있다.

더욱이 무형유산은 유형유산과 달리 고대 어느 시기에 있었던 사실만으로는 역사적 가치를 인정받기 어렵다. 유형유산은 삼국시대나 고려시대 또는 조선시대에 있었던 유적이나 유물로 남아 있으면 지금 그 쓰임새가 전혀 없어도 역사적 가치를 지닌다. 그러나 무형유산은 고대 어느 시기에 있었으나 지금 없으면 사실상 실체가 없는 것이나 다름없다. 따라서 문화유산으로 지정할 만한 실체는 물론 역사적 가치도 없다. 그러나 성주굿은 최근까지 지속되면서 가장 성행했던 굿이자 풍물굿으로도 널리 일반화되어 있는 살아 있는 굿이다. 따라서 통시적 지속성을 확보하면서 역사적 전승력을 발휘하고 있다. 그러므로 성주굿은 다른 어느 굿이나 무형문화보다 역사적 가치를 가장 잘 갖추고 있는 문화유산이라 할 수 있다.

2) **예술적 가치**는 굿문화의 예술성이 입증한다. 굿문화에는 한국 고유의 가무악(歌舞樂) 3 갈래 예술은 물론, 지화(紙花)의 종이공예, 무화(巫畵)의 회화예술, 무가의 문학예술 등이 풍부하다. 따라서 굿은 종합예술이라고 일컬어진다. 특히 성주굿은 굿문화 일반의 예술성을 두루 갖춘 가운데 특히 무가 성주풀이의 문학성과 노래로서 성주풀이의 음악성이 두드러진다.

노래로서 성주풀이는 한국 노래문화의 다양성을 모두 아우르고 있다. 무가 성주풀이에서 잡가 성주풀이, 민요 성주풀이, 대중가요 성주풀이까지 그 폭이 엄청나다. 한 마디로

원 소스 멀티 유스(one source multi-use)라고 할 만큼 성주풀이 하나로 무가, 잡가, 민요, 대중가요를 두루 석권하고 있다.

따라서 성주풀이는 한국 노래문화의 가장 다양한 폭을 이룰 뿐 아니라, 노래를 부르는 주체도 무당에서 잡가가수, 국악 명창, 권번의 기녀, 풍물패 상쇠, 대중가수, 민중 일반에 이르기까지 가장 광범위하게 노래된다고 할 수 있다. 따라서 성주풀이는 아리랑처럼 노래되는 국민 민요이자, 아리랑 이상으로 다양한 양식으로 부른 국민의 노래라고 할 수 있다.

성주풀이의 문학성은 그 다양한 창조력에서 더욱 빛이 난다. 건축시조신화로서 고조선 시기의 건국신화와 같은 서사문학적 가치를 지니는가 하면, 집 짓는 과정을 자세하게 노래한 교술문학적 가치도 지니고, 집안의 번성과 축원을 기도하는 제의문학적 특수성도 지닌다. 따라서 성주풀이는 건축신화로서 1)천손강림의 건축시조형과 2)천손강림의 건축형, 3)건축형 등 3가지 유형을 이루며 전승된다.

서사무가도 '천손강림형 건축시조신화'와 '아내되찾기형 부부신화'로 크게 두 유형이 전승된다. 앞의 유형이 '집'에 관한 건축신화로서 주류를 이루며 다양한 유형으로 분화되어 전승되는 반면에, 뒤의 유형은 '가정'에 관한 부부신화로서 일부 지역에서만 전승되는 단일 유형의 신화이다. 완전히 딴판의 성주풀이 서사가 존재하는 것은 성주풀이의 갈래 확산과 더불어 문학적 창조력의 다양성을 입증하는 보기이다. 지금까지 어떤 굿의 무가도 성주풀이처럼 다양한 갈래와 유형으로 전승되는 것은 없다.

따라서 성주풀이는 집의 건축과 가정의 행복을 주제로 다양한 상상력과 문학적 창조력에 의해 풍부한 문학작품 세계를 이루고 있다. 한국문학의 한 영역으로서 '성주풀이 문학'을 설정해도 문제가 없을 정도이다. 그러므로 성주풀이는 여러 갈래로 두루 노래되는 음악예술적 가치와, 서사문학과 교술문학 또는 주술문학과 축원문학으로서 문학 다양성을 이루는 문예적 가치를 높이 평가하지 않을 수 없다.

3) **학술적 가치**는 성주풀이의 역사적 가치와 예술적 가치에서 이미 확보되었다. 왜냐하면 역사적 가치와 예술적 가치가 높으면 높을수록 학술적 연구 가치도 높기 때문이다. 따라서 이 두 가치를 중심으로 학술적 연구가 더 진전될 만하다.

우선 성주신앙의 기원을 문헌기록에 근거하여 단군시기까지 거슬러 올라갈 수 있는 것은 매우 학술적 가치가 높다. 학계에서는 이른바 '단군신화'를 근거로 무교의 기원을 이 시기까지 소급해서 추론하는데, 더 직접적인 기원은 성주굿의 신격인 성주의 등장이라 할 수 있다. 따라서 성주의 등장과 건축 활동을 중심으로 성주굿의 기원과 함께 한국 무교의 기원을 더 구체적으로 밝힐 수 있다.

그리고 무교신앙의 형성과정을 집과 마을, 고을, 국가 단위로 그 위상을 나누어볼 때, 과연 어느 신앙이 가장 먼저 형성되었을까 하는 사실도 학술적 연구 거리이다. 집이 마을과 고을, 국가를 이루는 최소 단위의 실체이자 가장 기본적 요소라면, 집이 있은 다음에 마을과 고을, 나라가 차례차례 형성되기 마련이다. 따라서 성주굿 이후에 마을굿과 고을굿, 나라굿이 차례대로 발생했을 가능성이 높다. 게다가 성주풀이의 세계관적 구성이나 서사적 내용으로 볼 때, 건축시조신화인 성주풀이가 건국시조신화인 환웅풀이나 단군풀이보다 더 선행한다. 그러므로 성주굿은 우리 건국사의 원천을 밝히고 민족신화의 뿌리를 캐는 학술적 가치를 지녔다고 할 수 있다.

건축시조신화로서 성주풀이는 민족과 국가를 넘어서는 인류 보편적 문화영웅의 서사이다. 프로메테우스가 인간에게 처음 불을 전한 것처럼, 성주는 지상에 내려와 처음 나무를 심고 인간에게 집 짓는 법을 가르쳐 준 건축시조이자 문화영웅이다. 건국영웅과 달리 문화영웅은 민족과 국경을 초월한다. 따라서 천손강림형 건축시조신화는 무교신화나 민족신화를 넘어서 인류의 건축신화로 연구할 만한 학술적 가치를 지니고 있다.

성주굿은 무교의 건축신앙으로서 세계관적 가치 외에 집 짓는 과정과, 집을 지어서 누리고자 하는 복록을 축원하는 과정을 지니고 있다. 집 짓는 과정을 노래한 성주풀이는 교술무가로서 한국인들이 전통 한옥을 어떤 순서로 어떤 가치를 담아 지었는가 하는 것이 자세하게 노래된다. 연장과 공법은 물론 윤리와 세계관적 가치까지 담고 있으며, 안팎으로 하는 집치레에는 한국인의 미의식과 집의 범주의식이 갈무리되어 있다. 따라서 성주풀이는 한국 전통 건축학과 건축미학에 관한 학술적 가치에서 나아가 조경학과 가정학적 가치를 아울러 지니고 있다.

성주풀이의 결말 부분은 으레 축원 내용을 담고 있다. 집은 하나의 건축 구조물이기 전에 행복한 가정을 이루는 보금자리이다. 따라서 집을 짓는 건축 활동에 머물지 않고 행복한 가정을 이루도록 부모의 수복과 자녀들의 출산, 경제적 풍요를 축원한다. 축원 내용을 통해서 한국인은 행복한 가정을 이루기 위해 무엇을 추구하는가 하는 생활철학을 포착할 수 있다.

특히 '아내되찾기형 부부신화'는 성주풀이임에도 불구하고 성주보다 그 부인을 더 주도적인 인물로 노래함으로써 여성주의적 부부행복론을 펼치고 있다. 그러므로 성주풀이의 다양한 유형에 따라 한국 전통 가옥의 건축학적 세계는 물론, 한국인이 추구하는 행복한 가정의 세계를 규명하는 학술적 가치를 담고 있다고 할 수 있다.

4) 장소적 가치는 무형유산의 경우 아주 특별하다. 왜냐하면 전설이나 지역신앙 외에는 특별한 지리적 주소와 직접적인 연관성이 없기 때문이다. 따라서 굿문화의 경우에도 특정 지역을 본향으로 두고 있는 굿은 제주도 당굿 외에는 성주굿이 유일하다. 당굿은 마을굿이므로 지리적 장소성이 문제되지 않을 정도로 분명하다.

그러나 전국적으로 전승되는 굿 가운데 장소성이 특정되어 있는 경우는 거의 없다. 성주굿이 특별한 이유는 본향으로서 장소성이 오롯한 까닭이다. 그것도 예사 장소가 아니라, 소속 도와 시군, 마을까지 차례로 주소를 밝혀 '경상도 안동땅 제비원이 본'이라고 성주의 본향을 구체적으로 명시하고 있다.

잡가 명창들은 1880년대에 이미 이러한 성주풀이를 노래했을 뿐 아니라, 강증산도 1902년에 성주풀이를 노래하며 '경상도 안동땅 제비원'을 구체적으로 지목했다. 이능화도 『조선무속고』에서 '성주의 본향을 안동 제비원'이라고 밝혔다. 더 흥미로운 것은 강증산이나 이능화 모두 성주풀이의 장황한 서사 가운데 성주의 본향을 안동 제비원으로 밝히는 대목만 간략하게 기록으로 남겼다는 사실이다. 그러므로 성주굿이라고 하면 '성주풀이'이고, 성주풀이 하면 곧 '안동 제비원'이 본향이라는 장소적 가치를 가장 중요하게 의식했다고 할 수 있다.

이러한 경향은 종교 지도자나 무속 연구자에 한정되지 않는다. 전국적으로 노래되는 민요 성주풀이에는 아예 들머리부터 성주의 근본이나 본, 본향을 묻고 그 장소를 '경상도 안동 제비원'이라고 밝힌다. 성주굿은 물론 지신밟기 민요에서 성주풀이를 노래할 때 가장 중요하게 거론하는 사실 또한 '경상도 안동 제비원'이라는 장소이다. 그리고 그 장소는 현존하는 지리적 공간이라는 점에서, 천상이나 강남과 같은 추상적이거나 막연한 장소가 아니라 구체적 장소성을 획득하고 있다.

성주의 본향인 안동 제비원은 현재 거대한 미륵상과 사찰로 인해 불교신앙의 현장처럼 인식되고 있다. 그러나 그것은 겉으로 드러난 표면적 현상이고 그 이면을 들여다보면 제비원은 민속신앙의 성지이다. 거석신앙에 의한 토착 미륵신앙과 칠성신앙, 그리고 거목신앙에 의한 거송신앙 또는 솔씨신앙이 자리를 잡고 있다.

제비원은 신성한 성지이기 때문에 바위가 그곳에 좌정하면 미륵이 되고 그 곳에 자리잡은 소나무는 옮겨 다니거나 가지를 자의적으로 움직일 수 있는 신통한 대부송 또는 '나라솔'로 추앙되기 일쑤이다. 따라서 안동 제비원이 성주의 본향으로 노래되는 것은 우연한 것이 아니라 민속신앙의 성지로서 장소성과 함께 한국 종교사의 전개과정을 일목요연하게 포착할 수 있는 긴요한 사료로서 장소성을 획득하고 있다.

더 중요한 것은 미래의 장소성이다. 현재처럼 미륵불과 사찰만 존재하게 되면 성주의 본향으로서 장소성이 제대로 확보될 수 없다. 제비원 전설과 성주풀이와 같은 구비문학에 의해 장소성이 거론될 뿐이다. 장소성을 제대로 획득하려면 구비전승되는 이야기 외에 시각적 상징물이 있어야 한다. 다행히 안동제비원성주굿보존회 송옥순 회장이 제비원의 범당산 일부를 성주공원의 부지로 확보했다. 따라서 주소지로서 성주굿의 장소성뿐만 아니라 구체적 현장으로서 성주굿의 장소성을 획득할 수 있는 전망이 가능해졌다. 그러므로 성주굿의 본향으로서 안동 제비원의 장소적 가치는 앞으로 갈수록 더 높아질 것이다.

5) **전승주체의 가치**는 무형문화유산의 필수적 요소이자 선결 조건이다. 왜냐하면 무형유산은 사람에 의해 전승되는 까닭에 전승하는 사람이 없으면 존재할 수 없기 때문이다. 무형유산의 경우 문화재 자체가 아니라 전승자가 기능보유자로 지정되는 까닭에 전승주체가 특히 중요하다. 성주굿의 경우는 성주신앙의 본향인 안동 지역사회에서 성주굿의 전통을 이어가는 토박이 무당이 있으면 전승주체로서 가장 바람직하다.

그러한 무당으로 "안동 제비원 성주풀이의 대가 권은도 선생"이 "안동에서 성주굿을 가장 잘하"는 것으로[34] 알려져 있다. 따라서 "안동 성주풀이의 고향에서 또한 성주풀이의 대가로 당당히 수십 년 동안 한결같이 활동한 그녀가 문화재가 안 된 것은 그동안 나라의 수치"라고[35] 비판을 받는다. 그러나 권은도는 성주굿을 잘하고 성주풀이를 잘 불렀을 뿐 특별한 전승활동이나 보존활동을 전개한 것은 아니다. 따라서 성주굿 전승자이긴 해도 적극

---

34 宋駿, 같은 책, 20~21쪽.
35 宋駿, 같은 책, 21쪽.

적인 전승주체라 할 수 없다. 전승주체라 하더라도 이미 별세한 까닭에 제 역할을 감당할 수 없다.

권은도의 신딸 송옥순은 성주굿 전승자일 뿐 아니라 적극적인 전승주체이다. 그녀는 성주굿의 대가인 신어머니로부터 12년 동안 성주굿을 사사받아서 성주굿을 달인 수준으로 잘 하고 있다. 성주풀이도 권은도본은 물론 오숙자본까지 잘 불러서 완창 공연을 주기적으로 해왔다. 안동 제비원이 성주의 본향이라는 사실을 자각하고 사비를 출연하여 성주굿과 성주풀이 보존회를 법인 형태로 만들고 전수관까지 마련함으로써 공동전승과 집단적 보급 운동을 적극적으로 벌이는 것도 훌륭한 전승주체라 할 만하다. 성주굿을 개인적인 전승으로 독점하려 하지 않고 뜻있는 시민들과 함께 공동으로 전승하며 보존활동을 하는 사실은 특히 무형유산 전승의 모범이라 해야 마땅하다.

안동 시민들을 위하여 성주풀이 완창 공연을 하는데 머물지 않고 성주굿을 행위예술처럼 각색하여 시각적인 작품으로 기획, 시연 행사까지 주기적으로 하고 있다. 성주굿 시연 작품은 경북도 대표로 한국민속예술축제에 나가 장려상을 수상하기도 했다. 개인적으로 사재를 털어 성주굿연습장 시설을 갖추었을 뿐 아니라, 제비원 범당산에 성주성전을 지을 부지를 확보함으로써 성주굿의 본향이라는 장소성까지 획득하기에 이르렀다. 어느 무당도 자기 고장의 굿문화 전승을 위해 이 정도로 적극적인 봉사와 창조적 역할을 하며, 거금의 사비를 들여 법인을 만들고 공동으로 전승활동을 벌이는 사례가 없다.

따라서 안동제비원성주굿보존회를 이끌어 나가는 무녀 송옥순은 성주굿의 전승주체로서 자질이 훌륭하고 문제의식이 투철하다 하지 않을 수 없다. 그러므로 성주굿은 역사적 가치나 예술적 가치, 학문적 가치와 함께 장소적 가치와 전승주체의 가치를 두루 고려할 때 무형유산으로서 지정 가치와 조건을 충분히 갖추었다고 할 수 있다.

제4부

안동 제비원 성주굿의 현장조사와 해석

1장 | 건궁성주맞이굿의 현장조사

1. 조사 경과와 건궁성주굿 현장

성주굿을 이해하고 해석하려면 성주굿을 참여 관찰 방법으로 연구자가 직접 조사를 해야 한다. 굿을 한 번도 제대로 보지 않고 굿을 하찮게 여기는 사람들이 뜻밖에 많다. 굿을 더 실감나게 알려면 스스로 자기 문제를 해결하기 위해 무당에게 굿을 의뢰하여 직접 굿을 체험해 보아야 한다. 자기 체험 없이 남의 경험을 듣고 정확하게 알 수 없다. 왜냐하면 사람에 따라서 이렇게도 저렇게도 이야기하는 까닭이다. 따라서 굿을 해석하고 연구하려면 참여 관찰 방법으로 굿의 현장을 조사하는 것이 최선이다. 그러므로 안동 제비원 성주굿에 관한 연구를 위해 무녀 송옥순의 굿을 조사하기로 하고, 성주굿을 하게 되면 꼭 알려달라고 부탁해 두었다.

그렇게 하여 송옥순무녀의 성주굿을 모두 3차례 참여 관찰할 수 있었다. 3차례 성주굿의 상황은 모두 달랐다. 처음에는 굿당에서 성주맞이를 하는 건궁성주굿으로서 요즘 가장 흔하게 하는 성주굿 사례이다. 제가집[1] 맏아들이 27세로 성주운이 들어서 하게 된 성주굿이다. 성주신을 집으로 모시지 않고 굿을 마친 뒤 불태우는 까닭에 건궁성주맞이굿이라고 한다.

둘은 금포고택에서 한 전통적인 성주맞이굿이다. 고택을 전면적으로 수리하느라 성주

---

[1] 제가집은 무당에게 굿을 의뢰하는 집을 일컫는 말이다. 구체적으로 제가집의 남편은 '대주'라 하고 아내를 '기주'라고 한다.

를 제거했는데, 성주 없는 집에서 생활한 안주인이 뭔가 섭섭한 생각이 들어서 날을 잡아 성주를 새로 모시는 성주맞이굿을 하였다. 성주신을 내림받아서 대청의 기둥에 한지로 접은 신체를 모시는 전통적인 성주굿 사례여서 특히 주목된다.

셋은 성주신앙의 본향인 제비원의 범당산에서 연례행사로 성주신을 모시는 성주맞이 큰굿이다. 이 굿은 안동제비원성주굿보존회에서 주최한 첫 사례로서 성주굿의 본향인 제비원의 범당산에서 2018년 3월 삼짇날(4월 18일) 처음 성주맞이굿을 했다. 그 이후 해마다 연례행사로 계속해서 굿을 하고 있다. 나는 2018년과 2019년 3월 삼짇날(4월 6일) 두 차례 참여관찰을 했는데, 여기서는 동영상 기록을 온전히 남긴 2019년 성주맞이굿을 보고한다. 현지조사 결과를 보고할 성주굿의 일정은 아래와 같다.

1차 조사: 2018년 2월 4일, 서후면 성곡리 굿당 건궁성주맞이굿
2차 조사: 2018년 10월 9일, 임하면 금소리 금포고택 성주맞이굿
3차 조사: 2019년 4월 6일, 제비원 범당산 성주맞이 큰굿

위의 3차례 조사 가운데 먼저 1차 조사한 건궁성주맞이굿부터 차례로 보고한다. 이 연구를 위한 본격적인 성주굿 현장조사는 정년퇴직 이후에 이루어졌다. 그 동안 연구과제로 삼아서 『안동문화와 성주신앙』을 펴냈으나, 전국적인 성주신앙의 양상을 두루 살피고 지역적으로는 왜 안동이 성주신앙의 본향인가 하는 사실을 안동문화와 관련하여 밝히는 데 머물고 본격적인 성주굿 연구에 이르지 못했다. 2017년 2학기 안동대학 민속학과에서 정년퇴직하게 된 것을 계기로 안동 제비원 성주굿을 조사 연구하여 단행본을 간행하기로 계획을 세웠다.

본격적인 연구를 하자면 성주굿을 참여관찰해야 하는데, 성주굿을 제대로 하는 무녀의 협조가 없이는 불가능한 일이다. 마침 안동에서 성주굿 보존과 전승에 남다른 관심을 기울이며 안동제비원성주굿보존회 대표로 활동하고 있는 무녀 송옥순을 만나게 되어 성주굿 조사에 도움을 요청했다. 무녀 송옥순은 기꺼이 성주굿 조사연구에 협조하겠다고 하며 아주 반가워했다. 성주굿 일정이 잡히면 알려주기로 약속했으나, 무녀 임의로 조사를 허락할 수 있는 것도 아니다. 제가집이 동의를 해야 하기 때문이다.

무녀 송옥순과 약속을 하고 성주굿 일정을 한참 기다렸는데, 해가 바뀌자 성주굿 날짜

가 잡혔다고 알려왔다. 소식을 듣고 정해진 날 조사 준비를 해서 굿판을 찾아갔다. 성주굿을 하는 곳은 안동 서후면 성곡리에 있는 서후굿당이었다. 성주를 모시는 제가집에서 하는 성주굿이 아니라, 굿당에서 하는 성주굿이자 실제로 성주신을 집에 모시지 않는 '건궁성주굿'이었다. 이처럼 어느 굿이든 신체(神體)를 집에 모시지 않거나 신체 없이 하는 굿이 '건궁굿'이다. 삼신바가지가 없는 삼신을 건궁삼신이라 하고 조왕중발이 없는 조왕을 건궁조왕이라고 한다. 신이 깃들어 있는 실체로서 신체가 없이 마음속으로 신체가 있는 양하고 믿는 것이 '건궁'신앙이다. 건궁은 허공이라는 뜻으로서 '공중'의 경북지역 방언이다.

성주굿은 으레 집에서 하고 성주신을 집안의 대청마루 기둥에 모시는 것이 일반적이다. 그러나 요즘처럼 아파트 생활을 하거나 양옥에 사는 경우에는 집에서 굿을 할 수 없을 뿐 아니라, 성주 신체도 집에 모시지 않는다. 전통 목조가옥이 아니기 때문에 성주굿을 하고 성주신을 받아도 성주신체를 모실만한 공간이 현대주택에는 없다. 성주굿을 할 때 한지로 성주신체를 접어서 성주신을 내림받는 과정은 있으나 성주신체를 집에 모시지 않고 불태우는 까닭에 '건궁성주굿' 또는 '건궁성주맞이굿'이라 한다.

건궁성주굿이지만 성주굿의 차례를 빠짐없이 다 할 뿐 아니라, 지금은 전통적인 성주굿보다 굿당에서 하는 건궁성주굿이 더 일반적이다. 지금 시골 전통 가옥에서 성주신을 모시기 위해 성주받이굿을 하는 사례는 찾아보기 어려울 정도로 아주 드물다.[2] 가옥구조의 양옥화와 함께 앞으로 대부분의 집안굿은 굿당에서 하는 건궁굿으로 바뀔 가능성이 더 크다. 소음 규제에 따라 요란한 굿을 집에서는 할 수 없게 되어 거주지역과 일정한 거리를 두고 있는 굿당에서 해야 하는 까닭이다. 따라서 앞으로는 집을 떠나 굿당에서 하는 건궁굿이 일반적인 형태로 자리잡게 될 것이다.

건궁굿이라고 하여 굿을 소홀히 하거나 굿거리를 줄이는 것은 아니다. 신체만 모시지 않을 뿐 굿거리는 모두 제대로 다 챙겨서 한다. 이 굿의 경우에도, 다음에 보고할 '고택 성주받이굿'에 견주어 오히려 건궁성주굿의 내용이 더 풍부하다. 굿거리는 제가집과 무당의 거래와 약속에 따라 가감이 이루어지기 때문이다. 그러므로 굿당에서 하는 건궁성주굿도 일반 성주굿 못지않게 우리시대의 성주굿으로서 주목할 필요가 있다. 구체적인 조사 상황이다.

---

2   다음 장에 보고하는 고택 성주받이굿은 건궁성주굿이 아니라 실제로 성주 신체를 대청의 기둥에 모시는 굿이다.

일시: 2018년 2월 4일 9시부터 오후 7시 20분까지

장소: 경북 안동시 서후면 성곡리 272번지 서후굿당

무당: 주무 송옥순(여, 65세, 성주굿 주재)

　　　조무 이금주(여, 58세, 성주굿 보조)

　　　법사 조현동(남, 59세, 악사)

제가집[3]: 대주 최○훈(56세), 기주 오○주(55세),

　　　장남 최○우(27세), 차남 최○웅(24세), 3남 최○록(21세)

조사자: 임재해(책임조사자, 원고작성),[4] 김원대(교수, 동영상),[5]

　　　강선일(박사과정, 동영상), 이정욱(석사과정, 녹음), 차수정(석사과정, 기록)

　굿의 일정에 맞추어 오전 9시경에 서후굿당에 도착했다. 굿당은 무당들에게 굿을 할 수 있는 공간을 빌려주는 집이다. 굿집 또는 굿터이기도 한데 흔히 굿당이라 한다. 도시에서는 집에서 굿을 할 수 없기 때문에 도시 주변 지역에 외따로 지어놓은 굿당을 무당이 일정한 사용료를 주고 빌려서 굿을 한다. 서후굿당도 산기슭에 외따로 자리잡고 있어서 이웃에 방해되지 않고 자유롭게 굿을 할 수 있다.

　굿당에 도착하니 굿상차림이 거의 끝난 상태였다. 굿당에서는 주무가 성주상 가장 앞쪽 가운데 별도로 차려둔 쇠머리를 3색천으로 장식해서 묶고 있었다. 쇠머리 좌우의 뿔에다 붉은 색과 노란색 천을 걸고, 가운데 녹색 천을 넣어서 3색 천을 머리 땋듯이 땋아 내리다가 남은 자투리를 둘러서 입을 묶었다. 묶은 천의 끝부분은 가위질을 한 뒤에 펼쳐서 마치 꽃처럼 보이도록 꾸몄다. 쇠머리 장식이 굿상 차림의 거의 마무리 단계였다.

---

[3] 제가집 가족의 실명과 얼굴을 밝히지 않은 조건으로 성주굿 조사를 허락 받았다. 따라서 실명을 밝히지 않고, 주소도 구체적으로 밝히지 않는다.

[4] 현장조사에 여러 사람이 참여해서 협력적으로 조사했다. 그러나 녹화자료를 채록하고 조사내용을 원고로 쓰는 일은 쓴이가 전적으로 담당했다.

[5] 조사자 가운데 김원대 교수는 우리 조사와 무관하게 독립적으로 무녀 송옥순의 굿을 동영상으로 촬영했다. 그는 오랫동안 송옥순의 굿판에 동행하면서 동영상 작업을 해온 까닭에, 쓴이가 굿판에 갈 때마다 만난 분이다. 이번 조사에서 우리는 7시간 분량의 동영상을 모두 담았다. 그러나 김교수는 이 방대한 분량을 굿거리별로 간략하게 1시간 남짓 편집한 동영상을 만들어서 쓴이가 원고를 작성하는 데 큰 참고가 되었다.

서후굿당 성주굿 상차림

2. 성주굿의 상차림과 준비 상황

 굿당 정면 벽에는 무신도를 부착하고 그 위쪽에는 5색 종이를 오려서 장식한 줄을 좌우로 길게 걸어서 운동회날 운동장 위에 만국기를 걸듯이 화려하게 꾸몄다. 무신도(巫神圖) 좌우에는 제1 진광대왕(秦廣大王)에서부터 제10 오도전륜대왕(五道轉輪大王)까지 한지에 신의 명패를 써서 지방처럼 아래로 길게 늘어뜨렸다. 그리고 빨강, 노랑, 분홍, 흰 색깔의 커다란 지화(紙花)를 10개씩 꽂은 화분을 성주상 제일 뒤쪽에 6개 놓아두어 울긋불긋하게 장식했다. 그 아래 굿상에다 여러 가지 떡과 음료수, 과일 등을 즐비하게 차렸다. 굿당에서 굿을 할 때 일반적으로 차리는 굿상이다.

 굿상 앞에 별도의 낮은 식탁 위에 성주상을 따로 차렸다. 파란 녹두와 붉은 팥, 노란 조, 검은 콩, 흰 쌀의 5곡을 담은 양푼을 탑처럼 쌓아서 왼쪽에 차리고, 가운데 큰 떡시루를 차려두었으며, 그 오른 쪽에 쌀을 담아서 홍두깨를 세운 한 말들이 말통을 차려두었다. 좌우

성주굿상 왼쪽에 차린 칠성상

가장자리에 촛대를 놓고, 붉은 고사리와 노란 콩나물, 흰 무의 3색 나물과 포, 술잔, 정안수를 올려놓았다. 과일은 사과와 배, 감, 곶감, 밤, 대추, 밀감, 토마토, 키위 등을 모두 껍질 채로 차리고, 조기와 유과를 차렸다. 성주상에는 조기를 반드시 차린다고 했다.

굿상 왼쪽에는 측면 벽에 붙여서 칠성상을 차려 놓았다. 음식은 백편과 가래떡, 밤, 대추를 차려서 가짓수가 간소하다. 특별히 정안수 7그릇을 떠 놓았다. 이 정안수를 주무는 감로수 또는 칠성물이라고[6] 하며, 칠성상에는 맑고 깨끗한 것만 차린다고 했다. 상에는 한지로 접은, 양식이 서로 다른 두 개의 고깔이 접시 위에 모셔져 있는데, 각각 대감과 시준이라고 했다. 시준은 석가모니의 다른 이름인데, 세존이라고도 한다. 상 위쪽의 벽면에는 한지로 작은 고깔을 접어 세로로 셋, 하나, 셋씩 삼각형을 이루도록 7개를 부착해서 칠성신을 상징했다. 쌀을 담은 양푼에는 한지를 감은 막대에 한지를 자잘하게 오려서 장식한 칠성

---

[6] 칠성굿을 마친 뒤에 주무가 대주와 기주에게 칠성물을 7번씩 마시도록 했다.

대를 7개 세워 두었다.

칠성상 맞은 편 벽, 그러니까 굿상 오른쪽 벽에는 여러 가지 신령 이름들이 적힌 오색 천들이 길게 늘어뜨려져 있다. 오색 천 위에는 무녀들의 다양한 무복들과 고풀이에 사용할 오색 고들이 매듭지어진 채로 걸려 있었다. 마치 굿을 하는 무대 장식과 소품들이 준비되어 있는 것처럼 보였다.

굿상과 성주상, 칠성상의 제물 차림이 모두 끝나자, 한지를 1/4로 잘라서 위패를 접었다. 다른 곳에서는 한지를 잘 안 쓰는데 안동에서는 유일하게 한지를 쓴다면서, 조상들이 지방을 쓸 때나 축문을 쓸 때 늘 한지를 써왔다는 관행을 거론했다. 위패를 접는 절차가 아주 복잡하고 정교해서 아무나 따라 접기 어려웠고 접는 법을 설명하기도 어려웠다. 만일 무당이 위패를 접다가 접는 법을 잊어버리면 위패의 혼이 나간다고 해서 주의를 기울여야 한다고 했다.

위패를 여럿 접었다. 제가집 양가의 조상들 곧 대주의 조상과 기주의 친정 조상들이 다 오기 때문에 모두 8개를 접어야 한다. 그런데 이 집에는 1개 더 보태어 9개를 접었다. 대주 부모와 조부모, 기주의 친정부모와 조부모 모두 8분인데, 기주의 친정 큰아버지가 6.25때 참전하여 총각의 몸으로 전사를 해서 함께 9개의 위패를 모신다. 주무가 위패를 접으면서 기주의 큰아버지 위패를 함께 모시는 이유를 설명했다.

청춘에 갔는 큰아버지가 친정에 한 사람 있어요, 총각인데. 그런 조상을 놔두면 후손들에게 안 좋아요. 후손들 혼맥에 걸릴 수 도 있거든요.[7] 그래서 풀어줘야 돼요. 요새 장가도 못 가고 시집도 못 가고 그런 사람들 얼마나 많아요.[8] 그런데 그런 혼백에 걸리면 안 되거든. 원 조상들은 솔직히 뭐 별로 후손들을 해롭게 하겠어요? 근데 청춘에 걸린 조상들이 한 많고 원이 많으이께네 자손들한테 와가주고 집적거리니까, 후손들이 혼백에도 걸리고 직장에도 걸리고.....

위패에 이어서 성주 신체를 접었다. 한지 1장을 세로로 길게 마주 보게 반 접고 그것을 포개서 한 번 더 접는다. 그러면 폭이 한지의 1/4이 된다. 1/4로 접은 한지를 길이 1/5 정도

7 　미혼으로 죽은 조상이 있으면, 후손들이 혼맥에 걸려서 시집 장가를 못 가게 된다는 말이다.
8 　요즘 시집 장가를 가지 않는 독신 남녀가 많은 것은 조상 혼맥에 걸린 까닭이라는 말이다.

남겨두고 한 번 접은 뒤에, 접은 부분을 다시 절반 정도 접어서 한지가 3단계를 이루도록 한다. 그렇게 접어서 한지 상단 부분이 정방형에 가깝도록 한다. 그리고 다른 한지 1장을 세로로 길게 마주 접고 다시 접어 폭이 1/4이 되면, 접은 한지 길이를 1/5정도 남기고 접어서 조금 전에 접은 한지의 신체 속에 끼워 넣는다. 이것을 성주 신체의 속치마라고 한다. 성주를 기둥에다 봉안할 때 속치마는 봉안하지 않는다.

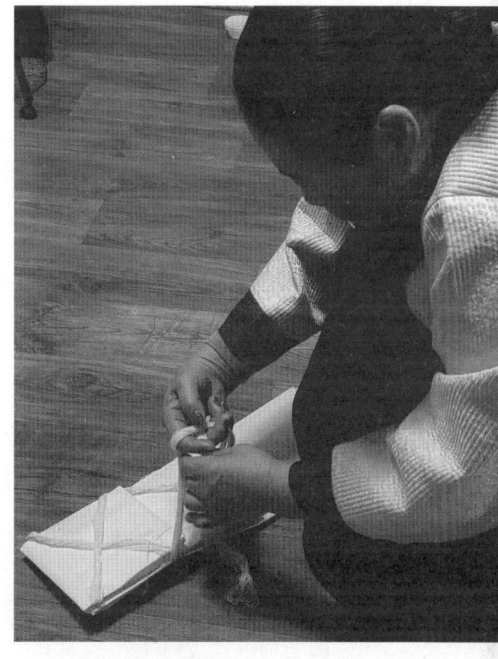

성주 신체에 실타래 묶기

성주 신체 접기가 끝나자, 무명실을 사리기 시작했다. 주무와 조무가 마주 앉아서 검지와 중지 손가락에 무명실을 제각기 걸고 실을 사리기 시작한다. 한번 손가락에 걸어서 사릴 때마다 숫자를 헤아렸다. 오늘은 성주운이 드는 대주의 장남이 27세여서 27번을 사린다. 사린 실타래를 접어놓은 성주 신체의 윗부분에 ×모양으로 걸고, 아래쪽으로 접은 부분에 맞추어 한 바퀴 둘러서 묶은 다음 나머지는 길게 늘어뜨린다. 실은 수명을 상징하는 것이라고 했다. 성주 신체는 굿을 하는 동안 '성주말'에[9] 세워둔 홍두깨 위에 씌워서 모신다.

성주를 홍두깨에 모신 뒤에 한지로 망자를 가위로 오리기 시작했다. '사자 뜨기'라고도 했다. 주무가 한지 여러 겹을 겹쳐 들고 가위로 정교하게 오려서 사람 형상을 만들었다. 망자 혼백은 조상굿을 할 때 필요한 것이라고 했다. 성주굿을 돈 들여서 하는데 성주만 달랑 모셔줄 수 없어서, 조상굿도 아울러 한다는 것이었다. 주무 송옥순의 말이다.

성주굿을 할 때 조상굿을 같이 할 수도 있어요. 성주굿 다 돈 들여 하는데, 어떻게 성주만 달랑 모셔주고 맙니까. 어떤 사람들은 돈 벌어먹기 위해가주고 '성주굿만 딱 해라.', '조상굿만 딱 해라.' 하지만은, 그래도 너무 그렇게 또.... 그래서 조상굿을 같이 합니다. (말을 바꾸어

---

9 쌀을 가득 담은 한말들이 말통을 '성주말'이라고 한다. 성주대를 말통에 세워두기 때문이다.

서) 옛날 대주가 또 뭐 성주가 되지만, 지금 이 집에서는 스물일곱 살 자손이 올해 성주운이 들어서니까, 성주굿을 하는데,[10] 그 자손을 잘 되게 하기 위해서 또 조상도 이렇게 잘 해드려야 되지요.[11]

　망자 혼백은 망자 혼령을 가위로 오려서 만드는데, 남자는 바지, 여자는 치마를 입은 것처럼 두 종류로 오렸다. 만들다 보면 인형이 조금씩 다른데, 원래 인물에 따라 그렇게 된다고 했다. 망자의 인물에 따라 자연스레 제각기 다른 모습의 인형으로 만들어진다는 말이다. 주무가 망자 인형을 만드는 동안 법사는 베개를 만들었다. 한지를 접은 속에 쌀을 넣은 다음 좌우로 다시 접어서 베개처럼 두툼하게 만들었다.

　모든 것이 갖추어지자 '망자 싸기'를 했다. 망자 싸기를 할 때는 대주와 기주가 와서 돈을 넣어야 하는데, 제가집 가족들이 오지 않아서 '왜 아직 안 올까?' 하고 걱정을 했다. 망자를 쌀 때는 돈이 삼만 냥 들어간다고 했다. 주무와 조무가 마주 앉아서, 7층 목조불탑이 붉은 색으로 인쇄된 긴 한지를[12] 펼치고 그 위에 흰색 한복 저고리와 치마를 입은 것처럼 배치했다.

　남자는 소라색 저고리와 보라색 바지를 입혀서 배치했다. 그리고 나서 저고리 앞을 열고 망자의 혼백 인형을 눕힌 다음, 그 위에 5만 원권 지전(紙錢)과[13] 베개를 가슴 부분과 머리 부분에 제각기 놓았다.[14] 그 위에 다시 가위로 오려 둔 망자의 혼백 인형 두 장에다가[15] 지전도 두 장을 넣어 덮고,[16] 저고리 앞자락을 여미고 소매도 모아서 여몄다.[17] 마지막으로 제일

10　성주굿은 대주를 위해서 하는 굿인데, 오늘 이 집에서는 대주가 아니라 27세 장남이 올해 성주운이 들어서 장남을 위한 성주굿을 한다는 설명이다.
11　성주운이 든 장남을 위한 성주굿이지만, 자손들이 잘 되게 하려면 조상들을 위하고 섬기는 조상굿도 해야 된다는 말이다.
12　주무는 이 종이를 '대다라니'라고 했다. 극락 갈 때 이것을 깔고 덮고 한다. 그래서 바닥에 깔고 내용물을 다 채운 뒤에 위에 다시 덮는다. 내가 보기에는 7층 목탑처럼 보이는데, 주무는 극락을 갈 때 통과하는 열두 대문이라고 했다.
　　요즘은 종이로 망자를 싸지만, 예전에는 초석자리로 망자를 쌌다고 한다. 그러나 경비가 많이 들고 무겁기도 해서 지금은 대다라니가 인쇄된 망자 종이로 싼다. 그러나 초망자굿을 할 때는 지금도 초석자리로 망자를 싼다. 사찰에서는 49재를 올리지만, 무당들은 초망자굿을 해서 망자의 넋을 극락으로 보낸다.
13　진짜 돈이 아니라 거의 돈처럼 인쇄된 의례용 돈이다. 붉은 색으로 '卍'자를 인쇄해 두어서 사람들이 돈으로 착각하지 않도록 했다.
14　말은 베개라 하는데, 사실은 쌀섬이나 다름없다. 먹을 양식을 머리에 이고 허리에 지고 가는 격으로 두 개씩 준비해 넣었다.
15　망자의 혼백 인형 3장을 넣어서 감싸는 이유는 삼혼칠백(三魂七魄)의 3혼에 해당된다고 했다.

새 옷을 넣어서 망자 싸기를 함

아래 깔아둔 것과 같은 불탑 그림의 대다라니 한지를 위에 덮은 다음, 좌우로 마주 접어서 다시 1/4이 되게 접었다.

이어서 아래 위를 정방형이 되게 각각 접은 뒤에 아래 위의 끝부분이 만나도록 마주 접었다. 마주 접은 끝자락에 '조부 ○○최씨'와 같이 망자의 이름을 가로로 썼다. 법사가 고깔 모양으로 접은 한지를 망자 혼백 위에서부터 차례로 얹고 그 위를 노란 삼베 끈으로 묶었다. 같은 방법으로 아래까지 7묶음을 묶어서 완성했다.

옛날에는 망자 혼백을 한지로 싸지 않고 초석자리로 쌌다고 한다. 초석자리로 싼다고

---

16 지전도 3장을 넣는다. 주무는 작업을 하면서 '이 집에 사람이 와야 돈을 좀 넣는데' 하면서 제가집 가족이 늦게 오는 것을 아쉬워했다. 망자를 싸는데 돈이 3만 냥씩 들어간다며, 제가집 가족이 있으면 실제 돈을 받아서 넣는다고 했다.

17 망자에게 새 옷을 한 벌 지어 드리고, 돈과 양식을 넉넉하게 드려서 저승에서 편안하게 잘 살도록 해 주는 일이다. 그렇게 해야 후손들이 잘 된다고 믿는 까닭이다. 주무는 "조상들이 편해야 후손들도 편하다"는 사실을 강조했다.

해서 '초망자'라고 일컬었다. 그러나 초석자리는 무겁고 돈도 비싸서 요즘은 따로 마련해 놓은 망자 싸는 종이를 사용한다. 그러나 초망자굿을[18] 할 때는 요즘도 초석자리를 사용한다고 했다. 제가집 양가의 조상 숫자에 따라 위패와 같이 모두 9개를 만들었다.

완성된 망자 혼백을 굿상 오른쪽 앞에다가 넷은 세워두고 나머지 다섯은 눕혀 두었다. 숫자로 볼 때, 아마 세워둔 망자 혼백은 대주의 부모와 조부모이고, 눕혀둔 망자 혼백은 기주의 부모와 조부모, 6.25때 전사한 큰아버지인 것으로 짐작된다. 망자를 세워두고 눕혀두는 데 따라 대주와 기주의 성 차이를 나타내는 것이 아닌가 한다.

이어서 '액운 싸기'를 했다. '액막이'라고도 한다. 주무가 붉은 부적이 인쇄된 노란 삼베천을 바닥에 깔고 그 위에 붉은 부적이 그려진 한지를 한 겹 더 폈다. 붉은 종이로 허수아비 모양으로 만든 망자의 인형을 그 위에 눕혀 놓았다. 눕히기 전에 '액풀이 인형'에 제가집 가족의 생년과 이름을 써서 누구의 액을 막는가 하는 정체성을 밝혔다. 액풀이 인형의 몸은 붉은 색이고 머리는 흰 색이었는데, 주무가 흰 색 얼굴에 검은 싸인펜으로 눈과 코, 입을 그려 넣었다. 이 인형은 사람 대신 보내는 허제비라고 했다.

인형의 머리 윗부분은 노출되도록 눕힌 채, 그 위에 액막이[19] 부적을

액운싸기: 조상 액막이 인형 6개

---

18 초망자굿은 오구굿의 하나로 죽은 지 얼마 되지 않은 망자의 넋을 위로하고 달래서 저승으로 보내는 굿이다. 절에서 하는 49재에 해당되는 것이 초망자굿이다.
19 주무는 '액맥이'라고 했다.

올리고, 준비된 여러 가지 곡물과 고추, 복숭아나무, 향가루, 소금, 쑥, 입었던 내의, 3색 천 등을 올려놓고,[20] 펴 놓은 한지를 아래에서 위로 접고 좌우로 접은 뒤에 길게 말았다. 다 접은 허재비를 조무에게 넘겨주면 조무는 주검을 염하는 것처럼 3색 천으로 일곱 묶음을 묶었다. 완성된 액풀이 인형 6개를 성주상 아래에 쌓아 놓았다. 인형 6개는 대주와 기주, 장남, 차남, 삼남, 그리고 앞으로 며느리가 될 여성에[21] 해당된다.

망자 싸기를 하는 동안 오늘 하게 되는 성주굿에 대하여 주무와 대화를 나누었다. 제가 집의 기주는 부산에서 부동산 사업을 하는데, 올해 56세에 들어서 성주굿을 하려면 내년이 되어야 한다. 오늘 성주굿을 하는 당주는[22] 대주의 장남이다. 올해 27세에서 성주운이 들었으니까, 때맞추어 성주굿을 하는 것이다. 왜냐하면 올해를 넘기게 되면 37세가 될 때까지 10년을 기다려야 성주굿을 할 수 있는 운이 닥치기 때문이다.

주무는 오늘 대주가 일찍 온다고 했는데, 늦게 오는 것이 다행이라고 했다. 조사자가 굿을 준비하는 과정을 이것저것 묻고 위패와 성주, 망자 등을 만드는 법도 챙겨서 물었기 때문이다. 굿주 가족들은 자기들 굿을 하는데, 조사자와 같은 외부 사람들이 와서 이런저런 조사를 하면 덜 좋아한다는 것이다.

제가집은 부산 사람들로서 경주최씨 일가이다. 사전에 대주로부터 성주굿 조사에 대한 양해를 받았다. 다만 자기 가족들 이름을 밝히지 말고 얼굴도 사진에 나오지 않도록 해달라고 했다. 따라서 굿주 가족의 인물사진은 물론 실명도 밝히지 않는다. 가족들은 어제 부산에서 올라와 여관에서 자고 오늘 굿당에 오기로 했다. 그런데 예정보다 좀 늦게 와서 오히려 조사자는 주무와 면담조사를 편하게 할 수 있었다.

부산에 거주하는 분들이 어떻게 안동까지 와서 성주굿을 하게 되었는가 물어보았다. 부산에 주무의 제자 무녀가 있어서 인연을 맺어 주었다고 했다. 제자가 굿을 떼고 주무가 부산에 가서 굿을 한 인연이다. 몇 해 전에 부산에서 대주의 질병 때문에 주무가 작두굿을 한 적이 있는데, 그때 굿의 영험을 체험하고 주무의 굿에 대한 신뢰성을 가지게 되었다고 한다. 작년 여름에 대주가 새로 터를 샀을 때는 주무가 액막이굿을 직접 해주기도 했다. 새로

---

20 망자 접기에 쓰는 여러 가지 물품들은 모두 비닐봉지에 넣어 상품으로 포장되어 있어서 별도로 챙기지 않아도 쉽게 구입해서 사용할 수 있다.
21 막내아들의 짝이 될 안씨 여성이다.
22 성주운이 들어서 성주굿을 하는 해당자이자 당사자를 '당주'라고 해서 대주나 기주와 다르게 호명한다.

산 터가 예사 터가 아니라, 소와 돼지를 잡았던 도살장이 있던 터여서, 짐승이지만 터에 혼이 깃들어 있어서 혼백을 건져 보내는 굿을 한 것이다.

대주는 주무에게 굿을 해 본 경험이 있는 사람이다. 굿을 한 뒤에 수술해야 할 질병이 쉽게 치료가 되고, 사업도 술술 잘 풀려서 주무가 하는 굿의 영험을 믿고 있다. 따라서 그때부터는 부산에 있는 주무의 제자를 거치지 않고 바로 주무에게 연락하여 굿을 의뢰하곤 했다. 주무 송옥순의 단골 가족이 된 셈이다.

굿주의 장남이 27세로 성주운에 들자, 장남에게 은근히 성주굿을 한번 해보겠느냐고 말을 건넸더니, 뜻밖에 장남이 굿을 하겠다고 선뜻 나서서 오늘 성주굿을 하게 되었다. 굿주가 직접 주무에게 굿을 의뢰한 까닭에, 전과 달리 주무가 부산으로 내려가지 않고 오히려 굿주 가족들이 안동으로 올라와 서후굿당에서 굿을 하게 된 것이다.

3. 주무 송옥순의 굿머리 담론

망자 싸기를 마칠 무렵에 제가집 가족들이 굿당에 도착했다. 그러자 주무는 마침 '액운 싸기'를 해야 하는데 잘 왔다고 했다. 제가집 가족들의 생년월일과 이름을 적어 넣어야 하기 때문이다. 그리고 법사도 한지에 제가집 주소와 가족 이름과 생년월일을 모두 적어서 장구 위에 부착해 놓았다. 부정치기를 할 때 가족들을 일일이 거론하면서 빌어주어야 하기 때문이다.

가족들은 왼쪽 벽 가까이 나란히 자리를 잡고 앉아서 굿을 참관할 준비를 했다. 주무는 굿 준비를 모두 마치고 거울을 보며 화장을 고치는 중에 대주를 보고 이야기를 하기 시작했다. 굿주와 굿머리 담론을[23] 하는 셈이다. 먼저 대주에 관한 이야기부터 시작했다. 대주 몸이 보기에는 멀쩡한 것 같아도 약하고 항상 좋지 않다고 했다. 대주의 사주를 보면, 신줄을 타고 났다는 것이다. 그래서 신을 받지 않으면 몸이 항상 고단하고 편하지 않단다. 스님이 되든 법사가 되든 둘 중 하나는 되어야 하는 사주인데, 그러지 않고 사니까 몸에 이상이

---

23 굿할 준비를 마치고 굿을 시작하기 전에, 무녀가 굿주와 관련된 점사나 오늘 굿에 관해 이야기를 나누는 것을 말한다.

무녀와 굿주의 '굿머리' 담론

있다고 했다. 실제로 대주는 몇 해 전에 갑상선 질환을 크게 앓았다고 한다.

화장을 다 고친 주무가 대주를 돌아보고 "청춘에 간 조상이 없느냐?" 하고 물었다. 한참 생각하던 대주는 할아버지가 40대에 돌아가셨다고 했다. 주무가 "집안에 신줄이 있으면 일찍 돌아가시는 분도 있고, 자손도 귀하다. 어떤 조상들은 3처(三妻), 4처(四妻)를 한다"고 하니, 기주가 대주를 가리키며, "이 집에는 자손도 귀하고 우리 시아버지는 처가 3명이래요" 하고 맞장구를 쳤다. 주무가 신줄을 타고난 사람들은 온전한 가정을 이루고 살기 어렵고 돈도 많이 쓰고 살림도 훅 날리는 수가 있다고 했다. 그러자 기주가 감탄을 하면, "하아! 돈도 많이 날렸어요. 우리 시아버님이!"라고 하며 놀랐다.

주무는 신줄을 타고난 자기 처지를 설명했다. "우리 무당들이 왜 무당을 하겠어요. 다 잘 될라고 이 길을 가지요. 명도 잇고, 가정도 편안하려고 무당의 길을 가지, 뭐하러 우리가 무당을 하겠어요. 남들처럼 편하게 살지!" 기주는 다시 주무에게 확인을 했다. "줄을 타고난 사람은 무당이 되면 문제가 없는데, 무당이 안 되면 일찍 죽을 수도 있고 힘하게 살 수도 있고?" 하고 반문했다. 그러자 주무는 "그렇지!" 하고는, 옛날 최씨네 조상들이 칠성에다가 빌어 왔던 이력이 있다고 했다.

조상들 가운데 이런 이력이 있는 후손들은 신줄, 공줄을[24] 타고난다고 했다. 공줄은 공

---

24 대주는 칠성줄을 타고났는데, 이런 경우 칠성줄을 신줄 또는 공줄이라고 한다고 했다. 공줄이란 칠성과 같은 신에게 조상들이 공을 들인 줄을 타고 난 경우를 말한다.

덕을 닦은 줄이라는 뜻이다. 기주가 '그럼 조상들이 신에게 빈 일이 후손에게 대물림 되는냐?'고 물었더니, 대주가 '윗대 조상들이 빌었으면 아랫대에도 빌어야 하고, 빌다가 안 빌면 집안이 편찮다'고 했다. 그러면서 대주를 보고 "할머니가 안 빌었겠지?" 하니까, 대주는 "할머니는 빌었는데 엄마는 안 빌었다"고 했다. "엄마가 안 빌었지! (대주 아들을 가리키며) 애들한테는 할매지! 빌다가 안 빌면 그 담에는 가정에 힘이 들지."

조사자가 주무에게 제가집의 그러한 사정을 어떻게 알았느냐고 묻자, 주무는 지금 굿을 하고 있으니까 알게 된다고 했다. 굿상을 차리면서부터 이미 굿이 시작된 것이나 다름없다는 것이다. 곁에 있던 기주도 "저 선생님은[25] 어제부터 벌써 그런 말씀을[26] 하더라"고 하면서 주무의 공수에 맞장구를 쳤다. 주무는 기주를 가리키며, "이 집 식구는 엄마가 많이 닦아야 돼, 공을 많이 들여야 아들 삼형제도 잘 되고 손자 손녀를 낳으면 손주들도 잘 되고... 누구를 위해 비노(비느냐)? 다 우리 식구들을 위해 빌지!"라고 하자, 기주가 그저께 꿈꾼 이야기를 했다. 다음부터는 화자에 따라 이야기한 내용을 기록한다.

기주: 그저께 저녁에는 무서워서 새벽에 깼잖아요. (주무: 왜?) 꿈에 뭐 이런 굿하는 데 왔는가봐요. 제가 막 굿을 하는데, 그게 연예인 중에 신동엽이더라구요. 신동엽이 (벽에 걸린 무복을 가리키며) 이런 화려한 옷을 입고 꿈에 그렇게 나타나더라구요. (주무: 그럼 좋지 뭐!) 신동엽씨가 너무 멋진 거에요. "내가 장군인데 니가 뭐..." 그러더라구요. 그 사람이 나를 데리고 개울 가로 가서 뭘 보여주더라고요. 어제 아침에는 꿈이 생생했는데, 지금 이야기하려니 기억이 잘 안 나네.

주무: 내가 축원을 하면서도 이 가정에 이 정도로 참 뭉쳐서 사는 게 대단하다. 가족들 사주가 다 강한데도 한데 모여 사는 게 대단하다. 예전에는 가장이 집을 이끌어갔는데, 요즘은 엄마가 든든하게 가정을 지켜야 돼. 가족들 사주가 다 강한데, 특히 기주의 사주가 강해. 만약에 기주가 마음이 조금이라도 흔들리고 그랬다면, 가정이 모두 뿔뿔이 다 흩어지는 사준데, 그래도 엄마가 다 이끌어서 집안이 잘 되고 있구나! 남자가 바람기가 있어서 흔들리더라도 요즘은 여자가 기둥이라. 여자가 집에서 단단하게 버티고 있어야 가정이 형성이 되그던요. 사주를

---

25 기주는 무녀를 일컬어 '선생님'이라고 했다.
26 무녀가 공수로 하는 말을 뜻한다.

보면 가족들 다섯이 다 뿔뿔이 흩어질 사주라.

기주: (주무의 말에 공감하며) 예! 그렇잖아도 희한하게 우리 아들들이 공부할 때도 안동 가서 공부하고 서울 가서 공부하고 뿔뿔이 흩어져서 공부했어요.

주무: 그렇지! 그래야 돼, 한테 모여 있으면 안돼, 힘들어! 흩어져 있어야 돼. 기주는 우리처럼 신은 받지 않아도 우리 같은 예지력이 억수로 강한 사주가 들어 있그던. 어떤 때는 내가 해도 그게 맞다니까.[27]

기주: (주무의 말에 맞장구를 치면서) 예감이 맞아요.

주무: (기주를 보고) 예감이 맞다니까, 정말 무당을 하면 일류 무당이 됐겠지만, 지금은 사업으로 돌려서 동서남북으로 댕기고 막 이런저런 활동을 하니까 그렇지. 안 그러면 늘 몸이 아파! 병원에 갔다가 방안에 누워 있고 그래야 돼. 밖으로 나가면 내 세상인가 싶고 좋아. 그러면 기분이 좋아.

기주: 나는 차를 타고 돌아다니는 게 좋아요.

주무: 돌아댕겨야 된다니까.

기주: 명절에 애들이 집에 이래 오잖아요. 그러면 차 타고 자꾸 어데 가자고 그래! 저는 차 타고 다니는 게 그렇게 좋아요!

주무: 그렇게 댕겨야 돼. 댕겨야 되는 사주래. 집에 있으면 답답어 안돼. 글고 신랑이 아무리 밖에 돈을 벌어다 준다고 해도 그게 한이 안 차고 성이 안 차! 내가 내 손으로 벌어먹고 살아야 되고, 그 돈[28] 가주 살았다 그러면, 벌써 명이 짧아가주고 죽었어. 내가 버는 게 팔자수 땜하고[29] 살아!

기주: 액땜!

주무: 액땜이지. 내가 벌어가주 내가 뭘 이룩하고 내가 뭘 해야지, 암만 훌륭한 신랑이 돈을 벌어가주 이만큼 갖다 주고 '먹고 살아라!' 해도 안 돼요. 못 살아.

기주: (웃으며) 내 팔자가 되게 힘드네! 편안하게 놀고 싶지, 일하고 싶은 사람이 어딨겠어요!

주무: 그래도 안 그래, 사주가![30] 사주팔자가 그래.

---

27 어떤 때는 기주가 앞날을 예측해도 점쟁이처럼 맞아떨어진다는 말이다.
28 남편이 벌어다 주는 돈.
29 팔자에 따른 나쁜 액을 막는 땜.
30 놀고먹으며 편하게 지낼 사주가 아니라는 말이다.

기주: 고단하네.

주무: 늦게까지 내가 벌어 내가 먹고 살아야 돼. 그래야 명을 잇고 살아, 명을! 안 그러면 아파. 병원에 가서 누워 배기고, 안 그러면 집에서 누워 배겨야 돼.

기주: 돈을 버는데, 내 생각에 촉도 좋지만은 머리가 순간적으로 어떻게 돌아가는 지 머리가 팍팍 돌아가요.

주무: 이 신명을 타가주고 돈 버는 데로 다 간다니까요. 뭔 일을 하면, '저거는 되지, 이거는 안 되지!' 하만(벌써) 안다니까. 오늘 어떤 손님을 보면 대충 보면 알아. 저건 큰 돈 되고 이 사람은 안 되고, 보만 안다니까.

기주: 그건 맞아요.

주무: 신줄이 있어가주고, 말은 안 해 그렇지 사람을 보고 웃어도 속으로는 다 계산하고 있어. '저건 20만원 짜리, 저건 50만원 짜리, 저건 백만원짜리다.' 하고 알지.

기주: (주무의 말이 맞다고 손뼉을 치며 앞으로 고꾸라지며 웃는다. 곁에 있는 대주도 빙긋이 웃는다. 기주가 주무의 말에 공감하면서 자기 경험을 말한다.) 사무실에[31] 직원들도 몇 명 있고 하는데, 어떤 때는 손님 오고 이러면은 직원 보고 "너무 그렇게 오래 진 빼고 상담하고 그러지 말아라" 그래요. 예감이 딱 와요. 그런 손님들은 부동산 가격이 뭔다고 하니까, 그냥 와 본 거야.

주무: (그것 보라는 듯이) 벌써 다 안다니까! 사주가 이미 예지력을 타고났어.

대주: (대화가 기주의 사주에 치우치자 화제를 돌린다.) 우리 아이들 사주는 어떤지, 사주가 세다고 하니 걱정이 되네요.

주무: 요즘은 사주가 세야 먹고살아요. 맹타그리하면[32] 그 어예 먹고 살아요.

기주: (주무의 말에 동의하면서) 맞아요. 옛날에는 말띠 용띠 여자들이 못 살았는데. 요즘은 그런 여자들이 잘 산대요.

주무: 요즘은 그렇게 (사주가) 강하고 생활력이 있어야 남자들이 좋아해요. 맹하면 어떻게 먹고 살아요. 남자나 여자나 사주가 세야 생활력이 강해. 남자도 사주가 센 여자를 만나야 내가 편해. 남자들이 벌어서 갖다 주는 거만 날름날름 받아먹고 살아서는 요즘 세상에는 안돼. 맞벌이를 해야 되지. 뭘 채려줘도[33] 못 하는 사람이 있어. '하지 마라!' 그래도 기어코 할라는 여자

---

31 부동산 사무실이다. 기주는 부동산업을 한다.
32 맹탕인 것처럼 멍청하거나 흐리멍텅하면.

가 있어. '먹고 놀아라!' 캐도 왜? 내 사주가 먹고 노는 사주가 못 되니까, 뭔가 할라 그래. 놀 팔자가 아니라. 팔자도 세월 따라 달라.

기주: 그런데 남자도 세고 여자도 세면 못 살아요. 나는 미칠 것 같아요.

주무: 안 그래도 내가 아까 그랬잖나! 지금까지 살아온 게 참 대단하다. 이렇게 부딪히면, 부부간에 궁합도 안 맞그던.

기주: 예. (궁합이 안 맞다는 것을 인정한다.)

주무: 궁합도 안 맞는데, 서로가 하나는 대감줄, 하나는 신줄인데, 한 대감은 자나 깨나 돈 버느라고 머리를 썩히는데, 한 대감은 느긋해. 틀배가 나가주고 못 살아. 그래도 참 궁합만 갖고 사는 게 아니라는 걸 느꼈어, 이 집은! 좋은 궁합도 이혼하는 집이 있는데.[34]

(말을 바꾸어서) 이 집에는 자손도 하나씩 뚝뚝 떼어놔야 돼. 부모 옆에서 같이 한 솥밥 먹고 사는 사주가 못돼. 돈이야 물론 대 주고 하겠지만…… 전부 다 같이 뭉쳐야 되는 사주가 있는데, 여기는 식구 다섯이 다 떨어져 살아야 돼. 어떤 집에는 자손하고 아빠하고 뭉쳐 사는 집도 있고, 또 자식하고 엄마하고 같이 사는 사주가 있고 온 식구가 다 뭉쳐서(뭉쳐서) 사는 사주가 있는데, 여기 이 집은 다섯 식구가 뚝뚝 떨어져 살아야 되

무녀의 굿머리 담론

는 사주라. 그래도 참 엄마가 기주가 대단하다. 역시 엄마 힘이 대단하다. 그걸 이래 느꼈어.

(말을 바꾸어서) 2월 열 이렛날이지요? (대주에게 생일을 확인하고) 2월 열 이렛날이면 머리가 비상해요. 머리는 비상한데, 신의 줄 때문에 내 맘대로는 안돼. 사주가. 내가 아래(그저께) 기도를 하고 어제 굿을 준비하면서도 내 혼자 이런 생각이 떠올랐어. 오늘 굿을 하는데 조상의 한은 별로 없어. 조상들은 옛날에 뭐 잘 먹고 잘 쓰고 한량으로도 놀고 뭐 잘 살았어. 그런

---

33 가게나 사업이나 벌어먹을 일을 차려주어도.
34 부부는 궁합만으로 사는 것이 아니라는 사실을 이 집을 보고 알았다고 한다. 좋은 궁합도 부부가 이혼하는 경우가 있는데, 나쁜 궁합에도 부부가 이혼하지 않고 잘 살기 때문이다.

데 딱 청춘에 죽은 조상의 한을 풀어야 되고...[35]

우리 기주! 굿이라 카면 조상만 푸는 게 아니거든. 살아 있는 사람의 한도 푸는 게 굿이래요.[36] 지금 내가 하는 게(말이) 공수래.[37] 살아 있는 사람의 한을 풀어 줘야 돼. 앞으로는 힘든 게 적겠지만, 지금까지 많이 겪어 왔어. 어려운 고비 힘든 고비를, 남 보기에는 화려하고 좋다 하지만 내 마음의 고통, 내 마음의 힘든 일, 이런 거 저런 거 정말 잘 살아 볼라고, 이를 물고 살았는 거, 이제 (기주를 가리키며) 그 한을 좀 풀어야 돼.

그래야 앞으로도 단단하게 다져가면서, 돈을 벌어도 신이 나고 돈을 써도 신이 나고, 속을 썩어도 '아 내 팔자가 그런갑다.' 그래 뭐 받아들이고. 정말 오십 전에는 보따리 쌀라 칼 때가[38] 한 두 번이 아니고, 사십 전에는 더 했고, 내가 봤을 때는 그렇거든. 오십 넘고는 쪼끔쪼끔 나아져.

기주: (주무의 말에 고개를 끄덕이며) 나아져요.

조사자: 기주께서 오십이 안 돼 보이는데요?

기주: 제가 오십 다섯이에요.

대주: (아이들을 가리키며) 아이들 보세요. 아이들이 저렇게 컸는데.

주무: 애들 삼형제 보세요. 얼마나 좋아요. 남들 보기에는 저렇게 좋아 보여도 (기주의) 속은 곪아 터졌다고 봐야 돼. 왜? 저런 사주하고 살라면 힘들어, 똑바른 말로.[39] 말 못하고 가슴에 맺힌 응어리! 이게 오늘 기주가 풀어야 되는 굿이래. 그래야 돈을 벌어도 신이 나고, 뭘 해도 신이 나고...

기주: 안 그래도 제가 신기한 게, (대주 무릎을 치며) 이 양반이 2월 17일이잖아요. 생일이! (곁에 있는 맏아들을 가리키며) 애가 3월 27일이래요. 근데 우리 막내가 9월 27일이래요. 이상하게 7자들이 (생일에) 다 들어 있어요.

주무: 근데 암만 힘들어도 먹을 복은 들어 있어요. (강조하며) 먹을 복은 들어 있어! (대주와 기주를 가리키며) 둘 다!

---

35 다른 조상들은 잘 먹고 잘 살아서 한을 풀 것이 없는데, 6.26 때 전사한 기주의 큰아버지는 청춘에 죽었으므로 한을 풀어줘야 된다는 말이다.
36 굿은 조상의 한만 푸는 게 아니라 살아 있는 사람의 한도 풀어야 하는데, 기주의 한을 풀어야 되는 것이 오늘 하는 굿의 중요한 목적이라는 말이다.
37 지금 줄줄이 하고 있는 말이 바로 굿에서 하는 공수라는 말이다.
38 집 나가는 보따리를 싸려고 할 때가.
39 솔직하게 하는 말로.

기주: 애들도요?

주무: 응. 애들도 먹을 복은 있어.

기주: 먹을 복이 있으면 애들이 직장은 다 좋겠네요.

주무: 그래, 그런데 한 번씩 가다가 직장에 구비가(고비가) 있어. 실컷 잘 되다가도 때려치왔부고 딴 데로 옮길까, 자꾸 변동이 있어. 그런 생각들이 자꾸 있는 거야. 왜냐? 사주가 우리 끝은 신의 줄이 좀 있으니까, 어디 한 군데 못 있어. 지긋하게 못 있고 한 군데 자리잡고 쪼매(조금) 정이 들라 그면, 어데 딴 데 갈 데 없는가, 딴 데 자꾸 눈을 돌려. 사주들이 그래!

기주: 딴 데 눈을 돌려, 우리 애들이?

주무: (고개를 끄덕이며 웃기만 한다.)

기주: (감탄하는 투로) 하이구야! 그건 맞는 거 같네요. 이야! 그건 진짜 맞는 것 같에요.

조사자: (주무에게) 그렇게 마음이 옮기고 싶을 때 옮기면 좋겠어요. 아니면 그냥 있어야 좋아요?

주무: 그럴 때 옳은 밥자리(일자리)를 정해다 놓고 옮겨야지. 무작정 나갔부만 안 되그덩. 딱 요기를⁴⁰ 확실하게 정해 놔야지, 이거 한번 빵구 났부만 다른 것도 계속 빵구래. 힘들어! 여기 한 군데 정확하게 해놓고, 내가 밥자리 딱 정해 놓고 나가야 되지, '아이고 거기 될 것이다' 이카고 나왔부만, 한 번 어긋나면 계속 어긋나. 그러니까 그냥 있어야 되고.

　　그래도 이 집 최씨 할아부지들이 자손 손자를 아무 자리나 안 주우 여어조.⁴¹ 그래도 이름 있고 그래도 손꼽히는 데를 주우 엲지(주워넣지), 되나마나 안 넣어줘. 할배들이 진짜 대단해! 최씨 할배가! (기주를 보고서) 뭐라 뭐라 캐도 니 돈 번다고 유세하지 마래! (대주 무릎을 손으로 두드리며) 최씨 할배 힘이 보통 힘이 아니래. (크게 웃다가) 최씨 할배가 그래. (기주를 가리키며) "니는 우리 집이 와가주고 돈 벌고 종질하러 왔지 대우 받으로 온 게 아이라" 그래.

기주: (공감하며) 하아! 맞네요.

대주: (화제를 돌려서, 주무에게 굿을 해서 영험한 효과를 본 경험을 이야기하기 시작했다.) 제가 여기 목에 혹이 생겨가주고 작두굿을 했어요. 그때도 한번 도움을 받았지요.

기주: 그때도 내가 겁이 나가주고 병 때문에 작두굿을 했잖아요.

대주: (자세한 병의 경과를 설명하기 시작한다.) 그때 (자기 목을 가리키며) 이게 암이었으면 위험

40　새로 옮길 자리를.
41　안 주워 넣어 줘.

했는데, 갑상선에 이만한 혹이 생겼어요. 동아대 병원에 갔는데 교수가 복강경으로 수술하자고 그르드라구요. 바늘을 찔러 검사하는 과정이 있는데, 실수로 결과가 안 나와가주고 고신의대에 친구가 있어, "혹이 이거 궁금해 죽겠는데, 동아대에서는 결과가 안 나왔다" 그랬더니, (친구가) 고신의대 암센터에 가 보라 그래서 갔어요.

거기서는 방사선 기사가 아니라 교수가 직접 초음파 검사를 해서 물혹을 여러 개 발견을 했고. 거기서는 복강경 하지 말고 수술이 아니라 시술로 해갖고 고주파로 바늘을 넣어가주 물혹을 죽이는 거로 했는데, "암은 아니니 걱정은 안 해도 될 것 같다"고. 그렇게 시술로 해가주고 갑상선도 멀쩡하고 약도 안 먹고, 운이 희한하게 잘 맞아서 좋은 쪽으로 흘러갔어요.[42]

기주: 아니 그때 (대주를 보며) 이 사람이 꼭 죽을 거 겉었어요. 내 느낌에! 딱 죽어가는 거야. 그래서 작두굿을 그때 크게 했잖아, 내가!

주무: 근데, 왜냐하면 주당이라 카는 게 있그던, 주당! 주당이 요새 암 귀신 병이야. 급성 암 뭔 암, 막 이런 게 온다고. 그냥 놔두면 안돼, 진짜 수술을 해야 되고 사람 주제도 안 되는 거라. 글치만은 그때 작두굿을 하면서 막 쳐낸 거야. 의사는 칼 가주고 수술하고 침 가주⁽가지⁾ 수술하지만, 우리 무당은 (곁에 있는 무구 가운데 신칼을 들어보이면서) 이 신장 칼 가주고 모든 걸 다 쫓아내는 거라. 칼을 의사가 몸에 한 번 대는 것 하고, 우리 신장 칼로 쳐내는 것이 똑 같다고.

그라고 의사도 급수가 있잖아! 무당도 급수가 있어. 우리는 큰 칼을 타는 신장이라.[43] 신의 원력이 있단 말이라. 아⁽아이⁾가 칼 가주고 (신칼을 휘두르며) 백 번을 이칸들[44] (귀신이) 겁이 나 내나. 글치만⁽그렇지만⁾ 힘센 놈이 칼을 들고 오면 다 쫓게 갔부잖아! 그와 똑 같은 원력을 가주고 있는 게라. 그래서 몸에 귀신이 붙어 있다 카만, 우리가 칼을 들고 설쳤부만 언간한⁽웬만한⁾ 거는 다 튀나갔부지. 그래서 어쨌든 (목을 만지면서) 그대로 놔뒀으면 암도 되고[45] 뭐도 되고 애 먹었어요.

그고⁽그리고⁾ 대주는 2월 열 이렛날 같으면,[46] 먹을 복도 있고 재물복도 다 있지만은 명을 타야

---

42 갑상선 관련 질환을 앓을 때, 송옥순 무녀를 불러 작두굿을 했는데, 그 이후로 희한하게 수술도 하지 않고 치료가 되어 운이 좋게 흘러갔다는 말이다.
43 작두를 타더라도 작은 작두를 타는 것이 아니라 큰 작두를 탄다는 말이다. 실제로 송옥순 무녀는 12계단으로 설치하는 대형 작두를 타고 오르내린다. 그러므로 큰 칼을 타는 신장(神將)이라고 한다.
44 이렇게 한들. (칼을 휘두르며 굿을 할 때 쳐내는 시늉을 하면서 한 말이다.)
45 목에 혹이 생긴 것을 굿을 하지 않고 그냥 두었으면 암이 될 수도 있었다는 말이다. 작두굿을 한 덕에 물혹을 발견하고 시술로 완치할 수 있었다는 뜻이다.

돼! 우리 같은 무당 팔자 아니고 스님 팔자로 안 살려면, 명을 사야만이 구십 몇 세를 살지, 그냥은 살라 그러면 명이......[47]

다 갖춰 있는데 명이 하나가 부족한 거라. 안 그면[48] 또 어데가 아프고. 또 어디가 올찮고 자꾸 그래. 이유 없이 뭐가 툭 생기고. 근데 우리가 (칠성상을 가리키며) 칠성단을 이렇게 불 밝히는 것은 명 살라고 하는 정성이그던. 그니까 복도 사고 명도 사자고 하는 정성인데, 명을 자꾸 잇아조야만이(이어줘야만) 육십 넘고 칠십 넘고 팔십 넘고 그래요. 이 굿이라 그러는 거는 미신이라고 카지만은 보이지 않는 영들이 신들이 이게 참 신기하지요.

기주: (머리를 끄덕이며) 신기해요, 맞아요.

주무: 죽을 것 같은 사람들도 굿을 해가주고 주당을 풀어내가주고, 그 삼성 그 무슨 병원에 가가주고 암이라 카는 것도 굿 해가주고 다 날라 갔어요. 수술 할라 그다가.[49] 급성이라 그는 거. 요새는 전부 귀신 병이거든. 병원에 가면 암이니 뭐뭐 간암, 간경화 뭐 나는 간에 대해서 다섯 가지가 있는 줄도 몰래.[50] 그런데 쳐내 줐부고 나이(나니까) 고마 괜찮아.[51]

호미로 막을 것을 가래로도 못 막는다 그잖아요! 우리 한 번씩 몸이 안 좋으면 병원 가잖아. 굿부터 하고 병원에 가야 돼, 원칙적으로 하만(하면). 병원에 가가 실컷 뭐뭐 (수술하는 시늉을 하며) 해서 지칠 대로 다 지쳐가주고 굿한들 뭐해요. (굿을 해도) 힘들어 고마 힘들어! 그런데 굿을 먼저 했부고 나면 이틀 가고 사흘이 되면 좋아져, 약을 먹어도......[52]

요새 전부 귀신병이라. 보이지 않는.... (죽으면) 화장해가주고 마구 뿌리지, 산에도 전부 갖다 뿌리지, 물에 갖다 들에 갖다 뿌리지. 마르면 (공기 중에) 날라 댕기지. 몸속에 드가면,[53] 악신이 드가면 무다이 자꾸 짜증이 나고 (몸부림 동작을 하며) 마구 이카다가, 그래도 선신이 들어오면 가만있다가 그런다고. 우리가 숨 쉬면 코로 귀신이 들락날락 안 그러나. 선한 신이 들

---

46 대주의 생일로 사주를 풀이하는 말이다.
47 명이 짧다는 말이다.
48 명이 짧지 않으면.
49 삼성병원에서 수술하려고 했는데, 굿을 해서 수술을 하지 않고 퇴원했다는 말이다.
50 간에 관한 질병이 다섯 가지나 된다는데 나는 있는 줄도 모른다는 말이다.
51 병원에 입원한 암환자가 굿을 해달라고 해서 병원 경내의 숲 속에서 굿을 한 경험이 있는데, 그때 굿을 하고 나서 암환자가 나았다는 이야기이다.
52 굿을 하고 나면 환자가 좋아지고 약을 먹어도 약효가 난다는 말이다.
53 사람이 죽으면 화장해서 뼛가루를 산이나 들에 뿌리는데, 그 가루가 날라 다니다가 숨 쉴 때 사람들 몸속에 들어가면.

오면 가만있지만, 어쩌다 악신이 들오면 미친 듯이 막 그래.

 (화제를 바꾸어 법사와 함께 덕평에서 정신병자 굿한 경험을 이야기한다.) 전번에 우리 덕평[54] 갔다가 미친 사람 굿해준 것 한번 보이소. (법사를 가리키며) 우리 법사 선생님은 겁이 나가주고 (미친 사람이) 눈을 딱 불시게네(부릅뜨니까) 겁을 내가주고 (몸을 움츠리며) 이래. 서른아홉 살 먹은 게 키는 팔대장승 같은 게 눈은 (두 손의 엄지와 검지로 동그라미를 그려 눈에 갖다 대면서) 이만 하게 해가주고 막 "꼼짝 마라!" 그래. 굿하는 사람이고 엄마고 뭐고 꼼짝도 못 하그러 해. (굿을 준비하는데) 아무 것도 만지지도 못하게 하고 꼼짝도 못하게 해.

 그래서 (고함을 지르며) "뭐 이따구가(이 따위가) 있노! 가만 앉아 있어!"라고 하니까, 엄마가 (낮으막하게) "아이고 선생님 가만 있으소" 그래. (큰 소리로) "무슨 소리 하노! 아(아들) 곤치러 왔나, 아들 비위 맞추러 왔나!" 그랬어. 무당도 억발이[55] 안 세면 못 해!

 그 아들이 미쳐가주고 뭐뭐 몇 달 동안 보따리 막 싸내고 뭐 겁을 주이께네, 이 엄마가 노이로제 걸레가주 설설설 매드라고. 그래서 날 보고 '가만 있으라' 그래서 "무슨 소리 하는교? 뭐 아들 곤치러 여 왔나, 아들 비위 맞추러 왔나? 곤쳐야 될 꺼 아이라!" 내가 이래부렸지. 그 아들이 날 노려보길래, 나도 똑 바로 서서 마주 봤지. 눈싸움 기싸움이래! 귀신하고 기싸움이래. 그래가주고 그 사람을 디게(세게) 쳐내가주고 보냈지.[56]

 근데 그 이튿날 12시까지도 미쳐가주고 난리가 나드래. 그런데 (밤에) 한 숨 자고 아침에 주방에서 밥을 막 해.[57] (말을 바꾸어) 평상시에도 아들(애들) 밥을 믹이고. 밥을 해가주고, 그 어마이(아내)는 지쳐가주고 자고 있는데, 밥을 해가주고 밥을 믹이고(먹이고)... 그 이튿날 이제 아산 병원에 예약을 해놨어, 병원 갈라꼬.

 그래 (환자 어머니가) "밥 먹고 빨리 병원에 가자!" 그러이, "병원 뭐하러 가노. 병원에 갈 일 없어. 등산이나 가자" 그래서, 그 길로 산에 가가주고 "꽃도 이쁘지! 나무도 이쁘다 그지(그렇지), 엄마!" 그러는 거라.

 그 길로 괜찮아졌어. 본 정신이 돌아왔어. 바리바리 보따리 싸내고[58] 홀딱 벗고 돌아댕기

54　경기도 이천 마장면 덕평.
55　사람의 기세가 아주 억센 것을 안동지역에서는 "억발이"라고 한다.
56　미친 사람의 광기에 지지 않고 맞서서 굿을 진행하고 귀신을 쳐내서 돌려보냈다는 말이다.
57　굿을 한 이튿날 밤 12시까지 정신병 환자가 미쳐 날뛰었는데, 자고 나서 아침에 일어나 태연하게 주방에서 밥을 지어 아이들에게 먹였다는 말이다.

든 사람이. 그런 사람을 병원 의사가 어떻게 고치겠노. 의사도 검사나 하고 예약해서 왔다갔다 그랬지. (굿을 하고 나서) 그 길로 다 나았부러.

이 사람이 포크레인 기사라. 몇 개월 동안 포크레인 작업을 하는데, 거기 축을 맞은 거야.[59] 포크레인 일을 하니까, 거 축을 맞아가주고 사람이 뺑뺑 돌았부렀는 거라. 몇 개월 동안 일 못했지. 일 못 하이 포크레인 팔았지. 그런데 굿하고 4일 만에 포크레인 다시 사가주고 일하러 댕겨. 지금 돈 잘 벌고 있어.

기주: (주무의 이야기가 끝나자 기다렸다는 듯이 이야기를 시작했다.) 제가 40대 초반에 제 혼자 그냥 애들 어릴 적에, 애 아빠는 그때 '아이 엠 에프' 딱 터지고 나서 직장도 그만 두고 한 3년 가까이 놀고 있었는데, 너무 살기 어려운 거야. 하루가 기적 같이 지나가는 거야. 하루 사는 게 기적이라, 그런 맘으로 살았어. 너무 힘들어서 어데 뭘 물어보러 가니까, 애 아빠가 세상없어도 목발 짚는다는 거야. 너거 신랑은 목발 짚는데, 니는 아무리 노력해도 너거 신랑 못 건드다. 목발 짚는다 카더라고.

(가슴에 손을 얹으며) 대게(매우) 마음이 쓰이고 신랑 보고 '조심 해라' 어쩌고 했는데. 그래가주고 '이러고 저러고 해서 액땜이라도 해라!' 그래. 그때는 돈도 없고 그래서 굿을 크게 할 수도 없고. 액땜하는 식으로 요렇게 했는데.[60] 그리고 얼마 있다가 롤러스케이트를 타자고 그래서 온 식구들이 롤러스케이트를 탔어요. 다 같이 롤러스케이트를 광장에 가서 타는데, 신랑이 타다가 마주 오는 애를 덜렁 받아서 엉덩방아를 찧었네.

그래가주고 못 걷고 못 움직이니까, (머리를 만지면서) 야! 그때 본 게[61] 콱 (생각이) 나드라고. (남편을 가리키며) 이 사람은 그때 뭐고 척추 파열, 디스크가 파열 됐어. 그래서 다리도 못 걷고 그러드라구요. 그래 이 사람이 침 쪽에 공부도 많이 하고 해서 금침도 공부해가주고 놓고, 어째저째[62] 해가주고 그래도 목발 안 짚고 걸어댕기는 거에요. 그래서 내가...

사람이 평탄하게 살 수는 없잖아요. 운이 막 올라갔다 내려갔다 하니 평탄하게는 살 수 없

---

58 걸핏하면 짐을 싸서 보따리를 들고 나서곤 했다는 말이다.
59 환자가 포크레인 기사인데, 포크레인으로 땅을 파는 작업을 하다가 무엇을 잘못 건드려서 동티가 난 것을 축 맞았다고 한다.
60 돈이 없어서 제대로 큰 굿을 하지 못하고 약식으로 굿을 했다는 말이다.
61 그때 무당에게 물어본 것이.
62 어떻게 저떻게.

는데, 그때 그 고비고비를 겪은 걸 보면은...

주무: 그때 액땜 잘 했어!

기주: (말을 이어서) 나한테 어떤 지혜가 있는지 모르겠는데, 그때그때 그런 사항들을 잘 대처했던 것 같애. 지금 살아보고 생각해 보니까. 그래가주고 우리 애들도 사고도 없이, 놀랄 일도 없이 무사하게 잘 컸고 한데, 내가 어디 가서 물어보면은, 가정 지키면서 아들 셋 낳고 살 사주가 (웃으며) 아니란 거야.

주무: 내가 인제 그카잖아(그렇게 말했잖아) 그래![63]

기주: 내가 그런 이야기를 젊어서 많이 들었거든요. 제가 그때 어떤 생각을 했냐 하면은, '아무리 그러면 뭐해! 내가 잘 하면 되지, 내가 보고 듣고 공부한 게 있는데, 내가 사람인데, 사람이 호랑이도 이긴다는데, 내가 못해낼 께 뭐 있어!' 내가 이런 맘으로, '내가 사주하고 정면 맞장 뜬다' 이런 맘으로 살았그던. '아무리 그래도 내가 못 이겨낼 께 뭐 있노!' 이런 생각으로, '나는 분명히 해낼 꺼다' 이런 거를 나는 심지를 딱 꽂았어요. 그래서 내가, 누가 아무리 뭐 '아들 셋 지키고 몬 산다, 남편 지키고 가정 살림 절대 못한다' 이래도 '정신 나간 소리 하지 말어라. 나는 꼭 해낸다.' (웃으며) 이런 맘으로...

주무: 그래! 그걸 알기 때문에....

기주: 너무 웃기는 건요. 제가 요즈음 어려워도 그다지 어디 가서 물어보고 싶은 거는 없거든요. 어디 신 보는 데 가서... 어쩌다 집에서 이사를 한다든지 뭘 물어보고 싶어서 가잖아요! 그러면 점 보는 사람들이...

주무: 삼천포로 빠지지 뭐!

기주: 완전히 저를 재수 없는 사람 취급을, 똥 밟은 얼굴로 나를 봐요. 나를 아주 푸대접을 하고! 내가 점을 보러 가면 이 사람들이 자리를 비켜. 2, 30분 동안 안 나타나! 그게 한두 번이 아니에요. 2, 30분 동안 안 나타나다가, 한참 있다가 딱 보러 와.

서울에 그 엑소시스트라 그는 방송 TV에 있었잖아요. 귀신 쫓고 이러는 거! (거기 출연하는) 부산에서 유명한 사람이[64] 해운대 무슨 호텔, 아주 제일 좋은 호텔에서 점을 보는데, 그 사람한테 가가주, 내가 우리 막내이 시험 치는 거 때문에 그게 붙는지 떨어지는지 궁금해.

---

63 주무가 앞서서 기주에게 신줄이 있고 사주가 센 팔자라고 한 이야기를 상기시키는 말이다.
64 엑소시스트라는 텔레비전 프로그램에 출연하는 유명한 무당이.

(막내를 가리키며) 저 녀석이 나보고 "엄마는 왜~! 다른 사람은 가가주고, 점도 보고 부적도 나한테 주고 그러는데, 울엄마는 왜 그런 걸 안 하노?" 그러더라고. 저 녀석이 그런 소리를 하도 했싸서. '그라만 텔레비에 나오는 그 유명한 사람한테 가서 물어봐야겠다.' 싶어. 그래가주 제가 딱 가가주 물어보러 갔어.

가니까, 아 그 사람이 "다음 사람이 몇 시에 예약입니다" 하고, 그 밑에 조수가 얘기를 하더라꼬. 나는 가야 될 길이 바쁜데, 시간이 다 됐잖아. 그 사람이 3시에 온다면 내가 2시 반이면 빨리 보고 가야 되잖아. 나는 물어볼 것도 많고 할 꺼 많은데, 안 오는 거야! 내 앞에, 점 봐주러 안 오는 거야. 내 혼자 그 방에 앉혀 놓고 사람이 안 들오는 거에요.

그러다가 들오디마는(들어오더니만) "뭐 때문에 왔어요? 뭐 말해 보세요" 하면서, 내가 말하기 전에 자기가 먼저 말을 하든가. 뭔가 이렇게 성의 있는 표정을 하는 게 아니고, 말을 하고 싶은 마음이 전혀 안 들겠금 말을 하드라고. 그래서 내가 "우리 애 인제 시험에 붙는가 싶어 이래 왔다" 그러니까, "물어볼 것도 없는 양반이 왜 왔어요. 그리고 본인이 더 잘 알 터인데 왜 내한테 물으러 왔느냐?" 면서, 쉽게 이야기하면은 동종 업종에 있는 사람인 양 취급을 해요. 내가 "애 보러 왔다" 이카이까, "애 있어요?" 이러드라고. "그 무슨 소리에요. 실지로 제 뱃속으로 난 아이가 셋이나 있는데, 그 무슨 소리에요?" 그러니까, "애 있어요?" 하는 이 사람한테는 볼 가치가 없잖아요.

주무: 그렇지!

기주: 그래서 바로 일어서서 왔어. 그래 뭐 "시험은 98%는 운이 들어왔는데, 뭔가가 끼어가주고 안 될 가능성이 있다"고 얘기를 했는데, 진짜로 문제 하나 차이로 떨어졌어요. (막내를 가리키며) 쟤가. 그런 일이 있었는데.

쟈(쟤)가 또 시험 날짜가 다가오니 자꾸 긴장이 되는가, "엄마 어디 가서 좀 물어보고 온나" 그래. 우리 동네 거 들오는 데 보면 깃대 꽂힌 데가 많아. 인연대로 되겠지 싶어, 아무 데나 떡 들어갔다. 들어가이 여자가 앉아가주고 자기 뭐 발톱 깎고 뭐 그러더니, "차 한 잔 먹고 온다" 카고 나가더니 사람이 안 와. 이것도 또 헛방이라. 그래 누가 또 내 아는 사람한테, "어디 추천 좀 해봐라. 어디 잘 아는 사람 있나?" 그랬더니, 울산을 추천해 주더라고. 울산 이 사람은 유튜브 강의가 엄청 많은 거라. 유튜브에 유명한 무당이야! 이런 거 저런 거 어마어마하게 올려놓은 거야. 그래 찾아보이께 이 사람이 억수로 대단한 사람이더라고.

그래 누가 소개를 해주길래 울산을 갔어. 갔더니만 이건 또 뭐 완전히 싫은 소리 같은 걸 막

하는 거야. 바깥에 손님이 셋이나 기다리고 있는데, 자기 손녀를 안고 나가가주 사람이 안 들어오는 기라. 점을 보는데. '아이고 이거 가는 데마다 왜 이런고? 야! 빨리 가서 우리 아들네미한테 얘기를 해줘야 되는데...', 그 사람이 있다가 "니가 똑똑한데, 니가 내보다 똑똑한데. 솔직히 바른대로 대라!" 카면서....

주무: (웃으면서) 무당인 줄 알고 바른 대로 대라 캤구만!

기주: 계속 "바른 대로 대라!" 그래서, "뭘 바른 대로 대냐"면서, "별 희한한 데가 다 있네!" 그러고 나왔부렀어요.

주무: (기주를 가리키며) 여기는 점집에 가도 어지간하면 점괘가 잘 안 나와. 안 나오니까 자꾸 피하는 게라. 그리고 왜냐면 착각을 해. 우리 끝으면 신을 모셔다 놓고 맞나 안 맞나, 이래 거식을 하는데...

　　(말을 바꾸어서 조사자에게) 안동에 'OO가든'[65] 있잖습니까? (조: 네.) OO가든 사모님이 10 몇 년 전에 우리 집에 왔어요. 내가 떡- 이래 보면서,[66] "아이구 이 집이는 다 괜찮은데, 요 딸이 올해 경사가 있겠네!" 카이께네. 엄마가 "내가요..." (말을 하려다가 바꾸어서) 나는 OO가든 사모님인 줄도 몰랐어. (하려던 말을 계속) "솔직히 우리 딸냄이 야(얘) 때문에 왔어요" 이카더라고. "야가 올해 시험에 되겠어요? 교수 자리에 임용한다는데 거 되겠어요?" 내가 "됩니다" 이랬어. "됩니다!" 그래이까, 사모님이 "그래요?" 그러며 가더라꼬.

　　한 1주일인가 열흘인가 있다가 (다시) 왔어. 여덟 곤데(곳에) 물었는데, 딴 데 일곱 곤데는 다 안 된다 카는데, 내 혼자만 된다라고 캤던가 봐. "다 안 된다 캤는데 선생님 혼자만 된다고 했는데, 2차는요?" 이캐. "2차요? 2차도 됩니다. 여(여기)는 올해 운이 딱 붙어가주고 2차 됩니다. 걱정하지 마이소" 그래가주고 정말 2차 됐어. 그 길로 인연이 계속 내하고 이어지는 게라.[67] 그 집도 많이 믿어. 제비원 산 밑이래가주고 내가 이래저래 빌어주고, (조: 그 뒤에 굿당 있잖습니까?) 네. 그 위에 굿당 있지요. 내가 그 산신을 잘 믿어라. 그 산신이 돈도 잘 벌어주고, 'OO가든' 전부 그 집 거잖아요. 뭐라 그래도 그 산 주령에서 돈을 벌어주고 다 하기 때문에 기도를 하라고. 보름날이든 언제든 항상 물 떠놓고 정성을 들이면 괜찮다고. 지금 잘 돼죠.

65　안동에 있는 식당 이름이다.
66　생년월일을 적은 사주를 이렇게 보면서.
67　그 이후로는 마치 신도처럼 크고 작은 집안 문제를 수시로 상담하러 온다는 말이다.

기주: (화제를 바꾸어서) 내가 우리 아들 무탈하게 키울라고, 우리 기장에[68] 보면은 봉대산이라고 있는데, 거기 신줄이 대게(대단히) 세다고 그러드라고. 누가 그러는데, 거기 올라가면 사방팔방 안 보이는 데가 없고. (말을 바꾸어) 산은 그리 안 높아! 올라 가면은 30분밖에 안 걸리는 산이라. 낮으막한 산 같은데 올라 가면은 디게(아주) 높은 산 같애.[69] 희안하드라고.

거기는 항상 봉기를 들었다는데.[70] 거기 올라가서 굿도 많이 하고 기도도 많이 하는 산이라는 거야. 그래서 내보고 "디게 힘들 때는 뭔가 마음도 답답하고 뭔가 걱정도 많고 할 때는 봉대산에 올라가 기도만 해도, 만게(만고에) 필요가 없다![71] 기도만 해도 기돗발을 받는다" 이런 얘기를 하드라구요.

그래 내가 우리 애들을 초하룻날 밤 12시에 이마에 불 하나씩 붙여가주고[72] 애들 데리고 산에를 얼마나 다녔는지 몰라. (아들을 가리키며) 요 애들 세 명 다! 애들을 머슴아다운 기상도 심어줄려고 하는, 그런 극기심도 길러주고, 무섭기도 하잖아요, 밤에. 그래 둘째는 뭐 졸면서 내려오고 이랬그던요. 나무 뿌리에 걸리면 크일 나지! 그냥 뭐 애들 반듯하게 키울 기라고 세 명 다 데리고 다녔어요. 초하룻날 되면은 달이 없으니까 캄캄하잖아요. 그런데도 정월 초하룻날, 설날 밤에도 12시가 되면, 어릴 때 애들 데리고 막 산행을 하고 이랬어요.

주무: 그래도 그런 공덕이 있기 때문에 가정에 다 화목하고 건강하고 이런 거라. 이 사주들이 보면, 앞으로 아들 3형제가 아직 나이가 뭐 서른 미만이고 하이 그렇지만, 사주들이 보면 신체에 칼을 자주 대야 되는 그런 사주들을 다 띠고 있거든. 칼을 자주 대야 되는 그런 사주가 있어.

기주: 그런데 선생님(주무) 말이 다 틀림없는 게, 애들이 다 용하게 희한하게 되는 거 보세요. (맏이와 막내를 가리키며) 얘하고 저 막내하고 생일이 27일 27일 같댔잖아요? 그런데다가 애를 키우는데, 어떻게 (말을 바꾸어) 흉터 있고 칼 댄다고 선생님이 말씀하셨는데. (맏이 왼쪽 귀 윗부분을 손으로 가리키며) 요기 딱 찢어졌그던요. 요게(요기에) 딱 찢어져가주, 어릴 때 상 모서리에 찍혀가주 요기가 머리가 잘 안 나.

그런데 (막내를 가리키며) 쟤가 또 산소에 (대주: 비석에!) 비석에 애들하고 장난치고 돌아

---

68 부산시의 지역 이름.
69 그리 높지 않은 나지막한 산인데, 막상 올라가 보면 사방이 탁 트인 것이 아주 높은 산 같다는 말이다.
70 봉화(烽火)를 올렸던 봉화대가 있는 산이라는 말이다.
71 봉대산에 올라가 기도만 하면 다른 것은 전혀 필요 없다는 말이다.
72 이마에 후레쉬를 부착하여 불을 밝히고.

다니다가 딱 찍혔는데, (큰 소리로) 똑 같은 자리에, (강조하며) 똑 같은 자리에 찢어져가주고, 그리고 눈 위에도 약간 찢어졌는데…

대주: 맹장수술![73]

기주: (둘째를 가리키며) 애는 맹장수술을 했어요.

주무: 예! 사주 자체가 그래요.

기주: 저는 속으로 느낌이 그래. 애들이 칼 내고 뭐 수술하고 이렇다니까, 최소한 흉터는 없이 살 수는 없겠구나! 내가 생각하기에. 그라만(그렇다면) (왼손으로 오른손 엄지 손끝을 잡아보이며) 최소한으로 제일 작게 하고 넘어가야겠다…

주무: 그렇지!

기주: 그랬는데, 애들이 용하게 이래 쪼그만 상처만 있고 큰 상처는 없이, 우리 둘째 놈만 급성 맹장염이 와가주고 재만 수술을 하고…

주무: 사주 자체가 몸에 세 군데 정도는 그렇게 (칼을) 대야 돼. 앞으로. 작게라도 살짝살짝 넘어가면 되지만…

기주: 나는 살짝살짝 넘어간 게, '야~! 그래도 큰 사고 날 낀데 이렇게 살짝 넘어갔구나!' 생각해요. (말을 바꾸어 대주를 건드리며) 우리 애 아빠가 내가 늦게 임신을 하고 이러니까, 우리 시댁에서 애 못 놓는다고, "노처녀에다 키도 조끄만 거 델고 왔다"고 집안에서 나를 대놓고 구박했던. 자꾸 그러이까, 내가 나이도 있고 늦게 결혼해가 이런데 겁이 나가주고,[74] 어디 가서 "애 잘 놓겠습니까? 내가 애를 무사하게 놓겠습니까?" 물으면, "세사아(세상에) 없어도 제왕절개 한다" 그래. 열 군데(곳에) 가서 물어봐도 다 제왕절개 하라는 거야.

근데 나는 애들이 인내심도 가지고 살아야 되고, 제왕절개를 하면 모유도 못 먹인다는데, 나는 '내가 죽어도 애들만큼은 인내심 있게, 머시마가 됐든 가시나가 됐든 이 험한 세상에 인내심 있게 살아야 된다.' 그래서 끝까지 내가 자연분만을 고수했어. 그래가주 수술 대기환자가 30분 대기한다 그는데, 내가 수술실에 들어가서 3일 동안 안 나오고, 밖에서는 계속 대기환자라는 거라.[75]

---

73 기주가 첫째와 셋째가 신기하게 같은 자리에 흉터가 난 이야기를 하자, 대주는 둘째가 맹장수술한 내용을 상기시키며, 아들 삼형제가 모두 칼을 대야 하는 사주라는 주무의 사주풀이를 입증하려 했다.
74 늦게 결혼해서 늦게 임신을 한 까닭에 출산을 순조롭게 할 수 있을지 겁이 났다는 말이다.
75 수술로 인공분만을 하면 대기 시간이 30분 정도인데, 자연분만을 하느라 분만실에서 3일 동안 진통을 하며

수술을 안 해주고 자연분만을 해주는 병원을 찾아간 게 기독교병원을 선택했어요. 그래가 진짜 내가 목숨을 걸고 (맏이를 가리키며) 애를 낳그던요. 애를 낳는데, 내 보고 "세상 없어도 니는 몸에 칼자국 안 댈 수가 없다. 니는 무조건 100프로 제왕절개다" 이랬는데, 애를 딱 놓고 내가 진짜 죽을 고비를, 죽을 문턱에서 애를 낳그던. 그래 놔가주고 (애기를 안고 모유 먹이는 시늉을 하며) 모유를 먹이는데 세상에... 발톱을 깎는데 (엄지발가락을 잡고) 요게가 어떻게 돼가주 곪은 거에요. 곪더니 이게 작게 곪는 게 아니고, 너무 곪어가주고 이 발톱을 뺐어요. (발톱) 양쪽을 짤라가주고 수술을 한다는데, 이게 잘못 돼가주고 발톱이 빠지고, 지금도 한쪽 발이 병신 됐그던요. (엄지발가락을 문지르며) 이걸 칼로 째가주고 수술을 했어요.

주무: 맹(역시) 그게 대치가 되는 거야.[76]

기주: 내 그거 보고, 그때부터...[77] (말을 바꾸어) 나는 내 젊을 때도 오기가 좀 있어가주고 (점쟁이 말을) 안 믿었거든요. 어디 가서 누가 뭔 말을 하면, 속으로 막 '내가 뭐 열심히 잘 하면 되지 뭐!' 이런 식이고 잘 안 믿었어. 안 믿었는데, 번번히 있잖아요, (수술을 피해 갔는데) 결국 칼을 대야 되는 일이....

주무: 칼 대야 돼!

기주: 그래서 배 안 가르고 (발 엄지를 가리키며) 여기 칼 댄 게 얼마나 다행이에요.[78] 그 담부터는 첫째를 칼을 대며, 둘째도 칼을 대야 된다는데 첫애를 순산하니까, 둘째도 순산하고 막내도 순산했는데, 그 칼 (발을 만지며) 여기 대고 무마했으니까, 내가 속으로 '야~! 분명히 하고 넘어가는데, 내가 뭔가...' (말을 바꾸어) 그래갖고 그때 정성을 들였거든요. 겁이 나가주고. 출산하기 얼마 전에, 한 보름 전에 다 공을 들였어.[79] 공을 들여가주고 그나마 (발을 가리키며) 요것만 째고. 이상하게 둘째도 공들여 놓고, 셋째도 다 공들여 놨어(낳았어). 내가 분만하기 보름 전에 (두 손을 합장하며) 내가 공을 다 들였어요. 제발 애들 나쁜 일 없게 잘 낳게 해달라고.

주무: 내가 아까 그러잖아. 아(애)들 후손을 위해서도 이제 내가 공을 들여야 된다고.

안 나오는 바람에 밖에서 그만큼 오래 기다렸다는 말이다.
76 수술을 해야 할 사주인데 수술을 하지 않고 아기를 자연분만 했으니, 인공분만 수술 대신 발톱 수술을 하게 되었다는 말이다.
77 그런 일을 겪고 난 이후부터 점쟁이 말을 믿게 되었다는 말을 하려다가 말을 바꾸었다.
78 칼을 대야 할 사주인데, 제왕절개 수술로 배를 가르지 않고 발톱 수술로 칼을 댄 것이 얼마나 다행인가 하는 말이다.
79 출산하기 보름 전에 아기 순산을 비는 치성을 했다는 말이다.

기주: (아이들을 가리키며) 태어날 때부터 공들였어.

주무: 공을 들여 줘야 돼. 공 들인 만큼 잘 되고.

조사자: 아까 자녀들 직장 관계 말씀하셨는데, 다 미혼이니까 언제 혼인하게 되는지 궁금하네요.

주무: (장남을 보면서) 여기는 뭐 결혼을 일찍 하면 안돼. 조끔씩 늦게, 요즘 뭐 다 30 넘고 뭐, 인연들은 다 좋게 나와. 왜냐하면 아무리 본인들이 고르고 고르고 댕긴다 캐도 최씨 할아버지가 앞을 다스르기 때문에 (말을 바꾸어) 이 할배들이 대단하다니까. 또 아무따나(아무나) 데려 오지도 않애. 그래도 다 골려 골려가주고 오지. 누 말따나 요즘 쌍넘이 없다 카지만 천방지축마골피는[80] 안 데루 와. (웃음)

조사자: 할배가 알아서 다 해주나요?

주무: 다 해 줘요.

대주: (웃으면서 곁에 앉은 부인과 자기를 가리키며) 이 인연도 할배가 정해 줬어요. 몇 번을 스쳐 지나가는 인연은 있었어요. 같이 살다가 처녀 시절의 이야기를 들어보면, 서로 인연이 몇 번이고 비켜 갔는데, 인연도 할배가 다 해 갖고. 그러고 나서 인제 최씨 문중에 족보도 만들고 해야 된다고 해서 (문회에) 가면, 최씨가 손이 잘 없어요. 집안에 대대로. 저희 집에도 손이 짜른(짧은) 편인데, 저는 아들 세 명을 낳았으니까 성공한 셈이지요.

기주: (대주를 가리키며) 스님 될 사주라고, 슬하에 자녀가 없을 거라고 많이 하더라고.

대주: 자식 세 명 놓고, 최씨 집안에 그냥 그래도 경주 가면[81] (말을 바꾸어) 저희 아버지 대에 다 끊겼어요. 어머니 아버지 대에 다 공백기인데. 질부를 잘 만나가주 저는 일어난 편이고. (기주를 가리키며) 어디 가나 '질부가 잘 들어왔다'고, 막 '마누라 잘 얻었다'고 그래 이야기를 했는데, 그때 (주무를 가리키며) 이 분께서 할배가 둘을 이어줬다고…[82]

조사자: 최씨 할배는 구체적으로 어떤 조상인가요?

주무: 우에(위에).[83] 누 말따나 권세를 부리고 벼슬하던 대감 할배들이, 호령을 하던 할배들이 규수를 골려도 아주 참된 규수 골리지. 여기 인연이 닿아 와도 그거는 스치는 인연이고 옳게 결혼을

---

80 천방지축마골피는 천씨, 방씨, 지씨, 축씨, 마씨, 골씨, 피씨를 일컫는 말이다.
81 족보 일로 최씨 종회가 있는 경주에 가면.
82 문중 어른들이 다 아내를 잘 얻었다고 칭찬을 해주는데, 이렇게 부부 인연을 맺게 해준 것이 최씨 조상들이라고 하는 사실을 알려준 사람은 지금의 주무라는 것이다.
83 윗대에.

해가 집안에 문턱 안으로 들올 때는 그래도 참신한 그런 규수를 데려 오지. (제가집 3형제를 보면서) 우리 중생들이 알아서 한다 캐도 할배들이 안된다 그마는 (그러면), 고개를 흔들었부면, 다른 여자를 데려 온다고.[84]

기주: 우리 애기아빠 시댁 고모, 저한테 시고모님이 네 명이고 시누가 넷인데, 제가 이래 보니까, 우리 최가에 불공 들이는 분이 많은데, 우리 시고모님 쪽에서 교회 다니는 분이 있잖아요. 집이 완전히 (강조하며) 발칵 뒤집어져가주고.

원래 (시고모의) 신랑도 경제기획원에 계시고 막 대단한 집이고 이랬는데, 큰 고모부가 진짜 대단한 권력줄이고 그런데, 그 분은 일찍 돌아가셨지. 딸은 미쳤어요. (대주 보고) 그 죽었지?

대주: 죽었지!

기주: (대주를 두고) 이 사람한테 (고종)사촌 누난데, 완전히 정신 나가서 미쳐가주고 칼 갖고 자기 엄마를 죽인다고, 맨날 엄마가 겁이 나가주고 도망 다니고...

대주: 서울 의대까지 나왔는데....

기주: 서울의대 나왔는데 미쳐가주고 한 10년은 그랬어. 그라고 아들 둘이는 (두 손등을 마주 대며) 아주 서로 원수가 돼부렸고, 그 큰누나는 미쳐가주고 결국은 죽고...

대주: 고모는 치매가 왔고.

기주: 또 지금 고모는 치매가 오셔가주고 집안이 발칵 뒤집혔어요.

주무: 그이께네. 공들이던 집은 공 안 들이면 안돼.

(이때 굿당 관리인이 점심 준비가 되었다고 해서 이야기를 마치고 점심을 먹기 위해 자리를 옮겼다.)

---

84 3형제들이 각자 알아서 아내감을 데려 온다고 해도 조상 할아버지들이 안된다고 하면 그 여자와 결혼이 이루어질 수 없고 결국은 다른 여자를 데려오게 된다는 말이다.

4. 법사 조현동의 앉은부정

오전에는 굿상을 차리고 굿 준비를 했다. 굿은 점심을 먹고 난 오후부터 시작되었다. 굿 준비와 점심시간 사이에 주무와 제가집 가족들의 사주와 굿에 관한 여러 가지 이야기를 한 시간 정도 나누었다. 주무가 제가집 가족들의 사주에 관해 이야기하면, 대주와 기주가 사주풀이에 관련된 가족들의 실제 경험을 털어놓았다. 대부분 주무의 사주풀이에 맞장구치는 내용이었다.

점심을 마치고 조금 쉰 뒤에 법사의 부정치기로 굿이 시작되었다. 법사는 무복을 차려 입고 굿상 오른 쪽에 벽을 등지고 굿상을 향해 비스듬하게 앉았다. 주무가 시작하라고 권하자, 장구를 앞에 두고 오른손으로 장구를 치고 왼손으로 엎어놓은 징을 두드리며 부정치기 주문을 구송했다. 이른바 '앉은 부정'이다.

그 곁에 조무가 큰 징을 걸어 두고 앉았다. 처음 시작 반주는 한참 요란했다. 주문을 구송할

법사의 앉은부정

때는 잔잔하게 소리를 내다가 한 대목 쉴 때는 크게 쳤다. '/'는 구송을 중단하고 반주만 하는 상황을 나타낸다.

법사: 천하로는 일심 동천 남우에 일심봉천/ 천하궁에 문을 열으시고 지하궁에 문을 열으시고/ 터를 잡아 나랏님 지전에야 건립은 부근 건립이야/ 사바세계는 남선 부주 해동조선은 대한민국/ 경상북도 안동시 서후면에/ 일월산이여 정상이라/ 학가산에 이 고장 부근 도당에 서후 굿당에 이 고장 부근 도당에/ 신령님네요 문을 열어 주시고요/ 도당 신령님네요 부근 신령님네요./

이 도당에 수명장수도 신령님네요. 오늘날에도 내가 사는 명당은 부산시 수영구 ○○동에 ○○○번지 ○○○빌라 ○○○호[85] 명당이라~ 경주최씨 가정이요 명당은 해주오씨야/ 제일 가정에야 제일 명당에야 오늘날에 재수맞이 복맞이에 성주맞이에 조상맞이다/ 소원을 이루자고요 이 골 명산에 산도 설고 물도 설은 이 골 명산에 인연지고 시었어서 이 고장 명당 천년만년/

　　나라 대주 나라 기주~ 아들 형제 삼형제에 일가정이 천리 먼 길에 찾아와서/ 성주야 월에 달이 월색 섣달이라 일진을 잡아 열 아흐렛날에[86] 일상 생기야 이중 절에 삼화절제 사중구/ 오상화에 육중복덕 칠하절기 팔정기운에 남생기 여복덕에 일상 생기야 좋은 날에 사해절명을 가려내고 생기복덕에 날을 잡아/ 최씨 가정에야 오씨 명당에 명받이 복받이에 만신령님네 모시고요 조상님네를 모시고 대우하여 드릴라고요 이 정성을 드리러 왔습니다./

　　제자들은 설판제자 송씨제자 이씨제자/ 조씨제자 풍수선관 합수받아 설판제자 도관제자 일제자 이제자 삼사제자/ 일체 서인 성황님네 일구동참 하옵시고 화해 받으시고/ 이 가정 이 명당에 축원이오 발원이오 나라 대주 대한 대주는 계묘생에 2월 열 이렛날에 나라 대주 최○훈 나라 대주 장남에 나라 기주 명당 갑진생에 오월 초하룻날에[87] 오○주 나라 기주/ 장남의 임신생에 3월 스무 이렛날에 최○우, 차남에 을해생에 3월 열 하룻날에 최○웅~, 삼남에는 정축생에 9월 스무 이렛날에 최○록/ 최씨 가정 명당에~ 일가정 일명당에 이 정성에 재수 소망 주시옵고.

　　부정 부정아 일체아 부정아/ 부정이 따라들고 묻어들던 부정을 걷어내고 가새내고[88]/ 오방부정과 천상부정 땅으로 지하부정 이 명당에도 놀던아 부정아 서낭당에도 드는 부정 산신에도 드는 부정을 걷어다가 천리 밖에나 배송하소/ 뒷동산 치치 올라 청송잎 되어 놀던 부정과, 백솔잎에도 놀던 부정과 대천지 저 먼 바다에 절로 솟아나 물거품에도 드는 부정을 걷어내고 가새다가 천리 밖에 퇴송(退送)이요.

　　이 명당 최씨 가정에 오씨 명당 제일 가정 제일 명당이다/ 터전 명당에도 오방에도 드는 부정과 터주 앞에도 부정 조왕 앞에도 부정/ 남자 바지춤에도 날던 부정 여자 치맛자락에도 묻

---

85 개인정보를 보호하기 위해 정확한 주소를 밝히지 않는다.
86 굿을 하는 날이 양력 2018년 2월 4일이지만 음력으로는 2017년 12월 섣달 19일이다.
87 기주 생일은 5월 21일인데 5월 초하룻날이라 했다.
88 가셔내고. 낡은 것이나 어지러운 것을 씻어내거나 닦아내서 없애고.

어들던 부정아 부정/ 오늘날에는 눈으로 보는 것도 부정, 귀로 들은 부정, 입으로 먹은 것도 부정이고 보는 것도 부정일레야/ 보고 들은 부정에 만설에도 따라들던 부정이야/ 걷어다가 천리로 밖에 배송하소/ 각성받이 육성받이에도 만인간에도 따라들던 부정 인간남녀 왕래 끝에 놀던 부정 입담이야 구답이야 문전시비 악담살에/ 따라들던 부정을 걷어다가 천리 밖에다 배송하소./

영살에도 따라 들던 부정과~ 과상에도 많던 부정/ 오늘날에 최씨 가정 오씨 명당에~/ 저~ 바다가 맑은 바다 많든 부정 동천 바다 많든 부정과~ / 몸수전에도 많던 부정과 피부정과 영정아 부정아 일체부정을/ 세간 살이에도 따라들던 부정 최씨 성에도 많던 부정아 제물이 많던 동방부정 수부영산에 따라들던 부정, 영산에 혼신에도 구신에도 따라들던 부정을 오늘날에 걷어내고 밖에다가 속거 천리로 소멸하소/ 재수받아 낡은 부정 손금마다 따라들던 부정, 부정 천부정에 만부정을 오늘날에 걷어다가 구부 천리로 배송하고/

최씨 가정에 오씨 명당에 안으로 돌아 열두 부정, 밖을 돌아 열두 부정, 울안에서 놀던 부정 울 밖에도 놀던 부정과~/ 천하 방에도 많던 부정 소부정에도 따라들던 부정아, 일년 열두 달에 돌고 돌던 부정 해묵은 부정에 철 묵은 부정 알고 부정 오늘날에 이 정성을 드리나이다./ 이 자리에 이 가정의 부정을 다 걷어가주 (빠르게) 다 속거천리 소멸하고 멀리 멀리하고/ 대한 부정과 재수맞이 복맞이 성주맞이 정성에다/ 최씨 가정에도 오씨 명당에다 일체 부정을 다 걷어내자고.

법사가 여기서 주문의 구송과 함께 '앉은부정'을 모두 마쳤다. 처음에는 천지신명과 이 도당 신령님들이 하늘땅의 문을 열고, 굿을 하는 현장인 대한민국 경북 안동시 서후면 굿당에, 최씨 대주와 오씨 기주네 성주신과 조상신의 왕래와 소통이 가능하도록 분명한 주소를 구체적으로 말했다.

다음에는 제가집의 구체적인 주소를 적시하고, 대주와 기주, 아들 삼형제 가족에게 재수맞이 복맞이 성주맞이 조상맞이를 해서 소원을 이루고자 한다는 뜻을 밝혔다. 그리고 부산에서 안동 서후면 굿당까지 찾아와서 지금 이때 입춘날 좋은 날에 정성을 드린다고 구체적인 시공간과 굿을 하는 목적을 일일이 말했다. 이어서 제가집 대주와 기주, 장남, 차남, 막내아들의 이름과 출생 연월일을 밝혀서 정성을 드리는 주체와 복 받을 대상을 구체적으로 제시했다. 물리쳐야 할 온갖 부정을 일일이 열거하는 데 가장 많은 공을 들였다.

온갖 것에 따라 들어오고 묻어 들어오는 부정을 모두 거두어서 천리 밖에 보내버리도록 되풀이해서 거듭 빌었다. 모든 부정을 깨끗이 소멸함으로써 재수맞이 복맞이 성주맞이를 성공적으로 잘 할 수 있도록 부정치기를 한 것이다.

5. 주무 송옥순의 선부정

법사의 앉은부정이 끝나갈 무렵에 주무는 무복을 갖추어 입고 신장칼을 들고 선부정 준비를 하고 있었다. 신장칼 둘을 서로 부딪히더니 굿당 출입문을 열고 바깥을 내다보며 입으로 휘파람 소리를 길게 냈다. 좌우로 팔을 크게 벌리면서 밖으로 나가 두 손을 모아 합장한 뒤에 허리를 굽혀 절을 했다. 4방을 향해 같은 방식으로 절을 했다. 좌우 팔굽을 허리에 붙인 채 손을 좌우로 벌린 자세로 제자리에서 가볍게 돌다가 굿당 안으로 들어왔다.

신장칼을 든 두 손을 약간 늘어뜨린 채 좌우로 벌리고 제자리에서 시계방향으로 빠르게 돌았다. 한참 돌다가 굿상을 향해 서서 칼 측면을 아래위로 부딪히며 제자리에서 도무(跳舞)를 했다. 손을 어긋지게 교차시키면서 발을 좌우로 바꾸어 가면서 가볍게 도무했다. 그러다가 다시 팔을 좌우로 벌린 채 제자리에서 빠르게 돌며 흥이 나는 듯했다. 춤을 멈추고 두 칼을 바깥쪽으로 던졌다.

칼끝이 바깥쪽으로 향하지 않은 것이 있었다. 칼끝이 모두 바깥으로 향해야 다음 단계로 넘어갈 수 있다. 바닥에 던진 칼을 주워들고 들어와서 다시 도는 춤을 추었다. 그리고 굿상 앞으로 가서 여기저기 칼을 휘두르며 이곳저곳에서 부정을 쳐내는 동작을 했다. 다시 제자리에서 도는 춤을 추다가 칼을 바깥쪽으로 던졌다. 이번에는 칼끝이 모두 바깥쪽으로 향했다. 다음 단계로 넘어가도 좋다는 조짐이다.

이번에는 오방기를 들고 굿상 앞에서 장단에 맞추어 몸을 움직였다. 오방기를 좌우로 나누어 들었다가 바꾸어 들었다가 하다가 오른손에 몰아 쥐고 굿상 좌우를 훑으면서 여기저기 흔들어 부정치기를 했다. 다시 손을 좌우로 벌린 채 시계방향으로 빠르게 돌다가 두 손을 모아서 오방기를 잡고 도는 춤을 추었다. 오방기를 좌우로 나누어 들고 굿상 앞을 휘두르다가 다시 모아 쥐고 원무를 추었다. 춤을 멈추고 좌측 벽쪽에 앉아 있는 제가집 자리로 가서 대주에게 말을 한다. 춤을 춘 뒤라 말을 하는데 숨이 가쁘다.

주무: 오늘 최씨네 나라 대주, 오씨네 명당 기주.[89] 올해 해운에 무술년 해운에 들어서서 오늘이 그래도 입춘대길이[90] 아니더냐. 오늘로서 이제 내년에 무술년이 되는 날이다.[91] 너 그래도 무술년에 들어서서 재수가... 너무 걱정이 되는 게, 너 올해 까딱하면(자칫하면) 집에 불도 한번 나서 놀랠 수도 있고, 화상도 한번 입을 수가 있어. 오늘 (조무를 가리키며) 무당이 저 뜨거운 물로 한번 딜(댈) 뻔 했어.[92]

주문을 멈추고 제가집 가족들을 한 사람씩 불러 앉혀서 부정치기를 하기 시작했다. 먼저 대주를 불러내서 출입문을 향해 꿇어앉도록 하고는, 주무가 신장칼을 좌우에 들고 그 앞뒤에서 칼을 찔렀다 빼는 동작을 아주 빠르게 했다. 등 뒤에서 같은 동작을 하다가 머리 위에서 두 칼을 교차하며 둥글게 휘둘렀다.

좌우로 칼을 다시 휘두르다가 머리 위에서 휘둘렀으며 두 칼을 부딪히며 "어!" 하는 기합소리를 냈다. 두 칼을 가까이 모아서 대주의 목 뒤를 찌르는 동작을 하다가 오른쪽 겨드랑 밑으로 칼을 넣어 빼내기를 3차례 했다. 이어서 왼쪽도 같은 식으로 했다. 기주 앞쪽으로 와서 다시 칼을 휘두르며 머리 위를 쳐냈다. 칼을 바깥으로 던지니 칼끝이 모두 바깥으로 향해 떨어졌다.

오른 손에 두 칼을 모아들고 왼손에는 대주의 이름을 쓴 액막이용 인형을 들고 대주 앞에 서서 찔렀다 뺐다 하는 동작을 했다. 대주 머리 위에 인형을 얹고는 칼 측면으로 때렸다. 칼과 인형을 머리 둘레로 휘두르다가 바깥쪽을 향해 모두 던졌다. 역시 칼끝이 모두 바깥쪽을 향해 떨어졌다.

매듭을 묶은 3색 천을[93] 들고 와서 대주 앞에 휘두르며 부정을 쳐내는 동작을 했다. 먼저 얼굴 앞에서 3색 천의 매듭을 한 차례 찢고 오른쪽 겨드랑 밑으로 돌려서 매듭을 찢었다. 목 뒤쪽에서 매듭을 찢은 뒤에 왼쪽 겨드랑 아래에서도 찢었다. 어깨 위에서도 좌우 차례

---

89 제가집 대주인 경주최씨와 기주인 해주오씨를 일컫는 말이다.
90 굿을 하는 날이 양력 2월 4일 입춘날이었다.
91 음력 정월 초하루를 따지지 않고 24절기로 '입춘'일을 해가 바뀌는 날로 간주하고 오늘을 새해로 계산하여 무술년이라고 했다.
92 오늘 굿 준비를 하는 과정에 조무가 뜨거운 물에 댈 번 한 것이 대주가 화상을 입을 조짐이라는 뜻인 것 같다.
93 손수건만한 3가지 색의 천 3장을 겹쳐서 세로 끝부분을 일곱 가닥이 되도록 미리 가위질을 조금씩 하여 매듭을 지어두어서, 일정한 간격으로 일곱 차례 쉽게 찢을 수 있도록 준비되어 있었다.

로 매듭을 찢었는데, 다 찢은 천 조각들을 모아 쥐고 대주의 머리 위를 휘둘렀다. 3색 천에 이어 5색 천을[94] 제각기 대주의 몸에 대고 양쪽으로 찢었다.

분무기로 대주 이마 부분에 소주를[95] 뿌린 뒤에 신장칼을 좌우에 들고 다시 쳐내는 동작을 했다. 두 손으로 신장칼의 자루와 칼끝을 잡고 칼날이 대주 쪽을 향하도록 하여 밀었다가 당겼다 하는 동작을 여러 차례 했다. 이어서 두 손으로 칼을 잡은 채 대주의 어깨 좌우를 누르며 "어!" 하고 기합소리를 냈다. 머리 위로 두 칼을 휘두르다가 왼 칼을 머리 위에 측면으로 눕혀 놓고 그 위를 오른 칼 측면으로 때렸다. 칼을 휘두르는 사이사이에 모두 3차례 반복했다.

칼을 찔렀다 뺐다 하다가 등 뒤에 칼 한쪽을 대고 다른 쪽 칼로 두 차례 때렸다. 대주 뒤쪽으로 돌아와서 쳐내는 동작을 하다가 오른쪽 어깨에 한쪽 칼을 대고 다른 쪽 칼로 때리는 동작을 했으며, 왼쪽 어깨에도 같은 동작을 했다. 칼을 좌우로 교차시켜 휘두르다가 앞으로 와서 칼을 문쪽으로 던졌다. 칼끝이 모두 바깥쪽을 향해 떨어졌다.

이번에는 오방기를 들고 와서 부정치기를 대주의 앞뒤에서 했다. 오방기를 휘두르다가 대주 앞으로 와서 모아 쥐고 오방기 하나를 뽑도록 했다. 대주가 연두색 기를 뽑으니까 받아서 모아 쥐고 대주 앞쪽에서 좌우로 세게 흔들고 원을 그리며 세차게 휘둘렀다. 멈추고 다시 오방기를 뽑도록 하니 이번에는 대주가 노랑기를 뽑았다. 이어서 나머지 오방기를 뽑도록 하니 연두색 기를 잡자, 다 뽑지 않고 오방기를 받아서 내려놓은 뒤에 다시 신장칼을 들었다.

신장칼을 좌우로 휘두르고 앞뒤로 찔렀다 뺐다 하면서 부정을 쳐내는 동작을 한참 했다. 그런 뒤에 다시 오방기를 모아쥐고 대주에게 뽑도록 했다. 대주가 흰 기를 먼저 뽑고, 나머지 오방기에서 빨강기를 뽑았다. 대주가 두 차례 모두 길한 상징의 기를 뽑게 되자, 대주의 부정 쳐내기를 마쳤다. 주무는 바깥으로 나가 합장하며 허리를 굽혀 절했다. 대주도 바깥으로 가서 침을 3번 뱉고 같은 방식으로 절했다.

94　손수건만한 크기의 5색 천에 붉은 부적 모양이 찍혀 있었다. 3가지 색의 천을 겹친 앞의 3색 천과 달리 5색 천은 한 장의 천에 무지개처럼 5가지 색을 띠고 있는 것이다.
95　분무기에 미리 소주를 넣어 두었다. 처음에는 물인 줄 알았는데 확인해 보니 소주라고 했다.

대주의 부정치기를 마치자, 기주를 불러내어 앉히고는 대주와 같은 방식으로 부정을 쳐내기 시작했다. 신장칼을 좌우에 들고 기주를 향해 찔렀다 빼는 동작을 세차게 했다. 두 손으로 칼을 쥔 채 기주의 좌우 어깨를 힘을 주어 눌렀다. 머리 위에서 칼을 휘두르다가 등 뒤로 와서 다시 칼로 쳐냈다. 좌우 옆구리 쪽을 번갈아 칼질을 하고, 머리 위쪽으로 좌우 칼을 둥글게 휘둘렀다.

머리 위에 왼 칼을 측면으로 올려두고 오른 칼 측면으로 때렸다. 때릴 때 "어!" 하는 기합소리를 냈다. 좌우의 칼을 기주의 목 좌우에 대고 위로 약간 당기는 듯하면서 또 "어!" 하는 기합소리를 냈다. 오른쪽 겨드랑이 밑으로 칼을 빼낸 뒤에, 어깨에 한 칼을 대고 다른 칼로 두 번 두드리고, 왼쪽에도 같은 식으로 한 다음에 등 뒤에서도 칼을 두 번 두드렸다. 칼을 휘두르며 앞으로 와서 칼을 문쪽으로 던졌다. 칼끝이 모두 바깥쪽을 향했다.

기주 몸에 분무기로 소주를 몇 차례 분사하더니, 기주에 해당되는 액막이 형상을 찾아 들었다. 왼손에 액막이를 들고 신장칼 둘을 모아 쥔 뒤에 기주 몸 앞쪽으로 향해 빠르게 찔렀다 빼는 동작을 반복했다. 그러다가 등 뒤로 돌아와서 칼과 액막이를 쥔 두 손을 기주의 머리 위로 빙글빙글 돌렸다.

액막이와 칼을 오른손에 모아 쥐고 기주의 오른쪽 겨드랑이 밑으로 3차례 휘둘러 빼내는 동작을 하고 왼쪽에도 같은 방식의 동작을 했다. 기주 머리 위에 액막이를 들고 칼로 때리는 시늉을 하다가 등 뒤에서 기주의 몸을 향해 칼을 찔렀다 빼는 동작을 여러 번 했다. 그리고는 앞으로 가서 들었던 액막이를 출입구 문 밖으로 던져버렸다. 두 칼을 좌우로 나누어 쥔 뒤에 머리 위와 몸 둘레를 휘두르며 부정을 쳐내다가 오른쪽 칼을 먼저 바깥으로 던지고 왼쪽 칼도 바깥으로 던졌다. 바닥에 떨어진 칼끝이 바깥쪽으로 향했다.

이번에는 오색 천을 들고 묶어 놓은 부분을[96] 잡고 기주 머리 위에서 찢었다. 다시 오른쪽 겨드랑이 밑에서 찢고 왼쪽 겨드랑이 밑에서도 찢은 뒤에 바깥으로 나가서 두고, 신장칼과 액막이 인형을 들고 들어왔다. 왼손에 액막이 오른 손에 칼을 든 채 기주의 앞쪽에서 찔렀다 뺐다 하는 동작을 여러 차례 거듭했다. 그리고 머리 위에 액막이를 얹고 칼 측면으로 액막이를 가볍게 때렸다. 다시 칼질을 계속 하다가 뒤로 돌아와서 기주 등 뒤에서 칼질

---

96 손수건만한 3색의 천을 겹쳐서 세로 끝부분을 7가닥이 되도록 가위질하여 제각기 묶어서, 굿을 하며 7차례 찢을 수 있도록 준비해 두었다.

을 하고 머리 위로 칼과 액막이를 휘둘렀다. 그러다가 문밖으로 칼과 액막이를 모두 던졌다.

칼끝이 바깥쪽으로 나가지 않아서 그런지 다시 칼을 주워들고 들어와서 기주 머리 주위를 휘두르고 위에서 아래로 머리를 내리치는 동작을 했다. 칼로 머리 둘레를 휘두른 다음 머리 내리치는 동작을 세 차례 거듭 한 뒤에 칼을 다시 바깥으로 던졌다. 기대한 대로 칼끝이 바깥으로 향했다.

이번에는 오른 손에 오방기를 들고 기주 몸 주위를 휘둘렀다. 몇 차례 휘두르다가 오방기를 모아 쥐고 기주에게 뽑도록 했다. 기주는 연두색 기를 뽑았다. 주무는 다시 5색천을 들고 기주 머리 위에서 한번 찢고 목둘레를 돌리면서 세 번 찢었다. 그리고 앞쪽에서 찢고 좌우에서 찢었다. 그런 다음 다시 오방기를 들고 기주의 몸 둘레를 휘둘러서 부정을 쳐낸 다음 기주에게 오방기를 다시 뽑도록 했다. 이번에는 기주가 빨강기를 뽑았다. 주무는 기주가 뽑은 기를 들어 보이더니 바깥으로 나가서 신장칼을 들고 들어왔다. 기주도 바깥을 나가서 침을 3번 뱉고 허리를 굽혀 절한 뒤에 들어왔다.

기주의 부정치기가 끝나자 장남에 대한 부정치기가 시작되었다. 대주와 기주의 부정치기에서 본 것과 순서와 방식이 거의 같았다. 특징만 보면, 주무가 오른쪽 손에 칼을 들고 장남의 몸을 여기저기 찌르는 동작을 많이 했다. 두 칼을 바깥으로 던졌는데 한쪽 칼끝이 안쪽으로 향해 떨어지자, 그 칼을 들고 와서 다시 쳐내는 동작을 한 뒤에 던져서 칼끝이 바깥으로 향하니까, 오방기 뽑기를 했다. 처음에 흰 기를 뽑고, 나머지에서 파랑기를 뽑자 오방기를 모아 쥔 뒤에 다시 오방기를 뽑도록 했다. 이번에도 처음에는 흰 기를 뽑고, 나머지에서 연두색 기를 뽑았다.

연두색이나 파랑색 기는 불길한 기이다. 주무가 반주하는 법사를 보고 "신장 좀 세게 때려 봐라!"고 하니, 징을 치면서 반주음악을 세게 쳤다. 주무는 오방기를 장남 머리 위에서 좌우로 흔들다가 다시 모아 쥐고 오방기를 뽑도록 했다. 장남이 처음부터 연두색 기를 뽑자 오방기를 던져두고 밖으로 나가서 신장칼을 들고 왔다. 그리고 분무기를 들고 장남 얼굴에 소주를 뿌렸다. 두 칼을 들고 장남 앞뒤로 오가며 쳐내는 동작을 한참 하다가 칼을 바깥으로 던졌다. 한 칼은 칼끝이 안쪽을 향해 떨어졌다.

주무는 나가서 안쪽으로 떨어진 칼을 들고 와 다시 장남 몸 주위를 쳐내기 시작했다. 칼로 찌르는 듯한 동작을 여러 번 반복했다. 장남 뒤에 서서 왼쪽으로 머리칼을 뒤로 잡아 젖히고 오른손에 든 칼로 머리칼을 베는 듯한 동작을 몇 차례 하고는 칼을 바깥쪽으로 던졌다. 여전히 칼끝이 안쪽으로 향하자, 다시 칼을 주워들고 들어와서 쳐내는 동작을 계속했다. 세 번 만에 칼끝이 바깥을 향해 떨어졌다.

칼끝을 확인한 주무는 오방기를 들고 장남에게 뽑도록 했다. 이번에도 연두색을 뽑았다. 기대하는 색이 아니다. 오방기를 휘두르다가 다시 뽑도록 하니, 이번에는 노랑색을 뽑았다. 기를 뽑는 과정에 주무가 장남에게 "상가에 문상 간 적은 없어요?" 하고 물었다. 장남이 없다고 하니, 기주가 "초상집에 간 적 없나?"고 했다. "없다!"고 하니, "초상집에 가지는 안해도 바깥에서 상주를 만난 적은 없는가?" 하고 다시 물었다.

장남이 대답을 망설이는 가운데 파랑색기를 뽑았다. 아들이 주저하자 기주가 나서서, "아들아! 지난 번에 니 친군가 친구 아부진가 죽어가주 갔잖아!" 하고 다그친다. 장남은 "2년 전에…"라고 응답했다. 기주는 2년 안 됐다고 하고 장남은 2년 됐다고 했다. 그러다가 장남의 동기 친구가 차 사고로 죽었다는 사실에는 모자가 모두 동의했다.

주무가 연두색 기를 빼들면서, "하여튼 청춘에 죽은 신령이 여기에 딱 들어붙어 가주 왕래를 자꾸 하고 있어!" 장남 몸을 연두색 기로 쓰다듬며, "그 길로부터 이 몸이 가볍지를 안 해! 딱 왔다갔다 왕래를 하고 있어!" 주무의 말을 듣고 있던 기주가 "예, 맞아요. 얘 학교 친구가 교통사고로 죽었잖아" 하고 맞장구치자, 장남도 그렇다 하고 주무의 말에 동의를 했다. 주무는 "그러니까 친구가 자꾸 왕래를 해가주고 그 길로 몸이 말끔하지를 안 해! 몸이 무겁고 그래!"라고 하면서 오방기 뽑기를 진행했다. 장남은 처음에 노랑기를 뽑고 나머지에서 빨강기를 뽑았다. 주무는 보란 듯이 "이제 말하고 나니까 괜찮아졌네!"라고 하고, 기주도 그렇다고 공감했다. 주무가 시키는 대로 장남은 밖에 나가서 침을 세 번 뱉고 들어왔다.

이어서 차남 차례가 되었다. 차남에게도 같은 순서와 방식으로 부정치기를 했다. 주무가 칼을 휘두르며 몸을 찌르는 동작을 하자, 차남은 웃음을 참지 못하는 듯 고개를 숙이며 미소를 지었다. 지켜보던 3남도 고개를 숙이며 웃음을 참았다. 칼을 던져도 기대한 대로 던져져서 별 문제 없이 순조롭게 진행되었다. 오색천을 찢는 과정에서 법사에게 반주를 멈추게 하고 차남의 생년을 확인했다. 기주에게 차남이 을해(乙亥)생이라는 사실을 확인하고는 "이 을해생 뒤에는 여자 아가씨가 따라 댕겨!"라고 하자, 기주는 비로소 알았다는 듯이 "아~" 하고 놀랐다.

차남은 미소만 지을 뿐인데, 주무는 오색천을 몸에 대고 계속 찢으면서, "아가씨가 가까이 오지도 못하고 멀찌감치 줄줄 자꾸 따라 댕게^(대녀)" 그러자 기주가 궁금하다는 듯이, "죽은 사람이에요 살은 사람이에요?" 하고 물었다. 주무는 대답 없이 차남 얼굴을 한참 들여다보자, 기주가 "죽은 사람이에요?" 하고 거듭 물었다. 주무는 빠르게 "죽은 사람이니까 따라 댕기지!" 하고 단호하게 말했다.

　기주가 차남에게 "상가에 간 거는 없잖아?" 하고 물으니 최근에는 없지만, 전에 친구가 죽어서 간 적이 있다고 했다. 주무가 "그러니까 친구 여자가[97] 가까이 오지는 못하고 멀찍이 따라붙는다"고 했다. 그래서 주변이 시끄럽고 몸도 무겁다니까 차남이 동의를 했다. 기주가 나서서 애는 무서움을 잘 탄다고 거들었다. 주무는 오늘 자꾸 따라다니는 여자를 천리 밖으로 쫓아주겠다고 하며 찢어서 들고 있던 오색천으로 차남의 몸 앞뒤 좌우를 쓸어내렸다.

　다시 반주가 시작되자, 주무는 칼과 액막이 형상을 들고 차남 몸 주위를 휘두르며 쳐내는 동작을 했다. 한참 그러다가 칼과 액막이를 바깥으로 던졌다. 제대로 나가자, 오방기를 들고 와서 차남에게 뽑도록 했다. 처음에 빨강기를 뽑자 마무리를 했다. 나가서 침을 세 번 뱉고 들어왔다.

　이어서 막내아들을 불러 앉히고 부정치기를 했다. 같은 순서와 방식으로 부정치기를 했는데, 아주 순조롭게 진행되었다. 칼을 던질 때마다 기대되는 방향으로 떨어졌다. 오방기를 뽑도록 하니 처음에는 흰 기를, 다음에는 파랑기를 뽑았다. 깃발을 몇 차례 휘두른 다음에 다시 뽑도록 하면서, "어디 병문안 가지 마래이!" 하고 당부했다. 이번에는 처음부터 파랑기를 뽑았다. 거듭 파랑기를 뽑자, 주무 스스로 빨강기를 뽑아 보이며, "나는 빨강기를 뽑는데, 꺼먼 기를[98] 뽑잖아!" 하고 채근하는 투로 말했다.

　오방기를 휘두르다가 모아 쥐고 뽑도록 하면서, "(병문안을) 가면은 주당 걸레도 젊다 보니까, 다리 아픈 거는 그저 몸이 피곤해가주 그런갑다 그래 생각한다고. 근데 3,4월에는 병문안인가 뭔가 갔다 오면은 몸이 피곤하고 안 좋아. 시드럼병[99] 사람 잡는다고 그래!" 이

97　친구가 죽어서 상가에 간 적이 있다고 하니까, 친구로 지내던 죽은 여자가 따라 붙는다는 말이다.
98　주무는 파랑기를 검은 기라고 했다. 검은 기는 오방기에 없다.
99　병 같이 않게 조금씩 시들시들 아픈 병을 일컫는다.

런 말을 하는 사이에 막내가 마침 빨강기를 뽑아들었다. 됐다는 듯이 나가서 침을 세 번 뱉으라고 했다.

막내가 나가자 주무는 오방기를 들고 굿상 앞으로 가서 원무를 추었다. 오방기를 모아 쥐었다가 좌우로 갈라 쥐었다가 하며 시계 방향으로 돌았다. 쥐고 있던 오방기를 놓아두고 무복 겉옷을 벗어 두 손으로 가로로 받쳐 들고 다시 원무를 추었다. 반주가 잦아들자 춤을 멈추었다.

"부정 쳐내는 거만 해도 반 일 했다. 어휴!"

하고 주무는 선부정을 마치고 벗은 옷을 옷걸이에 걸었다.

"부정을 다 잘 쳐내야 돼. 몸에 칼 한 번 대고 하는데 진짜 좋그던."[100]

제가집이 들으라고 하는 말이다. 그러고는 대주에게 성주상의 두 촛대에 불도 켜고 술도 올리라고 하자, 대주와 장남이 굿상 앞으로 나와서 불을 켜고 술을 올렸다. 대주는 성주상 촛대에, 장남은 칠성상 촛대에 제각기 불을 켰다. 상 위에 준비된 술잔과 물그릇마다 술과 물로 잔을 채우는데, 물잔은 반만 채우라고 했다. 밥도 가지고 와서 굿상에 새로 올렸다.

주무가 제가집 3형제에게 음료수를 권했다. 사양하니까, 먹어도 괜찮다면서 "죽은 조상도 먹고 산 사람도 먹는 자리인데, (웃으며) 먹고 싶은 것 있으면 먹으라"고 권했다. 그 동안 한 켠에 앉아 있던 굿주 가족들이 모두 나서서 굿상에 술을 붓거나 불을 켜면서 주무와 이야기를 나누었다. 부정치기를 하는 동안 겪었던 공수 이야기도 했다. 주무와 굿주 3형제들은 부정치기를 통해서 상당히 가까워졌다. 거리감 없이 두런두런 이야기를 하며 어울렸다.

6. 주무 송옥순의 도당 축원

굿상에 불을 켜고 술잔을 채우는 절차가 끝나고 잠깐 대화를 나눈 뒤에 주무는 밖으로 나갔다. 주무가 나가자 제가집 가족들도 모두 마당으로 따라 나섰다. 서낭신과 산신에게

---

100 몸에 칼 한번 댄다는 것은 수술을 한다는 뜻이다. 사주가 칼을 댈 운세이기 때문에 앞으로 수술할 일이 있어도 오늘 부정을 쳐냈기 때문에 큰 문제없이 지나갈 수 있으므로, 부정을 쳐내는 일은 아주 좋은 일이라는 설명이다.

성주굿을 하게 된 사실을 아뢰는 고유(告由) 제의를 하기 위해서인데, '도당 축원'이라고도 하고 '서낭당 고유굿'이라고도 했다.

굿당 마당의 느티나무 앞 석상(石床)에, 미리 준비해 둔 제물을 옮겨와서 차렸다. 여러 가지 과일과 술잔, 술병을 잔뜩 올려놓았다. 나무에는 오색 천이 길게 휘감겨 있었다. 마을의 당나무처럼 서낭신이 깃들어 있는 서낭당이다. 당나무 곁에는 조립식 구조의 작은 당집이 있고 당집 안에는 촛불을 켜고 향을 피울 수 있도록 작은 제단이 마련되어 있었다. 주무가 제가집 가족들에게 저마다 촛불을 하나씩 켜라고 하자, 제각기 촛불을 켜고 향도 피워서 향로에 꽂았다.

원래는 뒷산에 올라가서 산신고사를 올려야 하는데, 지금은 빙판이 져서 못 올라간다고 했다. 주무는 지금 하고 있는 행사를 설명하면서, "서낭신, 산신, 용신을 합수로 받아서 도당 산신에게 알리는 것"이라고 했다. 이 곳에서 성주굿을 하는 사실을, 지역의 서낭신과 산신, 용신에게 알리는 고유제(告由祭)라는 말이다. 가족들에게 소원을 한 가지씩 빌면서 소지(燒紙)를 올리게 했다. 준비한 한지 소지에 불을 붙이면서 주무가 빌었다.

"이 도당이 어드메냐? 이 도당이 그래도 여기가 학가산이 아닙니까? 학가산 이 도당에, 그 부산시 기장군에 나라 대주 최씨 대주 아입니까. 재수맞이 복맞이 오늘 그래도 다 입춘맞이 아입니까. 천지신명님 전에 소지 3장을 올립니다. 소지 3장을 천지신명에게 올리니 이 가정에 모두 이 명당에 어에든지 소원성취 이뤄주시고 재수문을 열어주시고 자손 창성에 부귀영화를 이뢔(이루어) 달라고... (소지가 바람에 날리자) 아이구구!"

소지를 올리며 비는 중에 바람이 불어서 불꽃이 산 쪽으로 휙 날아가자 "아이구구!" 하며 놀라느라 축원을 마무리하지 못했다. 다행히 산 쪽으로 날아가지 않고 소지가 공중에서 다 타서 불꽃이 사그라졌다. 그러자 안심하고 "아이구 소지 잘 올라간다!" 하고 웃었다. 온 가족들이 추위 속에서도 소지를 올리며 무녀와 함께 웃으며 불꽃놀이처럼 즐겼다. 무녀는 계속 소지를 올리면서 축원을 했다. 먼저 대주의 소지를 올리고, 다음 기주의 소지, 그리고 3형제의 소지를 제각기 올렸다. 가족의 생년을 육십갑자의 간지로 거론하며 소지에 불을 붙이고 비는 말을 했다. 아래는 소지를 하나씩 올리며 대주, 기주, 장남, 차남, 삼남 차례로 비는 말이다.

이 소지는 나라대주 계묘생이 아입니까. 2월이라 열이렛날 최씨 나라 대주 아입니까. 소지 3장 받아주시고 무술년 새해에 건강하게 도와주시고, 마음먹고 뜻 먹은 대로 소원대로 이루게 해달라고 오늘 소지 3장 천지신명님께 올립니다. 이 도당의 산신님께 올립니다.

비나이다 비나이다. 오늘 이때 명당 기주 계묘생에 (얼른 바로잡아서) 갑진생에, 갑진생에 오씨 명당 기주 아입니까. 하는 일마다 잘 되도록 소원 이뤄주시고, 큰 집 작은 집 뭐 큰 공사 대공사 예약하고 계약한 대로 다 이뤄 주시라고[101] 이 소지를 올립니다.

소지를 올리니 이 정성을 받으시고 임신생에 이 자손들이 어디를 가더라도 이름나고 빛이 나고 박수 소리 나도록 잘 도와주시고 직장에 가면 승진도 시켜주시고 연봉도 팍팍 늘게 해주시고, 을해생이 오늘 소지를 올립니다. 동서남북 다니더라도 아무 탈 없이 다니도록 도와주시고 마음먹고 뜻 먹고 술술히 받들어 달라고 소지를 다 올립니다.

3남에 자손이 을축생이 아닙니까. 을축생에 다 소지를 받으시고 을축생이 가는 길마다 다 도와 주시고, (조무가 정축생이라고 바로잡아주자) 정축생이 그저 다 소원대로 다 받들어 달라고 천지신명님께 신령님께 다 고합니다.

(가족들 소지를 모두 올린 뒤에 비손을 계속한다.)

일월산에 학가산에 할아버지 산신령님요. 부군당산 부군 신령님이 다 합수받아 산신에 문을 열고 천황에도 문을 열어서! 오늘 같이 좋은 날에 부산시에 최씨 나라 대주, 명당 기주 오씨 명당 기주 아입니까. 가는 길 오는 길에 동서남북 문 열어주시고 사대문을 열어주이소. 영업에도 문 열어주시고 재수도 문 열어주시고 자손에도 다 경사 문 열어주시고 자손들이 하나같이 그저 밥자리 직장자리 돈자리 업자리 다 마련해서 자손들이 굵게 먹고 굵게 놀도록 다 도와주시기를 오늘 빕니다. (허리를 굽혀 절하며 비손을 한다.) 이 골 당산 신령님께 고하나이다. 비나이다.

주무는 비는 말을 마치고 제자리에서 사방을 향해 비손하며 허리 굽혀 절을 했다. 일행은 서낭신에 고사굿을 마치고 굿당으로 자리를 옮겼다. 굿당 안으로 들어가기 전에 주무의 지시에 따라 가족들은 굿당 입구에 차려놓은 '사자상(使者床)' 앞에 절을 올리도록 했다. 사자상에는 몇 가지 과일과 짚신[102] 3컬레, 정안수 3그릇, 술잔 3이 놓여 있었다. 전면 벽에

---

101 기주는 부동산 관련 사무실을 운영하므로 크고 작은 집 거래들이 계약한 대로 잘 이루어 달라고 비는 말이다.

는 5색 종이로 제각기 오려 만든 사자상 인형을 부착해 두었다. 3개의 빈 술잔에 술을 가득 채우고 굿주 가족들이 모두 절을 두 번씩 한 다음에 굿당으로 들어갔다.

7. 법사 조현동의 신명 축원

굿당 밖에 차린 사자상

바깥에서 도당 축원, 곧 서낭당에 고사굿을 한 뒤에 주무와 제가집 가족들이 굿당 안으로 모두 들어갔다. 가족들은 주무의 지시에 따라 굿상을 향해 절을 3배하고 물러나서 제자리에 앉았다. 법사는 앉은 부정을 할 때와 같은 자리에 앉아서 축원을 하기 시작했다. 온갖 신명에게 올리는 축원이다. 법사의 낭랑한 축원과 반주 장단이 굿당을 가득 매웠다. 축원은

제가집 가족들이 성주신에게 큰 절

제가집의 주소를 정확하게 밝히는 것으로부터 시작되었다.

법사: (반주소리) 천년 잡아 나랏님 시절에 근래는 부근 근래. 사바세계는 남선부주/[103] 해동 주소는 대한민국 부산시 수영구 망미동 ○○○번지 ○○○○빌라./ 이백 ○○호에 가정은 다 경주최씨 가정이요. 명당은 해주오씨 제일 가정 제일 명당이야./ 비나이다 비나이다 재수맞이

---

102 짚신 안에는 한지를 가위로 오려서 만든 '사자(使者)' 형상이 놓여 있었다. 사자는 망자의 혼을 저승으로 데리고 간다는 저승의 심부름꾼 귀신을 뜻한다.
103 반주하는 악기소리를 '/'로 표기한다.

복맞이에 성주님을 보실라고요. 조상님네도 차례차례로 모셔서 대우하여 드릴라고./ 이 날에 이 정성을 드립니다~./

내가 오늘날에 이 고을 명산에 이 도당 명당에서 경주최씨 가정에 소원을 이루자구요. 기도 발원을 드립니다. 신령님네를 모실 적에야/ 해동 천왕님네요 천하궁에 문을 열으시고 지하궁에 문을 열으시고 삼십 삼천에 문을 열으시고/ 문을 열으시고요, (말을 바꾸어) "이것 좀 저 붙여 주소."[104] / 오늘 다 빌 거 빌 거 다 하고/ 최씨 가정은 명당에 소원이요 발원을 드릴라구요. 이 정성을 드립니다.

천하궁에 문을 열으셔/ 이십팔수에 문을 열으시고요. 천왕님네를 다 모십니다. 동방에는 청제천왕님네요. 남방에는 적제천왕님네요. 서방에는 백제천왕님네 북방에는 흑제천왕님네야 중앙에는 황제천왕/ 천왕님네요 골매기도 천왕님네요 동방에야 청제야 천왕님네 남방에는 적제천왕님네요 서방에는 백제천왕님/ 북방에는 흑제천왕님네요 중앙에는 황제천왕님네에 동서남북에 천왕님네요. 고개 넘던 천왕님네야 등을 넘던 천왕님네야/ 재를 넘던 천왕님네 수골매기야 수부당산에 열두 천왕님네요. 오늘날에 좋은 날에 일무야 동참하오시고 화해 동참하오시고/

대관령에아 천왕님네요. 수골매기에도 천왕님네요오 비나이다 비나이다 열두천왕님네 삼천왕에도/ 문을 열으시고 대동장에도 문을 열으시구요/ 일천문도 열어놔주시구오. 강릉시 대관령에 나라 서낭님네요. 국사서낭님네야/ 홍제동에 여서낭님네요 고개 넘던 서낭님네 재를 넘던 서낭님네 등을 넘던 서낭님 골매기 당산에/ 열두 당산에도 수골매기 당산에 서낭님네요 비나이다 비나이다 열두 천왕님 삼천왕님네야/

삼천왕님네요 고개 넘던 서낭님네요/ 재를 넘던아 서낭님네요 등을 넘던 서낭님네 수골매기 당산에/ 거두당산에도 문을 열으시고요 비나이다 비나이다 부산시 시서낭님네 아 수영구 구서낭님네요 고개 넘던 서낭님네 재를 넘던 서낭님/ 발우령을 넘던 서낭님네요. 비나이다 비나이다, 두 손 모아서 이 날 이 정성을 드립니다아. 안동시 대동 안에 서낭님네요 웃당산은 남당산에 아랫당산은 여당산 수골매기 수부당산에도 문을 열으나시구요. 골매기에도 서낭님네요 열두 당산에도 문을 열으시고 천왕에도 문을 열으시구요 비나이다 비나이다 두

---

104 장구에 제가집 가족의 이름과 생년월일을 적은 한지가 떨어지자, 조무에게 한지를 장구에 붙여 달라고 하는 말이다.

손 모아서 이 정성 이 마련에 천부정 걷어내고 만부정 열두 달도 열으시구요 부군당산에도 문을 열으시고 오늘날에 좋은 날에 축원이요 발원이요./

골매기 당산에 열두 당산에도 문을 열으시구요 강릉시 대관령에 나라 서낭님네요 국사서낭님네 홍재동에 여서낭님네/ 오늘날에 일부야 동참 화해 하오시고요. 이 도당 이씨 서낭님네요. 학가산에 서낭님네요 대동 안에도 부산시 시서낭님네야 수영구에 구서낭님네 망미동에 서낭님네야. 고개 넘던 서낭님네 재를 넘던 서낭님네요 오늘날에 좋은 날에 웃당산 남당산 아랫당산에 여당산 수골매기 당산/ 문을 열으시구요 나라 대주 최씨 대주 나라 기주 오씨 기주에 본향 동산 본산에도 신령님네요. 오늘날에 이 고을 명산에 학가산에 영험하시던 이 고을 명산에 신령님네야./

상산은 본향에도 문을 열으라시구요. 웃당산 남당산에 아랫당산 여당산에 골매기 당산에 문을 열으시고, 오늘날에 이 고을 명산에 산도 좋고 물도 좋은 이 고을 명산에 신령님네야/ 영험하시던 이 고을 신령님네요 거룩하시던 이 고을 명산에 대산 신령님네요 상산에도 문을 열으라시고 일무야 동참 화해 하오시고/

비나이다 비나이다 대동 안에도 신령님네요, 오늘날에 좋은 날에 부산시 금정산에 신령님네 봉대산 신령님네야/ 해동산에 신령님네요 백양산 신령님네요 동대산에 신령님네요 오늘날에 좋은 날에 팔도명산에 신령님네 일무야 동참 화해하오시고/ 해당 함경도 백두산 신령님네 평안도 묘향산 신령님네 그 황해도 구월산 신령님네요 서울 한양 삼각산 신령님네 인왕산 국사당 신령님네야/ 도봉산에 아 북한산 신령님네요 관악산 신령님네요 오늘날에 일무야 동참화해하오시고/

비나이다 비나이다 경상도 태백산 신령님 오대산 설악산 신령님/ 충청도 계룡산 신령님네요 충청도/ 전라도 지리산에 신령님네 경남 가야산 신령님네야/ 대구 팔공산 신령님네야 비슬산 신령님네 와룡산에 대덕산 신령님네야/ 경주 남산 신령님이 형산 제산 신령님은 포항 비학산 신령님/ 제주도 한라산 오백장군 여장군이 신령님네요 팔도명산에다 신령님네요 나라 대주 경주최씨 터라 대주에 본향 본산 신령님네야/

나라 기주에 안당 기주에다 해주오씨 나라 기주에 본향 본산에 신령님네요/ 오늘날에도 훗날에야 일무야 동참 하오시고 화해 받으시고요 이 고을 명산에 학가산 신령님네요 앞산은 주령 잡구요 뒷산은 주령 잡으시고/ 해당 영험하시던 이 고을 명산에 대산신령님네요 오늘날에 좋은 날에 팔도명산에 신령님네를 다/ 기도하여 드립니다 부산시에 대동 안에다 앞산

은 주령 잡구요 뒷산은 주령 잡으시오/

오늘날에 다 일무 동참 화해 하오시고요 나라 대주 최씨 대주 나라 기주 오씨 기주에 비나이다 비나이다 성주맞이 정성이오 재수맞이 정성이야/ 팔도명산에 신령님네를 모십니다 산천문을 열어놔 주시고요/ 이 가정 명당에 올해 정유년이 넘어가고 내년에 새 년에 무술년이 돌아와도 팔도명산에 대운 받아주시고 산정기 내려주시고/ 받들어 엿들어 받들라구요 이 날 이 정성을 드리러 왔습니다아 팔도명산 대산신령님/

비나이다 비나이다 천룡지 사해에 용왕님네요 동해바다 용왕님네요 남해바다 용왕님네 서해바다 용왕님네 북해바다에 용왕님네/ 동해는 광령왕님네 남해는 광희왕님네 서해는 광덕왕님네 북해는 광태왕님네 밀물에 용왕님네 썰물에 용왕님네야/ 가까운 바다 용왕님네 먼 바다 오대양 육대주에 용왕님네요 오늘날에 좋은 날에 물 우에는 금수 용왕님네 우물 밑에는 황금의 용왕님네 샛길 속에 용왕님네 갓길 속에도 용왕님네야/ 팔만아 사천에 용왕님네 사가라 용왕님네 무지개에도 용왕님네요. 열두 바다 용왕님/

동천왕에도 문을 열으시고요 열두 바다에 이십 사 방에 앞바다 열두 바다 뒷바다 열두 바다 팔도명산에 산신용신에 흐를 용신에 폭포수 용신에/ 이 고을 명산에 산신 용신에 흐를 용신에 약수 용신에/ 비나이다 비나이다 삼천리 방방곡곡에 흐를 용신님네요 오늘날에 좋은 날에 대명산천에다 산신용신에다/ 나라 대주 최씨 대주에 나라 기주에 오씨 기주에 본향 본골에 흐를 용신에다/

용천왕에도 문을 열으시고 오늘날에 좋는 날에다 나라 대주 나라 기주에 해달 같은 양주 부분에 아들 형제 삼형제에 소원을 이루자구요 이 날 이 정성을 드리러 왔습니다. 대용왕님네야/ 해당 금일 가정에다 팔만 용신에다 대용신에 부산시 앞바다 열두 바다에 동해 바다 용왕님/ 비나이다 비나이다 이 정성에 이 마련에 어 갑술년에 물안 대복으로 억수장미 비 퍼붓듯이 대천바다 물밀 듯이도/ 최씨 가정에 오씨 명당에 비나이다 비나이다/

북두대성 칠원 성군님네요 일곱칠성님네 동두칠성님 남두칠성님네야 서두칠성님네야 북두칠성님네 일곱 칠성님네 견우직녀 칠성님네 오작교 칠성님/ 바람 칠성님네야 구름에도 칠성님네요 해가 돋아 일광칠성 달이 돋아 월광불사님네야 고을매기에도 불사님네요./ 팔도명산에다 산신 용신 흐를 용신에 폭포수에 용신님네야/ 바다 산신칠성에 용궁에도 칠성님네요 오늘날에 좋은 날에 비나이다 비나이다 해가 돋아 일광칠성님네 달이 돋아 월광칠성님/ 골매기에도 칠성님네요 산신불사 용궁불사/

일광제석님네 월광제석님은 삼불이 제석님네 이월 제석님이 영도/ 동해바람 제석 구름 제석님네 오늘날에 좋은 날에 불사님 두 분 제석님 칠성님네야/ 오십니다 황해산 당산에 본당에 나리소서. 비나이다 비나이다 경주최씨 선에 선천지에 후대 후천지에 선대 후대에 빌고 빌으시고 받드시던 조상 불사/ 안당 불사 안당 시주님네 삼안 시주님 조상 시주님네요. / 비나이다 비나이다 나라 대주 나라 기주에 해달 같은 양주 부부에 아들 형제 삼형제에 비나이다 비나이다. 짧은 수명은 길게나 하여주시고 긴 수명은 연장시켜서 삼천갑자라 동방삭이야/

명을 주시고야 남에 여덟에 안에 여덟에 일백 육십을 점지하여 주시고 선팔십에도 후팔십에도 긴 명은 실어 담아주시고/ 천년 바위에 명 빌어주시고 거북 구자 구자로서 명다리 복다리로 명 발원에 복 발원에 천년에 만년에/ 무쇠 목숨에 돌끈 달아서 긴 명으로 점지하여 주시고/ 나간 복일랑 석숭에 재물같이도 쓰고 먹고 남게끔 재물 실어도 물안개 복으로 실어주시고/ 비나이다 비나이다 일곱칠성님네요/

(물 한 모금 마시느라고 잠깐 쉬었다가 좀 느리게 다시 시작한다.)

칠성님네를 다 본당에 모십니다. 천하장군 지하장군에 삼나라 삼장군에 후나라 육장군에 소고 백만 신령님네 이십에 팔수에 신장님/ 오방신장 육방신장님네 범 같으신 신장님네 거룩하시는 장군님네요/ 오늘날에 나라 장군 대장군에 각 나라 열두 장군님네요. 고려 명장 최영 장군님네 삼국통일에 김유신 장군님 만고충신에 임경업 장군님 거북선에 이순신 장군님/ 파평에 윤장군에 평산에 신장군 이장군에 복장군에 권율 장군에 수자로 장군님네 나라 장군 대장군님네야/

오백만 신장님네 이십팔 수 신장님네요 오늘날에 좋은 날에 신장 대감님네 대감님네다/ 장수님네요 일심 장수는 태종 이군불사 지방조 삼국명장 제갈량 샛별 청도는 조우평/ 오방장수 관운장 육군병장 진시황 칠연대는 황산터 팔달산 사는 직감로 구세동방 장군님 십양조는 황수명/ 선봉자는 조자룡 후봉자는 대원이 장수야 대감네야/

비나이다 비나이다 경주최씨 대감님네요 해주오씨 대감님네 아아 사돈에 대감님네 양위 대감님네 옛날 옛적에 문관 나고 무관 나고 나라 전에 녹을 잡수시던 대감님/ 삼정승에 육판서에 종묘사직에도 위패 걸던 대감님네야 웃대궐은 다 경복궁 아랫대궐은 창덕궁국에다/ 놀으시던 대감님네 오늘날에 좋은 날에 비나이다 비나이다 대감님네를 다 비나이다 비나이다/

형제 조상님네 만조상님네 재종대감님네요 나라 대주에 좋을 대감 명감 복 대감에 재수 대감님에 재물에도 대감님네요/ 오늘날에 좋은 날에 삼만 육천 성주야 대감님네요. 받들 성주도울 성주 명 성주 복 성주로 천년 성주 만년 성주/ 아 나라 대주에 삼만 육천 성주 대감님네요 갓머리 밑에 계집 여(女)자 편할 안(安)자 성주님네야/ 재물 성주로 복 성주로 사업에도 성주 국전에 성주 돈 성주 복 성주야/

명 성주로 오늘날에 좋은 날에 이 정성에 임신생에 제장군/ 올해다 신년에다 신년 맞이 해운맞이에 무술년에다 일곱 성주 대성주에 초년 성주야/ 해당 일 스물일곱에 초년 성주 서른일곱에 삼년성주 사십에 일곱에는 중년성주 오십에 일곱에 대성주 육십 하나에는 환갑성주/ 종을 싣고 오시던 성주님네요 받들 성주 오늘날에 도울 성주로 다 성주님네를 대우하여 드릴라고/ 이날 이 정성을 드립니다. 차례차례로 상에 상당에 등대함 모시고. 어에든지도 금일 가정 명당에 초헌이요 발현이요. 만조상님네를 다 성주님네 뒤를 따라서 다 조상님네를 모십니다.

어쩌다 선망 후망 조상님네 나중 가시는 후망조상/ 앞에 가신 선망에도 조상님네 열에 만 조상님네를 다 차례차례로 모십니다. 먼저 가신 선망조상님네 나중 가신 후망조상님네/ 앞에 가신 선망에도 조상님네요 경주최씨 조상님네 해주오씨 조상님네 차례차례로 연차례로 썩은 손목을 마주 잡고/ 돌아오소 돌아오소 산이 높아 못 오시나요 물이 깊어 못 오시나/ 산이 높아서 못 오시면은 구름결을 타고 돌아오소 물이 깊어서 못 오시면은 바람결을 타고 이수 없는 장장천리에 산을 넘고 물을 건너서 후여후여만 돌아오소/

백두산악 일보당제 호로산 저 제실로 꽃을 꺾어 머리에 꽂고요, 잎을 따다 초경 불고 가지 끊어 이슬 치고 솟을 대 끊어 작지를 짚고/ 동은 청제 옥장문을 열으시고 남은 근수 하단문을 열으시고 서는 백호 금강문 열으시고 북은 현무 흑장문을 열으시고 죽은 황천에 지옥문을 열으시고/ 북두가 방문을 열으시고 차례차례로 돌아오소 돌아오소 이수 없는 장장천리에 돌아오소/

오시는 날짜도 말미 잡으시고 가시는 날짜도 말미를 잡으시고 복받아 말미를 잡으시고 초당 호구에 비단 천금에 삼단에 세남 받으시고/ 비단 속에 질고 양단계를 이를 놓고요. 차례차례로만 돌아오소. 어른 조상님네 아이 조상님네 아이 조상님네 길짐을 지우시고 앞세우시고 어른 조상님네 오늘날에 뒷따르시고 오잤거니 가잤거니 밀거니 끌거니/ 조상님네요 돌아오소 돌아오소 초재 이재로만 돌아오소 삼재 사재로만 들아오소/ 오재 육재로 돌아오소 칠재 팔재로 돌아오소 구재 열재로 돌아오소/

차례차례로 연차례로 상에 상당실에 선대 조상님네 후대 봉천에 조상님네 열이 열반 조상님네요. 오늘날에 좋은 날에 사돈 사돈에 반사돈에 사돈사돈에는 연사돈에 사돈사돈에 겹사돈에 꽃사돈 이사돈에 손을 잡고 차례차례로 어나 돌아오소 돌아오소 반정실로 돌아오소 온 정시로만 돌아오소/

오늘날에다 이 정성을 드립니다. 이 고을 명산에 다 인연지고 시연져서 이 도당 명당에 터전 빌로 만전 빌려서/ 귀한 최씨 조상님네요. 해주오씨 조상님네를 다 차례차례로 상에 상당실에 연하당에 꽃당 잎당에 모시구요 연초당에 화초당에 연하당에/ 차례차례로 모시오니 어~ 조상님네 썩은 손목 마주 잡고 오늘날에 좋은 날에 다 혼이라도 모셔서 본당에 나리소서/ 비나이다 비나이다 두 손 모아 비나이다/

정성을 드리오니 어에든지 대주 최씨 대주 나라 기주에 오씨 기주에 아들형제 삼형제야/ 비나이다 비나이다 이 정성에 소원을 이루자구요. 천 리 먼 길에 이 고을 명산에 산도 설고 물도 설은 이 고을 명산에 찾아와서 이 정성을 드리오니 반갑게도 받으시고 고맙게도 받으시고 고맙고도 반갑게도 받으시고 어예든지 조상님네 신령님네요./

최씨 가정 오씨 명당 올해 정유년이 넘어가고 내년에 새해년이 돌아와도 일 년에 열두 달 과년은 열 석달에 삼백하고도 육십오일 날에 춘하추동 사시절에 돌고 도는 해월에 대월은 서른 날에 소월은 이십구일에 정칠월 이팔월 삼구월은 사십 절에 오동지 육석달에도/ 날의 홍수를 막아주시고 소털 같이 많은 날에도 악한 일도 막아주소, 험한 일도 막아주시고 관재구설을 막아주시고/

입살구설도 막아주시고 구설살이야 각성받이 육성받이 인간남녀 왕래 끝에 주당살을 막아 주어시구요, 차를 타고 차를 몰고 동서팔방을 다니더라도 밤에 밤길에도 낮에 낮길에도 소로길에 대로길에도 비가 오는 우중이나 눈이 오는 설중에나 바람 부는 태풍 속에도 사고수도 막아주시고 그림산에도 중산에 길태산에 아/ 산이야 평지 낙매 언덕 낙매 도로 낙매 물에 낙매 길에 낙매에도 들오는 살도 막아주시고/

아야지야 아프다 슬프다아 사지 육천 마디에도 들오는 살이야 병고의 난도 막아주시고/ 에라 재물에도 오살이야 동태살이 환란 살이 천금 대금 앞에도 놀던 살이야 재물에는 환란살에 사업에는 실패살을 막아주시고/ 삼재팔난에도 병고 살이야 지는 경인생에 유월 스무 나흗날에 안○쳐[105] 나라 각성받이에도 올해는 다 누울 삼재, 무술년에 나가는 삼재 어에든지

---

105 제가집 가족은 대주와 기주, 아들 3형제 모두 5명이지만, 제가집 지인이라고 하여 경인생 6월 24일 안○쳐

도 앞삼재는 복삼재로 삼재팔난에 암(아무) 탈없이도 무탈하게 잘 넘어가도/

비나이다 비나이다 길사 끝에 흉사 끝에도 각성받이 육성받이 일가친척에도 곡소리 끝에 울음소리 끝에 상가 상문살이야 주당살이야 육십갑자 끝에 오색 무색이 따라들고 청색 무색에도 따라들든 주당살도 막아주시고요 일천당 들오는 살 막아주시고 오늘날에다 이 정성 드리고 나거든 어에들랑(어쨌든) 최씨 가정에 오씨 명당에다 불설명당 불 밝혀주시고 물설명단 물 맑혀주시고 밤이 되면은 불같이고 낮이 되면은 옥수같이 그믐밤에는 등불 같이 다 밝혀주시고/ 받들어 주시고 엿들어 주시고 높은 산에 눈 날리고 낮은 산에 재 날리고 깊은 산에 안개 모이듯이 아침이슬 그치듯이도/

비나이다 비나이다 두 손 모아서 이 정성을 드리오니 만신령님 반갑게도 받으소서. 나비 앉아 꽃반 받으시고 새가 앉아 잎반 받으시고 가얏고 열두 줄에는 다리 놓고/ 청해 상당실에 놔두옵소서 비나이다 비나이다 두 손 모아/ 높은 당에 홍과일로 낮은 당에 청과일로 줄기줄기 뻗은 과일 보약에 홍동백서를 받으시고 좋을시고/ 설기 설기는 붉은 설기 대설기야 대방실로 받으시고 설기 설길런가 칠성시루도 명시루로 받으시고 설기 설기는 조상시루 보양 복편으로/ 받으시고요 어에든동 오늘 다 금일 정성 다 태산 같이 받으소서/

(법사의 축원이 끝나자 조무가 "아이고 수고하셨습니다" 하고 치하했다.)

지금까지 축원 내용을 보면 축원 주체인 제가집 주소를 구체적으로 밝히고, 경주최씨 가정에 소원을 이루려고 기도와 정성을 드린다는 목적을 가장 먼저 밝혔다. 그리고는 천하궁과 지하궁, 33천 28수의 문을 열고 온갖 신명들의 이름을 두루 열거하며 모두 청신(請神)한다.

사방의 천왕님과 수당산의 열두 천왕님을 모시고 전국 각지의 명산과 고개의 서낭님도 모신다. 이어서 전국 당산의 골매기와 팔도 명산의 신령님들도 두루 모신다. 동서남북 바다의 용왕님들은 물론 오대양의 용왕님들과 열두 바다의 용왕님들도 모신다. 용왕님에 이어 온갖 칠성님들을 모두 청신한다. 다음으로는 천하장군과 지하장군에 이어 오방신장과 대장군, 역사적으로 이름을 떨친 모든 장군을 호명하여 모신다. 그리고 문무관의 모든 대감과 삼정승 육판서의 대감들을 모시고, 천년 성주 만년 성주, 초년 성주 환갑 성주 등 온갖

를 함께 빌도록 준비를 하고 액막이 인형도 함께 만들었다. '안○취'는 동업자라고 한다.

성주를 다 모신다.

성주신에 이어서 조상님들을 모신다. 대주인 경주최씨 조상님과 기주인 해주오씨 조상님을 비롯하여 여러 조상님들이 구름결을 타고 바람결을 타고 꽃을 꺾어 머리에 꽂고, 잎을 따다 피리 불며, 사돈 조상님들과 함께 손을 잡고 차례차례 오시라고 한다. 이렇게 여러 층위의 신령들을 일일이 열거하며 다 모셔 놓고서는 최씨 대주와 오씨 기주, 아들 3형제의 복을 제각기 빈다.

먼저 일년 열두 달 삼백 육십오일 춘하추동 사시절에 악한 일고 험한 일, 관재구설을 막아달라고 빌고, 차를 타고 동서팔방을 다니더라도 사고 수를 막아주고 각종 낙상 살도 막아주고 몸이 아픈 병고의 살도 막아달라고 빈다. 그리고 재운의 손재수나 사업의 실패 살을 막아주고 삼재팔난도 막아주어서 복 삼재로 무탈하게 잘 넘겨달라고 빈다. 일가친척 초상에 상문살과 주당살도 막아주고 따라들고 묻어드는 부정을 막아달라고 정성을 들인다.

칠성신들을 모실 때는 "짧은 수명은 길게나 하여주시고 긴 수명은 연장시켜서 삼천갑자라 동방삭이처럼" 살도록 해달라고 빌었다. 말미에는 축원 내용이 압축되어 있다. 오늘 두 손 모아 정성을 드리니 만신령님들이 반갑게 받으시고 태산같이 받으셔서 최씨 가정 오씨 명당에 그믐밤에 달빛 같이 복을 밝혀 달라고 빌면서 마무리한다. 전체적으로 신령의 이름을 다양하고 풍부하게 열거하는 것이 가장 큰 비중을 차지하고 있다. 만신을 가능한 많이 열거하고 신령의 이름을 구체적으로 호명함으로써 주술적 효과가 증대된다는 믿음에서 비롯된 것으로 추론된다.

8. 조무 이금주의 조상거리

법사의 신명 축원에 이어 조상거리가 시작되었다. 조상거리는 조무 이금주가 맡아서 했다. 조무가 한복을 갖추어 입고 굿 준비를 하자, 주무 송옥순이 "오늘 한복이 자이(아주) 이쁘다"고 하며 조무의 옷차림을 칭찬했다. 그 동안 못 보던 새 옷이라고 특별한 관심을 보였다. 조무는 짙은 자주색 저고리에 남색 치마를 입었는데, 주무의 옷차림 칭찬은 공연한 것이 아니라 제가집 조상의 경제 사정과 관련된 것이다. 옛날에 잘 살던 경주 최부잣집[106] 굿을 하니까, 거기에 어울릴 만하게 무녀의 옷도 참 화려하다는 것이다. 조무는 한복 위에 색동 줄무늬 장삼을 입었다.

　조무가 굿을 시작하려고 나서자, 주무가 "바닥이 미끄럽다 물 좀 뿌리고 해라. 하이고 미끄러워 발을 못 딛겠다"고 했다. 조금 전에 '선 부정'으로 원무를 추면서 겪은 까닭이다. 분무기로 바닥에 물을[107] 골고루 뿌린 다음, 오방기를 들고 굿상 앞으로 가서 향을 촛불에 붙여서 얼굴 위로 높이 쳐들고 3번 휘둘렀다. 법사의 장구와 꽹과리, 주무의 징 소리가 울리는 가운데 조무는 오방기를 들고 바깥으로 나가서 허리를 굽혀 사방 절을 하고 굿당으로 들어왔다. 굿상을 향해 큰 절을 두 번 올리고, 주무와 법사, 조사자, 굿주 가족들을 향해 일일이 허리를 굽혀 절을 했다.

　오방기를 오른 손에 모아들고 바깥문을 열고 아래위로 흔든 다음에 문을 닫았다. 뒷걸음질로 가볍게 도무를 하면서 굿당 가운데에 이르자, 굿상을 향해 돌아서서 오방기를 아래위로 또는 좌우로, 또는 머리 위로 휘두르면서 가볍게 도무를 했다. 반주 소리와 도무로 신명이 오르자 제자리에서 뛰면서 왼쪽으로 돌기 시작했다. 한참 도무를 하다가 춤을 멈추고 반주석을 향해 절을 하면서 사설을 시작했다.

　사설은 마치 판소리 광대가 아니리를 하는 것처럼, 또는 탈춤 광대가 탈마당에 혼자 나와 관중을 향해 독연(獨演)을 하는 것처럼 이야기투로 하되, 반주석과 제가집 가족석을 향해 말을 주고받는 대화 형태를 취하기도 했다. 조무가 사설을 하는 동안 법사는 반주를 멈추었고 조무가 사설을 멈추면 법사가 반주를 해서 서로 호응을 하였다. 조무가 굿을 하는 까닭에 주무는 반주석에 앉아서 조무의 말에 응답을 하며 보조 노릇을 한다. 조무의 사설이 시작된다.

조무: 아이고 우리 제자 삼제자야!

주무: 예!

조무: 어여 설판제자 우리 송씨 제자야! 우리 삼제자 합수하여 신령 윗대조상이라. 아랫대 조상을 비롯하여 제자야 어이!

주무: 예!

106　제가집 대주가 경주최씨인데, 그 조상 가운데 유명한 부자가 있어서 흔히 '경주 최부잣집'이라 일컫는다.
107　분무기에 든 것은 물이 아니라 소주라고 했다.

조무: 이 사람 편히 살다가 섣달에 눈보라가 휘날리는 오늘날에 말이래. 제자들아!

주무: 예!

조무: 오냐 오늘 해주오씨들 대한 가정에 (경주최씨라고 해야 할 것을 잘못 말하자, 말을 바꾸어) 아, 참! 저저 경주최씨네 대한 가정에, 해주오씨 명당을 돌아들어! 오냐 천리라도 만리라도 조상 뒤를 따라오는 우리 후손들이. 오야 우리 설판의 제자들은 우리 공판 신령이 앞을 서만 어느 가정 모를 수 있나 제자야!

신령님네 우리 대감들이 합의해서 들어서니, 참말로 오늘 경주최씨네. 대한 가정에 차례차례 연차례로 조상대감을 모셔 들룰라이¹⁰⁸ 고개를 끄덕끄덕 치면서 제자야. 조상이 반가워갖고 즐거워갖고 좋아 몬⁽ᄆᆺ⁾ 사는구나.

주무: 맞니더. 오늘!

조무: 이 후손들 앞세우고잉! 우리 제자 만반진수 실어놓고 조상이 오늘 허벅지게 실어놓이 제자야. 경주최씨네 가정에 조상이 어떤 조상인 줄 아나?

주무: 예!

조무: "여봐라! 하고 옛날에 독립운동 독립만세를 했는둥, 그래도 차례차례 연차례로 모셔 들룰 때, 증조부를 모신다 카이. 이 집에 누가 묘 산소 잘 들었는 조상이 있는가배. 산소 한번 잘 들었는 묘터 조상이 그 조상이 오늘 앞으로 서서 우리 후손들 장래문제를 제쳐 놓고 제자야. 잘 먹고 잘 살으라꼬. 웃대부터 마 도움을 차례로 내롸다주고⁽내려주고⁾, "이거 다 너가 큰 고생 안 해가며 먹고 사는 것이 오늘날에 웃전에 조상덕이 아이더냐!" 이카면서, 증조할배 오늘 천리라도 만리라도 바람 따라 구름 따라 제자야. 후손들 하마 미리 왔지만은, 조상도 너 둘이 따라서는 설렁설렁 내리올 때.

오야 손자도 조상에 꿈에 현몽도 시켜줬고, 또 손부도 꿈에 현몽, 소도 되고 물도 되고 시켜줬고, 오야. 다 정유년에 가기 전에 제자야 무술년이 오기 전에, 이 정성 섣달 상달에 이래 받아놨는데,¹⁰⁹ 할배가 언가이⁽어지간히⁾ 이 집에 유세스럽네. 유세스럽고 등다락¹¹⁰ 같은 할아버지네서 우리 제자들 웅변소리에 따라 들어오고 징소리 북소리에 따라 들어오고 어이! 오야.

---

108 모셔 들이려고 하니.
109 성주굿을 하는 날짜를 음력 정유년 섣달 상달에 받아놨는데.
110 안동에서 높은 다락을 특별히 등다락이라고 한다. 등다락 같다는 것은 위세가 아주 높다는 뜻이다.

경주최씨네 대한 가정 제자야, 차례대로 모셔 들러보자! 웃싸!

조무의 '웃싸!' 소리에 맞추어 법사가 반주 음악을 연주한다. 조무는 반주 음악에 맞추어 도무를 하다가 제자리에서 돌았다. 왼쪽으로 돌며 원무를 추었다. 제가집 가족들 머리 위로 오방기를 좌우로 흔들며 도무했다. 다시 제자리에서 왼쪽으로 돌다가[111] 반주석을 향해 오방기를 두 손으로 모아 잡고 허리를 굽혀 절을 하자 반주가 멈추었다. 반주가 멈추자 조무는 다시 사설을 시작했다.

조무: (반주석을 향해서) 고맙다고 고맙습니다 한다. 오늘 우리 후손들 내라 하니 누군 줄을 어에(어떻게) 알겠노. 내가 당대 할배 내 아이라, 증조할아버지![112] 우리 손자야 우리 증손자들 후손들 이래 놓고, 옛날에 이 집이 할배들이 진짜로 이 묘터 자리 잘 보는 할배가 계시는 모양있다.[113] 그거 뭐로? 이래 놓고 보는 거? 패철 놓고, 지리도 보고 뭐도 보고 장사하는 할아버지도 한 분 계시고, 이 집 들어섰는데 돛대 대감이 옛날에 응 돈대감 장사대감 영접대감 건위대감도 들오시고.

　손자들아 오야! 너거 뒤를 따라서 증조 할배가 어디론들 못 가노, 이 증조 할배가 그라만은 (그러면) 묘터가 잘 모셨다. (대주를 내려다 보면서) 아저씨요, 잘 알아보시세이. 조상님이 들어오실 때, 이 두 골이 편해도 이 후손들이 머리도 편할 수가 없어. 이 할아버지 터 산도 좋고, 바람도 안 들어오고 안주(아직) 아늑한 곳에 할배가 양지바른 곳에 누워계신다만 증조할아버지. 할배를 둘러 이쪽에서도 오고 저쪽에서도 오고 할아버지 산소들이, 그 문중산소가 계실껜데. 여기저기서 오시네.[114] (대주가 맞다는 듯이 고개를 끄덕인다.)[115]

　그래도, 줄기줄기 여기서도 오시고 저기서도 오시고, 우리 산에요 문중산에 오셔보래요. 그 참 하단에 문중산이 참말로 그 누구보담도 문중산소가 좋아서러. 우리 손자야, 내가 이래

111　조무는 원무를 출 때 늘 왼쪽으로, 곧 시계 반대 방향으로 돌았다. 그러나 주무는 오른쪽으로, 곧 시계 방향으로 돌았다.
112　대주의 증조할아버지가 오셨다는 말이다. 증조할아버지 신령이 무당에게 빙의된 것이다.
113　윗대 조상들 가운데 묘터를 잡는 지관 할아버지가 계셨던 모양이다.
114　윗대 조상들이 문중산소에 계실 것인데 거기서 모두 같이 오시지 않고 여기저기서 오신다는 말이다. 조상들 산소가 여기저기 흩어져 있다는 것을 말한다.
115　대주가 조무의 조상들 산소 관련 이야기가 맞다는 뜻으로 고개를 끄덕였다.

양 어깨를 떡 떠벌시고 이래 왔다.[116] 조상들이 후손들을 도와야지만이 저도 편코, 조상도 편코 잘 먹고 잘 사느니라. 우리 손자야 오야(오냐) 증손자야!

오야 우리 손부야 내 말 들어봐라. (기주를 들여다보며) 우리 손부 분명하제? (기주가 예 하고 대답한다.) 이 손부가 우리 집에 올 때에 시집올 때에 업(業)의 용신을 싣고 왔잖나! 그래가 이 손부가 들어오고부텀 우리 집에 재물이 많이 이뤘니라(일구었니라). 이래가주고 조상이요, 좋아 몬 산다. 저 손부 잘 봐주고, 손부가 우리 집에 들어오고부텀 따박따박 재물이 일기를 시작하는데, 원(원래) 줄도 있었지만은 원 전재산도 너무 없지는 않았지만은[117] 그래도 들어서니 너그 둘이는 천하대동 궁합이, 이런 궁합이 없다네.[118] 할배가 그칸다.[119] 그래서 우리 손부가 우리 집에 와서 재물을 일카(일구어) 놓고, 재산을 일카 놓으이 조상이 배가 불러야 너가 배가 부른지라. 우리 조상 만고강산 이키 좋다. 제사를 누가 이래 지내는동.... (대주를 보면서) 몇째래요, 아저씨네가?

기주: 외동아들!

조무: 외동아들이라 그래 놔놓이 그칸다. 그 제사를 누가 받아 지내는 동.

기주: 배다른 형제가 미국에서 있어요. 그런데 우리는 얼굴도 몰라요.

조무: 그렇지? 그래 놔 놓이 들어서이 그칸다. 제사를 잘 지낸다 카네. 제사를 떡 벌어지게 이래 채려 놓고 (기주에게) 거가(거기가) 맹(역시) 지낼 꺼 아이라?

기주: 네!

조무: 그래 손자야, 조상이 오만 그거 그쿠 모를라! 천년만년 우리는요, 제삿날 찾아갈 때, 하만 자(祭)들이 떡 벌어지게 해놔 놓고, 저 손부가 모테기는[120] 요래 작아도[121] 조상에 일이라 카면 막 아까운 것 없이 막 갖다 채린다. (기주를 보며) 우리 손부가! 손부야 이래서 할배가 이래 와가주고 "그래 오냐, 우리 손부야 우리 손자야 안 먹어도 배부르다!" 어찌 이렇게 나이도 없는 게

---

116 증조할아버지는 누구보다도 훌륭하게 터잡은 문중산소에서 오는 까닭에 양 어깨를 떡 벌리고 당당하게 왔다는 말이다.
117 원래 지니고 있었던 전 재산도 적지는 않았지만.
118 대주와 기주의 궁합이 좋다는 말이다. 그런데 앞에서 주무는 궁합이 맞지 않다고 했고 기주도 그렇다고 동의했다. 따라서 여기서는 부부 금슬을 말하는 궁합이 아니라 재산을 벌어들이는 궁합을 말한다.
119 할배가 재물을 벌어들이는 기주의 궁합이 좋다고 그렇게 말한다.
120 무더기는. 몸집은.
121 기주는 몸집이 작은 편이다.

이 집 앞에 채려놔 놓고, 우리 집에 와서 삼형제 알밤 글고, 우리 집 손자들 저래 낳아 줘.[122] 손부야 우리 조상이 우리도 손자보담도 우리 손부가 이뻐 몬 산다.

이래가주고 어에든동 너그 둘이 딴 게 뭐 있노. 너 남의 집에 돈 꾸러 가라 소리 안하고, 너 그 둘이 건강하고, 둘이 행복하게 잘 살만, 조상들이 그걸 빌고 있다. 또 사업을, 우리 아들이 옛날에 장사를 했잖나. 사업을 했잖나. (대주를 향해) 당대 할아버지가 장사하셨다는[123] 소리 들었지요?

대주: 예.

조무: 우리 아들이 옛날에 좋다. "북한 땅도 우리 땅이오, 남한 땅도 우리 땅이오, 만주벌판도 우리 땅이오, 어 일본 땅도 내 땅이다." 옛날에 할배가 "독도는 우리 땅!" 그러는 거 보이께네, 만주벌판 어데 돈도 벌러갔는 모양이래. "대한민국 돈만 벌었는 게 아이라!" 이런다, 당대 할아버지가!

그래가주고 이따가 할배 들어오실 때 보래요. 그래가주고 야(애)야 너거 당대 할배 우리 아들이 말이다.[124] 그케 남의 나라 돈을 땅따먹기를 해도, 따오고 이래도 따오고, 너거 할배들이 마이 따왔다. 그래서 우리는 누구든지 장사를 해야 돼. 우리 지금 손자도 그코(그렇고) 장사를 하만 빨리 성공하고, 빨리 돈 벌어서 먹고 사고(살고), 고생 없이 해준다고 그 할배가 이제 들어선다.

어떤 돈이라도 우리 증손자들아 장사하는 거 바르그러 해가주고, 우리 아들이 이따 와가주고 인업으로 영업으로 도와가주고요, 장사 오늘 내가 하꺼마. (대주를 보며) 우리 손자야! 내사 니 보이 딴 거는 아무 것도 없고, 니가 건강해야 된다. 우리 집에 집동마루가,[125] 니가 건강해야 울 손부도 우리 증손자들 건강하고 우리 손부도 건강하잖나! 오늘을 들어서니께네 먹자고 안하고 눈요구(눈요기)를 해도 이키 좋을 수가 없구요. 만반수로 쓸어서 저 상에 (굿상에 소머리 차린 것을 보고) 저거 저 소머리에다가 이지가지 채려놓고, 우리 손부 맹 제사를 지내기도 이래 지내니더 맹! 자(재)가요 항정(한정) 없어요.[126]

---

122 기주가 시집 와서 알밤 같은 손자 3형제를 낳아준 사실을 칭송하는 말이다.
123 증조할아버지가 '우리 아들이 장사를 했다'는 말은 곧 당대 할아버지가 장사를 했다는 말이다. 당대 할아버지란 대주의 할아버지, 곧 증조할아버지의 아들을 말한다.
124 증조할아버지가 자기 아들 대주의 당대 할아버지에 관해 하는 말이다.
125 지붕 위의 용마루를 집동마루라고 한다. 여기서는 가문의 대를 이을 장손을 뜻하는 말이다.

저거^(저희) 조상을 그릏게 잘 받드니까 저 후손도 "야야! 잘 키워라! (3형제를 가리키며) 이거 전부 다 너 우숩게 볼게 아이때이^(아니데이)!" 야들이 큰 일 낼 아들이 하나 있다. 내제^(나중에) 저 돈 벌어 있는데, 효자질 하는 그 놈 한 놈 잘 키아라! 누구라 누구라 찝지는^(짚지는) 안 하지만은,[127] (대주를 보고서) 손자야 우리 손자 야^(얘)야, 아무 걱정하지 마고 건강해라. 내가 오늘 들어서이 할배가 참 이 집에는 욕심도 많고 탐심도 많애. 이래서 너들도 잘 산다.

성주상에 차린 소머리

그릏지만은 한 때는 우리 손자가 돈 벌라꼬 고생 마이 했다. 손자야. 우리 손자 허리가 부러지도록 고생 했잖나 그지? 고생 끝에 안 먹고 아니 쓰고 지금 요새는 이제 쪼매 달라져가주고 돈이라도 지가 쓸 줄 알제, 옛날에 드가는 포수는 있어도 나오는 포수는 없었다. 그래그래 번 돈 우리 손자다 그지? 손자도 내가 이래 부르이께네, 할배도 이래 배가 불러가 오늘 기분이 얼매나 좋은 동 몰시더^(모르겠습니다).

막 까짓것 이기 세상 마구 다 우리 거 겉애^(같아). 그까짓 우리 아들 막 이따 대고 남한 땅 일본 땅 돈, 미국 땅 돈 마카 끌어와야 돼.

주무: 끌어주소!

조무: 끌어다가 우리 손부손자 사업하면 사업재수는 올해 무술년에, 야들아 작년하고 저 작년하고

---

126 기주가 제사를 차리면 한정 없이 잘 차린다는 말이다.
127 나중에 돈 벌어서 큰일 낼 아들이 하나 있다. 그런데 3형제 가운데 누구라고 꼭 집어서 말하지는 않겠다는 말이다.

너 수판이 좀 안 맞고, 계산이 안 맞다. 한 2년 3년을 내리 지금 수판이 안 맞고, 지금 계산이 안 맞다. (대주와 기주가 함께 고개를 끄덕이며 동의한다.)

할배가 둘러둘러 가정을 둘러보이, 이 안 맞는 것 이따가 우리 아들이 와가지고 그걸 보태는 걸, 무술년에 그 사업가 잘 돼가 뚝뚝 뭘 하는동 뭐뭐 그거 뭐로? (반주석을 보며 묻는다.) 저 뭐 장사 봐가주고 공사 따오는 거 있잖니껴! 그런 공사는 따가주고 와가주고 우리 아들이 그래 맨들어 줘야 된다. 할배는 이래 말로는 잘하지만 우리 아들은 돈 버는 재간은 한정 없다.[128] 기술이 우리 아들이 너희 당대 할아버지가 돈 버는 기술이 한정 없다. (대주를 보고) 손주야 그제(그렇지)? (대주가 고개를 끄덕인다.) 그래 좋다 얼매나 좋은 동 몰래요.

조무가 사설을 멈추고 반주석 쪽으로 허리를 굽히자, 요란한 반주가 시작된다. 바깥쪽으로 나갔다가 손님을 모셔오듯이 오방기를 아래위로 흔들며 뒷걸음질로 굿당 가운데로 온다. 가운데에 이르자 제자리에서 왼쪽으로 돌며 원무를 한참 춘다. 굿상을 향해 고개를 숙이고 오방기를 들어 반주석을 향해 신호를 하자, 반주가 멈춘다. 조무는 다시 사설을 시작한다. 증조할아버지에 이어서 증조할머니를 모시고 온 것이다.

조무: 고맙습니다. 오야 손자야 손부야 할매가 내가 왔다.[129] 바늘 가는 데 실 가야 되지. 아무리 돈을 남편이 돈을 벌고 남정네가 돈을 벌어와도, 여자들이 그거를 못하면 안 되는 기래. 여자들이 어에든동 살림을 잘 살고, 모든 걸 이끌어나가고 내조를 잘 해야 돼. 내조를 잘 해야 되지, 아무리 돈 벌어 갖다 벌어주면 뭐하노! 여자들 내조 못하면 안 되는데, 이래가주고 옛날에 우리 영감이 무척 까다로웠다 손부야.

그래서 내가 우리 영감 뒤를 따라따라 공도 마이 닦았다. 우리 집에는 천지신명 조화로 땅만 봐도 절을 하고, 물만 봐도 절을 하고, 빌고 빌던 우리 천지신명이 칠성 아이라! 칠성 할매가 들어서야 우리 손주 명 주지, 명도 주고 복도 주고, 복도 주고 명도 줘야 우리 손자들이 겁 없이 사이께네.

---

128 무녀에게 대주의 증조할아버지가 실려서 하는 말이다. 증조할아버지 자기는 할배라고 하고 대주의 할아버지는 아들이라 하면서, 자기는 말 뿐이지만 아들인 대주의 할아버지는 돈을 버는 재간이 한정 없다고 말한다.
129 무녀에게 증조할머니 신령이 빙의되어 하는 말이다.

내가 여기 둘러보이, 영감 뒤에 따라 오마(오면서), 우리는 야야 딴 게 없다. 우리 여자들은 최씨 가정에 집에 오는 여자들은 딴 게 없어. 남편 바라지 잘 하고, 남편 내조 잘 해주만 그저 할배들이 좋아 못 산다. 그렇지만 우리 손부도 지금 손부 아이면 야야, 니가 그릏게 가슴에, 우리 손부가 한 반은 니 가슴에 차지를 한다.[130] 사업을 해도 글코, 영업을 해도 글코, 돈을 벌어도 우리 손부가 한 반은 이만큼 차지해가 있다, 우리 손자야!

　　이래 조상이 벌써 알고, 이래 걷다(거들떠) 보고 너 뒤를 따라 이래 왔잖니껴. 할매도 복 마이 닦았어요. 나도요 증조할매가 옛날에 얼매나 빌었는 줄 아노! 우리 손자야. 물도 놓고 내 비는 공덕에 우리 영감이 그만큼 출세를 하고 이래 되지, 응! 비는 공덕 없으만 뭐가 그래 됐겠노. 그지 맞제? 아이구 그래 우리 손자야!

　　이래 내가 칠성에 일곱 칠성에도 빌었지, '명 주소 복 주소!' 내가 빌었지! 참 오늘 칠성고깔 모시고깔 세고깔 일곱 칠성요! 우리 대감요! 참 이거는 우리 집에서 벗어날 수가 없습니데이. (칠성상 앞으로 가서 고깔을 가리키며) 그래 우리 칠성 중으로 내가 '명칠성 주소 복칠성 주소!' 해가주고 이래 빌어가 내 칠성에 여기 좌정해가 고깔에다. 얼싸! (사설이 끝나고 반주 시작)

　　조무의 사설이 끝나자 반주음악이 요란하다. 조무는 반주 소리에 맞추어 바깥쪽으로 나갔다. 오방기를 좌우로 흔들며 뒷걸음질했다. 증조할머니에 이어 새로 대주의 할아버지 신령을 모시고 들오는 셈이다. 굿주 가족들 머리 위에서 오방기를 좌우로 흔들며 옆으로 가다가 대주 앞에 이르자, 크게 원을 그리며 휘둘렀다. 굿상을 향해 도무하며 오방기를 아래위로 흔들고 머리 위로 원을 그리며 휘둘렀다. 오방기를 다시 좌우로 흔들고 아래위로 흔들었다. 제자리에서 원무를 추다가 멈추며 허리를 숙였다. 반주가 잦아들고 사설이 시작되었다.

조무: 여보씨들요.

법사: 예!

조무: 경주최씨네가 대한 할아버지를 알아 보실랑가요?

주무: 예예! 알아보지요.

---

[130] 우리 손부(기주)가 손자(대주) 가슴에 반 정도는 차지하고 있다는 말이다.

조무: (대주와 기주 쪽으로 돌아서서) 우리 손자야! 우리 손부야! 내가 저 압록강을 건너서로 두만강을 건너서로 어디를 내가 일사천리라도 내가 안 가본 곳이 있노! 내가 우리 아버지 손을 잡고 떡~ 들어서니, (말을 끊고 반주석을 향해서) 우리 대감 할머니 모셔놨나?

주무: 아니요.

조무: 우리 손자야!

주무: 안 모셨어요.

조무: 내가 이게 두 대감인데 건위대감이 내가 장사대감이 옴이 분명한데. 이놈들 내가 이래 놓고 가다가 잘못하만 한번씩 브레키(브레이크)가 안 걸리나. 잘 나가다도 한번씩 브레키가 내다. 느닷없는 손재에 재물도 느닷없이 나갔부고.¹³¹ 굽이굽이 뭉태기(뭉치) 돈이 빠져나가고 있잖나! 이래가주고 내가 오늘 너거 당대 할배 턱 시켜가 여(여기) 왔는데,¹³² 원래 카면 저가 지금 (말을 바꾸어서 대주를 향해 묻는다.) 장사하시나? 사업하시나?

주무: 부동산!

조무: 그래 이놈들 부동산이라 카는 업체는 이놈들아! 산도 마이 사고, 땅도 마이 사고, 집도 마이 사야 되는데, 오늘 이 할배가 설렁설렁 들어서니 요 대감요, 저놈들이 할배 한번 모실라 하만 식겁 내지 졸도를 해분다. 이런 것도 미신도 원래 언제 믿었니껴. 저 맘대로 저 뜻대로 이래 살아놓고. 오늘 우리 장사대감 할배가 설렁설렁 들어서 우리 손주 양어깨에 몇 번이나 업혀 봐도 모르고, 손부 꿈에도 물도 되고 소도 되고, 이래 꿈에도 보여줘도 우리 손부도 모르고, (강조하며) 우리 손자도 모르고 그래.

　내가 옛날 옛적 과거지사에 우리는 곧 죽어도 남한테 지고 몬 사고, 까짓거 칼 가주고 모가지를 짤르고 하는 한이 있어도, 이기고 봐야 되고, 밑진 말은 절대 아(안) 하고, '경주최씨들 앉은 자리에는 풀도 나지 마라'¹³³ 그랬다, 옛날에! 얼마나 도도하고 할아버지가 별나면 그런 소리가 다 났겠노, 그 소리다. 그렇지만 내가 오늘 열두 대감 실력 받아 보이, 야! 우리 손자야 용기내고 힘내라! 어떤 거는 자손이라도, (하던 말을 끊고 대주에게 묻는다) 부동산한다고,

---

131　집안이 잘 되다가 한번씩 느닷없이 손재수가 나는 것은 내(할아버지)가 한번씩 브레이크를 걸어서 그렇다는 말이다.

132　스스로 당대 할아버지인데 당대 할배가 시켜가주고 여기 왔다고 한다. 말이 되려면, 증조할아버지가 시켜서 할아버지인 자신이 왔다고 해야 한다.

133　옛말에 '경주최씨 앉은 자리에는 풀도 안 난다'는 말이 있다.

부산서? 야 무슨 동에 (장구에 써 붙여 놓은 주소를 보면서) 부산시 수영구…

주무: 부산 전 지역!

조무: 부산 전 지역? 부산 전 지역에 내가 오늘부터…

주무: 하하하!

조무: 웃을 일이 아니요 대감요. 오늘부텀 내가 이래이래 가서, 지금도 딴 집에 부동산 손님 없어도 너거 집에 손님 끊기지는 안한다. 그러나 오늘 돈이 안 되고 있다는 거요. 이래 할아버지가 둘러보고 건위대감 오늘 영업대감 아이라. 우리 손자야. 너무 좋다. 어에 이케^(이렇게) 좋은 짓으로, 조상 좋은 짓을 너가 해줄 줄을 알았노? 누가 마음을 냈노?

주무: 손부 덕이고 다 손자 덕이시더.

조무: (3형제 쪽으로 가서) 우리 증손자들아, 이 인물 한번 보소. 우리 증손자도 큰 자석들 아이가, 이거 보래요.

주무: (웃으면서) 그게 제일 부럽니더.

조무: 보래요. 이거 세상에는 어에 이래 내놔줘서 할아버지가 도도하지. 내 손자들 증손자들, 등다락 같은 손자를 죽~ 가면서로 앉혀 놓고, 나더러 이 정성할 줄 난도 꿈에도 몰랐다. 본래 꿈에도 몰랬다. 내가 이래가주고 이때끔^(지금껏) 겪어가주고^(겪어서) 이래 들어왔다 손부야. 걱정하지 마라. 먹을 거 천지고, 돈 천지고 밥 천지다. 또 한 삼년 또 내림막길 만났을 거라. 무술년 해운부터 또 한 삼년 또 끈을 땡기 줘야 되지.¹³⁴

　네가 이제 동서남북을 이래 갈라 짚고서는 산이고 땅이고 너 지금 땅 사고, 산 사고 집 살라 그러께네 때론 겁나지? 손재 볼까봐 겁이 난다. 버뜩버뜩^(얼른얼른) 야들이 손을 못 대. 그걸 울 손자 있는데, 니 말빨보다 손부 말빨이 더 낫제? 그래 내가 암만 둘러봐도 우리 손부 말빨이 더 낫다. 그래도 야야, 땅 사러 오든동 집 사러 오만 그래도 손부보다는 우리 손자 앞으로 사야 안 될라.¹³⁵ 내가 오늘부텀 우리 손자 양어깨에 실레가주고 손자야! 겁 내지 마라. 내가 돈 될만 하만 니 밑에 "계약해라! 이건 돈 된다" 하고선, 내가 너들 있는데 갈쳐^(가르쳐) 줄께. 육감이고 직감이고 오는 대로 이제는 짚을 만하만 짚었부레라.

134　최근 한 3년 동안 사업이 내리막길을 만났을 터이지만, 앞으로는 당겨주어서 오르막길에 들어서도록 하겠다는 말이다.

135　부동산 거래를 성사시킬 때는 손자보다 손부 말발이 더 낫지만, 거래가 성사되어 문서로 계약을 할 때는 손자 이름으로 해야 안 되겠는가.

인제 무술년부터는 겁나는 게 없다. 손자야. 마구 돈이 우리 집에 머리맡에 있으만은 너그들은 이 할매 머리만 모(못) 하다. 머리 잘 써라. 손부야! 먹을 거 천지고. (3형제 맏이부터 차례로 가리키며) 야(애)도 집 사줘야 되고, 야도 집 사줘야 되고, 이놈들아 에미애비인데[136] 집 사주도록 기다리나~? 너 장개 갈 때 마카 벌어가주 갈래? 이놈들아 조상한테 제일 못하는 놈이 누로(누구로)? (다시 3형제를 차례로 가리키며) 니라(너냐)? 니라? (그 모습을 보고 주무가 웃는다.) 얘 이놈의 자석! 아까 할배가 이래 보이 제일 얼굴에 복 많고, 이놈 자석 제일 서글서글하게 생겼다. (앞의 말을 부정하면서) 아이다. 디비나사이 된다.[137] 걱정하지 마라 디비나사이 된다. 뭔 말인동 아나? 손자야. 디비나사이 된다. (일동 웃음) 저 손자 까짓것 쪼금쪼금 월급 봉급 까짓 거 받아가 오만 뭐하노! 한 방으로 우리 터자부래.[138] 까짓 거 뺑 튀기 튕궜체이(튀기재이)! 냉제(나중에) 되면 할배가 니 사업 하만 내가 사업으로 가서 도와주고 받들어 주마. 오늘 대감 노래가 절로 나온다만은, 우리 대감 노래는 이따가 저 (주무를 가리키며) 대감님이 오늘 실려가 할께고.[139] 이 집은 술 잘 먹고, 잘 놀고 한량대감이가 한량조상들이래요. 글타고 해가주고 뭐 물에 빠져 죽었나, 뭐 약을 먹고 자살했는 조상이 있나! 조상을 둘러보면 전부 깨끗해요. 응! 깨끗한 조상 아이라. 손자야 손부야 고맙대이. 조상님이 니한테 이래 고맙다고 하는 건 이유가 있다. 그렇다고 야(애)야 우리 집에 험한 조상이 어디 있나! 간단한 조상이지. 언제라도 이놈들이 나를 어디에다 모셔라.

주무: 대주가 내년에 일곱 아이라?[140]

조무: 그치요(그렇지요) 올해는 그냥그냥 이래 올해. 할배가 벌어주만 당대 할아버지가 너 벌어준 줄 알고,[141] 내년에는 꼭 할아버지 모셔 달라는 걸로 언약하고,[142] "할배요 모심시더(모시겠습니다)" 해라. 부동산에 들가서도[143] "할배 모실 챔이니께 손님이나 끌어주소!" 이래라 손자야. 내가

---

[136] 어머니 아버지한테.
[137] 거꾸로 뒤집어진다는 말이다.
[138] 한 방에 빵 터지게 만들어 버려.
[139] 지금 노래가 절로 나오지만, 다음 굿거리에서 주무가 굿을 할 때 대감이 빙의되어 노래를 많이 부를 것이므로 자기는 참는다는 말이다.
[140] 대주가 올해 56세인데 내년에는 57세여서 7수로 성주를 모셔야 되는 해라는 것을 상기시키는 말이다.
[141] 올해 돈을 벌게 되면 할아버지 신령이 너에게 돈을 벌어준 줄 알라는 말이다.
[142] 대주의 나이가 내년에 57세로 성주운이 드는 해인 까닭에 내년에 성주굿을 해서 조상 할아버지를 꼭 모셔 달라는 것은 언약하라는 말이다.
[143] 부동산 사물에 들어가서도.

오늘 그걸 듣고 역력히도 내 어깨에 싣고 가고, 우리 손자 여기 양어깨에 실어부마. (기주를 보고) 손부야 걱정하지 마라. 돈 천지다. 너가 나이가 뭐 육십씩 된 것도 아인데, 안죽 돈 벌 구비(고비)가, 야들이 한두 구비 남았어요.

　손자야! 좋다! 내가 오늘 들었어요. 벼슬대감 내 아이라! 복명대감 내 아이라, 국민은행 돈도 내 돈이고, 대구은행 돈도 내 돈이라. 대한은행 돈도 내 돈이다. 새마을금고 돈도 내 돈이다. 야들 집에 가만요, 예! 돈 통장이 몇 갠동 몰래. 고리고리(골고루) 다 있어요. 어느 은행 통장, 어느 은행 통장, 이 은행 통장, 저 은행 통장요.

주무: 통장만 많으면 뭐하노? 돈이 들어 있어야 되지!

조무: 할배가 보래, 할배가 국민은행 통장, 농협통장, 대구은행 통장, 새마을금고 통장, 통장이 네 개 다섯 개도 넘어여, 우리 집이! 뭐 고까짓 거 한 개 두 개 뿐이, 통장 한 개 두 개 뿐인 집도 있고, 뭐 없는 집도 있는데, 어엣든동 저엣든동[144] 내가 그 통장을요 어느 정도 채울라꼬 할배가 들어서서 큰소리 뺑뺑 치고 한다.

　아이고 내가 오늘 좋다! 얼매나 좋은동 몰다(모르겠다). 우리 할배가 술 좀 즐긴다 왜! 그래 우리 술은 한잔 한다 칸다. 오늘 같이 좋는 날에 (주무를 보고서) 조금 있다가 대감놀이로 실컷 좀 풀어주소.[145] 이 대감도 노래는 잘 하는데, 오늘 참 들어서이 대감으로 이래 들어서이 너무 좋아가지고, 우리 손자들 샛별 같은 눈 봐라. 야들이 안즉(아직) 장개 하나도 안 갔나?

주무: 나이 얼마나 된다고!

조무: 몇 살이로?

주무: 스물 일곱, 스물 넷, 스물 하나.

조무: 오야! 우리 손자 남의 손부 데려오더라도, 내가 착하고 우리 손부 같은 거 내가 꼭 찝어서 데려올 챔이다. 까짓 거 니 아무리 좋고, 시어마이 시아바지 암만 좋아도 남의 식구가 잘 들어와야 되지. 안 긋나(그렇나)? 우리 손부야! 우리 맏손부는 우리 맏손부 증손부는[146] 내가 어디 가서 (구해 준다. 그러니) 그릏게 얼굴 가리지 마라![147] 눈 크고 빼쪽빼쪽하고 빼딱구두 신고 하는 거는 니한테 안 맞는다. 니는 빼쪽빼쪽하지 그것도 빼쪽빼쪽하지 이카면 안돼. 그저 둥실둥

144　어쨌든 저쨌든.
145　주무에게 대감거리를 할 때 신명을 자기 대신 실컷 풀어달라고 당부하는 말이다.
146　3형제 가운데 장남의 아내 될 사람을 일컫는 말이다.
147　3형제 장남에게 신부감을 고를 때 얼굴 보고 고르지 말라는 말이다.

실 인상 좋은 여자를 우리 할배 좋아한다. 돈 되는 여자, 인상 좋은 여자.

(조사자들을 보고서) 여러 분도 오늘 여(여기) 우리 손자손부 일하시는 데 뭣하러 카메라 이 컬(이렇게) 큰 걸 받촤놓고 이라이(이러니), 나는 더더욱 더 좋고,[148] 우리 손자 일하는 데 여럿이 오셔가 우리 집에도 잔친데. 야(얘)야! 큰 경사잔치 아니라, 오늘. 조상 봄집에 떡 찧어 제사 지낸다고, 오늘 같이 또 사람 많으면 우린 더 좋고. 누구든지 갈라먹기 좋아하고, 나눠먹기 좋아하고.

주무: 옛날에 최부잣집에 경사 같은 거 하면 동네사람 다 오고.

조무: 그치요? 우리 집에는 또 한 가지, 야야! 조상이 오는 경사 잔치 아이라. 누구든동 상 채려 놨는데 숟가락 하나 더 놓음 안 되나! 하이고 그래가 내가 들어서이 얼매나 좋은동 모른다. (제가 집 가족들 머리 위로 오방기를 흔들며) 가자, 가자!

사설을 마치자 반주음악이 요란하다. 조무가 굿상 앞으로 와서 오방기를 좌우로 흔들고 아래위로 흔든다. 제자리에서 한참 빙글빙글 돌다가 멈추고 굿상을 향해 허리 굽혀 절한다. 반주석을 향해 같은 식으로 절을 하자 반주가 멈춘다. 할머니 신령이 빙의되어 모시는 셈이다. 그런데 뭔가 문제가 생겼다. 대주의 할머니가 한 분이 아닌 탓이다.

조무: 예! (대주를 보고서 묻는다.) 원래 카만 우리 손자야! 너거 집에 웃대 할매가 둘이래야 되는데, 할매 둘이라는 소리 뭇 들어봤제?

대주: 증조모!

조무: 증조모가 둘이라?

대주: 셋! 셋셋!

조무: 셋이라? 야야 대단하다. 신통하다. 당대 할매를 모셔 부를라이[149] 남자는 괜찮지만, 여자가 하는 소리가 이 할매가 들은 소리, 그래 우리 어머이고 아버님 아이라, 내 있는 데는, 이러다 보이 세상에 여자가 둘 셋이 뭐로![150] 남사스럽어 쪽스럽지만은 내가 들어와서 글타고(그렇다고)

---

148 조사자들이 동영상 카메라 큰 걸 삼각대에 올려두고 찍는 걸 두고서 보기에 더욱 좋다는 말이다.
149 대주의 할머니를 불러서 모시려고 하니.
150 대주의 증조할머니가 셋인데, 대주의 할머니에게는 시어머니가 셋이어서 충격적이라는 말이다.

인정을 해야 너가 (너희들이) 조상이 왔다 그는 거 아이라. 그러만 아버님이래요, 저 있는 데는.[151] 아버님이 고만 그럼 삿갓단지 쓴다 그디만은(그러더니만).

우리 아버님이 참 잘났다. 잘 났고 인물도 좋고. 옛날에 주막에 앉아가, "영자야! 안주 한 사라(접시)!" 그러만 다 말을 들었다 그지. 그 집만 제를, 오늘 이 할매가 오늘 들어서서 우리 어머님 양 내외 세 분이라도 고부간이래도 어에든동 갈등하지 마고, 동서간에라도 갈등하지 마고 좋은 데 가시라꼬, 이 할매가 오늘. 그래 우리 어머님들 오시라고 또 동서간에 외동서간에[152] 또 질투와 또는 시기를 해가주고 우리 저 손자들 있는데 말이야, 피해가 갈까봐 조상이 헐뜯고, 조상이 니 잘 났네, 내 잘 났네 그거 안 되잖나.

그래가 내가 "우리 어머님요! 오늘 옆에 가는 게 둘인동 서인동[153] 괜찮심니데이" 하고서는 어찌 됐든간에 우리 조상님들은 우리 후손들 잘 되그러 해주만 되이께네. 이카면서, 내가 어머님 인데(있는데) 빌고, 아버님 인데 빌어서는 "인생살이는 다 시시막금(제각기) 각자니까. 어머니 어에든동 세 분이 그저 손에 손길 마주잡고 우리 조상 함께 가시자"고 내가 이래 일러준다. 넘사시럽다 넘사시러워. 이 며느리분들 보기에.[154]

그래서 야야 내가 당대 할매 내 아이라. 이 할매도 보통 넘는 실력을 가졌다. 남대감 (지게에) 저 들이고 여대감 (머리에) 여 들이고[155] 이 할매는 옛날에 많이도 이고, 야야 한 푼도 안 썼다. (치마를 헤치고 주머니를 찾으며) 내 주머니에 돈이 있나, 일단 보자. 야들아 이 할마이 주머이 돈이 한 개도 없다. 이게 무슨 짓이 이런 짓이 있노? 이 할마이 주머이 돈 좀 쓱 구해 온나 야들아 흥.

주무: 돈 좀 써야 돈이 들오지!

조무: 얼매나 잘한동 모른다. (기주가 돈을 챙겨서 주려고 하자) 우리 손부야 그래 그래 오냐. (치마춤을 가리키며) 여(여기) 주머이라고 쳐라[156] (기주가 조무의 치마 춤에 만원 짜리 지폐를 끼운다.)

주무: 그 돈으로 마이(많이) 늘여(늘려) 주소.

---

151 대주의 할머니를 모셨으니, 부인을 셋 둔 증조할아버지는 이 할머니의 아버님이 된다는 말이다.
152 본부인과 둘째부인, 또는 첩 사이를 일컫는 말이다.
153 둘인지 셋인지.
154 할머니 시어머니가 셋이어서 며느리 보기에 부끄럽다는 말이다.
155 남대감은 지게에 지고 들여오고 여대감은 머리에 이고 들여오고.
156 주머니를 따로 차고 있지 않으니 여기 치마춤을 주머니라고 여겨라. 치마춤은 치마의 허리 부분을 접어서 여민 곳을 뜻한다.

조무: 이 돈 가지고 내가 가다가, 내가 가다가 마이 늘여주고, 여대신에 불사시주 할매도 된다 이 할매가. 명시주 불사시주 할매가 이래 돼가주 와가주고요. 그저 우리 손녀야 우리 손자야. (기주 손을 잡고서) 우리 손부야 고맙데이, 니가 고맙다! 우리 집에, 이것도 어쨌든 벌여놓은 잔치지. 니 아(안) 한다 그러면 그만이지 않나.[157] 그럴껜데(그럴 것인데) 니도 참 조상의 일이라면 끔찍하다.[158]

(3형제를 보고) 애비 에미 있는 데 잘 해래이. 손자들아 너거가 잘 해야 복 받는데이. 저 애비 고생 마이 했다. 너 그냥 돈 그냥 벌었는 줄 아나, 니 애비가. 숱하나 고생에 흘러가는 세월은 너 모르지만 고생 마이 했다, 초년에는. 옛날에는 어두운 시절엔 지 안 먹고, 안 쓰고 이래 가주고 벌어놓은 돈이다. 그래 니 에미다. 우리 손부다만은 이래 손부가 잘 들어와가주고 떡뚜꺼비 긑은 거(아들) 이래 낳아주고, 우리 집에 재물이 축이 안 나고, 이래저래 불가(불러) 놓으이께네, 조상이 이뻐 못 산다.

아이고 그래 우리 손자야, 어디 가서 우리 고운 손부를 만내가 이래 데려 왔노. 아이고 이쁘기도 무셔라(무서워라). 이쁜데다가 지가 잘 한다네. 조상님들도(조상님들에게도) 잘 하지, 부모인데 잘 하지, 새끼인데 잘 하지. 흉 될 께 만고강산에 없다. 똥도 내삐릴 게 읎다. 아이고 보이소. 오늘 참 누이 좋고 매부 좋고, 저 좋고 내 좋고, 참 오늘 너 이 공사는 헛공사가 아이니라. 우리 손자 손부야 들어봐라. 손자야 들어봐라! 행여라도 섣달이 다 가고, 정월 이월 달에 너거가 우환 질병이 오고, 또 사고살이나 도로 댕길 때 무너질까봐 쓰러질까봐, 올 해운에는[159] 거쳐서 내년 액운을 모든 액운을 거둬 가져가자고.

입춘 대길날에 오늘 내가 이 정성 해주니 할매는 이미 벌써 안다. 내가 불사 시주줄로 내가 마이 도왔다. 아이고 우리 손자들아, 아이고 얼매나 좋은동 모를따(모르겠다). 그저 춤이 덩실덩실 나온다. 확실히 재수굿이요, 복맞이 굿이요, 조상맞이 굿이요, 사업맞이 굿이요, 영업맞이 굿이요, 돈 굿이요! 오늘 좋아라고, 우리 손자 명만 길만 되니더.

우리 손자들 암께(아무것도) 없어요. 내가 이고 지고 이래 가가 우리 손자야, 어쩌면 내가 이래 눈물이 난다. 어에든동 하는 김에 더 잘 하고 공 닦아서 남을 주나, 벼가 익으면 고개를 숙으

---

[157] 오늘 하고 있는 성주굿이 벌여 놓은 경사 잔치인데, 이 굿도 네(기주)가 안 한다고 그러면 그만인데 이렇게 해주니 고맙다는 뜻이다.
[158] 기주에게 "너도 참 조상의 일이라면 끔찍하게 잘 한다"고 하는 말이다.
[159] 일년 운에는.

릴 줄 알아야 되니, 우리 손자 참 한 때는 만단 고상[160] 설한에 이래 하는 모습이 조상이 보고, 너거 어매도[161] 고생 마이 했대이. 우리 손자야 에미도. 어에든동 최씨네 집 와가지고 고생 마이 했다 카이께네.

너그 애비도 우리 아들이지만은[162] 돈이라 그먼 자다도 불구멍 안 뛰 드가나.[163] 너그 애비도. 그케 우리 집이 돈이라면 3대가요, 불에라도 다 뛰드가요, 우리 집에는! 참말로 돈이 뭔 동, 돈을 알애야 돈을 번다. 후손들아 (3형제를 보고) 우리 증손자들아 돈을 알아야 돈이 붙는다. 돈을 모르고 돈을 우습게 알면 돈이 절대로 안 붙는 건 알아래이. 어이? 맞지 손자야. 그래 그래 번 돈 아니라. 참 이래 조상 되고 눈물이 앞을 가리네.

그래 (대주에게) 우리 손자야! 니 건강하면 된다. 할매는 니 건강 지켜줄라꼬 이래 왔다. 자 이제 너그 에미도 한 다리가 머면(멀면) 천리라꼬, 에미도 돈 없지만, 옛날에 그래도 이 할매가 칠성에 불사시주 할매 내 아이라. 응? 오늘 와서 우리 집에 옛날에 이래 비는 데가 따로 있었어. 손자야! (반주석을 보면서) 칠성 요래(요렇게) 비는 데가 따로 있었니더만.[164] 주야장창 내가 옥수 청수 떠다 놓고 마이 빌었잖니껴.

(제가집 가족들에게 가서) 우리 집에는 저거 먹는 거 없제? 네발도치[165] 먹는 거 없제? 후손들아 개고기 긑은 네발도치 먹지 마래이. 절단 난데이. 우리 집에 개고기 긑은 네발도치, 후손들 알으라꼬 내가 시키제. 다른 고기 다 먹어도 그거 개고기는 우리 집구석이 희떡 디배지는(뒤집어지는) 건 알아라.[166] 그래가주고 오늘 할매가 와서 이래 알려주고, 내가 너들도 지켜주고, 우리 손부 지켜주고, 우리 손자 너거 애비 건강하만 다 된다.

인지(지금) 너 걱정, (대주와 기주를 보고서) 자(재)들 걱정 하지마라. 이놈도 지 걱정하고 저놈도 지 걱정하고 다 갈 길이 맹 생긴다. 조상이 인도를 해가지고 하이 우리 손자 잘 되니, 그래 내가 좋다. 오늘 이래 들어서니께네 (굿상을 바라보며) 아이고! 만반진수에 꽃 꽂아두고 야

---

160 만단 고생, 온갖 고생.
161 빙의된 할머니가 손자인 대주에게 하는 말이다. 따라서 '너거 어매'는 곧 대주의 어머니이자 빙의된 할머니의 며느리를 말한다.
162 대주의 아버지는 곧 빙의된 할머니의 아들이라는 말이다.
163 돈이라고 그러면 자다가 불구멍에라도 뛰어든다는 말이다.
164 대주의 할머니가 살아계실 적에 집에 칠성신을 따로 모셔두고 비는 곳이 있었다는 말이다.
165 내 벌 달린 짐승. 여기서는 구체적으로 개를 말한다.
166 다른 고기는 다 먹어도 괜찮지만, 개고기를 먹으면 우리 집이 크게 뒤집어진다는 사실을 알고 있다는 말이다.

들아! 이 추운 엄동설한 수박이 뭐고, 딸기가 저게 뭐로! 옛날에 우리 보지 못한 거다.

오늘 우리 참말로 우리 집에 너거 애비가 성주 아이라.[167] 성주가 바로 서야 우리 아들이 잘 되지, 애비야. 애비가 니한텐 아버지가 성주였단 말이다. 성주가 바로 서야 우리 아들 어디 가도 오늘 건강 성주 되고 도울 성주, 받들 성주 돼달라꼬. 우리 대신들이 저리 모셔놨네. 오야 내가 당대에 너거 할매 꺼, (칠성상 앞으로 가서) 이 집 할매들은 전부 칠성불사로 일로(이리로) 좌정하꺼마(좌정할게) 이칸다.[168] 어이야! 자! (여기서 사설이 끝난다.)

사설이 멈추자 반주가 요란하다. 조무는 가족들 머리 위로 오방기를 좌우로 흔들며 바깥쪽으로 나간다. 할머니 신령에 이어서 이번에는 아버지 신령을 모셔오는 것처럼 오방기를 좌우로 흔들며 뒷걸음질을 해서 안으로 들어온다. 굿당 가운데에 이르자, 오방기를 잡은 채 제자리에서 왼쪽으로 빙글빙글 돈다. 한참 돌다가 굿상을 향해 오방기를 좌우로 흔들고 다시 빙글빙글 돈다. 돌기를 멈추고 반주자를 향해 몸을 숙이자 반주가 멈춘다. 조무는 굿상을 향해 서서 사설을 했다. 아버지 신령이 들어온 것이다.

조무: (창으로) 오냐 오냐~ 경주최씨 대한 가정 차례차례 우리 할배 할매 손길 잡고~ 니도 가자 나도 가자! 오늘 들어서니 얼마나 좋은동 내 모를다~! 내 아들아. 나는 내만 아들 있는 줄 알았어요. 우리 아들 내 아들아.

(말로) 아버지가 그래도 물려주신 재산이 좀 있는갑다마는. (다시 창으로) 그래 그래~ 애비가 모아놓은 진진 재물 누가 주노~! 옛날에 집이 소원이고 땅이 소원인지라~ 그 재물을 받아서러 우리 아들, 우리 자부 오야 오야~ (기주에게 가서 묻는다.) 시아버지 봤나?

기주: 네.

조무: (창으로) 자부야~. 얼마나 이쁜동 우리 자부~ 오야 우리 아들아~ (말로) 애비가 다 모(못)하고 간 거 다 했나? 애비가 "야들아 오늘 내가 왔으이 하는 말이지. 야들아 아버지 오셨나!" 소리 한번 내보자. 우리 아들아! 애비가 살아있을 적에! (창으로) 다 정리 모하고 가가주고~ 이렇게 앓다가 죽는 줄 알았으까~.

---

167 대주를 보고 하는 말인데, 아들에게는 아버지가 성주란 말이다. 성주는 곧 가장이기 때문이다.
168 이렇게 말한다.

오야 오야 혼이라도 내가 있어~ 우리 손자들아 너거 할비(할애비) 흐흐흑, (울음 섞인 소리로) 우리 아들 내 아들아, 아비가 남우한데(남에게) 지는 거 싫어하고! 우리 아들 내 새끼야!! 오늘 애비가 들어서니 (오방기로 대주 머리 위를 쓸면서) 우리 새끼 나비두고(냅두고)! 어에 내가 죽을로야. 이러거니 저러거니! (대주를 보고 묻는 말로) 아버지가 많이 아팠는갭다(아팠는가보다)?

대주: 아파서 고생하시다가 돌아가셨어요.

조무: (다시 울먹이는 소리로 창) 오야 오야 그 병을 못 고치고, 그 옛날에 의술도 없고 약도 없고~ 내가 병약해서 애비가 모진 병에 가고나니 한이 많다~. 오야 오야~ 아들아 내가 죽을 땍에(때에, 적에) 말 한마디 다 못 전하고, 이래저래 다 못하고 가고나니, 이렇게도 아픔이 남고, 이렇게 오늘 슬픔이 남았다만은~.

(빠르게) 나는나는 우리 아들 만내러 내 왔어요. 어떠만한 새끼래요.¹⁶⁹ (대주 앞에 꿇어앉으며) 아들아 마카 정리하고 갚고 닦고 니가 했나~ 그래그래 애비가 늘상 큰 자식이 걱정이 많이 됐대이! (말로) 다 닦아주고 애비 살았을 때 문서도 다 닦아주고 (창으로) 내 할 일을 다 해놓고 가야 되는데, 긴 병에 효자 없다시피 이래저래 다 못하고 간다. (꿇어앉은 채로 기주를 향해) 너 시애비 내가 내다. 내 자부야 고생했데이 고생했다.

(오방기로 대주의 몸을 쓰다듬으며) 우리 아들 고생했다. 고생했데이. (울먹이는 소리로) 고생했데이, 고생했다. 니캉내캉 고생했대이. 돈 벌어서 우리 아들 하나뿐인 거, 어에든동 잘 살도록 맨들어 놓고 죽어야 되는 그 방법뺵에 할 게 없다~. 오야오야 우리 자부야 고생했대이 고생했다. (예사 말로) 너 시에미가 쪼매 덜 났잖아. (기주를 오방기로 쓸면서) 자부야! 내가 시애비, 사랑한 며느리 아이라, 응? 우리 할마이는 나보다 조금 별났다. 그런 시에미를 그래도 밉다고 하지 마라. 왜 그르노(그러냐) 하니 그 시어마이가 이 어떤 아들이로! 그제 맞지? 그렇다 보이께 이른(이런) 마음 저런 마음 있었는 거 내가 싹 다 내가 와서 니인데(너에게) 미안한 건 미안하다 그카고, 어에든동 우리 할마이 대신에 내가 와서 이래 사과하고 이래 할꾸마(할께), 모든 건 내롸두고...

기주: 시아버지는 (사집) 오니까 아파 계셨고, 시어머니는 안 계시고.¹⁷⁰

---

169 만나러 온 아들이 어디에도 견줄 데가 없는 귀한 아들이라는 말이다.
170 조무가 기주에게 시어머니 아래서 마음 고생한 것처럼 사설을 하자, 기주가 시집을 오니까 아픈 시아버지는 계셨지만, 시어머니는 안 계셨다고 말한다.

조무: 그래그래 어에 됐든간에[171] 다 닦아서 온다고. (말로 빠르게) 내가 긴 병 효자… 내 이래 아픈 병을 우리 아들한테 내리가면 안 되잖나! (예삿말로) 이래가주고 내가 우리 아들 성주 계보께서, 오늘 멋진 성주 명성주로 해주고 복성주로 해주고, 일단 우리 아들이 건강하만 돈 천짓다(천지이다). 걱정하지 마라.

우리 아들아 니캉내캉 고생했다 그지? 딴 게 머 있노! (대주를 가리키며) 야하고 내하고 고생 말도 모(못)하게 했데이. 그래만 알고. (기주를 향해서) 그래 우리 자부야. 어에든동 부부에 애살 많기도 하고, (3형제를 향해) 우리 손자들아 핼비(활애비)가 이래 왔제? 넌 핼비 못 봤을 거 아이라! 오늘 이래 와가주고 둘러보고 살펴보이 너무 좋다.

오야, 아들 눈에 내가 오늘 피눈물 내서 미안하다. 아이고 우리 아들아. 니가 살고 내가 살아 오늘 병고 액만 성주를 내가 오늘 거둬놓고, 명성주도 오늘 거둬놓고, 사업성주도 오늘 거둬놓고, 자아 오늘날에 다~, 성주도 오늘 걸리는데 내가 오늘 썩! 거둬놓고, 우리 엄마 아버지 인데(있는데) 빌어가주고, 우리 엄마 아버지 인데 내가 감사하다 그래야 되지!

엄마 아버지가 내 잘 살으라꼬 마 도움을 받아서 재물을 내라줬는데, 내 또한 그 재물을 받아서서 내가 없앤 것도 없고 해서, 우리 아들 내놔 줄라꼬 내가 오늘 고생을 해가면서 그랬잖나. 우리 아들아 으이! 그랬는데 내가 오늘 와서, (대주를 향해) 그래도 그 재물을 니가 반드시 지금 지키고 있제? (대주가 고개를 끄덕이자 유쾌하게) 그래! 그럼 됐지 뭘! 그럼 됐지 어예노! 야야 자부야 고맙다. 그러면 됐지 뭐.

나는 또 게을러서 다 까멎부고, 눈이 반들반들 그는 우리 손자들 저래 있는데, (반주석을 향해) 그 돈 재물이라도 까먹었을까봐, 내가 은근히 걱정이 되디더 왜! 우리 아들도 원채 고생해서 벌은 돌이라서! 헛불섯불 지금도 헛불섯불 우리 아들 쓰는 게 아이라, 돈이라는 건. (대주를 보고) 우리 아들 그제! 오야. (오방기로 대주를 쓰다듬며) 그래 니 가슴에 오늘 명성주 복성주, 오늘 재물성주, 오늘 건강성주로 오늘 내가 와가주고, 지켜주고 내가 이래 받들어주고 (반주석을 향해) 뜨거운 눈물을 이래 애비가 한번 오늘 흘렸니더 왜! 반갑고 즐겁고요, 좋기도 하고 아들아.

(다시 대주를 향해서) 내가 니를 보니 얼매나 좋은동 업고 저짝까지도 내가 업고도 나가고

---

[171] 기주가 시집 오니가 시어머니는 안 계셨다고 말하자, 그런 사실을 따지지 않은 채 "어찌 됐든간에" 하고 넘어간다.

싶다만은 그래는 못하고, 애비가 왔단 표시를 내가 이래 해주마, 우리 아들아. 으이! 걱정하지 마라. 태산이 높은들 또 올라가믄 될 것이고, 돈 걱정하지마라. 지금도 너 남의 집에 돈 꾸러(빌리러) 가라 소리 안 하잖나? 여기저기 있는 거 우선은 급하만 (큰 소리로) 바로 쓰면 되고! 으이! 아들아 급하거든 한 개 팔아가주고 썼부레(써버려라)! 썼부만 또 애비는 오늘 또 성주 대복 하나 땅 하나 지(쥐어) 주든동, 문서 해결 되그로(되도록) 우선 지 주꾸마. 저짝 농협 끝은데 이자막 자꾸 늘리지 마고, 이자 자꾸 주지 말고, 한 때¹⁷² 팔아 썼부라 그냥. 애비가 내가 또 벌어주꾸이, 이칸다.

　(반주석을 향해) 너무 좋아요. 대감님네요. 정말로 우리 집에 오늘 참 이 정성으로 천년을 사고 만년을 삽니다. 오늘 우리 아들하고 우리 자부야 참 좋다. 아무것도 안 봐도 배도 안 고프고 들어서이 이래 좋다. 할배 술이나 한잔 다오. 한잔 먹고 가그러. (주무와 대주가 함께 일어나서 술병이 있는 굿상 앞으로 간다.) 야야! 저희 애비도 옛날에 막걸리 한잔씩 했잖나. 얼매나 좋은 동, 좋기도 무시라(무서라). 우리 아들 술 한잔 당연히 먹고 가야 되지. 어떤 우리 아들인데.

　(대주가 술잔을 조무에게 건넨다.) 하이고 그래 고맙데이. 하이고 그래 우리 아들도 한잔 먹을래? 자부도 한잔 먹고. (술을 마신 뒤에 기주를 부른다.) 윳나(오너라) 보자 자부야! 나를 술 한잔 다고(다오). 아이고 그래. (기주가 술을 잔에 부어 건넨다.) 잘 살어래이. (술을 마신다.) 그래.

주무: 잘 살그로(살도록) 해주소. 잘 먹고, 잘 살고 건강하게 그저 해주소.
조무: 딴 게 없어. 우리 아들 자부 고만 건강하만 다 돼. 돈 아무리 있음 뭐하노. 건강 잃으만 명예도 잃고, 돈도 잃고 명예도 잃으면 싹 다 잃었부고 없다. 그래 우리 자부야! 사랑을 다 모(못)하고 가가주고 미안타! 시어마이가 이것보다 더 나을지도 모르지. 그래도 까짓 거 명줄을 봐가며 긴 병에 효자 없다꼬. 그래도 짧게 살다가 그래도 너인데(너희들에게) 큰 짐 안 지고 이래 갔는 것도 큰 복있다 그제?

　야들아! 아이고 우리 아들이 이제 늙는다 왜, 세상에! 우리 아들도 저래 늙는다. 돌덩거리 같은 우리 아들이 불로초도 먹고, 인삼 좋은 것도 먹고, 좋은 약 지(지어)먹고 (3형제를 보면서 큰 소리로) 저놈 자슥들은 내제(나중에) 너어 먹다 쓰고 남으만 주든지 하고,¹⁷³ 저(저희) 보고 알아

172　팔아서 쓸 만한 부동산 한 가지를 일컫는다.
173　대주에게 당부하는 말이다. 돈을 대주 자신을 위해서 쓰고, 아들 3형제에게는 쓰다가 남는 것이 있으면 주든지 하라는 당부이다.

서 하라 카고 으이! 일단 그래 던져 놔라!

　　(3형제를 향해서) 애기들 이제 너어는(너희는) 절대 인제 (부모 살림을) 바라지 마래이! (시선을 반주석으로 돌려서) 서이가 보이, 삼형제가 또 눈이 벌겋게 해가주 니가 옳으니 내가 옳으니 싸웠다 그만, 할배가 몽둥이를 가지고 때릴께다. 다 절차가 있고 차례가 있는 법인지라 으이. 첫째가 있고 둘째가 있고 셋째가 있고 으이! 맏이는 암만케도(아무리 그래도) 우리 제사도 지내줘야 되고, 지가 책임이 많은데.

　　(3형제를 보고서) 안 그래 야야! 그래 우리 손자야, 오야! 그래 니 봐도 할배가 배 이만하고, 안 먹어도 배부르고 이라만(이러면) 됐지 뭐. 딴 게 없다. 그래 (굿상 정면으로 가서) 아이고 내가 오늘 위패당에 떡~ 앉아 (오방기로 위패를 가리키며) "엄마 아부지 뒤를 따라야 되지 딴 게 뭐 있노!" 이칸다 아부지는! (사설을 끝낸다.)

사설을 마친 조무는 반주 음악에 맞추어 오방기를 가볍게 흔들며 바깥쪽으로 나간다. 대주의 아버지 신령에 이어, 어머니 신령을 모시고 올 모양이다. 어머니 신령을 맞아들이면서 오방기를 제가집 가족들 머리 위에서 좌우로 흔든다. 굿당 가운데로 와서 한참 제자리 돌기를 한다. 원무를 멈추더니 반주석을 향해 몸을 숙이며 사설을 시작한다. 반주소리도 잦아든다.

조무: (창으로 좀 느리게) 아이고~ 우리 아들 아들아~ 들어봐라~ 너거 에미~ 옛날에~ 살 만하고 돈 벌어서~ 살 만하니 이 에미도 모진 병이라!. 병에 못 이기고 내가 갔다만은~ 저 후손에 우리 손자들 내가 있고 보면 얼매나 귀하나~ 어떤 자손들이로! 오야 우리 아들아 에미 일찍 잃우코(잃고). 오야 너거 애비하고 사니라꼬 (목소리를 급격히 낮추며) 고생 많이 니가 했다. (빠른 말투로) 이 어머이 말도 실컷 할 수 있다. (본래 말투로) 만날 속으로 이래 울고, 영감 있는 데도 큰소리도 한마디 못 치고~ 이래 내가 살았던 내 아이라~!

　　우리 아들 내 아들아! 생각만 해도 마음 아프고 보고 싶고 그리웠데이. (울먹이며) 에미가 니가 얼매나 보고싶었던동 헐레벌떡 뛰어왔다~. (굿상을 향해서 한참 흐느끼며 울었다.) 아이고 아이고 우리 새끼 내 새끼야! 내가 이래 갈 줄 내 몰랬데이. (울먹이다가 그치며 대주를 돌아보고) 우리 아들아! 오매 에미가 이래 갈 줄 내 몰랬다. 어찌 이래 내가 죽었는 줄 뉘가(누가) 아노!

아이고 나도 제 정신이 아니대이. (굿상을 향해 서서 넋두리한다.) 이래저래 하마하마 그래 갈 줄 너도 몰랐고~ (한참 구성지게 울다가) 오야! 우리 영감 뒤를 따라오니 왜 이래 슬프노~ 영감도 고생했다. 내 아들아~ 어예어예 니 살았노~. (예사말로) 아이고 머리 아파라! (쪼그려 앉아서 대주에게 손짓을 하며) 아이고 우리 아들아, 이리 온나⁽오너라⁾ 보자. (대주가 조무 앞에 가까이 와서 앉았다.)

주무: 딸 놓고 아들 놨으이 얼매나 좋았을로!¹⁷⁴

조무: (계속 울먹이며) 내가 니 만낼라꼬 수십 년을 수십 년을 별러별러⁽벼르고별러서⁾ 보고 싶은 내 새끼~ 내비두고 가느라꼬~ 에미 가슴에 못 박았다! 미안하다 아들아! (예사말로) 그까짓 거 오늘은 내가 웃조상 있는데도 내 미안한 채로 인사한다. 다 내가 못한 건 잊어먹고 벗어야 되고 우리 새끼 있는데도, 오늘 내 미안한 죄목을 벗고 가매이⁽갈 것이다⁾. (갑자기 울먹이는 소리로) 말 못한다. 말 못한데이. (굿상을 향해 앉아서 두 손으로 바닥을 치며) 이 에미가 말 못한다. 후손들도 안죽 있고, 에고 에고 말 못한다. 아이고 아이고 답답어래이! 니나 알고 내나 알고 치우자~. 아이고 아이고 답답한 게, 아이고 아이고! 아이고 아이고! 애이고 아이고, 애이고 애이고~

(앉은 채로 대주를 향해서) 내 아들아, 니나 알고 내나 알고, 자⁽재⁾들이 우리 손자라? 우리 손자 아부지¹⁷⁵ 부모 되고 할 말이 따로 있고 안 할 말이 따로 있잖나. 이런 말 저런 말 아⁽아이⁾들 다 알아 좋은 법이 없는지라. 그래서 내가 오늘 다 내 죄목을 오늘 내가 벗고 가마. 우리 아들 또 살 길이 생기고, (큰 소리로 넋두리한다.) 에미 지은 죄가 너무 많다~. 아이고 놀래래이. 아이고 아이고 이 원성을 언제 푸노 했더니만 오늘이 내 날이네. 아들아! (일어서서 오방기를 아래위로 흔들며 빠르게) 오늘이 내 날이네. 이 한을 언제 푸노 했더니만, 오늘이 내 날이래요.

주무: 오늘 한을 모두 풀고 가소.

조무: 오늘이 내 날이네요. 한도 많고 원도 많애. 아이고 오냐 우리 아들아, 니 정성 잘 안대이. 오늘이 오길 기다렸어요. (굿상의 위패를 오방기로 가리키며) 당신네들이 우리 윗대 조상들이지만 아니오, 아니올시오. (울음을 그치고 한숨을 크게 쉰 뒤에 예사말로) 그래, 그래그래. 다 우리 아들 오늘 내 온정 풀고 가라꼬. 이 정성 해주는데 내가 다 가지요. (대주를 향해) 우리

---

174 대주의 어머니 신령에게 하는 말이다. 대주 어머니가 먼저 딸을 낳은 다음에 대주인 아들을 낳았으니 얼마나 좋겠냐 하는 말이다.
175 대주가 어머니에게는 아들이지만 손자에게는 아버지라는 말이다. 손자 앞에서 아버지와 할머니 사이의 사연을 털어놓고 이야기하기 곤란하다는 뜻이다.

아들아 내가 오늘 풀고 가매⁽갈께⁾!

주무: 풀고 가소! 오늘....

조무: 오늘 우리 후손들하고 좋은 날 일이지요. (3형제 앞으로 가서) 손자들 맞나? 에미 뱃속에서 났나? 애비 배를 빌려 났나? 오늘이 그래그래 에미 없는 이 모습에, 우리 아들 장개 가가주고¹⁷⁶ 저런 알밤 같은 자부를 봐서러 우리 동자 같은 새끼를 서이를 낳았다니 말이 되냐~ (울먹이는 소리로) 오야 내가 삼신 동안을 삼신을 죄목을 맡아 벗어놓고요~ 단명에 간 운명도 벗어놓고~ 우리 후손들을 잘 되도록 해주고, 우리 후손들 손자들~ 백년 배필 잘 되도록~¹⁷⁷ (계속 울먹이는 소리로) 내가 만나도록 해주마 내 아들아.

(두 손으로 아랫배를 치면서) 에미 마음 니뺴이⁽너밖에⁾ 모르니! 오늘 한 순간 놀고 싶데이. 아이구~ 그래그래 다 잊어야지. 잊어야지. 잊어야지. 잊어야지. (굿상에 차려진 박카스 한 병을 집어들고서) 내가 오늘 술 대신에 물 대신에~

주무: 풀고 가소! 예!

조무; 내 마음 내가 풀고 내 한을 내가 풀고 내가 가요. 내가 가요. (대주를 보고) 아들아 잘 살어래이. (기주를 보고) 우리 자부야 잘 살어래이. 우리 아들인데⁽아들에게⁾ 잘 하면 내가 (3형제를 보며) 야⁽얘⁾들 도와준다.¹⁷⁸ 우리 손자들 내가 분명히 도와준다. 이것도 너거 복이래. 이 자손이 애달가⁽애태워⁾ 봐라~.

주무: (자부가) 잘 하니더. 아들 서이 잘 놓고! 자부가 그런 자부가 어딨니껴?

조무: 그래 자부라도 잘 들어와야지. 그래야 우리 아들이 잘 살 꺼 아이라. (대주를 보고) 아들아 그쟈? 맞나? (말소리를 낮추어서) 오야, 그래 에미가 이래 왔데이. 에미 누운 자리는 그래도 괜찮다. 에미가 누워 있는 자리 양지바르네. 따뜻한 게 에미 묘자리가 그래도 잘 들었다. 그래도 에미가, 터가 패안애⁽괜찮아⁾.

우리 조상들은 거의 다 묘터 자리가 괜찮다고 보면 돼. 물이 들어왔게나 뭐 칡이 뿌리가 내렸게나 뭐 아무 이상 없어. 산소 묘에는. 아무 이상 없어. (대주를 향해) 이래 편해요. (경쾌하게) 아들아! 내 누운 자리가 편하다. 너 도와주고 우리 손자들 하나같이 내가 효자 자손 불러

---

176 아들이 어머니인 자기가 죽고 없는 가운데 장가를 들어서.
177 3형제 손자들이 배필을 잘 만나도록 도와주겠다는 말이다.
178 시어머니로서 기주인 며느리에게 당부하는 말이다. 우리 아들인 대주에게 잘 해주면, 나는 네 아들인 손자들에게 잘 되도록 도와주겠다는 말이다.

주고 내가 효부 자손 내가 점지해 주꺼매(주매). 아들아 내가 오늘 먹던 마음 감던 마음 내 속에 있었던 마음을 (굿상의 위패를 향해) 웃전에 조상한테 내가 속으로 다 고하고 했다. 니만 알고 내가 알고 이래 가마. (기주를 향해 빠르게) 우리 자부야! 어에든동 잘 살아주만, 내가 어에든동 내 삼신 돼서 받들어서[179] 좋은 새끼들 데루고 내 좋은 자부들 오도록 해주매이! 오야 그래. (사설을 끝내자 반주가 울린다.)

조무가 사설을 마치자 반주가 시작되었다. 조무는 굿상 앞으로 가서 오방기를 든 채 위패를 향해 허리를 굽혀 절한 뒤에 바깥쪽으로 나갔다. 바깥에서 오방기를 좌우로 흔들며 뒷걸음질로 들어왔다. 대주의 증조부에서 부모까지 다 모시자, 이번에는 기주의 친정 어른들을 모시고 오는 셈이다. 제자리에서 한참 빙글빙글 돌았다. 원무를 멈추고 굿상을 향해 허리를 굽혀 절을 하고 반주석과 제가집, 조사자를 향해 일일이 절을 했다. 반주가 멈추자 사설을 했다. 사설을 들어보면 친정할아버지가 오신 것이다.

조무: 아이고 그래요. 경주최씨 대한 가정도 조상들이 참말로 우리 대감이고 음전하고 점잖고 학문이고 글문이자, 우리는 (말이 막혀서) 그 뭐로? 해주오씨네. 해주오씨네 대한 명당에 손녀야. 오냐 그래 우리 사돈간에 꽃사돈에 접사돈에 합의하라꼬 응! 친정에 오씨네 조상에서 너거 할아버지 중에 내가 왔다. 그래도 사돈간에도 합수를 해야 너거들 사는 데 아무 지장 없을 거 아이라.

우리 해주오씨에 대한 가정에도, 우리 가정에도 만만찮게 그래도 밥술이나 먹고 살았잖나. 손녀야. 우리가 어디 남들 겉이 죽을 쒀먹었나 꽁동버리밥(꽁보리밥)을 해 먹었나. 그게 아니잖아. 우리 가정에도 옛날에 소가 몇 바리고(마리고) 그자! 이래 잘 살았는 가정이래, 해주오씨 대한 가정. 그래서 오늘 웃전에 할아버지 이 집 대감하고 야야! 같이 의논하고 궁리하고 같이 화락할라꼬! 대감이 합의를 해야 사업을 해도 영업을 해도, 부동산을 해도, 니 조상 내 조상 원망 없이 탈망 없이 서로 빗구지는(삐치지는)[180] 안 할 거 아이라.

니 잘 났나 내 잘 났나, 이런 일이 없으라고. 오늘 해주오씨네 대한 할아버지 (대주를 보고)

---
[179] 시어머니로서 며느리에게 하는 말이다. 내가 삼신이 되어서 후손들을 잘 돌봐주는 역할을 하겠다는 뜻이다.
[180] 서로 뜻이 맞이 않아 어긋나게 삐치는 일.

"손서야 고맙다" 하고, 우리 사돈 조상만 해도 되는데, 또 이래 처갓집 식구라고 이렇게 편의를 봐주고 찾아를 주고 불러주니 얼마나 고맙노! (기주를 향해) 우리 손녀야 부디부디 이것도 니 복이니라! 그래도 니는 시집 하나는 잘 갔느니라. 손녀야 잘 갔는 건 잘 갔다. 결혼해서 10년 구비는 그거를 행복으로 넘기면 돼. 한 10년 고생은 아무것도 아이고, 그 뒤우로 인제 늦복이 니가 터져야 되지. 초년에 고생은 아무거나 해도 괜찮다! 어이!

그래서 해주오씨네 오늘 대감 할아버지 이래 들어서니, 이 집 사돈 간에 만만찮네. 억시(크게) 밀질 것도 없고, 비슷하네요. 대감들도 그렇고, 먹고 사는 것도 그릏고, 옛날에 소가 몇 바리만 잘 살았지 뭡니까. 개도 한 마리 없니도 천지빼깔인데.[181]

주무: (웃으면서) 맞습니다.

조무: (기주를 향해) 오늘 이래 와서 손녀야! 나는 이게 맨날 어깨에 앉았다. 니 양어깨에 손녀 어깨에 실렸다.[182] 니가 장사를 해도 툭하면 이래 던지는 것도 너거 할배가 그래 알려준다. 너거 할배가. 친정에 할아버지가, 어에든동 돈 벌어서 억울하만 출세하라꼬. 잘 먹고 잘 살라꼬 친정에 할배가 왔다. (대주에게 다가가서) 우리 손서야 할배가 왔다. 다른 게 없다. 너거 의논시리 잘 살만 되고 건강하만 된다. 그러니까 사돈 간에 연사 간에 꽃단재로 앉아가면 될시더. (사설을 끝낸다.)

사설을 마치자 반주가 시작되었다. 새로 신을 받아 모시려면, 오방기를 좌우로 흔들며 바깥으로 나갔다가 뒷걸음질로 다시 들와야 하는데, 이번에는 그런 과정을 거치지 않았다. 신을 모셔오는 절차를 거치지 않고, 곧바로 제자리에서 도는 원무를 한참 추었다. 원무를 멈추고 굿상을 향해 절을 하자 반주음악도 그쳤다. 사설을 하는데, 목소리가 특별히 여성스럽다. 이번에는 기주의 친정할머니를 모신 셈이다.

조무: (망설이듯이 작은 소리로) 아이고 뭐라고 말을 해야 될동! 예로,[183] 인사와 체면을 갖추노! 해주오씨에 대한 가정인데, 아이고 야(얘)야! (기주를 향해 서서) 우리 손녀야 우리 집에는 여자

---

181 집에 개 한 마리 없는 사람도 아주 많은데.
182 친정 할아버지가 늘 손녀인 기주의 어깨 위에 실려 있다는 말이다.
183 "어떻게 하면 사돈에게 예를 갖추느냐" 하는 말을 줄여서 했다.

들이 다 쨈지(?) 같다, 그쟈! 참종 걸애.¹⁸⁴ 우리 집에 그지! 너거 어매도 아주 여성스러워 그쟈, 맞제! (반주자를 향해서) 아주 우리 집에는 여자다워요. 여자는 여자다워야 되고, 남자는 남자다워야 되지요.

　　이 집에 할매도 글코⁽그렇고⁾, 모친도 글코 키가 그쿠⁽그렇게⁾ 안 커요. 얼매나 여성스러운 줄 아노, (기주를 보고서) 그지? 아이고 우리 손녀야 니가 예쁘다. 이 할매도 그래 예쁘장했다 왜! 너거 에미도 인물 어디 내놓으면 반반하잖나. 키도 그쿠⁽그렇게⁾ 안 크지. '아주 여성스럽다' 소리 마이 듣고 살았는 가정인데, 할배 할매하고 옛날에 이 집에 할아버지 할머니 언가이⁽대단히⁾ 의논스러웠는 모양있다.¹⁸⁵ 정이 있던 모양이네. 엄마 아버지도 정이 있었제?

기주: (고개를 끄덕이며 긍정한다.)

조무: 그래 놔 놓이께네 할배 할매하고 따로 오지 않고 손을 욜로리 잡고 와가주고요. "할매하고 같이 왔다" 그럼서, 우리 집은 싸우는 법도 없고, 한번 니 잘 났나 내 잘 났나, 결혼해가 늙어죽을 때까지 살만서 치고 박고 싸우고 (한 적 없고) 말도 속 안에서 마이 했다.¹⁸⁶ 생전에 잘 안 싸운다. (기주에게 확인한다.) 그지⁽그렇지⁾? 우리 집에 그쟈? 특히 엄마 아부지는 좀처럼 잘 안 싸와. 그래 둘이 내외간에 손잡고 들어온단다.¹⁸⁷ 혼자 따로따로 들어오소 하이께네. 아이고 (기주를 보고) 손주야 맞지?

기주: (고개를 끄덕이며 긍정한다.)

조무: 그체⁽그렇지⁾! 잔네들도 꼭 우리 뽄⁽본⁾만 좀 봐주게!¹⁸⁸ 그래 되면 싸울 일도 없다. 알았나? 남자는 남자 역할하고, 여자는 여자 역할하고, (3형제 앞으로 가서) 증손자도 손자요, 외손자도 손자들 아이라! (빠르게) 이래 보나 저리 보나, 아무 누구라도 와서 어느 할매라도, 어느 할배가 도와주든동, 아⁽애⁾들 괜찮게 크게 이래 하만 다 된다. 할매 내가 왔다. 알아서 도와준다. (사설을 끝낸다.)

184　앞에서 한 말 "쨈지"와 관련이 있는 비유이지만, 무슨 말인지 알 수 없는 비유이다. 여자들이 모두 작고 단단하여 야무락지게 생겼다는 말 같다. 뒤에 하는 말로 보면 아주 여성스럽다는 말이다.
185　기주의 친정 할아버지와 할머니는 대단히 의논스럽고 정이 있었다는 말이다. 따라서 할아버지 오실 때 할머니도 함께 손잡고 오신 까닭에 별도로 할아버지를 보내고 할머니를 모셔오는 의식을 하지 않은 것이다.
186　싸울 일이 있어도 겉으로 크게 소리를 내지 않고 속으로만 말했다.
187　기주의 친정 부모도 서로 정이 많아서 따로 들어오지 않고 함께 손잡고 들어온다는 말이다.
188　대주와 기주 부부에게 하는 말이다. 내외간에 사이 좋은 우리 부부 본을 보라는 말이다.

조무가 사설을 끝내자 반주음악이 시작된다. 굿상 앞으로 가까이 가서 오방기로 상차림을 가리킨 뒤에 돌아서서 바깥쪽으로 걸어간다. 바깥으로 나갔다가 뒷걸음으로 들어오며 오방기를 나누어 쥐고 아래위로 흔들다가 곧 되돌아서서 오른 손에 모아 쥐고 원무를 한참 추었다. 춤을 멈추고 굿상을 향해 절을 하자 반주도 멈추었다. 기주 쪽으로 가서 말을 붙였다. 기주의 친정부모가 들어온 셈이다.

조무: (기주를 보고 다정하게) 딸냄이야, 엄마하고 아부지하고 이래 손 붙잡고 왔데이. (말투를 바꾸어서 묻는다.) 연애결혼이라?

기주: 저가요?

조무: 응!

기주: 연애 반...

조무: 중매 반이라? 그래 그칸다. 니 좋아 갔잖나!

기주: 안 좋아서 왔어요.

조무: 후회는 하지마라. 후회는 하지마래이. (기주가 좋아서 시집 간 것이 아니라고 하는 말을 의식하며) 니 지금 와서 이게 무슨 소리로? 엄마 앞에서! 엄마 아부지 앞에서 이른(이런) 소리 아(안) 한 데이. 야야 얼마나 잘된 일이로! 니 딴 데 가서 니 명이 그쿠(그렇게) 있나, 으이? 우리 사위를 이래 잘 만내가주고 니가 이래 안 사나! 그래 여러 소리할 께 뭐 있노! 사돈네 집에 와가주고! 우리 딸내미 안아보자, (기주를 잡아 일으킨다) 일어서라 보자. (기주의 손을 잡고 굿상 앞으로 간다.) 이 꽃 같은 거 내가 키아가주고(키워서) 누구 집에 줄로(주겠노)꼬, 참 중매도 많이 들어오고.

주무: 잘 갔지 뭐, 경주최씨. 최부잣집에...

조무: 야야 들어보래. 우리 사위야, 들어봐라! 우리 딸자식이 자랑이 아이고, 야들아 이 이쁜 딸을 키와가주 내가 '누구 집에 줄로?'꼬 얼마나 그랬노 우리가. 그자? '아이고 저걸 누구 집에 보내만은 저거 잘 살로?' 하도 공주 겉이(같이) 이뻐가주고, 우리 동네에서도 숱하게 중매가 들어오고, 숱하게 좋은 자리가 들어와도 그렇더라, 그쟈? (기주를 이리저리 보면서) 거 참 희한한 일이지요. 그래 내가 우리 딸을 이리 보고 조리 봐도 인물이 고게(고것이). 니 천상 너 아바이 반 내 반 닮았데이 응, 맞제?

기주: (고개를 끄덕이며 긍정한다.)

조무: 야(얘)가요, 들어보래요. 저 아바이 반, 내 반 이래 닮았거든요. 오늘요.

주무: 그러이⁽그러니까⁾ 이쁘이더⁽이쁩니다⁾.

조무: 그래가주고 우리 딸이 얼매나 이뿌이껴! (기주에게 묻는다.) 딸이 한 두세 명 되는 모양있다만은?

기주: 예, 세 명.

조무: 그래 딸이 한 세 명 된다 해도 내가 이 딸을 제일 이뻐했잖나! 그지 맞지?

기주: (고개를 끄덕인다.)

조무: 그래가 내가 니 시집보내 놔 놓고 또 한동안 어떻고 저떻고 이러이께네¹⁸⁹ 어마이 가슴에 멍이 얼매노 아팠노 야야! 그래가 내 들만나만⁽드나들며⁾ 울었대이. (대주를 보고서) 우리 사위 이 사람아! 들면 나면 내가 울었네! 저 꽃 같은 거 키워가 누구 집에 줄꼬 이랬디만은, 초년에 시집가가 이쿠저쿠⁽이런저런⁾ 소리 듣기고, 에미 돼가⁽되어서⁾ 그런 소리 들어봐라! 좋을 리가 있는가 이 사람아!

그래 내 들매나매⁽드나들며⁾ 우리 딸 못 살면 (울먹이며) 어쩔꼬 이래이래 울고, 들매나면 내가 너 어마이가 이쿠⁽이토록⁾ 울었다. 부엌에 밥하면서 (넋두리하듯) "우리 딸내미 시집 가더니만은 하마 저래 고생하만 평생을 저래 고생하만 누가 책임 지노~!" 이카만, 너 아바이가 뭐라 그런동 아나? (나무라듯이) "지 좋아가 갔으이께, 그것도 지 복이께네 지 팔자이께, 가마⁽가만히⁾ 놨둬라! 쑤시지 말아라!" 너 아바이는 이칸다. (나무라듯이) "잘 살든동 못 살든동 냅두면 될 건데 왜 쑤시노, 왜 쑤시노?" 너 아바이는 이카지. 나는 (넋두리하듯) 죽으나 사나 자다가도 "우리 새끼야" 밥하면서도 "우리 새끼 잘 살아야 될껜데⁽될 것인데⁾" (말하듯) 이쿠 이래 울었다 딸내미야 응! 엄마 얘기 뭔 얘긴동 알겠나?

기주: (말없이 고개를 끄덕인다.)

조무: 그래. 까짓 거 5분 전에 과거는 까짓 거 뒤는 뚝이고, 지금 현실이 문제지. 그까짓 거 뭐 문제로 우리 딸내미, 으이! (대주에게) 우리 사우야 안 맞나? 거 봐 저래도 지금 최사장이래! 우리 사위가 이래가주고 장모 장인들 오이께네, 왜! "우리 최사장님! 최사장님!" 소리 들으이께네, (반주석을 향해서) 양 어깨에 힘이나 한번 주지 어째니껴? 안 글니껴?¹⁹⁰ 사장 소리 듣고 땅 천지지, 지금 현금 가진 게 없어 그치⁽그렇지⁾, 뭐가 부러울 게 있노!

---

189 이런 저런 안 좋은 말이 나니까.
190 어떻겠습니까, 안 그렇겠습니까?

(3형제를 보고 큰소리로) 우리 외손자들아, 에미 애비 땅 천지고 집 천지래! 지금 현금이 없어 글체(그렇지). 그거 (더 큰 소리로) 제발 노리지 마래이!¹⁹¹ (목소리를 낮추어서) 이제 사우 있는데 일러놓고. (기주 얼굴을 마주 보며) 우리 딸내미야, 어이구 이뻐라. (손으로 엉덩이를 두드리며) 어이구 이뻐라, 그래.

주무: 돈 마이 벌게 해주소.

조무: 에미 돈 마이 벌어 살이라. 에미 사랑 감안하고... 셋째 딸이라 넷째 딸이라?

기주: 둘째 딸.

조무: 둘째 딸이라! 에미 사랑 감안하고 그래, 오늘은 우리 사돈네 인데(있는데) 와가주고 내 할 얘기가 뭐 있노! 우리 사돈분네 우리 그저 사우 최서방하고 어에든동 잘 살도록 사돈분네서도 그래 복을 빌어주고, 우리 조상도 빌어주고 이래이래 살다보면 끝이 있고 알 일 있다 한다. 그러이 난중에 너(너희)가 양대감을¹⁹² 모셔라! 너거 할배도 옛날에 대단했잖나. 우리 아버님이.¹⁹³ 그지!

기주: (고개를 끄덕이며 긍정한다.)

조무: 옛날에 학문 좋고 글문 좋았잖나. 과거 보러도 가고 통장 반장질도 하고 언침(제법) 똑똑한 짓을 마이 했단 말이다, 우리 아버님이! 그러이 양대감을 이래 모셔 놔야 되지. 양대감 니 대감 최씨 대감. 안 맞나! 최씨 대감하고 (한참 머뭇거리니 주무가 오씨네 대감을 일러주자) 오씨네 대감하고, 양대감을 모셔야 된다꼬.

너거 할배도 유명 유자 했잖나! (반주석을 향해) 얼매나 유명했는데요. 반장 통장 다 하고요, 옛날 국회의원 끝은 거 모(못)해 글치(그렇지), 장자방¹⁹⁴이라는 이름으로 얼매나 똑똑하게 살았는데. 그지 맞잖나! 그래 살아온 할배를 그냥 이래 납두면(냅두면) 되겠나? 니 어깨에 내가 만날천날 이래가주고 들따보고 낼따보고¹⁹⁵ 이래 하는 너거 할밴데, 언젠가 그래 모셔 놔주면, 양대감 모셔주면 이 집도 한 살림 있다고, 살림이 물밀 듯이 불(불어날) 수가 있어.

올해는 그냥그냥 조상 찾아놨으이께네, 오늘 그냥 입춘대길 날에 찾아 왔으이께네, 내년

---

191 외손자 3형제에게 하는 말이다. 부모님 재산을 탐내지 말라는 뜻이다.
192 두 대감을 일컫는 말이다. 두 대감은 기주 시집의 최씨네 할아버지 대감과 친정의 오씨네 할아버지 대감을 지칭한다.
193 기주의 어머니 처지에서 하는 말이다. 기주의 할아버지가 옛날에 대단했는데, 기주 어머니의 시아버지이다.
194 장자방은 한나라 유방의 책사인 장량(張良)을 가리키는데, 뒤에 훌륭한 책사를 일컫는 보통명사가 되었다.
195 들여다보고 내려다보고.

에는 꼭이 우리 사우하고 의논해가주고 우리 아버님 모셔줘라, 모셔놔라 에이!¹⁹⁶ 최씨 대감하고, 오씨 대감하고. 그래 알 일 있도록 해주께.

　　(3형제 앞으로 가서) 아이고 야들에이! 이거 우리 외손자들이라? 아이고 조막만한 게 뭉텅이⁽무더기⁾ 요만한 게 어디 가서 이런 덩어리를 세 덩어리를 알 까가주고 세상에.¹⁹⁷ 외할매 찾아 이래 오니, 더군다나 말할 여가 없고 이래 좋다. 아이고 우리 딸내미야 이쁘게 잘 살아라. 관리해라. 얼굴 관리해라. 니는 관리해야 된다. 이쁘게 단장하고 꾸미고, 우리 최서방 밥이라도 따뜻한 거 해주고. 딴 게 뭐가 있노!

　　(대주를 향해서) 우리 최서방! 밥이라도 따뜻하게 해서 우리 딸 손에 얻어먹고 그라 하게! 그래 하게, 그래 하면 다 되네! 딴 게 없네! 이거 최씨 조상 오늘 오씨 조상, 조상들이 할 일이고, 자네들은 고마 맘 편코, 건강만 잘 해가주고 한약도 좀 지⁽지어⁾ 먹고, 건강에 좋은 거 약 좀 지 먹고 그래 살게이!¹⁹⁸

　　(기주에게 다가가서) 딸내미야! 그래라, 딴 게 없고 오늘 이래 와가⁽와서⁾ 알려주고, 나중에 우리 굿하고 할 때 진짜 우리 대감하고 같이 한몫 모실 때, 그때 진짜 신명나게 놀고 춤추고 노래 부르고 에이!¹⁹⁹

기주: (고개를 끄덕인다.)

조무: 에미 애비! 내 가네. 아이고 좋다. (사설을 마치자 반주음악이 커진다.)

　　조무가 굿상을 향해서 오방기를 좌우로 흔들며 오른쪽에서 왼쪽으로 훑어갔다. 오방기를 높이 들어서 휘두르다가 제자리에서 도는 원무를 한참 추었다. 춤을 멈추고 반주석을 향해 허리를 굽히자 반주음악이 멈추었다. 나지막한 소리로 사설을 시작했다. 기주의 친정 큰아버지가 오신 모양이다. 큰아버지는 6.25 전쟁에 나갔다가 총각의 몸으로 전사하신 분이다.

196　친정어머니가 딸인 기주에게 당부하는 말이다. 내년에는 대주인 사위와 의논하여 기주의 시할아버지와 친정할아버지를 함께 모시라는 당부이다.
197　딸이 아들 3형제를 낳은 일에 관해 말하는 것이다. 딸이 몸집도 조막 만하게 작은데 어떻게 이런 덩치 큰 아들 셋을 낳았는지 놀랍다는 뜻이다.
198　그렇게 살게!
199　그렇게 하자고 함께 다짐하며 당부하는 말이다.

조무: 해주오씨네 가정에요. 그 청춘에 간 큰아버지라 카면서 형제간에 이래 손 붙잡고 왔단다.[200] 난리를 칠껜데, 내가 청춘에 갔으이께네 이래라 저래라 막 난리가 나고, 울고불고 보채고 난리가 날껜데, 최씨네 대감도 무섭고, 오씨네 대감도 할배들이, (말을 바꾸어) 우리 집에는 막 무식하게 난장이고 뭐 그런 집이 아이거든..

　　양 조상이 전부 다 엄중하고 함부로 못 까부는데, 조상 앞에서 이러지도 못하고 (기주를 보며) 너 큰아버지 옛날에 민주벌판 지 이대 소식 없이 갔는 조상 있잖나, 왜? 그 조상이 어디 형제간에 이래 손길 잡아 왔다고, 뒤를 따라가. 야(애)들(3형제들) 있는 공신에, 청춘에 혼맥에라도,[201] 경사에라도, 청실홍실이라도 갈리면 안 되잖아?[202]

기주: 큰아부지가 전쟁터에서 죽었어요.[203]

조무: 만주벌판이 전쟁터지 뭐로![204] 그래 가가 이래 죽었는 거를, 내 이름을 지(지어) 줘 주이께네,[205] 우리 질녀야! 너무 고맙잖아! 내가 마음 재간에 우리 손길 잡고 이래 와가주고, (3형제를 가리키며) 야들 있는 데라도 장개 못 갔는 몽달이가 앉았으만...[206]

　　(굿상을 향해) 내가 오늘 닦아 가는데, 안 그럼 내가 오늘 노래라도 한 곡 할 껜데, 우리 사돈 분들이 엄중하고 무섭다.

주무: 이따 한 풀어 줍시더.[207]

조무: (주무를 향해) 한 풀어요? 한 풀어 주실래요? 한 좀 풀어주소. (굿상을 향해 오방기를 좌우로 나뉘어 쥐고 흔들며) 그라만 내가 닦아 주지요.(사설을 멈추자 반주를 한다.)

　　조무는 반주음악에 맞추어 오방기를 좌우에 나누어 쥐고 굿상 위에서 흔들었다. 이어서 오방기를 좌우로 흔들며 제가집 가족들 머리 위를 차례차례 훑어나갔다. 바깥쪽으로 가서

200　조무가 자기 몸에 빙의된 신을 설명하는 말이다.
201　혼사 일에라도.
202　청춘에 죽은 한 맺힌 귀신이 청춘들의 혼사와 같은 경사에 끼어들면 안 되잖아.
203　조무가 큰아버지 신령이 빙의되어서 만주벌판에서 죽은 것처럼 말하니, 기주가 큰아버지는 만주벌판이 아니라 전쟁터에서 죽었다고 말한다.
204　기주의 말에 조무가 응수하는 말인데, 만주벌판이 사실상 전쟁터나 다름없다고 하는 것이다.
205　내 이름을 챙겨서 굿을 해주니까.
206　3형제를 두고, 조카들도 있는데 장가 못 간 몽달귀신이 앉아 있으면 좋을 게 없다는 말 같다.
207　주무가 조무의 말을 받아서, 이따 다음 굿거리를 할 때 노래를 불러서 한을 풀어주겠다고 한다.

다시 새로운 신령을 맞이해 들어왔다. 오방기를 오른 손에 들고 왼쪽 방향으로 돌며 원무를 한참 추었다. 원무를 멈추고 반주석을 향해 허리를 굽혀 절하자 반주가 그치고 사설을 시작한다.

조무: 오씨네 가정의 조상도 거의 거의 다 들어왔다.
법사: 네네!
조무: 들어오는 건 신장님이 쳐올리면 되고, 사돈 간에 연사 간에 뭐 그클(그터록) 니 좋아라 내 좋아라 다 들어와도 할배들 받아주도 안하고, 하이께네 내가 오방기나 한번 대주가 뽑아보고 (대주에게 오방기를 뽑도록 내밀며) 자~ 뽑아보소. (대주가 노랑기를 뽑으니까, 뒤를 돌아 반주석을 보며) 조상이 와가주고 '이래 닦아주고 해결해주면 된다' 이칸다.[208]
　(기주에게 가서) 그래 에미도 한번 뽑아보고. (기주가 빨강기를 뽑으니까, 다시 반주석을 돌아보며) 오야. 조상님 와가주고 재수 주고. 우리 손자들아 굿이나 보고 떡이나 먹어래이. (일동 웃음) 에미 애비 잘 되면 넌 다 잘 되는 법일지라. 에미 애비 잘 만났으이께, 있을 때 잘 하고, 살아 있을 때 잘 하고 그래라. 알았나! (3형제가 '네!' 한다.) 그래. 오냐. 알았다. (사설을 마친다.)

사설이 끝나자 반주음악이 울려 퍼지는 가운데 조무는 오방기를 무구 두는 자리에 놓고 무복을 벗었다. 한복 위에 입은 남색 치마도 벗었다. 벗은 무복들을 가로로 받쳐 들고 원무를 추다가 반주석을 향해 절을 한다.
　주무가 반주석에서 일어서 나오며 한복 위에 입은 남색 겉치마를 벗었다. "이제 조상을 다 모셔놨고, 조상을 모셔 놨으이 이제 굿해야 된다"고 했다. 맨 처음에 앉은 부정과 선 부정으로 부정을 물린 다음에 조상신들을 모두 청해 놓았으니, 이제 본격적인 굿 준비가 다 되었다는 말이다. 지금부터 하는 것이 진짜 굿이라는 뜻이기도 하다.

208　이렇게 말한다.

9. 주무 송옥순의 서낭거리

주무 송옥순이 한복 위에 무복을 갖추어 입었다. 연두색 바탕에 색동 소매 장삼을 입고 그 위에 다시 소매가 더 넓고 긴, 같은 구조의 장삼을 덧입었다. 반주석에는 법사가 장구와 징을 치고 반주를 하며 굿의 시작을 기다리고 있다.

주무는 오른 손에 부채를 들고 밖으로 나가서 허리를 굽혀 사방에 절을 했다. 굿당 안으로 들어와서 굿상 앞에 부채를 펼쳐 두고 큰 절을 3번 올렸다. 일어나서 제가집과 조사자, 반주석을 향해 제각기 허리를 굽혀 인사했다.

부채를 펴들고 시계방향으로 돌면서 원무를 한참 추었다. 제자리에서 좌우 손을 번갈아 오르내리며 도무를 했다. 두 손을 좌우로 휘저으며 도무를 하다가 다시 시계방향으로 도는 원무를 추었다. 원무를 멈추고 부채를 든 오른손을 위로 높이 들어 신호를 하자 반주가 멈추었다.

주무: 오너라. 오늘은 부산시 수영구 망미2동에 ○○빌라에 ○○○호 나라 대주에 계묘생에 최씨 대주, 명당 기주 갑진생에 오씨 기주, 장남자손에 임신생에 차남자손 을해생에, 삼남자손 정축생에, 오너라! 그래 경주 최부자댁에, 그 옛날에 일년에 한두 번씩 정월에 새 운맞이, 가을에 그래도 시월 상달에 또 성주맞이 하던 옛날에 그런 공 드리던 가정이다.

지금은, 그래 누가 이래 철철이 찾아주고 불러주고 하겠느냐! 너희들이 그래도 오늘 입춘맞이 새 운맞이 성주맞이 재수맞이 이렇게도 오늘 꽃당 연당을 차려놓고 갖은 공양을 차려다가 촛불에다 불 밝히고, 물땅에다 물 밝히고 이렇게 만 조상 청해다 놓고, 이렇게 너들 잘 되게 해달라고 비는 정성이 어떤 정성이로!

요즘은 야들아! 뭘 해도 재수궁이 있어야 한다. 아무리 니 똑똑하고 니 잘한다 케도 재수 옴 붙으면은, 요즘 나가 봐라. 나쁜 놈도 많고 우리나라 황사도 있고 더러운 황사 중국 황사, 러시아 황사[209] 날아 들어와 숨도 제대로 못 쉬고 전부 마스크 쓰고 댕기고, 음식도 잘못 먹으만 온갖 이름 모를 병도 걸리고, 이러께네 아무래도 눈을 똑바로 하고 봐도 여불떼기(옆에) 와가주고, 악한 넘(놈) 와가주고 들고치고 미이칠(메어칠) 때는 어찌 당할 수가 있나.

---

[209] 굿을 하는 해인 2018년 즈음에는 황사 또는 미세먼지가 심해서 사회적 문제가 되고 있었다.

오늘 이렇게 내가 만 신령을 모셔다가, 이렇게 할 적에 너 악한 거 굳은 거 걱정 근심 다 제쳐 달라고, 이 정성을 들이는데, 내가 동서남북 댕기더라도, 너가 밤이 있나 낮이 있나. 어! 낮에도 돌아댕기고, 밤에도 쫓아 댕기고, 그래서 요새 밤낮이 없이 그쿠(그렇게) 쫓아 댕기는 이 세월에. 서낭문을 열어서 내가 동서남북 문 열어서 그래도 최씨 가정에 식구 다섯 명이 다 아무 탈없이 무사 무탈하게 내가 다 점지를 시켜주고, 만복을 빌어줄라니 그래.

올해 그래도 야들아 설은 안 쉬어도 오늘부텀 입춘 아이라. 입춘이고 설 안 쉬어도 내년 무술년이래.[210] 오늘부터 옳은 달이다.[211] 원래 치면은 올해 정월 초하룻날이다.[212] 이렇게 좋은 날을 가려 잡아서, 생기복덕 날을 잡아서, 이런 날을 잡아 이렇게 하는 것도 쉽지 않다. 그래! 오냐! 그래도 다 그것도 너희들 복이고, 오늘 날에 참 이 정성을 내가 받을라꼬 가만 보니까, 서낭에도 많이 기다렸다. 성주대신도 한번 찾아준 적이 있나.

오늘은 우리 큰 손자가 그래도 성주 대신을 잘 맞이해서 이렇게 찾아주고, 이래 하니 고맙단다. 그래 옛날에는 우리는 최씨네 정월 보름날, 보름 전에 열 나흗날 저녁 당제에 대감이 깨끗하게 해가 제관으로 빌고 했는 가정이다.[213] 그렇게 빌어놓은 공덕으로 너희 다 복을 받고 산다. 우리 가정에 자손 귀하고, 명 짜르고(짧고) 한 가정인데, 그래도 공든 탑이 무너지나. 내 한결같은데 빌고 빌어서 너 그래도 알밤 같은 아들 삼형제. 어쨌든 내가 잘 되게 도와주마. (사설을 멈추고 부채를 펴 든 채 시계방향으로 돌며 원무를 잠시 추었다. 다시 굿상 앞으로 가서 사설을 한다.)

(창으로) 천지신명 일월성신 북두대성에 칠원성군 일광월광 정기를 받고 삼태육성에 정기 받아 제석당에 복을 빌고 칠성당에다 명을 빌어, 천상궁을 삼십에 삼천 지하궁은 이십에 팔수, 사바세계에 문을 열어 해동조선을 대한민국 부산시라 수영구에 망미 2동이 아니신가. ○○빌라 ○○○호 나라대주는 계묘생에 명당기주는 갑진생 장남자손 임신생에 차남자손 을해생에 삼남자손은 정축생에, 차가정에 차명당에 터에 정성을 들일라고, 동서남북에 문을 열 때 천상천왕에도 문을 열고 지하천왕에도 문을 열고, 제석천왕 문을 열어 칠성천왕에도 문을 열고 바람천왕 구름천왕, 입곱칠성 칠성천왕 명천왕에 복천왕에.

---

[210] 오늘이 입춘이어서 설을 안 쉬어도 사실상 새해가 시작되었으므로 정유년이 아니라 무술년이다.
[211] 오늘이 입춘이기 때문에 사실상 오늘부터 무술년 정월달이라는 말이다.
[212] 원래 역법으로 따지면 오늘 입춘날이 올해 정월 초하룻날이다.
[213] 옛날에 정월 열 나흗날 저녁에 제관이 되어서 깨끗하게 목욕재계하고 동제당에 빌었던 가정이다.

골골서낭에 문을 열고 사해하고도 용궁서낭, 밀물서낭 썰물에 서낭, 팔도명산 산신서낭, 골골서낭 문을 열고 남당산에 여당산에 열두 당산에 열두 서낭. 자리잡던 서낭님요. 차명당에 터를 잡으신 서낭님요. 근영 뵙던 서낭님요 자취 뵙던 서낭님요 조화를 부리던 서낭님, 이 정성을 드릴 적에 부산시라 수영구에 망미일동에 들어설 때 당산서낭 문을 열으실 때, 재수야 서낭문을 열어, 동두야 천왕에 남두야 천왕 서두야 천왕에 북두천왕.

골매기 당산 문을 열 때 남골매기야 여골매기, 수부당산 수골매기 골매기 서낭님에 문을 열어 대주 계묘생에 갑진생에 임신생에 을해생에 정축생에 재수야 서낭에도 문을 열제 자손마다 벼슬에 서낭 자손마다 공명 서낭 오늘같이 좋은 날에 계묘생이야 갑진생에 재수에 서낭문을 열고…(갑자기 목이 막혔다. 창을 멈추고 반주석으로 돌아섰다.)

법사: 예, 그렇지요!

주무: (말로) 오늘날에 너희들을 볼 수 있어 조상님은 반갑다. (물을 한 잔 마시고서 대주와 기주를 향해) 너들은 야야! 돈 잘 번다고 소문은 났다만은 할배들이 모시고 오는데도 힘이 든다. 대주야! 돈 버는 니가 얼매나 힘이 드노! 동서남북 문을 열어서 돈을 번다꼬 마구 소리 소문 마구 큰소리 뻥뻥 친다. 돈 버는 것, 돈 다 끄는 거 끝에도 왜 이렇게 힘이 드는지 모르겠다.

돈 버는 데 힘이 안 들 수가 있겠느냐! 그래. 나라대주는 어쨌든 부부간에 화목을 주고, 딴 게 뭐가 있노! 서로 스트레스 안 받고, 그래 서로서로 위로하며 살아야 된다. 저 알밤 같은 아들 서이가(셋이서) 쭉~ 앉아 있다 케도 남편만 하겠나. 남편이 있으니 밤마다 안아주겠다마는, 그래도 서로 믿고 의지하고.

이래 할 때, 차를 타고 동서남북 밤길 낮길 댕겨도, 그래도 서낭님이 사고도 막아주고, 눈길을 댕겨도 미끄럼도 내가 다 막아주고, 운전해 다녀도 안전운전 해주고 졸음운전 안하게 해주고, 저 자손들이 마구 동서남북 다녀도 안전운전 사고 없이 도와주고! 안전하게 내가 지켜서 도와주마 응!

길거리에 사고 나는 거 왜 나겠느냐. 도로 서낭님이 열 받아가주고 (발길질 하는 시늉을 하며) 구불러,²¹⁴ 차부만(차버리면) 사고 나는 거야.²¹⁵ 도로 서낭에서. 길대서낭에 도로서낭에 합수 받아서 우리 자손들이 우리 후손들이 이렇게 다녀도 내 아무 탈 없이 내가 도와주마 응! 병고

---

214 굴려. 차를 굴려서 사고 나게 만드는 상황을 말한다.
215 운전하다가 사고 나는 이유는, 길을 지키는 서낭님이 열 받아서 차를 발길로 차버리면 사고가 난다는 말이다.

액란 없이 해주고, 전염병에도 내가 다 막아주고, 서낭에서 다 액운액살 막아주고, 근심 걱정을 막아다가 석가 천리로 소멸하고 재수 문 열어주마. 재수문 열어서 소원문 열어서 동서남북 사대천왕이 문을 활짝 열어서, 부산시에 그래도 문을 활짝 열어가주고, 영업에 상업에 문을 열어서 돈 천왕이 문을 열어서, 명당 기주 갑진생에 욕심 많고 탐심 많은 대로 욕심대로 탐심대로 도와주마, 응! 그래.

우리 오늘 명당 기주 이 정성 들이는데 공도 쓰고 애도 쓰고 힘 많이 들었다. 부산서 안동까지 이렇게 와가주고 그래도 성주 본향에서 이렇게 찾을 때 이유 없이 찾겠느냐, 어느 자손 하나 그래 안동에 뿌리박고 안동에 물을 먹고, 안동에서 직장에 월급 타가 먹고 사는, 그 자손 하나라도 덕을 보고, 또 멀리 사는 자손도 덕 보게 해달라꼬. 오늘 이 정성을 들이는데, 내 차근차근 도와주마.

주무가 사설을 멈추고 반주음악에 맞추어 제자리에서 원무를 추었다. 원무를 추다가 칠성상 앞으로 가서 차려 놓은 쌀을 한 줌 쥐었다. 쌀을 쥔 손을 펼쳐들고 원무를 계속 추었다. 쌀은 원심력에 의해 거의 떨어지지 않았다. 원무를 멈추고 쌀을 공중에 던졌다가 손으로 다시 잡았다. 잡은 쌀을 주먹으로 쥐고 대주에게 가서 손바닥 위에 쌀을 털어놓았다. 손바닥에 떨어진 "쌀이 여섯 개 맞나?" 확인했다. 쌀이 짝수여야 행운으로 해석된다. 쌀이 짝수가 아니면 손바닥을 털고 다시 쌀을 떨어뜨려 짝수를 맞추었다. 대주에 이어서 기주, 3형제 차례로 쌀을 받아 짝수가 되는 것을 확인하고 난 뒤에 먹으라고 했다. 쌀을 씹지 않고 물로 그냥 삼키도록 했다.

10. 주무 송옥순의 산신거리

반주음악이 울리는 가운데 주무는 무복 겉옷을 벗어서 두 손으로 받쳐 들고 원무를 추었다. 제자리에서 시계방향으로 여러 바퀴 돈 다음에 들고 있던 무복을 제자리에 갖다 두고 붉은 장삼을 챙겨왔다. 형태는 조금 전에 입은 무복과 같으나 색깔이 모두 붉은 색인데, 길고 넓은 소매 끝만 흰색이었다. 그리고 깃털을 좌우에 꽂은 붉은 갓을 썼다. 복색을 갖추자 부채를 오른 손에 들고 시계방향으로 돌며 원무를 추기 시작했다. 장단에 맞추어 원무를 한참 추다가 장단이 멈추자 사설을 시작했다.

주무: 오늘 팔도명산에 산신할아버지가 부산시라 수영구 망미동 ○○빌라에 ○○○호에 사는 나라대주 경주최씨, 명당기주 해주오씨 팔도명산에 산신 문을 열어서 재수 문 열어서 액운액살 내가 다 막아주고, 물홍수 불홍수 막아주고 도둑수 실물수도 막아주고, 손재수도 막아주고, 나라대주 나라기주도 원래는 돈을 한 번 갖다 휫덕휫덕 날려야 했어. (대주와 기주에게 다가가서 묻는다.) 돈을 한 번 그런 적 있어요?

기주: (그렇다고 긍정한다.)

주무: 돈을 한 번 휙 날리라 카는 그게 들어 있어. 돈을 한 번 갖다가 한 번 돈 손해를 많이 보던가, 써보도 모(못)한 돈 한 번 나가라 했거든. 그렇게 한 번 해야만 명을 잇옻코(잇고) 살아요.[216] (굿상 앞으로 나와서) 오냐, 내가 그래도 이제부터는 그런 일이 없도록[217] 내가 도와주고, 버는 쪽쪽 쌓이게 내가 도와주마. 부는 바람 내가 잠 재와주고, 인간 바람 잠 재와주마. 신에 신바람 잠 재와주고 신바람 잠 재와주마. 칠성바람도 잠 재와주고, 조상에도 걸리고 앞서고 뒷서고 하는 것도 내가 다 잠을 재와주마.

　(대주와 기주를 향해서) 산바람에 이장(移葬) 바람에! 산신에 부는 바람에 내가 잠을 재와주고, 자손들에도 이 걱정 저 걱정 하는 거 내가 잠 재와 줬어. 하나 끝이 내가 잘 되게 효자충신 나게 내가 도와주고, 부산시에 용두산에 정기명기 받아! 우리 명당 기주 갑진생에 하는 사업에 신나게 내가 도와주마. 땅도 사 놨는 거, 집도 사 놨는 거, 내가 다 싹이 나게 도와주고.

　그래서 부동산 사는 쪽쪽 돈 되도록 내가 도와주고, 재수 문 열어서, 산신에서 재수 문 열어주고, 왕기 문 열어주마. 오냐 팔도 명산에 너희들이 땅 여기도 사고 저기도 사고, 부동산 여기도 사고 저기도 사가주고 그 돈 다 뺑튀기해서 돈 벌도록 내가 도와서, 산신 할아버지가 도와주마!

　높은 산에 정기 받고, 얕은 산에 명기 받고, 높은 산에 송죽 빌고, 얕은 산에 탑을 모아서, 경주최씨 해주오씨 이 가정에 이 명당에! 싹이 나게 도와주고, 잎이 피게 도와주고, 명 주고 복 빌어서, 산신님이 도왔어러(도와서) 가정 명당에 박수소리 우렁차게 내가 도와주마, 오늘 이

---

[216] 공연히 돈을 한 번 크게 날리는 일을 겪어야 수명을 제대로 잇고 살게 된다는 말이다.
[217] 돈을 공연히 날리는 일.

정성이 어떤 정성이냐! 힘든 정성 공든 정성 아니냐!

　　오냐, 후손들아 잘 한다. 오늘 입춘맞이 대길맞이가 아이더냐! 새 운맞이 아이더냐, 성주맞이 아이더냐, 그래도 다 잘 먹고 잘 살게 해주고 병고액란 없이 해달라꼬 오늘 이 정성을 드릴 때. (대주와 기주를 향해) 요즘 딴 거 없다. 안 아픈 게 최고의 복이다. 오늘 너희들이 아픈 데 슬픈 데 없이 나쁜 거는 천상으로 소멸하고, 너 가정에 좋은 일 내가 다 도와주마 응! 그래 식구가 자꾸 더 늘게 해주고.

　　명당기주 우리 갑진생에 연년이 부자되게 내가 도와주마! 자손들 (3형제를 가리키며) 저 자손들 내 눈앞에 있으면 덜한데, 이모저모 밤낮으로 걱정하는 거, 저 자손들 내 올바른 길 걷도록 해주고, 바른 생각하도록 해주고, 바른 걸음 걷도록 해주고, 사회에서 인정받는 자손들 칭찬 받는 자손 되게 만들어준다. 집안 식구들 설설히 다 도와준다. 산신에서 문을 열어서 너 (너희) 가정에 박수소리 우렁차게 나도록 도와주마 응! (사설을 그쳤다.)

　주무가 사설을 멈추고 반주음악에 맞추어 원무를 추었다. 춤을 추다가 칠성상에 차린 쌀을 한 줌 쥐고 와서 손바닥을 펼친 채 원무를 계속 추었다. 한참 춤을 추다가 쌀을 공중으로 던져올린 다음 잽싸게 다시 잡았다. 잡은 쌀을 쥐고 대주 앞으로 가서 손바닥에 떨어뜨렸다. 짝수가 맞지 않자, 몇 차례 거듭하면서 물었다.

　짝수로 맞아떨어지지 않는 것은 이상이 있다는 징조이기 때문이다. 대주에게 "산소에 갔다가 한 번 만진 거 있지요?" 하고 묻자, 대주는 고개만 끄덕이고 기주는 "네, 네!" 하며 적극적으로 응답했다. 대주가 산소에 손을 댄 적이 있다는 사실을 확인한 것이다. 기주와 3형제는 쌀이 순조롭게 짝수로 맞아떨어졌다. 쌀점이 끝나자 다시 사설이 이어졌다.

주무: 내가 오늘 이렇게 도와주고 받들어주고 재수를 떠다 줄 적에, (제가집을 향해서) 첫술에 배부를 수 있느냐! 다 사는 게 굴곡이 있다. 한 달이 크면 한 달이 적고. 밤이 있고 낮이 있듯이, 다 그래그래. (3형제를 향해서) 우리 후손들 가끔가끔 가다가 힘들고 어려운 일 있더라도, 너무 실망하지 마라. 혹~ 고비가 지나고 나면 좋은 일이 있다. 너무 마음이 이리저리 흔들리지 마라. 직장 자리, 좋은 자리 밥자리 깔고 앉은 것도 큰 복으로 생각해야 된다. 그래, 남들은 직장이 없어서 애를 쓰고 공을 들이는데, 그래도 좋든 나쁘든 그 밥자리 돈자리 깔고 앉아 있거든 아무 상관하지 말고 그냥 있거라, 올해.[218] (사설이 끝나자 반주음악이 울린다.)

11. 주무 송옥순의 대감거리

　반주음악이 울려 퍼지자, 주무는 붉은 갓을 벗고 붉은 장삼의 무복도 벗었다. 벗은 무복을 두 손으로 가로 들고 원무를 추다가 무복을 기주에게 건네주었다. 기주는 무복을 받아서 벽에 걸고, 주무는 새로 남색 장삼의 무복을 옷걸이에서 벗겨 와 갈아입었다. 무복을 입은 다음에 붉은 갓을 다시 썼다. 그리고는 부채를 들고 원무를 추었다. 조무는 시계 반대 방향으로 돌며 원무를 추는데, 주무는 늘 시계 방향으로 돌며 원무를 추었다. 원무를 추다가 멈추자 반주도 멈추었다. 반주석을 향해 말을 걸듯이 사설을 시작했다.

주무: (반주석을 향해) 대감이, 오늘이야 시가 되고 때가 되니 날 찾나? (대주와 기주를 향해 돌아서서) 손자야 손부야! 우리 후손들 이래 죽~ 앉혜가주고[219] 너(너희) 식구 다섯 명 보니 정말 반갑고 좋다. 열두 대감이 원력을 받아서 너 잘 먹고 잘 사는 것도 뉘 덕인 줄 아노, 웅? (대주에게) 우리 손자 야야! 손자야! 그래 니도 다 편안하게 잘 지내는 것도 누(누구) 덕인 줄 아노, 니 복이다! 그래.

　(기주를 보고) 손부는 밤인동 낮인동 모르고 들고 뛰고 다닐 때 내가 돈 벌어줬다. 그래 니는 우리 집에 올 적에 팔레(팔려) 왔다 팔레 왔어. 그래서 니는 우리 집에 와가주고 종질해야 된다, 종질! 그래서 종질을 해도 무상은 아이다. 니 건강 지켜주고, 후손들 잘 되게 도와주면 되는 거지~ 니는 돈 벌고 우리 집에 와가주고 종질해야 된다. 언제까지 해야 되노? 70꺼지 해야 된다. (돌아서서 반주석을 보며) 내가 70 넘어서면은 종질 해지를 시켜주지. 그래도 60 넘어서면 조금조금 덜하다.

기주: (70까지 종질해야 된다는 소리를 듣고 발끈해서) 70 돼가주고 종질 끝나면 뭐하나요![220]

주무: 그럼 어야노? 기간이 그렇다. 어쩔 수 없다. 니가 70 넘어서면은 너 우리 집에서 종 해제시켜 준다. 그때는 걱정하지 마라. 우리 손자들도 내가 잘 되게 도와주고, 우리 손자 내가 건강하게 시켜주고, 우리 손부 그래도 돈 잘 벌어서, 우리 집 다 성하게 잘 되게 꾸려주면 되는 거지,

---

218　현재 있는 직장에 만족하고 올해는 직장을 옮길 생각을 하지 말라는 뜻이다.
219　'앞혀서'라는 말인데, 전후 맥락을 보면 '앉아서'라는 뜻이다.
220　나이가 70 되어서 종 노릇이 끝나면 아무 쓸 데가 없는 인생이 된다는 뜻이다.

딴 거 뭐 있노. 내 돈 벌어줄게 응!

기주: 저 선생님! 돈 말고 인자 애들 이렇게 크고, 나 뛰쳐나가고 싶은데....[221]

주무: (웃으며) 안즉 잠깐 있어. 아직 70꺼지는 못 뛰쳐나간다. 걱정하지 마라. 내가 오늘 여길 들어서니 얼마나 좋은지 대감이! 아이고 뻘겋고 누런 것에 꽃 공양에다가 만신령을 모셔다가 오늘은 울긋불긋 과일에다 화식 공양 생식 공양에다가 성주대감 모셔다가, 오늘 열두 대감 모셔놓고 나를 찾고 날 불러서 온 시루 대시루(큰시루) 오늘 다 칠성대감 모시고 제석대감 모셔다가, 이 정성 들여 날 부르니 좋다. 임금님 연회상도 이렇게도 잘 차렸겠느냐~! 임금님 연회상도 이만큼 못 차리는데~!

　　(대주를 보면서) 손자야 고맙다. 그래 오늘 손자가 제일이다. 그래 돈 버는 사람 따로 있고, 쓰는 사람 따로 있다. (큰소리로) 손자야! 니는 돈만 쓰면 된다. 편안하고, 그래. 일꾼은 돈 벌어오는 일꾼은 따로 있고, 그래그래 돈 벌어오는 사람 따로 있다. 내 오늘 최씨 대감 보이께네 이렇게 큰소리를 뻥뻥 친다. 우리 천금 겉은 우리 손자, 만금 겉은 우리 손자가 있기에 오늘날에 내가 대접받고 하는 거지.

기주: (주무에게) 선생님요, 그러면 나는....[222]

주무: 너거 할배다 할배! 야야![223]

기주: (호칭을 바꾸어서) 할아버지! 내보고 계속 벌어 오라 그러고 (대주를 가리키며) 여(여기)는 계속 쓰라 그러면 (큰소리로) 지금 이때까지 평생 그렇게 살았는데, 앞으로도 그렇게 하라 그러면 우에(어떻게) 살아요?

주무: (기주에게 얼굴을 가까이 들이밀며) 아이고 야야! 그래 살면 된다! (대주 손을 잡고) 대감이 우리 손자 딴 거 없다. 우리 손부 기분 맞촤주면 되고 딴 거 없다, 으이!

대주: (면구스러운 듯 빙긋이 웃는다.)

주무: 기분만 맞춰주면 신나서 돈 잘 벌어온다! 맞지?

대주: (웃으며 고개를 끄덕인다.)

221　돈도 귀찮고 이제 아이들 이렇게 컸으니까 집을 뛰쳐나가고 싶다는 말이다.
222　대주인 남편에게는 벌어오는 돈을 쓰면 된다고 하는데, 그러면 아내인 자기는 어쩌느냐며 무녀에게 따지듯이 묻는 것이다.
223　기주가 주무에게 선생님이라고 부르니 자기는 지금 선생님이 아니라 너거 할아버지라는 것이다. 할아버지 신이 지펴 있다는 말이다.

주무: 그래! 딴 거 없다. 손부 기분만 잘 맞추면 돈은 들어온다. 건강 지키고 좋은 거 해다가 좋은 거 먹고, 그래 좋은 거 해주거든 좋은 거 먹고, 좋은 것 하고, 좋은 거 입고, 니 놀러 댕기고 그래! 니 오늘 그래 하고! 아이구~ 돈 벌어오는 니 기분만 맞촤주면 (기주를 가리키며) 여(여기) 돈 잘 벌어온다 우리 손부! 동서남북 댕기면서 차를 볼볼 볼볼 타고 나가면 돈이고, 돈 벌어 내가 준다. 그래 또 손자 알밤 같이 잘 키운다. (대주에게) 니는 고마 딴 거 없다. 우리 손부 기분이나 실컷 맞촤줘라.

기주: 그럼 저는 돈만 벌구요?

주무: 내가 오늘 마카 보니, 그래 최씨 대감이 오늘 할배 보이께네, 우리 옛날에 다 그렇게 살았어!

기주: 팔이 다 안으로 굽네요.

주무: 우리 다 옛날에 그렇게 살았어! 옛날 여자들이 뭐 다 내 기분 맞촤주고 눈치 실실 보고 살았지. 어데 뭐뭐 그랬노. 그래도 니 세월 잘 만내가 니 나와가주고 그래도 목구녕 바람도 쐬고 구경도 하지. 우리 옛날에 안방에 저 여대감들은 앉아가주고 그것도 없이 기분도 잘 맞췄다. (혼자서 거들먹거리는 투로) 안 맞촤주면 되나 안 되지!

(대주를 향해 돌아서서) 손자야 술 한 잔 다고. (대주가 일어서서 술을 준비하러 나선다.) 그래! 오늘 이렇게 기분 좋은 날에, 우리 손자 그래도 다 나 줄라꼬, 술 한 잔, 술 받아놓고 오늘 고기반찬 해 놨는데, 너 오늘 이래 술도 한잔 얻어먹고 기분 풀고 나도 풀고 가야 되지. 옛날에 어이! 우리가 돈이 없나 뭐가 없노! 돈만 들고 나가면 기집 천지고 술 천지인데. 그래도 먹고 쓰고 놀던 가락은 내가 있다.

(대주가 주무에게 술잔을 건넨다.) 손자야 야야! (술을 들이키며) 니 꿍쳐놓은 돈 있으면 한 푼 다고보자. (대주가 뒷주머니에서 돈을 꺼내 주자, 펼친 부채로 받는다.) 돈 나온다. 그래그래 야야! 할배 야야 그나저나 우리 손자 딴 거 없어. 그래 우리 손부 기분 조금만 맞춰주래이. 딴 거 없다. 니는 먹고 놀러 댕기고, 니 건강 챙기고 그래 하만 된다.

기주: (대주를 가리키며) 지금도 그런 건 잘 합니다.[224]

주무: 그이께네, 할배가 들어왔는데, 내가 우리 손자 그래도 내가 최고 건강 챙겨주고, 내가 그래도 좋은 거 해주라꼬, 내가 잘 한다. 돈 벌어가주고 니 건강 챙기고 마구 좋은 거 갖다 해주고 하면 니 먹을 거 잘 먹고, 건강 챙기고, 그래 좋은 거 놀러 댕기고. 글타고 니가 뭐 헛질 하나 안

---

224 지금도 남편은 먹고 놀러 다니고 자기 건강 챙기는 일은 잘 하고 있다는 말이다.

글타.²²⁵

기주: (대주인 남편만 좋은 것 다 챙기고 자기는 돈만 벌어야 한다니까 아주 불만스러운 표정을 짓는다.)

주무: (기주를 보고) 그래 오냐! 니 기분은 내가, 똥 씹은 인상 쓰는 긑은 거, 기분 그러지 말고. (기주를 달래며, 대주에게 당부한다.) 기분이나 잘 맞촤조라. 그래 기분 맞촤주면 우리 손부가 또 잘해준다. (큰소리로 기주에게) 손부야 어쩌노! 어쩔 수 없다. 니 팔자가 그런데! 니 우리 집 노예로 와가 종으로 왔는데. 일하고 돈 벌어가주고 아들 잘 키우는 것이 의무다.

　오늘 내가…(기분이 좋다는 표정을 지으며, 손바닥으로 부채를 탁 친다. 반주석을 향해 대주에게서 받은 5만원권 지폐를 들어보이며) 아, 이보시오! 이것 좀 바꿔 줄 수 없소? (다시 대주를 향해 돌아서서) 이것 좀 바꿔 줄 수 없소? (딱하다는 듯이) 이거 이러면 오늘 이래 딱 (반주석을 가리키며) 기생들이 저래 앉아 있으이, 옛날에 노랫가락 부르면은 기생들 팁 다 줬어. 돈, 누 말따나 그냥 생다지로²²⁶ 기생들 데리고 놀 수도 없고, 근데 고마 돈을 잡아 쩰 수도 없고. 아이고 곤란하기가 그지 없네.

　(대주가 만원권 두 장을 부채 위에 얹어 준다.) 그래. 천지가 곤란하네. 아, 곤란하네. 그래, 참 곤란하다. (아직도 돈이 모자란다는 뜻이다. 돈을 만지며 갸우뚱거린다.) 내가 이래도 옛날에 이렇게 다 (기생들) 기분을 맞춰주고… (대주가 다시 만원권 두 장을 준다.) 옛날에 내가 이래 다 맞촤 줬다. (대주가 주는 만원권 두 장씩을 법사와 조무에게 각각 나누어준다.) 근데 이거는 (5만원권을 들고) 딴 사람들 못 주고 내 몫이고.

　(5만원권 지폐를 갓끈 사이에 꽂으면서 대주에게 다가간다.) 그래 대주야! 오늘 어에든지 잘 먹고 건강 잘 챙기래이. 그래 니가 쓰러지면은 아무것도 아이다. 저 우리 손자 알밤 같은 거 서이(쎄) 다 그래도 며느리 보고, 후손 보고, 우리 손자손녀 안아보고 후사 누리고 해야 될 거 아이냐. 니는 궁중에 세자마마 같이 니는 곱게! 니는 어에든지 그렇게 대접받고 살아야 된다.

기주: (갈짢다는 듯이 아이들 쪽을 돌아보며) 하하 하! 갈짢아서 참! 곱게?²²⁷

주무: 그래, 곱게 살아야 된다. 곱게! 근데 우리 손자는 손만 대면 손해가 많애. 가만 있는 게 나아.

225　그렇다고 네가(대주가) 바람을 피우나, 그건 안 그렇다.
226　무리하게 어거지로.
227　주무가 남편을 보고 '세자마마처럼 곱게 잘 먹고 건강 챙겨야 된다'고 하자, 아내인 기주가 아들 3형제 쪽을 돌아보며 갈짢다는 투로 웃으며 "곱게?" 하고 반문한다.

뭐가 손을 대기만 하면 손해가 있어, 안돼.

기주: 지금도 뭐 할라고 (하려고) 손 댔는데.

주무: 아이고 뭐 손 대면 손해가 났사아 안돼! 차라리 벌어줄라면 가만 있어야 돼, 뭐 갖다 들이대면 손해가 많애. 돈 벌라 카는 기 손해가 많애. 차라리 우리 손부가 나가가 하는 게 영글지! 우리 손자 하는 거 손 대는 거 손해가 많애. 뭘 해도 본전까지 다 까먹고 빚져! 그러니까 차라리 가만히 건강하게 그냥 있으면 돼. 그게 낫다고. (술에 취해서 신명이 나는 것처럼 춤을 추며 창부타령을 부른다.)

　　얼씨구나 지화자 좋네 아니 노지를 못하리라
　　아니~ 아니~ 노지를 못하리라
　　한 송이 떨어진 꽃을 꺾어진다고 서러워 마라
　　한 번 피었다 지는 줄을 나도 요리 알건만은
　　모진 손으로 꺾어다가 시들기 전에 내버리나
　　버림도 쓰라리거든 무심코 밟고 가니 근들[228] 아니 슬플손가
　　숙명적인 운명이라면 너무도 아파서 못 살겠다
　　에헤이 띠릴릴리 닐리리 아니 노지를 못하리라

　　백구야 훨훨 나지마라 너 잡을 내 아니잖나
　　성상이 날 버리심에 너를 쫓아 예 왔도다
　　나물 먹고 물 마시고 팔을 베고 누웠으랴
　　대장부 살림살이 요만하면 넉넉하지
　　일촌간장[229] 타는 가슴 부모님 생각 나는도다
　　얼씨구나 좋다 지화자 좋네 아니 노지를 못하리라

　　짜증은 내어서 무엇 하나 성화는 받치어 무엇 하나

---

228 그것인들.
229 一村肝腸. 한 토막의 간과 창자라는 뜻. 애달프거나 애가 타는 마음.

속상한 일도 하도 많으니 놀기도 하면서 살아보세

(노래를 부르면서 굿상에 차려둔 사과를 하나씩 3형제에게 던져준다.)

니나노 릴리리아 릴리리아 니나노 얼싸 좋아 얼씨구나 좋다

얼싸 니나로 릴리로 꽃을 찾아서 떠난다.

    (노래를 멈추고) 내가 오늘 우리 손자 뭘 안다고! 넙죽 넙죽! 뭘 주면 (두 손으로 받는 시늉을 하면서) 넙죽! 넙죽! 잘도 받는다. 봐라! 걱정하지 마라. 어딜 내놔도 지 먹을 꺼 다 찾는다 카이. 가마 있어 봐라. 다 잘 찾아먹고, 니가 걱정하는 그런 우리 후손들 아이다. 내가 효자충신 나게 도와주마! 형제가 다 의리 있게 정답게 도와주고!

    대감이 들어섰어. 들어서니 얼마나 좋은지! (빠르게) 여대감에 남대감, 남대감에 여대감이 조상들이 들어서니 여자가 한이 많다. 여자 분이 오늘 그대로 명당 기주, 갑진생에 해주오씨 명당 기주에, 니 할 거 많고 그래도, 조상에 시모들에 시모들도 한이 많고, 그 우에 할매! 할매도 거기도 한이 많고!²³⁰ 이 가정에는 최부자 집이라 캐도 여자들이 한이 많은 가정이다.

    오늘 내가 이 가정에 들어서서 조상에도 한을 풀고! 살아 있는 (기주를 보면서) 오씨 기주도 한을 풀고,²³¹ 응! 오늘 전부 풀어서, 니도 풀고 나도 풀고 그래! 우리 용기 백배 다 같이 살자. 돈 벌고 건강한 게 최고고! 자손 누⁽누구⁾ 말따나 잘 키우는 게 최고 아니냐, 응! 그래 어디 나가가주고 돈 많이 벌어가주 자손들이 삐딱 걸음 걸으면 그것도 기가 푹푹 죽는데,²³² (기주를 보면서) 자손들이 그래도 이름 있는 회사 댕기고, 그래 직장자리 지 밥그릇 다 챙기고 괘안타⁽괜찮다⁾! 응!

    (대주에게) 그래도 니 야야 손자야! 이렇게 건강하게 앉아 있으니께네 니 얼매나 좋노! 그래 손자야 우리 조상도 니 없으만 기가 푹푹 죽을 건데 손자가 있으니 좋다. 손자야! 어에든동 잘 먹고 잘 놀러 댕기고, (대주가 빙긋이 웃는다.) 우리 손부 기분만 맞춰 조레이⁽주어라⁾. 우리 손자 아무리 봐도 이쁘고 이리 봐도 이쁘고 저리 봐도 이쁘고! 하늘에 별을 따다 줘도 내가 아까울 게 없고, 내가 뭘 못해 주겠노!

---

230 기주의 시어머니가 한이 많은데, 그 위에 시할머니도 한이 많다는 말이다.
231 최씨 집에 시집온 시모나 시조모는 물론, 지금 시집와 살고 있는 기주도 한이 많은데, 죽은 조상의 한도 풀어주고 살아 있는 기주의 한도 풀어주어야 한다는 말이다.
232 어디 나가서 남의 자식들이 돈 많이 벌었다고 삐딱하게 뻐기며 우쭐거리는 것을 보면 기가 푹푹 죽는데.

우리 손자 놔놓고 동네방네 데리고 나가면 난리가 났다.²³³ 우리 손자가 있으이 오늘 나를 찾아주지, 우리 손자 없는 내가 이 마당에 오면 뭐가 좋겠나. (앉아서 대주를 마주 보며) 우리 손자 보니 아이구! 우리 손자 내가 뭘 내가 다다 줄꼬! 응! 소원을 얘기해라, 손자야!

대주: (웃으며) 그저 건강하게 잘 살도록...

주무: 건강하게! (일어서며) 오냐! 까짓 거 내가 마 건강하게 잘 먹고 잘 살게 내가 마구 이밥에 고기 반찬에 잘 먹고 잘 살게 해주고, 응! 그래! 내가 그래도 딴 게 뭐 있는가, 너 땅 사고 집 사고 했는 것 가주고 그래도 몇 배 뻥튀어 올랐어. 싹이 나고 잎이 났어! 그래도 다 새끼 쳤어! 그래도 돈 남구는(남기는) 게 최고 아니냐!

그래! 사업에 문을 열어서 안 밑지고! 요새 이 경기가 힘든다 해도! 오냐 내 나가가주고 내 돈 잘 벌어줄게 응! 잘 벌어 어디 쓰겠노 (빠르게) 엉뚱한데다 쓰겠나? 내 니 다시 봐도 최씨 문전에 와가주 들어와가, 우리 집 문전에 식구 위해 다 쓰고, 그래 내가 마이 벌어 줘야지. 오늘 여대감이 한이 많고 원이 많다. (춤을 추면서 해운대 엘레지를 불렀다.)

언제까지나 언제까지나 헤어지지 말자고
맹세를 하고 다짐을 하던 너와 내가 아니었나
세월이 가고 나도 또 가고 나만 혼자 외로이
그때 그 시절 그리운 시절 못 잊어 내가 운다.

휴우~! (창으로) 아이고 입도 타고 목도 마르고! 가고 나니 한이 많다~. 내 자손아 내 자손아~! 언제 보던 내 자손이로~ 오늘은 열두 대감 여대신으로 내가 들어서서! 여대감이 내로구나! 오늘은 우리 자손 불쌍한 우리 자손~! 말 잘하고 글 잘 하는 우리 손자~ 오냐 높은 자리 내가 앉챠서는(앉혀서는) 만인간에 인정받게 내 도우마! 직장에는 승진 주마~

내 손자야! 내 손자야~ 고맙구나! 오늘날에 이런 자리 너희들이 와서~ 만조상에 다 청배를 하니 너희들이 정말 고맙구나~! 자취마다 도와주마 할미가 자취마다 도와주마~ 걸음마다 도와주마~ 나날이도 도와주고 다달이도 도와주마! 만인간에 칭찬받게 내 도우마. 내 손자야 내 손자야~ 부모한테 효자 되어라~ 형제간에 우애 있고 친척 간에 화목하고~.

---

233 우리 손자를 낳아서 마을에 데리고 나가면, 마을 사람들이 귀한 손자가 났다고 모두 난리가 났다.

오늘날에 이 정성이~ 어떠한 정성이로~! 아름다운 정성~ 뜨거운 정성이 아니더냐~. 찬란한 정성 받아서 곳간 늘게 내 도우고~ 천리 곳간도 내 채워주마~ 만리 곳간도 내 채워주마~ 나는 알뜰살뜰 살던 내로구나~ 내 아들아 내 자부야! 고맙구나~ 오늘 같이 좋은 날에~ 나도 한이 많고 원이 많아~. (창을 멈추고 '울려고 내가 왔던가'를 불렀다.)

울려고 내가 왔던가 웃을려고 왔던가
비린내 나는 부둣가에 이슬 맺은 백일홍
그대와 둘이서 꽃씨를 심던 그날 밤도
지금은 어데로 갔나 아 찬비만 나린다

법사: (반주를 하며 노래를 함께 부르다가 그치고) 예! 풀고 가세요.

주무: (말로) 풀고 가야지요! 아이고 우리 손자! 내가 하늘의 별을 (서서히 창으로 바뀐다.) 따다 주면은 좋아라 할까, 달을 따다 주면은 좋아라 할까, 오냐오냐! (굿상에 차려둔 수박을 들고 제 가집 가족들에게 주면서 말한다.) 내가 야야! 손자야! 내가 하늘에 별을 따고 달을 따서 준다. (다시 굿상으로 가서 딸기 접시를 들고 와서 가족들에게 건네주며) 하이고 내가 손자요. (반주석을 보고) 천금 같은 우리 손자들! 내가 별을 못 딸라(따겠는가), 달을 못 딸라! 내가 바람 타고 구름 타고. (딸기를 3형제에게 주면서) 재수 따다 주마.

　(잠시 굿상 앞으로 가서 머뭇거리자, 조무가 복수박 하나 주라고 한다.) 내가요 하이고 내가 줘야 되지. 누구는 주고 누구는 안 주노. (막내에게 복수박을 주면서) 손자야! 아이고 야야, 니는 어에(어떻게) 그래! (머리를 쓰다듬으며) 예쁘다!

법사: 수박 다 줬부만(줘버리면) 조상들은 먹을 게 없네!

주무: (법사를 향해서) 내가요. 싹쓸이 다 싸다(써서) 줄 꺼야. 귀한 자손에, 이놈의 손자들 서이 줘야 되지. 고맙데이.

법사: 수박 두 덩거리 다 준다야!

주무: (기주 앞에 앉아서 기주를 보고) 우리 손자들 보이 내 도운다. 아이고 (대주를 가리키며) 야(얘) 보고 돈 벌어오라 그지 마라. 아이고 내가 돈 벌어주면 되잖나![234] 알뜰살뜰 해가주고 우리 야

---

[234] 기주에게 '남편 보고 돈 벌어오라'고 다그치지 마라. 내가 대신 돈 벌어주면 되잖아.

⁽ᵃᵉ⁾ 보고 돈 벌어오라 그지 마고, 내가 니인데⁽너한테⁾ 내가 돈 버는 만큼 더 벌어줄게. 그래 더 벌어줄게. 하는 쪽쪽 내가 잘 되게 도와주고, 하는 쪽쪽마다 내가 다 열매 달리게 해주고, 싹 나게 해주고, 내가 하면 되는 거지 딴 게 뭐 있노!

야야! 두 가지 다 재수는 안 준다. 둘 다 벌면 한쪽은 돈 쓰게 나가게 돼 있고,²³⁵ 하나라도 편케 살고, (기주에게) 니⁽너⁾라도 돈 벌고, 하나는 그래도, 둘 다 고상⁽고생⁾ 할 일이 뭐 있노! 한 사람이라도 편케 살아라. 그래도 다만 너는 70까지는 경주최씨네 집에 노예 안 풀린다.

이렇게 대감이 들어서서, 후손들 다 도와줄 적에, 아이고 좋대이 손자야! (창으로) 내 아들아~ 정말로 좋다~. 이렇게 백진주로 받챠놓고²³⁶ 양지머리 받쳐놓고~ 성주 대신 다 모셔다가 칠성당에다~ 불을 밝히고 칠성당에다 물 맑혀서~ 짜룬⁽짧은⁾ 명을 잇아주마⁽이어주마⁾, 진⁽긴⁾ 명도 잇아주마~. (말로) 나는 '아야지야' 하니라고²³⁷ 공이 뭔지 아무것도 모르지만, 나도 빌었다.

(창으로) 오야~ 뭐니뭐니 해도 수명장수가 제일이다. 오는 길에 한을 풀고 (반주석을 보고 말한다.) 갑진생에 우리 자부 이쁘게 입 다물어 그치⁽그렇지⁾ 저 속이 다 썩어빠져! 자부도 오늘 한을 풀라 카이께네. (말을 마치고 '여자의 일생'을 불렀다. 굿상을 향해 부르다가 기주 앞으로 가서 부른다.)

참을 수가 없도록 이 가슴이 아파도
여자이기 때문에 말 한마디 못하고
헤아릴 수 없는 설움 혼자 지닌 채
고달픈 인생길을 허덕이면서
아~ 참아야 한다기에 눈물로 보냅니다.
여자의 일생

기주: (주무가 노래를 부르는 동안 손뼉을 치고 호응하며 고개를 끄덕인다.)

주무: 남 보기에는 참 좋다 케도 말 못하고, 앞앞이 말 못하고 오씨 기주 한도 풀어주고, 다 죽어서

---

235 기주에게 하는 말이다. 부부 두 사람 모두에게 재수를 주지는 않는다. 둘 다 벌어도 한 쪽은 돈을 써서 돈이 나가게 돼 있다.
236 백진주 쌀로 밥을 지어 받쳐놓고.
237 나는 아파서 아야 아야 하고 앓느라고.

누⁽누구⁾ 말따나 병이 나서 죽은 조상 못다 먹고 못다 입은 조상! 청춘에 가서 누 말따나 싸움터에 전쟁터에 갔는 청춘 조상! 오늘은 그래도 대감 덕에 앞 가리고 뒤 가리고, 뒤 가리고 앞 가리고.

　한 번씩 벌었다 케도 큰소리 뼁뼁 쳐도 한번씩 손해 볼 때가 있고, 고생할 때가 있구나. 조상에서 어떨 때는 먹고 쓰러 왔다가 재수가 맞혀서 그래도 오늘 그 청춘에 큰아버지라! 몽달이 청춘총각! 오늘 이래 오이께네 면목도 없고 할 말이 없다마는, 그래도 오늘 혼백을 찾아주고 한 풀어줄려고 날 청해 주이 고맙다.

　이 자리가 얼매나 어렵고 힘든 자린데, 한을 다 풀고 가야, (3형제를 가리키며) 저 후손들이 하나같이 백년부부 만내도 청실홍실에 안 걸리고, 그래도 혼매살에 안 걸리고, 좋은 인연 만나서 잘 되게 도와주마.²³⁸ 내가 몽달이가 돼가주고 좋은 혼처 자리가 있는데 앞 가리고 뒤 가리면 저 자손들도 안 되니께, 오늘 한 풀고 내 원 풀고, 몽달이 청춘에 걸린 것도 풀고, 오늘 내 갈 적에……

　(사설을 멈추고 기주를 부른다.) 야⁽애⁾야! 목이 탄다 야야. 물을 주든동 술을 주든동 떡을 주든동 야야!

기주: (자리에서 일어나 앞으로 나와 술을 찾는다.)

주모: 뭐든 야야! 배도 고프고 야야, 맥주를 주든동 소주를 주든동 뭘 주든동 줘야지. 청해 놓고 누 말따나 뭐뭐 마른 입으로 날 불러놓고 보내려 했나? 아이 참! 동지 섣달에 덥기도 덥다.

기주: (맥주를 한 잔 건넨다.)

주무: 아이, 그래 오늘 좋다.

조무: (앞으로 나와 맥주를 한 잔 더 권한다.)

주무: (조사자를 가리키며) 저 선생님들도 맥주 한 잔 줘라. 술 한 잔 줘라.

조무: 갈증이 얼매나 나는 지 몰래! 점심을 맛있게 먹어놓이.

주무: 점심은 무슨 점심! 우리가 일을 하이 겉보기는 이래도 속 타고 겉 타고 다 타는데.

조무: (맥주를 가져와서 조사자들에게 한 잔씩 권한다.)

238　청춘에 전쟁터에서 죽은 기주의 친정 큰아버지가 빙의되어 하는 말이다. 자기가 장가 못간 몽달귀신이니 한을 풀지 못하면, 3형제가 혼맥 살에 걸려서 좋은 인연도 못 만나고 혼인을 해도 백년해로하기 어렵다. 그러므로 오늘 그런 걸 다 풀고 가서 혼맥 살에 걸리지 않도록 하겠다는 말이다.

주무: 오늘 다 니도 먹고 나도 먹고! 오늘 내가 가만 이승 가면 저승 가라, 저승 가니 이승 가라, 노중 객사 못 면하고 청춘 죽음 못 면하고, (말을 바꾸어) 내가 딱 맥주를 한 잔 먹고 나니 속이 확 풀린다. 그래 오늘 비어로(맥주를) 한 잔 먹고 나이께네, (대주를 보고) 야야! 오늘 비어로 한 잔 먹고 숏이 확 풀리고 좋다. (춤을 추며 '청춘을 돌려다오'를 부른다.)

청춘을 돌려다오 젊음을 다오
흐르는 내 인생의 애원이란다
못다 한 그 사랑도 태산 같은데
가는 세월 막을 수는 없지 않느냐
청춘아 내 청춘아 어딜 가느냐

(노래를 마치고 굿상에 꽂아서 장식해 놓은 분홍색 꽃을 하나 뽑아들고 반주석을 향해 사설을 이어간다.)

요롷게 이쁜 꽃 같은 여자 친구가 하나 있어도 내가 좋지요.²³⁹ 요새 (3형제를 보고) 너들 말마따나 여자친구! 그런데 그런 게 있나 저런 게 있나! 오늘 그래도 내가 이거라도 들고, 달래고 얼래고 여기에 마음을 담아서 내가 다 얼래고 달래고 풀고 가야 되지!

오늘 내가 참 좋다. 그래 언제 나를 찾아주고 나를 불러 줬느냐? 응! 일곱 매기 금일 망자에 저래 해서 날 찾고 날 부르고, 나도 조상 따라 극락을 가고 나도 조상 따라 오늘 한을 풀고! 조상 따라 오니 너희들을 보고 내가 이렇게 목소리를 들으니 (대주와 기주를 향해서) 정말로 고맙다.

야들아! 조상이 편해야 너도 편하고, 너가 편해야 조상도 편하지. 조상 없는 후손이 어데 있고, 후손 없는 조상이 어데 있느냐. 뿌리 없는 나무가 어데 있나? 공든 탑이 무너지겠느냐, 힘든 낭기(나무가) 부러지겠느냐. 오늘 날(나를) 보내놓고 나면 너희들이 알 일이 있을 거다.

한을 풀고 원을 풀어서! 오늘 나도 잘 노다(놀다가) 간다. 손에 꽃 들고 내가 오늘 입던 의복 개복(改服)하고 노자 받아 손에 들고 극락세계 내가 갈 적에 너희들 도와주마! (이어서 '장부타령'을 불렀다. 부채와 꽃을 들고 노래 부르며 춤을 추었다.)

---

239 청춘에 전쟁터에서 죽은 기주의 친정 큰아버지가 빙의되어 하는 말이다.

얼씨구나 지화자 좋다 아니 놀지를 못하리라
기다리다 못하여서 잠이 잠깐 들었더니
새벽별 찬바람에 문풍지가 펄렁 날 속였네
행여나 님이 왔나 창문 열고 내다보니
님은 정녕 간 곳 없고 명월조차 왜 밝았나
생각 끝에 한숨이요 한숨 끝에 눈물이라
자장자장 밤 새웠네 그대 화용만 어른거려
긴긴 밤만 새웠노라 얼시구나 좋다
지화자 좋네 아니 노지는 못하리라

오늘 이렇게 기분 좋은 날, 술 한잔 내가 먹고 가야 되겠다. (검지와 중지로 담배 피우는 시늉을 하며) 이것도 (담배도) 없나? 아이고 술도 한 잔 더 하고, 이것도 (담배도) 더 하고, 이왕지사 내가 왔는 김에 (담배 피는 시늉을 하며) 이것도 좀 다고 보자.

조무: (기주와 함께 나와서 맥주를 권한다.)
주무: (맥주를 한 모금 마신 뒤에) 아 참. 내 심정을 그쿠도 (그렇게도) 몰라주네. 참, 아! 이왕지사 이래 왔다 가는 김에 언제 날 또 찾고 부르겠냐.
조무: (조무가 담배를 찾아서 불을 붙여 주무에게 건네준다.)
주무: 얼른 주쇼.²⁴⁰ 주시오. (담배를 받아서 몇 모금 빨고 난 뒤에) 하이고 좋다! 오늘 어찌 이렇게 날 찾고 날 불러서, 이렇게도 내 비우(비위)를 이렇게도 잘 맞춰주노. 아 좋다. 오늘 이 청춘에 못다 먹고 못다 입고 갔는데, 이 청춘에 오늘 이왕지사 왔는 거 내가 목마른 목을 술로 내가 적시고, 하유! (담배를 여러 모금 빨아서 길게 내 뱉은 뒤에, 담배를 두 손가락에 끼운 채 '청춘가'를 불렀다.)

노세 노세 젊어서 놀아
늙어지면 못 노나니
화무는 십일홍이오

---

240 조무가 담배에 불 붙이는 것을 보고 담배를 얼른 달라고 다그치는 말이다.

> 달도 차면 기우나니
>
> 인생은 일몽춘이오
>
> 아니 노지를 못하리라

주무: (노래를 마치고 계속 담배를 피운다.)

법사: (주무가 담배를 계속 피우자) 언제 피우던 담배라꼬 참! 할아버지는 지금 춤을 추고 서서 담배를 피우고, 후손들은 앉아가주 구경하고 있다 지금.

주무: (대주를 가리키며) 경주최씨가 얼마나 참 힘이 쎄고, 그러이 내가 감히 해주오씨 내가 청춘에 끝발이 있소? 담배 한 대 얻어먹고 가는 것도 감지덕지. (한참 담배를 피우다가) 내가 호령할 자격도 없고, 명령할 자격도 없고, 오늘 나는 와서 풀고 싶것 먹고 내대로 놀고 가면 돼! (법사를 향해서) 요새 젊은 사람들 앉으라 서라 하면 귀찮아 안 해. (담배연기를 내뿜으면서) 아이고 맛있다. (기주를 보고서 담배) 한 대 더 다오. 참 맛도 좋다.

조무: 많이는 주지 마세이. 두 대는 피면 안 되니더.²⁴¹

주무: (담배를 다 피우고 나서) 참 맛도 좋다. 야들아! 오다가다 죽은 혼신이 내가 뭐 흔적도 없다 케도, 내가 그쿠⁽그렇게⁾ 힘이 없는 줄 아나! 내가 그래도 야야! (굿상에 차려두었던 바나나 한 꾸러미를 들고 가서 기주에게 준다.) 아놔! 내 까꾸리⁽깨끼⁾ 끝은 거로 끌어서 내가 이거는 주고 간다. (굿상을 바라보며) 내가 오늘 이렇게 대우 받고 예우 받고 가는데, 한 풀고 원 풀고 가는데.

　(창으로) 내가 그냥 자취 없이 가겠느냐, 흔적 없이 가겠느냐. 오너라 고맙구나 고맙다~. 고맙구나 잘 살아라! 건강하게 잘 살아라! 돈 벌어서 잘 살아라! 무병장수하게 잘 살아라! 백 살 먹도록 잘 살아라! 후손들아 외손들아~ 오너라! 성공하고 결혼해서 아들 놓고 딸 놓고 고래등 같은 집에 잘 살도록 해주마! 내가 너희들 가는 길에 앞 가리고 뒤 가리고 뒤 가리고 앞 가리고 그런 것은 이제는 안 한다.²⁴²

　오늘 나도 꽃 한 송이 꺾어들고 설법 받고 공덕을 받아서 조상 따라 극락을 가고, 일곱 매끼 금일 망자로 극락을 가요. 극락을 가요. 오늘은 정말로 잘 해준다 잘 해준다~ 불쌍하는 이 혼

---

241 원래 주무는 담배를 피우지 않는 사람이다. 따라서 조무가 나서서 한 대는 몰라도 두 대는 주면 안 된다고 말린다.

242 이제는 후손들이 가는 길에 앞을 가려서 막거나 뒤를 가려서 막는 일은 안 한다.

신이 어느 누가 챙겨주고 어느 누가 알아주고 불러주느냐! 오늘은 정말 불쌍한 이 혼신! 다 챙겨서 천고만고 걸릴 것도 오늘 내가 풀고 가고! 노중객사에 걸린 것도 풀고 가고 사고에 걸린 것도 내가 풀고 가고, 너희들 가는 길에 손재수도 내가 다 풀어주고 내가 간다. 걱정하지 마라~! (창을 멈추고 '유정천리'를 불렀다. 가락과 서두는 유정천리인데, 이어지는 가사는 크게 달랐다.)

가련다 떠나련다 금일 정성 내가 받아
극락세계 내가 간다 행복하게 잘 살아라
극락이라 하는 곳은 오만 고통 전혀 없고
이화보살 인도하고 황금으로 땅이 된다
금일 망자 금일 혼신 의복 받아 극락 간다
원당에는 원을 풀고 한당에는 한을 풀어
극락세계 들어갈 때 염불공덕 내가 받아
금일 정성 받아들고 조상 따라 극락을 간다

(말로) 내가요. 오늘은 조상 따라 가고요. 나도 극락 가요. 나도 빨간 치마 새파란 저고리 입은 아가씨 하나 만내가주고 오순도순 내가 재밌게 살면 되지, 딴 거 없고, 오늘 이렇게도 한 풀어주고 원 풀어주는데! 조상 되고 나도 잘 가야지.

야들아! (물 한 잔 마시고) 우리 조상이 뭐 때문에 그런지, 입이 타고 목이 타고 마구 애가 탄다. 오냐 마구 빛 좋은 개살구다. 맨날 천날 (창으로) 우리 기주는 오마조마 계산하고 또 계산하고~ 수판 놓고 계산하고, 수판 놓고 계산하고, 이 달은 잘 넘어가나 저 달은 잘 넘어가나, 오늘은 어떻게 되나 계산하고 수판 놓고. 매일 저녁에 잠을 자도 선잠을 자면서 명당 기주요, 너무 신경 쓰지 마라! (기주를 보며) 조상이 와서 애한데 '돈만 벌어라'고 태산 긑은 짐을 우리 손부한테 매껬다(맡겼다). 태산 긑은 짐도 내가 도와를 주면 되지 않느냐~. 도와주마~ 도와주마! 태산 긑은 짐을 우리 손부한테 매껴⁽맡게⁾ 놨고, 내가 도와준다.

(굿상을 향해) 오늘은 우리 대감님이 얼마나 좋은지. 여대감은 여 들이고 남대감은 저 들이고[243] 우리 대감님이 다 억사 같은 대감님이. 어구시던⁽억세던⁾ 대감님이~ 앞을 서서 최씨네도 대감님이 오씨네도 대감님이 앞을 서서. 다발 돈에 뭉칫돈에 매끼 돈에[244] 영업대감 사업대

감이 앞을 서서! (대주와 기주를 향해) 연년이도 부자 되게 도와주고, 연년이도 재수 있게 도와주고 연년이도 내가 받들어서 도와준다. 자손들 하나같이 직장에는 취직을 시켜주고 연봉 늘게 해주고, 다 만인간에 칭찬받고 대우받고 예우받고 빛나게 색나게 내가 도와주마. (창부타령 가락에 맞추어 '대감타령'을 부른다.)

어떤 대감이 내 대감이냐 우리야 대감이 내 대감이다
우리야 대감님 거동 보소 천상대감도 내 대감님
지하대감 내 대감에 일곱 칠성은 내려온다
칠성대감 명대감에 복대감에 제석대감도 내 대감님
일광월광 양대감 동서남북에 산신대감
사해하고는 용궁에 대감 밀물대감에 썰물대감
우리 대감 거동 보소 성주야 대감도 내 대감님
오늘 같이 좋은 날에 한양 성내를 올라가니
종묘사직에 노시던 대감 삼정승에 육판서에 노시던 대감
아랫 대궐에 노시던 대감 윗대궐에 노시던 대감
종묘사직에 놀던 대감 최씨 대감도 내 대감님
호령하시던 호령대감 명령을 하시던 명령대감
우리 대감 거동 보소 자손마다 권세대감
우리야 대감 거동 보소 문뜰 대감도 내 대감님
글문에 대감 내 대감님요 얼마나 좋은지 모르겠다
갑진생에 계묘생에 영업대감도 내 대감님
사업의 대감 내로구나 돈대감에야 업대감에
우리 대감님 거동 보소
낮이면은 뚜벅뚜벅 밤이면은 처벅처벅
낮이면은 어사를 돌고 밤이면은 순력을 돌고

---

243 여대감은 머리에 이고 들이고, 남대감은 지게로 져 들이고.
244 끈으로 묶어서 맺어놓은 돈에.

도와를 주시던 내 대감님 이 정성을 내가 받고
복을 주마 받들어주마 우리 후손들
복도 주고 명도 주고 재수 열어주마

오늘! 대감이 들어서서 술을 얼마나 찾는지 야들아! 우리 옛날에 그래도 술 먹고 놀기 좋아하고 참 기집 좋아하고!

기주: (주무에게 술을 주려고 술이 있는 곳으로 간다.)

주무: (술이 있는 곳을 가리키며) 이 술 좀 다고 야야! 이왕이면 양주 먹자. 고급스런 거 먹자 야들아! 맥주 다고 야들아!

조무: 양주가 어디 있어요.

주무: 노라면(노란 색이면) 양주지 딴 게 뭐 있노!

기주: (맥주를 한 잔 권한다.)

주무: (맥주를 마시고 나서) 아이고 좋다! 우리 대감이 술을 이렇게 먹어보니, 얼마나 좋은지! 술 맛이 좋다. (기주가 물러나고 주무는 술잔을 들고서) 참 우리 대감님이 이 술 한잔 받을 적에 (권주가처럼 술타령을 부른다.)

어떤 술을 잡으셨나 어떤 술을 잡으셨나
혼자 빚어 독환주요 둘이 빚으면 합환주요
셋이 빚으면 공론주라 석달 열흘에 백익주요
삼사월에 매화주요 구시월에는 국화주요
뚝 떨어졌다 낙화주요 삼중처사에 송엽주요
삼년을 빚어 삼보주요 청유리병에는 청소주요
황유리병에는 황소주라 우리 대감님 거동 보소
만고선녀 천일주라 세월 좋다고 태평주라
이왕지사 왔던 길에 재수 소망을 이뤄주자

이 술은 공짜 술이 아니요. 우리 후손들이 이렇게 힘든 정성 공든 정성, 정성이 아이더냐(아니더냐)! 오늘 내가 생각하면은 참 좋고도 마음이 아프다. 내가 아픈 만큼 더 챙겨주마. (술잔을 들이키며) 좋다.

(조무를 돌아보며) 여보시오! 구경꾼도 대접을 좀 하소! 우리만 떡~ 갖다 줄라이께네 내가 너무너무 부담스럽구나. (굿상에 차린 과일을 제가집 3형제들에게 가져다주며) 오냐, 아가 내가 챙겨주마! 우리 자손들아, 우리 후손들아~ 복이 하늘에서 뚝 떨어진다. 먹고 남고, 쓰고 남게 부자 되게 도와주마. 잘 살게 도와주마.

12. 주무 송옥순의 성주거리

대감거리에 이어서 성주거리가 시작되었다. 대감거리와 성주거리의 경계가 불분명하다. 대감거리에 이어서 성주대감을 모신다는 사설과 함께 성주거리로 자연스레 전환되었다. 무복도 갈아입지 않고 쉬는 틈도 없이 이어져서 성주거리를 확인하지 않으면 알아차릴 수 없다. 올해 성주운이 드는 장남을 불러내어서 성주 신체를 모셔 놓은 홍두깨를 말통에서 뽑아 접시 위에 세우도록 했다. 장남은 나이 스물일곱으로 초년성주에 해당되어 오

굿상 앞에 별도로 차린 성주상

늘 성주굿을 하며 성주신을 모시는 의식이다.

주무: (창으로) 오늘 같이 좋은 날에 성주대감 모셔다가, 성주대감 모실 적에 (장남을 나오라고 하여 성주대로 마련한 홍두깨를 접시 위에 세우도록 시킨다.)

장남: (주무가 시키는대로 굿상 앞에 나와 꿇어앉아서 홍두깨를 세우려고 한다.)

주무: 일곱 성주는 도령성주 열일곱은 소년성주, 스물일곱은 초년성주, 서른 일곱은 이년성주, 마흔일곱은 중년성주, 쉰일곱은 대성주요, 예순하나 환갑성주, 일흔일곱은 노장성주! 위하던 성주 모시던 성주! 허궁성주 나라성주 모실적에....

장남: (홍두깨를 접시 위에 세우려고 하는데 잘 서지 않는다.)

주무: (장남에게 다가가서) 편안하게 앉아서 홍두깨를 세워!

장남: (꿇어앉아서 홍두깨를 세우다가 책상다리를 하고 앉아서 홍두깨를 세운다.)

주무: 성주님을 모실 적에 복성주 명성주 여성주 남성주에 꽃성주는 입성주요 빌던 성주는 공대 성주로다. 일곱칠성에는 칠성성주요... (이때 홍두깨가 선다.)

조무: (놀라며) 아이구 세상에!

주무: (홍두깨가 선 것을 보고서) 아이고 잘도 선다. 기다리고 기다렸다.[245] (장남에게) 일곱 번 절하고...

장남: (홍두깨를 향해 일곱 번 큰 절을 올린다.)

주무: (창으로) 기다리고 기다렸다. 오늘은 성주님을 다 모셔다가, 스물일곱에 초년성주 임신생이 아니던가.[246] 벼슬에도 성주요 권세에도 성주요 직업 성주요 명성주 복성주, 천년성주 만년성주~ 성주야 입성주 다 모셔다가 임신생에 장손에다가~! 내가 초년성주 맞이 성주로다. 재수로 점지하여 주마. (반주석을 향해 말로) 아이고 여보시오! 성주가 얼마나 기다렸을꼬!

법사: (말을 받아서) 예!

주무: (다시 창으로) 기다리고 기다렸다. (기주에게 가서 말로) 아이고 기주야! 이럴 때는 정성을 들여야 된다. 그래 정성을 들여라. (홍두깨를 가리키며) 이게 얼마나 빨리 서는지, (성주신이 모셔주기를) 바랬다. 그래.

---

[245] 성주대인 홍두깨가 빨리 서는 것은 성주신이 성주맞이굿을 하기를 기다리고 기다렸다는 말이다.
[246] 오늘 하는 성주맞이굿은 27세 초년성주에 해당되는 장남 최○우를 위해 하는 굿이다.

기주: (굿상 앞으로 나와서 성주상을 향해 절을 올린다.)

주무: (성주풀이를 부르기 시작했다.)

대주: (주무가 성주풀이를 하는 중에 앞으로 나와 절을 올린다.)

    천계가[247] 착하니나   한울님이 생하시고
    지백이[248] 여측하고[249]   땅님이 생하시고
    목신씨는[250] 나무를 매란하고[251]   수인씨는[252] 물을 매란하고
    화덕씨는[253] 불을 매란하고   인황씨는[254] 인수인간[255] 매란할 때
    성주님은 어디서행하셨노   천상천궁에 계시다가
    글귀한귀 잘못지어   옥황님께 득죄하야
    이땅위에 하강하사   의지할곳 전혀없어
    심심산중 들어가서   나무끝에 의지할 때
    눈비삼년 흙비삼년   돌비삼년 맞으면서
    원이로다 원이로다   집짓기가 원이되어

(장남에게 접시 위에 세워둔 홍두깨를 다시 말통에 꽂도록 했다.)

    팔도명산 다밟아도   성주근본 못찾아서[256]

---

247 구전에는 '천가'라고 했으나 '天界' 또는 '天氣'의 와전이 아닌가 했는데, 여기서는 천계라고 했다.
248 구전에는 '기백'이라고 했으나 지백(地伯)의 와전이 아닌가 한다. 지백은 지신을 높여서 일컫는 말이다.
249 여측(蠡測)은 헤아린다는 뜻이다.
250 나무의 신을 뜻하는 목신씨(木神氏)가 아닌가 한다. 목신씨는 나무를 처음 마련한 신이다.
251 마련하고.
252 수인씨(燧人氏)는 고대 중국 전설상으로 전하는 삼황(三皇) 가운데 한 사람으로서 불씨를 발명하여 인간에게 화식(火食)하는 법을 가르친 황제이다. 그러나 여기서는 수인씨는 물을 마련한 물의 신으로 일컬어진다.
253 화덕씨는 불을 처음 마련한 불의 신으로 일컬어진다.
254 인황씨(人皇氏)는 중국 신화에 등장하는 전설상의 황제이다. 여기서는 사람과 짐승을 창조한 생명의 신을 뜻한다.
255 천지가 개벽하고 산천초목이 생기면서 짐승들과 사람들이 생겨나는 상황을 뜻한다.
256 다른 채록본에는 '동쪽으로 쫓아가서'라고 했다.

경상도로 내려가서	낙동강을 건너서
제비원을 올라가니	성주본이 분명하야
제비원의 솔씨를받아	용문지평[257] 들어가서
우편좌편 던졌더니	밤이면은 이슬맞고
낮이면은 태양받아	움이트고 싹이난다
청솔뿌리 내리더니	청솔잎이 돋아난다
타박솔이 된연후에	육판서가 물을주고
삼정승이 매가꾸어[258]	점점자란 나무
소부동이[259] 되었네	소부동이 자라나서
대부동이[260] 되었네[261]	무정세월 여류하여
연리지목이[262] 되었구나	팔도목수 다모여서
성주목을 골릴적에	한나무 쳐다보니
까막까치 집을짓고	또한나무 쳐다보니
황새덕새 알을품고[263]	또한나무 쳐다보니
구랭이가 똬리틀고	한고개 올라서니
사명당에 섰는나무	고이고이 키운나무
허리굵은 푸른청송	자세하게 쳐다보니
대방가에 재목일세	동쪽으로 뻗은가지
일광에 서기를 주고	남쪽으로 뻗은가지
정손외손이[264] 뚜렷하고	서쪽으로 뻗은가지

---

257 정확하게 무슨 뜻인지 알지 못한다. 솔씨를 뿌리려고 깊은 산속으로 들어갔다는 뜻으로 추론된다.
258 김을 매고 가꾸어.
259 소부등(小不等), 소나무가 서까래감 정도로 자란 작은 크기의 나무를 뜻한다.
260 대부등(大不等), 소나무가 큰 기둥감 정도로 자란 굵은 크기의 나무를 뜻한다.
261 다른 채록본에는 이 대목에 이어서 "대부동이 자라나서 황장목이 되었더니"라고 했는데, 여기서는 빠뜨렸다.
262 連理枝木은 두 나무줄기가 서로 붙어서 마치 한 나무의 가지처럼 자라는 나무를 일컫는다.
263 다른 채록복에는 '짝을짓고'라고 했다.
264 친손주와 외손주.

만수무강 할가지요	북쪽으로 뻗은가지
거부장자 날가지다	상순을 쳐다보니
청룡황룡이 분명하다	성주목을 마를적에
저대목 거동보소	성질급한 저대목이
쪼막도끼[265] 거머쥐고	한번찍고 두번을찍고
삼세번을 찍고나니	도끼는 나무에붙고
도끼자리만 가졌구나[266]	이상하다 야릇하다
도목수가 하는말이	태양받고 이슬받고
이산천의 산신님이	고이고이 키운나무
산신제도 안드리고	성주목을 베라하니[267]
산신님이 노하신다	산신제만 지내란다[268]

(주무가 성주풀이를 멈추고 반주석을 향해 사설을 한다.)

주무: 하이구! 오늘 다 허궁성주 다 띄어놓고, 옛날에 빌고 빌던 경주최씨네 고래등 같은 집들은 와가(瓦家) 백 칸에 대가 백 칸에, 그런 집에 빌고 빌던 성주를, 오늘은 찾아주고 (기주가 물을 한 잔 권하니 받아 마시고) 빌어주니. 우리 장한 자손 임진생에 올해 무술년에 재수문 열어주마. 변동수 같은 거 있고, 어디 맘 먹은 데가 있는지, 변동수가 들어있다. (장남에게 묻는다.) 뭐, 변동수가 있나?

장남: 이직 준비할라고.

주무: 뭐라고? 그기(이직이) 됐어?

장남: 아직 안 됐어요. 마음을 먹고 있어요.

주무: 마음만 먹고 있다고? 그래! 올해는 변동수가 들어 있다만은 될 수 있으면 제자리에 있거라. 변동수가 들 때도 세월을 다 봐가면서 해야 되지. 지금은 어떤 직장인지 그래도 좋다 카는 직

---

265 조막도끼, 작은 손도끼.
266 도끼자루만 손에 쥐었구나.
267 베려고 하니.
268 성주풀이를 끝까지 다 구송하지 않고 중간에서 마쳤다. 이 성주풀이는 오숙자본인데, 완판본 사설은 이 책 다음 장에 별도로 수록한다.

장에 이름 걸고 있으니까. 그래도 될 수 있으면 있는 게 좋다! 세월이 조금 저거할 때는 옮겨도 괜안차만은(괜찮지만) 올 새년에 무술년이면은 운이 들었다 해도, 좋은 직장 자리 있거든 그대로 있는 게 좋다. 만약 거기서도 이 부서에서 저 부서로는 가도 돼.

기주: (안도하면서) 아~!
장남: 안에서라도 옮겨요?
주무: 안에서라도 옮길 운이 있어. 안에서 부서를 옮겨도 옮길 운이 있고.
기주: 지금 애 직장이 계속 오래 있으면 좋겠어요, 어떻겠어요?
주무: 사주에는 괜찮아! 사주에는 그래도 공직에 밥을 먹고, 이런 기업이 있는데 밥을 먹어야 되지. 나와가주고 있어봤든 장사해도 안돼! 사주에 응! 장사해도 장사할 사주 따로 있고, 공직에 물을 먹어도 다 밥그릇이 따로 있어. 남이 장사한다고 나도 되는 게 아니야. 장사하는 사주 따로 있어. 그래도 우리 장남자손은 올해 스물일곱에 초년성주 운을 받았으니까, 서른 일곱까지는 뭔가 해도 잘 될 꺼다.

　걱정하지 마고 용기백배 가지고 자신만만하게 살아라! 웃어른에게 겸손하고 직장생활이 그렇게 만만한 게 있나. 돈 버는 게 어디 그케(그렇게) 쉬우나! 직장생활이 얼마나 힘드는데, 눈치 빠르게 웃어른들한테 겸손하게 잘 해라. 이름나게 내가 도와준다. 그리고 나면 삼년에 삼사년, 이삼년이 지나면 승직(승진)이 있다. 이삼년 지나면 승직이 또 있다.

　우리 최씨네 대감이 어떤 대감이로! 우리 후손들이 굵게 먹고 굵게 놀고. 그래도 다 이름 석자 그래도 공명에 걸어놓고, 높은 자리 올려 놓고 있는데, 그래도 우리 장남자손이 잘 돼야 하지 않느냐. 니가 모든 우리 경주최씨 짐을 지고 있는데, 든든한 장남 자손! 내가 하나 끝이 잘 되게 해서, 직장에서도 이름 걸고 연년이도 한 해 두 해 지나고 나면, 또 내가 다 자리 변동을 하면서 내가 진급되게 해주고. 서른 넘으면 백년 부부 점지해서, 행복하게 해주마. 내가 와가로 도우고 요새 아파트가 최고라 카는데 아파트도 내가 하나 사게 해주마. 아파트도 니 앞으로 돌아가도록 해주마.

기주: (장남을 가리키며) 얘, 애 신붓감이 몇 년도에 들어오겠어요? 몇 살 때 들어오겠어요?
주무: 그래도 한 2, 3년 있어도 옳은 인연이 들어와. 지금은 아직까지는 별로 마음에 드는 게 없어. 지금은 봐도 마음에 드는 게 없어서, 있다 해도 백년 부부가 못돼. 어에(어떻게) 틀어도 틀어져가 주고 옳은 백년 부부가 안돼. 그래도 2, 3년 지나고 30 넘고 30 하나가 되면 인연이 들어 서. 할아버지가 그렇잖아(그렇잖아)! 인연을 골라도 우리 후손은 암따나(아무렇게나) 안 골린다. 직장을 댕

기든, 장사를 하든 뭐를 하든, 그래도 신부는 우리 집에 들어오는 손부는 그래도 다~! (말을 바꾸어) 요새는 신부 골리기도 힘들어. 전부 지가 최고라고 깃대돛대 같에서 힘드는데 그래도. 내가 (기주를 가리키며) 우리 손부 글은 손부를 내가 데려온다. 니(기주) 같이 다 아래우(아래위) 알고, 자손 챙기고, 우리 손자 챙기는 손부. 그래서 너를 이뻐서 내가 도와준다. 내 도와줄게.

내년에 우리 가정에도 문서를 내가 또 하나 지어준다. 내년에. 문서를 바꽈치기 하던지, 문서를 하나 쥐도록 해주던지, 그 문서를 쥐면은, 그래도 또 돈 되는 문서를 내가 쥐에(쥐어) 준다. 그래도 내가 연연이 받은 만큼 내가 도와준다. 우리 손부 잘 되게 도와주고 우리 가정에, 옛날 최부자댁 소리 들은 것처럼 지금도 잘 살고 최부자댁 소리 들도록 해주마.

오늘같이 좋은 날 성주대감 위하는 것도 옛날에 다 성주를 위하고 성주를 모시고 상기둥에 좌정한 우리 성주님을, 오늘날에 허궁이지만은 성주를 찾아주니 고맙지. 정성이 고맙고 요즘 세월에 어느 누구가 찾아주겠느냐! 성주 없는 가정이 어디 있더냐. 우리 가정에도 나라가 편해야 신하가 편코 신하가 편해야 나라가 편 듯이, 우리 가정에도 가정이 편해야 자손들이 편하다.

올해는 (장남에게) 너 조심해야 된다. 왜냐면 3,4월에 좀 조심하고 그 뭐야 상갓집 글은 데를 가면, 왜냐면 뭐가 자꾸 따라 붙는 게 있어. 따라 붙는 기 있기 때문에 거 나중에 나올 때는 소금으로 좀 쳐냇부고 재방을 하고 가.²⁶⁹ 내년 되면은 또 자리 변동이 있데이, 내년에!

장남: 진급할 수도 있어요.

주무: 아 그래! 몰래. 자리 변동 있고, 진급이 되든지 어에든지 자리 변동이 있어. 진급도 되고...

기주: 진급은 될 거 같고.

주무: 그이께네, 내년에 자리 변동 진급이 있어. 그래도 최씨 할배들이 이렇게 정성 드리고 나면,²⁷⁰ 전부 좋은 소식 반가운 소식 기쁜 소식 전해 주지. 이 정성이 어떤 정성이야! 우리 장손의 성주맞이를 했는데.

기주: 장남이 지금 SK 다니고 있는데, 서울 갈라고 자꾸 그러고 있는데, (웃으면서) 안동이 잘 맞아요, 서울이 잘 맞아요?

주모: 한양에 올라가면 좋지 야들아! 우리 자손들, 사람은 나면 한양으로 가고 말은 제주도로 간다.

---

269 상가에 다녀올 때는 따라붙는 것이 없도록 소금을 뿌려서 쳐내거나 비방을 하고 가라.
270 성주굿을 하고 나면.

야야! 안동도 맹 한양 같이 정신문화의 수도다.²⁷¹ 한양도 수도고 안동도 수도다. 그런데 먹고 살기는 안동 수도가 더 낫다. 먹고 살기는 공기 좋고 집값 싸고, 수도는 맹 안동도 사대문 있고 다 있다.²⁷² 사대문 있고 안동도 다 있다. 근데 서울 가면 전쟁이다 전쟁! 서울은 전쟁인데, 그래도 안동수도에 있는 게 마음 편코 좋긴 좋다만은 그래도 젊을 때 꿈이 많다.

기주: 맞기는 맞아요.

주무: 안동은 그래도 성주굿 하고 낫지! 두고 봐라! 지금 잘 된다니까! 그거²⁷³ 꾹꾹 눌러 참고 있어 봐라, 잘 된다. 그래도 상사한테 인정받고, 상사들이 니인데⁽너에게⁾ 깐족거리지 못해! 안 해, 모⁽못⁾해.

기주: 애가 좀 잘난 척하는 면이 있어.

주무: 그래도 못해. 잘난 척 해도, 그 상사들이 야를 갖다 우리 손자를 그렇게 마구 못 대해. 잘난 척 해도 괘않다⁽괜찮다⁾. 그래도 웃어른들한테는 매사 겸손해라. 직장에 가서 겸손하는 게 점수 따고! 앞으로 성공하는데 비결이다. 너무 잘난 척하고 너무 고개 쳐들면 누⁽누구⁾ 말마따나 성공하는 것도 한걸음 늦어. 그래도 웃어른한테 겸손하고 고개 숙일 줄 알아야 되고, 이래야 이쁘게 봐가주고 승진할 때도 같이 올라가지! 그 잘난 척하고 그랬부면 자꾸 늦어, 한 발씩 늦을 때가 있어.

    2년 지나면 또 승진할 일이 또 있고, 삼십 넘어봐라! 니도 일사천리로 내가 다 도와준다. 우리 손자 한양 물 먹그로 갈라 캤디, 안동에 살고 있으이 안동이 안 좋소! 그래도 인구 하나라도 더 늘고, 사대문 안에 안동에... (장남을 보고) 야야! 무슨 동에 사노?

장남: 용상동에 살고 있어요.

주무: 용상동 사대문 안이다, 걱정하지 마라. 용상동 사대문 안이지요. 야야 송천 저기 문 밖에 저짝으로 있으면²⁷⁴ 내가 들오라 칼라 캤디만²⁷⁵, 용상 살만⁽살면⁾ 사대문 안에 있으이 괘않다. 걱정하지 마라! 조금 더 있으면은 시내 안쪽으로 이사해가지고 그래도 대궐 긑은데, 아파트! 옛날 긑으면 고래등 긑은 기와집 아파트에 살도록 일사천리로 내가 열어준다.

---

271 안동시가 행정적으로 표방하고 있는 것이 "한국정신문화의 수도 안동"이라는 사실을 두고 하는 말이다.
272 안동 외곽에 동서남북 큰 문을 세운 것을 두고, 서울에 있는 4대문이 안동에도 있다는 말이다.
273 서울로 직장을 옮기고 싶은 마음.
274 안동에 세워둔 4대문 가운데 동쪽 문은 송천동에 세워져 있다. 그 동쪽 문 밖에 살고 있으면.
275 그 동쪽 문 안으로 들어오라고 하려 했더니만.

누가 도와도 내가 도와주고, 조상 덕이든지 니 덕이든지 부모 덕이든지, 그래도 내가 니 하나만큼은 성공시켜가주고, 내가 높은 자리 앉아서, 만만세 부르도록 도와주고 이름나게 도와준다. 그래. 성주대감 모셔다가… (차남을 보고) 그래 후손아! 너도 스물일곱 되거들랑 이렇게 해래이.[276]

차남: 네!

주무: 그래 니도 바랐지! 스물일곱 초년성주를 잘 받아서 빌어서 초년성주를 잘 받아시 이렇게 해야 성공하는 것도 아주 일사천리로 되지. 성주가 누구로! 할아버지가 앞으로 성주가 돼가고 이제는 이렇게 앞을 서서 도운다.

할아버지가 이제 이렇게 우리 손자 앞을 서서 일사천리로 도와서 벼슬에도 권세에도 그리고 말도 잘 하게 하고, 연구박사 궁리박사로 만들어서 직장 가매(가면) 궁리도 잘해야 되고, 눈치도 빠르고 해야 성공하는 비법이 되지, 우리 손자 앞서거니 뒷서거니 해가주고 내가 성공하게 도와주마, (큰소리로 빠르게) 걱정하지 마라!

주무가 사설을 멈추고 제자리에서 원무를 추었다. 한참 추다가 춤을 멈추고 성주대를 상징하는 홍두깨가 꽂혀 있는 말통의 쌀을 한 줌 집었다. 쌀을 잡은 손바닥을 펼친 채로 높이 들고 원무를 계속 추었다. 춤을 멈추고 제가집 가족들이 앉아 있는 자리로 갔다. 대주부터 차례로 손바닥에 쌀을 받도록 하였다. 손바닥에 떨어진 쌀이 짝수면 좋은 조짐으로 알고 다음 사람에게로 가서 같은 점사를 되풀이 했다. 짝수가 아니면 손을 털고 쌀을 거듭 받도록 했다. 쌀점을 마치자, 붉은 갓을 벗고 남색 장삼의 무복도 벗었다. 무복을 두 손으로 받쳐 들고 원무를 추고서 무복을 제자리에 걸었다. 성주거리가 끝났다.

13. 주무 송옥순의 칠성거리

흰 치마를 덧입고 노란 장삼의 무복을 입은 다음 그 위에 다시 흰색 장삼의 무복을 껴입었다. 풍물패들이 띠를 두르듯이, 긴 남색 가사(袈裟)를 오른쪽 어깨에 걸쳐서 왼쪽 겨드랑

---

[276] 차남에게 너도 스물일곱 살에 성주운이 들거든 이렇게 성주굿을 하라고 권하는 말이다.

이 밑으로 비껴 묶었다. 이어서 자주색 가사를 왼쪽 어깨에 걸쳐서 오른쪽 겨드랑 밑으로 비껴 묶어서, 좌우가 서로 X자로 만나도록 한 다음, 자주색 천을 가슴에서 뒤로 돌려 묶었다. 그리고 붉은 천으로 만든 바랑을 오른쪽 어깨에 걸어 맬끈을 길게 늘어뜨려 매었다. 긴 염주도 목에 걸고 흰 고깔을 썼다. 무슨 거리냐고 물으니 칠성거리라 했다.

복장을 다 갖추자 굿상을 향해 두 손을 높이 들고 3차례 큰 절을 했다. 칠성상을 향해서도 같은 식으로 7차례 큰 절을 했다. 춤을 추려고 하다가 바닥이 미끄러운 것을 알아차리고 분무기로 바닥에 물을 조금 뿌렸다. 오른 손에 부채를 들고 제자리에서 시계 방향으로 돌며 한참 원무를 추었다. 보는 사람이 어지러울 만큼 한참 돌다가 부채를 높이 들면서 '어!' 하자, 반주가 잦아들었다.

주무: 아 불이불사 불이불사 우리 불사 아니더냐~ 명 불사가 아니더냐. 복 불사가 아니더냐~ 경주최씨네도 빌고 빌던 칠성님이오. 해주오씨네도 빌고 빌던 칠성님이 오늘 나리시니~ 짜른(짧은) 명을 잇아주고(이어주고) 진(긴) 명은 사려주고. 삼천갑자 동방삭에 칠성에다 명을 빌고, 칠성에다 복을 빌 적에, 낮에는 물 밝히고, 밤이면은 불 밝히던 칠성님이 앞을 서니!

계묘생에 갑진생에 임신생에 을해생에 정축생에 명 빌어 복 빌어서, 내가 수명장수 내가 주고! 무병장수를 내가 주마~ 공든 탑이 무너지겠느냐~! 힘든 낭기(나무개) 부러지겠느냐~. 금일 정성 명 사자 정성 복 사자 정성이 아니더냐~! 오늘 같이 좋은 날에 비린 것도 마다시고 누린 것도 마다시던~ 일곱 칠성님이 나리시니~.

내 자손들아~! 내 후손들아~! 걱정하지 마라! 불 같은 시국에 칼날 같은 이 시국에~ 우리 후손들 잘 살게 도와주마. 궂은 일 없게 내 도우마. 악한 일 없이 내 도우마~. 사고 없이 내 도우마~. 관재구설 내 막아주마. 오늘은 내가 해달같이 내 도우고. 오냐! 싹이 나게 잎이 나게 도와주마!

(말로) 시국이 얼마나 힘드냐. 하늘을 찌르던 권세 누리던 사람들도 하루 아침에 묶에 들어가고. 좋던 사람도 하루 아침에 낙엽 되어 뚜욱 뚝 떨어지고! 요즘은 맘 놓을 길이 없다. 오늘 아침에 멀쩡했는데 내일 되면 저승을 가고. 요즘은 먹는 음식도 옳은 기 먹을 게 없다. 닭고기를 맘대로 먹을 수 있겠느냐, 소고기 돼지고기를 맘대로 먹을 수 있겠느냐, 해조류를 마음대로 먹을 수 있겠느냐! 공기도 더러워서 마스크 쓰고 댕기고.

오늘 이렇게 시국이, 살기 좋은 시국이라고 하지만은, 이렇게도 어렵고 힘든 시국에 우리가 살아가고 있다. 내 후손들아! 걱정하지 마라! 해달 겉은 우리 후손들 내가 그래도~ (창으로) 낮이면 내가 물 맑혀서 도와주고 밤이면은 불 밝혀서 도와주고 검은 밤에 내 횃불 겉이 내 도와주고 검은 밤에 달빛 겉이 도와주고 등불 겉이 내 도우고, 바른 걸음 걷도록 내 도와주고~. 올바른 생각을 하도록 내 도와주고 인정받게 도와주마. 우리 후손들 착하고도 어진 우리 후손들아~! 오냐 고맙구나, 고맙다.

우리 후손들이 오늘은 나도 옛날 옛적에는 경주최씨네 다 일곱 칠성 할매가 달 보고도 빌고 별 보고도 빌고 산만 봐도 빌고 물만 봐도 빌고. 천상 보고도 빌던 칠성할매가 오시는구나. (대주를 부채로 쓰다듬으면서) 내 손자야 내 손자야 건강하게 내 도와주마~ 씩씩하게 도와주마~ 건강 관리 잘 하여라~ 우리 손자 장군 같은 몸 되게 도와주마. 내 손자야~ 내가 명 빌어주마 복 빌어주마~ 명 실어다주마~ 복 실어다주마! 내 후손들아!

오늘은 불 밝혀서 일곱 칠성님을 모셔놓고~ (칠성상으로 가서 물그릇을 그릇 전 위에다 셋을 탑처럼 포개 올린다.) 명 빌어서러 복 빌어서 도와달라고~ 이렇게 나를 찾고 날 부르니~ 도와를 주마 받들어주마. (그릇이 전 위에 얹어지지 않고 쓰러지려 하자, 물을 조금씩 부어가며 조절하여 얹는다.) 신나게도 도와를 주마, 걱정하지 마라! 수심하지 마라! 오냐 공든 탑이 무너지고 힘든 낭기(나무가) 부러지겠느냐. 오냐~! 감로수를 떠다가~실어다 주고~ 명 떠다가 주마~! 칠성 불사로구나! 칠성대감이 오고 (물그릇을 올려 세우는데 정성을 기울이느라 소리가 점점 잦아든다.) 오늘은 다 소원 빌어서 명 실어서 도와를 줄 적에, 소원대로 내 도와주마~.

(물그릇 셋이 제각기 전 위에 안정되게 올려놓아졌다.[277] 다시 소리가 커졌다.) 무지개 쌍다리를 다 놓고...

조무: (주무가 물그릇 셋을 전 위에 아슬아슬하게 얹어 놓자, 대주를 손짓으로 불러낸다.)

주무: 무지개에 쌍다리를 놓고 내가, 도울 적에...

대주: (칠성상 앞으로 나온다.)

주무: (대주에게 제일 위의 물을 마시라고 하면서) "자! 생명수를 마시소!"

대주: (제일 위의 물그릇을 두 손으로 들고 물을 마신다.)

---

[277] 칠성상에 차려 놓았던 물그릇 가운데 둘을 한 물그릇 전 위에 차례 차례 포개 올린다. 물리적으로 불가능할 것 같은데, 물의 양을 조절하며 축원을 하니 두 물그릇이 아래 물그릇의 전 위에 제각기 안정되게 얹혀져서 마치 3층 탑 모양을 이루었다.

주무: 내가 우리 손자 다 도와를 줄 적에, 명 실어주마 복 실어주마 내 손자야~. (서 있는 대주에게 부채를 모아 쥐고 몸을 이리저리 쓸어내리며) 겉머리야 속머리야 걱정 마소. 가슴 다리 팔이 허리 아야 지야, 어깨 쪽에 아픈 거, 내가 오늘 다 감로수를 떠다가 우리 손자! 무병장수하게 도와를 주마. 또 근심 걱정 닦아 가마(가겠다), "아야 지야!" 하는 거 혈맥 타고 날이 서는 거~ 오냐오냐~. 이 몸이 아픈 거, 신경 타고 오는 거, 칠성할매 내가 되어 우리 손자~ 명 실어다가 주마~ 복 실어다가 주마~. (팔을 좌우로 벌리고 타령조로 노래한다.)

   청궁불사는 일월불사
   사해하고는 용궁에불사
   사산명산은 산신불사
   중불사는 대신불사
   남불사는 여불사여
   여불사는 남불사여
   삼천지중 육천전안
   전안불사는 내로구나
   대함제석 짐제석님
   재불재천 천지곤건
   일월용왕 황사재불
   달이 돋아서 월광제석
   해가돋아 일광제석
   일광월광에 양일광에
   무홍제석 나홍제석
   아들아기 점지하고
   따님아기 서림하던
   백항아리는 삼신에제석
   석자세치 꼬깔제석
   제석님전에 명을 빌고
   제석님전 복을빌어

일곱칠성님 내로구나

동두야칠성 남두야칠성

서두야칠성 남두칠성

삼태육성 칠원성군

높은산에서 바위야칠성

얕은산에는 미륵에칠성

삼신칠성네 용궁칠성

식수야칠성 약수야칠성

명칠성네야 복칠성에

자손마다 벼슬에칠성

자손마다 권세칠성

계묘생에 갑진생에

건강에칠성도 내로구나

사업에칠성도 내로구나

복칠성도 내로구나

명칠성도 내로구나

재수야칠성도 내로구나

우리야칠성님 나로구나

낮이면은야 물맑히고

밤이면은 불밝히고

남생이는 여복덕에

여생이는 남복덕에

생기복덕으로 점지하고

짜른명은 잇아주고[278]

긴명일랑 사려주마

먹고남게 부자되게

---

278 짧은 명은 이어주고.

이름나게도 도와주고

　　(창을 멈추고 말로) 부산시에 수영구 망미 2동에, 나라 대주 을유생에 명당 기주 갑진생에 장남자손 임신생에 차남자손 을해생에 삼남에 자손 정축생에, 지인에 경인생에!²⁷⁹ 경인생이 없지만²⁸⁰ 도와주고 액운 막아주고! 하는 사업 같이 하더라도 실수실망 없이 내가 도와서러! 손해 보는 일 없이 내가 도와주고. 그래도 경인생에 안씨 대주도 올해부터 잘 넘어가야 돼. 지금은 괘안치만(괜찮지만) 올해 금년에 그렇게 좋다고 볼 수는 없다.

　　(대주를 향해) 나라 대주야. 오늘 다 동지섣달에! 너네들 차 조심하고! 나라 대주! 정월 이번 달에는 그래도 괘안타만은(괜찮다만) 삼사월에 들어서서 "원행(遠行)은 하지마라" 해라.²⁸¹ 올해는 그래도 다 환갑 음식 먹지 말고, 칠순 음식 먹지 말고, 그렇게 조심 모든 것이 조심해야 된다. 올해 잘 넘어가고 내년 잘 넘어가면 괘안은데(괜찮은데)! 그리고 안씨 대주가 그래도 잘 돼야 같이 또 밥술 먹고 살 거 아니냐! 아무리 한다한다 해도 혼자서는 모(못) 하니라.

　　내가 나라 대주 계묘생에! 명 실어 복 실어서! 잘 쓰고 먹고 남도록 내가 도와주고, 아들 삼형제들 부귀영화 되고 효자충신 되도록 내가 도와주고, 하나 같이 효자자손 되도록 도와주마.

　　(기주를 향해) 걱정하지 마라. 고생 끝에 낙이 있고, 부귀영화가 되고 좋은 일이 있다. (창으로) 저 자손들이 엄마아빠 고생하는 거 알고 있나, 엄마가 어떻고 아빠가 어떻고 철이 들어서 알고 있다. 우리 엄마아빠 다 존경하고 산다. 뿌리 없는 나무가 어데 있고 조상 없는 후손이 어데 있겠느냐! 조상이 있고, 엄마아빠가 있으면 너네가 다 편하지 않느냐. 부모한테 잘 해라. 부모한테 효도해라. 오늘은 칠성당에다 불 밝히고 칠성당에다 물 맑혀서! 하나 같이 이름나게 내가 도와 준다. (두 손을 좌우로 벌려서 제가집을 향해 모아주는 시늉을 하며) 오냐 걱정하지 말어라.

　　사설이 멈추고 반주음악이 시작되었다. 주무는 칠성상 곁으로 가서 악기 바라(哱囉)를 찾아들고 나왔다. 바라에는 흰 천이 길게 달려 있었다. 주무는 두 가닥의 흰 천을 모아 쥐고

279　성주굿을 하는 대주와 기주, 3형제 외에 제가집의 지인 경인생 '안○취'씨가 이름을 함께 올려서 빌고 있다. 지인이라고 했지만 사업을 함께 하는 동업자이다.
280　경인생 안○취씨는 굿하는 자리에 오지 않았지만, 동업자여서 함께 운을 빌어준다.
281　대주에게 지인 안○취의 운세를 말하며, 올해 3,4월에는 먼데 여행을 하지 말라고 일러주라 한다.

아래로 늘어뜨린 바라를 들었다 놓았다 하면서 제자리에서 돌았다. 그러다가 천을 잡아당겨 바라를 뒤집었다. 처음에는 하나만 뒤집어졌는데, 다음 번에는 둘 다 뒤집어졌다. 둘 다 뒤집어진 것을 확인하자, 바라를 두 손에 나누어 쥐고 한참 원무를 추었다. 제자리에서 돌며 원무를 추다가 가끔씩 바라를 부딪혀서 소리를 냈다. 원무를 멈추자 반주음악도 잦아들었다. 타령을 시작하면서 바라춤을 추었다.

> 우리중상이 내려왔소 나무아미타불
> 나무아미가 타불이요 나무아미타불
> 어떤 중상이 나려왔소 어떤 중상이 나려왔소
> 검고도 푸른 중상 푸르고도 검은 중상
> 우리 중상 거둥 봐라 팔대장삼을 걸치시고
> 백팔염주를 목에 걸고 새모시 고깔을 숙여 쓰고
> 자주 바랑을 어깨에 메고 육비죽비는 바릿대요
> 손수건에 받쳐들고 인간세계로 나려왔소
> 앞도리로 내려왔소 뒷도리로 나려왔소
> 만민보살들 염주밭이나 메어러를 가신 후에
> 염주 닷말 뿌린 후에 시왕 구경을 하러 가세
> 나무아미가 타불이요 나무아미타불
> 바라를 사요 바라를 사요 명바라 복바라가 나려왔소
> 높이 떴다고 대바라요. 낮게 떴다고 소바라라[282]
> 대바라 시주를 사시려면 일품동참에 서말 서되
> 소바라 시주를 서되 서홉을 주시옵고
> 바라를 사요 바라를 사요 재수야 바라가 나려왔소
> 명바라 나려왔소 재수 바라가 나려왔소
> 돈바라가 나려왔소 소원바라가 나려왔소
> 입춘바라 소망바라 오늘 같이나 좋은 날에

---

282 높이 떴다고 할 때는 바라를 든 손을 한껏 높이 들었다가 낮게 떴다고 할 때는 바라를 아래로 내렸다.

바래에 재수야 대주 소원바래가 나려왔소

노래를 부르며 굿상에 차려놓은 밤과 대추를 바래에 담는다. 노래를 그치고 제가집 가족석으로 향한다. 대주가 일어서서 상의 옷자락을 펼치자 그 위에다 밤과 대추를 옮겨준다. 손을 쓰지 않고 바래를 흔들어 밤과 대추를 주는데, 짝수가 되지 않으면 바래에 다시 담았다가 바래를 흔들어 거듭 밤과 대추를 준다. 그러면서 사설을 계속한다.

(말로) 나라대주, 재수바래! 명바래가 내려왔소 (창으로) 소원바래 나려왔소 명바래가 나려왔소 재수바래가 나려왔소. 내 손자야~! (말로) 너무 먹고 노는 것도 염치 없다. (웃으며 창으로) 그래! 먹고 남고, 쓰고 남게 내 도와주마. 너무 먹고 노는 것도 눈치 보인다. (좌중에서 웃음소리) 걱정하지 마라.

(기주에게 가서 바래에 담은 밤과 대추를 같은 방식으로 옷자락에 담아준다. 짝수가 되자 다음으로 넘어간다.) 오늘 갑진생에 오씨 기주야 동서남북에 문을 열어서러 먹고 남고 쓰고 남게 도를 주실 적에 (장남, 차남, 삼남에게도 밤과 대추를 짝수로 맞추어 준다.) 장남에 자손에 임신생에 재수문 열어주마! 소원문 열어주마~! 오는 길 가는 길에 재수문도 열어주고~ 직장문에 금전문에 소원대로 받들어서 역사같이 받들어서~

(조사자에게 다가와서 역시 밤과 대추를 준다) 오늘은 우리 교수님도 오는 길에 가는 길에 건강하시고 좋은 일 많이 받으소사, 받으소사. 소원대로 받들어서 오는 길 가는 길에 재수문 열으시고~ 쉴 새도 놀 새 없이 재수문을 열으소사~! 오늘은~ (조사자 일행에게 차례로 밤과 대추를 건네다가 김원대 선생에 이르러서 계속 홀수가 나오자, 말로) 근데 우리 김선생님 구설이 조끔 있겠다. 구설이 좀 있겠다. 구설이 한 번 있겠다.

조무: 구설이 없어야 좋은데…

주무: (대주와 기주 앞으로 가서) 동서남북에 인심 내고 딱딱 맞다. 내가 오늘 그래도 빛나게 색나게 도와서러! 명 실어 복 실어 딴 거 없다. 돈 마이 벌어놓고 명 짧으면 안 되고, 어에든동 내가 명 실어 복 실어서 백수장수 무병장수하게 도와주마. 오냐! 오늘 보따리 보따리! 이렇게 정성껏 해 놓은 만큼 내가 복 지게 해주마.

14. 주무 송옥순의 창부거리

반주 음악이 울려퍼지고 주무는 입었던 무복을 벗는다. 어깨에 좌우로 빗겨 매었던 천들은 조무가 벗겨서 따로 챙긴다. 주무는 벗은 무복을 들고 원무를 추다가 무복을 기주에게 건네주고 연두색 바탕에 색동 소매를 한 무복을 가져와서 입는다. 굿상 앞으로 가서 과일과 음료수를 담아 제가집 가족들에게 나누어준다. 주무도 캔에 든 음료를 조금 마신다.

깃털이 없는 붉은 갓을 쓰고 오른 손에 부채를 들고 왼손에 방울꾸러미를 들고 원무를 춘다. 바닥이 미끄러운 지 분무기로 바닥에 물을 조금 뿌린다. 그리고 나서 다시 시계 방향으로 돌며 원무를 한참 춘다. 부채를 펼치며 춤을 멈추자 반주도 그친다. 사설을 시작한다.

주무: 창부가 들어서니 입춘맞이 재수맞이에 운을 떠다 받아줘야 되지. 부산시 수영구 망미 2동에 ○○빌라 ○○○호에 명당에 들어갔을 때, (제가집을 향해) 간판을 건 상업이 부동산 이름이 뭐로?

기주: ○○○부동산하고 ○○부동산!

주무: ○○부동산! 내가 이름 높이 걸어주고 굵은 손님 내가 땡겨주고, 계약되게 해주고, 큰 손님 내가 땡겨서로 악한 자도 물리쳐주고. 요즘 세상에 불도 잘 나요. 거침만(걸핏하면) 불나고, 내가 불홍수도 막아주고 물홍수도 막아주고! 자연재해도 막아주고. 우리 후손들 차를 타고 동서남북 댕겨도 사고없이 내가 막아주고, 악한 자도 물리쳐주고, 길 가다 시비 걸어 그날 기분 나빠가주고 시비가 돼가주고, 그것도 관재 걸릴 수 있는 거, 오늘 내가 이런 거 저런 거 막아주마. 걱정 없어 막아주고.

대주! 경인생에 저 안씨 대주도[283] 삼재팔난 걸레 있는 거, 오늘 그 나라 대주 그 대주도 내가 삼재팔난을 막아주고. 우리 창부씨가 선듯 들어서니 얼마나 좋은지 모르겠다. 악한 자 물리쳐주마! 조상에도 앞을 서고 뒤를 서고, 우리 다 인간만 악한 게 아이고 조상도 악한 조상이 있어. 그래 오늘 인간도 악한 인간 물리치고, 조상도 악한 조상 내가 물리치고, 한 풀어 원 풀어 보내고.

오늘 이렇게 다 들어서니, 입춘이라 하지만은 내년에 무술년이 아니더냐. 무술년이 당도

---

[283] 제가집의 지인 경인생 안○취를 일컫는 말이다.

해서 하루하루 내가 일초일시라도 내가 받들어주고, 연년이도 다달이도 내가 받들어서, 일년 열두 달이 내 돌아가도 최씨 가정에 자손들이 하나같이 내가 충실하게 도와 받들어서. 이름나게 도와주고 받들어주마. (창으로) 오너라~ 최씨 대주야 오씨 기주야! 우리는 골동품도 싫고, 남 쓰던 것도 싫다. 우리는 골동품도 싫다. (기주를 보고 묻는다.) 니 그런 것 안 사지?

기주: 네, 안 사요.

주무: 응, 그래! 너는 무당이 아이가,[284] 니 싫은 거는 느낌을 준다.[285] 신 안 받아 글치(그렇지), 니가 무당도 되고, 니가 업둥이도[286] 된다.

 (대주를 보고) 최씨 대주야! 우리 오씨 기주 고생 많이 했다. 신경 많이 쓴다. 그래 안악밖에 (안팎에) 드가며 나가며 남자일 여자일 할라 카고! 밤인동 낮인동 모르고 허둥지둥 댕기고! 저 자손 아들 서이가 행여라도 잘못 될까봐, 행여라도 다른 길 삐뚠 길 갈까봐 노심초사 하면서 저렇게도 다 물을 줘가면서, 좋은 흙에 잘 가꿨다.

 어딜 내놔도 저 자손들 하나 흠잡을 데 없다. 반듯한 자손! 남한테 그래도 향내 나는 소리 듣고. "반듯하다, 예의 바르다" 소리 듣는 경주최씨 후손 자손이 아니더냐. 남한테 손가락질 안 받고 사는 것이 다 누 덕이로? 대주 덕이고 기주 덕이다. 애비 없는 자손이 어데 있나, 에미 없는 자손이 어데 있나. (삼형제를 보며) 다 엄마 아부지가 있기 때문에 너희들이 훌륭하게 컸다.

 (창으로) 오늘 그래도~ 나쁜 액은 물리치고! 재수대통 실어준다~ 얼마나 좋은지 모르겠다~ 얼마나 좋은지 모르겠다~. (말로) 창부가 들어서니, (빠르게) 못다 먹고 못다 입은 (창으로) 조상들이~ 최씨네도 조상에~ 젊음이 오나, 죽으니 그만이다. 오늘은~ (춤을 추며 '노랫가락'을 부른다.)

  놀고 간다 놀고 간다 오늘 같이나 좋은 날에
  먹고 쓰고 먹고 남게 내가 와서 정말 좋다
  얼씨구절씨구 차차차 지화자 좋구나 차차차

---

284 기주는 무당 운세를 타고 났기 때문에 신을 받지 않았지만 사실상 무당이라는 말이다.
285 사실상 무당이기 때문에 싫은 것은 느낌으로 알아차리는 능력을 지녔다는 말이다.
286 업둥이는 누군가 집 앞에 갖다 버린 아이를 뜻한다. 버려진 아이를 일컫는 말이어서 부정적이지만, 숨은 뜻은 집안에 재물운과 같은 복을 가져오는 행운의 아이라 믿어서 업둥이를 귀하게 키웠다고 한다.

아니 노는 한 시절에 아니 노지를 못하리라 차차차

가세 가세 산천경개로 늙기 전에 구경 가세

인생은 일장춘몽 얼씨구 절씨구 찾아든다

얼씨구절씨구 차차차 지화자 좋구나 차차차

만화방창 호시절에 아니 노지는 못하리라 차차차

(쉬지 않고 이어서 '오동동타령'을 불렀다. 반주하는 법사도 함께 따라 불렀다.)

오동추야 달이 밝아 오동동이냐

오동동 술타령에 오동동이냐

아니요 아니요 궂은 비 오는 밤 낙숫물 소리

오동동 오동동 그침이 없어

독수공방 타는 간장 오동동이야

(노래를 마치고 대주를 돌아보며) 야(얘)야! 무당이 왜 그 노래하는지 아나? 우리도 야야, (너는) 무당 안하이 글치(그렇지),[287] 신명 가정에 신을 풀어줘야 된다. 굿하는 것도 할매 할배 신령이 실려가주고, 그래 니도 야야! 우리 같이 해야 되고, 우리 손자도 이렇게 해야 되는 사주팔자를... (타고 났어)[288] 신령이 실려가주고 노래소리 하고 가자꼬. 같이 어울려가주고 오늘 풀고 간다.[289]

오늘은 이래도 먹고 놀고 오늘은 잔칫날 아이라! 잔칫날 노래소리 풍악소리 울려서 신명 나게 놀고 가이(가야) 되고, 아까 술을 한잔 그득하게 먹었더니 술도 이제 깨는 듯 체(취하)는 듯 깨는 듯, 췌기(취기)도 있는 글고, 또 깨는 거 글기도 하고, 오늘 막 그렇다.

오늘 정신을 바짝 차려서 우리 후손들을 하나라도 잘못 되면 안 되잖아. 천고 만고 억만고에 걸린 고, 푸르고도 누리고도, 누리고도 푸른 고에 천고 만고 청춘고에 걸려 있고, 칠성고에 걸려 있는 것도 창부씨가 전부 다 풀어내서! 우리 가정에 내리내리 걸려 있는 거, 내가 하나 같

---

287 너는 신을 받지 않아서 무당 역할을 하지 않으니 그렇지.
288 너도 우리 같이 무당이 되는 사주팔자를 타고 나서 우리 같이 노래를 부르며 신명풀이를 해야 되는 데.
289 무당이 굿을 하면서 노래를 하는 이유를 설명하는 말이다. 할매 할배 신령이 와서 젊을 때처럼 서로 어울려서 신명풀이를 하고 가려고 노래를 부른다는 것이다.

이 양주 보채 걸레 있는 거, 자손들 삼형제 걸려 있는 거, 하나 하나 전부 다 풀어주고 도와주고 받들어주마. (이어서 '창부타령'을 부른다. 잡가 창부타령이 아니라 무가 창부타령이다.)

안산 광대 밖산 챙겨 수무시하고는 너떨이요
전라도 하고는 남원창부 경상도 하고는 안동창부
경기도 하고는 송파창부 창부씨 창교씨 거동 봐라
부산시를 썩 들어서서 논들 밭들로 나리실 때
나무도 뚝 꺾어 다리를 놓고 돌도 집어서 수렁대고
오이씨 같은 버선발로 쌍쌍투를 틀으시오
절구통 바지를 입으셨나 오색색동을 입으셨나
창부씨 창교씨 거동 봐라 얼마나 좋은지 모르겠다
올려다보니 만학은 천봉 내려다보니 백사지요
외줄 타고 놀던 광대 쌍줄 타고서 놀던 광대
어릿광대는 옥저를 불고 어른 광대는 대저 불고
최씨네 가정에 썩 들어서서 일년 홍수를 막고나 가자
재수 소망 떠다 주마 일년 하고는 열두 달이요
과년하고 열석 달이요 정칠월 이팔월 삼구월에
사시월 오동지 육섣달이야 춘하추동이 내돌아가도
일년 홍수를 막고나 가자 정월 한 달에 드는 홍수
정월 대보름날 막아줄 때 오곡밥으로 막아주마
이월 한 달 드는 홍수는 이월 계춘날 막아줄 때
영등할머니가 막아를 주마 삼월 한 달에 드는 홍수
삼월 삼짓날 막아줄제 강남갔던 제비 한 쌍
옛집을 찾아와 막아주마 사월 한 달에 드는 홍수
사월 초파일날 막아줄 때 석가모니 관등불로
홍수대수 막아내자 오월 한 달에 드는 홍수
오월 단오날로 막아를 줄 때 송백나무 그네 띄워
이 담 저 담으로 막아를 주마 유월 한 달에 드는 홍수

유월 유둣날로 막아줄 때 햇과일 천신으로 막아내자

칠월 한 달 드는 홍수는 칠월칠석날 막아줄 때

견우직녀 상봉시에 오작교 다리 위에서 막아내자

팔월 한 달 드는 홍수는 팔월 한가위날 막아줄 때

둥근 달로 막아내자 구월 한 달에 드는 홍수

구월 구일날로 막아줄 제 만종상님이 마아주마

시월 할 달 드는 홍수는 시월 상달로 막아줄 제

성주님이 막아내고 동지야 한 달에 드는 홍수

동지팥죽으로 막아내자

섣달 한 달에 드는 홍수는 눈비로다

막아를 주마 직성 행렬은 없을손가

직성 행렬 막아낼 제 수직성 목직성 제웅직성 막아주마

대주님 직성은 열두직성 기주님 직성은 아홉에 직성

자손에 직성은 일곱의 직성

직성 행렬 막아내고 삼재팔난도 막아내고

우환질병 막아주마 물홍수 불홍수 막아주마

도둑수 실물수 막아주마 삼재팔란도 막아주마

사고수도 막아주마 오늘 같이나 좋은 날에

높은 산에 눈 날리고 얕은 산에는 재 날리듯

억수장마 비 퍼붓듯 대천바다 물 밀 듯 도와주마

장자 되게 도와주마 내가 좋다 내가 좋아

오늘 굿이 내가 들어도 도와주마 액운을 막아주마

건너 산을 바라보니 산은 첩첩 명산이요

물은 줄줄 벽계수로다 흐르는 건 물소리요

뛰노는 것 물고기로다 어화둥둥 내 사랑아

아니 아니 노지를 못하리라

추강울색 달밝은 밤에 벗 없는 이 내 몸에

어두침침 빈 방 안에 외로이도 홀로 누워

밤이 적적 야심토록 침불안석 잠 못 들고
몸부림에 시달리어 꼬꼬닭은 울었구나
오늘도 뜬 눈으로 새벽맞이를 하였구나
절씨구나 좋다 지화자 좋네 아니 놀지는 못하리라

(노래를 마치고 들었던 방울꾸러미로 말통의 쌀을 묻힌다.) 오늘부터 무술년이다. 무술년에 들어서서…(엎어 놓은 징 위에 들었던 방울꾸러미를 놓아서 쌀을 떨어뜨린다. 처음에 9개가 나왔다. 홀수여서 쓸고 다시 떨어뜨리니 4개여서 짝수를 이루었다. 대주를 보고 점괘를 이야기한다.) 그래, 너 한 번에 재산을 몽땅 내 보낸 적이 있어. 근데 이제부터는 괘안어(괜찮아). 손해 보는 거 없어. 젊은 초년에는 금전에 한번 손해수도 봐야 되고, 부부간에 이별수도 들었고, 그랬는데 오십 고비 넘어서는 이제부터는 후반전이라.

후반전부터는 너 이제 괘안타. 갈수록 부부간에 금슬이 더 좋아지고, 그래 대주도 이제는 우리 기주 생각하는 마음 달라지고, 깊은 마음이 점점 생긴다. (대주와 기주를 마주보고 앉아서 두 사람의 손을 포개 잡는다.) 너 뭐락뭐락 해도 너 둘이가 건강하고 너 둘이가 제일이다. 저 자식 셋이 있다고 해도 너 둘이만큼 하겠느냐.

아파가(아파서) 몸 져 누우면 그래도 일받아주고(일으켜주고) 앉혀주고 물 떠멕여주고 하는 건 너(너희)들이다. 그래 서로 서로 어에든지, (기주 어깨를 쓰다듬으면서) 그래 니는 그래도 우리 집에 와서 종노릇한다고 너무 서글퍼 하지 마라! 너 그것도 행복이다. 그 힘도 없고 니가 그것도 능력이 없으면 니 뭐 먹고 살겠노. 내가 명 실어줄게. 돈 벌어줄게. 자손들 잘되게 도와줄게 응! 내가 그래! 그래주면 될 꺼 아이라! (자리에서 일어서며) 먹고 남고 쓰고 남도록 내가 도와줄게. 정승 끝이 받들어 내가 도와줄게.

사설을 멈추고 춤을 추기 시작한다. 왼손에 방울 오른 손에 부채를 들고 시계방향으로 돌며 원무를 춘다. 한참 원무를 추다가 붉은 갓을 벗고 이어서 무복도 벗는다. 벗은 무복을 두 손으로 들고 원무를 추는 것으로 창부거리를 끝냈다.

15. 주무 송옥순의 고풀이

앞의 굿거리를 끝내고 연두색 무복을 벗으니 노랑색 바탕에 색동 소매를 한 무복이 나타났다. 무복의 긴 옷고름을 뒤로 돌려 묶었다. 이 차림으로 고풀이를 했다. 준비해 둔 오색 고를 푸는 거리이다. 긴 천에 매듭을 지어 묶어 놓은 여러 개의 고를 푸는데, 푸는 방법은 천의 한쪽 끝을 잡고 후려쳐서 푼다.

문을 열고 밖으로 나가 고를 풀면서 뒷걸음질로 방안으로 들어왔다. 고를 다 풀게 되면 일정한 길이로 사렸다. 고를 푸는 일보다 사리는 일이 더 중요하다. 사려서 끝자락의 길이가 딱 맞아떨어져야 하기 때문이다. 끝자락이 맞아떨어지지 않으면 다시 고를 묶고 풀어서 사리는 작업을 뒤풀이한다. 맞아떨어질 때까지 몇 번이고 계속한다. 제일 먼저 검은 색의 고부터 풀었다.

주무: (고를 풀다가 멈추고) 나 오늘 저 맛있는 것 좀 줘 보소, 맛있는 거! 아무거나 주면 먹고 가지요.
조무: (기주와 함께 일어서서 굿상 앞으로 가서 마실 것을 찾는다.)
주무: 아이고 시원한 거 주소. 속 천불이 나 못 살다.
법사: 시원한 거 찾는 거 보이, 속에 화병이 생겼는 모양있다. 화병이! 화가 있는 모양있다.
조무: (단감을 들고 와서 건네며) 감이 제일 낫다.
기주: (사이다 캔을 들고 와서 건넨다.)
주무: 기주가 최곳다. (사이다를 받아 한 모금 마시고) 칠성 사이다보다 더 시원한 게 어디 있노! (일동 웃음) 내가 오늘 노중에 걸린 고 풀고, 설산에다 몸을 눕히고, (다시 고를 잡고 풀며) 내가 오늘 깊은 물에다가 몸을 담구며, 아아 이런들 아나, 저런들 아나, 나는 모르겠다.

(말투를 바꾸어 읊조리듯이) 내가 죽고나니 한이 지고 가고나니 원이 지고~! 아이고, 오늘 같이 좋은 날에 (고를 다 풀고 나서 다시 사리면서) 오늘 노중 객사, 원을 풀고 청춘고를 내가 풀고~ 오늘은 (고를 사렸지만 끝자락이 맞아떨어지지 않아서 다시 고를 묶는다.) 못다 먹고 못다 입고 갔는 조상, 오늘 내가 빌어서 풀고 가요~ 풀고 가요~ (맺은 고를 다시 푼다.) 검은 고를 내가 풀고 가요~. 청춘고를 내가 풀고 가요~. (고를 풀면서 '잊을 수 없는 연인'을 부르기 시작한다. 고를 다 풀고나서 다시 사렸다.)

떠도는 몸이라고 사랑마저도
내 마음 내 뜻대로 하지 못하고
한없는 괴로움에 가슴 태우며
잊으려 애를 써도 발버둥 쳐도
잊을 수 없는 여인 내 마음의 여인

(사려진 검은 고를 들고) 나는 어디 사랑이 없는 줄 알았소. 우리 후손들도 아까 보니까, 여자 친구 좋은 친구 만나게 해달라고 불 킬 때도 빌던데, 내가~ 청춘에 갔는데, 그런 꽃 같은 생각 왜 없었겠어요.

법사: 예. 그래요.

주무: 그래도 자(재)들 사랑 앞에라도 안 놓고, 너희들 사랑 앞에 놓면 여자 친구 두 번 만나면 누(누구) 말따나 고무신 신고, 결혼해가 또 뭘 할라 하면 안돼, 사랑 앞에 안 놓고, 오늘 모든 걸 풀고 단명고도 풀고, 청춘고도 풀고, (읊조리듯) 객사고를 내가 풀고 가요.

법사: 예, 그래요.

주무: 걱정하지 마라. 오늘은 내가 풀고 천상으로 간다. 내가 간다~! 잘 있거라.

검은 천의 고를 문을 열고 밖에 던져두고, 이번에는 빨강 노랑 파랑 삼색의 '천황고'를 들고 문 밖에서 고를 풀기 시작한다. 고를 다 풀자 안으로 들어와서 기주의 팔 길이를 재더니, 그 길이에 따라 고를 사린다. 고의 끝자락이 맞아떨어지지 않자, 고를 다시 묶어 매듭을 짓는다. 매듭을 다 짓고 나서 기주의 몸 뒤로 감아서 좌우로 잡아당기다가 한쪽 끈을 당기니 고가 스르르 풀리기 시작했다. 고를 후려쳐서 남은 고를 다 풀었다. 그리고는 기주의 어깨 폭을 재더니 그 길이대로 고를 사렸다. 고 끝자락이 맞아떨어졌다.

삼색의 천황고를 던져두고 이번에는 노란 색의 '상문고'를 들고 나와 차남의 몸을 구석구석 쓸었다. 허리 뒤를 세 번이나 돌리고 다시 쓸어내렸다. 그리고는 바깥쪽으로 가서 문을 열고 고를 밖으로 던져서 고를 풀기 시작했다. 고가 다 풀리자 안으로 들어와서 고를 들고 차남의 어깨 폭을 재더니, 어깨 폭의 길이대로 고를 사렸다. 고가 단번에 아귀가 딱 맞게 사려졌다. 사려진 고를 가로로 들고 차남 가슴 아래를 3차례 쓸어내렸다.

노란 색의 상문고를 내려두고 새로 남색 고를 찾아들었다. 남색 고로 3남의 몸을 쓸어내리고 다리 사이로 고를 둘러서 빼냈다. 문쪽을 향해 천을 후려치며 매듭의 고를 풀어나갔다. 고를 다 풀자, 3남에게 가서 고를 들고 어깨 폭을 재고는 그 길이대로 고를 사렸다. 이번에도 끝자락이 단번에 딱 맞아떨어졌다.

남색 고를 두고 연두색 고를 들고 와서, 차남 몸을 쓸어내리고 몸 뒤로 둘러서 고를 빼냈다. 으레 장남에게 갈 줄 알았는데, 장남보다 차남에게 먼저 가서 거듭 고풀이를 하자 3남이 의아한 표정을 지었다. 문쪽으로 향해 고를 풀고 나서, 고로 차남의 목둘레를 재고는 그 길이로 고를 사리기 시작했다. 고가 정확하게 맞아떨어졌다.

연두색 고를 두고 흰색 고를 들고 와서, 장남 몸을 쓸어내리고 몸 뒤로 둘러서 고를 빼냈다. 그리고 문쪽을 향해 후려쳐서 고를 풀었다. 고를 다 풀자, 장남의 팔 길이를 고로 재고서는 그 길이대로 고를 사리기 시작했다. 끝자락이 맞지 않았다. 다시 고를 묶어 매듭을 지었다. 매듭을 지은 고로 장남의 다리를 걸어서 좌우로 당기다가 빼냈다. 다시 고를 풀고서 장남의 머리 둘레를 고로 재고는 그 길이대로 고를 사렸다. 끝자락이 다시 맞지 않았다.

다시 고를 묶어 매듭을 짓고는 장남의 겨드랑이 밑으로 둘러서 좌우로 고를 당기다가 빼냈다. 고를 다 풀자 이번에는 허리둘레를 재고, 그 길이대로 고를 사렸다. 그러나 여전히 끝자락이 맞아떨어지지 않았다. 다시 고를 묶고 풀어서 어깨 폭을 재더니 고를 사렸다. 여전히 아귀가

고의 매듭을 묶는 모습

묶은 고를 푸는 고풀이

맞지 않았다. 고를 묶고 풀기를 거듭하고 이번에는 손을 합장하게 한 다음, 고로 두 바퀴 감은 뒤에 풀어서 그 길이대로 고를 사렸다. 마침내 끝자락이 딱 맞아떨어졌다.

흰색 고를 두고 다시 노란색 고를 들고 기주에게로 갔다. 고를 기주 몸 뒤로 돌려서 좌우로 당기며 몸을 쓸어내리기를 3번 했다. 문쪽으로 향해 고를 풀고 난 뒤에, 고로 기주의 목둘레를 잰 다음, 그 길이대로 고를 사렸다. 어긋나지 않고 단번에 맞아떨어졌다.

붉은 고를 두고 흰 고를 들고 나와서 굿상 앞으로 오른쪽에서 왼쪽으로 가며 휘둘렀다. 그리고 제가집 가족들 자리로 가서 고를 대주부터 아들까지 차례로 얼굴 앞에서 휘저었다. 그러고 나서 고를 풀고는 기주 머리둘레를 재고 그 길이대로 고를 사렸으나 아귀가 맞지 않았다. 다시 고를 묶어 매듭을 짓다가 세 번째 고를 묶어서 대주가 잡아당기도록 했다. 주무와 대주는 묶은 매듭 양쪽을 두 손으로 잡고 마주 잡아당겨서 풀어지지 않도록 꽁꽁 묶었다.

기주를 건너뛰고 아들 3형제 자리로 가서 차례차례 고를 마주 잡고 당겨서 매듭이 풀어지지 않도록 세게 묶었다. 주무와 3형제가 마주 잡고 당기는데, 청년인 아들 3형제가 주무의 힘에 끌리는 듯 당겨오자 좌중이 웃었다. 고를 단단히 묶은 것을 거듭 확인한 주무가 고를 들고 사설을 하며 고를 풀기 시작했다.

주무: 오늘 이 굿이, (흰 고를 들어 보이며) 고 이게 식구들 모두 땡겼대이. 우리 기주만 혼자 안 땡겼지. 오늘 최씨네 가문에 전부 다[290] (고를 들어 보이며) 이 고를 잘 풀어야 된다. 이쿠(이토록) 힘 가짓것 마구 잡아 땡기니 이팔청춘, (말을 바꾸어) 스무 살짜리고, 나는 육십인데, 스무 살 한창 피가 펄펄 끓는데, (일동 웃음) 저 청춘들이 이꾸(이렇게) 잡아 땡겨가주고 이꾸 매 놨는 거, 풀릴라 안 풀릴라?

기주: 잘 안 풀리지요.

주무: 안 풀리지! 이거 안 풀리면 굿 새로 해야 돼. (안 풀리면) 낭패 났다! 이거 안 풀리면 새로, 굿을 새로 해야 돼. 안 풀리면 큰일 나. 해는 뉘엿뉘엿 넘어가는데, (대주 쪽을 가리키며) 최씨네는 부산을 가야 되고.

법사: (고가 안 풀리면) 새로 장 봐가 와야 된다(되겠다).

---

290 오늘 최씨네 가문에 오씨 기주만 빼놓고 최씨 대주와 3형제는 모두 고를 잡아당겨 단단히 묶었다는 말이다.

주무: 새로 장 봐가 와가 새로 굿 해야 돼. 그런데 오늘 참 이런 거 남의 인정사정도 없이 마구 이렇게 땡겨가주,[291] 창부가 이거 참 풀기는 풀어야 되고, 참 같잖다.

　　　(칠성상 위에 놓여 있는 술을 한 잔 마시며) 오늘 이거 한 잔 먹고! 용기 내가! 오늘 칠성고! 내 오늘 매듭매듭을 지어 있는 거, 꺼멓고 누리고 푸르고 꺼먼 거! 오늘 하나하나 다 풀고 식구마다 칠성에 걸려 있는 고 오늘 다 풀어야 된다. 그래 오늘 (고를 들어 보이며) 이거 전부 다 이꾸 칭칭 갖게 있는 거! 내가 다 풀어야 오늘 굿 잘했다는 소리 듣는데, 이거 안 풀래만(풀리면) 참 걱정이 태산이다. (반주석을 향해) 아이고~ 오늘 천고 만고 걸린 고 한번 풀어보시더.

법사: 예!

　　반주소리에 맞추어 고를 들고 아래위로 조금씩 흔들고 추스르면서 고를 풀기 시작한다. 조금 세게 아래위로 고를 흔들면서 왼팔을 벌려 춤을 춘다. 춤을 멈추고 고를 추스르며 고를 푸는데 열중한다. 매듭이 컸던 고가 매듭이 작게 줄어들면서 조금씩 풀리기 시작한다. 제자리에 서서 세차게 고를 아래위로 후려친다. 한참 후려치자 고가 거의 다 풀렸다. 그러나 끝자락의 마지막 고 하나가 풀리지 않는다. 풀기를 멈추고 사설을 한다. 반주가 멈춘다.

주무: 이 고는 누가 맸는동! (3형제 쪽으로 가서) 둘째가 맸나, 셋째가 맸나? (기주가 장남을 가리키자, 그 앞으로 가서) 그래 칠성고에 아까도 걸리가(걸려서), 걸렸제(걸렸지)? 손으로 빌어라. (비손하는 모습을 해보이며) 아까 내가 마지막 고를 풀 때, 손 빌 때 내가 해가주고 받았잖아.[292] 글치! 공을 많이 닦아야 돼. 이 자손! 싹싹 싹싹 빌어라. 그렇게!
장남: (풀리지 않는 마지막 고의 매듭을 손바닥 사이에 끼우고 비손을 하듯이 두 손을 비빈다.)
주무: (주문을 외우듯이) 손에 들었던 액운액살이 사주팔자에 걸린 액운액살! 오다 가다 걸린 액운액살! 칠성고에 걸려있는 거. 산신고에 걸려 있는 거. 칠성고야! 단명에 걸레 있는 거! 마디마디 걸려 있는 거. 각성받이 걸려 있는 거! 임신생에[293] 사주팔자에 걸려 있는 거. 자손에 걸려

291　고로 묶은 매듭을 안 풀리도록 마주 잡고 당기는데, 인정사정없이 힘껏 당겨서 묶었다는 말이다.
292　아까 장남에게 흰색 고를 풀 때, 계속해서 끝자락이 맞지 않아 5번이나 거듭 고를 묶고 풀기를 반복했다. 처음에는 고로 팔 길이를 재고 이어서 머리 둘레, 허리 둘레, 어깨 폭을 재서 고를 사렸으나 계속 아귀가 맞지 않았다. 5번째 손을 모아 합장하게 한 다음 그 둘레를 재어 고를 사리자 맞아떨어졌는데, 그 사실을 상기시키면서 지금도 고를 잡고 비손을 하도록 시키는 말이다.

있는 고 설설히 설설히 풀다가, 됐다. (고를 받아들고는 예사 말투로) 오늘 이것도 이래가 주고 풀어야 되지. (장남에게 다가가서) 이거 풀리겠나 싶은 생각 들었지?[294] 칭칭 묶인 고를 설설히로 풀어서 모두 잘 살아야지. 응! 이것도 풀어봐야 되지 어야노(어쩌겠나)!

반주음악 소리와 함께 다시 고를 아래 위로 흔들고 후려쳐서 마지막 매듭을 푼다. 한참 후려치기를 계속하자 도저히 풀릴 것 같지 않던 매듭이 언제 풀렸는지 스르르 풀렸다. 고가 풀린 천을 한참 흔들다가 멈춘다. 고가 풀린 것을 확인한 법사는 반주를 멈추고 주무에게 수고했다고 인사하고, 제가집 가족들은 물론 좌중의 조사자들도 모두 손뼉을 치며 반겼다.

주무: (반주석을 향해) 우리가 굿을 새로 아(안) 해도 된다. (제가집 자리로 가서) 아이고~ 그래! 무당 오늘 힘 다 뺐다. 동지섣달에 땀 흘리는 거 봐라. (기주를 보고) 동지섣달에 야야! 산을 오르내리면 이렇게 땀 흘리겠나! 그래 너 조상 실어가주고 한 풀어 원 풀어, 응! 이렇게 지극 정성으로 다 일일이 풀어서는 (고를 들고 기주 어깨 폭을 재고, 장남 어깨 폭을 재면서) 재수문 열어주고 소원문 열어주자고 (고를 사리며) 이렇게 다 마디마디 걸려 있는 거를 칠성고에 걸려 있는 거를 다 풀어준다.

고를 사렸는데 끝자락이 맞아떨어지지 않아서 다시 고를 묶으려 한다. 반주음악이 울리지 않자 반주석을 향해 눈짓으로 반주를 하도록 한다. 반주음악을 들으며 고를 다시 묶어 매듭을 만들었다. 3번째 매듭을 지은 뒤에 장남에게 묶어 놓은 한쪽을 잡고 당기도록 했다. 주무와 장남이 마주 잡고 한참을 당겨서 매듭이 풀리지 않도록 꽁꽁 묶었다. 매듭 하나를 더 만들어서 차남과 서로 잡아당겨서 풀리지 않도록 힘껏 묶었다. 다음은 3남, 그리고 기주 차례로 계속 잡아당겨서 힘껏 묶었다. 이번에는 대주만 빼고 가족 모두 잡아당겨서 매듭을 묶었다.

고를 들고 제자리에서 돌며 원무를 추었다. 원무를 멈추고 고를 후려쳐서 매듭을 풀기 시작했다. 잠깐 후려치자 고가 다 풀렸는데, 여전히 마지막 고 하나는 풀리지 않고 남아

---

293 임신생은 27세 장남 최○우가 출생한 연도를 말한다.
294 꽁꽁 묶은 매듭을 비손한다고 풀리겠나 의심이 들지?

있었다. 계속해서 한참 흔들었지만 풀리지 않자, 고를 들고 차남에게로 다가갔다. 반주도 따라서 멈추었다. 조금 전에 장남에게 한 것처럼 차남에게도 고를 잡고 비손을 하도록 시켰다.

주무: 식구들이 칠성고에 걸린 게 많다. (차남은 고의 매듭 부분을 잡고 비손을 계속한다.) 자 이렇게 나쁜 거를 전부 오늘 고에 걸려 있는 거. 풀자! 오늘 이런 고 풀라고 굿한다.[295] 그래, 너희들이 아들자손 3형제 앞세워가주 올 때 뭣 때문에 오겠느냐? 나쁜 액운 다 소멸해서 천고만 고 걸려 있는 거 다 풀자고 왔잖나.

사설이 끝나자 다시 반주음악이 울리고 주무는 고를 흔들며 후려쳐서 매듭을 풀려고 한다. 한참 세차게 후려치자 풀리지 않을 것 같은 고가 슬슬 풀린다. 고가 다 풀리자 고를 사리기 시작한다. 고의 끝자락이 거의 맞아떨어지는 것 같은데도 불만인지 다시 고를 흩트려 놓고 매듭을 묶기 시작했다. 다시 고를 매듭짓는 것을 보고 대주와 기주도 의아하게 생각한다. 끝자락이 눈에 띄지 않을 만큼 아주 조금 남았기 때문이다. 마치 그런 의아심을 읽은 듯이 주무는 조금의 오차도 허용하지 않는다고 말한다.

주무: 안된다. 한 치의 오차가 있어도 안 된다. (끝자락이) 조금 남는다. 이렇게 해서, (매듭을 묶은 고를 기주와 대주의 몸 뒤로 둘러서 좌우로 잡아당기다가 한 쪽 끝을 잡아당겨 빼낸다) 용신고에도 되고 용신칠성에 걸려 있는 거, 오냐 재물고에 걸려 있는 거, 내 오늘 설설히 풀어다가 천상으로 소멸하마, 한 치 오차 없이 하마.

반주음악에 맞추어 매듭 지은 고를 다시 푸는 동작을 한다. 이번에는 고들이 모두 쉽게 풀리자, 다시 고를 사리기 시작했다. 그러나 또 끝자락이 맞지 않았다. 매듭을 다시 만들었다. 그리고는 고를 들고 굿상 앞으로 가서 오른쪽에서 왼쪽으로 고를 휘둘렀다. 제자리에 돌아와서 고를 풀었다. 고는 쉽게 풀렸고 고를 사리자 끝자락도 딱 아귀가 맞았다. 고를 들고 대주와 기주 가슴을 차례로 내리쓸었다. 장남에게는 고를 몸 뒤로 돌려서 빼내기를

---

295 오늘 굿을 하는 것은 여러 일에 걸려 있는 모든 고를 풀고 굿을 한다는 말이다.

두 차례 했다.

출입문 쪽으로 가서 고를 두고 손수건만한 흰 천을 들고 왔다. 천을 조금씩 길게 찢었다. 먼저 3남 어깨 쪽에 대고 천을 찢으면서 아래로 내렸다. 같은 방식으로 다음에는 차남, 장남, 기주, 대주 순서대로 천을 찢었다. 다 찢은 천을 던져두고, 무복 자락을 좌우로 벌려 잡은 채 원무를 추었다. 마무리 춤이었다.

16. 주무 송옥순의 신장거리

고풀이에 이어서 신장거리가 시작되었다. 쉴 틈 없이 다음 거리로 계속 넘어갔다. 주무는 노란색 무복 위에 남색 무복을 덧입었다. 남색 무복의 소매는 자주색이었다. 검은 색 벙거지 모양의 모자를 썼다. 모자 정수리에는 붉은 수술이 달려 있다. 포도대장이 쓰는 전립을 닮은 모자이다.

주무는 신장칼을 두 손에 나누어 쥐고 좌우로 벌린 채 제자리에서 빙글빙글 돌며 원무를 추었다. 원무를 멈추고 제가집 쪽으로 가서 대주와 기주, 3형제를 차례로 다가가서 신장칼로 쳐내는 시늉을 했다. 신장칼을 몸 주위로 휘두르며 찌르는 동작이다.

주무의 신장거리 모습

마지막으로 3남에 이르러 쳐내기를 끝내고 다시 차남, 장남, 기주, 대주 쪽으로 거슬러 가면서 칼로 쳐내는 동작을 계속했다. 쳐내기를 마친 뒤에 칼을 든 채 손을 좌우로 벌리고 제자리에서 원무를 추었다. 원무를 좀 추다가 춤을 멈추고 칼을 오른 손에 모아 쥔 채 쳐들며 "어허!" 하고 소리를 질렀다. 이 소리에 따라 반주도 멈추었다.

주무: (말로) 어허! 우리 신장님 거동 봐라. 우리 신장이 나리실 적에 비수 들고 나리실 적에, 오늘은

경주최씨 오씨 가정 명당, 악귀 잡귀 소멸하고 근심걱정 소멸하고 삼재팔난 우환질병 사고수에! 오늘은 낙마수야 도둑도 실물수 관재구설 다 소멸하고. 내가 다 재수 받아서 신장이 들어섰으니, 근심걱정 하지 말아라.

동서남북 사방에 문을 열어 우리 신장님이 어떠한 신장님이로! 경주최씨 자손 몸주신장에 직성신장 있고 명당 기주에도 몸주 신장이 있지 않느냐! 나라대주에도 신장이 있지 않느냐. 우리 신장이 무엇인들 해결 못하고 무엇인들 내가 못해주겠느냐. 우리 신장이 앞을 서니 정말로 좋다!

(창으로) 오너라~ 상문살도 내가 거둬주고 만중생을 대하는데 인간 부정 없겠느냐~ 일체 부정 내가 소멸하고, 오냐! 상문살도 거둬내고 칠성살도 거두어내서 석가 천리 소멸을 하고, 도와주실 적에 우리 신장이 오늘 참 좋소. 우리 신장이 얼매나 좋은지 비수 칼을 손에 들고, 오늘 이렇게 안알림 벙거지 미라파에 빛난 정복을 곁들이시고 목화신을 신으시고 이렇게 들어서니 내가 좋다, 내가 좋다! (이어서 신장타령을 부른다. 신장칼을 들고 춤을 추면서 불렀다.)

어떤 신장이 내 신장이야 어떤 신장이 내 신장
우리야 신장 거동을 보소 우리 신장님 나리실 때
바람을 타고 오시는 신장 구름을 타고서 오신 신장
연을 타고 오시는 신장 용을 타고서 오신 신장
서기를 타고 오시는 신장 우리 신장님 거동 보소
일곱에 색깔 무지개로 쌍다리를 놓고서 왕래하고
줄래 하시던 내 신장님 안알림 벙거지 미라파에
빛난 정복을 걸드리시고 양손에는야 비수 들고
부산시라 수영구라 망미2동이 아니시냐
나라대주 계묘생에 명당기주는 갑진생에
장남자손 임신생에 차남자손은 을해생에
삼남의 자손은 정축생에 오늘 같이나 좋은 날에
우리 신장 거동 보소 얼매나 좋은지 모르겠다.
(노래를 부르며 굿상의 과일을 집어 제가집 가족들에게 던져준다.)
동서야 남북에 문을 열 때 우리 신장님 내로구나

청마백마 홍마야 신장 나라 신장 내로구나
천상신장 지하신장 각국 나라 열두 신장
쌍작두에 외작두에 우리 신장님 내로구나
나라신장 국사야 신장 여신장에 남신장에
검무신장 불칼신장 둔갑에 신장이 내로구나
오방신장 군웅신장 별상신장 작두신장
동방청제 청제신장 남방적제 적제신장
남방적제 적제신장[296] 북방흑제 흑제신장
중앙황제 황제신장 우리 신장님 거동 보소

(타령을 마치고 홍두깨를 꽂아둔 말통의 쌀을 신장칼로 떠서 제가집 쪽으로 간다.) 우리 신장이 오시는 길에 그냥 오겠소. 복 떠다주고 명 떠다주고 (칼 위의 쌀을 높이 올렸다가 손으로 잡는다. 그리고 대주부터 차례로 손바닥에 쌀을 떨어뜨린다.) 받아라. 내가 왔다가, 그냥 안 왔다 간다. 내가 다 흔적 자취를 남겨주고 재수문 열어주고 소원문 열어주고. (차남에게 묻는다.) 쌀이 몇 나(낱이)로? 몇 나야?

차남: 한 개.

주무: 한 개? (다시 쌀을 떨어뜨린다.)

차남: 네 개!

주무: 그래. 네 게만 맞았다. (3남에게 가서 쌀을 떨어뜨리고 묻는다.) 몇 개로?

삼남: 여섯 개.

주무: 여섯 개만 됐다. (다시 대주에게러 간다.) 그래. 대주야 맞나? 안 맞나?

대주: 열 개 맞아요.

주무: (대주 어깨를 치면서) 그래 열 개 맞을 거래. 니는 놀고먹어도 된다. (그 소리에 기주가 웃는다.) 그저 얻어먹어도 다 짝이 쩍쩍 맞는다. 그래 여 (기주 앞으로 와서) 봐라! 이래 줘도 맞나 안 맞나?

기주: 다섯 개.

---

[296] 서방백제 백제신장이라 해야 할 터인데, 남방적제 적제신장을 되풀이 했다.

주무: 그래? (쌀을) 내베러라(내버려라).

기주: (손바닥의 쌀을 내버린다.)

주무: (다시 손바닥에 쌀을 떨어뜨리자, 네 개로 짝이 맞다.) 어엣든지 마이 번다고 좋은 게 아니고, 한 나(낱이)라도 확실하게 내가 벌어주마. 오늘 그래 근심걱정 소멸하고 (제가집 앞에서 신장칼을 측면으로 부딪히면서) 너 머리부터 발끝까지 오장육부에 걸린 거, 따라다니고 묻어 댕기는 거, (빠르게) 일체 부정 소멸하마. 자손 앞에 악귀잡귀 따라 댕기는 거, (차남에게) 아까 봐도, 처녀가 하나 왔다리 갔다리, 옆에도 못 가고 좋다고 따라 댕기는 거 있다.[297]

　　(계속 빠르게) 십리 밖에 소멸을 하고, 단잠 자고 단밥 먹게 해주마. 깊은 잠을 자게 해주마. 전에는 잠을 자다 깨다 깊은 잠을 못 잔다. 이제는 잠을 자도 깊은 잠을 자고, 밥을 먹어도 단밥 먹고…(말을 바꾸어서) "귀신이 없나?" 귀신이 왜 없겠나! 그래 내가 악귀잡귀 다 소멸해서 재수문 열어주마.

　　사설이 멈추고 반주소리가 요란하게 시작되었다. 신장칼을 오른손에 모아쥐고 팔을 벌린 채 원무를 추었다. 원무를 멈추고 신장칼을 내려놓은 다음, 전립도 벗고 남색 무복도 벗었다. 벗은 무복을 가로로 받들어 들고 원무를 추었다. 신장거리가 끝났다.

17. 주무 송옥순의 장군거리

　　입었던 무복을 내려 두고 붉은 바탕에 색동 소매를 한 무복을 갈아입었다. 무복의 허리 아래쪽은 연두색 바탕인데 여러 색깔의 긴 천조각을 허리에서부터 아래로 길게 내려뜨렸다. 천에는 삼태극 문양이 장식되어 있다. 오른손에 자루가 긴 칼을 들고 왼손에는 삼지창을 들었다. 칼과 삼지창의 자루를 좌우 옆구리에다 대고 칼끝과 삼지창 끝이 바깥쪽을 향하도록 들고 원무를 추다가 팔을 좌우로 펼쳐서 다시 원무를 추었다. 칼 측면으로 삼지창을 때리며 '어이!' 하고 소리를 지르자 반주가 멈추었다. 사설을 시작한다.

---

[297] 아까 봐도 그렇고, 지금 봐도 그런데, 처녀 한 사람이 네가 좋다고, 옆에 가까이 가지는 못하고 왔다갔다 하며 따라 다니는 게 있다.

주무: (창으로) 천하장군 지하장군 각국나라 열두 장군 (빠르게) 오늘 장군님 날이시니 남이장군 에, 만고충신 이순신장군에, 황해도 평산 신장군, 유장군, 배장군, 복장군, 덕물산에 최영장 군에! 김유신장군이 아니시냐. 마상 타고 나리시던 작두장군 오방장군, 별상장군, 군웅장군 아니시냐. 나라대주 계묘신에 최씨 대주, 명당기주는 갑진생에 오씨 명당. 잡귀잡신 소멸하 고 ○○부동산 이름나게 내가 도와서러, 내가 빛나게도 도와서러. 다 간판이 빛나게 도와주 고, 돈 벌게 해주마.

터전명당 터주장군 터주대감이 문틀장군이 앞을 서고, 부산시에 이름나게 도와주고, 외국손 님도 땡겨주고, 중국손님 땡겨주고, 일본손님 땡겨주고, 미국손님도 땡겨주고. 내가 달러돈 도 못 벌어주겠느냐~! 앤화는 못 벌어주겠느냐. 오너라 오늘 내가 이 정성으로 차츰차츰 도 와서로, 근심걱정 소멸하고~. 악귀잡귀 소멸해서 재수문을 열어주마~. 영업문을 열어주마. 오늘 끝이 좋은 날에, 내가 좋다.

사설이 멈추고 반주음악이 시작된다. 주무는 들었던 칼과 삼지창을 두고 자루가 아주 길고 큰 쇠스랑 모양 의 삼지창 하나를 새로 들고 나온다. 그리고 제가집 가 족 가운데 힘이 센 사람들을 불러낸다. 그리고 삼지창 을 거꾸로 세우고 그 위에 소머리를 올려 걸었다. 소머 리를 묶은 끈을 삼지창 끝에 걸어서 고정시켰다. 주무 는 삼지창을 잡고 제가집 장남과 조무가 거들었다. 그 리고 떡시루를 가져오게 하여 떡시루를 소머리 위에 다 시 올려놓았다. 소머리와 떡시루를 올리는 과정에 주 무는 아래 사설을 했다. 떡시루 손잡이를 삼지창 날에 걸어서 고정시켰다.

주무: (삼지창을 거꾸로 잡고 서서 사설을 한다.) 자 오늘의 양지머리 받으시고, 온 시루 받으시고....(시루를 올리 고 나서) 여다가 (여기에다) 술잔 쭉 다섯 개 올려라[298] 종이 컵에 술을 올려라. (조무가 시루 위에다 종이컵 다섯

삼지창에 소머리와 떡시루 얹기

개를 올려놓는다.) 저 막걸리 올려라, 다 부어라. (종이컵에다 막걸리를 따른다.) 자 오늘은 만조상이 받으시고, 성주대신 받으시고, 장군신장이 받으시고, 억사같이 받들어서 욕심대로 받들어서 동서남북 문 열어서 받들어 도와달라고, 오늘은 태산 같은 이 정성이 아니더냐. (삼지창을 움직이지 않게 세운다.)

 (잡고 있던 삼지창을 놓았는데 넘어지지 않고 서 있다. 주무는 삼지창을 잡았던 손을 좌우로 벌리고서) 오너라~! 이렇게 거룩하게 서서 도와주신다. (말을 바꾸어서 좌중에게 술을 권한다.) 다 한 잔씩 쭉 받아먹어라. 받아먹어. (조무가 제가집 가족들에게 한 잔씩 술을 돌린다. 누군가 거꾸로 세워놓은 소머리와 떡시루가 넘어질까 봐 걱정하는 말을 하니까) 안 넘어진다. (큰소리로) 얼마나 기다렸노! 얼마나 기다렸으면 이렇게~![299]

 (조사자에게도 술을 권한다. 못 먹는다고 하자) 그러면 먹지 말고 입만 대시라! (조사자 일행을 가리키며) 여기 선생님도 드려라. 저기 선생님도 한 잔 주고, 오늘 종일 자리 지키고 있느라 애먹었다. (조무가 술을 골고루 나누는 사이에 주무는 노래를 부른다. 노랫가락이다)

  충신은 만조정이오[300] 효자열녀는 가가재다[301]
  화형제 낙처자하니[302] 붕우유신 하오리라
  우리도 성주 모시고 태평성대를 누리리라
  무량수각[303] 집을 짓고 만수무강 현판 달아
  삼신산 불로초를 여기 저기 심어 놓고
  북당의[304] 학발양친[305] 모시어다가 연년익수[306]

---

298 삼지창에 소머리를 걸어 세우고 그 위에 다시 떡시루를 올려놓았는데, 그 떡시루 위에 다시 술잔을 다섯 개 올려놓으라고 한다.
299 '성주 모시기를 얼마나 기다렸으면 소머리와 떡시루를 얹은 삼지창이 이렇게 쉽게 서겠는가!' 하는 말이다.
300 충신은 滿朝廷이오. 충신은 조정에 가득 차고.
301 家家在, 집집마다 있다는 뜻이다.
302 和兄弟 樂妻子하니, 형제가 서로 화합하고, 아내와 즐겁게 보내니.
303 無量壽閣. 한없이 오래오래 수(壽)를 누릴 수 있는 집.
304 집의 북쪽에 있는 당.
305 학의 깃털처럼 백발이 된 부모.
306 年年益壽, 해마다 더욱 더 장수함.

주무가 노래를 부르는 중에 떡시루를 내려놓는다. 그러자 소머리만 걸고 있는 삼지창이 잠시 흔들린다. 다시 삼지창이 안정되자, 장남에게 두 손을 소머리에 대도록 한다. 그리고는 장남에게 소머리를 삼지창에서 철거하여 제자리에 두도록 한다. 장남은 오늘 성주받이를 하는 당사자이다. 주무는 이어서 '나비야 청산가자'를 불렀다.

나비야 청산 가자 호랑나비야 너도 가자
가다가다 날 저물면 꽃에서라도 자고 가자
꽃에서 푸대접하면 잎에서라도 자고 가자

노래를 부르는 중에 다시 삼지창을 거꾸로 세우고 그 위에 새로 작은 떡시루를 올리기 시작한다. 이 떡시루는 성주상에 차려둔 것인데, 양은그릇으로 된 원형 떡시루여서 삼지창 끝에 올리기 어렵다. 삼지창이 고정되어 있다고 하더라도 매끄러운 떡시루를 삼지창 끝에 고정시키는 것은 불가능한 일로 보인다. 주무는 쓰러지는 떡시루를 고정시키려 하며 계속 아래 축원을 한다.

　　(주문을 읊조리듯이) 오늘 자 그래! 오늘은 소시루 대시루 양지머리 받으시고~ 오늘은 정말로 기쁘도다. 아름답게 내가 받고~ 내가 뜨겁게 받았다~ 내가 도와주마. 소시루에 대시루에 태산같이 내가 받어.
　　(주무가 손을 뗐지만 떡시루가 쓰러지지 않고 신기하게 서 있다. 법사가 대주에게 얼른 떡시루를 받으라고 한다. 3형제는 떡시루가 넘어지지 않고 창 끝에 얹혀 있는 것이 신기하다는 듯이 '와!' 하고 탄성을 질렀다. 대주가 곁에 서 있다가 떡시루를 들자, 주무는 삼지창을 들고 나선다.) 자, 이렇게 우리 장군에서 태산같이 받들어서 도와주마... (반주소리가 요란해서 사설이 묻혔다.)

주무가 한 쌍의 작두틀을 들고 나와서 원무를 추었다. 작두는 두 개의 날이 평행을 이루는 것으로 무당이 그 위에 두 발을 제각기 올려놓을 수 있는 구조로 틀을 이루었다. 바닥에 붉은 보자기를 깔고 그 위에 작두틀을 놓았다. 그리고는 고풀이에 쓰던 흰 천을 들고 두 작두날에 각각 잘라 보였다. 천을 쉽게 자를 정도로 작두날이 날카롭다는 것을 보여주는 것이다. 그리고는 신고 있던 버선을 벗었다. 맨발로 오방기를 찾아들었다. 흰 천을 밟고 서서 오방기를 좌우로 조금 흔들다가 작두틀이 놓여 있는 붉은 천 위로 올라갔다. 작두 칼날 좌우에 발을 딛고 올라서기 시작한다.

곧장 오른발을 작두날 위에 올리고 이어서 왼발도 작두날 위에 올려놓았다. 작두 위에 올라서자, 대주를 불러서 오방기를 뽑도록 했다. 오방기를 뽑는 동안 반주음악이 그쳤다. 대주가 흰 기를 뽑자, 주무가 그 기를 받아서 높이 들어보였다. 길조라는 뜻이다. 흰색 오방기는 온갖 신령님들이 도와준다는 뜻으로 해석된다.

주무가 작두에서 내려서자 반주음악이 이어진다. 주무는 대주가 뽑은 흰색 오방기를 굿상의 떡시루에 꽂아두고 나머지 오방기를 들고 다시 작두 위로 올라섰다. 오방기가 하나 부족한 것을 확인하고 무구가 있는 곳으로 가서 흰색 기 하나를 보태어 다시 오방기를 모아 쥐었다. 기주가 작두 앞에서 기다리고 있다가 오방기 가운데 빨강 기를 뽑았다. 빨강 기는 산신을 뜻하며 재수를 나타내는 길조로 해석된다. 주무는 빨강기를 받아 흔들고 작두에서 내려가 굿상 앞으로 가서 빨강기를 떡시루에 꽂았다.

주무가 다시 오방기를 갖추고 작두에 올라서서 오방기를 내밀자, 장남이 노랑기를 뽑았다. 노랑색 오방기는 금전을 상징하고 조상에서 돕는다는 뜻이 있다. 이어서 차남도 노랑기를 뽑았다. 3남은 연

청년을 업고 작두타기

두색 기를 뽑았다. 연두색 곧 초록색은 질병과 액운 구설수 등을 상징하는 까닭에 재수가 없는 것으로 해석된다.

　주무는 초록색 기를 받아서 흔들다가 3남에게 다시 오방기를 뽑도록 했는데, 여전히 초록기를 뽑았다. 작두에 내려서서 3남을 오방기로 훑어 내리고는 돌아서서 자기 등에 업히도록 했다. 3남을 업고 작두 위에 다시 올라섰다. 잠깐 올라서서 반주에 따라 무릎을 주춤거리며 춤추듯 하다가 내려와서 원무를 추듯이 맴돌았다. 맴돌다가 멈추어서 업은 3남을 내려놓고 오방기를 새로 뽑도록 했다. 흰 기를 뽑으니까, 굿상 앞으로 가서 떡시루에 흰 기를 꽂았다. 떡시루에는 흰 기 2, 빨강 기 1, 노랑 기 2개가 꽂히게 되었다.

　주무는 떡시루를 들고 나와 다시 작두 위에 올라섰다. 조무의 권유에 따라 제가집 가족들이 앞에서 차례로 나와 떡시루 위에 지폐 한 장씩을 올려놓았다. 오늘 성주받이의 주인공인 장남이 떡시루를 받아 들고 제자리에서 한 바퀴 돈 뒤에 굿상에 올려놓았다. 주무는 작두에서 내려와서 작두를 두 손으로 들고 원무를 추었다.

　들고 있던 작두를 제자리에 놓아두고 손수건 크기의 3색 천을 여러 장 포개 놓은 것을 들고 나와 제가집 가족들 앞에서 차례로 찢었다. 먼저 기주 앞에서 찢은 다음 대주, 장남, 차남, 3남 차례로 찢어나갔다. 그리고 다시 차남, 장남, 기주, 대주 차례로 나머지를 다 찢었다. 맨발이었던 주무는 버선을 챙겨 신었다. 겉에 입었던 무복을 벗어들고 원무를 추다가 장남에게 던져 주었다. 장군거리가 끝났다.

18. 주무 송옥순의 대신거리

　장군거리에서 입었던 무복을 벗자, 노란 바탕에 색동 소매를 한 무복이 드러났다. 방바닥이 미끄러운지 분무기로 물을 조금 뿌렸다. 칠성상 앞으로 가서 음료수를 두어 모금 마셨다. 오른손에 부채를 들고 왼손에 방울을 들고 제자리에서 도는 원무를 추었다. 춤을 멈추고 방울을 높이 들자 반주가 기다렸다는 듯이 멈추었다. 주무의 사설이 시작되었다.

주무: (창으로) 천하대신 지하대신 각국 나라 열두 대신 우레 주레 벼락대신 말문대신 작두대신, 남대신에 여대신에 여대신 할머니가 내가 좋다. (방울을 높이 들어 흔들며) 방울대신에 넋대신

에 창부대신도 내로구나. 조상대신에 금일정성을 내가 받어. (굿상으로 가서 들었던 무구를 놓고 망자 혼백 넷을 좌우 손에 나뉘어 쥐고 대주 앞으로 간다.) 오늘 같이 좋은 날에 몸주 대신에 실리어 조상이 넋이 되어 앞을 서고 뒤를 설 때, 내 후손들아 내 자손들!

(대주부터 차례로 가족들 앞에 가서 인사를 하듯이) 고맙구나, 고맙구나. 내 후손들 고맙구나. (3형제 앞에서) 사랑하는 내 손자야. (대주 앞으로 가서) 사랑하는 내 아들아. 오늘 같이 좋은 날에 일곱 매끼[307] 금일 망자, 원을 풀고 극락을 가요. 한당에는 한을 풀고 원당에는 원을 풀고, 우리 후손들 도울라고 극락 간다. 극락세계 가서 자손들 도와서러 먹고 남고 쓰고 남게~ 이름나게도 도와주마.

주무의 대신거리 모습

(말로) 내가 오늘 얼마나 좋은데, 넋 대신에 합의를 받고~ (읊조리듯) 경주최씨네 조부 조모에 (대주 앞으로 가서) 모친열에 부친열에 손길 잡고, 양위 조상 손길 잡고 앞을 서니~ (대주 가슴을 쓸어내리며) 사랑하는 아들아~ 보고 싶은 내 아들아~ 고맙구나 고맙다~.

(돌아서서 반주석을 향해) 천상천하에 오늘 시도 좋고 때도 좋고, 양위 사돈 모셔다가 꽃사돈에 잎사돈에 연사돈에~ 이렇게 꽃당에 연당에 모시고 조상당에 모셔다가 (대주와 기주를 향해) 이렇게도 큰 잔치를 벌려서~ 입던 의복 개복하고 새 의복 갈아입고 노자 받아서 손에 들고~ 극락을 간다. 내 자부야~ (3형제를 향해) 내 손자들아~! 건강하게 행복하게 잘 살아라, 오냐~! 내 손자들아 고맙다.

---

307 끈으로 일곱 번 묶은 매듭.

(반주석을 보며 말로) 내가! 최부자가 달리 최부자요! 우리 후손들이 이렇게 든든하고 이렇게 좋은데, 내가 이게 부자지~ 앞으로 (제가집 가족들을 향해) 걱정하지 마라! 인물 좋고 거래 좋고 우리 자손들 어디 가가주고도 손가락질 안 받고, 대우 받고, 큰소리 뻥뻥 쳐가면서, (3형제 앞으로 가서) 우리 후손들 밥자리 돈자리 앉아서, 권세 누리게 해준다. 권위 누리게 해준다.

오늘 할배가 할매가 와서 너희들 만나니 정말 좋다! 저 앉아서 거동을 보니, 정말 우리 최부잣집에 옛날에 시시껄적하게 해놓고는 안 했다. (빠르게) 그래도 크게 해서 먹고, 다 동네방네 먹고 인심 쓰고 후하게 살았지. 오늘 그래도 야들아! (기주에게 다가가서) 너희들 고마운 정성 받아들고 오늘 그래도 내가 다 극락을 간다. 좋은 데 간다. 내가 사철 꽃이 피는 꽃밭에 좋은 데 간다. 우리 손자들 하나 둘 셋 넷 다 도와줄게. 그래 다 도와줄게, 걱정하지 마라. (사설을 마치자 반주음악을 연주한다.)

사설을 끝내고 망자 혼백을 좌우 손에 들고 원무를 춘다. 한참 제자리에서 돌다가 들었던 망자 혼백을 상주상 앞에 나란히 세로로 놓았다. 그리고 굿상 오른쪽에 높혀 두었던 망자 혼백 5개를 안고 와서 원무를 춘다. 망자 혼백은 기주의 친정부모와 조부모, 그리고 청춘에 죽은 큰아버지를 상징한다. 혼백을 안은 채 기주 앞으로 갔다가 수줍게 웃으면서 사설을 한다.

주무: (반주석을 보고) 해주오씨 조상이~ (다시 기주 쪽으로 돌아서서) 내 손녀야 불쌍하다. 꽃 같은 내 손녀야 천금 같은 내 손녀야! (근심 어린 표정으로) 잠을 자다도 단잠 못 자고~ 밥을 먹어도 급한 밥을 먹고~ 걸음을 걸어도 종종걸음을 걷고~ 아침 되면 우왕좌왕 니가 댕기고(다니고)~ 오냐~. 내가 도와주마~. 오냐! 내 딸아 내 딸아~!

(대주를 향해) 이 사람아 고맙구나. 고맙다. (3형제에게) 내 손자야! 내가 안 도울 수 있겠느냐. 친손이라고 안 도웁고 외손이라고 안 도우겠느냐. 친손외손 안 가리고 내가 외손도 도와준다. (제가집 가족들이 모두 슬픈 감정에 빠져들며 공감하는 표정이다.) 높은 자리 부디 앉게 내 도와준다. 손자들아 애지중지 다 귀한 내 손자야.

오늘은 이렇게도 만나보니 고맙다~ 반갑구나! 고맙고도 반갑구나. 고맙다~ (기주의 가슴을 쓸어내리며) 내 딸아~ 신경 쓰지 마라. 내가 도와서 복대감이 내가 되고 돈대감, 사업대감, 업대감 내가 되어서, 부자 되게 도와주고 빌딩 지키게 내 도우고~ 경주최씨, 오냐! 백만장자 되듯이 내가 도와준다. 억사 같이도 도와준다. 먹고 남고, 쓰고 남게 부자 되게 도와서러 오냐, 걱정하지 마라.

　　　　(혼백을 기주에게 안겨주려고 하다가 하나를 떨어뜨린다. 떨어진 것을 주워서 오른 손에 들고) 오늘 같이 좋은 날에 청춘에도 나는 한이 많고~ 청춘에 가고 나니 서럽다.[308]

법사: 좋은 데 가시이소.

주무: (말을 바꾸어) 아이고 조상 따라 가야 되지, 고맙다.[309] 내가 오늘 눈이 지지하게 눈이 안 좋다.

법사: 오늘 좋은 데 가시소.

주무: 그래 오늘 내가 그래 청춘고를 풀고! (기주를 향해) 고맙다! 오늘 찾아주고 불러주이, 오늘 내가 비단 옷 한 불(벌) 받아 입고 내가 극락 갈게. 야들아 너네 아파트 산다![310]

　　　　(사설을 멈추자 반주음악이 연주된다.)

　　주무가 혼백을 안고 원무를 추다가 굿상 앞에 나란히 내려놓는다. 무복을 벗어들고 원무를 추다가 멈추고 굿상을 향해 허리를 굽혀 인사를 한다. 그리고 제가집과 반주석을 향해 각각 인사를 한다. 주무가 담당하는 모든 굿이 끝났다. 조무는 주무가 장장 네 시간이나 굿을 했다고 치사한다. 이제 법사의 뒷전풀이만 남았다.

　　주무는 무복을 챙기면서 "뭣 좀 먹고 하자!"고 했다. 네 시간 이상 혼자서 굿을 계속 했으니 몸도 지치고 시장기를 느낄 만도 하다. 법사는 "시간이 하마 몇 신데?" 하면서 너무 늦었으니 쉬지 말고 굿을 계속하자는 뜻을 비쳤다. 이때가 오후 7시 20여 분이었다. 바깥은 아주 캄캄하였다.

---

308 혼백 하나가 떨어진 것을 청춘에 죽은 기주의 큰아버지로 생각하고 청춘에 요절한 혼백의 처지에서 넋두리를 한다.
309 청춘에 죽은 기주의 큰아버지가 기주의 조부모 곧 자기의 부모들을 따라가야겠다는 뜻이다.
310 여기서 '아파트 산다'는 것은 아파트에서 산다는 뜻이 아니라 아파트를 구입을 한다는 말이다.

19. 법사 조현동의 망자풀기

　주무가 이제 마지막으로 절을 올리라고 하자, 제가집 가족들이 모두 나와 굿상 앞에서 큰절을 3번 올린다. 절을 올리고 나니 주무가 가족들에게 망자 혼백을 풀라고 한다. 가족들은 제각기 일곱 묶음으로 묶어놓은 망자 혼백을 풀었다. 법사는 축원 주문을 외우며, 풀어놓은 혼백을 완전히 해체해서 칠성대로 망자를 상징하는 한지 인형을 붙여 올렸다. 한지를 오려 만든 망자가 칠성대에 붙게 되면 한 쪽에 차례차례 모아둔다. 망자 인형을 쌀때에 그 사이에 넣어 두었던 지전은 따로 모았다. 법사의 축원은 "영가(靈駕) 영가 잘 가시오, 이 정성을 드리니 극락세상 잘 가시오"라는 주문이 거듭 되었다.

　법사는 축원을 하면서 베개로 만들었던 한지도 해체해서 그 속의 쌀을 집어 망자 아홉을 위해 떠 놓은 정안수 그릇에 던져 넣는다. 주무는 젓가락으로 법사가 칠성대로 모아둔 망자 형상의 한지 인형을 집어 들고 촛불에다가 불을 붙여 태운다. 다 타면 재를 정안수 그릇에 빠뜨린다. 정안수 구릇은 모두 9개이다. 제일 위에 2, 다음 3, 아래 4개를 배치해 두었는데, 제일 위의 정안수 그릇부터 차례로 법사가 베개 속의 쌀을 집어 던지고 주무는 망자 인형을 태운 재를 담았다. 마지막 혼백을 해체하여 마지막 정안수 그릇에 담는 것으로 마무리했다. 이 작업을 하는 동안 법사는 계속 축원을 했는데, 일부 내용을 채록해서 옮기면 아래와 같다.

법사와 주무의 망자풀기 모습

법사: 성주맞이 대운맞이 자! 조상님네들 다 모셔가주고, 해원하여 드리오니, 반갑게도 받으시고 다 고맙게도 받으시고, 고맙고도 반갑게도 다 받으시고, 사돈 간에 손길 잡고 해주오씨 다 금일 영가시오~ 다~ 나라기주 오씨에다 최씨영가 오늘날에 산 자식에 한도 풀고 원도 풀고 다 극락세상 가시이소 예! 극락 가시이소~ 망자 망자! 망자시오~ 해주오씨 길모당제 호제산에 길도보살 꽃을 꺾어 머리에 꽂고 잎을 따다 초경 불고.[311] 가지를 끊어 이슬 치고 상지(上枝) 끊어 작지(지팡이)를 짚고~ 금일 영가시오.

오늘날 다 모친 열에 부친 열에. 바늘 가는 데 실 안 가나. 오늘날에 다 부부간에 손길 잡고 다~ 오던 길로 돌아가소. 왔던 길로 돌아가소~ 열두 대문 문을 열어주고 사돈간에 꽃사돈에 어른 조상 아이 조상 모두 손길 잡고, 아이 조상님은 길 치도로 앞세우시고 어른 조상 오늘날에 뒤 따르시고 오자커니 가자커니 밀거니 썰거니 모셔가주고 다 금일 정성 만반 정성 받으시고, 어에든동 노자 받아 손에 들고, 입던 옷을 갈아입고 자~ 염불로 길을 닦고 자 극락 가시소 예!

영가 영가! 영가시오. 해주오씨 영가~ 부친 영가, 금일 영가 가시오! 극락 가시고 극락 가시오 다, (마지막 혼백을 해체하면서) 청춘에 갔신 금일 영가시오~! 다 못 입고 다 못 먹고 다 못 쓰고 가신 영가. 청춘이라고 중간에 가신 영가, 한 세상 났다가 다 못 살고 가신 금일 영가 갈아입고, 영가씨 일어나소 일어나소 두 손 잡고 일어나소~ 금일 영가시오다.

조무가 혼백을 해체하면서 모아둔 지전을 정리한다. "옛날 같으면 옳은 돈을 받아 넣어야 하는데..."라고 하니, 주무가 "원래 여기 옳은 돈 넣어야 돼! 제가집이 없어서...[312] (혼백을) 다 싸고 나이 온다마는!"이라고 했다. 망자 혼백을 쌀 때 제가집의 대주와 기주가 있었으면 진짜 돈을 넣어서 싸야 하는데, 혼백을 다 쌀 때까지 오지 않아서 가짜 돈인 지전을 넣어서 혼백을 쌌다는 말이다.

주무의 지시에 따라, 성주받이 주인공인 제가집 장남이 혼백을 담은 정안수 그릇 9개가 담긴 큰 쟁반을 들고 밖으로 나갔다. 밖은 이미 오후 7시가 넘어서 깜깜했다. 조무를 따라

---

311 잎을 따서 풀피리를 불고.
312 혼백 싸기를 할 때 옳은 돈을 넣어서 싸야 하는데, 그때까지 제가집에서 아무도 오지 않아 돈 대신 지전을 넣어서 쌌다는 말이다.

가다가 조무가 산기슭의 작은 나무 밑을 가리키며 "여기 깨끗하제! 여기 부어라. 여기 부으면 돼!"라고 하자, 정안수 물을 한 그릇씩 차례로 땅에 부었다. 정안수를 붓는 중에 조무가 "이게 혼백!"이라고 했다. 그러는 동안에 굿당 안에서는 법사가 뒷전풀이를 하고 있었다. 뒷전풀이 축원은 아래와 같다.

  아으~ 아~ 극락 가시고 시왕을 가서
  경주최씨 조상님네요. 해주오씨 조상님네
  극락 가시고 시왕을 가서 으다~
  경주최씨 조상님네 차례차례로 연차례로
  먼저 가신 선망(先亡) 조상님네 나중 가시는 후망(後亡) 조상님네
  끝에 가신 하망(下亡)에 조상님네 한이 많은 조상님네요~
  오늘날에도 좋은 날에 사돈 사돈에 손길 잡고요
  사돈 사돈에 염불 받아서 저승 세계에 가실 적에야
  극락이라 하는 것은 연꽃으로 집을 짓고요
  황금으로 땅이 되고 백금으로 성을 쌓고
  아무 고통은 전혀 없고요
  죽지도 늙지도 아니하는 이 길 따라서 극락을 가서 시왕 가서
  극락이라 하는 것은 눈이 와도 꽃눈이 내리고요
  비가 와도 꽃비가 내리는 바람이 불어도 꽃바람 부는
  이 길 따라서 극락 가는 조상님네요
  차례차례로 염불 받아서 축원 받아서 극락 가시오 시왕을 받아
  극락세계 가시는 길은 넓고도 밝은 길로 좋은 길로 가옵소서
  청조황조야 앵무야 공작에 두견 접동새가 울음을 우는
  이 길 따라서 극락을 가소
  나무아미 타~불 나무아미 타~불
  원왕생 원왕생 나무아미 타~불

20. 주무 송옥순의 넋보내기

조무가 한지로 만든 종이배에다 해체한 망자 혼백을 모두 실었다. 주무는 굿당 좌우에 장식해 두었던 한지로 만든 장식물과 옷가지를 거두어 와서 제가집 가족들에게 정리하도록 했다. 그리고 법사의 '나무아미타불'이라는 염불 소리에 맞추어 조상신에게 바치는 화려한 옷가지를 옷거리에서 벗겨 들고 굿상 앞에서 춤을 추었다. 춤을 멈추고 보자기를 펴서, 조상신에게 바치는 옷가지를 모두 모아 놓고, 그 위에 해체한 망자 혼백을 실은 종이배를 얹은 다음 보자기로 싸서 묶었다. 어수선한 가운데 법사의 '나무아미타불'이 계속된다.

굿상을 장식했던 온갖 장식물과 위패, 조화, 종이 공예품 등을 종이상자에 모두 모아서 담는다. 일시에 굿상이 휑해진다. 큰 함지박을 여러 개 가지고 와서 굿상에 차렸던 제물을 모두 챙겨 담는다. 밤과 나물, 떡 등을 한 함지박에 담는다. 일부 제물은 남겨 둔 채 주무가 문 입구로 가서, 고풀이 했던 긴 천 가운데 3색 천을 가려내서 조무와 나누어 쥐고 찢어서 갈랐다. 이어서 흰 천을 가지고 와서 길게 펼친 뒤에 끝자락을 찢어서 주무 허리 좌우로 두른 뒤에 조사자 일행에게 두 끝을 붙잡게 하고는 그 위에 혼백을 담은 배와 옷가지를 싸서 묶은 보자기를 얹었다.

주무는 법사의 축원에 맞추어 두 손을 모아 합장하며 절을 한 다음, 천 사이로 천을 좌우로 찢어가며 몸을 앞뒤로 흔들며 조금씩 앞으로 나아갔다. 조상의 혼신들을 저승으로 보내는 의식이다. 주무는 법사의 축원에 맞추어 '나무아미타불'을 구송하면서 리듬 있게 몸을 앞뒤로 움직여 천을 찢으면서 앞으로 계속 나아가다가, 끝이 가까워오자 세차게 천을 가르며 끝까지 빠르게 나아갔다. 조상들의 넋을 저승으로 보내는 의식이 모두 끝났다. '넋보내기' 또는 '길배 나가기'라고 했다. 넋보내기를 하는 동안 법사는 아래와 같

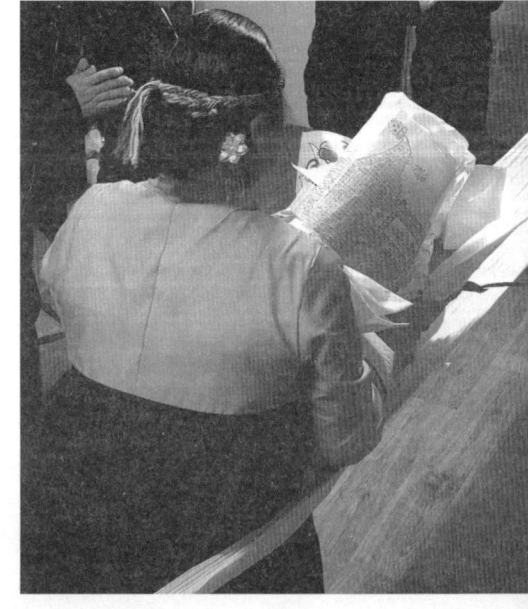

저승으로 넋보내기

은 염불 사설을 했다.

나무아미타~불 나무아미타~불
제1전에는 진광대왕 나무아미타~불
제2전에는 초강대왕 나무아미타~불
제3전에는 송제대왕 나무아미타~불
제4전에는 오관대왕 나무아미타~불
제5전에는 염라대왕 나무아미타~불
제6전에는 변성대왕 나무아미타~불
제7전에는 태산대왕 나무아미타~불
제8전에는 평등대왕 나무아미타~불
제9전에는 도시대왕 나무아미타~불
제10전에는 전륜대왕 나무아미타~불
도산지옥을 면해가소 나무아미타~불
화탕지옥을 면해가소 나무아미타~불
검수야지옥도 면해가소 나무아미타~불
거해지옥도 면해가소 나무아미타~불
발설지옥도 면해가세야~ 나무아미타~불
독사지옥도 면해가소 나무아미타~불
발설지옥도 면해가소 나무아미타~불
흑암지옥도 면해가소 나무아미타~불
화산지옥도 면해가소 나무아미타~불
흑암지옥을 면해가소 나무아미타~불
칠백자지옥도 면해가소 나무아미타~불
불화자지옥도 면해가소 나무아미타~불
화탕지옥도 면해가소 나무아미타~불
거해지옥도 면해가소 나무아미타~불
발설지옥도 면해가소 나무아미타~불

제팔자지옥도 면해가소 나무아미타~불
제철자지옥도 면해가소 나무아미타~불
캄캄한 지옥을 면해가소 나무아미타~불
원왕새 원왕새 나무아미타~불
원왕새 원왕새 반야용선에 나무아미타~불
인의예지의 꽃을 달고   나무아미타~불
삼강오륜에 배를 몰아서 나무아미타~불
오던 길로 돌아가시오 나무아미타~불
왔던 길로 돌아가소 나무아미타~불
초단오구에 비단 천금에 나무아미타~불
삼단에 세남 받고요 나무아미타~불
극락세계 시왕세계 나무아미타~불
(장구 장단이 좀 느려진다.)
나무아미타~불 나무아미타~불
등아등아 수박등아 나무아미타~불
백모래 같은 어디다 두고 나무아미타~불
책이도 없이 떠있느냐 나무아미타~불
등아등아 탑등아 나무아미타~불
경주 불국사 어디다 두고 나무아미타~불
저기 등실 어딨느냐 나무아미타~불
등아등아 여래 등아 나무아미타~불
염불공덕 어디다 두고 나무아미타~불
등아등아 청룡등아 나무아미타~불
동해바다 어디다 두고 나무아미타~불
모가지가 짧다고 자래등아 나무아미타~불
모가지가 길다고 황새등아 나무아미타~불
이 등 저 등 받아들고 나무아미타~불
경주최씨 조상님네야 나무아미타~불

해주오씨 조상님네~야 나무아미타~불
먼저 가신 선망에 조상님네 나무아미타~불
나중 가신 후망에 조상님 나무아미타~불
차례차례 연차례로 나무아미타~불
극락 가시고 시왕을 가세 나무아미타~불
원왕생 원왕생 나무아미타~불
길도보살님네 길 밝히시고 나무아미타~불
불도보살님네 불 밝히시고 나무아미타~불
꽃을 꺾어서 머리 꽂고요 나무아미타~불
잎을 따다가 초경을 불고 나무아미타~불
열두 칸에는 선계용선에 나무아미타~불
서른세 칸에 반야용선에 나무아미타~불
인의예지에다가 돛을 달고 나무아미타~불
삼강오륜에 배를 몰아 나무아미타~불
극락 가시오 시왕을 가세 나무아미타~불
동방세계도 문을 열고요 나무아미타~불
남방세계도 문을 열고 나무아미타~불
서방세계 문을 열고 나무아미타~불
북방세계 문을 열고 나무아미타~불
편한 길로 도와가세요 나무아미타~불
중앙세계 문을 열고 나무아미타~불
좋은 길로 돌아가소 나무아미타~불
동방세계에 문을 열고 나무아미타~불
남방세계에 문을 열고 나무아미타~불
서방세계에 문을 열고 나무아미타~불
북방세계에 문을 열고 나무아미타~불
좋은 세계로 들어가소 나무아미타~불
황해선녀와 황해동자가 나무아미타~불

청사초롱에 불 밝히고 나무아미타~불
황연도사 불 밝히고 나무아미타~불
극락시왕 누리소서 나무아미타~불
원왕생 원왕생 서방정토라 극락세계야

21. 주무 송옥순의 뒷전풀이

혼신 보자기를 바깥에 두고 굿당 안으로 들어온 주무는 신장칼을 들고 굿상의 오른쪽에서 왼쪽으로 가며 칼춤을 추었다. 이때 법사는 축원 사설을 멈추고 격렬하게 반주를 했다. 주무는 굿상 앞에서 칼을 좌우로 또는 아래위로 휘두르다가, 대주를 앞으로 나오게 하여 대주 몸 앞뒤를 칼로 쳐내는 동작을 했다. 머리 위에서 몸 아래까지 칼질을 하며 가끔씩 두 칼 측면을 서로 부딪히기도 했다.

다음에 기주와 장남, 차남, 3남 순으로 모두 대주와 같은 방식으로 쳐내는 동작을 했다. 이어서 조사자 일행에게도 칼질을 하며 부정을 쳐내고 반주석으로 가서 법사에게도 부정을 쳐냈다. 제가집 가족들과 달리 간단하게 칼질 몇 번을 했다. 다시 굿상 앞으로 가서 칼춤을 추었다. 마치 주무 자신의 몸에 붙은 부정을 쳐내듯 몸 주위를 칼로 휘둘렀다. 그러다가 문 입구쪽으로 가서 칼을 던졌다. 칼끝이 모두 바깥쪽으로 향했다. 부정치기가 성공적으로 끝난 것을 뜻한다.

법사가 일어나서 징을 울리며 굿당을 한 바퀴 돌았다. 법사가 반주석에서 일어나 악기를 치는 일은 처음이었다. 출입문을 열고 바깥을 향해 서서 징을 치며 뒷전풀기 축원을 했다. 가끔씩 허리를 굽혀 인사를 했다. 전체를 마무리하는 의식이다. 법사의 축원은, 굿을 하는 동안 따라 들어온 온갖 수비들, 잡귀잡신들을 모두 달래서 돌려보내는 내용이다. 구체적인 뒷전풀이 사설은 징소리가 요란하고 주위가 어수선하여 제대로 알아들을 수가 없었다. 법사의 뒷전풀이 축원으로 모든 굿이 마무리되었다.

2장 | 금포고택 성주굿의 현장조사

1. 금포고택 성주굿 조사상황

무녀 송옥순의 성주굿을 한 차례 현장조사한 바 있다. 2018년 2월 4일 서후에 있는 굿당에서 하는 건궁성주굿이었다. 실제로 제가집에서 성주신을 모시는 성주굿이 아니라 굿당을 빌어서 성주굿을 하는 까닭에 성주를 집에다가 봉안(奉安)하지 않고 봉안할 수도 없다. 이처럼 성주 신체(神體)를 집의 특정 장소에 봉안하지 않는 성주굿을 건궁성주굿이라 한다. 건궁조왕, 건궁칠성 등 신체를 실제로 집에서 모시지 않고 마치 신체가 있는 것처럼 신앙의식을 할 때 '건궁'이라고 한다.

건궁성주굿은 성주굿의 변형이다. 온전한 성주굿은 성주를 모신 신체를 집에다가 봉안해야 한다. 따라서 성주신을 집에다가 모시는 성주굿의 실제 상황을 참여관찰하며 조사하기 위해 성주굿 의뢰가 들어오기를 기다렸다. 그러나 요즘 실제로 집에다가 성주신을 봉안하는 굿을 하는 사람들이 아주 드물다. 그래도 기다린 보람이 있어서 성주굿 의뢰가 들어왔다는 연락이 왔다. 안동시 임하면 금소리 금포고택에서 성주를 집안에 새로 모시는 성주굿을 하겠다고 무녀 송옥순에게 의뢰가 들어온 것이다.

성주굿을 하는 금소리는 나의 고향마을이자 익숙한 곳이어서 더 반가웠다. 성주굿을 의뢰한 제가집도 서로 안면을 트고 지내는 사이여서 편하게 조사할 수 있었다. 특별히 조사에 아무런 제약도 없었다. 보고내용에도 실명을 밝힌다. 현장조사 일정과 장소, 무당, 제가집, 조사자 등은 아래와 같다.

일시: 2018년 10월 9일 9시 40분부터

장소: 경북 안동시 금소중앙길 50-2 금포고택

무당: 주무 송옥순(여, 65세, 성주굿 주재)

　　　조무 박미선(여, 54세, 성주굿 보조)

　　　법사 조현동(남, 59세, 악사)

제가집: 대주 임영하(64세), 기주 박금화(64세), 딸 임주(여, 36세)

조사자: 임재해(책임조사자, 원고작성),[1] 김원대(교수, 동영상), 임주(석사, 채록담당),[2]

　　　강선일(박사과정, 동영상), 이정욱(석사과정, 녹음)

성주굿을 하는 금포고택(錦圃古宅)은 대주 임영하, 기주 박금화 부부의 가옥이다. 금포고택 당호는 금포(錦圃) 임정한(林鼎漢, 1825~1884)이 지어서 거주한 까닭에 부여된 것이다. 사랑채 정문 위에 '금포고택' 현판이 걸려 있다. 금포공은 백종조(伯從祖) 국은(菊隱) 임응성(林應聲)에게 수학했다. 글재주가 뛰어나서 13세에 작소상량문(鵲巢上樑文)을 지어 세인들을 깜짝 놀라게 했다고 한다. 문집으로『금포유고(錦圃遺稿)』가 있다.

이 고택은 19세기에 지은 조선후기 한옥으로 전형적인 'ㅁ'자 모양 전통가옥이다. 예사 가옥과 달리 사랑채가 왼쪽 상단에 유난히 높게 자리잡고 있는 것이 특징이다. 고택의 가치가 인정되어 경상북도 문화재자료 607호로 지정되었으며, 안동시의 명품고택으로도 지정되었다. 한국관광공사의 '한옥스테이' 가옥으로 인증되어 고택체험 한옥으로 널리 알려져 있다.

대청마루의 성주신과 안방의 삼신이 옛 모습대로 보존되고 있고, 뒤껻에는 칠성신도 모시고 있다. 성주신은 대청마루 동쪽편 벽면의 상기둥에 봉안되었다. 성주굿은 대청마루를 중심으로 집안의 중요 장소로 이동하며 진행되었다. 성주굿을 조사하는 과정에 자투리 시간을 찾아서 성주굿을 하게 된 동기를 조사했다. 조사자가 기주 박금화에게 성주굿을 왜 하게 되었는지 물어보았다. 기주의 대답이다.

---

[1] 현장조사에 여러 사람이 참여해서 협력적으로 조사했다. 녹화자료의 초벌 채록은 임주가 맡아서 했다. 임주의 채록 내용을 거듭 듣고 다시 수정하며 조사내용을 원고로 쓰는 일은 모두 쓴이가 담당했다.

[2] 임주는 제가집 딸이자, 안동대학 대학원 민속학과 석사로서 현재 박사과정 재학 중이다. 조사자의 일원으로 참여했으며, 녹음자료를 맡아서 채록했다.

성주굿을 위해 설치한 금포고택 입구의 금줄

마음에 쓰이드라고요. 늘 (성주가) 달려 있었는데, 집수리를 한다고 띠(떼어) 놨는데, 그게 안 달려 있으니까 늘 제가 조금 마음에 허전해요. 항상 있던 대감, 우리 집을 지켜주시는 할아버지가 계셨는데, 안 계시니까, 조금 뭐 이렇게 약간 나쁜 일이 있어도 '아, 그래서 그런가?' 이런 생각도 들고 해가주고, 그래가주고 인제 회장님(송옥순)한테³ 물으니까, 날이 오늘 좋다네요. 그래 오늘 고마 굿을 하고 (성주를) 이래(이렇게) 달아 놓으면 마음이 든든할 거 같애.

고택을 대대적으로 수리하는 공사를 하느라 성주를 떼어놨는데, 그것이 마음에 늘 캥겨서 송옥순 무녀에게 성주신을 모시는 굿에 관해 물어봤더니, 오늘 성주굿을 하기 좋은 날이라 하여 굿을 하게 되었다는 말이다. 성주를 다시 모셔 놓으면 마음이 든든할 것 같다고 여긴 것이다.

기주의 말에 '성주'란 호칭은 없다. 대화 중에 성주란 말은 쓴이가 이해하기 쉽도록 ( ) 안에 넣었을 뿐이다. 성주란 말을 의도적으로 삼가면서 대감 또는 할아버지라고 일컬었

---

3 송옥순 무녀는 제비원성주굿보존회 회장이어서 일반인들이 그녀를 호명할 때 송회장 또는 회장님이라고 일컫는다.

다. 성주신을 "우리 집을 지켜주시는 할아버지"로 인식하고 있다.

굿을 얼마에 계약했는가 하고 물으니 백 오십 만원이라고 했다. "그건 거의 공짠데요?"라고 했더니, 처음에 2백 5십 만원을 달라고 했는데, 그렇게 하기는 힘든다고 해서 백 5십 만원으로 하게 되었다는 것이다. 물론 대주의 동의도 받았다. 조상 일에는 돈이 얼마가 들어도 하라고 했지만, 굿값을 최대한으로 깎아서 굿을 한 셈이다.[4]

기주와 이야기를 하다가 보니, 성주굿을 하는 더 근본적인 이유가 있었다. 집수리를 하는 과정에 동토가 났다는 것이다. 송옥순 무녀에게 점사를 보니, "집에 동토가 나 있다. 사방팔방 어느 한 곳 성한 곳이 없다"고 했다. 집수리를 전면적으로 하느라 온 집을 다 뜯어놓았기 때문이다. 게다가 실제로 가족들이 갑자기 질병으로 입원하는 소동을 겪었다.

기주: 작년에 우리가 집을 온 사방팔방을 다 뜯고 뒤주도 만지고 사방팔방을 다 만졌는데,[5] 작년에 엄청나게 안 좋은 일이 있었어요.

조사자: 그렇게 집을 뜯어 수리를 했더니?

기주: 예. 집을 그래 만지는 중에 우리 어머님이 한 달 입원하셨지요. 그리고 (어머님이) 바로 퇴원하는 날 우리 애들 아빠가 쓰러져가지고 죽을 뻔 했다가 살았잖아요.

딸: 그러고 보니까, 진짜 할머니가 퇴원하시는 날에 아빠가 쓰러지셔서 병원에 실려가셨죠. 119에...

기주: 심근경색이 와기지고. 그 마침 시내에 있어서 살았는데 여기 (고택에) 있었으면 사십 분 동안 오고가는 거리 때문에 죽었대요. 그래가지고 이제 올해 내가 집에 들어오고부터는[6] 그 한 번 모셔야 되겠다는 그런 생각을 했었어요.

고택을 수리하는 중에 시어머님이 병을 앓아 한 달 입원하고, 시어머님이 퇴원하는

---

4   무녀 송옥순이 최소한의 굿값을 받고 굿을 한 데에는 나름의 이유가 있는 것으로 짐작된다. 최근에 이 고택처럼 성주를 직접 모시는 성주맞이굿을 하는 경우가 거의 없기 때문이다. 모처럼 들어온 성주맞이굿을 굿값이 적다고 하지 않게 되면 앞으로 성주맞이굿 조사 기회가 없을 수도 있다. 그러므로 쓴이의 성주굿 조사 기회를 확보하기 위해 소액의 굿값을 받고 굿을 한 것이 아닌가 한다.
5   집을 대대적으로 뜯어서 수리를 했다는 말이다.
6   원래 시골에 고택을 두고 시내에서 살림을 살았는데, 올해 살림을 옮겨서 고택에 들어오고부터는.

바로 그날 남편이 심근경색으로 쓰러져서 병원 응급실에 실려가 간신히 살아났다. 그때 마침 시내 집에 있어서 병원에 즉시 갈 수 있었는데, 만일 지금처럼 시골의 고택에 있었으면 앰블런스가 오고가는 시간 때문에 살기 어려웠을 것이라고 했다. 그러고 보면, 무녀의 점사처럼 동토가 나서 집수리 중에 가족 두 사람이 급성 질환으로 위기를 겪은 셈이다.

동토가 났다는 무녀의 점사에 기주는 전적으로 공감했다. "기왓장 흙까지 내렸으니 동토가 안 날 수 있나. 그래도 그만한 게 다행인 줄 알아라!" 그랬어. 무녀에게 들은 점사를 옮기는 말이다. 집수리를 대대적으로 하느라 기와를 모두 걷어내고 지붕 위의 흙까지 다 내린 것은 사실이라고 했다. 따라서 집수리 하느라 모시던 성주를 떼어 놓은 것이 늘 마음에 캥겨서 다시 제자리에 모시려고 한 것은 표면적 이유이고, 진짜 이유는 동토가 나서 가족들의 위험하다는 무녀의 점사 때문이었다. 점사처럼 실제로 시어머니와 남편의 위기를 직접 겪었던 까닭에 성주굿을 하지 않을 수 없었다.

기주는 성주신만 모시는 것이 아니라, 이번 기회에 여러 가신들을 두루 챙길 모양이다. "어디 뭐 조왕도 빌어야 되고 뭐 어디도 빌어야 되고... 우리 삼신이 있는데 삼신 찾으러 가야 돼, 삼신 바가지!" 기주의 딸이 "어디 치워 놨어요?" 하고 물으니, 기주는 "뒤주에 있어. 전에는 맨날 안방구석에 달았그던" 하고 삼신 바가지를 찾아오라고 한다. 면담 중에도 조왕과 삼신을 챙기려는 마음이 분주하다.

고택체험 가옥이기 때문에 조왕과 삼신, 성주, 칠성 등을 두루 섬기는 것이 바람직하다. 민박하는 손님들에게 이것은 성주, 이것은 삼신, 여기는 조왕, 여기는 칠성이라며 집안을 투어하듯 다니면서 가신신앙을 설명해 주면 매우 좋아한다고 했다. 단순한 민박에 머물지 않고 훌륭한 가신신앙 체험이자 좋은 스토리텔링이 되기 때문이다. 고택 체험 프로그램 운영을 위해서도 이번 기회에 성주를 새로 모시면서 조왕과 삼신도 함께 모시는 것이 좋겠다고 했다.

성주굿을 하게 된 동기 조사는 굿을 하다가 틈이 나는 자투리 시간을 이용했다. 굿을 하는 동기에 이어서 성주굿의 현장을 주목하기로 한다. 조사자 일행이 고택에 들어서니 금줄이 입구에 쳐져 있었다. 마당 둘레에는 황토 흙이 드문드문 뿌려져 있었다. 고택을 금줄과 황토흙으로 성역화한 것이다. 아침 9시 30분경에 주무 송옥순, 법사 조현동, 조무 박미선 등 무당 일행이 도착하였다. 준비해온 제물을 대청마루에 옮겨와서 안방문 앞에 상을 펴고 주무가 성주상을 차리기 시작했다.

금포고택 성주상 차림

성주상에 차린 5곡

　제물은 5곡으로 팥과 조, 녹두, 검은콩, 찹쌀을 차리고[7], 백미와 온갖 과일(감, 배, 사과, 대추, 밤, 포도, 귤, 수박, 참외, 바나나 등), 그리고 시루떡, 백편, 절편, 유과, 막걸리, 북어, 조기[8], 밥 한 그릇, 청수 한 그릇을[9] 차렸다. 그리고 촛대 한 쌍과 향로, 술잔 소금 접시[10], 수저도[11] 차렸다. 한 말들이 말통에다가 쌀을 가득 담아 올려놓았다.

　이때 조무 박미선은 마당 한 곳에 성주상에 버금 갈 만큼 각종 과일과 돼지머리, 건포, 시루,[12] 절편, 막걸리, 밥 3그릇, 청수 3그릇, 초 3개 등을 갖추어 터주상을 차려 놓았다. 주무가 성주상을 차리는 동안 기주는 부엌에서 나물(고사리, 시금치, 콩나물)과 국 등의 음식을 조리했는데, 조리가 끝나자 성주상에 모두 올려 함께 차렸다. 성주상을 거의 차리고 난 뒤에는 떡과 과일을 나누어 담아서 조무와 법사가 제각기 삼신과 조왕, 집 입구와[13] 뒤주(고방), 장독대, 칠성단, 화장실 변기 위에 제물을 차려 놓고는 합장을 했다.

　모든 상차림을 마치는데, 1시간 남짓 걸렸다. 상차림이 끝나자 10시 45분부터 주무 송옥순은 한지로 성주의 신체를 접기 시작했다. 한지 1장을 세로로 길게 반 접고 한 번 더 접은

7　5곡은 5방색을 갖추어서 차렸다. 큰 양푼에 검은 콩, 붉은 팥, 노란 좁쌀, 푸른 녹두, 흰 찹쌀을 아래에서 위로 탑을 쌓듯이 차례로 쌓아놓았다.
8　안동 성주굿 상차림에서 조기가 빠져서는 안 된다고 했다.
9　성주신만 모시는 까닭에 밥도 한 그르쇼, 술도 한 잔, 물도 한 그릇만 차렸다.
10　소금을 담은 접시는 성주신을 좌정시키는 의례로 대주가 홍두깨를 세울 때 밑받침으로 사용된다.
11　숟가락은 밥에 꽂아두고 젓가락은 나물 위에 얹어둔다.
12　붉은 팥고물 시루떡은 시루채 차리고 노란 콩고물 시루는 쟁반에 담아서 차렸다.
13　집 입구에는 금줄 안쪽 오른쪽과 바깥쪽 왼쪽에 상을 각기 차렸다. 안쪽 상차림은 넓은 쟁반에다 과일을 다른 상차림처럼 깎지 않고 통째로 그냥 차렸는데, 바깥쪽 상차림은 한지를 깔고 그 위에다 과일을 잘라서 담은 쟁반 셋을 올려놓았다.

뒤에, 가로로 1/5정도 남겨 두고 한 번 접고 다시 15㎝ 정도에서 다시 접어 위가 정방형에 가깝도록 한다. 그리고 다른 한지 1장을 세로로 다시 반으로 거듭 접어서 1/5정도 남겨두고 접어서, 조금 전에 접은 한지의 신체에 끼운다.

성주 신체 접기가 끝나자, 무명실을 사리기 시작했다. 성주실 감기라고 한다. 주무와 조무가 마주 앉아서 검지와 중지 손가락에 무명실을 제각기 걸고 실을 사리기 시작한다. 주무는 실을 잡고 실꾸리의 실을 풀면서 대주의 나이 수만큼 두 사람의 손가락 사이를 오가면서 실타래를 만든다. 그렇게 사린 실타래를 한지로 접은 성주 신체 윗부분에 ×모양으로 걸고, 아래쪽으로 접은 부분에 맞추어 한 바퀴 둘러서 묶은 다음 나머지는 길게 늘어뜨린다. 성주 신체가 완성되면 성주상 가운데 말통, 곧 쌀이 가득 담긴 '성주말통'에 꽂아 세워둔 홍두깨 위에 덮어 씌워 모셔둔다.

홍두깨에 성주신체 모시기

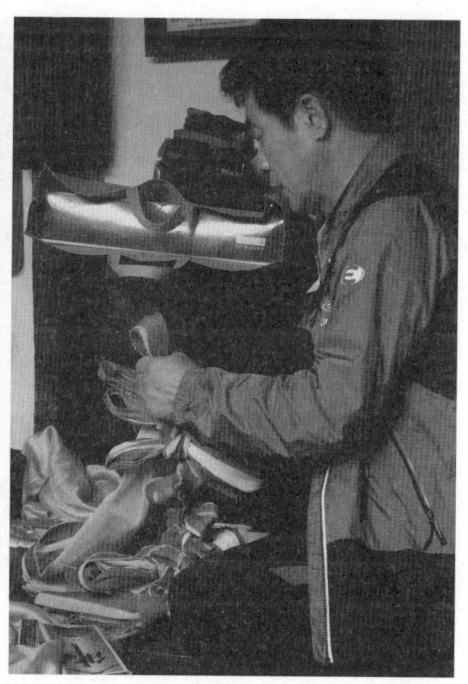
법사의 고풀이 매듭 묶기

삼신의 신체도 새로 만들었다. 삼신 바가지[14] 위를 한지로 덮고 무명 실타래로 묶어서 봉했다. 삼신 바가지는 안방 천정 밑 높은 시렁[15] 위에 올려서 모셨다. 그러는 사이에 법사 조현동은 고풀이 할 5색 천을 모두 매듭을 지어 묶었다. 주무는 종이에다가 오늘 성주굿을 의뢰한 제가집의 대주와 기주, 장남 내외, 막내아들, 손주의[16] 이름과 생년월일, 성씨 등을 모두 챙겨서 적었다.

이어서 액막이 허수아비에 속옷을 넣고 일곱 매끼로 묶어서 액막이를 만든다. 붉은 글씨와 문양이 부적처럼 쓰여 있는 허수아비 모양의 한지 위쪽에다 얼굴을 그려 붙이고, 남녀에 따라 옷을 입힌 다음 이불과 요, 배개를 갖추어 눕힌다. 그리고 그 안에 돈과 호두, 고추, 곡물 등을 갖추어 넣고 마치 주검을 염하듯이 '대다라니'라고[17] 하는 천으로 감싼다. 그러고는 오색 천으

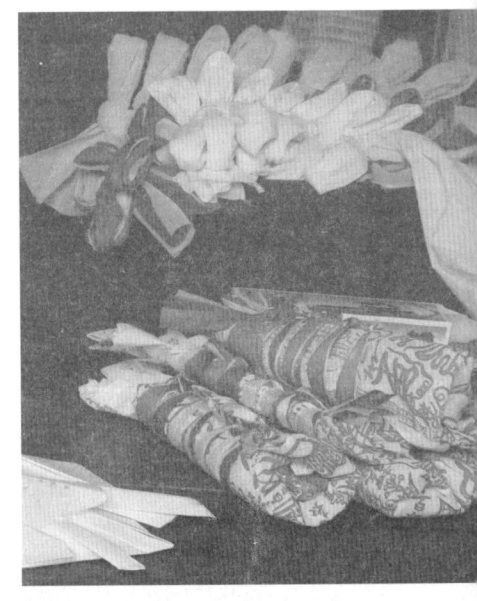

삼색 고(상)와 액막이 인형(하)

로 된 끈으로 7묶음 질끈 묶어서 빈틈없이 여몄다. 그렇게 액막이를 모두 6개 만들었다. 그리고 주무가 한지로 대감고깔을 접어서 성주상에 얹는 것으로 준비는 모두 마쳤다. 모든 준비가 끝나자 법사가 앉은 부정을 치기 시작했다.

2. 법사 조현동의 앉은부정

상차림 준비가 다 끝나자 12시가 되어 부정치기가 시작됐다. 법사가 앉아서 부정을 치므로 '앉은부정치기'라고도 한다. 법사 조현동은 한복으로 갈아입고 앉아서 오른 손으로

---

14 재래식 바가지가 없어서 플라스틱 용기를 이용해서 성주 신체를 만들었다.
15 전통 한옥에서는 시렁이 천정 아래 긴 장대 둘로 한 벽면을 가로지르게 설치되어 있기 일쑤이다. 그런데 금포고택에는 삼신바가지를 올릴 만한 크기의 받침대를 나무로 만들어 부착해 두어서 그 위에 모셨다.
16 제가집 부부와 장남 내외, 막내, 손주까지 챙기는데 시집간 딸은 챙기지 않았다. 딸 임주는 오늘 성주굿에 직접 참여하고 있었지만 시집간 탓인지 가족으로 여기지 않은 셈이다.
17 굵고 성근 천에 붉은 글씨로 다라니경을 쓴 노란색 베를 일컫는다.

법사의 앉은부정

장구와 왼손으로 징을 함께 치며, 성주상 맞은편에서 부정을 치기 시작했다. 그는 한 구절이 끝나면 장구와 징을 쳤다. 아래의 내용에는 징과 장구를 치는 상황을 별도로 기록하지 않고 사설만 채록한다.

법사: 천하우일신동천 천하궁에 문을 열으시고 지하궁에 문을 열으시고 터를 잡아 나랏님 지전에 거래는 부근거래. 사바세계는 해동 조선 대한민국 경상북도 안동시 임하면 임하 금소리 오백 구 다시 이 번지에 가정 명당은 예천임씨 가정이요. 명당은 반남박씨 가정에 제일명당에 오늘날에 성주맞이 안택고사에, 대전맞이 어전맞이 이 정성을 드립니다.
년을 잡아 무술년이오, 달에 월생은 구월이라. 일시를 잡아 초하룻날에, 일상 생기야 이중천에 삼아절체 사중이오. 오상 간에 육중 복덕 칠하 절묘, 팔중 기온에 남생기요, 여생기는 안목, 일상 생기야 좋은 날에 아~ 하늘이 아시는 대명천이요, 땅이 아시는 대명천이야.
오늘날에 임씨 가정에 박씨 명당에 이 정성이야. 드는 부정이야 일체 부정아 천상 부정 지하 부정아. 이 명당에도 놀던 부정, 서낭당에 산에도 드는 부정, 당산에도 드는 부정아, 일체의 부정을 걷어다가 천리 밖에다가 배송하고 이 동산에 즉시 올라서 청솔잎 되어 놀던 부정, 백설잎에도 놀던 부정아, 천상지하 용궁에 절로 솟으나 물거품에도 드는 부정을 걷어다가 천리 밖에다가 배송하고.

이 명당에다 임씨 가정에 박씨 명당에 이 정성에 마련하여 동방에는 청제부정, 남방에는 적제부정, 서방에는 백제부정, 북방에는 흑제부정, 중앙에는 황제부정, 오방에도 드는 부정아 연살(年煞)에도 드는 부정을 걷어다가 천리 밖에다 배송하고, 가정에도 성주 앞에 놀던 부정아 조왕 앞에도 놀던 부정아. 대문 밖에도 놀던 부정 대문 안에도 놀던 부정. 청산에도 따라들던 부정아.

동네 밖에 앉던 부정에도 날아들던 부정을 오늘날에 걷어다가 천리 밖에다가 배송. 영산에도 따라들던 부정, 일체 부정아. 날아들던 부정아 옆산에도 많던(따라들던) 부정 앞산에도 많던 부정아. 눈으로 보던 부정, 귀로 듣는 부정, 입으로 먹은 것도 부정이고 지끼는 것도 부정인데아.

부정아 상문에도 따라들던 부정을 오늘날에 걷어다가 천리 밖에다가 배송하고 저 산 끝에도 날아들던 부정아, 문전에도 따라들던 지신에도 따라들던 지신에도 따라들던 부정아. 눈으로 보던 부정, 귀로 듣고 동서팔방에서 따라들던 부정아. 남자 바지자락에 따라들던 부정, 여자 치맛자락에도 묻어들던 부정을 다 걷어다가 속거천리 밖에다 배송아.

동서남북 부정에아 대감부정에 따라들던 부정, 부정, 나라대주 근명대주 병신생에 삼월 초 엿새 날에 임영하, 나라대주, 나라기주는 안방기주 을미생에 이월 초나흘 날에 박금화. 나라기주, 장남에~ 대주 신유생에 시월 초삼일 날에 임효상, 자부는 병오생에 이월이라 십오일 날에 조은영, 차남에다 나라군자는~ 계유생에 동짓달 스무나흘 날에 임지상, 나라군자. 봉모는 정묘생에 사월 열이틀 날에 박차생.

비나이다 비나이다. 이 정성에 이 발원에 일체 부정아. 윤달에도 따라들고 묻어들던 부정아 삼재살에도 따라들던 부정아 들삼재에도 많던 부정아 날삼재에도 날아들고 묻어들던 부정을 걷어다가 천리 밖에다 배송아. 성주상에도 드는 부정아 제상 끝에도 따라들고 묻어들던 부정을 오늘날에 걷어내고 가새(가셔)내고 씻어다가 속거천리로다. 일체 퇴송 일체 살성에도 닿던 부정아.

오늘날에 좋은 날에 임씨 가정에 박씨 명당에 제일 가정에 제일 명당에 안으로 돌아 열두 부정, 밖을 돌아 열두 부정, 물 안에도 놀던 부정아 물 밖에도 놀던 부정. 서산 앞산에도 따라들던 부정, 초가망에도 따라들던 부정아, 일년 열두 달에 돌고 돌던 부정아. 임씨 명당에도 따라들던 부정아, 집을 만지고[18] 따라들었는가 건강대세에 목신의 동법이야 절물에 동법에도 걸리는 부정, 돌석자에 석신에도 동법에도 걸리는 부정아.

터신에도 걸리는 부정을 오늘날에 걷어다가 천리 밖에다 배송. 황산에도 따라들던 부정을 다 오늘날에 걷어다가 속거천리로 소멸하고 말리라, 산후에는 피 부정아 영정부정, 가정부정, 책살부정을 다 이 정성을 들이는데 이 도당, 명당에 오방가신에 터전명당에도 따라들던 부정아. 척살같은 부정아 천부정을 걷어내고 만부정을 가새내고 청솔잎에 황토흙을 깔아놓고, 마당에다 부정을 물리치고 각성받이 육성받이 만인간이 들고날고 하는데 가는 곳마다 따라들고 묻어들던 부정, 부정. 일체 부정을 다 가새내고 씻어다가, 속거천리로 배송하세. 부정, 부정아. 영정부정아 가망부정아.

3. 주무 송옥순의 선부정

조현동 법사의 부정치기가 끝나고 십 분 후, 옷을 갈아입은 주무 송옥순과 조무 박미선이 집 입구에서부터 부정치기를 시작했다. 앞에서 법사가 한 것이 앉은 부정치기라면, 지금 무녀들이 하는 것은 선 부정치기이다. 한복에 쾌자 차림을 한 주무와 조무는 무구용 신장칼을 휘두르며 마당으로 내려섰다.

두 무녀 모두 양손에 신장칼을 휘두르며 원무를 추고 손을 모아 사방을 향해 절을 했다. 마당을 돌며 부정을 쳐내다가 장독대 위 상차림 앞에 가서 칼을 휘두르고 앞으로 던져서 칼끝이 바깥으로 나가는 것을 확인했다. 집 뒤꼍으로 가서 칠성단, 뒤주와 고방 앞, 화장실 창고 등 집 앞뒤를 구석구석 돌면서 부정을 쳐내고 가끔씩 칼을 던졌다. 칼끝이 둘 다 바깥을 향하지 않으면 다시 부정을 쳐냈다. 봉당으로 들어와서 안방과 부엌, 주방 등을 돌며 부정치기를 계속했다.

부정치기를 하는 동안 법사는 대청에 앉아서 계속 장구와 징으로 반주 음악을 연주했다. 주무의 부정치기 경로를 정리해 보면, 마당과 집 입구에서 시작하여 뒷마당 대문 쪽 아궁이, 부엌방 아궁이, 장독대, 집 뒤꼍, 칠성당, 창고 앞, 서쪽 마당, 화장실, 보일러실, 마당 화장실, 집 중문[19] 안, 사랑방, 사랑마루, 부엌, 정지방, 집안 화장실, 안방, 대청마루,

---

18 집을 수리하고.

마당에서 선부정　　　　　　　　　　장독대에서 부정치기

　마루 서쪽방 순이다. 주무가 앞서서 각 지점으로 향했고 조무도 뒤를 따랐다. 각 지점에서는 주무가 양 손의 칼을 던져 바깥쪽이 향하면 다음 지점으로 옮겨갔다. 정지방에서만 칼을 두 번 던졌고 나머지 지점은 모두 한 번씩 칼을 던졌다. 두 칼끝이 순조롭게 바깥을 향했기 때문이다.

　주무와 조무는 각 지점을 다 지나온 뒤에 다시 마당으로 나와서 칼을 던졌다. 주무가 던진 칼끝이 모두 바깥쪽으로 향했다. 조무는 칼끝이 어긋나자 다시 던져서 칼끝의 방향을 맞추었다. 주무는 칼을 들었던 손에 오방기를 들고 원무를 추다가 깃발 하나를 뽑았는데 빨강색이었다. 빨강색을 뽑아서 흡족한 표정으로 기주를 불러 세웠다. 그리고는 '얼마만이로?' 하고 말을 걸었다. 주무가 말할 때마다 대청마루의 법사는 악기소리를 멈추거나 약하게 냈다. 마당 터주상 앞에 주무와 기주가 나란히 서서 말을 주고받았다.

주무: 그래, 얼마만이로?[20] 징소리 내고 오늘 새 성주 모시고. 이 터전에다가 징소리를 울리고 이렇게 대접해주니까 아주 좋다.

19　집이 'ㅁ'자 형이므로 바깥마당에서 안마당 곧 봉당으로 들어가는 문이 있는데, 이 문을 중문이라 한다.
20　얼마만인가? 성주굿을 얼마 만에 하는가? 이 물음을 통해 오랜만에 성주굿을 한다는 사실을 환기시킨다.

마당에 차린 터주상

기주: 저도 좋으이더(좋습니다).

주무: 아이고 그래. 고맙다 고마워. 이 도당에 신령님을 오늘 모셔다가, 오늘 천지에 문을 열어 이 터전에 문을 열어, 오늘 이 도당에다.... (기주에게) 어디 임씨라?

기주: 예천임씨!

주무: 예천임씨 그래. 예천임씨 가정에 오늘 반남박씨 명당에 그래도 자손에도 잘 되고 오늘 식구들 그래도 어! 여서(여기서) 일곱 여덟 식구 생기이(생기니) 다 무사하게 오늘 건강하게 잘 되게 해 달라고 이 터전이 어떤 터전이로 응?

    대대손손 내려오고 몇백 년을 묵어오던 이 대대손손 그래도 이 도당에서 굵은 자손 나고 큰 자손 나고 했던 이 도당이 아니더냐. 그래 오늘 그래도 도당문 열어서 이 터전, 터 좋은 명당에서. 오냐, 또 다시 성주 불러주고 터주를 빌어주니 고맙단다.

    그래 오늘 문틀에도 문을 열어놓고 지하궁에 문을 열어서 나가 있는 자손들도 잘 되게 해주고 응! 이 터를 지키고 있는 나라대주 병신생에 을미생에, 봉모, 그래도 건강하고 안전해야 되지 않느냐. 병고 액란 없이 오냐. 이 정성 드리니 하는 일마다 잘 되게 도와주고 좋은 일 있어야지 그래.

    내년쯤이나 뭐 하나 또 변동수가, 문서가 하나 들라(들어오려고) 카는데, 뭐가 바뀌는 줄은 모르겠다만은, 내년 후년에 뭐 갈아, 바뀐다만은, 하나 들라 칸다만은, 뭐 큰 거 하나 든다, 기주한테.

　오늘 그래도 문을 열어서, 이렇게 찾아주고 해주니 고맙다. 오늘 참 얼마 만에 이래 나를 찾고 나를 부르고 징소리, 북소리 울리고 이렇게 해주나. 오늘 뭐니뭐니 해도 성주대감이 제일 좋아라 하신다.

　오늘 이 터전, 이 명당 터전이 어떤 명당이로? 응! 이 터전 할배부터 터주대감 할배가 그래도 휘둘러보고, 낮이고 밤이고 둘러보이, 너가 아이나? 둘러보이 아이나? 내가 왔다 가이 아이나? 오늘 그래도 정식적으로 찾아주고 불러주이 고맙다. 아이고 우리 기주야.

　(조무에게 준비해 둔 긴 천을 가리키며) "저거 가주 온나. 여다(여기다가) 채리자. 째는 거 하고, 째는 것도 댕기면서 쭐쭐 째라."

　법사가 반주하는 악기소리에 따라, 주무는 대주를 터주상 앞에 앉히고 무구인 칼 둘을 양손에 나누어 들고 대주의 머리부터 온몸을 구석구석 훑는 행위를 시작했다. 부정을 몰아내는 셈이다. 그러고 나서 양손의 칼을 집 입구 방향으로 던졌다. 한 쌍의 칼끝이 모두 바깥으로 향하자 칼을 두고, 액맥이 묶은 것을 양손에 쥐고 다시 대주의 몸 주위를 훑으며 부정을 쳐내기 시작했다.

　칼을 던지듯이 액맥이를 앞으로 던져서 머리 부분이 바깥으로 향해 떨어지자, 이번에는 오색천, 흰색, 청색, 빨강, 노랑, 파랑 오색 천을 들고 같은 동작을 했다. 주무는 조무가 가지고 온 오색 천으로 대주 몸 주위를 휘두르다가 뒤에서 대주의 몸을 두 팔로 안듯이 감싸고는 천을 갈기갈기 찢었다.[21] 다시 오방기를 모아 쥐고 대주 겨드랑이 밑으로 세 차례 통과시킨 다음에 오방기를 감아쥐고 대주에게 오방기 하나를 뽑으라고 했다. 처음에 흰색을 뽑고 이어서 빨강색을 뽑았다. 주무가 기주에게 모두 길조의 기를 뽑았다고 설명했다.

　대주를 일어서게 한 뒤에 기주를 자리에 앉히고 같은 과정으로 부정치기를 했다. 칼을 앞으로 던졌으나 단번에 칼끝이 바깥으로 향하지 않자, 다시 칼을 들고 쳐내다가 던져서 칼이 바깥으로 향해 떨어지도록 했다. 오색 천에 이어서 오방기를 들고 부정을 쳐낸 뒤에 오방기를 모아 쥐고 뽑도록 했다. 기주는 먼저 흰색 기를 뽑고, 이어서 노란색 기를 뽑았으

21　오색천을 두 손으로 붙잡고 대주의 몸을 감싸 안고 몸 좌우로 갈라 찢었다. 천은 쉽게 찢어지도록 미리 가위질이 되어 있었다.

기주에게 부정치기

대주에게 부정치기

며 한 번 더 권하니 빨간색 기를 뽑았다. 주무는 녹색과 파랑색 기를 들어 보이면서 나쁜 색만 놔두고 모두 좋은 색 기만 뽑았다고 했다.

오방기의 흰색은 칠성님이 돕는다는 긍정적 상징이고, 노란 깃발은 조상이 돕는다는 뜻이다. 붉은 색은 산신이 돕는다는 재수 깃발로 소원성취를 상징한다. 따라서 붉은 깃발이 나오면 가장 행운으로 여긴다. 만일 액운을 나타내는 파랑 깃발이나, 질병과 사고를 뜻하는 녹색깃발이 나오면 다시 뽑게 한다. 대주와 기주 모두 오방신장기를 잘 뽑은 것을 보면 부정치기가 제대로 이루어진 셈이다.

이렇게 부정치기가 끝나자, 조무는 미리 준비해둔 물과 소금물, 고춧가루를 탄 물을 마당 수로에 버리고 그릇을 엎어 두었다. 이것으로 선 부정치기가 마무리 되었다.

4. 법사 조현동의 조왕빌기

모든 부정치기를 마치고 무녀들은 부엌에 미리 차려둔 조왕상 주위에다, 기주가 마련한 나물과 국과 탕 등을 차례로 올렸다. 조왕상은 큰 솥 뚜껑 위에, 나머지 음식은 그 좌우 부뚜막 위에 잔뜩 차려서 부뚜막이 온통 제물로 그득했다. 조왕 상차림이 끝나자 법사가 조왕빌기를 시작했다.

법사가 부엌에서 부뚜막을 마주보고 서서 징을 치며 조왕빌기 주문을 외우고 주무는

부엌에서 조왕빌기

제물 진설을 끝내고 나서 소지를 올렸다. 처음 소지는 불을 붙여서 마당으로 가지고 나와 하늘로 올렸고, 두 번째 소지는 불을 붙여서 부뚜막에 세워두고 비손을 하는데 소지가 다 타들어가자 저절로 위로 올라갔다. 기주도 주무 뒤에 서서 비손했다. 법사의 조왕빌기 사설은 아래와 같다.

법사: 오늘날에 좋은 날에 연(年)을 잡아 무술년이요. 달의 월생은 구월이라. 일시를 잡아 초하룻날에 일상 생이야, 이 중천에 삼아절체 사중이요. 오상 간에 육중 복덕 칠하 절묘, 병신생에 남생이 여 복덕에 여생이라 남복덕에 일상 생이야 좋은 날에 생기(生氣)일을 잡아서 칠하절명 가려내고 생기복덕 날을 받아서. 아~ 경북 안동시 임하면 금소리 오백구 다시 이번지 가정은 다 예천임씨 가정이요. 반남 박씨 명당에 오늘날에 좋은 날에 어~ 안택고사에 성주맞이에 터전맞이 고사를 드립니다. 신곡맞이 바쳐놓고, 아~ 정성을 드립니다.

주무: (성주상의 소지에 불을 붙여서 마당에 들고 나가 공중으로 올려보낸다.)

법사: 성주님네를 대접하여 드릴라고요. 나라대주에 성주맞이 대주맞이에다 조왕님에다~ 금일 정성에 나라기주는 조왕님네를 믿으시고 조왕님네는 나라기주를 믿으시고. 아~ 이 도당에 이 도당에 정성을 드릴 적에, 오방에다 오늘은 조왕님네요. 조왕님네요 비나이다 비나이다.

주무: (법사 옆에 서서 소지를 태우고 비손한다. 불에 타면서 위로 날아가다가 떨어지는 소지의 재를 물을 담은 바가지로 받았다.)

법사: 나라대주는 병신생에 삼월 스무 엿새 날에 임영하, 나라대주요, 나라기주는 안방기주 을미생에야~ 이월 스무나흘 날에 박금화 나라기주 안방기주, 장남에 대주는 신유생에 시월이라 초삼일 날에 임효상, 자부는 병오생 이월달에 십오일 날에 조은영, 차남 군자 계유생에다 동짓달 스무나흘 날에 임지상, 봉모는 정묘생이랍니다. 사월이라 열이틀 날에 박차생.

주무: (소지를 둥글게 기둥처럼 말아 세워 불을 붙인 다음 조상상에 올려서 타들어가게 했다.)

법사: 나라기주는 다 조왕님네를 믿으시고 조왕님네는 나라기주를 믿으시고.

기주: (돈 만원을 성주상에 올려 놓는다.)

법사: 이 정성을 드립니다. 영험하신 이 터 명당, 조왕님네요. 받들 조왕님네야 도울 조왕님네요.

주무: (부뚜막에 세워둔 소지가 불에 타들어가면서 위로 날아가자 물이 담긴 바가지로 그 재를 받아담았다.)

법사: 이 정성 드리고 나거들랑 일년 열두 달에 과년은 열석 달에 삼백하고도 육십 오일 날에 춘하추동 사시절에 돌고도는 내년에야. 대월은 서른 날에 소월은 이십 구일에다 정칠월, 이팔월, 삼구월, 사십절에, 오동지야 육선달에도 어예든지 하루 같이러 도와주시고 받들어주시고 조왕님에 다. 나라대주 나라기주에다 해달 같은 양주 부부에 아들에, 나가 사는 저 후손들에도 어예든지도 도와주시고 받들어주시고.

주무: (소지에 불을 붙여 천정으로 올렸다.)

법사: 이 가정에 다 사업자는 사업재수 주시고 영업자는 영영재수 주시고 농업자는 농업재수 주시고, 어예든 받들어주시고 다 오늘날에 좋은 날에 맞이 정성으로 받으시고 가족 명당에다 비나이다. 비나이다 어~ 불설 명당에아 불 밝혀주시고 물 설 명당에 물 맑혀 주시고 밤이 되면은 횃불 같이도 낮이 되면은 옥수 같이도 서하도 밝혀 주시고. 어예든지 다 일가족이 화목하고 아무 탈 없이도 무탈하게도 도와달라고 박씨명당에 조왕님네요. 받들 조왕님네요. 정성을 드리옵니다.

　만당 재물 바쳐놓고 생기복덕 날을 받아서 조왕맞이 드리오니 어예든지도. 이 가정에 모든 액운 막아주시고 악한 일도 막아주고 험한 일도 막아주시고, 불 같은 세월에 칼 같은 시절에 아무 탈 없이 도와주시고 받들어 주시고, 다 이 가정에다 나라대주 성주맞이에다 육십에 세 살에 들어서는 이 맞이 정성에, 조왕님네를 정성 드리오니 어~ 조왕님네 이 정성 받드시고 온 가정 다 재수로 받아들이고요. 천하 운기를 내려주시고 지하 명기 내려주시고, 다~ 일가족이 화목하고 웃음꽃이 피도록 조왕님네 비나이다 비나이다.

　대명 산천 성주 조왕님네요. 나라기주는 조왕님네를 믿으시고. 조왕님네는 나라기주를 믿으실 적에 어예든지도 일년 열두 달에 드는 살도 막아주소. 액살도 막아주시고 가뭄살도 막아주시고요. 나라대주 나라기주 아들 형제 날을 받아. 출가외인의 딸자식에도 어예든동 도와주시고 받들어주시고. 도와달라꼬 이 정성을 드립니다.

　아~ 액살은 걷어주소. 관재구설도 막아주시고, 입살이야 구담이야 구설 시비살도 막아주시고 각성받이 육성받이에도 만인간에도 인간 남녀 관계도 다 묻어온 살도 막아주시고. 차를 타고 차를 몰고 동서팔방을 다니더라도 밤에 발길에도 낮에 낮길에도 소로길에 대로길에도 고속도로에도 예천임씨 가정에 차를 몰고 다니더라도 사고 나는 수도 막아주시고 비가 오는 우중에나 눈이 오는 설중에나 바람이 부는 태풍 속에도. 사고 나는 살도 막아주시고 평지낙마 막아줘서 언덕 낙마 막아주시고.

아~ 드는 홍수를 다 막아주시고 어에든지도 병고에 살도 막아주시고 목수전에 드는 살이야. 아프다 슬프다 하는 살도 막아주시고. 아~ 삼재팔란에 올해는 병오생 삼재가 나가는데, 나가는 삼재 어예든동 아무 탈 없이 무탈하게 잘 조왕님네요.

비나이다 비나이다 두 손 모아 비나이다. 어~ 일상 끝에 용살 끝에 어~ 오색무색에 따라 들고 길흉사 끝에 발끝에. 다 일가친척에도 드는 상문에 살도 막아주고 지살도 막아주시고. 좋은 날에 이 정성을 드립니다. 도와주시고 어예든동 해달라고. 이 정성을 드립니다.

어~ 나라기주 안방기주 제일 가정 제일 명당에다 장남에 아들 가정에도. 아무 탈 없이 도와주시고 받들어 주시고, 이 가정이 어예든동 다, 식구가 하나 불어나고 어예든동 조왕님에 원력으로 조왕님네 공덕으로 받들어 달라고 비나이다 비나이다. 두 손 모아 비나이다. 재수는 받아들이고 어예든 나쁜 살은 다 걷어가 천살만살 액운을 다 멀리 멀리 다 소멸시켜 주옵소서.

조왕빌기가 끝나자, 주무가 조왕상의 술을 숟가락으로 떠서 아궁이 뒤쪽 벽에 세 번씩 뿌리고, 조왕상을 치우기 시작했다.

주무: (기주에게) 여(여기) 떠야 돼. 성주 갖다 올릴 거.[22]
기주: 나물 좀 담아야 안 되니껴?
주무: 그이께(그러니까) 성주하고 터전하고 (담아야 된다).
기주: 몇 군데 담아야 돼요?
주무: 세 군데.

---

22 기주가 준비한 나물을 성주상에 올리도록 준비하라는 말이다.

5. 법사 조현동의 터주빌기

조왕빌기를 마치고 오후 1시가 넘어서 점심식사를 했다. 점심을 마치고 잠시 휴식을 취한 뒤 오후 2시부터 터주빌기와 삼신빌기가 이어졌다. 터주빌기는 법사의 주재로 앞마당의 터주상 앞에서 장구와 징을 치며 진행되었고, 삼신빌기는 주무의 비손형식으로 진행되었다. 터주빌기가 시작되고 10분 즈음 지나서, 주무는 안방에 모신 삼신 앞에 꿇어앉아서 삼신빌기를 했다. 기주는 삼신 앞에 엎드려 연신 절을 했다. 삼신빌기를 마친 주무는 밖으로 나와 터주상 앞에서도 서서 비손을 하자, 조무도 함께 비손했다. 잠시 비손을 한 뒤에 마당 출입구 금줄 앞으로 가서 오방기를 들고 문전빌기를 했다.

법사: 일심동천 천지신명 해운 잡아 무술년이요 달에 월생은 구월이라 일시를 잡아 초하룻날에 일상생기 복덕에 하늘이 아시는 대명천에 하늘이 아시는 가려내어. 줄을 잡아 나라대주, 사바세계는 남선부주, 해동조선은 대한민국 경상북도 안동시라, 임하면에 이 명당을 예천임씨 가정이요. 기주는 반남박씨 제일 가정에 제일 명당에, 줄기찬 가정에 복 서린 명당에 비나이다. 비나이다.

　이 터전에 마전에야 오방가신 터전 터주명당 터전맞이 정성을 드립니다. 동방에야 청제야 터주님네요. 남방에는 적제 터주님네. 서방에는 백제 터주님네. 북방에는 흑제 터주님네. 중앙에는 황제야 터주님네야. 고방에도 터주님네요. 문을 열어나 주고요. 서낭님아~ 나라 서낭님네야. 국사 서낭님네야. 안동시 대동 안에 안동시 서낭님네야. 좌정하시고요. 임하면에다 서낭님네.

　서낭님네요. 문을 열어나 주옵시고. 아 도당에도 문을 열어나 주시고요. 명산에 신령님네요. 뒷동산에 신령님네요. 일월명산에 신령님네요. 안동시 대동 안에 영남산에 신령님, 학가산 신령님, 임하면 금소리에 앞산은 주령 잡고요. 뒷산은 주령 잡으시고 팔도에 신령님네야 오늘날에 이 정성을 드립니다.

　예천임씨 대한 가정에 반남박씨야 이 명당에다 비나이다 비나이다. 오방가신 터주님네요. 문을 열어나 주옵시고 터전 마전에 문을 열어나 주옵시고 동서남북 동문을 열으시고 이 도당에야 터주님네요. 남 터주님네요. 여 터주님네요. 천년지덕을 눌리시고 만년지덕을 눌려나 주시던 터주님네요. 남 터주님네는 남자이시고, 여 터주님네는 여자이시고. 터전 마전에다 비나이다 비나이다.

　오복을 가려내고 생기복덕 날을 받아서 이 정성을 드릴 적에 대명당 대터전에야, 터주님네요 터주장군님, 터주신장님네. 오방가신에도 다 문을 열으시고. 재수에도 문을 열으시고 대명당에 이 터전 명당에다 물복은 흘러들고 바람복은 불어들고, 구름복은 뭉게뭉게, 돼지복은 걸어들고 족제비복은 뛰어들고 비둘기복은 날아들고 어예든 이 터전에 터주님네요.

　욕심 많은 터주님네요. 탐심도 많으신 터주님네요. 고기를 받아도 온 소 받든 터주님네요. 술을 받아도 말술로 받으시는 터주님네요. 떡을 받아도 말떡을 받으신 터주님네요. 돈을 받아도 궤짝 돈을 받으시는 터주님네요. 오방에도 동서남북 정성 받으시고 도당에다 문을 열으시고, 이 정성에 축원이요, 발원이요.

　대저 옛날 옛적에 선대에 이 터전 명당에서, 천년지덕을 눌려주시고 만년지덕을 눌려나 주시는 오방가신의 터주님네요. 비나이다. 소원문을 다 여시고 이 도당 명당에 오늘날에 나라대주의 병신생에 임영하 나라대주에다 성주맞이. 대운맞이 정성에 터주님네를 다 대동하여, 어에든지도 이 터전에서 나라대주, 풍년이 들어 변함없이 도와주시고 이 터전 명당에서, 어에든 사는 동안에 아무 탈 없이도 무탈하게 터주님네도 도와달라고 오늘날에 금일 정성을 바쳐놓고 비나이다 비나이다.

　우물 용왕님네요, 우물에 용왕님네요, 식구 용신에다. 문을 열으시고 절로 지신에 용왕님네다 이 도당에다 우물 용신에다. 산 도당에도 문을 열어나시고 반가이 받으시고요. 가정 명당에 오늘날에다 시월 상달에다 좋은 시절에 햇곡맞이 정성이요. 신곡맞이 정성이야. 이 터전에서 안택고사에 터주님네를 다 배웅하여 드릴라고 이 정성 드립니다.

　힘든 정성을 바쳐놓고 공든 정성을 바쳐놓고. 바쳐놓고요. 알현을 드리오니 반갑게도 받으소서. 고맙게도 받으소서. 이 터전 명당에다 비나이다. 일년은 열두 달에 하루같이도 도와주시고, 춘하추동에다 사시절에야 돌고 도는 내년에다, 하루 같이도 도와주시고 받들어주시고. 이 도당 나라대주에다 나갈 적에는 빈 바리요. 들어올 적에는 찬 바리요다.[23]

　이 터전에 부군도당에 오방가신의 터주님네요. 천석만석으로 이 정성으로 나라대주 비나이다 비나이다. 나라기주는 다 박씨야 기주, 해달 같은 양주 부부에 일월 같은 남녀자손들에

---

[23] 나갈 적에는 짐을 싣지 않은 '빈 바리'이지만 들어올 적에는 한 짐 가득 실은 '찬 바리'라는 말이다. 바리는 말이나 소의 등에 잔뜩 실은 짐을 세는 단위이다. 수레에 가득 실은 짐 또한 한 바리라고 센다.

도 슬하 자손들에도 이 도당에 부군도당에 오토지신 명당에, 터주님네요. 비나이다 비나이다, 이 터전을 만지고 다지고 다 삼살에 손을 대고 대장군에 손을 대고 목신에도 토신에도 석신(石神)에도²⁴ 동법이 들어서 걸린 살을 풀어내고요, 액운을 다 풀어서 아무 탈 없이 잘 넘어가도록 금일 정성을 드립니다.

명당에다 동서팔방에 대문 열어주시고 이 가정 명당에 임씨 가정에 박씨 명당에 축원이요. 발원이요. 도당에 청룡이 굽이치고 황룡이 굽이치고 다 명당이다. 이 터전에 이 터전에야 비나이다. 축원도 재수 발원을 드리고 올해 무술년에다 구월 상달에다 이 정성을 드리고 나거들랑. 이 명당에 불 밝혀주시고 물 명당에 물 맑혀주시고 가정에다 만신령님네 도와주시옵고.

이 가정 명당에 모든 질병도 막아주시고 병고액난도 막아주시고. 모든 살도 막아주시고요, 가뭄 홍수에다 연년이도 드는 살도 막아주시고, 올해 무술년이 넘어가고 내년에 새 년이 돌아와도, 일년을 열두 달에 과년은 열 석달에 삼백하고도 육십오일 날에 춘하추동 사시절에 굽어서는 날에 날마다 정칠월 이팔월 삼구월 사십절에 오동지에 육석달에도 가뭄 홍수를 막아주시고.

이 도당 좋은 도당에 터주님네요. 소털 같이도 많은 날에 새털 같이 많은 날에 지하명기도 실어주시고 천하 액살을 걷어내고 좋은 일만 다 생기도록 자손들에도 자식 대에도 하는 일이 다 어에든지도 마음먹고 뜻 먹은 대로 이뤄주시고, 나라대주 나라기주에 비나이다 비나이다. 어에든지도 짧은 수명을 길게나 하여주시고 긴 수명은 연장시켜주시고 삼천갑자 동박삭에도 명 실어주시고 복도 실어주시고.

어에든지도 이 터전에 오방 가신 터주님네요. 비나이다 비나이다, 천석만석으로 이 도당에 실어날르고 실어들어오도록 오방 가신 터주님네요. 욕심 많은 터주님네. 억사같이도 박사같이도 이 터전에다, 많은 곡식을 실어주시고 노적봉 쌓아주실 적에 이 가정 명당에다 이 명당에서 움이 나고 싹이 나고, 노적은 쌓이도록 천석 만석으로 억만석으로 이 터전에 오방 가신 터주님, 비나이다 비나이다.

대주에다 농사를 짓더라도 농사 발원에야, 어에든지도 가지낭게 수박이 열리듯이도, 풍년을 다 들그러 비나이다 비나이다. 사업자는 사업재수요, 직업자는 직업재수로, 자손들에 앉은 자리 높이 앉고, 재수는 늘어나도록 오늘 날에 좋은 날에 오토 명당에 터주님네, 비나이다

---

24 석신은 흔하게 쓰는 말이 아닌데, 목신과 토신에 이어서 쓴 것을 보면 石神을 일컫는 것 같다.

비나이다.

　일년 열두 달에 올해 무술년이 넘어가고 내년에 새 년에다 기해년에 돌아, 일월 한 달에 드는 홍수는 다 정월대보름날로 가뭄 홍수를 막아주시고, 이월 한 달에 드는 홍수는 이월 제석 영등할머니가 가뭄 홍수를 막아주시고, 삼월 한 달에 드는 홍수는 삼월이라 삼짇날로 홍수를 막아주시고 사월 한 달에 드는 홍수는 사월이라 초파일에 막아주시고…

주무: (삼신빌기를 마치고 마당으로 나왔다. 소지를 터주상 앞에서 태웠다.)

법사: 오월 한 달에 드는 홍수는 오월이라 단오날에 막아주시고, 유월 한 달에 드는 홍수는 유월이라 유두날로 막아주시고, 칠월 한 달 드는 홍수는 견우직녀가 막아주고, 팔월 한 달에 드는 홍수는 팔월이라 한가위 날에 추석날로 막아주시고, 구월 한 달에 드는 홍수는 구월이라 중지(중구)날로다 막아주시고, 시월 한 달에 드는 홍수는 시월이라 상달에 모시 모양으로 막아주시고, 동짓달에 드는 홍수는 동지팥죽으로 막아주시고, 섣달 한 달에 드는 홍수는 섣달이라 그믐날로 가뭄 홍수를 막아주시고.

　이 가정에다 이 정성에 축원에 일가족이 화목하고, 자손장성 만대유전에 안과태평 부귀창성 비나이다. 비나이다. 이 명당에 불 밝혀주시고 가정에 이 정성에 이 발원에다가 높은 산에는 눈 날리고 낮은 산에 재 날리고 깊은 산에 안개 보이듯이 아침 이슬 걷히듯이 그믐밤에는 등불 같이 밝혀주시고요.

　나라대주 나라기주에 아들 형제 하나 같이도 만인간에 빛이 나고 만인간에 힘이 되고요. 어에든지 직업자리 돈자리 밥자리 주시고 이 정성 반갑게 받으시고 어에든 터전에 오방 가신 터주님네요. 천년지덕을 눌러주시고 만년지덕을 다 눌러주시고. 어에든지 이 터전에 임씨가정에 박씨명당에다 제일가정에 제일명당에. 어에든지 하늘에서 문을 열어주시고 일년은 열두 달에 과년은 열석 달에 삼백하고도 육십오일 날에 하루같이 다 도와주시고.

　이 터전에다 살이야 살이야 드는 살이야. 만지고 들이고 오방에 손을 대고 만지고 그랬으니, 목신에 동법에 토신에 동법에 여기 지신에도 동법에도 걸린 살을 다 풀어내어주시고, 동토 지신 명당에서 어에든동 감은 눈을 다시 뜨고 어에든동 다 막힌 문을 열어주시고 재수문을 열어 달라고 오늘날에다 터전맞이 성주맞이 금일 정성에 신령님네요.

6. 주무 송옥순의 삼신빌기

마당에서 악기 소리를 내며 법사의 터주빌기가 시작되고 10여 분 뒤에 주무는 안방에서 삼신빌기를 시작했다. 주무의 삼신빌기는 법사의 터주빌기와 병행되었다. 안방 천정 밑에 작은 시렁을 설치해 두고 그 위에 삼신바가지를[25] 모셔두었다. 삼신바가지 아래 쟁반에 과일과 떡을 올린 삼신상을 차려두었다. 주무는 삼신바가지를 향해 비손을 했다. 중간에 기주가 들어오자 즉흥적으로 점괘를 말해주기도 했다. 기주는 주무 뒤에서 비손을 계속했다.

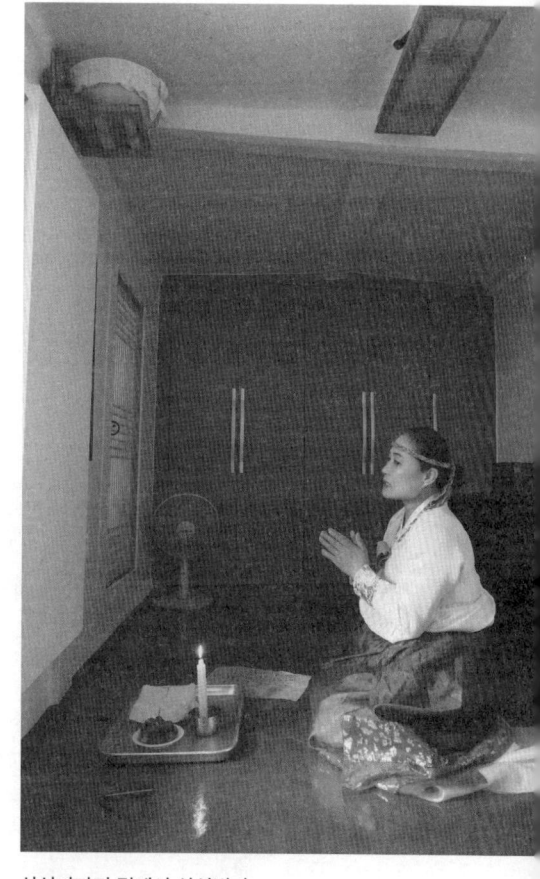

삼신바가지 밑에서 삼신빌기

주무: 경북 안동시 임하면 금소리라 오백구 다시 이번지. 나라대주 병신생에 삼월하고 이십육일 임영하, 명당기주 을미생에 이월 이십사일 박금화, 장남 자손에 신유생에 시월하고 초삼일 임효상, 자부는 병오생에 이월하고 십오일 조은영, 차남 자손 계유생에 동짓달하고 이십사일 임지상이. 봉모 정묘생에 사월하고 열이튿날 박차생.

가정은요 차명당에 들어설 때 삼신할머니 천상에도 문을 열어 지하에도 문을 열어 드가실 적에 일월 당산 서낭문을 열으시고, 팔도 명산 산신에도 문을 열으시고 사해하고 용궁에도 문을 열으시고, 일곱 칠성님의 줄을 잡고 제석당에다 등 밝히고 칠성당에다 불 밝히실 적에 명산대천 칠성님요. 칠성님요, 제석님요. 복을 주시던 제석님요. 이 가정에 들어서니 경북

---

[25] 삼신의 신체는 박바가지가 아니라 플라스틱으로 만든 둥근 그릇에 쌀을 담고 한지를 덮어 실타래로 묶어놓은 것이다.

안동시 임하면에 금소리에 명당기주 나라대주는 병신생에, 명당기주 을미생에, 장남자손 신유생에, 자부열에 병오생에, 차남 자손에 계유생에.

조무: (이때 안방 앞으로 다가온다.)

주무: (조무에게) 여^(여기) 불을 하나 밝혀야겠다. 아까 거 초 있잖아?

조무: (초를 찾아와서 불을 밝혔다. 바람에 촛불이 흔들린다.)

주무: 여 문 닫아야 불이 안 꺼지지 싶은데.

기주: (방문을 닫는다.)

주무: 차가정 차명당에 들어서서 짜른 명을 이사^(이어) 주고 긴 명도 이어주고 삼천갑자 동방삭에 칠성에다 명과 복을 점지하여 주실 적에 오늘은 삼신할머니가 앞을 서면 명을 주시고 복을 주시고, 나라대주에 병신생에 나라대주가 아닙니까. 나갈 때는 빈 바리요. 들어올 땐 찬 발이시더.²⁶ 들어오시고 건강하게 도와주고. 씩씩하게 용감하게 도와를 주시고 마음먹고 뜻 먹은 대로, 소원대로 받들어 주옵시고 삼신할머니가 굽어 살펴주실 적에 자손마다 후손마다 받들어주실 적에 명당기주 을미생에 이월 이십사일 박씨 아닙니까.

부부 간에는 화목을 주고. 자손에는 착한 어머니가 되고 건강하게 도와주고 하는 일마다 잘 되게를 도와를 주고, 마음먹고 뜻 먹은 대로 술술이 받들어 주옵시고, 장남 자손에 신유생에 자부열에 병오생에 아닙니까. 양쪽 부부간에 화목하게 도와주고 잘 살게 도와주고 직장 가면 승직 주고, 신유생에 병오생에 직장 간에는 승직을 주고 부자되게 도와주고, 만인간에 빛이 나게 도와주고 만인간에 박수소리 우렁차게 도와주고 만인간에 인정받게 도와를 주고 신유생에 병오생이 아닙니까.

아들 놓면^(놓으면) 효자를 놓고 딸을 놓며 효녀를 놓고. 가족 명당에 불 밝힌 정성, 가족 명당에 물 맑힌 정성, 정성 끝에 경사를, 경사문을 열어주고 소원문을 열어주옵시고 근심걱정 막아를 주옵시고, 가족 명당 다 들어서서 신유생에 병오생에 부귀영화를 주옵시고 자손 창성을 주옵시고, 연년이도 문서 쥐게 되게 도와주고 연년이도 부자 되게 도와주고 차를 타고 동서남북 다니더라도 사고 없이 도와주고.

삼신할머니요 맑고 맑은 삼신할머니요. 오늘은 삼신할머니 옷도 새로 입히고 새로 모셨으니 자리 좌정을 잘 하시고. 인간 중생들이 뭘 압니까. 아무 것도 모릅니다. 떴다^(떼었다) 붙였다

---

26 나갈 때는 짐을 전혀 싣지 않아서 '빈 바리'이고 들어올 때는 짐은 가득 실어서 '찬 바리'이다.

하는 것도 탈을 잡지 마옵시고, 용서를 하여나 주옵시고. 집수리 한다고 잠시 잠깐 비켜 앉았다 생각하옵시고. 탈을 잡지를 마옵시고 오늘은 차남자손 계유생 아닙니까.

동짓날에 스무나흗날 저 자손도 글 잘하게 말 잘하게 도와를 주시고, 직장 가면 승직을 주고 만 인간에 빛이 나게 도와주고 직업자리 돈자리 밥자리 높은 자리 높게 앉도록 도와를 주옵시고, 오늘은 가족 명당에 들어서서 명 실어 복 실어 주옵시고, 모진 병도 막아주고 악한 병도 막아주옵시고 요즘 자손들이 낮이 있습니까 밤이 있니까.

밤낮으로 다니는 저 자손들, 놀랠 수도 막아주고 사고수도 막아주고 동서남북 다니더라도 사고 없이 도와주고 안전하게를 도와주고. 악한 자를 물리쳐나 주옵시고, 병신생에 을미생에 신유생에 병오생에 계유생에 정묘생이 아닙니까. 삼신할머니가 노실 공에 좌정을 하여서를~ 저 후손들 산에 가면 산신이 도우시고 물에 가면 용왕님이 도우시고 길에 가면 길대신장 길대서낭님이 도와셔서, 깊은 물을 안아 건네시고 부르는 대로 다 대답을 하여나 주옵시고, 소원소망을 비는 대로 다 삼신할머니가 도와를 주옵시고. 짜른 명도 잇아(이어) 주고 진(긴) 명도 서려주고. 삼천갑자 동방석에 칠성에다 명과 복을 서려주고.

삼신할머니가 도와를 달라고 불 밝히고 물 맑히고 백설 같은 백설떡에 밤, 대추를 다 갖쳐 놓고 이렇게 지극 정성 빕니다. 삼신할머니 도와를 주옵소서. 신유생에 병오생에 요번에 애기를 놓거들랑 저 쌍둥이라도 오유월에 참외 굵듯이 오유월에 수박이 굵듯이 감기 고뿔 아니하고 둥글둥글 잘도 크게 하옵시고. 밥 잘 먹고 젖 잘 먹고 아무 병 없이 건강하게 다 할머니가 도와주옵시고. 올해는 식구 불게 하여나 주옵시고. 좋은 소식 들리게 하여나 주옵시고 삼신할머니 전에 오늘을 두 손 모아 비나이다.

비나이다. 비나이다. 삼신할머니, 오늘은 허궁에도 삼신할머니, 다 모시던 삼신할머니. 오늘은 다 자리 좌정 높은 데 하시고 후손들마다 다 도와를 주시고 후손들마다 자손마다 도와주고 일년하고 열두 달 과년 열석 달을 하루 같이 짜치(자취)마다 도와를 주고 불 밝히고 물 맑히는 정성이 아닙니까. 아침에 출근길에도 안전하게 도와를 주고 퇴근길에도 안전하게 도와를 주고. 동서남북 다니더라도 사고 없이 도와주고 비행기를 타나 택시 기차를 타나 자가용을 타나.

저 자손들 저 후손들 병신생에 을미생에 신유생, 병오생, 계유생이 아닙니까. 안전하게를 도와주고 천재지변 막아주고 자연재해 막아주고 물홍수, 불홍수도 막아주고, 가는 자취마다 도와를 주옵시고 자취마다 도와를 주실 적에 일초 일시라도 도와주고. 밤낮으로 도와를 달라고 삼신할머니 전에 두 손 모아 비나니다. 비나니다. 비나니다. 삼신할머니 그 동안에 집수리 때문에 다 띠어서 잠시잠깐 나가 있는 것을 서운하다 생각하지 마시고, 오늘은 새로 새옷을 입고 모셔드립니다.

기주: (삼신상에 돈 만원을 얹으며) 자, 삼신할머니 잘 빌어주세요.

주무: 비나니다. 도와를 주옵소서. 비나이다. (말을 바꾸어) 절 세 번 하소. 들어와가주고.

기주: 절 하라고?

주무: 예, 세 번 하소.

기주: (절을 세 번 한다.)

주무: 비나니다 비나니다. 오늘 이 정성을 드릴 적에 삼신할머니 믿고 살아가는 중생들이 아닙니까. 무엇을 아오리까. 중생들이 하루 일수 모르고 동쪽이 번(훤)하면 새 날만 여기고 밥그릇이 높으면 생일만 여기고 하루 일수 모르는 중생들이 아닙니까. 아무것도 모르는 중생 갋지(값지)를 말으시고, 마음대로 떴다 붙였다 하는 것도 내롔다 올렸다 하는 것도 갋지를 말으시고. 오늘은 삼신할머니 자리 좌정 하옵시고, 부디 부디 저 자손 저 후손들 하나같이 받들어 달라고 비나니다.

　비나니다. 신유생, 병오생에 후손들 다 쌍둥이를 놓더라도 하나같이 귀케(귀하게) 봐주시고. 고뿔 감기 안하게도 해주시고. 오뉴월에 수박 같이 둥글둥글 굵게 해서르. 저 자손들 똑똑하고 자손들이 영리한 자손으로 받들어나 주옵시고, 이 나라를 울리고 저 나라를 울리도록 하여나 달라고 오늘은 삼신할머니~ 자손마다 후손마다 큰 자손 되게 도와를 주고 가는 자취마다 오는 자취마다 빛나게나 도와주고 박수소리 우렁차게 도와를 주고 인정받게 도와를 주고, 비나니다.

　비나니다 비나니다. 동서남북 문을 열어서, 억사같이 받들어서 할머니 원력으로 삼신할머니 신령님의 원력으로 저 자손들 건강하고 씩씩하게 수명장수를 주옵시고, 도와를 달라고 비나니다. 동서남북 문을 열어서 하는 일마다 도와주고 병오생에 저 자손에 신유생에 부부간에 신유생에, 장남자손 아닙니까 부자되게 도와주고 진급하게 도와주고 높은 자리 돋아 앉아서르 만인간이 우러러 보도록 도와를 주고.

　계유생에 차남자손 아닙니까. 저 자손도 만인간에 빛이 나고 만인간에 이름나고 만인간이 우러러 보도록 높은 자리 돋아 앉아 있도록 할머니가 받들어서 도와를 주옵소서. 저 자손이 동서남북 다니고 외국물도 먹게나 하여나 주옵시고. 비나니다 비나니다.

주무: (기주에게 묻는다.) 계유생에 야(애)는 지금 뭐하지?

기주: 공부하고 있어요. 계유생. 둘째! 지금 공부 준비하고 시험 준비하고 있어요.

주무: 뭔 시험?

기주: 법무 쪽에 시험 준비하고 있어요.

주무: 근데 여기는 외국에도 자주 들락날락 글 거 같애.

기주: 야(애)가? 지금으로서는 아무 계획이…

주무: 지금이사 뭐 있나만은… 앞으로 뭐 사십 되면은 외국에 자꾸 들락날락 하는…

기주: 예. 지금은 법무 쪽으로 시험 친다고 사무관, 사무 쪽으로…

주무: (휘파람을 휘~ 불며) 공부하고 있다만은. 내년에 시험에 돼야 되겠데. (기주를 보고) 자(쟤) 지금 올해 몇 살이제?

기주: 스물 여섯.

주무: 내년에 운은 들어 있어. 성주운이 있어가주고, 운이 들어가주고, 운은 들었다만은, 할머니한 테 많이 비소. 칠성단에 가서 빌어. 내년에 운은 들어 있어.

(기주와 대화를 마치고 계속 사설을 이어서 한다.)

　할머니 어에든지 내년에 계유생에 시험을 치거들랑 합격을 시켜주소. 시험 치면 합격 시켜주고, 공부를 하면 우등생에, 시험 치면 합격시켜주고, 만인간에 빛이 되고 만인간에 이름나게 도와주고, 신유생에도 어에든지 장남자손에, 할머니 어에든동 삼신할머니, 저 높은 자리 돋이 앉도록 해서 직장자리 어에든지 진급시켜주시고 소원성취를 이라(이루오) 주시소.

　병오생도 그저 부부간에 화목을 주고 그저 니 잘났다. 내 잘났다 그런 소리도 안하도록 해주고, 쌍둥이를 놓더라도 그저 재미가 철철 나도록 해주이세이. 병신생 을미생 신유생 병오생 계유생에 동서남북 다니더라도 어에든지 낙마수도 막아주고 놀랠 수도 막아주고 사고수도 막아주고, 어에 든지 악한 자 물리쳐주고 선한 자는 동참시켜서 마음먹고 뜻 먹은 대로 받들어 달라고 오늘 그저 다~ 불 밝히고 물 맑힌 정성, 비나니다 비나니다.

　오늘은 삼신할머니 전에 비나니다, 삼신할머니요, 산에 가면 산신님이 도우시고 물에 가면 용왕님이 도우시고, 길대 신장 길대 장군님이 도와서 병신생, 을미생, 신유생, 병오생, 계유생이 아닙니까. 다 일초 일시라도 사고 없이 나쁜 변 없이 질병 없이 다 도와주고 받들어 주소이다. 받들어 주소서. 바니니다. 나무일심 봉청 나무일심 봉청.

주무: (휘파람을 불며) 신유생에도 내년 되면 좋고. 이 집에는 자손들이 내년에 좋은 일들이 있겠네, 응?

기주: 우리 큰 아는 어에든동 더 크게 될라고...

주무: (일상적인 대화처럼 말로) 여기 이 터를 이래 보니까. 할배가 옛날에 그저 벼슬 문 열어 달라고 많이 그래 그랬어. 벼슬에 과거급제에 많이 빌었다꼬. 도와주세이, 어에든지 다 신유생에 계유생에 다 잘되게 도와주소.

　　받든 세존할매요. 어에든지 할매가 어에든지 삼신할매가 저 자손들 올 받들고 알 받들고 어에든지 밤낮으로 쫓아댕겨도 그 자손들 탈 없이 도와주소. 중생들 암것도 모릅니다. 뭘 압니까. 뭐 한다 그면 띳다 붙였다 이래 하더라도[27] 어에든동 섭섭하게 생각하지 마시고 서운타 생각하지 마시고. 오늘 그저 오늘날을 기다려서, 날을 잡아서 삼신할머니 모시고 옷도 깨끗하게 입혀서 이렇게 새로 모셨습니데이. 어에든지 식구 수마다 다 잘되게 도와주소.

　　병신생에 다 손자, 거기 손자 할매요. 어에든동 건강하게 해주세이, 건강하게 해주이소. 종손이 잘 돼야 되니더. 종손이 잘 되고, 종부가 잘 되고, 다 잘 돼야 되니더. 할매요, 할매요. 어에든지 도와주세요. 오늘날에 다 이렇게 할매한테 자리 좌정을 모셔놓거들랑 할매는 어에든지 자리 좌정 잘 하시고 자손들마다 싸안고 치마폭으로 다 싸안아가지고 할매가 둥둥둥 할매가 그저 다 안고 다니셔야 되니더. 받들어 주셔야 되니더, 할매요.

　　도와주이소. 옷을 깨끗하게 갈아입혀 놓으이 좋다. 이 실은 오늘 우리 여(여기) 종부의 나(나이) 수대로 했고, 저기는 또 저거대로 했고.[28]

주무는 삼신빌기가 끝나자 앞마당의 터주빌기에 합류해서 합장을 하며 잠시 비손을 했다. 법사는 악기를 계속 치고, 주무는 오방기를 들고 집 입구에서 대문신 빌기를 했다. 비는 말을 하면서 오방기를 양손에 나누어 쥐고 복이 집안으로 들어오라는 듯이 바깥에서 집쪽으로 휘둘렀다.

주무는 대문신 빌기를 마치고 터주상에 돌아와 차려진 음식들을 삼지창에 꽂거나 걸어

27　집수리 한다고 삼신바가지를 내렸다가 다시 올려놓았다가 이렇게 하더라도.
28　삼신바가지에 감은 실은 종부의 나이 대로 실을 사렸고, 성주에 감은 실타래는 대주의 나이 수만큼 실을 사려서 감았다는 말이다.

서 하나씩 세우기 시작했다. 법사는 여전히 징과 장구를 쳤다. 주문을 외우는 가운데 제물을 담은 그릇들이 균형을 잃지 않고 바로 서자, 대주에게 받아서 집의 축대 위로 옮기도록 했다. 삼지창에 음식 올려서 세우기는 돼지머리부터 했는데 부피도 크고 무겁지만 용하게도 쉽게 섰다.

떡시루도 삼지창에 걸어서 세웠는데 넘어지지 않고 제대로 섰다. 다음에는 술병 위에 음식을 올려놓아서 균형을 잡았다. 먼저 초를 세운 양동이부터 쌀을 담은 양푼, 밥그릇, 물그릇, 배, 사과, 감, 참외, 바나나, 포도, 절편, 호두 등 터주상에 차린 모든 음식접시들을 한 가지씩 차례로 올려놓아서 균형을 잡고 바로 서면 대주가 내려서 옮겨 놓았다. 이렇게 하여 터주상이 모두 철거되자, 법사가 마당 입구 쪽으로 가서 징을 치며 터주빌기를 마무리했다.

7. 주무 송옥순의 서낭거리

법사가 장구와 징을 두드리자, 주무는 연두색 바탕에 색동 소매를 한 장삼을 입고 왼손에 오방기와 방울, 오른 손에 부채를 들고 마당으로 나가서 휘휘 돌며 하늘을 우러러 기운을 받는다. 그리고 팔을 좌우로 벌려서 안으로 기운을 모아서 집안으로 몰고 들어가는 동작을 서너 차례 한 다음에 중문 안으로 들어갔다.

이때 조무는 뒤에 서서 비손을 했다. 중문을 거쳐 대청마루에 올라선 주무는 제자리에서 한참을 돌며 원무를 추다가 멈추고 웃으면서 말문을 열었다. 이때는 오방기를 두고 부채와 방울만 들었다. 가볍게 몸을 놀리며 춤추는 동작을 섞어가며 사설을 했다.

주무: (말로) 오늘 경상북도 안동시 임하면 금소리 금포고택에, 오늘은 성주님을 다 뫼신다 하니, 그래 이 터에는 신이 그래도 좌정해가 있는 저택이 아니냐. 오너라 고맙다. 병신생에 을미생에 신유생에 병오생에 계유생에 정묘생에, 이 정성을 마련하느라 얼마나 애쓰고 공이 들었겠느냐.

  오늘은 열두 대감을 모셔다가 동서남북 이십사방에 문을 열어서 자손마다 후손마다 내가 도와주마. 대주가 나를 찾고 날 부르니 어찌 아니 도와주겠냐. 이 터 명당이 어떤 명당이냐.

열두 대감이 호령하던 호령대감, 명령하던 명령대감이. 내 손자를 보니 오늘 고맙다. 고맙다.

(타령으로) 이골 당산문을 열어 들어설 때, 이 터 명당에 자손마다 후손마다 자취마다 도와주자 들어서니, 고맙다. 고맙구나. 옛날 옛적부터 빌고 빌던 성주님을 오늘에야 나를 찾고 부르니, 고맙다. 골골 서낭문을 열어서 골골 당산문을 열어. 재수문 열어 내가 도와주마.

(오방기를 내려놓고 부채와 방울을 들고 제자리에서 빙글빙글 돈다. 돌기를 멈추고 타령을 한다.)

천지신명 일월성신, 북두대성 칠월성군, 일광 월광 정기를 받고 삼태육성 명기를 받아, 제석당에 문을 열고 칠성당에다 문을 열고 천상궁은 삼십에 삼천 지하궁은 이십팔수, 사바세계 문을 열 때 해동 조선은 대한민국 경상북도 안동시라 임하면에 금소리. 오백구 다시 이번지에 나라대주는 예천임씨 명당기주 반남박씨 대한가정 차가정에 차명당에 장남자손은 신유생에, 자부열에 병오생에 차남자손은 계유생에 봉모전에 정묘생에 차가정에 차명당에.

이 터전에 들어나 설 때 금일 정성을 드릴 적에 천상천왕 문을 열고 지하천왕 문을 열어 제석천왕 문을 열어 일광천왕에야 문을 열어, 팔도명산 산신천왕 사대천왕에 문을 열어 사해하고 용궁천왕 밀물천왕에 썰물천왕 용궁천왕 사대천왕에 문을 열어. 동두천왕 남두야 천왕 서두야 북두천왕에 문을 열어. 열두 서낭 문을 열어 재수천왕에 문을 열어, 남서낭에 여서낭에 자리잡던 서낭님네.

터를 잡던 서낭님도 나라서낭에 국사서낭, 남서낭에 여서낭에 경주 남산에 백옥남산 당산서낭 문을 열어 남당산에 여당산에 이 터 명당에 오늘 같이나 좋은 날에 골골 서낭에 소원서낭 문을 열 때 재수 서낭에도 합수를 받아, 병신생에 을미생에 신유생에 병오생에, 계유생에 정묘생에 천왕에다 문을 열어.

(사설을 멈추고 소리가 잘 안 들린다며 마이크를 좀 사용해야겠다고 한다.)
조사자: 잘 들리는데 편하신대로 하시면 될 것 같아요.
기주: 회장님[29] 힘드실까봐.
주무: 힘든 건 없어. 이 터전 금소에도 서낭이 있지요? 서낭당?
대주: 서낭당 없어요.

---

29 주무 송옥순을 일컫는 말이다. 주무는 성주굿보존회장님이다.

조사자: 있어요, 저기 뒤에 있어요. 두 곳에 있어요.[30]

주무: 옛날에 다 당제를 지내고 다 서낭나무가 다 있다. 옛날에 위하던 서낭, 받들던 서낭, 말 그대로 서낭.

주무: (대화를 멈추고 다시 사설을 읊조린다. 타령조다.) 동두천왕, 남두천왕, 서두천왕, 북두천왕, 사대천왕에 문을 열어서, 병신생에 을미생에 신유생에 병오생에 계유생에 소원대로 받들 적에, 신유생에 계유생에 저 자손에 경사문을 열어주자. 자손마다 경사문 열어준다. 병신생에 오늘날 나라대주 수전, 작년 수전에 놀랠 수도 들었고 몸수전에 들었다. 그래도 그만한 게 천만다행이다. 옛날부터 빌고 빌던 칠성님의 그 원력이고 은덕이다.

　이 터전이 어떠마한 터전이고 어떠마한 명당인데 함부로 건들이고 함부로 만지다 보면은 가만 아(안) 있는다.[31] 이 터전에서 그래도 잘못했다 그고, 손으로 싹싹싹싹 빌고, 만지고 난 후라도 해라.[32] 나중이라도 언제든지 하고 싶을 때 물 떠놓고 빌어라.

주무: (사설을 멈추고, 성주상에 차려둔 쌀을 들고 있던 방울로 찍어 징 위에 옮겨 뿌린다. 쌀알이 징 위에 떨어지자) 많다 많애. 숫자 맞다.[33]

법사: (징 위에 떨어진 쌀을 세며) 맞아. 맞아 맞습니다.

주무: (다시 방울로 쌀을 찍어 징 위에 뿌린다.) 맞다. 대주님 오소. 한 번에 많이 주이 안된다.

법사: 아들이 둘이꺼?

대주: 예.

법사: (쌀을 대주에게 주며) 씹지 말고 삼키세이. 삼켜야 돼요.

대주: (쌀을) 안 씻잖니껴?

주무: 이거는 햅쌀을 가져왔어.[34]

30　금소 마을 1, 2리에 제각기 동제를 지내던 서낭당이 있었다.
31　집수리를 하면서 삼신이나 성주를 함부로 건드리고 만지게 되면 신령들이 가만 안 있는다.
32　집수리를 한다고 삼신이나 성주를 만지게 되면 만진 후에라도 잘못 했다고 빌어라는 말이다.
33　쌀알의 수가 짝수가 되었다는 말이다.
34　대주가 쌀을 안 씻어서 먹지 못하겠다고 하니, 햅쌀을 사 왔기 때문에 괜찮다는 말이다.

8. 주무 송옥순의 산신거리

대청마루에 앉아 법사가 다시 장구와 징을 울린다. 주무는 붉은 산신복을 겉에 덧입고 부채와 방울을 들고 제자리를 빙글빙글 돌며 원무를 춘다.

주무의 산신거리 모습

주무: (대주에게) 이 산, 산 이름이 뭐지요?

대주: 몰래요.

기주: 여기가요? 약산[35] 줄기!

대주: 약산은 아니고.

기주: 약산 줄기에 고깔산이라[36] 그래. 산이 고깔처럼 생겨서. 약산 줄기, 오대산 약산줄기.[37]

주무: 고깔산. 오늘 그래도 산신님을 모실라 카니, 금포고택에 울을 싸고 담을 싸고 등을 지고 있는 산신 할아버지가 들어서니 그래도 고맙다. 그래도 금소에 고택이 이 집 뿐이잖아.

기주: 여기 몇 집이 있어요.

주무: 몇 집 있다 케도, 그래도 여기가 제일 빛나고 색 나잖아. 빛나고 색이 난단다. 이 터 명당에 그래 산신할아버지가 들어서니, 자손이 잘 돼도 이 터 명당에서 잘 되는 것이고. 뭐가 돼도 이 터 명당이 더 낫단다.

　돈을 잘 버고 못 버고 그걸 떠나서, 자손 후손 잘 되면 다른 게 뭐가 있나. 나라대주는 병신

35　마을에서 동쪽으로 7㎞ 정도 떨어진 곳에 있는 산이다. 높이 583m로 주위에서 가장 높은 산이다.
36　고깔산은 금포고택 뒷산을 일컫는 이름이다.
37　오대마을에 있는 약산 줄기란 말이다.

생에 명당기주 을미생에, 팔도 명산 산신에 할아버지가 울을 싸고 담을 쌓고 도와주시네.

주무: (기주를 돌아보며 묻는다.) 여기도 십년 전에 산소를 만진 게 없나?

기주: 십년 전에요? 아버님?

대주: 없어. 십년 안쪽으로는 없어.

주무: 없어? 거 조금 지나서 있어요? 뭐 축을 놔도[38] 축을 놓고.

기주: 십년 전에 아버님 산소. 아버님 돌아가시고 축을 쌓죠.

대주: 그거는 십년 정도 좀 넘었어요. 5대조 산소 묘축.

주무: 십년 정도면 얼마 됐어요?

대주: 십 한 이삼 년.

주무: 그래 그렇지요! 십년 다 가고 조금 넘었거나, 산소 만졌네.[39]

대주: 또 만져야 되는데요, 묘축을. 축을 만져야.[40]

법사: 언제요?

대주: 윤달이 언제 들었니꺼?

주무: 윤달이라 케도 그거 만지면 안돼. 엉간하면(웬만하면) 그냥 둬부래.

법사: 삼살대장군 없어야 돼요.

주무: 삼살대장군 있고, 만져놓으면 나빠. 그러니 산소는 어지간하면 놔둬부래.

대주: 묘축 무너졌부만 안 만지고 되니껴, 어에니껴(어쩌니껴)?

주무: 아휴! 그래도 될 수 있으면은 안 만지는 게 좋고. 사람이 안 그래도 한 때 약간 그런 것도 왔다[41] 그냥 지나갔다만은 그래. 이제는 그른 거는 될 수 있으면 (안 만지는 게 좋다.) 만지면 산에 그거니까, 안 만지는 게 좋다. 돌아가시거든 하지. 축대가 무너져도 그냥 두고 볼만하면 나중에 할매가...[42]

대주: 거기는 높이가 오매다(5m) 넘기 때문에 안 만지면... (무너져요.) 그래가지고 윤달 들어가주고 대대적으로 석축을 싸불라고(쌓으려고)...

---

38 묘지에 축대를 쌓아도.
39 산소에 묘축을 쌓았네.
40 산소의 축대를 또 만질 일이 있다는 말이다.
41 심근경색 증세가 있어서 쓰러진 일이 있다는 것을 상기시키는 말이다.
42 나중에 할매가 돌아가시면 그때 산소를 만들 때 함께 축대를 만지는 게 좋겠다.

주무: 할매가 돌아가시면 하더라도.

기주: 할매가 돌아가시면?

대주: 석축을... 거는 비석이 다 있는데, 건축을 석축으로 돌로 싸불라고.

주무: 할매가 돌아가시거들랑 그때 한 목에 하시소. 할매가 돌아가시면 같이 해부소.

대주: 그게 되니껴?

법사: 그래 하면은 하루에 다 못하지 뭐.

주무: 아니 그래도 하루에 못해도... 미리 괜히요, 내 좋을라고 하는데, 괜히 건드려 놓으면, 내가 문제 아이가?[43] 자손들 괜찮아야지.

대주: 예전에 묘 이장하던 거는 이야기 안 하디껴(합디까)?[44]

주무: 묘 이장했는 그거는 하마 지나가부랬다 그잖아, 아까!

법사: 안 좋았지 그러면. 안 좋아하니더 그러면.

대주: 더 좋았는데, 더 좋았는데.[45]

법사: 좋았다고요? 좋으면 그건 뭐 참 다행이고.

주무: 그건 그래도 좋은 대로 지나갔으이... 지금은 안 만지는 게 좋아요. 왜냐하면 이 아(아이)들도 삼재가 내년부터 막 들어오고, 막 들어오기 때문에 될 수 있으면 안 만지는 게 좋고.

법사: 산소 만져가 덕 보는 일 별로 없어.

주무: 덕 보는 일 별로 없어. 그리고 오늘 또 산신할아버지, 고깔산에 산신할아버지. (창으로) 함경도 백두산에 산신할아버지 부군도당 산신할아버지 삼각산에 산신님 다 한라산 산신할아버지, 팔도명산 산신할아버지, 이 골 산신할아버지, 오늘 줄을 잡고 이 도당에, 금포고택에 들어섰을 때, 나쁜 액운 천상으로 소멸하고 좋은 것만 떠다가 주니, 안으로 끌어다 여(넣어)주고 밀어도 여주고 글테니까, 그래 가마(가만) 보니까 을미생이 고집이 씬(센) 게 아니로 병신생에, 우리 대주가 고집이 훨씬 세다.

대주: 그거는 진짜 아인(아닌) 말이다. (웃으며 부정함)

법사: 대주는 싹싹하다. (그러자 기주가 호호 하고 웃는다.)

---

43 괜히 산소를 건드려 놓으면 남이 아니라 나에게 문제가 생긴다는 말이다.
44 예전에 묘를 이장했는데, 그 사실은 말을 하지 않는가 하고 묻는 말이다.
45 법사가 묘를 이장했으면 안 좋았을 거라고 말하자, 오히려 묘 이장하고 더 좋았다고 어긋지게 말한다.

주무: 싹싹하고 연약하긴 연약한데…

법사: 참새 같애.

주무: 한 번 한다 그면 해야 되고, 굽힐 줄 모르고, 그런데도 인제는…

대주: 을미생이 똥고집에 거짓말투성이고…

주무: 똥고집이라도, 똥고집이라도 그래도 고집 없는 사람이 어디 있겠나?

대주: 양띠들은 거짓말을….

주무: 고집 없는 사람이 어디 있노. 고집하고 거짓말 그는데, 병신생은 한 번 했다 그면 해야 돼. 욕심도 많고 탐심도 많다.

대주: 아인데(아닌데) 욕심이 한 개도 없는데.

주무: 아이고. 욕심 없는 사람 어디 있노. 욕심이 있으이 이만큼 고래등 같은 (집을) 그래도 받아가 있고. 종손도 아무나 하나. 종손도 팔자에 없으면 종손 모(못)한다. 웃대 할아버지들이 손자가 이쁘고 후손도 이쁘고 그래서 크게 먹고 크게 놀도록 내 벼슬문도 열어주었다.

　　고깔산의 할아버지가 많이 도와준다. 한때는 돈을 한 번 안 벌었다 소리도 못한다. 할아버지가 이만큼 큰 집 지키고 밥 잘 먹고 잘 사는 것만 해도 괜찮고, 일만 잘 되면 되는 거고, 딴 거 뭐가 있나. 그래 욕심이 얼마나 많은지, 딴 집은 하나도 못 놓는데 아(애)들 자손 한꺼번에 둘도 보도록 만들어 주잖나. 얼마나 좋나. 한꺼번에 둘도 보도록 해준다고, 복이 터졌지.

대주: 후회막심이지.

주무: 복이 터졌지.

대주: 후회막심이라니까요.[46]

대주 딸: (대주에게) 방해꾼, 방해꾼! (일동 웃음)

기주: 대적을 만냈어.

주무: 오늘날에 그래도 대감님이 병오생에 신유생에 자손들이 잘 되도록 도와줘야지.

법사: 잘 도와주세이.

주무: 저 자손이 앞으로 종손 노릇 해야 되는데.

46　대주는 무녀의 말에 의도적으로 어긋진 반응을 보인다.

주무: (대화를 마치고 사설을 한다.) 저 자손이 앞으로 종손 노릇해야 되는데, 저 자손들 잘 되도록 후손들 잘 되도록 해주고, 하는 일마다 잘 되고, 직장에는 진급이 되도록 해주고, 계유생 저 자손 시험 치면 합격을 시켜서 마음먹고 뜻 먹은 대로 술술이 잘 가야 되지. 내년에 기미, 기해년(계해년)에 들어서면은 그래 두고 봐라. 자손한테 좋은 일이 있고 자손한테 경사문이 열리도록 해주마.

그래도 공든 탑이 무너지나. 힘든 낭기(나무가) 부러지겠느냐. 그래도 정묘생에 봉모가 주야장창 다리 힘이 없으이께네 저래 들어앉아 있지. 안 그면 앞 뒤뜰에 댕기면서 얼마나 공을 들이고, 밤낮으로 공을 들이고 밤낮주야로 댕기면서 자손 잘 되게 해달라고 빌고 빌던 공덕이 어디 가겠느냐.

그래도 을미생이 알게 모르게 댕기면서 빌고 빌었네. 그래 빌던 공덕이 끊기면 안되니라. 옛날부터 봉모가 빌었는 공덕에, 자손 후손들이 잘 되고 있다. 오늘은 그래도 이 터전에 대청마루에 성주 앞에서 자리 좌정할라 카니, 산신할배가 산신대감인들 왕래를 안하겠느냐. 용왕대감이 왕래를 안하겠느냐.

산신할아버지, 용왕할아버지, 터주대감할아버지 길대신장님이 합수하여 골목에 암만 댕겨도 사고 없다. 골목에 만 사람이 댕겨도 사고 없이 해준다. 모든 게 마음먹고 뜻 먹은 대로 도와준다.

을미생도 아직도 꿈도 많고 할 일도 많다. 말을 안 해 그렇지. 이 자손도 얼마나 꿈도 많고 생각도 많고 할 일이 많나. 그래도 다 잘 되도록 도와준다. 산신에서, 고깔 산신할아버지가,
"오냐, 걱정하지 마라. 마음먹고 뜻 먹은대로 내가 도와주마."

법사가 징과 장구를 치는 가운데 주무는 성주상의 쌀을 조금 쥐어 다시 손바닥을 편 채로 제자리에서 돈 다음, 손바닥에 남은 쌀을 대주와 기주에게 제각기 조금씩 주면서 씹지는 말고 먹으라고 했다. 대주와 기주만 나서서 쌀을 받아먹자, 딸에게도 손짓으로 불러서, "그래도 이래 와가 좋은 일 하는데"[47] 하면서 쌀을 건네주었다. 방울을 흔들며 제자리에서 원무를 추다가 산신거리를 마쳤다.

---

47   딸 임주는 시집을 가서 살지만, 오늘 이렇게 친정에 와서 성주굿을 도우니까 좋은 일을 한다는 말이다.

9. 주무 송옥순의 대감거리

주무는 대청마루에서 제자리를 돌며 원무를 추다가 입고 있던 붉은 산신복을 기주에게 던지듯이 안겨주었다. 그리고 파란색 장삼을 갈아입고 꿩 깃털을 좌우에 꽂은 붉은 갓을 썼다. 옷을 갈아입고는 성주상 앞에서 절을 세 번 함으로써 대감거리가 시작되었다. 법사의 반주 음악은 여전히 계속되었다. 주무는 오른 손에 부채만 들고 제자리에서 맴돌며 춤을 추다가 멈추어 서서 말문을 열었다.

주무의 대감거리 모습

주무: 안동시 임하면 금소리 금포고택에, 이 터전에 어떤 대감이로, 글 잘하던 글문대감에 말 잘하던 말문대감에, 권세대감 문서대감 공명대감, 나라대감 국사대감, 대청마루에서 호령하던 호령대감, 명령을 하던 명령대감 남대감에 여대감에 합수를 받아가주고, 역사적으로 내려오던 다 이 터 명당이 아니더냐.

　정말로~ 내가 좋다. 내가 좋다. 이 터 명당에 대감 놀아주는 것도 아무래도 몇 번 안 되는 것 같다. 대감 놀아주는 것도 얼마 안 되는 것 같다. 손을 꼽아도 꼽는 것 같다. 온 시루 받고 온 바리 받고 굵게 먹고 굵게 놀던 대감님네가 오늘 들어서니, 예천임씨 대감님 반남박씨 대감님, 각성받이 대감이 오늘은 다 합수를 하여서 사진 찍는 대감, 여대감 다 사진 찍는 남대감 다 합수를 받아서 정말로 내가 좋다. 임씨 대감이 이럴 때도 있나 하고 오늘 근엄을 잔뜩 부리는구나.[48]

　먹기 좋고 쓰기 좋고 놀기 좋던 대감님, 글 잘하던 대감님, 오늘은 성주대감님, 합수를 받아서 자손들~ 잘 되게 하고 명 주고 복 주던 다 가정이 편하게 하던 대감, 여대감 남대감의 합수를 받아 들어서니 문틀 대감~ 터주대감, 오늘은 합수해서 들어서니, 내가 오늘 좋다. 얼마나 좋은지 모르겠다.

  (창으로) 아니 놀지는 못하리라. 한 송이 떨어진 꽃이, 나 떨어진다고 서러워마라. 한 번 피었다 지는 줄을 나도 번연이 알건만은, 모진 손으로 꺾어다가 시들기 전에 내보내고, 본인도 쓰라리거든 무심코 밟고 가니 전들 아니 슬플손가. 숙명적인 운명이라도 너무나 아파서 못 살겠다. 닐리리, 닐리 닐리리, 아니 노지는 못하리라
  짜증을 내어서 무엇 하나. 성화를 받치어 무엇하나. 놀기도 하면서 살아가세. 니나노~ 닐리리야 니나노~ 얼싸 좋다 얼씨구나 좋다. 꽃을 찾는 벌 나비도 꽃을 찾아 날아든다. 니나노~ 닐리리야 닐리리야 니나노~ 얼싸 좋다 얼씨구나 좋다.

주무: (창을 마치고 말로) 손자야. 내가 오늘 대청마루에서 한바탕 놀고 나니 목도 컬컬하니, 우리 손자 어데 문밖거리에 앉아가고 할배를 보는둥 마는둥. 아이고 손부야 손부야. 술을 한 잔 다오.
기주: (술병을 찾아들고 주무에게 간다.)
주무: 그래 한 잔 다고. 여기 잔도 없다, 손자야.
기주: (대주를 보고) 손자가 술도 한 잔 따르라 카이.
주무: (타령으로) 손자야. 우리 손자가 날 웬일로 나를 찾아, 날 찾아! 술을 한 잔 받아먹고 나니. 그냥 갈 수 있겠느냐. 천금 같은 내 손자야, 만금 같은 내 손자야.
대주: (주무에게 술을 한 잔 따라 권한다.)

주무: 우리 손자 고맙다, 그래. 우리 손자~ 고맙구나. 우리 손자, 내가 앞을 서서 도와 줘야지. 인물 좋고 거대 좋고 인심 좋은 내 손자야. 오늘 성주대감~ 모실라고 이렇게 진수성찬 차려놓고, 갖은 정성을 드리니 정말 고맙구나. 고맙구나, 내 손자야. 내 손부야. 내 후손들 잘 되게 내 도와주마. 시험 합격하도록 도와주마. 권세 부리게 도와주마. 글 잘하게 도와주고 말 잘하게 도

---

48 성주굿 조사를 위해 동영상을 찍고 있는 사실을 염두에 두고, 모든 대감들이 사진을 찍는다고 좋아하면서 근엄하게 위세를 부린다는 말이다.

와주마.

　우리 손자, 깃대 돛대 같은 우리 손자, 남한테 지기는 요만큼도 지기 싫은 우리 손자. 우리 손자, 그래 이제는 많이 기도 죽고 많이 꺾였구나 우리 손자야. 걱정하지 마라. 명 실어주고 복 실어주마. 명 잇아(이어)주마. 자손들 내 잘되게 도와주마. 오늘은 이 터 명당에 여대감은 여들여주고 남대감은 저들여주고[49] 여대감이 얼마나 한이 많은지. 그 옛날에 고래등 같은 이런 대갓집이라 케도~ 고생 많고 한이 많앴다. 웃대 할머니들이. 여대감에 한도 풀고 남대감은 먹고 가자~ 쓰고 가자던 대감님이다.

　(창으로) 충신은 만조종이요, 효자열녀는 가가재(家家在)라. 화형제(和兄弟) 낙처자(樂妻子)하니 붕우유신 하오리라. 우리도 성주 모시고 태평성대를 누리자. 무량수각(無量壽閣) 집을 짓고 만수무강, 현판 달아 삼신산 불로초를 여기저기 심어놓고 북당(北堂)에 양친을 모시어다가 연년익수(年年益壽). 아이야 청산 가자, 나비야 너도 가자, 가다가 날 저물면 꽃에서라도 자고 가자. 꽃에서 푸대접 하면 잎에서라도 자고 가자. 청산리 벽계수야 수이감을 자랑마라. 일도창해(一道滄海)하면 다시 오기 어려워라. 명월이 만공산하니 쉬어 간들 어떠하리.

　(말로) 우리 예천임씨 대감이 권세 부리던 대감이, 대청마루에 서서 내가 이렇게 놀고나니 새롭다.

　(창으로) 새롭구나~ 새롭구나. 그래 내 손자야, 걱정하지 마라. 자손들 하나같이 잘 되게 도와주고, 후손들 하나같이 내 잘되게 도와주마. 자손들 잘 되고 후손들 잘 되면 되지 무엇이 필요하느냐. 무병장수도 지켜주고 자손 아기들 한양 성내 가 있어도 빛나게 잘 살게 도와주마. 우쭐하게 살도록 해준다. 오냐 걱정하지 마라. 어딜 간들 안동 양반 기가 죽겠느냐, 할 말 다 한다. 그래도 싹싹하고 연약하고 아~ 신유생이 얼마 똑똑한지 아느냐. 너희들보다가 몇 배가 똑똑하고 머리도 잘 쓰고 인정받고 산다.

　오늘은 내가 후손도 도와주고 우리 손자도 도와주고, 정말 좋다, 성주대감이 들어서니 천지도 모르고 함부로 홀 뜯었부고,[50] 오늘은 그래도 또 무슨 마음으로 나를 찾느냐. 야(애)들아, 무슨 일로 나를 찾느냐. 이 명당이 어떤 명당이냐. 그래 도와를 주고 받들어를 주마.

49　여대감은 머리에 이고 들여주고 남대감은 지게로 지고 들여주고.
50　집수리를 한다고 함부로 집을 홀렁 뜯어 버리고.

법사: 예. 그렇지요.

주무: 아이고, 여어(여기) 할아버지가 술을 잘 먹던 할부지가 하나 왔다.

기주: 술 잘 먹던 할아버지?

조사자: 술을 더 줘야 돼. (기주가 술을 챙긴다.)

대주: 할아버지는 술 입에도 안 댔는데.

기주: 아부지가 좀, 금포공이 술을 한 잔 안 하셨을라?[51]

법사: 술을 안 잡샀다고?

대주: 조부님.

법사: 아부지는요?

대주: 아부지는 술 많이는 안 하셨어요.

기주: 아주 애주가였어요, 애주가!

대주: 내 술 취한 거는 한 번도 못 봤으이께네, 그냥 안주랑…

기주: 아주 절주하시고, 딱 세 잔!

주무: 그래. 어른이 정갈하고, 내 그래도 대감이 신력을 받아가주고 오늘 그래도 성주 모시고, 터에 터주대감에 놀리고, 문틀대감도 놀리고.

　(읊조리듯이) 오늘 그대로 구석구석에 마구(모두) 모든 신명을 모셔다가. 잠자는 것도 빌어서 도와달라라 그카고. 또 벌떡 일났는 거는 너무 설치면 안 되이께네(되니까), 그래도 살살 빌어가 주저 앉추고. 삼신도 빌고 구석구석에 빌어서. 금포고택 예천임씨 가정에 명당기주 박씨명당에 자손이 아이들 하나같이 굵게굵게 잘 되게 도와줄라고. 이렇게 잘 되게 해달라고 나를 찾는데.

　뿌리 없는 나무가 어디 있고 줄기 없는 잎이 어데 있겠느냐. 조상 없는 후손이 어디 있겠느냐. 터주명당이 몇 백년이 흘러서 자손 아기들 앉아 있으이 정말 좋다. 정말 좋다. 터주대감에서 조상대감이 그래도 다 앞을 들어서니, 대감할배가 오니 온 줄 아나, 가이 간 줄 아나.

주무; (말로) 앞으로도 니 잘 되고 손자 잘 되고 우리 후손들 잘 되게 도와주마. 그래 니는 건강하면 되지 않느냐. 손자야 손자야.

51　대주의 아버지는 술을 많이 드시지 않았지만, 금포공은 술을 많이 드셨을 수도 있다는 말이다.

법사: (대주를 보고) "예예!" 그소(그러시오).

대주: 예!

주무: 그래, 니는 건강하마 되지 않느냐.

대주: 건강하지를 모하는데요.

주무: 그러니까 앞으로 건강하게 도와주면 되지 않느냐. 지금 건강하지 못한 거 앞으로 약 먹으면 약발 받게 해주고.

대주: 근데 너무 오래 살면은 반남박씨 싫어 그래요.[52]

주무: 공덕이다. 저 아랫목에 계시는 어른도 그게 살아도 괘안은데(괜찮은데).

대주: 빨리 가라고 물 떠놓고 비는데요.[53]

주무: 그런 소리 절대 하지 마라. 우리 자손들이 하나 같이 잘 되게 도와주마. 동서남북 댕겨도 내가 저 자손들 사고 없이 도와주고. 요즘 세상이 얼마나 천재지변도 많고 나쁜 놈도 많다. 그렇지만 악한 자 다 물리쳐주고 저 자손이 잘 되게 해서 안전하게 도와주고 받들어주마. 오늘 같이 좋은 날에.

　　(창으로) 자손 아기들 하나 같이 불 밝히고 물 맑힌 대로 내가 도와를 주고, 걱정 근심 없이 내가 도와를 주마. 오늘은 열두 대감 신력을 받아서 내가 나비 같이 날아서 꽃같이 어여쁘게 꽃명당에 들어서서. 낮이면은 어사를 돌고 밤이면은 순라를 돌고, 낮이면은 뚜벅뚜벅 밤이면은 쩌벅쩌벅 도와서를 우리 손자 자취마다 내 도와주고. 샛별 같은 이 정성에 여대감도 여들어주고 남대감은 져들여서[54] 우리 손자야. 금전은 먹고 남고 쓰고 남도록 내가 도와주마.

주무: (대화로) 금전에 내가 걱정 안하도록 해주마.

대주: 예!

주무: 니 쓸 거는 내가 도와를 주마.

대주: 그게 제일 좋다.

주무: 그래. 그래주마. 손자야. 그래 남 보기는 더러 좋다 케도, 어떨 때는 수심걱정이 많은 손자, 어

52　너무 오래 살면 부인이 싫어한다고 농담한다.
53　아내 반남박씨가 얼른 가라고 물을 떠다 놓고 빈다며 농담으로 하는 말이다.
54　여대감은 머리에 이고 들어주고 남대감은 지게로 져서 들여주고.

떨 때는 이래 볼까, 저래 볼까 하는 우리 손자. 내가 그래도 우리 손자를 욕심대로 도와주고 받들어 줘야 되지.

(창으로) 어떤 대감이 내 대감이냐. 어떤 대감이 내 대감이냐. 어떤 대감이 내 대감님. 우리야 대감님 거동을 보소. 칠성대감 제석대감도 내 대감님, 명대감에 복대감에 팔도명산 산신대감, 사해하고는 용궁에 대감, 밀물대감에 썰물대감.

우리 대감 거동을 보소. 나랏대감에 국사대감, 대감에 우리 대감님 한양 성내를 올라가니 종묘사직에도 노시던 대감, 궁 안에도 노시던 대감, 창덕궁에도 노시던 대감, 우리 대감님 모셔나 보세. 부귀공명 들이실 때 예천임씨네 임씨네 대감, 반남박씨 대감님에 합수를 받으소서. 이 터 명당 들어설 때 밤이면 순라를 돌고 낮이면은 어사를 돌고, 우리 대감 거동을 보소. 얼마나 좋은지 모르겠네. 계유생에, 벼슬대감도 권세대감 공명대감도 내로구나. 오늘 같이 나 좋은 날에 성주대감이 나리셨네.

10. 주무 송옥순의 성주거리

대감거리에 이어서 성주대감이 내리자 자연스레 성주거리로 전환이 되었다. 주무의 옷차림과 상황은 그대로여서 "성주대감이 나리셨다"는 말을 귀담아 듣거나 설명을 별도로 듣지 않으면, 성주거리로 전환된 사실을 알아차리기 어렵다. 주무가 법사를 향해서 말을 한다.

대주가 성주대를 접시에 세움

주무: 오늘 내가 성주대감이 들어서니 정말로 좋다. 어느 때는 홀 뜯었부고 '다시는 나를 안 찾는구나' 하고, 기다리고 바랬더니, 똑똑하고 영특한 우리 손

자 손부가 다시 찾아주고, 찾아주니까 고맙다.

　　(대주에게 대청으로 올라오라고 손짓을 한다.) 올라와서 성주님을 모시고, 성주대감 다 모시라꼬. 성주대감 모시라고. (홍두깨를) 함⁽한번⁾ 세아⁽세워⁾ 보세이.⁵⁵ (대주를 대청마루의 성주상 앞에 앉히고, 한지로 접은 성주 신체를 덮어씌운 홍두깨를 접시 위에 세워보라고 한다.)

대주: (성주상 앞에 앉아서) 어에(어떻게) 세우니껴?

주무: 양반 같이 앉아가주고, 편안하게 앉아요.⁵⁶ 거기⁽접시에⁾ 소금을 놓고. (쌀을 담은 말통에 세워둔 홍두깨를) 빼가주고 거기다가⁽접시에다가⁾ 편안하게 세워봐요. (성주상 위에 작은 접시가 있는데 그 위에 소금을 담아 놓았다. 말통에 세워두었던 성주 신체인 홍두깨를 뽑아서 작은 접시 위에 세우도록 시킨다.)

대주: (대주는 홍두깨를 접시 위에 세우려고 한다.)

주무: (창으로) 오늘 성주님을 모실 적에... (대주에게) 천천히.⁵⁷ (말로) 일곱 성주 도령성주, 열일곱의 소년성주, 스물일곱은 초년성주, 서른일곱...

대주: (홍두깨를 접시 위에 세웠다.)

주무: 하이고! 이렇게 빨리...⁵⁸ 절 일곱 번 하세요.

대주: (성주상을 향해 절을 일곱 번 했다.)

주무: (창으로) 일곱 성주는 도령성주, 열일곱은 소년성주, 스물일곱은 초년성주, 얼~마나 기다렸으면 저렇게 갖다 대니 쩍 붙었구나. 서른일곱 이년성주,⁵⁹ 마흔일곱은 중년성주, 쉰일곱은 대성주라, 예순하나 환갑성주, 일흔일곱은 노장성주가 아니시오. 오늘 다 병신생에 다 임씨 대주, 성주를 받아서를 이렇게 모시자니. 이렇게 반갑고도 반갑구나.

주무: (대주에게) 저 말통에 낑구소⁽끼우시오⁾, 다시 낑구소.⁶⁰

대주: (접시에 세웠던 홍두깨를 다시 쌀이 담긴 말통에 꽂아서 세웠다.)

주무: 오늘은 잘도 세우네, 버뜩⁽얼른⁾ 세우네. 얼마나 기다렸으면....⁶¹

55　대청에 올라와서 성주상 말통에 세워둔 홍두깨를 접시 위에 세워보라는 말이다.
56　양반다리를 하고 편안하게 앉으라는 말이다.
57　홍두깨를 급하게 세우려고 서두르지 말고 천천히 세우라는 말이다.
58　홍두깨를 이렇게 빨리 세웠는가 감탄하는 말이다.
59　성주풀이에서 서른일곱은 주로 '사년성주'라고 하는데, 여기서는 이년성주라고 했다.
60　저기 끼우시오, 다시 끼우시오, 쌀을 담은 말통에 홍두깨를 다시 꽂아서 세우라는 말이다.
61　성주신이 모셔주기를 얼마나 기다렸으면 이렇게 빨리 세울까.

법사: 성주가 오기를 바랬다.

주무: 오래 바랬다만은.[62]

대주: 전에 내(내가) 돼지도 세웠는데 뭐. 돼지 통마리도 세웠는데.[63]

주무: 그래도 세우는 것도 한참 걸리는데, 이거는 갖다 대니 쩍 붙었부네. (창으로) 오늘 성주님을 모셔다가 정말로 좋다.

(성주풀이를 시작한다.)

천계가[64] 착하니나	한울님이 생하시고
지백이[65] 여측하니[66]	땅님이 생하시고
목신씨는[67] 나무를매란하고	수인씨는[68] 물을매란하고
화덕씨는[69] 불을매란하고	인황씨는[70] 인수인간[71]매란할 때
성주님은 어디서 행하셨노	천상궁에 계시다가
글귀한귀 잘못지어	옥황님께 득죄하야
이땅위에 하강하사	의지할곳 전혀없어
심심산중 들어가서	나무끝에 의지할때

---

62 성주가 성주굿을 해서 모셔주기를 오랫동안 기다렸다만은.
63 홍두깨를 빨리 세웠다고 하자, 대주가 우쭐대며 전에 굿을 할 때는 돼지도 한 마리 통째로 세운 적이 있다고 한다.
64 구전에는 '천가'라고 하나, 天氣 또는 天界의 와전이 아닌가 한다.
65 구전에는 '기백'이라고 하나 地伯의 와전이 아닌가 한다. 지백은 지신을 높여서 일컫는 말이다.
66 여측(蠡測)은 헤아린다는 뜻이다.
67 나무의 신을 뜻하는 목신씨(木神氏)가 아닌가 한다. 목신씨는 나무를 처음 마련한 신이다.
68 수인씨(燧人氏)는 고대 중국 전설상으로 전하는 삼황(三皇) 가운데 한 사람으로서 불씨를 발명하여 인간에게 화식(火食)하는 법을 가르친 황제이다. 그러나 여기서는 수인씨는 물을 마련한 물의 신으로 일컬어진다.
69 화덕씨는 불을 처음 마련한 불의 신으로 일컬어진다.
70 인황씨(人皇氏)는 중국 신화에 등장하는 전설상의 황제이다. 여기서는 사람과 짐승을 창조한 생명의 신을 뜻한다.
71 천지가 개벽하고 산천초목이 생기면서 짐승들과 사람들이 생겨나는 상황을 뜻한다.

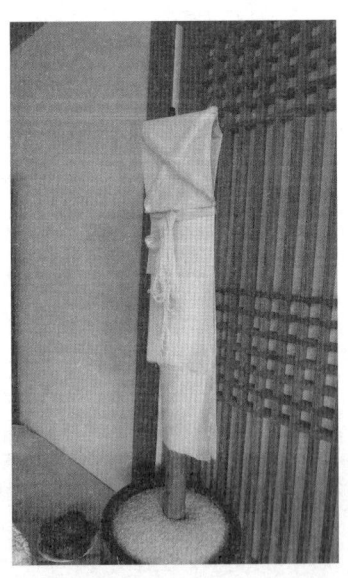

홍두깨에 모신 성주신체

눈비삼년 흙비삼년　　　돌비삼년 맞으면서
원이로다 원이로다　　　집짓기가 원이되어
팔도명산 다밟아도　　　동쪽으로 쫓아가서[72]
경상도를 내려가서　　　낙동강을 건너서서
제비원을 올라가니　　　성주본이 분명하다
제비원에 솔씨받아　　　용문지평 들어가서
우편좌편 던졌더니　　　밤이면은 이슬맞고
낮이면은 태양받아　　　움이트고 싹이난다
청솔뿌리 내리더니　　　청솔잎이 돋아난다
타박솔이 된연후에　　　육판서가 물을주고
삼정승이 매가꾸어[73]　　점점자란 (소)나무
소부동이[74] 되었네　　　소부동이 자라나서
대부동이[75] 되었네　　　대부동이 자라나서
황장목이 되었더니　　　무정세월 여류하여
연리지목이[76] 되었구나　팔도목수 다모여서
성주목을 골릴적에　　　한나무를 쳐다보니
까막까치 집이있고[77]　　또한나무 쳐다보니
황새덕새 짝을짓고[78]　　또한나무 쳐다보니
구렁이가 똬리틀고　　　한고개 올라서니
사명당에 섰는나무　　　고이고이 자란나무
허리굵은 푸른청송　　　자세하게 살펴보니[79]

72　다른 채록본에서는 "성주근본 못찾아서"라고 했다.
73　김을 매고 가꾸어.
74　소부등. 소나무가 서까래감 정도로 자란 작은 크기의 나무를 뜻한다.
75　대부등. 소나무가 큰 기둥감 정도로 자란 굵은 크기의 나무를 뜻한다.
76　連理枝木은 두 나무줄기가 서로 붙어서 마치 한 나무의 가지처럼 자라는 나무를 일컫는다.
77　다른 채록본에는 "집을 짓고"라고 했다.
78　다른 채록본에는 "알을 품고"라고 했다.
79　다른 채록본에는 "쳐다보니"라고 했다.

대방가에[80] 재목일세
일광이 서기를주고
정손외손이[81] 뚜렷하고
거부장자 날가지요
만수무강 할가지라
청룡황룡이 분명하다
저대목 거동보소
쪼막도끼 거머쥐고
삼세번을 찌고나니
도끼자루만 빠졌구나
도목수가 하는말이
이산천에 산신님이
자세하게 살펴보니

동쪽으로 뻗은가지
남쪽으로 뻗은가지
서쪽으로 뻗은나무
북쪽으로 뻗은가지
상순을 쳐다보니
성주목을 골릴적에[82]
성질급한 저대목이
한번찍고 두 번찍고
도끼는 나무에붙고
이상하다 야릇하다
태양받고 이슬받고
고이고이 자란나무[83]
대방가에 재목일세

(성주풀이를 중단하고 말로) 이렇게 내가 들어서니, 목수는 나무를 빌라(베려고) 카면, 제를 산신제를 지내야 되는데. 산신제를 지낼라 카면, 갖은 제물을 마련해서. 그래도 나무라고 해서 함부로 빌 수 있나. 나무라고 해서 함부로 빌 수 없고, 다 산신님한테 구하고 산신제를 지내야 되고. 오늘 같이 좋은 날에 팔도 목수가 다 모여가지고…(굿을 하는 사이에 전화벨이 몇 차례 울리자) "아이구 웬 전화가 그리도 오나?"

주무의 성주풀이 모습

---

80 大方家는 문장이나 학식이 뛰어난 사람을 일컫는다.
81 친손주와 외손주.
82 다른 채록본에는 "마를 적에"라고 했다.
83 다른 채록본에는 "키운 나무"라고 했다.

(창으로) 오늘은 산신제를 지낼라 카이 사과, 곶감, 쌀, 떡, 배도 사야 되고, 밤, 대추도 사야 된다. 오늘 그래도 장도 잘 봐 놨다. 산신제를 지낼라 카면, 장도 잘 봐야 된다. 장 알 봤는지 살펴보자. 그리고 산신제를 지내야지.

법사: 그렇지요.

주무: (다시 성주풀이를 이어서 부른다.)

신농씨가 지은곡식　　　　논으로는 상생미요
밭으로는 중생미라　　　　강태공의 조작방아
한번씰어[84] 하생미요　　　두번씰어 중생미요
세번씰어 상생미요　　　　상생미를 뽑아내어
돌아가는 감천수를　　　　겉에겉물 제쳐놓고
속에속물 길어다가　　　　스물한번 씻어내고
산신님에 나무빌어　　　　용왕님전 물을빌어
화독님전에 (불을빌어)[85]　일곱구무 소시루에[86]
무지래로[87] 뻔을발라[88]　　신낭게로[89] 번을올려
온시루에 공양바쳐　　　　올고사리 도래나물[90]
은실청실 무채소요　　　　가지비단 가지나물
갖인채소[91] 마련하고　　　아가리넓다 대구괴기
대명태며 놀래괴기[92]　　　갖은제물 마련하고

84　씰어는 '쓿다'에서 비롯된 '쓿어'의 'ㅣ'모음화 현상이다. 쓿다는 곡식을 디딜방아에 찧어 속꺼풀을 벗기는 과정이다. 여기서는 방아를 찧어서 벼의 겉껍질을 벗긴 현미를 백미가 되도록 거듭 속꺼풀을 벗기는 과정을 단계에 따라 한 번 씰어, 두 번 씰어, 세 번 씰어라고 했다. 여러 번 쓿을수록 백미가 된다.
85　"불을 빌어"를 빠뜨렸다.
86　밑바닥에 7구멍이 나 있는 작은 시루.
87　다른 채록본에는 "무지개로"라고 하였다.
88　시루에 번을 발라. '번'은 시루떡을 찔 때 김이 새지 않도록 시루와 솥 사이의 틈에 바르던 쌀가루 반죽.
89　신나무에. 베틀의 부분품으로 베틀신대를 말한다. 베틀의 용두머리 중간에 낚싯대처럼 굽은 막대를 박아서 그 끝에 신을 매달아, 베짜는 사람이 그 신을 신고 당겼다 밀었다 하면서 베를 짠다.
90　도라지나물. 안동에서는 '돌개나물' 또는 '도래나물'이라 한다.
91　갖은 채소.

높이열어 삼실과요	낮이열어 청과일세
진주칠밤 곶감대추	당일빚어 단감주요
사흘나흘 쓴감주요[93]	석달열흘 백일주라
구월에빚은 국화주요	맛이좋다 이화주요
호박잔에 유기잔에	가득히 부어놓고
만수성찬 마련하고	천문에다 건구하고[94]
마당전에 황토재계	흉한중생 들어올세라
정한중생 나갈세라	동방에 청계수요
남방에 적계수라	서방에 백계수요
북방에 흑계수라	중앙에 황계수요
오방수 물에다가	상탕에 마련하고
상탕에다 관세하고[95]	중탕에 목욕하고
하탕에 수족씻고	입에다가 합을물고[96]
산신님께 비옵나니	모월모시 모씨대주
성주목을 베려하니	성주목을 점재하고
동방남박 서방북방	오악산왕 산신령님
차산후에 부인임이	금일날로 응하시고
이산벌목 할지라도	뉘도탈도 없으시길
소지삼장 마친후에	서른두명 역군들께
하나하나 소임주네[97]	

---

92 놀래기 고기.
93 '쓴 감주'는 단 감주와 상대적으로 맛이 쓴 감주를 나타낸 것 같다. 그러나 맛이 쓴 감주는 없다. '사흘나흘 쑨 감주'가 제격이다. 감주는 사흘나흘 발효가 되어야 제 맛이 난다. 감주 빚는 것을 '쑤다'고 한다. 사흘나흘 빚은 감주를 사흘나흘 쑨 감주라 하는 것이다. 안동의 식혜는 고두밥과 엿기름, 무, 고춧가루 우린 물을 버무려서 사나흘 삭혀 만드는 발효감주다.
94 금줄을 치고. 안동에서는 금줄을 '건구'라고 한다.
95 盥洗하고. 손발을 씻고.
96 말을 삼가도록 입에 한지를 물고.
97 역군들마다 제각기 맡아 할 일을 알려주네.

(성주풀이 노래를 멈추고 말로)

오늘 산신제를 지내는데, 금포고택을 지을라 카면 이 나무 전부 다 목도해. 은도끼 금도끼로 다듬어서 다 팔도 목수들이 얼마나 정성스럽게, 이 터전 만들 때 다 지신을 밟아서 터전을 이렇게 만들어서, 큰 집을 지을 때, 참 공도공도 많이 들었어. 이 공덕을 드릴 때 오방지신의 지신을 물려받아....

(성주풀이를 중단하고 말로 사설을 하다가 다시 성주풀이를 이어서 부르는데 여러 구절을 빠뜨리고 부른다. 빠뜨린 부분이다.)

천금도치 갈아메고	성주목 동자주와
여외목 대성목을	차례차례 베어다가
은도꾸로 깎아내고	금도꾸로 다듬어서
와가백칸 집을짓세	이댁터전 마련할 때
어떤명당 골랐던고	고이공지 명당터안에
벌이명당에 나리터전	나리명당에 벌이터전
차하지관 모셔다가	윤도패철 자오철을
상상봉에 정침하고	지관손님 하는말이
이산천에 나린맥이	제일명당 행교되고
제이명당 관사되고	제삼명당 이집터라
동산이 주산이요	유수가 횡재수라
용산이 대백호되고	산수가 청룡되어
운행하는 산수간에	소행이 만세지라

(위의 내용을 빠뜨리고 아래 내용을 이어서 노래 불렀다.)

전택을 복토하고[98]	오방지점 다질적에
동편지점 다랴하니[99]	청학백학 날아든다

---

[98] 집터로 잡은 땅에 흙을 넣어 북돋우고.

남편지점 다랴하니	봉이한쌍 날아들고
서편지점 다랴하니	거랑복이[100] 흘러들고
북편지점 다랴하니	황소복이 지고든다[101]
중앙지점 다랴하니	생금오복 솟아난다
지점닫기[102] 마친후에	모든역군 물러가고
석수장색[103] 들어와서	석산에다 돌을깨어
둥근주추 호박주추	사모육모 팔모주추
거북주추 박아놓고	석수장색 물러가고
대정장색[104] 들어와서	팔도명철[105] 구할적에
삼수갑산 구리동쇠	회천개천 구한후에
대정장색 하는법이	모루숫돌 풀무걸고[106]
백탄숯불 피워놓고	있는행장 갈아가며
없는행장 베러갈제[107]	독귀각귀[108] 자귀치고[109]
대패변탕[110] 골머리며[111]	대통중통 소통치고
암쇠[112]돌적 다친후에[113]	대정장색 물러가고
목수장색[114] 들어와서	갓인행장[115] 걸어놓고

---

99 다지려 하니.
100 거랑 물이 흘러들어오면서 따라 들어오는 복.
101 황소가 짐을 지고 들어오듯이 복도 그렇게 한 짐씩 지고 들어온다.
102 지점 다지기. 지경 다지기.
103 石手匠色. 석수장이. 匠色은 손으로 물건을 전문적으로 만드는 꾼을 일컫는다.
104 대장장색. 대장장이.
105 전국 팔도에 이름난 좋은 쇠붙이.
106 모루와 숫돌을 마련하고 풀무를 설치하여 걸고.
107 벼려서 갈 때. 있는 연장은 갈아서 날카롭게 하고, 없는 연장을 쇠를 벼리고 갈아서 만든다는 말이다.
108 도끼와 까뀌. 독귀는 다음의 각귀와 자귀와 운을 맞추기 위해 표기한 것이다.
109 대장간에서 자귀를 벼르고.
110 대패와 변탕(邊鐋). 변탕은 대패의 일종으로 목재의 모서리를 턱지게 깎아내는 기능을 지닌 대패.
111 '갈무리며'의 와전인 것 같다.
112 암수 돌쩌귀. 암돌쩌귀는 문설주에, 수돌쩌귀는 문짝에 박아서 사용한다.
113 다 친 후에. 모두 벼려서 만든 뒤에.
114 목수장이. 대목.

굽은나무 굽다듬고	잦은나무[116] 잦다듬고[117]
대부동은 네모치고[118]	소부동은 머리딸제[119]
선생목수 자리잡고	제자목수 멀고쓰고[120]
사개화통 작분하야[121]	갈지자로 새긴땅에
입구자로 추려내며	김씨대주 집을지면
응천상지 삼광이요[122]	비인간지 오복이라[123]
왕희지의 필법으로	조맹부에 체를받아[124]
태세모년 모월모일	상량서를 마친후에[125]
인의예지 기둥받쳐	보짱얹고[126] 마루깔아
팔조목에[127] 연목걸고[128]	이십팔수 추녀걸어
추녀끝에 목화치고[129]	북두칠성 조림한듯[130]
태극으로 기와얹고	오행으로 재를받고
팔괘지수 외를맺어	구궁으로[131] 산자얽고[132]

---

115 갖은 연장. 온갖 연장.
116 뒤로 기울어진 나무.
117 구부러진 것을 반대로 잦히어 다듬는다는 뜻이다.
118 대부동은 기둥감으로 네모나게 다듬고.
119 소부동을 서까래감으로 쓰기 위해 나무의 상순 부분을 잘라내는 것을 '머리 딸제'라고 했다.
120 무슨 말이지 알지 못한다.
121 집을 지을 때 사방의 보나 도리를 기둥 위에서 짜맞출 수 있게 목재의 이음새 부분을 네 갈래로 파내어 깍지 끼듯이 짜맞추어 조립하는 일을 말한다.
122 응천상지삼광(應天上之三光). 대들보 밑면에 쓰는 글귀의 일부. '하늘 위의 세 가지 빛이 응하다'는 뜻.
123 '응천상지삼광'에 이어서 쓰는 글귀. 비인간지오복(備人間之五福)은 인간의 다섯 가지 복을 다 갖추다는 뜻.
124 趙孟頫의 글씨체를 받아서. 조맹부는 중국 원나라의 서예가.
125 상량문 쓰기를 마친 후에.
126 기둥 위에 보를 얹고.
127 八條目. 『대학』에 나오는 수기치인(修己治人)의 여덟 가지 조목. 格物, 致知, 誠意, 正心, 修身, 齊家, 治國, 平天下를 말함.
128 椽木 걸고. 서까래를 걸고.
129 木畫 치고. 목공품의 표면에 자개나 수정, 금, 은, 진주 따위를 상감(象嵌)하여 여러 무늬를 표현하는 공예 기법.
130 照臨한 듯. '조림'은 해나 달, 별이 위에서 내리비치는 것을 뜻함.
131 九宮으로. '구궁'은 『주역』의 후천수(後天數)인 『낙서(洛書)』에서 발전한 방위의 자리.

양토초벽[133] 맞붙이고   고은재벽[134] 마친후에

보기좋게 지어놓고

(성주풀이를 중단하고 말로 사설을 한다.)

집을 그래도 목수들이 와가주고, 이리저리 다 놓고, 기둥을 받쳐가지고 마루도 깔고 집치장을 이제 해야 돼. 집치장을 하라 카이께네 목수들이, 아이고! 참! 임씨 집에 옛날에 집질 때 소리 듣는데, 마구 이대목도 오고 정대목도 오고 김대목도 오고 박대목도 오고. 오늘 다 금포고택 지을 적에. 정성스럽게 짓고 아들딸들 잘 되게 해달라고 마구 방방이 봐가면서 이렇게 지을 적에, 보통 정성으로 지었겠나.

(다시 성주풀이를 이어서 부르는데, 좀 빨라졌다.)

네귀에다 풍경다니   동남풍이 건들부니

풍경소리 듣기좋다   수분단장[135] 높이쌓고

산미사창[136] 가루다지[137]   화살난간[138] 툇마루며

층층대는 누마루는

(이하는 일부 빠뜨린 대목이다.)

쓸모있게 꾸며놓고   대문중문 칙간내고

연자추녀[139] 굴뚝내고   목침장여 쌍장여는

---

132 撒子 얽고. '산자'는 지붕의 서까래 위나 고물 위에 흙을 받치기 위하여 엮어 까는 나뭇개비나 수숫대, 저릅대, 싸리나무 등을 뜻함.
133 기둥 사이의 벽면에 산자를 얽고 골조로 세우고 그 위에다 짚을 섞은 거친 흙을 애벌로 발라 벽을 만드는 것이 초벽(初壁)이다.
134 고운 재벽(再壁)은 초벽을 만든 위에 아주 보드라운 모래흙을 거듭 발라 만든 벽을 일컫는다.
135 '수문담장'이 아닌가 한다. 담장을 높이 쌓는다는 말 같으나 확실하지 않다.
136 산미(?) 紗窓. '사창'은 종이가 아닌 얇은 천으로 붙인 고급스러운 창을 뜻함. 산미사창은 그런 창의 한 유형을 일컫는데 정확하게 어떤 창인지 알지 못한다.
137 가로닫이. 가로로 여닫게 만든 미닫이 문.
138 난간의 일종인데, 화살 모양의 난간을 일컫는 것으로 짐작된다.
139 연자(燕子) 추녀는 제비가 날아오르는 것처럼 지붕의 추녀 끝부분이 곡선으로 들려 있는 모습을 뜻한다.

주무의 성주풀이 모습

국화새김 볼만하다　　　　　육간대청 허공보고
무지개가 왕래한 듯　　　　　부엌이칸 구렁보는
청룡황룡 등천한 듯　　　　　남녀노소 들라하고
영창광창 쌍바라지

(위의 내용을 빠뜨리고 이어서 불렀다.)

국화새겨 완자문에[140]
쌍문닫이 두겹닫이[141]　　　겹겹이 껴서달고[142]
목수장색 물러가고[143]　　　장지[144]수지 분당지며[145]
금지황지 능화지에[146]　　　백능화로[147] 도배하고
청룡화로[148] 띠를띄고　　　금수병을 들여놓고
도배장색 물러가고　　　　　그림장색 들어와서
동서남북 부벽할제[149]　　　동편으로 돌아가면
상산사호[150] 네노인이　　　금지백지 바둑놓고
청학백학 춤을추며　　　　　삼신산에 불로초를
심은행자 그려다가　　　　　동문상에 부벽하고
남편으로 돌아가면　　　　　한실종친 유현덕이[151]
조맹덕을[152] 잡으려고　　　관우장비 선봉삼고

140　완자문(卍字門). 문살의 무늬가 '卍'자 모양으로 된 문.
141　쌍문을 여닫이로 달고, 다시 속문으로 쌍문을 미닫이로 달아서 두 겹을 이루게 달았다는 말이다.
142　끼워서 달고.
143　목수장색 물러가고 다음에 "도배장색 들어와서"를 빠뜨렸다.
144　장지는 문 한짝을 바를 수 있는 큰 종이를 일컫는다.
145　粉唐紙. 예전에 중국에서 나던 종이의 일종. 매우 얇고 희다.
146　菱花紙. 마름꽃의 무늬가 있는 종이. 고급벽지를 일컫는다.
147　白菱花. 흰색 능화지.
148　靑菱花의 와전이다. 청능화는 청색 능화지.
149　付壁할 때. 벽에다 글씨나 그림을 붙이는 일.
150　商山四皓는 '상산'의 네 노인을 뜻한다. 산 속에 은거하는 덕망 있는 사람을 가리키는 말이다.
151　劉玄德은 『삼국지』의 주인공 劉備를 일컫는다. 현덕은 유비의 자(字)이다.
152　曹孟德은 『삼국지』의 인물 曹操를 일컫는다. 맹덕은 조조의 호이다.

제갈량을 모사삼아	삼군중에 횡행하는
형상으로 그려다가	남문상에 부벽하고
서편으로 돌아가면	육관대사 성진이가[153]
천진교에 석교상에[154]	사천도를[155] 꺾어들고
명주팔괘 만들면서	팔선녀를 희롱하던
형상으로 그려다가	서문상에 부벽하고
북문으로 돌아가면	선팔십에 도를닦아
후팔십에 잘되려고	곧은낚시 물에놓고
늘삿갓을[156] 숙여쓰고	시절낚던 강태공의
형상으로 그려다가	북문상에 부벽하니
천도일월 십장생은	방문위에 붙여놓고
안방치장 볼량이면	모란화초 화문석에
죽장병풍 걸렸으며	사랑앞에 연못파고
못가운데 연을심어	수중연화 만발한데
난봉공작[157] 왕래한다	

(성주풀이를 멈추고 말로 사설한다.)

집은 다 지었으니, 이제 대주 방도 정해줘야 되니, 옛날에 마구 없는 집에 한 방에 살았지. 그때 이 대감집에 마구 방방이 주인이 있는데, 오늘은 그래도 다 그래 노인대주, 대주기주, 소년대주 다 봐도, 장손, 오늘 마구 딸 아가씨 방은 저 뒤에 정해가지고, 이렇게 다 방을 정할 적에, 금포고택에 오늘 임씨네 가정에, 다음에도 한 마디 해봅시다.

---

153 六觀大師는 김만중의 소설 『구운몽(九雲夢)』에 나오는 인물로서 주인공 성진(性眞)의 스승이다. 육관대사의 수제자 성진이는 하룻밤 꿈속에서 온갖 부귀영화를 다 누리고 인간의 부귀영화가 일장춘몽이라는 것을 깨닫는다.
154 천진교와 석교상은 성진이 꿈 속에서 양소유로 태어나 기생들과 풍류를 즐기는 무대를 일컫는다.
155 먹으면 불로불사를 누릴 수 있다는 천도복숭아를 일컫는 것 같다.
156 부들로 만든 삿갓. 비오는 날 비를 가리는 용도로 쓰기보다 나그네가 얼굴과 해를 가리기 위해 쓰는 삿갓이다.
157 鸞鳳孔雀. 난새와 봉황, 공작새를 일컫는다.

(성주풀이를 이어서 부른다.)

각방처소 마련할제	노인대주 침실이오
작은사랑 정한방은	소년대주 침실이오
안방이칸 정한방은	부모양위 침실이오
분벽사창[158] 건너방은	장손며느리 침실이오
후원별당 깊은방은	딸아가씨 침실이오
담장내외[159] 줄행랑은	남녀노소 머무르고
일산행차[160] 왕래하고	장인광대 출입하니
암행어사 집일런가[161]	복덕방에 광을짓고
안채는 목숨수자	바깥채는 복복자요

(이하는 일부 빠뜨린 대목이다.)

천덕방에 방애놓고	식신방에[162] 우물파니
석숭[163]거부 집일런고	효자충신 집일런가

(위의 대목을 빠뜨리고 이어서 부른다.)

행랑채는 창성창자	수복가영[164] 지었으니
삼팔목이[165] 동문이요	이칠화가[166] 남문이라
사구금이[167] 서문이요	일륙수가[168] 북문이라[169]

158　粉壁紗窓. 흰색 벽과 비단으로 바른 창. 아름답게 꾸민 신방(新房)을 나타내는 말.
159　내외를 하기 위해 시각적으로 남녀 공간을 가리려고 집안에 쌓은 담장. 흔히 '내외담장'이라고 한다.
160　日傘行次. 일산을 쓴 벼슬아치들의 행렬.
161　일산을 쓴 어사 행렬이 오고 가고 장인과 광대들이 드나드는 것을 보면 암행어사 집이라는 말이다. 과거에 장원급제하면 일산 행차를 하며 장인과 광대들이 풍악을 울리고 곡예를 한다.
162　食神方에. 이사할 때 사람의 사주를 풀어서 정하는 길한 방위 가운데 하나.
163　石崇은 중국 서진의 문인인데, 전설 속에서는 큰 부자로 알려져 있다.
164　수복강령(壽福康寧)의 와전이 아닌가 한다.
165　三八木은 흔히 동방 삼팔목이라 한다. 상수학(象數學)에서 오행의 하나로 一六水, 二七火 다음이 삼팔목이다.
166　二七火는 흔히 남방 이칠화라 한다. 상수학에서 오행의 하나로 一六水 다음이 이칠화이다.

일문을 높이열고 　　　　　　애로를[170] 크게닦아

내향문을 갖춰놓고 　　　　　궁장이[171] 높은곳에

오는사람 받자하니 　　　　　누구귀기가 모였든고

풍호무호[172] 영귀인은[173] 　　당상에 올라있고

유황측포 당포산은[174] 　　　설중에 들어있고

금자목피 자룡중구 　　　　　민자건은[175] 문안에드니

(성주풀이를 멈추고 말로 사설을 한다.)

방도 다 방방이, 방주인도 있고 하이꼐로, 이제는 이 집에 집도 다 짓고 방 배정도 다 했으니 이제는 빌어야 되지. 오늘 같이 또 터주도 빌고 마구 날받이해서 빌어야 인제 성주도 모시고. 오늘 예천임씨 성주를 모실라 카이, 너무나 좋다. 오늘 성주를 모시고 나면 저녁부터 비가 온다 카이 부자도 되고, 자손들도 하나 같이 신유생에 계유생에 저 형제가 나라에 충신이 되고 부모에는 효자가 되고, 형제간에 사이좋고 남매간에도 우의 좋고, 안동시 임하면 금소리에 병신생에 예천임씨 가정에 성주날 잘 빌어 봅시다.

(다시 성주풀이를 이어서 부른다.)

칠십제자[176] 삼천인은 　　　역력히 다알손가

어화하고 벗님내야 　　　　　가자세라 보잣세라

167　四九金은 흔히 서방 사구금이라 한다. 오행의 하나라 일육수, 이칠화, 삼팔목 다음이 사구금이다.
168　一六水는 흔히 북방 일륙수라 한다.
169　다음에 중앙 五十土라 해야 하는데 빠뜨렸다.
170　隘路는 좁고 험한 길을 뜻함.
171　宮牆은 궁궐 담장 곧 높은 담장을 일컫는다.
172　風乎舞乎. 신재효본 판소리 〈흥보가〉의 사설에 나오는 말이다. 우순풍조 호시절에 풍악을 울리며 춤을 즐기는 좋은 팔자를 뜻한다.
173　乾隆帝의 후궁인 영귀비((穎貴妃)를 일컫는 듯하다.
174　'유황측포'와 '당포'산은 모두 포(布)의 일종으로 옷감 이름이 아닌가 한다. '당포'는 중국산 무명이나 모시를 일컫는다.
175　閔子騫. 춘추시대 노(魯)나라 사람으로서 공자의 제자였다. 효자로 유명하다.
176　공자의 제자 가운데 뛰어난 제자 70인을 칠십제자라 한다.

집구경 가자세라	어히어히 가자세라
이덕이 뉘덕이냐	성조판관 덕이로다
이성주가 뉘성준고	이집대주 성주로다
이집가문에 딸린성주	성주근본이 어디멘고
경상도 안동땅	제비원이 본일레라
이러한 좋은집에	성주님을 뫼시려고
일관대사 날을받아	성주님을 뫼셨으니
천복만복 내리소서	개문하니 만복래요
소제하니 황금줄이	아들낳으면 효자낳고
딸을낳으면 효녀낳고	구름복은 흘러들고
사람복은 걸어들고	황쇠복은 지고들고
물복은 숨어들고	생쥐복은 물어들고
도랑에는 풀이나고	늙지않는 불로초라
죽지않는 불사약이	좌우로 소생하고
자손만대 창성유전	부귀공명 누리도록
성주전에 비나이다	이러한 좋은날에
놀고놀고 놀아보세	성주전에 놀아보세
에라만수 에라 대신이야	

(성주풀이를 끝내고 이어서 사설을 한다.)

 이리하여서 경북 안동시 임하면에 금소리에, 병신생에 삼월 이십육일에 예천임씨, 을미생에 삼월 이십사일에 반남박씨. 이 가정 명당에다 신유생에 병오생에 계유생에다. 가정 명당에 이 터 명당에 꽃이 되고 잎이 되어서 검은 밤에 횃불같이 검은 밤에 달빛 같이. 구름에 해가 나고 구름에 달이나 오신 듯이 불 밝히고 물 맑힌 정성, 성주님이 보살펴서 자손마다 수명장수 주고. 자손마다 부귀영화를 내려주고, 자손마다 소원성취 다 주고.

 오늘 성주대신이 정말로 좋다. 그래 아들아 정말 좋다. 오늘은 그래도 성주가 아버지가 성주아이라. 우리 아들이 나를 찾고, 나를 불러서 성주를 모셔주니, 내가 봉당에 높은 데 좌정을 해서 우리 후손들 하나같이 도와주고 받들어주마.

그래 걱정하지 마라. (대주의 딸을 보면서) 그래 시집 갔는 딸도, 우리 손녀도 내가 하나 같이 도와서를 글로도 이름 나도록 도와주마. 글 잘하고 말 잘하는 우리 손녀야. 꿈도 많고 희망도 많은 내 손녀야, 그래도 함께 동참하니 좋다. 요즘 세상에 아들이 어디 있고 딸이 어디 있느냐. 꿈대로 희망대로 재주대로 풀어먹고 사도록 도와주마. 이제 뭐라도 응! 솜씨 좋은 것 썩굿는(썩히는) 것도 국가에 저거다(손해다). 그러니까 어에든지 재주대로 풀어야 우리나라 국가에 이바지하잖아. 좋다.

(창으로) 오늘은 천고만고 다 풀어주고. 동토에 걸린 것도 내가 풀어주고, 명당터에 걸려 있는 것도 내 풀어주고. 목신고에 걸레 있는 거, 지붕에 걸레 있는 거, 동서남북에 동토에 걸레(걸려) 있는 거, 오늘은 내가 들어서 전부 풀어주고요, 흙간에 목신에 동토살에 걸려 있는 것도 성주대신이 가정 편안하게 도와주지. 다 걱정하지 마라.

(사설을 끝내고 아리랑을 부른다.)
아리랑 아리랑 아라리요
아리랑 고개로 넘어 간다
놀다 가세 놀다 가세
성주대감 놀자리도 놀다 가세
아리랑 아리랑 아라리요
아리랑 고개로 넘어 간다
풍년이 언달에 풍년이 왔네

주무: 그래도 우리 손자.
법사: 그렇지요, 예!
주무: 우리 손자한테 풍년을 주고, 꿈도 실어주고, 이렇게 놀다가 가니까. 성주님이 이렇게 기분 좋게 놀다가 가면은 이 터 명당, 이 터전에 싹이 나고 잎이 나고. 예천임씨 잘 되게 내가 도와주마. 이 정성 한다고 수심도 많고 애도 많이 썼다. 도와주마. 내년 수전에 변동이 들어도 좋은 일 있게 도우마.
법사: 변동이 들어있다.
주무: 뭐 무슨 변동인지 변동이 들어있다. 뭘 하나 바꿀라고 파는 건지 모르겠다. 문서 변동이 들어

있다.

성주님이 들어서 자손도 하나같이 받들어서 도와주고 마음먹은 대로 내가 도와주고. 천리타향 장남자손 저래 가 있더라도 아무 근심 없이 도와준다. 딸 자손도 걱정 근심 없이 내가 도와준다. 잘 되게 해주께. 일어나게 도와주고, 가면 갈수록 재미가 있도록 도와주고, 정말로 좋다. 이 터 명당에 함께 하는 여러 선생님들, 좋은 일 있도록 해주고 무궁무진하게 재수문 열어주고. 내가 도와주마. (주무가 제자리에서 원무를 추다가 오방기를 집어들고 대주에게 오라고 했다.)

법사: 대주 오세요. 이리 오세요. 오방기 뽑으러 오세요.

대주: 예?

주무: 한 번 뽑아 보소.

대주: (오방기 가운데 붉은 기를 뽑았다.)

주무: 아이구! 이렇게 도와준다. 성주대감한테 절을 세 번 하소. 최고 재수를 받았다. 오늘 홍깃대를 뽑아가주고 성주님이 얼마나 좋아라 하는지.

대주: 이거(홍깃대) 놓고 여기요?

주무: 홍깃대 뽑아가주고 재수문 열어준다. 내가 오늘 이왕지사 왔으니, 금포고택 임씨댁에 오셨으니 오방기나 뽑고 가소. (조사자에게) 교수님도 한 번 뽑아 보시겠습니까? (고개를 저으며 사양하자, 기주에게로 가서) 그러면 기주. 자~ 기주님 (오방기를 기주에게 들이민다.)

기주: (노란색 기를 뽑았다.)

주무: 임씨 대감이 어떨 때는 고집을 씨우면은(부리면) 어에든동 이겨봐야 되지요. 지는 척하면서 이기는 대감이 쎄다.

기주: (고집이) 쎄요. 엄청 쎄요.[177]

주무: 그래. 쎄다. 어떨 때는 지는 척하면서 이겨야 된다. 순한 양 겉치(같이) 하면서 이기고 봐야 된다. (기주에게 다시 오방기를 내밀면서) 재수나 한 번 더.

기주: (다시 노란색 기를 뽑았다.)

주무: 대감이다 좋은 거야.[178] 재물덕은 있어가주고 받을 복이 있어, 한 개라도 끌어왔으면 끌어왔

---

[177] 대주의 고집이 엄청 세다고 한다. 아내의 처지에서 하는 말이다.
[178] 노란색 기는 대감을 뜻하는 것으로 좋은 징조라는 것이다.

지. 내보내는 거는 없다. 저 양반이 갖다 한 번씩 손해 보네.[179] 벌어들이고 하는 것은 벌어들이지만 절대 손해 보는 것 없다.

11. 주무 송옥순의 창부거리

성주거리가 끝나자 법사의 반주음악이 울려퍼진다. 주무는 제자리에서 시계방향으로 돌며 원무를 추다가 입고 있던 옷을 벗어서 기주에게 던져준다. 기주는 옷을 받아 안는다. 주무는 연두색 장삼으로 갈아입고 다시 원무를 추었다. 창부거리가 시작된다.

주무: 오늘 정성에 아이고, 이 대궐 같은 집에, 우리 병신, 을미, 신유생, 병오생, 계유생, 정묘생이 사는데, 나쁜 게 없을 수가 있나. 삼재도 있고, 오방지신이 들어도 일년액운을 창부가 전부 막아서 소멸하고. 오늘은 풍악소리에 천고만고 풀고, 나쁜 거 동토에 걸레(걸려) 있는 거 다 풀고, 문틀 앞에, 문틀 안에 들어 있는 거, 우리 중생들이 그래도 병신생, 을미생, 신유생, 병오생, 계유생, 정묘생에 하나같이 액운액살에 걸려 있는 거. 운수 사나운 거, 사고수에 관재에, 근심걱정에, 다 걸레 있는 것도, 오늘 다 동토에 걸려 있는 것, 오늘 나쁜 거는 썩 닦아다가 천상으로 소멸하고.

재수대통 시켜주고, 이 터 명당에 들어서면 기분이 좋고 손님들께 도와주마. 많은 사람 중생 땡겨다가 그래도 보고 가고, 구경하고 자고 가고 놀다 가게[180] 도와를 주고, 이름나게 도와주고. 금포고택이 이름나게 도와주마. 나쁜 거는 물리치고, 재수문 열어다가 내가 도와를 주마.

천고만고 걸린 것도 내가 풀어주고, 산바람에 불바람, 인간바람에 걱정근심을 걷어다가 천상으로 소멸하고, 억사같이 걸려 있는 것도 다 소멸을 해서, 물리쳐주고, 삼백육십 일을 하루같이 받들어서 편안하게 도와주고 내가 도와를 주마.

---

179 기주는 한 푼이라도 벌어들이는 일만 하는데, 더러 돈을 엉뚱한 데 쓰는 일이 있으면 대주 저 양반이 돈을 그렇게 허투루 쓴다는 말이다.
180 성주굿을 하는 금포고택은 안동시의 명품고택으로 지정되었을 뿐 아니라, 한국관광공사의 '한옥스테이' 가옥으로 인증되어 고택체험 한옥으로 알려져 있다. 따라서 많은 손님들이 와서 머물며 구경하고 자고 놀다가 가라고 비는 것이다.

(창으로 노래한다.)

안산광대 밖산 챙겨 스무시하고 너털이요.
전라도 하고는 남원창부 경상도 하고는 안동창부
경기도 하고는 송파창부 창부씨 창교씨 거동보소
안동시를 썩 들어서서 논들 밭들로 나리실 때
나무도 뚝 꺾어 다리를 놓고 돌도 짚어서 수렁내고
오이씨 같은 버선발로 쌍상투를 두르시고
절구통 바지를 입으셨나 빛난 색동을 입으셨나
창부씨 창교씨 거동을 봐라 얼마나 좋은지 모르겠네
올려다보니 만학은 천봉 내려다보니 백사지요
외줄타고 놀던 창부 쌍줄을 타고서 놀던 광대
어린 광대는 옥저를 불고 어른 광대는 대저를 불고
임씨네 가정에 썩 들어서서 일년 홍수를 막고나 가자
재수 소망 떠다 주마 일년하고는 열두 달에
과년하고 열 석 달이요
정칠월 이팔월 삼구월에 사시월 오동지 육섣달이야
춘하추동이 내돌아가도 일년 홍수를 막고나 가자
정월 한 달에 드는 홍수 정월 이월은 지나가고
삼사월도 지나가네 오뉴월도 지나가고
칠팔월도 지나가네 구월 한 달에 드는 홍수
구월 구일 날로 막아를 줄 때 만조상님이 막아주마
시월 한 달 드는 홍수는 시단풍으로다 막아주마
동지 한 달 드는 홍수는 동지 팥죽으로 막아주마
섣달 한 달 드는 홍수는 눈비로다 막아주마
직성[181] 행렬은 없을손가 직성 행렬 막아주마

---

181 直星. 사람의 나이에 따라 그 운명을 맡고 있는 아홉 가지 별. 제웅직성, 토직성, 수직성, 금직성, 일직성, 화직성, 계도직성, 월직성, 목직성 등을 일컫는다.

수직성 목직성 제웅직성[182] 직성 행렬 막아주마

정월 한 달 드는 홍수 정월 대보름날 막아줄 때

오곡잡곡으로 막아를 주마 이월 한 달에 드는 홍수

이월하고 영등날에 영등할머니가 막아주마

삼월 한 달에 드는 홍수는 삼월 삼짇날 막아를 줄 때

강남 갔던 제비 한 쌍이 옛집을 찾아와 막아를 내고

사월 한 달에 드는 홍수는 사월 초파일날 막아를 줄 때

석가모니 관등불로 홍수대수를 막아주고

오월 한 달 드는 홍수는 오월 단오날로 막아줄 때

송백나무 그네 띄워 이 담 저 담으로 막아주마

유월 한 달 드는 홍수는 유월 유두날로 막아줄 때

햇과일 천신으로 막아를 내고

칠월 한 달에 드는 홍수 칠월 칠석날 막아줄 때

견우직녀 상봉시에 오작교 다리 위에서 막아주마

팔월 한 달에 드는 홍수 팔월 한가위날 막아를 줄 때

둥근 달로다가 막아주마

구월 한 달 드는 홍수 구월 구일날로 막아줄 때

만조상이 막아주마

시월 한 달 드는 홍수는 시단풍으로 막아주고

동지 한 달 드는 홍수는 동지 팥죽으로 막아주마

섣달 한 달 드는 홍수는 눈비로다 막아주마

삼재팔난은 없을손가 삼재팔난도 막아주마

드는 삼재는 복삼재로다 묵은 삼재 업삼재다

나는 삼재는 길삼재로다 물홍수 불홍수도 막아주마

관재구설 막아주마 도둑수 실물수 막아주마 사고수도 막아주마

직성 행력은 없을손가 직성 행렬 막아주마

---

[182] 아홉 직성 가운데 3가지 직성.

자손에 직성을 일곱에 직성　직성 행렬도 막아주마

　　높은 산에 눈 날리고　얕은 산에는 재날리고

　　억수장마 비 퍼붓듯　대천 바다에 물밀 듯이

　　좁은 골에 번개 치듯　잘되게만 도와주마　부자되게 도와주마

　　빛나게도 도와주마　금일 정성 내가 받아 내가 좋다

　　내가 좋다 이 정성으로　내가 받아 청산에 가서 춤을 추고

　　옆 산에 가서는 재수 빌고 높은 산에 저 물을 떠다

　　금일 정성을 내가 받아　얼마나 좋은지 내가 좋다

　　아니 놀지는 못하리라.

　(말로) 이렇게 신나게 놀고 나서, 천고만고에 걸리는 고, 검은 고에 걸리는 고, 동서남북 걸렸는 고, 일곱 칠성전에 걸렸는 고, 상문살에 걸렸는 고, 우리 대주가 어디를 안 가겠느냐. 자손들이 어디는 안 가겠느냐. 이 터 명당에 어떤 사람이 많이 오고 왕래를 하드라도 천고만고에 걸린 고를 풀어줄 적에 병신생, 을미생에 신유생에 병오생에 계유생에 홍수 대수를 막아서를 근심걱정 막아다가 천상으로 소멸하고…

　주무가 사설을 마치고 반주 음악에 맞추어 검은 고를 들고 앞으로 휘휘 저으며 대청마루를 내려와 고풀이를 하려고 앞마당으로 나갔다.

12. 주무 송옥순의 고풀이

　주무는 대청마루에서 창부거리를 마치고 앞마당으로 나와서 고풀이를 했다. 여러 가지 색깔의 고를 앞마당으로 들고 나왔다. 긴 천을 일정한 간격으로 매듭을 지워서 고를 만든 것이다. 주문을 외우며 매듭으로 고를 지어놓은 천을 앞으로 던져서 흔들었다. 천을 아래 위로 흔드는 데 따라 고가 서서히 풀리기 시작했다. 고가 풀리면 일정한 길이로 천을 사린다. 사리는 천이 아귀가 딱 맞으면 끝을 내고 다음 고를 잡고 다시 고풀이를 한다. 처음에는 검은 고부터 풀었다.

검은 천의 고풀이

주무: (검은 고를 풀어나가다가 기주에게 물었다. 객사한 조상이 없느냐고 묻는 것처럼) 누구 없나? 사고로 죽거나….

기주: (대주를 가리키며) 저 물어보소.

주무: 친정에는 없나? (고를 다 풀어낸 검은 천을 들고 기주와 대주의 몸을 훑고 일정한 길이로 사렸다가 천 끝이 딱 맞아떨어지지 않자, 다시 풀었다가 사리기를 반복한다. 악기소리가 요란하여 주문이 잘 들리지 않는다.)

　온갖 사람들 왔다리 갔다리 하는데 따라들고 묻어들고, 임씨네하고 박씨네하고만 있는 게. 오늘 노중(路中)에 고 걸린 고, 노중 고를 풀고. 이 명당에 노중에 걸레 있는 고, 노중 고를 다 풀어주마.

　(검은 고를 모두 풀어 마당 한켠에 놓아두고) 보소! 내가! 내가요, 그냥은 내가 갈라 카이, 내가 그냥은 못 가지. 검은 고를 풀고 그냥 갈라 카이, 술도 한잔하고 노래도 한자락 하고 그래 가야겟소. 거 술 좀 가져 옸나. (조무가 대청마루에 술을 가지러 간다.) 내가 이 검은 고를 풀고 가는데 얼마나 힘이 드는지 아요(알아요)? 하이고 내가…

(노래 '번지 없는 주막'을 부른다.)
　　문패도 빈지수도 없는 주막에
　　궂은 비 나리면 이 밤도 길구나
　　능수버들 태질하면 창가에 기대어

(조무가 주는 술잔을 받아들고)
　　어느 날짜 오시겠소 울던 사람아

(들고 있던 술잔을 마시며 말한다.)
　　캬~ 하이고, 술은 자꾸 먹고 싶은데, 무당이 술을 못 먹어가꼬. 이거 먹으마 무당이 굿을 못해. 캬~ 아이고 잘 먹고 간다. 오늘 마...

(노래 '청춘을 돌려다오'를 부른다.)
　　청춘을 돌려다오 젊음을 다오
　　흐르는 내 인생에 애원이란다
　　못다 한 그 사랑도 태산 같은데
　　가는 세월 막을 수는 없지 않느냐
　　청춘아 내 청춘아 어딜 가느냐

(대청마루로 올라 가서 오방색 고를 들고 휘휘 저으며 안방문, 사랑방문을 거쳐 대문에 서서 고를 풀기 시작했다. 이후 노란색 고를 들고 앞마당으로 나와 기주와 대주의 몸을 씻어내듯이 훑어내렸다.)

주무: 문상 가지 마소.
기주: 어디 가지 말라고요?
주무: 문상!

주무는 노란색 고를 풀고 다시 매듭짓기를 반복한다. 대주의 머리 둘레를 재어 고를 사렸다가 풀고, 다시 팔 길이를 재어 사렸다가 풀었다 한다. 천에 매듭을 지은 고를 다 풀고 난 뒤에 일정한 길이로 사리는데, 이때 끝자락의 아귀가 꼭 맞아야 한다. 사리는 천의 끝이 조금 남거나 모자라면 딱 맞아떨어질 때까지 다시 고를 묶어서 풀었다가 사리는 작업을 몇 차례고 다시 한다.

주무: 안 맞는 걸 풀어내는 거에요.

고를 대주의 몸에 둘러 훑다가 다시 고를 푼 다음에 목둘레를 재어 고를 사렸다. 아귀가 맞지 않자 허리를 훑어 다시 고를 사렸다. 다시 고를 대주의 다리 사이에 넣고 옆으로 빼내고는 가슴너비를 재어 다시 고를 사렸다. 풀었다 매듭짓기를 반복했다. 사리는 길이를 임의로 하는 것이 아니라 대주의 신체 일부의 길이를 재어서 사린다. 따라서 사리는 천의 끝이 쉽게 맞아떨어지지 않는다. 여러 차례 시도하다가 대주의 허리둘레를 재어 그 길이로 고를 사려서 성공적으로 끝을 냈다.

노란색 고를 모두 풀어낸 주무는 대청마루에서 흰 고를 들고 나와 다시 대주의 몸을 훑고 고풀기를 시작했다. 흰 고 끝에 매듭을 지어 대주에게 잡게 하고 서로 줄다리기 하듯이 당겨 단단하게 매듭을 지었다. 매듭을 모두 단단하게 지은 다음 대주의 머리 위에 휘두르고 다시 기주 앞쪽에도 휘둘렀다.

주무: 풀리겠나 이게? 안 풀리면 새로 굿을 해야 돼.[183]

단단하게 매듭지어진 흰 고를 앞으로 던져서 계속 아래위로 세차게 흔들자 매듭이 하나씩 풀려나갔다. 고가 다 풀리자 모두 손뼉을 쳤다. 고를 찢어 대주의 허리에 둘러서 잘게 찢었다. 기주 앞에서도 흰 고를 찢었다. 주무는 검은 고를 가져와서 조무에게 쥐고 있도록 하고, 대주와 기주를 가운데 두고 천 양쪽을 잡아당겨 찢었다. 검은 고 다음 노란 고, 오방색 고, 흰 고 차례로 찢었다. 흰 고는 대주와 기주, 딸에게 끝을 찢어 쥐게 한 다음 서로 잡아당겨 찢었다.

---

[183] 매듭을 지은 고가 풀리지 않으면 오늘 한 굿을 처음부터 다시 새로 해야 된다.

13. 법사 조현동의 칠성거리

고풀이를 끝내고 칠성단에 빌기를 시작했다. 집 뒤꼍에는 제가집에서 모시는 칠성단이 있다. 뒷산 기슭 아래 다듬이돌 만한 장방형의 바위를 반듯하게 놓아두었는데, 칠성단이라고 했다. 가족이 아니면 예사로 지나칠 만한 공간이다. 법사는 칠성단 앞에 앉아 징을 치며 칠성빌기를 시작했다.

법사: 옛날 옛적에 빌고 위하시고 받드시던 허궁 칠성님네요. 일곱 칠성님네요. 오늘날에 좋은 날에 안택고사 성주고사 터전고사 올리는데, 칠성님네요, 옛날 옛적에 다 이 도당에 터전 명당에서 다 자손만대 빌고 빌던 칠성님네요. 비나이다 비나이다. 받들 칠성에다 도울 칠성에다 명 달라고 빌던 칠성님네요. 비나이다 비나이다.

   옛날 옛적에는 일곱 칠성에다 물을 떠놓고 허궁 칠성에다 산신 칠성에다 용궁 칠성 모셔놓고. 임씨 가정에 다 연년이 바쳐놓고 신곡맞이 하여놓고 바쳐놓고, 춘삼월 호시절에 봄맞이 잎맞이 정성 드리고 구시월 다, 상달에 신곡맞이 바쳐놓고 햇곡맞이 바쳐놓고 백설기 바쳐놓고. 다 빌던 칠성님네요.

법사의 칠성빌기

오늘날에 다 새로 돌에다 돌칠성에다 모아놓고, 칠성님네요. 북두칠성 칠원성군님네요, 다 일곱 칠성님네요. 동으로는 동두칠성님네, 남으로는 남두칠성님네, 서로는 서두칠성님네, 북으로는 북두칠성님네. 견우직녀 칠성님네 오작교 칠성님네. 산신칠성님네야 용궁에 칠성님네 이월 제석 영등칠성님네. 바람칠성님네 구름칠성님네.

옛날에 다 맑은 정성 바쳐놓고 칠성님네를 위하고, 누린 부정 비린 부정 가새내고(가셔내고), 칠성님네를 위하는데, 오늘날에 이 도당에서 오늘날에 안택고사 지내는데, 칠성님네 금일 정성을 바쳐놓고 비나이다 비나이다. 백설기 공양 깨끗하게 바쳐놓고, 높은 낭게(나무에) 홍과일로 낮은 낭게 청과일로 줄기 뻗은 공양 바쳐놓고 이 정성 드립니다.

오늘날에 좋은 날에다 예천임씨 가정에다 반남박씨 제일 가정 제일 명당에 돌칠성 모셔놓고, 오늘날에 빌고 위하는데, 이 터전에 오늘날에 새로 다. 이 가정에 도와달라고 받들어 달라고 엿들어 달라고, 칠성님 모셔놓고 비나이다 비나이다. 두 손 모아서 비나이다.

어에든동 이 정성 드리고 나거들랑 일년 열두 달을 하루같이 도와주시고 칠성님네요. 옛날 옛적에다 선에 선천지 후에 후천지 빌고 위하고, 이 가정에 어에든동 아무 탈 없이 해달라고 빌고 빌던 다 허궁칠성[184] 아닙니까.

이 날에 좋은 날에 이 가정에 어에든동 다 복칠성 되고 명칠성 되어서 천년이 가도 만년이 가도 칠성님네 하늘에 문을 열고 땅에서도 문을 열고 임씨 가정 이 터전 명당에서 소홀함이 있더라도 어에든동 받들어 주시고. (이때 주무가 소지를 들고 와서 칠성단 앞에서 소지를 올릴 준비를 한다.) 오늘날에 이 정성 드리고 나거들랑 이 가정 명당에 일년 열두 달에 하루 같이 도와를 주시고, 칠성님의 공덕으로 칠성님의 원력으로 받들어주시고 엿들어주시고.

14. 주무 송옥순의 소지올리기

법사가 칠성빌기를 하는 중에 주무가 성주상에 놓여 있던 소지를 들고 칠성단 앞으로 왔다. 법사가 칠성빌기가 아직 끝나지 않았지만 소지를 올릴 준비를 했다. 칠성빌기가 끝

---

184 '허공칠성' 또는 '건궁칠성'의 다른 말. 칠성신을 칠성단에다 모시지 않고 특정한 시설물 없이 모시는 것을 뜻한다.

나자 축원을 하며 소지에 불을 붙여서 하늘로 올리기 시작했다.

주무: 경상북도 안동시 임하면 금소리에 오백구 다시 이번지, 나라대주 병신생에 삼월 이십오일 임영하, 명당기주 을미생에 이월 이십사일 박금화, 장남자손 신유생에 임효상, 자부열에 병오생에 이월 십오일 조은영, 차남자손 계유생, 봉모는 정묘생에 사월 하고 십일날.

   천지신명님도 일월성신 일월성군 북두대성에 문을 열어. 칠성당에 문을 열으시고, 제석당에 문을 열어 오늘날 비고 빌던 칠성 아니십니까. (주무가 들고 있는 소지에 조무가 불을 붙였다.) 천지신명님 소지 삼장 받으시고 (불 붙은 소지가 하늘 위로 높이 올라갔다.) 명 실어 복 실어 재수 실어 주옵소서.

   비나니다. 비나니다. 천지신명님전, 소지 삼장에 칠성전에다가, (두 번째 소지에 불을 붙이자 하늘 높이 올라갔다.) 칠성님요. 칠성님요. 오늘은 나라대주는 병신생에 을미생에 신유생에 병오생에 계유생이 아닙니까. 짜른(짧은) 명은 이사(이어)주고 긴 명은 사려주고 (세 번째 소지에 불을 붙

칠성단 앞에서 소지 올리기

이자 하늘 높이 올라갔다.) 자손마다 잘 되게 해주고 자손마다 나라 녹을 먹게 해주고 자손마다 부자 되게 도와주소. 자손마다 잘 되게 도와주시고 악한 것은 제쳐주고 떨쳐주고 좋은 일만 있도록 천지신명님요. 칠성님요, 도와를 주시고 명칠성 복칠성에 용궁에도 칠성이요, 바람칠성 구름칠성 견우직녀 칠성에, 오늘은 칠성당에다가 불 밝히고 물 맑혀서 비나이다.

기주: 뒤주에, 그고(그리고) 항아리.[185]

주무: 항아리는 거는 안 해도 되는데. 저 뒤주만 하면 돼.[186] 뒤주만 살짝 비면 돼. 그런데(항아리는) 안 빌어도 돼. 재수문 열어주소. (마지막 소지가 하늘 높이 올라가자 말하듯이) 소지 진짜 잘 올라간다. 잘 올라간다. 이제 이것도 치와도 돼.[187]

(빠른 걸음으로 아랫마당으로 가서 주차된 대주의 차바퀴에 막걸리를 부었다.)

조사자: 차에는 왜 술을 부으시는 거에요?

주무: 차에, 이왕 하는 거이께네, 차대감도 먹어야지.

법사: 다 됐어요?

주무: 저 안에, 성주 약간 빌어야 안 될라?

법사: (주무에게) 성주는 (보살님이) 비소.[188]

15. 법사 조현동의 고방빌기

칠성단 빌기를 마친 법사는 주무에게 성주 앞에서 비는 일을 맡기고, 자신은 고방 앞으로 갔다. 고방거리를 맡아서 징을 치며 축원을 하는데, '뒤주빌기'라고도 했다. 금포고택에는 마침 고방과 뒤주가 나란히 있어서 함께 빌기를 한 셈이다. 법사가 상차림 앞에 앉아서 징을 치며 빌기 시작했다.

---

[185] 기주가 뒤주와 항아리가 있는 장독대에도 불을 밝혀야 한다는 말이다.
[186] 기주의 말에, 주무가 항아리는 제외하고 뒤주에만 불을 밝혀도 된다고 한다.
[187] 칠성단 앞에 차려 놓은 상을 이제 치워도 된다는 말이다.
[188] 법사가 자기는 고방 빌기를 해야 하니까 성주 빌기는 주무에게 하라고 한다.

법사: 이 도당에 예천임씨 가정에다, 명당으로는 박씨 가정, 앞으로 돌아 열두 달 열으시고 밖을 돌아 열으시고 동서팔방에도 문을 열으시고. 옛날 옛적에 터전에다 곡식을 해가지구 시월달이 되면은 다 바리바리 싣고 와서.[189]

   (빌기를 멈추고 주무에게) 이거 그거다 그죠?[190]

주무: (상에다 막걸리를 따라 올리며) 고방!

법사: 많이많이도 다 억사같이 먹고 남겠금 다 고방에서 다 많이도 하셨는데. 오늘날에 고방에다 가구를 쌓아놓고 곡식도 쌓아놓고, 섬이섬이 받쳐놓고 비나이다 비나이다. 섬으로 받쳐놓고 고방에서도 어에든지도 많이 실어드리고 고방에서도 어에든동 이 터전에 다 실어들이고 실어나가지고 고방에서 문전에서 문을 열어주시고 다, 고방에서 문을 열어서 고방에다 문을 열어서 다 음식이 쌓이고 먹고 쓰고 남게 쓰고, 고방에서 오늘날 좋은 날에 이 정성 드립니다.

   비나이다 비나이다. 사대문 열으시고 터주 용신에 문을 열으시고 고방에서도 문을 열으시고. 이 가정에 어에든동 오늘날에 다 액운을 막아주시고 재앙도 막아주시고 들어오는 복은 받아주시고, 나간 복은 다 불러달라고 오늘날에 고방에서 음식을 바쳐놓고 터전맞이 마전맞이 정성에 터주신 모셔놓고, 금일 정성을 드립니다.

   비나이다 비나이다. 예천임씨 대한가정에 안방에 문을 열고 앞문에는 새단추냐 뒷문에는 옥단추냐, 이 가정에 실어주고 이 가정 명당에서 불을 밝혀주시고요. 어에든동 이 가정에다 여기에서 재앙은 막아주시고 일년 열두 달에 어에든동 화재수도 막아주시고 구설수도 막아주시고, 사방에도 들어오는 살 막아주시고 물에 물홍수야 화재수도 막아주고 도둑수도 막아주소, 실물수도 막아주소.

   어에든동 이 터전 가정에서 이 정성 드리오니 고방에서 오늘날에 이 정성 드리오니 고방 신령님네요. 천석만석으로 다 이 가정으로 다 들어오는 재수 받아주소. 하늘에 떠밀려서 실어주소. 동서팔방에 다 밤으로 낮으로 다 이 가정에 오늘날에 정성을 드리오니, 일년 열두 달을 하루 같이 도와주시고. 문전에서 문전으로 다 터전에서 마전에서 빌어서 고방에서 실어오다.

   음식이 많이많이 쌓이도록 옛날 옛적에는 고방에서 다 음식을 분배하고 마방을 보든 다 이

---

189 시월 추수철이 되면, 수확한 벼를 수레에 바리바리 싣고 들어온다는 말이다.
190 여기가 고방인지 뒤주인지 확인하는 질문이다.

자리에서 오늘날에 다, 시간이 옛날 시절 넘어가고 요즘에는 새 시절이 돌아와도 어에든동 이 터전에서 다 고방에서 문을 열어달라고 비나이다 비나이다. 두 손 모아 비나이다. 어에든동 다 대문 열어가주고 어에든동 이 도당에서 천석만석 쌓이도록 어에든 다 도와주시고, 앞노적은 싹이 트고 뒷노적은 움이 나고 한 노적은 싹이 나도록 어에든동 다…

16. 주무 송옥순의 성주빌기

법사가 고방 앞에서 고방거리를 하고 있는데, 주무는 대청마루로 돌아와 성주 앞에서 마지막 성주빌기를 했다. 조무는 그 동안 뒷정리를 하고, 고방거리를 마친 법사도 함께 뒷정리를 도왔다. 주무가 성주상 앞에 앉아서 장구와 징을 치며 비는 말을 하기 시작했다. 주무가 선굿을 할 때는 법사가 따로 반주를 맡아서 했는데, 앉은굿을 할 때는 주무가 직접 반주를 하며 사설을 했다.

무녀의 성주빌기

주무: 나무일심동천 나무일심동천 해운을 잡아 무술년에 달로 잡아 구월에 상달에 일진을 잡아 초하룻날에, 생기복덕 날을 잡아 사바세계는 남선부주 대동으로 경상북도 안동시라 임하면에 금소리에 오백 구 다시에 이번지 명당터전 돌아 들어설 때, 나라대주 병신생 삼월 이십오일에 예천임씨, 명당기주는 을미생에 이월 이십사일 반남박씨, 장남의 자손에 신유생에 시월하고 삼일날에, 자부열에 병오생 이월 십오일 조은영이, 차남은 계유생에 십일월 이십사일 봉모는 정묘생 사월하고 열에 이튿날 아니시오.

차가정에 차명당에, 오늘은 다 이 터 명당 들어설 때 재수맞이 안택맞이 하옵니다. 일년 하고 열두 달에 과년하고 열 석달을 들어설 때, 성주님이 앞에 설 때 온 가정에 불 밝히고 물 맑히십니다.

비나니다 비나니다. 명 빌어 복 빌어 수명 빌어 재수 빌어. 다 이 명당에 꽃이 피게 도와주고 잎이 피게 도와주고 자손마다 경사문을 열어주고, 자손마다 진급되게 도와주고, 시험 치면 합격문을 열어주고 공부하면 총명 주고, 이 가정 명당 들어설 때 예천임씨 가족을 도와를 주고, 하는 일마다 잘 되게 도와를 주소.

동서남북 오는 재수 받아주시고 가는 재수 막아주고 작은 복은 보태주고 가는 복은 막아주고, 만 재수 받아서를 이 터전에 꽃이 피게 도와주고 잎이 피게 도와주고 동지섣달 설한풍에 꽃이 피고 잎이 피고 죽은 나무에 꽃이 피고 검은 밤에 횃불같이 검은밤에 달빛같이 구름에 달 나오듯이 구름에 해가 나오듯이 일년 열두 달 과년은 열석 달 일초 일시라도 불 밝히고 물 맑혀서 재수를 주옵시고, 다 사고 없게 도와주고 근심걱정 소멸을 하여나 주옵시고, 수심을 막아 주옵시고.

비나이다 비나이다. 오늘 같이나 좋은 날에, 이 정성 받으시고 아름답게나 받으시고, 빛나게나 색나게 받으시고 자손마다 후손마다 도와를 주옵시고 힘차게 도와주고 우렁차게나 도와주고 용기백배 주옵시고 용감하게 도와서를 자손마다 굵게 먹고 나라에 권세로 받들어나 주옵시고.

이 터전 성주대신, 성주님요. 성주는 조왕각시를 믿으시고 조왕각시는 성주를 믿으시고 명실공에 좌정을 하여서 가정에 편안하게 도와주고, 삼재팔난도 막아주고 사고수도 막아주고 자연재해 천재지변 막아주고 악한 것을 막아를 주시고, 이 터 명당 들어설 때도 동토살도 막아주고 동서남북 동토야 흙신 목신 토신 동토살도 막아주옵시고 비나이다 비나이다.

비나이다 동서남북에 문을 열어다 들어나 설 때 병신생에 대주를 도와주시고 예천임씨야 대주가 아니시오. 나갈 때는 빈 바리 들어올 때는 찬 바리 싣고.[191] 대주에 용기백배 주옵시고 마음먹고 뜻 먹은 대로 술술이 다 풀어서, 가는 재수 받아주고 오는 재수도 받아주고, 성주님이 받드셔서 병신생에 나라대주야 대감대주, 용기백배 주옵시고 건강성불을 주오십고 약을 쓰면 약발 받고 침놓으면 침덕 주시고 공들이면 공덕을 주이소.

비나이다 비나이다. 을미생에 이월 이십사 일 반남박씨야, 계유생에 내년에는 자손마다 경사문을 열어주옵시고 마음먹고 뜻먹은 대로다 술술 다 하는 일마다 잘 되게 도와를 주시고 식구마다 도와주고 소원성취 이뤄주소.

비나이다 비나이다. 자손에 합격문 주옵시고 일신성불 건강성불 주옵시고 신유생에 장남 자손 아니시오. 삼재를 막아주고 신유생에 다 기해년에 들어오는 들삼재가 아니십니까. 삼재팔난 막아주고 액운액살 막아주고 마음먹은 대로 뜻 먹은 대로다 술술이 받들어 부부 간에 화목 주고 부부간에 금슬도 주옵소서.

자손 장손 문을 열어나 주실 적에 신유생이 아니시오. 직장 가서 승직 주고 만인간에 박수받고, 만인간에 인정받고 만인간에 칭찬받게 해 주옵시고 비나이다. 병오생에 이월하고 십육 일 아닙니까. 차남 자손 계유생 십월 이십사 일, 계유생에 기해년에 들어서면 시험 치면 합격 주고 직장자리 밥자리 돈자리, 다 시험에 합격을 주옵시고 다 잘 되게나 하여 주옵시고 안 되는 거 없이 부족한 거 없이 시험 치거들랑 합격 주고 시험 치면 실수실패 없이 다 받들어서를 합격을 시켜나 주옵시고.

비나이다 비나이다. 비나이다 성주님요, 가정 명당에다 들어설 때 산에 가면은 산신님이 도우시고 물에 가면 용왕님이 도우시고 길대에는 길대신장 길대장군이 받들어서 사고 없이 도와주고 놀랠 수도 막아주고 운전을 하거들랑 졸음운전 없이 돌봐를 주옵시고 사고 없이 도와주고.

비나이다 비나이다. 안택고사 성주맞이 이 터 명당에 성주님요 오늘 이 정성 받으시고 이렇게 하고나거들랑 소원대로 소망대로 하나같이 실수실패 없이 도와를 주옵시소, 성주님이 받들어서 이 가정에 이 명당에 소원대로 받들어서 재수에 운수대통 가정이 편안하게 도와달라고 비나이다. 비나이다.

---

191 집에서 나갈 때는 수레에 빈 바리로 나가고, 들어올 때는 수레에 짐을 가득하게 채워서 '찬 바리'로 들어오고.

요란스럽고 빠른 반주소리와 함께 빌기를 마쳤다. 빌기를 마치자 모두 박수를 쳤다. 박수는 성주굿을 잘 끝냈다는 뜻이다. 주무는 성주상을 치우기 시작했다.

17. 법사 조현동의 뒷전풀이

주무가 성주빌기를 마치고 상을 거두기 시작하자, 조무는 성주상 제물을 쟁반에 조금씩 담아서 앞마당으로 가지고 나갔다. 쟁반에 담아온 제물들을 큰 양푼에 부어담고 막걸리를 조금 부어 마당 앞에 놓아두었다. 법사는 이 양푼을 집 입구의 금줄 아래에 갖다놓고 앉아서 징을 울리며 뒷전풀이를 시작했다.

법사의 뒷전풀이

법사: 예천임씨 가정에, 오늘날에 터전맞이 고사에 안택고사 지내는데 따라들던 수비사자들 오늘날에 다 굿을 받고 갈 적에 한잔 술에 흠향하고 사자상 대우 받아갈 적에, 수비야~ 천상지하 수비야~ 남수비 여수비 받아가고 남사자 여사자 받아가고.

옛날 옛적에 육이오 사변에 갔던 수비야, 일사후퇴에 갔던 수비야, 세월 간 데 다 가는 수비사자들아, 천간수비, 몽달수비, 구살에 청천수비야. 산신네 수비야 수비야, 서낭수비 받아갈 적에 오늘날에 다 다~ 앞산에도 따라들던 수비야. 뒷산에도 따라들던 수비야.

다~ 이 도당에 머물지 말고 이 도당에 놀지 말고, 허제비도 찾아들고 천리로 만리로 다 받아갈 적에 음식에 다 시식상에 열반하고 시식상에 열반하여서 아주 가고 먼 길 가고, 먼 길 가고 아주 가고, 대문 밖에 썩 나가서 뒷전으로 물러내고 앞전으로 물러내고 터전으로 물러낼

적에 수비영사 오늘날에 육갑에도 매인 수비사자들.

갑자을축 병신정묘 무진기사 병오신미 임신계유 갑술을해 병자정축 무인기묘 경진신사 임오계미 갑신을유 병술정해 무자기축 경인신묘 임진계사 갑오을미 병신정유 무술기해 경자신축 임인계묘 다 갑진을사 병오정미 무신기유 경술신해 임자계축 갑인을묘 병진정사 무오기미 경신신유 임술계해 예순육갑 육십 사자들이 이 술 받고 갈 적에 다~ 시식상에 열반하소.

옴마니반매홈 옴마니반매홈 재수 앞에 따라들지 말고 건강 앞에 따라들지 말고, (일어서서) 다~ 한 잔 술에 열 술을 받고 시식음식에 받아갈 적에 천상계 열반하소. 옴마니반매홈 옴마니반매홈, 옴마니반매홈. (징을 세차게 두드리며 일어선다.)

(조무에게) 식칼 좀 가주 오소. 식칼!

(다시 징을 두드리며 자리에 앉아서 풀이를 이어간다.) 수비야, 한 많다 원 많다 하지 말고요. 오늘날에 음식 받고 갈 적에 칼끝으로 받아들고, (조무가 식칼을 가져오자, 제물이 담긴 양푼 가운데에 식칼을 꽂아 세운다.) 갖은 음식 받아들고 극락갈 적에 수비상에 다 열반하고, 열반하고~ 칼 도짜를 다~ 받아들고 칼 도짜를 받아들고 갈 적에, 사자수비야 사자수비야 따라들던 수비사자들.

옴마니반매홈. (징을 크게 두드리고, 식칼을 뽑아 제물을 칼로 긋고 양푼 전을 칼로 그었다 칼로 양푼 앞 땅바닥에 열 십자를 그리더니, 칼을 그 너머로 던지자 칼 끝이 집 안을 향했다.) 아! 동서남북 따라들던 수비사자들 다 (칼을 들어 허공에 긋는 듯하다가 칼을 다시 던지자 칼 끝이 모두 집 바깥으로 향했다.) 오늘날 천수비 만수비 다 시식상에 열반하소. 됐어.

뒷전풀이가 끝나면서 모든 굿이 끝났다. 굿상도 모두 정리되고 대청 상기둥에는 새로 모신 성주 신체가 봉안되어 있다. 오늘 성주굿을 한 결과물이다.

3장 제비원성주맞이 큰굿 현장조사

1. 성주맞이 큰굿의 조사상황

성주맞이 큰굿 참여조사는 2018년과 2019년 3월 삼짇날 두 차례 했다. 여기서는 2019년 4월 6일(3월 삼짇날)에 범당산에서 한 제2회 성주맞이 큰굿의 내용을 정리한다. 이때는 모든 굿의 과정을 채록할 수 있는 동영상자료를 확보했을 뿐 아니라, 권은도본 성주풀이 무가를 실제 굿에서 완창했기 때문이다.

제비원성주맞이 큰굿 조사는 송옥순 무녀의 성주굿을 3번째 참여관찰한 것이다. 1차 성주굿은 굿당에서 하는 건궁성주맞이굿이고, 2차는 실제로 집에 성주신을 모시는 고택성주맞이굿이며, 3차는 제비원 범당산에서 공개행사로 하는 성주맞이 큰굿이다. 이로써 송옥순의 성주굿 유형 셋을 모두 참여관찰한 셈이다.

1, 2차 성주굿은 굿주의 의뢰에 따라 굿당과 집안의 실내에서 한 굿이다. 그러나 3차의 성주굿인 성주맞이 큰굿은 송옥순이 자발적으로 나서서 보존회원들과 함께 공개행사로 한 야외굿이다. 제비원 범당산을 성주신앙의 본향으로 자리매김하기 위해 기획된 공개 굿이다. 왜냐하면 제비원이 성주의 본향인데 정작 제비원에서는 성주의 본향이라 할 만한 장소성이 없기 때문이다. 따라서 송옥순 무녀는 성주신앙의 본향으로서 제비원의 장소성을 확보하기 위해 범당산에서 정기적인 성주굿을 하기로 마음먹었다.

성주신앙의 성지로서 장소성을 획득하기 위한 공간으로는 제비원 민속신앙의 핵심 터전인 범당산이 제격이라 판단한 까닭이다. 범당산은 동신신앙의 범당이 있을 뿐 아니라,

거석신앙의 대상인 삿갓바위가 있고, 무당들의 기도처 또는 굿터로 이용되는 곳이어서 성주신을 모시는 성주맞이굿을 하기에 제격이다. 2018년 이후 해마다 3월 삼짇날 '제비원성주맞이큰굿'을 공개행사로 하고 있는데, 삼짇날은 하늘이 열린다는 속설을 지닐 정도로 연중 가장 좋은 길일(吉日)이어서 이 날을 택했다.

특정 가정의 행운을 빌기 위해 집안에서 하는 성주받이굿과 달리, 야외인 범당산에서 성주신을 섬기기 위한 성주맞이굿이어서 성주거리 중심의 굿을 했다. 가신들을 섬기는 조왕빌기나 터주빌기, 삼신빌기, 칠성거리, 고방빌기 등을 하지 않고 대감거리나 신장거리, 장군거리 대신거리, 망자풀이, 넋보내기도 하지 않았다. 범당산에서 하니까 서낭거리와 산신거리를 하고 곧장 성주거리를 했다. 성주거리를 마치고 지신밟기와 고풀이로 마무리를 했다.

따라서 굿주를 위해 집안에서 하는 굿은 6, 7시간 정도 소요되는데, 범당산의 성주굿은 2시간 정도 소요되었다. 보존회원들과 오신 손님들을 위한 음복시간을 별도로 가졌다. 성주맞이 큰굿은 범당산의 개방된 공간에서 공개행사로 하기 때문에 보존회 회원들 외에 지역유지와 문화원장, 시의원 등이 두루 참여하였다. 따라서 굿을 시작하기 전에 내빈들의 축하인사 순서가 진행되었다. 조사자와 조사 상황은 아래와 같다.

일시: 2019년 4월 6일 3월 삼짇날 9시부터 오전 12시 20분까지
장소: 경북 안동시 서후면 이송천리 제비원 범당산
무당: 주무 송옥순(여, 65세, 성주굿 주재)
　　　조무 박미선(여, 55세, 성주굿 보조)[1]
　　　법사 조현동(남, 59세, 악사)
주최: 성주풀이보존회(회원들 다수, 풍물반주 및 지신밟기)
제가집: 없음
조사자: 임재해(책임조사자, 원고작성), 김원대(교수, 동영상),[2] 강선일(박사과정, 동영상),

---

[1] 조무 박미선은 부산에서 무업을 하고 있는 송옥순의 제자이다. 성주맞이 큰굿을 위해 부산에서 올라왔다. 박미선이 부산에서 굿을 떼면 신어머니 송옥순에게 굿을 의뢰하기도 한다. 송옥순이 부산에 가서 종종 굿을 하게 된 것은 이러한 인연 때문이다. 앞에서 보고한 건궁성주굿의 제가집도 부산시 주민인데, 부산에 가서 굿을 한 인연이 깊어져서 박미선을 거치지 않고 직접 소통하고 안동에 올라와서 성주굿을 하게 되었다.

이정욱(석사과정, 녹음)

굿터는 제비원 범당산 정상이었다. 오전 9시 30분에 현장에 올라가니 현수막을 달고 삿갓바위에 금줄 거는 작업을 했다. 남성들이 금줄 작업을 하는 동안 주무와 조무는 굿상을 차렸다. 평소의 굿상과 다르지 않았지만, 성주굿을 하므로 쌀이 가득한 말통에 홍두깨를 세워둔 것이 특별했다. 그 옆에는 붉은 팥과 흰쌀, 노란 조, 푸른 녹두, 검은 콩을 담은 오색 곡물 양푼이 5층으로 차려져 있었다. 온갖 과일과 포, 5가지 편과 함께 박카스도 잔뜩 차려놓았다. "박카스는 왜 차리느냐"고 물어보았더니 주무가 "신령도 박카스를 마시면 힘이 나시겠지요" 하였다.

성주굿터 범당산으로 올라오는 보존회 풍물패

굿상을 다 차리고 나니, '안동성주굿보존회' 회원들이 깃발을 앞세우고 산 아래에서부터 풍물을 치며 긴 행렬을 이루고 올라왔다. 풍물은 꽹과리 3, 징 1, 북 5, 장구 3으로 구성되었다. 나머지 회원들은 흰색 한복을 입고 춤을 추며 뒤를 따랐다. 현장에 도착해서 한바탕 질펀하게 풍물을 쳤다. 한판 풍물이 끝나자 먼저 시작하는 의식을 했다.

2. 성주맞이 큰굿의 고축

제가집에 성주신을 모시는 집안 성주굿이 아니라 성주굿보존회에서 주최하는 공개행사이기 때문에 사전의식이 먼저 진행되었다. 상임고문 이서락 회장의 사회에 따라 성주굿보존회장 송옥순 무녀가 개회인사를 했다. 이어서 시의원과 문화원장 등 여러 내빈들이

---

2   김원대 교수는 쓴이의 조사와 무관하게 독립적으로 무녀 송옥순의 성주굿을 동영상으로 촬영했다. 김교수의 동영상 자료는 쓴이가 원고를 작성하는 데 큰 참고가 되었다.

고축의식, 천지신명께 축문 낭독

축사를 했다. 축사가 끝나자 성주굿보존회 박기정 부회장이 축문을 낭독하는 고축(告祝) 의식을 했다. 축문은 아래와 같다.

    천지신명님께 축원합니다.
    하늘 뜻이 거룩하여 천지창조하실 적에 옥황상제 아드님이 이 땅에 강림하셔 불과 물과 성조 받아 온갖 잡동 세상 만물이 살아 있게 한 후, 사람 살 집 원을 하여, 옥황님이 내려주신 성주 솔씨 거두셔서 안동땅 제비원을 성주 터로 정하시고, 정성으로 가꾸시어 성주목을 이루시니, 성주 솔씨 받아 방방곡곡 뿌리시어, 밤이면 이슬 받고 낮이면 햇볕 받아, 집 지을 재목 되어 성주목이 되었습니다.
    인간정성의 근본이 사람이 사는 집인데, 세태가 급변하고 인간들이 미련하여, 조상 누대로 지켜오신 성주 모시기가 소홀하여, 삭막해진 인간윤리 이제야 느낍니다. 늦게나마 저희들이 성주신앙 계승코저 이런 뜻을 모았습니다.
    맨 먼저 범당산 범바위 앞 저희들이 모인 곳을 성주 성지로 정하옵고, 두 번째로 매년 음력 3월 초 사흗날을 성주님이 이 땅에 오신 날로 정하옵고, 세 번째로 주변 소나무 숲을 성주 숲으로 정하여 보호코자 하오며, 네 번째로 이곳에 성주성전을 건립코저 하오니 저희들의 소망이 이루어지도록 허락하시어, 연년세세 성주신앙이 창성하기를 앙망하옵니다.

  기해년 음력 3월 3일 안동성주굿보존회원 일동

 축문 낭독으로 고축을 한 뒤에 보존회원 일동이 함께 굿상을 향해 큰절을 3번 올렸다. 이어서 조무 박미선이 부정치기를 했다.

3. 조무 박미선의 부정치기

 고축에 이어서 조무 박미선이 부정치기를 시작했다. 조무는 남색 쾌자 형태의 무복을 입고 신칼을 두 손으로 모아쥐고 사방을 향해 허리를 굽혀 절을 했다. 신칼을 두 손에 나누어 쥐고 법사 조현동의 반주 소리에 맞추어 가볍게 도무(跳舞)를 했다. 도무를 하며 신칼을 좌우로 휘두르며 굿상 둘레를 오갔다. 주무 송옥순은 굿터 주위에 소금을 뿌렸다. 한참 신칼로 부정을 쳐내던 조무가 신칼을 던졌더니 칼끝이 모두 바깥쪽으로 향했다.

 신칼을 두고 오방기를 들고 나와 다시 부정치기를 계속했다. 오방기를 두 손에 나누어 쥐고 아래위로 또는 좌우로 흔들며 굿상 둘레를 오가며 부정을 쳐냈다. 한참 부정치기를 하다가 오방기를 왼손에 모아 쥐고 오른손으로 오방기를 하나씩 뽑았다. 노란 기와 빨간 기를 차례로 뽑아냈다. 길한 징조로 해석되자, 두 손을 모아 굿상을 향해 허리를 굽혀 절을 하고 부정치기를 마쳤다. 부정굿 무가는 부르지 않았다.

 부정치기를 마치자 보존회 회원들이 굿상에 술잔을 올리고 제각기 큰절을 했다. 특별한 차례 없이 자유롭게 나와서 절을 계속 올렸다.

4. 주무 송옥순의 서낭거리

 주무는 회원 한 분과 마주 서서 무명실을 사리기 시작했다. '성주실 감기'라고 한다. 평소에는 성주신을 받는 대주의 나이만큼 사리는데, 이때는 몇 번 사렸는지 알지 못한다. 이

범당산 삿갓바위
앞에서 성주맞이큰굿
서낭거리 모습

어서 한지 두 장을 펴고 성주신체를 접기 시작했다. 주무는 능숙하게 성주신체를 접었다. 한지로 접은 성주신체에 사린 실타래를 걸어서 묶고, 쌀을 가득 담은 말통에 세워둔 홍두깨 윗부분에 씌웠다. 그러고 3차례 큰 절을 올렸다.

주무는 머리띠를 묶고 홍치마에 연두색 대신복 위에 다시 연두색 장삼을 껴입었다. 연두색 장삼 소매는 5색의 색동으로 장식되어 있었다. 오른손에 부채를 들고 왼손에 방울을 들고 오른쪽으로 도는 원무를 추었다. 춤을 멈추고 사설을 하였다.

　지금 이 서낭거리는 우리가 차를 타고 골골이 다녀도 차사고 나고 구불리고 하는 것도 서낭님이거든. 서낭님의 노여움으로 사고도 나고, 엎어지고 자빠지고, 그리고 서낭님이 또 화가 나면은 이모저모 재난도 일어나고 그래. 우리 안동만 봐도, 안동댐에 가다 보면 길에 서낭목이 있는데, 누가 거길 차로 들이받아서 사고로 죽고 그 나무도 없잖아요.[3] 내가 예언하기를

3　안동댐 입구 고성이씨 종택 앞길에 서낭목이 한 그루 도로 가운데 있었는데, 몇 해 전에 청년들이 차를 운전해 가다가 운전 부주의로 들이받아서 사망사고가 발생했다. 그리고 누군가 몰래 그 서낭목을 베어버리는

'안동에 큰 일이 벌어진다' 예언을 했어요. 그랬더니 정말 그해에 얼마 안 돼서 안동에서 구제역이 발생되었어요. 그런 재난이 있었네요. 그런 사고가 났어요. 우리가 모시고 있는 서낭나무도 함부로 비서도(베어도) 안 되고 함부로 없애도 안 되고, 이 서낭이 정말 소중한 신이에요.

요즘도 동네 가면 동제를 지내고 골골마다 마을마다 나무에다 동제를 지내고 하잖아요. 안동 끝으면 안동시에 그 웅부공원 안에도 거기에다 시장님이 (당제를) 지내고[4] 다 동제를 지냅니다. 여기 이 고을에도 여서낭이 있어요. 전설을 보면은, 처녀가 내일 굴이 결혼을 하는데 밤에 머리를 감다가 호랑이가 물어가서, 물레(물려) 갔는 데가 여기 범당산 여게(여기)랍니다. 그래 저기 (당집에) 가면은 머리꼬리를 땋은 처녀가 여신령이 모셔져 있어요. 범이 물어갔다고 여기가 범의 당산 범당산이래요.

그만큼 우리 서낭을 소중히 여기고 믿고 하는데, 작년에 이어서 올해도 이렇게 하다가 보니까. 작년보다 올해는 좀 더 잘된 것 같아요. 이렇게 낙후하고 힘든 이런 자리에도[5] 우리 회원님하고 함께 행사를 하니까 든든합니다. 신령님을 모시는 일이 얼마나 힘든데, 신령님도 감사하게 생각할 겁니다. 자리 좋은 데서, 저 아래 편한 곳에서 굿을 하는 것은 누구라도 할 수 있겠지만, 정말 교통도 힘들고 올라오기도 어려운 이런 자리에서 하는 것은 정성이거든요.

여기는 또 역사가 깃든 자리입니다. 옛날 어른들이 제물을 지게에다 지고 올라와서 굿하던 자리입니다. 옛날에는 원래 굿당이 없었어요. 몇 백년 전부터 여기서 굿을 해가주고, 할아버지가 만날 짐을 져다가 여기서 굿하고 내려가고, 여기서 온갖 기도를 다 드렸습니다. 우리 안동시에서 (굿하러) 갈 데 어디 있습니까? 제비원하고 여기밖에 더 있습니까?[6]

옛날부터 우리 조상님들은 하늘 보고 빌고, 달 보고 빌고, 별 보고 빌고, 산만 봐도 빌고. 우리 할머니들 다 이월 제석이 되면은 물 떠놓고도 빌고, 장독간에도 빌고, 이렇게 빌고 비는 우리 문화가, 오늘날에도 성주 본향에서 이런 행사를 하니, 우리나라 국태민안, 안과태평, 태평성대도 기원하고.

일도 있었다. 그 이후로 서낭목을 되살리지 못해 지금은 자취가 없다.
4 안동웅부 공원 안에 안동시에서 모시는 부신목(府神木)이 있다. 해마다 정월 대보름에 안동시장이 제관이 되어 이 신목에 제사를 올린다.
5 범당산 정상의 굿터가 길도 없고 가팔라서 접근하기 힘든 자리라는 말이다.
6 지금은 굿당이 여럿 있어 거기서 굿을 할 수 있지만, 굿당이 없을 때는 무당들이 굿을 하러 갈 데가 제비원과 범당산 여기밖에 없었다는 말이다.

그리고 또 아래께 보세요. 강릉 같은데, 그 좋은 소나무가 불 동티가 나가주고 산불 때문에 나무들을 다 태우고,[7] 이렇게 해서 오늘 굿하는 것도 우리 성주님께. 우리나라 대한민국에 이런 저런 다 재난도 없고 가정가정이 행복하게 해주고, 우리나라 편안하게 모두 잘 살게 해달라고 모두 성주님한테 이렇게 다 기원 드립니다.

위의 사설에 이어서 서낭거리 무가를 불렀다. "천지신명 일월성신/ 일광월광 정기를 받고/ 삼태육성 명기를 받아/ 칠성당에 문을 열어"로 시작하여 온갖 천왕의 문을 열어나간다. 그리고는 "해동조선은 대한민국/ 태평성대를 기원할 때/ 경상북도 안동시가/ 제비원에 범우당산/ 당산서낭에 합의 받아/이 고을 신령 합의를 받아"라고 하여, 제비원 범당산 서낭인 이 고장 서낭의 합의를 받아 복을 기원한다.

여러 신령들의 정기(精氣)와 명기(明氣)를 받고, 각종 천왕의 문을 열어달라는 사실을 장황하게 열거한 다음에 마지막으로 "골골천왕에도 문을 열고/ 제비원이라 범우당산/ 범우당산에 문을 열 때

주무의 서낭거리 모습

/ 오늘 같이나 좋은 날에/ 여기야 오신 회원님네/ 각각 가정에 소원"을 이루도록 빌어준다. 크게는 나라. 작게는 안동시, 구체적으로는 오늘 이 자리에 온 성주굿보존회 회원들의 소원을 비는데, 회원들을 위한 소원을 빌 때는 기도의 영험을 위해 때와 장소, 사람을 구체적으로 밝혔다. 이어서 아래 사설을 했다.

---

7 2019년 4월 4일 강원도 인제군을 시작으로 고성군과 속초시, 강릉시와 동해시 지역에 잇따라 발생한 초대형 산불을 일컫는다.

오늘 같이 좋은 날에, 작년에도 이렇게 할 때는 마음에 찡하게 눈물이 나고 했는데, 오늘 한 번 더 했다고 골골 천왕에 문을 열어 재수문 열어주고 안동시 대동 장안에 벚꽃축제 한다고 많은 사람들이 오가는데, 오가는 길에도 사고 없고 다치는 거 없고, 나쁜 일 없도록 다 돌봐주고, 우리나라 대한민국 살기 힘드는데 성주님이 집집마다 보호하시고, 우리나라 대한민국을 잘 보살펴서 어쨌든 잘 사는 나라를 만들고, 가정이 다 편안해야 사회가 편안하고, 사회가 편해야 우리나라가 편한데. 지금은 가정에도 집집마다 모든 것이 좀 불안하고 사회도 보면 불안하고, 나라도 편안하지를 못하니…

어쨌든 우리 성주님이 가정가정이 다 잘 보살펴 주도록 기원하는, 오늘 우리 성주맞이 굿맞이로서 오늘 여기 오신 우리 회원님들 특별히 가정에 소원을 다 이루시고, 일주일에 두 번씩 없는 시간 내가주고 오셔가주고 연습하고 가시고, 감사한 마음으로 내가 이 자리에서 감사를 드리고, 앞으로도 우리 성주의 문화를, 성주의 성지를 더 빛나도록 오늘 성주맞이 큰굿을 하면서 성주문화재로도 갈 수 있는 길을 열어달라고 특히 성주님께 빌고 싶은 마음이 더욱 간절합니다. 감사합니다.

사설을 마치고 반주음악에 맞추어 원무를 추었다. 굿상의 쌀을 집어 주위에 서 있는 회원들을 향해 서너 차례 뿌렸다. 회원들은 그때마다 떨어지는 쌀을 두 손으로 받았다. 쌀을 받아먹으면 복을 받는다고 믿기 때문이다. 이어서 산신거리가 시작되었다.

5. 주무 송옥순의 산신거리

주무는 산신거리를 위해 무복을 새로 갈아입었다. 연두색 도포를 벗고 붉은 색 장삼을 입었다. 손에는 여전히 부채와 방울을 들었다. 장단에 맞추어 원무를 추었다. 원무를 멈추고 회원들을 향해서 사설을 했다.

굿에는 열두 거리. 스물네 거리 온갖 거리 다 있지만은, 그래도 우리 서낭님을 모시고. 또 산신님을 모시고 이 골 산신에 할아버지 모셔다가, 경상도 안동에는 그래도 학가산 산신 할아버지 모시고. 팔도명산을 사시는 할아버지, 함경도 백두산에, 평안도 묘향산에, 황해도 구월산 산신님, 강원도 금강산 산신님. 경기도라 관악산 산신님, 경상도 태백산 산신님, 전라도 지리산에 산신님 충청도 계룡산 산신님 바다 건너 물 건너 제주도는 한라산에 할아버지.

오늘 이렇게 팔도 명산 산신님을 모셔다가. 성주맞이 굿에 동참을 해서 어에든지 이 고장에. 성주 본향에서 이 도당에 이름나고 명 나고 해서, 우리나라 대한민국 최고로 가는 성주문화가 되고, 어쨌든간에 오늘 이 성주맞이굿을 하고 나면 안동에서 최고로 가는 문화가 되고, 경상북도에서도 이름나는 최고의 문화가 되고, 나아가서는 한국을 대표하는 성주문화가 되기를 기원하고.

주무의 산신거리 모습

아직까지 성주의 본향다운 이런 면모를 못 갖추고 이래 있으니. 정말 우리 안동시민으로서 좀 부러워해야 되고, 우리 정말 이 큰 문화를 가지고도 아직까지 이렇게 주저주저 하고 있는 것도, 정말 우리 회원들의 노력이 앞으로 더 나아가면, 우리가 자리를 잡고 이렇게 하다가 보면 좋은 일이 있지 않을까 하는 생각도 듭니다.

성주님이 얼마나 기다리고 때를 기다리겠습니까. 저는 한번씩 그런 걸 생각을 하면, 무당의 한 사람으로서 가슴이 아프고, 정말 제 할 몫을 다 못하는 그런 느낌이 들어서, 오늘 새삼스레 범당산에 성주본향에서 두 번째로 이런 성주맞이굿을 하니. (성주님이) 이 땅에 하강해서 본을 삼을라고, 그렇게 우리 노래에도 있지 않습니까.[8]

눈비 삼년 흙비 삼년 돌비 삼년을 맞으면서, 집짓기를 원해서 우리 인간한테 고생하지 않게 집짓는 법을 가르쳐서, 우리는 뜨뜻한 방에서 집을 지어서 우리 자식들 놓고 그 속에서 희로애락을 즐기면서 다 하는데, 우리는 아직까지도… (말을 바꾸어) 집 없는 사람이 어디 있습니까. 오천년 역사에. 그런데 우리는 성주의 집을 아직 못 마련해서 이 도당(禱堂)에[9] 성주 성전을 하나 만들어야 하는 것이 우리의 소원이고 한데, 산신님이 오늘도 저희들의 외침과 부

---

8 성주풀이에도 이렇게 노래하는 대목이 있지 않은가 하는 말이다.
9 범당을 지칭하는 말이다. 범당은 굿하는 터이자 기도를 드리는 당이다.

르짖음을 다 들으시고 들어주시리라 믿고.

우리 산신할아버지 우리나라 안과태평을 기원하고, 산불 제발 안 나게 하고 골골마다 산불 안 나게 하고 자연재해 안 나도록 하고 물홍수 불홍수도 막아주고. 어쨌든 우리 젊은 인재들이 외국을 나가서도 최고의 인재가 되도록 해주고. 우리나라 산신님요, 산불이 많이 나가주고 손해가 많지 않습니까. 이런 것들은 산신의 노여움도 있고 불에도 노여움이 있어요. 이래서 우리 인간들이 다 내가 잘 났는 거 같지만은 자연재해한테는 막을 수가 없어요. 오늘 이런 성주굿을 하고 나면 산신할아버지. 그리고 성주님이 잘 보살펴 주시리라 믿고 축원합니다~!

사설을 그치고 반주에 맞추어 원무를 추었다. 굿상의 쌀을 한 줌 쥐고 둘러 서 있는 회원들에게 다가가서 일일이 손바닥에 조금씩 쌀을 놓아주었다. 일종의 쌀점이다.

6. 주무 송옥순의 성주거리

주무는 무복을 새로 갈아입었다. 머리에는 꿩 깃털을 꽂은 붉은 갓을 쓰고 남색도포를 입었다. 오른 손에 부채를 들고 장단에 맞추어 한참 원무를 추었다. 춤을 멈추고 부채를 펼치자 장단도 멈추었다. 무가를 노래했다.

천지신명 일월성신	북두대성 신령님
일광월광 정기받고	삼태육성 명기를 받아
제석당에다가 문을열고	칠성당에다 문을열때
천상궁은 삼십에삼천	지하궁은 이십에팔수
사바세계야 문을열 때	해동조선은 대한민국
경상북도라 안동시라	대동장이나 들어설 때
제비원에 범우당산	성주맞이야 큰굿이라
회원님들이 합의를하여	함께하신 동참자들
소원성취를 이루시고	성주굿이나 하실적에
일곱성주는 도령에성주	열일곱은 소년성주

스물일곱은 초년성주
마흔일곱은 중년성주
예순하나는 환갑의성주
여든일곱은 받들성주
남성주야 여성주야
와가성주는 대가성주
꽃성주야 입성주야
일곱칠성은 칠성성주
허공성주는 공대야성주
성주님이나 모셔나보세

서른일곱은 인연성주
쉰일곱은 대성주요
일흔일곱은 노장성주
천년성주야 만년성주
움막성주는 초막성주
남성주야 여성준데
명성주야 복성준데
받들성주는 위하든성주
모시는성주 빌든성주

노래를 마치고 "성주님을 모셔서 이렇게 오늘 문을 열어놓고, 우리 회원님들 같이 한번 성주풀이로 성주님을 모셔나 봅시다"고 한 다음 성주풀이를 노래했다. 회원들도 성주풀이를 함께 불렀다. 주무 송옥순은 그동안 '오숙자본 성주풀이'를 불렀는데, 여기서는 신어머니 권은도 무녀가 불러왔던 '권은도본 성주풀이'를 처음 불렀다. 따라서 권은도본 성주풀이 가사도 현장에서 처음 채록해 소개한다.

그 동안 '오숙자본 성주풀이'를 불렀던 까닭은 오숙자의 책 『제비원 성주풀이』에 가사가 고스란히 수록되어[10] 있었기 때문이다. 성주풀이 가락을 아는 송옥순은 이 책의 성주풀이로 긴 가사를 쉽게 익힐 수 있었다. 그러나 권은도의 신딸로서 신어머니의 성주풀이를 해야 제격이라는 쓴이의 권유

10 오숙자, 『제비원 성주풀이』, 전원문화사, 1995, 144~151쪽.

범당산 굿터에서 주무의 성주풀이 모습

를[11] 듣고 비로소 권은도 성주풀이 자료를 백방으로 찾아 나섰다.

마침 성주굿보존회에서 함께 활동하고 있는 김성복 선생으로부터 권은도 성주풀이 녹음 자료를 구할 수 있었다. 2018년 가을에 김성복 선생으로부터 녹음 자료를 구하자, 권은도본 성주풀이 가사를 채록하며 열심히 익히기 시작했다. 따라서 2019년 이후부터는 모든 성주굿에서 권은도본 성주풀이를 부르기 시작했다. 아래의 성주풀이는 송옥순이 오숙자본에서 벗어나 굿판에서 처음으로 권은도본을 노래한 자료이다. 그러므로 성주풀이 가사가 완벽한 것이라 할 수 없지만 매우 익숙하게 불렀다.[12]

[본풀이]

천계가[13] 착하니나	하느님이[14] 생하시고
기백이[15] 여측하니[16]	땅님이 생겼으니
목신씨는 나무를 마련하시고	수인씨는 물을 마련하시고
화덕씨는 불을 마련하시고	인황씨는[17] 인수인간[18] 마련할 때
성주님은 어디에 계셨는고[19]	천상천궁에[20] 계시다가
글귀한귀 잘못지어	옥황님께 득죄하야
지하땅에 내려서서[21]	의지할곳 전혀없어
심심산중 들어가서	나무가지에 의지하여
눈비삼년 흙비삼년	돌비삼년 맞으면서

---

11 쓴이가 송옥순에게, 권은도 무녀의 신딸로서 무계의 전통을 이으려면 성주굿은 물론 성주풀이도 권은도의 성주풀이를 불러야 한다는 것을 일깨워주었다.
12 오숙자본과 권은도본 성주풀이 자료는 이 책 말미에 제각기 주석을 달아 정리해 두었다. 안동지역 성주풀이로서 성격과 특성도 밝혀 두었다.
13 '천가'라고 구전되나 천기(天氣) 또는 천계(天界)의 와전이 아닌가 한다. 최근에는 '천계'라고 부른다.
14 다른 채록본에서는 '한울님'이라고 했다.
15 기백이라고 구전되나 지백(地伯)의 와전이 아닌가 한다. 지백은 지신을 높여서 일컫는 말이다.
16 여측(蠡測)은 헤아린다는 뜻이다. 여기서는 이 뜻으로 쓰였는지 알 수 없다.
17 인황씨(人皇氏)는 중국의 전설적 임금이다. 천황씨(天皇氏), 지황씨(地皇氏)와 함께 삼황(三皇)이라 한다.
18 인수인간은 천지만물이 생기고 나서 짐승들과 사람들이 생겨나는 상황을 뜻하는 것이 아닌가 한다.
19 다른 채록본에서는 "어디서 행하셨노"라고 했다.
20 다른 채록본에서는 "천상궁"이라 했다.
21 다른 채록본에서는 "이땅위에 하강하사"라고 했다.

삼삼구년을 마련하시다	원이로다 원이로다
집짓기가 원이되어	팔도명산 다댕겨도[22]
성조근본[23] 못찾아서	경상도 안동땅[24]
낙동강을 건너서서	제비원을 올라가니[25]
성주본이[26] 분명하여	명산대천 들어가서[27]
솔씨서말서되를 받아다가[28]	우편좌편 던졌더니
밤이면은 이슬맞고	낮이면은 태양받아
눈이트고 싹이나서	청솔뿌리 내리더니
(청솔잎이 돋아난다)[29]	다박솔이 된연후에
육판서가 물을주고	삼정승이 매가꾸어[30]
점점 자란나무	소부동이[31] 되었네
소부동이 자라나서	대부동이[32] 되었네
대부동이 자라나서	황제목이[33] 되였네[34]
성주목은 다자랐는데	대목없이 어찌하나

---

22 다른 채록본에서는 "다밟아도"라고 했다.
23 앞에서는 "성주근본"이라고 했다.
24 다른 채록본에서는 "경상도로 내려가서"라고 했다.
25 다른 채록본에서는 "제비원을 올라서니"라고 했다.
26 다른 채록본에서는 "성조본"이라고 했다.
27 다른 채록본에서는 "제비원의 솔씨받아"라고 했다.
28 다른 채록본에서는 "용문지평 들어가서"라고 했다.
29 권은도본에는 이 구절이 있는데, 여기서는 빠뜨려서 ( )안에 넣어두었다.
30 삼정승이 김을 매고 가꾸어.
31 소부등. 소나무가 서까래 감 정도로 자란 크기를 일컫는다.
32 소부등이 자라서 대부등이 되는데, 대부등은 소나무가 큰 기둥감 정도로 자란 크기를 일컫는다.
33 다른 채록본에서는 "황장목"이라고 했다. 황장목은 소나무가 오래 자라서 목질이 아주 좋은 소나무를 일컫는다.
34 다른 채록본에서는 이어서 "무정세월 여류하여/ 연리지목이 되었구나라고 했는데" 여기서는 이 대목이 생략되었다.

[사설]

아이, 여보시오. 나무는 이렇게 다 자랐지만은, 아이구 대목이 있어야 집을 짓든강 하지요. 팔도 목수를 다 모셔다가, 팔도의 목수를 모실라면, 함경도 목수, 황해도 목수, 평안도 목수. 강원도 목수, 경기도 목수, 경상도 목수, 전라도 충청도, 제주도 목수까지 다 불러서, 아이고 그 중에서도 최고 잘 하는 목수 최고의 목수를 불러다가. 오늘 그래도 여기 오신 성주풀이 회원님들, 여기 오늘 함께 오신 여러분들 집을 한 칸씩 다 지어드려야지. 이렇게 오늘 땡볕에 애를 먹고 있는데, 집이라도 한 칸 내가 기와집을 한 칸 잘 지어서 선물을 해야 되지.

[본풀이]

수풀임자 임대목아	쇠금자에 김대목아
권세권자 권대목아	오얏이자 이대목아
나라정자 정대목아	둥글박자 박대목아
버들유자 유대목아	편안안자 안대목아
대목은 다되었는데	연장없이 어찌하나
전라남도 적도쇠에[35]	좌랑쇠를[36] 구해다가
큰끌에다 작은끌에	큰대패에 작은대패
금도꾸며 은도꾸에	큰철괴[37] 작은철괴
연장은 다됐으나	망태없이 어찌하나
뒷동산에 치치달려	동쪽으로 뻗은칡을
고이고이 꺾어다가	조랑망태[38] 만들어서
다된연장[39] 망태넣고	고개넘어 배한척을
낙동강에 띄워놓고	갖은목수 한배실고

---

35 쇠붙이의 일종을 일컫는 말인데, 정확하게 어떤 쇠를 '적도쇠'라 하는지 알지 못한다.
36 전라도의 명품 쇠를 '좌랑쇠'라 일컫는다. 불매노래에 "쇠는 어디메 쇤고/ 전라도 자랑쇠"라는 대목이 있다.
37 큰 철괴에서 철괴는 가공하지 않은 쇠붙이 덩어리이다. 가공하지 않은 금덩이를 금괴라고 하는 것과 같은 말이다.
38 조랑망태는 작은 망태기를 일컫는다.
39 종류별로 갖추어 준비한 연장.

갖은연장 한배실어					술렁술렁 건너가서
제비원을 올라가니					성주목이 한구섰네
성주목을 골릴적에					성주목을 쳐다보니
까막까치 집을지어					이성주목도 못쓸레라
또한나무 쳐다보니[40]				황새덕새 똥을싸서[41]
이성주목도 못쓸레라				또한나무 쳐다보니[42]
구렁이가 따배이틀어[43]			이성주목도 못쓸레라
한고개 올라서서					상공에 올라가니
아~ 따!							이성주목은 쓸만하다
동쪽으로 뻗은가지					일광월광 서기주고
남쪽으로 뻗은가지					친손외손 뚜렷하고
서쪽으로 뻗은 가지				거부장자 날가지요
북쪽으로 뻗은가지					만수무강 할가지라[44]
상순을 쳐다보니[45]				청룡황룡 굽이치고
(성주목은 다됐는데)[46]			성질급한 도목수가[47]
쪼막도꾸[48] 거머쥐고				한번찍고 두 번찍고
삼세번을 찍고나니					도끼는 낭게붙고[49]
도끼자루만 손에들고[50]			이상하다 야릇하다

---

40 권은도본 자료에는 "한고개 올라가서/ 성주목을 골릴적에 //성주목을 처다보니"라고 했는데, 여기서는 축약되었다.
41 다른 채록본에는 "알을 품고"라고 했다.
42 권은도본 자료에는 "또한고개 올라가서/ 성주목을 골릴적에//성주목을 처다보니"라고 했는데, 구송과정에 축약되었다.
43 구렁이가 똬리를 틀어.
44 권은도본 자료에는 바로 다음 구절의 "청룡황룡이 굽이치고"라고 했는데, 여기서 이 구절이 더 보태어져 구송되었다.
45 권은도본에는 없는 구절인데, 더 보태어져 구연되었다.
46 권은도본 자료에 있는 구절을 빠뜨려서 ( )안에 넣어두었다.
47 권은도본 자료에는 도목수라 하지 않고 "도대목"이라 했다.
48 조막도끼. 까뀌의 방언인데, 여기서는 아주 작은 손도끼를 일컫는 말이다.
49 나무에 붙고.

도목수가 하는말이	태양받고 이슬맞고[51]
이산천의 산신님이	고이고이 키운낭글[52]
산신제도 안드리고	성주목을 벨라하니
산신님이 노하신다	산신제를 지내야지

[사설]

　여보시오. 요새는 저런 나무를 한번 빌라(베러고) 하면은 산림청에 가가주고 허가도 맡어야 되고. 일이 복잡하여. (말을 바꾸어) 그래서, 산신제를 지낼 때는 장을 봐가주고 산신님한테 산신제를 꼭 지내 놓고 나무를 비야 되지.[53] 안 그러마는 도끼만 (나무에) 붙고 애만 먹지, 그래서 내가 오늘..

　(말을 바꾸어서) 우리 안동 같으면 재래시장이 있지 않소, 요새 경기도 안 좋은데 재래시장에 기서 팔어줘야 안 되겠어요. 그래서 안동 같으면은 신시장, 구시장, 북문시장, 용상시장, 서부시장도 있고, 아이고 또 쪼끔 주차하기 좋고 차 대기 좋은 데 가면은, 농협에 이마트, 홈마트, 하이마트도 있고 있는데, 그래도 우리는 경제를 살릴라 카면은 신시장에 가가주고 제물을 사야 하지 않겠소!

　신시장에 가면은, 제물을 살 직에 제일 좋은 걸로 깎지도 안하고 정갈하게 사가주고 보따리 보따리 싸들고 싸들고 오는데, 아이고 거 보니까 펄펄 뛰는 문어가 있고, 목수들이 돈만 많이 있으면은 안동 간고등어도 사고 안동문어 펄펄 뛰는 것도 사고, 안동 버버리찰떡도 사는데, 우리가 예산 받은 것도 한 개도 없고, 우리 회원들 주머이 돈 풀어가주고 (굿상을 가리키며) 이래 성주굿맞이 하는데, 우리가 뭔 돈이 있겠어. 나중에 예산 받을 때는 문어도 사고 버버리 찰떡도 사고 그득하게 차려 올려놓고, 산신제도 지내고 성주맞이도 하고 이래 합시다. 그런데 오늘 그 목수들이 장을 뭐뭐 봤는지, 우리 오늘 불러나 봅시다.

50　다른 채록본에는 "빠졌구나"라고 했다.
51　권은도본 자료에는 "이슬받고"라고 했다.
52　권은도본 자료에는 "키운나무"라고 했다.
53　요즘 산에 가서 나무를 베려고 하면 산림청에 허가를 받는 복잡한 절차를 거처야 하듯이, 예전에는 산신의 허가를 받기 위해 산신제를 올려야 했다는 말이다

[본풀이]

  신농씨가[54] 지은곡식
  논으로는 상생미요   밭으로는 중생미라
  강태공의[55] 조작방아[56]   한번씻어[57] 하생미요[58]
  두번씻어 중생미라   세번씻어 상생미요[59]
  상생미를 골라내어[60]   돌아가는 감천수를
  겉에겉물 제쳐놓고   속에야속물 길어다가
  스물한번을 씻어내고   산신님에 나무빌어
  용왕님전 물을빌어   화독전에[61] 불을빌어
  일곱구무 소시루에[62]   무지래로[63] 번을발라[64]
  신냥게로[65] 번을올려   온시루에 공양바쳐
  올고사리 도래나물[66]   은실청실 무채소요
  가지비단[67] 가지나물   갖인채소[68] 마련하고

---

54 신농씨(神農氏)는 한족에게 농사짓는 법을 처음 가르쳐주었고 한의학의 창시자로 알려진 중국 고대의 전설적 인물이다.
55 주(周)나라 초기의 정치가이자 공신으로서 본명은 강상(姜尙)이다. 무왕을 도와 은나라를 멸망시켜 천하를 평정하였으며 제(齊)나라 시조가 되었다. 한가롭게 낚시를 하다가 주나라 재상으로 등용되었는데, 이러한 고사를 근거로 한가하게 낚시를 즐기는 사람을 일러 흔히 강태공이라고 한다.
56 디딜방아 가운데 외다리방아를 조작방아라고 한다.
57 다른 채록본에는 "한 번 씰어"라고 했다. "씰어"는 '쓿다'에서 비롯된 '쓿어'의 'ㅣ'모음화 현상이다. 쓿다는 곡식을 방아로 거듭 찧어 속꺼풀을 벗겨서 알곡이 더 드러나도록 하는 것이다.
58 쌀을 방아에 찧을 때 한 번 쓿었으므로 현미에 가까운 낮은 등급의 쌀이라는 뜻이다. 거듭 쓿을수록 중생미, 상생미로 높은 등급의 쌀이 된다.
59 상생미는 가장 높은 등급의 쌀로서 백미에 해당된다.
60 다른 채록본에는 "상생미를 뽑아내어"라고 했다.
61 다른 채록본에는 "화독님전에"라고 했다. 화독은 화덕의 와전이 아닌가 한다. 불의 신을 뜻한다.
62 시루 바닥에 일곱 구멍이 나 있는 작은 시루. 작은 시루에 떡을 찌는 이유는 시루채 제물로 차리기 위해서다.
63 시루번을 바를 때 쓰는 쌀가루 반죽을 말하는 것 같다.
64 시루에 번을 발라. '번'은 시루떡을 찔 때 김이 새지 않도록 시루와 솥 사이의 틈에 붙였던 쌀가루 반죽을 말한다.
65 신나무에. 신나무는 베틀신대를 말한다. 베틀의 용두머리 중간에 낚싯대처럼 굽은 막대를 박아서 그 끝에 베를 신끈을 달아 오른 발에 신고 당겼다 늦추었다 하여 베틀을 작동한다.
66 도라지나물.

아가리넓다 대구괴기	대명태며 놀래괴기[69]
갖인제물 마련하고	높이열어 삼실과요
낮이열어 청과일세	진주칠밤[70] 곶감대추
당일빚어 단감주요	사흘나흘 쓴감주요[71]
석달열흘 백일주라	구월에빚은 국화주요
맛이좋다 이화주요	호박잔에[72] 유기잔에
다갖추어 차려놓고	만수성찬 마련하고[73]
천문에다[74] 건기하고[75]	마당전에 황토재계
흉한중생 들올세라	정한중생 나갈세라
동방에 청계수요	남방에 적계수라
서방에 백계수요	북방에 흑계수라
중앙에 황계수요	오방수 물에다가
상탕에 마련하고	상탕에다 관세하고[76]
중탕에 목욕하고	하탕에 수족씻고
입에다가 합을물고[77]	산신님께 비옵나니

---

67 가지처럼 반들반들 윤기가 나는 비단을 일컫는다.
68 갖은 채소.
69 놀래기 고기.
70 '진주처럼 윤기가 나는 밤'이라고 한다.
71 '쓴 감주'는 단 감주와 상대적으로 맛이 쓴 감주를 나타낸 것 같다. 문제는 사흘나흘이다. 사흘나흘 발효가 되어야 제 맛이 나는 감주는 식혜이다. 따라서 '사흘나흘 쓴 감주'가 아니라. '사흘나흘 쑨 감주'라 해야 제격이다. 왜냐하면 앞대목이 '당일 빚은'이고 다음 대목이 '석달 열흘'의 기간을 나타내므로 '사흘나흘 빚은 감주'라 해야 앞뒤가 맞아떨어진다. 감주 빚는 것을 '쑤다'라고도 하는데, '쑨'은 '쑤다'에서 비롯된 것이다. 안동식혜는 고두밥과 엿기름, 무, 고춧가루 우린 물을 버무려서 사흘나흘 삭혀 만드는 발효 감주이다.
72 호박(琥珀)으로 만든 잔에.
73 다른 채록본에는 없는 행이다. "다갖추어 차려놓고 만수성찬 마련하고"는 여기서 더 보태졌다.
74 천문(天門)은 하늘이나 대궐로 들어 가는 문을 뜻한다. 여기서는 집안으로 들어가는 첫문 곧 대문을 천문이라고 한다. 대문이 있으면 대문에 금줄을 치지만, 대문이 없으면 방의 출입문에 금줄을 친다.
75 '건기'는 '건구'의 다른 말이다. 안동지역에서는 금줄을 건구라고 했다. 건기하고는 건구하고, 곧 '금줄을 치고'라는 말이다.
76 '관세(盥洗)하고'. 얼굴을 씻고.
77 말을 하지 않도록 입에 한지 조각을 무는 것을 "입에다가 합을 물고"라고 했다

이씨대주 집을지며	응천상지 삼광이요[78]
동방청제 지신이야	서방백제 지신이야
남방적제 지신이야	북방흑제 지신이야
중앙황제 지신이야	동쪽에는 동문내고
서쪽에는 서문내고	남쪽에는 남문내고
북쪽에는 북문내고	인의예지 기둥받쳐
보짱얹고[79] 마루깔아[80]	팔조목에[81] 도리얹고

[사설]

 이렇게 집을 잘 지었으니, 굽은 나무는 굽은 대로, 잦은 나무는 잦은 대로, 산미[82]사창[83] 가루닫이에[84] 화살난간 뒷마루를 멋지게 해나놓고, 네 귀에다가 풍경을 달고 달랑달랑 풍경소리 듣기 좋고, 아이고 마 굴뚝도 옛날에는 얼마나 멋지게 잘 내 놨소. 이렇게 다 백능화로[85] 도배를 하고 청능화로[86] 띠를 두르고, 모란화초 화문석에 죽장병풍을 걸어놓고 마당 앞에 연못도 멋지게 파놔놓이, 수중연화(水中蓮花)도 만발하고.

 아이 이래(이렇게) 집을 잘 지었으니 이제는 어른들 모시고 자식 자손들 모시고 전부 이사만 가만 돼. 이사를 가는데 어른들은 사랑방으로 모셔놓고. 우리 회원님들 여기 오신 분들은 안방으로. 둘 내외 안채로 가시고 또 아들 삼형제 아들 있는 집은 또 작은 방으로 가시고, 딸 있는 집은 또 후원 별당으로 가고, 이렇게 해서 오늘 이사를 다 했으니. 이제는 성주님을 모셔야

---

78 응천상지삼광(應天上之知三光). 대들보 밑면에 쓰는 글귀의 일부이다. 이 글귀 에 이어서 "備人間之五福"을 쓰는데, '하늘의 해달별님은 감응하시어 인간세계에 오복을 갖추게 하소서'라는 뜻이다.
79 기둥 위에 보를 얹고.
80 이 구절 "보짱얹고 마루깔아"는 오순자본 성주풀이 있는 것인데, 여기서도 노래되었다.
81 팔조목은 『대학(大學)』에, 수기치인(修己治人) 하는 여덟 가지 조목으로서, 격물(格物). 치지(致知). 성의(誠意), 정심(正心), 수신(修身), 제가(齊家), 치국(治國) 평천하(平天下)를 말한다.
82 산미(山彌)는 건축의 한 장식용 부재이다. 공포(栱包)에서 기둥 위의 도리 사이를 소의 혀 모양으로 꾸민 부재의 짜임새를 통틀어 일컫는다.
83 사창(紗窓). 엷은 비단으로 바른 창.
84 가로닫이. 가로로 여닫게 만든 미닫이 창.
85 흰색 능화지(菱花紙)로. 능화지는 마름꽃의 무늬가 있는 종이로서 고급 벽지를 일컫는다.
86 청색 능화지로.

되는데. 대감님 어데 갔소? (축문을 읽던 남성 회원을 찾는다.)

오늘 여(여기) 대표로 또 대감이 (성주대를) 세워야 되고, 성주대는 여자들이 안 세워요. (회원이 말통에 세워둔 홍두깨를 뽑아서 성주대를 세운다.) 오늘 그래도 한 채씩 다 멋진 기와집을 다 드렸으니까. 우리 성주님을 한번 모셔 봅시다. 근데 여 보시오! 성주님 모실 때도, 우리 그냥 하겠소! (회원은 성주대를 계속 세우려 하고 있다.) 이렇게 멋지게 정성을 들여 성주상을 채려 놓고, 성주를 모셔야 되지요.

무녀가 성주대를 고정시킨다.

그래 (성주대가 바로 서자) 아 이구 잘 섰다! 오늘 여러분들 진짜 성주가 이런 바깥에서는 잘 안 서는데 잘 서네요. 작년에는 바람이 불어 잘 안 되드만, 올해는 정말 잘 섰네요. 오늘 성주님이 정말 반갑게 잘 받으신다. (회원들이 성주를 향해 3배를 올리고 주무는 성주대를 말통으로 다시 옮긴다.)

작년에 성주굿 할 때는 장보러 신시장을 갔는데, 이번에는 성주상을 채릴라꼬 장보러 갈 때는 어드로 갔는고 하면은 구시장에 갔어요. 구시장에 가가주고 가격도 안 깎고 정성껏 장을 봐가주고, 장을 보는데. 구시장에 들어서자 말자 안동 찜닭 냄새가 열매나 풍기는지. 먹고 싶기는 한정이 없지만은, 그래도 성주 상 채리는데. 찜닭 같은 거 잘못 먹으면 안되이께네, 억지로 꾹 참고 와가주고, 깨끗한 정성을 드리니 성주님도 반가워 하신다. 오늘 이렇게 성주님을 거룩하게 모셨으니. 우리 성주님을 모셔나 봅시다.

여보시오 손님네들[87]	이성주가 뉘성준고[88]
김씨대주 성주로다	김씨대주 모시는성주

성주야근본이 어드멘고	경상도 안동땅
제비원이 본일레라	오늘같이 좋은날에[89]
성주님을 모셨더니[90]	천복만복을 나리소서[91]
아들낳으면 효자낳고	딸을낳으면 효녀놓고
구름복은 흘러들고	사람복은 걸어들고
황쇠복은 지고들고[92]	물복은 숨어들고[93]
생쥐복은 물어들고	검은밤에 횃불같이
검은밤에 달빛같이	동지섣달 꽃이핀듯[94]
동지섣달 잎이핀듯	높은산에 눈날리고[95]
얕은산에 재날리고	억수장마 비퍼붓듯
대천바다에 물밀듯이	좁은골에 번개치듯
부자되게 도와주고[96]	장자되게 도와주고
수명장수 이어달라	성주님전에 비나이다.

[사설]

　　우리나라 대한민국 국태민안 안과태평 태평성대를 기원하고, 안동 성주굿이 안동의 최고의 문화가 되고. 좀 더 나가 전국에 최고 문화가 되고 한국을 대표하는 이 성주문화가 되기를, 오늘은 다 성주님 전에 기원을 하고, 물홍수 불홍수도 막아주고, 사고수 막아주고 자연재해 천재지변 막아주고, 삼재팔난 우환질병 막아주고, 자손들 많이 낳아서 성주님이 가정가정이 성주 자손들 늘게 해주고 인구 늘게 해주고, 지금은 노인 인구만 늘지 젊은 사람이 인구가 줄

87　다른 채록본에서는 "벗님네요"라고 했다.
88　이 성주가 누구네 성주인고.
89　다른 채록본에는 "이러한 좋은집에"라고 했다.
90　다른 채록본에는 "뫼셔놓고"라고 했다.
91　다른 채록본에는 "내리시고"라고 했다.
92　황소복은 지게에 지고 들어오고.
93　"스며들고"의 와전으로 보인다. 물이 스며드는 것처럼 물복도 스며든다는 말이다.
94　다른 채록본에는 "꽃이피듯"이라고 했다.
95　다른 채록본에는 "눈날리듯"이라고 했다.
96　다른 채록본에는 "도와달라"고 했다.

어드니 우리나라 대한민국이 참말로 큰일이 났소.

그리고 우리나라 자손들이 우리 후손들이 전 세계 나가서라도 인정을 받고, 다 연구박사 되고 최고의 자손이 되도록, 오늘 성주님 전에 빌고 비나이다. 가정마다 자손창성 부귀영화를 주고 우리나라 대한민국이 잘 살고 번영이 되고, 니남(나남) 없이 세계의 강대국이 되어서, 최고의 대한민국이 되도록, 오늘 성주님이 받들어 달라고, 축원이오 발원이오. 비나이다 비나이다. 성주님전 비나이다.

회원들을 향해 절을 하고 "얼씨구!"라고 하며 성주거리를 마쳤다. 원무를 추면서 상에 차려놓은 쌀을 한 줌 집어 회원들을 향해 뿌렸다. 회원들은 두 손을 벌여 쌀을 받아서 먹었다.

7. 주무 송옥순의 지신밟기

주무가 원무를 한참 추다가 멈추자, 앞소리꾼이 나와서 지신밟기 앞소리를 매겼다 송옥순과 함께 앞소리를 매기고 회원들은 "치야칭칭나네"라는 후렴구를 부르며 지신밟기 소리를 했다. 처음에는 느린 가락으로 부르다가 뒤에 잦은 가락으로 바뀌었다. 마지막에는 지신밟기 소리를 하지 않고 같은 가락에 맞추어 모두가 신명풀이 춤을 추었다.

치야칭칭나네	치야칭칭나네
산지조종 곤륜산에	치야칭칭나네
수지조종 황화수라	치야칭칭나네
경상도라 안동땅	치야칭칭나네
범당산에 김씨댁에	치야칭칭나네
성주신을 모실려고	치야칭칭나네
온갖정성 다할적에	치야칭칭나네
큰무당 작은무당	치야칭칭나네
박수무당 수하무당	치야칭칭나네
온갖무당 다불러서	치야칭칭나네

성주굿을 벌릴적에	치야칭칭나네

(빠르게 앞소리를 매기자 후렴도 이에 따랐다.)

치야치야치야치야	치야칭칭나네
큰무당의 거동보소	치야칭칭나네
대문앞에 나가서서	치야칭칭나네
온갖잡귀 모두쫓네	치야칭칭나네
오복일랑 들어오고	치야칭칭나네
육극일랑[97] 물러가라	치야칭칭나네
소리소리 질러대네	치야칭칭나네
박수무당 일어서서	치야칭칭나네
지신지신 밟을적에	치야칭칭나네
고방에는 고방신	치야칭칭나네
정지에는[98] 조왕신	치야칭칭나네
우물에는 용왕님	치야칭칭나네
정낭에는 통시귀신[99]	치야칭칭나네
안방에는 삼신할매	치야칭칭나네
대문에는 문간귀신	치야칭칭나네
울담에는 담벽귀신	치야칭칭나네
방앗간에 방아귀신	치야칭칭나네
집터에는 터주대감	치야칭칭나네
온갖귀신 불러다가	치야칭칭나네
지신지신 밟아보세	치야칭칭나네

---

97 오복(五福)과 상극을 이루는 것이 육극이다. 육극은 1) 횡사와 요절, 2) 질병, 3) 걱정, 4) 가난, 5) 악한 것, 6) 나약함이다.
98 정지는 부엌을 일컫는 안동지역 토박이말이다.
99 '정낭'과 '통시'는 모두 뒷간을 일컫는 안동지역 토박이 말이다.

앞소리가 끝나자 풍물가락에 맞추어 함께 춤을 추며 신명풀이를 했다. 풍물소리가 고조되자 춤도 격렬해졌다. 한참 신명풀이를 즐기다가 풍물반주가 잦아들자 춤도 잦아들었다.

8. 주무 송옥순의 재수받기

지신밟기를 마치자, 주무가 삼지창을 가지고 와서 소금자루 위에 거꾸로 세우고 네모난 떡시루를 걸어서 세웠다. 팥고물을 한 붉은색 시루떡이었다. 시루를 걸면서, "교수님! 재수 한번 받으세요" 하고 쓴이를 불렀다. 떡시루를 매단 삼지창이 흔들리다가 움직이지 않고 서자, 쓴이에게 떡시루를 받으라고 했다. 쓴이가 꿇어앉아 두 손으로 떡시루를 받자, 풍물패들이 풍물을 치고 일동이 손뼉을 치며 재수를 빌어주었다.

무녀의 떡시루 세우기

다음에는 흰색 떡시루를 가지고 오라고 해서 다시 거꾸로 세운 삼지창에 걸었다. "붉은 시루는 재수고, 이거는 자손에 누가 시험 치는 사람이 있으면은 나오소"라고 했다. 여성회원이 나와서 떡시루 앞에 꿇어앉자, 주문을 외우며 떡시루를 세우기 시작했다.

자, 온시루 대시루를 받으시고 태산 같은 이 정성을 받으시고, 어에든지 건강하게 도와주시고 자손들마다 창성하게 마음먹고 뜻 먹은 대로 술술이 술술이 받들어다가 어에든지 오늘날에..

주문을 외우는 동안에 떡시루가 움직이지 않고 서자, 주문을 멈추고 "자 받으소!"라고 했다. 회원이 떡시루를 받자 누군가 "박수, 박수!" 하며 손뼉을 치자, 일동이 풍물을 치고 손뼉을 차며 환호했다. 주무가 "다음부터는 한 바퀴 휘 돌아부레"라고 했다. 떡시루를 받는 사람이 떡시루를 받아서 그냥 내려놓지 말고 제자리에서 한 바퀴 돈 다음에 내려 놓으라는 말이다.

다음에는 무지개색 떡시루, 노란색 떡시루, 백편시루를 차례로 삼지창에 걸어세우고 회원들이 나와서 받도록 했다. 그때마다 주문을 외우다가 떡시루가 서면 주문을 멈추었다. 떡시루를 받은 사람은 떡시루를 들고 제자리에서 한 바퀴 돈 다음에 떡시루를 내려놓았다. 다섯 번째 마지막 떡시루를 내려 받은 다음 한참 풍물을 치고 신명풀이를 했다.

주무는 오방기를 들고 원무를 추다가 모아쥐고 회원들에게 제각기 뽑도록 했다. 한 회원이 파란 색을 뽑자, "검은 거는 물러가고 오늘 이 정성을 받으시고…"라고 하며, 한 번 더 뽑게 했는데, 또 파란색을 뽑았다. "뭐가 이래 부정이 많이 끼었는고! 부정이 많이 끼었는고!"라고 하며, 다시 뽑게 하자 이번에는 흰 색을 뽑았다. 그러자 만족해서 "오늘은 칠성줄에 명줄에 복줄에…"라고 하며, 다른 회원에게 오방기를 뽑도록 했다.

흰색을 뽑고 다음 사람도 계속 흰색을 뽑자, "오늘 모두 이래 오이께네 하나 같이 전부다 이렇게 좋다. 칠성이 명이야 명!"이라고 하며 오방기 뽑기를 계속했다. 노랑기를 뽑는 이에게는 "돈이다. 대감!"이라고 하고, 빨강기를 뽑는 사람에게는 "재수다 재수!"라고 했다. 파란색을 뽑는 사람에게는 "걱정 근심!"이라고 하며. 오방기로 이리저리 쓸어내려서 근심을 씻어내고 좋은 조짐의 색깔을 뽑을 때까지 다시 뽑도록 했다. 오방기를 뽑고자 하는 회원들에게는 빠짐없이 찾아가서 일일이 다 뽑게 했다.

쓴이에게 다가와서 "교수님도 뽑아 보이소!" 하고 권하기에 뽑았더니 연두색이었다. "나쁜 거는 씻어내고…" 하며, 오방기를 모아 쥐고 몸을 씻어내듯 쓸어내리고는 다시 뽑도록 했다. 빨간색을 뽑았더니, "아이구 빨간색이네!" 하며 다른 사람에게로 갔다. 재수를 상징하는 빨간 기를 뽑은 사람은 기를 높이 들고 흔들면서 "좋다!"고 환호했다.

9. 주무 송옥순의 고풀이

재수받기가 끝나고 주무는 붉은색 장삼에 색동 소매의 무복을 갈아입었다. 주무가 고풀이를 시작했다. 먼저 흰색의 긴 천을 매듭지어 묶었다. 이 매듭을 '고'라고 한다. 매듭을 지어 고를 만든 다음, 반주 장단에 맞주어 고를 풀어낸다. 매듭지은 천을 잡고 힘껏 아래위로 뿌리쳐서 매듭을 푸는 것이 고풀이이다. 고를 다 푼 다음에는 천을 일정한 간격으로 사려서 아귀가 맞도록 했다.

사리던 천의 끝자락이 아귀가 딱 맞아야 하는데, 한 뼘 정도 남아서 맞아떨어지지 않았다. 사린 천을 들고 굿판 좌우를 휘둘렀다. 한참 휘두르다가 천을 풀어놓고 다시 매듭을 지어 고를 만들었다. 고를 다 만들고 나서 천을 모아 쥐고 다시 굿판 좌우를 오가며 휘둘렀다. 그리고는 다시 고풀이를 했다. 한참 아래위로 뿌리치니 고가 다 풀리자, 천을 사리기 시작했다. 마침 끝자락이 정확하게 맞아떨어져서 고풀이를 마칠 수 있었다. 그렇지 않으면 처음부터 다시 고를 묶고 풀기를 해야 한다.

고를 푼 흰 천을 여섯 갈래로 찢기 시작했다. 주무가 천을 조금씩 찢으면서, "이거는 우리가 인간에 칠성고에 걸린 거 푸는 거야. 오늘 오다가다 걸린 고를 째는 건데… 다 죽죽 나가면서 째요"라고 했다. 회원들이 제각기 찢어놓은 천을 한 꼭지씩 잡고 당겨서 모두 여섯 갈래로 찢었다. 천을 다 찢고 나자, 주무는 무복을 벗어 가로로 들고 원무를 추었다.

한참 원무를 추다가 멈추고 사방을 향해 허리를 숙여 절하며 "수고하셨습니다. 감사합니다" 마무리 인사를 했다. 굿상에 올렸던 제물을 모아서 음복을 하고 또 남은 제물은 일일이 봉과를 싸서 나누어 주었다. 음복 순서를 마치자 뒷정리를 하고 범당산을 내려왔다.

4장 | 성주굿 전승양상과 성주풀이 지식 해석

1. 송옥순 성주굿의 구성과 전개 상황

송옥순의 성주굿 현장을 3차례 조사하고 결과를 보고서로 작성했다. 3차례의 성주굿은 굿의 상황이 제각기 다르다. 첫째 성주굿은 굿당에서 한 건궁성주굿이고, 둘째 성주굿은 금포고택에서 한 실제 성주맞이굿이며, 셋째 성주굿은 제비원 범당에서 한 성주맞이큰굿이었다. 건궁성주굿은 본격적인 성주굿이지만, 성주의 신체를 대주의 집에 모시지 않은 것이다. 제가집이 도시에서 아파트 생활을 하는 까닭에 구조적으로 성주신을 집에 모실 수 없기 때문이다.

그러나 집에다 성주신을 새로 모시는 금포고택 성주맞이굿은 실제 성주굿이었다. 따라서 성주굿을 하는 가운데 성주신을 대청의 상기둥에 모시는 전통 성주굿을 고스란히 재현했다. 그러나 건궁성주굿에 견주어 굿거리 수가 적어서 풍성한 성주굿이라 하기 어렵다. 성주맞이큰굿은 제비원 범당산에서 연례행사로 하는 의식용 제의여서 성주거리 중심에 머물렀다. 그러나 이전의 성주굿에서 부른 '오숙자본 성주풀이'와 달리 '권은도본 성주풀이'를 새로 불러서 주목되었다.

세 갈래 성주굿은 저마다 특성과 장단점을 지니고 있다. 따라서 서로 보완하는 효과가 있어서 송옥순 성주굿을 온전하게 이해하는 데 세 성주굿이 모두 도움이 된다. 금포고택 성주받이굿은 성주를 모시는 집 대청에서 성주굿을 하고 실제로 성주 신체를 상기둥에 모셔서 봉안한 까닭에 가장 온전하다고 할 수 있다. 따라서 이 성주굿 하나만 현장조사해도 성주굿을 이해하는 데 아무런 문제가 없을 것 같다.

그러나 건궁성주굿은 요즘 성주굿의 대세일 뿐 아니라, 굿거리가 더 풍부해서 성주굿의 새로운 경향을 이해하는 데 도움이 된다. 그리고 제비원성주맞이 큰굿은 야외에서 연례행사로 하는 제의적 의식이어서 성주굿의 여러 굿거리 가운데서도 성주거리에 집중되었다. 성주굿의 핵심만 선별적으로 한 까닭이다.

성주굿은 누가 어디서 왜 하는가에 따라 서로 다르기 마련이다. 같은 무당이 하는 성주굿인데도 상황에 따라 큰 차이를 보인다. 굿거리를 융통성 있게 편집하거나 구성할 수 있고 같은 굿거리도 가감과 변형이 가능한 까닭이다. 따라서 성주굿은 틀에 박혀 있는 고정된 실체가 아니라 상황에 따라 자유롭게 구성되고 변형될 수 있는 가변적 구성물이다. 그러므로 여러 성주굿을 서로 견주어 보고, 굿에 따라 없는 거리를 다른 굿에서 찾아보면 성주굿의 전모를 이해하는 데 도움이 된다.

구체적인 내용을 보기 전에 세 성주굿의 굿거리를 견주어 보면 퍽 대조적이다. 우선 거리 수의 양적 차이가 보인다. 질적 차이는 말할 것도 없다. 굿을 한 순서대로 굿거리를 열거해 보자. 고딕으로 표시한 거리는 성주굿에 따라 굿거리가 서로 다른 것이고, 밑줄을 그은 거리는 같은 거리이되 차례만 다른 것이며, 나머지는 서로 같은 거리이다.

가) 건궁성주맞이굿

1)앉은부정-2)선부정-**3)도당축원-4)신명축원-5)조상거리**-6)서낭거리-7)산신거리-8)대감거리-9)성주거리-10)칠성거리-11)창부거리-12)고풀이-**13)신장거리-14)장군거리-15)대신거리-16)망자풀기-17)넋보내기**-18)뒷전풀이

나) 고택 성주받이굿

1)앉은부정-2)선부정-**3)조왕빌기-4)터주빌기-5)삼신빌기**-6)서낭거리-7)산신거리-8)대감거리-9)성주거리-10)창부거리-11)고풀이-12)칠성거리-**13)고방빌기-14)성주빌기**-15)뒷전풀이

다) 성주맞이 큰굿

1)고축-2)부정치기-3)서낭거리 4)산신거리-5)성주거리-**6)지신밟기**-7)고풀이

성주굿의 거리 수가 적지 않다. 많게는 18개 거리, 적게 해도 15거리이다. 약소하게 6개 거리만 한 성주맞이 큰굿은 성주거리 중심으로 집약화된 굿으로서 본격적인 성주굿이 아니라 연례행사로 하는 의식용 굿이다. 의식용일 뿐 아니라, 집이 아닌 산에서 하는 까닭에 성주거리 외에 서낭거리와 산신거리가 있고, 게다가 성주굿보존회원 여럿이 참여하는 의식이어서 공동으로 함께 할 수 있는 지신밟기를 특별히 했다. 따라서 본격적인 성주굿과 견주어 볼 일은 아니므로 구체적인 논의에서는 성주맞이 큰굿을 제외한다.

다른 굿을 할 때에도 성주굿이 하나의 굿거리로 늘 포함되는 것처럼, 성주굿을 할 때도 여러 가지 굿거리들이 함께 포함되게 마련이다. 그런데 그 굿거리들의 구성이 서로 일치하는 것도 있고 서로 다른 것도 있어서 대조할 만하다. 거리의 구성이 같은 것은, 앉은부정과 선부정을 비롯하여 서낭거리-산신거리-대감거리-성주거리-창부거리-고풀이-칠성거리, 그리고 말미의 뒷전풀이다.

거의 절반 이상은 굿거리가 같은 셈인데, 그럼에도 6거리 또는 7거리는 전혀 다른 거리로 이루어져 있다. 같은 무당이 같은 굿을 하는 데 이러한 차이가 나는 것은 아무래도 굿당에서 하는 건궁성주굿과 고택에서 하는 성주받이굿의 맥락에 따른 차이와 함께, 제가집과 무당 사이의 거래에 의한 차이가[1] 아닌가 한다. 이처럼 성주굿의 구성은 언제 어디서 하든 같은 구성을 고정적으로 하는 것이 아니라, 현장상황과 주어진 맥락에 따라 융통성 있게 가변적으로 변화된다는 것을 알 수 있다. 그러므로 여러 사례의 성주굿을 거듭 조사해야 그 실상을 제대로 포착할 수 있다.

건궁성주굿이나 고택성주굿의 서두와 결말은 같다. 처음에 앉은부정과 선부정으로 부정치기를 하고, 말미에 뒷전풀이를 해서 굿판에 따라 들어온 모든 잡귀잡신들을 달래서 돌려보내는 것으로 굿을 마친다. 앉은부정은 조현동 법사의 무가 구송으로 앉아서 장고를 치며 진행되는데, '천상부정, 지하부정, 명당부정, 당산부정' 또는 동서남북에 따라 '청제부정, 적제부정, 백제부정, 흑제부정, 황제부정' 등 온갖 부정을 열거하고 '천리 밖에다가 배송'하라는 내용이 되풀이 된다.

선부정은 송옥순 무녀의 선굿으로 진행된다. 고택성주굿에서는 조무 박미선도 함께 부

---

[1] 무당과 제가집이 성주굿을 거래하는 과정에서 비용에 따라 조상거리를 포함시키기도 하고 제외시키기도 한다.

정 치기를 했다. 두 손에 신장칼을 들고 휘두르며 원무를 추다가 집 입구에서부터 마당, 장독대, 칠성단, 뒤주, 고방, 화장실, 창고 등 집 앞뒤를 구석구석 돌면서 제각기 부정을 쳐내고, 그때마다 칼을 던져서 칼끝이 둘 다 바깥을 향하지 않으면 다시 부정을 쳐냈다. 집안 봉당으로 들어와서 안방과 부엌, 주방 등을 돌며 부정치기를 계속하고 오방기를 뽑았다. 마침 빨강색 깃발이 나오자 흡족하여 마당 터주상 앞에 기주를 불러 세워서 공수를 주었다.

그리고 대주를 불러 앉히고는 신장칼로 머리부터 온몸을 구석구석 훑는 행위를 하며 부정 치기를 하고, 이어서 액맥이 묶은 것과 오색천을 이용하여 부정 치기를 했다. 기주도 같은 방식으로 부정치기를 했다. 건궁성주굿에서는 굿당이어서 집안 구석구석을 돌며 하는 부정 치기는 하지 않았다. 굿상 앞에서 부정 치기를 하고 이어서 대주와 기주, 장남, 차남 순으로 일일이 부정치기를 했다. 무가는 거의 없고 신장칼춤과 칼짓, 칼 던지기, 오방기 뽑기 등이 중심을 이루었다.

앉은부정과 선부정의 서두가 끝나면 건궁성주굿에서는 도당축원, 신명축원, 조상거리가 이어지고 고택성주굿에서는 조왕빌기, 터주빌기, 삼신빌기가 이어져서 서로 큰 차이를 보였다. 고택성주굿에서는 집안에서 성주신을 모시는 까닭에, 집안에 이미 좌정하고 있는 가신들 곧 조왕과 터주, 삼신에 대한 비는 굿을 했다. 그러나 건궁성주굿에서는 산기슭에 외따로 떨어져 있는 굿당에서 굿을 할 뿐만 아니라, 실제로 성주를 제가집에 모시지 않는 까닭에 가신들에 대한 빌기를 하지 않는다. 그 대신에 도당축원과 신명축원, 그리고 조상거리를 특별히 했다.

도당축원은 마을의 수호신을 모신 도당(都堂) 곧 서낭신에게 올리는 굿이다. 따라서 도당축원을 '서낭당 고유굿'이라고도 한다. 성주굿을 하는 사실을 이 마을 서낭신에게 알리는 고유제에 해당된다. 주무 송옥순이 굿당 바깥의 느티나무 앞에 제물을 차리고 고유굿을 진행하며, 대주와 기주, 장남, 차남 순으로 소지를 올리게 하고 제각기 복을 비는 축원의 말을 했다.

신명축원은 법사 조현동이 담당했다. 무녀와 제가집 가족들이 모두 굿당으로 들어오자 법사는 이미 굿상 앞에 앉아서 신명축원을 시작했다. 동서남북 천왕님을 비롯하여 고개 넘던 천왕님, 절을 넘던 천왕님, 대관령 천왕님, 수골매기 천왕님 등 여러 천왕님을 모시고, 이어서 같은 방식으로 여러 서낭님을 두루 모시고, 또 여러 신령님과 용왕님, 용신, 칠성, 장군, 대감, 성주 등의 신을 차례차례 모신다. 그리고 삼재팔난을 잘 넘어가도록 막아주고 상문살과 주당살 등 온갖 살을 막아주며, 오늘 정성을 만신령님이 반갑게 받으시고 제가집 가정에 복을 달라는 축원이다.

조상거리는 조무 이금주 무녀가 맡아서 했다. 주무인 송옥순은 성주굿을 하는데 곁들여 조상굿도 하기로 했다고 설명해 주었다. 평소에 하는 성주굿과 달리 제가집과 의논해서 덤으로 하는 것이 조상거리이다. 성주굿과 함께 조상굿을 하면 굿의 효과가 배가된다고 생각하는 까닭이다. 그러나 고택 성주굿처럼 성주굿만 하는 경우에는 별도로 조상거리를 하지 않는다. 조상거리를 함께 하려면 사전에 제가집과 의논이 되어야 한다. 굿의 경비가 늘어나기 때문이다. 건궁성주굿에서는 조상거리를 하기 위해 이금주 무녀를 특별히 초빙했다.

무녀는 굿상 앞에서 원무를 추다가 바깥으로 나가서 인사를 하고 오방기를 흔들며 뒷걸음질로 굿당으로 들어온다. 조상신을 모시고 들어오는 것이다. 처음에는 증조할아버지를 모셔 오고, 이어서 증조할머니, 할아버지와 할머니, 아버지와 어머니를 차례로 모시고 들어와서 제각기 공수를 주고 복도 빌어주었다. 이 과정에 증조할머니가 셋이라는 사실도 드러나고, 대주의 어머니가 일찍 돌아가셔서 홀아버지와 함께 사느라 고생이 많았다는 사실도 드러났다. 이어서 기주의 친정 할아버지와 할머니, 부모도 차례로 모시고 들어왔다. 기주가 시집가기 전후의 친정 사정이 이야기되었다. 총각 때 군대에 가서 죽은 기주의 큰아버지 신령도 들어와서 한풀이를 했다.

이처럼 여러 조상들을 모시고 와서 맺힌 한을 풀어주고 공수를 주는데, 무녀의 두 가지 공수는 사실과 어긋났다. 하나는 기주가 시집 와서 시어머니 밑에서 고생했다고 하자, 기주는 자기가 시집오기 전에 이미 시어머니가 죽었다고 했다. 둘은 기주의 큰아버지가 만주벌판에서 죽었다고 하니까, 만주벌판이 아니라 6.25 전쟁터에서 죽었다고 기주가 바로잡았다. 그러자 조무는 "만주벌판이 전쟁터지 뭐로!" 하면서 자기 공수가 틀리지 않은 것처럼 대응을 했다.

사실과 다른 공수가 나오면 그때마다 기주가 바로잡았으나, 두 가지 공수 외에는 대체로 일치해서 그런지 기주가 나서지 않았다. 공수가 신통하게 맞으면 고개를 끄덕이고 가족들에게 그 사실을 이야기하며 서로 공유했다. 조상거리가 끝나자 주무 송옥순이 무복으로 갈아입고 나서서 "이제 조상을 모셔 놨으이 이제 굿해야 된다"고 하며 서낭거리 준비를 했다. 지금까지 한 굿은 성주굿을 본격적으로 하기 위한 준비에 해당된다는 말이다.

고택성주굿에서는 그러한 준비 굿거리들이 조왕빌기와 터주빌기, 삼신빌기 등 가신들을 대상으로 비는 굿이었다. 법사 조현동이 부엌에서 조왕상 앞에 앉아 조왕빌기를 하고, 이어서 마당에 차려놓은 터주상 앞에서 터주빌기를 했다. 법사가 터주빌기를 하는 중에, 주무 송옥순은 안방 삼신바가지 아래에 삼신상을 차려놓고 삼신빌기를 했다.

삼신빌기를 마치자 터주빌기를 하는데 합류하여 함께 빌고, 터주상에 차려진 음식들을 차례로 삼지창에 걸어서 세우기 시작했다. 삼지창이 쓰러지지 않고 바로 서면 대주가 하나씩 일일이 받아서 옮겨놓았다. 이렇게 터주상이 모두 철거되자, 법사가 마당 입구로 가서 징을 치며 빌기를 마쳤다. 이로써 본격적인 성주굿 준비가 끝난 셈이다.

서낭거리부터 진행되는 여러 굿거리들은 본격적인 성주굿으로서 주무 송옥순 무녀가 모두 맡아서 했을 뿐 아니라, 고택성주굿과 건궁성주굿이 서로 일치했다. 구체적으로 보면, "6)서낭거리-7)산신거리-8)대감거리-9)성주거리"는 굿거리의 순서까지 하나의 세트처럼 고정되어 전승되었다. 성주거리 다음의 3굿거리도 사실상 같은데 순서만 약간 바뀌었다.

건궁성주굿에서는 성주거리 다음에 칠성거리와 창부거리, 고풀이가 행해졌는데, 고택성주굿에서는 성주거리 다음에 창부거리와 고풀이, 칠성거리 차례로 굿이 진행되었다. 앞에 있던 칠성거리가 뒤로 간 것이다. 따라서 크게 보면 성주거리 앞뒤 세 굿거리는 서로 일치한다고 할 수 있다. 다시 말하면 6)서낭거리에서 12)고풀이까지 7거리는 성주굿의 핵심을 이루는 동시에 두 성주굿에서 서로 일치를 보이는 굿거리들이다.

서낭거리는 제가집 주소에 이어 대주와 기주 및 가족의 생년을 일일이 읊은 뒤에 성주신을 모시는 정성을 말한다. 이어서 천상궁과 지하궁, 사바세계에 문을 열고 천상천왕, 천하천왕, 제석천왕, 칠석천왕, 일광천왕, 산신천왕, 용궁천왕 북두천왕, 열두천왕 등 온갖 천왕의 문을 열어 복을 달라고 한다. 계속해서 골매기당산 문을 열어, 남골매기, 여골매기, 수부당산골매기, 그리고 나라서낭, 국사서낭, 남서낭, 여서낭, 당산 서낭문을 열어 재수받기를 빈다. 따라서 서낭거리는 천왕과 골매기, 서낭으로 일컬어지는 신령들을 위하며 재수를 비는 거리라 할 수 있다.

산신거리는 말 그대로 여러 산신들을 모셔서 비는 굿거리이다. 고택성주굿에서는 주무가 뒷산 이름을 묻는 데서 시작했다. 공수에 따라 기주 또는 대주와 이야기를 주고받다가 산신거리 무가를 부르고, 건궁성주굿에서는 원무를 추다가 바로 해당 무가를 불렀다. 무가에서는 산신할아버지가 들어와서 손재수와 재앙은 막아주고, 높은 산의 정기를 받고 명기를 받아 집안과 후손들이 모두 박수소리 우렁차도록 마음먹고 뜻 먹은 대로 도와주겠다고 했다.

대감거리는 대감신령을 청해서 복을 비는 굿거리이다. 고택성주굿에서는 글문대감, 말문대감, 권세대감, 문서대감, 공명대감, 나라대감, 국사대감, 호령대감 등 온갖 대감들을 모셔서 놀도록 함으로써 자손들 잘 되게 명 주고 복 주어서 가정이 편하도록 하는 것이다. 대감신령이 들어서니 기분이 좋아서 잡가 '닐리리'를 부른다. 건궁성주굿에서는 '닐리리' 대신 '창부타령'을 불렀다. 그리고 굿거리 사이사이에 대중가요 '해운데 엘레지'와 '울려고 내가 왔던가', '여자의 일생', '청춘가' 등을 부르고 '대감타령'과 '술타령'도 불렀다.

잡가와 대중가요를 부르는 걸 보면 주무가 신이 났다. 주무는 평소에 술담배를 하지 않는데 대감신령이 실려서 술도 마시고 담배도 피웠다. "대감이 들어서서 술을 얼마나 찾는지, 야들아! 우리 옛날에 그래도 술 먹고 놀기 좋아하고 참 기집 좋아하고..."라고 하며, "이왕이면 양주 먹자"고 막걸리를 거부하고 맥주를 받았다. 맥주잔을 들고 권주가를 부르며 흥풀이를 했다.

'대감'이 들어서서 다 도와준다고 했지만 무녀는 대주와 기주에게 손자라고 일컬을 뿐 아니라, 자기보고는 "너거 할배다 할배!"라고 하며 '할아버지'로 부르도록 했다. "뿌리 없는 나무가 어디 있고 줄기 없는 잎이 어데 있겠느냐"며 "조상 없는 후손"이 없다고 하고서, '대감할배'가 왔다고도 했다. 후손들 앞에 앉아 있으니 정말 좋다고 하며, "우리 손자야 금전은 먹고 남고 쓰고 남도록 내가 도와주마"고 했다. 그러므로 호칭은 '대감'이지만 사실은 조상신이다. 조상신을 대감으로 호명하는 것은 관직이 대감에 이르렀다는 뜻이다.

대감거리에 이어 성주굿의 핵심인 성주거리를 했다. 실제로 성주신을 모셔서 봉안하는 것이 성주거리이다. 대감거리를 하다가 "오늘 같이나 좋은 날에 성주대감이 나리셨네" 하는 순간에 성주거리로 넘어온 것이다. "오늘 같이 좋은 날에 성주대감 모실 적에"라고 하면서, 건궁성주굿에서는 올해 성주운이 든 장남을 나오라고 하고, 고택성주굿에서는 대주를 나오라고 해서, 굿상의 말통에 꽂아두었던 홍두깨를 세우라고 했다.

대주가 앉은 채로 소금을 담은 접시 위에 홍두깨를 세우는 동안 주무는 "성주님을 모실 적에 복성주, 명성주, 여성주, 남성주, 꽃성주 잎성주, 빌던성주, 공대성주, 칠성성주"라고 하며 온갖 성주를 열거한다. 그 사이에 홍두깨가 서자, "아이고 잘도 선다. 기다리고 기다렸다"고 하며 절을 일곱 번 하라고 시킨다. 홍두깨가 넘어지지 않고 꼿꼿이 서면 성주신이 내린 징조라고 믿는다. 성주신이 성주굿을 하기를 바랜 까닭에 홍두깨가 빨리 섰다고 칭찬을 하며, 성주풀이를 시작한다.

고택성주굿에서는 오숙자본 성주풀이를 끝까지 다 불렀으나, 건궁성주굿에서는 같은 성주풀이를[2] "산신제만 지내란다"까지만 불렀다. 마치 판소리를 부르는 것처럼 성주풀이를 창으로 부르다가 사이사이에 아니리에 해당되는 사설을 말로 해서 성주풀이 창을 보완했다. 건궁성주굿에서는 성주풀이를 중간 정도에서 마친 셈인데, 그 이후에는 성주운이 든 장남에게 "변동수가 들었다" 하고 공수를 주었다. 장남은 직장을 옮기려고 마음먹고 있다고 하니, 가능하면 제자리에 있는 것이 좋은데, 변동수가 있으니 직장 안에서 자리를 옮기는 것이 좋겠다고 했다. 장남의 결혼 문제와 진급에 대해서도 공수를 주었다. 성주거리에서는 성주운이 든 장남에 관한 공수가 집중되었다.

고택성주굿에서는 성주풀이를 완창하고 이어서 축원을 했다. "이 터 명당에 꽃이 되고 잎이 되어서 검은 밤에 횃불 같이, 검은 밤에 달빛 같이, 구름에 해가 나고 구름에 달이 나오시나 불 밝히고 물 맑힌 정성, 성주님이 보살펴서 자손마다 수명장수 주고 자손마다 부귀영화를 내려주고, 자손마다 소원성취 다 주고", "오늘은 우리 아들이 나를 찾고 나를 불러서 성주대신이 정말로 좋다", "성주대신이 이렇게 기분 좋게 놀다가 가면 이 터 명당 이 터전에 싹이 나고 잎이 나고 모든 것이 잘 되게 내가 도와주마." 이러한 여러 가지 축원을 마치고 창부거리로 넘어갔다. 그러나 건궁성주굿에서는 성주굿에 이어서 칠성거리를 했다.

칠성거리는 칠성님을 모셔서 가족들의 명과 복을 내리게 하고 수명장수를 비는 굿거리이다. 칠성거리가 시작되자 굿상과 함께 칠성상을 향해서 큰절을 7차례 올리고 원무를 추었다. 칠성님이 내리셔서 제가집 가족에게 복을 주고 명을 달라고 빌었다. 비는 말을 하면서, 성주상 앞에서 물그릇 셋을 그릇 전 위에다 포개 올렸다. 그릇이 고정되지 않자 물을 조금씩 부어가며 소원을 비는 말을 했다. 마침내 그릇이 안정되자 대주를 불러서 제일 위의 그릇을 주며 물을 마시도록 했다.

이어서 칠성타령을 길게 불렀다. 칠석과 칠성을 오가면서 여러 이름의 칠성신들을 두루

---

2 이때 부른 성주풀이의 내용에 대해서는 다음 장에서 별도로 자세하게 다루도록 한다.

호명하며 명과 복을 빌었다. 그런가 하면 스스로 칠성신이 되어서 "오늘은 칠성당에다 불 밝히고 칠성당에다가 물 맑혀서, 내가 하나 같이 이름나게 내가 도와준다. 오냐 걱정하지 말아라"고 격려의 말을 했다. 무가와 공수를 마치고는 악기 '바라'를 찾아 두 손에 나누어 쥐고 한참 원무를 추었다. 중타령을 시작하면서 바라춤을 추었다. 굿상의 밤과 대추를 바라에 담아서 대주의 옷자락에 건네주는데 짝수가 되지 않으면 거듭하여 짝수가 되도록 한다. 대주에 이어 기주와 자녀들에게 모두 같은 방식으로 밤과 대추를 건네주었다. 이때도 재수를 비는 말을 계속했는데, 마지막으로 "내가 명 실어 복 실어서 무병장수하게 도와주마"라고 했다.

고택성주굿에서는 집 뒤꼍에 제가집이 모시는 칠성단 앞에서 법사 조현동이 징을 치며 칠성빌기를 했다. "일곱 칠성에다 물을 떠놓고 허궁 칠성에다 산신 칠성에다 용궁 칠성 모셔 놓고" "견우직녀 칠석님네 오작교 칠석님네 산신칠성님 용궁에 칠성님..." 등 칠석과 칠성을 혼용하며 "이 정성 드리고 나거들랑 일년 열두 달을 하루같이 도와주시고" "복칠성 되고 명칠성 되어서" 칠성님의 공덕으로 받들어주고 도와달라고 빌었다.

건궁성주굿에서는 칠성거리 다음에 창부거리를 했다. 고택성주굿에서는 창부거리를 성주거리 다음에 해서 차례가 다르다. 창부거리는 이름 있는 광대가 죽어서 창부신으로 추앙되는 굿거리이다. 주무 송옥순은 창부 옷을 갈아입고 원무를 한참 춘다. 창부가 들어섰다고 하면서 제가집에 '재앙은 막아주고 물리치며, 재수 복록은 내려주고 들어준다'고 공수를 준다. 창부신이 들린 것처럼 춤을 추며 '노랫가락'과 '오동동타령'을 이어서 불렀다. 한참 신명풀이를 한 다음 '천고 만고 억만고에 걸린 고'를 다 풀어준다고 하며 무가 '창부타령'을 부른다.

"외줄 타고 놀던 광대/ 쌍줄 타고서 놀던 광대// 어릿광대는 옥저를 불고/ 어른 광대는 대저 불고" 라는 부분에서 창부신이 광대신이라는 사실이 드러난다. "일년 홍수를 막고나 가자"고 하면서, "정월 한 달에 드는 홍수/ 정월 대보름날 막아줄 때/ 오곡밥으로 막아주마"라고 하고, 3월의 경우는 "삼월 한 달 드는 홍수/ 삼월 삼짓날 막아줄제/ 강남 갔던 제비 한 쌍/ 옛집을 찾아와 막아주마"라고 한다. 같은 방식으로 달과 세시를 맞추어 섣달까지 노래한다. 창부타령을 끝내고 쌀점을 쳤다. 대주와 기주에게 금슬이 더 좋아질 것이라 하고 "먹고 남고 쓰고 남도록 내가 도와줄게" 하고 마무리한다.

창부거리 다음에 고풀이를 하는 것은 두 성주굿이 모두 같았다. 고풀이는 천을 묶은 매듭을 고(苦)라 하고 이 매듭을 푸는 것이 고풀이다. 긴 천을 일일이 묶어 고를 여러 개 만든 다음 무녀가 한쪽 끝을 잡고 위 아래로 흔들며 후려쳐서 매듭을 푸는 것이다. 힘껏 매듭을 지어 놓은 고를 흔들어서 푸는 것도 신통하지만, 고를 다 풀면 일정한 길이로 천을 사리기 시작해서 제일 끝자락의 아귀가 딱 맞아떨어지는 것도 신통하다. 흔들어서 고가 풀리지 않아도 문제지만 사려서 아귀가 맞지 않아도 문제다. 왜냐하면 아귀가 맞을 때까지 처음부터 다시 고를 묶고 풀어서 사리기를 반복해야 하기 때문이다.

건궁성주굿에서는 오색 고 가운데 처음에 검은 고부터 풀고 사리기를 했다. 사릴 때는 대주나 기주의 팔 길이나 어깨 폭의 길이, 또는 머리 둘레의 길이에 따라 천을 사려서 아귀를 맞추었다. 고를 풀어서 사린 고는 출입구 바깥에 던져두었다. 이어서 삼색으로 이루어진 '천황고', 노란색의 '상문고', 남색 고, 연두색 고. 흰색 고, 붉은 고를 풀고 사렸다. 마지막에는 흰색 고를 다시 들고 나와서 매듭을 지어 묶는데, 세 번째 매듭을 묶고서는, 대주와 아들 3형제가 제각기 힘껏 잡아당기도록 하여 도저히 풀리지 않게 만들었다.

그러고는 주무가 "이꾸 잡아 땡겨가주고, 이꾸 매 놨는 거, 이거 풀릴라 안 풀릴라?" "이거 안 풀리면 굿 새로 해야 돼. 이게 안 풀리면 큰일 나. 해는 뉘엿뉘엿 넘어가는데…" "이것 안 풀리면 참 걱정이 태산있다." 말을 마치고, 반주소리에 맞추어 고를 아래위로 흔들어 고를 풀기 시작했다. 고가 거의 다 풀렸는데, 끝자락의 마지막 고가 풀리지 않자, "이 고는 누가 맸는동! (장남 앞으로 가서) 그래 아까도 칠성고에 걸렸제? 손으로 빌어라"고 하며 매듭을 손바닥 사이에 넣고 빌게 했다. 그리고는 '사주팔자에 걸린 액운액살, 칠성고에 걸린 액운액살을 서리설설 풀어달라고' 주문을 외운 뒤에, 다시 고를 후려쳐서 마지막 매듭도 순조롭게 풀어냈다. 그러자 법사가 수고했다며 치사하고 좌중은 손뼉을 쳤다.

손뼉은 어려운 고비를 잘 넘기고 고풀이가 다 끝났다는 뜻이다. 그러나 풀어낸 고를 사렸는데 끝자락이 맞아떨어지지 않았다. 처음부터 다시 고를 묶고 고풀이를 했다. 역시 둘씩 마주잡고 힘껏 잡아당겨서 묶은 고는 풀리지 않았다. 이번에는 차남에게 고를 손바닥 사이에 넣고 비손을 하도록 했다. 고는 다 풀었으나 여전히 사렸을 때 끝자락이 조금 맞지 않았다. "한 치의 오차도 있어서는 안 된다"고 하면서 다시 고를 묶고 풀기를 거듭했다.

두 번을 거듭해서 가까스로 끝자락을 딱 맞게 사렸다. 사린 고를 들고 대주와 기주 가슴을 차례로 내리 쓸었으며 장남에게는 고를 몸 뒤로 돌려서 빼내기를 두 차례 했다. 고택굿에서 하는 고풀이도 이와 같았다. 다만 고풀이를 하는 중에 '번지 없는 주막' 등 흘러간 대중가요를 부르는 점이 달랐다.

건궁성주굿에서는 '고풀이'에 이어서, 신장(神將)을 굿판에 모시는 '신장거리'를 했다. 무녀 송옥순은 남색 무복 차림에 포도대장처럼 전립을 쓰고 신장칼을 두 손에 나누어 들었다. 원무를 추다가 대주와 기주, 3형제를 차례로 부정을 쳐내듯이 신장칼을 휘두르거나 찌르는 동작을 했다. 동작을 마치고 좌우로 팔을 벌린 채로 원무를 추었다. 춤을 멈추고, 신장님이 내려오신다며 신장의 차림새를 노래하는 무가를 불렀다. 이어서 '신장타령'을 불렀다. 신장의 거동을 묘사하며 여러 신장의 이름을 열거하였다. 신장이 내려오면서 복도 주고 명도 주며 재수문도 열어준다고 했다.

신장칼로 홍두깨를 꽂아둔 말통의 쌀을 떠서 공중으로 던져 올렸다가 손으로 잡아서 대주에게 주었다. 대주는 손바닥으로 받아서 홀수인가 짝수인가 확인을 한다. 홀수이면 짝수가 될 때까지 다시 한다. 대주부터 기주, 장차남 순으로 제각기 했다. 차남에게 가서는 "아까 봐도 그렇고 지금 봐도 그런데, 처녀 한 사람이 네가 좋다고, 왔다갔다 하며 따라 다니는 사람이 있다"고 공수를 주었다. "악귀잡귀를 다 소멸해서 재수문 열어주고, 잠을 자도 단잠 자고 밥을 먹어도 단밥 먹게 해주마" 하고 축원을 하며, 신장거리를 마무리했다.

이어서 쉬지 않고 장군(將軍) 신령을 모시는 '장군거리'를 했다. 오른 손에 자루가 긴 큰칼을 들고 왼손에는 삼지창을 들고 원무를 추었다. 장군신을 내림 받으려고 "천하장군, 지하장군, 남이장군, 이순신장군, 황해도 평산 신장군, 유장군, 배장군, 복장군, 최영장군, 김유신장군, 오방장군, 별상장군, 군웅장군" 등 온갖 장군을 호명하는 무가를 불렀다. 그러고는 "외국손님도 땡겨주고, 중국손님 땡겨주고, 일본손님 땡겨주고, 미국손님도 땡겨주고, 내가 딸라 돈 못 벌어주겠느냐, 엔화는 못 벌어 주겠느냐" 하며, 외국 손님들을 불러 돈을 벌도록 해주겠다고 했다.

축원이 끝나자, 자루가 긴 삼지창을 들고 나와, 창끝이 위로 가도록 세우고 그 위에 소머리를 올려 걸었다. 주무가 삼지창을 잡고 조무와 장남도 거들었다. 소머리 위에 다시 떡시루를 올려놓았다. 주무는 "오늘 소머리 받으시고 온 시루 받으시고…" 무가를 부르면서 다시 시루 위에다 종이컵 5개를 올리고 막걸리를 부었다. 쓰러지려던 삼지창이 고정되자, 주무가 잡고 있던 삼지창을 놓고 손을 좌우로 벌리고서 "오너라~! 이렇게 거룩하게 서서 도와주신다"고 하며, 제가집 식구들에게 막걸리 한 잔씩 마시라고 했다.

이어서 "충신은 만조정(滿朝廷)이요 효자열녀는 가가재(家家在)다" 하고 노래를 불렀다. 노래 중에 떡시루와 소머리를 차례로 내려놓고 그 위에 새로 작은 떡시루를 올려놓았다. 미끄러워서 올려놓기 불가능한 것 같았으나 주문을 외우며 떡시루를 올려놓자, 좌중은 모두 '와!' 하고 탄성을 질렀다.

　주무가 작은 작두 틀을 들고 나와서 원무를 추었다. 바닥에 붉은 보자기를 깔고 그 위에 작두틀을 놓았다. 고풀이에 쓰던 흰 천을 작두날에 스쳐서 자르는 것을 보여주었다. 날이 잘 섰다는 뜻이다. 버선을 벗고 오방기를 좌우로 흔들다가 오른발부터 먼저 작두에 올리더니 마침내 온몸을 실어 두 발로 작두 위에 올라섰다. 대주에게 오방기를 뽑도록 하자 흰 기를 뽑았다. 작두에 내려서서 흰 기를 굿상의 떡시루에 꽂고 다시 작두에 올라섰다. 이번에는 기주에게 오방기를 뽑도록 했다.

　이렇게 계속하여 3남 차례가 되었는데, 3남은 계속 녹색기만 뽑았다. 불길한 깃발을 계속 뽑자 작두에서 내려와 3남을 업고 작두 위에 다시 올라서서 주춤거리며 춤을 추는 듯했다. 그러고는 다시 오방기를 뽑도록 하니까, 흰 기를 뽑아서 길한 징조로 받아들이며 마무리되었다. 주무는 오방기를 꽂은 떡시루를 들고 나와 다시 작두 위에 올라섰다. 조무의 권유에 따라 가족들이 차례로 떡시루에 지폐 한 장씩을 올려놓았다. 성주운에 든 장남이 떡시루를 받아들고 한 바퀴 돈 뒤에 굿상에 올려놓고, 주무는 작두에서 내려와 작두를 들고 원무를 추었다.

　장군거리를 마치자 주무는 무복을 갈아입고 대신거리를 했다. 대신거리는 "천하대신 지하대신, 열두 대신, 벼락대신, 말문대신, 작두대신, 남대신, 여대신…" 등으로 여러 대신들을 호명했다. 하지만, 미리 만들어서 굿상 앞에 세워두었던 망자의 혼백 4개를 안고서 "조부 조모에, 모친열에 부친열에"라고 할 뿐만 아니라, "손자야" 또는 "아들아" 하고 부르는 것을 보면, 조부모와 부모 신령을 모시는 굿거리이다. "할배가 와서 할매가 와서 내가 오늘 너희들 하는 거 보니 정말 좋다" "오늘 다 극락을 간다. 우리 손자들 다 도와줄게" 하며, 혼백을 들고 원무를 추다가 제자리에 갖다 두고, 굿상 앞에 눕혀 두었던 망자 혼백 5개를 안고서 다시 원무를 추었다.

　이번에는 "내 손녀야, 내 딸아" 하는 걸 보면 기주의 친정 조부모와 부모, 그리고 전쟁터에서 죽은 큰아버지 신령이 내린 셈이다. 기주 앞에 가서 "복대감이 내가 되고 돈대감, 사업대감, 업대감 내가 되어서 부자 되게 도와주고…" 하며 혼백을 기주에 안겨주려다 혼백 하나를 떨어뜨린다. 그 혼백이 바로 청춘에 죽은 기주의 큰아버지였다. 요절한 혼백의 처지에서 넋두리를 하다가 "오늘 내가 비단 옷 한 벌 받아 입고 내가 극락 갈게. 야들아 너네 아파트 산다.[3]" 하고 공수를 준다. 주무가 혼백을 안고 원무를 추다가 굿상 앞에 혼백을 나란히 내려놓는다. 무복을 벗어들고 원무를 추다가 멈추고 굿상을 향해 허리 굽혀 절을 하고 제가집과 반주석을 향해 각각 절을 한다. 조무가 장장 네 시간이나 굿을 했다고 주무에게 치사한다.

이어서 조현동 법사가 '망자풀기'를 했다. 주무가 제가집 가족들에게 나와서 굿상 앞에 큰절을 3번 올리라고 한다. 그리고는 일곱 묶음으로 묶어놓은 망자 혼백을 풀도록 했다. 법사는 축원 주문을 외우면서, 풀어놓은 혼백에 '칠성대'로 망자 인형을 붙여서 한 쪽에 모은다. 법사는 "영가 영가 잘 가시오. 이 정성을 드리니 극락세상 잘 가시오"라고 축원한다. 망자 정리를 다하면, 베개 속의 쌀을 집어 망자 9분을 위해 마련한 정안수 그릇에 던져 넣는다. 주무는 젓가락으로 법사가 모아둔 망자 인형을 집어 들고 촛불에 불을 붙여 태우다가 다 타면 재를 정안수 그릇에 빠뜨린다. 영가(靈駕)들을 극락세상으로 가도록 비는 법사의 축원은 계속된다.

주무는 성주운이 든 장남에게, 망자 혼백을 담은 정안수 그릇들을 담은 큰 쟁반을 들고 밖으로 따라 나오게 했다. 산기슭으로 가서 나무 밑을 가리키며 "여기 깨끗하제! 여기 부어라"고 하자 장남은 정안수 물그릇을 차례로 땅에 부었다. 조무가 지켜보고 섰다가 "이게 혼백!"이라고 했다. 법사는 굿당 안에 앉아서 계속 축원을 했다. 제가집 부부의 조상들이 모두 극락에 잘 가시라고 비는 축원이었다.

법사의 '망자풀기'에 이어 주무 송옥순 무녀의 '넋보내기'를 했다. 조무는 준비한 종이배에다 망자 혼백을 모두 실었다. 주무는 굿당 좌우에 장식해 두었던 한지로 만든 장식물과 여러 옷가지들을 정리했다. 그리고 조상신에게 바치는 화려한 옷가지들을 벗겨 들고 굿상 앞에서 춤을 추다가 멈추고, 보자기를 펴서 옷가지와 종이배를 얹은 다음 보자기를 묶었다. 법사가 '나무아미타불'의 염불을 계속하는 동안 굿상을 모두 정리하고 주무는 긴 3색 천을 조무와 나누어 쥐고 찢어서 갈랐다.

그리고 흰 천을 가지고 와서 길게 펼친 뒤에 끝자락을 찢고 주무가 그 사이에 들어가서, 혼백을 태운 배와 옷가지를 싸서 묶은 보자기를 긴 천 위에 얹고, 몸을 앞뒤로 흔들며 조금

---

3 아파트를 구입한다.

씩 앞으로 나아갔다. 앞으로 갈 때마다 천이 조금씩 찢어졌다. 조상의 혼신들을 저승으로 보내는 의식이다. 천을 찢으면서 계속 나아가다가 끝자락이 가까워오자 세차게 몸을 움직여 천을 빠르게 가르며 끝까지 나아갔다. 조상의 넋을 저승으로 보내는 의식이어서 '넋보내기' 또는 '길배 나가기'라고 했다. 법사는 계속해서 나무아미타불을 불렀다.

'넋보내기'가 끝나자 마무리로 '뒷전풀이'를 했다. 주무는 신장칼을 들고 칼춤을 추었다. 법사의 반주가 격렬해졌고 춤도 격렬했다. 칼을 좌우로 또는 아래위로 휘두르다가 대주를 나오게 하여 대주 몸 앞뒤를 칼로 쳐내는 동작을 했다. 머리 위에서 발끝까지 위협적인 칼질을 했다. 이어서 기주와 장남, 차남, 삼남 순으로 같은 칼질을 계속했다. 그리고 조사자 일행과 법사에게도 칼질을 하고 주무 자신의 몸에 붙은 잡귀들도 쫓아내듯이 몸 주위로 칼을 휘둘렀다. 문 입구 쪽으로 가서 칼을 던지자 칼끝이 모두 바깥쪽으로 향했다. 법사가 일어나서 징을 울리며 굿상 앞을 한 바퀴 돌았다. 출입문을 열고 바깥을 향해 서서 징을 치며 뒷전풀이 축원을 하는 것으로 굿이 모두 마무리되었다.

그러나 고택성주굿은 이와 달랐다. 건궁성주굿의 신장거리, 장군거리, 대신거리, 망자풀기, 넋보내기 대신에 칠성거리에서 소지를 올리고 고방빌기와 성주빌기를 했다. 고택에서는 조상굿을 하지 않았기 때문에 망자풀기와 넋보내기는 아예 없었다. 소지 올리기는 칠성거리에 이어서 했다. 소지 올리기는 독립된 거리가 아니고 칠성거리의 일부이다.

칠성단 앞에서 법사가 칠성빌기를 하는 중에 주무 송옥순이 성주상 앞에 놓여 있던 소지를 들고 칠성단 앞으로 왔다. 칠성빌기가 끝나자 소지에 불을 붙여서 하늘로 올리기 시작했다. 소지를 올리면서 주무가 비는 말을 들어보면 사실상 칠성신에게 비는 소지이다. 왜냐하면 "명칠성 복칠성, 용궁에도 칠성이요, 바람칠성, 구름칠성, 견우직녀 칠성에…"라고 하며 계속해서 칠성신에게 빌었기 때문이다. 소지 3장을 올리고 나자 비는 말을 마쳤다.

고택성주굿에서는 소지 올리기에 이어 법사가 고방빌기를 했다. 고방 앞으로 가서 징을 치며 축원의 말로 빌기를 하는데 '뒤주빌기'라고도 했다. 실제로 고택에는 고방과 뒤주가 나란히 붙어 있었다. 법사의 비는 말은 "이 정성 드리오니 고방 신령님네요 천석만석으로 이 가정으로 들어오는 재수 받아주소" "어에든동 이 도당에 천석만석 쌓이도록 다 도와주시고 앞 노적은 싹이 트고 뒷 노적은 우물 나고…"라고 했다. 구설수와 화재수, 도둑수, 실물수는 막아주고 들어오는 복은 받아주고 나가는 복은 다 불러달라고 빌었다.

성주빌기는 새로 모신 성주에게 비는 의식이다. 주무 송옥순이 성주 신체를 모신 대청마루의 성주상 앞에서 장구와 징을 치며 성주신에게 비는 말을 했다. "동서남북 오는 재수 받아주시고 가는 재수 막아주고, 작은 복은 보태주고 만 재수 받아서, 이 터전에 꽃이 피게 도와주고 잎이 피게 도와주고, 동지섣달 설한풍에 꽃이 피고 잎이 피고, 죽은 나무에 꽃이 피고 검은 밤에 햇불 같이, 검은 밤에 달빛같이, 구름에 달이 나오듯이 구름에 해가 나오듯 이 일년 열두 달 과년은 열 석 달 일초 일시라도 불 밝히고 물 맑혀서 재수를 주옵시고…"

제가집 식구들의 생년 갑자를 읊어가며 일일이 해당 소망을 빌어주었다. 이를테면 "계유생에 들어서면 시험 치면 합격 주고 직장자리 밥자리 돈자리 다 시험에 합격을 주옵시고…"와 같이 빌었다. 주무가 빌기를 마치자 모두 박수를 쳤다. 그 동안 굿판은 모두 정리되었고 성주상만 남았는데, 주무가 성주상마저 치움으로써 사실상 모든 굿은 끝이 났다. 주무가 성주빌기를 마치고 성주상을 치우자, 조무는 성주상 제물을 쟁반에 나누어 담아서 앞마당으로 나갔다. 담아온 제물을 큰 양재기에 부어 담고 막걸리를 조금 부어 마당에 두자, 법사는 이 양재기를 집 입구의 금줄 아래에 갖다 놓고 앉아서 징을 울리며 뒷전풀이를 했다. 굿을 하는데 따라 들어온 잡귀 잡신을 '수비' 또는 '수부'라고 하는데, 뒷전풀이에서는 이 수비들에게 제물을 대접하여, 더 이상 여기에 머물지 말고 대문 밖으로 천리만리 떠나가도록 비는 것이다.

따라서 "천간수비, 몽달수비, 구설에 청천수비, 산신에 수비, 선황수비" 등을 열거하며 "대문 밖에 썩 나가서 뒷전으로 물러내고 앞전으로 물러내고" "천수비 만수비 다 세 세상에 열반하소"라고 빈다. 빌다가 식칼을 제물 위에 꽂아두는가 하면, 말미에는 식칼을 뽑아서 제물을 가로 세로로 긋고, 양재기 앞 땅바닥에 십(十)자를 그리고는 칼을 그 너머로 던졌다. 칼끝이 바깥으로 나가지 않자, 칼을 주워서 허공에 긋는 동작을 하고서 칼을 다시 던졌다. 칼끝이 집 바깥으로 향하자 비는 것을 마치고 뒷전풀이를 끝냈다.

지금까지 살펴본 것처럼, 같은 무당이 같은 굿을 하더라도 상황에 따라 크게 다르다. 우선 같은 성주굿이라도 굿거리의 구성 자체가 다를 뿐 아니라, 같은 굿거리도 굿의 내용이 서로 다르다. 따라서 무교의 굿은, 일정한 양식을 갖추고 있는 다른 종교의 제의와 다르다고 할 수 있다. 굿이 다른 종교의 제의와 다른 까닭은 둘이다. 하나는 정해진 문서와 규범적 의식을 토대로 하는 것이 아니라 구전되는 내용을 익혀서 즉흥적으로 순발력 있게 하는 까닭에 같은 무당이 같은 굿을 할 때도 할 때마다 다르다. 둘은 신들림 현상에 따라 공수가 제각기 다르게 내리는 까닭에 굿의 전개와 내용도 다를 수밖에 없다.

그렇다고 종잡을 수 없이 제각각인 것은 아니다. '성주풀이'처럼 고정적인 무가가 있는 굿거리는 크게 다르지 않다. 홍두깨를 세우는 의식도 같다. 다른 굿거리도 일정한 관행이 있어서 굿의 틀거리를 크게 벗어나지 않는다. 큰 틀에서 보면, 시작과 끝 곧 부정치기와 뒷전풀이의 구성은 같다. 그리고 부정과 재앙은 물리치고 수명장수와 부귀영화를 비는 것은 어느 굿거리에서나 일반적이다. 모셔 와야 할 신령이나 물리쳐야 할 수비의 이름을 다양하고 풍부하게 열거하는 것도 같다. 그렇게 거듭 호명해야 제의적 효과가 있다고 믿는 까닭이다.

기성 종교의 제의는 전범이 있고 공수가 없어서 그 양상이 일정하여 가지런하다. 그러나 굿은 구전되는 데다가 신이 실리는 데 따라 굿의 전개가 달라지는 까닭에 역동적 가변성을 지닌다. 굿을 하면서 부르는 무가에는 문학적 은유와 시적 표현은 물론, 고사성어들이 거론됨으로써 인문학적 교양을 일정하게 갖추고 있어서 별도로 주목할 만하다.[4]

2. 황해도 성주굿과 같고 다른 점 포착

안동지역 성주굿을 다른 고장의 성주굿과 견주어 보면 안동지역 성주굿의 굿거리 구성이 매우 풍성하다는 것을 알 수 있다. 그것은 지역 굿으로 특히 유명한 황해도 성주굿과 견주어 보면 쉽게 드러난다. 최근에 황해도 성주굿 조사보고서가 간행되어 비교자료로 삼기에 더욱 적절하다. 경기도에 거주하는 굿 의뢰자가 새 집을 지어서 이사한 뒤에 성주를 봉안하기 위해, 황해도 굿을 하는 무당에게 성주굿을 요청하여 이루어진 황해도 성주굿이 고스란히 채록되어 단행본으로[5] 출판되었다. 따라서 안동 성주굿과 견주어 보기에 황해도 성주굿이 안성맞춤이다. 굿거리의 구성부터 대조적이다.

1)신청울림 → 2)상산맞이 → 3)초부정 → 4)감흥거리 → 5)영정물림 → 6)칠성거리 → 7)소대감거리 → 8)군웅거리 → 9)성주거리 → 10)타살감흥 → 11)대감거리 → 12)성수거리 → 13)마당거리

---

4   성주풀이에 갈무리된 인문학적 지식에 관해서는 다음 3장에서 별도로 논의한다.
5   강석정, 『韓國의 巫歌』 14, 황해도굿이야기 2, 성주굿, 민속원, 2019.

황해도 성주굿의 굿거리 수는 안동 성주굿에 견주어 절반 정도 수준이다. 거리 수가 적다고 하여 굿이 빈약한 것은 아니다. 굿거리의 내용이 풍부한 까닭이다. 굿거리 이름으로 같은 것은 성주굿이기에 '성주거리'가 같은 것은 당연하고, 동반하는 굿거리로는 '칠성거리'와 '소대감거리' 뿐이다. 따라서 굿거리 이름만 보면 두 지역 성주굿의 양과 질 모두 큰 차이를 보인다. 그러나 굿거리의 내용을 들여다보면 이름이 다를 뿐 굿의 내용은 거의 같은 것이 더러 있다.

이를테면 안동 성주굿에서는 앞부분에 '1)앉은부정'과 '2)선부정'이 있으며 모두 부정치기라 하는데, 황해도 성주굿에서도 '3)초부정, 감흥거리'와 '4)영정물림'이 있다. 영정(影幀)물림은 이름이 달라도 부정치기라는 점에서 내용은 같다. "영정거리의 목적은 동법, 동토, 상문, 잡귀, 잡신을 물리치고 집안의 액운과 액살, 질병, 근심, 사고수 등 안 좋은 것을 내물리는 굿이다."[6] 따라서 영정물림은 안동의 부정치기 방법과 구체적인 내용은 달라도 부정을 물리쳐서 성주님을 부정 없이 깨끗한 곳에 모시려는 뜻은 서로 같다고 할 수 있다.

안동의 '앉은부정'과 황해도의 '초부정'이 대응을 이루고, '선부정'과 '영정물림'이 서로 대응한다고 할 수 있다. 앉은부정에서는 법사가 앉은 채로 굿판에 따라 들어온 온갖 부정을 물리치는 무가를 부른다는 점에서 황해도의 '초부정'과 다르지 않다. 그러나 황해도 만신은 앉은굿이 아니라 선굿을 할 뿐 아니라, '초부정'에 곁들여서 '감흥거리'도 한다. '감흥거리'에서는 친가조상과 외가조상을 비롯한 억울한 조상님들을 모시고 조상 공수를 준다. 할아버지 할머니는 물론, 제 명에 못 죽은 조상들로 형님과 친정언니도 접신되는 대로 모신다. 따라서 황해도의 '감흥거리'는 안동의 '조상거리'에 해당된다. 그러므로 황해도의 '초부정 감흥거리'는 안동의 '앉은부정'과 '조상거리'에 대응되는 거리라 할 수 있다.

안동의 '선부정'과 황해도의 '영정물림'도 대조적이다. '영정물림'에서는 나랏님을 비롯한 서낭님 소지, 장군님 소지를 올리고 제가집 가족의 소지도 대주와 기주 및 자녀들의 소지를 올린다. 소지 올리기가 끝나면 대신칼로 노를 젓듯이 움직이며 영정 바가지를 밀고 당긴다. 영정 바가지를 대신칼로 받치고 일어나서 춤을 추면서 굿판에 따라든 모든 부정을 영정 바가지에 쓸어 담는다. 무당은[7] 영정 바가지를 머리에 이고 대주의 집을 나가 마당

---

6 강석정, 위의 책, 75쪽.
7 강석정의 위의 책에서는 무당을 '만신'이라고 했다. 여기서는 일관성을 지니기 위해 무당이라 한다.

에서 춤을 추면서 영정 바가지를 내물린다. 온갖 부정과 액운을 싣고 가기를 바라는 것이다. 대신칼을 던져 칼끝이 바깥으로 나가면 마무리한다.

그러나 안동의 '선부정'에서는 소지 올리기가 없다. 소지는 '도당축원' 또는 '칠성거리'에서[8] 올리기 때문이다. '선부정'에서는 무당이 신장칼을 들고 위협적으로 휘두르면서 부정 치기를 한다. 굿상 앞에서 총체적으로 부정 치기를 하고 칼끝을 출입구 쪽으로 던져서 칼끝이 모두 바깥쪽으로 향하면 다음 차례로 넘어간다. 대주와 기주, 자녀 순으로 제각기 부정 치기를 계속한다.

먼저 대주를 앉혀 놓고 몸 둘레와 아래위로 신장칼을 휘두르거나 찌르는 행위를 하면서 부정 치기를 한다. 이러한 행위를 막내아들까지 반복한다. 그때마다 신장칼을 던져서 칼끝이 모두 바깥으로 향하는가 확인한다. 만일 하나라도 어긋나면 다시 부정 치기를 되풀이한다. 이처럼 칼을 던져서 칼끝이 바깥으로 나가는 데서 마무리하는 점은 서로 일치하되, 황해도 성주굿에서는 은유적으로 부정을 영정 바가지에 실어 보낸다면, 안동의 성주굿에서는 신장칼을 휘둘러 위협적이고 공격적으로 부정을 물리치는 행위를 한다. 그러므로 안동의 성주굿이 더 격렬하게 부정을 쳐내는 반면에, 황해도 성주굿은 부정을 실어 보내는 행위를 극적으로 한다고 하겠다.

두 성주굿의 굿거리 이름이 서로 같은 것으로는 칠성거리와 성주거리가 있다. 칠성거리는 이름이 같지만 굿의 내용은 상당히 다르다. 안동의 칠성거리에 견주어 보면 황해도 칠성거리는 무가가 아주 풍부하고 체계적이다. 무복도 굿거리의 내용에 따라 몇 차례 갈아입는다. 황해도 굿의 무가 사설을 보면 먼저 '만세받이'로 칠성신을 정성껏 맞아들여서 명과 복을 주고, '쇠열이타령'을 부르며 사방쇠와 땅쇠, 하늘쇠를 여는 행위로 칠성신을 모시고 성주굿 대접을 잘 받으라고 한다. 부정을 가시는 풀이를 하며 온갖 부정과 잡귀잡신을 물리치고 칠성칼춤을 춘다. 칼끝에다가 쌀을 올린 후에 쌀점을 친다.[9] 쌀을 헤아려서 짝수가 되어야 한다.

칠석제석님은 성주굿 대접을 잘 받고 재물손재 막아주고 명과 복을 점지해 주기를 빈

---

8 건궁성주굿에서는 '도당축원'을 할 때 소지를 올렸으며, 고택성주굿에서는 '칠성거리'를 할 때 소지를 올렸다.
9 황해도 굿에서는 쌀점을 친다고 하지 않고 "쌀산을 준다"고 한다.

다. 무녀는 바라춤을 추고 바라에 쌀을 올려 쌀점을 친다. 도령복을 갈아 입고 애기씨 신령 공수를 준다. "애기씨들이 온 김에 큰아들은 사업 잘되게 도와주고, 둘째는 승진시켜주고, 셋째는 장가 잘 들게 해주고..."라고 축원을 한다. 무당은 선녀복색을 하고 춤을 춘다. "옥황선녀 팔선녀"라고 한다. 옥황님 심부름으로 들러서 복을 주고 간다. 선녀복을 벗고 용태부인 복색으로 용궁 항아리 앞에서 춤을 춘다. 사해용왕 용태부인이 바닷가 먼 길 나가더라도 사고수도 재우고 가는 곳마다 아무 탈이 없도록 공수를 준다.

용태부인 복색을 벗고 바라를 들고 사방 돌면서 춤을 추고 칠성님이 내린 공수를 준다. 징을 장구 위에 올리고 제석생미와 공양미, 과일, 삼색나무, 밤 대추를 올려서 사슬을 세운다. 사슬 세우기가 끝나면 '천수치기'를 한다. 무당은 서리화에 옥수를 찍어서 집안의 여러 곳을 뿌리며 정화의식을 한다. 제금에다가 과일을 받쳐서 명복 타령을 한다. 마지막으로 만세받이를 하면서 무복을 차례로 벗어서 기주에게 준다. "칠성제석님 잘 놀고 나요" 하며 긴소리로 끝을 낸다.[10]

위와 같이 황해도 성주굿에서는 칠성거리가 차지하는 비중이 상당히 크다. 안동 성주굿에서는 칠성거리가 상대적으로 소박하다. 고택성주굿에서는 법사가 칠성단 앞에 앉아서 비손하는 것이 전부였다. 건궁성주굿에서는 물그릇 셋을 올려서 사슬을 세우는 것이 특징이었다. 바라춤을 추는 것은 건궁성주굿과 황해도 성주굿이 같았다. 황해도의 칠성거리도 무당에 따라 크게 다를 수 있다고 했다. 따라서 안동 성주굿과 서로 다른 것은 아주 자연스런 일이다.

칠성거리 다음으로 같은 것이 성주거리이다. 성주굿이니 안동이든 황해도이든 성주거리를 하는 것은 당연한 일이다. 성주거리는 성주풀이 구송이 중심을 이루는데, 성주풀이 내용은 크게 같으나 소소한 차이가 있다. 황해도 성주굿에서는 '신명청배'를 길게 하며, 솔씨를 받아 심고 기르며 용마루감으로 자란 소나무를 베고 다듬어 집짓는 과정까지 대충 다 노래한다. 따라서 이때도 "성주본이 어디신가 경상도로 안동땅에 제비원이 본이로다"라고 본향을 밝힌다.

신명청배에 이어 긴 공수를 주고 마당으로 나가 지점소리를 하며 달구질을 한다. 마당과 주춧돌, 상기둥, 뒷마당, 창고 등 터를 닦았던 곳을 돌면서 '지정타령'을[11] 한다. 이때도

---

10 강석정, 같은 책, 87~117쪽 참조.

제일 처음에 "성주본이 어디시냐/ 경상도로 안동땅에/ 제비원이 본이로다"라고 했다. 지정을 닦고 나면 무당이 목수 복장을 하고 목재와 연장을 갖추어, 나무를 자르고 대패질을 하고 먹줄을 치면서 집짓는 시늉을 한다.[12] 공수가 끝나면 전에 모셨던 성주단지를 들고 놀다가 쌀을 쏟고 새로 준비한 성주쌀을 담아서 사방으로 예를 하고 단지를 대주에게 건네준다.

그리고 모시던 성주업단지에 들어 있는 삼베를 꺼내어 길가르기를 하고 내보낸 다음, 새로 준비한 삼베를 들고 춤을 춘다. 조왕 앞에 물항아리를 갖다놓고 업을 모셔들이는 시늉을 한다. 무당은 몸에 삼베를 감고 긴대업의[13] 시늉을 하면서 기어서 물항아리까지 온다. 삼베를 풀고 물항아리 위에 올라서서 사방으로 돌면서 삼베 똬리를 튼다. 물항아리에서 내려 똬리 튼 삼베를 들고 항아리에 넣고 춤을 추다가 대주에게 업단지를 건네준다. 성주단지와 업단지는 조왕에 보관한다.[14] 그리고 '업양타령'을[15] 한다. 업신은 재물의 신으로서 부자장자가 되기를 빌어준다.

> 오늘은 다 ○씨 가정에 성주님 모시고 지정도 닦고
> 목수 불러 집도 짓고 업양도 몰아 드렸으니
> 성주님 성주신체 모셔서 와가대가 이루게 도와줍세[16]

무당은 성주대에 묶여 있는 성주신체를 뽑아서 막걸리로 추렴하여 지전을 넣어 대들보에 붙이고 성주쌀도 붙인다. 이때 "천석이요 만석이요" 하면서 춤을 추고 얕은 공수를 준다. 여기서 드러난 황해도 성주굿의 가장 큰 특징은 두 가지이다. 하나는 목수가 집을 짓는 과정을 행위로 연출한다는 사실이다. 교술적 성주풀이로 집짓는 과정을 노래만 하지 않고 실제로 목수 복장과 연장을 갖추어 집짓는 시늉을 한다. 둘은 성주만 모시지 않고 업단지

---

11 지점소리를 황해도 성주굿 보고서에서는 지정소리 또는 지정타령이라고 했다.
12 안동제비원성주굿보존회에서 '성주굿 시연'을 하는 내용과 극적 행위가 같다. 보존회의 '성주굿 시연'은 2016년 10월 한국민속예술축제에 나가서 장려상을 받았다.
13 긴대업은 긴 뱀을 뜻한다. 집에 깃들어 사는 뱀을 업신으로 모신다.
14 강석정, 같은 책, 148쪽.
15 업신타령 또는 업타령을 업양타령이라 했다.
16 강석정, 같은 책, 150쪽.

에 업신(業神)인 뱀을 모시는 사실이다. 업신을 업단지에 모시는 상황도 행위로 연출한다. 그러므로 황해도 성주굿은 극적 연출을 하는 데 상당히 능숙하다고 할 수 있다.

황해도 성주굿은 집을 새로 지어서 처음 성주신을 모시기 때문에 성주굿을 크게 하며 집을 지은 목수를 불러서 말을 주고받으며 뒷풀이를 하는 내용이 덧붙여져 있다. 물론 이때 목수역을 하는 것도 굿판에서 함께 굿을 하는 조무이다. 무당은 목수에게 집을 짓는 과정을 하나하나 챙겨 물으며, 그때마다 좋은 목재를 잘 다듬어서 정성껏 지었는가 하는 것을 묻는다. 목수는 탈잡을 데 없이 정성을 들여가며 좋은 재목을 잘 가려서 오래 건사하였으므로 백년이 지나도 끄떡없도록 지었다고 응답한다. 주고받는 대화 속에는 해학도 깃들어 있다. 이때 상량보에 광목천을 던져 올려서 반대편으로 넘기고 한쪽은 무당이 잡고 한쪽은 목수가 잡아서 밀고 당기며 당김질을 한다. 광목이 끊어질 때까지 밀고 당기며 새김소리를 한다. 마지막으로 만세받이로 마무리한다.

안동과 다른 황해도 성주굿의 큰 특징 가운데 또 다른 하나가 목수와 대화하며 광목천을 걸어서 밀고 당기기를 하는 것이다. 대화가 극적이어서 희곡무가라 할 수 있다. 성주풀이를 할 때 집을 짓는 과정을 몸짓으로 나타내는 것도 시각적 연출로서 극적 행위에 해당된다. 극적 성격이 짙은 것은 탈춤의 고장인 황해도의 지역적 특성과 맞닿아 있다. 성주업을 단지에 모시는 것도 황해도 굿의 특징이다.

안동 성주굿에서는 대주가 나서서 홍두깨로 성주대 세우기를 하는 것 외에는 특별히 극적 연출이 없다. 황해도에도 성주대가 있지만 안동지역과 대조적이다. 안동에서는 성주대로 홍두깨를 사용하고 거기에 성주신체를 씌워두는데, 황해도에서는 소나무에 성주도포를 입히고 성주신체를 묶어둔다. 따라서 홍두깨 세우기와 같은 행위는 하지 않는다.

안동에서는 성주상을 대청에 차리는데, 황해도에서는 성주거리 상을 주방 쪽에 차린다. 북녘에는 대청이 없기 때문에 대들보가 드러난 주방 앞에서 성주굿을 하는 것이 아닌가 한다. 전반적으로 안동의 성주굿이 성주풀이 구송과 성주대 세우기에 머문다면, 황해도 성주굿은 여러 가지 단계의 절차들이 이어져 있을 뿐 아니라, 성주풀이 못지않게 다른 무가들의 비중이 높고, 시각적으로 보여주는 극적 행위들이 풍부하다고 할 수 있다. 그럼에도 성주의 본향이 안동 제비원이라는 사실은 두 차례나 거듭 밝히고 있다.

3. 송옥순 성주풀이 내용의 의미 해석

송옥순이 구송한 성주풀이는 오숙자본과[17] 권은도본[18] 두 종류의 성주풀이인데, 둘 모두 '천손강림의 건축시조형'과 '제비원이 본향인 건축형'을 아우른 '통합형'이다. 두 성주풀이의 구체적 각편은 달라도 통합형이라는 점에서 같은 유형에 속한다. 두 유형을 통합한 것이긴 하되 서로 대등하게 결합된 것이 아니라 건축시조형이 크게 축소된 것이어서 건축형에 가까운 통합형이다. 결합 방식으로 보면, 건축형 성주풀이의 서두에다가 건축시조형의 내용을 최소한으로 끌어들인 것이라 할 수도 있다. 이 통합형은 안동지역에서 전승되는 성주풀이의 대표 유형이라 할 수 있다.

송옥순은 성주굿을 비롯한 모든 굿을 권은도에게서 배웠다. 그러나 독자적으로 굿을 하게 되면서 성주굿을 할 때, 성주풀이는 '권은도본'이 아니라 '오숙자본' 성주풀이를 불렀다. 왜냐하면 성주풀이는 가사가 워낙 길어서, 성주굿 현장에서 아무리 여러 번 들어도 제대로 기억해 부를 수 없기 때문이다. 그러던 차에 오숙자의 『제비원 성주풀이』에[19] 성주풀이 가사가 수록되어 있는 것을 발견하고, 권은도의 성주풀이 가락에 가사는 오숙자본 성주풀이를 부르기 시작했다. 그러나 신어머니가 권은도 무녀인 까닭에 신어머니가 불렀던 성주풀이를 불러서 계보를 잇는 것이 바람직하다고 판단하자, 새로 권은도본 성주풀이 자료를 찾아서 부르기 시작했다.

권은도 성주풀이는 정리된 문서가 별도로 없어서 녹음자료를 백방으로 수소문해서 찾았는데, 마침 성주풀이보존회 자문위원인 김성복 선생이 여러 녹음자료 가운데서 권은도 성주풀이를 찾아냈다. 권은도 성주풀이는 안동민속축제 프로그램으로 성주굿을 할 때 부른 성주풀이 녹음자료를 채록하여 복원한 것이다. 그러나 두 성주풀이의 내용을 대조해 보면 세부적인 차이가 있지만 전체적인 흐름은 크게 다르지 않다. 따라서 제각기 다루지 않고 함께 묶어서 차례차례로 검토하기로 한다. 그러나 성주풀이 내용이 상당히 길기 때

---

17 무용가이자 성주굿 전승자인 오숙자가 성주굿에서 부르는 성주풀이 가사이다. 다음 장에 성주풀이 자료를 수록해 두었다.
18 안동 토박이 무녀이자 송옥순의 신어머니인 권은도가 성주굿에서 부르는 성주풀이 가사이다. 다음 장에 성주풀이 자료를 수록해 두었다.
19 오숙자, 『제비원 성주풀이』, 전원문화사, 1995.

문에 간략하게 요약하지 않으면 그 총체적인 전모가 쉽게 휘어 잡히지 않는다. 그러므로 우선 단락별로 정리하여 제시하고 다시 구체적인 내용을 세부적으로 주목하려고 한다.

아래에 제시한 것은 송옥순이 구송한 두 성주풀이를 하나의 체계로 단락화 한 것이다. 두 성주풀이는 구체적인 표현과 묘사도 동일하여 마치 한 사람이 부른 서로 다른 각편처럼 보인다. 왜냐하면 구체적인 표현이 마치 복사한 것처럼 같은 부분이 많기 때문이다. 권은도본은 무녀로서 성주굿을 하며 부른 것을 채록한 까닭에 현장에서 구비전승된 성주풀이로 짐작된다. 굿판에서 구전된 성주풀이를 익혀서 수용한 권은도가 성주굿을 할 때마다 자신의 판단에 따라 부분적으로 내용을 가감했을 것으로 보이지만, 전체적인 흐름은 일정한 유형을 이룬 것으로 판단된다.

오숙자본은 그녀의 책에 수록되어 있는 것인데, 근거를 전혀 밝히지 않아서 출처를 알 수 없다. 다만 "그 중에서 가장 중요시되는 안동 제비원의 가사를 소개한다"고 한 것으로 볼 때, 여러 무당들의 성주풀이를 듣고 녹음한 뒤에 상대적으로 가장 널리 노래되고 가장 온전한 것으로 판단되는 권은도본을 저본으로 가사를 편집하여 정리한 것이 아닌가 한다. 왜냐하면 권은도가 당시에 안동지역에서 이름난 무당으로 알려졌을 뿐 아니라, 성주풀이의 전체적인 줄거리가 권은도본과 거의 같고 세부적인 묘사만 다소 차이를 보이는 까닭이다. 그러나 출처를 전혀 밝히지 않아서 그 뿌리는 정확하게 알지 못한다.

아래에 정리한 단락들 가운데 고딕 부분은 권은도본과 오숙자본이 서로 겹쳐 있는 공통적인 내용이고, 밑줄을 그은 부분은 오숙자본에만 있는 내용이며, 나머지는 권은도본에만 있는 내용이다. 굳이 두 성주풀이를 따로 분별하여 다루지 않고 하나로 합쳐서 다루는 것은 서로 같은 유형이면서 내용이 서로 겹칠 뿐 아니라, 안동에서 전승되는 성주풀이를 상호 보완하여 함께 포착하기 위해서이다.

〈안동지역 성주풀이〉

(1) **천지가 개벽되던 시절 성주는 천상에 있었다.**
(2) **글 한 귀를 잘못 지어 지상으로 내려온다.**
(3) **지상에서 의지할 곳이 없어 집짓기가 원이다.**
(4) **성주근본인 안동땅 제비원에 솔씨를 뿌린다.**
(5) **솔이 점점 자라 소부동이 되고 대부동이 된다.**

(6) 성주목이 자라자 팔도 대목을 다 불러들인다.
(7) 쇠를 모아 각종 연장을 만들어 망태에 담는다.
(8) 배 타고 강 건너 제비원에 가니 성주목이 섰다.
(9) **거부장자 나고 만수무강할 성주목을 가려낸다.**
(10) **도끼질 하니 부정 타서 도끼가 나무에 붙었다.**
(11) **제물을 장만하고 재계하여 산신제를 올린다.**
(12) 산신령께 벌목을 해도 탈이 없도록 기도한다.
(13) 역군이 도끼로 성주목과 각종 목재를 베어낸다.
(14) 나무를 베어서 집지을 터에 수레로 운반한다.
(15) 풍수를 모셔다가 명당이 되는 집터를 잡는다.
(16) 집터를 다지며 지신밟기 노래를 부른다.
(17) 석수장이 주추 다듬고 대장장이 연장을 벼린다.
(18) 나무를 톱질하여 적절히 자르고 다듬는다.
(19) **목수가 나무를 잘 다듬어 집짓기를 한다.**
(20) **인의예지 기둥에다 팔조목 도리 얹어 짓는다.**
(21) **방 치장을 하고 풍경을 달아 집치레도 한다.**
(22) 화공을 불러 각종 유명 장면을 그려 붙인다.
(23) 사랑과 안방, 별당 등 식구들의 처소를 정한다.
(24) **방위에 따라 광을 짓고 방아 놓고 우물 판다.**
(25) **죽장병풍에 화초장, 자개장, 화문석을 갖춘다.**
(26) 상수학에 맞추어 지은 집에 현인들이 모여든다.
(27) **집을 지었으니 성주를 모시고 성주굿을 한다.**
(28) **성주의 근본은 경상도 안동 제비원이 본이다.**
(29) 효자효녀가 나고 온갖 복이 들어오길 빈다.
(30) **자손의 번성과 거부장자, 수명장수를 빈다.**

위에서 정리한 내용을 보면, 30개 단락 가운데 천상에 관한 것은 2단락뿐이다. 건축시 조형과 건축형의 복합형이긴 하되, 성주가 원래 천신인데 사정이 있어서 천상에서 지상으로 내려왔다는 사실을 알리는 정도에 머문다. 흥미로운 것은 성주가 천상의 부모로부터 태어나는 것이 아니라 천지조판(天地肇判) 시기에 천상궁에 계셨다는 것이다. 따라서 성주가 살던 천상세계를 사람세계처럼 그리는 것이 아니라, 천지가 처음 창조되던 태초의 상황을 특별하게 그린 것이다. 구체적인 성주풀이 내용을 인용해서 살펴보자. 권은도본 성주풀이이다.

천계가[20] 착하니나	하느님이[21] 생하시고
기백이[22] 여측하니[23]	땅님이 생겼으니
목신씨는[24] 나무를 마련하시고	수인씨는[25] 물을 마련하시고
화덕씨는[26] 불을 마련하시고	인황씨는[27] 인수인간[28] 마련할 때

천계에 하느님이 먼저 생겨나고 이어서 땅님이 생겨난다. 이때 하느님과 땅님은 천신과 지신을 뜻하는 것이 아니라 하늘과 땅을 높여서 일컫는 말이다. 따라서 다른 채록본에는 '하느님'을 '한울님'이라고 했다. 하늘과 땅에 이어서 나무와 물, 불, 그리고 짐승과 인간이 생겨난다. 하늘과 땅은 자연의 이치에 따라 저절로 생겨나지만, 나무와 물과 불, 짐승과 인간은 스스로 태어나는 것이 아니라 각각 목신씨와 수인씨, 화덕씨, 인황씨의 신격들이 마련한 것이다.

유일신의 창조주가 있어서 세상의 삼라만상을 다 지은 것이 아니라, 하늘과 땅이 생긴 이후에 저마다 직능이 다른 신격들이 제각기 나무와 물과 불, 생명을 지었다는 것이다. 그러므로 창조주 신격을 인정하되, 기독교의 하느님과는 다른 존재이다. 하느님 한 분에 의

---

20 '천가'라고 구전되나 천기(天機) 또는 천계(天界)의 와전이라 여겨서 최근에는 '천계'라고 부른다.
21 다른 채록본에는 '한울님'이라고 했다.
22 기백이라고 구전되나 지백(地伯)의 와전이 아닌가 한다. 지백은 지신을 높여서 일컫는 말이다.
23 여측(蠡測)은 헤아린다는 뜻이다. 여기서는 이 뜻으로 쓰였는지 알 수 없다.
24 목신씨(木神氏)가 아닌가 한다.
25 수인씨(燧人氏)는 고대 중국 전설상으로 전하는 삼황(三皇) 가운데 한 사람으로서 불씨를 발명하여 인간에게 화식(火食)하는 법을 가르친 황제이다. 그러나 여기서 수인씨는 물을 마련한 물의 신으로 일컬어진다.
26 화덕씨는 불을 처음 마련한 불의 신으로 일컬어진다.
27 인황씨(人皇氏)는 중국의 전설적 임금이다. 천황씨(天皇氏), 지황씨(地皇氏)와 함께 삼황(三皇)이라 한다.
28 인수인간은 천지만물이 생기고 나서 짐승들과 사람들이 생겨나는 상황을 뜻하는 것이 아닌가 한다.

해 세상이 일시에 온통 창조된 것이 아니라, 하늘과 땅은 저절로 생겨나고 다른 삼라만상은 여러 직능신이 제각기 창조했다는 것이다.

성주는 이러한 태초의 상황에 하늘의 천궁에 있었는데, 글 한 귀를 잘못 지어 옥황님께 득죄하여 지상으로 귀양을 온다. 성주도 하늘에서 글공부를 하고 글 짓는 일을 한다는 점에서 지상의 인간세계나 다르지 않다. 글을 잘못 지어 옥황님께 득죄하였다는 것은 순전히 글의 수준 문제가 아니라 글의 내용 문제이다. 글의 수준이 미치지 못한 것은 잘못이긴 해도 옥황에게 죄가 될 것은 아니다. 옥황님께 득죄하였다는 것은 지은 글의 내용이 문제되었을 것으로 추론된다. 글 한 귀에 옥황님께 불충하는 뜻이 담겼던 모양이다. 그러므로 중죄인처럼 천상이 아니라 아예 지하땅 곧 인간세상으로 귀양을 보낸 것이다.

귀양 온 성주에게 가장 큰 문제는 인간세상에 집이 없다는 사실이다. 의지할 곳이 없어 눈비 3년, 흙비 3년, 돌비 3년을 맞으면서 견디느라 고생한 성주의 소원은 오직 집 짓는 일이었다. 건축시조형에서는 집 지을 나무가 없어서 하늘에 빌어 솔씨를 얻는데, 여기서는 성주본향을 찾아 팔도명산을 두루 답사한다. 그러나 성주 본향을 찾지 못했는데, "경상도 안동땅/ 낙동강을 건너서서/ 제비원을 올라가니/ 성주본이 분명하여"라고 하여 안동 제비원에서 성주 본향을 찾는다. 성주 본향인 제비원의 솔씨를 받아 우편좌편 던졌더니 솔씨가 뿌리를 내려 점점 자란다. 아래는 권은도본 성주풀이의 일부이다.[29]

밤이면은 이슬맞고　　　　낮이면은 태양받아
눈이트고 싹이나서　　　　청솔뿌리 내리더니
청솔잎이 돋아난다　　　　다박솔이 된연후에
육판서가 물을주고　　　　삼정승이 매가꾸어[30]
점점자란 소나무　　　　　소부동이[31] 되었네
소부동이 자라나서　　　　대부동이[32] 되었네

29　다음부터 인용하는 자료는 권은도본 성주풀이여서 출처를 밝히지 않는다. 오숙자본의 경우만 밝히도록 한다.
30　삼정승이 김을 매고 가꾸어.
31　소나무가 서까래 감 정도로 자란 크기를 일컫는다.
32　소부등이 자라서 대부등이 되는데, 대부등은 소나무가 큰 기둥감 정도로 자란 크기를 일컫는다.

| 대부동이 자라나서 | 황장목이 되였구나 |
| 성주목은 다자랐는데 | 대목없이 어찌하나 |

하늘에서 하강한 성주는 집짓기가 원이어서 제비원의 솔씨를 받아 이곳저곳에 던져서 씨를 뿌리는 역할까지 분명하게 한다. 그러나 솔씨가 움이 트고 뿌리를 내리며 잎이 돋아나는 것은 성주의 역할이 아니다. 낮에는 태양을 받고 밤에는 이슬을 맞아서 스스로 자란다. 타박솔로 자란 이후에는 육판서가 물을 주고 삼정승이 김을 매고 가꾸어서 소부동으로 자라고 대부동과 황장목으로 자란다. 따라서 이 시기부터는 성주의 주체적 역할이 없어지는 것은 물론 성주의 존재감도 사라진다. 그럼 성주는 어디로 잠적했을까?

성주의 행방에 관해서 구체적인 설명이 없다. 솔씨가 자라서 황장목이 되면 "성주목은 다자랐는데/ 대목없이 어찌하나" 하고 소나무가 성주목으로 지칭될 뿐 아니라, 집 지을 대목을 찾기 시작한다. 성주는 사라지고 성주목이 새로 등장했다. 다른 유형의 성주풀이, 특히 '천손강림의 건축시조형' 성주풀이에서는 성주가 직접 집을 짓는다. 성주가 곧 목수 역할을 하는 셈이다. 따라서 최초의 목수 곧 건축시조로서 성주는 문화영웅으로 그려진다. 그러나 여기서는 성주가 나서서 집을 짓지 않는다. 솔씨를 심어서 성주목이 되는 데서 멈추고 다음부터 집을 짓는 목수는 팔도 대목들이다. 그러므로 성주의 행방은 성주목에서 찾아야 한다.

성주가 신격으로서 소나무에 의탁되어 성주목이 되었다는 말이다. 그것은 환웅이 신단수에 의탁되어 있는 것이나, 서낭신이 당나무에 의탁되어 있는 것이나 다르지 않다. 건축시조 성주는 집을 지은 다음 집에 좌정하여 성주신이 되었으나, 그 이전에는 성주목에 의탁해 있었다. 따라서 이 성주풀이에서, 성주는 솔씨를 처음 뿌린 소나무의 시조로서 소나무가 자라자 거기에 의탁하여 성주목이 되었다고 할 수 있다. 물론 성주목을 베어서 집을 짓게 되면 성주목에 의탁해 있던 성주신이 집의 기둥에 의탁해서 집을 지키는 신으로 좌정하게 되는 것이다.

성주는 소나무의 시조로서 성주목이 되는데 머물고, 집을 짓는 주체는 세간의 목수들이다. 따라서 성주풀이에서는 집 지을 목수를 있는 대로 다 불러 모은다.

수풀임자 임대목아	쇠금자에 김대목아
권세권자 권대목아	오얏이자 이대목아
나라정자 정대목아	둥글박자 박대목아
버들유자 유대목아	편안안자 안대목아
대목은 다되었는데	연장없이 어찌하나

　팔도 대목을 지역별로 불러 모으기도 하는데, 여기서는 성씨별로 대목을 두루 불러 모았다. 여러 성씨의 목수를 두루 열거하는 것은 주술무가의 특징이다. 열거는 유사의 원리에 따른 주술의 방식이다. 같은 종류의 사실을 길게 풍부하게 열거할수록 유감주술의 효과가 더 잘 발휘된다고 믿기 때문이다. 대목을 다 불러 모아도 연장이 없으면 집을 지을 수 없다. 대목이 제 구실을 하려면 연장부터 갖추어야 한다.

전라남도 적도쇠에[33]	좌랑쇠를[34] 구해다가
큰끌에다 작은끌에	큰대패에 작은대패
금도꾸며 은도꾸에	큰철괴[35] 작은철괴
연장은 다됐으나	망태없이 어찌하나
뒷동산에 치치달려[36]	동쪽으로 뻗은칡을
고이고이 꺾어다가	조랑망태[37] 만들어서
다된연장[38] 망태넣고	

　요즘은 모든 연장을 철물점이나 공장에서 구입해서 쓴다. 그러나 과거에는 그러한 공장이 없었고 철물점도 없었다. 필요한 연장은 스스로 만들어 쓰기 마련이다. 그러자면 대장

33　쇠붙이의 일종을 일컫는 말인데, 정확하게 어떤 쇠를 '적도쇠'라 하는지 알지 못한다.
34　전라도의 명품 쇠를 '좌랑쇠'라 일컫는다. 불매노래에 "쇠는 어디메 쉰고/ 전라도 자랑쇠"라는 대목이 있다.
35　큰 철괴에서 철괴는 가공하지 않은 쇠붙이 덩어리이다. 가공하지 않은 금덩이를 금괴라고 하는 것과 같은 말이다.
36　치달아.
37　조랑망태는 작은 망태기를 일컫는다.
38　종류별로 갖추어 준비한 연장.

간에서 연장을 벼리는 일을 해야 한다. 연장의 재료는 쇠붙이이다. 쇠도 여러 가지이다. 가장 뛰어난 명품 쇠가 전라남도 적도쇠와 좌랑쇠이다. 가공하지 않은 쇠붙이 덩어리인 크고 작은 철괴를 구해서 녹이고 두들기고 모양을 만들어 끌과 대패, 도끼 등 온갖 연장을 다 만든다.

　대장간에서 연장을 다 만들고 나면 연장을 담을 망태가 필요하다. 목수가 일을 나갈 때면 으레 연장망태를 메고 간다. 망태는 츩넝쿨을 엮어서 만든다. 뒷동산에 올라가서 츩넝쿨을 걷어다가 망태를 만들어 연장들을 챙겨 담는다. 연장망태까지 갖추어지면 목수들은 출동준비가 완료된 셈이다.

　　　다된연장 망태넣고　　　　고개넘어 배한척을
　　　낙동강에 띄워놓고　　　　갖은목수 한배에싣고
　　　갖은연장 한배실어　　　　술렁술렁 건너가서
　　　제비원을 올라가니　　　　성주목이 한구셨네

　목수들이 연장을 갖추게 되면 먼저 산에 가서 집지을 재목을 베는 일부터 한다. 가까운 산에 땔나무는 있어도 집재목으로 쓸 만한 굵은 나무는 잘 없다. 깊은 산중으로 들어가야 훌륭한 재목을 구할 수 있다. 배를 한 척 구해서 낙동강에 띄워놓고, 여러 목수들과 갖은 연장을 배에다 싣고 재목감을 찾아 나선다. 성주목의 본향이 제비원인 까닭에 낙동강을 건너서 제비원으로 곧장 올라간다. 마침 제비원에 그럴듯한 성주목이 한 그루 서 있다. 그러나 그 성주목에는 문제가 있어서 반듯한 성주목을 다시 골라야 한다.

　　　성주목을 골릴적에　　　　성주목을 쳐다보니
　　　까막까치 집을지어　　　　이성주목은 못쓸레라
　　　또한고개 올라가서　　　　성주목을 골릴적에
　　　성주목을 쳐다보니　　　　황새덕새 똥을싸서[39]
　　　이성주목도 못쓸레라　　　또한고개 올라가서

39　다른 채록본에는 "알을품고"라고 했다.

성주목을 골릴적에	성주목을 쳐다보니
구렁이가 따배틀어[40]	이성주목도 못쓸레라
한고개 올라서서	상봉에 올라가니
아~ 따!	이성주목은 쓸만하다
동쪽으로 뻗은가지는	일광월광 서기주고
남쪽으로 뻗은가지는	친손외손 뚜렷하고
서쪽으로 뻗은 가지는	거부장자 날가지요
북쪽으로 뻗은가지는	청룡황룡이 굽이치고[41]
성주목은 다됐는데	

　허물이 있는 나무는 성주목으로 적절하지 않다. 일반적으로 가장 흔한 허물이 까치집을 지은 성주목이다. 까치가 집을 지어 살고 있는 나무라면 허물이 있기보다 훌륭한 성주목일 수 있다. 왜냐하면 까치가 아무 나무에나 집을 짓지 않기 때문이다. 그러나 사람이 집을 짓자고 이미 집을 지어 살고 있는 까치집을 허물 수는 없다. 까치가 성주목으로 삼고 집을 지어 보금자리를 이루었기 때문이다. 따라서 "이 성주목은 못 쓸레라" 하고 한 고개 더 올라가서 성주목을 고른다.

　성주목이 그럴듯해서 쳐다보니 "황새덕새가 똥을 싸서" 성주목으로 쓰기에는 정갈하지 못하다. 오숙자본에서는 "황새덕새 짝을 짓고"라고 했고 다른 채록본에서는 "알을 낳고"라고도 했다. 똥을 싸서도 안되지만, 새가 둥지를 틀어 짝을 짓고 알을 낳았다면 건드릴 수 없다. 내 집을 짓자고 남의 보금자리를 빼앗을 수 없기 때문이다. 하는 수없이 또 한 고개 더 올라가서 성주목을 보니, 이번에는 구렁이가 따배(또아리)를 틀고 있다. 당연히 이 성주목도 못 쓸레라 하고 한 고개를 더 올라간다.

　산 정상에 이르니 우뚝한 성주목이 쓸 만하게 생겼다. 줄기가 곧고 동서남북 뻗은 가지가 모두 범상하지 않다. 일광월광 서기(瑞氣)를 받았을 뿐 아니라, 친손주와 외손주가 훌륭

40　구렁이가 똬리를 틀어.
41　다른 채록본에는 "만수무강 할가지라"고 하고, 다음 행에 "상순을 쳐다보니 청룡황룡 굽이치고"라고 하는 부분이 더 있다. 여기서는 한 행이 빠졌다.

하게 날 가지이며, 거부장자가 나고 만수무강 할 가지이다. 청룡황룡이 굽이치는 것 같기도 하다. 성주목으로서 아주 빼어났다. 따라서 이 나무를 성주목으로 결정한다. 그러므로 성주목으로 삼으려면 3가지 조건을 갖추어야 한다. 하나는 성주목으로서 흠결이 없어야 하고, 둘은 아무리 훌륭하게 생긴 성주목이라도 이미 다른 짐승들이 보금자리로 차지하고 있으면 양보하는 것이 마땅하다. 셋은 나무줄기와 사방으로 뻗은 가지가 완벽하고 상서로운 기운을 띠고 있어야 한다.

성주목은 다됐는데 성질급한 도대목이[42]
쪼막도꾸[43] 거머쥐고 한번찍고 두 번찍고
삼세번을 찍고나니 도끼는 낭게붙고[44]
도끼자루만 손에들고 이상하다 야릇하다
도목수가 하는말이 태양받고 이슬받고
이산천의 산신님이 고이고이 키운나무
산신제는 안드리고 성주목을 벨라하니[45]
산신님이 노하신다 산신제를 지내야지

　마음에 흡족한 성주목을 고르게 되자, 반가운 나머지 성질 급한 도대목이 조막 도끼로 성주목을 찍기 시작했다. 한두 번은 무사했는데 세 번째 도끼질을 하니 도끼는 나무에 붙고 도끼자루만 빠져서 손에 잡혀 있는 것이 아닌가. 더 이상 도끼질을 할 수가 없었다. 이상한 일이었다. 그제야 도목수가 생각하기를 "태양받고 이슬받고/ 이산천의 산신님이/ 고이고이 키운나무"인데 산신제도 안 지내고 성주목을 베려고 하니 산신님이 노하신 것을 알아차렸다. 그러므로 성주목 베기를 멈추고 산신제 지낼 준비를 한다.

42　다른 채록본에는 "도목수가"라고 했다.
43　조막도끼. 까뀌의 방언인데, 여기서는 아주 작은 손도끼를 일컫는 말이다.
44　나무에 붙고.
45　베려고 하니.

산신제를 지내야지 　　　　　신농씨가⁴⁶ 지은곡식
논으로는 상생미요 　　　　　밭으로는 중생미라
강태공의⁴⁷ 조작방아⁴⁸ 　　　한번씻어⁴⁹ 하생미요⁵⁰
두번씻어 중생미라 　　　　　세번씻어 상생미요⁵¹
상생미를 골라내어 　　　　　돌아가는 감천수를
겉에겉물 제쳐놓고 　　　　　속에속물 길어다가
스물한번을 씻어내고 　　　　산신님에 나무빌어
용왕님전 물을빌어 　　　　　화독전에 불을빌어
일곱구무 소시루에⁵² 　　　　무지개로⁵³ 번을발라⁵⁴
신낭게로⁵⁵ 번을올려 　　　　온시루에 공양바쳐
올고사리 도래나물⁵⁶ 　　　　은실청실 무채소요
가지비단⁵⁷ 가지나물 　　　　갖인채소⁵⁸ 마련하고
아가리넓다 대구괴기 　　　　대명태며 놀래괴기⁵⁹

---

46 신농씨(神農氏)는 한족에게 농사짓는 법을 처음 가르쳐주었고 한의학의 창시자로 알려진 중국 고대의 전설적 인물이다.
47 주(周)나라 초기의 정치가이자 공신으로서 본명은 강상(姜尙)이다. 무왕을 도와 은나라를 멸망시켜 천하를 평정하였으며 제(齊)나라 시조가 되었다. 한가롭게 낚시를 하다가 주나라 재상으로 등용되었는데, 이러한 고사를 근거로 한가하게 낚시를 즐기는 사람을 일러 흔히 강태공이라고 한다.
48 디딜방아 가운데 외다리방아를 조작방아라고 한다.
49 다른 채록본에는 "한 번 씰어"라고 했다. "씰어"는 '쓿다'에서 비롯된 '쓿어'의 'ㅣ'모음화 현상이다. 쓿다는 곡식을 방아로 거듭 찧어 속꺼풀을 벗겨서 알곡이 더 드러나도록 하는 것이다.
50 쌀을 방아에 찧을 때 한 번 쓿었으므로 현미에 가까운 낮은 등급의 쌀이라는 뜻이다. 거듭 쓿을수록 중생미, 상생미로 높은 등급의 쌀이 된다.
51 상생미는 가장 높은 등급의 쌀로서 백미에 해당된다.
52 시루 바닥에 일곱 구멍이 나 있는 작은 시루. 작은 시루에 떡을 찌는 이유는 시루채 제물로 차리기 위해서다.
53 시루번을 바를 때 쓰는 쌀가루 반죽을 '무지개'로 은유한 것 같다.
54 시루에 번을 발라. '번'은 시루떡을 찔 때 김이 새지 않도록 시루와 솥 사이의 틈에 붙였던 쌀가루 반죽을 말한다.
55 신나무에. 신나무는 베틀신대를 말한다. 베틀의 용두머리 중간에 낚싯대처럼 굽은 막대를 박아서 그 끝에 베틀 신끈을 달아 오른 발에 신고 당겼다 늦추었다 하여 베틀을 작동한다.
56 도라지나물.
57 가지처럼 반들반들 윤기가 나는 비단을 일컫는다.
58 갖은 채소.

갖인제물 마련하고	높이열어 삼실과요
낮이열어 청과일세	진주칠밤[60] 곶감대추
당일빚어 단감주요	사흘나흘 쓴감주요[61]
석달열흘 백일주라	구월에빚은 국화주요
맛이좋다 이화주요	호박잔대[62] 유기잔에[63]
천문에[64] 건기하고[65]	마당전에 황토재계[66]
흉한중생 들올세라	정한중생 나갈세라
동방에 청계수요	남방에 적계수라
서방에 백계수요	북방에 흑계수라[67]
상탕에 마련하고	상탕에다 관세하고[68]
중탕에 목욕하고	하탕에 수족씻고
입에다가 합을물고[69]	산신님께 비옵나니
산신제를 지냈으니	

건축신화인 성주풀이답지 않게 산신제 지내는 상황이 아주 자세하고 길게 노래되었다. 첫째는 제물을 마련하는 과정이다. 쌀을 특별히 상생미로 가려서 감천수의 속물을 길어다가 스물한 번을 씻어내고, 용왕님전 물을 빌고 산신님전 나무를 빌고 화독전에 불을 빌어

---

59 놀래기 고기.
60 '진주처럼 윤기가 나는 밤'이라고 한다.
61 '사흘나흘 빚은 감주'라는 뜻으로 '사흘나흘 쏜감주'라 해야 제격이다.
62 호박(琥珀)으로 만든 잔대. 다른 채록본에는 '호박잔에'라고 했다.
63 다른 채록본에는 이 구절 다음에 "다갖추어 차려놓고/만수성찬 마련하고"가 이어져 있는데, 여기서는 이 행이 빠져 있다.
64 천문(天門)은 하늘이나 대궐로 들어가는 문을 뜻한다. 여기서는 집안으로 들어가는 첫문 곧 대문을 천문이라고 한다.
65 '건기'는 '건구'의 다른 말이다. 안동지역에서는 금줄을 건구라고 했다. 건기하고는 건구하고, 곧 '금줄을 치고'라는 말이다.
66 마당 둘레, 마당 가장자리에 황토를 뿌려서 재계(齋戒)하는 일.
67 다른 채록본에는 이 행 다음에 "중앙에 황계수요/오방수 물에다가"라는 행이 있는데, 여기서는 빠졌다.
68 '관세(灌洗)하고'. 손발을 씻고.
69 말을 하지 않도록 입에 한지 조각을 무는 것을 "입에다가 합을 물고"라고 했다.

작은 시루에 번을 발라 떡을 찌는 일을 정성스레 한다. 최상의 재료로 최고의 정성을 기울여서 떡을 찌는 과정을 묘사했다.

다음은 온갖 귀한 나물과 채소, 그리고 온갖 어물과 과일, 술을 두루 열거한다. 단순한 열거가 아니라 운을 맞추어서 상당히 시적이다. "가지비단 가지나물"에는 두운의 낱말이 거듭 쓰였다. "한번씻어 하생미요" "세번씻어 상생미요"는 두운의 초성이 서로 상응한다. "겉에겉물 제쳐놓고/ 속에속물 길어다가"는 두운을 거듭 써서 강조법을 살리면서 겉과 속을 대비시켰다. "높이열어 삼실과요/ 낮이열어 청과일세"도 높낮이를 대비시켜 표현의 역동성을 살렸다. 부분적으로 시적이지만 전체적으로는 제사 관련 지식을 알려주는 까닭에 문학적으로 교술 갈래에 해당된다.

제물만 정갈하고 다양하게 갖추는 것이 아니라, 제사터에도 금줄을 치고 마당 둘레에는 황토를 뿌려 잡귀의 범접을 막는다. 제관 또한 상탕, 중탕, 하탕을 가려가며 목욕재계를 정성껏 한다. 부정 타지 않도록 입에 한지를 물고 일체 말을 하지 않는다. 성주목을 베기 전에 올리는 산신제가 상당히 성대하고 거창하며 온갖 정성을 다 기울인다. 오숙자본에는 "성주목을 베려하니" "이산벌목 할지라도/ 뉘도탈도 없으시길// 소지삼장마친 후에"라고 하며, 비는 말과 함께 소지 올리는 상황까지 노래한다. 아래는 오숙자본 성주풀이이다.

서른두명 역군들께 　　　하나하나 소임주네[70]
천금도치 갈아메고[71] 　　성주목 동자주와[72]
여외목[73] 대성목을 　　　차례차례 베어다가
은도꾸로 깎아내고 　　　금도꾸로 다듬어서
와가백칸 집을짓세

---

[70] 역군들마다 제각기 많아 할 일을 알려주네.
[71] 천금도끼 갈아메고. 천금은 천근일 수도 있다. 천근도끼를 숫돌에 갈아서 날을 세운 뒤에 어깨에 메고.
[72] 동자주(童子柱)는 동자기둥을 뜻한다. 들로 위에 세워서 상부의 보를 받치는 짧은 기둥이다.
[73] 무슨 말인지 알지 못한다. 여의목(如意木)의 와전이라면, 여의목은 도사(道士)가 가려운 데를 긁는 도구로 옥과 쇠붙이로 만든다.

산신제를 올린 뒤에 역군들이 소임에 따라 도끼로 나무를 베기 시작한다. 성주목과 동자주, 대성목 등 집짓는 재목의 쓰임새에 따라 적절한 크기의 나무를 가려서 벤다. 그리고 도끼로 나뭇가지를 쳐내고 다듬어서 와가 백 칸을 지을 만큼 재목을 충분히 확보한다.

재목을 충분히 확보하면, 역군들이 산에서 벤 재목을 집 지을 곳으로 운반한다. "구루마 달구지 수레 리야카 말구루마 소구루마 실어다가 집터에 갖다 놓고"라고[74] 하여 온갖 운반용 수레가 다 동원된다. 사물을 열거하는 것이 주술 지향적인 교술무가의 특징이다. 같은 말을 동어반복하는 것이 예사다. 길고 풍부하게 할수록 주술적 효과가 크다고 믿기 때문이다. 산에서 집 지을 목재를 다 베어서 운반한 다음에는 집터 잡는 일을 한다.

이댁터전 마련할 때	
어떤명당 골랐던고	고이공지[75] 명당터안에
도리명당에[76] 나리터전	나리명당에[77] 도리터전
차하지관[78] 모셔다가	윤도패철[79] 자오철을[80]
상상봉에 정침하고[81]	지관손님 하는말이
이산천에 나진맥이[82]	제일명당 행교되고
제이명당 관사되고	제삼명당 이집터라
동산이 주산이요	문수가[83] 횡재수라
용산이 대백호되고	산수가 청룡되어

74　권은도본에서 이 부분은 노래하지 않고 사설로 말했다.
75　다른 채록본에는 "고이고이"라고 했다.
76　도리명당 또는 돌이명당은 물이 돌아 흐르는 명당이거나, 또는 '벌이명당'의 와전일 수 있다. 벌이명당은 벌이 꿀을 물어오듯 살림이 사방에서 들어오는 명당이라고 한다.
77　도리명당처럼 나리명당도 명당의 하나인데, 자세한 뜻은 알지 못한다.
78　지관은 명당을 볼 줄 아는 풍수지리의 전문가이다. '차하지관'은 일정한 돈을 지급하고 모셔온 지관을 일컫는 것처럼 보인다.
79　윤도(輪圖) 패철(佩鐵)은 풍수 전문가가 쓰는 24방위에다 오행과 팔괘, 십간(十干), 십이지(十二支)가 모두 들어 있는 나침판을 일컫는다.
80　자오선(子午線)이 분명하게 표시되어 있는 패철, 곧 나침판.
81　풍수용 패철 곧 나침판의 바늘을 북쪽에 정확하게 맞추어 놓고.
82　낮은 맥이, 또는 나린 맥이, 내린 맥이의 와전일 수도 있다.
83　'문수가'는 무슨 말인지 알지 못한다. '운수(運數)'가 와전된 것이 아닐까 한다.

| 운행하는 산수간에 | 소행에⁸⁴ 만세지라 |

집을 지으려고 산에 가서 재목을 구할 때는 이미 집터는 마련되어 있다. 마련된 집터로 재목을 운반하기 마련이다. 그 동안 집을 짓기 위해 이름 있는 명당 터를 확보해서 잘 지켜왔는데, 공사에 들어가기 전에 풍수지리를 잘 보는 지관을 모셔다가 패철을 놓고 구체적인 위치와 방위 잡는 일을 한다.

지관이 패철을 자오선에 맞추어 두고 이곳에 내려온 맥을 살펴보니, 첫째 명당은 향교이고, 둘째 명당은 관사(官舍)이며, 셋째 명당이 이 집터라고 해석한다. 명당이 분명하지만, 사사로이 짓는 집이 향교나 관사보다 더 나은 명당을 잡을 수는 없다고 여긴다. 터는 명당을 잡았으니 이제 명당 형국에 맞게 방위를 잘 잡아서 집을 앉히는 일만 남았다. 주산(主山)과 안산(案山)을 헤아리고 좌청룡 우백호에 맞추어 산수(山水) 운행에 따라 집의 방향을 정한다. 집터의 방위까지 잡으면 이제 집터 다지는 일이 기다린다.

전택을⁸⁵ 복토하고⁸⁶	오방지점 다질적에
동편지점 다랴하니⁸⁷	청학백학 날아든다
남편지점 다랴하니	봉이한쌍 날아들고
서편지점 다랴하니	그렁복이⁸⁸ 흘러들고
북편지점 다랴하니	황소복이 지고든다⁸⁹
중앙지점 다랴하니	싱금오복⁹⁰ 솟아난다

택지에 새 흙을 넣어 북돋우고 땅을 다진다. 땅 다지는 일을 달구질한다 또는 지경 다지기를 한다고 하고, 이때 부르는 노래를 달구질소리 또는 지경소리나 지점소리라고도 한

---

84 '오행(五行)'의 와전이 아닌가 한다.
85 전택(田宅)을.
86 집터로 잡은 땅에 흙을 넣어 북돋우고. 다른 채록본에는 "분토하고"라 했다.
87 다지려 하니.
88 '거랑복'이 와전된 것으로 보인다. 거랑복은 거랑 물이 흘러들어오면서 따라 들어오는 복이다.
89 황소가 짐을 지고 들어오듯이 복도 그렇게 한 짐씩 지고 들어온다.
90 생금오복(生金五福)의 와전이다.

다. 동서남북 오방 지점을 두루 다지고 가운데 지점도 다진다. 방위에 따라 청학백학 또는 봉 한 쌍이 날아들고 복도 두루 들어온다. '거랑복은 흘러들고 황소복은 지고 든다.' 복을 흥미롭게 은유했다. 거랑복은 거랑에 물이 흘러들어오듯이 끊임없이 들어오고, 황소복은 황소가 길마에 짐을 지고 들어오듯이 무더기로 들어온다고 했다. 집터 중앙에서는 생금장이 솟아나는 것처럼 오복이 솟아난다고 했으니 최고의 복터라 하겠다.

지점닫기[91] 마친후에	모든역군 물러가고
석수장색[92] 들어와서	석산에다 돌을깨어
둥근주추 호박주추	사모육모 팔모주추
거북주추 박아놓고	석수장색 물러가고
대정장색[93] 들어와서	팔도명철[94] 구할적에
산수갑산 구리동쇠	회천개천[95] 구한후에
대정장색 하는법이	모루숫돌[96] 풀무걸고[97]
백탄숯불 피워놓고	있는행장[98] 갈아가며
없는행장 베러갈제[99]	독귀각귀[100] 자귀치고[101]
대패변탕[102] 골머리며[103]	대톱중톱 소톱치고

---

91 지점 다지기. 지경 다지기.
92 石手匠色. 석수장이. 匠色은 손으로 물건을 전문적으로 만드는 꾼을 일컫는다.
93 대장장색. 대장장이.
94 전국 팔도에 이름난 좋은 쇠붙이.
95 회철괴철(灰鐵塊鐵)의 와전이다. 회철은 철광석의 일종이다. 괴철은 철광석을 녹여서 얻은 쇠를 응결하여 만든 쇠붙이 덩어리로서 철괴라고도 한다.
96 대장간에서 쓰는 '모루'와 '숫돌'인데, 오숙자본에는 "모루수숫돌"이라 했다.
97 대장간에 풀무를 설치하여 걸고.
98 있는 행장은 전후 내용으로 봐서 "있는 연장"의 와전인 것 같다. 다음에 나오는 행장도 연장으로 봐야 할 것이다.
99 벼려서 갈 때. 있는 연장은 갈아서 날카롭게 하고, 없는 연장은 쇠를 벼리고 갈아서 만든다는 말이다.
100 도끼와 까뀌. 독귀는 다음의 각귀와 자귀와 운을 맞추기 위해 표기한 것이다.
101 대장간에서 자귀를 벼르고.
102 대패와 변탕(邊鐋). 변탕은 대패의 일종으로 목재의 모서리를 턱지게 깎아내는 기능을 지닌 대패.
103 '갈무리며'의 와전인 것 같다.

암쇠[104]돌적 다친후에[105]　　　　대정장색 물러가고

　집터의 땅 다지기를 마치면 주추를 마련할 석수장이가 일을 할 차례이다. 석수장이는 돌산에 가서 주춧돌 감을 깨뜨려 온 뒤에 둥근 주추와 사모, 육모, 팔모 주추, 그리고 거북 주추까지 만들어 주추를 박는다. 그러면 석수장이는 물러가고 대장장이가 제 역할을 한다. 팔도의 유명 쇠붙이들과 구리쇠를 모아서 대장간의 숯불에 달군 다음 모루에 올려 망치로 두드려서 연장을 만든다. 이미 있는 헌 연장은 숫돌에 갈아서 날을 세우고, 없는 연장은 철괴를 녹이고 벼려서 각종 연장을 필요에 따라 제작한다. 도끼와 까뀌, 자귀, 대패, 변탕, 대톱, 중톱, 소톱, 암수 돌쩌귀 등을 다 제작한다. 대장장이가 연장 만드는 일을 마치면, 목수가 제 역할을 하기 시작한다.

목수장색[106] 들어와서　　　　갖인행장[107] 걸어놓고
굽은나무 굽다듬고　　　　　잦은나무[108] 잦다듬고[109]
대부동은 네모치고[110]　　　소부동은 머리딸제[111]
선생목수 자리잡고　　　　　제자목수 멀고쓰고[112]
사개화통[113] 작문하야[114]　　갈지자로 새긴땅에
입구자로 추려내며　　　　　김씨대주 집을지면

104　암수 돌쩌귀를 암쇠 돌적이라 했다. 암돌쩌귀는 문설주에, 수돌쩌귀는 문짝에 박아서 사용한다.
105　다 친 후에. 모두 벼려서 만든 뒤에.
106　목수장이. 대목.
107　갖은 연장. 온갖 연장.
108　뒤로 기울어진 나무.
109　구부러진 것을 반대로 잦히어 다듬는다는 뜻이다.
110　대부등은 기둥감으로 네모나게 다듬고.
111　소부등을 서까래감으로 쓰기 위해 나무의 상순 부분을 잘라내는 것을 '머리 딸제'라고 했다.
112　목수들이 쓰는 언어 같은데 알지 못한다.
113　'사개'는 기둥의 상부를 네 갈래로 오려내어서, 박거나 잇는 나무가 서로 꽉 물리도록 만든 짜임새를 말한다. '화통'은 '사개'를 맞추기 위하여 기둥머리에 십자꼴로 도려내어 도리나 보가 물리도록 하는 자리를 뜻한다.
114　'작분하여'의 와전이다. 집을 지을 때 사방의 보나 도리를 기둥 위에서 짜맞출 수 있게 목재의 이음새 부분을 네 갈래로 파내어 깍지 끼듯이 짜맞추어 조립하는 일을 말한다.

응천상지[115] 삼광이요[116]　　비인간지 오복이라[117]
왕희지의 필법으로　　　　조명덕의[118] 체를받아[119]
태세모년 모월모일　　　　상량서를 마친후에[120]
인의예지 기둥받쳐　　　　보짱얹고[121] 마루깔아
팔조목에[122] 연목걸고[123]　　이십팔수 추녀걸어
추녀끝에 목화치고[124]　　　북두칠성 조림한듯[125]
태극으로 기와얹고[126]　　　오행으로 재를받고
팔괘지수 외를맺어　　　　구궁으로[127] 산자얽고[128]
양토초벽[129] 맞붙이고　　　고은재벽[130] 마친후에
보기좋게 지어놓고　　　　네귀에다 풍경다니
동남풍이 건들부니　　　　풍경소리 듣기좋다

---

115 오숙자본에는 '웅촌상지'라 했다.
116 응천상지삼광(應天上之三光). 대들보 밑면에 쓰는 글귀의 일부. '하늘 위의 세 가지 빛이 응하다'는 뜻.
117 '응천상지삼광'에 이어서 대들보에 쓰는 글귀. 비인간지오복(備人間之五福)은 인간의 다섯 가지 복을 다 갖추다는 뜻.
118 조맹부(趙孟頫)의 와전이다. 조맹부는 중국 원나라의 서예가.
119 조맹부의 글씨체를 받아서.
120 상량문 쓰기를 마친 후에.
121 기둥 위에 보를 얹고.
122 팔조목(八條目). 『大學』에 나오는 수기치인(修己治人)의 여덟 가지 조목. 格物, 致知, 誠意, 正心, 修身, 齊家, 治國, 平天下를 말함.
123 연목(椽木) 걸고. 서까래를 걸고.
124 목화(木畫) 치고. 목공품의 표면에 자개나, 수정, 금, 은, 진주 따위를 상감(象嵌)하여 여러 무늬를 표현하는 공예 기법.
125 조림(照臨)한 듯. '조림'은 해나 달, 별이 위에서 내리비치는 것을 뜻함.
126 반원형 기와의 곡선을 아래위로 음양의 조화에 맞게 잇대어서 얹으면 태극 문양처럼 기와를 얹을 수 있다.
127 구궁(九宮)으로. '구궁'은 『주역』의 후천수(後天數)인 『낙서(洛書)』에서 발전한 방위의 자리.
128 산자(橵子) 얽고. '산자'는 지붕의 서까래 위나 고물 위에 흙을 받치기 위하여 엮어 까는 나뭇개비나 수숫대, 저릅대, 싸리나무 등을 뜻함.
129 기둥 사이의 벽면에 산자를 얽어 골조로 세우고 그 위에다 짚을 섞은 거친 흙을 앞뒤 양쪽에 애벌로 발라 벽을 만드는 것이 초벽(初壁)이다.
130 고운 재벽(再壁)은 초벽을 만든 위에 아주 보드라운 모래흙을 거듭 발라 만든 벽을 일컫는다.

목수가 갖은 연장을 걸어놓고 나무를 다듬기 시작한다. "굽은나무 굽다듬고/잦은나무 잦다듬고"라고 하여, 나무의 생긴 모양을 살려서 다듬는다. 나무의 굵기에 따라 큰 기둥감인 대부등은 네모로 쳐서 기둥으로 만들고, 소부등은 윗부분을 잘라서 서까래 감으로 다듬는다. 도목수와 제자목수가 역할을 나누어 재목을 다루는데, 가장 힘 드는 부분이 기둥 위에 보나 도리를 얹을 때 '사개'를 오려내고 '작분'하여 서로 깍지를 끼듯이 암수 모양을 정확하게 짜맞추는 일이다. 기둥을 세우고 보를 얹어 상량을 하면 집의 뼈대는 잡은 셈이다.

서까래를 걸고 추녀를 만든 다음 산자를 얽어 기와를 이게 되면, 집의 외형은 거의 완성된다. 벽채까지 고운 흙으로 재벽(再壁)을 하고 추녀의 네 귀퉁이에다 풍경까지 달면 번듯한 집으로서 손색이 없다. 겉으로 보기에 외형은 번듯하되 살림집으로 쓰려면 아직도 여러 가지 일들이 남았다.

수분단장[131] 높이쌓고 산미[132]사창[133] 가루닫이[134]
화살난간[135] 툇마루며 층층대는 누마루는
쓸모있게 꾸며놓고 대문중문 칙간내고
연좌춘여[136] 굴뚝내고 물침장여[137] 쌍장여는
국화새김 볼만하다 육간대청 허공보고[138]
무지개가 왕래한듯 부엌이관[139] 구렁보는[140]
청룡황룡 등천한듯 남녀노소 들라하고

---

131 '수문담장'이 아닌가 한다. 담장을 높이 쌓는다는 말 같으나 확실하지 않다.
132 산미(山彌)는 건축의 장식용 부재 가운데 하나이다. 공포(栱包)에서 기둥 위의 도리 사이를 소의 혀 모양으로 꾸민 부재의 짜임새를 통틀어 '산미'라 한다.
133 사창(紗窓). '사창'은 종이가 아닌 얇은 천으로 붙인 고급스러운 창을 뜻함. 산미사창은 그런 창의 한 유형을 일컫는데 정확하게 어떤 창인지 알지 못한다.
134 가로닫이. 가로로 여닫게 만든 미닫이 문.
135 난간의 일종인데, 화살 모양의 난간을 일컫는 것으로 짐작된다.
136 '연자추녀'의 오기이다. 제비가 날아가는 듯 지붕의 추녀 끝이 곡선으로 들려 있는 모습을 나타낸다.
137 '목침장여'의 와전이다. 목침 모양으로 다듬은 장여(長欐). 장여는 목조주택의 도리 밑을 받치는 네모 난 기둥.
138 허공에 드러나 있는 보. 6칸 대청의 보는 다른 보와 달리 허공에 드러나 있기 일쑤이다.
139 부엌 이 칸. 부엌 두 칸.
140 보가 곧지 않고 휘어져 있는 모습을 나타내는 듯하다.

영창광창 쌍바라지	국화새겨 완자문에[141]
쌍문달이 두겹닫이[142]	겹겹이 껴서달고[143]

집 짓는 내용을 교술적으로 노래한 것이되, 짓는 순서가 정확하게 맞지 않아서 들쭉날쭉하다. 담장을 쌓고 굴뚝을 내는 일은 집안일을 다 마친 뒤에 할 일이다. 툇마루를 깔고 난간을 세우는 일 또한 집의 구조물을 다 끝낸 뒤에 해도 늦지 않다. 집의 구조물을 지탱하는 데 가장 중요한 것이 기둥이고 다음은 도리이며 그 다음은 '보'이다. 보는 지붕의 상량을 바치는 까닭에 상당한 무게 중심을 받으므로 굵은 목재를 쓴다.

여섯 칸 대청의 지붕을 받치는 중심 보가 대들보이다. 대청의 대들보는 천정이 없으므로 그 자체로 노출되어 있기 일쑤이다. 따라서 육간대청 '허공보'라고 했다. 큰 대청에는 으레 보가 허공에 노출되어 있다는 말이다. 부엌에도 천정이 없으므로 보의 한 면이 드러나 보이기 마련이어서 그 형상을 볼 수 있다. 대청의 대들보처럼 완전히 드러나지는 않기 때문에 허공보는 아니다. 나무가 자연스레 굽은 것을 그대로 썼기 때문에 '구렁보'라고 했다. 보가 갖추어져야 상량도 하고 서까래도 얹는다. 그런데 여기서는 뒤늦게 보를 다루었다.

골조가 완성되면 벽채를 세우고 재벽을 바르며, 구들을 놓아 방을 만들고 마루도 깔게 된다. 벽이 완성되면 문을 달고 창문을 낸다. 영창과 광창을 내고 쌍바라지 문도 단다. 겹문으로 미닫이문을 끼우고 사창을 바르기도 한다. 국화 문양을 새긴 '완자문'에 쌍문을 달고 두 겹으로 미닫이를 다는 일은 대갓집에서나 가능한 일이다. 사창을 바르는 일 또한 민가에서는 엄두도 내기 어렵다. 앞에서 네 귀에 풍경을 달았다고 하는데, 이 또한 예사 가정집에서는 어려운 일이다. 게다가 6칸 대청에다가 화살난간을 한 툇마루, 그리고 층층대가 있는 누마루까지 갖춘다는 것은 대단한 규모와 격식을 갖춘 집이라 하지 않을 수 없다.

이렇게 궁궐 같은 집을 짓는 과정을 화려하게 노래하는 것은 주술적 의도를 겨냥한 것이라 할 수 있다. 비슷한 것은 비슷한 것을 낳는다는 유감 주술의 원리에 따라 대궐 같은 집을 짓는 노래를 자세하게 부르면 장차 그런 집을 지을 수 있다고 믿는 것이다. 또는 이처럼 과

---

141 완자문(卍字門). 문살의 무늬가 '卍'자 모양으로 된 문.
142 쌍문을 여닫이로 달고, 다시 속문으로 쌍문을 미닫이로 달아서 두 겹을 이루게 달았다는 말이다.
143 이중문으로 겹겹이 끼워서 달고.

장해서 훌륭한 집을 노래함으로써 집 주인이 대리만족을 하도록 하는 구실도 한다. 아마 이러한 성주풀이가 집의 건축술 또는 문화적 발전에도 일정한 이바지를 했을 것이다.

집짓기에서 목수가 하는 일이 끝나면 집안을 꾸미는 집치레를 하게 된다. 집치장의 기본은 도배이고 다음은 그림을 거는 일이다. 목수장인에 이어서 도배장인과 그림장인의 역할이 노래된다.

목수장색 물러가고[144]	장지[145]수지 분당지며[146]
금지황지[147] 농화지에[148]	백능화로[149] 도배하고
청룡화로[150] 띠를띠고	금수병을[151] 들여놓고
도배장색 물러가고	그림장색 들어와서
동서남북 부벽할제[152]	동편으로 돌아가면
삼삼사오[153] 네노인이	금지백지[154] 바둑놓고
청학백학 춤을추며	삼신산에 불로초를
심은행자 그려다가	동문상에 부벽하고
남편으로 돌아가면	한실종친 유현덕이[155]
조맹덕을[156] 잡으려고	관우장비 선봉삼고

---

144 목수장색 물러가고 다음에 "도배장색 들어와서"를 빠뜨렸다.
145 장지는 문 한짝을 바를 수 있는 큰 종이를 일컫는다.
146 분당지(粉唐紙). 예전에 중국에서 나던 종이의 일종. 매우 얇고 희다.
147 금지황지(金紙黃紙). 금종이와 누런 빛깔 종이. 황지는 귀리의 짚으로 만든 종이인데 함경북도에서 나는 특산물이다.
148 능화지(菱花紙)의 와전이다. 능화지는 마름꽃의 무늬가 있는 종이. 고급벽지를 일컫는다.
149 백능화(白菱花). 흰색 능화지.
150 청능화(靑菱花)의 와전이다. 청능화는 청색 능화지.
151 금수병(錦繡屛). 아름다운 무늬를 수놓은 비단 병풍.
152 부벽(付壁)할 때. 벽에다 글씨나 그림을 붙이는 일.
153 삼삼사오는 상산사호(商山四皓)의 와전이다. 상산사호는 '상산'의 네 노인을 뜻한다. 산 속에 은거하는 덕망 있는 현자를 가리키는 말이다.
154 검지백지가 아닌가 한다. 검지는 흑지라고도 한다. 바둑의 검은 돌과 흰 돌을 일컫는다.
155 한(漢) 왕조의 혈통을 지닌 종친(宗親) 유현덕(劉玄德)은 『삼국지』의 주인공 劉備를 일컫는다. 현덕은 유비의 자(字)이다.
156 조맹덕(曹孟德)은 『삼국지』의 인물 曹操를 일컫는다. 맹덕은 조조의 호이다.

제갈량을 모사삼아	삼군중에 횡행하는
형상으로 그려다가	남문상에 부벽하고
서편으로 돌아가면	육관대사 성진이가[157]
천주교에[158] 석교상에[159]	사천도를[160] 꺾어들고
명주팔괘 만들면서	팔선녀를 희롱하던
형상으로 그려다가	서문상에 부벽하고
북문으로 돌아가면	선팔십에[161] 도를닦아
후팔십에[162] 잘되려고	곧은낚시 물에놓고
늘삿갓을[163] 숙여쓰고	시절낚던 강태공의
형상으로 그려다가	북문상에 부벽하니
천도일월 십장생은[164]	방문위에 붙여놓고

도배장인은 문을 바르는 창호지나 벽을 바르는 도배지부터 특별한 것을 갖추었다. 국내에서는 구할 수 없는 고급 도배지로 외국 종이인 분당지(粉唐紙)를 사용하는가 하면, 금지황지(金紙黃紙)와 능화지(菱花紙) 등 번쩍이는 빛깔과 아름다운 문양이 들어간 고급 벽지를 사용한다. 백능화지로 도배를 하고 청능화지로 띠를 둘러서 한껏 멋을 내기도 한다. 게다가 화려한 수를 놓은 비단 병풍인 금수병(錦繡屛)까지 갖추어 놓는다.

도배장인이 물러가면 그림장인 곧 화공(畫工)이 들어와서 동서남북 모든 벽에 방위에 맞는 그림을 그려 붙인다. 각 방위에 따라 그림 내용을 구체적으로 표현한다. 이를테면, 동문

---

157 육관대사(六觀大師)는 김만중의 소설 『구운몽(九雲夢)』에 나오는 인물로서 주인공 성진(性眞)의 스승이다. 육관대사의 수제자 성진이는 하룻밤 꿈속에서 온갖 부귀영화를 다 누리고 인간의 부귀영화가 일장춘몽이라는 것을 깨닫는다.
158 천진교(天津橋)의 와전이다.
159 천진교와 석교상(石橋上)은 『구운몽』에서 주인공 성진이 꿈속에서 양소유로 태어나 기생들과 풍류를 즐기는 무대를 일컫는다.
160 먹으면 불로불사를 누릴 수 있다는 천도복숭아를 일컫는 것 같다.
161 중국 주나라 강태공이 낚시질을 하며 가난하게 살았던 앞선 여든 해.
162 강태공이 가난했던 앞선 여든 해 다음에 정승이 되어 잘 살았던 여든 해.
163 부들로 만든 삿갓. 비오는 날 비를 가리는 용도로 쓰기보다 나그네가 얼굴과 해를 가리기 위해 쓰는 삿갓이다.
164 천도복숭아를 비롯한 일월(日月) 십장생도(十長生圖)를 일컫는다.

(東門) 위의 벽에는 '상산사호(商山四皓) 네 노인이 검은 돌과 흰 돌로 바둑을 놓고, 청학과 백학이 춤을 추며 삼신산에 불로초를 심은 행자' 그림을 붙인다. 남문 위의 벽에는 '한나라 왕실의 종친 유비(劉備)가 조조(曹操)를 잡으려고, 관우와 장비를 선봉 삼고 제갈량을 모사 삼아 삼군(三軍) 중에 횡행(橫行)'하는 장면을 그려 붙인다.

이렇게 서문 위의 벽에는 김만중의 〈구운몽〉에서 성진이 팔선녀를 희롱하는 장면을, 북문 위의 벽에는 강태공이 늘샃갓을 쓴 채 낚시하는 장면을 그려서 제각기 붙인다. 예사 화공들은 상상하기 어려운 장면이자 이야기가 있는 인문학적 그림들로서 일종의 문인화이다. 수명장수를 기원하는 '천도일월(天桃日月) 십장생도(十長生圖)' 또한 빠질 수 없다. 이러한 그림 치장은 모두 가장이 거처하는 사랑방에 관한 것이다. 그러므로 안방 치장이 빠질 수 없다.

안방치장 볼량이면	모란화초 화문석에[165]
죽장병풍 걸렸으며	사랑앞에 연못파고
못가운데 연을심어	수중연화 만발한데
난봉공작[166] 왕래한다	

안방에는 동양문화를 대표하는 인문학적 그림보다 아름다운 장식과 가구가 중심을 이루고 있다. 여기서는 모란화초 문양을 수놓아 짠 화문석을 깔고 벽에는 대나무 장지로 만든 병풍을 세워둔다. 화공의 역할이 아니라 실내 장식을 하는 인테리어의 몫이다. 집 바깥의 인테리어는 일종의 조경이다. 사랑 앞에 연못을 파고 연을 심어서 연꽃이 만발한데, 난새와 봉황, 공작이 오고 간다. 화려하기 짝이 없는 실내외 장식이다. 집안 장식과 조경까지 마치면 이제는 식구에 따라 방을 배정할 차례이다.

각방처소 마련할제	노인대주 침실이오
작은사랑 정한방은	소년대주 침실이오

---

165 화문석(花紋席). 꽃의 문양을 넣어서 만든 돗자리.
166 난봉공작(鸞鳳孔雀). 난새와 봉황, 공작새를 일컫는다.

안방이간[167] 정한방은	부모양위 침실이오
문벽사창[168] 건너방은	장손며느리 침실이오
후원별당 깊은방은	딸아가씨 침실이오
담장내외[169] 줄행랑은[170]	남녀노소 머무르고
일산행차[171] 왕래하고	장인광대[172] 출입하니
암행어사 집일런가[173]	

　가족들의 방을 배정하는 데도 순서가 있다. 먼저 노인대주인 할아버지 방을 마련한다. 할아버지 침실이 곧 사랑방이다. 작은사랑은 남자아이들 방이고, 안방은 부모 내외의 방이며, 분벽사창의 건넌방은 신방이니 장손며느리 방이다. 그리고 후원에 있는 별당의 깊은 방은 딸아가씨 방이다. 방 배정으로 보아서 후원에 별당도 지었다. 그리고 행랑채에는 노복들이 남녀노소 함께 머문다. 그러고 보면 대단한 양반가의 집이라 하지 않을 수 없다. 아니나 다를까. 일산행차(日傘行次)가 왕래하고 재인(才人)과 광대(廣大)가 출입하는 암행어사를 배출하게 될 집이란다. 방을 배정하면서 장차 암행어사가 날 집이라는 사실까지 밝힌다. 그럼 이제 만족할 만한 집이 완성되었는가? 성주풀이에서는 아직 만족하지 못한다. 집 바깥에 부속 건물을 더 지어야 한다.

복덕방에 광을짓고	천덕방에[174] 방해놓고[175]
식신방에[176] 우물파니	석순[177]거부 집일런고

167　안방 두 칸.
168　분벽사창(粉壁紗窓)의 와전이다. 분벽사창은 흰색 벽과 비단으로 바른 창. 아름답게 꾸민 신방(新房)을 나타내는 말.
169　내외를 하기 위해 시각적으로 남녀 공간을 가리려고 집안에 쌓은 담장. 흔히 '내외담장'이라고 한다.
170　줄행랑은 줄지어 있는 행랑(行廊). 대문 좌우로 죽 벌여 있는 행랑채의 방인데, 주로 종들이 거처하는 방이다.
171　일산행차(日傘行次). 일산을 쓴 벼슬아치들의 행렬.
172　재인광대(才人廣大)의 와전이다.
173　일산을 쓴 어사 행렬이 오고 가고 재인과 광대들이 드나드는 것을 보면 암행어사 집이라는 말이다. 과거에 장원급제하면 일산 행차를 하며 재인과 광대들이 풍악을 울리고 곡예를 하는 가운데 집돌이를 한다.
174　천덕방(天德方). 집의 길한 방위 가운데 하나로 하늘에서 복이 내리는 귀한 방위를 뜻한다.
175　'방아놓고'의 와전이다.

효자충신 집일런가	행랑채는 창성창자[178]
수복가영[179] 지었으니	삼팔목이[180] 동문이요
이칠화가[181] 남문이라	사구금이[182] 서문이요
일륙수가[183] 북문이라[184]	일문을[185] 높이열고[186]
애로를[187] 크게닦아	내향문을[188] 갖춰놓고
궁장이[189] 높은곳에	

집의 안채와 바깥채, 행랑채를 제각기 지어도 서로 상응하도록 기획을 했다. 안채는 목숨 수(壽)자로 짓고, 바깥채는 복 복(福)자로 짓고, 행랑채는 창성 창(昌)자로 지어서 수복강령(壽福康寧)을 누리도록 했다. 경제적으로는 중국의 전설적 부자 석숭(石崇)의 집이고, 도덕적으로는 효자와 충신이 날 집이다. 이보다 더 바람직한 집이 없다.

집 바깥에는 방위에 맞추어 광을 짓고 디딜방아를 설치하고 우물도 판다. 방아와 우물까지 갖추었으니 아쉬울 것이 전혀 없다. 이웃에 물 길러 가지 않고 방아도 찧으러 가지 않으며 모든 것을 집 안에서 자족할 수 있다. 담장을 궁궐 담처럼 높이 쌓고 상수학(象數學)에 따라 동서남북 문을 낸다. 출입문을 활짝 열고 아름다운 길을 넓게 닦아 예악문물(禮樂文

---

176 식신방(食神方)에. 이사할 때 사람의 사주를 풀어서 정하는 길한 방위 가운데 하나. 여기서 식신은 먹을 복을 관장하는 신으로 보이나, 지나치게 음식을 탐하는 먹보 또는 아귀라는 뜻으로 쓰이기도 한다.
177 '석숭(石崇)'의 와전이다. 석숭은 중국 서진의 문인인데, 전설 속에서는 큰 부자로 알려져 있다.
178 창성(昌盛) 창자(昌字).
179 수복강령(壽福康寧)의 와전이 아닌가 한다.
180 三八木은 흔히 동방 삼팔목이라 한다. 상수학(象數學)에서 오행의 하나로 一六水, 二七火 다음이 삼팔목이다.
181 二七火는 흔히 남방 이칠화라 한다. 상수학에서 오행의 하나로 一六水 다음이 이칠화이다.
182 四九金은 흔히 서방 사구금이라 한다. 오행의 하나라 일육수, 이칠화, 삼팔목 다음이 사구금이다.
183 一六水는 흔히 북방 일륙수라 한다.
184 다음에 중앙 五十土라 해야 하는데 빠뜨렸다.
185 일문(一門)은 한 문중을 뜻하는 말이다. 여기서는 인문(仁門)의 와전이다. 가사〈권선지로가(勸善指路歌)〉에 이 내용이 있어서 와전을 바로 잡는다.
186 '능히 열고'의 와전이다.〈권선지로가〉참조.
187 隘路는 좁고 험한 길을 뜻함. 여기서는 의로(懿路)의 와전이다. 작자 미상의〈권선지로가〉참조.
188 예악문물(禮樂文物)의 와전이다.〈권선지로가〉참조.
189 궁장(宮牆)은 궁궐 담장 곧 높은 담장을 일컫는다.

物)까지 두루 갖추어 놓으면 집이 완벽하다. 이처럼 집을 완벽하게 잘 지어놓았으니 집 구경 오는 이들이 적지 않다.

  오는사람 받자하니   누구귀기가[190] 모였든고
  풍호무호[191] 영귀인은[192]   당상에[193] 올라있고
  유황측포 당포산은[194]   설중에 들어있고
  금자목피 자룡중구[195]   민자건은[196] 문안에드니
  칠십제자[197] 삼천인은   역력히 다알손가
  어화하고 벗님네야   가자세라 보잣세라
  집구경 가자세라   어히어히 가자세라

 집 구경 오는 사람들이 한둘이 아니어서 누구누구가 모였는지 알 수 없다. 모두 팔자 좋은 사람들이자, 높은 벼슬에 오른 사람들이다. 공자의 제자 민자건(閔子騫)을 비롯한 칠십제자들은 물론 삼천 명이 모였으니 누가 누구인지 구체적으로 다 알 수 없을 뿐 아니라, 집 구경 오는 사람을 굳이 다 알아야 할 이유도 없다. 개의치 말고 이웃끼리 벗들끼리 집 구경을 가자고 독려한다. 이렇게 구경꾼들이 몰릴 만큼 집을 잘 지은 것은 "이 덕이 뉘 덕이냐/ 성조판관 덕이로다" 하고 모두 성주님 덕분으로 알고 있다. 따라서 마지막으로 성주를 모시고 성주굿을 하는 것이 집 지은 자의 도리이다. 아래부터는 권은도본이다.

---

190 "누귀누귀가" 와전된 것이 아닌가 한다. "누구누구가"란 뜻이다.
191 풍호무호(風乎舞乎). 신재효본 판소리 〈흥보가〉의 사설에 나오는 말이다. 우순풍조 호시절에 풍악을 울리며 춤을 즐기는 좋은 팔자를 뜻한다.
192 건륭제(乾隆帝)의 후궁인 영귀비((穎貴妃)를 일컫는 듯하다.
193 당상(堂上)은 조선시대 벼슬아치로 정삼품(正三品) 이상의 벼슬을 일컫는다. 조정에서 정사를 볼 때 대청에 올라가 의자에 앉을 수 있는 자격을 갖춘 벼슬이다.
194 '유황측포'와 '당포'산은 모두 포(布)의 일종으로 옷감 이름이 아닌가 한다. '당포'는 중국산 무명이나 모시를 일컫는다.
195 무슨 말인지 알지 못한다.
196 민자건(閔子騫). 춘추시대 노(魯)나라 사람으로서 공자의 제자였다. 효자로 유명하다.
197 공자의 제자 가운데 뛰어난 제자 70인을 칠십제자라 한다.

여보시오 벗님네요	이성주가 뉘성주요
○씨대주 성주로다	○씨대주 모시는성주
성주근본이 어디멘고	경상도 안동땅
제비원이 본일레라	오늘같이 좋은날에[198]
성주님을 뫼셔놓고	천복만복을 내리시고
아들낳으면 효자낳고	딸을낳으면 효녀놓고
구름복은 흘러들고	사람복은 걸어들고
황쇠복은 지고들고[199]	물복은 숨어들고[200]
생쥐복은 물어들고	

　나무를 베고 터를 다져서 집을 짓는 동안 성주는 행방이 묘연했다. 집을 완전히 다 짓고 나자 비로소 성주 덕분인 줄 알고 성주신을 모시고 성주굿을 하려고 한다. 성주굿의 과정이 성주풀이로 노래된다. 성주풀이 속에서 성주굿을 하며 성주풀이를 부르는 것이다. 성주굿 안에서 성주굿을 하므로 메타성주굿이라 할 수 있고, 성주풀이 안에서 또 성주풀이를 하므로 메타성주풀이라고도 할 수 있다.

　따라서 ○씨 대주가 모시는 성주의 근본을 묻는다. "성주근본이 어디멘고/ 경상도 안동땅/ 제비원이 본일레라" 하고, 묻고 답한다. 다른 지역 성주굿에서는 성주풀이 서두에 성주의 본향을 묻고 제비원으로 답하는데 그친다, 그러나 안동 지역에서는 서두와 중간, 결말 3부분에서 제비원을 언급한다. 가) 서두에 제비원 솔씨를 받아 뿌리기 위해 성주의 본향 제비원을 찾고, 나) 중간에 집을 짓기 위해 나무를 베려고 할 때 제비원의 성주목을 찾아 나서며, 다) 말미에 메타 성주굿을 하며 성주풀이를 부를 때 성주의 근본을 다시 확인한다.

　따라서 다른 지역 성주굿과 달리, 집을 다 짓고 나서 성주신을 모시는 성주굿을 할 때, 제비원이 본향인 성주신을 모시기 위해 성주의 근본을 다시 묻고 답한다. 집을 다 지었으니 성주신을 집에 모시고 성주신에게 천복만복을 내려 달라고 비는 것이다. 구체적으로는

---

198 다른 채록본에는 "이러한 좋은집에"라고 했다.
199 황소복은 지게에 지고 들어오고.
200 "스며들고"의 와전으로 보인다. 물이 스며드는 것처럼 물복도 스며든다는 말이다.

아들은 효자가 되게, 딸은 효녀가 되게 해 달라고 하고 이어서 각종 복을 빈다. 복이 들어오는 것을 더 실감나게 표현하기 위해 황소의 복은 길마에 지고 들어오고, 물복은 흘러들고 스며들기를 바라고 생쥐의 복은 물어 들기를 바란다. 황소가 길마에 지고 들어오는 복은 큰 복이다. 생쥐가 물어오는 복은 작은 복이다. 큰 복도 중요하지만 작은 복도 중요하다. 일상생활에서 소소하게 누리는 복은 작은 복이기 때문이다. 복이 들어와서 좋아지는 상황을 이어서 시적으로 은유한다.

검은밤에 횃불같이
동지섣달 꽃이피듯
높은산에 눈날리듯
억수장마 비퍼붓듯
좁은골에 번개치듯
장자되게 도와달라
성주님전에 빌고비나이다

검은밤에 달빛같이
동지섣달 잎이피듯
얕은산에 재날리듯
대천바다에 물밀 듯이
부자되게 도와달라
수명장수 이어달라

어두운 밤에 횃불 같이, 또는 달빛 같이 집안이 밝고, 동지섣달에 꽃이 피듯 또는 잎이 피듯 불가사의한 좋을 일이 생기기를 기대한다. 복의 효과를 이와 같이 나타냈다면, 복의 양과 속도를 별도로 은유해서 나타낸다. '높은 산에 눈 날리듯', '얕은 산에 재 날리듯', '억수장마에 비 퍼 붓 듯'은 양적으로 어마어마하게 많은 복을 내려달라는 뜻이다. '대천바다에 물 밀 듯이'라고 한 것은 일시적이 아니라 지속적으로 계속해서 복이 밀려오고, '좁은 골에 번개 치듯'은 복이 지체하지 않고 순식간에 번개 치듯 번쩍하며 닥쳐오라는 뜻이다.

권은도본에는 거부장자와 수명장수를 비는 것으로, 오숙자본에는 자손 번성과 부귀공명을 비는 것으로 성주풀이를 마무리한다. 성주굿에서 성주풀이를 부르는 가운데 성주풀이 내용이 성주굿을 하는 데서 마무리된다는 점이 특이하다. 일종의 메타성주굿으로서 성주풀이 속에 성주굿이 포함되어 있으므로 성주굿의 필요성을 더욱 강조하는 구실을 한다고 하겠다.

4. 성주풀이의 지식 세계와 교양의 폭

성주풀이가 성주굿에서 노래되는 까닭에 무교적인 지식과 세계관만 담고 있을 것으로 짐작하기 쉬운데 실제 내용은 그렇지 않다. 불교와 도교, 유교까지 두루 망라되어 있다. 여러 동양 고전들에 담겨 있는 지식과 고사(古事)들은 물론, 고소설과 가사(歌辭), 판소리의 전승 지식도 두루 거론되어 있다. 따라서 상당한 식견이 없으면 말귀를 알아먹기도 어렵고 주석은 더 어렵다. 그러므로 앞장에서는 성주풀이의 전체 내용을 총체적으로 살폈다면, 여기서는 성주풀이에 어떤 전문지식들이 갈무리되어 전승되고 있는가 분석함으로써, 성주굿의 구체적 지식 세계와 인문학적 교양 수준을 포착하려고 한다.

성주는 태초에 천상의 천궁에 계셨던 분이다. 본디 천신이라는 말이다. 성주가 구체적으로 어떤 신인가 하는 것은 성주신을 모시는 '신명청배' 단계에서 성주의 신성성과 다양성이 구체적으로 드러난다. 권은도본에서는 성주풀이를 부르기에 앞서 '신명청배'부터 노래한다. 실제로 성주굿을 하려면 성주풀이에 앞서 신명청배로 성주신을 모셔 와야 하는 까닭이다.

천지신명 일월성신	북두대성[201] 칠원성군[202]
일광월광 정기받고	삼태육성[203] 명기를 받아
제석당에 문을 열고	칠성당에 문을 열어
천상궁은 삼심에삼천	지하궁에는 이십에팔수
사바세계[204] 문을열어	해동조선 대한민국
국태민안 안과태평	태평성대를 기원하던
나라성주 모실적에	나라없는 백성이있나

---

[201] 북두대성(北斗大聖). 북두칠성 신앙의 한 대상으로서 특히 북극성을 뜻한다. 흔히 '북두대성 칠원성군'을 성어처럼 함께 사용한다.
[202] 칠원성군(七元星君). 북두칠성을 신격화한 것으로, 무교신앙에서 인간의 생로병사를 주관하는 신령이라 믿는다.
[203] 삼태육성(三台六星). 칠성의 두괴 뒤쪽으로 나열된 여섯 별을 말하며, 둘씩 세 무리를 이루고 있어서 첫째 두 별을 상태, 가운데 두 별을 중태, 마지막 두 별을 하태라 했다.
[204] 사바세계(娑婆世界). 불교 용어로서, 중생이 온갖 고통을 참고 견디면서 살아가는 이승의 세상.

| 백성없는 나라가있나 | 검은땅에 흰백성들 |
| 내백성이 아니던가 | 집집마다 모시던성주 |

'천지신명(天地神明)'과 '일월성신(日月星辰)'은 한국 전통적인 민속신앙 대상이다. 종교적으로 말하면 한국 무교에서 모시는 신령으로서 가장 일반적인 신격이다. 무당이 아닌 사람들도 집안에서 정성을 들이며 비손을 할 때 으레 '천지신명'과 '일월성신'을 읊조린다. 천지신명을 들먹이는 것은 서양 사람들이 걸핏하면 "하느님(Oh my God!)"을 부르짖는 것이나 크게 다르지 않다.

다음에 이어지는 '북두대성(北斗大聖). 칠원성군(七元星君)'은 북두칠성을 신격화 한 것인데 인간의 생로병사를 주관하는 칠성신앙의 대상이다. 북두칠성에 대한 신앙은 원래 도교에서 발생한 것이지만 한국 무교와 불교에서도 수용하고 있다. 따라서 무교에서 칠성굿이 있을 뿐 아니라 사찰에서도 칠성각이 있다. 그리고 칠성은 집안에도 상설 신앙공간이 마련되어 있기도 하다. 부엌 뒤꼍의 장독대 근처에 칠성단을 만들어 두고 어머니들이 수시로 비손을 할 정도로 칠성은 민속신앙에서 빠질 수 없는 신앙대상이다.

특별히 칠성단이 없어도 칠성신은 가신신앙의 하나로 어느 집에서나 존재했다. 칠성신앙처럼 도교신앙이 한국의 전통종교에 두루 수렴됨으로써, 도교가 독립적인 종교로 자립하지 못했다. 다종교사회인 한국에 도교신앙이 유일하게 독립적으로 자리 잡지 못한 것은 도교신앙이 민속신앙을 비롯한 한국 전통 종교에 융합되어 버린 까닭이다.

무교신앙에서는 '칠성신'으로만 거론될 뿐, '북두대성' '칠원성군'처럼 전문적인 신격의 이름은 언급되지 않는다. 그러나 도교와 불교에서는 구체적으로 신격들을 언급한다. 도교에서는 일곱 개의 별마다 제각기 이름이 있고 불교에서도 별마다 제각기 부처님이 배치되어 있다. 이를테면 일곱째 별은 도교의 칠원성군 이름이 '파군성군(破軍星君)'이고 불교의 칠성여래 이름은 '동방유리세계(東方琉璃世界) 약사유리광여래(藥師琉璃光如來)'이다. 일곱 부처들이 모두 칠성여래 부처님을 도와 중생을 보살핀다고 한다.

성주는 천지신명과 일광월광의 정기를 받고 북두칠성의 명기를 받았을 뿐 아니라, 불교적 우주관에 따라 33천의 제석천(帝釋天)과 28수의 별자리를 관통하며 사바세계의 대한민국으로 와서 국태민안과 태평성대를 기원하는 나라성주로 자리잡는다. 백성 없는 나라가 없으니 나라성주는 곧 백성의 성주이고 집집마다 모시는 성주이다. 그러므로 집에서 모시는 성주는 한갓 집지킴이 가옥신이 아니라, 우주의 기를 받고 나라를 수호하는 신으로서 백성을 지키느라 집집마다 모시게 된 성주라는 것이다.

집집마다 빌던성주	성주근본을 풀어보면
일곱성주는 도령의성주	열일곱은 소년성주
스물일곱은 초년성주	서른일곱은 이년성주[205]
마흔일곱은 중년성주	쉰일곱은 대성주요
예순하나는 환갑의성주	일흔일곱은 노장성주
천년성주 만년성주	나라성주는 국사성주
일곱칠성은 칠성성주	명성주에 복성주라
와가성주는 대가성주	움막성주는 초가성주
남성주는 여성주요	꽃성주는 입성주요
허공성주는 공대성주	받들성주는 위하던성주
빌던성주는 모시던성주	나라성주 모셔나보세

성주는 집집마다 모시는 건축신이자 가옥신이다. 그러나 모시는 주체로 보면 대주의 나이에 따라 성주의 성격이 다르다. 일곱 살의 도령성주에서 비롯하여 일흔 일곱의 노장성주에 이르기까지 10년 단위로 서로 다른 성주가 존재한다. 성주 단일론에 입각해서 보면 다소 혼란스럽다. 그러나 성주를 모시는 주체의 처지에서 보면 제각기 다르게 존재한다. 성주에 대한 기대와 소망, 믿음이 다 다르기 때문이다.

성주신만 그런 것이 아니라, 유일신 하느님에 대한 인식도 이렇게 열려 있다. 하느님은 한 분이지만, 하느님을 믿는 사람마다 서로 다른 하느님이 존재한다. 교파가 여럿으로 갈려 있을 뿐 아니라, 하느님에 대한 인식이 저마다 다르기 때문이다. 때로는 목사조차 하느님을 믿지 않는 경우가 있다. 사악한 범죄를 저지르는 목사는 하느님이 없다는 사실을 확신하지 않으면 그런 범죄를 저지를 수 없다.

대주의 주체에 따라 서로 다른 성주가 존재하는 것처럼 성주가 관할하는 장소에 따라서

---

[205] '인연성주'의 오기가 아닌가 한다.

도 다른 성주가 존재한다. 집의 크기에 따라 대가성주와 움막성주가 있는가 하면 집의 유형에 따라 와가성주와 초가성주가 있다. 공간이 더 확대되면 나라성주도 있고 국사성주도 있다. 그런가 하면 아예 구체적인 좌정 공간이 없는 허공성주와 공대성주도 있다. 성주의 기능에 따라 일곱 칠성을 지키는 칠성성주가 있고, 수명을 주는 명(命)성주가 있는가 하면, 복록을 주는 복(福)성주도 있다. 이처럼 받들고 위하고 빌고 모시던 모든 여러 성주들을 다양하게 열거함으로써 성주신을 놓치지 않고 반드시 청배하려는 주술적 의지를 담고 있는 것이 신명청배이다.

신명청배가 끝나면 이어서 성주풀이가 본격적으로 노래된다. 안동지역 성주풀이는 태초의 세계가 어떻게 만들어졌는가 설명하는 데서 시작된다. 왜냐하면 성주가 원래 천상에 있었던 존재이기 때문이다. 태초의 세계는 두 가지 방법으로 만들어졌다고 생각한다. 하나는 천계의 기운이 스스로 운화(運化)하여 하늘이 생겨나고, 지상세계는 스스로 헤아려서 땅이 생겨난다. 천지 우주를 자연발생론으로 인식하고 있는 것이다. 둘은 목신씨와 수인씨, 화덕씨, 인황씨가 각각 나무와 물, 불, 사람과 짐승을 만들어냈다고 한다. 유일신 창조주는 아니지만 다양한 신격의 창조주가 제각기 자기 능력을 발휘해서 창조의 소임을 한 것이다. 굳이 말한다면 이들 신격은 직능별로 존재한다.

자연발생론이 우주창조론의 기본을 이룬다는 점에서 과학적이다. 그러나 우주는 자연발생했지만 나무와 물, 불, 사람과 짐승은 창조되었다고 여김으로써 창조론과 만난다. 그러나 창조론은 유일신이 우주의 삼라만상을 다 지었다고 하는 데 반해, 여기서는 여러 신들이 여러 존재를 각자 한 가지씩 제각기 지었다고 여긴다. 이러한 태초의 세계 인식은 기독교와 다른 무교적 세계관이라 할 수 있다.

무교의 사제자를 무당이라고도 하지만 만신이라고도 한다. 만신은 애동무당이 아니라 영험 있고 연륜 있는 노련한 무당을 일컫는다. 만신을 萬神으로 표기하기도 하는데, 온갖 신을 다 섬기는 무교의 세계관을 나타낸다. 무당이 한 판 굿을 할 때도 여러 신들을 내림받으며 여러 신과 접신 상태에 이른다. 이처럼 무교에서는 인간과 마찬가지로 뭇 사물에도 신이 있다고 생각한다. 따라서 바다에는 용왕이 있고 산에는 산신이 있으며, 나무에는 목신, 물에는 수신이 있는 것처럼, 온갖 사물들에는 신이 있다. 그러므로 태초의 세계도 여러 신격들이 제각기 사물을 창조했을 것으로 노래하는 것이다.

성주풀이는 무교의 성주굿에서 노래되는 본풀이이자 건축신화이다. 따라서 건축과 관련된 지식이 중심을 이루기 마련이다. 그러나 성주풀이의 유형에 따라 관련 지식이 제각각이다. 가) '천손강림의 건축시조형' 성주풀이에서는 천상세계와 관련된 지식이 상대적으로 풍부하다. 지상에 나무가 없어서 하늘에 기도를 올려 솔씨를 내려받아 심는 내용도 특수하다. 나) '빼앗긴 아내 되찾는 부부형' 성주풀이에서는 부인 말을 귀담아 듣지 않아서 악한에게 부인을 빼앗겼다가 간신히 되찾는 서사적 사건이 중심을 이룬다.

따라서 앞의 두 유형에는 건축에 관한 자세한 지식은 거론되지 않는다. 그러나 다) '제비원이 본향인 건축형' 성주풀이에는 구체적인 건축 지식이 집을 지어가는 과정에 따라 상세하게 노래된다. 주추를 놓고 기둥을 세우며 보를 올리고 벽은 어떻게 바르며 문은 어떻게 내는지 일일이 알려준다. 그러므로 건축형 성주풀이는 아예 교술무가라 할 정도로 건축지식에 관한 정보가 풍부하다.

송옥순이 구송하는 안동지역 성주풀이는 가)와 다)의 통합형이되, 가)는 간략하게 노래되고 다)는 풍부하고 자세하게 노래된다. 따라서 가)의 천손강림 서사보다 다)의 집을 짓는 과정을 설명하는 교술성이 두드러져 있는 통합형이라 할 수 있다. 집 짓는 공정에 관한 교술적 지식은 공학적인 사실에 치우쳐 있기 마련이다. 그러나 성주풀이를 자세하게 뜯어보면 건축 관련 지식을 교술적으로 제공하는 데 머물지 않고, 여러 가지 인문학 지식이 복합적으로 갈무리되어 있는 것을 발견할 수 있다.

먼저 건축에 필요한 재목감으로 소나무가 자라는 과정을 주목해보자. 솔씨를 심어서 다박솔로 자라면, "육판서가 물을 주고 삼정승이 매가꾸어"라고 한다. 삼정승 육판서는 조선왕조의 최고 벼슬이자 핵심 대신이다. 영의정과 좌의정, 우의정의 3정승을 수반으로, 그 아래에 이조, 호조, 병조, 형조, 예조, 공조의 6판서가 있어 조선왕조의 행정부를 구성한다. 정부의 최고 조직이 동원되어 소나무를 기르는 데 정성을 기울였다고 과장한다. 재목으로 쓰는 소나무를 기르는 일이 왕손을 길러내는 일 이상으로 중요하게 여겼다는 은유이다.

소나무가 자라는 과정도 체계적으로 노래한다. "점점 자란 소나무/ 소부등이 되었구나// 소부등이 자라나서/ 대부등이 되었구나// 대부등이 자라나서/ 황장목이 되었구나"라고 한다. 소나무가 성장하는 단계에 따라 소부등 → 대부등 → 황장목을 차례로 노래했다. 모두 재목감을 일컫는 전문용어이다. 소나무의 성장과 쓰임새에 따라 이름이 다른 것을 알아야 전문 목수이다.

재목만 식별할 수 있어서는 안 되고 목수가 쓸 연장을 스스로 마련할 수 있어야 한다. 상품화된 연장을 구입해서 쓰던는 시절이 아니라 각자 필요한 연장을 대장간에서 만들어 써야 하던 시절이다. 따라서 목수도 대장간을 차리고 집지을 연장을 벼려야 한다. 그러자면 전국에서 유명한 전라도 자랑쇠를 비롯하여 명품 쇠붙이를 구해서 도끼와 끌, 자귀, 대패 등 크고 작은 각종 연장을 마련한다.

　연장이 갖추어지면 산에 올라서 직접 재목감을 가려서 벤다. 재목감 가운데 성주목을 고르는 것이 제일 중요하다. 부정 타거나 흠결이 없는 나무여야 할 뿐 아니라, 동서남북으로 뻗은 가지마다 행운이 들어올 만한 곧게 자란 나무여야 한다. 나무의 수세(樹勢)와 함께 수상(樹相)을 포착하고 복록을 헤아리는 것이다. 집의 쓰임새에 따라 적절한 재목을 고르는 지식은 목수가 갖추어야 할 기본적인 능력이다. 전문 목수라면 사람의 관상을 보고 운수를 포착하듯 나무의 수상도 그와 같이 포착할 수 있어야 한다.

　재목감을 다 가려냈다고 해서 당장 벨 수 없다. 산신이 산의 주인이기 때문이다. 산에서 자란 나무를 베려 하니 아무 사고 없이 벨 수 있도록 도와달라는 산신제를 먼저 올려야 한다. 산신제에 올릴 제물을 마련하는데, 전문적인 지식이 동원된다. 논밭에서 자란 벼에 따라 상생미와 중생미를 가려내고, 방앗간에서 쌀을 쓿은 정도에 따라 하생미, 중생미, 상생미로 분별하고, 그 가운데서 상생미를 가려내 밥을 짓고 떡을 만든다. 상생미는 논벼여야 하고 여러 번 쓿어야 한다. 예사 사람들은 쌀에 대하여 이런 지식을 갖추기 어렵다.

　민속에서 제의를 올릴 때는 제의장소에 잡인의 출입을 금하기 위해 으레 금줄을 치고, 잡귀잡신을 막기 위해 제의 공간 둘레에 황토흙을 뿌린다. 산신제에도 이와 같은 재계 방식이 적용되었다. 제관들도 목욕재계를 하는데, 예사 목욕이나 샤워와 다르다. 한 곳에서 몸을 두루 씻는 것이 아니라, 상탕에 얼굴을 씻고 중탕에 몸을 씻고 하탕에는 손발을 씻어서 물의 위치와 맑기에 따라 몸을 나누어 씻는다. 아주 특별한 목욕 방식이다.

　산신제를 올린 다음 나무를 재목감에 맞추어 다 베고 집터까지 운반하면, 집터의 좌향을 잡는 일을 한다. 집터는 '나리명당'이라 하여 복이 산맥을 타고 내려오는 명당이자, '벌이명당'이라 하여 벌이 꿀을 물어오는 것처럼 복이 모여드는 명당이다. 따라서 이제는 집을 앉히는 좌향을 제대로 잡아야 하는데, 집의 방향을 잡는 좌향은 더 민감하다. 따라서 지관을 모셔서 윤도패철(輪圖佩鐵)을 놓고 오행(五行)과 팔괘(八卦), 십간(十干), 십이지(十二支)에 맞게 집터의 방향을 잡는다. 지관으로서 전문지식을 갖추어야 가능한 일이다.

이렇게 집터를 명당으로 잡았지만 고을의 제일 명당은 아니다. 제일 명당은 향교이고 제2 명당은 관사이고, 제3 명당이 이 집터라고 했다. 향교는 지방의 관립(官立) 교육기관으로서 문묘(文廟)를 모시고 있다. 문묘는 공자의 신위를 모시고 제사를 드리는 사당(祠堂) 구실을 한다. 따라서 유교사회에서는 향교를 가장 좋은 자리에 자리잡도록 제일 명당을 차지한다. 관사는 지방 관장이 살도록 지은 공관(公館)이다. 따라서 사사로운 살림집보다 좋은 터에 자리 잡아야 하므로 제2 명당이다. 그러므로 명당의 순위를 두고 향교와 관사, 살림집의 위계가 분명해진다.

지관의 풍수지식과 사회적 풍수의 적용 위계에 이어, 복이 들어오는 상황을 은유의 방식으로 묘사한다. 청학백학 날아들고 봉이 한 쌍 날아드는 것처럼 복이 날아들기를 기대할 뿐 아니라, 복이 거랑복처럼 흘러들고, 황소복처럼 잔뜩 지고 들고, 물복처럼 스며들고, 생쥐복처럼 물어들기를 바란다. 시적 은유법이 다양하게 동원되었다.

터잡기가 끝나면 집터에 집을 짓기 위해 주추를 마련하고 목수 연장도 마련해야 한다. 주추는 석수장이가 마련한다. 둥근 주추와 네모, 육모, 팔모 주추 외에 거북 주추까지 마련한다. 주추의 종류가 다 등장한 셈이다. 목수의 집 지을 연장은 대장장이가 제작한다. 대장간을 운영하려면 기본적으로 모루와 숫돌, 풀무가 있어야 하고 쇠를 녹이는 도가니도 있어야 한다. 쓰던 연장은 갈아서 날을 세우고, 없는 연장은 쇠를 벼려서 새로 만든다. 도끼와 까뀌, 자귀는 물론 대패와 변탕, 톱도 종류별로 다 갖추고, 암수 돌저귀나 문고리와 같은 자잘한 부품도 일일이 다 만들어야 한다.

실제 작업은 석수장이나 대장장이가 하더라도 작업 지시와 주문은 목수의 몫이다. 이처럼 목수가 집을 한 채 짓는 일은 쉽지 않다. 건축기술은 물론 집을 짓는 데 필요한 숱한 연장과 부품들을 두루 제작하는 능력도 갖추어야 하기 때문이다. 주추와 연장과 부품들을 다 갖추었으니 이제는 목수가 나서서 집을 지을 차례이다. 먼저 목재를 다듬고 기둥을 세우고 보를 얹고 상량을 해야 집의 틀이 잡힌다. 건축공학의 기본 지식을 발휘해야 가능한 작업이다. 그런데 건축공학뿐만 아니라 인문학적 지식까지 발휘한다.

기둥을 세울 때는 인의예지(仁義禮智)로 받친다고 했는데, 인의예지는 유학에서 바람직한 인간이 되기 위해 반드시 갖추어야 하는 네 가지 덕목을 뜻한다. 맹자는 인의예지를 4단(四端) 곧 어찌지 못하는 사람의 네 가지 마음으로 설명했다.[206]

어질 인(仁)은 남의 불행을 마치 자기 일처럼 여기는 측은지심(惻隱之心)으로서, 자기의 개인적인 이해관계를 넘어 타자와 공중을 향해 관심을 확장하고 사랑을 넓혀나가는 마음을 뜻한다. 의(義)는 불의를 보면 부끄러움과 함께 분노를 느끼는 수오지심(羞惡之心)으로서, 자기의 옳지 못한 행동은 부끄러워하며 반성하는 한편 남의 잘못에 대해서는 미워하는 마음이 일어나는 것이다. 예(禮)는 남을 존중하며 스스로를 낮추는 사양지심(辭讓之心)으로서, 나보다 상대를 우선하여 양보하는 미덕을 갖추고 겸손한 마음을 가지는 것이다. 지(智)는 옳고 그름을 공정하게 판단하는 시비지심(是非之心)으로서 잘잘못을 올바르게 가려서 사회적 정의를 실현하는 마음이다.

따라서 인의예지를 세우는 일은 집의 기둥이기 전에, 인간의 기둥이며 가정의 기둥이자 사회의 기둥을 바르게 세우는 것이라 할 수 있다. 기둥에 이어 도리를 얹을 때는 팔조목(八條目)으로 얹는다고 했다.[207] 팔조목(八條目)은 『대학(大學)』에서, 삼강령(三綱領)과 함께 거론되는데, 자기를 닦아서 인격을 완성한 다음에 남을 다스려 세상을 바르게 하는 수기치인(修己治人)의 여덟 가지 조목이다. 구체적으로 격물(格物). 치지(致知). 성의(誠意), 정심(正心), 수신(修身), 제가(齊家), 치국(治國) 평천하(平天下)를 말한다. 도리는 서까래를 받치는 부재로서 지붕의 틀을 유지하는데, 인간의 도리(道理)와 같은 동음이의어에서 8조목과 연관시킨 것이 아닌가 한다.

이 밖에도 '태극으로 기와 얹고/ 오행으로 재를 받고/ 팔괘지수 외를 맺어/ 구궁으로 산자 얽고'라고 하여, 동양사상의 기본인 태극과 오행을 직접 거론하며, 『주역』의 팔괘지수(八卦之數)와 구궁(九宮)을 운위한다. 그동안은 '천지'와 '일월' 등이 음양의 관계로 맞물려서 태극이 간접적으로 언급되었는데, 여기서는 태극을 직접 언급했다. 오행도 마찬가지이다. 동서남북 사방과 중앙의 방위 오방(五方)이 여러 차례 거론되었지만 오행을 직접 언급한 것은 여기서 처음이다. 도교에서 오행은 수(水)·화(火)·목(木)·금(金)·토(土)의 다섯 가지 요소가 상호관계에 따라 상생하고 상극하는 데 따라서 자연현상이 일어나고 인간사도 전개된다고 믿는다.

『주역』의 팔괘 역시 음과 양이 천지인(天地人) 삼재(三才)에 두루 미치어 나타나는 인간사의 양상을 분별하는 것이다. 음괘(陰卦)와 양괘(陽卦)의 결합하는 수와 위치에 따라 8괘가 구성

---

206 『孟子』, 公孫丑 上 6. "惻隱之心 仁之端也 羞惡之心 義之端也 辭讓之心 禮之端也 是非之心 智之端也."
207 오숙자본에는 '팔조목에 연목을 건다'고 했다.

되는데, 구성되는 방식에 따라 인간에게 드리워지는 자연현상과 현실적 상황이 결정된다는 것이다.

구궁 또한 『주역』에서 확립된 것이다. 낙서(洛書)의 배치 수에 따라 구궁은 감(坎)이 1, 곤(坤)이 2, 진(震)이 3, 손(巽)이 4, 중앙(中央)이 5, 건(乾)이 6, 태(兌)가 7, 간(艮)이 8, 이(離)가 9로 되어 있다. 낙서에 연월일시의 수를 적용하고 팔문(八門)과[208] 구성(九星)을[209] 더하여 길흉을 점치는 방법이 구궁이다.[210] 태극이나 오행과 달리 구궁은 동양철학 용어여서 세간에서는 거의 알지 못하는 전문적인 지식이다.

5. 성주풀이의 인문지식 수준과 전문성

주추를 놓고 기둥을 세우고 나면 보를 얹어서 상량(上梁)을 하게 된다. 상량을 하기 전에 마룻대에 상량문을 쓴다. 먼저 "○년 ○월 ○일 입주(立柱) 상량"이라고 써서 집의 건립 연대를 알 수 있도록 날짜를 쓰고 그 아래에 축원 글귀를 쓴다. "응천상지삼광(應天上之三光) 비인간지오복(備人間之五福)"은 상량문으로 흔히 쓰는 기원문이다. 삼광(三光)은 해와 달, 별의 빛이며 오복(五福)은 수(壽)·부(富)·다남(多男)·위(位)·건강(健康) 등의 복이다. 따라서 상량문은 "하늘의 해님과 달님, 별님은 감응하시어 인간의 오복을 갖추어 내려주소서"라는 뜻을 지녔다.

이 밖에 "부귀영화(富貴榮華) 자손창성(子孫昌盛)" 또는 "부모천년수(父母千年壽) 자손만세영(子孫萬世榮)"을 쓰기도 한다. 이러한 상량문 머리에는 '용(龍)'자를 쓰고 말미에는 '구(龜)'자를 쓴다. 용과 거북은 모두 물속에 사는 신성한 동물이어서 집안의 화재를 막아주는 구실을 한다고 믿는 것이다.

---

208 팔문은 생문(生門)·상문(傷門)·두문(杜門)·경문(景門)·사문(死門)·경문(驚門)·개문(開門)·휴문(休門)으로 계절에 따라 중앙을 제외한 팔방에 배치한다.
209 구성은 태을(太乙)·섭제(攝提)·헌원(軒轅)·초요(招搖)·천부(天符)·청룡(靑龍)·함지(咸池)·태음(太陰)·천을(天乙)이며 계절에 따라 포치하여 그 길흉과 상극과 휴왕(休旺)에 따라 상황의 판단과 성패를 결정한다.
210 『한국민족문화대백과사전』, 구궁법(九宮法) 참조.

"왕희지의 필법으로/ 조명덕의 체를받어"라고 해서 중국 최고의 명필 두 사람을 끌어들였다. 왕희지(王羲之)는 중국 위진남북조시대 동진(東晉)의 정치인이자 시인이며 서예가이다. 우리나라에서는 서예가로 널리 알려져 있으며 초서와 행서, 해서의 서체를 완성한 명필이다. 조명덕은 조맹부(趙孟頫)의 와전이다. 조맹부는 중국 원나라 때의 화가이자 서예가로서 '조체(趙體)'라는 독창적인 글씨체로 후대의 서예에 큰 영향을 준 명필이다. 그러므로 상량문을 쓸 때 필법은 왕희지를 본받고 글씨체는 조맹부의 서체를 본받아 썼다고 하니 최고의 상량문을 쓴 셈이다.

상량문을 쓰고 나면 제물을 차려 놓고 마룻대 앞에서 상량고사를 올린다. 상량시(上梁時)에 맞추어 마룻대를 대공 위에 올린다. 대들보 위에 대공을 세운 후 최상부 부재인 마룻대를 설치하는데, 모든 공정을 마치고 준비된 상태에서 도목수가 무명천으로 마룻대를 묶어 끌어올려 고정시키는 작업을 한다. 이때 건축주는 마룻대에 백지로 북어와 떡을 묶어놓고 돈 봉투를 올려 놓기도 한다. 모두 목수들의 몫이다. 이렇게 상량식을 할 때는 목수들이 공사를 쉬고 이웃들을 초청하여 술과 떡을 대접하고 잔치를 한다.

상량을 마치면 집의 골격은 거의 완성된 셈이다. 이제부터는 집치레로 집의 멋을 내기 시작한다. 툇마루의 난간은 화살난간으로[211] 장식하고, 추녀는 연자(燕子) 추녀로 날아갈 듯 멋을 부리며, 목침 장여는 쌍장여로 꾸민다. 창과 문도 잔뜩 멋을 낸다. "영창광창 쌍바라지/ 국화새겨 완자문에// 쌍문단디 두겹닫이/ 겹겹이 껴서달고"라고 했다. 영창(映窓)과 광창(光窓)을 제각기 내는 것도 집의 멋인데, 이것을 쌍바라지로 달았다는 것이다. 쌍바라지는 쌍문을 여닫이로 달고 그 안에 속문으로 다시 쌍문을 미닫이로 다는 겹문이다.

호사가의 집이 아니고는 창문으로 쌍바라지를 달기 어렵다. 창문뿐만 아니다. 일반 문들도 예사롭지 않다. "국화새겨 완자문에/ 쌍문닫이 두겹닫이 겹겹이 껴서달고"라고 해서 모두 쌍문에다 겹문이다. 쌍바라지처럼 문도 바깥쪽에 좌우 여닫이로 쌍문을 달고, 안쪽에 속문으로 미닫이 쌍문을 달아서 두 겹 닫이 문이 되게 했다. 예사 살림집은 외문이 고작이다. 상민은 쌍문을 달 수 없었다. 그런데 쌍문에다 겹문까지 달아서 온갖 사치를 다 누린다.

집을 고급스럽게 하는 것도 문이지만, 화려하게 꾸미는 장식성을 갖춘 것도 문이다. 왜

---

211 난간의 기둥 끝을 화살촉처럼 뾰족하게 만든 난간을 이른다.

냐하면 외문 홑문에 대하여 쌍문에다 겹문을 달 수 있어서 고급스러울 뿐 아니라, 문을 짜는 방식에 따라 다양한 문양을 넣을 수 있기 때문에 화려하게 꾸밀 수 있다. 여기서는 국화문양을 새겨넣은 완자문이라고 했다. 민가의 문살은 띠살문이 일반적이다. 살림집의 문에는 문양을 새겨넣는 경우가 거의 없다. 특히 국화와 같은 꽃문양을 새겨 넣은 문은 사찰의 대웅전에나 가야 볼 수 있다. 완자문의 문살은 '卍'자 모양이 사방연속무늬를 이루고 있는데, 화려하고 우아하여 궁궐 및 상류층의 주택에서 사용된다.

집안으로 들어가면 장식성을 지닌 것이 벽면이다. 벽지도 재료와 문양에 따라 장식성을 띤다. 도배용 벽지로 능화지(菱花紙)를 사용했다. 능화지는 마름꽃 문양이 들어 있는 고급 벽지이다. 백능화지를 바른 다음 청능화지로 띠를 둘렀다고 하는데, 그 자체로도 우아하지만 그 위에 그림을 걸어야 하므로, 백능화지가 바탕을 이루는 것이 매우 효과적이다. 백능화지와 청능화지로 도배가 끝이 나면, 동서남북 벽에다가 돌아가며 그림을 붙인다.

"동편으로 돌아가면/ 상산사호 네노인이/ 금지백지 바둑놓고/ 청학백학 춤을추며/ 삼신산에 불로초를/ 심은행자 그려다가/ 동문상에 부벽하고"라 했다. 이 그림은 중국 진시황 때 국난을 피해서 섬서성(陝西省) 상산(商山)에 들어가 은거한 사호(四皓) 곧 네 노인의 고사를 중심으로 그린 것이다. 상산사호도(商山四皓圖)는 위진남북조시대부터 그림으로 그려졌으며, 바둑 두는 모습은 당나라 때 손위(孫位)가 처음 그렸다, 현재 전하는 것으로는 남송시대의 마원(馬遠)이 그린 상산사호도가 가장 오래되었다. 우리나라에도 조선 초기부터 그리기 시작했으며 지운영(池雲英) 화백이 1928년에 그린 '상산사호도(商山四皓圖)가 남아 있다. 상산에 네 선비들이 으레 바둑을 두기 때문에 사호위기도(四皓圍碁圖)라 일컫기도 한다.

"남편으로 돌아가면/ 한실종친 유현덕이/ 조맹덕을 잡으려고/ 관우장비 선봉삼고/ 제갈량을 모사삼아/ 삼군중에 횡행하는/ 형상으로 그려다가/ 남문상에 부벽하고"라 했는데, 이 그림은 나관중(羅貫中)의 소설『삼국지연의(三國志演義)』의 중요 내용을 담은 것이다. 흥미로운 것은 널리 알려진 주인공 이름을 한결같이 자(字)로 일컫는다는 점이다.

이를테면 한(韓)나라 왕실의 후예인 유비(劉備)를 유현덕(劉玄德)이라 하고 조조(曹操)를 조맹덕(曹孟德)이라 한 것이다. 널리 알려진 이름 대신 굳이 '자'를 쓴 것은 상당한 지식 자랑처럼 보인다. 그림 내용은 유비가 조조를 잡으려고 관우와 장비를 선봉장으로 삼고 제갈량을 모사로 삼아 삼군을 호령하는 형상이다.『삼국지연의』가운데 가장 핵심을 이루는 전투 장면이다.

"서편으로 돌아가면/ 육관대사 성진이가/ 천주교에[212] 석교상에/ 사천도를 꺾어들고/ 명주팔괘 만들면서/ 팔선녀를 희롱하던/ 형상을 그려다가/ 서문상에 부벽하고"라 했다. 이 그림은 김만중(金萬重)의 소설 『구운몽(九雲夢)』의 주인공 성진(性眞)이 석교(石橋) 위에서 팔선녀를 희롱하는 상황을 그린 것이다.

서역에서 불교를 전하려 온 육관대사는 형산 연화봉에 법당을 짓고 불법을 베풀자 동정호의 용왕도 여기에 참석한다. 육관대사는 감사의 뜻으로 제자 성진을 용왕에게 사례하러 보냈는데, 이때 형산의 선녀인 위 부인도 팔선녀를 보내 육관대사에게 인사를 전한다. 용왕의 후한 대접을 받고 술에 취하여 돌아오던 성진은 연화봉을 구경하던 팔선녀와 석교에서 만나 서로 말을 주고받으며 희롱하게 된다. 『구운몽』의 서사적 발단(發端) 구실을 하는 가장 긴요한 장면이라 할 수 있다.

"북문으로 돌아가면/ 선팔십에 도를닦아/ 후팔십에 잘되려고/ 곧은낚시 물에놓고/ 늘 삿갓을 숙여쓰고/ 시절낚던 강태공의/ 형상으로 그려다가 북문상에 부벽하니"라 했다. 강태공(姜太公)의 전설적 유래를 담은 그림이다. 중국 주(周)나라 사람으로서 이름은 강상(姜尙)이고 태공은 별명인데 흔히 강태공으로 더 알려져 있다. 휘어진 낚시 바늘이 아니라 곧은 낚시 바늘로 낚시를 했다고 해서, 강태공은 물고기를 낚은 것이 아니라 세월을 낚고 있었던 것이라는 전설이 전한다.

강태공이 앞선 80년 동안은 낚시질을 하며 가난하게 살았으며, 그 뒤 80년 동안은 정승이 되어 잘 살았다는 데서 유래한다. 강태공의 '선팔십 후팔십'의 장수에 대하여 '궁팔십(窮八十) 달팔십(達八十)'이란 말도 있다. 태어나서 여든 살이 되도록 궁하게 살았으나, 나이 팔십에 문왕(文王) 창(昌)을 만나 등용되면서 주나라를 세우고 영화롭게 80년을 더 살았다는 것이다. 그러므로 이 그림은 강태공의 생애사를 잘 집약한 장면이라 하겠다.

이 정도 그림을 사방에 부착해 두면 거의 동양화 전시를 하고 있는 화랑(畫廊) 수준이라 할 수 있다. 집이 화랑 수준이라도 인물이 나지 않으면 한갓 보금자리일 따름이다. 보금자리를 넘어서 가족들 가운데 과거에 급제하는 사람이 배출되면 집의 영광을 넘어서 가문의 영광이 된다. "일산행차 왕래하고/ 재인광대 출입하니/ 암행어사 집일런가"라고 해서 급제자가 나왔을 때 상황을 묘사했다.

---

212 천진교(天津橋)의 와전이다.

장원급제를 하면 왕으로부터 어사화를 하사받고 사흘 동안 유가(游街) 행렬을 한다. 유가 행렬은 급제자가 일산(日傘)을 받친 채 말을 타고 삼현육각(三絃六角)을 갖추어 풍악을 울리며 재인광대(才人廣大)들을 거느리고 거리를 돌아다니며 축제를 벌인다. 이때 시험관과 선배, 일가친척을 방문하며 재인과 광대들이 줄타기와 땅재주 등의 묘기를 부린다. 그러므로 일산행차가 오가고 재인광대가 드나드는 암행어사의 집은 사실상 최고의 집이자 최상의 가문이다.

좁은 집에서는 일산행차가 불가능하다. 초라한 집은 재인광대의 놀이가 어울리지 않는다. 따라서 이것이 가능한 집은 규모가 크고 우아한 집이어야 한다. 더 치밀하게 따지면 『주역』의 상수학(象數學)에 맞는 집이어야 한다. 상수학은 상(象)과 수(數)를 해석하여 만사와 만물의 이치를 파악하고 세상이 돌아가는 원리를 통찰함으로써 현재와 미래를 예측한다. "행랑채는 창성창자[213]/수복가영[214] 지었으니"라고 한 것은 집의 '상'을 말하는 것이다.

창성 창(昌)자 형상으로 집을 지으면 수복강녕(壽福康寧)을 누릴 수 있다고 믿었다. "삼팔목이[215] 동문이요/ 이칠화가[216] 남문이라/ 사구금이[217] 서문이요/ 일륙수가[218] 북문이라[219]"고 했는데, 상수학에서 수와 오행을 5방위에 맞추어 풀이한 것이다. 일육수(一六水)가 남문이요, 이칠화(二七火)가 북문이요, 삼팔목(三八木)이 동문이요, 사구금(四九金)이 서문이라고 했는데, 오십토(五十土)는 중문이라는 것을 빠뜨렸다.

이처럼 상수학에 맞추어 동서남북, 중앙의 문을 낸다. 그리고 "인문(仁門)을 능히열고/ 의로(懿路)를 크게닦아/예악문물을[220] 갖춰놓고"라고 했다. 인문은 홍인문(興仁門)과 선인문(宣仁門)의 仁門을 뜻한다면, 집안 출입용의 정문 곧 외곽 대문을 일컫는다. 집의 대문을 크게 열고 아름다운 길을 넓게 닦아서 예악(禮樂)과 문물(文物)을 두루 갖춘다면 더 이를 데가

---

213 창성(昌盛) 창자(昌字).
214 수복강령(壽福康寧)의 와전이 아닌가 한다.
215 三八木은 흔히 동방 삼팔목이라 한다. 상수학(象數學)에서 오행의 하나로 一六水, 二七火 다음이 삼팔목이다.
216 二七火는 흔히 남방 이칠화라 한다. 상수학에서 오행의 하나로 一六水 다음이 이칠화이다.
217 四九金은 흔히 서방 사구금이라 한다. 오행의 하나로 일육수, 이칠화, 삼팔목 다음이 사구금이다.
218 一六水는 흔히 북방 일륙수라 한다.
219 다음에 중앙 五十土라 해야 하는데 빠뜨렸다.
220 성주풀이에서는 예악문물의 말귀를 알아듣지 못하고 '내향문'이라고 했다.

없다. 예악문물은 유가에서 표방하는 최고의 인문학적 가치이기 때문이다. 그러므로 성주풀이에서 짓는 집은 건축구조물로서 공학적 기술에 머물지 않고 그 집에 머물러 사는 사람들의 장래 사회적 성취를 기대하고 대비하는 것은 물론, 인문학적 교양까지 충분히 갖추도록 배려되었다고 하겠다.

집을 이렇게 교양 있고 우아하게 지어 놓으니 구경꾼들이 모여들 수밖에 없다. 여러 구경꾼들이 모여 들었지만 그 가운데에는 놀랄 만한 사람들이 있다. 여자는 영귀비(穎貴妃)이고 남자는 민자건(閔子騫)이다. '풍호무호(風乎舞乎)'로 수식된 '영귀비'는 건륭제(乾隆帝)의 후궁으로 우순풍조의 좋은 시절에 풍악을 울리며 춤을 즐기는 팔자 좋은 여인이다.

민자건은 공자의 제자 가운데 특히 효자로 소문난 선비이다. 『논어』에서 공자가 말하기를 "효자로구나 민자건이여. 사람들은 그 부모와 형제들이 민자건을 칭찬하는 말에 아무도 이의를 달지 못하는구나"라고[221] 했다. 다음과 같은 일화가 전한다.

민자건은 계모 밑에서 자랐는데, 그 아버지가 겨울에 민자건이 유난히 떠는 것을 보고 옷을 살펴보니 계모의 두 아들 옷은 솜옷인데 민자건의 옷은 솜 대신 갈대풀이었다. 아버지가 계모를 내쫓으려 하자, 민자건이 이를 말리며 아버지에게 말하기를 "어머니가 계시면 한 아들이 춥게 지내지만, 어머니를 쫓아내면 세 아들이 추워할 것입니다"라고 하여, 모두 성찰하며 본을 받았다고 한다. 개인적인 희생보다 가족 공동체의 이익을 먼저 헤아린 효행이다. 그러므로 공자는 민자건을 진정한 효자로 칭송한 것이다.

6. 성주풀이의 종교적 세계관과 다양성

지금까지 살펴본 것처럼, 성주풀이에 내재된 지식의 세계는 건축신화의 범주나 집을 짓는 공정을 알려주는 건축지식의 한계를 뛰어넘는다. 먼저 종교적 세계관부터 살펴보자. 무교에는 어떤 세계관을 가지고 있을까. 성주풀이 서두에서 태초의 천지조판 상황에서 무교의 세계관이 드러난다. 하늘과 땅은 천계와 땅의 기운에 따라 저절로 생겨났으나, 천지 사이의 여러 삼라만상은 제각기 신격이 있어서 만들어냈다고 한다. 우주적 자연은 자연발

---

[221] 『論語』先進編 4장, '孝子 閔子騫', "子曰 孝哉閔子騫 人不間於其父母昆弟之言."

생적이지만 그 사이의 뭇 생명들은 여러 신격에 의해 창조되었다고 보는 것이다. 그러므로 진화론적 발생론과 다신론적 창조론이 합일되어 있는 세계관이라 하겠다.

　구체적인 무교신앙의 양상으로는 산신제가 주목된다. 제물 준비에서 기도 내용까지 아주 자세하게 설명했다. 산신제에 온갖 제물들이 두루 차려지는데, 어느 것이든 최상품 재료를 사용한다. 이를테면 쌀의 품질을 보기로 들 수 있다. 메밥을 올리고 떡을 찌는 쌀은 밭벼가 아닌 논벼여야 한다. 농작물의 토지가 무엇인가 하는 것을 가리는 것이다. 벼를 찧을 때도 몇 번 쓿었는가 하는 회수까지 따진다. 한두 번 쓿은 쌀이 아니라 세 번 쓿은 쌀 곧 상생미를 쓴다. 평소 제사에서는 제물을 이렇게까지 챙기지 않는다.

　게다가 제관은 '상탕에 세수하고 중탕에 목욕하고 하탕에 손발을' 씻을 만큼 목욕재계도 엄정하게 한다. 같은 물에 세수하고 목욕하고 수족을 씻는 것은 불결하게 여긴 까닭이다. 따라서 탕을 상중하로 가려 가며 몸을 씻는다. 제관은 당연히 말도 삼간다. 말을 하다가 제물에 침을 튀길 수도 있으므로 입에다 한지를 물려서 아예 말을 못하게 금지시키기도 한다. 무교 제의가 얼마나 정성껏 이루어지는가 하는 사실을 절감하게 하는 내용이다. 경건한 종교적 제의 지식이 실감나게 갈무리되어 있다.

　제의적으로 경건하기만 한 것이 아니라 굿에서 부르는 노래는 상당히 문학적이다. 성주풀이를 보면 구조적으로 서사적인 갈래가 있는가 하면 교술적 갈래도 있다. 서사적인 갈래 가운데도 '빼앗긴 아내 되찾는 부부형'은 서사문학으로서 이야기의 구성이 탁월하여 사건이 흥미롭게 전개된다. 구체적인 표현을 보면 서정적 경향성도 보인다. 묘사의 시적 형상성이 두드러진다는 말이다.

　이를테면, 집을 다 지어놓고 성주굿을 할 때에 복을 비는 내용은 표현이 매우 시적이다. "구름복은 흘러들고/ 사람복은 걸어들고/ 황쇠복은 지고들고/ 물복은 숨어들고[222]/ 생쥐복은 물어들고"라고 하여 복을 구름과 사람, 황소, 물, 생쥐에 은유하며, 그 움직이는 형상에 따라 복이 제각기 '흘러들고', '걸어들고', '지고들고', '스며들고', '물어들고'라고 하여 생생하게 형상화했다. 복을 은유(隱喩)하는 데 이어서 복이 나타나는 것은 직유(直喩)로 형상화해서 퍽 대조적이다.

　직유도 두 가지이다. "검은밤에 횃불같이/ 검은밤에 달빛같이/ 동지섣달 꽃이피듯/ 동

222　숨어들고는 '스며들고'의 와전이 아닌가 한다. 물은 스며들기 때문이다.

지섣달 잎이피듯"이라 하여, 검은 밤과 횃불 또는 달빛을 대비시키고, 동지섣달과 꽃 또는 잎이 피는 것을 대비시키는 직유를 함으로써 복이 지닌 귀중한 가치를 더 강조했다. 그런가 하면 "높은산에 눈날리듯/ 얕은산에 재날리듯/ 억수장마 비퍼붓듯/ 대천바다에 물밀듯이/ 좁은골에 번개치듯"과 같은 일련의 직유는 양적으로 풍부하게 과장하거나, 역동적인 힘을 파도나 번개에 빗대어 과장함으로써 독특한 시적 표현을 했다. 따라서 성주풀이 노래에는 문학적 형상성도 탁월하다 할 수 있다. 그러므로 종교문학의 하나로서 무교문학에[223] 대한 관심도 기울일 만하다.

풍수지리에 관한 민속지식도 두루 거론된다. '벌이 명당 나리터전'이라 하여 명당 이름을 언급하는가 하면, 전문 지관(地官)들이 사용하는 나침판인 윤도패철(輪圖佩鐵)도 언급한다. 전문 지관이 아니면 윤도(輪圖)의 24방위를 자세하게 헤아릴 필요도 없지만, 방위에 따른 오행과 십간, 십이지의 관계 또는 60갑자를 해석할 수도 없다. 그러나 풍수지리를 헤아리는 지관에게는 윤도패철이 필수품이다.

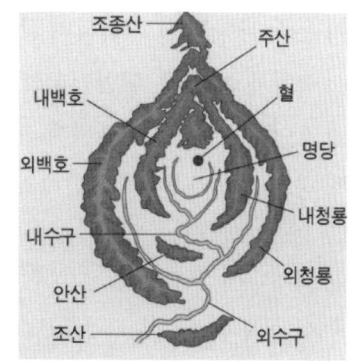

명당도

지관은 묘터도 잡지만 집터도 잡는다. 묘지가 음택 풍수라면 집터는 양택 풍수이다. 집터를 잡으면서, "동산이 주산이요/ 문수가[224] 횡재수라/ 용산이 대백호되고/ 산수가 청룡되어"라고 하여, 풍수지리에서 고려해야 할 주산(主山)과 안산(案山), 좌청룡(左靑龍) 우백호(右白虎)의 관계도 헤아린다. 명당의 지리적 구성 곧 명당도(明堂圖)에 관한 지식을 갖추어야 언급할 수 있는 내용이다.

성주굿이지만 무교적 세계관에 갇혀 있지 않고 도교적 세계와 열린 마음으로 만난다. 신명청배에서 무교의 '천지신명 일월성신'을 넘어서 도교의 '북두대성 칠원성군'까지 아우른다. 무교에서 도교의 신앙을 적극 끌어들여서 자기화한 까닭에 정작 도교는 한국 종교사회에서 설 자리를 잃었다. 따라서 전통종교로서 유불도교를 이야기하지만 구체적으로 도교신앙은 유교와 불교처럼 독자적 정체성을 이루지 못하고 있다.

---

223 임재해, 「굿의 문학성과 무교문학의 세계」, 『문예연구』 120, 2024년 봄호, 24~45쪽 참조.
224 '문수가'는 무슨 말인지 알지 못한다. '운수(運數)' 또는 '유수(流水)'가 와전된 것은 아닐까 생각해 본다.

불교에 대한 직접적인 언급은 없다. 그러나 성주가 불교적 우주관에 따라 우리나라에 자리잡는다. 33천과 제석천(帝釋天)은 모두 불교적 세계이다. 33천은 불교에서 세계의 중심인 수미산(須彌山) 꼭대기에 있는 도리천(忉利天)을 뜻한다. 도리천은 사방 8성의 32성에 선견천(善見天)을 더한 천상계를 일컫는다. 제석천은 도리천의 왕으로서 천신 가운데 가장 강력한 신이자, 팔부신중(八部神衆) 가운데 으뜸인 불교의 호법신이다. 그러므로 도리천과 제석천은 불교 세계의 두 기둥을 이룬다.

천상계인 도리천과 달리 이승의 세계를 불교에서는 사바세계(娑婆世界)라고 한다. 중생들이 온갖 고통을 참고 견디며 살아가는 속세의 세계이다. 흔히 굿에서도 그렇지만 불교에서 축원을 올릴 때, 대한민국의 공간적 좌표를 '사바세계 남섬부주(南贍部洲) 해동조선 대한민국'이라고 한다. 사바세계 안의 남쪽에 염부나무(閻浮樹)가 많이 나서 염부주(閻浮洲)라고도 하는 섬부주(贍部洲)가 있고, 그 속의 발해만 동쪽에 우리나라 대한민국이 있다는 것이다. 섬부주에는 지구상의 모든 나라가 포함된다. 그러므로 불교적 세계 속의 한국 주소라 할 수 있다.

'칠원성군'과 같은 용어 속에도 불교의 세계가 갈무리되어 있다. 불교에서는 칠성신을 불법 수호에 참여하는 호법신으로 받아들인다. 북두 제1성은 천추성(天樞星)으로 자손에 만 가지 덕을 준다고 하며 칠원성군 이름으로는 탐랑성군(貪狼星君), 칠성여래 이름으로는 동방 최승세계 운의통증여래(運意通證如來)이다. 북두 제2성은 천선성(天璇星)으로 장애와 재난을 없애준다고 한다. 성군 이름으로는 거문성군(巨門星君), 칠성여래 이름으로는 동방묘보세계(東方妙寶世界) 광음자재여래(光音自在如來)이다. 이와 같이 북두 제7성까지 구체적인 별이름과 칠원성군 및 칠성여래의 이름이 밝혀져 있다. 7개의 별마다 여러 부처님을 배치시키고 있는데 모든 부처님이 다 칠성여래 부처님을 도와 중생에게 길흉화복을 준다.[225]

유교적인 세계에 대한 언급은 한층 구체적이다. 집을 지어놓고 '충신과 효자열녀가 나게 해 달라'고 비는 말은 유교사회의 일반적 관습이다. 여기서는 구체적으로 효자 민자건(閔子騫)이 등장한다. 민자건은 공문십철(孔門十哲)[226] 가운데 한 사람으로『논어』선진편(先進

---

225 https://gongu.copyright.or.kr/gongu/wrt/wrt/view.do?wrtSn=12007267&menuNo=200018.
226 공자의 제자 가운데 가장 뛰어난 열 명을 이르는 말로서, 안회(顔回), 민자건(閔子騫), 염백우(冉伯牛), 중궁(仲弓), 재아(宰我), 자공(子貢), 염유(冉有), 계로(季路), 자유(子游), 자하(子夏) 등이다.

篇)에 네 차례나 등장하는 인물이다. 공자는 『논어』 선진편에서 열 사람의 제자를 네 덕목으로 갈래를 나누어 말했는데, 덕행이 있는 인물로 안연(顏淵)에 이어 민자건을 꼽았다. 민자건은 덕행 가운데 특히 효행이 뛰어난 인물이었다.

"민자건은 문안에드니/ 칠십제자[227] 삼천인은/ 역력히 다알손가"라고 했는데, 사마천(司馬遷)의 『사기(史記)』에 따르면 공자의 가르침을 받은 제자는 3천 명에 달하고, 그 가운데 학문에 정통한 제자는 70여 명에 이른다고 한다. 민자건은 '공문십철'인데다가 효행의 일화가 워낙 잘 알려져서 실명을 밝혀 거론하지만, 칠십 제자나 3천 제자는 일일이 거론하기 어렵다는 말이다.

유교의 기본덕목으로 인의예지와 팔조목이 거론된다. 인의예지는 맹자가 인간의 본성을 4단으로 설정한 개념인데, 측은지심과 수오지심, 사양지심, 시비지심으로 인간이 반드시 갖추어야 할 4가지 덕목을 말한다. 인의예지가 『맹자』에 나온다면, 8조목은 『대학』에 나온다. 삼강령(三綱領) 팔조목(八條目)은 으레 함께 언급되기 일쑤인데, 『대학』 경문에서 '명명덕(明明德)·친민(親民)[228]·지어지선(止於至善)'은 삼강령이고, '평천하·치국·제가·수신·정심·성의·치지·격물'은 8조목이다. 권근(權近)은 『입학도설(入學圖說)』에서 삼강령 팔조목의 상호관계를 체계적으로 그려서 '대학지도(大學之道)'라 했는데, 퇴계는 뒤에 이 도식을 수렴하여 『성학십도(聖學十圖)』를 완성했다.

『논어』와 『맹자』, 『대학』에 이어 『주역』도 거론된다. '팔괘지수'와 '구궁(九宮)'은 모두 『주역』에 입각한 전문용어들이다. 팔괘는 음(--)과 양(—)의 효(爻)를 3개 결합하여 하나의 괘(卦)를 만드는데, 모두 8개의 괘가 이루어진다. 2진법의 숫자로 8괘를 나타내면, 000, 100, 010, 110, 001, 101, 011, 111이다. 이때 0은 음이고 1은 양이다. 8괘를 상괘와 하괘로 하여 6효로 괘를 나타내면 총 64괘가 된다. 따라서 64괘로 운명을 헤아리는 것이 『주역』의 기본이다. 성주풀이에서는 『주역』의 기본에서 더 나아가 '상수학(象數學)'과 '구궁(九宮)'도 언급한다. 상수학은 역경을 수학으로 해석한 학문으로서, 우주만물의 구조와 작용을 숫자로 형상화하고 그 변화를 수학으로 계산하여 어떤 개체의 과거와 미래의 변화를 측정하는 것이

---

[227] 공자의 제자 가운데 뛰어난 제자 70인을 칠십제자라 한다.
[228] 주희(朱熹)는 삼강령 가운데 '친민(親民)'을 '신민(新民)'으로 해석하여 그 의미를 백성을 새롭게 하는 것이라 하였다.

다. 따라서 전문가가 아니면 엄두를 내기 어렵다. 구궁도 마찬가지이다. 아홉 개의 수로 이루어져 있는 낙서(洛書)를 이해해야 할 뿐 아니라, 팔문(八門)과 구성(九星)을 알아야 구궁을 헤아릴 수 있다. 그러므로 성주풀이에서 거론하는 주역의 세계는 상당히 깊숙한 데까지 닿아 있다고 하겠다.

이처럼 성주풀이에는 도교와 불교, 유교 등 당대의 여러 종교 지식이 두루 수렴되어 추구되고 있다. 무교는 종교적 배타성이 없다는 사실을 성주풀이가 입증한 셈이다. 조선시대에 무당은 백정과 노비, 광대, 기생 등과 함께 팔천(八賤)의 하나로 취급되었는데, 그들이 부르는 성주풀이에는 양반 못지않게 동양 고사와 고전에 관한 지식도 두루 수렴되어 있다. '상산사호'의 고사를 그림으로 그리는가 하면, 강태공이 곧은 낚시로 세월을 낚으며 선팔십 후팔십을 살았다는 전설적 생애사도 그림으로 그린다. 고소설 『구운몽』에서 성진과 팔선녀가 희롱하는 내용과 함께 『삼국지연의』의 주인공 유비의 활약상도 구체적으로 그렸다. 따라서 성주풀이는 무교의 지식 체계에 갇혀 있지 않다. 당대의 인문학적 지식을 두루 갖추고, 이웃 종교의 세계관도 열린 마음으로 포용한다. 그러므로 성주풀이는 한갓 성주굿의 무가를 넘어서 여러 종교를 아우르며 동시대 최고 수준의 지식과 교양을 융통성 있게 구사한 명편이라 할 만하다.

부록

송옥순 구송
성주풀이 주석

1. 송옥순 구송 '권은도본성주풀이' 주석

　성주굿의 핵심은 성주풀이이다. 성주풀이를 부르는 비중이 성주거리의 대부분을 차지한다. 무녀 송옥순은 두 종류의 성주풀이를 불러왔다. 처음에는 성주풀이 가사가 정리되어 책으로 출판된 '오숙자본 성주풀이'를 불렀다. 그러다가 신딸로서 계보를 제대로 이으려고 신어머니 권은도 성주풀이를 부르게 되었다. 그동안 권은도 성주풀이는 채록된 가사 자료가 없었다. 기억만으로 성주풀이를 복원하기 어려워서 권은도 성주풀이의 녹음자료를 찾기 시작했다.

　마침 성주풀이보존회 자문위원이자 언론인 출신 김성복 선생께서 이 소식을 듣고 자신이 보관하고 있던 여러 녹음테이프에서 자료를 찾기 시작했다. 김성복 선생은 언론인답게 취재할 만한 음성 자료는 현장에서 녹음을 하고 그 테이프를 보관해 왔다. 권은도 성주풀이도 진작 녹음을 해서 그 테이프를 보관했지만 워낙 자료가 많아서 쉽게 찾을 수 없었다. 여러 날에 걸쳐 녹음테이프를 다시 들어보는 가운데 용하게 권은도의 성주풀이 녹음자료를 찾아냈다. 찾아낸 녹음테이프를 무녀 송옥순이 여러 차례 다시 들어보며 가사를 직접 채록해서 권은도본 성주풀이 가사를 복원했다.

　대부분의 성주풀이 자료는 성주굿 현장과 별도로 가사만 따로 정리되어 있기 일쑤이다. 따라서 성주굿과 무관한 노래처럼 성주풀이 가사만 정리되어 있어 성주굿의 실상과 일치하지 않는다. 왜냐하면 실제 성주굿을 할 때는 성주풀이를 시작해서 처음부터 끝까지 성주풀이만 부르지 않기 때문이다. 성주풀이를 노래하면서 굿을 진행하는 사설이 중간 중간에 다양하게 끼어들어 있다. 권은도 성주풀이는 성주굿 실황을 녹음한 까닭에 성주굿의 진행상황이 성주풀이 사이사이에 잘 나타나 있다. 그러므로 성주풀이가 실제 구연되는 상황을 생생하게 포착할 수 있는 성주풀이 자료라 할 수 있다.

　따라서 성주풀이 가사도 실제 성주굿 상황에 따라 구분되어 있다. 흔히 성주풀이로 노래되는 부분은 '본풀이'로 밝혀서 채록하고, 말로 굿을 진행하는 부분은 '사설'이라 하여 구분하였다. 권은도 성주풀이가 다른 성주풀이와 크게 다른 점은 성주풀이를 부르기 전에 '신명 청배'를 하는 점이다. 신명 청배는 모든 굿의 서두로서 신을 모시는 '청신(請神)' 대목이다. 온갖 성주를 두루 열거하면서 성주신을 모시는 내용인데, 기존 성주풀이 자료에는 신명 청배 부분이 없다. 그러나 실제 성주굿에서는 신명을 청해 와야 성주굿을 진행할 수 있다. 그러므로 성주굿의 실제 상황을 이해하는데 이 부분은 상당히 중요하다.

여기서 제시하는 '권은도본 성주풀이'는 2019년 4월 6일, 3월 삼짇날 안동 제비원 범당산에서 성주맞이큰굿에서 무녀 송옥순이 부른 성주풀이를 채록하여 정리한 것이다. 굿을 진행하는 상황은 특수하기 때문에 여기서는 반영하지 않고 일반적인 상황만 서술했다. 당시에 구송된 권은도본 성주풀이 실황은 '3장. 무녀 송옥순의 제비원성주맞이 큰굿'에서 고스란히 채록해 두었다. 이때 부른 성주풀이가 완벽하지 않기 때문에, 송옥순이 권은도 녹음자료를 정리해서 수록해 둔 자료를 참조해서 보완했다.

'2019년 제10회 안동제비원성주굿 완창 공개 시연' 이후 자료집에 권은도본 성주풀이가 수록되어 있다. 여기서는 특히 가장 최근에 공개 시연한 자료집의 성주풀이를 참조해서 보완했다. '본풀이'에 해당되는 성주풀이 노래는 거의 전형적이어서 내용상 큰 차이가 없다. 그러나 굿을 진행하면서 하는 '사설'은 굿의 상황에 따라 두드러지게 달라진다. 따라서 성주풀이 가사는 채록본을 서로 대조해서 다르게 노래된 부분을 각주로 밝혔으나, '사설'의 내용은 가변성이 크기 때문에 별도로 그 차이를 밝히지 않았다. 채록본의 대조 내용과 뜻을 풀이하는 주석(註釋)은 쓴이가 여기서 처음 작성한 것이다. 지금까지 성주풀이 가사 채록본은 있어도 주석본은 없었다. 성주풀이 자료의 띄어쓰기는 어절(語節) 단위가 아니라 음보 단위로 했다.

[신명청배]

천지신명 일월성신	북두대성[1] 칠원성군[2]
일광월광 정기받고	삼태육성[3] 명기를 받아
제석당에 문을 열고	칠성당에 문을 열어
천상궁은 삼십에삼천	지하궁에는 이십에팔수

---

1 북두대성(北斗大聖). 북두칠성 신앙의 한 대상으로서 특히 북극성을 뜻한다. 흔히 '북두대성 칠원성군'을 하나의 성어처럼 함께 사용한다.
2 칠원성군(七元星君). 북두칠성을 신격화한 것으로, 무교신앙에서 인간의 생로병사를 주관하는 신령이라 믿는다.
3 삼태육성(三台六星). 칠성의 두괴 뒤쪽으로 나열된 여섯 별을 말하며, 둘씩 세 무리를 이루고 있어서 첫째 두 별을 상태, 가운데 두 별을 중태, 마지막 두 별을 하태라 했다.

사바세계[4] 문을열어	해동조선 대한민국
국태민안 안과태평	태평성대를 기원하던
나라성주 모실적에	나라없는 백성이있나
백성없는 나라가있나	검은땅에 흰백성들
내백성이 아니던가	집집마다 모시던성주
집집마다 빌던성주	성주근본을 풀어보면
일곱성주는 도령의성주	열일곱은 소년성주
스물일곱은 초년성주	서른일곱은 이년성주[5]
마흔일곱은 중년성주	쉰일곱은 대성주요
예순하나는 환갑의성주	일흔일곱은 노장성주
천년성주 만년성주	나라성주는 국사성주
일곱칠성은 칠성성주	명성주에 복성주라
와가성주는 대가성주	움막성주는 초가성주
남성주는 여성주요	꽃성주는 입성주요
허공성주는 공대성주	받들성주는 위하던성주
빌던성주는 모시던성주	나라성주 모셔나보세

[본풀이]

천계가[6] 착하니나	하느님이[7] 생하시고
기백이[8] 여측하니[9]	땅님이 생겼으니
목신씨는[10] 나무를 마련하시고	수인씨는[11] 물을 마련하시고

---

4 사바세계(娑婆世界). 불교 용어로서, 중생이 온갖 고통을 참고 견디면서 살아가는 이승의 세상.
5 '인연성주'의 오기가 아닌가 한다.
6 '천가'라고 구전되나 천기(天氣) 또는 천계(天界)의 와전이라 여겨서 최근에는 '천계'라고 부른다.
7 다른 채록본에는 '한올님'이라고 했다.
8 기백이라고 구전되나 지백(地伯)의 와전이 아닌가 한다. 지백은 지신을 높여서 일컫는 말이다.
9 여측(蠡測)은 헤아린다는 뜻이다. 여기서는 이 뜻으로 쓰였는지 알 수 없다.
10 목신씨(木神氏)가 아닌가 한다.
11 수인씨(燧人氏)는 고대 중국 전설상으로 전하는 삼황(三皇) 가운데 한 사람으로서 불씨를 발명하여 인간에

화덕씨는[12] 불을 마련하시고
성주님은 어디에 계셨는고[15]
글귀한귀 잘못지어
지하땅에 내려서니[17]
심심산중 들어가서
눈비삼년 흙비삼년
삼삼구년을 마련하시다
집짓기가 원이되어
성조근본[20] 못찾아서
낙동강을 건너서서
성주본이[23] 분명하여
솔씨서말서되를 받아다가[25]
밤이면은 이슬맞고
눈이트고 싹이나서
청솔잎이 돋아난다[26]
육판서가 물을주고

인황씨는[13] 인수인간[14] 마련할 때
천상천궁에[16] 계시다가
옥황님께 득죄하야
의지할곳 전혀없어
나무가지에 의지할 때[18]
돌비삼년 맞으면서
원이로다 원이로다
팔도명산 다댕겨도[19]
경상도 안동땅[21]
제비원을 올라가니[22]
명산대천 들어가서[24]
우편좌편 던졌더니
낮이면은 태양받아
청솔뿌리 내리더니
다박솔이 된연후에
삼정승이 매가꾸어[27]

게 화식(火食)하는 법을 가르친 황제이다. 그러나 여기서 수인씨는 물을 마련한 물의 신으로 일컬어진다.
12　화덕씨는 불을 처음 마련한 불의 신으로 일컬어진다.
13　인황씨(人皇氏)는 중국의 전설적 임금이다. 천황씨(天皇氏), 지황씨(地皇氏)와 함께 삼황(三皇)이라 한다.
14　인수인간은 천지만물이 생기고 나서 짐승들과 사람들이 생겨나는 상황을 뜻하는 것이 아닌가 한다.
15　다른 채록본에는 "어디서 행하셨노"라고 했다.
16　다른 채록본에는 "천상궁"이라 했다.
17　다른 채록본에는 "이땅위에 하강하사", 또는 "내려서니"를 "내려서서"라고 했다.
18　다른 채록본에는 "의지하여"라고 했다.
19　다른 채록본에는 "다밟아도"라고 했다.
20　앞에서는 "성주근본"이라고 했다.
21　다른 채록본에는 "경상도로 내려가서"라고 했다.
22　다른 채록본에는 "제비원을 올라서니"라고 했다.
23　다른 채록본에는 "성조본"이라고 했다.
24　다른 채록본에는 "제비원의 솔씨받아"라고 했다.
25　다른 채록본에는 "용문지평 들어가서"라고 했다.
26　다른 채록본에는 이 구절을 빠뜨렸다.

점점자란 소나무	소부동이[28] 되었네
소부동이 자라나서	대부동이[29] 되었네
대부동이 자라나서	황장목이[30] 되였구나[31]
성주목은 다자랐는데	대목없이 어찌하나

[사설]
보소 보소 성주목은 다 자랐으니 팔도목수를
모셔나 봅시다. 팔도목수를 부른다.
집을 지어야 성주님을 모시지
집이 없는 성주가 있나.

[본풀이]

수풀임자 임대목아	쇠금자에 김대목아
권세권자 권대목아	오얏이자 이대목아
나라정자 정대목아	둥글박자 박대목아
버들유자 유대목아	편안안자 안대목아
대목은 다되었는데	연장없이 어찌하나
전라남도 적도쇠에[32]	좌랑쇠를[33] 구해다가
큰끌에다 작은끌에	큰대패에 작은대패
금도꾸며 은도꾸에[34]	큰철괴[35] 작은철괴

---

27   삼정승이 김을 매고 가꾸어.
28   소부등(小不等)의 와전이다. 소나무가 서까래감 정도로 자란 크기를 일컫는다.
29   대부등(大不等)의 와전이다. 소부등이 자라서 대부등이 되는데, 대부등은 소나무가 큰 기둥감 정도로 자란 크기를 일컫는다.
30   다른 채록본에는 "황제목"이라고 했다. 황장목은 소나무가 오래 자라서 목질이 아주 좋은 소나무를 일컫는다.
31   다른 채록본에는 이어서 "무정세월 여류하여/ 연리지목이 되었구나라고 했는데." 여기서는 이 대목이 생략되었다.
32   쇠붙이의 일종을 일컫는 말인데, 정확하게 어떤 쇠를 '적도쇠'라 하는지 알지 못한다.
33   전라도의 명품 쇠를 '좌랑쇠'라 일컫는다. 불매노래에 "쇠는 어디메 쇤고/ 전라도 자랑쇠"라는 대목이 있다.

연장은 다됐으나 　　　　　망태없이 어찌하나
뒷동산에 치치달려[36] 　　　동쪽으로 뻗은칡을
고이고이 꺾어다가 　　　　조랑망태[37] 만들어서
다된연장[38] 망태넣고 　　　고개넘어 배한척을
낙동강에 띄워놓고 　　　　갖은목수 한배에싣고[39]
갖은연장 한배실어 　　　　술렁술렁 건너가서
제비원을 올라가니 　　　　성주목이 한구섰네
성주목을 골릴적에 　　　　성주목을 쳐다보니
까막까치 집을지어 　　　　이성주목은 못쓸레라
또한고개 올라가서 　　　　성주목을 골릴적에
성주목을[40] 쳐다보니 　　　황새덕새 똥을싸서[41]
이성주목도 못쓸레라 　　　또한고개 올라가서[42]
성주목을 골릴적에 　　　　성주목을 쳐다보니
구렁이가 따배틀어[43] 　　 이성주목도 못쓸레라
한고개 올라서서 　　　　　상봉에 올라가니
아~ 따! 　　　　　　　　　이성주목은 쓸만하다
동쪽으로 뻗은가지는 　　　일광월광 서기주고
남쪽으로 뻗은가지는 　　　친손외손[44] 뚜렷하고

34 　금도끼며 은도끼에
35 　큰 철괴에서 철괴는 가공하지 않은 쇠붙이 덩어리이다. 철괴는 가공하지 않은 금덩이를 금괴라고 하는 것과 같은 말이다.
36 　치달아.
37 　조랑망태는 작은 망태기를 일컫는다.
38 　종류별로 갖추어 준비한 연장.
39 　다른 채록본에는 "한배실고"라 했다.
40 　다른 채록본에는 "또한나무"라고 했다.
41 　다른 채록본에는 "알을품고"라고 했다.
42 　다른 채록본에는 "또한나무 쳐다보니"라고 했다.
43 　구렁이가 똬리를 틀어.
44 　다른 채록본에는 "정손외손"이라고 했다.

서쪽으로 뻗은 가지는	거부장자 날가지요
북쪽으로 뻗은가지는	청룡황룡이 굽이치고[45]
성주목은 다됐는데	성질급한 도대목이[46]
쪼막도꾸[47] 거머쥐고	한번찍고 두번찍고
삼세번을 찍고나니	도끼는 낭게붙고[48]
도끼자루만 손에들고[49]	이상하다 야릇하다
도목수가 하는말이	태양받고 이슬받고[50]
이산천의 산신님이	고이고이 키운나무[51]
산신제는[52] 안드리고	성주목을 벨라하니
산신님이 노하신다	산신제를 지내야지

[사설]

팔도 목수가 모여서 산신제를 지낼라면 제물을 사야지. (장보러 가는 도중에 덕담을 하고 장터에 가서 장보는 과정을 구성지게 이야기한다.)

[본풀이]

산신제를 지내야지	신농씨가[53] 지은곡식
논으로는 상생미요	밭으로는 중생미라
강태공의[54] 조작방아[55]	한번씻어[56] 하생미요[57]

---

45 다른 채록본에는 "만수무강 할가지라"고 하고, 다음 행에 "상순을 쳐다보니 청룡황룡 굽이치고"라고 하는 부분이 더 있다. 여기서는 한 행이 빠졌다.
46 다른 채록본에는 "도목수가"라고 했다.
47 쪼막도끼. 까뀌의 방언인데, 여기서는 아주 작은 손도끼를 일컫는 말이다.
48 나무에 붙고.
49 다른 채록본에는 "빠졌구나"라고 했다.
50 다른 채록본에는 "이슬맞고"라고 했다.
51 다른 채록본에는 "키운낭글"이라고 했다.
52 다른 채록본에는 "산신제도"라고 했다.
53 신농씨(神農氏)는 한족에게 농사짓는 법을 처음 가르쳐주었고 한의학의 창시자로 알려진 중국 고대의 전설적 인물이다.

두번씻어 중생미라　　　　세번씻어 상생미요[58]
상생미를 골라내어[59]　　　돌아가는 감천수를
겉에겉물 제쳐놓고　　　　속에속물 길어다가
스물한번을 씻어내고　　　산신님에 나무빌어
용왕님전 물을빌어　　　　화독전에[60] 불을빌어
일곱구무 소시루에[61]　　　무지개로[62] 번을발라[63]
신낭게로[64] 번을올려　　　온시루에 공양바쳐
올고사리 도래나물[65]　　　은실청실 무채소요
가지비단[66] 가지나물　　　갖인채소[67] 마련하고
아가리넓다 대구괴기　　　대명태며 놀래괴기[68]
갖인제물 마련하고　　　　높이열어 삼실과요
낮이열어 청과일세　　　　진주칠밤[69] 곶감대추

54　주(周)나라 초기의 정치가이자 공신으로서 본명은 강상(姜尙)이다. 무왕을 도와 은나라를 멸망시켜 천하를 평정하였으며 제(齊)나라 시조가 되었다. 한가롭게 낚시를 하다가 주나라 재상으로 등용되었는데, 이러한 고사를 근거로 한가하게 낚시를 즐기는 사람을 일러 흔히 강태공이라고 한다.
55　디딜방아 가운데 외다리방아를 조작방아라고 한다.
56　다른 채록본에는 "한 번 씰어"라고 했다. "씰어"는 '쓿다'에서 비롯된 '쓿어'의 'ㅣ'모음화 현상이다. 쓿다는 곡식을 방아로 거듭 찧어 속꺼풀을 벗겨서 알곡이 더 드러나도록 하는 것이다.
57　쌀을 방아에 찧을 때 한 번 쓿었으므로 현미에 가까운 낮은 등급의 쌀이라는 뜻이다. 거듭 쓿을수록 중생미, 상생미로 높은 등급의 쌀이 된다.
58　상생미는 가장 높은 등급의 쌀로서 백미에 해당된다.
59　다른 채록본에는 "상생미를 뽑아내어"라고 했다.
60　다른 채록본에는 "화독님전에"라고 했다. 화독은 화덕의 와전이 아닌가 한다. 불의 신을 뜻한다.
61　시루 바닥에 일곱 구멍이 나 있는 작은 시루. 작은 시루에 떡을 찌는 이유는 시루채 제물로 차리기 위해서다.
62　시루번을 바를 때 쓰는 쌀가루 반죽을 '무지개'로 은유한 것 같다.
63　시루에 번을 발라. '번'은 시루떡을 찔 때 김이 새지 않도록 시루와 솥 사이의 틈에 붙였던 쌀가루 반죽을 말한다.
64　신나무에. 신나무는 베틀신대를 말한다. 베틀의 용두머리 중간에 낚싯대처럼 굽은 막대를 박아서 그 끝에 베틀 신끈을 달아 오른 발에 신고 당겼다 늦추었다 하여 베틀을 작동한다.
65　도라지나물.
66　가지처럼 반들반들 윤기가 나는 비단을 일컫는다.
67　갖은 채소.
68　놀래기 고기.
69　'진주처럼 윤기가 나는 밤'이라고 한다.

당일빚어 단감주요　　　　사흘나흘 쓴감주요[70]
석달열흘 백일주라　　　　구월에빚은 국화주요
맛이좋다 이화주요　　　　호박잔대[71] 유기잔에[72]
천문에[73] 건기하고[74]　　　마당전에 황토재계[75]
흉한중생 들올세라　　　　정한중생 나갈세라
동방에 청계수요　　　　　남방에 적계수라
서방에 백계수요　　　　　북방에 흑계수라[76]
상탕에 마련하고　　　　　상탕에다 관세하고[77]
중탕에 목욕하고　　　　　하탕에 수족씻고
입에다가 합을물고[78]　　　산신님께 비옵나니
산신제를 지냈으니

[사설]
나무를 비어다가 집터에 갖다 놓을라니 구루마 달구지 수레 리야카 말구루마 소구루마 실어다가 집터에 갖다 놓고, ○○씨 대주 집을 지면(지으면) 지신을 잘 밟아야 한다. 제일 명당 향교 짓고, 제2 명당 관사 짓고, 제3 명당 이 집터라. 덜구질 하세!

70　'쓴 감주'는 단 감주와 상대적으로 맛이 쓴 감주를 나타낸 것 같다. 문제는 사흘나흘이다. 사흘나흘 발효가 되어야 제 맛이 나는 감주는 식혜이다. 따라서 '사흘나흘 쓴 감주'가 아니라. '사흘나흘 쑨 감주'라 해야 제격이다. 왜냐하면 앞대목이 '당일 빚은'이고 다음 대목이 '석달 열흘'의 기간을 나타내므로 '사흘나흘 빚은 감주'라 해야 앞뒤가 맞아떨어진다. 감주 빚는 것을 '쑤다'라고도 하는데, '쑨'은 '쑤다'에서 비롯된 것이다. 안동식혜는 고두밥과 엿기름, 무, 고춧가루 우린 물을 버무려서 사흘나흘 삭혀 만드는 발효 감주이다.
71　호박(琥珀)으로 만든 잔대. 다른 채록본에는 '호박잔에'라고 했다.
72　다른 채록본에는 이 구절 다음에 "다갖추어 차려놓고/ 마련하고"가 이어져 있는데, 여기서는 이 행이 빠져 있다.
73　천문(天門)은 하늘이나 대궐로 들어 가는 문을 뜻한다. 여기서는 집안으로 들어가는 첫문 곧 대문을 천문이라고 한다. 대문이 있으면 대문에 금줄을 치지만, 대문이 없으면 방의 출입문에 금줄을 친다.
74　'건기'는 '건구'의 다른 말이다. 안동지역에서는 금줄을 건구라고 했다. 건기하고는 건구하고, 곧 '금줄을 치고'라는 말이다.
75　마당 둘레, 마당 가장자리에 황토를 뿌려서 재계(齋戒)하는 일.
76　다른 채록본에는 이 행 다음에 "중앙에 황계수요/오방수 물에다가"라는 행이 있는데, 여기서는 빠졌다.
77　'관세(盥洗)하고'. 여기서는 상탕에서 얼굴을 씻는다는 뜻이다.
78　말을 하지 않도록 입에 한지 조각을 무는 것을 "입에다가 합을 물고"라고 했다.

(땅을 다질 때는 안동의 지신 밟는 소리를 한다.)

○씨대주 집을지면	얼얼얼 상사디야[79]
동방청제 지신이야	수월동동 상사로구나
서방백제 지신이야	얼얼얼 상사디야
남방적제 지신이야	수월동동 상사로구나
북방흑제 지신이야	얼얼얼 상사디야
중앙황제 지신이야	수월동동 상사로구나

[사설][80]

지신을 다 밟았으니, 낭게다가[81] 큰 낭게는 큰톱 걸고
작은 낭게는 작은 톱 걸고 낭구마다[82] 톱을 걸고
검은 먹줄도 튕겨놓고 낭구마다 연장질에
한 낭게다가 톱 걸어놓고 낭구마다 짜귀질에
대패질에 도꾸질을 하는데
저 대목 톱질하는 거동 보소.

[창]

톱질이야	톱질이야
실거덩 실거덩	톱질이야
실거덩 실거덩	실거덩 실거덩
톱질이야	톱질이야
실거덩 실거덩	톱질이야
실거덩 실거덩	실거덩 실거덩

---

79 여기서부터 지신밟기 소리인데 다른 채록본에는 없다.
80 다른 채록본에는 이 '사설'과 아래 '창'도 빠져 있다.
81 나무에다가.
82 나무마다.

톱질이야　　　　　　　톱질이야

[본풀이]

굽은나무 굽다듬고　　　　잦은나무 잦다듬고
대부동 소부동으로　　　　집을잘 지었으니[83]
동쪽에는 동문내고　　　　서쪽에는 서문내고
남쪽에는 남문내고　　　　북쪽에는 북문내고
이댁대주 집지을때　　　　응천상지 삼광이요[84]
인의예지 기둥받쳐[85]　　　팔조목에[86] 도리얹고
양토초벽[87] 맞붙이고　　　고운재벽[88] 바른후에[89]
보기좋게 지어놓고　　　　네귀에다가 풍경달고
산미[90]사창[91] 가루닫이[92]　 화살난간 툇마루
층층대 뉘마루[93]　　　　　쓸모있게 지어놓고
연자추녀[94] 굴뚝내고　　　복덕방에 광을짓고
천덕방에[95] 방애놓고[96]　　식신방에[97] 우물파고

83　다른 채록본에는 "○씨 대주 집을 잘 지어서"라고 했다.
84　응천상지삼광(應天上之三光). 대들보 밑면에 쓰는 글귀의 일부이다. 이 글귀에 이어서 "備人間之五福"을 쓰는데, '하늘의 해달별님은 감응하시어 인간세계에 오복을 갖추게 하소서'라는 뜻이다.
85　다른 채록본에는 이 구절 다음에 "보짱없고 마루깔아"가 더 있는데, 여기서는 없다.
86　팔조목은 『대학(大學)』에, 수기치인(修己治人) 하는 여덟 가지 조목으로서, 격물(格物). 치지(致知). 성의(誠意), 정심(正心), 수신(修身), 제가(齊家), 치국(治國) 평천하(平天下)를 말한다.
87　기둥 사이의 벽면에 산자를 얽어 골조로 세우고, 짚을 섞은 거친 흙을 양쪽 애벌로 발라 벽을 만든 것이 초벽(初壁)이다.
88　초벽(初壁)을 만든 위에, 아주 보드라운 모래흙으로 거듭 발라 만든 벽을 재벽(再壁)이라 한다.
89　다른 채록본에는 이 행 전체가 빠져 있다.
90　산미(山彌)는 건축의 장식용 부재 가운데 하나이다. 공포(栱包)에서 기둥 위의 도리 사이를 소의 혀 모양으로 꾸민 부재의 짜임새를 통틀어 '산미'라 한다.
91　사창(紗窓). 창호지 대신 엷은 비단으로 바른 창.
92　가로닫이. 가로로 여닫게 만든 미닫이 창이나 문.
93　계단을 올라가야 하는 2층의 누마루.
94　연자(燕子) 추녀는 제비가 날아오르는 것처럼 지붕의 추녀 끝부분이 곡선으로 들려 있는 모습을 뜻한다.
95　천덕방(天德方). 집의 길한 방위 가운데 하나로 하늘에서 복이 내리는 귀한 방위를 뜻한다.

백능화로[98] 도배하고
죽장병풍 펼쳐놓고[100]
자개장농도 갖춰놓고
마당앞에 연못파고

청능화로[99] 띠를 띠고
화초장 꽃초장 연초장
모란화초 화문석에[101]
난봉공작이[102] 왕래를하고

[사설]
여보시오. 집을 다 지었으면, 성주를 모셔야지
성주 없는 집이 어디 있나.
성주는 대주를 믿고 대주는 성주를 믿고
성주님을 모실려면 성주 제물을 사야제.
(성주상을 차리기 위해 장보러 가는 사설을 즉흥적으로 한다.)
○씨 대주 집을 잘 지어서 ○씨 대주 ○씨 기주 자손들
잘 되게 해달라고 성주굿이나 잘 해봅시다.

여보시오 벗님네요[103]
○씨대주 성주로다
성주근본이 어디멘고[105]
제비원이 본일레라

이성주가 뉘성주요[104]
○씨대주 모시는성주
경상도 안동땅
오늘같이 좋은날에[106]

---

96 디딜방아를 설치하고.
97 식신방(食神方)은 이사할 때 사람의 사주를 풀어서 정하는 길한 방위 가운데 하나로서 식복과 재복이 따르는 방위를 일컫는다.
98 백능화(白菱花). 흰색 능화지(菱花紙). 능화지는 마름꽃 무늬가 있는 종이로서 고급 벽지를 일컫는다.
99 청능화(靑菱花). 청색 능화지.
100 다른 채록본에는 "걸어놓고"라고 했다.
101 화문석(花紋席). 꽃무늬를 넣어 짠 돗자리.
102 난봉공작(鸞鳳孔雀)은 난새와 봉황, 공작새를 함께 일컫는 한자성어이다.
103 다른 채록본에는 "손님네들"이라고 했다.
104 다른 채록본에는 "뉘성준고"라고 했다. 이 성주가 누구네 성주인고.
105 다른 채록본에는 "성주야근본이 어드멘고"라고 했다.
106 다른 채록본에는 "이러한 좋은집에"라고 했다.

성주님을 뫼셔놓고[107]　　　천복만복을 내리시고[108]
아들낳으면 효자낳고　　　딸을낳으면 효녀놓고
구름복은[109] 흘러들고　　　사람복은 걸어들고
황쇠복은 지고들고[110]　　　물복은 숨어들고[111]
생쥐복은 물어들고　　　검은밤에 횃불같이
검은밤에 달빛같이　　　동지섣달 꽃이피듯[112]
동지섣달 잎이피듯[113]　　　높은산에 눈날리듯[114]
얕은산에 재날리듯[115]　　　억수장마 비퍼붓듯
대천바다에 물밀듯이　　　좁은골에 번개치듯
부자되게 도와달라[116]　　　장자되게 도와달라[117]
수명장수 이어달라　　　성주님전에 빌고비나이다[118]

[사설]

(○○도 ○○시 ○○동 ○○번지 ○○○씨 대주, ○○○씨 기주, 자손들 축원덕담을 하고 공수를 내린다.)

107　다른 채록본에는 "모셨더니"라고 했다.
108　다른 채록본에는 "나리소서"라고 했다.
109　다른 채록본에는 "거랑복'"이라고 했다.
110　황소복은 지게에 지고 들어오고.
111　"스며들고"의 와전 또는 오기로 보인다. 물이 스며드는 것처럼 물복도 스며든다는 말이다.
112　다른 채록본에는 "꽃이핀듯"이라고 했다.
113　다른 채록본에는 "잎이핀듯"이라고 했다.
114　다른 채록본에는 "눈날리고"라 했다.
115　다른 채록본에는 "재날리고"라 했다.
116　다른 채록본에는 "도와주고"라 했다.
117　다른 채록본에는 "도와주고"라 했다.
118　다른 채록본에는 "비나이다"라고 했다.

2. 송옥순 구송 '오숙자본성주풀이' 주석

무녀 송옥순은 신어머니 권은도로부터 성주풀이를 익혔다. 성주풀이 가락은 충분히 익혔으나 구전되는 긴 사설을 정확하게 따라 익히기 어려웠다. 따라서 성주풀이 사설은 오숙자의 '문서'를 통해 배웠다. 송옥순은 무녀로 활동하기 전에 '오숙자고전무용학원'에 다니면서 춤과 풍물가락을 익혔다. 무용가 오숙자는 고전무용 못지않게 성주굿과 성주풀이에 열정을 쏟았다. 스스로 제비원 성주굿 전승자로 자처하면서 무용학원 제자들에게 성주굿을 가르치기도 하며, 성주굿 기능보유자가 되려고 무척 노력했다. 그러한 과정에 성주굿을 연구하고 자료를 모아서 단행본 『제비원 성주풀이』[119]를 간행했다.

송옥순은 무용학원에 다닌 인연으로 이 책을 구해볼 수 있었다. 그동안 성주풀이를 굿판에서 줄곧 들어오긴 했지만 문서로 기록된 자료는 이것이 처음이었다. 성주풀이를 보니 신어머니 권은도가 부르던 성주풀이와 흡사했다. 성주풀이 가사는 워낙 길어서 굿판에 듣는 것만으로는 따라 부르기 힘들었다. 따라서 이 책에 성주풀이 가사가 수록되어 있는 것을 보니 매우 반가웠다. 그러므로 독립적으로 성주굿을 하며 성주풀이를 할 때는 이 책의 사설을 익혀서 불렀다. 성주풀이 공개 발표를 할 때도 이 책에 수록된 성주풀이가 대본이 되었다.

뒤에 신어머니 권은도의 성주풀이를 불러야 신딸로서 무계의 정체성을 지닌다고 하자, 백방으로 권은도 성주풀이 녹음자료를 찾아서 2019년부터는 권은도본 성주풀이를 불렀다. 그 이전까지는 오숙자본 성주풀이를 줄곧 불러왔다. 아래 자료는 『제비원 성주풀이』에 수록된 것으로서[120] 잘못 알아듣고 기록한 오자를 쓴이가 바로 잡고 뜻풀이의 주석(註釋)을 새로 덧붙였다. 어절(語節)에 따른 띄어쓰기를 음보 단위로 바꾸어 띄어쓰기를 했다.

---

119 오숙자, 『제비원 성주풀이』, 전원문화사, 1995.
120 오숙자, 위의 책, 144~151쪽.

천가가[121] 착하니나	하나님이[122] 생하시고
기백이[123] 여측하니[124]	땅님이 생하시고
목신씨는[125] 나무를매란하고	수인씨는[126] 물을매란하고
화덕씨는[127] 불을매란하고	인황씨는[128] 인수인간[129]매란할때
성주님은 어디서 행하셨노	천상극에[130] 계시다가
글귀한귀 잘못지어	옥황님께 득죄하야
이땅위에 하강하사	의지할곳 전혀없어
심심산중 들어가서	나무끝에 의지할때
눈비삼년 흙비삼년	돌비삼년 맞으면서
원이로다 원이로다	집짓기가 원이되어
팔도명산 다밟아도	동쪽으로 쫓아가서[131]
경상도를 내려가서	낙동강을 건너서서
제비원을 올라가니	성조본이 분명하야[132]
제비원에 솔씨받아	용문지평[133] 들어가서
우편좌편 던졌더니	밤이면은 이슬맞고
낮이면은 태양받아	움이트고[134] 싹이난다

---

121 오숙자본에는 '천가'라고 하나, 天氣 또는 天界의 와전이 아닌가 한다.
122 다른 채록본에는 "한울님"이라고 했다.
123 오숙자본에는 '기백'이라고 하나 地伯의 와전이 아닌가 한다. 지백은 지신을 높여서 일컫는 말이다.
124 여측(蠡測)은 헤아린다는 뜻이다.
125 나무의 신을 뜻하는 목신씨(木神氏)가 아닌가 한다. 목신씨는 나무를 처음 마련한 신이다.
126 수인씨(燧人氏)는 고대 중국 전설상으로 전하는 삼황(三皇) 가운데 한 사람으로서 불씨를 발명하여 인간에게 화식(火食)하는 법을 가르친 황제이다. 그러나 여기서는 수인씨는 물을 마련한 물의 신으로 일컬어진다.
127 화덕씨는 불을 처음 마련한 불의 신으로 일컬어진다.
128 인황씨(人皇氏)는 중국 신화에 등장하는 전설상의 황제이다. 여기서는 사람과 짐승을 창조한 생명의 신을 뜻한다.
129 천지가 개벽하고 산천초목이 생기면서 짐승들과 사람들이 생겨나는 상황을 뜻한다.
130 다른 채록본에는 "천산궁에"라고 했다.
131 다른 채록본에는 "성주근본 못찾아서"라고 했다.
132 다른 채록본에는 "성주본이 분명하여"라고 했다.
133 정확하게 무슨 뜻인지 알지 못한다. 솔씨를 뿌리려고 깊은 산속으로 들어갔다는 뜻으로 추론된다.
134 다른 채록본에는 "눈이트고"라 했다.

청솔뿌리 내리더니	청솔잎이 돋아난다
타박솔이 된연후에	육판서가 물을주고
삼정승이 매가꾸어[135]	점점자란 (소)나무
소부동이[136] 되었네	소부동이 자라나서
대부동이[137] 되었네	대부동이 자라나서
황제목이[138] 되었더니	무정세월 여류하여
연로지목이[139] 되었구나	팔도목수 다모여서
성주목을 골릴적에	한나무를 쳐다보니
까막까치 집이있고[140]	또한나무 쳐다보니
황새덕새 짝을짓고[141]	또한나무 쳐다보니
구렁이가 똬리틀고	한고개 올라서니
사명당에[142] 섰는나무	고이고이 자란나무
허리굵은 푸른청송	자세하게 살펴보니[143]
대방가에[144] 재목일세	동쪽으로 뻗은가지
일광이 서기를주고	남쪽으로 뻗은가지
정손외손이[145] 뚜렷하고	서쪽으로 뻗은나무[146]
거부장자 날가지요	북쪽으로 뻗은가지
만수무강 할가지라	상순을 쳐다보니

---

135 김을 매고 가꾸어.
136 소부등(小不等)의 와전이다. 소나무가 서까래감 정도로 자란 작은 크기의 나무를 뜻한다.
137 대부등(大不等)의 와전이다. 소나무가 큰 기둥감 정도로 자란 굵은 크기의 나무를 뜻한다.
138 황제목은 "황장목"의 와전인 것 같다. 황장목은 집 재목감으로 품질이 아주 좋은 소나무를 뜻한다.
139 연로지목은 연리지목(連理枝木)의 와전이다. 연리지목은 두 나무줄기가 서로 붙어서 마치 한 나무의 가지처럼 자라는 나무를 일컫는다.
140 다른 채록본에는 "집을 짓고"라고 했다.
141 다른 채록본에는 "알을 품고"라고 했다.
142 사명당(四溟堂)은 승려 유정의 호이나, 여기서는 四明堂으로 쓰인 것 같다. 네 명당이라는 말이다.
143 다른 채록본에는 "쳐다보니"라고 했다.
144 大方家는 문장이나 학식이 뛰어난 사람의 집을 일컫는다.
145 친손주와 외손주.
146 다른 채록본에는 "뻗은 가지"라고 했다.

청룡황룡이 분명하다
저대목 거동보소
쪼막도끼 거머쥐고
삼세번을 찍고나니
도끼자루만 빠졌구나
도목수가 하는말이
이산천의 산신님이
(자세하게 살펴보니
산신제만 안드리고
산신님이 노하셨네
신농씨가 지은곡식
밭으로는 중생미라
한번씰어[150] 하생미요
세번씰어 상생미요
돌아가는 감천수를
속에속물 길어다가
산신님에 나무빌어
화독님전에 (불을빌어)[152]
무지래로[154] 번을발라[155]

성주목을 골릴적에[147]
성질급한 저대목이
한번찍고 두번찍고
도끼는 나무에붙고
이상하다 야릇하다
태양받고 이슬받고
고이고이 키운나무[148]
대방가에 재목일세)[149]
성주목을 베라하니
산신제만 지내란다.
논으로는 상생미요
강태공의 조작방아
두번씰어[151] 중생미요
상생미를 뽑아내어
겉에겉물 제쳐놓고
스물한번 씻어내고
용왕님전 물을빌어
일곱구무 소시루에[153]
신낭게로[156] 번을올려

---

147 다른 채록본에는 "마를 적에"라고 했다.
148 다른 채록본에는 "자란나무"라고 했다.
149 다른 채록본에는 이 행이 있는데, 오숙자본에는 없다. 따라서 ( )안에 넣어두었다.
150 씰어는 '쓿다'에서 비롯된 '쓿어'의 'ㅣ' 모음화 현상이다. 쓿다는 곡식을 디딜방아에 찧어 속꺼풀을 벗기는 과정이다. 여기서는 방아를 찧어서 벼의 겉껍질을 벗긴 현미를 백미가 되도록 거듭 속꺼풀을 벗기는 과정을 단계에 따라 한 번 씰어, 두 번 씰어, 세 번 씰어라고 했다. 여러 번 쓿을수록 백미가 된다.
151 다른 채록본에는 "한번씻어", "두번씻어"라고 했다.
152 오숙자본에 "불을 빌어"를 빠뜨렸다. 다른 채록본에도 마찬가지였다.
153 밑바닥에 7구멍이 나 있는 작은 시루.
154 다른 채록본에는 "무지개로"라고 하였다.
155 시루에 번을 발라. '번'은 시루떡을 찔 때 김이 새지 않도록 시루와 솥 사이의 틈에 바르던 쌀가루 반죽.

온시루에 공양바쳐
은실청실[158] 무채소요
갖인채소[160] 마련하고
대명태며 놀래괴기[161]
높이열어 삼실과요
진주칠밤 곶감대추
사흘나흘 쓴감주요
구월에빚은 국화주요
호박잔에 유기잔에
만수성찬 마련하고
마당전에 황토재계
정한중생 나갈세라
남방에 적계수라
북방에 흑계수라
오방수 물에다가
상탕에다 관세하고[163]
하탕에 수족씻고
산신님께 비옵나니

올고사리 도래나물[157]
가지비단[159] 가지나물
아가리넓다 대구괴기
갖은제물 마련하고
낮이열어 청과일세
당일빚어 단감주요
석달열흘 백일주라
맛이좋다 이화주요
가득히 부어놓고
천문에다 건구하고[162]
흉한중생 들어올세라
동방에 청계수요
서방에 백계수요
중앙에 황계수요
상탕에 마련하고
중탕에 목욕하고
입에다가 합을물고[164]
모월모시 모씨대주

---

156 오숙자본에는 '신앙개'라 하였는데, '신낭게' 곧 '신나무에'의 고어이다. 베틀의 부분품으로 베틀신대를 말한다. 베틀의 용두머리 중간에 낚싯대처럼 굽은 막대를 박아서 그 끝에 신을 매달아, 베짜는 사람이 그 신을 신고 당겼다 밀었다 하면서 베를 짠다.
157 도라지나물. 안동에서는 '돌개나물' 또는 '도래나물'이라 한다.
158 오숙자본에는 '을실성실'이라 하고 다른 채록본에는 '을실청실'이라 했다. 여기서 '은실청실'로 바로잡았다. 무를 채 썰면, 속살의 흰색과 겉면의 푸른색이 어우러지게 되는데, 이 모습이 은실청실로 은유되었다.
159 가지비단은 가지처럼 표면이 반들반들하게 윤기가 나고 촉감이 매끄러운 비단을 은유하는 말이다.
160 갖은 채소.
161 놀래기 고기.
162 금줄을 치고. 안동에서는 금줄을 '건구'라고 한다.
163 盥洗하고. 얼굴을 씻고.
164 말을 삼가도록 입에 한지를 물고.

성주목을 베려하니	성주목을 점재하고[165]
동방남박 서방북방	모악산왕[166] 산신령님
차산후에 부인임이[167]	금일날로 응하시고
이산벌목 할지라도	뉘도[168]탈도 없으시길
소지삼장 마친후에	서른두명 역군들께
하나하나 소임주네[169]	
천금도치 갈아메고[170]	성주목 동자주와[171]
여외목[172] 대성목을	차례차례 베어다가
은도꾸로 깎아내고	금도꾸로 다듬어서
와가백칸 집을짓세	이댁터전 마련할 때
어떤명당 골랐던고	고이공지[173] 명당터안에
도리명당에[174] 나리터전	나리명당에[175] 도리터전
차하지관 모셔다가	윤도패철[176] 자오철을[177]
상상봉에 정침하고[178]	지관손님 하는말이

---

165 점지하고.
166 모악산왕은 오악산왕(五岳山王)의 와전이다.
167 무슨 말인지 확실하지 않다. 차산 후에는 치산(治山) 후에가 아닌가 한다.
168 방아를 찧은 쌀 가운데 등겨가 제대로 벗겨지지 않은 채 섞여 있는 벼 낱알을 '뉘'라고 한다. 밥 짓기 전에 쌀에 뉘가 섞여 있으면 가려낸다.
169 역군들마다 제각기 맡아서 할 일을 알려주네.
170 천금도끼 갈아메고. 천금은 천근일 수도 있다. 천근도끼를 숫돌에 갈아서 날을 세운 뒤에 어깨에 메고.
171 동자주(童子柱)는 동자기둥을 뜻한다. 들보 위에 세워서 상부의 보를 받치는 짧은 기둥이다.
172 무슨 말인지 알지 못한다. 여의목(如意木)의 와전이라면, 여의목은 도사(道士)가 가려운 데를 긁는 도구로 옥과 쇠붙이로 만든다.
173 다른 채록본에는 "고이고이"라고 했다.
174 도리명당 또는 돌이명당은 어떤 명당인지 알지 못한다. 말뜻으로 보아서 물이 돌아 흐르는 명당일 수 있다. 이와 흡사한 명당으로 '벌이명당'이 있는데, 세간에서 벌이명당은 벌이 꿀을 물어오는 것처럼 살림이 사방에서 들어오는 명당이라고 한다.
175 명당의 하나인데, 자세한 뜻은 알지 못한다.
176 윤도(輪圖) 패철은 풍수 전문가가 쓰는 24방위에다 오행과 팔괘, 십간(十干), 십이지(十二支)가 모두 들어 있는 나침판을 일컫는다.
177 자오선(子午線)이 분명하게 표시되어 있는 패철, 곧 나침판.
178 풍수용 패철 곧 나침판의 바늘을 북쪽에 정확하게 맞추어 놓고.

이산천에 나진맥이[179]   제일명당 행교되고[180]

제이명당 관사되고   제삼명당 이집터라

동산이 주산이요   문수가[181] 횡재수라

용산이 대백호되고   산수가 청룡되어

운행하는 산수간에   소행에[182] 만세지라

전택을[183] 복토하고[184]   오방지점 다질적에

동편지점 다랴하니[185]   청학백학 날아든다

남편지점 다랴하니   봉이한쌍 날아들고

서편지점 다랴하니   그렁복이[186] 흘러들고

북편지점 다랴하니   황소복이 지고든다[187]

중앙지점 다랴하니   싱금오복[188] 솟아난다

지점닫기[189] 마친후에   모든역군 물러가고

석수장색[190] 들어와서   석산에다 돌을깨어

둥근주추 호박주추   사모육모 팔모주추

거북주추 박아놓고   석수장색 물러가고

대정장색[191] 들어와서   팔도명철[192] 구할적에

---

179 나린 맥이, 내린 맥이. 또는 '낮은 맥이'일 수 있다.
180 향교되고.
181 '문수가'는 무슨 말인지 알지 못한다. '운수(運數)'가 와전된 것은 아닐까 한다.
182 '오행(五行)'의 와전이 아닌가 한다.
183 전택(田宅)을.
184 집터로 잡은 땅에 흙을 넣어 북돋우고. 다른 채록본에는 "분토하고"라 했다.
185 다지려 하니.
186 '거랑복'이 와전된 것으로 보인다. 거랑복은 거랑 물이 흘러들어오면서 따라 들어오는 복. 다른 채록본에는 '구름복'이라고 했다.
187 황소가 짐을 지고 들어오듯이 복도 그렇게 한 짐씩 지고 들어온다.
188 생금오복(生金五福)의 와전이다.
189 지점 다지기. 지경 다지기.
190 石手匠色. 석수장이. 匠色은 손으로 물건을 전문적으로 만드는 꾼을 일컫는다.
191 대장장색. 대장장이.
192 전국 팔도에 이름난 좋은 쇠붙이.

산수갑산[193] 구리동쇠 회천개천[194] 구한후에
대정장색 하는법이 모루숫돌[195] 풀무걸고[196]
백탄숯불 피워놓고 있는행장[197] 갈아가며
없는행장 베러갈제[198] 독귀각귀[199] 자귀치고[200]
대패변탕[201] 골머리며[202] 대톱중톱 소톱치고
암쇠돌적[203] 다친후에[204] 대정장색 물러가고
목수장색[205] 들어와서 갖인행장[206] 걸어놓고
굽은나무 굽다듬고 잦은나무[207] 잦다듬고[208]
대부동은 네모치고[209] 소부동은 머리딸제[210]
선생목수 자리잡고 제자목수 멀고쓰고[211]
사개화통[212] 작문하야[213] 갈지자로 새긴땅에

193 다른 채록본에는 "삼수갑산"이라 했다.
194 회철괴철(灰鐵塊鐵)의 와전이다. 회철을 철광석의 일종이다. 괴철은 철광석을 녹여서 얻은 쇠를 응결하여 만든 쇠붙이 덩어리. 철괴라고도 한다.
195 대장간에서 쓰는 '모루'와 '숫돌'인데, 오숙자본에는 "모루수돌'이라 했는데 오자이다.
196 대장간에 풀무를 설치하여 걸고.
197 있는 행장은 전후 내용으로 봐서 "있는 연장"의 와전인 것 같다. 다음에 나오는 행장도 연장으로 봐야 할 것이다.
198 벼려서 갈 때. 있는 연장은 갈아서 날카롭게 하고, 없는 연장을 쇠를 벼리고 갈아서 만든다는 말이다.
199 도끼와 까뀌. 독귀는 다음의 각귀와 자귀와 운을 맞추기 위해 표기한 것이다.
200 대장간에서 자귀를 벼르고.
201 대패와 변탕(邊鐋). 변탕은 대패의 일종으로 목재의 모서리를 턱지게 깎아내는 기능을 지닌 대패.
202 '갈무리며'의 와전인 것 같다.
203 암수 돌쩌귀를 암쇠 돌적이라 했다. 암돌쩌귀는 문설주에, 수돌쩌귀는 문짝에 박아서 사용한다.
204 다 친 후에. 모두 버려서 만든 뒤에.
205 목수장이. 대목.
206 갖은 연장. 온갖 연장.
207 뒤로 기울어진 나무.
208 구부러진 것을 반대로 잦히어 다듬는다는 뜻이다.
209 대부등은 기둥감으로 네모나게 다듬고.
210 소부등을 서까래감으로 쓰기 위해 나무의 상순 부분을 잘라내는 것을 '머리 딸제'라고 했다.
211 목수들이 쓰는 언어 같은데 알지 못한다.
212 '사개'는 기둥의 상부를 네 갈래로 오려내어 박거나 잇는 나무가 서로 꽉 물리도록 만든 짜임새를 말한다. '화통'은 '사개'를 맞추기 위하여 기둥머리에 십자꼴로 도려내어 도리나 보가 물리도록 하는 자리를 뜻한다.

입구자로 추려내며 김씨대주 집을지면
응천상지[214] 삼광이요[215] 비인간지 오복이라[216]
왕희지의[217] 필법으로 조명덕의[218] 체를받아[219]
태세모년 모월모일[220] 상량서를 마친후에[221]
인의예지[222] 기둥받쳐 보짱없고[223] 마루깔아
팔조목에[224] 연목걸고[225] 이십팔수 추녀걸어
추녀끝에 목화치고[226] 북두칠성 조림한듯[227]
태극으로 기와얹고[228] 오행으로 재를받고
팔괘지수 외를맺어 구궁으로[229] 산자얽고[230]
양토초벽[231] 맞붙이고 고은재벽[232] 마친후에

---

213 '작분하여'의 와전이다. 집을 지을 때 사방의 보나 도리를 기둥 위에서 짜맞출 수 있게 목재의 이음새 부분을 네 갈래로 파내어 깍지 끼듯이 짜맞추어 조립하는 일을 말한다.
214 오숙자의 『제비원 성주풀이』에는 '응촌상지'라 했다.
215 응천상지삼광(應天上之三光). 마룻대 밑면에 쓰는 글귀의 일부. '하늘 위의 세 가지 빛이 응하다'는 뜻.
216 '응천상지삼광'에 이어서 쓰는 글귀. 비인간지오복(備人間之五福)은 인간의 다섯 가지 복을 다 갖추다는 뜻.
217 왕희지(王羲之)는 중국 위진남북조 시대 동진(東晉)의 정치인이자 시인이며 서예가이다. 우리나라에서는 서예가로 널리 알려져 있으며 초서와 행서, 해서의 서체를 완성하였다.
218 조맹부(趙孟頫)의 와전이다. 조맹부는 중국 원나라의 서예가.
219 趙孟頫의 글씨체를 받아서.
220 마룻대에 상량문을 쓸 때 상량을 하는 연월일시를 함께 쓴다.
221 상량문 쓰기를 마친 후에.
222 인의예지(仁義禮智).
223 기둥 위에 보를 얹고.
224 八條目. 『대학』에 나오는 수기치인(修己治人)의 여덟 가지 조목. 格物, 致知, 誠意, 正心, 修身, 齊家, 治國, 平天下를 말함.
225 椽木 걸고. 서까래를 걸고.
226 木畫 치고. 목공품의 표면에 자개나, 수정, 금, 은, 진주 따위를 상감(象嵌)하여 여러 무늬를 표현하는 공예 기법.
227 照臨한 듯. '조림'은 해나 달, 별이 위에서 내리비치는 것을 뜻함.
228 반원형 기와의 곡선을 아래위로 음양의 조화에 맞게 잇대어서 얹으면 태극 문양처럼 기와를 얹을 수 있다.
229 九宮으로. '구궁'은 『주역』의 후천수(後天數)인 『낙서(洛書)』에서 발전한 방위의 자리.
230 橵子 얽고. '산자'는 지붕의 서까래 위나 고물 위에 흙을 받치기 위하여 엮어 까는 나뭇개비나 수숫대, 겨릅대, 싸리나무 등을 뜻함.
231 기둥 사이의 벽면에 산자를 얽어 골조로 세우고 그 위에다 짚을 섞은 거친 흙을 앞뒤 양쪽에 애벌로 발라

보기좋게 지어놓고   네귀에다 풍경다니
동남풍이 건들부니   풍경소리 듣기좋다
수분단장²³³ 높이쌓고   산미²³⁴사창²³⁵ 가루닫이²³⁶
화살난간²³⁷ 툇마루며   층층대는 누마루는
쓸모있게 꾸며놓고   대문중문 칙간내고
연좌춘여²³⁸ 굴뚝내고   물침장여²³⁹ 쌍장여는
국화새김 볼만하다   육간대청 허공보²⁴⁰
무지개가 왕래한듯   부엌이관²⁴¹ 구렁보²⁴²
청룡황룡 등천한듯   남녀노소 들라하고
영창광창 쌍바라지²⁴³   국화새겨 완자문²⁴⁴
쌍문닫이 두겹닫이²⁴⁵   겹겹이 껴서달고²⁴⁶
목수장색 물러가고²⁴⁷   장지²⁴⁸수지 분당지며²⁴⁹

벽을 만드는 것이 초벽(初壁)이다.
232 고운 재벽(再壁)은 초벽을 만든 위에 아주 보드라운 모래흙을 거듭 발라 만든 벽을 일컫는다.
233 '수문담장'이 아닌가 한다. 담장을 높이 쌓는다는 말 같으나 확실하지 않다.
234 산미(山彌)는 건축의 장식용 부재 가운데 하나이다. 공포(栱包)에서 기둥 위의 도리 사이를 소의 혀 모양으로 꾸민 부재의 짜임새를 통틀어 '산미'라 한다.
235 사창(紗窓). '사창'은 종이가 아닌 얇은 천으로 붙인 고급스러운 창을 뜻함. 산미사창은 그런 창의 한 유형을 일컫는데 정확하게 어떤 창인지 알지 못한다.
236 가로닫이. 가로로 여닫게 만든 미닫이 문.
237 난간의 일종인데, 난간의 끝이 화살 모양으로 뽀족하게 만든 난간을 일컫는 것으로 짐작된다.
238 '연자(燕子)추녀'의 오기이다. 제비가 날아가는 듯 지붕의 추녀 끝이 곡선으로 들려 있는 모습을 나타낸다.
239 '목침장여'의 와전이다. 목침 모양으로 다듬은 장여(長欐). 장여는 목조주택의 도리 밑을 받치는 네모 난 기둥.
240 허공에 드러나 있는 보. 6칸 대청의 보는 다른 보와 달리 천정을 하지 않아서 허공에 드러나 있기 일쑤이다.
241 부엌 이 칸. 부엌 두 칸.
242 보가 곧지 않고 휘어져 있는 모습을 나타내는 듯하다.
243 좌우로 열고 닫게 만든 두 짝의 덧창.
244 완자문(卍字門). 문살의 무늬가 '卍'자 모양으로 된 문.
245 쌍문을 여닫이로 달고, 다시 속문으로 쌍문을 미닫이로 달아서 두 겹을 이루게 달았다는 말이다.
246 이중문으로 겹겹이 끼워서 달고.
247 목수장색 물러가고 다음에 "도배장색 들어와서"를 빠뜨렸다.
248 장지는 문 한짝을 바를 수 있는 큰 종이를 일컫는다.
249 분당지(粉唐紙). 예전에 중국에서 나던 종이의 일종. 매우 얇고 희다.

금지황지250 농화지에251   백능화로252 도배하고
청룡화로253 띠를띄고   금수병을254 들여놓고
도배장색 물러가고   그림장색 들어와서
동서남북 부벽할제255   동편으로 돌아가면
삼삼사오256 네노인이   금지백지257 바둑놓고
청학백학 춤을추며   삼신산에 불로초를
심은행자 그려다가   동문상에 부벽하고
남편으로 돌아가면   한실종친258 유현덕이259
조맹덕을260 잡으려고   관우장비 선봉삼고
제갈량을 모사삼아   삼군중에 횡행하는
형상으로 그려다가   남문상에 부벽하고
서편으로 돌아가면   육관대사 성진이가261
천주교에262 석교상에263   사천도를264 꺾어들고

---

250 금지황지(金紙黃紙). 금종이와 누런 빛깔 종이. 황지는 귀리의 짚으로 만든 종이인데 함경북도에서 나는 특산물이다.
251 능화지(菱花紙)의 와전이다. 능화지는 마름꽃의 무늬가 있는 종이. 고급벽지를 일컫는다.
252 白菱花. 흰색 능화지.
253 청능화(靑菱花)의 와전이다. 청능화는 청색 능화지.
254 금수병(錦繡屛). 아름다운 무늬를 수놓은 비단 병풍.
255 付壁할 때. 부벽은 벽에다 글씨나 그림을 붙이는 일.
256 삼삼사오는 상산사호(商山四皓)의 와전이다. 상산사호는 '상산'의 네 노인을 뜻한다. 산 속에 은거하는 덕망 있는 현자를 가리키는 말이다.
257 검지백지가 아닌가 한다. 검지는 흑지라고도 한다. 바둑의 검은 돌과 흰 돌을 일컫는다.
258 한(漢)나라 경제(景帝)의 후예로서 한 왕실의 혈통을 이은 종친(宗親)이다.
259 유현덕(劉玄德)은 『삼국지』의 주인공 유비(劉備)를 일컫는다. 현덕은 유비의 자(字)이다.
260 조맹덕(曹孟德)은 『삼국지』의 인물 조조(曹操)를 일컫는다. 맹덕은 조조의 호이다.
261 육관대사(六觀大師)는 김만중의 소설 『구운몽(九雲夢)』에 나오는 인물로서 주인공 성진(性眞)의 스승이다. 육관대사의 수제자 성진이는 하룻밤 꿈속에서 온갖 부귀영화를 다 누리고 인간의 부귀영화가 일장춘몽이라는 것을 깨닫는다.
262 천진교(天津橋)의 와전이다.
263 천진교와 석교상(石橋上)은 『구운몽』에서 주인공 성진이 꿈속에서 양소유로 태어나 기생들과 풍류를 즐기는 무대를 일컫는다.
264 먹으면 불로불사를 누릴 수 있다는 천도복숭아를 일컫는 것 같다.

명주팔괘 만들면서　　　팔선녀를 희롱하던
형상으로 그려다가　　　서문상에 부벽하고
북문으로 돌아가면　　　선팔십에²⁶⁵ 도를닦아
후팔십에²⁶⁶ 잘되려고　　곧은낚시 물에놓고
늘삿갓을²⁶⁷ 숙여쓰고　　시절낚던 강태공의
형상으로 그려다가　　　북문상에 부벽하니
천도일월 십장생은²⁶⁸　 방문위에 붙여놓고
안방치장 볼량이면　　　모란화초 화문석에²⁶⁹
죽장병풍²⁷⁰ 걸렸으며　 사랑앞에 연못파고
못가운데 연을심어　　　수중연화 만발한데
난봉공작²⁷¹ 왕래한다

각방처소 마련할제　　　노인대주 침실이오
작은사랑 정한방은　　　소년대주 침실이오
안방이간²⁷² 정한방은　 부모양위 침실이오
문벽사창²⁷³ 건너방은　 장손며느리 침실이오
후원별당 깊은방은　　　딸아가씨 침실이오
담장내외²⁷⁴ 줄행랑은²⁷⁵ 남녀노소 머무르고
일산행차²⁷⁶ 왕래하고　 장인광대²⁷⁷ 출입하니

265　중국 주나라 강태공이 낚시질을 하며 가난하게 살았던 앞선 여든 해.
266　강태공이 가난했던 앞선 여든 해 다음에 정승이 되어 잘 살았던 여든 해.
267　부들로 만든 삿갓. 비오는 날 비를 가리는 용도로 쓰기보다 나그네가 얼굴과 해를 가리기 위해 쓰는 삿갓이다.
268　천도복숭아를 비롯한 일월(日月) 십장생도(十長生圖)를 일컫는다.
269　화문석(花紋席). 꽃의 문양을 넣어서 만든 돗자리.
270　죽장병풍(竹障屛風). 대나무 장지로 만든 병풍.
271　난봉공작(鸞鳳孔雀). 난새와 봉황, 공작새를 일컫는다.
272　안방 두 칸.
273　분벽사창(粉壁紗窓)의 와전이다. 분벽사창은 흰색 벽과 비단으로 바른 창. 아름답게 꾸민 신방(新房)을 나타내는 말.
274　내외를 하기 위해 시각적으로 남녀 공간을 가리려고 집안에 쌓은 담장. 흔히 '내외담장'이라고 한다.
275　줄행랑은 줄지어 있는 행랑(行廊). 대문 좌우로 죽 벌여 있는 행랑채의 방인데, 주로 종이 거처하는 방이다.
276　日傘行次. 일산을 쓴 벼슬아치들의 행렬.

암행어사 집일런가²⁷⁸ 　　　복덕방에 광을짓고
(안채는 목숨수자 　　　　　바깥채는 복복자요)²⁷⁹
천덕방에²⁸⁰ 방해놓고²⁸¹ 　　식신방에²⁸² 우물파니
석순²⁸³거부 집일런고 　　　효자충신 집일런가
행랑채는 창성창자²⁸⁴ 　　　수복가영²⁸⁵ 지었으니
삼팔목이²⁸⁶ 동문이요 　　　이칠화가²⁸⁷ 남문이라
사구금이²⁸⁸ 서문이요 　　　일륙수가²⁸⁹ 북문이라²⁹⁰
일문을²⁹¹ 높이열고²⁹² 　　　애로를²⁹³ 크게닦아
내향문을²⁹⁴ 갖춰놓고 　　　궁장이²⁹⁵ 높은곳에
오는사람 받자하니 　　　　누구귀기가²⁹⁶ 모였든고
풍호무호²⁹⁷ 영귀인은²⁹⁸ 　　당상에²⁹⁹ 올라있고

277　재인광대(才人廣大)의 와전이다.
278　일산을 쓴 어사 행렬이 오고 가고 장인과 광대들이 드나드는 것을 보면 암행어사 집이라는 말이다. 과거에 장원급제하면 일산 행차를 하며 장인과 광대들이 풍악을 울리고 곡예를 한다.
279　다른 채록본에는 오숙자본에 없는 이 행이 끼어들어 있다.
280　천덕방(天德方). 집의 길한 방위 가운데 하나로 하늘에서 복이 내리는 귀한 방위를 뜻한다.
281　'방아놓고'의 와전이다.
282　食神方에. 이사할 때 사람의 사주를 풀어서 정하는 길한 방위로서 식복과 재복이 들어오는 방위이다.
283　'석숭(石崇)'의 와전이다. 석숭은 중국 서진(西秦)의 문인인데, 전설 속에서는 큰 부자로 알려져 있다.
284　창성(昌盛) 창자(昌字).
285　수복강령(壽福康寧)의 와전이 아닌가 한다.
286　三八木은 흔히 동방 삼팔목이라 한다. 상수학(象數學)에서 오행의 하나로 一六水, 二七火 다음이 삼팔목이다.
287　二七火는 흔히 남방 이칠화라 한다. 상수학에서 오행의 하나로 一六水 다음이 이칠화이다.
288　四九金은 흔히 서방 사구금이라 한다. 오행의 하나라 일육수, 이칠화, 삼팔목 다음이 사구금이다.
289　一六水는 흔히 북방 일륙수라 한다.
290　다음에 중앙 五十土라 해야 하는데 빠뜨렸다.
291　일문(一門)은 한 문중을 뜻하는 말이다. 여기서는 인문(仁門)의 와전이다. 가사 〈권선지로가(勸善指路歌)〉에 이 내용이 있어서 와전을 바로 잡는다.
292　'능히 열고'의 와전이다. 〈권선지로가〉 참조.
293　隘路는 좁고 험한 길을 뜻함. 여기서는 의로(懿路)의 와전이다. 〈권선지로가〉 참조.
294　예악문물(禮樂文物)의 와전이다. 〈권선지로가〉 참조.
295　宮牆은 궁궐 담장으로서 특히 높은 담장을 일컫는다.
296　"누귀누귀가" 와전된 것이 아닌가 한다. "누구누구가"란 뜻이다.
297　風乎舞乎. 신재효본 판소리 〈흥보가〉의 사설에 나오는 말이다. 우순풍조 호시절에 풍악을 울리며 춤을 즐

유황측포 당포산은[300]	설중에 들어있고
금자목피 자룡중구[301]	민자건은[302] 문안에드니
칠십제자[303] 삼천인은	역력히 다알손가
어화하고 벗님네야	가자세라 보잣세라
집구경 가자세라	어히어히 가자세라
이덕이 뉘덕이냐	성조판관 덕이로다
이성주가 뉘성준고	이집대주 성주로다
이집가문에 딸린성주	성주근본이 어디멘고
경상도 안동땅	제비원이 본일레라
이러한 좋은집에	성주님을 뫼시려고
일관대사 날을받아	성주님을 뫼셨으니
천복만복 내리소서	개문하니 만복래요
소제하니 황금출이	아들낳으면 효자낳고
딸을낳으면 효녀낳고	구름복은[304] 흘러들고
사람복은 걸어들고	황쇠복은[305] 지고들고
물복은 숨어들고[306]	생쥐복은 물어들고
도랑에는 풀이나면	늙지않는 불로초라
죽지않는 불사약이	좌우로 소생하고

기는 좋은 팔자를 뜻한다.
298 乾隆帝의 후궁인 영귀비((穎貴妃)를 일컫는 듯하다.
299 당상(堂上)은 조선시대 벼슬아치로 정삼품(正三品) 이상의 벼슬을 일컫는다. 조정에서 정사를 볼 때 대청에 올라가 의자에 앉을 수 있는 자격을 갖춘 벼슬이다.
300 '유황측포'와 '당포'산은 모두 포(布)의 일종으로 옷감 이름이 아닌가 한다. '당포'는 중국산 무명이나 모시를 일컫는다.
301 무슨 말인지 알지 못한다.
302 閔子騫. 춘추시대 노(魯)나라 사람으로서 공자의 제자였다. 효자로 유명하다.
303 공자의 제자 가운데 뛰어난 제자 70인을 칠십제자라 한다.
304 다른 채록본에는 "거랑복"이라고 했다.
305 황소복.
306 숨어들고는 '스며들고'의 와전이 아닌가 한다. 물은 스며들기 때문이다.

자손만대 창성유전　　　부귀공명 누리도록
성주전에 비나이다　　　이러한 좋은날에
놀고놀고 놀아보세　　　성주전에 놀아보세
에라만수 에라 대신이야

참고문헌

『국역 성종실록』
『三國史記』
『三國遺事』
『輿地圖書』
『永嘉誌』
高聖謙, 『甪里文集』.
具鳳齡, 『柏潭文集』.
金壽增, 『谷雲集』.
朴長遠, 『久堂集』.
孫景郁, 『新圃先生文集』.
安含老, 『三聖紀全』上.
柳宜健, 『花溪集』.
李奎報, 『李相國集』.
李庭龍, 『澗西遺稿』.
李重煥, 『擇里志』.
李嵒, 『檀君世紀』.
李滉, 『退溪先生文集別集』.
李滉, 『退溪先生文集續集』.
趙亨道, 『東溪集』.
全球, 『半巖集』.

강석정, 『韓國의 巫歌』 14, 황해도 굿이야기2 성주굿, 민속원, 2019.
강정식, 「추는굿의 의례적 특징」, 『제주도 추는 굿』, 도서출판 피아, 2006.
경안노회, 『慶安老會報』, 경안노회교육보, 1959.
고광민, 「추는굿 견문기」, 『제주도 추는굿』, 도서출판 피아, 2006.
구미화, 「한국 무속 연구 30년, 로렐 켄덜 美 컬럼비아대 교수」, 『新東亞』, 2006년 8월호.

김광언,『한국의 집지킴이』, 다락방, 2000.
金龜禧 編,『歌曲寶鑑』, 平壤箕城券番, 1928.
金吉雄,『高麗의 石佛像』, 法仁文化社, 1994.
金善豊·李基遠,「민간신앙」,『韓國民俗綜合調査報告書』江原道篇, 文化財管理局, 1977.
_____,『韓國口碑文學大系』2-9, 韓國精神文化硏究院, 1986.
김성은,「한국의 무속과 민간불교의 혼합현상」,『종교학 연구』24, 서울대학교 종교문제연구소, 2005.
김성혜,「임재해의 '안동지역 성주굿의 무형문화유산 가치'에 대한 토론문」,『안동지역 성주굿의 성격과 무형문화유산 가치』, 2024년 비교민속학회 하계학술대회 발표논문집, 2024년 8월 23일.
김소운,『언문조선구전민요집』, 제일서방, 1933.
김수현·이수정,『한국근대음악기사자료집』권3: 잡지편(1930~1932), 민속원, 2008.
金烈圭,「總論: 民談을 보는 多樣한 눈」,『民談學槪論』, 一潮閣, 1982.
김정원,「성주巫歌의 類型과 表現構造 硏究」, 중앙대학교 대학원 석사논문, 1995.
김태갑·조성일 편주,『민요집성』, 연변인민출판사, 1981.
金泰坤,「성주神의 本鄕考 - '제비원'本鄕系統의 성주巫歌를 中心으로」,『史學硏究』21, 韓國史學會, 1969.
_____,『韓國巫歌集』1~4, 集文堂, 1971~1980.
_____,『韓國巫俗硏究』, 集文堂, 1981.
_____,『韓國民間信仰硏究』, 集文堂, 1983.
나경수 외,『담양군 마을굿』, 민속원, 2007.
_____,『함평군 마을굿』, 민속원, 2007.
노재명,「소리 명창 김창룡 민요 <성주풀이> 유성기음반 고찰」,『한국음반학』20, 한국고음반연구회, 2010.
박경수,「정인섭 채록 울산지역 민요 연구」,『울산학연구』19, 울산역사연구소, 2024.
朴東均 외,『安東의 地名由來』, 安東民俗博物館, 2002.
박봉우,「고조선」,『국가의 건립과 산림문화』, 숲과문화연구회, 2014.
박순호,『고창군한국구비문학대계』, 고창군, 1993.
방자연,「묵은 해 보내고 새해 맞는 동지굿 벌여」, 당진시대, 2024년 12월 30일자.
邊德珍,「韓國의 民間信仰에 있어서의 城主信仰에 대하여」, 효성여자대학 연구논문집, 1986.
서대석,『한국 신화의 연구』, 집문당, 2001.
서울대학교 규장각,『巫堂來歷』, 민창사, 1996.
서정범,『무녀별곡 6: 기치료와 초능력』, 한나라, 1996.
成均館大學校 國文學科,『第二次 安東文化圈學術調査報告書』, 1971.
소강준,「백중날 신명나는 마을 굿판, 삼동굿 놀이」, 디지털남원문화대전.
손상락 외,「안동의 무속인 권은도 보살」,『安東의 巫俗』, 安東民俗博物館, 2005.
孫晋泰,『韓國神歌遺編』, 鄕土研究社, 1930,『孫晋泰先生全集』5, 太學士, 1981.
손태도,「'안동 성주굿' 무형문화재 신청 조사 보고서」, 경상북도 문화재위원회, 2023년 4월 5일.
宋俊,『귀신도 울고가는 신점의 명인들』1, 국학자료원, 2002.
宋志香,『安東鄕土誌』上, 大星文化社, 1983.
신은희,「무교와 기독교의 영(靈)개념의 비교 종교 철학적 대화」,『한국무속학』9, 한국무속학회, 2005.
安耕田 譯註,『桓檀古記』, 상생출판, 2012.

安東郡, 『安東民俗資料誌』, 安東郡, 1981,

양민종, 『샤먼 이야기』, 정신세계사, 2003.

양옥경, 「다시, 굿이란 무엇인가 생각한다」, 『필봉굿의 대화』, 북코리아, 2020.

양진성, 「발간사」, 『필봉굿의 대화』, 북코리아, 2020.

영덕군지편찬위원회, 『영덕군지』 下, 영덕군, 1981, 2002 증보판.

오숙자, 『제비원 성주풀이』, 전원문화사, 1995.

柳東植, 『韓國 巫敎의 歷史와 構造』, 연세대학교출판부, 1975.

柳增善, 『嶺南의 傳說』, 螢雪出版社, 1971.

유홍준, 『나의 문화유산답사기』 3, 창작과비평사, 1997.

_____, 「안동을 왜 목조건축의 보고라 하는가」, 『안동문화의 수수께끼』, 지식산업사, 1997.

李能和, 「朝鮮巫俗考」, 『啓明』 19호, 1927.

이능화 지음, 서영대 역주, 『조선무속고』, 창비, 2008.

李文雄, 「민간신앙」, 『韓國民俗綜合調査報告書』 咸鏡南北道篇, 文化財管理局, 1981.

이병도, 「神樹」, 『한국사대관』, 보문각, 1973.

이보형, 「통속민요 성주풀이 발생에 대한 고찰」, 『한국민요학』 34, 한국민요학회, 2012.

이성수, 「부처님은 병든 마음을 치료하는 의사」, 불교신문, 2022년 5월 30일.

이용범, 「무속 치병(治病)의례의 유형과 치병 원리」, 『比較民俗學』 67, 比較民俗學會, 2018.

이준희, 「풍물과 함께 하는 동지굿」, 경남신문, 2015년 12월 21일자.

李重煥 著, 李翼成 譯, 『擇里志』, 乙酉文化社, 1971.

이창윤, 「성주의 본향은 왜 경상도 안동땅 제비원인가」, 실천민속학회 편, 『민속문화의 지역적 특성을 묻는다』, 집문당, 2000.

이효걸, 「제비원 미륵불, 안동인의 희망을 지키다」, 『고려시대의 안동』, 예문서원, 2006.

임노직, 「안동 제비원에 대한 문헌 기록 고찰」, 『제비원의 전통과 성주풀이』, 도서출판 천우, 2019.

任東權, 『韓國民謠集』 1, 集文堂, 1961.

任世權, 「안동대학 명륜동 교정의 옛절터」, 『安東文化』 3, 안동대학 안동문화연구소, 1982.

林在海, 「口碑傳承」, 『安東民俗資料誌』, 安東郡, 1981.

_____, 『韓國口碑文學大系』 7-9, 韓國精神文化研究院, 1982.

_____, 「놋다리밟기의 유형과 풍농기원의 의미」, 『韓國文化人類學』 7, 韓國文化人類學會, 1985.

_____, 「장례 관련 놀이의 반의례적 성격과 성의 생명상징」, 『比較民俗學』 12, 比較民俗學會, 1995.

_____, 『민속문화의 생태학적 인식』, 도서출판 당대, 2002.

_____, 『안동문화와 성주신앙』, 안동대학교 민속학연구소, 2002.

_____, 「제비원 전설의 설화문화학적 해석과 성주신앙의 본향 인식」, 『전설과 지역문화』, 민속원, 2002.

_____, 「굿문화에 갈무리된 자연친화적 사상」, 서울대학교 환경계획연구소 편, 『한국의 전통생태학』, 사이언스북스, 2004.

_____, 「굿 문화사 연구의 성찰과 역사적 인식지평의 확대」, 『한국무속학』 11, 한국무속학회, 2006.

_____, 「주거문화 인식의 성찰과 민속학적 이해지평」, 『比較民俗學』 32, 比較民俗學會, 2006.

_____, 「한국신화의 주체적 인식과 민족문화의 정체성」, 『한국신화의 정체성을 밝힌다』, 지식산업사, 2008.

_____, 「신시고국 환웅족 문화의 '해'상징과 천신신앙의 지속성」, 『단군학연구』 23, 단군학회, 2010.

_____,「한국 축제 전통의 지속 양상과 축제성의 재인식」,『比較民俗學』42, 比較民俗學會, 2010.
_____,『고조선문화의 높이와 깊이』, 景仁文化社, 2015.
_____,『고조선문명과 신시문화』, 지식산업사, 2018.
_____,「풍물굿의 전통과 현대 생활세계의 만남 구상」,『필봉굿의 대화』, 북코리아, 2020.
_____,「고대 제천문화의 제의양상과 공동체신앙의 존재양식」,『유라시아문화』8, 유라시아문화학회, 2023.
_____,「굿의 문학성과 무교문학의 세계」,『문예연구』120, 2024년 봄호.
장정룡,『속초시 어로민속지』, 속초문화원, 1997.
張籌根 외,『韓國民俗學槪說』, 普成文化社, 1974.
鄭昞浩,「진도다시래기」,『重要無形文化財解說』演劇篇, 文化財管理局, 1986.
정용오,「印尼정부, 찌아찌아족 한글도입 공식 승인」, 한국일보, 2010년 7월 26일자.
정재호,『한국잡가전집』, 계명출판사, 1984.
趙東一·林在海,『韓國口碑文學大系』7-2, 韓國精神文化研究院, 1980.
_____,『韓國口碑文學大系』7-7, 韓國精神文化研究院, 1981.
조동일,「신화의 유산과 그 변모 과정」,『우리 문학과의 만남』, 홍성사, 1978.
_____,『탈춤의 역사와 원리』, 弘盛社, 1979.
_____,『국문학의 자각 확대』, 지식산업사, 2022.
_____,『대등의 길』, 지식산업사, 2024.
조성제,「무속에 나타난 질병관과 치병(治病)의례 유형」,『南道民俗研究』46, 남도민속학회, 2023.
曺喜雄,『韓國口碑文學大系』1-6, 韓國精神文化研究院, 1982.
주강현,『마을로 간 미륵』1,2, 대원정사, 1995.
_____,『굿의 사회사』, 웅진닷컴, 2001.
秦弘燮,『韓國의 佛像』, 一志社, 1980.
증산도 도전편찬위원회,『甑山道 道典』, 대원출판사, 1992.
崔吉城,「성주풀이」,『文化財』4, 文化再管理局, 1969.
_____,「金孝經의 '巫堂이즘' 研究小考」,『比較民俗學』12, 比較民俗學會, 1995.
최삼룡,『해방전 민요선집』, '중국조선민족문학유산 정리편찬 총서', 북경; 민족출판사, 2013.
최성달,「안동 제비원 성주신앙 - 송옥순을 중심으로」,『제비원의 전통과 성주풀이』, 천우, 2019.
崔永禧,「序」, 宋志香,『安東鄕土誌』上, 大星文化社, 1983.
최은숙,「성주풀이 민요의 형성과 전개」,『한국민요학』9, 한국민요학회, 2001.
최준식,『巫敎: 권력에 밀린 한국인의 근본신앙』, 모시는사람들, 2009.
하효길,「가신신앙」, 민속학회 편,『한국민속학의 이해』, 문학아카데미, 1994.
한국학중앙연구원,『한국향토문화전자대전』.
한양명,『안동차전놀이』, 국립문화재연구소, 1998.

Alexander Guillemoz,「現世的 福樂追求의 信仰」,『韓國의 思想構造』, 삼성출판사, 1975.
다니엘 A, 키스터,『巫俗劇과 不條理劇』, 서강대학교출판부, 1986.
브라이언 베이츠 저, 윤광진 역,『배우의 길』, 예니, 1997.
새뮤얼 헌팅턴 지음, 이희재 옮김,『문명의 충돌』, 김영사, 2016.

어트거니 푸레보, 「몽골 무교의 신령 옹고드(Ongod)의 특징」, 『몽골의 무속과 민속』, 도서출판 월인, 2001.
Edmund Leach 지음, 구본인 옮김, 『문화와 커뮤니케이션』, 파란나라, 1995.
엘리아데, 文相熙 譯, 『샤아머니즘』, 三省出版社, 1977.
크리스토퍼 D. 허드슨 지음, 전광규 옮김, 『하나님의 이름을 부르는 100일』, 생명의말씀사, 2024.
피어스 비텝스키 지음, 김성례·홍석준 옮김, 『샤먼』, 창해, 2005.
Peter Tompkins & Christer Bird 지음, 황금용·황정민 옮김, 『식물의 신비생활』, 정신세계사, 1882.

赤松智城·秋葉隆, 『朝鮮巫俗 研究』上, 大阪屋號書店, 1937.
Bronislaw Malinowski, *Magic, Science and Religion*, Greenwood Press, 1984.
Ernst Cassirer, Translated by Susanne K. Langer, *Language and Myth*, Dover Publications Inc., 1953.
James George Frazer, *The Golden Bough: A Study in Magic and Religion*, The MacMillan Company, 1934.
Lim Jaehae, "The Logical and Scientific Nature of 'Kut'(Shamanistic Ritual)", A Seminar on Comparative Folklores, Arizona State University U.S.A., 1996.12.10.
Mircea Eliade ed., *The Encyclopedia of Religion*, MacMillan Publishing Company, 1987.
Raymond Prince, "Shamans and Endorphins: Hypothes for a Synthesis", *Ethos*, volume 10 number 4, Journal of the Society for Psychological Anthropology, winter 1982.
Ronald Hutton, *Shamans - Siberian Spirituality and the Western Imagination*, Hambledon and London, 2001.

굿과 신화 연구의 새 지평

안동 제비원 성주굿 재발견
송옥순 성주굿을 중심으로

초판1쇄 발행 2025년 10월 25일

글쓴이 임재해

주간 조승연
편집·디자인   오경희·조정화·오성현·신나래·박선주·정성희
관리 박정대

펴낸이 홍종화
펴낸곳 민속원
창업 홍기원
출판등록 제1990-000045호
주소 서울 마포구 토정로25길 41(대흥동 337-25)
전화 02) 804-3320, 805-3320, 806-3320(代)
팩스 02) 802-3346
이메일 minsokwon@naver.com
홈페이지 www.minsokwon.com

ISBN 978-89-285-2181-4 93380

ⓒ 임재해, 2025
ⓒ 민속원, 2025, Printed in Seoul, Korea

이 책은 저작권법에 따라 보호를 받는 저작물이므로 무단전재와 복제를 금지하며,
이 책의 전부 또는 일부를 이용하려면 반드시 저작권자와 출판사의 서면동의를 받아야 합니다.